에듀윌 공기업
매일 1회씩 꺼내 푸는 NCS

매1N
3회독 답안지

eduwill

에듀윌 공기업

매일 1회씩 꺼내 푸는 NCS

매1N

회독용 답안지

eduwill

회독용 답안지 DAY (   )

성 명

ㄱ	ㅏ	ㄱ	ㄱ	ㅏ	ㄱ	ㄱ	ㅏ	ㄱ	ㄱ	ㅏ	ㄱ
ㄴ	ㅑ	ㄴ	ㄴ	ㅑ	ㄴ	ㄴ	ㅑ	ㄴ	ㄴ	ㅑ	ㄴ
ㄷ	ㅓ	ㄷ	ㄷ	ㅓ	ㄷ	ㄷ	ㅓ	ㄷ	ㄷ	ㅓ	ㄷ
ㄹ	ㅕ	ㄹ	ㄹ	ㅕ	ㄹ	ㄹ	ㅕ	ㄹ	ㄹ	ㅕ	ㄹ
ㅁ	ㅗ	ㅁ	ㅁ	ㅗ	ㅁ	ㅁ	ㅗ	ㅁ	ㅁ	ㅗ	ㅁ
ㅂ	ㅛ	ㅂ	ㅂ	ㅛ	ㅂ	ㅂ	ㅛ	ㅂ	ㅂ	ㅛ	ㅂ
ㅅ	ㅜ	ㅅ	ㅅ	ㅜ	ㅅ	ㅅ	ㅜ	ㅅ	ㅅ	ㅜ	ㅅ
ㅇ	ㅠ	ㅇ	ㅇ	ㅠ	ㅇ	ㅇ	ㅠ	ㅇ	ㅇ	ㅠ	ㅇ
ㅈ	ㅡ	ㅈ	ㅈ	ㅡ	ㅈ	ㅈ	ㅡ	ㅈ	ㅈ	ㅡ	ㅈ
ㅊ	ㅣ	ㅊ	ㅊ	ㅣ	ㅊ	ㅊ	ㅣ	ㅊ	ㅊ	ㅣ	ㅊ
ㅋ	ㅐ	ㅋ	ㅋ	ㅐ	ㅋ	ㅋ	ㅐ	ㅋ	ㅋ	ㅐ	ㅋ
ㅌ	ㅒ	ㅌ	ㅌ	ㅒ	ㅌ	ㅌ	ㅒ	ㅌ	ㅌ	ㅒ	ㅌ
ㅍ	ㅔ	ㅍ	ㅍ	ㅔ	ㅍ	ㅍ	ㅔ	ㅍ	ㅍ	ㅔ	ㅍ
ㅎ	ㅖ	ㅎ	ㅎ	ㅖ	ㅎ	ㅎ	ㅖ	ㅎ	ㅎ	ㅖ	ㅎ
	ㅘ		ㄲ	ㅘ	ㄲ	ㄲ	ㅘ	ㄲ	ㄲ	ㅘ	ㄲ
	ㅙ		ㄸ	ㅙ	ㄸ	ㄸ	ㅙ	ㄸ	ㄸ	ㅙ	ㄸ
	ㅚ		ㅃ	ㅚ	ㅃ	ㅃ	ㅚ	ㅃ	ㅃ	ㅚ	ㅃ
	ㅝ		ㅆ	ㅝ	ㅆ	ㅆ	ㅝ	ㅆ	ㅆ	ㅝ	ㅆ
	ㅞ		ㅉ	ㅞ	ㅉ	ㅉ	ㅞ	ㅉ	ㅉ	ㅞ	ㅉ
	ㅟ			ㅟ	ㄺ		ㅟ	ㄺ		ㅟ	ㄺ
	ㅢ			ㅢ	ㄻ		ㅢ	ㄻ		ㅢ	ㄻ

수 험 번 호

⓪	⓪	⓪	⓪	⓪	⓪
①	①	①	①	①	①
②	②	②	②	②	②
③	③	③	③	③	③
④	④	④	④	④	④
⑤	⑤	⑤	⑤	⑤	⑤
⑥	⑥	⑥	⑥	⑥	⑥
⑦	⑦	⑦	⑦	⑦	⑦
⑧	⑧	⑧	⑧	⑧	⑧
⑨	⑨	⑨	⑨	⑨	⑨

출생(생년을 제외한) 월일

⓪	⓪	⓪	⓪
①	①	①	①
②	②	②	②
③	③	③	③
④	④	④	④
⑤	⑤	⑤	⑤
⑥	⑥	⑥	⑥
⑦	⑦	⑦	⑦
⑧	⑧	⑧	⑧
⑨	⑨	⑨	⑨

수험생 유의사항

(1) 아래와 같은 방식으로 답안지를 바르게 작성한다.
[보기] ① ② ● ④ ⑤
(2) 성명란은 왼쪽부터 빠짐없이 순서대로 작성한다.
(3) 수험번호는 각자 자신에게 부여받은 번호를 표기하여 작성한다.
(4) 출생 월일은 출생연도를 제외하고 작성한다.
(예) 2002년 4월 1일 → 0401

문번	1회독	문번	2회독	문번	3회독
01	① ② ③ ④ ⑤	01	① ② ③ ④ ⑤	01	① ② ③ ④ ⑤
02	① ② ③ ④ ⑤	02	① ② ③ ④ ⑤	02	① ② ③ ④ ⑤
03	① ② ③ ④ ⑤	03	① ② ③ ④ ⑤	03	① ② ③ ④ ⑤
04	① ② ③ ④ ⑤	04	① ② ③ ④ ⑤	04	① ② ③ ④ ⑤
05	① ② ③ ④ ⑤	05	① ② ③ ④ ⑤	05	① ② ③ ④ ⑤
06	① ② ③ ④ ⑤	06	① ② ③ ④ ⑤	06	① ② ③ ④ ⑤
07	① ② ③ ④ ⑤	07	① ② ③ ④ ⑤	07	① ② ③ ④ ⑤
08	① ② ③ ④ ⑤	08	① ② ③ ④ ⑤	08	① ② ③ ④ ⑤
09	① ② ③ ④ ⑤	09	① ② ③ ④ ⑤	09	① ② ③ ④ ⑤
10	① ② ③ ④ ⑤	10	① ② ③ ④ ⑤	10	① ② ③ ④ ⑤
11	① ② ③ ④ ⑤	11	① ② ③ ④ ⑤	11	① ② ③ ④ ⑤
12	① ② ③ ④ ⑤	12	① ② ③ ④ ⑤	12	① ② ③ ④ ⑤
13	① ② ③ ④ ⑤	13	① ② ③ ④ ⑤	13	① ② ③ ④ ⑤
14	① ② ③ ④ ⑤	14	① ② ③ ④ ⑤	14	① ② ③ ④ ⑤
15	① ② ③ ④ ⑤	15	① ② ③ ④ ⑤	15	① ② ③ ④ ⑤
16	① ② ③ ④ ⑤	16	① ② ③ ④ ⑤	16	① ② ③ ④ ⑤
17	① ② ③ ④ ⑤	17	① ② ③ ④ ⑤	17	① ② ③ ④ ⑤
18	① ② ③ ④ ⑤	18	① ② ③ ④ ⑤	18	① ② ③ ④ ⑤
19	① ② ③ ④ ⑤	19	① ② ③ ④ ⑤	19	① ② ③ ④ ⑤
20	① ② ③ ④ ⑤	20	① ② ③ ④ ⑤	20	① ② ③ ④ ⑤
21	① ② ③ ④ ⑤	21	① ② ③ ④ ⑤	21	① ② ③ ④ ⑤
22	① ② ③ ④ ⑤	22	① ② ③ ④ ⑤	22	① ② ③ ④ ⑤
23	① ② ③ ④ ⑤	23	① ② ③ ④ ⑤	23	① ② ③ ④ ⑤
24	① ② ③ ④ ⑤	24	① ② ③ ④ ⑤	24	① ② ③ ④ ⑤
25	① ② ③ ④ ⑤	25	① ② ③ ④ ⑤	25	① ② ③ ④ ⑤

회독용 답안지 DAY (   )

성 명			
㉠ ㉡ ㉢ ㉣ ㉤ ㉥ ㉦ ㉧ ㉨ ㉩ ㉪ ㉫ ㉬ ㉭	㉠ ㉡ ㉢ ㉣ ㉤ ㉥ ㉦ ㉧ ㉨ ㉩ ㉪ ㉫ ㉬ ㉭ ㄲ ㄸ ㅃ ㅆ ㅉ	㉠ ㉡ ㉢ ㉣ ㉤ ㉥ ㉦ ㉧ ㉨ ㉩ ㉪ ㉫ ㉬ ㉭ ㄲ ㄸ ㅃ ㅆ ㅉ	㉠ ㉡ ㉢ ㉣ ㉤ ㉥ ㉦ ㉧ ㉨ ㉩ ㉪ ㉫ ㉬ ㉭ ㄲ ㄸ ㅃ ㅆ ㅉ
ㅏ ㅑ ㅓ ㅕ ㅗ ㅛ ㅜ ㅠ ㅡ ㅣ ㅐ ㅒ ㅔ ㅖ ㅘ ㅙ ㅚ ㅝ ㅞ ㅟ ㅢ	ㅏ ㅑ ㅓ ㅕ ㅗ ㅛ ㅜ ㅠ ㅡ ㅣ ㅐ ㅒ ㅔ ㅖ ㅘ ㅙ ㅚ ㅝ ㅞ ㅟ ㅢ	ㅏ ㅑ ㅓ ㅕ ㅗ ㅛ ㅜ ㅠ ㅡ ㅣ ㅐ ㅒ ㅔ ㅖ ㅘ ㅙ ㅚ ㅝ ㅞ ㅟ ㅢ	ㅏ ㅑ ㅓ ㅕ ㅗ ㅛ ㅜ ㅠ ㅡ ㅣ ㅐ ㅒ ㅔ ㅖ ㅘ ㅙ ㅚ ㅝ ㅞ ㅟ ㅢ
㉠ ㉡ ㉢ ㉣ ㉤ ㉥ ㉦ ㉧ ㉨ ㉩ ㉪ ㉫ ㉬ ㉭	㉠ ㉡ ㉢ ㉣ ㉤ ㉥ ㉦ ㉧ ㉨ ㉩ ㉪ ㉫ ㉬ ㉭ ㄲ ㄸ ㅃ ㅆ ㅉ ㄺ ㄻ	㉠ ㉡ ㉢ ㉣ ㉤ ㉥ ㉦ ㉧ ㉨ ㉩ ㉪ ㉫ ㉬ ㉭ ㄲ ㄸ ㅃ ㅆ ㅉ ㄺ ㄻ	㉠ ㉡ ㉢ ㉣ ㉤ ㉥ ㉦ ㉧ ㉨ ㉩ ㉪ ㉫ ㉬ ㉭ ㄲ ㄸ ㅃ ㅆ ㅉ ㄺ ㄻ

수	험	번	호		
⓪①②③④⑤⑥⑦⑧⑨	⓪①②③④⑤⑥⑦⑧⑨	⓪①②③④⑤⑥⑦⑧⑨	⓪①②③④⑤⑥⑦⑧⑨	⓪①②③④⑤⑥⑦⑧⑨	⓪①②③④⑤⑥⑦⑧⑨

출생(생년을 제외한) 월일			
⓪①②③④⑤⑥⑦⑧⑨	⓪①②③④⑤⑥⑦⑧⑨	⓪①②③④⑤⑥⑦⑧⑨	⓪①②③④⑤⑥⑦⑧⑨

수험생 유의사항

(1) 아래와 같은 방식으로 답안지를 바르게 작성한다.
[보기] ① ② ● ④ ⑤
(2) 성명란은 왼쪽부터 빠짐없이 순서대로 작성한다.
(3) 수험번호는 각자 자신에게 부여받은 번호를 표기하여 작성한다.
(4) 출생 월일은 출생연도를 제외하고 작성한다.
(예) 2002년 4월 1일 → 0401

문번	1회독	문번	2회독	문번	3회독
01	① ② ③ ④ ⑤	01	① ② ③ ④ ⑤	01	① ② ③ ④ ⑤
02	① ② ③ ④ ⑤	02	① ② ③ ④ ⑤	02	① ② ③ ④ ⑤
03	① ② ③ ④ ⑤	03	① ② ③ ④ ⑤	03	① ② ③ ④ ⑤
04	① ② ③ ④ ⑤	04	① ② ③ ④ ⑤	04	① ② ③ ④ ⑤
05	① ② ③ ④ ⑤	05	① ② ③ ④ ⑤	05	① ② ③ ④ ⑤
06	① ② ③ ④ ⑤	06	① ② ③ ④ ⑤	06	① ② ③ ④ ⑤
07	① ② ③ ④ ⑤	07	① ② ③ ④ ⑤	07	① ② ③ ④ ⑤
08	① ② ③ ④ ⑤	08	① ② ③ ④ ⑤	08	① ② ③ ④ ⑤
09	① ② ③ ④ ⑤	09	① ② ③ ④ ⑤	09	① ② ③ ④ ⑤
10	① ② ③ ④ ⑤	10	① ② ③ ④ ⑤	10	① ② ③ ④ ⑤
11	① ② ③ ④ ⑤	11	① ② ③ ④ ⑤	11	① ② ③ ④ ⑤
12	① ② ③ ④ ⑤	12	① ② ③ ④ ⑤	12	① ② ③ ④ ⑤
13	① ② ③ ④ ⑤	13	① ② ③ ④ ⑤	13	① ② ③ ④ ⑤
14	① ② ③ ④ ⑤	14	① ② ③ ④ ⑤	14	① ② ③ ④ ⑤
15	① ② ③ ④ ⑤	15	① ② ③ ④ ⑤	15	① ② ③ ④ ⑤
16	① ② ③ ④ ⑤	16	① ② ③ ④ ⑤	16	① ② ③ ④ ⑤
17	① ② ③ ④ ⑤	17	① ② ③ ④ ⑤	17	① ② ③ ④ ⑤
18	① ② ③ ④ ⑤	18	① ② ③ ④ ⑤	18	① ② ③ ④ ⑤
19	① ② ③ ④ ⑤	19	① ② ③ ④ ⑤	19	① ② ③ ④ ⑤
20	① ② ③ ④ ⑤	20	① ② ③ ④ ⑤	20	① ② ③ ④ ⑤
21	① ② ③ ④ ⑤	21	① ② ③ ④ ⑤	21	① ② ③ ④ ⑤
22	① ② ③ ④ ⑤	22	① ② ③ ④ ⑤	22	① ② ③ ④ ⑤
23	① ② ③ ④ ⑤	23	① ② ③ ④ ⑤	23	① ② ③ ④ ⑤
24	① ② ③ ④ ⑤	24	① ② ③ ④ ⑤	24	① ② ③ ④ ⑤
25	① ② ③ ④ ⑤	25	① ② ③ ④ ⑤	25	① ② ③ ④ ⑤

회독용 답안지 DAY ( )

성	명										
㉠	ㅏ	㉠	㉠	ㅏ	㉠	㉠	ㅏ	㉠	㉠	ㅏ	㉠
㉡	ㅑ	㉡	㉡	ㅑ	㉡	㉡	ㅑ	㉡	㉡	ㅑ	㉡
㉢	ㅓ	㉢	㉢	ㅓ	㉢	㉢	ㅓ	㉢	㉢	ㅓ	㉢
㉣	ㅕ	㉣	㉣	ㅕ	㉣	㉣	ㅕ	㉣	㉣	ㅕ	㉣
㉤	ㅗ	㉤	㉤	ㅗ	㉤	㉤	ㅗ	㉤	㉤	ㅗ	㉤
㉥	ㅛ	㉥	㉥	ㅛ	㉥	㉥	ㅛ	㉥	㉥	ㅛ	㉥
㉦	ㅜ	㉦	㉦	ㅜ	㉦	㉦	ㅜ	㉦	㉦	ㅜ	㉦
㉧	ㅠ	㉧	㉧	ㅠ	㉧	㉧	ㅠ	㉧	㉧	ㅠ	㉧
㉨	ㅡ	㉨	㉨	ㅡ	㉨	㉨	ㅡ	㉨	㉨	ㅡ	㉨
㉩	ㅣ	㉩	㉩	ㅣ	㉩	㉩	ㅣ	㉩	㉩	ㅣ	㉩
㉪	ㅐ	㉪	㉪	ㅐ	㉪	㉪	ㅐ	㉪	㉪	ㅐ	㉪
㉫	ㅒ	㉫	㉫	ㅒ	㉫	㉫	ㅒ	㉫	㉫	ㅒ	㉫
㉬	ㅔ	㉬	㉬	ㅔ	㉬	㉬	ㅔ	㉬	㉬	ㅔ	㉬
㉭	ㅖ	㉭	㉭	ㅖ	㉭	㉭	ㅖ	㉭	㉭	ㅖ	㉭
	ㅘ		ㄲ	ㅘ	ㄲ	ㄲ	ㅘ	ㄲ	ㄲ	ㅘ	ㄲ
	ㅙ		ㄸ	ㅙ	ㄸ	ㄸ	ㅙ	ㄸ	ㄸ	ㅙ	ㄸ
	ㅚ		ㅃ	ㅚ	ㅃ	ㅃ	ㅚ	ㅃ	ㅃ	ㅚ	ㅃ
	ㅝ		ㅆ	ㅝ	ㅆ	ㅆ	ㅝ	ㅆ	ㅆ	ㅝ	ㅆ
	ㅞ		ㅉ	ㅞ	ㅉ	ㅉ	ㅞ	ㅉ	ㅉ	ㅞ	ㅉ
	ㅟ			ㅟ	ㄺ		ㅟ	ㄺ		ㅟ	ㄺ
	ㅢ			ㅢ	ㄻ		ㅢ	ㄻ		ㅢ	ㄻ

수	험	번	호		
⓪	⓪	⓪	⓪	⓪	⓪
①	①	①	①	①	①
②	②	②	②	②	②
③	③	③	③	③	③
④	④	④	④	④	④
⑤	⑤	⑤	⑤	⑤	⑤
⑥	⑥	⑥	⑥	⑥	⑥
⑦	⑦	⑦	⑦	⑦	⑦
⑧	⑧	⑧	⑧	⑧	⑧
⑨	⑨	⑨	⑨	⑨	⑨

출생(생년을 제외한) 월일			
⓪	⓪	⓪	⓪
①	①	①	①
②	②	②	②
③	③	③	③
④	④	④	④
⑤	⑤	⑤	⑤
⑥	⑥	⑥	⑥
⑦	⑦	⑦	⑦
⑧	⑧	⑧	⑧
⑨	⑨	⑨	⑨

수험생 유의사항

(1) 아래와 같은 방식으로 답안지를 바르게 작성한다.

[보기] ① ② ● ④ ⑤

(2) 성명란은 왼쪽부터 빠짐없이 순서대로 작성한다.

(3) 수험번호는 각자 자신에게 부여받은 번호를 표기하여 작성한다.

(4) 출생 월일은 출생연도를 제외하고 작성한다.

(예) 2002년 4월 1일 → 0401

문번	1회독	문번	2회독	문번	3회독
01	① ② ③ ④ ⑤	01	① ② ③ ④ ⑤	01	① ② ③ ④ ⑤
02	① ② ③ ④ ⑤	02	① ② ③ ④ ⑤	02	① ② ③ ④ ⑤
03	① ② ③ ④ ⑤	03	① ② ③ ④ ⑤	03	① ② ③ ④ ⑤
04	① ② ③ ④ ⑤	04	① ② ③ ④ ⑤	04	① ② ③ ④ ⑤
05	① ② ③ ④ ⑤	05	① ② ③ ④ ⑤	05	① ② ③ ④ ⑤
06	① ② ③ ④ ⑤	06	① ② ③ ④ ⑤	06	① ② ③ ④ ⑤
07	① ② ③ ④ ⑤	07	① ② ③ ④ ⑤	07	① ② ③ ④ ⑤
08	① ② ③ ④ ⑤	08	① ② ③ ④ ⑤	08	① ② ③ ④ ⑤
09	① ② ③ ④ ⑤	09	① ② ③ ④ ⑤	09	① ② ③ ④ ⑤
10	① ② ③ ④ ⑤	10	① ② ③ ④ ⑤	10	① ② ③ ④ ⑤
11	① ② ③ ④ ⑤	11	① ② ③ ④ ⑤	11	① ② ③ ④ ⑤
12	① ② ③ ④ ⑤	12	① ② ③ ④ ⑤	12	① ② ③ ④ ⑤
13	① ② ③ ④ ⑤	13	① ② ③ ④ ⑤	13	① ② ③ ④ ⑤
14	① ② ③ ④ ⑤	14	① ② ③ ④ ⑤	14	① ② ③ ④ ⑤
15	① ② ③ ④ ⑤	15	① ② ③ ④ ⑤	15	① ② ③ ④ ⑤
16	① ② ③ ④ ⑤	16	① ② ③ ④ ⑤	16	① ② ③ ④ ⑤
17	① ② ③ ④ ⑤	17	① ② ③ ④ ⑤	17	① ② ③ ④ ⑤
18	① ② ③ ④ ⑤	18	① ② ③ ④ ⑤	18	① ② ③ ④ ⑤
19	① ② ③ ④ ⑤	19	① ② ③ ④ ⑤	19	① ② ③ ④ ⑤
20	① ② ③ ④ ⑤	20	① ② ③ ④ ⑤	20	① ② ③ ④ ⑤
21	① ② ③ ④ ⑤	21	① ② ③ ④ ⑤	21	① ② ③ ④ ⑤
22	① ② ③ ④ ⑤	22	① ② ③ ④ ⑤	22	① ② ③ ④ ⑤
23	① ② ③ ④ ⑤	23	① ② ③ ④ ⑤	23	① ② ③ ④ ⑤
24	① ② ③ ④ ⑤	24	① ② ③ ④ ⑤	24	① ② ③ ④ ⑤
25	① ② ③ ④ ⑤	25	① ② ③ ④ ⑤	25	① ② ③ ④ ⑤

회독용 답안지 DAY (   )

성 명

칸	초성	중성	종성
1	ㄱ ㄴ ㄷ ㄹ ㅁ ㅂ ㅅ ㅇ ㅈ ㅊ ㅋ ㅌ ㅍ ㅎ	ㅏ ㅑ ㅓ ㅕ ㅗ ㅛ ㅜ ㅠ ㅡ ㅣ ㅐ ㅒ ㅔ ㅖ ㅘ ㅙ ㅚ ㅝ ㅞ ㅟ ㅢ	ㄱ ㄴ ㄷ ㄹ ㅁ ㅂ ㅅ ㅇ ㅈ ㅊ ㅋ ㅌ ㅍ ㅎ
2	ㄱ ㄴ ㄷ ㄹ ㅁ ㅂ ㅅ ㅇ ㅈ ㅊ ㅋ ㅌ ㅍ ㅎ ㄲ ㄸ ㅃ ㅆ ㅉ	ㅏ ㅑ ㅓ ㅕ ㅗ ㅛ ㅜ ㅠ ㅡ ㅣ ㅐ ㅒ ㅔ ㅖ ㅘ ㅙ ㅚ ㅝ ㅞ ㅟ ㅢ	ㄱ ㄴ ㄷ ㄹ ㅁ ㅂ ㅅ ㅇ ㅈ ㅊ ㅋ ㅌ ㅍ ㅎ ㄲ ㄸ ㅃ ㅆ ㅉ ㄺ ㄻ
3	ㄱ ㄴ ㄷ ㄹ ㅁ ㅂ ㅅ ㅇ ㅈ ㅊ ㅋ ㅌ ㅍ ㅎ ㄲ ㄸ ㅃ ㅆ ㅉ	ㅏ ㅑ ㅓ ㅕ ㅗ ㅛ ㅜ ㅠ ㅡ ㅣ ㅐ ㅒ ㅔ ㅖ ㅘ ㅙ ㅚ ㅝ ㅞ ㅟ ㅢ	ㄱ ㄴ ㄷ ㄹ ㅁ ㅂ ㅅ ㅇ ㅈ ㅊ ㅋ ㅌ ㅍ ㅎ ㄲ ㄸ ㅃ ㅆ ㅉ ㄺ ㄻ
4	ㄱ ㄴ ㄷ ㄹ ㅁ ㅂ ㅅ ㅇ ㅈ ㅊ ㅋ ㅌ ㅍ ㅎ ㄲ ㄸ ㅃ ㅆ ㅉ	ㅏ ㅑ ㅓ ㅕ ㅗ ㅛ ㅜ ㅠ ㅡ ㅣ ㅐ ㅒ ㅔ ㅖ ㅘ ㅙ ㅚ ㅝ ㅞ ㅟ ㅢ	ㄱ ㄴ ㄷ ㄹ ㅁ ㅂ ㅅ ㅇ ㅈ ㅊ ㅋ ㅌ ㅍ ㅎ ㄲ ㄸ ㅃ ㅆ ㅉ ㄺ ㄻ

수 험 번 호

⓪	⓪	⓪	⓪	⓪	⓪
①	①	①	①	①	①
②	②	②	②	②	②
③	③	③	③	③	③
④	④	④	④	④	④
⑤	⑤	⑤	⑤	⑤	⑤
⑥	⑥	⑥	⑥	⑥	⑥
⑦	⑦	⑦	⑦	⑦	⑦
⑧	⑧	⑧	⑧	⑧	⑧
⑨	⑨	⑨	⑨	⑨	⑨

출생(생년을 제외한) 월일

⓪	⓪	⓪	⓪
①	①	①	①
②	②	②	②
③	③	③	③
④	④	④	④
⑤	⑤	⑤	⑤
⑥	⑥	⑥	⑥
⑦	⑦	⑦	⑦
⑧	⑧	⑧	⑧
⑨	⑨	⑨	⑨

수험생 유의사항

(1) 아래와 같은 방식으로 답안지를 바르게 작성한다.
[보기] ① ② ● ④ ⑤
(2) 성명란은 왼쪽부터 빠짐없이 순서대로 작성한다.
(3) 수험번호는 각자 자신에게 부여받은 번호를 표기하여 작성한다.
(4) 출생 월일은 출생연도를 제외하고 작성한다.
(예) 2002년 4월 1일 → 0401

문번	1회독	문번	2회독	문번	3회독
01	① ② ③ ④ ⑤	01	① ② ③ ④ ⑤	01	① ② ③ ④ ⑤
02	① ② ③ ④ ⑤	02	① ② ③ ④ ⑤	02	① ② ③ ④ ⑤
03	① ② ③ ④ ⑤	03	① ② ③ ④ ⑤	03	① ② ③ ④ ⑤
04	① ② ③ ④ ⑤	04	① ② ③ ④ ⑤	04	① ② ③ ④ ⑤
05	① ② ③ ④ ⑤	05	① ② ③ ④ ⑤	05	① ② ③ ④ ⑤
06	① ② ③ ④ ⑤	06	① ② ③ ④ ⑤	06	① ② ③ ④ ⑤
07	① ② ③ ④ ⑤	07	① ② ③ ④ ⑤	07	① ② ③ ④ ⑤
08	① ② ③ ④ ⑤	08	① ② ③ ④ ⑤	08	① ② ③ ④ ⑤
09	① ② ③ ④ ⑤	09	① ② ③ ④ ⑤	09	① ② ③ ④ ⑤
10	① ② ③ ④ ⑤	10	① ② ③ ④ ⑤	10	① ② ③ ④ ⑤
11	① ② ③ ④ ⑤	11	① ② ③ ④ ⑤	11	① ② ③ ④ ⑤
12	① ② ③ ④ ⑤	12	① ② ③ ④ ⑤	12	① ② ③ ④ ⑤
13	① ② ③ ④ ⑤	13	① ② ③ ④ ⑤	13	① ② ③ ④ ⑤
14	① ② ③ ④ ⑤	14	① ② ③ ④ ⑤	14	① ② ③ ④ ⑤
15	① ② ③ ④ ⑤	15	① ② ③ ④ ⑤	15	① ② ③ ④ ⑤
16	① ② ③ ④ ⑤	16	① ② ③ ④ ⑤	16	① ② ③ ④ ⑤
17	① ② ③ ④ ⑤	17	① ② ③ ④ ⑤	17	① ② ③ ④ ⑤
18	① ② ③ ④ ⑤	18	① ② ③ ④ ⑤	18	① ② ③ ④ ⑤
19	① ② ③ ④ ⑤	19	① ② ③ ④ ⑤	19	① ② ③ ④ ⑤
20	① ② ③ ④ ⑤	20	① ② ③ ④ ⑤	20	① ② ③ ④ ⑤
21	① ② ③ ④ ⑤	21	① ② ③ ④ ⑤	21	① ② ③ ④ ⑤
22	① ② ③ ④ ⑤	22	① ② ③ ④ ⑤	22	① ② ③ ④ ⑤
23	① ② ③ ④ ⑤	23	① ② ③ ④ ⑤	23	① ② ③ ④ ⑤
24	① ② ③ ④ ⑤	24	① ② ③ ④ ⑤	24	① ② ③ ④ ⑤
25	① ② ③ ④ ⑤	25	① ② ③ ④ ⑤	25	① ② ③ ④ ⑤

회독용 답안지 DAY (   )

성 명

㉠	ㅏ	㉠	㉠	ㅏ	㉠	㉠	ㅏ	㉠	㉠	ㅏ	㉠
㉡	ㅑ	㉡	㉡	ㅑ	㉡	㉡	ㅑ	㉡	㉡	ㅑ	㉡
㉢	ㅓ	㉢	㉢	ㅓ	㉢	㉢	ㅓ	㉢	㉢	ㅓ	㉢
㉣	ㅕ	㉣	㉣	ㅕ	㉣	㉣	ㅕ	㉣	㉣	ㅕ	㉣
㉤	ㅗ	㉤	㉤	ㅗ	㉤	㉤	ㅗ	㉤	㉤	ㅗ	㉤
㉥	ㅛ	㉥	㉥	ㅛ	㉥	㉥	ㅛ	㉥	㉥	ㅛ	㉥
㉦	ㅜ	㉦	㉦	ㅜ	㉦	㉦	ㅜ	㉦	㉦	ㅜ	㉦
㉧	ㅠ	㉧	㉧	ㅠ	㉧	㉧	ㅠ	㉧	㉧	ㅠ	㉧
㉨	ㅡ	㉨	㉨	ㅡ	㉨	㉨	ㅡ	㉨	㉨	ㅡ	㉨
㉩	ㅣ	㉩	㉩	ㅣ	㉩	㉩	ㅣ	㉩	㉩	ㅣ	㉩
㉪	ㅐ	㉪	㉪	ㅐ	㉪	㉪	ㅐ	㉪	㉪	ㅐ	㉪
㉫	ㅒ	㉫	㉫	ㅒ	㉫	㉫	ㅒ	㉫	㉫	ㅒ	㉫
㉬	ㅔ	㉬	㉬	ㅔ	㉬	㉬	ㅔ	㉬	㉬	ㅔ	㉬
㉭	ㅖ	㉭	㉭	ㅖ	㉭	㉭	ㅖ	㉭	㉭	ㅖ	㉭
	ㅘ		ㄲ	ㅘ	ㄲ	ㄲ	ㅘ	ㄲ	ㄲ	ㅘ	ㄲ
	ㅙ		ㄸ	ㅙ	ㄸ	ㄸ	ㅙ	ㄸ	ㄸ	ㅙ	ㄸ
	ㅚ		ㅃ	ㅚ	ㅃ	ㅃ	ㅚ	ㅃ	ㅃ	ㅚ	ㅃ
	ㅝ		ㅆ	ㅝ	ㅆ	ㅆ	ㅝ	ㅆ	ㅆ	ㅝ	ㅆ
	ㅞ		ㅉ	ㅞ	ㅉ	ㅉ	ㅞ	ㅉ	ㅉ	ㅞ	ㅉ
	ㅟ			ㅟ	ㄺ		ㅟ	ㄺ		ㅟ	ㄺ
	ㅢ			ㅢ	ㄻ		ㅢ	ㄻ		ㅢ	ㄻ

수	험	번	호		
⓪	⓪	⓪	⓪	⓪	⓪
①	①	①	①	①	①
②	②	②	②	②	②
③	③	③	③	③	③
④	④	④	④	④	④
⑤	⑤	⑤	⑤	⑤	⑤
⑥	⑥	⑥	⑥	⑥	⑥
⑦	⑦	⑦	⑦	⑦	⑦
⑧	⑧	⑧	⑧	⑧	⑧
⑨	⑨	⑨	⑨	⑨	⑨

출생(생년을 제외한) 월일			
⓪	⓪	⓪	⓪
①	①	①	①
②	②	②	②
③	③	③	③
④	④	④	④
⑤	⑤	⑤	⑤
⑥	⑥	⑥	⑥
⑦	⑦	⑦	⑦
⑧	⑧	⑧	⑧
⑨	⑨	⑨	⑨

수험생 유의사항

(1) 아래와 같은 방식으로 답안지를 바르게 작성한다.
[보기] ① ② ● ④ ⑤
(2) 성명란은 왼쪽부터 빠짐없이 순서대로 작성한다.
(3) 수험번호는 각자 자신에게 부여받은 번호를 표기하여 작성한다.
(4) 출생 월일은 출생연도를 제외하고 작성한다.
(예) 2002년 4월 1일 → 0401

문번	1회독	문번	2회독	문번	3회독
01	① ② ③ ④ ⑤	01	① ② ③ ④ ⑤	01	① ② ③ ④ ⑤
02	① ② ③ ④ ⑤	02	① ② ③ ④ ⑤	02	① ② ③ ④ ⑤
03	① ② ③ ④ ⑤	03	① ② ③ ④ ⑤	03	① ② ③ ④ ⑤
04	① ② ③ ④ ⑤	04	① ② ③ ④ ⑤	04	① ② ③ ④ ⑤
05	① ② ③ ④ ⑤	05	① ② ③ ④ ⑤	05	① ② ③ ④ ⑤
06	① ② ③ ④ ⑤	06	① ② ③ ④ ⑤	06	① ② ③ ④ ⑤
07	① ② ③ ④ ⑤	07	① ② ③ ④ ⑤	07	① ② ③ ④ ⑤
08	① ② ③ ④ ⑤	08	① ② ③ ④ ⑤	08	① ② ③ ④ ⑤
09	① ② ③ ④ ⑤	09	① ② ③ ④ ⑤	09	① ② ③ ④ ⑤
10	① ② ③ ④ ⑤	10	① ② ③ ④ ⑤	10	① ② ③ ④ ⑤
11	① ② ③ ④ ⑤	11	① ② ③ ④ ⑤	11	① ② ③ ④ ⑤
12	① ② ③ ④ ⑤	12	① ② ③ ④ ⑤	12	① ② ③ ④ ⑤
13	① ② ③ ④ ⑤	13	① ② ③ ④ ⑤	13	① ② ③ ④ ⑤
14	① ② ③ ④ ⑤	14	① ② ③ ④ ⑤	14	① ② ③ ④ ⑤
15	① ② ③ ④ ⑤	15	① ② ③ ④ ⑤	15	① ② ③ ④ ⑤
16	① ② ③ ④ ⑤	16	① ② ③ ④ ⑤	16	① ② ③ ④ ⑤
17	① ② ③ ④ ⑤	17	① ② ③ ④ ⑤	17	① ② ③ ④ ⑤
18	① ② ③ ④ ⑤	18	① ② ③ ④ ⑤	18	① ② ③ ④ ⑤
19	① ② ③ ④ ⑤	19	① ② ③ ④ ⑤	19	① ② ③ ④ ⑤
20	① ② ③ ④ ⑤	20	① ② ③ ④ ⑤	20	① ② ③ ④ ⑤
21	① ② ③ ④ ⑤	21	① ② ③ ④ ⑤	21	① ② ③ ④ ⑤
22	① ② ③ ④ ⑤	22	① ② ③ ④ ⑤	22	① ② ③ ④ ⑤
23	① ② ③ ④ ⑤	23	① ② ③ ④ ⑤	23	① ② ③ ④ ⑤
24	① ② ③ ④ ⑤	24	① ② ③ ④ ⑤	24	① ② ③ ④ ⑤
25	① ② ③ ④ ⑤	25	① ② ③ ④ ⑤	25	① ② ③ ④ ⑤

회독용 답안지 DAY (   )

성 명											
㉠	ㅏ	㉠	㉠	ㅏ	㉠	㉠	ㅏ	㉠	㉠	ㅏ	㉠
㉡	ㅑ	㉡	㉡	ㅑ	㉡	㉡	ㅑ	㉡	㉡	ㅑ	㉡
㉢	ㅓ	㉢	㉢	ㅓ	㉢	㉢	ㅓ	㉢	㉢	ㅓ	㉢
㉣	ㅕ	㉣	㉣	ㅕ	㉣	㉣	ㅕ	㉣	㉣	ㅕ	㉣
㉤	ㅗ	㉤	㉤	ㅗ	㉤	㉤	ㅗ	㉤	㉤	ㅗ	㉤
㉥	ㅛ	㉥	㉥	ㅛ	㉥	㉥	ㅛ	㉥	㉥	ㅛ	㉥
㉦	ㅜ	㉦	㉦	ㅜ	㉦	㉦	ㅜ	㉦	㉦	ㅜ	㉦
㉧	ㅠ	㉧	㉧	ㅠ	㉧	㉧	ㅠ	㉧	㉧	ㅠ	㉧
㉨	ㅡ	㉨	㉨	ㅡ	㉨	㉨	ㅡ	㉨	㉨	ㅡ	㉨
㉩	ㅣ	㉩	㉩	ㅣ	㉩	㉩	ㅣ	㉩	㉩	ㅣ	㉩
㉪	ㅐ	㉪	㉪	ㅐ	㉪	㉪	ㅐ	㉪	㉪	ㅐ	㉪
㉫	ㅒ	㉫	㉫	ㅒ	㉫	㉫	ㅒ	㉫	㉫	ㅒ	㉫
㉬	ㅔ	㉬	㉬	ㅔ	㉬	㉬	ㅔ	㉬	㉬	ㅔ	㉬
㉭	ㅖ	㉭	㉭	ㅖ	㉭	㉭	ㅖ	㉭	㉭	ㅖ	㉭
	ㅘ		ㄲ	ㅘ	ㄲ	ㄲ	ㅘ	ㄲ	ㄲ	ㅘ	ㄲ
	ㅙ		ㄸ	ㅙ	ㄸ	ㄸ	ㅙ	ㄸ	ㄸ	ㅙ	ㄸ
	ㅚ		ㅃ	ㅚ	ㅃ	ㅃ	ㅚ	ㅃ	ㅃ	ㅚ	ㅃ
	ㅝ		ㅆ	ㅝ	ㅆ	ㅆ	ㅝ	ㅆ	ㅆ	ㅝ	ㅆ
	ㅞ		ㅉ	ㅞ	ㅉ	ㅉ	ㅞ	ㅉ	ㅉ	ㅞ	ㅉ
	ㅟ			ㅟ	ㄺ		ㅟ	ㄺ		ㅟ	ㄺ
	ㅢ			ㅢ	ㄻ		ㅢ	ㄻ		ㅢ	ㄻ

수 험 번 호					
⓪	⓪	⓪	⓪	⓪	⓪
①	①	①	①	①	①
②	②	②	②	②	②
③	③	③	③	③	③
④	④	④	④	④	④
⑤	⑤	⑤	⑤	⑤	⑤
⑥	⑥	⑥	⑥	⑥	⑥
⑦	⑦	⑦	⑦	⑦	⑦
⑧	⑧	⑧	⑧	⑧	⑧
⑨	⑨	⑨	⑨	⑨	⑨

출생(생년을 제외한) 월일			
⓪	⓪	⓪	⓪
①	①	①	①
②	②	②	②
③	③	③	③
④	④	④	④
⑤	⑤	⑤	⑤
⑥	⑥	⑥	⑥
⑦	⑦	⑦	⑦
⑧	⑧	⑧	⑧
⑨	⑨	⑨	⑨

수험생 유의사항

(1) 아래와 같은 방식으로 답안지를 바르게 작성한다.
[보기] ① ② ● ④ ⑤
(2) 성명란은 왼쪽부터 빠짐없이 순서대로 작성한다.
(3) 수험번호는 각자 자신에게 부여받은 번호를 표기하여 작성한다.
(4) 출생 월일은 출생연도를 제외하고 작성한다.
(예) 2002년 4월 1일 → 0401

문번	1회독	문번	2회독	문번	3회독
01	① ② ③ ④ ⑤	01	① ② ③ ④ ⑤	01	① ② ③ ④ ⑤
02	① ② ③ ④ ⑤	02	① ② ③ ④ ⑤	02	① ② ③ ④ ⑤
03	① ② ③ ④ ⑤	03	① ② ③ ④ ⑤	03	① ② ③ ④ ⑤
04	① ② ③ ④ ⑤	04	① ② ③ ④ ⑤	04	① ② ③ ④ ⑤
05	① ② ③ ④ ⑤	05	① ② ③ ④ ⑤	05	① ② ③ ④ ⑤
06	① ② ③ ④ ⑤	06	① ② ③ ④ ⑤	06	① ② ③ ④ ⑤
07	① ② ③ ④ ⑤	07	① ② ③ ④ ⑤	07	① ② ③ ④ ⑤
08	① ② ③ ④ ⑤	08	① ② ③ ④ ⑤	08	① ② ③ ④ ⑤
09	① ② ③ ④ ⑤	09	① ② ③ ④ ⑤	09	① ② ③ ④ ⑤
10	① ② ③ ④ ⑤	10	① ② ③ ④ ⑤	10	① ② ③ ④ ⑤
11	① ② ③ ④ ⑤	11	① ② ③ ④ ⑤	11	① ② ③ ④ ⑤
12	① ② ③ ④ ⑤	12	① ② ③ ④ ⑤	12	① ② ③ ④ ⑤
13	① ② ③ ④ ⑤	13	① ② ③ ④ ⑤	13	① ② ③ ④ ⑤
14	① ② ③ ④ ⑤	14	① ② ③ ④ ⑤	14	① ② ③ ④ ⑤
15	① ② ③ ④ ⑤	15	① ② ③ ④ ⑤	15	① ② ③ ④ ⑤
16	① ② ③ ④ ⑤	16	① ② ③ ④ ⑤	16	① ② ③ ④ ⑤
17	① ② ③ ④ ⑤	17	① ② ③ ④ ⑤	17	① ② ③ ④ ⑤
18	① ② ③ ④ ⑤	18	① ② ③ ④ ⑤	18	① ② ③ ④ ⑤
19	① ② ③ ④ ⑤	19	① ② ③ ④ ⑤	19	① ② ③ ④ ⑤
20	① ② ③ ④ ⑤	20	① ② ③ ④ ⑤	20	① ② ③ ④ ⑤
21	① ② ③ ④ ⑤	21	① ② ③ ④ ⑤	21	① ② ③ ④ ⑤
22	① ② ③ ④ ⑤	22	① ② ③ ④ ⑤	22	① ② ③ ④ ⑤
23	① ② ③ ④ ⑤	23	① ② ③ ④ ⑤	23	① ② ③ ④ ⑤
24	① ② ③ ④ ⑤	24	① ② ③ ④ ⑤	24	① ② ③ ④ ⑤
25	① ② ③ ④ ⑤	25	① ② ③ ④ ⑤	25	① ② ③ ④ ⑤

회독용 답안지 DAY ( )

성	명										
ㄱ	ㅏ	ㄱ	ㄱ	ㅏ	ㄱ	ㄱ	ㅏ	ㄱ	ㄱ	ㅏ	ㄱ
ㄴ	ㅑ	ㄴ	ㄴ	ㅑ	ㄴ	ㄴ	ㅑ	ㄴ	ㄴ	ㅑ	ㄴ
ㄷ	ㅓ	ㄷ	ㄷ	ㅓ	ㄷ	ㄷ	ㅓ	ㄷ	ㄷ	ㅓ	ㄷ
ㄹ	ㅕ	ㄹ	ㄹ	ㅕ	ㄹ	ㄹ	ㅕ	ㄹ	ㄹ	ㅕ	ㄹ
ㅁ	ㅗ	ㅁ	ㅁ	ㅗ	ㅁ	ㅁ	ㅗ	ㅁ	ㅁ	ㅗ	ㅁ
ㅂ	ㅛ	ㅂ	ㅂ	ㅛ	ㅂ	ㅂ	ㅛ	ㅂ	ㅂ	ㅛ	ㅂ
ㅅ	ㅜ	ㅅ	ㅅ	ㅜ	ㅅ	ㅅ	ㅜ	ㅅ	ㅅ	ㅜ	ㅅ
ㅇ	ㅠ	ㅇ	ㅇ	ㅠ	ㅇ	ㅇ	ㅠ	ㅇ	ㅇ	ㅠ	ㅇ
ㅈ	ㅡ	ㅈ	ㅈ	ㅡ	ㅈ	ㅈ	ㅡ	ㅈ	ㅈ	ㅡ	ㅈ
ㅊ	ㅣ	ㅊ	ㅊ	ㅣ	ㅊ	ㅊ	ㅣ	ㅊ	ㅊ	ㅣ	ㅊ
ㅋ	ㅐ	ㅋ	ㅋ	ㅐ	ㅋ	ㅋ	ㅐ	ㅋ	ㅋ	ㅐ	ㅋ
ㅌ	ㅒ	ㅌ	ㅌ	ㅒ	ㅌ	ㅌ	ㅒ	ㅌ	ㅌ	ㅒ	ㅌ
ㅍ	ㅔ	ㅍ	ㅍ	ㅔ	ㅍ	ㅍ	ㅔ	ㅍ	ㅍ	ㅔ	ㅍ
ㅎ	ㅖ	ㅎ	ㅎ	ㅖ	ㅎ	ㅎ	ㅖ	ㅎ	ㅎ	ㅖ	ㅎ
	ㅘ		ㄲ	ㅘ	ㄲ	ㄲ	ㅘ	ㄲ	ㄲ	ㅘ	ㄲ
	ㅙ		ㄸ	ㅙ	ㄸ	ㄸ	ㅙ	ㄸ	ㄸ	ㅙ	ㄸ
	ㅚ		ㅃ	ㅚ	ㅃ	ㅃ	ㅚ	ㅃ	ㅃ	ㅚ	ㅃ
	ㅝ		ㅆ	ㅝ	ㅆ	ㅆ	ㅝ	ㅆ	ㅆ	ㅝ	ㅆ
	ㅞ		ㅉ	ㅞ	ㅉ	ㅉ	ㅞ	ㅉ	ㅉ	ㅞ	ㅉ
	ㅟ			ㅟ	ㄺ		ㅟ	ㄺ		ㅟ	ㄺ
	ㅢ			ㅢ	ㄻ		ㅢ	ㄻ		ㅢ	ㄻ

수	험	번	호		
0	0	0	0	0	0
1	1	1	1	1	1
2	2	2	2	2	2
3	3	3	3	3	3
4	4	4	4	4	4
5	5	5	5	5	5
6	6	6	6	6	6
7	7	7	7	7	7
8	8	8	8	8	8
9	9	9	9	9	9

출생(생년을 제외한) 월일			
0	0	0	0
1	1	1	1
2	2	2	2
3	3	3	3
4	4	4	4
5	5	5	5
6	6	6	6
7	7	7	7
8	8	8	8
9	9	9	9

수험생 유의사항

(1) 아래와 같은 방식으로 답안지를 바르게 작성한다.
[보기] ① ② ● ④ ⑤
(2) 성명란은 왼쪽부터 빠짐없이 순서대로 작성한다.
(3) 수험번호는 각자 자신에게 부여받은 번호를 표기하여 작성한다.
(4) 출생 월일은 출생연도를 제외하고 작성한다.
(예) 2002년 4월 1일 → 0401

문번	1회독	문번	2회독	문번	3회독
01	① ② ③ ④ ⑤	01	① ② ③ ④ ⑤	01	① ② ③ ④ ⑤
02	① ② ③ ④ ⑤	02	① ② ③ ④ ⑤	02	① ② ③ ④ ⑤
03	① ② ③ ④ ⑤	03	① ② ③ ④ ⑤	03	① ② ③ ④ ⑤
04	① ② ③ ④ ⑤	04	① ② ③ ④ ⑤	04	① ② ③ ④ ⑤
05	① ② ③ ④ ⑤	05	① ② ③ ④ ⑤	05	① ② ③ ④ ⑤
06	① ② ③ ④ ⑤	06	① ② ③ ④ ⑤	06	① ② ③ ④ ⑤
07	① ② ③ ④ ⑤	07	① ② ③ ④ ⑤	07	① ② ③ ④ ⑤
08	① ② ③ ④ ⑤	08	① ② ③ ④ ⑤	08	① ② ③ ④ ⑤
09	① ② ③ ④ ⑤	09	① ② ③ ④ ⑤	09	① ② ③ ④ ⑤
10	① ② ③ ④ ⑤	10	① ② ③ ④ ⑤	10	① ② ③ ④ ⑤
11	① ② ③ ④ ⑤	11	① ② ③ ④ ⑤	11	① ② ③ ④ ⑤
12	① ② ③ ④ ⑤	12	① ② ③ ④ ⑤	12	① ② ③ ④ ⑤
13	① ② ③ ④ ⑤	13	① ② ③ ④ ⑤	13	① ② ③ ④ ⑤
14	① ② ③ ④ ⑤	14	① ② ③ ④ ⑤	14	① ② ③ ④ ⑤
15	① ② ③ ④ ⑤	15	① ② ③ ④ ⑤	15	① ② ③ ④ ⑤
16	① ② ③ ④ ⑤	16	① ② ③ ④ ⑤	16	① ② ③ ④ ⑤
17	① ② ③ ④ ⑤	17	① ② ③ ④ ⑤	17	① ② ③ ④ ⑤
18	① ② ③ ④ ⑤	18	① ② ③ ④ ⑤	18	① ② ③ ④ ⑤
19	① ② ③ ④ ⑤	19	① ② ③ ④ ⑤	19	① ② ③ ④ ⑤
20	① ② ③ ④ ⑤	20	① ② ③ ④ ⑤	20	① ② ③ ④ ⑤
21	① ② ③ ④ ⑤	21	① ② ③ ④ ⑤	21	① ② ③ ④ ⑤
22	① ② ③ ④ ⑤	22	① ② ③ ④ ⑤	22	① ② ③ ④ ⑤
23	① ② ③ ④ ⑤	23	① ② ③ ④ ⑤	23	① ② ③ ④ ⑤
24	① ② ③ ④ ⑤	24	① ② ③ ④ ⑤	24	① ② ③ ④ ⑤
25	① ② ③ ④ ⑤	25	① ② ③ ④ ⑤	25	① ② ③ ④ ⑤

회독용 답안지 DAY (   )

성 명

ㄱ ㄴ ㄷ ㄹ ㅁ ㅂ ㅅ ㅇ ㅈ ㅊ ㅋ ㅌ ㅍ ㅎ

ㅏ ㅑ ㅓ ㅕ ㅗ ㅛ ㅜ ㅠ ㅡ ㅣ ㅐ ㅒ ㅔ ㅖ ㅘ ㅙ ㅚ ㅝ ㅞ ㅟ ㅢ

ㄱ ㄴ ㄷ ㄹ ㅁ ㅂ ㅅ ㅇ ㅈ ㅊ ㅋ ㅌ ㅍ ㅎ ㄲ ㄸ ㅃ ㅆ ㅉ ㄳ ㄺ

수 험 번 호

⓪	⓪	⓪	⓪	⓪	⓪
①	①	①	①	①	①
②	②	②	②	②	②
③	③	③	③	③	③
④	④	④	④	④	④
⑤	⑤	⑤	⑤	⑤	⑤
⑥	⑥	⑥	⑥	⑥	⑥
⑦	⑦	⑦	⑦	⑦	⑦
⑧	⑧	⑧	⑧	⑧	⑧
⑨	⑨	⑨	⑨	⑨	⑨

출생(생년을 제외한) 월일

⓪	⓪	⓪	⓪
①	①	①	①
②	②	②	②
③	③	③	③
④	④	④	④
⑤	⑤	⑤	⑤
⑥	⑥	⑥	⑥
⑦	⑦	⑦	⑦
⑧	⑧	⑧	⑧
⑨	⑨	⑨	⑨

수험생 유의사항

(1) 아래와 같은 방식으로 답안지를 바르게 작성한다.

[보기] ① ② ● ④ ⑤

(2) 성명란은 왼쪽부터 빠짐없이 순서대로 작성한다.

(3) 수험번호는 각자 자신에게 부여받은 번호를 표기하여 작성한다.

(4) 출생 월일은 출생연도를 제외하고 작성한다.

(예) 2002년 4월 1일 → 0401

문번	1회독	문번	2회독	문번	3회독
01	① ② ③ ④ ⑤	01	① ② ③ ④ ⑤	01	① ② ③ ④ ⑤
02	① ② ③ ④ ⑤	02	① ② ③ ④ ⑤	02	① ② ③ ④ ⑤
03	① ② ③ ④ ⑤	03	① ② ③ ④ ⑤	03	① ② ③ ④ ⑤
04	① ② ③ ④ ⑤	04	① ② ③ ④ ⑤	04	① ② ③ ④ ⑤
05	① ② ③ ④ ⑤	05	① ② ③ ④ ⑤	05	① ② ③ ④ ⑤
06	① ② ③ ④ ⑤	06	① ② ③ ④ ⑤	06	① ② ③ ④ ⑤
07	① ② ③ ④ ⑤	07	① ② ③ ④ ⑤	07	① ② ③ ④ ⑤
08	① ② ③ ④ ⑤	08	① ② ③ ④ ⑤	08	① ② ③ ④ ⑤
09	① ② ③ ④ ⑤	09	① ② ③ ④ ⑤	09	① ② ③ ④ ⑤
10	① ② ③ ④ ⑤	10	① ② ③ ④ ⑤	10	① ② ③ ④ ⑤
11	① ② ③ ④ ⑤	11	① ② ③ ④ ⑤	11	① ② ③ ④ ⑤
12	① ② ③ ④ ⑤	12	① ② ③ ④ ⑤	12	① ② ③ ④ ⑤
13	① ② ③ ④ ⑤	13	① ② ③ ④ ⑤	13	① ② ③ ④ ⑤
14	① ② ③ ④ ⑤	14	① ② ③ ④ ⑤	14	① ② ③ ④ ⑤
15	① ② ③ ④ ⑤	15	① ② ③ ④ ⑤	15	① ② ③ ④ ⑤
16	① ② ③ ④ ⑤	16	① ② ③ ④ ⑤	16	① ② ③ ④ ⑤
17	① ② ③ ④ ⑤	17	① ② ③ ④ ⑤	17	① ② ③ ④ ⑤
18	① ② ③ ④ ⑤	18	① ② ③ ④ ⑤	18	① ② ③ ④ ⑤
19	① ② ③ ④ ⑤	19	① ② ③ ④ ⑤	19	① ② ③ ④ ⑤
20	① ② ③ ④ ⑤	20	① ② ③ ④ ⑤	20	① ② ③ ④ ⑤
21	① ② ③ ④ ⑤	21	① ② ③ ④ ⑤	21	① ② ③ ④ ⑤
22	① ② ③ ④ ⑤	22	① ② ③ ④ ⑤	22	① ② ③ ④ ⑤
23	① ② ③ ④ ⑤	23	① ② ③ ④ ⑤	23	① ② ③ ④ ⑤
24	① ② ③ ④ ⑤	24	① ② ③ ④ ⑤	24	① ② ③ ④ ⑤
25	① ② ③ ④ ⑤	25	① ② ③ ④ ⑤	25	① ② ③ ④ ⑤

회독용 답안지 DAY (　)

성 명			
ㄱ ㄴ ㄷ ㄹ ㅁ ㅂ ㅅ ㅇ ㅈ ㅊ ㅋ ㅌ ㅍ ㅎ / ㅏ ㅑ ㅓ ㅕ ㅗ ㅛ ㅜ ㅠ ㅡ ㅣ ㅐ ㅒ ㅔ ㅖ ㅘ ㅙ ㅚ ㅝ ㅞ ㅟ ㅢ / ㄱ ㄴ ㄷ ㄹ ㅁ ㅂ ㅅ ㅇ ㅈ ㅊ ㅋ ㅌ ㅍ ㅎ	ㄱ ㄴ ㄷ ㄹ ㅁ ㅂ ㅅ ㅇ ㅈ ㅊ ㅋ ㅌ ㅍ ㅎ ㄲ ㄸ ㅃ ㅆ ㅉ / ㅏ ㅑ ㅓ ㅕ ㅗ ㅛ ㅜ ㅠ ㅡ ㅣ ㅐ ㅒ ㅔ ㅖ ㅘ ㅙ ㅚ ㅝ ㅞ ㅟ ㅢ / ㄱ ㄴ ㄷ ㄹ ㅁ ㅂ ㅅ ㅇ ㅈ ㅊ ㅋ ㅌ ㅍ ㅎ ㄲ ㄸ ㅃ ㅆ ㅉ ㄺ ㄻ	ㄱ ㄴ ㄷ ㄹ ㅁ ㅂ ㅅ ㅇ ㅈ ㅊ ㅋ ㅌ ㅍ ㅎ ㄲ ㄸ ㅃ ㅆ ㅉ / ㅏ ㅑ ㅓ ㅕ ㅗ ㅛ ㅜ ㅠ ㅡ ㅣ ㅐ ㅒ ㅔ ㅖ ㅘ ㅙ ㅚ ㅝ ㅞ ㅟ ㅢ / ㄱ ㄴ ㄷ ㄹ ㅁ ㅂ ㅅ ㅇ ㅈ ㅊ ㅋ ㅌ ㅍ ㅎ ㄲ ㄸ ㅃ ㅆ ㅉ ㄺ ㄻ	ㄱ ㄴ ㄷ ㄹ ㅁ ㅂ ㅅ ㅇ ㅈ ㅊ ㅋ ㅌ ㅍ ㅎ ㄲ ㄸ ㅃ ㅆ ㅉ / ㅏ ㅑ ㅓ ㅕ ㅗ ㅛ ㅜ ㅠ ㅡ ㅣ ㅐ ㅒ ㅔ ㅖ ㅘ ㅙ ㅚ ㅝ ㅞ ㅟ ㅢ / ㄱ ㄴ ㄷ ㄹ ㅁ ㅂ ㅅ ㅇ ㅈ ㅊ ㅋ ㅌ ㅍ ㅎ ㄲ ㄸ ㅃ ㅆ ㅉ ㄺ ㄻ

수 험 번 호					
⓪	⓪	⓪	⓪	⓪	⓪
①	①	①	①	①	①
②	②	②	②	②	②
③	③	③	③	③	③
④	④	④	④	④	④
⑤	⑤	⑤	⑤	⑤	⑤
⑥	⑥	⑥	⑥	⑥	⑥
⑦	⑦	⑦	⑦	⑦	⑦
⑧	⑧	⑧	⑧	⑧	⑧
⑨	⑨	⑨	⑨	⑨	⑨

출생(생년을 제외한) 월일			
⓪	⓪	⓪	⓪
①	①	①	①
②	②	②	②
③	③	③	③
④	④	④	④
⑤	⑤	⑤	⑤
⑥	⑥	⑥	⑥
⑦	⑦	⑦	⑦
⑧	⑧	⑧	⑧
⑨	⑨	⑨	⑨

수험생 유의사항

(1) 아래와 같은 방식으로 답안지를 바르게 작성한다.
　[보기]　①　②　●　④　⑤
(2) 성명란은 왼쪽부터 빠짐없이 순서대로 작성한다.
(3) 수험번호는 각자 자신에게 부여받은 번호를 표기하여 작성한다.
(4) 출생 월일은 출생연도를 제외하고 작성한다.
　(예) 2002년 4월 1일 → 0401

문번	1회독	문번	2회독	문번	3회독
01	① ② ③ ④ ⑤	01	① ② ③ ④ ⑤	01	① ② ③ ④ ⑤
02	① ② ③ ④ ⑤	02	① ② ③ ④ ⑤	02	① ② ③ ④ ⑤
03	① ② ③ ④ ⑤	03	① ② ③ ④ ⑤	03	① ② ③ ④ ⑤
04	① ② ③ ④ ⑤	04	① ② ③ ④ ⑤	04	① ② ③ ④ ⑤
05	① ② ③ ④ ⑤	05	① ② ③ ④ ⑤	05	① ② ③ ④ ⑤
06	① ② ③ ④ ⑤	06	① ② ③ ④ ⑤	06	① ② ③ ④ ⑤
07	① ② ③ ④ ⑤	07	① ② ③ ④ ⑤	07	① ② ③ ④ ⑤
08	① ② ③ ④ ⑤	08	① ② ③ ④ ⑤	08	① ② ③ ④ ⑤
09	① ② ③ ④ ⑤	09	① ② ③ ④ ⑤	09	① ② ③ ④ ⑤
10	① ② ③ ④ ⑤	10	① ② ③ ④ ⑤	10	① ② ③ ④ ⑤
11	① ② ③ ④ ⑤	11	① ② ③ ④ ⑤	11	① ② ③ ④ ⑤
12	① ② ③ ④ ⑤	12	① ② ③ ④ ⑤	12	① ② ③ ④ ⑤
13	① ② ③ ④ ⑤	13	① ② ③ ④ ⑤	13	① ② ③ ④ ⑤
14	① ② ③ ④ ⑤	14	① ② ③ ④ ⑤	14	① ② ③ ④ ⑤
15	① ② ③ ④ ⑤	15	① ② ③ ④ ⑤	15	① ② ③ ④ ⑤
16	① ② ③ ④ ⑤	16	① ② ③ ④ ⑤	16	① ② ③ ④ ⑤
17	① ② ③ ④ ⑤	17	① ② ③ ④ ⑤	17	① ② ③ ④ ⑤
18	① ② ③ ④ ⑤	18	① ② ③ ④ ⑤	18	① ② ③ ④ ⑤
19	① ② ③ ④ ⑤	19	① ② ③ ④ ⑤	19	① ② ③ ④ ⑤
20	① ② ③ ④ ⑤	20	① ② ③ ④ ⑤	20	① ② ③ ④ ⑤
21	① ② ③ ④ ⑤	21	① ② ③ ④ ⑤	21	① ② ③ ④ ⑤
22	① ② ③ ④ ⑤	22	① ② ③ ④ ⑤	22	① ② ③ ④ ⑤
23	① ② ③ ④ ⑤	23	① ② ③ ④ ⑤	23	① ② ③ ④ ⑤
24	① ② ③ ④ ⑤	24	① ② ③ ④ ⑤	24	① ② ③ ④ ⑤
25	① ② ③ ④ ⑤	25	① ② ③ ④ ⑤	25	① ② ③ ④ ⑤

회독용 답안지 DAY (   )

성 명

ㄱ	ㅏ	ㄱ	ㄱ	ㅏ	ㄱ	ㄱ	ㅏ	ㄱ	ㄱ	ㅏ	ㄱ
ㄴ	ㅑ	ㄴ	ㄴ	ㅑ	ㄴ	ㄴ	ㅑ	ㄴ	ㄴ	ㅑ	ㄴ
ㄷ	ㅓ	ㄷ	ㄷ	ㅓ	ㄷ	ㄷ	ㅓ	ㄷ	ㄷ	ㅓ	ㄷ
ㄹ	ㅕ	ㄹ	ㄹ	ㅕ	ㄹ	ㄹ	ㅕ	ㄹ	ㄹ	ㅕ	ㄹ
ㅁ	ㅗ	ㅁ	ㅁ	ㅗ	ㅁ	ㅁ	ㅗ	ㅁ	ㅁ	ㅗ	ㅁ
ㅂ	ㅛ	ㅂ	ㅂ	ㅛ	ㅂ	ㅂ	ㅛ	ㅂ	ㅂ	ㅛ	ㅂ
ㅅ	ㅜ	ㅅ	ㅅ	ㅜ	ㅅ	ㅅ	ㅜ	ㅅ	ㅅ	ㅜ	ㅅ
ㅇ	ㅠ	ㅇ	ㅇ	ㅠ	ㅇ	ㅇ	ㅠ	ㅇ	ㅇ	ㅠ	ㅇ
ㅈ	ㅡ	ㅈ	ㅈ	ㅡ	ㅈ	ㅈ	ㅡ	ㅈ	ㅈ	ㅡ	ㅈ
ㅊ	ㅣ	ㅊ	ㅊ	ㅣ	ㅊ	ㅊ	ㅣ	ㅊ	ㅊ	ㅣ	ㅊ
ㅋ	ㅐ	ㅋ	ㅋ	ㅐ	ㅋ	ㅋ	ㅐ	ㅋ	ㅋ	ㅐ	ㅋ
ㅌ	ㅒ	ㅌ	ㅌ	ㅒ	ㅌ	ㅌ	ㅒ	ㅌ	ㅌ	ㅒ	ㅌ
ㅍ	ㅔ	ㅍ	ㅍ	ㅔ	ㅍ	ㅍ	ㅔ	ㅍ	ㅍ	ㅔ	ㅍ
ㅎ	ㅖ	ㅎ	ㅎ	ㅖ	ㅎ	ㅎ	ㅖ	ㅎ	ㅎ	ㅖ	ㅎ
	ㅘ		ㄲ	ㅘ	ㄲ	ㄲ	ㅘ	ㄲ	ㄲ	ㅘ	ㄲ
	ㅙ		ㄸ	ㅙ	ㄸ	ㄸ	ㅙ	ㄸ	ㄸ	ㅙ	ㄸ
	ㅚ		ㅃ	ㅚ	ㅃ	ㅃ	ㅚ	ㅃ	ㅃ	ㅚ	ㅃ
	ㅝ		ㅆ	ㅝ	ㅆ	ㅆ	ㅝ	ㅆ	ㅆ	ㅝ	ㅆ
	ㅞ		ㅉ	ㅞ	ㅉ	ㅉ	ㅞ	ㅉ	ㅉ	ㅞ	ㅉ
	ㅟ			ㅟ	ㄺ		ㅟ	ㄺ		ㅟ	ㄺ
	ㅢ			ㅢ	ㄻ		ㅢ	ㄻ		ㅢ	ㄻ

수 험 번 호

⓪	⓪	⓪	⓪	⓪	⓪
①	①	①	①	①	①
②	②	②	②	②	②
③	③	③	③	③	③
④	④	④	④	④	④
⑤	⑤	⑤	⑤	⑤	⑤
⑥	⑥	⑥	⑥	⑥	⑥
⑦	⑦	⑦	⑦	⑦	⑦
⑧	⑧	⑧	⑧	⑧	⑧
⑨	⑨	⑨	⑨	⑨	⑨

출생(생년을 제외한) 월일

⓪	⓪	⓪	⓪
①	①	①	①
②	②	②	②
③	③	③	③
④	④	④	④
⑤	⑤	⑤	⑤
⑥	⑥	⑥	⑥
⑦	⑦	⑦	⑦
⑧	⑧	⑧	⑧
⑨	⑨	⑨	⑨

수험생 유의사항

(1) 아래와 같은 방식으로 답안지를 바르게 작성한다.
[보기] ① ② ● ④ ⑤
(2) 성명란은 왼쪽부터 빠짐없이 순서대로 작성한다.
(3) 수험번호는 각자 자신에게 부여받은 번호를 표기하여 작성한다.
(4) 출생 월일은 출생연도를 제외하고 작성한다.
(예) 2002년 4월 1일 → 0401

문번	1회독	문번	2회독	문번	3회독
01	① ② ③ ④ ⑤	01	① ② ③ ④ ⑤	01	① ② ③ ④ ⑤
02	① ② ③ ④ ⑤	02	① ② ③ ④ ⑤	02	① ② ③ ④ ⑤
03	① ② ③ ④ ⑤	03	① ② ③ ④ ⑤	03	① ② ③ ④ ⑤
04	① ② ③ ④ ⑤	04	① ② ③ ④ ⑤	04	① ② ③ ④ ⑤
05	① ② ③ ④ ⑤	05	① ② ③ ④ ⑤	05	① ② ③ ④ ⑤
06	① ② ③ ④ ⑤	06	① ② ③ ④ ⑤	06	① ② ③ ④ ⑤
07	① ② ③ ④ ⑤	07	① ② ③ ④ ⑤	07	① ② ③ ④ ⑤
08	① ② ③ ④ ⑤	08	① ② ③ ④ ⑤	08	① ② ③ ④ ⑤
09	① ② ③ ④ ⑤	09	① ② ③ ④ ⑤	09	① ② ③ ④ ⑤
10	① ② ③ ④ ⑤	10	① ② ③ ④ ⑤	10	① ② ③ ④ ⑤
11	① ② ③ ④ ⑤	11	① ② ③ ④ ⑤	11	① ② ③ ④ ⑤
12	① ② ③ ④ ⑤	12	① ② ③ ④ ⑤	12	① ② ③ ④ ⑤
13	① ② ③ ④ ⑤	13	① ② ③ ④ ⑤	13	① ② ③ ④ ⑤
14	① ② ③ ④ ⑤	14	① ② ③ ④ ⑤	14	① ② ③ ④ ⑤
15	① ② ③ ④ ⑤	15	① ② ③ ④ ⑤	15	① ② ③ ④ ⑤
16	① ② ③ ④ ⑤	16	① ② ③ ④ ⑤	16	① ② ③ ④ ⑤
17	① ② ③ ④ ⑤	17	① ② ③ ④ ⑤	17	① ② ③ ④ ⑤
18	① ② ③ ④ ⑤	18	① ② ③ ④ ⑤	18	① ② ③ ④ ⑤
19	① ② ③ ④ ⑤	19	① ② ③ ④ ⑤	19	① ② ③ ④ ⑤
20	① ② ③ ④ ⑤	20	① ② ③ ④ ⑤	20	① ② ③ ④ ⑤
21	① ② ③ ④ ⑤	21	① ② ③ ④ ⑤	21	① ② ③ ④ ⑤
22	① ② ③ ④ ⑤	22	① ② ③ ④ ⑤	22	① ② ③ ④ ⑤
23	① ② ③ ④ ⑤	23	① ② ③ ④ ⑤	23	① ② ③ ④ ⑤
24	① ② ③ ④ ⑤	24	① ② ③ ④ ⑤	24	① ② ③ ④ ⑤
25	① ② ③ ④ ⑤	25	① ② ③ ④ ⑤	25	① ② ③ ④ ⑤

회독용 답안지 DAY ( )

성 명

ㄱ ㄴ ㄷ ㄹ ㅁ ㅂ ㅅ ㅇ ㅈ ㅊ ㅋ ㅌ ㅍ ㅎ	ㄱ ㄴ ㄷ ㄹ ㅁ ㅂ ㅅ ㅇ ㅈ ㅊ ㅋ ㅌ ㅍ ㅎ ㄲ ㄸ ㅃ ㅆ ㅉ	ㄱ ㄴ ㄷ ㄹ ㅁ ㅂ ㅅ ㅇ ㅈ ㅊ ㅋ ㅌ ㅍ ㅎ ㄲ ㄸ ㅃ ㅆ ㅉ	ㄱ ㄴ ㄷ ㄹ ㅁ ㅂ ㅅ ㅇ ㅈ ㅊ ㅋ ㅌ ㅍ ㅎ ㄲ ㄸ ㅃ ㅆ ㅉ
ㅏ ㅑ ㅓ ㅕ ㅗ ㅛ ㅜ ㅠ ㅡ ㅣ ㅐ ㅒ ㅔ ㅖ ㅘ ㅙ ㅚ ㅝ ㅞ ㅟ ㅢ	ㅏ ㅑ ㅓ ㅕ ㅗ ㅛ ㅜ ㅠ ㅡ ㅣ ㅐ ㅒ ㅔ ㅖ ㅘ ㅙ ㅚ ㅝ ㅞ ㅟ ㅢ	ㅏ ㅑ ㅓ ㅕ ㅗ ㅛ ㅜ ㅠ ㅡ ㅣ ㅐ ㅒ ㅔ ㅖ ㅘ ㅙ ㅚ ㅝ ㅞ ㅟ ㅢ	ㅏ ㅑ ㅓ ㅕ ㅗ ㅛ ㅜ ㅠ ㅡ ㅣ ㅐ ㅒ ㅔ ㅖ ㅘ ㅙ ㅚ ㅝ ㅞ ㅟ ㅢ
ㄱ ㄴ ㄷ ㄹ ㅁ ㅂ ㅅ ㅇ ㅈ ㅊ ㅋ ㅌ ㅍ ㅎ	ㄱ ㄴ ㄷ ㄹ ㅁ ㅂ ㅅ ㅇ ㅈ ㅊ ㅋ ㅌ ㅍ ㅎ ㄲ ㄸ ㅃ ㅆ ㅉ ㄺ ㄻ	ㄱ ㄴ ㄷ ㄹ ㅁ ㅂ ㅅ ㅇ ㅈ ㅊ ㅋ ㅌ ㅍ ㅎ ㄲ ㄸ ㅃ ㅆ ㅉ ㄺ ㄻ	ㄱ ㄴ ㄷ ㄹ ㅁ ㅂ ㅅ ㅇ ㅈ ㅊ ㅋ ㅌ ㅍ ㅎ ㄲ ㄸ ㅃ ㅆ ㅉ ㄺ ㄻ

수 험 번 호

⓪	⓪	⓪	⓪	⓪	⓪
①	①	①	①	①	①
②	②	②	②	②	②
③	③	③	③	③	③
④	④	④	④	④	④
⑤	⑤	⑤	⑤	⑤	⑤
⑥	⑥	⑥	⑥	⑥	⑥
⑦	⑦	⑦	⑦	⑦	⑦
⑧	⑧	⑧	⑧	⑧	⑧
⑨	⑨	⑨	⑨	⑨	⑨

출생(생년을 제외한) 월일

⓪	⓪	⓪	⓪
①	①	①	①
②	②	②	②
③	③	③	③
④	④	④	④
⑤	⑤	⑤	⑤
⑥	⑥	⑥	⑥
⑦	⑦	⑦	⑦
⑧	⑧	⑧	⑧
⑨	⑨	⑨	⑨

수험생 유의사항

(1) 아래와 같은 방식으로 답안지를 바르게 작성한다.
[보기] ① ② ● ④ ⑤
(2) 성명란은 왼쪽부터 빠짐없이 순서대로 작성한다.
(3) 수험번호는 각자 자신에게 부여받은 번호를 표기하여 작성한다.
(4) 출생 월일은 출생연도를 제외하고 작성한다.
(예) 2002년 4월 1일 → 0401

문번	1회독	문번	2회독	문번	3회독
01	① ② ③ ④ ⑤	01	① ② ③ ④ ⑤	01	① ② ③ ④ ⑤
02	① ② ③ ④ ⑤	02	① ② ③ ④ ⑤	02	① ② ③ ④ ⑤
03	① ② ③ ④ ⑤	03	① ② ③ ④ ⑤	03	① ② ③ ④ ⑤
04	① ② ③ ④ ⑤	04	① ② ③ ④ ⑤	04	① ② ③ ④ ⑤
05	① ② ③ ④ ⑤	05	① ② ③ ④ ⑤	05	① ② ③ ④ ⑤
06	① ② ③ ④ ⑤	06	① ② ③ ④ ⑤	06	① ② ③ ④ ⑤
07	① ② ③ ④ ⑤	07	① ② ③ ④ ⑤	07	① ② ③ ④ ⑤
08	① ② ③ ④ ⑤	08	① ② ③ ④ ⑤	08	① ② ③ ④ ⑤
09	① ② ③ ④ ⑤	09	① ② ③ ④ ⑤	09	① ② ③ ④ ⑤
10	① ② ③ ④ ⑤	10	① ② ③ ④ ⑤	10	① ② ③ ④ ⑤
11	① ② ③ ④ ⑤	11	① ② ③ ④ ⑤	11	① ② ③ ④ ⑤
12	① ② ③ ④ ⑤	12	① ② ③ ④ ⑤	12	① ② ③ ④ ⑤
13	① ② ③ ④ ⑤	13	① ② ③ ④ ⑤	13	① ② ③ ④ ⑤
14	① ② ③ ④ ⑤	14	① ② ③ ④ ⑤	14	① ② ③ ④ ⑤
15	① ② ③ ④ ⑤	15	① ② ③ ④ ⑤	15	① ② ③ ④ ⑤
16	① ② ③ ④ ⑤	16	① ② ③ ④ ⑤	16	① ② ③ ④ ⑤
17	① ② ③ ④ ⑤	17	① ② ③ ④ ⑤	17	① ② ③ ④ ⑤
18	① ② ③ ④ ⑤	18	① ② ③ ④ ⑤	18	① ② ③ ④ ⑤
19	① ② ③ ④ ⑤	19	① ② ③ ④ ⑤	19	① ② ③ ④ ⑤
20	① ② ③ ④ ⑤	20	① ② ③ ④ ⑤	20	① ② ③ ④ ⑤
21	① ② ③ ④ ⑤	21	① ② ③ ④ ⑤	21	① ② ③ ④ ⑤
22	① ② ③ ④ ⑤	22	① ② ③ ④ ⑤	22	① ② ③ ④ ⑤
23	① ② ③ ④ ⑤	23	① ② ③ ④ ⑤	23	① ② ③ ④ ⑤
24	① ② ③ ④ ⑤	24	① ② ③ ④ ⑤	24	① ② ③ ④ ⑤
25	① ② ③ ④ ⑤	25	① ② ③ ④ ⑤	25	① ② ③ ④ ⑤

회독용 답안지 DAY (   )

성 명

㉠	㉮	㉠	㉠	㉮	㉠	㉠	㉮	㉠	㉠	㉮	㉠
ㄱ	ㅏ	ㄱ	ㄱ	ㅏ	ㄱ	ㄱ	ㅏ	ㄱ	ㄱ	ㅏ	ㄱ
ㄴ	ㅑ	ㄴ	ㄴ	ㅑ	ㄴ	ㄴ	ㅑ	ㄴ	ㄴ	ㅑ	ㄴ
ㄷ	ㅓ	ㄷ	ㄷ	ㅓ	ㄷ	ㄷ	ㅓ	ㄷ	ㄷ	ㅓ	ㄷ
ㄹ	ㅕ	ㄹ	ㄹ	ㅕ	ㄹ	ㄹ	ㅕ	ㄹ	ㄹ	ㅕ	ㄹ
ㅁ	ㅗ	ㅁ	ㅁ	ㅗ	ㅁ	ㅁ	ㅗ	ㅁ	ㅁ	ㅗ	ㅁ
ㅂ	ㅛ	ㅂ	ㅂ	ㅛ	ㅂ	ㅂ	ㅛ	ㅂ	ㅂ	ㅛ	ㅂ
ㅅ	ㅜ	ㅅ	ㅅ	ㅜ	ㅅ	ㅅ	ㅜ	ㅅ	ㅅ	ㅜ	ㅅ
ㅇ	ㅠ	ㅇ	ㅇ	ㅠ	ㅇ	ㅇ	ㅠ	ㅇ	ㅇ	ㅠ	ㅇ
ㅈ	ㅡ	ㅈ	ㅈ	ㅡ	ㅈ	ㅈ	ㅡ	ㅈ	ㅈ	ㅡ	ㅈ
ㅊ	ㅣ	ㅊ	ㅊ	ㅣ	ㅊ	ㅊ	ㅣ	ㅊ	ㅊ	ㅣ	ㅊ
ㅋ	ㅐ	ㅋ	ㅋ	ㅐ	ㅋ	ㅋ	ㅐ	ㅋ	ㅋ	ㅐ	ㅋ
ㅌ	ㅒ	ㅌ	ㅌ	ㅒ	ㅌ	ㅌ	ㅒ	ㅌ	ㅌ	ㅒ	ㅌ
ㅍ	ㅔ	ㅍ	ㅍ	ㅔ	ㅍ	ㅍ	ㅔ	ㅍ	ㅍ	ㅔ	ㅍ
ㅎ	ㅖ	ㅎ	ㅎ	ㅖ	ㅎ	ㅎ	ㅖ	ㅎ	ㅎ	ㅖ	ㅎ
	ㅘ		ㄲ	ㅘ	ㄲ	ㄲ	ㅘ	ㄲ	ㄲ	ㅘ	ㄲ
	ㅙ		ㄸ	ㅙ	ㄸ	ㄸ	ㅙ	ㄸ	ㄸ	ㅙ	ㄸ
	ㅚ		ㅃ	ㅚ	ㅃ	ㅃ	ㅚ	ㅃ	ㅃ	ㅚ	ㅃ
	ㅝ		ㅆ	ㅝ	ㅆ	ㅆ	ㅝ	ㅆ	ㅆ	ㅝ	ㅆ
	ㅞ		ㅉ	ㅞ	ㅉ	ㅉ	ㅞ	ㅉ	ㅉ	ㅞ	ㅉ
	ㅟ			ㅟ	ㄺ		ㅟ	ㄺ		ㅟ	ㄺ
	ㅢ			ㅢ	ㄻ		ㅢ	ㄻ		ㅢ	ㄻ

수 험 번 호

⓪	⓪	⓪	⓪	⓪	⓪
①	①	①	①	①	①
②	②	②	②	②	②
③	③	③	③	③	③
④	④	④	④	④	④
⑤	⑤	⑤	⑤	⑤	⑤
⑥	⑥	⑥	⑥	⑥	⑥
⑦	⑦	⑦	⑦	⑦	⑦
⑧	⑧	⑧	⑧	⑧	⑧
⑨	⑨	⑨	⑨	⑨	⑨

출생(생년을 제외한) 월일

⓪	⓪	⓪	⓪
①	①	①	①
②	②	②	②
③	③	③	③
④	④	④	④
⑤	⑤	⑤	⑤
⑥	⑥	⑥	⑥
⑦	⑦	⑦	⑦
⑧	⑧	⑧	⑧
⑨	⑨	⑨	⑨

수험생 유의사항

(1) 아래와 같은 방식으로 답안지를 바르게 작성한다.
  [보기] ① ② ● ④ ⑤
(2) 성명란은 왼쪽부터 빠짐없이 순서대로 작성한다.
(3) 수험번호는 각자 자신에게 부여받은 번호를 표기하여 작성한다.
(4) 출생 월일은 출생연도를 제외하고 작성한다.
  (예) 2002년 4월 1일 → 0401

문번	1회독	문번	2회독	문번	3회독
01	① ② ③ ④ ⑤	01	① ② ③ ④ ⑤	01	① ② ③ ④ ⑤
02	① ② ③ ④ ⑤	02	① ② ③ ④ ⑤	02	① ② ③ ④ ⑤
03	① ② ③ ④ ⑤	03	① ② ③ ④ ⑤	03	① ② ③ ④ ⑤
04	① ② ③ ④ ⑤	04	① ② ③ ④ ⑤	04	① ② ③ ④ ⑤
05	① ② ③ ④ ⑤	05	① ② ③ ④ ⑤	05	① ② ③ ④ ⑤
06	① ② ③ ④ ⑤	06	① ② ③ ④ ⑤	06	① ② ③ ④ ⑤
07	① ② ③ ④ ⑤	07	① ② ③ ④ ⑤	07	① ② ③ ④ ⑤
08	① ② ③ ④ ⑤	08	① ② ③ ④ ⑤	08	① ② ③ ④ ⑤
09	① ② ③ ④ ⑤	09	① ② ③ ④ ⑤	09	① ② ③ ④ ⑤
10	① ② ③ ④ ⑤	10	① ② ③ ④ ⑤	10	① ② ③ ④ ⑤
11	① ② ③ ④ ⑤	11	① ② ③ ④ ⑤	11	① ② ③ ④ ⑤
12	① ② ③ ④ ⑤	12	① ② ③ ④ ⑤	12	① ② ③ ④ ⑤
13	① ② ③ ④ ⑤	13	① ② ③ ④ ⑤	13	① ② ③ ④ ⑤
14	① ② ③ ④ ⑤	14	① ② ③ ④ ⑤	14	① ② ③ ④ ⑤
15	① ② ③ ④ ⑤	15	① ② ③ ④ ⑤	15	① ② ③ ④ ⑤
16	① ② ③ ④ ⑤	16	① ② ③ ④ ⑤	16	① ② ③ ④ ⑤
17	① ② ③ ④ ⑤	17	① ② ③ ④ ⑤	17	① ② ③ ④ ⑤
18	① ② ③ ④ ⑤	18	① ② ③ ④ ⑤	18	① ② ③ ④ ⑤
19	① ② ③ ④ ⑤	19	① ② ③ ④ ⑤	19	① ② ③ ④ ⑤
20	① ② ③ ④ ⑤	20	① ② ③ ④ ⑤	20	① ② ③ ④ ⑤
21	① ② ③ ④ ⑤	21	① ② ③ ④ ⑤	21	① ② ③ ④ ⑤
22	① ② ③ ④ ⑤	22	① ② ③ ④ ⑤	22	① ② ③ ④ ⑤
23	① ② ③ ④ ⑤	23	① ② ③ ④ ⑤	23	① ② ③ ④ ⑤
24	① ② ③ ④ ⑤	24	① ② ③ ④ ⑤	24	① ② ③ ④ ⑤
25	① ② ③ ④ ⑤	25	① ② ③ ④ ⑤	25	① ② ③ ④ ⑤

회독용 답안지 DAY (   )

성 명

ㄱ	ㅏ	ㄱ	ㄱ	ㅏ	ㄱ	ㄱ	ㅏ	ㄱ	ㄱ	ㅏ	ㄱ
ㄴ	ㅑ	ㄴ	ㄴ	ㅑ	ㄴ	ㄴ	ㅑ	ㄴ	ㄴ	ㅑ	ㄴ
ㄷ	ㅓ	ㄷ	ㄷ	ㅓ	ㄷ	ㄷ	ㅓ	ㄷ	ㄷ	ㅓ	ㄷ
ㄹ	ㅕ	ㄹ	ㄹ	ㅕ	ㄹ	ㄹ	ㅕ	ㄹ	ㄹ	ㅕ	ㄹ
ㅁ	ㅗ	ㅁ	ㅁ	ㅗ	ㅁ	ㅁ	ㅗ	ㅁ	ㅁ	ㅗ	ㅁ
ㅂ	ㅛ	ㅂ	ㅂ	ㅛ	ㅂ	ㅂ	ㅛ	ㅂ	ㅂ	ㅛ	ㅂ
ㅅ	ㅜ	ㅅ	ㅅ	ㅜ	ㅅ	ㅅ	ㅜ	ㅅ	ㅅ	ㅜ	ㅅ
ㅇ	ㅠ	ㅇ	ㅇ	ㅠ	ㅇ	ㅇ	ㅠ	ㅇ	ㅇ	ㅠ	ㅇ
ㅈ	ㅡ	ㅈ	ㅈ	ㅡ	ㅈ	ㅈ	ㅡ	ㅈ	ㅈ	ㅡ	ㅈ
ㅊ	ㅣ	ㅊ	ㅊ	ㅣ	ㅊ	ㅊ	ㅣ	ㅊ	ㅊ	ㅣ	ㅊ
ㅋ	ㅐ	ㅋ	ㅋ	ㅐ	ㅋ	ㅋ	ㅐ	ㅋ	ㅋ	ㅐ	ㅋ
ㅌ	ㅒ	ㅌ	ㅌ	ㅒ	ㅌ	ㅌ	ㅒ	ㅌ	ㅌ	ㅒ	ㅌ
ㅍ	ㅔ	ㅍ	ㅍ	ㅔ	ㅍ	ㅍ	ㅔ	ㅍ	ㅍ	ㅔ	ㅍ
ㅎ	ㅖ	ㅎ	ㅎ	ㅖ	ㅎ	ㅎ	ㅖ	ㅎ	ㅎ	ㅖ	ㅎ
	ㅘ		ㄲ	ㅘ	ㄲ	ㄲ	ㅘ	ㄲ	ㄲ	ㅘ	ㄲ
	ㅙ		ㄸ	ㅙ	ㄸ	ㄸ	ㅙ	ㄸ	ㄸ	ㅙ	ㄸ
	ㅚ		ㅃ	ㅚ	ㅃ	ㅃ	ㅚ	ㅃ	ㅃ	ㅚ	ㅃ
	ㅝ		ㅆ	ㅝ	ㅆ	ㅆ	ㅝ	ㅆ	ㅆ	ㅝ	ㅆ
	ㅞ		ㅉ	ㅞ	ㅉ	ㅉ	ㅞ	ㅉ	ㅉ	ㅞ	ㅉ
	ㅟ			ㅟ	ㄺ		ㅟ	ㄺ		ㅟ	ㄺ
	ㅢ			ㅢ	ㄻ		ㅢ	ㄻ		ㅢ	ㄻ

수 험 번 호

⓪	⓪	⓪	⓪	⓪	⓪
①	①	①	①	①	①
②	②	②	②	②	②
③	③	③	③	③	③
④	④	④	④	④	④
⑤	⑤	⑤	⑤	⑤	⑤
⑥	⑥	⑥	⑥	⑥	⑥
⑦	⑦	⑦	⑦	⑦	⑦
⑧	⑧	⑧	⑧	⑧	⑧
⑨	⑨	⑨	⑨	⑨	⑨

출생(생년을 제외한) 월일

⓪	⓪	⓪	⓪
①	①	①	①
②	②	②	②
③	③	③	③
④	④	④	④
⑤	⑤	⑤	⑤
⑥	⑥	⑥	⑥
⑦	⑦	⑦	⑦
⑧	⑧	⑧	⑧
⑨	⑨	⑨	⑨

수험생 유의사항

(1) 아래와 같은 방식으로 답안지를 바르게 작성한다.

[보기] ① ② ● ④ ⑤

(2) 성명란은 왼쪽부터 빠짐없이 순서대로 작성한다.

(3) 수험번호는 각자 자신에게 부여받은 번호를 표기하여 작성한다.

(4) 출생 월일은 출생연도를 제외하고 작성한다.

(예) 2002년 4월 1일 → 0401

문번	1회독	문번	2회독	문번	3회독
01	① ② ③ ④ ⑤	01	① ② ③ ④ ⑤	01	① ② ③ ④ ⑤
02	① ② ③ ④ ⑤	02	① ② ③ ④ ⑤	02	① ② ③ ④ ⑤
03	① ② ③ ④ ⑤	03	① ② ③ ④ ⑤	03	① ② ③ ④ ⑤
04	① ② ③ ④ ⑤	04	① ② ③ ④ ⑤	04	① ② ③ ④ ⑤
05	① ② ③ ④ ⑤	05	① ② ③ ④ ⑤	05	① ② ③ ④ ⑤
06	① ② ③ ④ ⑤	06	① ② ③ ④ ⑤	06	① ② ③ ④ ⑤
07	① ② ③ ④ ⑤	07	① ② ③ ④ ⑤	07	① ② ③ ④ ⑤
08	① ② ③ ④ ⑤	08	① ② ③ ④ ⑤	08	① ② ③ ④ ⑤
09	① ② ③ ④ ⑤	09	① ② ③ ④ ⑤	09	① ② ③ ④ ⑤
10	① ② ③ ④ ⑤	10	① ② ③ ④ ⑤	10	① ② ③ ④ ⑤
11	① ② ③ ④ ⑤	11	① ② ③ ④ ⑤	11	① ② ③ ④ ⑤
12	① ② ③ ④ ⑤	12	① ② ③ ④ ⑤	12	① ② ③ ④ ⑤
13	① ② ③ ④ ⑤	13	① ② ③ ④ ⑤	13	① ② ③ ④ ⑤
14	① ② ③ ④ ⑤	14	① ② ③ ④ ⑤	14	① ② ③ ④ ⑤
15	① ② ③ ④ ⑤	15	① ② ③ ④ ⑤	15	① ② ③ ④ ⑤
16	① ② ③ ④ ⑤	16	① ② ③ ④ ⑤	16	① ② ③ ④ ⑤
17	① ② ③ ④ ⑤	17	① ② ③ ④ ⑤	17	① ② ③ ④ ⑤
18	① ② ③ ④ ⑤	18	① ② ③ ④ ⑤	18	① ② ③ ④ ⑤
19	① ② ③ ④ ⑤	19	① ② ③ ④ ⑤	19	① ② ③ ④ ⑤
20	① ② ③ ④ ⑤	20	① ② ③ ④ ⑤	20	① ② ③ ④ ⑤
21	① ② ③ ④ ⑤	21	① ② ③ ④ ⑤	21	① ② ③ ④ ⑤
22	① ② ③ ④ ⑤	22	① ② ③ ④ ⑤	22	① ② ③ ④ ⑤
23	① ② ③ ④ ⑤	23	① ② ③ ④ ⑤	23	① ② ③ ④ ⑤
24	① ② ③ ④ ⑤	24	① ② ③ ④ ⑤	24	① ② ③ ④ ⑤
25	① ② ③ ④ ⑤	25	① ② ③ ④ ⑤	25	① ② ③ ④ ⑤

회독용 답안지 DAY ( )

성 명											
㉠	ㅏ	㉠	㉠	ㅏ	㉠	㉠	ㅏ	㉠	㉠	ㅏ	㉠
㉡	ㅑ	㉡	㉡	ㅑ	㉡	㉡	ㅑ	㉡	㉡	ㅑ	㉡
㉢	ㅓ	㉢	㉢	ㅓ	㉢	㉢	ㅓ	㉢	㉢	ㅓ	㉢
㉣	ㅕ	㉣	㉣	ㅕ	㉣	㉣	ㅕ	㉣	㉣	ㅕ	㉣
㉤	ㅗ	㉤	㉤	ㅗ	㉤	㉤	ㅗ	㉤	㉤	ㅗ	㉤
㉥	ㅛ	㉥	㉥	ㅛ	㉥	㉥	ㅛ	㉥	㉥	ㅛ	㉥
㉦	ㅜ	㉦	㉦	ㅜ	㉦	㉦	ㅜ	㉦	㉦	ㅜ	㉦
㉧	ㅠ	㉧	㉧	ㅠ	㉧	㉧	ㅠ	㉧	㉧	ㅠ	㉧
㉨	ㅡ	㉨	㉨	ㅡ	㉨	㉨	ㅡ	㉨	㉨	ㅡ	㉨
㉩	ㅣ	㉩	㉩	ㅣ	㉩	㉩	ㅣ	㉩	㉩	ㅣ	㉩
㉪	ㅐ	㉪	㉪	ㅐ	㉪	㉪	ㅐ	㉪	㉪	ㅐ	㉪
㉫	ㅒ	㉫	㉫	ㅒ	㉫	㉫	ㅒ	㉫	㉫	ㅒ	㉫
㉬	ㅔ	㉬	㉬	ㅔ	㉬	㉬	ㅔ	㉬	㉬	ㅔ	㉬
㉭	ㅖ	㉭	㉭	ㅖ	㉭	㉭	ㅖ	㉭	㉭	ㅖ	㉭
	ㅘ		ㄲ	ㅘ	ㄲ	ㄲ	ㅘ	ㄲ	ㄲ	ㅘ	ㄲ
	ㅙ		ㄸ	ㅙ	ㄸ	ㄸ	ㅙ	ㄸ	ㄸ	ㅙ	ㄸ
	ㅚ		ㅃ	ㅚ	ㅃ	ㅃ	ㅚ	ㅃ	ㅃ	ㅚ	ㅃ
	ㅝ		ㅆ	ㅝ	ㅆ	ㅆ	ㅝ	ㅆ	ㅆ	ㅝ	ㅆ
	ㅞ		ㅉ	ㅞ	ㅉ	ㅉ	ㅞ	ㅉ	ㅉ	ㅞ	ㅉ
	ㅟ			ㅟ	ㄺ		ㅟ	ㄺ		ㅟ	ㄺ
	ㅢ			ㅢ	ㄻ		ㅢ	ㄻ		ㅢ	ㄻ

수 험 번 호					
⓪	⓪	⓪	⓪	⓪	⓪
①	①	①	①	①	①
②	②	②	②	②	②
③	③	③	③	③	③
④	④	④	④	④	④
⑤	⑤	⑤	⑤	⑤	⑤
⑥	⑥	⑥	⑥	⑥	⑥
⑦	⑦	⑦	⑦	⑦	⑦
⑧	⑧	⑧	⑧	⑧	⑧
⑨	⑨	⑨	⑨	⑨	⑨

출생(생년을 제외한) 월일			
⓪	⓪	⓪	⓪
①	①	①	①
②	②	②	②
③	③	③	③
④	④	④	④
⑤	⑤	⑤	⑤
⑥	⑥	⑥	⑥
⑦	⑦	⑦	⑦
⑧	⑧	⑧	⑧
⑨	⑨	⑨	⑨

수험생 유의사항

(1) 아래와 같은 방식으로 답안지를 바르게 작성한다.

[보기] ① ② ● ④ ⑤

(2) 성명란은 왼쪽부터 빠짐없이 순서대로 작성한다.

(3) 수험번호는 각자 자신에게 부여받은 번호를 표기하여 작성한다.

(4) 출생 월일은 출생연도를 제외하고 작성한다.

(예) 2002년 4월 1일 → 0401

문번	1회독	문번	2회독	문번	3회독
01	① ② ③ ④ ⑤	01	① ② ③ ④ ⑤	01	① ② ③ ④ ⑤
02	① ② ③ ④ ⑤	02	① ② ③ ④ ⑤	02	① ② ③ ④ ⑤
03	① ② ③ ④ ⑤	03	① ② ③ ④ ⑤	03	① ② ③ ④ ⑤
04	① ② ③ ④ ⑤	04	① ② ③ ④ ⑤	04	① ② ③ ④ ⑤
05	① ② ③ ④ ⑤	05	① ② ③ ④ ⑤	05	① ② ③ ④ ⑤
06	① ② ③ ④ ⑤	06	① ② ③ ④ ⑤	06	① ② ③ ④ ⑤
07	① ② ③ ④ ⑤	07	① ② ③ ④ ⑤	07	① ② ③ ④ ⑤
08	① ② ③ ④ ⑤	08	① ② ③ ④ ⑤	08	① ② ③ ④ ⑤
09	① ② ③ ④ ⑤	09	① ② ③ ④ ⑤	09	① ② ③ ④ ⑤
10	① ② ③ ④ ⑤	10	① ② ③ ④ ⑤	10	① ② ③ ④ ⑤
11	① ② ③ ④ ⑤	11	① ② ③ ④ ⑤	11	① ② ③ ④ ⑤
12	① ② ③ ④ ⑤	12	① ② ③ ④ ⑤	12	① ② ③ ④ ⑤
13	① ② ③ ④ ⑤	13	① ② ③ ④ ⑤	13	① ② ③ ④ ⑤
14	① ② ③ ④ ⑤	14	① ② ③ ④ ⑤	14	① ② ③ ④ ⑤
15	① ② ③ ④ ⑤	15	① ② ③ ④ ⑤	15	① ② ③ ④ ⑤
16	① ② ③ ④ ⑤	16	① ② ③ ④ ⑤	16	① ② ③ ④ ⑤
17	① ② ③ ④ ⑤	17	① ② ③ ④ ⑤	17	① ② ③ ④ ⑤
18	① ② ③ ④ ⑤	18	① ② ③ ④ ⑤	18	① ② ③ ④ ⑤
19	① ② ③ ④ ⑤	19	① ② ③ ④ ⑤	19	① ② ③ ④ ⑤
20	① ② ③ ④ ⑤	20	① ② ③ ④ ⑤	20	① ② ③ ④ ⑤
21	① ② ③ ④ ⑤	21	① ② ③ ④ ⑤	21	① ② ③ ④ ⑤
22	① ② ③ ④ ⑤	22	① ② ③ ④ ⑤	22	① ② ③ ④ ⑤
23	① ② ③ ④ ⑤	23	① ② ③ ④ ⑤	23	① ② ③ ④ ⑤
24	① ② ③ ④ ⑤	24	① ② ③ ④ ⑤	24	① ② ③ ④ ⑤
25	① ② ③ ④ ⑤	25	① ② ③ ④ ⑤	25	① ② ③ ④ ⑤

회독용 답안지 DAY (　)

성 명

㉠	ㅏ	㉠	㉠	ㅏ	㉠	㉠	ㅏ	㉠	㉠	ㅏ	㉠
㉡	ㅑ	㉡	㉡	ㅑ	㉡	㉡	ㅑ	㉡	㉡	ㅑ	㉡
㉢	ㅓ	㉢	㉢	ㅓ	㉢	㉢	ㅓ	㉢	㉢	ㅓ	㉢
㉣	ㅕ	㉣	㉣	ㅕ	㉣	㉣	ㅕ	㉣	㉣	ㅕ	㉣
㉤	ㅗ	㉤	㉤	ㅗ	㉤	㉤	ㅗ	㉤	㉤	ㅗ	㉤
㉥	ㅛ	㉥	㉥	ㅛ	㉥	㉥	ㅛ	㉥	㉥	ㅛ	㉥
㉦	ㅜ	㉦	㉦	ㅜ	㉦	㉦	ㅜ	㉦	㉦	ㅜ	㉦
㉧	ㅠ	㉧	㉧	ㅠ	㉧	㉧	ㅠ	㉧	㉧	ㅠ	㉧
㉨	ㅡ	㉨	㉨	ㅡ	㉨	㉨	ㅡ	㉨	㉨	ㅡ	㉨
㉩	ㅣ	㉩	㉩	ㅣ	㉩	㉩	ㅣ	㉩	㉩	ㅣ	㉩
㉪	ㅐ	㉪	㉪	ㅐ	㉪	㉪	ㅐ	㉪	㉪	ㅐ	㉪
㉫	ㅒ	㉫	㉫	ㅒ	㉫	㉫	ㅒ	㉫	㉫	ㅒ	㉫
㉬	ㅔ	㉬	㉬	ㅔ	㉬	㉬	ㅔ	㉬	㉬	ㅔ	㉬
㉭	ㅖ	㉭	㉭	ㅖ	㉭	㉭	ㅖ	㉭	㉭	ㅖ	㉭
	ㅘ		ㄲ	ㅘ	ㄲ	ㄲ	ㅘ	ㄲ	ㄲ	ㅘ	ㄲ
	ㅙ		ㄸ	ㅙ	ㄸ	ㄸ	ㅙ	ㄸ	ㄸ	ㅙ	ㄸ
	ㅚ		ㅃ	ㅚ	ㅃ	ㅃ	ㅚ	ㅃ	ㅃ	ㅚ	ㅃ
	ㅝ		ㅆ	ㅝ	ㅆ	ㅆ	ㅝ	ㅆ	ㅆ	ㅝ	ㅆ
	ㅞ		ㅉ	ㅞ	ㅉ	ㅉ	ㅞ	ㅉ	ㅉ	ㅞ	ㅉ
	ㅟ			ㅟ	ㄺ		ㅟ	ㄺ		ㅟ	ㄺ
	ㅢ			ㅢ	ㄻ		ㅢ	ㄻ		ㅢ	ㄻ

수 험 번 호

⓪	⓪	⓪	⓪	⓪	⓪
①	①	①	①	①	①
②	②	②	②	②	②
③	③	③	③	③	③
④	④	④	④	④	④
⑤	⑤	⑤	⑤	⑤	⑤
⑥	⑥	⑥	⑥	⑥	⑥
⑦	⑦	⑦	⑦	⑦	⑦
⑧	⑧	⑧	⑧	⑧	⑧
⑨	⑨	⑨	⑨	⑨	⑨

출생(생년을 제외한) 월일

⓪	⓪	⓪	⓪
①	①	①	①
②	②	②	②
③	③	③	③
④	④	④	④
⑤	⑤	⑤	⑤
⑥	⑥	⑥	⑥
⑦	⑦	⑦	⑦
⑧	⑧	⑧	⑧
⑨	⑨	⑨	⑨

수험생 유의사항

(1) 아래와 같은 방식으로 답안지를 바르게 작성한다.

[보기] ① ② ● ④ ⑤

(2) 성명란은 왼쪽부터 빠짐없이 순서대로 작성한다.

(3) 수험번호는 각자 자신에게 부여받은 번호를 표기하여 작성한다.

(4) 출생 월일은 출생연도를 제외하고 작성한다.

(예) 2002년 4월 1일 → 0401

문번	1회독	문번	2회독	문번	3회독
01	① ② ③ ④ ⑤	01	① ② ③ ④ ⑤	01	① ② ③ ④ ⑤
02	① ② ③ ④ ⑤	02	① ② ③ ④ ⑤	02	① ② ③ ④ ⑤
03	① ② ③ ④ ⑤	03	① ② ③ ④ ⑤	03	① ② ③ ④ ⑤
04	① ② ③ ④ ⑤	04	① ② ③ ④ ⑤	04	① ② ③ ④ ⑤
05	① ② ③ ④ ⑤	05	① ② ③ ④ ⑤	05	① ② ③ ④ ⑤
06	① ② ③ ④ ⑤	06	① ② ③ ④ ⑤	06	① ② ③ ④ ⑤
07	① ② ③ ④ ⑤	07	① ② ③ ④ ⑤	07	① ② ③ ④ ⑤
08	① ② ③ ④ ⑤	08	① ② ③ ④ ⑤	08	① ② ③ ④ ⑤
09	① ② ③ ④ ⑤	09	① ② ③ ④ ⑤	09	① ② ③ ④ ⑤
10	① ② ③ ④ ⑤	10	① ② ③ ④ ⑤	10	① ② ③ ④ ⑤
11	① ② ③ ④ ⑤	11	① ② ③ ④ ⑤	11	① ② ③ ④ ⑤
12	① ② ③ ④ ⑤	12	① ② ③ ④ ⑤	12	① ② ③ ④ ⑤
13	① ② ③ ④ ⑤	13	① ② ③ ④ ⑤	13	① ② ③ ④ ⑤
14	① ② ③ ④ ⑤	14	① ② ③ ④ ⑤	14	① ② ③ ④ ⑤
15	① ② ③ ④ ⑤	15	① ② ③ ④ ⑤	15	① ② ③ ④ ⑤
16	① ② ③ ④ ⑤	16	① ② ③ ④ ⑤	16	① ② ③ ④ ⑤
17	① ② ③ ④ ⑤	17	① ② ③ ④ ⑤	17	① ② ③ ④ ⑤
18	① ② ③ ④ ⑤	18	① ② ③ ④ ⑤	18	① ② ③ ④ ⑤
19	① ② ③ ④ ⑤	19	① ② ③ ④ ⑤	19	① ② ③ ④ ⑤
20	① ② ③ ④ ⑤	20	① ② ③ ④ ⑤	20	① ② ③ ④ ⑤
21	① ② ③ ④ ⑤	21	① ② ③ ④ ⑤	21	① ② ③ ④ ⑤
22	① ② ③ ④ ⑤	22	① ② ③ ④ ⑤	22	① ② ③ ④ ⑤
23	① ② ③ ④ ⑤	23	① ② ③ ④ ⑤	23	① ② ③ ④ ⑤
24	① ② ③ ④ ⑤	24	① ② ③ ④ ⑤	24	① ② ③ ④ ⑤
25	① ② ③ ④ ⑤	25	① ② ③ ④ ⑤	25	① ② ③ ④ ⑤

회독용 답안지 DAY (   )

성명											
ㄱ	ㅏ		ㄱ	ㅏ	ㄱ	ㄱ	ㅏ	ㄱ	ㄱ	ㅏ	ㄱ
ㄴ	ㅑ		ㄴ	ㅑ	ㄴ	ㄴ	ㅑ	ㄴ	ㄴ	ㅑ	ㄴ
ㄷ	ㅓ		ㄷ	ㅓ	ㄷ	ㄷ	ㅓ	ㄷ	ㄷ	ㅓ	ㄷ
ㄹ	ㅕ		ㄹ	ㅕ	ㄹ	ㄹ	ㅕ	ㄹ	ㄹ	ㅕ	ㄹ
ㅁ	ㅗ		ㅁ	ㅗ	ㅁ	ㅁ	ㅗ	ㅁ	ㅁ	ㅗ	ㅁ
ㅂ	ㅛ		ㅂ	ㅛ	ㅂ	ㅂ	ㅛ	ㅂ	ㅂ	ㅛ	ㅂ
ㅅ	ㅜ		ㅅ	ㅜ	ㅅ	ㅅ	ㅜ	ㅅ	ㅅ	ㅜ	ㅅ
ㅇ	ㅠ		ㅇ	ㅠ	ㅇ	ㅇ	ㅠ	ㅇ	ㅇ	ㅠ	ㅇ
ㅈ	ㅡ		ㅈ	ㅡ	ㅈ	ㅈ	ㅡ	ㅈ	ㅈ	ㅡ	ㅈ
ㅊ	ㅣ		ㅊ	ㅣ	ㅊ	ㅊ	ㅣ	ㅊ	ㅊ	ㅣ	ㅊ
ㅋ	ㅐ		ㅋ	ㅐ	ㅋ	ㅋ	ㅐ	ㅋ	ㅋ	ㅐ	ㅋ
ㅌ	ㅒ		ㅌ	ㅒ	ㅌ	ㅌ	ㅒ	ㅌ	ㅌ	ㅒ	ㅌ
ㅍ	ㅔ		ㅍ	ㅔ	ㅍ	ㅍ	ㅔ	ㅍ	ㅍ	ㅔ	ㅍ
ㅎ	ㅖ		ㅎ	ㅖ	ㅎ	ㅎ	ㅖ	ㅎ	ㅎ	ㅖ	ㅎ
	ㅘ		ㄲ	ㅘ	ㄲ	ㄲ	ㅘ	ㄲ	ㄲ	ㅘ	ㄲ
	ㅙ		ㄸ	ㅙ	ㄸ	ㄸ	ㅙ	ㄸ	ㄸ	ㅙ	ㄸ
	ㅚ		ㅃ	ㅚ	ㅃ	ㅃ	ㅚ	ㅃ	ㅃ	ㅚ	ㅃ
	ㅝ		ㅆ	ㅝ	ㅆ	ㅆ	ㅝ	ㅆ	ㅆ	ㅝ	ㅆ
	ㅞ		ㅉ	ㅞ	ㅉ	ㅉ	ㅞ	ㅉ	ㅉ	ㅞ	ㅉ
	ㅟ			ㅟ	ㄺ		ㅟ	ㄺ		ㅟ	ㄺ
	ㅢ			ㅢ	ㄻ		ㅢ	ㄻ		ㅢ	ㄻ

수	험	번	호		
⓪	⓪	⓪	⓪	⓪	⓪
①	①	①	①	①	①
②	②	②	②	②	②
③	③	③	③	③	③
④	④	④	④	④	④
⑤	⑤	⑤	⑤	⑤	⑤
⑥	⑥	⑥	⑥	⑥	⑥
⑦	⑦	⑦	⑦	⑦	⑦
⑧	⑧	⑧	⑧	⑧	⑧
⑨	⑨	⑨	⑨	⑨	⑨

출생(생년을 제외한) 월일			
⓪	⓪	⓪	⓪
①	①	①	①
②	②	②	②
③	③	③	③
④	④	④	④
⑤	⑤	⑤	⑤
⑥	⑥	⑥	⑥
⑦	⑦	⑦	⑦
⑧	⑧	⑧	⑧
⑨	⑨	⑨	⑨

수험생 유의사항

(1) 아래와 같은 방식으로 답안지를 바르게 작성한다.
[보기] ① ② ● ④ ⑤
(2) 성명란은 왼쪽부터 빠짐없이 순서대로 작성한다.
(3) 수험번호는 각자 자신에게 부여받은 번호를 표기하여 작성한다.
(4) 출생 월일은 출생연도를 제외하고 작성한다.
(예) 2002년 4월 1일 → 0401

문번	1회독	문번	2회독	문번	3회독
01	① ② ③ ④ ⑤	01	① ② ③ ④ ⑤	01	① ② ③ ④ ⑤
02	① ② ③ ④ ⑤	02	① ② ③ ④ ⑤	02	① ② ③ ④ ⑤
03	① ② ③ ④ ⑤	03	① ② ③ ④ ⑤	03	① ② ③ ④ ⑤
04	① ② ③ ④ ⑤	04	① ② ③ ④ ⑤	04	① ② ③ ④ ⑤
05	① ② ③ ④ ⑤	05	① ② ③ ④ ⑤	05	① ② ③ ④ ⑤
06	① ② ③ ④ ⑤	06	① ② ③ ④ ⑤	06	① ② ③ ④ ⑤
07	① ② ③ ④ ⑤	07	① ② ③ ④ ⑤	07	① ② ③ ④ ⑤
08	① ② ③ ④ ⑤	08	① ② ③ ④ ⑤	08	① ② ③ ④ ⑤
09	① ② ③ ④ ⑤	09	① ② ③ ④ ⑤	09	① ② ③ ④ ⑤
10	① ② ③ ④ ⑤	10	① ② ③ ④ ⑤	10	① ② ③ ④ ⑤
11	① ② ③ ④ ⑤	11	① ② ③ ④ ⑤	11	① ② ③ ④ ⑤
12	① ② ③ ④ ⑤	12	① ② ③ ④ ⑤	12	① ② ③ ④ ⑤
13	① ② ③ ④ ⑤	13	① ② ③ ④ ⑤	13	① ② ③ ④ ⑤
14	① ② ③ ④ ⑤	14	① ② ③ ④ ⑤	14	① ② ③ ④ ⑤
15	① ② ③ ④ ⑤	15	① ② ③ ④ ⑤	15	① ② ③ ④ ⑤
16	① ② ③ ④ ⑤	16	① ② ③ ④ ⑤	16	① ② ③ ④ ⑤
17	① ② ③ ④ ⑤	17	① ② ③ ④ ⑤	17	① ② ③ ④ ⑤
18	① ② ③ ④ ⑤	18	① ② ③ ④ ⑤	18	① ② ③ ④ ⑤
19	① ② ③ ④ ⑤	19	① ② ③ ④ ⑤	19	① ② ③ ④ ⑤
20	① ② ③ ④ ⑤	20	① ② ③ ④ ⑤	20	① ② ③ ④ ⑤
21	① ② ③ ④ ⑤	21	① ② ③ ④ ⑤	21	① ② ③ ④ ⑤
22	① ② ③ ④ ⑤	22	① ② ③ ④ ⑤	22	① ② ③ ④ ⑤
23	① ② ③ ④ ⑤	23	① ② ③ ④ ⑤	23	① ② ③ ④ ⑤
24	① ② ③ ④ ⑤	24	① ② ③ ④ ⑤	24	① ② ③ ④ ⑤
25	① ② ③ ④ ⑤	25	① ② ③ ④ ⑤	25	① ② ③ ④ ⑤

회독용 답안지 DAY (   )

성 명

ㄱ ㅏ ㄱ	ㄱ ㅏ ㄱ	ㄱ ㅏ ㄱ	ㄱ ㅏ ㄱ
ㄴ ㅑ ㄴ	ㄴ ㅑ ㄴ	ㄴ ㅑ ㄴ	ㄴ ㅑ ㄴ
ㄷ ㅓ ㄷ	ㄷ ㅓ ㄷ	ㄷ ㅓ ㄷ	ㄷ ㅓ ㄷ
ㄹ ㅕ ㄹ	ㄹ ㅕ ㄹ	ㄹ ㅕ ㄹ	ㄹ ㅕ ㄹ
ㅁ ㅗ ㅁ	ㅁ ㅗ ㅁ	ㅁ ㅗ ㅁ	ㅁ ㅗ ㅁ
ㅂ ㅛ ㅂ	ㅂ ㅛ ㅂ	ㅂ ㅛ ㅂ	ㅂ ㅛ ㅂ
ㅅ ㅜ ㅅ	ㅅ ㅜ ㅅ	ㅅ ㅜ ㅅ	ㅅ ㅜ ㅅ
ㅇ ㅠ ㅇ	ㅇ ㅠ ㅇ	ㅇ ㅠ ㅇ	ㅇ ㅠ ㅇ
ㅈ ㅡ ㅈ	ㅈ ㅡ ㅈ	ㅈ ㅡ ㅈ	ㅈ ㅡ ㅈ
ㅊ ㅣ ㅊ	ㅊ ㅣ ㅊ	ㅊ ㅣ ㅊ	ㅊ ㅣ ㅊ
ㅋ ㅐ ㅋ	ㅋ ㅐ ㅋ	ㅋ ㅐ ㅋ	ㅋ ㅐ ㅋ
ㅌ ㅒ ㅌ	ㅌ ㅒ ㅌ	ㅌ ㅒ ㅌ	ㅌ ㅒ ㅌ
ㅍ ㅔ ㅍ	ㅍ ㅔ ㅍ	ㅍ ㅔ ㅍ	ㅍ ㅔ ㅍ
ㅎ ㅖ ㅎ	ㅎ ㅖ ㅎ	ㅎ ㅖ ㅎ	ㅎ ㅖ ㅎ
ㅘ	ㄲ ㅘ ㄲ	ㄲ ㅘ ㄲ	ㄲ ㅘ ㄲ
ㅙ	ㄸ ㅙ ㄸ	ㄸ ㅙ ㄸ	ㄸ ㅙ ㄸ
ㅚ	ㅃ ㅚ ㅃ	ㅃ ㅚ ㅃ	ㅃ ㅚ ㅃ
ㅟ	ㅆ ㅟ ㅆ	ㅆ ㅟ ㅆ	ㅆ ㅟ ㅆ
ㅞ	ㅉ ㅞ ㅉ	ㅉ ㅞ ㅉ	ㅉ ㅞ ㅉ
ㅝ	ㅝ ㄺ	ㅝ ㄺ	ㅝ ㄺ
ㅢ	ㅢ ㄻ	ㅢ ㄻ	ㅢ ㄻ

수 험 번 호

⓪	⓪	⓪	⓪	⓪	⓪
①	①	①	①	①	①
②	②	②	②	②	②
③	③	③	③	③	③
④	④	④	④	④	④
⑤	⑤	⑤	⑤	⑤	⑤
⑥	⑥	⑥	⑥	⑥	⑥
⑦	⑦	⑦	⑦	⑦	⑦
⑧	⑧	⑧	⑧	⑧	⑧
⑨	⑨	⑨	⑨	⑨	⑨

출생(생년을 제외한) 월일

⓪	⓪	⓪	⓪
①	①	①	①
②	②	②	②
③	③	③	③
④	④	④	④
⑤	⑤	⑤	⑤
⑥	⑥	⑥	⑥
⑦	⑦	⑦	⑦
⑧	⑧	⑧	⑧
⑨	⑨	⑨	⑨

수험생 유의사항

(1) 아래와 같은 방식으로 답안지를 바르게 작성한다.
[보기] ① ② ● ④ ⑤
(2) 성명란은 왼쪽부터 빠짐없이 순서대로 작성한다.
(3) 수험번호는 각자 자신에게 부여받은 번호를 표기하여 작성한다.
(4) 출생 월일은 출생연도를 제외하고 작성한다.
(예) 2002년 4월 1일 → 0401

문번	1회독	문번	2회독	문번	3회독
01	① ② ③ ④ ⑤	01	① ② ③ ④ ⑤	01	① ② ③ ④ ⑤
02	① ② ③ ④ ⑤	02	① ② ③ ④ ⑤	02	① ② ③ ④ ⑤
03	① ② ③ ④ ⑤	03	① ② ③ ④ ⑤	03	① ② ③ ④ ⑤
04	① ② ③ ④ ⑤	04	① ② ③ ④ ⑤	04	① ② ③ ④ ⑤
05	① ② ③ ④ ⑤	05	① ② ③ ④ ⑤	05	① ② ③ ④ ⑤
06	① ② ③ ④ ⑤	06	① ② ③ ④ ⑤	06	① ② ③ ④ ⑤
07	① ② ③ ④ ⑤	07	① ② ③ ④ ⑤	07	① ② ③ ④ ⑤
08	① ② ③ ④ ⑤	08	① ② ③ ④ ⑤	08	① ② ③ ④ ⑤
09	① ② ③ ④ ⑤	09	① ② ③ ④ ⑤	09	① ② ③ ④ ⑤
10	① ② ③ ④ ⑤	10	① ② ③ ④ ⑤	10	① ② ③ ④ ⑤
11	① ② ③ ④ ⑤	11	① ② ③ ④ ⑤	11	① ② ③ ④ ⑤
12	① ② ③ ④ ⑤	12	① ② ③ ④ ⑤	12	① ② ③ ④ ⑤
13	① ② ③ ④ ⑤	13	① ② ③ ④ ⑤	13	① ② ③ ④ ⑤
14	① ② ③ ④ ⑤	14	① ② ③ ④ ⑤	14	① ② ③ ④ ⑤
15	① ② ③ ④ ⑤	15	① ② ③ ④ ⑤	15	① ② ③ ④ ⑤
16	① ② ③ ④ ⑤	16	① ② ③ ④ ⑤	16	① ② ③ ④ ⑤
17	① ② ③ ④ ⑤	17	① ② ③ ④ ⑤	17	① ② ③ ④ ⑤
18	① ② ③ ④ ⑤	18	① ② ③ ④ ⑤	18	① ② ③ ④ ⑤
19	① ② ③ ④ ⑤	19	① ② ③ ④ ⑤	19	① ② ③ ④ ⑤
20	① ② ③ ④ ⑤	20	① ② ③ ④ ⑤	20	① ② ③ ④ ⑤
21	① ② ③ ④ ⑤	21	① ② ③ ④ ⑤	21	① ② ③ ④ ⑤
22	① ② ③ ④ ⑤	22	① ② ③ ④ ⑤	22	① ② ③ ④ ⑤
23	① ② ③ ④ ⑤	23	① ② ③ ④ ⑤	23	① ② ③ ④ ⑤
24	① ② ③ ④ ⑤	24	① ② ③ ④ ⑤	24	① ② ③ ④ ⑤
25	① ② ③ ④ ⑤	25	① ② ③ ④ ⑤	25	① ② ③ ④ ⑤

회독용 답안지 DAY (　)

성 명											
ㄱ	ㅏ	ㄱ	ㄱ	ㅏ	ㄱ	ㄱ	ㅏ	ㄱ	ㄱ	ㅏ	ㄱ
ㄴ	ㅑ	ㄴ	ㄴ	ㅑ	ㄴ	ㄴ	ㅑ	ㄴ	ㄴ	ㅑ	ㄴ
ㄷ	ㅓ	ㄷ	ㄷ	ㅓ	ㄷ	ㄷ	ㅓ	ㄷ	ㄷ	ㅓ	ㄷ
ㄹ	ㅕ	ㄹ	ㄹ	ㅕ	ㄹ	ㄹ	ㅕ	ㄹ	ㄹ	ㅕ	ㄹ
ㅁ	ㅗ	ㅁ	ㅁ	ㅗ	ㅁ	ㅁ	ㅗ	ㅁ	ㅁ	ㅗ	ㅁ
ㅂ	ㅛ	ㅂ	ㅂ	ㅛ	ㅂ	ㅂ	ㅛ	ㅂ	ㅂ	ㅛ	ㅂ
ㅅ	ㅜ	ㅅ	ㅅ	ㅜ	ㅅ	ㅅ	ㅜ	ㅅ	ㅅ	ㅜ	ㅅ
ㅇ	ㅠ	ㅇ	ㅇ	ㅠ	ㅇ	ㅇ	ㅠ	ㅇ	ㅇ	ㅠ	ㅇ
ㅈ	ㅡ	ㅈ	ㅈ	ㅡ	ㅈ	ㅈ	ㅡ	ㅈ	ㅈ	ㅡ	ㅈ
ㅊ	ㅣ	ㅊ	ㅊ	ㅣ	ㅊ	ㅊ	ㅣ	ㅊ	ㅊ	ㅣ	ㅊ
ㅋ	ㅐ	ㅋ	ㅋ	ㅐ	ㅋ	ㅋ	ㅐ	ㅋ	ㅋ	ㅐ	ㅋ
ㅌ	ㅒ	ㅌ	ㅌ	ㅒ	ㅌ	ㅌ	ㅒ	ㅌ	ㅌ	ㅒ	ㅌ
ㅍ	ㅔ	ㅍ	ㅍ	ㅔ	ㅍ	ㅍ	ㅔ	ㅍ	ㅍ	ㅔ	ㅍ
ㅎ	ㅖ	ㅎ	ㅎ	ㅖ	ㅎ	ㅎ	ㅖ	ㅎ	ㅎ	ㅖ	ㅎ
	ㅘ		ㄲ	ㅘ	ㄲ	ㄲ	ㅘ	ㄲ	ㄲ	ㅘ	ㄲ
	ㅙ		ㄸ	ㅙ	ㄸ	ㄸ	ㅙ	ㄸ	ㄸ	ㅙ	ㄸ
	ㅚ		ㅃ	ㅚ	ㅃ	ㅃ	ㅚ	ㅃ	ㅃ	ㅚ	ㅃ
	ㅝ		ㅆ	ㅝ	ㅆ	ㅆ	ㅝ	ㅆ	ㅆ	ㅝ	ㅆ
	ㅞ		ㅉ	ㅞ	ㅉ	ㅉ	ㅞ	ㅉ	ㅉ	ㅞ	ㅉ
	ㅟ			ㅟ	ㄺ		ㅟ	ㄺ		ㅟ	ㄺ
	ㅢ			ㅢ	ㄻ		ㅢ	ㄻ		ㅢ	ㄻ

수	험	번	호		
⓪	⓪	⓪	⓪	⓪	⓪
①	①	①	①	①	①
②	②	②	②	②	②
③	③	③	③	③	③
④	④	④	④	④	④
⑤	⑤	⑤	⑤	⑤	⑤
⑥	⑥	⑥	⑥	⑥	⑥
⑦	⑦	⑦	⑦	⑦	⑦
⑧	⑧	⑧	⑧	⑧	⑧
⑨	⑨	⑨	⑨	⑨	⑨

출생(생년을 제외한) 월일			
⓪	⓪	⓪	⓪
①	①	①	①
②	②	②	②
③	③	③	③
④	④	④	④
⑤	⑤	⑤	⑤
⑥	⑥	⑥	⑥
⑦	⑦	⑦	⑦
⑧	⑧	⑧	⑧
⑨	⑨	⑨	⑨

수험생 유의사항

(1) 아래와 같은 방식으로 답안지를 바르게 작성한다.
[보기] ① ② ● ④ ⑤
(2) 성명란은 왼쪽부터 빠짐없이 순서대로 작성한다.
(3) 수험번호는 각자 자신에게 부여받은 번호를 표기하여 작성한다.
(4) 출생 월일은 출생연도를 제외하고 작성한다.
(예) 2002년 4월 1일 → 0401

문번	1회독	문번	2회독	문번	3회독
01	① ② ③ ④ ⑤	01	① ② ③ ④ ⑤	01	① ② ③ ④ ⑤
02	① ② ③ ④ ⑤	02	① ② ③ ④ ⑤	02	① ② ③ ④ ⑤
03	① ② ③ ④ ⑤	03	① ② ③ ④ ⑤	03	① ② ③ ④ ⑤
04	① ② ③ ④ ⑤	04	① ② ③ ④ ⑤	04	① ② ③ ④ ⑤
05	① ② ③ ④ ⑤	05	① ② ③ ④ ⑤	05	① ② ③ ④ ⑤
06	① ② ③ ④ ⑤	06	① ② ③ ④ ⑤	06	① ② ③ ④ ⑤
07	① ② ③ ④ ⑤	07	① ② ③ ④ ⑤	07	① ② ③ ④ ⑤
08	① ② ③ ④ ⑤	08	① ② ③ ④ ⑤	08	① ② ③ ④ ⑤
09	① ② ③ ④ ⑤	09	① ② ③ ④ ⑤	09	① ② ③ ④ ⑤
10	① ② ③ ④ ⑤	10	① ② ③ ④ ⑤	10	① ② ③ ④ ⑤
11	① ② ③ ④ ⑤	11	① ② ③ ④ ⑤	11	① ② ③ ④ ⑤
12	① ② ③ ④ ⑤	12	① ② ③ ④ ⑤	12	① ② ③ ④ ⑤
13	① ② ③ ④ ⑤	13	① ② ③ ④ ⑤	13	① ② ③ ④ ⑤
14	① ② ③ ④ ⑤	14	① ② ③ ④ ⑤	14	① ② ③ ④ ⑤
15	① ② ③ ④ ⑤	15	① ② ③ ④ ⑤	15	① ② ③ ④ ⑤
16	① ② ③ ④ ⑤	16	① ② ③ ④ ⑤	16	① ② ③ ④ ⑤
17	① ② ③ ④ ⑤	17	① ② ③ ④ ⑤	17	① ② ③ ④ ⑤
18	① ② ③ ④ ⑤	18	① ② ③ ④ ⑤	18	① ② ③ ④ ⑤
19	① ② ③ ④ ⑤	19	① ② ③ ④ ⑤	19	① ② ③ ④ ⑤
20	① ② ③ ④ ⑤	20	① ② ③ ④ ⑤	20	① ② ③ ④ ⑤
21	① ② ③ ④ ⑤	21	① ② ③ ④ ⑤	21	① ② ③ ④ ⑤
22	① ② ③ ④ ⑤	22	① ② ③ ④ ⑤	22	① ② ③ ④ ⑤
23	① ② ③ ④ ⑤	23	① ② ③ ④ ⑤	23	① ② ③ ④ ⑤
24	① ② ③ ④ ⑤	24	① ② ③ ④ ⑤	24	① ② ③ ④ ⑤
25	① ② ③ ④ ⑤	25	① ② ③ ④ ⑤	25	① ② ③ ④ ⑤

회독용 답안지 DAY (　)

성 명

수 험 번 호

⓪	⓪	⓪	⓪	⓪	⓪
①	①	①	①	①	①
②	②	②	②	②	②
③	③	③	③	③	③
④	④	④	④	④	④
⑤	⑤	⑤	⑤	⑤	⑤
⑥	⑥	⑥	⑥	⑥	⑥
⑦	⑦	⑦	⑦	⑦	⑦
⑧	⑧	⑧	⑧	⑧	⑧
⑨	⑨	⑨	⑨	⑨	⑨

출생(생년을 제외한) 월일

⓪	⓪	⓪	⓪
①	①	①	①
②	②	②	②
③	③	③	③
④	④	④	④
⑤	⑤	⑤	⑤
⑥	⑥	⑥	⑥
⑦	⑦	⑦	⑦
⑧	⑧	⑧	⑧
⑨	⑨	⑨	⑨

수험생 유의사항

(1) 아래와 같은 방식으로 답안지를 바르게 작성한다.

[보기] ① ② ● ④ ⑤

(2) 성명란은 왼쪽부터 빠짐없이 순서대로 작성한다.

(3) 수험번호는 각자 자신에게 부여받은 번호를 표기하여 작성한다.

(4) 출생 월일은 출생연도를 제외하고 작성한다.

(예) 2002년 4월 1일 → 0401

문번	1회독	문번	2회독	문번	3회독
01	① ② ③ ④ ⑤	01	① ② ③ ④ ⑤	01	① ② ③ ④ ⑤
02	① ② ③ ④ ⑤	02	① ② ③ ④ ⑤	02	① ② ③ ④ ⑤
03	① ② ③ ④ ⑤	03	① ② ③ ④ ⑤	03	① ② ③ ④ ⑤
04	① ② ③ ④ ⑤	04	① ② ③ ④ ⑤	04	① ② ③ ④ ⑤
05	① ② ③ ④ ⑤	05	① ② ③ ④ ⑤	05	① ② ③ ④ ⑤
06	① ② ③ ④ ⑤	06	① ② ③ ④ ⑤	06	① ② ③ ④ ⑤
07	① ② ③ ④ ⑤	07	① ② ③ ④ ⑤	07	① ② ③ ④ ⑤
08	① ② ③ ④ ⑤	08	① ② ③ ④ ⑤	08	① ② ③ ④ ⑤
09	① ② ③ ④ ⑤	09	① ② ③ ④ ⑤	09	① ② ③ ④ ⑤
10	① ② ③ ④ ⑤	10	① ② ③ ④ ⑤	10	① ② ③ ④ ⑤
11	① ② ③ ④ ⑤	11	① ② ③ ④ ⑤	11	① ② ③ ④ ⑤
12	① ② ③ ④ ⑤	12	① ② ③ ④ ⑤	12	① ② ③ ④ ⑤
13	① ② ③ ④ ⑤	13	① ② ③ ④ ⑤	13	① ② ③ ④ ⑤
14	① ② ③ ④ ⑤	14	① ② ③ ④ ⑤	14	① ② ③ ④ ⑤
15	① ② ③ ④ ⑤	15	① ② ③ ④ ⑤	15	① ② ③ ④ ⑤
16	① ② ③ ④ ⑤	16	① ② ③ ④ ⑤	16	① ② ③ ④ ⑤
17	① ② ③ ④ ⑤	17	① ② ③ ④ ⑤	17	① ② ③ ④ ⑤
18	① ② ③ ④ ⑤	18	① ② ③ ④ ⑤	18	① ② ③ ④ ⑤
19	① ② ③ ④ ⑤	19	① ② ③ ④ ⑤	19	① ② ③ ④ ⑤
20	① ② ③ ④ ⑤	20	① ② ③ ④ ⑤	20	① ② ③ ④ ⑤
21	① ② ③ ④ ⑤	21	① ② ③ ④ ⑤	21	① ② ③ ④ ⑤
22	① ② ③ ④ ⑤	22	① ② ③ ④ ⑤	22	① ② ③ ④ ⑤
23	① ② ③ ④ ⑤	23	① ② ③ ④ ⑤	23	① ② ③ ④ ⑤
24	① ② ③ ④ ⑤	24	① ② ③ ④ ⑤	24	① ② ③ ④ ⑤
25	① ② ③ ④ ⑤	25	① ② ③ ④ ⑤	25	① ② ③ ④ ⑤

회독용 답안지 DAY (   )

성			명								
㉠	ㅏ	㉠	㉠	ㅏ	㉠	㉠	ㅏ	㉠	㉠	ㅏ	㉠
㉡	ㅑ	㉡	㉡	ㅑ	㉡	㉡	ㅑ	㉡	㉡	ㅑ	㉡
㉢	ㅓ	㉢	㉢	ㅓ	㉢	㉢	ㅓ	㉢	㉢	ㅓ	㉢
㉣	ㅕ	㉣	㉣	ㅕ	㉣	㉣	ㅕ	㉣	㉣	ㅕ	㉣
㉤	ㅗ	㉤	㉤	ㅗ	㉤	㉤	ㅗ	㉤	㉤	ㅗ	㉤
㉥	ㅛ	㉥	㉥	ㅛ	㉥	㉥	ㅛ	㉥	㉥	ㅛ	㉥
㉦	ㅜ	㉦	㉦	ㅜ	㉦	㉦	ㅜ	㉦	㉦	ㅜ	㉦
㉧	ㅠ	㉧	㉧	ㅠ	㉧	㉧	ㅠ	㉧	㉧	ㅠ	㉧
㉨	ㅡ	㉨	㉨	ㅡ	㉨	㉨	ㅡ	㉨	㉨	ㅡ	㉨
㉩	ㅣ	㉩	㉩	ㅣ	㉩	㉩	ㅣ	㉩	㉩	ㅣ	㉩
㉪	ㅐ	㉪	㉪	ㅐ	㉪	㉪	ㅐ	㉪	㉪	ㅐ	㉪
㉫	ㅒ	㉫	㉫	ㅒ	㉫	㉫	ㅒ	㉫	㉫	ㅒ	㉫
㉬	ㅔ	㉬	㉬	ㅔ	㉬	㉬	ㅔ	㉬	㉬	ㅔ	㉬
㉭	ㅖ	㉭	㉭	ㅖ	㉭	㉭	ㅖ	㉭	㉭	ㅖ	㉭
	ㅘ		ㄲ	ㅘ	ㄲ	ㄲ	ㅘ	ㄲ	ㄲ	ㅘ	ㄲ
	ㅙ		ㄸ	ㅙ	ㄸ	ㄸ	ㅙ	ㄸ	ㄸ	ㅙ	ㄸ
	ㅚ		ㅃ	ㅚ	ㅃ	ㅃ	ㅚ	ㅃ	ㅃ	ㅚ	ㅃ
	ㅟ		ㅆ	ㅟ	ㅆ	ㅆ	ㅟ	ㅆ	ㅆ	ㅟ	ㅆ
	ㅞ		ㅉ	ㅞ	ㅉ	ㅉ	ㅞ	ㅉ	ㅉ	ㅞ	ㅉ
	ㅝ			ㅝ	ㄺ		ㅝ	ㄺ		ㅝ	ㄺ
	ㅢ			ㅢ	ㄻ		ㅢ	ㄻ		ㅢ	ㄻ

수	험	번	호		
⓪	⓪	⓪	⓪	⓪	⓪
①	①	①	①	①	①
②	②	②	②	②	②
③	③	③	③	③	③
④	④	④	④	④	④
⑤	⑤	⑤	⑤	⑤	⑤
⑥	⑥	⑥	⑥	⑥	⑥
⑦	⑦	⑦	⑦	⑦	⑦
⑧	⑧	⑧	⑧	⑧	⑧
⑨	⑨	⑨	⑨	⑨	⑨

출생(생년을 제외한) 월일			
⓪	⓪	⓪	⓪
①	①	①	①
②	②	②	②
③	③	③	③
④	④	④	④
⑤	⑤	⑤	⑤
⑥	⑥	⑥	⑥
⑦	⑦	⑦	⑦
⑧	⑧	⑧	⑧
⑨	⑨	⑨	⑨

수험생 유의사항

(1) 아래와 같은 방식으로 답안지를 바르게 작성한다.

[보기] ① ② ● ④ ⑤

(2) 성명란은 왼쪽부터 빠짐없이 순서대로 작성한다.

(3) 수험번호는 각자 자신에게 부여받은 번호를 표기하여 작성한다.

(4) 출생 월일은 출생연도를 제외하고 작성한다.

(예) 2002년 4월 1일 → 0401

문번	1회독	문번	2회독	문번	3회독
01	① ② ③ ④ ⑤	01	① ② ③ ④ ⑤	01	① ② ③ ④ ⑤
02	① ② ③ ④ ⑤	02	① ② ③ ④ ⑤	02	① ② ③ ④ ⑤
03	① ② ③ ④ ⑤	03	① ② ③ ④ ⑤	03	① ② ③ ④ ⑤
04	① ② ③ ④ ⑤	04	① ② ③ ④ ⑤	04	① ② ③ ④ ⑤
05	① ② ③ ④ ⑤	05	① ② ③ ④ ⑤	05	① ② ③ ④ ⑤
06	① ② ③ ④ ⑤	06	① ② ③ ④ ⑤	06	① ② ③ ④ ⑤
07	① ② ③ ④ ⑤	07	① ② ③ ④ ⑤	07	① ② ③ ④ ⑤
08	① ② ③ ④ ⑤	08	① ② ③ ④ ⑤	08	① ② ③ ④ ⑤
09	① ② ③ ④ ⑤	09	① ② ③ ④ ⑤	09	① ② ③ ④ ⑤
10	① ② ③ ④ ⑤	10	① ② ③ ④ ⑤	10	① ② ③ ④ ⑤
11	① ② ③ ④ ⑤	11	① ② ③ ④ ⑤	11	① ② ③ ④ ⑤
12	① ② ③ ④ ⑤	12	① ② ③ ④ ⑤	12	① ② ③ ④ ⑤
13	① ② ③ ④ ⑤	13	① ② ③ ④ ⑤	13	① ② ③ ④ ⑤
14	① ② ③ ④ ⑤	14	① ② ③ ④ ⑤	14	① ② ③ ④ ⑤
15	① ② ③ ④ ⑤	15	① ② ③ ④ ⑤	15	① ② ③ ④ ⑤
16	① ② ③ ④ ⑤	16	① ② ③ ④ ⑤	16	① ② ③ ④ ⑤
17	① ② ③ ④ ⑤	17	① ② ③ ④ ⑤	17	① ② ③ ④ ⑤
18	① ② ③ ④ ⑤	18	① ② ③ ④ ⑤	18	① ② ③ ④ ⑤
19	① ② ③ ④ ⑤	19	① ② ③ ④ ⑤	19	① ② ③ ④ ⑤
20	① ② ③ ④ ⑤	20	① ② ③ ④ ⑤	20	① ② ③ ④ ⑤
21	① ② ③ ④ ⑤	21	① ② ③ ④ ⑤	21	① ② ③ ④ ⑤
22	① ② ③ ④ ⑤	22	① ② ③ ④ ⑤	22	① ② ③ ④ ⑤
23	① ② ③ ④ ⑤	23	① ② ③ ④ ⑤	23	① ② ③ ④ ⑤
24	① ② ③ ④ ⑤	24	① ② ③ ④ ⑤	24	① ② ③ ④ ⑤
25	① ② ③ ④ ⑤	25	① ② ③ ④ ⑤	25	① ② ③ ④ ⑤

빠르게 계산 실력을
향상시키는 매1N

에듀윌 공기업
매일 1회씩 꺼내 푸는 NCS

매일 3장 계산연습

eduwill

DAY 01

덧셈 연습

❶ 종이를 반으로 접은 후 문제를 풀어 보세요.

정답 확인

1. 23 + 58 → (21) + 60 → (81)

2. 49 + 72 → 50 + (71) → (121)

3. 29 + 83 → 30 + (82) → (112)

4. 58 + 92 → 60 + (90) → (150)

5. 36 + 53 → (40) + 49 → (89)

6. 77 + 84 → 80 + (81) → (161)

7. 88 + 64 → 90 + (62) → (152)

8. 58 + 79 → (57) + 80 → (137)

9. 97 + 36 → 100 + (33) → (133)

10. 58 + 38 → 60 + (36) → (96)

11. 37 + 64 → 40 + (61) → (101)

12. 94 + 37 → (91) + 40 → (131)

13. 48 + 55 → 50 + (53) → (103)

14. 75 + 65 → 80 + (60) → (140)

15. 37 + 76 → 40 + (73) → (113)

16. 49 + 84 → 50 + (83) → (133)

17. 76 + 95 → 80 + (91) → (171)

18. 57 + 35 → 60 + (32) → (92)

19. 82 + 93 → 80 + (95) → (175)

20. 65 + 89 → (64) + 90 → (154)

☑ 풀이실력 체크하기

풀이시간	체크하기
~1분 이하	☐ 계산 고수시군요!
1분 초과~1분 30초 이하	☐ 우수해요!
1분 30초 초과~2분 이하	☐ 평균이에요!
2분 초과~2분 30초 이하	☐ 좀 더 분발해야 해요!
2분 30분 초과	☐ 부단한 노력이 필요해요!

연습 문제

MZ법: 더하기 계산에서 한 쪽을 +해 주면, 다른 쪽을 −해 주면서 계산하기 쉬운 숫자로 바꿔 주는 방법
㉑ $87+64=(87+3)+(64-3)=90+61=151$
$789+142=(789+11)+(142-11)=800+131=931$

MZ법을 활용하여 다음 빈칸에 알맞은 값을 쓰시오.

1. 23 + 58 → (　　　) + 60 → (　　　)

2. 49 + 72 → 50 + (　　　) → (　　　)

3. 29 + 83 → 30 + (　　　) → (　　　)

4. 58 + 92 → 60 + (　　　) → (　　　)

5. 36 + 53 → (　　　) + 49 → (　　　)

6. 77 + 84 → 80 + (　　　) → (　　　)

7. 88 + 64 → 90 + (　　　) → (　　　)

8. 58 + 79 → (　　　) + 80 → (　　　)

9. 97 + 36 → 100 + (　　　) → (　　　)

10. 58 + 38 → 60 + (　　　) → (　　　)

11. 37 + 64 → 40 + (　　　) → (　　　)

12. 94 + 37 → (　　　) + 40 → (　　　)

13. 48 + 55 → 50 + (　　　) → (　　　)

14. 75 + 65 → 80 + (　　　) → (　　　)

15. 37 + 76 → 40 + (　　　) → (　　　)

16. 49 + 84 → 50 + (　　　) → (　　　)

17. 76 + 95 → 80 + (　　　) → (　　　)

18. 57 + 35 → 60 + (　　　) → (　　　)

19. 82 + 93 → 80 + (　　　) → (　　　)

20. 65 + 89 → (　　　) + 90 → (　　　)

❶ 종이를 반으로 접은 후 문제를 풀어 보세요.

정답 확인

1. 75 + 86 → (71) + 90 → (161)
2. 58 + 96 → (54) + 100 → (154)
3. 77 + 89 → (76) + 90 → (166)
4. 63 + 89 → (62) + 90 → (152)
5. 45 + 27 → (42) + 30 → (72)
6. 34 + 17 → (31) + 20 → (51)
7. 44 + 78 → (42) + 80 → (122)
8. 65 + 67 → (62) + 70 → (132)
9. 38 + 74 → 40 + (72) → (112)
10. 97 + 89 → 100 + (86) → (186)
11. 75 + 89 → (74) + 90 → (164)
12. 37 + 96 → (33) + 100 → (133)
13. 88 + 57 → 90 + (55) → (145)
14. 67 + 98 → (65) + 100 → (165)
15. 49 + 89 → (48) + 90 → (138)
16. 37 + 94 → 40 + (91) → (131)
17. 16 + 75 → 20 + (71) → (91)
18. 46 + 78 → (44) + 80 → (124)
19. 27 + 96 → (23) + 100 → (123)
20. 16 + 49 → (15) + 50 → (65)

☑ 풀이실력 체크하기

풀이시간	체크하기
~1분 이하	☐ 계산 고수시군요!
1분 초과~1분 30초 이하	☐ 우수해요!
1분 30초 초과~2분 이하	☐ 평균이에요!
2분 초과~2분 30초 이하	☐ 좀 더 분발해야 해요!
2분 30분 초과	☐ 부단한 노력이 필요해요!

연습 문제

MZ법을 활용하여 다음 빈칸에 알맞은 값을 쓰시오.

1. 75 + 86 → (　　　) + 90 → (　　　)
2. 58 + 96 → (　　　) + 100 → (　　　)
3. 77 + 89 → (　　　) + 90 → (　　　)
4. 63 + 89 → (　　　) + 90 → (　　　)
5. 45 + 27 → (　　　) + 30 → (　　　)
6. 34 + 17 → (　　　) + 20 → (　　　)
7. 44 + 78 → (　　　) + 80 → (　　　)
8. 65 + 67 → (　　　) + 70 → (　　　)
9. 38 + 74 → 40 + (　　　) → (　　　)
10. 97 + 89 → 100 + (　　　) → (　　　)
11. 75 + 89 → (　　　) + 90 → (　　　)
12. 37 + 96 → (　　　) + 100 → (　　　)
13. 88 + 57 → 90 + (　　　) → (　　　)
14. 67 + 98 → (　　　) + 100 → (　　　)
15. 49 + 89 → (　　　) + 90 → (　　　)
16. 37 + 94 → 40 + (　　　) → (　　　)
17. 16 + 75 → 20 + (　　　) → (　　　)
18. 46 + 78 → (　　　) + 80 → (　　　)
19. 27 + 96 → (　　　) + 100 → (　　　)
20. 16 + 49 → (　　　) + 50 → (　　　)

❶ 종이를 반으로 접은 후 문제를 풀어 보세요.

정답 확인

1. 49 + 78 → 50 + (77) → (127)
2. 75 + 89 → (74) + 90 → (164)
3. 58 + 95 → (53) + 100 → (153)
4. 79 + 37 → 80 + (36) → (116)
5. 68 + 98 → (66) + 100 → (166)
6. 78 + 98 → (76) + 100 → (176)
7. 87 + 86 → 90 + (83) → (173)
8. 79 + 85 → 80 + (84) → (164)
9. 17 + 96 → (13) + 100 → (113)
10. 28 + 96 → (24) + 100 → (124)
11. 35 + 69 → (34) + 70 → (104)
12. 36 + 68 → (34) + 70 → (104)
13. 57 + 68 → (55) + 70 → (125)
14. 88 + 64 → 90 + (62) → (152)
15. 56 + 37 → (53) + 40 → (93)
16. 53 + 77 → (50) + 80 → (130)
17. 45 + 68 → (43) + 70 → (113)
18. 87 + 42 → (89) + 40 → (129)
19. 74 + 19 → (73) + 20 → (93)
20. 72 + 49 → (71) + 50 → (121)

☑ 풀이실력 체크하기

풀이시간	체크하기
~1분 이하	☐ 계산 고수시군요!
1분 초과~1분 30초 이하	☐ 우수해요!
1분 30초 초과~2분 이하	☐ 평균이에요!
2분 초과~2분 30초 이하	☐ 좀 더 분발해야 해요!
2분 30분 초과	☐ 부단한 노력이 필요해요!

연습 문제

MZ법을 활용하여 다음 빈칸에 알맞은 값을 쓰시오.

1. 49 + 78 → 50 + (　　　) → (　　　)
2. 75 + 89 → (　　　) + 90 → (　　　)
3. 58 + 95 → (　　　) + 100 → (　　　)
4. 79 + 37 → 80 + (　　　) → (　　　)
5. 68 + 98 → (　　　) + 100 → (　　　)
6. 78 + 98 → (　　　) + 100 → (　　　)
7. 87 + 86 → 90 + (　　　) → (　　　)
8. 79 + 85 → 80 + (　　　) → (　　　)
9. 17 + 96 → (　　　) + 100 → (　　　)
10. 28 + 96 → (　　　) + 100 → (　　　)
11. 35 + 69 → (　　　) + 70 → (　　　)
12. 36 + 68 → (　　　) + 70 → (　　　)
13. 57 + 68 → (　　　) + 70 → (　　　)
14. 88 + 64 → 90 + (　　　) → (　　　)
15. 56 + 37 → (　　　) + 40 → (　　　)
16. 53 + 77 → (　　　) + 80 → (　　　)
17. 45 + 68 → (　　　) + 70 → (　　　)
18. 87 + 42 → (　　　) + 40 → (　　　)
19. 74 + 19 → (　　　) + 20 → (　　　)
20. 72 + 49 → (　　　) + 50 → (　　　)

DAY 02 덧셈 연습

❶ 종이를 반으로 접은 후 문제를 풀어 보세요.

정답 확인

1. 468 + 63 → 470 + (61) → (531)

2. 935 + 78 → (933) + 80 → (1,013)

3. 89 + 635 → 90 + (634) → (724)

4. 78 + 635 → 80 + (633) → (713)

5. 178 + 47 → 180 + (45) → (225)

6. 479 + 23 → 480 + (22) → (502)

7. 29 + 836 → 30 + (835) → (865)

8. 342 + 59 → (341) + 60 → (401)

9. 289 + 27 → 290 + (26) → (316)

10. 584 +37 → (581) + 40 → (621)

11. 795 + 39 → (794) + 40 → (834)

12. 746 + 27 → (743) + 30 → (773)

13. 293 + 98 → (291) + 100 → (391)

14. 746 + 39 → (745) + 40 → (785)

15. 37 + 392 → (39) + 390 → (429)

16. 28 + 847 → 30 + (845) → (875)

17. 453 + 68 → (451) + 70 → (521)

18. 379 + 85 → 380 + (84) → (464)

19. 978 + 54 → 980 + (52) → (1,032)

20. 689 + 55 → 690 + (54) → (744)

☑ 풀이실력 체크하기

풀이시간	체크하기
~1분 이하	☐ 계산 고수시군요!
1분 초과~1분 30초 이하	☐ 우수해요!
1분 30초 초과~2분 이하	☐ 평균이에요!
2분 초과~2분 30초 이하	☐ 좀 더 분발해야 해요!
2분 30분 초과	☐ 부단한 노력이 필요해요!

연습 문제

MZ법: 더하기 계산에서 한 쪽을 +해 주면, 다른 쪽을 −해 주면서 계산하기 쉬운 숫자로 바꿔 주는 방법

㉠ $87+64=(87+3)+(64-3)=90+61=151$

$789+142=(789+11)+(142-11)=800+131=931$

MZ법을 활용하여 다음 빈칸에 알맞은 값을 쓰시오.

1. 468 + 63 → 470 + (　　　) → (　　　)
2. 935 + 78 → (　　　) + 80 → (　　　)
3. 89 + 635 → 90 + (　　　) → (　　　)
4. 78 + 635 → 80 + (　　　) → (　　　)
5. 178 + 47 → 180 + (　　　) → (　　　)
6. 479 + 23 → 480 + (　　　) → (　　　)
7. 29 + 836 → 30 + (　　　) → (　　　)
8. 342 + 59 → (　　　) + 60 → (　　　)
9. 289 + 27 → 290 + (　　　) → (　　　)
10. 584 +37 → (　　　) + 40 → (　　　)
11. 795 + 39 → (　　　) + 40 → (　　　)
12. 746 + 27 → (　　　) + 30 → (　　　)
13. 293 + 98 → (　　　) + 100 → (　　　)
14. 746 + 39 → (　　　) + 40 → (　　　)
15. 37 + 392 → (　　　) + 390 → (　　　)
16. 28 + 847 → 30 + (　　　) → (　　　)
17. 453 + 68 → (　　　) + 70 → (　　　)
18. 379 + 85 → 380 + (　　　) → (　　　)
19. 978 + 54 → 980 + (　　　) → (　　　)
20. 689 + 55 → 690 + (　　　) → (　　　)

❗ 종이를 반으로 접은 후 문제를 풀어 보세요.

정답 확인

1. 758 + 96 → (754) + 100 → (854)

2. 474 + 78 → (472) + 80 → (552)

3. 576 + 95 → (571) + 100 → (671)

4. 358 + 96 → (354) + 100 → (454)

5. 478 + 98 → (476) + 100 → (576)

6. 568 + 98 → (566) + 100 → (666)

7. 889 + 69 → 900 + (58) → (958)

8. 788 + 95 → (783) + 100 → (883)

9. 728 + 94 → (722) + 100 → (822)

10. 421 + 38 → 420 + (39) → (459)

11. 78 + 226 → 80 + (224) → (304)

12. 24 + 588 → (12) + 600 → (612)

13. 74 + 598 → (72) + 600 → (672)

14. 88 + 568 → 90 + (566) → (656)

15. 45 + 458 → (43) + 460 → (503)

16. 66 + 517 → (63) + 520 → (583)

17. 78 + 965 → 80 + (963) → (1,043)

18. 35 + 687 → (32) + 690 → (722)

19. 57 + 877 → (54) + 880 → (934)

20. 77 + 589 → 80 + (586) → (666)

☑ 풀이실력 체크하기

풀이시간	체크하기
~1분 이하	☐ 계산 고수시군요!
1분 초과~1분 30초 이하	☐ 우수해요!
1분 30초 초과~2분 이하	☐ 평균이에요!
2분 초과~2분 30초 이하	☐ 좀 더 분발해야 해요!
2분 30분 초과	☐ 부단한 노력이 필요해요!

연습 문제

MZ법을 활용하여 다음 빈칸에 알맞은 값을 쓰시오.

1. $758 + 96 \rightarrow (\quad\quad) + 100 \rightarrow (\quad\quad)$
2. $474 + 78 \rightarrow (\quad\quad) + 80 \rightarrow (\quad\quad)$
3. $576 + 95 \rightarrow (\quad\quad) + 100 \rightarrow (\quad\quad)$
4. $358 + 96 \rightarrow (\quad\quad) + 100 \rightarrow (\quad\quad)$
5. $478 + 98 \rightarrow (\quad\quad) + 100 \rightarrow (\quad\quad)$
6. $568 + 98 \rightarrow (\quad\quad) + 100 \rightarrow (\quad\quad)$
7. $889 + 69 \rightarrow 900 + (\quad\quad) \rightarrow (\quad\quad)$
8. $788 + 95 \rightarrow (\quad\quad) + 100 \rightarrow (\quad\quad)$
9. $728 + 94 \rightarrow (\quad\quad) + 100 \rightarrow (\quad\quad)$
10. $421 + 38 \rightarrow 420 + (\quad\quad) \rightarrow (\quad\quad)$
11. $78 + 226 \rightarrow 80 + (\quad\quad) \rightarrow (\quad\quad)$
12. $24 + 588 \rightarrow (\quad\quad) + 600 \rightarrow (\quad\quad)$
13. $74 + 598 \rightarrow (\quad\quad) + 600 \rightarrow (\quad\quad)$
14. $88 + 568 \rightarrow 90 + (\quad\quad) \rightarrow (\quad\quad)$
15. $45 + 458 \rightarrow (\quad\quad) + 460 \rightarrow (\quad\quad)$
16. $66 + 517 \rightarrow (\quad\quad) + 520 \rightarrow (\quad\quad)$
17. $78 + 965 \rightarrow 80 + (\quad\quad) \rightarrow (\quad\quad)$
18. $35 + 687 \rightarrow (\quad\quad) + 690 \rightarrow (\quad\quad)$
19. $57 + 877 \rightarrow (\quad\quad) + 880 \rightarrow (\quad\quad)$
20. $77 + 589 \rightarrow 80 + (\quad\quad) \rightarrow (\quad\quad)$

❶ 종이를 반으로 접은 후 문제를 풀어 보세요.

정답 확인

1. 754 + 89 → (753) + 90 → (843)
2. 43 + 698 → (41) + 700 → (741)
3. 68 + 596 → (64) + 600 → (664)
4. 178 + 38 → (176) + 40 → (216)
5. 264 + 39 → (263) + 40 → (303)
6. 826 + 89 → (825) + 90 → (915)
7. 86 + 729 → (85) + 730 → (815)
8. 85 + 488 → (83) + 490 → (573)
9. 239 + 56 → 240 + (55) → (295)
10. 356 + 67 → (353) + 70 → (423)
11. 346 + 59 → (345) + 60 → (405)
12. 658 + 56 → 660 + (54) → (714)
13. 547 + 38 → (545) + 40 → (585)
14. 689 + 89 → (688) + 90 → (778)
15. 374 + 79 → (373) + 80 → (453)
16. 546 + 87 → (543) + 90 → (633)
17. 48 + 743 → 50 + (741) → (791)
18. 746 + 85 → (741) + 90 → (831)
19. 589 + 68 → 590 + (67) → (657)
20. 88 + 546 → 90 + (544) → (634)

☑ 풀이실력 체크하기

풀이시간	체크하기
~1분 이하	□ 계산 고수시군요!
1분 초과~1분 30초 이하	□ 우수해요!
1분 30초 초과~2분 이하	□ 평균이에요!
2분 초과~2분 30초 이하	□ 좀 더 분발해야 해요!
2분 30분 초과	□ 부단한 노력이 필요해요!

연습 문제

MZ법을 활용하여 다음 빈칸에 알맞은 값을 쓰시오.

1. 754 + 89 → (   ) + 90 → (   )
2. 43 + 698 → (   ) + 700 → (   )
3. 68 + 596 → (   ) + 600 → (   )
4. 178 + 38 → (   ) + 40 → (   )
5. 264 + 39 → (   ) + 40 → (   )
6. 826 + 89 → (   ) + 90 → (   )
7. 86 + 729 → (   ) + 730 → (   )
8. 85 + 488 → (   ) + 490 → (   )
9. 239 + 56 → 240 + (   ) → (   )
10. 356 + 67 → (   ) + 70 → (   )
11. 346 + 59 → (   ) + 60 → (   )
12. 658 + 56 → 660 + (   ) → (   )
13. 547 + 38 → (   ) + 40 → (   )
14. 689 + 89 → (   ) + 90 → (   )
15. 374 + 79 → (   ) + 80 → (   )
16. 546 + 87 → (   ) + 90 → (   )
17. 48 + 743 → 50 + (   ) → (   )
18. 746 + 85 → (   ) + 90 → (   )
19. 589 + 68 → 590 + (   ) → (   )
20. 88 + 546 → 90 + (   ) → (   )

DAY 03 덧셈 연습

❶ 종이를 반으로 접은 후 문제를 풀어 보세요.

정답 확인

1. 654 + 798 → (652) + 800 → (1,452)
2. 258 + 324 → 260 + (322) → (582)
3. 748 + 365 → 750 + (363) → (1,113)
4. 578 + 755 → 580 + (753) → (1,333)
5. 679 + 379 → 680 + (378) → (1,058)
6. 749 + 389 → (738) + 400 → (1,138)
7. 945 + 347 → (942) + 350 → (1,292)
8. 138 + 963 → 140 + (961) → (1,101)
9. 871 + 369 → (870) + 370 → (1,240)
10. 498 + 357 → 500 + (355) → (855)
11. 689 + 816 → 700 + (805) → (1,505)
12. 738 + 524 → 740 + (522) → (1,262)
13. 376 + 654 → 380 + (650) → (1,030)
14. 238 + 983 → 240 + (981) → (1,221)
15. 497 + 766 → 500 + (763) → (1,263)
16. 785 + 368 → (783) + 370 → (1,153)
17. 135 + 268 → (133) + 270 → (403)
18. 698 + 769 → 700 + (767) → (1,467)
19. 135 + 647 → (132) + 650 → (782)
20. 137 + 678 → (135) + 680 → (815)

☑ 풀이실력 체크하기

풀이시간	체크하기
~1분 이하	☐ 계산 고수시군요!
1분 초과~2분 이하	☐ 우수해요!
2분 초과~3분 이하	☐ 평균이에요!
3분 초과~4분 이하	☐ 좀 더 분발해야 해요!
4분 초과	☐ 부단한 노력이 필요해요!

연습 문제

MZ법: 더하기 계산에서 한 쪽을 ＋해 주면, 다른 쪽을 －해 주면서 계산하기 쉬운 숫자로 바꿔 주는 방법

예 $87+64=(87+3)+(64-3)=90+61=151$

$789+142=(789+11)+(142-11)=800+131=931$

MZ법을 활용하여 다음 빈칸에 알맞은 값을 쓰시오.

1. 654 ＋ 798 → (　　　) ＋ 800 → (　　　)
2. 258 ＋ 324 → 260 ＋ (　　　) → (　　　)
3. 748 ＋ 365 → 750 ＋ (　　　) → (　　　)
4. 578 ＋ 755 → 580 ＋ (　　　) → (　　　)
5. 679 ＋ 379 → 680 ＋ (　　　) → (　　　)
6. 749 ＋ 389 → (　　　) ＋ 400 → (　　　)
7. 945 ＋ 347 → (　　　) ＋ 350 → (　　　)
8. 138 ＋ 963 → 140 ＋ (　　　) → (　　　)
9. 871 ＋ 369 → (　　　) ＋ 370 → (　　　)
10. 498 ＋ 357 → 500 ＋ (　　　) → (　　　)
11. 689 ＋ 816 → 700 ＋ (　　　) → (　　　)
12. 738 ＋ 524 → 740 ＋ (　　　) → (　　　)
13. 376 ＋ 654 → 380 ＋ (　　　) → (　　　)
14. 238 ＋ 983 → 240 ＋ (　　　) → (　　　)
15. 497 ＋ 766 → 500 ＋ (　　　) → (　　　)
16. 785 ＋ 368 → (　　　) ＋ 370 → (　　　)
17. 135 ＋ 268 → (　　　) ＋ 270 → (　　　)
18. 698 ＋ 769 → 700 ＋ (　　　) → (　　　)
19. 135 ＋ 647 → (　　　) ＋ 650 → (　　　)
20. 137 ＋ 678 → (　　　) ＋ 680 → (　　　)

❶ 종이를 반으로 접은 후 문제를 풀어 보세요.

정답 확인

1. 578 + 948 → 580 + (946) → (1,526)
2. 758 + 967 → 760 + (965) → (1,725)
3. 859 + 788 → (847) + 800 → (1,647)
4. 778 + 997 → (775) + 1,000 → (1,775)
5. 458 + 698 → (456) + 700 → (1,156)
6. 874 + 596 → (870) + 600 → (1,470)
7. 631 + 896 → 630 + (897) → (1,527)
8. 785 + 678 → (783) + 680 → (1,463)
9. 868 + 547 → 870 + (545) → (1,415)
10. 568 + 289 → (557) + 300 → (857)
11. 758 + 896 → (754) + 900 → (1,654)
12. 747 + 878 → (725) + 900 → (1,625)
13. 889 + 598 → (887) + 600 → (1,487)
14. 568 + 259 → (567) + 260 → (827)
15. 237 + 856 → 240 + (853) → (1,093)
16. 455 + 869 → (454) + 870 → (1,324)
17. 666 + 588 → (654) + 600 → (1,254)
18. 545 + 248 → (543) + 250 → (793)
19. 868 + 294 → 870 + (292) → (1,162)
20. 456 + 287 → (453) + 290 → (743)

☑ 풀이실력 체크하기

풀이시간	체크하기
~1분 이하	□ 계산 고수시군요!
1분 초과~2분 이하	□ 우수해요!
2분 초과~3분 이하	□ 평균이에요!
3분 초과~4분 이하	□ 좀 더 분발해야 해요!
4분 초과	□ 부단한 노력이 필요해요!

연습 문제

MZ법을 활용하여 다음 빈칸에 알맞은 값을 쓰시오.

1. 578 + 948 → 580 + (　　　) → (　　　)
2. 758 + 967 → 760 + (　　　) → (　　　)
3. 859 + 788 → (　　　) + 800 → (　　　)
4. 778 + 997 → (　　　) + 1,000 → (　　　)
5. 458 + 698 → (　　　) + 700 → (　　　)
6. 874 + 596 → (　　　) + 600 → (　　　)
7. 631 + 896 → 630 + (　　　) → (　　　)
8. 785 + 678 → (　　　) + 680 → (　　　)
9. 868 + 547 → 870 + (　　　) → (　　　)
10. 568 + 289 → (　　　) + 300 → (　　　)
11. 758 + 896 → (　　　) + 900 → (　　　)
12. 747 + 878 → (　　　) + 900 → (　　　)
13. 889 + 598 → (　　　) + 600 → (　　　)
14. 568 + 259 → (　　　) + 260 → (　　　)
15. 237 + 856 → 240 + (　　　) → (　　　)
16. 455 + 869 → (　　　) + 870 → (　　　)
17. 666 + 588 → (　　　) + 600 → (　　　)
18. 545 + 248 → (　　　) + 250 → (　　　)
19. 868 + 294 → 870 + (　　　) → (　　　)
20. 456 + 287 → (　　　) + 290 → (　　　)

❗ 종이를 반으로 접은 후 문제를 풀어 보세요.

정답 확인

1. 784 + 877 → (781) + 880 → (1,661)
2. 449 + 525 → 450 + (524) → (974)
3. 859 + 887 → (856) + 890 → (1,746)
4. 588 + 989 → (577) + 1,000 → (1,577)
5. 665 + 898 → (663) + 900 → (1,563)
6. 528 + 349 → (527) + 350 → (877)
7. 124 + 868 → (122) + 870 → (992)
8. 543 + 558 → (541) + 560 → (1,101)
9. 453 + 687 → (450) + 690 → (1,140)
10. 768 + 988 → (766) + 990 → (1,756)
11. 762 + 538 → (760) + 540 → (1,300)
12. 869 + 566 → 870 + (565) → (1,435)
13. 468 + 456 → 470 + (454) → (924)
14. 169 + 686 → 170 + (685) → (855)
15. 297 + 457 → 300 + (454) → (754)
16. 158 + 947 → 160 + (945) → (1,105)
17. 647 + 476 → 650 + (473) → (1,123)
18. 468 + 696 → 470 + (694) → (1,164)
19. 567 + 896 → 570 + (893) → (1,463)
20. 454 + 267 → (451) + 270 → (721)

☑ 풀이실력 체크하기

풀이시간	체크하기
~1분 이하	□ 계산 고수시군요!
1분 초과~2분 이하	□ 우수해요!
2분 초과~3분 이하	□ 평균이에요!
3분 초과~4분 이하	□ 좀 더 분발해야 해요!
4분 초과	□ 부단한 노력이 필요해요!

연습 문제

MZ법을 활용하여 다음 빈칸에 알맞은 값을 쓰시오.

1. 784 + 877 → (　　　) + 880 → (　　　)
2. 449 + 525 → 450 + (　　　) → (　　　)
3. 859 + 887 → (　　　) + 890 → (　　　)
4. 588 + 989 → (　　　) + 1,000 → (　　　)
5. 665 + 898 → (　　　) + 900 → (　　　)
6. 528 + 349 → (　　　) + 350 → (　　　)
7. 124 + 868 → (　　　) + 870 → (　　　)
8. 543 + 558 → (　　　) + 560 → (　　　)
9. 453 + 687 → (　　　) + 690 → (　　　)
10. 768 + 988 → (　　　) + 990 → (　　　)
11. 762 + 538 → (　　　) + 540 → (　　　)
12. 869 + 566 → 870 + (　　　) → (　　　)
13. 468 + 456 → 470 + (　　　) → (　　　)
14. 169 + 686 → 170 + (　　　) → (　　　)
15. 297 + 457 → 300 + (　　　) → (　　　)
16. 158 + 947 → 160 + (　　　) → (　　　)
17. 647 + 476 → 650 + (　　　) → (　　　)
18. 468 + 696 → 470 + (　　　) → (　　　)
19. 567 + 896 → 570 + (　　　) → (　　　)
20. 454 + 267 → (　　　) + 270 → (　　　)

DAY 04 덧셈 연습

❶ 종이를 반으로 접은 후 문제를 풀어 보세요.

정답 확인

I 1

구분	가	나	총합
A	97	88	185
B	85	78	163
총합	182	166	348

I 2

구분	가	나	총합
A	85	78	163
B	58	74	132
총합	143	152	295

I 3

구분	가	나	총합
A	28	49	77
B	76	38	114
총합	104	87	191

I 4

구분	가	나	총합
A	55	49	104
B	78	68	146
총합	133	117	250

I 5

구분	가	나	총합
A	86	84	170
B	28	45	73
총합	114	129	243

☑ **풀이실력 체크하기**

풀이시간	체크하기
~1분 30초 이하	☐ 계산 고수시군요!
1분 30초 초과~2분 이하	☐ 우수해요!
2분 초과~2분 30초 이하	☐ 평균이에요!
2분 30초 초과~3분 이하	☐ 좀 더 분발해야 해요!
3분 초과	☐ 부단한 노력이 필요해요!

연습 문제

다음 표의 빈칸에 알맞은 값을 쓰시오.

1

구분	가	나	총합
A	97	88	
B	85	78	
총합			

2

구분	가	나	총합
A	85	78	
B	58	74	
총합			

3

구분	가	나	총합
A	28	49	
B	76	38	
총합			

4

구분	가	나	총합
A	55	49	
B	78	68	
총합			

5

구분	가	나	총합
A	86	84	
B	28	45	
총합			

❗ 종이를 반으로 접은 후 문제를 풀어 보세요.

정답 확인

1

구분	가	나	총합
A	43	62	105
B	26	38	64
총합	69	100	169

2

구분	가	나	총합
A	33	89	122
B	21	67	88
총합	54	156	210

3

구분	가	나	총합
A	48	83	131
B	94	46	140
총합	142	129	271

4

구분	가	나	총합
A	68	65	133
B	39	99	138
총합	107	164	271

5

구분	가	나	총합
A	38	68	106
B	85	72	157
총합	123	140	263

☑ 풀이실력 체크하기

풀이시간	체크하기
~1분 30초 이하	☐ 계산 고수시군요!
1분 30초 초과~2분 이하	☐ 우수해요!
2분 초과~2분 30초 이하	☐ 평균이에요!
2분 30초 초과~3분 이하	☐ 좀 더 분발해야 해요!
3분 초과	☐ 부단한 노력이 필요해요!

연습 문제

다음 표의 빈칸에 알맞은 값을 쓰시오.

1

구분	가	나	총합
A	43	62	
B	26	38	
총합			

2

구분	가	나	총합
A	33	89	
B	21	67	
총합			

3

구분	가	나	총합
A	48	83	
B	94	46	
총합			

4

구분	가	나	총합
A	68	65	
B	39	99	
총합			

5

구분	가	나	총합
A	38	68	
B	85	72	
총합			

❶ 종이를 반으로 접은 후 문제를 풀어 보세요.

정답 확인

1

구분	가	나	총합
A	75	49	124
B	57	64	121
총합	132	113	245

2

구분	가	나	총합
A	87	77	164
B	53	84	137
총합	140	161	301

3

구분	가	나	총합
A	79	56	135
B	49	85	134
총합	128	141	269

4

구분	가	나	총합
A	48	75	123
B	78	39	117
총합	126	114	240

5

구분	가	나	총합
A	28	16	44
B	25	37	62
총합	53	53	106

☑ 풀이실력 체크하기

풀이시간	체크하기
~1분 30초 이하	☐ 계산 고수시군요!
1분 30초 초과~2분 이하	☐ 우수해요!
2분 초과~2분 30초 이하	☐ 평균이에요!
2분 30초 초과~3분 이하	☐ 좀 더 분발해야 해요!
3분 초과	☐ 부단한 노력이 필요해요!

연습 문제

다음 표의 빈칸에 알맞은 값을 쓰시오.

| 1

구분	가	나	총합
A	75	49	
B	57	64	
총합			

| 2

구분	가	나	총합
A	87	77	
B	53	84	
총합			

| 3

구분	가	나	총합
A	79	56	
B	49	85	
총합			

| 4

구분	가	나	총합
A	48	75	
B	78	39	
총합			

| 5

구분	가	나	총합
A	28	16	
B	25	37	
총합			

DAY **05**

덧셈 연습

❶ 종이를 반으로 접은 후 문제를 풀어 보세요.

정답 확인

| 1

구분	가	나	다	총합
A	59	79	54	192
B	45	88	17	150
C	57	87	52	196
총합	161	254	123	538

| 2

구분	가	나	다	총합
A	54	86	88	228
B	24	47	65	136
C	86	47	94	227
총합	164	180	247	591

| 3

구분	가	나	다	총합
A	78	57	46	181
B	60	65	57	182
C	35	47	72	154
총합	173	169	175	517

| 4

구분	가	나	다	총합
A	35	22	88	145
B	47	55	65	167
C	46	51	32	129
총합	128	128	185	441

| 5

구분	가	나	다	총합
A	85	29	76	190
B	68	82	54	204
C	46	75	84	205
총합	199	186	214	599

☑ 풀이실력 체크하기

풀이시간	체크하기
~2분 이하	☐ 계산 고수시군요!
2분 초과~2분 30초 이하	☐ 우수해요!
2분 30초 초과~3분 이하	☐ 평균이에요!
3분 초과~4분 이하	☐ 좀 더 분발해야 해요!
4분 초과	☐ 부단한 노력이 필요해요!

연습 문제

다음 표의 빈칸에 알맞은 값을 쓰시오.

| 1

구분	가	나	다	총합
A	59	79	54	
B	45	88	17	
C	57	87	52	
총합				

| 2

구분	가	나	다	총합
A	54	86	88	
B	24	47	65	
C	86	47	94	
총합				

| 3

구분	가	나	다	총합
A	78	57	46	
B	60	65	57	
C	35	47	72	
총합				

| 4

구분	가	나	다	총합
A	35	22	88	
B	47	55	65	
C	46	51	32	
총합				

| 5

구분	가	나	다	총합
A	85	29	76	
B	68	82	54	
C	46	75	84	
총합				

❶ 종이를 반으로 접은 후 문제를 풀어 보세요.

정답 확인

I 1

구분	가	나	다	종합
A	74	74	254	402
B	55	187	56	298
C	87	86	54	227
종합	216	347	364	927

I 2

구분	가	나	다	종합
A	74	56	96	226
B	119	247	35	401
C	57	46	87	190
종합	250	349	218	817

I 3

구분	가	나	다	종합
A	42	27	257	326
B	84	98	53	235
C	87	542	84	713
종합	213	667	394	1,274

I 4

구분	가	나	다	종합
A	34	50	65	149
B	547	55	14	616
C	25	47	321	393
종합	606	152	400	1,158

I 5

구분	가	나	다	종합
A	58	68	35	161
B	17	541	58	616
C	32	478	45	555
종합	107	1,087	138	1,332

☑ 풀이실력 체크하기

풀이시간	체크하기
~2분 이하	☐ 계산 고수시군요!
2분 초과~2분 30초 이하	☐ 우수해요!
2분 30초 초과~3분 이하	☐ 평균이에요!
3분 초과~4분 이하	☐ 좀 더 분발해야 해요!
4분 초과	☐ 부단한 노력이 필요해요!

연습 문제

다음 표의 빈칸에 알맞은 값을 쓰시오.

| 1

구분	가	나	다	총합
A	74	74	254	
B	55	187	56	
C	87	86	54	
총합				

| 2

구분	가	나	다	총합
A	74	56	96	
B	119	247	35	
C	57	46	87	
총합				

| 3

구분	가	나	다	총합
A	42	27	257	
B	84	98	53	
C	87	542	84	
총합				

| 4

구분	가	나	다	총합
A	34	50	65	
B	547	55	14	
C	25	47	321	
총합				

| 5

구분	가	나	다	총합
A	58	68	35	
B	17	541	58	
C	32	478	45	
총합				

❶ 종이를 반으로 접은 후 문제를 풀어 보세요.

정답 확인

| 1

구분	가	나	다	총합
A	33	24	563	620
B	34	175	54	263
C	258	42	28	328
총합	325	241	645	1,211

| 2

구분	가	나	다	총합
A	56	741	24	821
B	148	34	87	269
C	50	48	240	338
총합	254	823	351	1,428

| 3

구분	가	나	다	총합
A	16	414	26	456
B	48	54	179	281
C	217	36	65	318
총합	281	504	270	1,055

| 4

구분	가	나	다	총합
A	468	56	89	613
B	12	316	46	374
C	57	78	659	794
총합	537	450	794	1,781

| 5

구분	가	나	다	총합
A	23	516	77	616
B	326	24	88	438
C	26	67	211	304
총합	375	607	376	1,358

☑ 풀이실력 체크하기

풀이시간	체크하기
~2분 이하	☐ 계산 고수시군요!
2분 초과~2분 30초 이하	☐ 우수해요!
2분 30초 초과~3분 이하	☐ 평균이에요!
3분 초과~4분 이하	☐ 좀 더 분발해야 해요!
4분 초과	☐ 부단한 노력이 필요해요!

연습 문제

다음 표의 빈칸에 알맞은 값을 쓰시오.

| 1

구분	가	나	다	총합
A	33	24	563	
B	34	175	54	
C	258	42	28	
총합				

| 2

구분	가	나	다	총합
A	56	741	24	
B	148	34	87	
C	50	48	240	
총합				

| 3

구분	가	나	다	총합
A	16	414	26	
B	48	54	179	
C	217	36	65	
총합				

| 4

구분	가	나	다	총합
A	468	56	89	
B	12	316	46	
C	57	78	659	
총합				

| 5

구분	가	나	다	총합
A	23	516	77	
B	326	24	88	
C	26	67	211	
총합				

❶ 종이를 반으로 접은 후 문제를 풀어 보세요.

정답 확인

1. 65 − 48 → (67) − 50 → (17)

2. 83 − 22 → (81) − 20 → (61)

3. 92 − 24 → 90 − (22) → (68)

4. 75 − 68 → (77) − 70 → (7)

5. 65 − 47 → (68) − 50 → (18)

6. 88 − 65 → 90 − (67) → (23)

7. 42 − 38 → (44) − 40 → (4)

8. 75 − 61 → (74) − 60 → (14)

9. 85 − 68 → (87) − 70 → (17)

10. 99 − 46 → 100 − (47) → (53)

11. 85 − 69 → (86) − 70 → (16)

12. 51 − 34 → 50 − (33) → (17)

13. 82 − 24 → 80 − (22) → (58)

14. 75 − 47 → (78) − 50 → (28)

15. 76 − 58 → (78) − 60 → (18)

16. 54 − 28 → (56) − 30 → (26)

17. 94 − 75 → (99) − 80 → (19)

18. 61 − 95 → (66) − 100 → (−34)

19. 90 − 54 → (96) − 60 → (36)

20. 84 − 68 → (86) − 70 → (16)

☑ 풀이실력 체크하기

풀이시간	체크하기
~1분 이하	□ 계산 고수시군요!
1분 초과~1분 30초 이하	□ 우수해요!
1분 30초 초과~2분 이하	□ 평균이에요!
2분 초과~2분 30초 이하	□ 좀 더 분발해야 해요!
2분 30분 초과	□ 부단한 노력이 필요해요!

연습 문제

MZ법: 빼기 계산에서 한 쪽을 +해 주면, 다른 쪽을 +해 주고, 한 쪽을 −해 주면 다른 쪽도 −해 주면서 계산하기 쉬운 숫자로 바꿔 주되 빼기의 간격은 유지한다.

예 $54-28=(54+2)-(28+2)=56-30=26$

$454-177=(454+23)-(177+23)=477-200=277$

MZ법을 활용하여 다음 빈칸에 알맞은 값을 쓰시오.

1. 65 − 48 → (　　　) − 50 → (　　　)
2. 83 − 22 → (　　　) − 20 → (　　　)
3. 92 − 24 → 90 − (　　　) → (　　　)
4. 75 − 68 → (　　　) − 70 → (　　　)
5. 65 − 47 → (　　　) − 50 → (　　　)
6. 88 − 65 → 90 − (　　　) → (　　　)
7. 42 − 38 → (　　　) − 40 → (　　　)
8. 75 − 61 → (　　　) − 60 → (　　　)
9. 85 − 68 → (　　　) − 70 → (　　　)
10. 99 − 46 → 100 − (　　　) → (　　　)
11. 85 − 69 → (　　　) − 70 → (　　　)
12. 51 − 34 → 50 − (　　　) → (　　　)
13. 82 − 24 → 80 − (　　　) → (　　　)
14. 75 − 47 → (　　　) − 50 → (　　　)
15. 76 − 58 → (　　　) − 60 → (　　　)
16. 54 − 28 → (　　　) − 30 → (　　　)
17. 94 − 75 → (　　　) − 80 → (　　　)
18. 61 − 95 → (　　　) − 100 → (　　　)
19. 90 − 54 → (　　　) − 60 → (　　　)
20. 84 − 68 → (　　　) − 70 → (　　　)

❶ 종이를 반으로 접은 후 문제를 풀어 보세요.

정답 확인

1. 84 − 59 → (85) − 60 → (25)

2. 65 − 42 → (63) − 40 → (23)

3. 84 − 28 → (86) − 30 → (56)

4. 74 − 18 → (76) − 20 → (56)

5. 64 − 71 → (63) − 70 → (−7)

6. 84 − 26 → (88) − 30 → (58)

7. 74 − 59 → (75) − 60 → (15)

8. 76 − 18 → (78) − 20 → (58)

9. 85 − 42 → (83) − 40 → (43)

10. 80 − 66 → (84) − 70 → (14)

11. 94 − 67 → (97) − 70 → (27)

12. 84 − 68 → (86) − 70 → (16)

13. 65 − 23 → (62) − 20 → (42)

14. 32 − 52 → (30) − 50 → (−20)

15. 46 − 38 → (48) − 40 → (8)

16. 84 − 67 → (87) − 70 → (17)

17. 84 − 68 → (86) − 70 → (16)

18. 79 − 85 → 80 − (86) → (−6)

19. 91 − 65 → 90 − (64) → (26)

20. 87 − 48 → (89) − 50 → (39)

☑ 풀이실력 체크하기

풀이시간	체크하기
~1분 이하	□ 계산 고수시군요!
1분 초과~1분 30초 이하	□ 우수해요!
1분 30초 초과~2분 이하	□ 평균이에요!
2분 초과~2분 30초 이하	□ 좀 더 분발해야 해요!
2분 30분 초과	□ 부단한 노력이 필요해요!

연습 문제

MZ법을 활용하여 다음 빈칸에 알맞은 값을 쓰시오.

1. 84 − 59 → ( ) − 60 → ( )
2. 65 − 42 → ( ) − 40 → ( )
3. 84 − 28 → ( ) − 30 → ( )
4. 74 − 18 → ( ) − 20 → ( )
5. 64 − 71 → ( ) − 70 → ( )
6. 84 − 26 → ( ) − 30 → ( )
7. 74 − 59 → ( ) − 60 → ( )
8. 76 − 18 → ( ) − 20 → ( )
9. 85 − 42 → ( ) − 40 → ( )
10. 80 − 66 → ( ) − 70 → ( )
11. 94 − 67 → ( ) − 70 → ( )
12. 84 − 68 → ( ) − 70 → ( )
13. 65 − 23 → ( ) − 20 → ( )
14. 32 − 52 → ( ) − 50 → ( )
15. 46 − 38 → ( ) − 40 → ( )
16. 84 − 67 → ( ) − 70 → ( )
17. 84 − 68 → ( ) − 70 → ( )
18. 79 − 85 → 80 − ( ) → ( )
19. 91 − 65 → 90 − ( ) → ( )
20. 87 − 48 → ( ) − 50 → ( )

❶ 종이를 반으로 접은 후 문제를 풀어 보세요.

정답 확인

1. 72 − 45 → 70 − (43) → (27)
2. 96 − 48 → (98) − 50 → (48)
3. 82 − 69 → (83) − 70 → (13)
4. 73 − 38 → (75) − 40 → (35)
5. 62 − 39 → (63) − 40 → (23)
6. 84 − 78 → (86) − 80 → (6)
7. 98 − 49 → (99) − 50 → (49)
8. 84 − 28 → (86) − 30 → (56)
9. 75 − 29 → (76) − 30 → (46)
10. 84 − 57 → (87) − 60 → (27)
11. 86 − 29 → (87) − 30 → (57)
12. 81 − 68 → (83) − 70 → (13)
13. 86 − 77 → (89) − 80 → (9)
14. 50 − 47 → (53) − 50 → (3)
15. 64 − 28 → (66) − 30 → (36)
16. 47 − 32 → (45) − 30 → (15)
17. 46 − 28 → (48) − 30 → (18)
18. 84 − 69 → (85) − 70 → (15)
19. 94 − 65 → (99) − 70 → (29)
20. 94 − 68 → (96) − 70 → (26)

☑ 풀이실력 체크하기

풀이시간	체크하기
~1분 이하	☐ 계산 고수시군요!
1분 초과~1분 30초 이하	☐ 우수해요!
1분 30초 초과~2분 이하	☐ 평균이에요!
2분 초과~2분 30초 이하	☐ 좀 더 분발해야 해요!
2분 30분 초과	☐ 부단한 노력이 필요해요!

연습 문제

MZ법을 활용하여 다음 빈칸에 알맞은 값을 쓰시오.

1. 72 − 45 → 70 − (　　) → (　　)
2. 96 − 48 → (　　) − 50 → (　　)
3. 82 − 69 → (　　) − 70 → (　　)
4. 73 − 38 → (　　) − 40 → (　　)
5. 62 − 39 → (　　) − 40 → (　　)
6. 84 − 78 → (　　) − 80 → (　　)
7. 98 − 49 → (　　) − 50 → (　　)
8. 84 − 28 → (　　) − 30 → (　　)
9. 75 − 29 → (　　) − 30 → (　　)
10. 84 − 57 → (　　) − 60 → (　　)
11. 86 − 29 → (　　) − 30 → (　　)
12. 81 − 68 → (　　) − 70 → (　　)
13. 86 − 77 → (　　) − 80 → (　　)
14. 50 − 47 → (　　) − 50 → (　　)
15. 64 − 28 → (　　) − 30 → (　　)
16. 47 − 32 → (　　) − 30 → (　　)
17. 46 − 28 → (　　) − 30 → (　　)
18. 84 − 69 → (　　) − 70 → (　　)
19. 94 − 65 → (　　) − 70 → (　　)
20. 94 − 68 → (　　) − 70 → (　　)

DAY 07 빨셈 연습

❗ 종이를 반으로 접은 후 문제를 풀어 보세요.

정답 확인

1. 541 − 75 → (546) − 80 → (466)
2. 322 − 88 → (324) − 90 → (234)
3. 454 − 57 → (457) − 60 → (397)
4. 625 − 81 → (624) − 80 → (544)
5. 468 − 45 → (463) − 40 → (423)
6. 102 − 47 → (105) − 50 → (55)
7. 456 − 58 → (458) − 60 → (398)
8. 658 − 42 → (656) − 40 → (616)
9. 548 − 74 → (544) − 70 → (474)
10. 984 − 57 → (987) − 60 → (927)
11. 652 − 84 → (658) − 90 → (568)
12. 204 − 78 → (206) − 80 → (126)
13. 602 − 47 → (605) − 50 → (555)
14. 749 − 57 → (752) − 60 → (692)
15. 658 − 52 → (656) − 50 → (606)
16. 584 − 62 → (582) − 60 → (522)
17. 356 − 49 → (357) − 50 → (307)
18. 265 − 88 → (267) − 90 → (177)
19. 658 − 89 → (659) − 90 → (569)
20. 445 − 77 → (448) − 80 → (368)

☑ 풀이실력 체크하기

풀이시간	체크하기
~1분 이하	☐ 계산 고수시군요!
1분 초과~2분 이하	☐ 우수해요!
2분 초과~3분 이하	☐ 평균이에요!
3분 초과~4분 이하	☐ 좀 더 분발해야 해요!
4분 초과	☐ 부단한 노력이 필요해요!

연습 문제

MZ법: 빼기 계산에서 한 쪽을 +해 주면, 다른 쪽을 +해 주고, 한 쪽을 −해 주면 다른 쪽도 −해 주면서 계산하기 쉬운 숫자로 바꿔 주되 빼기의 간격은 유지한다.

예 $54-28=(54+2)-(28+2)=56-30=26$

$454-177=(454+23)-(177+23)=477-200=277$

MZ법을 활용하여 다음 빈칸에 알맞은 값을 쓰시오.

1. 541 − 75 → (　　　) − 80 → (　　　)
2. 322 − 88 → (　　　) − 90 → (　　　)
3. 454 − 57 → (　　　) − 60 → (　　　)
4. 625 − 81 → (　　　) − 80 → (　　　)
5. 468 − 45 → (　　　) − 40 → (　　　)
6. 102 − 47 → (　　　) − 50 → (　　　)
7. 456 − 58 → (　　　) − 60 → (　　　)
8. 658 − 42 → (　　　) − 40 → (　　　)
9. 548 − 74 → (　　　) − 70 → (　　　)
10. 984 − 57 → (　　　) − 60 → (　　　)
11. 652 − 84 → (　　　) − 90 → (　　　)
12. 204 − 78 → (　　　) − 80 → (　　　)
13. 602 − 47 → (　　　) − 50 → (　　　)
14. 749 − 57 → (　　　) − 60 → (　　　)
15. 658 − 52 → (　　　) − 50 → (　　　)
16. 584 − 62 → (　　　) − 60 → (　　　)
17. 356 − 49 → (　　　) − 50 → (　　　)
18. 265 − 88 → (　　　) − 90 → (　　　)
19. 658 − 89 → (　　　) − 90 → (　　　)
20. 445 − 77 → (　　　) − 80 → (　　　)

❶ 종이를 반으로 접은 후 문제를 풀어 보세요.

정답 확인

1. 748 − 58 → (750) − 60 → (690)

2. 745 − 41 → (744) − 40 → (704)

3. 467 − 88 → (469) − 90 → (379)

4. 556 − 44 → (552) − 40 → (512)

5. 645 − 87 → (648) − 90 → (558)

6. 881 − 66 → (885) − 70 → (815)

7. 524 − 28 → (526) − 30 → (496)

8. 245 − 77 → (248) − 80 → (168)

9. 644 − 56 → (648) − 60 → (588)

10. 644 − 41 → (643) − 40 → (603)

11. 467 − 86 → (461) − 80 → (381)

12. 666 − 99 → (667) − 100 → (567)

13. 788 − 97 → (781) − 90 → (691)

14. 868 − 46 → (862) − 40 → (822)

15. 664 − 79 → (665) − 80 → (585)

16. 333 − 57 → (336) − 60 → (276)

17. 505 − 64 → (501) − 60 → (441)

18. 464 − 57 → (467) − 60 → (407)

19. 352 − 75 → (357) − 80 → (277)

20. 454 − 28 → (456) − 30 → (426)

☑ 풀이실력 체크하기

풀이시간	체크하기
~1분 이하	□ 계산 고수시군요!
1분 초과~2분 이하	□ 우수해요!
2분 초과~3분 이하	□ 평균이에요!
3분 초과~4분 이하	□ 좀 더 분발해야 해요!
4분 초과	□ 부단한 노력이 필요해요!

연습 문제

MZ법을 활용하여 다음 빈칸에 알맞은 값을 쓰시오.

1. 748 − 58 → ( ) − 60 → ( )
2. 745 − 41 → ( ) − 40 → ( )
3. 467 − 88 → ( ) − 90 → ( )
4. 556 − 44 → ( ) − 40 → ( )
5. 645 − 87 → ( ) − 90 → ( )
6. 881 − 66 → ( ) − 70 → ( )
7. 524 − 28 → ( ) − 30 → ( )
8. 245 − 77 → ( ) − 80 → ( )
9. 644 − 56 → ( ) − 60 → ( )
10. 644 − 41 → ( ) − 40 → ( )
11. 467 − 86 → ( ) − 80 → ( )
12. 666 − 99 → ( ) − 100 → ( )
13. 788 − 97 → ( ) − 90 → ( )
14. 868 − 46 → ( ) − 40 → ( )
15. 664 − 79 → ( ) − 80 → ( )
16. 333 − 57 → ( ) − 60 → ( )
17. 505 − 64 → ( ) − 60 → ( )
18. 464 − 57 → ( ) − 60 → ( )
19. 352 − 75 → ( ) − 80 → ( )
20. 454 − 28 → ( ) − 30 → ( )

❶ 종이를 반으로 접은 후 문제를 풀어 보세요.

정답 확인

1. 958 − 45 → (953) − 40 → (913)

2. 852 − 43 → (859) − 50 → (809)

3. 325 − 47 → (328) − 50 → (278)

4. 123 − 25 → (128) − 30 → (98)

5. 534 − 83 → (531) − 80 → (451)

6. 345 − 59 → (346) − 60 → (286)

7. 422 − 44 → (428) − 50 → (378)

8. 204 − 55 → (209) − 60 → (149)

9. 379 − 33 → (376) − 30 → (346)

10. 347 − 78 → (349) − 80 → (269)

11. 886 − 22 → (884) − 20 → (864)

12. 467 − 64 → (463) − 60 → (403)

13. 434 − 68 → (436) − 70 → (366)

14. 267 − 89 → (268) − 90 → (178)

15. 547 − 96 → (541) − 90 → (451)

16. 549 − 97 → (542) − 90 → (452)

17. 456 − 99 → (457) − 100 → (357)

18. 557 − 89 → (558) − 90 → (468)

19. 553 − 39 → (554) − 40 → (514)

20. 276 − 78 → (278) − 80 → (198)

☑ 풀이실력 체크하기

풀이시간	체크하기
~1분 이하	☐ 계산 고수시군요!
1분 초과~2분 이하	☐ 우수해요!
2분 초과~3분 이하	☐ 평균이에요!
3분 초과~4분 이하	☐ 좀 더 분발해야 해요!
4분 초과	☐ 부단한 노력이 필요해요!

연습 문제

MZ법을 활용하여 다음 빈칸에 알맞은 값을 쓰시오.

1. $958 - 45 \rightarrow (\quad) - 40 \rightarrow (\quad)$
2. $852 - 43 \rightarrow (\quad) - 50 \rightarrow (\quad)$
3. $325 - 47 \rightarrow (\quad) - 50 \rightarrow (\quad)$
4. $123 - 25 \rightarrow (\quad) - 30 \rightarrow (\quad)$
5. $534 - 83 \rightarrow (\quad) - 80 \rightarrow (\quad)$
6. $345 - 59 \rightarrow (\quad) - 60 \rightarrow (\quad)$
7. $422 - 44 \rightarrow (\quad) - 50 \rightarrow (\quad)$
8. $204 - 55 \rightarrow (\quad) - 60 \rightarrow (\quad)$
9. $379 - 33 \rightarrow (\quad) - 30 \rightarrow (\quad)$
10. $347 - 78 \rightarrow (\quad) - 80 \rightarrow (\quad)$
11. $886 - 22 \rightarrow (\quad) - 20 \rightarrow (\quad)$
12. $467 - 64 \rightarrow (\quad) - 60 \rightarrow (\quad)$
13. $434 - 68 \rightarrow (\quad) - 70 \rightarrow (\quad)$
14. $267 - 89 \rightarrow (\quad) - 90 \rightarrow (\quad)$
15. $547 - 96 \rightarrow (\quad) - 90 \rightarrow (\quad)$
16. $549 - 97 \rightarrow (\quad) - 90 \rightarrow (\quad)$
17. $456 - 99 \rightarrow (\quad) - 100 \rightarrow (\quad)$
18. $557 - 89 \rightarrow (\quad) - 90 \rightarrow (\quad)$
19. $553 - 39 \rightarrow (\quad) - 40 \rightarrow (\quad)$
20. $276 - 78 \rightarrow (\quad) - 80 \rightarrow (\quad)$

DAY 08 빨셈 연습

❶ 종이를 반으로 접은 후 문제를 풀어 보세요.

정답 확인

1. 643 − 289 → (654) − 300 → (354)
2. 984 − 812 → (972) − 800 → (172)
3. 845 − 656 → (889) − 700 → (189)
4. 831 − 564 → (867) − 600 → (267)
5. 713 − 455 → (758) − 500 → (258)
6. 345 − 315 → (330) − 300 → (30)
7. 311 − 125 → (386) − 200 → (186)
8. 531 − 383 → (548) − 400 → (148)
9. 835 − 387 → (848) − 400 → (448)
10. 766 − 679 → (787) − 700 → (87)
11. 743 − 123 → (720) − 100 → (620)
12. 813 − 378 → (835) − 400 → (435)
13. 687 − 489 → (698) − 500 → (198)
14. 463 − 399 → (464) − 400 → (64)
15. 946 − 787 → (959) − 800 → (159)
16. 464 − 286 → (478) − 300 → (178)
17. 896 − 320 → (876) − 300 → (576)
18. 205 − 165 → (240) − 200 → (40)
19. 343 − 187 → (356) − 200 → (156)
20. 437 − 279 → (458) − 300 → (158)

☑ 풀이실력 체크하기

풀이시간	체크하기
~1분 이하	□ 계산 고수시군요!
1분 초과~2분 이하	□ 우수해요!
2분 초과~3분 이하	□ 평균이에요!
3분 초과~4분 이하	□ 좀 더 분발해야 해요!
4분 초과	□ 부단한 노력이 필요해요!

연습 문제

MZ법: 빼기 계산에서 한 쪽을 ＋해 주면, 다른 쪽을 ＋해 주고, 한 쪽을 －해 주면 다른 쪽도 －해 주면서 계산하기 쉬운 숫자로 바꿔 주되 빼기의 간격은 유지한다.

㉠ $54-28=(54+2)-(28+2)=56-30=26$

$454-177=(454+23)-(177+23)=477-200=277$

MZ법을 활용하여 다음 빈칸에 알맞은 값을 쓰시오.

1. 643 － 289 → (　　　) － 300 → (　　　)

2. 984 － 812 → (　　　) － 800 → (　　　)

3. 845 － 656 → (　　　) － 700 → (　　　)

4. 831 － 564 → (　　　) － 600 → (　　　)

5. 713 － 455 → (　　　) － 500 → (　　　)

6. 345 － 315 → (　　　) － 300 → (　　　)

7. 311 － 125 → (　　　) － 200 → (　　　)

8. 531 － 383 → (　　　) － 400 → (　　　)

9. 835 － 387 → (　　　) － 400 → (　　　)

10. 766 － 679 → (　　　) － 700 → (　　　)

11. 743 － 123 → (　　　) － 100 → (　　　)

12. 813 － 378 → (　　　) － 400 → (　　　)

13. 687 － 489 → (　　　) － 500 → (　　　)

14. 463 － 399 → (　　　) － 400 → (　　　)

15. 946 － 787 → (　　　) － 800 → (　　　)

16. 464 － 286 → (　　　) － 300 → (　　　)

17. 896 － 320 → (　　　) － 300 → (　　　)

18. 205 － 165 → (　　　) － 200 → (　　　)

19. 343 － 187 → (　　　) － 200 → (　　　)

20. 437 － 279 → (　　　) － 300 → (　　　)

❶ 종이를 반으로 접은 후 문제를 풀어 보세요.

정답 확인

1. 344 − 185 → (359) − 200 → (159)

2. 453 − 213 → (440) − 200 → (240)

3. 902 − 886 → (916) − 900 → (16)

4. 864 − 585 → (879) − 600 → (279)

5. 964 − 676 → (988) − 700 → (288)

6. 845 − 689 → (856) − 700 → (156)

7. 542 − 311 → (531) − 300 → (231)

8. 436 − 212 → (424) − 200 → (224)

9. 349 − 234 → (315) − 200 → (115)

10. 962 − 786 → (976) − 800 → (176)

11. 821 − 204 → (817) − 200 → (617)

12. 745 − 697 → (748) − 700 → (48)

13. 643 − 421 → (622) − 400 → (222)

14. 633 − 497 → (636) − 500 → (136)

15. 879 − 672 → (807) − 600 → (207)

16. 644 − 214 → (630) − 200 → (430)

17. 779 − 645 → (734) − 600 → (134)

18. 442 − 284 → (458) − 300 → (158)

19. 646 − 196 → (650) − 200 → (450)

20. 642 − 287 → (655) − 300 → (355)

☑ 풀이실력 체크하기

풀이시간	체크하기
~1분 이하	□ 계산 고수시군요!
1분 초과~2분 이하	□ 우수해요!
2분 초과~3분 이하	□ 평균이에요!
3분 초과~4분 이하	□ 좀 더 분발해야 해요!
4분 초과	□ 부단한 노력이 필요해요!

연습 문제

MZ법을 활용하여 다음 빈칸에 알맞은 값을 쓰시오.

1. 344 − 185 → (　　　) − 200 → (　　　)
2. 453 − 213 → (　　　) − 200 → (　　　)
3. 902 − 886 → (　　　) − 900 → (　　　)
4. 864 − 585 → (　　　) − 600 → (　　　)
5. 964 − 676 → (　　　) − 700 → (　　　)
6. 845 − 689 → (　　　) − 700 → (　　　)
7. 542 − 311 → (　　　) − 300 → (　　　)
8. 436 − 212 → (　　　) − 200 → (　　　)
9. 349 − 234 → (　　　) − 200 → (　　　)
10. 962 − 786 → (　　　) − 800 → (　　　)
11. 821 − 204 → (　　　) − 200 → (　　　)
12. 745 − 697 → (　　　) − 700 → (　　　)
13. 643 − 421 → (　　　) − 400 → (　　　)
14. 633 − 497 → (　　　) − 500 → (　　　)
15. 879 − 672 → (　　　) − 600 → (　　　)
16. 644 − 214 → (　　　) − 200 → (　　　)
17. 779 − 645 → (　　　) − 600 → (　　　)
18. 442 − 284 → (　　　) − 300 → (　　　)
19. 646 − 196 → (　　　) − 200 → (　　　)
20. 642 − 287 → (　　　) − 300 → (　　　)

❶ 종이를 반으로 접은 후 문제를 풀어 보세요.

정답 확인

1. 788 − 466 → (722) − 400 → (322)
2. 864 − 595 → (869) − 600 → (269)
3. 665 − 664 → (601) − 600 → (1)
4. 566 − 516 → (550) − 500 → (50)
5. 678 − 199 → (679) − 200 → (479)
6. 402 − 344 → (458) − 400 → (58)
7. 646 − 434 → (612) − 400 → (212)
8. 789 − 677 → (712) − 600 → (112)
9. 817 − 785 → (832) − 800 → (32)
10. 662 − 185 → (677) − 200 → (477)
11. 962 − 587 → (975) − 600 → (375)
12. 786 − 698 → (788) − 700 → (88)
13. 896 − 675 → (821) − 600 → (221)
14. 556 − 397 → (559) − 400 → (159)
15. 567 − 389 → (578) − 400 → (178)
16. 886 − 599 → (887) − 600 → (287)
17. 777 − 616 → (761) − 600 → (161)
18. 702 − 176 → (726) − 200 → (526)
19. 463 − 276 → (487) − 300 → (187)
20. 403 − 265 → (438) − 300 → (138)

☑ 풀이실력 체크하기

풀이시간	체크하기
~1분 이하	☐ 계산 고수시군요!
1분 초과~2분 이하	☐ 우수해요!
2분 초과~3분 이하	☐ 평균이에요!
3분 초과~4분 이하	☐ 좀 더 분발해야 해요!
4분 초과	☐ 부단한 노력이 필요해요!

연습 문제

MZ법을 활용하여 다음 빈칸에 알맞은 값을 쓰시오.

1. 788 − 466 → (　　　　) − 400 → (　　　　)
2. 864 − 595 → (　　　　) − 600 → (　　　　)
3. 665 − 664 → (　　　　) − 600 → (　　　　)
4. 566 − 516 → (　　　　) − 500 → (　　　　)
5. 678 − 199 → (　　　　) − 200 → (　　　　)
6. 402 − 344 → (　　　　) − 400 → (　　　　)
7. 646 − 434 → (　　　　) − 400 → (　　　　)
8. 789 − 677 → (　　　　) − 600 → (　　　　)
9. 817 − 785 → (　　　　) − 800 → (　　　　)
10. 662 − 185 → (　　　　) − 200 → (　　　　)
11. 962 − 587 → (　　　　) − 600 → (　　　　)
12. 786 − 698 → (　　　　) − 700 → (　　　　)
13. 896 − 675 → (　　　　) − 600 → (　　　　)
14. 556 − 397 → (　　　　) − 400 → (　　　　)
15. 567 − 389 → (　　　　) − 400 → (　　　　)
16. 886 − 599 → (　　　　) − 600 → (　　　　)
17. 777 − 616 → (　　　　) − 600 → (　　　　)
18. 702 − 176 → (　　　　) − 200 → (　　　　)
19. 463 − 276 → (　　　　) − 300 → (　　　　)
20. 403 − 265 → (　　　　) − 300 → (　　　　)

DAY 09 빨셈 연습

❶ 종이를 반으로 접은 후 문제를 풀어 보세요.

정답 확인

1

구분	가	나	총합
A	45	89	134
B	65	25	90
총합	110	114	224

2

구분	가	나	총합
A	98	65	163
B	47	76	123
총합	145	141	286

3

구분	가	나	총합
A	56	27	83
B	77	34	111
총합	133	61	194

4

구분	가	나	총합
A	83	75	158
B	55	86	141
총합	138	161	299

5

구분	가	나	총합
A	85	74	159
B	63	29	92
총합	148	103	251

☑ 풀이실력 체크하기

풀이시간	체크하기
~1분 30초 이하	☐ 계산 고수시군요!
1분 30초 초과~2분 이하	☐ 우수해요!
2분 초과~2분 30초 이하	☐ 평균이에요!
2분 30초 초과~3분 이하	☐ 좀 더 분발해야 해요!
3분 초과	☐ 부단한 노력이 필요해요!

연습 문제

다음 표의 빈칸에 알맞은 값을 쓰시오.

| 1

구분	가	나	총합
A	45		134
B			90
총합	110	114	224

| 2

구분	가	나	총합
A	98		163
B			123
총합	145	141	286

| 3

구분	가	나	총합
A	56		83
B			111
총합	133	61	194

| 4

구분	가	나	총합
A	83		158
B			141
총합	138	161	299

| 5

구분	가	나	총합
A	85		159
B			92
총합	148	103	251

❶ 종이를 반으로 접은 후 문제를 풀어 보세요.

정답 확인

| 1

구분	가	나	총합
A	143	62	205
B	26	38	64
총합	169	100	269

| 2

구분	가	나	총합
A	156	98	254
B	45	78	123
총합	201	176	377

| 3

구분	가	나	총합
A	91	58	149
B	89	278	367
총합	180	336	516

| 4

구분	가	나	총합
A	65	135	200
B	48	88	136
총합	113	223	336

| 5

구분	가	나	총합
A	245	97	342
B	57	76	133
총합	302	173	475

☑ 풀이실력 체크하기

풀이시간	체크하기
~1분 30초 이하	☐ 계산 고수시군요!
1분 30초 초과~2분 이하	☐ 우수해요!
2분 초과~2분 30초 이하	☐ 평균이에요!
2분 30초 초과~3분 이하	☐ 좀 더 분발해야 해요!
3분 초과	☐ 부단한 노력이 필요해요!

연습 문제

다음 표의 빈칸에 알맞은 값을 쓰시오.

I 1

구분	가	나	총합
A	143		205
B			64
총합	169	100	269

I 2

구분	가	나	총합
A	156		254
B			123
총합	201	176	377

I 3

구분	가	나	총합
A	91		149
B			367
총합	180	336	516

I 4

구분	가	나	총합
A	65		200
B			136
총합	113	223	336

I 5

구분	가	나	총합
A	245		342
B			133
총합	302	173	475

❗ 종이를 반으로 접은 후 문제를 풀어 보세요.

정답 확인

| 1

구분	가	나	종합
A	154	52	206
B	78	244	322
종합	232	296	528

| 2

구분	가	나	종합
A	368	147	515
B	32	47	79
종합	400	194	594

| 3

구분	가	나	종합
A	24	247	271
B	423	23	446
종합	447	270	717

| 4

구분	가	나	종합
A	531	34	565
B	54	578	632
종합	585	612	1,197

| 5

구분	가	나	종합
A	975	54	1,029
B	46	864	910
종합	1,021	918	1,939

☑ 풀이실력 체크하기

풀이시간	체크하기
~1분 30초 이하	☐ 계산 고수시군요!
1분 30초 초과~2분 이하	☐ 우수해요!
2분 초과~2분 30초 이하	☐ 평균이에요!
2분 30초 초과~3분 이하	☐ 좀 더 분발해야 해요!
3분 초과	☐ 부단한 노력이 필요해요!

연습 문제

다음 표의 빈칸에 알맞은 값을 쓰시오.

1

구분	가	나	총합
A			206
B		244	322
총합	232	296	528

2

구분	가	나	총합
A			515
B	32		79
총합	400	194	594

3

구분	가	나	총합
A		247	271
B			446
총합	447	270	717

4

구분	가	나	총합
A	531		565
B			632
총합	585	612	1,197

5

구분	가	나	총합
A		54	1,029
B			910
총합	1,021	918	1,939

DAY 10

빨셈 연습

❶ 종이를 반으로 접은 후 문제를 풀어 보세요.

정답 확인

I 1

구분	가	나	다	총합
A	54	45	78	177
B	68	23	67	158
C	69	44	64	177
총합	191	112	209	512

I 2

구분	가	나	다	총합
A	78	97	57	232
B	88	68	69	225
C	25	76	83	184
총합	191	241	209	641

I 3

구분	가	나	다	총합
A	31	87	85	203
B	94	68	54	216
C	68	54	85	207
총합	193	209	224	626

I 4

구분	가	나	다	총합
A	56	89	58	203
B	78	98	45	221
C	57	56	86	199
총합	191	243	189	623

I 5

구분	가	나	다	총합
A	58	98	55	211
B	23	62	65	150
C	48	86	97	231
총합	129	246	217	592

☑ 풀이실력 체크하기

풀이시간	체크하기
~2분 이하	☐ 계산 고수시군요!
2분 초과~2분 30초 이하	☐ 우수해요!
2분 30초 초과~3분 이하	☐ 평균이에요!
3분 초과~4분 이하	☐ 좀 더 분발해야 해요!
4분 초과	☐ 부단한 노력이 필요해요!

연습 문제

다음 표의 빈칸에 알맞은 값을 쓰시오.

| 1

구분	가	나	다	종합
A	54	45		177
B	68		67	158
C		44	64	177
종합	191	112	209	512

| 2

구분	가	나	다	종합
A	78	97		232
B		68	69	225
C	25		83	184
종합	191	241	209	641

| 3

구분	가	나	다	종합
A		87	85	203
B	94		54	216
C	68	54		207
종합	193	209	224	626

| 4

구분	가	나	다	종합
A	56		58	203
B		98	45	221
C	57	56		199
종합	191	243	189	623

| 5

구분	가	나	다	종합
A	58		55	211
B	23	62		150
C		86	97	231
종합	129	246	217	592

❶ 종이를 반으로 접은 후 문제를 풀어 보세요.

정답 확인

1

구분	가	나	다	총합
A	62	88	65	215
B	45	266	54	365
C	536	48	37	621
총합	643	402	156	1,201

2

구분	가	나	다	총합
A	68	68	54	190
B	144	56	46	246
C	62	84	96	242
총합	274	208	196	678

3

구분	가	나	다	총합
A	67	368	75	510
B	66	66	83	215
C	45	42	59	146
총합	178	476	217	871

4

구분	가	나	다	총합
A	78	96	50	224
B	425	53	74	552
C	37	75	65	177
총합	540	224	189	953

5

구분	가	나	다	총합
A	56	46	64	166
B	47	55	456	558
C	86	99	47	232
총합	189	200	567	956

☑ 풀이실력 체크하기

풀이시간	체크하기
~2분 이하	☐ 계산 고수시군요!
2분 초과~2분 30초 이하	☐ 우수해요!
2분 30초 초과~3분 이하	☐ 평균이에요!
3분 초과~4분 이하	☐ 좀 더 분발해야 해요!
4분 초과	☐ 부단한 노력이 필요해요!

연습 문제

다음 표의 빈칸에 알맞은 값을 쓰시오.

| 1

구분	가	나	다	종합
A		88	65	215
B	45		54	
C	536	48		621
종합	643	402		1,201

| 2

구분	가	나	다	종합
A	68	68		190
B	144		46	246
C		84	96	
종합	274		196	678

| 3

구분	가	나	다	종합
A	67		75	510
B		66	83	
C	45	42		146
종합		476	217	871

| 4

구분	가	나	다	종합
A	78	96		
B		53	74	552
C	37		65	177
종합	540		189	953

| 5

구분	가	나	다	종합
A		46	64	166
B	47	55		
C	86		47	232
종합	189	200		956

❶ 종이를 반으로 접은 후 문제를 풀어 보세요.

정답 확인

| 1

구분	가	나	다	총합
A	64	50	252	366
B	126	34	41	201
C	74	59	23	156
총합	264	143	316	723

| 2

구분	가	나	다	총합
A	46	90	78	214
B	266	57	69	392
C	45	44	199	288
총합	357	191	346	894

| 3

구분	가	나	다	총합
A	53	64	54	171
B	224	36	244	504
C	54	102	75	231
총합	331	202	373	906

| 4

구분	가	나	다	총합
A	74	35	355	464
B	62	565	46	673
C	124	49	74	247
총합	260	649	475	1,384

| 5

구분	가	나	다	총합
A	57	67	996	1,120
B	45	276	48	369
C	269	64	448	781
총합	371	407	1,492	2,270

☑ 풀이실력 체크하기

풀이시간	체크하기
~2분 이하	☐ 계산 고수시군요!
2분 초과~2분 30초 이하	☐ 우수해요!
2분 30초 초과~3분 이하	☐ 평균이에요!
3분 초과~4분 이하	☐ 좀 더 분발해야 해요!
4분 초과	☐ 부단한 노력이 필요해요!

연습 문제

다음 표의 빈칸에 알맞은 값을 쓰시오.

1

구분	가	나	다	총합
A	64		252	366
B	126		41	
C		59		
총합	264	143		723

2

구분	가	나	다	총합
A	46		78	214
B			69	392
C		44	199	
총합	357	191		

3

구분	가	나	다	총합
A	53	64	54	
B			244	504
C	54	102		
총합		202		906

4

구분	가	나	다	총합
A	74		355	464
B	62		46	
C		49		247
총합	260	649		1,384

5

구분	가	나	다	총합
A		67	996	1,120
B	45		48	
C		64	448	
총합	371			2,270

DAY **11** 곱셈 연습

❶ 종이를 반으로 접은 후 문제를 풀어 보세요.

정답 확인

1. $23 \times 72 = (20+3) \times 72 = 1{,}440 + 216 = 1{,}656$
2. $78 \times 59 = 78 \times (60-1) = 4{,}680 - 78 = 4{,}602$
3. $31 \times 64 = (30+1) \times 64 = 1{,}920 + 64 = 1{,}984$
4. $79 \times 97 = (80-1) \times 97 = 7{,}760 - 97 = 7{,}663$
5. $48 \times 71 = 48 \times (70+1) = 3{,}360 + 48 = 3{,}408$
6. $72 \times 31 = 72 \times (30+1) = 2{,}160 + 72 = 2{,}232$
7. $33 \times 63 = (30+3) \times 63 = 1{,}890 + 189 = 2{,}079$
8. $38 \times 56 = (40-2) \times 56 = 2{,}240 - 112 = 2{,}128$
9. $12 \times 33 = (10+2) \times 33 = 330 + 66 = 396$
10. $78 \times 31 = 78 \times (30+1) = 2{,}340 + 78 = 2{,}418$
11. $37 \times 49 = 37 \times (50-1) = 1{,}850 - 37 = 1{,}813$
12. $53 \times 26 = (50+3) \times 26 = 1{,}300 + 78 = 1{,}378$
13. $42 \times 13 = (40+2) \times 13 = 520 + 26 = 546$
14. $11 \times 64 = (10+1) \times 64 = 640 + 64 = 704$
15. $62 \times 15 = 62 \times (10+5) = 620 + 310 = 930$
16. $55 \times 84 = (50+5) \times 84 = 4{,}200 + 420 = 4{,}620$
17. $24 \times 61 = 24 \times (60+1) = 1{,}440 + 24 = 1{,}464$
18. $44 \times 63 = 44 \times (60+3) = 2{,}640 + 132 = 2{,}772$
19. $21 \times 68 = (20+1) \times 68 = 1{,}360 + 68 = 1{,}428$
20. $61 \times 27 = (60+1) \times 27 = 1{,}620 + 27 = 1{,}647$

☑ 풀이실력 체크하기

풀이시간	체크하기
~2분 이하	☐ 계산 고수시군요!
2분 초과~2분 30초 이하	☐ 우수해요!
2분 30초 초과~3분 이하	☐ 평균이에요!
3분 초과~4분 이하	☐ 좀 더 분발해야 해요!
4분 초과	☐ 부단한 노력이 필요해요!

연습 문제

분배법칙: 곱셈하는 한 쪽을 a+b의 형식으로 풀어서 암산하기 쉬운 형태로 바꿔 준 후 각자 곱한 다음에 그 숫자를 더해서 결괏값을 찾아낸다.

예 $45 \times 22 = 45 \times (20+2) = 900 + 90 = 990$

$540 \times 98 = 540 \times (100-2) = 54{,}000 - 1{,}080 = 52{,}920$

분배법칙을 활용하여 다음 빈칸을 알맞게 채우시오.

1. $23 \times 72 = ($ $) = ($ $)$
2. $78 \times 59 = ($ $) = ($ $)$
3. $31 \times 64 = ($ $) = ($ $)$
4. $79 \times 97 = ($ $) = ($ $)$
5. $48 \times 71 = ($ $) = ($ $)$
6. $72 \times 31 = ($ $) = ($ $)$
7. $33 \times 63 = ($ $) = ($ $)$
8. $38 \times 56 = ($ $) = ($ $)$
9. $12 \times 33 = ($ $) = ($ $)$
10. $78 \times 31 = ($ $) = ($ $)$
11. $37 \times 49 = ($ $) = ($ $)$
12. $53 \times 26 = ($ $) = ($ $)$
13. $42 \times 13 = ($ $) = ($ $)$
14. $11 \times 64 = ($ $) = ($ $)$
15. $62 \times 15 = ($ $) = ($ $)$
16. $55 \times 84 = ($ $) = ($ $)$
17. $24 \times 61 = ($ $) = ($ $)$
18. $44 \times 63 = ($ $) = ($ $)$
19. $21 \times 68 = ($ $) = ($ $)$
20. $61 \times 27 = ($ $) = ($ $)$

❶ 종이를 반으로 접은 후 문제를 풀어 보세요.

정답 확인

1. $48 \times 12 = 48 \times (10+2) = 480 + 96 = 576$

2. $51 \times 56 = (50+1) \times 56 = 2{,}800 + 56 = 2{,}856$

3. $21 \times 67 = (20+1) \times 67 = 1{,}340 + 67 = 1{,}407$

4. $59 \times 25 = (60-1) \times 25 = 1{,}500 - 25 = 1{,}475$

5. $92 \times 68 = (90+2) \times 68 = 6{,}120 + 136 = 6{,}256$

6. $38 \times 23 = (40-2) \times 23 = 920 - 46 = 874$

7. $25 \times 53 = (20+5) \times 53 = 1{,}060 + 265 = 1{,}325$

8. $58 \times 35 = (60-2) \times 35 = 2{,}100 - 70 = 2{,}030$

9. $21 \times 54 = (20+1) \times 54 = 1{,}080 + 54 = 1{,}134$

10. $22 \times 63 = (20+2) \times 63 = 1{,}260 + 126 = 1{,}386$

11. $64 \times 59 = 64 \times (60-1) = 3{,}840 - 64 = 3{,}776$

12. $45 \times 87 = 45 \times (90-3) = 4{,}050 - 135 = 3{,}915$

13. $58 \times 42 = (60-2) \times 42 = 2{,}520 - 84 = 2{,}436$

14. $29 \times 67 = (30-1) \times 67 = 2{,}010 - 67 = 1{,}943$

15. $15 \times 54 = (10+5) \times 54 = 540 + 270 = 810$

16. $89 \times 57 = (90-1) \times 57 = 5{,}130 - 57 = 5{,}073$

17. $68 \times 75 = (70-2) \times 75 = 5{,}250 - 150 = 5{,}100$

18. $98 \times 66 = (100-2) \times 66 = 6{,}600 - 132 = 6{,}468$

19. $66 \times 87 = 66 \times (90-3) = 5{,}940 - 198 = 5{,}742$

20. $88 \times 53 = (90-2) \times 53 = 4{,}770 - 106 = 4{,}664$

☑ 풀이실력 체크하기

풀이시간	체크하기
~2분 이하	☐ 계산 고수시군요!
2분 초과~2분 30초 이하	☐ 우수해요!
2분 30초 초과~3분 이하	☐ 평균이에요!
3분 초과~4분 이하	☐ 좀 더 분발해야 해요!
4분 초과	☐ 부단한 노력이 필요해요!

연습 문제

분배법칙을 활용하여 다음 빈칸을 알맞게 채우시오.

1. $48 \times 12 = ($ $\qquad\qquad\qquad\qquad$ $) = ($ $\qquad$ $)$
2. $51 \times 56 = ($ $\qquad\qquad\qquad\qquad$ $) = ($ $\qquad$ $)$
3. $21 \times 67 = ($ $\qquad\qquad\qquad\qquad$ $) = ($ $\qquad$ $)$
4. $59 \times 25 = ($ $\qquad\qquad\qquad\qquad$ $) = ($ $\qquad$ $)$
5. $92 \times 68 = ($ $\qquad\qquad\qquad\qquad$ $) = ($ $\qquad$ $)$
6. $38 \times 23 = ($ $\qquad\qquad\qquad\qquad$ $) = ($ $\qquad$ $)$
7. $25 \times 53 = ($ $\qquad\qquad\qquad\qquad$ $) = ($ $\qquad$ $)$
8. $58 \times 35 = ($ $\qquad\qquad\qquad\qquad$ $) = ($ $\qquad$ $)$
9. $21 \times 54 = ($ $\qquad\qquad\qquad\qquad$ $) = ($ $\qquad$ $)$
10. $22 \times 63 = ($ $\qquad\qquad\qquad\qquad$ $) = ($ $\qquad$ $)$
11. $64 \times 59 = ($ $\qquad\qquad\qquad\qquad$ $) = ($ $\qquad$ $)$
12. $45 \times 87 = ($ $\qquad\qquad\qquad\qquad$ $) = ($ $\qquad$ $)$
13. $58 \times 42 = ($ $\qquad\qquad\qquad\qquad$ $) = ($ $\qquad$ $)$
14. $29 \times 67 = ($ $\qquad\qquad\qquad\qquad$ $) = ($ $\qquad$ $)$
15. $15 \times 54 = ($ $\qquad\qquad\qquad\qquad$ $) = ($ $\qquad$ $)$
16. $89 \times 57 = ($ $\qquad\qquad\qquad\qquad$ $) = ($ $\qquad$ $)$
17. $68 \times 75 = ($ $\qquad\qquad\qquad\qquad$ $) = ($ $\qquad$ $)$
18. $98 \times 66 = ($ $\qquad\qquad\qquad\qquad$ $) = ($ $\qquad$ $)$
19. $66 \times 87 = ($ $\qquad\qquad\qquad\qquad$ $) = ($ $\qquad$ $)$
20. $88 \times 53 = ($ $\qquad\qquad\qquad\qquad$ $) = ($ $\qquad$ $)$

❶ 종이를 반으로 접은 후 문제를 풀어 보세요.

정답 확인

1. $69 \times 54 = (70-1) \times 54 = 3,780 - 54 = 3,726$
2. $75 \times 15 = 75 \times (10+5) = 750 + 375 = 1,125$
3. $55 \times 62 = (50+5) \times 62 = 3,100 + 310 = 3,410$
4. $48 \times 33 = (50-2) \times 33 = 1,650 - 66 = 1,584$
5. $32 \times 43 = (30+2) \times 43 = 1,290 + 86 = 1,376$
6. $61 \times 34 = (60+1) \times 34 = 2,040 + 34 = 2,074$
7. $43 \times 99 = 43 \times (100-1) = 4,300 - 43 = 4,257$
8. $78 \times 79 = 78 \times (80-1) = 6,240 - 78 = 6,162$
9. $54 \times 12 = 54 \times (10+2) = 540 + 108 = 648$
10. $22 \times 34 = (20+2) \times 34 = 680 + 68 = 748$
11. $13 \times 37 = (10+3) \times 37 = 370 + 111 = 481$
12. $38 \times 72 = (40-2) \times 72 = 2,880 - 144 = 2,736$
13. $31 \times 41 = (30+1) \times 41 = 1,230 + 41 = 1,271$
14. $47 \times 73 = (50-3) \times 73 = 3,650 - 219 = 3,431$
15. $64 \times 15 = 64 \times (10+5) = 640 + 320 = 960$
16. $65 \times 82 = (60+5) \times 82 = 4,920 + 410 = 5,330$
17. $21 \times 43 = (20+1) \times 43 = 860 + 43 = 903$
18. $74 \times 55 = 74 \times (50+5) = 3,700 + 370 = 4,070$
19. $42 \times 36 = (40+2) \times 36 = 1,440 + 72 = 1,512$
20. $66 \times 72 = 66 \times (70+2) = 4,620 + 132 = 4,752$

☑ 풀이실력 체크하기

풀이시간	체크하기
~2분 이하	☐ 계산 고수시군요!
2분 초과~2분 30초 이하	☐ 우수해요!
2분 30초 초과~3분 이하	☐ 평균이에요!
3분 초과~4분 이하	☐ 좀 더 분발해야 해요!
4분 초과	☐ 부단한 노력이 필요해요!

연습 문제

분배법칙을 활용하여 다음 빈칸을 알맞게 채우시오.

1. $69 \times 54 = ($ $\qquad\qquad\qquad\qquad$ $) = ($ $\qquad$ $)$
2. $75 \times 15 = ($ $\qquad\qquad\qquad\qquad$ $) = ($ $\qquad$ $)$
3. $55 \times 62 = ($ $\qquad\qquad\qquad\qquad$ $) = ($ $\qquad$ $)$
4. $48 \times 33 = ($ $\qquad\qquad\qquad\qquad$ $) = ($ $\qquad$ $)$
5. $32 \times 43 = ($ $\qquad\qquad\qquad\qquad$ $) = ($ $\qquad$ $)$
6. $61 \times 34 = ($ $\qquad\qquad\qquad\qquad$ $) = ($ $\qquad$ $)$
7. $43 \times 99 = ($ $\qquad\qquad\qquad\qquad$ $) = ($ $\qquad$ $)$
8. $78 \times 79 = ($ $\qquad\qquad\qquad\qquad$ $) = ($ $\qquad$ $)$
9. $54 \times 12 = ($ $\qquad\qquad\qquad\qquad$ $) = ($ $\qquad$ $)$
10. $22 \times 34 = ($ $\qquad\qquad\qquad\qquad$ $) = ($ $\qquad$ $)$
11. $13 \times 37 = ($ $\qquad\qquad\qquad\qquad$ $) = ($ $\qquad$ $)$
12. $38 \times 72 = ($ $\qquad\qquad\qquad\qquad$ $) = ($ $\qquad$ $)$
13. $31 \times 41 = ($ $\qquad\qquad\qquad\qquad$ $) = ($ $\qquad$ $)$
14. $47 \times 73 = ($ $\qquad\qquad\qquad\qquad$ $) = ($ $\qquad$ $)$
15. $64 \times 15 = ($ $\qquad\qquad\qquad\qquad$ $) = ($ $\qquad$ $)$
16. $65 \times 82 = ($ $\qquad\qquad\qquad\qquad$ $) = ($ $\qquad$ $)$
17. $21 \times 43 = ($ $\qquad\qquad\qquad\qquad$ $) = ($ $\qquad$ $)$
18. $74 \times 55 = ($ $\qquad\qquad\qquad\qquad$ $) = ($ $\qquad$ $)$
19. $42 \times 36 = ($ $\qquad\qquad\qquad\qquad$ $) = ($ $\qquad$ $)$
20. $66 \times 72 = ($ $\qquad\qquad\qquad\qquad$ $) = ($ $\qquad$ $)$

DAY **12** # 곱셈 연습

❶ 종이를 반으로 접은 후 문제를 풀어 보세요.

정답 확인

1. 73×31

			3
	1	6	
2	1		
2	2	6	3

2. 57×63

		2	1
	5	7	
3	0		
3	5	9	1

3. 46×23

		1	8
	2	4	
	8		
1	0	5	8

4. 84×16

		2	4
	5	2	
	8		
1	3	4	4

5. 45×63

		1	5
	4	2	
2	4		
2	8	3	5

☑ 풀이실력 체크하기

풀이시간	체크하기
~1분 이하	☐ 계산 고수시군요!
1분 초과~1분 30초 이하	☐ 우수해요!
1분 30초 초과~2분 이하	☐ 평균이에요!
2분 초과~2분 30초 이하	☐ 좀 더 분발해야 해요!
2분 30분 초과	☐ 부단한 노력이 필요해요!

연습 문제

트라젠버그법: AB×CD 형태의 곱셈에서 먼저 B×D를 해서 그 결과를 1의 자리에 두고(십의 자리가 넘어가면 올림으로 표시), A×D와 B×C를 수행한 다음에 이 두 결과를 더하고, 그것을 십의 자리에 넣는다. 마지막으로 A×C를 수행하고 그것을 백의 자리에 넣고, 각 열에 있는 값을 합산하여 계산한다.

예 24×31=B×D=4
(A×D)+(B×C)=2+12=14
A×C=6

		4
1	4	
6		
7	4	4

트라젠버그법을 활용하여 다음 각 열에 알맞은 숫자를 쓰시오.

1. 73×31

2. 57×63

3. 46×23

4. 84×16

5. 45×63

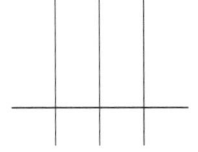

❗ 종이를 반으로 접은 후 문제를 풀어 보세요.

정답 확인

1. 57×64

		2	8
	6	2	
3	0		
3	6	4	8

2. 84×24

		1	6
	4	0	
1	6		
2	0	1	6

3. 13×88

		2	4
	3	2	
	8		
1	1	4	4

4. 64×55

		2	0
	5	0	
3	0		
3	5	2	0

5. 72×51

			2
	1	7	
3	5		
3	6	7	2

☑ 풀이실력 체크하기

풀이시간	체크하기
~1분 이하	☐ 계산 고수시군요!
1분 초과~1분 30초 이하	☐ 우수해요!
1분 30초 초과~2분 이하	☐ 평균이에요!
2분 초과~2분 30초 이하	☐ 좀 더 분발해야 해요!
2분 30분 초과	☐ 부단한 노력이 필요해요!

연습 문제

트라젠버그법을 활용하여 다음 각 열에 알맞은 숫자를 쓰시오.

1. 57×64

2. 84×24

3. 13×88

4. 64×55

5. 72×51

❗ 종이를 반으로 접은 후 문제를 풀어 보세요.

정답 확인

1. 34×18

	3	2
2	8	
3		
6	1	2

2. 84×66

		2	4
	7	2	
4	8		
5	5	4	4

3. 93×25

		1	5
	5	1	
1	8		
2	3	2	5

4. 78×48

		6	4
	8	8	
2	8		
3	7	4	4

5. 53×27

		2	1
	4	1	
1	0		
1	4	3	1

☑ 풀이실력 체크하기

풀이시간	체크하기
~1분 이하	☐ 계산 고수시군요!
1분 초과~1분 30초 이하	☐ 우수해요!
1분 30초 초과~2분 이하	☐ 평균이에요!
2분 초과~2분 30초 이하	☐ 좀 더 분발해야 해요!
2분 30분 초과	☐ 부단한 노력이 필요해요!

연습 문제

트라젠버그법을 활용하여 다음 각 열에 알맞은 숫자를 쓰시오.

1. 34×18

2. 84×66

3. 93×25

4. 78×48

5. 53×27

DAY 13 곱셈 연습

❗ 종이를 반으로 접은 후 문제를 풀어 보세요.

정답 확인

1

×	24	32
74	1,776	2,368
43	1,032	1,376

2

×	55	38
41	2,255	1,558
58	3,190	2,204

3

×	27	19
84	2,268	1,596
45	1,215	855

4

×	55	79
78	4,290	6,162
23	1,265	1,817

5

×	22	36
43	946	1,548
65	1,430	2,340

☑ 풀이실력 체크하기

풀이시간	체크하기
~2분 30초 이하	☐ 계산 고수시군요!
2분 30초 초과~3분 이하	☐ 우수해요!
3분 초과~4분 이하	☐ 평균이에요!
4분 초과~5분 이하	☐ 좀 더 분발해야 해요!
5분 초과	☐ 부단한 노력이 필요해요!

연습 문제

분배법칙이나 트라젠버그법을 활용하여 각 칸에 올바른 ac, ad, bc, bd의 값을 쓰시오.

×	c	d
a	a×c	a×d
b	b×c	b×d

| 1

×	24	32
74		
43		

| 2

×	55	38
41		
58		

| 3

×	27	19
84		
45		

| 4

×	55	79
78		
23		

| 5

×	22	36
43		
65		

❶ 종이를 반으로 접은 후 문제를 풀어 보세요.

정답 확인

1

×	84	65
34	2,856	2,210
20	1,680	1,300

2

×	72	43
37	2,664	1,591
56	4,032	2,408

3

×	28	95
55	1,540	5,225
63	1,764	5,985

4

×	68	39
11	748	429
23	1,564	897

5

×	49	62
54	2,646	3,348
78	3,822	4,836

☑ 풀이실력 체크하기

풀이시간	체크하기
~2분 30초 이하	☐ 계산 고수시군요!
2분 30초 초과~3분 이하	☐ 우수해요!
3분 초과~4분 이하	☐ 평균이에요!
4분 초과~5분 이하	☐ 좀 더 분발해야 해요!
5분 초과	☐ 부단한 노력이 필요해요!

연습 문제

분배법칙이나 트라첸버그법을 활용하여 각 칸에 올바른 ac, ad, bc, bd의 값을 쓰시오.

×	c	d
a	a×c	a×d
b	b×c	b×d

1

×	84	65
34		
20		

2

×	72	43
37		
56		

3

×	28	95
55		
63		

4

×	68	39
11		
23		

5

×	49	62
54		
78		

❶ 종이를 반으로 접은 후 문제를 풀어 보세요.

정답 확인

| 1

×	93	58
37	3,441	2,146
42	3,906	2,436

| 2

×	47	62
35	1,645	2,170
38	1,786	2,356

| 3

×	48	56
25	1,200	1,400
77	3,696	4,312

| 4

×	35	86
36	1,260	3,096
62	2,170	5,332

| 5

×	73	91
55	4,015	5,005
56	4,088	5,096

☑ 풀이실력 체크하기

풀이시간	체크하기
~2분 30초 이하	☐ 계산 고수시군요!
2분 30초 초과~3분 이하	☐ 우수해요!
3분 초과~4분 이하	☐ 평균이에요!
4분 초과~5분 이하	☐ 좀 더 분발해야 해요!
5분 초과	☐ 부단한 노력이 필요해요!

연습 문제

분배법칙이나 트라젠버그법을 활용하여 각 칸에 올바른 ac, ad, bc, bd의 값을 쓰시오.

×	c	d
a	a×c	a×d
b	b×c	b×d

1

×	93	58
37		
42		

2

×	47	62
35		
38		

3

×	48	56
25		
77		

4

×	35	86
36		
62		

5

×	73	91
55		
56		

DAY 14

곱셈 연습

❗ 종이를 반으로 접은 후 문제를 풀어 보세요.

정답 확인

1

×	64	78
41	2,624	3,198
55	3,520	4,290

2

×	54	77
57	3,078	4,389
20	1,080	1,540

3

×	78	57
94	7,332	5,358
45	3,510	2,565

4

×	53	24
57	3,021	1,368
47	2,491	1,128

5

×	56	73
34	1,904	2,482
18	1,008	1,314

☑ 풀이실력 체크하기

풀이시간	체크하기
~2분 30초 이하	☐ 계산 고수시군요!
2분 30초 초과~3분 이하	☐ 우수해요!
3분 초과~4분 이하	☐ 평균이에요!
4분 초과~5분 이하	☐ 좀 더 분발해야 해요!
5분 초과	☐ 부단한 노력이 필요해요!

연습 문제

분배법칙이나 트라젠버그법을 활용하여 각 칸에 올바른 ac, ad, bc, bd의 값을 쓰시오.

×	c	d
a	a×c	a×d
b	b×c	b×d

1

×	64	78
41		
55		

2

×	54	77
57		
20		

3

×	78	57
94		
45		

4

×	53	24
57		
47		

5

×	56	73
34		
18		

❶ 종이를 반으로 접은 후 문제를 풀어 보세요.

정답 확인

1

×	75	35
48	3,600	1,680
86	6,450	3,010

2

×	84	53
27	2,268	1,431
86	7,224	4,558

3

×	35	67
54	1,890	3,618
29	1,015	1,943

4

×	72	15
54	3,888	810
38	2,736	570

5

×	25	39
54	1,350	2,106
75	1,875	2,925

☑ 풀이실력 체크하기

풀이시간	체크하기
~2분 30초 이하	□ 계산 고수시군요!
2분 30초 초과~3분 이하	□ 우수해요!
3분 초과~4분 이하	□ 평균이에요!
4분 초과~5분 이하	□ 좀 더 분발해야 해요!
5분 초과	□ 부단한 노력이 필요해요!

연습 문제

분배법칙이나 트라젠버그법을 활용하여 각 칸에 올바른 ac, ad, bc, bd의 값을 쓰시오.

×	c	d
a	a×c	a×d
b	b×c	b×d

1

×	75	35
48		
86		

2

×	84	53
27		
86		

3

×	35	67
54		
29		

4

×	72	15
54		
38		

5

×	25	39
54		
75		

❗ 종이를 반으로 접은 후 문제를 풀어 보세요.

정답 확인

| 1

×	44	55
35	1,540	1,925
22	968	1,210

| 2

×	79	92
57	4,503	5,244
34	2,686	3,128

| 3

×	56	36
50	2,800	1,800
76	4,256	2,736

| 4

×	86	50
64	5,504	3,200
57	4,902	2,850

| 5

×	46	19
45	2,070	855
67	3,082	1,273

☑ 풀이실력 체크하기

풀이시간	체크하기
~2분 30초 이하	☐ 계산 고수시군요!
2분 30초 초과~3분 이하	☐ 우수해요!
3분 초과~4분 이하	☐ 평균이에요!
4분 초과~5분 이하	☐ 좀 더 분발해야 해요!
5분 초과	☐ 부단한 노력이 필요해요!

연습 문제

분배법칙이나 트라젠버그법을 활용하여 각 칸에 올바른 ac, ad, bc, bd의 값을 쓰시오.

×	c	d
a	a×c	a×d
b	b×c	b×d

1

×	44	55
35		
22		

2

×	79	92
57		
34		

3

×	56	36
50		
76		

4

×	86	50
64		
57		

5

×	46	19
45		
67		

DAY 15

곱셈 연습

❶ 종이를 반으로 접은 후 문제를 풀어 보세요.

정답 확인

| 1

×	45	52
120	5,400	6,240
54	2,430	2,808

| 2

×	13	24
234	3,042	5,616
12	156	288

| 3

×	351	23
52	18,252	1,196
12	4,212	276

| 4

×	22	44
241	5,302	10,604
23	506	1,012

| 5

×	27	35
54	1,458	1,890
124	3,348	4,340

☑ 풀이실력 체크하기

풀이시간	체크하기
~2분 30초 이하	☐ 계산 고수시군요!
2분 30초 초과~3분 이하	☐ 우수해요!
3분 초과~4분 이하	☐ 평균이에요!
4분 초과~5분 이하	☐ 좀 더 분발해야 해요!
5분 초과	☐ 부단한 노력이 필요해요!

연습 문제

분배법칙이나 트라젠버그법을 활용하여 각 칸에 올바른 ac, ad, bc, bd의 값을 쓰시오.

×	c	d
a	a×c	a×d
b	b×c	b×d

| 1

×	45	52
120		
54		

| 2

×	13	24
234		
12		

| 3

×	351	23
52		
12		

| 4

×	22	44
241		
23		

| 5

×	27	35
54		
124		

❶ 종이를 반으로 접은 후 문제를 풀어 보세요.

정답 확인

1

×	524	53
32	16,768	1,696
14	7,336	742

2

×	253	54
27	6,831	1,458
49	12,397	2,646

3

×	37	381
21	777	8,001
45	1,665	17,145

4

×	47	213
21	987	4,473
17	799	3,621

5

×	542	42
25	13,550	1,050
44	23,848	1,848

☑ 풀이실력 체크하기

풀이시간	체크하기
~2분 30초 이하	☐ 계산 고수시군요!
2분 30초 초과~3분 이하	☐ 우수해요!
3분 초과~4분 이하	☐ 평균이에요!
4분 초과~5분 이하	☐ 좀 더 분발해야 해요!
5분 초과	☐ 부단한 노력이 필요해요!

연습 문제

분배법칙이나 트라첸버그법을 활용하여 각 칸에 올바른 ac, ad, bc, bd의 값을 쓰시오.

×	c	d
a	a×c	a×d
b	b×c	b×d

1

×	524	53
32		
14		

2

×	253	54
27		
49		

3

×	37	381
21		
45		

4

×	47	213
21		
17		

5

×	542	42
25		
44		

❶ 종이를 반으로 접은 후 문제를 풀어 보세요.

정답 확인

1

×	74	88
45	3,330	3,960
422	31,228	37,136

2

×	84	68
56	4,704	3,808
279	23,436	18,972

3

×	765	38
47	35,955	1,786
28	21,420	1,064

4

×	10	899
94	940	84,506
52	520	46,748

5

×	54	320
23	1,242	7,360
78	4,212	24,960

☑ 풀이실력 체크하기

풀이시간	체크하기
~2분 30초 이하	□ 계산 고수시군요!
2분 30초 초과~3분 이하	□ 우수해요!
3분 초과~4분 이하	□ 평균이에요!
4분 초과~5분 이하	□ 좀 더 분발해야 해요!
5분 초과	□ 부단한 노력이 필요해요!

연습 문제

분배법칙이나 트라첸버그법을 활용하여 각 칸에 올바른 ac, ad, bc, bd의 값을 쓰시오.

×	c	d
a	a×c	a×d
b	b×c	b×d

1

×	74	88
45		
422		

2

×	84	68
56		
279		

3

×	765	38
47		
28		

4

×	10	899
94		
52		

5

×	54	320
23		
78		

DAY **16** # 나눗셈 연습

❶ 종이를 반으로 접은 후 문제를 풀어 보세요.

정답 확인

1. $\frac{23}{51}$ → 약 (45)%

2. $\frac{47}{75}$ → 약 (63)%

3. $\frac{48}{65}$ → 약 (74)%

4. $\frac{24}{64}$ → 약 (38)%

5. $\frac{56}{68}$ → 약 (82)%

6. $\frac{34}{74}$ → 약 (46)%

7. $\frac{64}{88}$ → 약 (73)%

8. $\frac{34}{95}$ → 약 (36)%

9. $\frac{64}{83}$ → 약 (77)%

10. $\frac{34}{79}$ → 약 (43)%

11. $\frac{36}{54}$ → 약 (67)%

12. $\frac{62}{81}$ → 약 (77)%

13. $\frac{45}{67}$ → 약 (67)%

14. $\frac{51}{87}$ → 약 (59)%

15. $\frac{15}{23}$ → 약 (65)%

16. $\frac{42}{89}$ → 약 (47)%

17. $\frac{64}{89}$ → 약 (72)%

18. $\frac{32}{54}$ → 약 (59)%

19. $\frac{44}{86}$ → 약 (51)%

20. $\frac{27}{35}$ → 약 (77)%

☑ 풀이실력 체크하기

풀이시간	체크하기
~3분 이하	☐ 계산 고수시군요!
3분 초과~3분 30초 이하	☐ 우수해요!
3분 30초 초과~4분 30초 이하	☐ 평균이에요!
4분 30초 초과~5분 30초 이하	☐ 좀 더 분발해야 해요!
5분 30초 초과	☐ 부단한 노력이 필요해요!

연습 문제

다음 분수의 비중을 계산하시오.(단, 소수점 첫째 자리에서 반올림하고 백분율로 표시하시오.)

1. $\frac{23}{51}$ → 약 (   )%

2. $\frac{47}{75}$ → 약 (   )%

3. $\frac{48}{65}$ → 약 (   )%

4. $\frac{24}{64}$ → 약 (   )%

5. $\frac{56}{68}$ → 약 (   )%

6. $\frac{34}{74}$ → 약 (   )%

7. $\frac{64}{88}$ → 약 (   )%

8. $\frac{34}{95}$ → 약 (   )%

9. $\frac{64}{83}$ → 약 (   )%

10. $\frac{34}{79}$ → 약 (   )%

11. $\frac{36}{54}$ → 약 (   )%

12. $\frac{62}{81}$ → 약 (   )%

13. $\frac{45}{67}$ → 약 (   )%

14. $\frac{51}{87}$ → 약 (   )%

15. $\frac{15}{23}$ → 약 (   )%

16. $\frac{42}{89}$ → 약 (   )%

17. $\frac{64}{89}$ → 약 (   )%

18. $\frac{32}{54}$ → 약 (   )%

19. $\frac{44}{86}$ → 약 (   )%

20. $\frac{27}{35}$ → 약 (   )%

❶ 종이를 반으로 접은 후 문제를 풀어 보세요.

정답 확인

1. $\frac{47}{32}$ → 약 (147)%

2. $\frac{25}{64}$ → 약 (39)%

3. $\frac{83}{15}$ → 약 (553)%

4. $\frac{64}{35}$ → 약 (183)%

5. $\frac{74}{46}$ → 약 (161)%

6. $\frac{85}{98}$ → 약 (87)%

7. $\frac{56}{23}$ → 약 (243)%

8. $\frac{75}{46}$ → 약 (163)%

9. $\frac{93}{48}$ → 약 (194)%

10. $\frac{84}{66}$ → 약 (127)%

11. $\frac{72}{35}$ → 약 (206)%

12. $\frac{46}{79}$ → 약 (58)%

13. $\frac{64}{13}$ → 약 (492)%

14. $\frac{54}{22}$ → 약 (245)%

15. $\frac{86}{64}$ → 약 (134)%

16. $\frac{41}{88}$ → 약 (47)%

17. $\frac{17}{54}$ → 약 (31)%

18. $\frac{67}{18}$ → 약 (372)%

19. $\frac{64}{75}$ → 약 (85)%

20. $\frac{24}{87}$ → 약 (28)%

☑ 풀이실력 체크하기

풀이시간	체크하기
~3분 이하	☐ 계산 고수시군요!
3분 초과~3분 30초 이하	☐ 우수해요!
3분 30초 초과~4분 30초 이하	☐ 평균이에요!
4분 30초 초과~5분 30초 이하	☐ 좀 더 분발해야 해요!
5분 30초 초과	☐ 부단한 노력이 필요해요!

연습 문제

다음 분수의 비중을 계산하시오.(단, 소수점 첫째 자리에서 반올림하고 백분율로 표시하시오.)

1. $\frac{47}{32}$ → 약 (　　　)%

2. $\frac{25}{64}$ → 약 (　　　)%

3. $\frac{83}{15}$ → 약 (　　　)%

4. $\frac{64}{35}$ → 약 (　　　)%

5. $\frac{74}{46}$ → 약 (　　　)%

6. $\frac{85}{98}$ → 약 (　　　)%

7. $\frac{56}{23}$ → 약 (　　　)%

8. $\frac{75}{46}$ → 약 (　　　)%

9. $\frac{93}{48}$ → 약 (　　　)%

10. $\frac{84}{66}$ → 약 (　　　)%

11. $\frac{72}{35}$ → 약 (　　　)%

12. $\frac{46}{79}$ → 약 (　　　)%

13. $\frac{64}{13}$ → 약 (　　　)%

14. $\frac{54}{22}$ → 약 (　　　)%

15. $\frac{86}{64}$ → 약 (　　　)%

16. $\frac{41}{88}$ → 약 (　　　)%

17. $\frac{17}{54}$ → 약 (　　　)%

18. $\frac{67}{18}$ → 약 (　　　)%

19. $\frac{64}{75}$ → 약 (　　　)%

20. $\frac{24}{87}$ → 약 (　　　)%

❶ 종이를 반으로 접은 후 문제를 풀어 보세요.

정답 확인

1. $\frac{14}{832}$ → 약 (2)%

2. $\frac{25}{540}$ → 약 (5)%

3. $\frac{478}{65}$ → 약 (735)%

4. $\frac{25}{348}$ → 약 (7)%

5. $\frac{74}{985}$ → 약 (8)%

6. $\frac{452}{54}$ → 약 (837)%

7. $\frac{447}{349}$ → 약 (128)%

8. $\frac{416}{748}$ → 약 (56)%

9. $\frac{145}{23}$ → 약 (630)%

10. $\frac{487}{748}$ → 약 (65)%

11. $\frac{65}{468}$ → 약 (14)%

12. $\frac{74}{417}$ → 약 (18)%

13. $\frac{479}{325}$ → 약 (147)%

14. $\frac{415}{114}$ → 약 (364)%

15. $\frac{47}{786}$ → 약 (6)%

16. $\frac{51}{234}$ → 약 (22)%

17. $\frac{34}{987}$ → 약 (3)%

18. $\frac{416}{22}$ → 약 (1,891)%

19. $\frac{324}{793}$ → 약 (41)%

20. $\frac{124}{270}$ → 약 (46)%

☑ 풀이실력 체크하기

풀이시간	체크하기
~3분 이하	☐ 계산 고수시군요!
3분 초과~3분 30초 이하	☐ 우수해요!
3분 30초 초과~4분 30초 이하	☐ 평균이에요!
4분 30초 초과~5분 30초 이하	☐ 좀 더 분발해야 해요!
5분 30초 초과	☐ 부단한 노력이 필요해요!

연습 문제

다음 분수의 비중을 계산하시오.(단, 소수점 첫째 자리에서 반올림하고 백분율로 표시하시오.)

1. $\frac{14}{832}$ → 약 (　　　)%

2. $\frac{25}{540}$ → 약 (　　　)%

3. $\frac{478}{65}$ → 약 (　　　)%

4. $\frac{25}{348}$ → 약 (　　　)%

5. $\frac{74}{985}$ → 약 (　　　)%

6. $\frac{452}{54}$ → 약 (　　　)%

7. $\frac{447}{349}$ → 약 (　　　)%

8. $\frac{416}{748}$ → 약 (　　　)%

9. $\frac{145}{23}$ → 약 (　　　)%

10. $\frac{487}{748}$ → 약 (　　　)%

11. $\frac{65}{468}$ → 약 (　　　)%

12. $\frac{74}{417}$ → 약 (　　　)%

13. $\frac{479}{325}$ → 약 (　　　)%

14. $\frac{415}{114}$ → 약 (　　　)%

15. $\frac{47}{786}$ → 약 (　　　)%

16. $\frac{51}{234}$ → 약 (　　　)%

17. $\frac{34}{987}$ → 약 (　　　)%

18. $\frac{416}{22}$ → 약 (　　　)%

19. $\frac{324}{793}$ → 약 (　　　)%

20. $\frac{124}{270}$ → 약 (　　　)%

DAY **17** # 나눗셈 연습

❶ 종이를 반으로 접은 후 문제를 풀어 보세요.

정답 확인

1. 45 → 56: 약 (24)%
2. 26 → 88: 약 (238)%
3. 34 → 47: 약 (38)%
4. 64 → 98: 약 (53)%
5. 12 → 34: 약 (183)%
6. 45 → 88: 약 (96)%
7. 74 → 99: 약 (34)%
8. 47 → 87: 약 (85)%
9. 24 → 53: 약 (121)%
10. 32 → 79: 약 (147)%
11. 26 → 88: 약 (238)%
12. 42 → 79: 약 (88)%
13. 21 → 74: 약 (252)%
14. 32 → 45: 약 (41)%
15. 19 → 55: 약 (189)%
16. 24 → 87: 약 (263)%
17. 34 → 65: 약 (91)%
18. 21 → 68: 약 (224)%
19. 32 → 74: 약 (131)%
20. 52 → 89: 약 (71)%

☑ 풀이실력 체크하기

풀이시간	체크하기
~3분 이하	□ 계산 고수시군요!
3분 초과~3분 30초 이하	□ 우수해요!
3분 30초 초과~4분 30초 이하	□ 평균이에요!
4분 30초 초과~6분 이하	□ 좀 더 분발해야 해요!
6분 초과	□ 부단한 노력이 필요해요!

연습 문제

처음 주어진 수치에서 화살표를 거친 후 변화된 수치다. 각각의 증가율을 계산하여 빈칸에 알맞은 값을 쓰시오.(단, 소수점 첫째 자리에서 반올림하고 백분율로 표시하시오.)

1. 45 → 56 : 약 (   )%
2. 26 → 88 : 약 (   )%
3. 34 → 47 : 약 (   )%
4. 64 → 98 : 약 (   )%
5. 12 → 34 : 약 (   )%
6. 45 → 88 : 약 (   )%
7. 74 → 99 : 약 (   )%
8. 47 → 87 : 약 (   )%
9. 24 → 53 : 약 (   )%
10. 32 → 79 : 약 (   )%
11. 26 → 88 : 약 (   )%
12. 42 → 79 : 약 (   )%
13. 21 → 74 : 약 (   )%
14. 32 → 45 : 약 (   )%
15. 19 → 55 : 약 (   )%
16. 24 → 87 : 약 (   )%
17. 34 → 65 : 약 (   )%
18. 21 → 68 : 약 (   )%
19. 32 → 74 : 약 (   )%
20. 52 → 89 : 약 (   )%

❶ 종이를 반으로 접은 후 문제를 풀어 보세요.

정답 확인

1. 24 → 256: 약 (967)%
2. 63 → 890: 약 (1,313)%
3. 12 → 347: 약 (2,792)%
4. 26 → 168: 약 (546)%
5. 72 → 735: 약 (921)%
6. 45 → 888: 약 (1,873)%
7. 53 → 735: 약 (1,287)%
8. 58 → 278: 약 (379)%
9. 28 → 153: 약 (446)%
10. 234 → 634: 약 (171)%
11. 41 → 256: 약 (524)%
12. 13 → 524: 약 (3,931)%
13. 37 → 723: 약 (1,854)%
14. 23 → 725: 약 (3,052)%
15. 78 → 288: 약 (269)%
16. 45 → 462: 약 (927)%
17. 56 → 234: 약 (318)%
18. 471 → 988: 약 (110)%
19. 31 → 542: 약 (1,648)%
20. 45 → 435: 약 (867)%

☑ 풀이실력 체크하기

풀이시간	체크하기
~3분 이하	☐ 계산 고수시군요!
3분 초과~3분 30초 이하	☐ 우수해요!
3분 30초 초과~4분 30초 이하	☐ 평균이에요!
4분 30초 초과~6분 이하	☐ 좀 더 분발해야 해요!
6분 초과	☐ 부단한 노력이 필요해요!

연습 문제

처음 주어진 수치에서 화살표를 거친 후 변화된 수치다. 각각의 증가율을 계산하여 빈칸에 알맞은 값을 쓰시오.(단, 소수점 첫째 자리에서 반올림하고 백분율로 표시하시오.)

1. 24 → 256: 약 (　　　)%

2. 63 → 890: 약 (　　　)%

3. 12 → 347: 약 (　　　)%

4. 26 → 168: 약 (　　　)%

5. 72 → 735: 약 (　　　)%

6. 45 → 888: 약 (　　　)%

7. 53 → 735: 약 (　　　)%

8. 58 → 278: 약 (　　　)%

9. 28 → 153: 약 (　　　)%

10. 234 → 634: 약 (　　　)%

11. 41 → 256: 약 (　　　)%

12. 13 → 524: 약 (　　　)%

13. 37 → 723: 약 (　　　)%

14. 23 → 725: 약 (　　　)%

15. 78 → 288: 약 (　　　)%

16. 45 → 462: 약 (　　　)%

17. 56 → 234: 약 (　　　)%

18. 471 → 988: 약 (　　　)%

19. 31 → 542: 약 (　　　)%

20. 45 → 435: 약 (　　　)%

❗ 종이를 반으로 접은 후 문제를 풀어 보세요.

정답 확인

1. 212 → 88: 약 (−58)%
2. 326 → 874: 약 (168)%
3. 125 → 77: 약 (−38)%
4. 16 → 11: 약 (−31)%
5. 24 → 478: 약 (1,892)%
6. 874 → 245: 약 (−72)%
7. 325 → 478: 약 (47)%
8. 24 → 64: 약 (167)%
9. 427 → 214: 약 (−50)%
10. 45 → 784: 약 (1,642)%
11. 452 → 325: 약 (−28)%
12. 889 → 354: 약 (−60)%
13. 556 → 89: 약 (−84)%
14. 784 → 684: 약 (−13)%
15. 135 → 223: 약 (65)%
16. 546 → 447: 약 (−18)%
17. 484 → 145: 약 (−70)%
18. 179 → 886: 약 (395)%
19. 165 → 74: 약 (−55)%
20. 77 → 468: 약 (508)%

☑ 풀이실력 체크하기

풀이시간	체크하기
~3분 이하	☐ 계산 고수시군요!
3분 초과~3분 30초 이하	☐ 우수해요!
3분 30초 초과~4분 30초 이하	☐ 평균이에요!
4분 30초 초과~6분 이하	☐ 좀 더 분발해야 해요!
6분 초과	☐ 부단한 노력이 필요해요!

연습 문제

처음 주어진 수치에서 화살표를 거친 후 변화된 수치다. 각각의 증감률을 계산하여 빈칸에 알맞은 값을 쓰시오.(단, 소수점 첫째 자리에서 반올림하고 백분율로 표시하시오.)

1. 212 → 88: 약 ( )%
2. 326 → 874: 약 ( )%
3. 125 → 77: 약 ( )%
4. 16 → 11: 약 ( )%
5. 24 → 478: 약 ( )%
6. 874 → 245: 약 ( )%
7. 325 → 478: 약 ( )%
8. 24 → 64: 약 ( )%
9. 427 → 214: 약 ( )%
10. 45 → 784: 약 ( )%
11. 452 → 325: 약 ( )%
12. 889 → 354: 약 ( )%
13. 556 → 89: 약 ( )%
14. 784 → 684: 약 ( )%
15. 135 → 223: 약 ( )%
16. 546 → 447: 약 ( )%
17. 484 → 145: 약 ( )%
18. 179 → 886: 약 ( )%
19. 165 → 74: 약 ( )%
20. 77 → 468: 약 ( )%

DAY 18 나눗셈 연습

❗ 종이를 반으로 접은 후 문제를 풀어 보세요.

정답 확인

구분	결괏값 1	부등호	결괏값 2
1	0.51	<	0.92
2	0.6	>	0.38
3	0.77	<	0.84
4	0.55	<	0.79
5	0.73	>	0.61
6	0.49	<	0.69
7	1.55	>	1.51
8	1.17	>	0.83
9	1.98	<	2.09
10	0.69	>	0.31
11	0.59	<	0.8
12	0.66	<	0.82
13	0.37	<	0.74
14	2	>	0.56
15	1.29	>	0.7
16	0.37	<	0.86
17	0.41	>	0.29
18	0.18	<	0.85
19	0.8	<	0.9
20	1.16	>	0.32

☑ 풀이실력 체크하기

풀이시간	체크하기
~3분 이하	□ 계산 고수시군요!
3분 초과~3분 30초 이하	□ 우수해요!
3분 30초 초과~4분 30초 이하	□ 평균이에요!
4분 30초 초과~6분 이하	□ 좀 더 분발해야 해요!
6분 초과	□ 부단한 노력이 필요해요!

연습 문제

주어진 두 분수 중 더 큰 것에 표시하시오.

구분	분수 1	부등호	분수 2
1	$\frac{45}{89}$		$\frac{54}{59}$
2	$\frac{52}{87}$		$\frac{26}{68}$
3	$\frac{44}{57}$		$\frac{47}{56}$
4	$\frac{52}{95}$		$\frac{77}{97}$
5	$\frac{47}{64}$		$\frac{56}{92}$
6	$\frac{28}{57}$		$\frac{47}{68}$
7	$\frac{87}{56}$		$\frac{98}{65}$
8	$\frac{27}{23}$		$\frac{65}{78}$
9	$\frac{89}{45}$		$\frac{23}{11}$
10	$\frac{54}{78}$		$\frac{14}{45}$
11	$\frac{40}{68}$		$\frac{52}{65}$
12	$\frac{42}{64}$		$\frac{78}{95}$
13	$\frac{35}{95}$		$\frac{65}{88}$
14	$\frac{64}{32}$		$\frac{32}{57}$
15	$\frac{62}{48}$		$\frac{45}{64}$
16	$\frac{22}{59}$		$\frac{55}{64}$
17	$\frac{32}{78}$		$\frac{16}{56}$
18	$\frac{17}{95}$		$\frac{66}{78}$
19	$\frac{28}{35}$		$\frac{78}{87}$
20	$\frac{78}{67}$		$\frac{31}{97}$

❗ 종이를 반으로 접은 후 문제를 풀어 보세요.

정답 확인

구분	결괏값 1	부등호	결괏값 2
1	0.57	<	0.65
2	0.44	>	0.41
3	0.51	>	0.49
4	0.92	<	0.96
5	0.33	>	0.32
6	0.32	>	0.25
7	0.70	<	0.83
8	0.75	<	0.79
9	0.33	<	0.36
10	0.59	<	0.67
11	0.46	>	0.42
12	0.80	>	0.72
13	0.67	<	0.72
14	0.4	>	0.36
15	0.69	>	0.62
16	0.82	<	0.86
17	0.63	>	0.49
18	0.71	<	0.77
19	0.7	>	0.55
20	0.85	>	0.49

☑ 풀이실력 체크하기

풀이시간	체크하기
~3분 이하	☐ 계산 고수시군요!
3분 초과~3분 30초 이하	☐ 우수해요!
3분 30초 초과~4분 30초 이하	☐ 평균이에요!
4분 30초 초과~6분 이하	☐ 좀 더 분발해야 해요!
6분 초과	☐ 부단한 노력이 필요해요!

연습 문제

주어진 두 분수 중 더 큰 것에 표시하시오.

구분	분수 1	부등호	분수 2
1	$\frac{4}{7}$		$\frac{13}{20}$
2	$\frac{12}{27}$		$\frac{7}{17}$
3	$\frac{45}{88}$		$\frac{17}{35}$
4	$\frac{12}{13}$		$\frac{23}{24}$
5	$\frac{17}{52}$		$\frac{12}{37}$
6	$\frac{15}{47}$		$\frac{40}{161}$
7	$\frac{47}{67}$		$\frac{84}{101}$
8	$\frac{41}{55}$		$\frac{53}{67}$
9	$\frac{22}{67}$		$\frac{77}{213}$
10	$\frac{44}{75}$		$\frac{56}{83}$
11	$\frac{56}{123}$		$\frac{47}{113}$
12	$\frac{78}{97}$		$\frac{89}{123}$
13	$\frac{96}{143}$		$\frac{74}{103}$
14	$\frac{14}{35}$		$\frac{54}{151}$
15	$\frac{54}{78}$		$\frac{50}{81}$
16	$\frac{77}{94}$		$\frac{87}{101}$
17	$\frac{56}{89}$		$\frac{44}{89}$
18	$\frac{77}{108}$		$\frac{10}{13}$
19	$\frac{68}{97}$		$\frac{26}{47}$
20	$\frac{75}{88}$		$\frac{48}{97}$

❗ 종이를 반으로 접은 후 문제를 풀어 보세요.

정답 확인

구분	결괏값 1	부등호	결괏값 2
1	0.5	<	0.54
2	0.61	>	0.58
3	0.64	<	0.65
4	0.66	<	0.7
5	0.78	>	0.67
6	0.49	<	0.65
7	0.49	>	0.45
8	0.56	<	0.72
9	0.5	<	0.55
10	0.89	<	0.97
11	0.64	>	0.54
12	0.35	<	0.44
13	0.48	<	0.52
14	0.65	>	0.51
15	0.39	>	0.31
16	0.46	<	0.49
17	1.13	<	1.21
18	0.43	<	0.84
19	0.25	<	0.36
20	0.52	>	0.44

☑ 풀이실력 체크하기

풀이시간	체크하기
~3분 이하	☐ 계산 고수시군요!
3분 초과~3분 30초 이하	☐ 우수해요!
3분 30초 초과~4분 30초 이하	☐ 평균이에요!
4분 30초 초과~6분 이하	☐ 좀 더 분발해야 해요!
6분 초과	☐ 부단한 노력이 필요해요!

연습 문제

주어진 두 분수 중 더 큰 것에 표시하시오.

구분	분수 1	부등호	분수 2
1	$\frac{45}{90}$		$\frac{56}{103}$
2	$\frac{54}{88}$		$\frac{45}{78}$
3	$\frac{41}{64}$		$\frac{24}{37}$
4	$\frac{57}{87}$		$\frac{65}{93}$
5	$\frac{96}{123}$		$\frac{74}{111}$
6	$\frac{22}{45}$		$\frac{130}{201}$
7	$\frac{314}{647}$		$\frac{214}{475}$
8	$\frac{334}{597}$		$\frac{546}{763}$
9	$\frac{331}{667}$		$\frac{546}{989}$
10	$\frac{954}{1,074}$		$\frac{487}{503}$
11	$\frac{359}{559}$		$\frac{245}{455}$
12	$\frac{346}{985}$		$\frac{547}{1,231}$
13	$\frac{32}{67}$		$\frac{54}{103}$
14	$\frac{356}{547}$		$\frac{758}{1,477}$
15	$\frac{347}{889}$		$\frac{469}{1,501}$
16	$\frac{345}{749}$		$\frac{226}{459}$
17	$\frac{552}{487}$		$\frac{468}{387}$
18	$\frac{341}{798}$		$\frac{546}{647}$
19	$\frac{116}{465}$		$\frac{442}{1,235}$
20	$\frac{46}{88}$		$\frac{34}{77}$

DAY 19 나눗셈 연습

❗ 종이를 반으로 접은 후 문제를 풀어 보세요.

정답 확인

1

a	b	c	d	e	f
12	32	25	45	47	54

1. $\frac{a}{b}$ 비중: 약 (37.5) %
2. $\frac{b}{e}$ 비중: 약 (68.1) %
3. c → d 증감률: 약 (80) %
4. $\frac{c}{d}$, $\frac{e}{f}$ 중 더 큰 값은?:

$\frac{c}{d} \fallingdotseq 0.56$ (<) $\frac{e}{f} \fallingdotseq 0.87$

2

a	b	c	d	e	f
25	34	72	18	97	54

1. $\frac{a}{b}$ 비중: 약 (73.5) %
2. $\frac{b}{e}$ 비중: 약 (35.1) %
3. c → d 증감률: 약 (−75) %
4. $\frac{c}{d}$, $\frac{e}{f}$ 중 더 큰 값은?:

$\frac{c}{d} = 4$ (>) $\frac{e}{f} \fallingdotseq 1.80$

3

a	b	c	d	e	f
32	55	77	54	87	13

1. $\frac{a}{b}$ 비중: 약 (58.2) %
2. $\frac{b}{e}$ 비중: 약 (63.2) %
3. c → d 증감률: 약 (−29.9) %
4. $\frac{c}{d}$, $\frac{e}{f}$ 중 더 큰 값은?:

$\frac{c}{d} \fallingdotseq 1.43$ (<) $\frac{e}{f} \fallingdotseq 6.69$

4

a	b	c	d	e	f
24	34	57	59	67	20

1. $\frac{a}{b}$ 비중: 약 (70.6) %
2. $\frac{b}{e}$ 비중: 약 (50.7) %
3. c → d 증감률: 약 (3.51) %
4. $\frac{c}{d}$, $\frac{e}{f}$ 중 더 큰 값은?:

$\frac{c}{d} \fallingdotseq 0.97$ (<) $\frac{e}{f} = 3.35$

☑ 풀이실력 체크하기

풀이시간	체크하기
~2분 30초 이하	☐ 계산 고수시군요!
2분 30초 초과~3분 이하	☐ 우수해요!
3분 초과~4분 이하	☐ 평균이에요!
4분 초과~5분 이하	☐ 좀 더 분발해야 해요!
5분 초과	☐ 부단한 노력이 필요해요!

연습 문제

주어진 질문을 보고 그 값을 계산하시오.(단, 비중과 증감률 계산 시 소수점 둘째 자리에서 반올림하고 백분율로 표시하시오.)

| 1

a	b	c	d	e	f
12	32	25	45	47	54

1. $\frac{a}{b}$ 비중: 약 (　　　) %
2. $\frac{b}{e}$ 비중: 약 (　　　) %
3. c → d 증감률: 약 (　　　) %
4. $\frac{c}{d}$, $\frac{e}{f}$ 중 더 큰 값은?:

$\frac{c}{d}$ (　　　) $\frac{e}{f}$

| 2

a	b	c	d	e	f
25	34	72	18	97	54

1. $\frac{a}{b}$ 비중: 약 (　　　) %
2. $\frac{b}{e}$ 비중: 약 (　　　) %
3. c → d 증감률: 약 (　　　) %
4. $\frac{c}{d}$, $\frac{e}{f}$ 중 더 큰 값은?:

$\frac{c}{d}$ (　　　) $\frac{e}{f}$

| 3

a	b	c	d	e	f
32	55	77	54	87	13

1. $\frac{a}{b}$ 비중: 약 (　　　) %
2. $\frac{b}{e}$ 비중: 약 (　　　) %
3. c → d 증감률: 약 (　　　) %
4. $\frac{c}{d}$, $\frac{e}{f}$ 중 더 큰 값은?:

$\frac{c}{d}$ (　　　) $\frac{e}{f}$

| 4

a	b	c	d	e	f
24	34	57	59	67	20

1. $\frac{a}{b}$ 비중: 약 (　　　) %
2. $\frac{b}{e}$ 비중: 약 (　　　) %
3. c → d 증감률: 약 (　　　) %
4. $\frac{c}{d}$, $\frac{e}{f}$ 중 더 큰 값은?:

$\frac{c}{d}$ (　　　) $\frac{e}{f}$

❶ 종이를 반으로 접은 후 문제를 풀어 보세요.

정답 확인

| 1

a	b	c	d	e	f
34	57	16	57	74	85

1. $\frac{a}{b}$ 비중: 약 (59.6) %
2. $\frac{b}{e}$ 비중: 약 (77.0) %
3. c → d 증감률: 약 (256.3) %
4. $\frac{c}{d}$, $\frac{e}{f}$ 중 더 큰 값은?:

   $\frac{c}{d} \fallingdotseq 0.28$ (<) $\frac{e}{f} \fallingdotseq 0.87$

| 2

a	b	c	d	e	f
46	47	98	88	72	57

1. $\frac{a}{b}$ 비중: 약 (97.9) %
2. $\frac{b}{e}$ 비중: 약 (65.3) %
3. c → d 증감률: 약 (−10.2) %
4. $\frac{c}{d}$, $\frac{e}{f}$ 중 더 큰 값은?:

   $\frac{c}{d} \fallingdotseq 1.11$ (<) $\frac{e}{f} \fallingdotseq 1.26$

| 3

a	b	c	d	e	f
23	64	79	34	54	61

1. $\frac{a}{b}$ 비중: 약 (35.9) %
2. $\frac{b}{e}$ 비중: 약 (118.5) %
3. c → d 증감률: 약 (−57) %
4. $\frac{c}{d}$, $\frac{e}{f}$ 중 더 큰 값은?:

   $\frac{c}{d} \fallingdotseq 2.32$ (>) $\frac{e}{f} \fallingdotseq 0.89$

| 4

a	b	c	d	e	f
48	59	67	88	36	52

1. $\frac{a}{b}$ 비중: 약 (81.4) %
2. $\frac{b}{e}$ 비중: 약 (163.9) %
3. c → d 증감률: 약 (31.3) %
4. $\frac{c}{d}$, $\frac{e}{f}$ 중 더 큰 값은?:

   $\frac{c}{d} \fallingdotseq 0.76$ (>) $\frac{e}{f} \fallingdotseq 0.69$

☑ 풀이실력 체크하기

풀이시간	체크하기
~2분 30초 이하	☐ 계산 고수시군요!
2분 30초 초과~3분 이하	☐ 우수해요!
3분 초과~4분 이하	☐ 평균이에요!
4분 초과~5분 이하	☐ 좀 더 분발해야 해요!
5분 초과	☐ 부단한 노력이 필요해요!

연습 문제

주어진 질문을 보고 그 값을 계산하시오.(단, 비중과 증감률 계산 시 소수점 둘째 자리에서 반올림하고 백분율로 표시하시오.)

1

a	b	c	d	e	f
34	57	16	57	74	85

1. $\frac{a}{b}$ 비중: 약 (   ) %
2. $\frac{b}{e}$ 비중: 약 (   ) %
3. c → d 증감률: 약 (   ) %
4. $\frac{c}{d}$, $\frac{e}{f}$ 중 더 큰 값은?:

   $\frac{c}{d}$ (   ) $\frac{e}{f}$

2

a	b	c	d	e	f
46	47	98	88	72	57

1. $\frac{a}{b}$ 비중: 약 (   ) %
2. $\frac{b}{e}$ 비중: 약 (   ) %
3. c → d 증감률: 약 (   ) %
4. $\frac{c}{d}$, $\frac{e}{f}$ 중 더 큰 값은?:

   $\frac{c}{d}$ (   ) $\frac{e}{f}$

3

a	b	c	d	e	f
23	64	79	34	54	61

1. $\frac{a}{b}$ 비중: 약 (   ) %
2. $\frac{b}{e}$ 비중: 약 (   ) %
3. c → d 증감률: 약 (   ) %
4. $\frac{c}{d}$, $\frac{e}{f}$ 중 더 큰 값은?:

   $\frac{c}{d}$ (   ) $\frac{e}{f}$

4

a	b	c	d	e	f
48	59	67	88	36	52

1. $\frac{a}{b}$ 비중: 약 (   ) %
2. $\frac{b}{e}$ 비중: 약 (   ) %
3. c → d 증감률: 약 (   ) %
4. $\frac{c}{d}$, $\frac{e}{f}$ 중 더 큰 값은?:

   $\frac{c}{d}$ (   ) $\frac{e}{f}$

❶ 종이를 반으로 접은 후 문제를 풀어 보세요.

정답 확인

I 1

a	b	c	d	e	f
35	65	48	84	24	38

1. $\frac{a}{b}$ 비중: 약 (53.8) %
2. $\frac{b}{e}$ 비중: 약 (270.8) %
3. c → d 증감률: 약 (75) %
4. $\frac{c}{d}$, $\frac{e}{f}$ 중 더 큰 값은?:

$\frac{c}{d} \fallingdotseq 0.57$ (<) $\frac{e}{f} \fallingdotseq 0.63$

I 2

a	b	c	d	e	f
26	84	57	59	66	27

1. $\frac{a}{b}$ 비중: 약 (31) %
2. $\frac{b}{e}$ 비중: 약 (127.3) %
3. c → d 증감률: 약 (3.5) %
4. $\frac{c}{d}$, $\frac{e}{f}$ 중 더 큰 값은?:

$\frac{c}{d} \fallingdotseq 0.97$ (<) $\frac{e}{f} \fallingdotseq 2.44$

I 3

a	b	c	d	e	f
34	53	64	18	94	75

1. $\frac{a}{b}$ 비중: 약 (64.2) %
2. $\frac{b}{e}$ 비중: 약 (56.4) %
3. c → d 증감률: 약 (−71.9) %
4. $\frac{c}{d}$, $\frac{e}{f}$ 중 더 큰 값은?:

$\frac{c}{d} \fallingdotseq 3.56$ (>) $\frac{e}{f} \fallingdotseq 1.25$

I 4

a	b	c	d	e	f
34	26	48	59	15	79

1. $\frac{a}{b}$ 비중: 약 (130.8) %
2. $\frac{b}{e}$ 비중: 약 (173.3) %
3. c → d 증감률: 약 (22.9) %
4. $\frac{c}{d}$, $\frac{e}{f}$ 중 더 큰 값은?:

$\frac{c}{d} \fallingdotseq 0.81$ (>) $\frac{e}{f} \fallingdotseq 0.19$

☑ 풀이실력 체크하기

풀이시간	체크하기
~2분 30초 이하	☐ 계산 고수시군요!
2분 30초 초과~3분 이하	☐ 우수해요!
3분 초과~4분 이하	☐ 평균이에요!
4분 초과~5분 이하	☐ 좀 더 분발해야 해요!
5분 초과	☐ 부단한 노력이 필요해요!

연습 문제

주어진 질문을 보고 그 값을 계산하시오.(단, 비중과 증감률 계산 시 소수점 둘째 자리에서 반올림하고 백분율로 표시하시오.)

| 1

a	b	c	d	e	f
35	65	48	84	24	38

1. $\frac{a}{b}$ 비중: 약 (　　　) %
2. $\frac{b}{e}$ 비중: 약 (　　　) %
3. c → d 증감률: 약 (　　　) %
4. $\frac{c}{d}$, $\frac{e}{f}$ 중 더 큰 값은?:

   $\frac{c}{d}$ (　　　) $\frac{e}{f}$

| 2

a	b	c	d	e	f
26	84	57	59	66	27

1. $\frac{a}{b}$ 비중: 약 (　　　) %
2. $\frac{b}{e}$ 비중: 약 (　　　) %
3. c → d 증감률: 약 (　　　) %
4. $\frac{c}{d}$, $\frac{e}{f}$ 중 더 큰 값은?:

   $\frac{c}{d}$ (　　　) $\frac{e}{f}$

| 3

a	b	c	d	e	f
34	53	64	18	94	75

1. $\frac{a}{b}$ 비중: 약 (　　　) %
2. $\frac{b}{e}$ 비중: 약 (　　　) %
3. c → d 증감률: 약 (　　　) %
4. $\frac{c}{d}$, $\frac{e}{f}$ 중 더 큰 값은?:

   $\frac{c}{d}$ (　　　) $\frac{e}{f}$

| 4

a	b	c	d	e	f
34	26	48	59	15	79

1. $\frac{a}{b}$ 비중: 약 (　　　) %
2. $\frac{b}{e}$ 비중: 약 (　　　) %
3. c → d 증감률: 약 (　　　) %
4. $\frac{c}{d}$, $\frac{e}{f}$ 중 더 큰 값은?:

   $\frac{c}{d}$ (　　　) $\frac{e}{f}$

DAY **20** # 나눗셈 연습

❶ 종이를 반으로 접은 후 문제를 풀어 보세요.

정답 확인

| 1

a	b	c	d	e	f
231	24	478	157	246	652

1. $\frac{a}{b}$ 비중: 약 (962.5) %
2. $\frac{b}{e}$ 비중: 약 (9.8) %
3. c → d 증감률: 약 (−67.2) %
4. $\frac{c}{d}$, $\frac{e}{f}$ 중 더 큰 값은?:

   $\frac{c}{d}$ ≒ 3.04 (>) $\frac{e}{f}$ ≒ 0.38

| 2

a	b	c	d	e	f
216	458	667	21	47	237

1. $\frac{a}{b}$ 비중: 약 (47.2) %
2. $\frac{b}{e}$ 비중: 약 (974.5) %
3. c → d 증감률: 약 (−96.9) %
4. $\frac{c}{d}$, $\frac{e}{f}$ 중 더 큰 값은?:

   $\frac{c}{d}$ ≒ 31.76 (>) $\frac{e}{f}$ ≒ 0.2

| 3

a	b	c	d	e	f
267	133	88	94	746	358

1. $\frac{a}{b}$ 비중: 약 (200.8) %
2. $\frac{b}{e}$ 비중: 약 (17.8) %
3. c → d 증감률: 약 (6.8) %
4. $\frac{c}{d}$, $\frac{e}{f}$ 중 더 큰 값은?:

   $\frac{c}{d}$ ≒ 0.94 (<) $\frac{e}{f}$ ≒ 2.08

| 4

a	b	c	d	e	f
35	48	468	854	36	26

1. $\frac{a}{b}$ 비중: 약 (72.9) %
2. $\frac{b}{e}$ 비중: 약 (133.3) %
3. c → d 증감률: 약 (82.5) %
4. $\frac{c}{d}$, $\frac{e}{f}$ 중 더 큰 값은?:

   $\frac{c}{d}$ ≒ 0.55 (<) $\frac{e}{f}$ ≒ 1.38

☑ 풀이실력 체크하기

풀이시간	체크하기
~2분 30초 이하	☐ 계산 고수시군요!
2분 30초 초과~3분 30초 이하	☐ 우수해요!
3분 30초 초과~4분 30초 이하	☐ 평균이에요!
4분 30초 초과~5분 이하	☐ 좀 더 분발해야 해요!
5분 초과	☐ 부단한 노력이 필요해요!

연습 문제

주어진 질문을 보고 그 값을 계산하시오.(단, 비중과 증감률 계산 시 소수점 둘째 자리에서 반올림하고 백분율로 표시하시오.)

1

a	b	c	d	e	f
231	24	478	157	246	652

1. $\frac{a}{b}$ 비중: 약 (　　　) %
2. $\frac{b}{e}$ 비중: 약 (　　　) %
3. c → d 증감률: 약 (　　　) %
4. $\frac{c}{d}$, $\frac{e}{f}$ 중 더 큰 값은?:

   $\frac{c}{d}$ (　　　) $\frac{e}{f}$

2

a	b	c	d	e	f
216	458	667	21	47	237

1. $\frac{a}{b}$ 비중: 약 (　　　) %
2. $\frac{b}{e}$ 비중: 약 (　　　) %
3. c → d 증감률: 약 (　　　) %
4. $\frac{c}{d}$, $\frac{e}{f}$ 중 더 큰 값은?:

   $\frac{c}{d}$ (　　　) $\frac{e}{f}$

3

a	b	c	d	e	f
267	133	88	94	746	358

1. $\frac{a}{b}$ 비중: 약 (　　　) %
2. $\frac{b}{e}$ 비중: 약 (　　　) %
3. c → d 증감률: 약 (　　　) %
4. $\frac{c}{d}$, $\frac{e}{f}$ 중 더 큰 값은?:

   $\frac{c}{d}$ (　　　) $\frac{e}{f}$

4

a	b	c	d	e	f
35	48	468	854	36	26

1. $\frac{a}{b}$ 비중: 약 (　　　) %
2. $\frac{b}{e}$ 비중: 약 (　　　) %
3. c → d 증감률: 약 (　　　) %
4. $\frac{c}{d}$, $\frac{e}{f}$ 중 더 큰 값은?:

   $\frac{c}{d}$ (　　　) $\frac{e}{f}$

❶ 종이를 반으로 접은 후 문제를 풀어 보세요.

정답 확인

1

a	b	c	d	e	f
35	46	58	479	165	323

1. $\frac{a}{b}$ 비중: 약 (76.1) %
2. $\frac{b}{e}$ 비중: 약 (27.9) %
3. c → d 증감률: 약 (725.9) %
4. $\frac{c}{d}$, $\frac{e}{f}$ 중 더 큰 값은?:

   $\frac{c}{d} \fallingdotseq 0.12$ (<) $\frac{e}{f} \fallingdotseq 0.51$

2

a	b	c	d	e	f
358	465	84	57	46	579

1. $\frac{a}{b}$ 비중: 약 (77) %
2. $\frac{b}{e}$ 비중: 약 (1,010.9) %
3. c → d 증감률: 약 (−32.1) %
4. $\frac{c}{d}$, $\frac{e}{f}$ 중 더 큰 값은?:

   $\frac{c}{d} \fallingdotseq 1.47$ (>) $\frac{e}{f} \fallingdotseq 0.08$

3

a	b	c	d	e	f
65	875	435	87	33	264

1. $\frac{a}{b}$ 비중: 약 (7.4) %
2. $\frac{b}{e}$ 비중: 약 (2,651.5) %
3. c → d 증감률: 약 (−80) %
4. $\frac{c}{d}$, $\frac{e}{f}$ 중 더 큰 값은?:

   $\frac{c}{d} = 5$ (>) $\frac{e}{f} \fallingdotseq 0.13$

4

a	b	c	d	e	f
67	59	88	135	249	278

1. $\frac{a}{b}$ 비중: 약 (113.6) %
2. $\frac{b}{e}$ 비중: 약 (23.7) %
3. c → d 증감률: 약 (53.4) %
4. $\frac{c}{d}$, $\frac{e}{f}$ 중 더 큰 값은?:

   $\frac{c}{d} \fallingdotseq 0.65$ (<) $\frac{e}{f} \fallingdotseq 0.9$

☑ 풀이실력 체크하기

풀이시간	체크하기
~2분 30초 이하	☐ 계산 고수시군요!
2분 30초 초과~3분 30초 이하	☐ 우수해요!
3분 30초 초과~4분 30초 이하	☐ 평균이에요!
4분 30초 초과~5분 이하	☐ 좀 더 분발해야 해요!
5분 초과	☐ 부단한 노력이 필요해요!

연습 문제

주어진 질문을 보고 그 값을 계산하시오.(단, 비중과 증감률 계산 시 소수점 둘째 자리에서 반올림하고 백분율로 표시하시오.)

1

a	b	c	d	e	f
35	46	58	479	165	323

1. $\frac{a}{b}$ 비중: 약 (   ) %
2. $\frac{b}{e}$ 비중: 약 (   ) %
3. c → d 증감률: 약 (   ) %
4. $\frac{c}{d}$, $\frac{e}{f}$ 중 더 큰 값은?:

   $\frac{c}{d}$ (   ) $\frac{e}{f}$

2

a	b	c	d	e	f
358	465	84	57	46	579

1. $\frac{a}{b}$ 비중: 약 (   ) %
2. $\frac{b}{e}$ 비중: 약 (   ) %
3. c → d 증감률: 약 (   ) %
4. $\frac{c}{d}$, $\frac{e}{f}$ 중 더 큰 값은?:

   $\frac{c}{d}$ (   ) $\frac{e}{f}$

3

a	b	c	d	e	f
65	875	435	87	33	264

1. $\frac{a}{b}$ 비중: 약 (   ) %
2. $\frac{b}{e}$ 비중: 약 (   ) %
3. c → d 증감률: 약 (   ) %
4. $\frac{c}{d}$, $\frac{e}{f}$ 중 더 큰 값은?:

   $\frac{c}{d}$ (   ) $\frac{e}{f}$

4

a	b	c	d	e	f
67	59	88	135	249	278

1. $\frac{a}{b}$ 비중: 약 (   ) %
2. $\frac{b}{e}$ 비중: 약 (   ) %
3. c → d 증감률: 약 (   ) %
4. $\frac{c}{d}$, $\frac{e}{f}$ 중 더 큰 값은?:

   $\frac{c}{d}$ (   ) $\frac{e}{f}$

❗ 종이를 반으로 접은 후 문제를 풀어 보세요.

정답 확인

1

a	b	c	d	e	f
234	154	468	557	659	843

1. $\frac{a}{b}$ 비중: 약 (151.9) %
2. $\frac{b}{e}$ 비중: 약 (23.4) %
3. c → d 증감률: 약 (19) %
4. $\frac{c}{d}$, $\frac{e}{f}$ 중 더 큰 값은?:

   $\frac{c}{d} \fallingdotseq 0.84$ (>) $\frac{e}{f} \fallingdotseq 0.78$

2

a	b	c	d	e	f
235	456	557	846	771	346

1. $\frac{a}{b}$ 비중: 약 (51.5) %
2. $\frac{b}{e}$ 비중: 약 (59.1) %
3. c → d 증감률: 약 (51.9) %
4. $\frac{c}{d}$, $\frac{e}{f}$ 중 더 큰 값은?:

   $\frac{c}{d} \fallingdotseq 0.66$ (<) $\frac{e}{f} \fallingdotseq 2.23$

3

a	b	c	d	e	f
264	346	754	547	665	717

1. $\frac{a}{b}$ 비중: 약 (76.3) %
2. $\frac{b}{e}$ 비중: 약 (52) %
3. c → d 증감률: 약 (−27.5) %
4. $\frac{c}{d}$, $\frac{e}{f}$ 중 더 큰 값은?:

   $\frac{c}{d} \fallingdotseq 1.38$ (>) $\frac{e}{f} \fallingdotseq 0.93$

4

a	b	c	d	e	f
344	346	479	564	845	946

1. $\frac{a}{b}$ 비중: 약 (99.4) %
2. $\frac{b}{e}$ 비중: 약 (40.9) %
3. c → d 증감률: 약 (17.7) %
4. $\frac{c}{d}$, $\frac{e}{f}$ 중 더 큰 값은?:

   $\frac{c}{d} \fallingdotseq 0.85$ (<) $\frac{e}{f} \fallingdotseq 0.89$

☑ 풀이실력 체크하기

풀이시간	체크하기
~2분 30초 이하	☐ 계산 고수시군요!
2분 30초 초과~3분 30초 이하	☐ 우수해요!
3분 30초 초과~4분 30초 이하	☐ 평균이에요!
4분 30초 초과~5분 이하	☐ 좀 더 분발해야 해요!
5분 초과	☐ 부단한 노력이 필요해요!

연습 문제

주어진 질문을 보고 그 값을 계산하시오.(단, 비중과 증감률 계산 시 소수점 둘째 자리에서 반올림하고 백분율로 표시하시오.)

1

a	b	c	d	e	f
234	154	468	557	659	843

1. $\frac{a}{b}$ 비중: 약 (   ) %
2. $\frac{b}{e}$ 비중: 약 (   ) %
3. c → d 증감률: 약 (   ) %
4. $\frac{c}{d}$, $\frac{e}{f}$ 중 더 큰 값은?:

   $\frac{c}{d}$ (   ) $\frac{e}{f}$

2

a	b	c	d	e	f
235	456	557	846	771	346

1. $\frac{a}{b}$ 비중: 약 (   ) %
2. $\frac{b}{e}$ 비중: 약 (   ) %
3. c → d 증감률: 약 (   ) %
4. $\frac{c}{d}$, $\frac{e}{f}$ 중 더 큰 값은?:

   $\frac{c}{d}$ (   ) $\frac{e}{f}$

3

a	b	c	d	e	f
264	346	754	547	665	717

1. $\frac{a}{b}$ 비중: 약 (   ) %
2. $\frac{b}{e}$ 비중: 약 (   ) %
3. c → d 증감률: 약 (   ) %
4. $\frac{c}{d}$, $\frac{e}{f}$ 중 더 큰 값은?:

   $\frac{c}{d}$ (   ) $\frac{e}{f}$

4

a	b	c	d	e	f
344	346	479	564	845	946

1. $\frac{a}{b}$ 비중: 약 (   ) %
2. $\frac{b}{e}$ 비중: 약 (   ) %
3. c → d 증감률: 약 (   ) %
4. $\frac{c}{d}$, $\frac{e}{f}$ 중 더 큰 값은?:

   $\frac{c}{d}$ (   ) $\frac{e}{f}$

MEMO

MEMO

eduwill

약점까지 확실하게
점검하는 매1N

에듀윌 공기업
매일 1회씩 꺼내 푸는 NCS

매1N
약점보완 오답노트

eduwill

매1N 약점보완 오답노트

오답노트 작성 예시

문항 번호	유형	틀린 이유	관련 문제	비고
3번	독해	발문을 잘못 읽고 일치/불일치 문제로 품	의사소통능력	발문 제대로 읽고 옳은/옳지 않은 것 구분하자!
5번	어휘	'통시적'의 뜻을 몰랐음. 통시적: 시대를 관통하여 살피는 것	의사소통능력	어휘는 그때그때 계속 외우자!
8번	어휘	'지양'과 '지향'의 뜻을 반대로 생각함	의사소통능력	- 지양: 어떤 것을 하지 않음 - 지향: 목표를 향함
11번	독해	지문 내용도 어렵고 문장이 너무 길어 이해가 안됨	의사소통능력	문제를 먼저 확인하고 지문을 읽어 보자!
15번	자료해석	증가율 공식을 헷갈림	수리능력	증가율 공식을 외우자!
19번	자료해석	그래프에서 수치를 잘못 보고 품	수리능력	연도를 먼저 확인하고 수치를 보자!
21번	명제	명제의 대우 개념을 모름	문제해결능력	명제: P이면 Q이다. (참) 명제의 대우: Q가 아니면 P가 아니다. (참)
25번	문서이해	자료가 너무 길어 파악하는 시간이 오래 걸려서 못 품	문제해결능력	문제를 먼저 확인하고 자료에서 실마리를 찾자!

Day ________

문항 번호	유형	틀린 이유	관련 문제	비고

Day ________

문항 번호	유형	틀린 이유	관련 문제	비고

Day ________

문항 번호	유형	틀린 이유	관련 문제	비고

Day ________

문항 번호	유형	틀린 이유	관련 문제	비고

Day ________

문항 번호	유형	틀린 이유	관련 문제	비고

Day ________

문항 번호	유형	틀린 이유	관련 문제	비고

Day ____________

문항 번호	유형	틀린 이유	관련 문제	비고

Day ____________

문항 번호	유형	틀린 이유	관련 문제	비고

Day ______

문항 번호	유형	틀린 이유	관련 문제	비고

Day ________

문항 번호	유형	틀린 이유	관련 문제	비고

Day ________

문항 번호	유형	틀린 이유	관련 문제	비고

Day ________

문항 번호	유형	틀린 이유	관련 문제	비고

Day ________

문항 번호	유형	틀린 이유	관련 문제	비고

Day ____________

문항 번호	유형	틀린 이유	관련 문제	비고

Day ____________

문항 번호	유형	틀린 이유	관련 문제	비고

Day ____________

문항 번호	유형	틀린 이유	관련 문제	비고

Day ____________

문항 번호	유형	틀린 이유	관련 문제	비고

Day ________

문항 번호	유형	틀린 이유	관련 문제	비고

Day ________

문항 번호	유형	틀린 이유	관련 문제	비고

Day ____________

문항 번호	유형	틀린 이유	관련 문제	비고

Day ________

문항 번호	유형	틀린 이유	관련 문제	비고

Day ________

문항 번호	유형	틀린 이유	관련 문제	비고

Day ____________

문항 번호	유형	틀린 이유	관련 문제	비고

Day ____________

문항 번호	유형	틀린 이유	관련 문제	비고

Day ___________

문항 번호	유형	틀린 이유	관련 문제	비고

Day ____________

문항 번호	유형	틀린 이유	관련 문제	비고

Day ____________

문항 번호	유형	틀린 이유	관련 문제	비고

Day ____________

문항 번호	유형	틀린 이유	관련 문제	비고

Day ______

문항 번호	유형	틀린 이유	관련 문제	비고

Day ________

문항 번호	유형	틀린 이유	관련 문제	비고

Day ________

문항 번호	유형	틀린 이유	관련 문제	비고

Day ________

문항 번호	유형	틀린 이유	관련 문제	비고

Day ____________

문항 번호	유형	틀린 이유	관련 문제	비고

Day ____________

문항 번호	유형	틀린 이유	관련 문제	비고

Day ____________

문항 번호	유형	틀린 이유	관련 문제	비고

Day ______

문항 번호	유형	틀린 이유	관련 문제	비고

Day ____________

문항 번호	유형	틀린 이유	관련 문제	비고

Day ________

문항 번호	유형	틀린 이유	관련 문제	비고

Day ________

문항 번호	유형	틀린 이유	관련 문제	비고

Day ________

문항 번호	유형	틀린 이유	관련 문제	비고

Day ____________

문항 번호	유형	틀린 이유	관련 문제	비고

Day ________

문항 번호	유형	틀린 이유	관련 문제	비고

에듀윌과 함께 시작하면,
당신도 합격할 수 있습니다!

자소서와 면접, NCS와 직무적성검사의 차이점이 궁금한
취준을 처음 접하는 취린이

대학 졸업을 앞두고 취업을 위해 바쁜 시간을 쪼개며
채용시험을 준비하는 취준생

내가 하고 싶은 일을 다시 찾기 위해
회사생활과 병행하며 재취업을 준비하는 이직러

누구나 합격할 수 있습니다.
이루겠다는 '목표' 하나면 충분합니다.

마지막 페이지를 덮으면,

에듀윌과 함께
취업 합격이 시작됩니다.

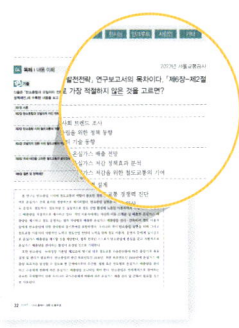

취업 교육 1위
에듀윌 취업 무료 혜택

교재 연계 강의

이시한의 매1N 주요 문제풀이
무료특강

※ 취업강의는 수시로 추가 업데이트 됩니다.
※ 취업강의 이벤트는 예고 없이 변동되거나 나 종료될 수 있습니다.

교재 연계 강의 바로가기

1:1 학습관리 교재 연계 온라인스터디

참여 방법

STEP 1 신청서 작성 ▶ STEP 2 스터디 교재 구매 후 인증 (선택) ▶ STEP 3 오픈채팅방 입장 및 스터디 학습 시작

※ 온라인스터디 진행 및 혜택은 교재 및 시기에 따라 다를 수 있습니다.
※ 오른쪽 QR 코드를 통해 신청하면 스터디 모집 시기에 안내 메시지를 받을 수 있습니다.

온라인스터디 신청

온라인모의고사 & 성적분석 서비스

응시 방법

하기 QR 코드로 응시링크 접속 ▶ 해당 온라인모의고사 [신청하기] 클릭 후 로그인 ▶ 대상 교재 내 응시코드 입력 후 [응시하기] 클릭

※ '온라인모의고사&성적분석' 서비스는 교재마다 제공 여부가 다를 수 있으니, 교재 뒷면 구매자 특별혜택을 확인해 주시기 바랍니다.

온라인 모의고사 신청

모바일 OMR 자동채점 & 성적분석 서비스

실시간 성적분석 방법

STEP 1 QR코드 스캔 ▶ STEP 2 모바일 OMR 입력 ▶ STEP 3 자동채점& 성적분석표 확인

※ 혜택 대상 교재는 본문 내 QR코드를 제공하고 있으며, 교재별 서비스 유무는 다를 수 있습니다.
※ 응시내역 통합조회
에듀윌 문풀훈련소 → 상단 '교재풀이' 클릭 → 메뉴에서 응시확인

빠르게 NCS 실력을 향상시키는

매1N 3회독 학습가이드

3회독 루틴 프로세스

1회독

1 **3회독 기록표에 학습날짜와 시작시간을 적습니다.**

- 회독 때마다 시간을 재고 풀면 문풀 시간을 단축할 수 있습니다.
- 날짜와 시작시간을 적은 다음 바로 문제를 풉니다.

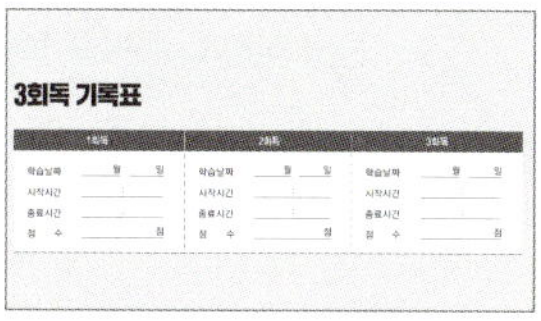

2 **시험장에서 문제를 푸는 것처럼 문제지에 체크하며 풉니다.**

- 나중에 할 복습을 위해 문제지에 체크하지 않고 풀거나, 체크하고 푼 다음 지우는 것은 좋지 않습니다.
- 실제 시험 칠 때와 동일하게 문제지에 체크하며 풀어야 훈련할 수 있습니다.

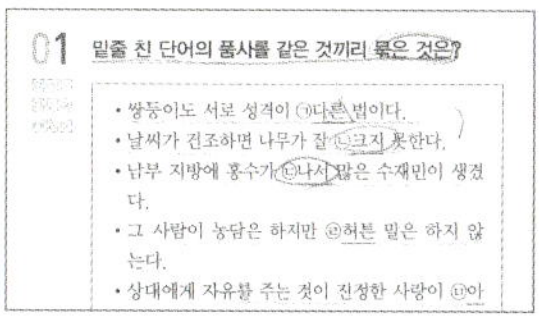

3 **모바일 OMR 또는 회독용 답안지에 마킹한 후,**
3회독 기록표에 종료시간을 적고 초과시간을 계산합니다.

- 문풀 연습 때부터 풀이시간을 훈련해야 합니다. 수록되어 있는 '회독용 답안지'를 활용하세요.

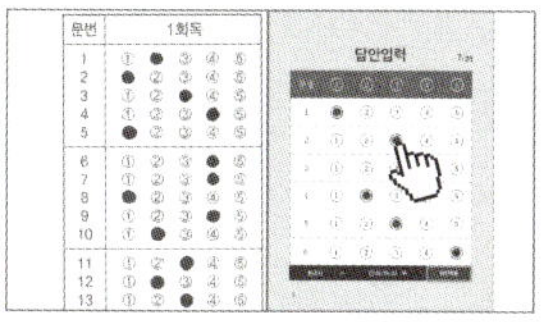

4 **문항별 3회독 체크표에 표시합니다.**

- 문제를 풀면서 알고 풀었으면 ◎, 헷갈려서 찍었으면 △, 전혀 몰라서 찍었으면 ☒에 체크하세요. 찍어서 맞은 문제는 틀린 것입니다. 정확한 수준 파악을 위해 '문항별 3회독 체크표'를 활용하세요.

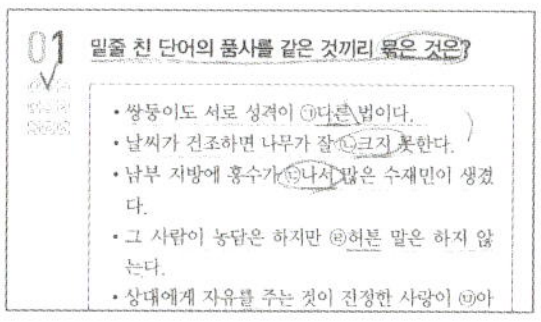

5 **채점을 완료한 후 3회독 기록표에 점수를 작성합니다.**

6 **정답과 해설에서 영역별 실력 점검표에 맞은 개수를 작성한 후 취약 영역을 파악합니다.**

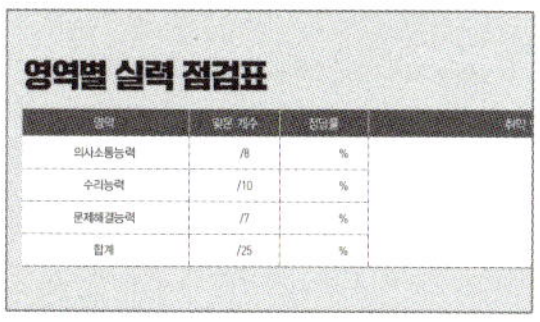

7 **해설을 통해 전체 25문항을 리뷰합니다.**

8 **모르거나 헷갈려서 틀린 문제를 매1N 약점보완 오답노트에 정리합니다.**

2~3회독

1 문항별 3회독 체크표에 △와 ☒ 표시된 문항을 다시 풉니다.

– 단순히 문제를 다시 푸는 것보다는 1~2회독 때 왜 오답을 선택했는지를 다시 생각해 보는 방식으로 문제를 풉니다.

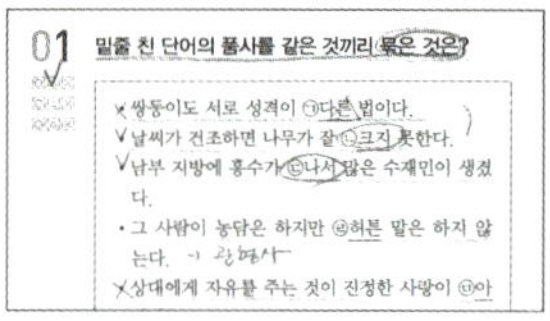

2 모바일 OMR 또는 회독용 답안지에 마킹한 후, 3회독 기록표에 종료시간을 적고 초과시간을 계산합니다.

– 문풀 연습 때부터 풀이시간을 훈련해야 합니다. 수록되어 있는 '회독용 답안지'를 활용하세요.

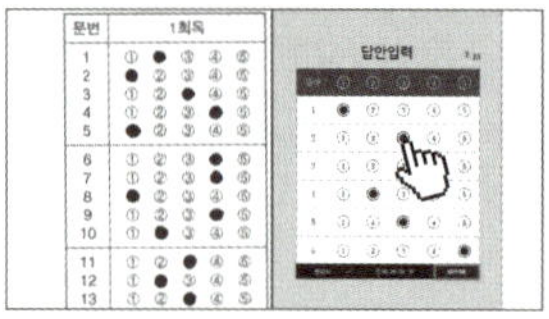

3 문항별 3회독 체크표에 표시합니다.

– 문제를 풀면서 알고 풀었으면 ◎, 헷갈려서 찍었으면 △, 전혀 몰라서 찍었으면 ☒에 체크하세요.

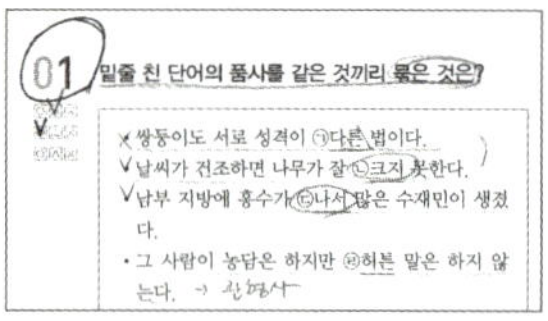

4 해설을 통해 해당 문항을 리뷰합니다.

한눈에 보는 3회독 ~~실력향상~~ 기록표

❗ 문제 평균 난이도는 DAY 20에 가까워질수록 상승합니다.

구분	1회독		2회독		3회독	
	학습날짜	점수	학습날짜	점수	학습날짜	점수
DAY 01	월 일		월 일		월 일	
DAY 02	월 일		월 일		월 일	
DAY 03	월 일		월 일		월 일	
DAY 04	월 일		월 일		월 일	
DAY 05	월 일		월 일		월 일	
DAY 06	월 일		월 일		월 일	
DAY 07	월 일		월 일		월 일	
DAY 08	월 일		월 일		월 일	
DAY 09	월 일		월 일		월 일	
DAY 10	월 일		월 일		월 일	
DAY 11	월 일		월 일		월 일	
DAY 12	월 일		월 일		월 일	
DAY 13	월 일		월 일		월 일	
DAY 14	월 일		월 일		월 일	
DAY 15	월 일		월 일		월 일	
DAY 16	월 일		월 일		월 일	
DAY 17	월 일		월 일		월 일	
DAY 18	월 일		월 일		월 일	
DAY 19	월 일		월 일		월 일	
DAY 20	월 일		월 일		월 일	

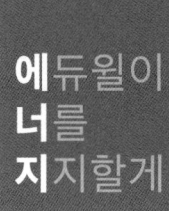

인생에 있어서 가장 큰 기쁨은

'너는 그것을 할 수 없다'라고 세상 사람들이 말하는

그 일을 성취시키는 일이다.

– 월터 배젓(Walter Bagehot)

에듀윌 공기업

매일 1회씩 꺼내 푸는 NCS

DAY 01

eduwill

매1N 3회독 루틴 프로세스

*더 자세한 내용은 매1N 3회독 학습가이드를 확인하세요!

1 3회독 기록표에 학습날짜와 문제풀이 시작시간을 적습니다.

2 시험장에서 문제를 푸는 것처럼 풀어 보세요.

3 모바일 OMR 또는 회독용 답안지에 마킹한 후, 종료시간을 적고 초과시간을 체크합니다.

▶모바일 OMR 바로가기

[1회독용]	[2회독용]	[3회독용]
http://eduwill.kr/YuoF	http://eduwill.kr/xuoF	http://eduwill.kr/fmoF

4 문항별 3회독 체크표(◯ △ ✕)에 표시합니다. 문제를 풀면서 알고 풀었으면 ◯, 헷갈렸으면 △, 전혀 몰라서 찍었으면 ✕에 체크하세요.

3회독 TIP

- 1회독: 25문항을 빠짐없이 풀어 보세요.
- 2~3회독: 틀린 문항만 골라서 풀어 보세요.

3회독 기록표

1회독	2회독	3회독
학습날짜 ____월 ____일	학습날짜 ____월 ____일	학습날짜 ____월 ____일
시작시간 ____ : ____	시작시간 ____ : ____	시작시간 ____ : ____
종료시간 ____ : ____	종료시간 ____ : ____	종료시간 ____ : ____
점 수 ____점	점 수 ____점	점 수 ____점

01 다음 글을 바르게 이해한 사람을 [보기]에서 모두 고르면?

○△✕
○△✕
○△✕

콘티넨탈은 타이어를 위주로 생산하는 독일의 자동차 부품 회사이다. 2000년 당시 매출은 101억 유로, 고용은 6만 3,000여 명이었으며, 이후 16년간 매출은 네 배, 고용은 세 배로 늘었다. 특히 4차 산업 혁명의 총아로 불리는 자율주행 기술 부문에서 가장 앞서 있다는 평가를 받고 있다. 콘티넨탈의 라인하르트 총괄은 "직원을 단순한 자산으로 여기지 않고 기업이 창출하는 가치로 대우하는 기업 문화가 지속적인 성장을 이끌고 있다."라고 설명했다.

콘티넨탈은 인사를 뜻하는 HR을 '인간관계(human relations)'로 정의한다. 대다수 기업이 HR을 '인적자원(human resources)'으로 보는 것과는 다른 관점이다. 제조업 강국인 독일은 정보통신기술(ICT)을 전통 산업에 접목하는 '인더스트리 4.0'을 추진하여 경쟁력의 유지와 발전을 위해 노력하고 있다. 이는 인공 지능(AI), 사물 인터넷(IoT), 빅 데이터, 클라우드 등을 산업 전반에 활용하는 4차 산업 혁명과 사실상 같은 개념이다. 라인하르트 총괄은 "4차 산업 혁명에 따라 일자리가 줄어들 것이라는 일각의 우려가 있지만 기업이 산업 변화에 잘 대응하여 성장한다면 그 기업의 일자리는 늘어난다"라고 강조했다. 이어 "인더스트리 4.0 추진에 따른 공장 자동화로 단순 기능직 자리는 감소하였지만 새로운 일자리가 늘어나면서 독일과 콘티넨탈의 고용은 더 증가했다."라고 분석하며, "직원들이 산업 변화에 잘 적응하지 못해 직업을 잃지 않도록 하는 것은 회사의 의무"라며 "새로운 산업 흐름에 맞는 역량을 갖추려면 생산직뿐 아니라 관리직도 18개월 내외의 주기로 재교육을 받아야 한다."라고 말했다.

보기

- 미나: 콘티넨탈은 엄청난 성장을 하고 있네. 16년간 매출과 고용이 몇 배나 뛰었어.
- 순이: 콘티넨탈의 성장은 자사의 직원을 기업의 자산으로 여겨 좋은 일자리를 보장하고 높은 임금을 주는 데 집중했기 때문이야.
- 채림: 독일은 제조업의 경쟁력을 유지하고 발전시키기 위해 정보통신기술을 기존의 산업 전반에 적용하고 있어.
- 수지: 4차 산업 혁명으로 일자리가 줄어들 수 있으니, 이러한 변화에 잘 대응하는 기업에서도 기존의 고용을 감축하기 위해 대비하고 있겠네.

① 미나, 순이 ② 미나, 채림 ③ 순이, 채림 ④ 순이, 수지 ⑤ 채림, 수지

02 다음은 택지개발 업무처리지침 중 공공시설의 인계인수에 관한 사항 중 일부이다. 이를 바탕으로 판단한 내용으로 옳은 것을 고르면?

○△×
○△×
○△×

> ㉠ 사업시행자는 인계인수할 공공시설에 대하여 사업 준공 60일 이전에 당해 시설의 관리청에 합동검사를 요청하여야 하며, 당해 관리청은 사업 준공 30일 이전까지 합동검사를 완료하여야 한다. 다만, 사업시행자는 합동검사 시 지적된 사항에 대한 보수가 완료되지 아니한 상태에서 사업의 준공처리(또는 공용개시)가 불가피한 경우에는 잔여 물량에 대한 향후 보수 계획 등의 처리 방안을 당해 관리청과 협의하여야 한다.
>
> ㉡ 공공시설의 합동검사에서 나타난 하자의 보수는 사업시행자가 하여야 하며, 보수공사를 완료한 때에는 하자보수 완료 보고서를 작성하여 당해 관리청에 제출하여야 한다. 다만, 공공시설의 관리권을 인계인수한 이후 발생하는 하자에 대하여는 당해 관리청이 유지 및 보수하여야 한다.
>
> ㉢ 택지개발사업의 최종 준공 전에 공용개시가 필요한 공공시설의 경우에는 주택법 제29조의 규정에 의한 주택·부대시설·복리시설 및 대지에 대한 사용검사 실시 전까지 당해 시설의 관리청과 사업시행자가 합동검사하여 공용개시 여부를 결정하여야 하며, 공공시설을 공용개시하는 때에 당해 관리청은 그 시설의 관리권을 인수하여야 한다. 다만, 정수장·배수지·가압장 등 별도의 관리 조직을 필요로 하는 공공시설의 경우에는 그 시설의 관리에 관한 사항을 상호 협의하여 결정할 수 있다.
>
> ㉣ 실시 계획 승인권자는 공공시설의 인계인수 지연으로 주민 불편 등이 예상되는 경우 사업시행자와 당해 관리청 간 인계인수 협의를 중재할 수 있다.

① 합동검사 시 지적된 사항에 대한 보수가 끝나지 않으면 사업의 준공처리는 불가능하다.
② 공공시설에서 발생한 하자의 보수는 어떠한 경우에도 사업시행자가 담당한다.
③ 공공시설을 공용개시하는 때에 당해 관리청은 그 시설의 관리권을 무조건 인수해야 한다.
④ 택지개발사업의 최종 준공 전에는 공공시설의 공용개시가 불가능하다.
⑤ 인수인계 협의가 제대로 되지 않아 주민들이 불편을 겪게 될 경우에는 중재할 수 있다.

03 다음 글의 빈칸에 들어갈 내용으로 옳은 것을 고르면?

○△×
○△×
○△×

모든 구성원이 서로 알고 지내는 작은 규모의 사회에서는 거짓이나 사기가 번성할 수 없다. 반면에 그렇지 않은 사회에서는 타인을 기만하여 이득을 보는 경우가 적지 않게 발생한다. 최근 이러한 현상이 발생하는 원인을 확인하는 연구가 진행되었다. 연구진은 성격 중에 마키아벨리아니즘이라는 특성을 명명하고 이러한 성향을 지닌 사람을 판별하는 검사를 고안해 냈다. 이 성격의 특성은 다른 사람을 교묘하게 이용하고 기만하는 능력을 포함한다. 수백 명의 학생을 대상으로 하여 연구한 결과, 일부 사람들은 타인을 교묘하게 이용하거나 기만하여 자신의 이익을 챙긴다는 사실이 드러났다. 이때 마키아벨리아니즘의 성향을 보이는 사람으로 분류된 학생들은 대체로 대도시 출신임이 밝혀졌다.

대도시 사람들의 상호 작용을 이해하기 위해 위의 연구 결과를 확장해 보자. 일반적으로 낯선 사람들이 모여 사는 대도시에서는 자신의 이익을 위해 타인을 이용하는 성향을 지닌 사람이 많으리라고 생각하기 쉽다. 대도시 사람들은 모두 사기꾼처럼 보인다는 주장이 일리 있게 들리기도 한다. 그러나 다른 사람들의 협조 성향을 이용하여 도움을 받으면서도 다른 이에게 도움을 주지 않는 사람이 존재하려면 일정한 틈새가 갖춰져야 한다. (   ) 때문에 이 틈새가 존재할 수 있는 것이다. 이는 나무에 기생하는 식물이 양분을 흡수하기 위해서는 기생할 나무가 우선 건강해야 한다는 이치와 같다. 나무가 건강을 잃게 되면 기생 식물 또한 기생할 터전을 잃게 된다. 그렇다면 어떤 의미에서는 모든 사람들이 사기꾼이라는 냉소적인 견해는 낯선 사람과의 상호 작용을 잘못 이해한 것이다. 모든 사람들이 사기꾼이라면 사기를 칠 가능성도 사라지게 된다고 이해하는 편이 옳다.

① 대도시라는 환경적 특성
② 인간은 사회를 필요로 하기
③ 많은 사람들이 진정으로 협조하기
④ 많은 사람들이 이기적 동기에 따라 행동하기
⑤ 누가 마키아벨리아니즘의 성향을 보이는지 판별하기 어렵기

04 다음 글을 바탕으로 조직행동에 적용되는 X이론과 Y이론을 정리한 내용으로 옳지 않은 것을 고르면?

○△×
○△×
○△×

> 높은 성과를 지향하는 데 있어서 조직행동은 경제적 성과를 중시하지만, 동시에 조직 구성원의 인간적 요소도 크게 강조한다. 조직체는 어디까지나 인간으로 구성된 사회 집단이므로, 이를 구성하고 있는 개인을 중요시하지 않고서는 사회 집단으로서의 존속을 기대할 수 없기 때문이다.
>
> 조직행위론은 인간을 중심으로 연구하는 학문인 행동과학의 영향을 받아 인간 중심적 성향이 두드러지게 나타나는 특성이 있다. 미국의 경영학자 맥그리거는 'X－Y이론'을 주장했다. 인간의 부정적인 측면을 강조한 X이론은 인간을 기계처럼 취급하며 지시와 통제를 중요시한다. 이와 달리 인간의 긍정적인 측면을 강조한 Y이론은 인간의 자기통제를 신뢰하는 특징이 있다.

X이론		Y이론
일이란 대체로 하기 싫은 행위이다.	①	일이란 조건만 적합하다면 노는 것처럼 자연스러운 행위이다.
사람들은 자신이 책임을 느끼는 목표를 달성하기 위해 자기지시와 자기통제를 한다.	②	사람들은 대부분 야망과 책임감이 거의 없으며 타인으로부터 지시받는 것을 선호한다.
사람들은 대개 조직의 문제를 해결하기 위해 발휘할 만한 능력을 갖추고 있지 못하다.	③	조직의 문제를 해결하기 위해 필요한 창조적 능력은 사람마다 각기 갖추고 있다.
동기 부여는 물질적·경제적 수준 위주로 이루어진다.	④	동기 부여는 물질적·경제적 수준뿐만 아니라 심리적·사회적인 수준에서도 이루어진다.
대다수의 사람은 엄격히 통제되어 조직의 목표를 달성하게끔 강제되어야 한다.	⑤	대다수의 사람은 적절히 동기가 부여되면 자기통제와 창조성을 발휘하여 일할 수 있다.

05 다음 글을 통해 알 수 있는 내용으로 옳은 것을 고르면?

○△×
○△×
○△×

주주 자본주의는 회사 경영의 목표를 주주 이윤의 극대화에 초점을 두는 체제를 말한다. 이 체제는 자본가 계급을 사업가와 투자가로 분리해 놓았다. 그런데 주주 자본주의가 바꿔 놓은 것이 하나 더 있다. 그것은 바로 노동자의 지위이다. 주식회사가 생기기 이전에는 노동자가 생산 수단들을 소유할 수 없었다. 하지만 이제는 거의 모든 생산 수단이 잘게 쪼개져 있기 때문에 누구나 그 일부를 구입할 수 있다. 노동자는 사업가를 위해서 일하고 사업가는 투자가를 위해 일하지만, 투자가 중에는 노동자도 있는 것이다.

주주 자본주의를 비판하는 사람들은 기업이 주주의 이익만을 고려한다면, 다수의 사람이 아닌 소수의 독점적인 투자가만 이익을 보장받게 된다고 지적한다. 또한 그들은 주주의 이익뿐만 아니라 기업과 연계된 이해관계자 전체, 즉 노동자와 소비자, 지역 사회 등을 고려해야 한다고 주장한다. 이러한 입장을 '이해관계자 자본주의'라고 한다.

주주 자본주의와 이해관계자 자본주의는 기업이 존재하는 목적을 묻는 질문에 대한 답변으로 이해할 수 있다. 물론 오늘날의 기업은 극단적으로 한 가지 체제를 지향하지는 않으며 양자를 혼합한 모습을 보인다. 기업은 주주의 이익을 최우선으로 고려하되, 노조 활동을 인정하고 지역과 환경에 투자하며 기부와 봉사 등 사회적 활동을 위해 노력하기도 한다.

① 주주 자본주의에서는 주주의 이익과 사회적 공헌이 상충할 때 기업은 사회적 공헌을 우선적으로 선택한다.
② 주주 자본주의에서는 과거에 생산 수단을 소유할 수 없었던 이들이 그것을 부분적으로 소유할 수 있게 되었다.
③ 이해관계자 자본주의에서는 지역 사회의 일반 주민까지도 기업 경영의 전반적 영역에서 주도적인 역할을 담당한다.
④ 주주 자본주의와 이해관계자 자본주의가 혼합되면 기업의 사회적 공헌 활동은 주주 자본주의에서보다 약화될 것이다.
⑤ 주주 자본주의와 이해관계자 자본주의가 혼합된 형태의 기업은 지역 사회의 이익을 높이는 것을 최우선으로 고려한다.

06 다음은 개인회생사건 처리지침의 일부이다. 이를 바탕으로 판단한 내용으로 옳지 <u>않은</u> 것을 고르면?

○△×
○△×
○△×

> 제7조 ① 법 제2조 제3호의 "채무자의 소득"은 다음과 같이 산정하되 특별한 사정이 있는 경우에는 증감할 수 있다.
>
> 1. 최근 1년간 직장의 변동이 없는 경우에는 1년간의 실제 소득액을 평균한 월평균 소득을 기초로 하여 산정하고, 직장의 변동이 있는 경우에는 직장 변동 이후의 실제 소득액을 평균한 월평균 소득을 기초로 하여 산정한다.
> 2. 영업 소득자가 그 소득에 관한 소명 자료가 없는 경우에는 임금구조기본통계조사보고서 등의 통계 소득을 기초로 하여 산정할 수 있다.
>
> ② 규칙 제2조 제3호(채무자의 지출에 관한 금액)의 "국민기초생활보장법 제6조의 규정에 따라 공표된 최저 생계비, 채무자 및 그 피부양자의 연령, 피부양자의 수, 거주 지역, 물가 상황, 그 밖에 필요한 사항을 종합적으로 고려하여 정하는 금액"은 국민기초생활보장법 제6조의 규정에 따라 공표된 2005년 최저 생계비에 변제 계획상의 변제 기간의 1.5배를 곱한 금액으로 산정하는 것을 원칙으로 하되, 특별한 사정이 있는 경우에는 적절히 증감할 수 있다.
>
> ③ 채무자는 법 제70조 제1항에 규정된 변제 계획안을 제출하면서 변제 계획안의 인가 이전이라도 변제 계획안의 제출일로부터 60일 후 90일 내의 일정한 날을 제1회로 하여 매월 일정한 날에 그 변제 계획안 상의 매월 변제액을 회생 위원에게 임치할 뜻을 기재함으로써, 그 변제 계획안이 수행 가능함을 소명할 수 있다.

① 채무자의 소득을 산정할 때, 채무자가 1년 반 동안 동일한 회사에 근무하고 있다면 그 회사의 연봉을 평균한 월평균 소득을 기초로 산정한다.

② 채무자가 6개월 전에 이직했다면 이직 전 6개월과 이직 후 6개월간의 실제 소득을 합산하고 12개월로 나누어 월평균 소득을 산정한다.

③ 채무자가 보험 등을 판매하는 직업이라면 월 소득이 일정하지 않으므로 객관적인 통계 자료에 근거하여 월평균 소득을 산정한다.

④ 채무자의 지출 금액은 사정에 따라 바뀔 수도 있다.

⑤ 채무자는 변제 계획안을 제출해야 한다.

[07~08] 다음 두 사람의 대화를 읽고 질문에 답하시오.

안합: 여기 어떤 사람이 있는데 천성적으로 덕이 없는 인물입니다. 그와 함께 법도를 지키지 않으면 나라가 위험하고, 예법에 따르게 할 경우에는 저의 목숨이 위태롭습니다. 그의 지혜는 남의 허물만 볼 뿐이고 자신의 잘못은 알지 못합니다. 사람됨이 이와 같으니 제가 어떻게 해야 하겠습니까?

거백옥: 잘 물으셨습니다. 무엇보다도 경계하고 삼가서 자신의 몸가짐을 바로 해야 합니다. 태도는 그에 순응하는 것이 제일이고 마음은 함께 맞추는 것이 최상입니다. 비록 그렇기는 하지만 여전히 두 가지만으로는 근심이 있습니다. 따라서 몸으로는 따르더라도 말려들지는 말고, 마음은 맞추더라도 겉으로 두드러지게 해서는 안 됩니다. 몸으로 그를 좇다가 아주 빠져들면 뒤집혀 파멸하게 되고 무너져 넘어지게 됩니다. 마음을 맞추다가 그의 단점이 두드러지게 되면 소문이 나서 그의 허물이 알려지게 되어 재앙을 입게 됩니다. 그가 갓난아이처럼 놀면 함께 갓난아이 노릇을 하고 그가 아무렇게나 굴면 함께 절제 없이 놀아야 합니다. 또한 방탕하게 행동하면 같이 제멋대로 해야만 종내에는 그를 허물없는 인물로 인도할 수 있습니다. 당신은 사마귀를 모르십니까? 사마귀는 자기 팔을 휘두르며 수레바퀴에 맞서려 합니다. 자기가 감당하지 못할 것을 모르기 때문으로 이는 자기 재주를 과신한 탓입니다. 이런 짓을 삼가고 경계해야 합니다. 자신의 재주를 드러내 상대를 거역하면 위태롭습니다.

07 거백옥의 주장과 거리가 먼 것을 고르면?

○△✕ ① 부덕한 사람이 자신의 곁에 있다면 가능한 그에게 맞춰 주는 것이 좋다.
○△✕ ② 부덕한 사람이 자신보다 지위가 높다면 그를 바른길로 인도해야 한다.
○△✕ ③ 자신이 감당하지 못할 일을 저질러서는 안 된다.
④ 자신의 재주는 반드시 스스로에게 독이 된다.
⑤ 부덕한 사람에게 말려들어서는 안 된다.

08 거백옥이 이야기를 전개하는 방식으로 옳은 것을 고르면?

○△✕ ① 반어적 표현을 사용하여 설득력을 높이고 있다.
○△✕ ② 전문가의 말을 인용하여 주관적인 해석을 덧붙이고 있다.
○△✕ ③ 적절한 예시를 제시하여 청자의 이해를 돕고 있다.
④ 두 가지 이상의 개념을 정의하여 서로 비교하고 있다.
⑤ 주장에 대한 논거를 세 가지 이상 제시하여 청자를 설득하고 있다.

09 ○○공기업 상반기 채용에 지원한 남녀의 비는 5:3이고, 합격자의 남녀의 비는 2:1이다. 불합격자의 남녀 인원수는 같고, 전체 합격자 수가 300명일 때, 총 지원자 수를 고르면?

○△×
○△×
○△×

① 400명 ② 450명 ③ 500명 ④ 550명 ⑤ 600명

10 A기계는 3시간에 500개의 물건을 생산하고, B기계는 6시간에 700개의 물건을 생산한다. 오늘 하루 총 4,500개의 물건을 생산해야 해서 A기계를 먼저 1시간 30분 가동한 후 두 기계를 동시에 가동할 때, 4,500개를 모두 생산하는데 걸리는 최소 시간을 고르면?

○△×
○△×
○△×

① 15시간 30분 ② 16시간 ③ 16시간 30분
④ 17시간 ⑤ 17시간 30분

11 15개의 최신 스마트폰 중에 3개의 불량품이 있다. 이 중에서 3개를 선택할 때, 적어도 1개가 불량품일 확률을 고르면?

○△×
○△×
○△×

① $\frac{44}{91}$ ② $\frac{45}{91}$ ③ $\frac{46}{91}$ ④ $\frac{47}{91}$ ⑤ $\frac{48}{91}$

12 다음 [표]는 영양소별 영양섭취기준에 대한 남녀 섭취비율에 대한 자료이다. 이에 대한 설명으로 옳은 것을 고르면?

○△× ○△× ○△×

[표] 영양소별 영양섭취기준에 대한 남녀 섭취비율 (단위: %)

영양소	2013년		2014년		2015년	
	남자	여자	남자	여자	남자	여자
에너지	104.8	95	104.8	94.7	107	95.5
단백질	169.1	139.6	170.7	138.8	175.9	139.3
칼슘	74.2	64.4	73	63.5	75.4	64.1
인	170.6	133.2	171.7	133.1	174.8	133.3
나트륨	319	231	309.5	225.1	327.2	227.7
칼륨	93.2	77.3	94.8	79.4	95.7	78.4
철	202	137.9	201.2	142.2	196.1	140.3
비타민A	112.6	106.6	121.6	115.7	116.5	106.8
비타민C	94.7	99.7	102.9	108.3	100.4	106.5

① 여자의 에너지 섭취비율은 해마다 증가한다.

② 매년 남자의 모든 영양소 섭취비율은 항상 여자보다 높다.

③ 남자의 철 섭취비율이 가장 높았던 해는 2014년이다.

④ 매년 여자의 단백질 섭취비율은 철 섭취비율보다 높다.

⑤ 남자와 여자의 비타민A 섭취비율이 가장 높았던 해는 서로 같다.

13

○△✕
○△✕
○△✕

B공단에서는 이번 2021년 승진대상자를 업무평가 점수를 기준으로 선정하기로 했다. 현재까지의 업무평가 점수의 3년 평균이 80점 이상인 대상자 중 승진점수 산출법에 의해 상위 2명의 직원이 승진대상일 때, 승진대상자끼리 바르게 묶인 것을 고르면?

[표1] 업무평가 점수 (단위: 점)

구분	김 과장	이 대리	강 부장	한 사원	정 사원
2020~2021년	69	85	72	80	68
2019~2020년	76	73	82	78	85
2018~2019년	96	82	95	85	77

[표2] 승진점수 산출법

대상 기간	반영 비율
최근 1년간	취득점수×50%
1년 초과 2년까지	취득점수×30%
2년 초과 3년까지	취득점수×20%

① 이 대리, 한 사원 ② 이 대리, 강 부장 ③ 김 과장, 한 사원
④ 강 부장, 한 사원 ⑤ 김 과장, 정 사원

14

○△✕
○△✕
○△✕

다음 [표]는 B국의 가구 구성 변화에 대한 자료이다. 이에 대한 설명으로 옳은 것을 고르면?

[표] B국의 가구 구성 변화

구분		1990년	1995년	2000년	2005년	2010년
총 가구 수(천 가구)		11,355	12,958	14,312	15,887	17,339
친족 가구 (%)	부부 가구	10.7	12.8	14.2	16.2	17.4
	2세대 가구	66.3	63.2	60.8	55.4	49.3
	3세대 이상 가구	12.5	10.0	8.4	7.0	6.6
1인 가구(%)		9.0	12.7	15.5	20.0	25.1
기타 가구(%)		1.5	1.3	1.1	1.4	1.6

※ 확대 가족: (한) 부모와 그들의 기혼 자녀 또는 3세대 이상으로 이루어진 가족

① 2010년 1인 가구 수는 부부 가구 수의 2배 이상이다.
② 3세대 이상 가구 수는 매년 증가하였다.
③ 1995년 이후 확대 가족 비중은 총 가구의 10% 이하이다.
④ 1990년부터 2005년까지 모든 2세대 가구 수는 친족 가구 수의 과반수를 차지한다.
⑤ 1995년에 부부 가구 인구는 1인 가구 인구의 2배 미만이다.

15 다음 [표]는 어느 나라의 세목별 징수세액에 대한 자료이다. 주어진 [조건]을 바탕으로 A~D에 해당하는 세목이 바르게 짝지어진 것을 고르면?

○△× ○△× ○△×

[표] 세목별 징수세액 (단위: 억 원)

구분	1999년	2009년	2019년
소득세	35,569	158,546	344,233
법인세	31,079	93,654	352,514
A	395	4,807	12,207
증여세	1,035	4,205	12,096
B	897	10,173	10,163
C	52,602	203,690	469,915
개별소비세	12,570	27,133	26,420
주세	8,930	20,780	20,641
전화세	2,374	11,914	11,910
D	4,155	13,537	35,339

조건

- 1999년 징수세액이 5,000억 원보다 적은 세목은 상속세, 자산재평가세, 전화세, 증권거래세, 증여세이다.
- 1999년에 비해 2009년에 징수세액이 10배 이상 증가한 세목은 상속세와 자산재평가세이다.
- 2009년에 비해 2019년에 징수세액이 증가한 세목은 법인세, 부가가치세, 상속세, 소득세, 증권거래세, 증여세이다.

	A	B	C	D
①	상속세	자산재평가세	부가가치세	증권거래세
②	상속세	증권거래세	자산재평가세	부가가치세
③	자산재평가세	상속세	부가가치세	증권거래세
④	자산재평가세	부가가치세	상속세	증권거래세
⑤	증권거래세	상속세	부가가치세	자산재평가세

16 다음 [표]는 농산물 도매시장의 품목별 조사단위당 가격에 대한 자료이다. 이를 바탕으로 작성한 [그래프]로 옳지 않은 것을 고르면?

○△× ○△× ○△×

[표] 농산물 도매시장의 품목별 조사단위당 가격 (단위: kg, 원)

구분	품목	조사단위	조사단위당 가격		
			금일	전일	전년 평균
곡물	쌀	20	52,500	52,500	47,500
	찹쌀	60	180,000	180,000	250,000
	검정쌀	30	120,000	120,000	106,500
	콩	60	624,000	624,000	660,000
	참깨	30	129,000	129,000	127,500
채소	오이	10	23,600	24,400	20,800
	부추	10	68,100	65,500	41,900
	토마토	10	34,100	33,100	20,800
	배추	10	9,500	9,200	6,200
	무	15	8,500	8,500	6,500
	고추	10	43,300	44,800	31,300

① 쌀, 찹쌀, 검정쌀의 조사단위당 가격

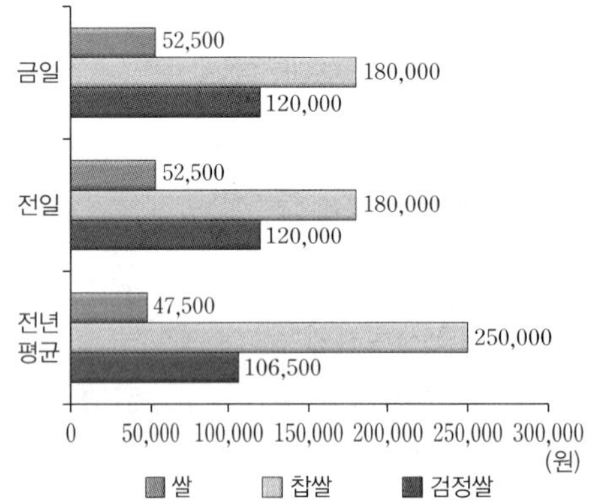

② 채소의 조사단위당 전일가격 대비 금일가격 등락액

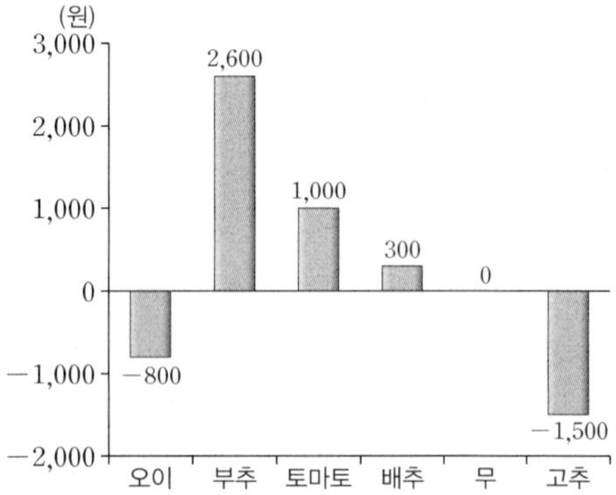

③ 채소 1kg당 금일가격

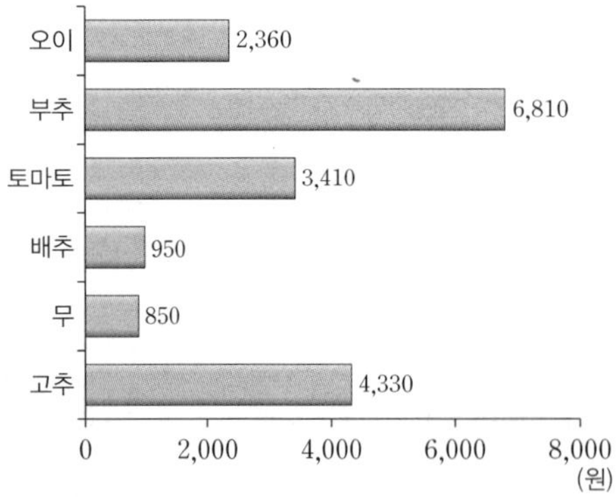

④ 곡물 1kg당 금일가격

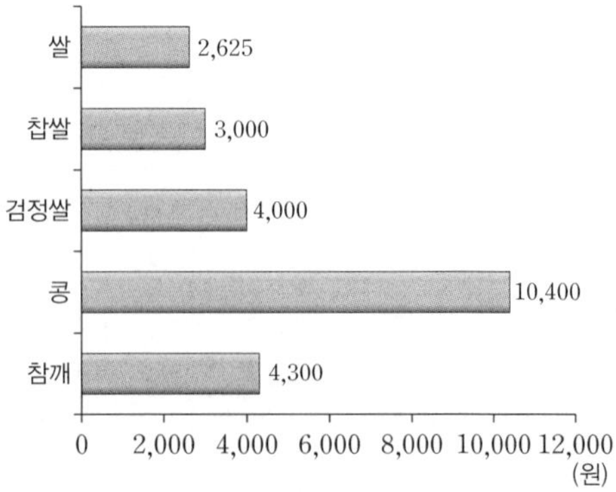

⑤ 채소의 조사단위당 전년 평균가격 대비 금일 가격의 비율

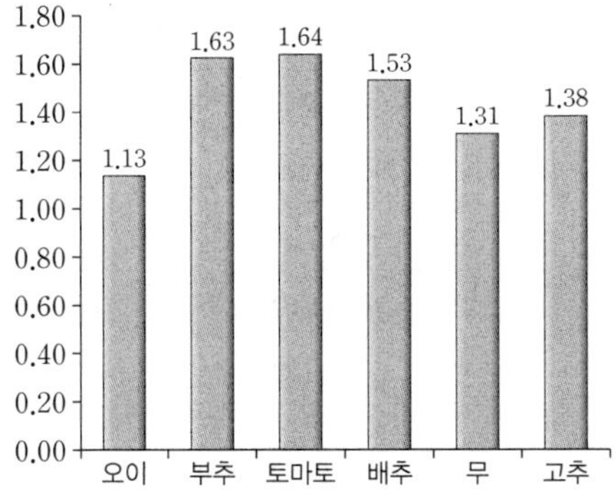

[17~18] 다음 [표]는 출생지별 인구 분포에 대한 자료이다. 이를 바탕으로 질문에 답하시오.

[표] 연도별 출생지별 인구 분포 (단위: 천 명, %)

구분	2014년		2015년	
	인구수	구성비	인구수	구성비
전국	47,485	100.0	49,426	100.0
서울	7,535	15.9	8,018	16.2
부산	2,935	(㉠)	3,110	6.3
대구	1,948	4.1	2,049	4.1
인천	1,626	3.4	1,743	3.5
광주	1,115	2.3	1,197	2.4
대전	961	2.0	1,052	2.1
울산	747	1.6	796	1.6
세종	–	–	134	0.3
경기	5,815	12.2	6,366	12.9
강원	2,255	4.7	2,268	4.6
충북	2,110	4.4	2,137	4.3
충남	3,232	6.8	3,138	6.3
전북	3,180	6.7	3,183	6.4
전남	4,180	8.8	4,124	8.3
경북	4,518	9.5	4,499	9.1
경남	4,045	8.5	4,114	8.3
제주	575	1.2	607	1.2
기타	639	1.3	890	(㉡)

※ 기타는 북한 또는 외국 출생자를 의미함

17 주어진 자료에 대한 설명으로 옳은 것을 고르면?

☐○☐△☐× ① 2014년에 네 번째로 출생인구가 많은 지역은 경북이다.
☐○☐△☐× ② 2014년 대비 2015년에 출생인구가 가장 많이 감소한 지역은 전남이다.
☐○☐△☐× ③ 2014년 대비 2015년에 출생인구가 가장 많이 증가한 지역은 서울이다.
④ 세종 지역을 제외하고 2014년에 출생인구가 가장 적은 지역은 2015년에도 가장 적다.
⑤ 2015년 경남 지역의 출생인구는 전년 대비 79천 명 증가하였다.

18 주어진 [표]의 빈칸 ㉠, ㉡에 들어갈 값이 바르게 짝지어진 것을 고르면?

☐○☐△☐× ☐○☐△☐× ☐○☐△☐×

	㉠	㉡
①	6.2	1.8
②	6.2	2.8
③	6.2	0.8
④	5.2	1.8
⑤	5.2	2.8

19 다음 명제가 모두 참일 때 결론으로 옳은 것을 고르면?

○△✕
○△✕
○△✕

- 수학을 잘하는 사람은 논리적이다.
- 영어를 잘하는 사람은 노력을 많이 하지 않는다.
- 아이큐가 높지 않은 사람은 논리적이지 않다.
- 노력을 많이 하지 않는 사람은 아이큐가 높다.

① 영어를 잘하는 사람은 논리적이다.
② 영어와 수학 둘 중 하나를 잘하는 사람은 반드시 아이큐가 높다.
③ 노력을 많이 하지 않는 사람은 수학을 잘한다.
④ 아이큐가 높은 사람은 영어와 수학을 모두 잘한다.
⑤ 논리적인 사람은 노력을 많이 하지 않는다.

20 다음 [조건]이 모두 참일 때, 사장의 왼쪽에 앉은 사람을 고르면?

○△✕
○△✕
○△✕

조건

- 원형 테이블에 사장, 부장, 대리A, 대리B, 대리C, 사원A, 사원B, 사원C가 앉아 있다.
- 사원A, B, C는 서로 인접하여 앉지 않았고, 대리A, B, C도 서로 인접하여 앉지 않았다.
- 부장은 대리 옆에 앉지 않았다.
- 사장의 반대편에는 사원B가 앉아 있고, 사원B의 왼편에는 대리A가 앉아 있다.
- 대리B와 대리C는 마주 보고 앉아 있다.

① 대리B ② 대리C ③ 부장 ④ 사원A ⑤ 사원C

21 다음과 같이 Ⓟ가 1회 이동할 때는 선을 따라 한 칸 움직인 지점에서 우측으로 45도 꺾어서 한 칸 더 나아가는 방식으로 움직인다. 하지만 Ⓟ가 이동하려는 경로상에 장애물(⊠)이 있으면 움직이지 못한다. [보기]의 Ⓐ~Ⓔ 중에서 Ⓟ가 3회 이하로 이동해서 위치할 수 있는 곳을 모두 고르면?

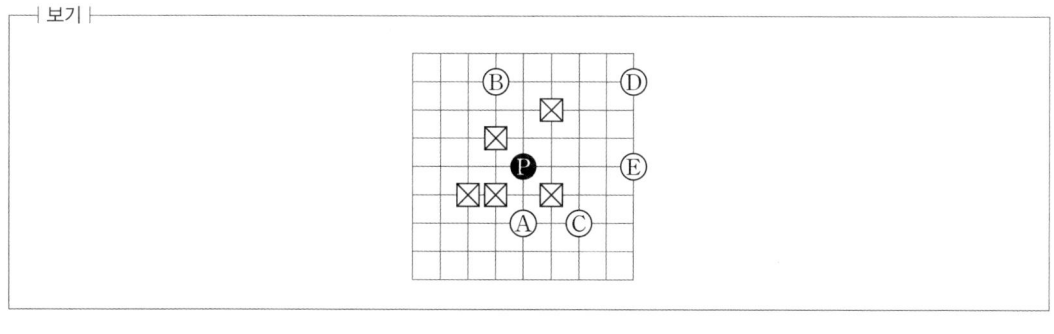

○△× ○△× ○△×

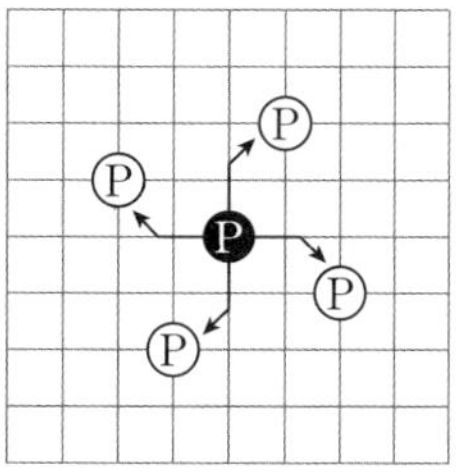

보기

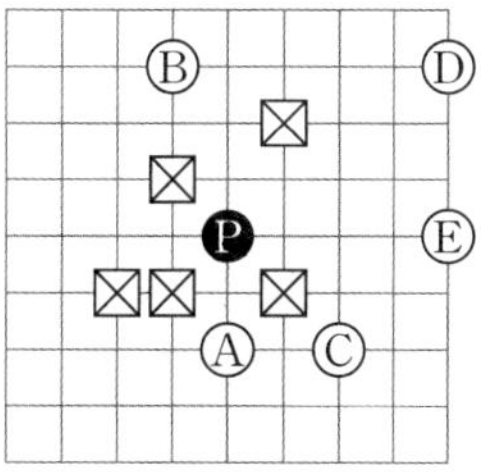

① Ⓐ, Ⓑ ② Ⓑ, Ⓓ ③ Ⓐ, Ⓒ, Ⓔ ④ Ⓑ, Ⓓ, Ⓔ ⑤ Ⓒ, Ⓓ, Ⓔ

22 다음 (가)~(다)의 숫자 배열의 공통적인 특성이 아닌 것을 [보기]에서 모두 고르면?

○△×
○△×
○△×

(가) 2, 3, 6, 7, 8
(나) 1, 4, 5, 6, 9
(다) 6, 5, 8, 3, 9

보기

㉠ 홀수 다음에 홀수가 연이어 오지 않는다.
㉡ 짝수 다음에 짝수가 연이어 오지 않는다.
㉢ 동일한 숫자는 반복하여 사용되지 않는다.
㉣ 어떤 숫자 바로 다음에는 그 숫자의 배수가 오지 않는다.

① ㉠, ㉡ ② ㉠, ㉣ ③ ㉡, ㉢ ④ ㉢, ㉣ ⑤ ㉠, ㉢, ㉣

23 다음 글을 바탕으로 옳지 않은 것을 [보기]에서 모두 고르면?

○△×
○△×
○△×

청소년 비행의 원인을 설명하는 이론에는 다음과 같은 세 가지가 있다. A이론에서는 자기통제력이라는 내적 성향이 유년기의 문제행동, 청소년 비행뿐만 아니라 성인의 범죄도 설명할 수 있는 중요한 원인 중 하나라고 본다. 자기통제력은 부모의 양육에 의해 어릴 때 형성되는 것으로, 목표 달성을 위해 충동을 조절할 수 있는 능력, 유혹에 저항하는 능력, 만족을 지연할 수 있는 능력 등을 말한다.

B이론에서는 청소년의 연령에 따라 비행의 원인이 다르다고 주장하면서 부모의 양육 방법뿐만 아니라 비행친구와의 접촉 여부에 대해서도 주목한다. 이 이론은 청소년 시기를 초기(11~13세), 중기(14~16세), 후기(17~19세)로 구분하고, 초기에는 부모의 양육 방법 차이가 청소년 비행에 영향을 크게 미치지만 중기를 거쳐 후기에 이를수록 그 영향력은 작아진다고 주장한다. 반면 비행친구와의 접촉이 청소년 비행에 미치는 영향력의 정도는 상대적으로 초기보다는 중기를 거쳐 후기에 이를수록 커진다고 한다.

C이론 역시 부모의 양육 방법이 청소년 비행에 영향을 미치는 요인 중 하나라고 본다. 그런데 위의 이론들과 달리 C이론은 비행청소년을 '초기 진입자(early-starter)'와 '후기 진입자(late-starter)'로 구분하여 설명한다. 전자는 어려서부터 부모의 부적절한 양육 등으로 인해 문제성향과 문제행동을 보이는 청소년들을 지칭한다. 반면 후자는 어려서는 문제성향을 보이지는 않았으나, 성장과정에서 비행친구와 접촉하면서 모방 등을 통해 청소년기에 일시적으로 비행을 저지르는 비행청소년들을 말한다.

보기

㉠ A이론에서는 자기통제력이라는 내적 성향이 청소년 비행을 설명하는 주요 요인이라고 본다.
㉡ B이론에서는 청소년 비행에 있어 청소년의 연령과 비행친구의 영향력 간에는 반비례의 관계가 있다고 본다.
㉢ C이론에서는 모범생인 청소년도 고교시절 비행친구를 사귀게 되면, 성인이 되어서도 지속적으로 비행을 저지를 가능성이 높다고 본다.

① ㉠ ② ㉡ ③ ㉠, ㉡ ④ ㉠, ㉢ ⑤ ㉡, ㉢

24 **다음 규정을 바탕으로 판단할 때, 옳지 <u>않은</u> 것을 [보기]에서 모두 고르면?**(단, 각 회사는 상시 5명 이상의 근로자를 사용하고 있음을 전제로 한다.)

○△×
○△×
○△×

> **제○○조(해고 등의 제한)** 사용자는 근로자에게 정당한 이유 없이 해고, 휴직, 정직, 전직, 감봉, 그 밖의 징벌(懲罰)을 하지 못한다.
>
> **제□□조(경영상 이유에 의한 해고의 제한)** ① 사용자가 경영상 이유에 의하여 근로자를 해고하려면 긴박한 경영상의 필요가 있어야 한다. 이 경우 경영 악화를 방지하기 위한 사업의 양도·인수·합병은 긴박한 경영상의 필요가 있는 것으로 본다.
>
> ② 제1항의 경우에 사용자는 해고를 피하기 위한 노력을 다하여야 하며, 합리적이고 공정한 해고의 기준을 정하고 이에 따라 그 대상자를 선정하여야 한다. 이 경우 남녀의 성을 이유로 차별하여서는 아니 된다.
>
> ③ 사용자는 제2항에 따른 해고를 피하기 위한 방법과 해고의 기준 등에 관하여 그 사업 또는 사업장에 근로자의 과반수로 조직된 노동조합이 있는 경우에는 그 노동조합(근로자의 과반수로 조직된 노동조합이 없는 경우에는 근로자의 과반수를 대표하는 자를 말한다.)에 해고를 하려는 날의 50일 전까지 통보하고 성실하게 협의하여야 한다.
>
> ④ 사용자가 제1항부터 제3항까지의 규정에 따른 요건을 갖추어 근로자를 해고한 경우에는 정당한 이유가 있는 해고를 한 것으로 본다.
>
> **제△△조(해고의 예고)** 사용자는 근로자를 해고(경영상 이유에 의한 해고를 포함한다.)하려면 적어도 30일 전에 예고를 하여야 하고, 30일 전에 예고를 하지 아니하였을 때에는 30일분 이상의 통상임금을 지급하여야 한다. 다만, 천재사변, 그 밖의 부득이한 사유로 사업을 계속하는 것이 불가능한 경우 또는 근로자가 고의로 사업에 막대한 지장을 초래하거나 재산상 손해를 끼친 경우에는 그러하지 아니하다.
>
> **제◇◇조(해고사유 등의 서면통지)** ① 사용자는 근로자를 해고하려면 해고사유와 해고시기를 서면으로 통지하여야 한다.
>
> ② 근로자에 대한 해고는 제1항에 따라 서면으로 통지하여야 효력이 있다.

보기

㉠ 부도위기에 직면한 갑회사가 근로자의 과반수로 조직된 노동조합이 있음에도 불구하고, 그 노동조합과 협의하지 않고 전체 근로자의 절반을 정리해고한 경우, 그 해고는 정당한 이유가 있는 해고이다.

㉡ 을회사가 무단결근을 이유로 근로자를 해고하면서 그 사실을 구두로 통지한 경우, 그 해고는 효력이 있는 해고이다.

㉢ 병회사가 고의는 없었으나 부주의로 사업에 막대한 지장을 초래한 근로자를 예고 없이 즉시 해고한 경우에는, 그 근로자에게 30일분 이상의 통상임금을 지불하지 않아도 된다.

㉣ 정회사가 고의로 사업에 막대한 지장을 초래한 근로자를 해고하면서 그 사실을 서면으로 통지하지 않은 경우, 그 해고는 효력이 없다.

① ㉠, ㉡　　② ㉠, ㉣　　③ ㉢, ㉣　　④ ㉠, ㉡, ㉢　　⑤ ㉡, ㉢, ㉣

25 다음 글을 바탕으로 추론한 내용으로 옳은 것을 [보기]에서 모두 고르면?

○△✕
○△✕
○△✕

- LOFI(Little Out From Inside)는 한 지역 내에서 생산된 제품이 그 지역 내에서 소비된 비율을 의미한다. LOFI가 75% 이상이면 해당 지역은 독립적인 시장으로 본다.
- A도, B도, C도, D도에는 각각 자도(自道)소주인 a소주, b소주, c소주, d소주를 생산하는 회사가 도별로 1개씩만 있다. 각 회사는 소주를 해당 도 내에서만 생산하지만, 판매는 다른 도에서도 할 수 있다.
- 다음 그림은 전체 지역의 지난 1년간 도별 소주 생산량과 각 도 사이의 물류량을 표시(단위: 만 개)한 것이다. 동그라미 안의 숫자는 각 도별 소주 생산량을 의미하고, 화살표는 이동의 방향을 나타낸다. 그리고 화살표 옆의 숫자는 소주의 이동량을 의미한다. 예를 들어 A도에서 B도를 향한 화살표의 40은 a소주의 이동량을 나타낸다.

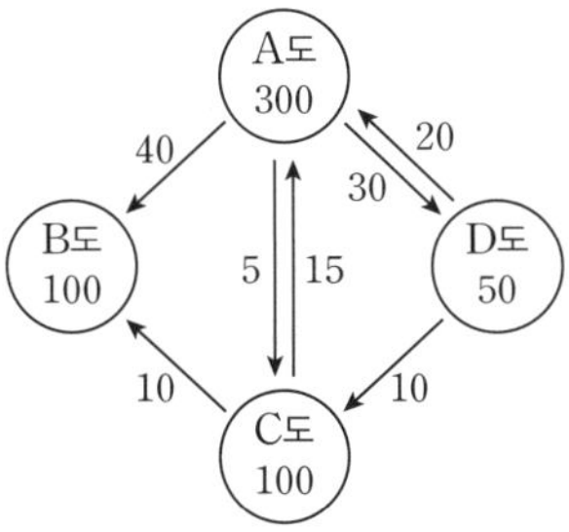

- 다만 D도의 d소주가 A도를 거쳐 B도에서 판매되는 것과 같이 2번 이상의 이동은 일어날 수 없다. 또한 1년간 생산된 소주는 그 해에 모두 소비된다고 가정한다. 이 경우 자도소주의 LOFI를 구하는 공식은 다음과 같다.

$$\text{LOFI}_{\text{자도소주}}(\%)=\frac{\text{해당 도 내 자도소주 소비량}}{\text{해당 도의 자도소주 생산량}}\times 100$$

보기

㉠ A도 내에서 a소주의 생산량은 소비량보다 더 적다.
㉡ A도와 B도를 하나의 도로 볼 때, 그 도는 독립적인 시장으로 볼 수 있다.
㉢ C도는 독립적인 시장으로 볼 수 없다.

① ㉠ ② ㉡ ③ ㉢ ④ ㉠, ㉡ ⑤ ㉡, ㉢

정답과 해설 ▶ P.2

eduwill

에듀윌 공기업

매일 1회씩 꺼내 푸는 NCS

DAY 02

eduwill

매1N 3회독 루틴 프로세스

*더 자세한 내용은 매1N 3회독 학습가이드를 확인하세요!

1 3회독 기록표에 학습날짜와 문제풀이 시작시간을 적습니다.

2 시험장에서 문제를 푸는 것처럼 풀어 보세요.

3 모바일 OMR 또는 회독용 답안지에 마킹한 후, 종료시간을 적고 초과시간을 체크합니다.

▶모바일 OMR 바로가기

[1회독용] http://eduwill.kr/pmoF

[2회독용] http://eduwill.kr/wmoF

[3회독용] http://eduwill.kr/AmoF

4 문항별 3회독 체크표(○△×)에 표시합니다. 문제를 풀면서 알고 풀었으면 ○, 헷갈렸으면 △, 전혀 몰라서 찍었으면 ×에 체크하세요.

3회독 TIP

- 1회독: 25문항을 빠짐없이 풀어 보세요.
- 2~3회독: 틀린 문항만 골라서 풀어 보세요.

3회독 기록표

1회독	2회독	3회독
학습날짜 ____월 ____일	학습날짜 ____월 ____일	학습날짜 ____월 ____일
시작시간 ____:____	시작시간 ____:____	시작시간 ____:____
종료시간 ____:____	종료시간 ____:____	종료시간 ____:____
점 수 ________점	점 수 ________점	점 수 ________점

01 **다음은 건강보험공단에 보고된 플라시보 효과에 대한 글이다. 이를 바탕으로 추론한 내용으로 옳지 않은 것을 [보기]에서 모두 고르면?**

○△× ○△× ○△×

플라시보 효과(Placebo effect)란 화학 성분으로는 아무런 효과도 없는 위약(僞藥, 가짜 약)을 복용하였을 때 증상이 호전되는 현상으로, 전체 환자의 약 35%에 걸쳐 나타난다. 이 현상의 원인을 파악하기 위해 오랜 시간이 소요되던 중 1978년 캘리포니아 연구팀이 수수께끼를 푸는 열쇠를 쥐게 되었다. 연구팀은 사랑니를 뺀 직후의 환자를 대상으로 진통제와 위약을 잇달아 주어 그 효과를 살펴보았다. 이때 위약을 복용한 사람의 1/3은 통증이 훨씬 가라앉았다고 보고했다. 위약을 진통제로 믿는 바람에 뇌에서 엔도르핀이 분비되어 진통 효과가 나타났다는 사실을 명백히 보여 준 것이다.

환자들이 위약을 진통제라고 굳게 믿은 것은 '마음의 작용'에 따른 결과로, 마음의 작용이 뇌의 물질에 영향을 미친다는 점을 밝히게 되었다. 이는 종래의 견해를 뒤집고 새로운 논쟁을 일으켰다. 이전까지 마음은 뇌 물질의 물리·화학적인 변화에 따라 수동적으로 변화하는 것에 불과하다고 여겨졌다. 그러나 캘리포니아 연구팀의 실험은 그 역현상이 존재하고 있음을 말해 주고 있다.

플라시보 효과에서 보여 주는 '믿는다'는 개념은 생리심리학에서 '생각한다'는 개념과는 다르다. 믿는 행위는 잠재의식에 가까운 것으로, 직관적인 의식이자 감성의 영역에 속한다. 반면에 생각하는 행위는 이성이 지배하는 영역이다. 인간의 과거의 오래된 기억은 대뇌피질의 대뇌변연계에 저장되어 심층 의식으로 자리 잡는다. 이러한 심층 의식의 세계는 과학의 대상이 되지 못하거나 무시될 만한 분야로 여겨지는 측면이 있다.

보기

㉠ 환자가 자신이 복용하는 약의 효과를 지나치게 확신할 경우에는 좋을 것이 없다.
㉡ 환자가 자신이 복용하는 약을 신뢰하는 것도 중요하지만, 그 약을 처방하는 의사 또한 확신이 있다면 플라시보 효과가 더욱 높아진다.
㉢ 플라시보 효과는 과학적인 인과 관계로 풀어낼 수 있다.
㉣ 플라시보 효과는 과학적으로는 전혀 의미가 없다고 할 수 있다.

① ㉠, ㉣　② ㉡, ㉢　③ ㉠, ㉡, ㉢　④ ㉠, ㉡, ㉣　⑤ ㉡, ㉢, ㉣

02 **다음은 내부고발의 주요 요소에 대한 글이다. 이를 바탕으로 내부고발에 해당하는 사례가 아닌 것을 [보기]에서 모두 고르면?**

○△×
○△×
○△×

> 내부고발(whistle−blowing)이란 '공공의 이익을 크게 침해하는 조직 내의 불법, 비윤리적인 활동을 내부인이 외부에 폭로하는 행위'를 말한다. 이를 내부고발의 3가지 요소에 따라 좀 더 구체적으로 규정하면 다음과 같다.
>
> (가) 어떤 사람이 자기가 속한 기관이나 조직에서 도덕적으로 잘못된 무언가가 일어났거나 혹은 일어나고 있다는 사실을 인지한다. 여기서 도덕적으로 잘못된 무엇에는 행위, 무위, 관행, 정책 등이 모두 포함된다.
>
> (나) 조직 내 사람이 그 기관의 상부나 조직 밖의 제3자에게 그 인지한 사실을 공개적으로 외부에 밝힌다.
>
> (다) 적어도 그 조직의 일부 간부는 그러한 고지 행위가 이루어져서는 안 된다고 여긴다.

보기

> ㉠ 갑은 자신의 직장 상사가 여고생과 원조 교제를 하는 것을 우연히 목격한 후 도덕적 분노를 이기지 못하고 이 사실을 언론에 제보하였다.
>
> ㉡ 을은 현직 경찰 공무원인 자기 어머니가 불륜을 저지른다고 인터넷에 공개하였다.
>
> ㉢ 병은 자신에게 인사상 불이익을 준 병원장에게 앙심을 품고 자신이 근무하는 병원에서 일회용 주사기를 재사용하고 있는 사실을 보건복지부 민원실에 신고하였다.
>
> ㉣ 정은 ○○시청 시설과에 근무하면서 건물의 붕괴 위험성을 인지하고 과장에게 안전 진단을 여러 차례 건의하였으나 묵살되어 ○○시 감사실에 이를 알렸다.

① ㉠, ㉡　　② ㉡, ㉢　　③ ㉢, ㉣　　④ ㉠, ㉡, ㉣　　⑤ ㉠, ㉢, ㉣

03 **다음은 어느 포럼의 개회사이다. 이를 바탕으로 해당 포럼에서 발표될 강연의 제목으로 옳지 않은 것을 고르면?**

○△×
○△×
○△×

존경하는 국내외 귀빈 여러분! 바쁘신 가운데 참석해 주셔서 진심으로 감사드립니다.

오늘의 포럼은 사람을 중심으로 인류의 공동 번영을 모색하기 위하여 첫걸음을 내딛는 뜻깊은 자리입니다. 한국은 사람이라는 유일한 자산을 바탕으로 최단기간에 경제 발전과 민주화를 동시에 이룩했습니다.

지식 정보화라는 새로운 시대를 맞이하여, 우리는 다시 한번 사람 중심의 성공 신화를 준비하고 있습니다. 이를 위해 인재를 국가 정책의 핵심으로 내세워 인적자원을 총괄하는 교육인적자원부가 출범했습니다. 미래 경쟁력을 확보하려면 인적자원의 양성과 활용, 그리고 지속적인 재교육에 이르기까지 생애 전 단계에 걸친 총체적 관리 시스템을 구축해야 합니다. 이를 위해 우리는 생애 초기의 기초 학력 신장을 탄탄히 함으로써 학력 격차를 최소화하는 한편, 우수한 고등 교육 인력 확보를 위해 세계 최고 수준의 고등 교육 진학률을 바탕으로 철저히 인재를 관리할 방안을 마련할 계획입니다.

국가 경쟁력 확보를 위한 핵심 전략으로 인적자원을 채택한 나라는 우리만이 아닙니다. 미국의 '국가혁신전략', 핀란드의 '균형발전전략2015', 인도의 '비전2020' 등 이름은 서로 다르지만 세계 각국이 내놓는 미래 비전의 핵심 요소는 바로 '사람'입니다.

이와 더불어 급격한 국제화와 개방화로 국가 간 인력 이동이 늘어나 글로벌 인재를 확보하기 위한 경쟁이 심화되고 있습니다. 사람을 존중하고 인재를 길러내는 것은 국가 경쟁력이자 인류 공동의 번영에 이르는 지름길이 되었습니다.

이를 위해서는 정부, 대학, 산업계가 서로 손잡는 한편 국제 사회가 상호 협력해야 합니다. 이번 포럼의 정신은 바로 여기에 있습니다. 글로벌 인재 육성(Global Talent)을 기초로 하여 글로벌 번영(Global Prosperity)을 위한 국제 협력 네트워크를 형성해 나가는 것입니다. 오늘 세계적인 석학들이 참여한 가운데 우리나라에서 인적자원을 주제로 국제 포럼을 창설하게 된 것은 시의적절하고 고무적인 일이 아닐 수 없습니다.

소중한 경험과 지식을 공유하기 위해 먼 거리를 마다하지 않고 달려와 주신 국내외 연사 여러분과 내외 귀빈 여러분에게 다시 한번 감사의 말을 전합니다.

① 인적자원이란 무엇인가?
② 인적자원의 개발 방법과 그 효과
③ 인적자원의 중요성과 국제 시장에서의 경쟁력
④ 국제 협력 네트워크 구축 시 인적자원의 역할
⑤ 세계화 시대에서 효과적인 인적자원 확보 방안

04 다음 글을 바탕으로 ㉠과 ㉡에 대해 추론한 학생들의 대화 내용으로 옳지 않은 것을 고르면?

○△×
○△×
○△×

> 우리나라는 1990년대 중반부터 ㉠협찬 제도를 운영하여 극히 제한된 형태의 간접광고만을 허용하고 있다. 이는 방송 제작자가 협찬 업체로부터 경비, 물품, 인력, 장소 등을 제공받아 활용하는 대신, 프로그램이 종료될 때 시청자에게 협찬 업체를 알려 고지하는 방식이다. 그러나 프로그램 방영 중에 상품명이나 상호 등을 노출하거나 출연자가 이를 언급하는 방식은 금지했다. 방송에서 출연자가 입고 나온 협찬 의상의 상표를 보이지 않도록 가리는 이유는 바로 이 때문이다.
>
> 2010년부터 협찬 제도의 기본적인 틀을 그대로 유지하면서도 광고주와 방송사 등의 요구에 따라 ㉡간접광고 제도라는 방송법 조항을 신설하여 새롭게 시행하였다. 이 제도는 프로그램 내 광고 행위에 대한 규제를 완화하여 제반 산업을 활성화하는 취지로 도입되었다. 이에 따라 프로그램 내에서 상품명이나 상호를 노출하는 방식이 허용되었다. 다만 시청권을 보장하기 위하여 이를 직접 언급하거나 구매 등을 권유하는 것은 금지되었다. 또한 방송이 대중에게 미치는 영향력을 감안하여 객관성과 공정성이 요구되는 보도, 시사, 토론 등의 프로그램에서는 간접광고를 금지했다. 그럼에도 불구하고 간접광고 제도를 비판하는 사람들은 간접광고로 인해 광고에 노출되는 시간이 길어지고 프로그램의 맥락과 동떨어진 억지스러운 상품 배치가 빈번해 프로그램의 질이 낮아지고 있다고 주장한다.

① 경아: ㉠이 시행될 때는, 프로그램 방영 시 'NIKE'의 제품을 착용한 출연자의 옷에 N만 남기고 테이프를 붙이는 조치를 취했을 거야.
② 정후: 맞아, 그렇지만 프로그램을 종료할 때 'NIKE'의 전체 상호를 표기하여 협찬을 고지했겠지.
③ 현도: ㉡이 도입된 후에는, 프로그램 방영 중에 'NIKE'라고 전체 상호를 표기할 수 있게 되었어.
④ 기백: 응, 그리고 특정 연예인이 출연해서 자신은 'NIKE'라는 업체를 선호한다고 말하는 것도 가능해졌지.
⑤ 지연: ㉡의 도입 후에도 보도, 시사, 토론 등의 프로그램에서 간접광고를 허용하지 않은 까닭은 방송의 공적인 특성을 고려했기 때문일 거야.

05 다음 글의 내용과 일치하지 않는 것을 고르면?

○△✕
○△✕
○△✕

지난해 온 세상을 떠들썩하게 한 폭스바겐의 배출 가스 조작 사건과 옥시의 가습기 살균제 사태는 비윤리적인 행위가 조직에 어떤 영향을 미치는지 확실히 보여 주었다. 또한 일부 경영진의 일탈 행위와 갑질 등은 연일 언론에 오르내리며 개인과 기업뿐만 아니라 유관 업체에까지 엄청난 영향을 주고 있다. 그렇다면 과연 해당 기업에는 윤리 시스템이 존재하지 않았을까? 이러한 현상은 청렴윤리경영이 기업 등의 홍보나 정치적 수단으로 전락하여 형식적으로 운영되었을 가능성을 고려하게 한다. 일례로 일부 공공 기관의 청렴윤리 담당자나 조직 구성원에게서 반복적으로 듣게 되는 표현 중 하나는 '윤리피로'이다. 너무나 당연한 이야기를 계속 강조하다 보니 형식화된 측면이 있다는 것이다. 청렴윤리는 적당한 선에서 만족할 수 있거나 여유를 두고 접근할 수 있는 개념이 아니다. 그러나 청렴윤리 시스템이 현장에서 효과를 제대로 발휘하고 있으며, 조직 문화로 정착하고 있는가에 대해서는 재고할 필요가 있다. 청렴윤리의 진정한 달성을 위해 진지한 고민과 성찰이 요구되는 시점이다.

기업가정신을 연구한 미국의 기업윤리학자 메리 C. 젠틀러는 "청렴과 윤리는 무엇이 옳은지를 인식하고 행동에 옮기는 것이 중요하다. 어떻게 구체적으로 행동할 것인가가 관건이다."라고 하였다. 청렴윤리란 지식적으로 아는지의 여부가 아니라 현장의 다양한 상황 속에서 어떻게 실천할 것인가의 문제인 것이다. 이를 고려하여 청렴윤리 프로그램을 새롭게 구축하고 운영해야 한다. 조직 구성원의 청렴하고 윤리적인 판단과 행동을 뒷받침하고, 올바른 조직 문화를 형성하기 위하여 노력하는 것이다. 우선 각 기관에 적합한 청렴윤리 시스템이 무엇인지를 면밀히 분석하여야 한다. 외부에서 시행하는 제도를 그대로 도입하여 조직 구성원에게 실천을 요구한다면 어떻게 되겠는가? 가장 중요한 것은 현재 운영 중인 프로그램을 지속적으로 진단하여 보완해 가는 노력이다. 현장 직원, 협력 업체, 민원인 등 대상을 넓혀 끊임없이 물어야 한다. 예를 들어 공익신고 제도를 운영하고 있다면 제도의 현황으로 충분하다고 여길 것이 아니라 지속적인 진단을 통해 관심을 기울이고 문제성이나 개선 방안은 무엇인지를 분석하여 연속적으로 반영하여야 하는 것이다.

회사의 청렴윤리 시스템을 구축하여 윤리행동 강령을 숙지하도록 통제한다고 해서 그 목적까지 이해할 수 있는 것은 아니다. 청렴윤리라는 시스템을 구축하고 강조하는 이유와 그 목적에 임직원들이 공감하지 않으면 이는 합리화와 변명거리로만 남게 될 수도 있다. 윤리행동 강령, 청탁금지법, 신고 제도, 청렴윤리 교육 등이 왜 필요한지에 대해 이해하고, 이러한 것들이 윤리적 인재의 성장을 도와주는 기초와 같다는 점을 공감하게 하여야 한다. 물론 이 과정에서 최고 경영자의 솔선수범하는 자세와 실천 의지는 무엇보다도 중요하다. 청렴윤리는 단순한 부정부패의 막는 문제가 아니라 개인과 조직의 지속 가능성과 생존을 위한 것이며, 나아가 이 사회를 청렴하고 행복하게 하는 시작이다.

① 기업의 비윤리적인 행위는 조직 및 유관 업체 사이에 많은 파장을 일으킨다.
② 청렴윤리의 진정한 정착을 위해서는 현재 추진되고 있는 청렴윤리 시스템에 대한 재검토가 필요하다.
③ 청렴윤리 프로그램에 대해 지속적인 진단과 문제점, 개선 방안을 분석하고 반영하여야 한다.
④ 청렴윤리를 실현하기 위해 가장 중요한 것은 청렴윤리 시스템의 도입 여부이다.
⑤ 청렴윤리는 개인과 조직의 생존을 넘어 행복한 사회의 기본임을 인지해야 한다.

06 다음 글을 바탕으로 추론한 내용으로 옳지 않은 것을 고르면?

○△×
○△×
○△×

> 기술 혁신을 통해 생산성을 높이려는 시도가 곧바로 수익 증가로 이어지는 것은 아니다. 기술을 혁신하는 과정에서 비용이 급격히 증가하거나 예측하지 못한 위협이 발생하는 경우가 종종 있기 때문이다. 유리 제품 생산 업체인 필킹턴 사(社)의 경영진은 만약 플로트 공정의 총개발비를 사전에 알았더라면 기술 혁신을 감히 시도하지 못했을 것이라고 회고한다. 필킹턴 사는 플로트 공정을 즉각 활용하였으나, 그동안 투자한 엄청난 액수로 인해 무려 12년 동안 손익 분기점에 도달하지 못했다.

① 기술 혁신을 이뤄낸 플로트 공정은 과다한 투자비로 인해 곧바로는 손익 분기점에 도달하지 못했다.
② 플로트 공정이 바로 수익을 보지 못한 이유는 예상하지 못한 위협에 직면했기 때문이다.
③ 필킹턴 사는 플로트 공정 개발 비용을 회수하는 데 비교적 오랜 시간이 소요될 것을 미처 예상하지 못했다.
④ 전체 개발 비용을 사전에 알았더라면 필킹턴 사가 아닌 다른 회사였을지라도 기술 혁신을 곧장 시도하기 힘들었을 것이다.
⑤ 필킹턴 사는 플로트 공정을 개발한 이후, 기존 공정을 곧장 플로트 공정으로 교체했다.

07 다음은 소비자기대지수에 대한 강연 내용이다. 이에 대한 설명을 잘못 이해한 사람을 고르면?

○△× ○△× ○△×

> 소비자기대지수(consumer expectation index)란 앞으로 6개월 후의 소비자 동향을 나타내는 지수로, 소비자평가지수와 함께 소비자동향지수(CSI, consumer sentiment index)에 포함되기도 합니다. 그러나 소비자동향지수는 한국은행에서 분기마다 작성하며, 소비자기대지수와 소비자평가지수는 통계청에서 매월 작성한다는 차이점이 있죠. 즉, 통계청에서는 6개월 전과 비교하여 현재의 경기 상황이나 생활 형편 등에 대한 소비자의 평가를 나타내는 소비자평가지수와, 현재와 비교하여 6개월 후의 경기 상황이나 소비 지출 등에 대한 소비자의 기대 심리를 나타내는 소비자기대지수를 구분하여 발표합니다.
>
> 소비자기대지수에 적용하는 주요 지표는 경기, 가계 생활, 소비 지출, 내구 소비재 및 외식·오락·문화 등이며, 다시 소득 계층과 연령대별로 분석하여 작성합니다. 전체 조사 대상은 2,000가구이며 '(소비의 증가/소비의 감소)×100'의 값을 계산하여 표시합니다.

① 은희: 소비자기대지수란 앞으로 6개월 후의 소비자 동향을 설문 조사하여 작성한 지수라는 것이구나.

② 영수: 산출한 지수가 100이라면, 6개월 후의 경기 상황 등에 대해 현재보다 긍정적으로 전망하는 가구와 부정적으로 전망하는 가구가 같은 수준이라는 뜻이겠지.

③ 묘진: 소비자기대지수는 통계청에서 경기 상황에 대한 객관적인 지표를 취합한 결과이니 정확한 경기 예측에 여러모로 유용하겠네.

④ 설희: 소비자기대지수가 100보다 높으면 6개월 후의 경기 상황 등을 현재보다 긍정적일 것으로 예상하는 소비자가 부정적일 것으로 예상하는 소비자보다 많다는 것이고, 100보다 낮으면 그 반대의 경우를 뜻해.

⑤ 진철: 소비자기대지수가 101.8에서 3개월 만에 95.3으로 떨어졌다는 의미는 경기가 어려워질 것으로 전망되기 때문에 소비자들의 소비 심리가 급격하게 얼어붙고 있다는 현상을 나타내는 셈이지.

08 **다음은 근로복지공단이 설계한 아동의 의사소통 발달을 위한 집단상담 프로그램 커리큘럼이다. 이 프로그램의 달성 목표로 옳지 않은 것을 고르면?**

○△×
○△×
○△×

회수	목표	프로그램명	내용
1	프로그램에 대한 이해를 도우며 참여를 유도한다.	들어가기 전에	• 프로그램 오리엔테이션 • 별칭 짓기, 명찰 만들기, 자기소개하기 • 규칙 정하기, 약속표 만들기
2	바른 경청 태도를 익혀 주고 정서 상태를 표현해 주는 '나-전달법'을 깨닫게 한다.	종소리 따라 내 마음을 귓속말로 얘기해 봐요	• 종소리의 여운이 다 끝날 때까지 기다린 뒤에 이야기한다. '나-전달법'을 이용하여 자기의 지금의 느낌, 마음의 표현, 기분을 표현한다. • 귓속말로 문구의 내용을 전달한다.
3	작품을 통한 자기표현과 상대의 표현에 대한 경청과 공감으로 관계의 친밀감을 형성한다.	흙으로 내 마음을 표현하기	• 찰흙을 통해 자기의 생각이나 느낌 등을 자유롭게 나타낸다.
4	경청하는 태도를 습득하고 듣지 못했을 때 짐작해서 알 수 있는 의미를 생각할 수 있도록 해 준다.	함께 말해요!	• 이구동성으로 고사성어를 말해 맞추도록 한다.
5	언어적인 표현과 다른 비언어적인 표현을 통한 의사 전달의 차이점을 칠교판을 맞추면서 구성원끼리 경험하도록 한다.	말 안 하고 해볼까요?	• 비언어적인 표현만을 가지고 칠교판 완성하기
6	다른 사람에게 나를 표현할 수 있도록 한다.	사진으로 '나'를 표현하기	• 잡지를 통해 자기를 표현할 수 있는 그림을 찾아 나를 표현한다.
7	아동들로 하여금 다양한 정서 표현 방법을 익히게 한다. 상대방의 얼굴을 보고 그 마음을 읽어 봄으로써 '반영적 경청'을 익히게 하고 나의 얼굴을 통해 지금 자신의 마음이 어떤지 표현함으로써 '나-전달법'을 자연스레 익히도록 한다.	마음의 얼굴	• 마음에 드는 표정을 선택해 자기감정에 대한 표현과 상대의 감정을 읽는다.(반영적 경청, 나-전달법)
8	자신과 타인에 대한 긍정적인 관계 경험을 느낀다. 자연스러운 경청의 자세를 몸에 익히도록 한다.	등 뒤에 사랑의 언어	• 롤링페이퍼 형식으로 등 위에 사랑의 언어를 적어 준다.

① 상대방의 이야기를 경청하는 태도와 타인을 긍정적으로 보는 태도를 갖도록 한다.
② 자기 노출에 대한 부담감을 줄여 자신감 있는 자기표현을 할 수 있도록 한다.
③ 바른 자기표현을 통해 억제된 감정을 노출하며 감정표현 기술 등을 습득하도록 한다.
④ 자신에 대한 올바른 이해를 통해 자아 정체성을 찾고 자존감을 획득하게 한다.
⑤ 대인 관계의 어려움을 해소하여 단체 생활에의 적응을 용이하게 한다.

09 KOTRA에서 근무하는 K팀장은 인턴들에게 중동에서 열리는 박람회에 참여할 부스 준비를 지시하였다. A인턴 혼자서 준비하면 4일이 걸리고, B인턴 혼자서 준비하면 6일이 걸린다. 처음에 B인턴이 혼자서 하루 동안 준비한 뒤, 사무국에 도움을 청해 A인턴을 지원받아 준비를 완수하였을 때, A인턴과 B인턴이 같이 일한 날은 며칠인지 고르면?

O△X
O△X
O△X

① 1일 ② 2일 ③ 3일 ④ 4일 ⑤ 5일

10 A공사에서는 신입사원들을 대상으로 교육을 실시할 예정이다. 교육에 참여하는 모든 신입사원들에게 볼펜 4자루와 공책 3권, 물 2병, 초콜릿 5개가 들어있는 키트를 제작하여 1개씩 나눠 주려고 한다. 현재 창고에는 볼펜 198자루와 공책 298권, 물 203병, 초콜릿 493개가 있고, 제작한 키트를 가능한 한 많은 사원들에게 나눠 주려고 할 때, 최소 몇 자루의 볼펜을 추가로 구입하는 것이 적절한지 고르면?

O△X
O△X
O△X

① 188자루 ② 190자루 ③ 192자루 ④ 194자루 ⑤ 196자루

11 다음 [표]는 근로자 평균근속연수, 평균연령, 학력별 임금에 대한 자료이다. 이에 대한 설명으로 옳은 것을 고르면?

O△X
O△X
O△X

[표] 연도별 근로자 평균근속연수, 평균연령, 학력별 임금 (단위: 세, 년, %, 고졸=100)

구분		2016년	2017년	2018년	2019년	2020년
평균연령 전년 대비 증감량		0.3	0.6	−0.1	0.7	0.4
평균근속연수 전년 대비 증감량		0.1	0.2	−0.4	0.2	0.2
학력별 임금격차	중졸 이하	80.6	82.3	74.7	77.6	79.8
	고졸	100.0	100.0	100.0	100.0	100.0
	초대졸	106.5	107.0	112.5	113.9	114.6
	대졸 이상	153.6	153.1	153.8	162.7	160.7

① 2016년 평균연령이 39.9세였다면, 2020년 평균연령은 41.8세이다.
② 매년 중졸 이하 근로자의 임금은 고졸 근로자의 75% 이상이다.
③ 고졸을 제외한 모든 학력의 임금격차가 전년 대비 증가한 해는 1개 연도이다.
④ 2020년 평균근속연수가 6.4년이었다면 2016년 평균근속연수는 6.1년이다.
⑤ 매년 대졸 이상 근로자와 중졸 이하 근로자의 임금격차는 대졸 이상 근로자와 초대졸 근로자의 임금격차의 2배 이상이다.

12 다음 [표]는 연도별 1차 에너지 소비량 및 구성비에 대한 자료이다. 이에 대한 설명으로 옳지 않은 것을 고르면?

○△×
○△×
○△×

[표] 연도별 1차 에너지 소비량 및 구성비 (단위: 천 TOE, %)

구분	총 소비량	구성비					
		석탄	석유	LNG	수력	원자력	신탄, 기타
2015년	192,887	22.3	52.0	9.8	0.7	14.1	1.1
2016년	98,409	23.0	50.7	10.5	0.5	14.1	1.2
2017년	208,636	23.5	49.1	11.1	0.6	14.3	1.4
2018년	215,067	23.8	47.6	11.2	0.8	15.1	1.5
2019년	220,238	24.1	45.7	12.9	0.7	14.8	1.8
2020년	228,622	24.0	44.4	13.3	0.6	16.1	1.6

① 2016년 이후 1차 에너지 총 소비량의 전년 대비 증가율은 2017년에 가장 높다.
② 2015년 이후 매년 LNG 소비량과 원자력 소비량의 합은 석탄 소비량보다 크다.
③ 2015~2017년에 석유 소비량은 지속적으로 감소하고 있다.
④ 2015년 이후 전체 1차 에너지 소비량에서 LNG 소비량의 구성비는 지속적으로 증가하는 반면, 석유 소비량의 구성비는 지속적으로 감소하고 있다.
⑤ 2018년 원자력 소비량의 전년 대비 증가량은 수력 소비량의 전년 대비 증가량의 2배 이상이다.

13 다음 [표]는 국내 기업이 외국에 직접투자한 현지법인의 매출구조를 나타낸 자료이다. 이에 대한 설명으로 옳은 것을 [보기]에서 모두 고르면?

○△×
○△×
○△×

[표] 국내 기업의 투자 대상국별 해외직접투자 현지법인의 매출구조

(단위: 백만 달러, %)

투자 대상국		현지판매액	한국 수출액	제3국 수출액	총 매출액
중국	금액	14,443	4,240	10,579	29,262
	비중	49.3	(　　)	(　　)	100.0
미국	금액	41,797	2,111	1,920	45,828
	비중	(　　)	(　　)	(　　)	100.0
기타 (중국 · 미국 제외)	금액	61,617	20,984	29,354	111,955
	비중	55.0	18.8	26.2	100.0
전체	금액	117,857	27,335	41,853	187,045
	비중	63.0	(　　)	(　　)	100.0

보기

㉠ 국내 기업이 중국에 직접투자한 현지법인의 총 매출액 중 제3국 수출액의 비중은 전체 해외직접투자 현지법인의 제3국 수출액 비중보다 높다.

㉡ 국내 기업이 중국과 미국을 제외한 기타지역에 직접투자한 현지법인 총 매출액은 전체 해외직접투자 현지법인의 총 매출액의 60% 이하이다.

㉢ 국내 기업의 미국에 대한 직접투자액은 중국에 대한 직접투자액보다 많다.

① ㉡　　② ㉠, ㉡　　③ ㉠, ㉢　　④ ㉡, ㉢　　⑤ ㉠, ㉡, ㉢

14 다음 [표]는 X기관의 직무별 성별에 따른 직무 고용 현황에 대한 자료이다. 이에 대한 설명으로 옳지 않은 것을 [보기]에서 모두 고르면?

○△× ○△× ○△×

[표] X기관의 직무별 성별에 따른 직무 고용 현황 (단위: 명)

직무분류	남성 채용자 수	남성 지원자 수	여성 채용자 수	여성 지원자 수
A	3	6	4	6
B	1	3	1	2
C	0	1	1	10
D	85	100	2	40
E	2	3	2	2
F	3	7	4	7
합계	94	120	14	67

※ 채용률(%) $= \frac{\text{채용자 수}}{\text{지원자 수}} \times 100$

보기

㉠ 모든 직무에서 여성 채용률이 남성 채용률보다 높다.
㉡ 전체 남성 채용률은 여성 채용률의 3배가 넘는다.
㉢ 기관별 전체 채용자 중 여성을 8% 이상 채용하도록 할당한다면, X기관은 할당기준을 충족한다.

① ㉠ ② ㉡ ③ ㉢ ④ ㉠, ㉡ ⑤ ㉠, ㉢

15 ○△× ○△× ○△×

인터넷진흥원은 통신사들과 같이 산간 지역에 새로운 통신망을 구축하는 프로젝트에 대해 연구하고 있다. 여섯 종류의 통신망 대안이 거론되고 있으며, 투자 비용이 적게 소요되는 대안부터 영어 알파벳 순서대로 a, b, c, d, e, f라고 한다. 각 대안의 산불, 홍수와 같은 각종 재난에 취약한 정도를 모의실험을 통하여 분석하였다. 다음 [그래프]는 S1, S2, S3 세 가지 종류의 재난 시나리오에 대해, 모의실험 결과에 근거하여 통신망 대안별 예상 피해 규모를 보여 준다. 이에 대한 설명으로 옳은 것을 고르면?(단, 비용 대비 효과는 '$1-\frac{\text{피해 규모}}{\text{투자 비용}}$'로 정의된다.)

[그래프] 통신망 대안별 예상 피해 규모 (단원: 억 원)

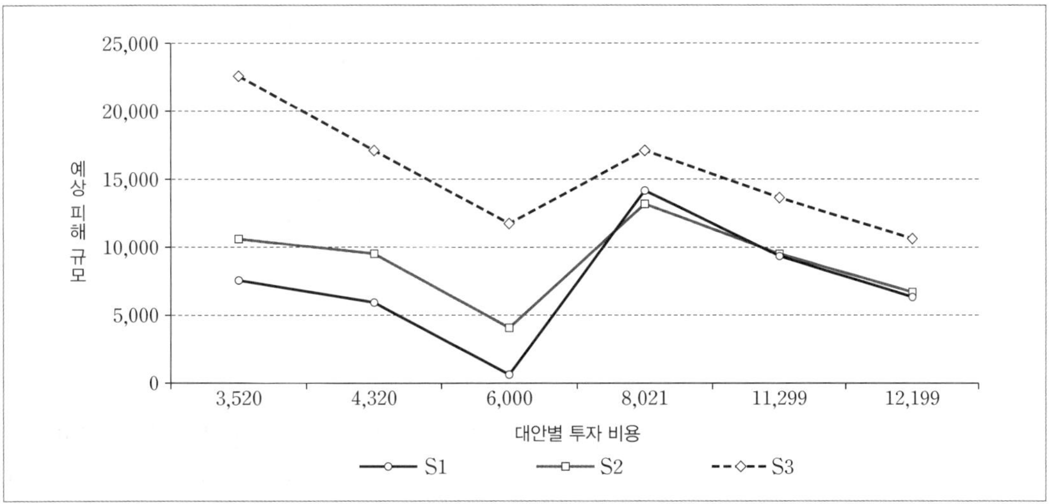

① 대안 c가 모든 재난 시나리오(S1, S2, S3)에 대해 가장 덜 취약하다.

② 모든 대안에서 재난 시나리오 S2의 피해 규모가 S1보다 크다.

③ 투자 비용이 높은 대안일수록 재난에 대해 강한 모습을 보인다.

④ 재난 시나리오 S1에서 대안 a, b, c의 비용 대비 예상 피해 규모가 거의 동일하다.

⑤ 대안 d, e, f가 대안 a, b, c에 비하여 재난 시나리오(S1, S2, S3)의 변화에 대한 예상 피해 규모의 변동폭이 작다.

16 **다음 [그래프]는 OECD 국가의 서비스업 고용 비중과 부가가치 비중에 대한 자료이다. 이에 대한 설명으로 옳지 <u>않은</u> 것을 고르면?**

○△✕
○△✕
○△✕

[그래프] OECD 국가의 서비스업 고용 비중과 부가가치 비중 (단위: %)

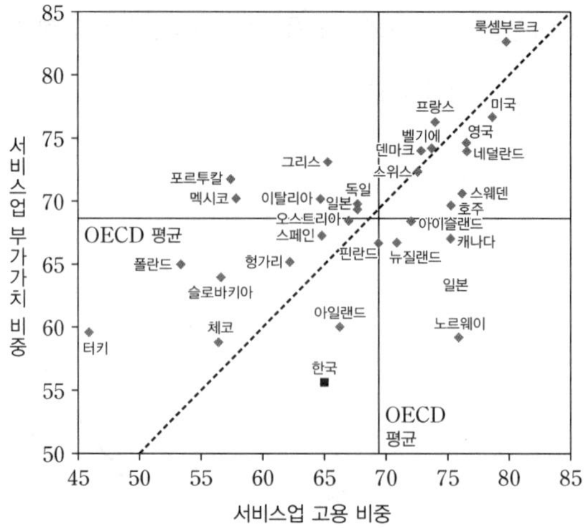

※ 서비스업 상대생산성 $=\dfrac{\text{서비스업 부가가치 비중}}{\text{서비스업 고용 비중}}$

① 서비스업 고용 비중과 서비스업 부가가치 비중 간에는 양(+)의 상관관계가 존재한다고 볼 수 있다.
② OECD 국가들 중 룩셈부르크가 서비스업 고용 비중과 서비스업 부가가치 비중이 가장 높다.
③ 캐나다, 노르웨이, 뉴질랜드, 아일랜드, 한국은 서비스업 고용 비중보다 서비스업 부가가치 비중이 낮다.
④ 그리스, 이탈리아, 터키, 폴란드, 슬로바키아의 서비스업 상대생산성은 미국, 영국에 비해 높다.
⑤ 한국의 서비스업 부가가치 비중은 OECD 평균에 미치지 못하고 있으며, OECD 30개국을 통틀어 서비스업 상대생산성에서 최하위를 기록하고 있다.

17 다음 자료를 바탕으로 회사의 새로운 복지정책에 따라서 임금을 받게 될 때, 근무연수가 7년이며 자녀가 2명 있는 A주재원과 근무연수가 10년이면서 미혼인 B주재원이 받게 될 임금의 차이를 고르면?

[표] 주재원 임금액수 산출 관련 자료

근무연수	최종 평균보수월액(만 원)	기혼자의 배우자	자녀(1인 기준)
5년 미만	280	$\frac{1}{5}$	$\frac{1}{8}$
5년 이상 10년 미만	320		
10년 이상	390		

해외주재원은 자신의 근무연수와 가족의 숫자에 따라서 임금이 결정된다. 임금액수 산출방법은 다음과 같다.

- 총임금＝자신의 근무연수에 따른 최종 평균보수월액＋최종 평균보수월액×$\frac{1}{5}$(기혼자)＋최종 평균보수월액×자녀의 수×$\frac{1}{8}$

① 66만 원 ② 70만 원 ③ 74만 원
④ 78만 원 ⑤ 82만 원

18 꿈에 그리던 공기업 취업에 성공한 기훈이는 입사하기 전에 남은 1개월의 시간을 이용해 유럽여행을 계획하고 있다. 다음 [조건]을 바탕으로 기훈이가 여행하게 될 나라들을 고르면?

조건

- 기훈이가 제일 처음 여행할 나라는 영국이다.
- 기훈이가 프랑스에 간다면 영국은 가지 않는다.
- 기훈이는 프랑스에 가거나 독일에 간다.
- 기훈이가 스위스에 가지 않는다면 독일도 가지 않는다.
- 기훈이가 독일에 가면 이탈리아도 간다.

① 영국, 프랑스
② 영국, 독일, 이탈리아
③ 영국, 프랑스, 스위스, 이탈리아
④ 영국, 독일, 스위스, 이탈리아
⑤ 영국, 프랑스, 독일, 스위스, 이탈리아

19 최근 ○○공사 감사실에 프로젝트 팀인 △△팀에서 김영란법을 어겼다는 내부고발이 접수되었다. 김영란법을 어기고 관련 업체로부터 15만 원 상당의 선물을 받은 사람은 A~E 5명 중 1명이라고 한다. 감사실에서는 이들을 불러 조사를 했고 5명은 다음과 같이 말했으며 그중 사실대로 말한 사람은 1명뿐일 때, 김영란법을 어긴 사람을 고르면?

○△×
○△×
○△×

A: C가 김영란법을 어긴 것 같아요.
B: 저는 절대로 아닙니다.
C: A가 아니라는 것은 확실해요.
D: E가 김영란법을 어겼어요.
E: 아마 A인 것 같아요.

① A ② B ③ C ④ D ⑤ E

20 다음 [표]는 ABO식 혈액형에서 각각 4명의 수혈자(혈액을 받는 사람)와 공혈자(혈액을 주는 사람)의 응집 반응 여부를 나타낸 자료이다. 이에 대한 설명으로 옳지 않은 것을 고르면?

○△×
○△×
○△×

[표] 수혈자와 공혈자의 응집 반응 여부

응집원 \ 응집소		수혈자 1	수혈자 2	수혈자 3	수혈자 4
공혈자	A	−	+	+	−
	B	+	−	+	−
	O	−	−	−	−
	A, B	+	+	+	−

※ +: 응집됨, −: 응집 안 됨
※ 수혈은 혈액을 주는 사람의 응집원과 받는 사람의 응집소 사이에서 응집 반응이 일어나지 않아야 함
※ 응집원 A와 응집소 α, 응집원 B와 응집소 β가 만나면 응집 반응이 일어남

① 응집소4를 가지는 사람은 혈액형이 다른 모든 사람으로부터 수혈받을 수 있다.
② 응집소2는 혈청 속의 α를 의미한다.
③ 응집소1은 β, 응집소2는 α, 응집소3은 α, β가 모두 존재한다.
④ 수혈자의 응집소를 통하여 각각의 혈액형이 응집소 α를 가지면 그 혈액형은 A형, 응집소 β를 가지면 그 혈액형은 B형이 된다.
⑤ 응집소3을 가지는 사람은 O형의 피만을 수혈받을 수 있다.

21 ○△× ○△× ○△×

유희, 준호, 혜미는 다트 게임으로 점심 식사 내기를 했다. 각자 여섯 번씩 던져서 각자 71점씩 획득했는데, 유희는 처음 던진 두 발로 22점을 얻었고, 준호는 처음 두 발로 3점을 얻었다. 다음 [표]는 3명의 최종 득점 현황을 게시한 자료이다. 이를 바탕으로 혜미의 점수를 짐작하려고 할 때, 혜미가 던진 두 발의 점수를 합해 나올 수 <u>없는</u> 점수를 고르면?

[표] 3명의 최종 다트 득점 현황

점수	1점	2점	3점	5점	10점	20점	25점	50점
갯수	3발	2발	2발	2발	3발	3발	2발	1발

① 6점 ② 20점 ③ 28점 ④ 30점 ⑤ 45점

22 ○△× ○△× ○△×

다국적 기업인 A기업에서는 자동차 생산에 주력해 오다가, 최근에 자동차 부품 생산까지 병행하려고 사업성 검토에 들어갔다. 몇 나라가 되었든 기술개발부터 유통망 형성까지 총 소요되는 투자비용은 10억 달러이다. 다음 [표]는 각 국의 예상 소득액을 비교한 자료이다. A기업은 이익이 있을 경우에만 이 사업에 진출하기로 하고, 어디에 진출할지에 대한 결정은 이익이 극대화되는 방향으로 할 때, 옳은 것을 고르면?

[표] 각 국의 예상 소득액 비교

구분	예상 소득(세금이 없을 시)	예상 소득(세금이 있을 시)
B국	6억 달러	3억 달러
C국	3억 달러	2억 달러
D국	1억 달러	5,000만 달러

① 모든 나라에서 세금이 없다면 B국과 C국에 진출하여야 한다.
② 모든 나라에서 세금이 있다면 손해액은 5억 5천만 달러 정도가 된다.
③ 세 국가 중 1개국에서만 세금이 있다면 사업에 진출할 것이다.
④ C국과 D국에만 진출하는 것이 손해가 가장 크다.
⑤ A기업은 어느 곳에도 진출하지 않는다.

23 주어진 문자열이 컴퓨터에 저장될 때 차지하는 메모리의 크기를 '메모리 크기=문자 수×문자에 배정된 비트 수'로 계산하고, 메모리의 크기가 작을수록 컴퓨터의 효율성이 좋다고 이해한다. 다음 내용을 참고하여 [보기]에 대한 설명으로 옳은 것을 고르면?

ⓞⓐⓧ ⓞⓐⓧ ⓞⓐⓧ

> 컴퓨터는 우리가 사용하는 문자를 0과 1로 구성된 비트(bit)를 일정한 방식으로 조합하여 인식한다. 예를 들어, 사용하는 문자가 A, C, G, T 네 개라면, 각 문자에 비트의 조합 00, 01, 10, 11을 배정하여 컴퓨터에 기억시킬 수 있다. 이러한 배정방식에서 GATT라는 문자열을 컴퓨터는 10001111로 인식하고, 역으로 컴퓨터에 기억된 000111을 우리는 ACT로 인식한다. 컴퓨터에 비트의 조합을 어떤 방식으로 배정하느냐에 따라 메모리와 같은 컴퓨터 자원의 효율성이 달라질 수 있다.

※ 비트: 자료 정보의 최소 단위로 1비트는 이진수 체계(0, 1)의 한 자리임

보기

주어진 문자열 Ⅰ – ACGTACGACA
주어진 문자열 Ⅱ – TGCATGCTGT

방식 Ⅰ – A, C, G, T에 배정되는 비트의 조합을 각각 00, 01, 10, 11로 준다.
방식 Ⅱ – A, C, G, T에 배정되는 비트의 조합을 각각 0, 10, 111, 110으로 준다.

① 방식 Ⅰ로 문자열 Ⅰ을 기억시키면 가장 적은 메모리가 소요된다.
② 방식 Ⅰ로 문자열 Ⅱ를 기억시키면 가장 적은 메모리가 소요된다.
③ 방식 Ⅱ로 문자열 Ⅰ을 기억시키면 가장 적은 메모리가 소요된다.
④ 방식 Ⅱ로 문자열 Ⅱ를 기억시키면 가장 적은 메모리가 소요된다.
⑤ 어떤 방식이어도 결국 소요되는 메모리는 같다.

24 **다음 글을 바탕으로 판단할 때, 같이 사용하면 부작용을 일으키는 화장품의 조합을 [보기]에서 모두 고르면?**

○△×
○△×
○△×

화장품 간에도 궁합이 있다. 같이 사용하면 각 화장품의 효과가 극대화되거나 보완되는 경우가 있는 반면 부작용을 일으키는 경우도 있다. 요즘은 화장품에 포함된 모든 성분이 표시되어 있으므로 기본 원칙만 알고 있으면 제대로 짝을 맞춰 쓸 수 있다.

- 트러블의 원인이 되는 묵은 각질을 제거하고 외부 자극으로부터 피부 저항력을 키우는 비타민B 성분이 포함된 제품을 트러블과 홍조 완화에 탁월한 비타민K 성분이 포함된 제품과 함께 사용하면, 양 성분의 효과가 극대화되어 깨끗하고 건강하게 피부를 관리하는 데 도움이 된다.
- 일반적으로 세안제는 알칼리성 성분이어서 세안 후 피부는 약알칼리성이 된다. 따라서 산성에서 효과를 발휘하는 비타민A 성분이 포함된 제품을 사용할 때는 세안 후 약산성 토너로 피부를 정리한 뒤 사용해야 한다. 한편 비타민A 성분이 포함된 제품은 오래된 각질을 제거하는 기능도 있다. 그러므로 각질관리 제품과 같이 사용하면 과도하게 각질이 제거되어 피부에 자극을 주고 염증을 일으킨다.
- AHA 성분은 각질 결합을 느슨하게 해 묵은 각질이나 블랙헤드를 제거하고 모공을 축소시키지만, 피부의 수분을 빼앗고 탄력을 떨어뜨리며 자외선에 약한 특성도 함께 지니고 있다. 따라서 AHA 성분이 포함된 제품을 사용할 때는 보습 및 탄력관리에 유의해야 하며 자외선 차단제를 함께 사용해야 한다.

보기

㉠ 보습기능이 있는 자외선 차단제와 AHA 성분이 포함된 모공축소 제품
㉡ 비타민A 성분이 포함된 주름개선 제품과 비타민B 성분이 포함된 각질관리 제품
㉢ 비타민B 성분이 포함된 로션과 비타민K 성분이 포함된 영양크림

① ㉠　② ㉡　③ ㉢　④ ㉠, ㉡　⑤ ㉡, ㉢

25 다음 글을 바탕으로 판단할 때, 우리나라에서 기단을 표시한 기호가 바르게 짝지어진 것을 고르면?

○△×
○△×
○△×

> 기단(氣團)은 기온, 습도 등의 대기 상태가 거의 일정한 성질을 가진 공기 덩어리이다. 기단은 발생한 지역에 따라 분류할 수 있다. 대륙에서 발생하는 대륙성기단은 건조한 성질을 가지며, 해양에서 발생하는 해양성기단은 습한 성질을 갖는다. 또한 기단의 온도에 따라 한대기단, 열대기단, 적도기단, 극기단으로 나뉜다.
>
> 기단은 그 성질을 기호로 표시하기도 한다. 해양성기단은 알파벳 소문자 m을 기호 처음에 표기하고, 대륙성기단은 알파벳 소문자 c를 기호 처음에 표기한다. 이어서 한대기단은 알파벳 대문자 P로 표기하고, 열대기단은 알파벳 대문자 T로 표기한다. 예를 들어 해양성한대기단은 mP가 되는 것이다. 또한 기단이 이동하면서 나타나는 열역학적 특성에 따라 알파벳 소문자 w나 k를 마지막에 추가한다. w는 기단이 그 하층의 지표면보다 따뜻할 때 사용하며 k는 기단이 그 하층의 지표면보다 차가울 때 사용한다. 한편 적도기단은 E로, 북극기단은 A로 표시한다.
>
> 겨울철 우리나라에 영향을 주는 대표적인 기단은 시베리아기단으로 우리나라 지표면보다 차가운 대륙성한대기단이다. 북극기단이 우리나라에 영향을 주기도 하는데, 북극기단은 극기단의 일종으로 최근 우리나라 겨울철 혹한의 주범으로 지목되고 있다. 여름철에 우리나라에 영향을 주는 대표적 열대기단은 북태평양기단이다. 북태평양기단은 해수 온도가 높은 북태평양에서 발생하여 우리나라 지표면보다 덥고 습한 성질을 가져 고온다습한 날씨를 야기한다. 또 다른 여름철 기단인 오호츠크해기단은 해양성한대기단으로 우리나라 지표면보다 차갑고 습한 성질을 갖는다. 적도 지방에서 발생하여 북상하는 적도기단도 우리나라 여름철에 영향을 준다.

	시베리아기단	북태평양기단	오호츠크해기단
①	mPk	mTw	cPk
②	mPk	cTw	cPk
③	cPk	cTw	mPk
④	cPk	mTw	mTk
⑤	cPk	mTw	mPk

정답과 해설 ▶ P.8

MEMO

에듀윌 공기업

매일 1회씩 꺼내 푸는 NCS

DAY 03

eduwill

매1N 3회독 루틴 프로세스

*더 자세한 내용은 매1N 3회독 학습가이드를 확인하세요!

1 3회독 기록표에 학습날짜와 문제풀이 시작시간을 적습니다.

2 시험장에서 문제를 푸는 것처럼 풀어 보세요.

3 모바일 OMR 또는 회독용 답안지에 마킹한 후, 종료시간을 적고 초과시간을 체크합니다.

▶모바일 OMR 바로가기

[1회독용]	[2회독용]	[3회독용]
http://eduwill.kr/KmoF	http://eduwill.kr/gmoF	http://eduwill.kr/zmoF

4 문항별 3회독 체크표(◯ △ ✕)에 표시합니다. 문제를 풀면서 알고 풀었으면 ◯, 헷갈렸으면 △, 전혀 몰라서 찍었으면 ✕에 체크하세요.

3회독 TIP

- 1회독: 25문항을 빠짐없이 풀어 보세요.
- 2~3회독: 틀린 문항만 골라서 풀어 보세요.

3회독 기록표

1회독		2회독		3회독	
학습날짜	월 일	학습날짜	월 일	학습날짜	월 일
시작시간	:	시작시간	:	시작시간	:
종료시간	:	종료시간	:	종료시간	:
점 수	점	점 수	점	점 수	점

01 다음 글의 빈칸에 들어갈 내용으로 옳은 것을 고르면?

○△×
○△×
○△×

일반 고객으로 가장하고 매장을 방문하여 물건을 구매하면서 점원의 친절도, 외모, 판매 기술, 사업장의 분위기 등을 평가해 개선점을 제안하는 일을 하는 사람을 '미스터리쇼퍼'라고 부른다.

내부 모니터 요원이라고도 불리는 미스터리쇼퍼는 상품의 질과 더불어 서비스의 질에 대한 소비자의 평가에 따라 기업의 매출이 큰 영향을 받게 되면서 생겨난 새로운 직업 가운데 하나이다. 이들은 직접적으로 소비자의 평가를 파악하기가 어려운 기업을 대신하여 소비자의 반응을 평가한다. 이들은 매장을 방문하기 전에 해당 매장의 위치, 환경, 직원 수, 판매 제품 등에 대한 정보를 파악한다. 그 후 직접 매장을 방문하여 상품에 관해 물어 보고, 구매하고, 환불을 요구하는 등 실제 고객이 하는 행동을 수행한다. (   ) 최근 외식업체와 금융 회사, 백화점, 병원, 관공서, 판매 업체 등에서 매장 직원의 평가를 의뢰하는 회사가 늘고 있으며, 이에 따라 미스터리쇼퍼가 담당하게 될 영역도 넓어질 것으로 전망된다.

현재 한국에는 미스터리쇼퍼를 지망하는 사람을 위한 전문 교육 기관은 없다. 보통 마케팅이나 여론 조사 전문 회사에 지원하여 면접을 통해 자격을 평가받고, 자격이 검증되면 활동 실습 등의 절차를 거쳐 채용되는 식이다.

① 미국의 직장을 '유연한 감옥'에 비유한 『유연한 감옥』의 저자인 크리스천 패런티는 한때 미 국방성이나 몇몇 고급 카지노에서만 사용되던 기술이 이제는 새로 만들어지는 작업장에서도 통합적으로 사용되고 있다고 말했다.

② 프랑스의 '기드 미슐랭'은 미스터리쇼퍼를 고용해 세계 각국의 레스토랑 순위를 매기는 것으로 유명하다.

③ 기업을 대신하여 소비자의 관점으로 서비스를 객관적으로 평가하는 미스터리쇼퍼는 외식 업체를 비롯해 금융 회사, 백화점, 병원, 공항 등 여러 분야에서 활동하고 있다.

④ 이를 통해 서비스에 대한 소비자의 평가가 기업의 매출에 큰 영향을 끼치게 만들기도 한다.

⑤ 그러면서 매장 직원들의 반응과 서비스, 상품에 대한 지식, 청결 상태, 발생한 상황의 경위나 개인적으로 느낀 점에 대해 평가표를 토대로 보고서를 작성한다.

02 다음 글의 제목으로 옳은 것을 고르면?

○△×
○△×
○△×

급격하게 성장하고 있는 중국의 공유경제에서 미래 성장 동력을 발견하고, 한국화된 공유경제 서비스를 적극적으로 발굴해야 한다는 주장이 제기되고 있다. 한국무역협회가 발표한 '최근 중국 공유경제의 발전 현황 및 시사점'에 따르면, 2016년 말 기준 중국 공유경제의 시장 규모는 3조 4,520억 위안(약 590조 원)으로, 전년 대비 103%에 이르는 가파른 성장세를 보이고 있다. 우버, 에어비앤비 등 외국의 사례에서 착안한 서비스 시장은 어느새 디디추싱[滴滴出行], 투자[途家] 등 중국화된 플랫폼이 장악하고 있다. 공유경제 플랫폼 종사자만도 585만 명, 서비스 종사자 수는 6,000만 명 이상으로 추정되는 등 일자리 창출에도 크게 기여하고 있다. 특히 차량 공유 등 교통 서비스 공유 산업은 2016년 말 기준 2,038억 위안으로 전년 대비 104%의 성장을 보여 그 규모가 한 해 동안 2배로 커졌다. 대표적인 차량 공유 서비스인 디디추싱이 2016년 한 해 동안 창출한 전체 일자리 중 14%인 238.4만 명은 석탄, 철강 등 중국 정부에 의해 구조 조정된 사양 산업으로부터 전입한 인원으로, 이른바 '공급 측 개혁'의 성공 사례로도 꼽히고 있다.

보통 공유경제라고 하면 공유자동차, 공유자전거 등 교통 서비스를 먼저 떠올리지만, 중국의 공유경제는 이뿐 아니라 지식 및 콘텐츠 공유, 주택 공유, 생활 서비스, 자금, 생산 설비 등 다양한 상품과 서비스를 그 대상으로 삼는다. 나눌 수 있는 것이면 무엇이든 나눈다는 것이다. 중국은 이미 공유경제를 차세대 경제를 이끌 성장 동력으로 인식하여 활발한 정책적 지원과 과감한 규제 혁파 움직임을 보이고 있다.

공유경제는 상품과 서비스를 일방적으로 공급하는 기업과 일방적으로 소비하는 소비자라는 기존의 관계와 다른 양상을 보인다. 서비스를 기획하고 관리하는 '플랫폼'과 플랫폼에 소속되어 서비스를 제공하는 '종사자', 서비스를 사용하는 '소비자'의 3대 구조로 이루어져 있기에 그만큼 경제 효과도 다양하게 나타난다. 예를 들어 디디추싱은 플랫폼 자체로도 고용을 창출하지만 서비스를 직접 소비자에게 제공하는 종사자 역시 디디추싱뿐 아니라 우버 등 또 다른 플랫폼에도 자유롭게 소속될 수 있으므로 보다 높은 고용 안정성과 독립성을 확보하는 식이다. 소비자 역시 다양한 서비스를 더욱 저렴하게 누릴 수 있게 된다.

보고서에 따르면 중국 공유경제가 급성장함에 따라 기존 법률과 차세대 신산업 간의 모순, 고객 개인정보 유출의 위험, 공유경제 효과를 제대로 측정하기 어려운 경제 지표 등의 한계가 현재 나타나고 있지만 경제를 이끌어 나갈 성장 동력으로 자리 잡고 있다. 또한 우리나라 역시 중국이 구축한 알리페이(Alipay), 위챗페이(Wechatpay)처럼 빠르고 편리한 모바일 전자 결제 시스템을 보편화하는 등 공유경제 인프라를 갖추는 일에 더욱 집중할 필요가 있다.

① 한국화된 공유경제의 문제점과 해결 방안
② 공유경제, 중국 경제 이끌 성장 동력으로 떠올라
③ 공유경제의 정의와 다양한 사례
④ 디디추싱[滴滴出行], 알리페이(Alipay), 위챗페이(Wechatpay)의 성공 이유
⑤ 공유경제의 인프라를 갖추기 위한 중국의 노력

03 **다음은 한 보고서의 서론이다. 서론에 이어 본론을 두 절로 나누어 서술할 때 첫 번째 절에서 다룰 내용으로 옳지 않은 것을 고르면?**

○△×
○△×
○△×

> 의사소통 정책의 기본 가치는 공익(公益)에 있다. 연방통신위원회의 규제가 '공공의 이익, 편의, 필요'에 부합하여야 한다고 1934년 의사소통 법령에 명시된 이후, 공익은 의사소통 정책의 모든 기초 원리에 중심이 되는 포괄적 개념으로 자리 잡았다.
>
> 이 의미에서 공익은 의사소통 정책의 출발이 될 뿐만 아니라 그 평가의 잣대가 된다. 문제는 공익 개념이 의사소통 환경 변화와 맞물려 변하고 있다는 데 있다. 전통적으로 방송의 공공성은 언제나 최상위 가치로 간주되었는데, 이에 대한 이론적 정당화는 수탁이론을 바탕으로 진행되었다.
>
> 수탁이론에 따르면 방송국은 공중의 수탁자 역할을 수행해야 하며, 공익을 위해서는 자신의 재정적 부를 희생해야 한다. 또한 국가가 전파 자원을 무료로 제공하기 때문에 방송국은 뉴스와 공익적 프로그램을 만들 의무가 있다.
>
> 한편, 1980년대 탈규제 정책 이후 방송통신 융합 및 디지털미디어 시대로 접어들자 각국의 의사소통 정책은 공공성의 규범을 벗어나 경제적 효율성을 중시하기 시작했다. 우리나라도 이 흐름에서 결코 예외가 아니다. 그러나 방송 영역에서 기존의 공공성 논리가 폐기되어서는 안 된다. 민주주의 사회에서 최소한 유지되어야 할 방송의 공적 임무는 여전히 존재하기 때문이다.
>
> 이 보고서는 오늘날의 공익을 두 가지 관점으로 접근할 필요성을 제안할 것이다. 생각의 시장에서 본 관점과 물품의 시장에서 본 관점으로 나누어 보되, 전자의 개념은 효율성보다는 공공성의 논리를 우선한다는 점을 확인할 예정이다. 공익의 개념적 틀은 이를 토대로 새롭게 조정하고 체계화할 필요가 있다. 이제 두 가지 관점을 각기 다른 절에서 순차적으로 논의하고자 한다.

① 디지털미디어에서도 수탁이론을 우선하여 적용해야 한다.

② 의사소통 정책에서 가장 기본이 되는 공익의 준거 틀은 민주주의 근간이 되는 사상의 독립성 확보이다.

③ 시장에서 미디어 부문의 진정한 기여는 다양성과 지역성의 증대, 지식의 확산, 소외 계층의 보호 등을 들 수 있다.

④ 방송통신 융합 시대의 의사소통 정책에서 공익은 시장의 효율성을 극대화하는 방식을 통해 일차적으로 확보될 수 있으며, 투명성과 정보 격차 완화는 이를 지지하는 보조 원칙으로 작용할 것이다.

⑤ 탈규제 정책 이후에도 방송이 지닌 언론 보도의 기능은 신문·출판과 함께 공정한 사회를 유지하는 중요한 역할을 담당하므로, 방송 시장을 분석할 때에는 시장의 통상적 관점에서만 방송 서비스의 존재 방식을 논의해서는 안 된다.

04 다음 글의 내용과 일치하지 않는 것을 고르면?

○△×
○△×
○△×

하나의 화면은 수많은 점으로 구성되는데, 이를 화소라 한다. 각각의 화소는 밝기와 색상을 나타내는 화소 값을 가진다. 화소 간 중복은 한 화면 안에서 서로 가까이 있는 화소들끼리 화소 값의 차이가 별로 없거나 변화가 규칙적인 것을 말한다. 동영상 압축에서는 원래의 화소 값들을 여러 개의 성분들로 형태를 변환한 다음, 화질에 거의 영향을 미치지 않는 성분들을 제거하고 나머지 성분들만을 저장한다. 이때 압축 전후의 화소들의 개수에는 변화가 없으나 변환된 성분들을 저장하는 개수가 줄어들기 때문에 화질의 차이가 거의 없이 데이터의 양을 크게 줄일 수 있다. 그런데 화면이 단순하거나 규칙적일수록 화소 간 중복이 많으므로 제거 가능한 성분 또한 많아진다. 다만, 이들 성분을 너무 많이 제거하면 화면이 흐려지거나 얼룩이 지는 등 동영상의 화질이 저하된다. 이러한 과정은 우유에서 수분을 없애 전지분유를 만들 때 부피는 크게 줄어들지만 원래 우유의 맛이 거의 보존되는 경우와 비슷하다.

① 동영상 압축 후에 화소의 개수는 줄어든다.
② 화면이 단순하고 규칙적일수록 제거 가능한 성분들이 많아진다.
③ 각각의 화소는 밝기와 색상을 가진 화소 값을 가지고 있다.
④ 압축 후에 동영상의 화질이 저하되는 이유는 성분을 너무 많이 제거했기 때문이다.
⑤ 동영상 압축 과정은 전지분유를 만드는 과정과 비교하면 이해하기 쉽다.

05 다음 글을 바탕으로 판단한 내용으로 옳은 것을 고르면?

○△×
○△×
○△×

아파트를 분양받을 경우 전용면적, 공용면적, 공급면적, 계약면적, 서비스면적이라는 용어를 자주 접하게 된다. 전용면적은 아파트의 방이나 거실, 주방, 화장실 등을 모두 포함한 면적으로, 개별 세대 현관문 안쪽의 전용 생활공간을 말한다. 다만 발코니 면적은 전용면적에서 제외된다. 공용면적은 주거공용면적과 기타공용면적으로 나뉜다. 주거공용면적은 세대가 거주를 위하여 공유하는 면적으로 세대가 속한 건물의 공용계단, 공용복도 등의 면적을 더한 것을 말한다. 기타공용면적은 주거공용면적을 제외한 지하 층, 관리 사무소, 노인정 등의 면적을 더한 것이다. 공급면적은 통상적으로 분양에 사용되는 용어로 전용면적과 주거공용면적을 더한 것이다. 계약면적은 공급면적과 기타공용면적을 더한 것이다. 서비스면적은 발코니 같은 공간의 면적으로 전용면적과 공용면적에서 제외된다.

① 발코니 면적은 계약면적에 포함된다.
② 관리 사무소 면적은 공급면적에 포함된다.
③ 계약면적은 전용면적, 주거공용면적, 기타공용면적을 더한 것이다.
④ 공용계단과 공용복도의 면적은 공급면적에 포함되지 않는다.
⑤ 개별 세대 내 거실과 주방의 면적은 주거공용면적에 포함된다.

06 다음은 사업설명서의 일부이다. 이를 바탕으로 판단한 내용으로 옳은 것을 [보기]에서 모두 고르면?

○△✕
○△✕
○△✕

<table>
<tr><td colspan="2">총지원금</td><td colspan="2">2013년</td><td colspan="2">14,000백만 원</td><td colspan="2">2014년</td><td colspan="2">13,000백만 원</td></tr>
<tr><td colspan="2">지원 인원</td><td colspan="2">2013년</td><td colspan="2">3,000명</td><td colspan="2">2014년</td><td colspan="2">2,000명</td></tr>
<tr><td rowspan="4">사업 개요</td><td>시작년도</td><td colspan="8">1998년</td></tr>
<tr><td>추진경위</td><td colspan="8">IMF 대량실업사태 극복을 위한 출발</td></tr>
<tr><td>사업목적</td><td colspan="8">실업자에 대한 일자리 제공으로 생활안정 및 사회 안전망 제공</td></tr>
<tr><td>모집시기</td><td colspan="8">연 2회(5월, 12월)</td></tr>
<tr><td rowspan="3">근로 조건</td><td>근무조건</td><td colspan="2">월 소정 근로시간</td><td colspan="2">112시간 이하</td><td colspan="2">주당 근로일수</td><td colspan="2">5일</td></tr>
<tr><td rowspan="2">4대 사회보험 보장 여부</td><td colspan="2">국민연금</td><td colspan="2">건강보험</td><td colspan="2">고용보험</td><td colspan="2">산재보험</td></tr>
<tr><td colspan="2">○</td><td colspan="2">○</td><td colspan="2">○</td><td colspan="2">○</td></tr>
<tr><td rowspan="3">참여자</td><td rowspan="2">주된 참여자</td><td>청년
(35세 미만)</td><td colspan="2">중장년
(50~64세 미만)</td><td colspan="2">노인
(65세 이상)</td><td colspan="2">여성</td><td>장애인</td></tr>
<tr><td></td><td colspan="2">○</td><td colspan="2"></td><td colspan="2"></td><td></td></tr>
<tr><td>기타</td><td>우대요건</td><td colspan="4">저소득층, 장기실업자, 여성가장 등 취업취약계층 우대</td><td colspan="2">취업 취약계층 목표 비율</td><td>70%</td></tr>
</table>

보기

㉠ 2014년에는 2013년보다 총지원금은 줄었지만 지원 인원 1인당 평균 지원금은 더 많아졌다.
㉡ 저소득층, 장기실업자, 여성가장이 아니라면 이 사업에 참여할 수 없다.
㉢ 이 사업의 참여자는 4대 사회보험을 보장받지 못한다.
㉣ 이 사업은 청년층이 주된 참여자이다.

① ㉠　② ㉠, ㉡　③ ㉡, ㉢　④ ㉢, ㉣　⑤ ㉠, ㉢, ㉣

07 다음 글을 바탕으로 추론할 수 있는 내용을 [보기]에서 모두 고르면?

○△×
○△×
○△×

20세기 초만 해도 전체 사망자 중 폐암으로 인한 사망자의 비율은 극히 낮았다. 그러나 20세기 중반에 들어서면서 이 병으로 인한 사망률은 크게 높아졌다. 이러한 변화는 여러 가지 가설로 설명할 수 있어 보인다. 자동차를 이용하면서 사람들이 운동 부족으로 폐 기능이 약화되었다거나, 산업화 과정에서 대기 중의 독성 물질이 늘어나 도시 거주자들의 폐 건강에 영향을 주었을지도 모른다.

하지만 담배가 독성 물질인 니코틴을 자체적으로 함유하고 있다는 것이 사실로 판명되자, 흡연이 폐암으로 인한 사망의 주요 요인이라는 가설이 다른 가설보다 더욱 그럴듯해 보이기 시작한다. 담배 두 갑에 들어 있는 니코틴 성분을 화학적으로 정제하여 혈류에 주입한다면 치사량이 될 정도이기 때문이다. 담배 연기에서 추출한 타르를 쥐의 피부에 바르면 쥐가 피부암에 걸린다는 사실 또한 이 가설을 지지하는 또 다른 근거이다. 18세기 이후 영국에서는 타르를 함유한 그을음 속에서 일하는 굴뚝 청소부들이 일반인보다 피부암에 더욱 잘 걸린다는 것이 이미 정설이었다.

이러한 증거들은 흡연이 폐암의 주요 원인이라는 가설을 뒷받침해 주지만, 가설을 증명하기에는 충분하지 않다. 의학자들은 흡연과 폐암을 인과적으로 연관시키기 위해서는 훨씬 더 많은 증거가 필요하다는 점을 깨닫고 수십 가지 연구를 수행하고 있다.

보기

㉠ 화학적으로 정제된 니코틴은 폐암을 유발한다.
㉡ 타르와 암의 관련성은 이미 19세기에 보고되어 있었다.
㉢ 니코틴이 타르와 동시에 신체에 흡입된다면 폐암 발생률은 급격히 증가한다.

① ㉠ ② ㉡ ③ ㉠, ㉡ ④ ㉡, ㉢ ⑤ ㉠, ㉡, ㉢

08 다음 글을 통해 알 수 있는 내용을 고르면?

○△×
○△×
○△×

오늘날에는 당연하게 받아들여지는 개념이지만 세상을 이해하는 데 필요한 몇 가지 범주가 있다. 표준화를 위해 노력한 국가적 사업이 그 기원으로, 성(姓)의 세습이 대표적인 사례이다. 부계(父系) 성의 정착화는 대다수 국가의 중대한 사업이었으며, 백성의 신원을 관리가 분명하게 확인할 수 있도록 설계되었다. 이 사업의 성공은 국민을 '읽기 쉬운' 대상으로 만드는 데 달려 있다. 개개인의 신원을 확보하고 이를 친족 집단과 연결 짓는 방법이 세금 징수, 소유권 증서 발행, 징병 대상자 목록 작성 등 각종 국가 행정을 처리하기에 용이하기 때문이다. 이를 통해 짐작할 수 있듯이 부계 성을 정착시키고자 한 노력은 더욱 견고하고 수지맞는 재정 시스템을 구축하려는 국가의 의도에서 비롯되었다.

국민을 효율적으로 통치하기 위한 목적에 따른 성의 세습은 시기적으로 앞서 발전한 국가에서 나타났다. 이 점과 관련해 중국은 인상적인 사례이다. 기원전 4세기경 진(秦)나라는 세금 부과, 노역, 징집 등을 위해 백성 대다수에게 성을 부여하여 그들의 호구를 파악한 것으로 알려져 있다. 이러한 시도는 '라오바이싱[老百姓]'이라는 용어의 기원이 되었으며, 이는 '오래된 100개의 성'이라는 문자 그대로 중국에서 백성을 의미하는 단어가 되었다.

예로부터 중국에는 부계 전통이 있었지만 진나라 이전에는 몇몇 지배 계층의 가문 및 그 일족을 제외한 대다수의 백성에게는 성이 없었다. 이들은 성이 없었을 뿐만 아니라 지배 계층을 따라 성을 가질 생각도 하지 않았다. 이러한 배경에서 진나라의 국가 정책은 부계 성을 따르도록 하여 가족 내에서 남편에게 우월한 지위를 부여하고 부인, 자식, 손아랫사람에 대한 법적인 지배권과 함께 가족 전체에 대한 재정적 의무를 지도록 했다. 이를 통해 모든 백성에게 인구 등록을 요구하는 정책을 시행했다. 아무렇게나 불리던 사람들의 이름에 성을 붙여 분류한 다음, 아버지의 성을 후손에게 영구히 물려주도록 한 것이다.

① 부계 전통의 확립은 중국에서 처음으로 이루어졌다.
② 진나라는 모든 백성에게 새로운 100개의 성을 부여하였다.
③ 중국의 부계 전통은 진나라가 부계 성의 정착화를 시행함에 따라 만들어졌다.
④ 진나라의 부계 성 정착화는 몇몇 지배 계층이 기존의 성을 확산하려는 시도였다.
⑤ 진나라가 백성에게 성을 부여한 목적은 통치의 효율성을 높이고자 한 것이었다.

09 대학 동아리 홍보 담당자인 A는 세 명의 부원과 함께 2시간 30분 동안 홍보책자 400개를 제작해야 한다. 한 명의 부원은 30분 동안 21개를 제작하고 다른 한 명은 30분 동안 18개를 만들며 나머지 한 명은 30분 동안 25개를 만든다고 할 때, A가 30분 동안 제작해야 하는 책자의 수를 고르면?

○△×
○△×
○△×

① 16개 ② 20개 ③ 36개 ④ 64개 ⑤ 80개

10 슈퍼스타 노래경연대회에 1차 통과한 사람들의 남녀의 비는 3:4이고, 2차 통과한 남녀의 비는 5:7, 1차 통과 후 2차에서 탈락한 사람들의 남녀의 비는 1:1이라고 한다. 1차 통과한 사람들이 350명이라고 할 때, 2차에서 탈락한 사람들은 몇 명인지 고르면?

○△×
○△×
○△×

① 60명 ② 50명 ③ 40명 ④ 30명 ⑤ 20명

11 다음 [표]는 국가기술자격 응시자 현황에 대한 자료이다. 이에 대한 설명으로 옳지 않은 것을 고르면?

○△×
○△×
○△×

[표] 연도별 국가기술자격 응시자 수 (단위: 명)

구분	2016년	2017년	2018년	2019년	2020년
계	2,902,366	3,272,090	3,287,804	3,376,556	3,378,603
기술사	26,714	22,705	21,079	18,986	20,051
기능장	30,520	30,914	36,632	35,919	40,682
기사	374,315	413,611	418,710	471,530	514,235
산업기사	279,670	290,217	294,053	311,477	311,730
기능사	1,436,147	1,677,447	1,658,797	1,678,766	1,716,445
서비스	755,000	837,196	858,533	859,878	775,460

① 전체 응시자 수의 전년 대비 증가율은 최소 0.05% 이상이다.
② 2016년 이후 응시자가 꾸준히 증가한 분야는 2개이다.
③ 매년 응시자 수가 두 번째, 세 번째, 네 번째로 많은 분야의 응시자 수의 합은 첫 번째로 많은 분야보다 작다.
④ 전년 대비 모든 분야의 응시자 수가 증가한 해는 없다.
⑤ 서비스 분야 응시자 수의 비율은 매년 전체 응시자 수의 25% 이상이다.

12 다음은 X공기업의 팀별 성과급 지급 기준이다. Y팀의 성과평가 결과가 [표]와 같을 때 지급되는 1년간 성과급의 총액을 고르면?

○△× ○△× ○△×

[성과급 지급 방법]

가. 성과급 지급은 성과평가 결과와 연계함

나. 성과평가는 유용성, 안정성, 서비스 만족도의 총합으로 평가함(단, 유용성, 안정성, 서비스 만족도의 가중치를 각각 0.4, 0.4, 0.2로 부여함)

다. 성과평가 결과를 활용한 성과급 지급 기준은 다음과 같음

성과평가 점수	성과평가 등급	분기별 성과급 지급액	비고
9.0 이상	A	100만 원	성과평가 등급이 A이면 직전 분기 차감액의 50%를 가산하여 지급
8.0 이상 9.0 미만	B	90만 원(10만 원 차감)	
7.0 이상 8.0 미만	C	80만 원(20만 원 차감)	
7.0 미만	D	40만 원(60만 원 차감)	

[표] Y팀의 성과평가 결과

구분	1/4분기	2/4분기	3/4분기	4/4분기
유용성	8	8	10	8
안정성	8	6	8	8
서비스 만족도	6	8	10	8

① 350만 원 ② 360만 원 ③ 370만 원

④ 380만 원 ⑤ 390만 원

13 다음 [표]는 양성평등정책에 대한 의견을 성별 및 연령별로 정리한 자료이다. 이에 대한 설명으로 옳은 것을 [보기]에서 모두 고르면?

[표] 양성평등정책에 대한 성별 및 연령별 의견 (단위: 명)

구분	30세 미만		30세 이상	
	여성	남성	여성	남성
찬성	90	78	60	48
반대	10	22	40	52
계	100	100	100	100

보기

㉠ 30세 미만 여성이 30세 이상 여성보다 양성평등정책에 찬성하는 비율이 높다.
㉡ 30세 이상 여성이 30세 이상 남성보다 양성평등정책에 찬성하는 비율이 높다.
㉢ 양성평등정책에 찬성하는 남성과 여성의 인원수의 차이는 30세 미만과 30세 이상의 인원수의 차이보다 크다.
㉣ 남성의 절반 이상이 양성평등정책에 찬성하고 있다.

① ㉠, ㉢
② ㉡, ㉣
③ ㉠, ㉡, ㉢
④ ㉠, ㉡, ㉣
⑤ ㉡, ㉢, ㉣

14 다음 [표]는 소비자 갑의 연도별 소득 및 X재화의 구매량에 대한 자료이다. 주어진 [정보]를 바탕으로 옳은 것을 [보기]에서 모두 고르면?

○△× ○△× ○△×

[표] 갑의 연도별 소득 및 X재화의 구매량 (단위: 천 원, 개, %)

구분	소득	X재화 구매량	전년 대비 소득 변화율	X재화의 전년 대비 구매량 변화율
2014년	8,000	5	–	–
2015년	12,000	10	50.0	100.0
2016년	16,000	15	33.3	50.0
2017년	20,000	18	25.0	20.0
2018년	24,000	20	20.0	11.1
2019년	28,000	19	16.7	−5.0
2020년	32,000	18	14.3	−5.3

정보

- X재화의 소득탄력성 $=\frac{\text{X재화의 전년 대비 구매량 변화율}}{\text{X재화의 전년 대비 소득 변화율}}$
- 정상재: 소득이 증가할 때 구매량이 증가하는 재화로 소득탄력성이 0보다 크다. 특히 소득탄력성이 1보다 큰 정상재는 사치재라 한다.
- 열등재: 소득이 증가할 때 구매량이 감소하는 재화로 소득탄력성이 0보다 작다.

보기

㉠ 2014~2018년에 갑의 소득과 X재화 구매량은 각각 매년 증가하였다.
㉡ 2015년 갑의 X재화의 전년 대비 구매량 증가율은 전년 대비 소득 증가율보다 크다.
㉢ 2018년에 X재화는 갑에게 사치재이다.
㉣ 2020년에 X재화는 갑에게 열등재이다.

① ㉠, ㉡　② ㉠, ㉢　③ ㉢, ㉣
④ ㉠, ㉡, ㉣　⑤ ㉡, ㉢, ㉣

15 다음 [표]는 2020년 지역별 외국인 소유 토지면적에 대한 자료이다. 이에 대한 설명으로 옳은 것을 [보기]에서 모두 고르면?

○△×
○△×
○△×

[표] 2020년 지역별 외국인 소유 토지면적 (단위: 천 m^2)

지역	토지면적	전년 대비 증감면적
서울	3,918	332
부산	4,894	−23
대구	1,492	−4
인천	5,462	−22
광주	3,315	4
대전	1,509	36
울산	6,832	37
경기	38,999	1,144
강원	21,747	623
충북	10,215	340
충남	20,848	1,142
전북	11,700	289
전남	38,044	128
경북	29,756	603
경남	13,173	530
제주	11,813	103
계	223,717	5,262

보기

㉠ 2019년 외국인 소유 토지면적이 가장 큰 지역은 경기이다.
㉡ 2020년 외국인 소유 토지면적의 전년 대비 증가율이 가장 큰 지역은 서울이다.
㉢ 2020년에 외국인 소유 토지면적이 가장 작은 지역은 2019년에도 외국인 소유 토지면적이 가장 작다.
㉣ 2019년 외국인 소유 토지면적이 세 번째로 큰 지역은 경북이다.

① ㉠, ㉢ ② ㉡, ㉢ ③ ㉡, ㉣
④ ㉠, ㉡, ㉣ ⑤ ㉠, ㉢, ㉣

16 다음 [그래프]는 A국가의 도시화율과 산업구조의 변화에 대한 자료이다. 이에 대한 설명으로 옳은 것을 고르면?

○△× ○△× ○△×

[그래프] A국가의 도시화율과 산업구조에 따른 생산 비중

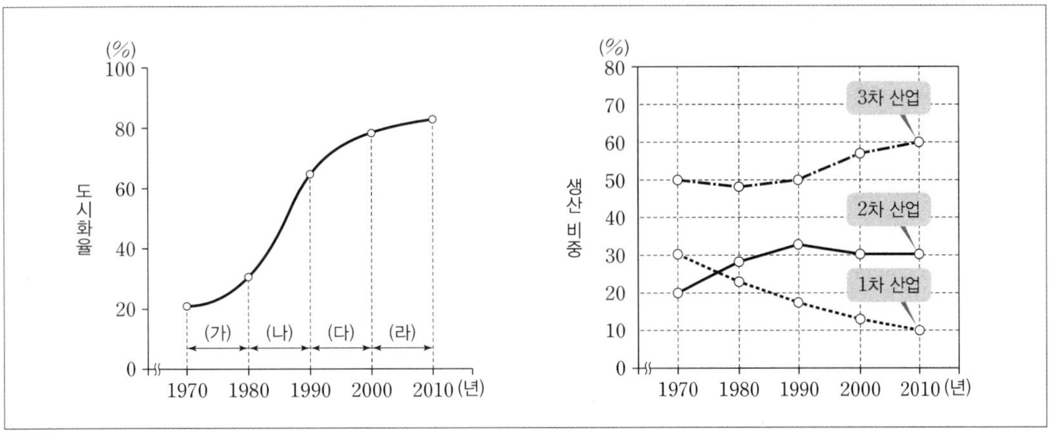

※ 도시화율: 전체 인구에서 도시에 사는 인구가 차지하는 비율
※ 생산 비중: 국내 총생산에서 산업별 생산액이 차지하는 비중

① (가) 기간에 1차 산업의 생산 비중과 2차 산업의 생산 비중의 차이는 계속해서 줄어들었다.
② (라) 기간에 2차 산업의 생산액은 변하지 않았다.
③ (가)~(라) 기간에 도시에 사는 인구는 지속적으로 증가하였다.
④ (가)~(라) 기간 중 농촌에 사는 인구가 도시에 사는 인구보다 적어지는 시점은 3차 산업의 생산 비중이 감소하는 시점과 일치한다.
⑤ 1990~2010년의 전체 인구가 동일하다고 가정할 때 (다)~(라) 기간의 도시 인구 증가율은 지속적으로 낮아졌다.

17 **다음 [표]는 갑~무 도시에 위치한 두 브랜드(해피카페, 드림카페)의 커피전문점 분포에 대한 자료이다. 이에 대한 설명으로 옳은 것을 [보기]에서 모두 고르면?**

○△×
○△×
○△×

[표] 갑~무 도시별 커피전문점 분포 (단위: 개)

구분		갑	을	병	정	무	평균
해피카페	점포 수	7	4	2	(　)	4	4
	|편차|	3	0	2	1	0	(　)
드림카페	점포 수	(　)	5	(　)	5	2	4
	|편차|	2	1	2	1	2	1.6

※ |편차|는 해당 브랜드 점포 수 평균에서 각 도시의 해당 브랜드 점포 수를 뺀 값의 절댓값을 의미함

보기

㉠ 해피카페 |편차|의 평균은 드림카페 |편차|의 평균보다 크다.
㉡ 갑 도시의 드림카페 점포 수와 병 도시의 드림카페 점포 수는 다르다.
㉢ 정 도시는 해피카페 점포 수가 드림카페 점포 수보다 적다.
㉣ 무 도시에 있는 해피카페 중 1개 점포가 병 도시로 브랜드의 변경 없이 이전할 경우, 해피카페 |편차|의 평균은 변하지 않는다.

① ㉠, ㉢　② ㉡, ㉢　③ ㉢, ㉣
④ ㉠, ㉡, ㉣　⑤ ㉡, ㉢, ㉣

18 △△공기업에서 추정가격이 400억 원인 공사에 대한 입찰공고를 낸 결과 5개 업체가 입찰 제안서를 제출하였고, 업체별 입찰가격은 다음 [표]와 같다. 주어진 [입찰가격 평가방식]을 바탕으로 B업체와 D업체의 입찰가격 평점의 차이를 고르면?

[표] 업체별 입찰가격

A업체	B업체	C업체	D업체	E업체
390억 원	360억 원	330억 원	300억 원	270억 원

[입찰가격 평가방식]
입찰가격 평점은 총점 100점을 기준으로
$\left[\frac{\text{입찰자 중 최저 입찰가격}}{\text{입찰가격}}\times 100\right]$과 같이 산정한다.
단, 입찰가격이 추정가격의 100분의 80 미만인 경우에는 획득평점에서
$\left[\frac{\text{추정가격의 80\% 상당가격}-\text{입찰가격}}{\text{추정가격}}\times 100\right]$ 만큼을 감점한다.

① 5점　② 7.5점　③ 10점　④ 12.5점　⑤ 15점

19 T공단은 임원인사를 단행하려고 한다. 대상자 7명 중 4명을 이사로 발령을 내려고 한다. 7명의 대상자 중 가, 나, 다는 외국 대학 출신이고, 라, 마, 바, 사는 국내 대학 출신이다. [보기]와 같은 조건을 따를 경우, 이사로 반드시 선정되는 사람을 고르면?

보기
- 조건1: 라와 마는 동시에 이사로 발탁될 수 없다.
- 조건2: 가와 바는 동시에 이사로 발탁될 수 없다.
- 조건3: 만약 가와 다가 이사로 발탁된다면 둘이 동시에 이사로 발탁되어야 하며, 이 둘 중 한 사람만 이사로 선정되어서는 안 된다.
- 조건4: 외국 대학 출신과 국내 대학 출신은 각각 두 명씩 이사로 선정되어야 한다.

① 나　② 라　③ 마　④ 바　⑤ 사

20 다음 글을 바탕으로 판단할 때, [사례]의 갑~정 중에서 사업자 등록을 하여야 하는 사람을 모두 고르면?

○△×
○△×
○△×

다음 요건을 모두 갖춘 경우 사업자 등록을 하여야 한다.

- 사업자이어야 한다.
  사업자란 사업목적이 영리이든 비영리이든 관계없이 사업상 독립적으로 재화 또는 용역을 공급하는 사람(법인 포함)을 말한다.
- 계속성, 반복성을 가져야 한다.
  재화나 용역을 계속적이고 반복적으로 공급하여야 한다. 계속적이고 반복적인 공급이란 시간을 두고 여러 차례에 걸쳐 이루어지는 것을 말한다.
- 독립성을 가져야 한다.
  사업의 독립성이란 사업과 관련하여 재화 또는 용역을 공급하는 주체가 다른 사업자에게 고용되거나 종속되지 않은 경우를 말한다.

[사례]

- 용돈이 필요하여 자신이 사용하던 200만 원 가치의 카메라 1대를 인터넷 중고매매 카페에 매물로 1회 등록한 갑
- 자사의 제품을 판매하기 위해 열심히 일하는 영업사원 을
- 결식 어린이 돕기 성금 모금을 위하여 자원봉사자들이 직접 만든 공예품을 8년째 판매하고 있는 비영리법인 병
- 자신이 개발한 발명품을 10년 동안 직접 판매하면서 생활비를 벌고 있는 정

① 갑, 을 ② 갑, 병 ③ 을, 병 ④ 을, 정 ⑤ 병, 정

21 다음 [조건]이 모두 참일 때, 반드시 참인 것을 고르면?

○△✕
○△✕
○△✕

조건

- 직업능력지원금을 지급하지는 않는다.
- 산업인력 양성의 효율화를 도모할 수 없다면 근로자 평생학습 지원을 하지 않는다.
- 산업인력 양성의 효율화를 도모할 수 있다면 국민경제의 건전한 발전을 이룩할 수 있다.
- 근로자 평생학습 지원을 하거나 직업능력지원금을 지급한다.
- 국민복지 증진에 이바지하지 않는다면 국민경제가 건전하게 발전하지 않는다.

① 근로자 평생학습 지원을 하지 않는다.
② 산업인력 양성의 효율화를 도모할 수 없다.
③ 국민복지 증진에 이바지하게 된다.
④ 국민경제의 건전한 발전을 이룩할 수는 없다.
⑤ 직업능력지원금을 지급한다.

22 다음 [표]는 어느 축구대회 1조에 속한 4개국(A~D)의 최종 성적을 정리한 자료이다. 이에 대한 설명으로 옳지 않은 것을 고르면?

○△✕
○△✕
○△✕

[표] 1조의 최종 성적

구분	승	무	패	득점	실점	승점
A국	0	( )	2	1	4	1
B국	( )	1	( )	3	5	( )
C국	1	( )	1	3	( )	( )
D국	( )	1	0	4	0	( )

※ 각 국가는 나머지 세 국가와 한 경기씩 총 세 경기를 하였음
※ 국가별 승점=3×승리한 경기 수+1×무승부 경기 수+0×패배한 경기 수

① B국의 성적은 1승 1무 1패이다.
② 모든 국가는 각각 1무씩 거두었다.
③ D국은 2승을 거두었다.
④ C국의 실점은 2점이다.
⑤ B국이 C국보다 승점이 더 높다.

[23~24] 주어진 문서는 △△구청에서 제시한 입찰공고문의 일부이다. 이를 바탕으로 질문에 답하시오.

전자공개수의 계약공고

1. 입찰에 부치는 사항

건명	2021년 불연성 종량제봉투(P.P마대) 제작구매(연간단가)
기초금액	금23,380,000원(부가가치세 10% 포함)
규격 및 수량	20리터(단가: 330원) - 36,000매, 50리터(단가: 460원) - 25,000매
계약기간	계약일로부터 2021. 12. 31.까지
납품조건 및 기한	- 납품조건: 분기별 현장 납품 - 납품기한: 납품요구일로부터 45일
입찰서 제출기간	2020. 11. 23.(월) 18:00~2020. 12. 01.(화) 10:00 ※ 본 입찰은 전자입찰로만 집행되며, 제출기간 중에는 24시간 입찰서의 제출이 가능합니다.
개찰일시 및 장소	- 개찰일시: 2020. 12. 01.(화) 11:00 - 장소: △△구 입찰집행관 PC

2. 입찰참가자격

가. 「지방자치단체를 당사자로 하는 계약에 관한 법률 시행령」 제13조 및 동법 시행규칙 제14조의 자격을 갖추고, 국가종합전자조달시스템 입찰참가자격등록규정에 의하여 물품분류번호2411150301(폴리프로필렌포대)로 입찰참가 등록한 제조업체로서 산업표준화법 제15조에 의한 KS인증 업체

나. 「중소기업기본법」 제2조에 따른 중소기업자로서 「중소기업 범위 및 확인에 관한 규정」에 따른 '중기업·소기업·소상공인 확인서'를 소지하고, 「중소기업제품 구매촉진 및 판로지원에 관한 법률」 및 '중소기업 간 경쟁제품 직접생산 확인기준'에 의거 물품분류번호 2411150301(폴리프로필렌포대)로 직접생산 공장을 보유하고 직접생산증명서를 소지한 업체

* 직접생산 확인 증명서는 입찰참가등록 마감일 이전 발행된 것으로서 유효기간 내에 있어야 하고, 중소기업 공공구매 종합정보망(http://www.smpp.go.kr)에서 확인 가능하여야 함

다. 본 입찰은 「지문인식 신원확인 입찰」이 적용되므로 개인인증서를 보유한 대표자 또는 입찰대리인은 국가종합전자조달시스템전자입찰특별유의서 제7조 제1항 제5호에 따라 미리 지문정보를 등록하여야 전자입찰서 제출이 가능합니다.

3. 입찰참가수수료: 없음

4. 예정가격 및 낙찰자 결정방법

가. 본 입찰은 기초금액에 대하여 실시하며, 입찰서에 산출내역서를 첨부하지 않은 총액 입찰입니다.

나. 예정가격은 국가종합전자조달시스템(G2B)으로 작성되며, 전자입찰자가 선택한 예비가격번호 중 가장 많이 추첨된 번호 순으로 4개를 선정하여 당해 각 번호에 해당하는 예비가격을 산술평균한 가격으로 결정합니다.

다. 낙찰자 결정은 「지방자치단체를 당사자로 하는 계약에 관한 법률 시행령」 제42조 및 「지방자치단체 입찰 및 계약집행기준」(행정안전부예규 최신호) '제5장 수의계약 운영요령'에 의거 예정가격 이하로서 낙찰하한율 직상 최저가로 입찰한 자의 순으로 관련법에 따른 결격사유가 없는 자를 낙찰자로 결정합니다.(낙찰하한율: 88%)

라. 동일가격으로 전자입찰서를 제출한 자가 2인 이상일 경우 전자입찰특별유의서 제15조에 따라 국가종합전자조달시스템을 통해 자동으로 추첨하는 방식을 적용하여 계약상대자를 결정합니다.

23 주어진 문서의 내용과 일치하지 않는 것을 고르면?

① 전자입찰로만 진행되는 사항으로 지문정보를 미리 등록하여야 한다.
② 입찰서 제출기간 중에는 24시간 입찰서 제출이 가능하므로 제출 마감일인 12월 1일 자정까지 제출하면 된다.
③ 입찰참가수수료는 없으나 낙찰하한율은 정해져 있다.
④ 국가종합전자조달시스템을 통한 자동추첨 방식은 같은 가격으로 입찰서를 제출한 자가 2인 이상일 경우에 적용된다.
⑤ 직접생산 공장을 소유한 중소기업은 입찰 마감등록일 전에 직접생산에 대한 확인절차를 거쳐야 한다.

24 주어진 입찰 공고문의 내용 중 기초금액을 참고하여 중소기업들이 입찰할 수 있는 최저입찰가를 고르면?(단, 부가가치세는 제외한다.)

① 금16,704,000원 ② 금18,704,000원 ③ 금20,574,400원
④ 금22,574,000원 ⑤ 금24,704,000원

25 다음은 ○○자동차 기업에서 수행한 SWOT 분석이다. 이를 근거로 한 전략으로 옳은 것을 고르면?

○△×
○△×
○△×

SWOT 분석이란 기업내부의 강점과 약점, 외부환경의 기회와 위협요인을 분석, 평가하여 문제해결 방안을 개발하는 방법이다.

내부환경 요인 / 외부환경 요인	강점(Strengths)	약점(Weaknesses)
기회(Opportunities)	SO전략 내부강점과 외부기회 요인을 극대화	WO전략 외부기회를 이용하여 내부약점을 강점으로 전환
위협(Threats)	ST전략 외부위협을 최소화하기 위해 내부강점을 극대화	WT전략 내부약점과 외부위협을 최소화

○○자동차 기업 SWOT 분석

내부환경 요인 / 외부환경 요인	강점: 상대적으로 저렴한 가격, 고객참여적인 디자인	약점: 인지도 부족
기회: '나만의 ○○'이 트렌드가 된 시장	SO전략	WO전략
위협: 유명한 경쟁사에서 자동차 커스텀의 범위 확장	ST전략	WT전략

① SO전략으로는 브랜드의 이미지 제고를 위해 대학생 디자인 공모전을 열어야 한다.
② WO전략으로는 타사의 커스텀의 한계를 도발적이고 은유적으로 묘사한 광고 캠페인을 진행한다.
③ ST전략으로는 타사의 자동차보다 품질 면에서 자신 있음을 드러내기 위해 100% 환불제도를 시행한다.
④ WT전략으로는 '아는 사람들만 아는 명품'으로 프레이밍하며 대중적인 경쟁사와 달리 매니아층을 공략한다.
⑤ 항상 가장 최적의 전략은 SO전략이다.

정답과 해설 ▶ P.15

MEMO

eduwill

에듀윌 공기업

매일 1회씩 꺼내 푸는 NCS

DAY 04

eduwill

매1N 3회독 루틴 프로세스

*더 자세한 내용은 매1N 3회독 학습가이드를 확인하세요!

1 3회독 기록표에 학습날짜와 문제풀이 시작시간을 적습니다.

2 시험장에서 문제를 푸는 것처럼 풀어 보세요.

3 모바일 OMR 또는 회독용 답안지에 마킹한 후, 종료시간을 적고 초과시간을 체크합니다.

▶모바일 OMR 바로가기

[1회독용] http://eduwill.kr/3moF

[2회독용] http://eduwill.kr/qmoF

[3회독용] http://eduwill.kr/GmoF

4 문항별 3회독 체크표(○△×)에 표시합니다. 문제를 풀면서 알고 풀었으면 ○, 헷갈렸으면 △, 전혀 몰라서 찍었으면 ×에 체크하세요.

3회독 TIP

- 1회독: 25문항을 빠짐없이 풀어 보세요.
- 2~3회독: 틀린 문항만 골라서 풀어 보세요.

3회독 기록표

1회독		2회독		3회독	
학습날짜	월 일	학습날짜	월 일	학습날짜	월 일
시작시간	:	시작시간	:	시작시간	:
종료시간	:	종료시간	:	종료시간	:
점 수	점	점 수	점	점 수	점

01 다음은 실험과 훈련에 따른 연구 내용이다. 이를 바탕으로 각 연구 내용과 관련이 있는 [보기]의 요소를 서로 짝지은 것으로 옳은 것을 고르면?

○△×
○△×
○△×

[A] 말을 심하게 더듬는 증상을 매우 부끄럽고 수치스럽게 여기는 25명의 사람을 대상으로 실험을 실시하였다. 연구자는 피실험자들에게 이어폰을 주고 자신이 말하는 목소리가 들리지 않을 정도로 시끄러운 음악을 들려준 뒤에 책을 큰 소리로 읽게 했다. 그 결과 심하게 말을 더듬던 사람들의 읽기와 말하기 능력이 눈에 띄게 개선되었다. 연구자는 이러한 결과는 말하는 소리를 스스로 들을 수 없기 때문만이 아니라, 말을 더듬는 자신에 대한 낮은 평가와 관련이 있다고 발표했다.

[B] 뇌졸중으로 한쪽 팔이 마비된 환자 222명을 두 집단으로 나누어 재활 훈련을 실시하였다. 이때 한 집단은 표준적인 물리 치료를 하였고, 다른 집단은 성한 팔을 부목으로 묶어 사용하지 못하게 한 채 마비된 팔만을 사용하도록 했다. 훈련을 종료한 뒤, 성한 팔을 묶어 놓고 재활 훈련을 시행한 집단의 회복 정도가 다른 집단의 회복 정보보다 훨씬 높았다. 연구자는 뇌의 회로 재구성이 촉진되어 보다 많은 회복 신호를 보냈기 때문이라고 발표했다.

보기

㉠ 자신의 외모를 가꾸는 데 몰두하는 일이 능사는 아니라고 말하는 상담심리사
㉡ 자신의 사소한 게으름을 너무 심각하게 고민하는 학생에게 완벽한 자기통제가 해법은 아니라고 설명하는 학생상담센터 연구원
㉢ 상처나 두려움 때문에 정신적 장애를 그대로 둔다면 자기 변화를 이룰 수 없다고 주장하는 자기 계발 프로그램 운영자
㉣ 자기비판과 감시를 강화하면 표현 능력이 개선된다고 말하는 웅변학원 강사
㉤ 회복을 위해 깁스를 막 푼 환자에게 치료받은 팔을 자주 움직이라고 말하는 정형외과 의사

	[A]	[B]
①	㉠	㉡
②	㉠	㉤
③	㉡	㉢
④	㉡	㉣
⑤	㉡	㉤

02 다음 글의 빈칸에 들어갈 내용으로 옳은 것을 고르면?

○△×
○△×
○△×

우리는 생태계와 인류의 삶을 황폐하게 하는 범지구적 문제를 총체적으로 마주하고 있다. 이러한 문제가 지속된다면 이전의 상태로 다시 되돌릴 수 없는 지경이 될 수 있다는 경고의 목소리가 곳곳에서 들려오고 있다.

연구를 거듭할수록 범지구적 문제는 개별적으로 분리하여 이해할 수 없는 개념이라는 사실이 명백해지고 있다. 이는 시스템적인 문제이며, 서로 연결되어 있고, 상호 의존적이라는 의미이다. 예를 들어 세계 인구의 증가를 억제하려면 빈곤이 전 세계적으로 감소해야만 가능하다. 또한 남반구의 국가들이 다량의 부채 부담을 가지고 있는 한, 동식물의 대규모 멸종 위기 또한 해결되지 않을 것이다. 자원의 고갈과 환경 파괴는 급속한 인구 증가와 맞물려 지역 공동체를 붕괴시키고 민족과 인종 간의 알력을 빚고 있다.

이러한 문제는 나름의 해결책을 가지고 있으며 그 일부는 매우 단순하다. 그러나 그 해결책은 우리의 인식과 사고방식, 그리고 가치관 변화를 광범위하게 요구한다. 사실상 우리는 코페르니쿠스의 혁명과 같은 광범위하고 근본적인 세계관의 변화 시점에 서 있는 것이다. 한편 대부분의 정치적 지도자들은 이러한 점을 자각하지 못하고 있다. 심지어 종교 지도자들과 유수 대학의 교수들조차도 인류의 생존을 위해 인식과 사고 체계에 심오한 변화가 필요하다는 각성을 아직 이루지 못하고 있다. 현재 당면한 문제들이 서로 어떻게 연관되어 있는지를 보지 못할뿐더러 그들이 내놓는 해결책이 미래 세대에 어떠한 영향을 미칠지를 깨닫는 것조차 거부한다.

이때 시스템적인 관점에서 유일한 해결책은 '지속 가능성'을 보장하는 것이다. 생태 운동의 핵심 개념이 된 지속 가능성의 보장은 대단히 시급한 문제이다. 미국의 환경 운동가 레스터 브라운은 다음과 같이 명료한 정의를 내렸다. (   ) 이는 간단히 말해서 미래 세대의 기회와 가능성을 감소시키지 않되, 우리의 필요와 욕구를 충족할 수 있는 사회 문화적 환경을 만들어 내는 것이다. 지속 가능한 공동체를 창조하는 것은 우리 시대의 중대한 도전이다.

① 지속 가능한 사회란 미래 세대의 희망을 꺾지 않고도 자신의 필요를 충족할 줄 아는 사회이다.
② 지속 가능한 사회란 많은 문제와 갈등 속에서도 질서와 안전을 유지할 수 있는 사회이다.
③ 지속 가능한 사회란 에너지 고갈의 위험성을 미리 깨닫고 에너지를 절약할 줄 아는 사회이다.
④ 지속 가능한 사회란 우리의 가용(可用) 자원을 고스란히 후대에 물려줄 수 있는 사회이다.
⑤ 지속 가능한 사회란 세계 각국의 분쟁과 갈등이 전쟁으로 치닫지 않을 수 있는 시스템을 갖춘 사회이다.

03 다음은 도로교통법의 내용 중 일부이다. 이를 바탕으로 교통사고 발생 시 운전자가 책임을 져야 하는 경우로 옳은 것을 [보기]에서 모두 고르면?

○△✕
○△✕
○△✕

제48조(운전자의 준수사항) ① 모든 차의 운전자는 다음 사항을 지켜야 한다.

1. 물이 고인 곳을 운행하는 때에는 고인 물을 튀게 하여 다른 사람에게 피해를 주는 일이 없도록 하여야 한다.
2. 어린이가 보호자 없이 도로를 횡단하거나 도로에서 앉아 있거나 서 있거나 놀이를 하는 등 어린이에 대한 교통사고의 위험이 있는 것을 발견한 때, 앞을 보지 못하는 사람이 흰색 지팡이를 가지고 도로를 횡단하고 있는 때 또는 지하도·육교 등 도로횡단시설을 이용할 수 없는 지체장애인이 도로를 횡단하고 있는 때에는 일시정지하여야 한다.
5. 도로에서 자동차 등을 세워둔 채로 시비·다툼 등의 행위를 함으로써 다른 차마의 통행을 방해하여서는 아니 된다.
6. 운전자가 운전석으로부터 떠나는 때에는 원동기의 발동을 끄고 제동장치를 철저하게 하는 등 그 차의 정지 상태를 안전하게 유지하고 다른 사람이 함부로 운전하지 못하도록 필요한 조치를 하여야 한다.
7. 운전자는 안전을 확인하지 아니하고 차의 문을 열거나 내려서는 아니 되며, 승차자가 교통의 위험을 일으키지 아니하도록 필요한 조치를 하여야 한다.
10. 운전자는 승객이 차내에서 안전운전에 현저히 장해가 될 정도로 춤을 추는 등 소란행위를 하도록 방치하고 차를 운행하여서는 아니 된다.
11. 운전자는 자동차 등의 운전 중에는 휴대용 전화(자동차용 전화를 포함한다)를 사용하여서는 아니 된다. 다만, 다음 각목의 1에 해당하는 경우에는 그러하지 아니하다.
    가. 자동차 등이 정지하고 있는 경우
    나. 긴급자동차를 운전하는 경우
    다. 각종 범죄 및 재해 신고 등 긴급을 요하는 경우
    라. 안전운전에 장애를 주지 아니하는 장치로서 대통령령이 정하는 장치를 이용하는 경우

보기

㉠ 도로에서 축구를 하며 노는 어린이를 보고 서행하는 경우
㉡ 교통사고가 나서 갓길에 차를 세워 둔 후 시비를 가리며 견인차를 기다리는 경우
㉢ 버스를 타려던 승객끼리 부딪쳐 넘어져서 막 출발하려는 버스와 부딪힌 경우
㉣ 관광버스에서 승객들이 노래를 부르며 춤추다가 기사에게도 노래를 권하며 마이크를 들이미는 경우
㉤ 앞뒤로 일행이 같이 가며 무전기를 사용하는 경우

① ㉠, ㉢ ② ㉠, ㉣ ③ ㉠, ㉤ ④ ㉡, ㉢ ⑤ ㉡, ㉣

04 다음 글을 통해 알 수 있는 내용으로 옳은 것을 고르면?

○△×
○△×
○△×

현대 사회에서 청렴(淸廉)은 좁은 의미로는 반부패와 동의어로, 넓은 의미로는 투명성과 책임성 등을 포괄하는 통합적 개념으로 사용되고 있다. 과거 유학자들은 청렴을 효제와 같은 인륜의 덕목보다는 하위에 두었지만 군자라면 마땅히 지켜야 할 일상의 덕목으로 중시하였다. 나아가 이황과 이이는 청렴을 사회적 규율이자 개인의 처세 지침으로 강조하였다. 특히 공무에 종사하는 사람이라면 사회적 규율로서의 청렴이 개인의 처세와 직결된다는 점을 유념해야 한다고 보았다.

청렴에 대한 논의는 정약용의 『목민심서』에서 본격적으로 나타난다. 정약용은 청렴이야말로 목민관이 지켜야 할 근본적인 덕목이며, 청렴 없이 목민관이 직무를 수행하기란 불가능하다고 강조하였다. 당위의 차원에서 청렴을 주장한 기존의 학자들과 달리 정약용은 행위자 자신에게 실질적인 이익이 된다는 점을 부각했다. 청렴은 큰 이득이 남는 장사와 같다고 말하면서, 지혜롭고 욕심이 큰 사람은 청렴을 택하지만 지혜가 짧고 욕심이 작은 사람은 탐욕을 택한다고 설명했다. 또한 '지자(知者)는 인(仁)을 이롭게 여긴다.'라는 공자의 말을 빌려 '지혜로운 자는 청렴함을 이롭게 여긴다.'라고 하였다. 비록 재물을 얻는 데 뜻이 있더라도 청렴함을 택하는 것이 결과적으로는 지혜로운 선택이라는 것이다. 목민관의 작은 탐욕은 단기적으로 눈앞의 재물을 취하여 이익을 얻을 수 있겠지만, 궁극적으로는 개인의 몰락과 가문의 불명예를 가져올 수 있기 때문이다.

정약용은 청렴을 지키면 두 가지 효과가 있다고 보았다. 첫 번째 효과는 다른 사람에게 긍정적인 변화를 이끌 수 있다는 것이다. 목민관이 청렴하다면 백성을 비롯하여 모든 구성원에게 좋은 혜택이 돌아가게 된다. 두 번째 효과는 청렴하게 행동하면 목민관 자신에게도 좋은 결과를 가져다준다는 것이다. 청렴은 그 자신의 덕을 높일 뿐 아니라 자신의 가문에 빛나는 명성과 영광을 가져다줄 것이기 때문이다.

① 정약용은 청렴이 목민관이 반드시 지켜야 할 덕목임을 당위의 차원에서 정당화하였다.
② 정약용은 탐욕을 택하는 것보다 청렴을 택하는 것이 이롭다는 공자의 뜻을 계승하였다.
③ 정약용은 청렴한 사람은 욕심이 작으므로 재물에 대한 탐욕에 빠지지 않는다고 보았다.
④ 정약용은 청렴이 백성에게 이로움을 줄 뿐 아니라 목민관 자신에게도 이로운 행위라고 보았다.
⑤ 이황과 이이는 청렴을 개인의 처세에 필요한 주요 지침으로 여겼으나, 사회적 규율의 범주에는 포함하지 않았다.

05 다음 글의 결론을 요약한 내용으로 옳은 것을 고르면?

○△×
○△×
○△×

이론 P에 따르면 복지라는 개념은 다른 시민의 기본권을 침해하지 않는 한, 각 시민이 현재 가지고 있는 선호들만 만족시키는 것이다. 현재의 선호만을 만족시켜야 한다고 주장하는 근거는 크게 두 가지로 나뉜다. 첫 번째 근거는 지금은 사라진 그 어떤 과거의 선호보다 현재의 선호가 더 강렬하다는 것이다. 두 번째 근거는 어떤 사람이 현재 선호하지 않는 것을 그에게 바로 제공하는 행위는 그에게 만족의 기쁨을 주지 못한다는 점이다. 만약 이 두 가지 근거에 약점이 있다면 이론 P를 받아들일 이유가 없다.

우선 첫 번째 근거에 대하여 다음과 같은 반론을 제기할 수 있다. 현재 선호하는 요소와 과거에 선호했던 요소의 강렬함을 현시점에서 비교하는 것은 공정하지 않다는 점이다. 시간적 기준을 배제한다면 현재의 선호보다 더 강렬했던 과거의 선호가 있을 수 있다. 예컨대 10년 전 김 씨가 자신의 고향인 개성에 방문하기를 바랐던 것이 일생에서 가장 강렬한 선호였을 수 있다.

두 번째 근거에 대해서도 반론을 제기할 수 있다. 선호하는 시점과 만족하는 시점은 대부분의 경우 시차가 존재한다. 만일 사람들의 선호가 자주 바뀐다면 지금 선호하는 요소가 그것이 만족되는 시점까지 지속되리라는 보장이 없다. 이러한 관점에서는 정부가 시민의 현재 선호를 만족시키려고 노력하는 것은 자원의 낭비를 낳는다. 이처럼 현재의 선호만을 만족시켜야 한다는 주장을 뒷받침하는 근거들은 허점이 많다.

① 시민의 선호는 시간에 따라 항상 변화하므로 현재의 선호는 항상 만족시킬 수 없다.
② 복지를 시민의 현재 선호를 만족시키는 행위로 정의하는 이론은 받아들이기 어렵다.
③ 어느 선호가 더 강렬한 선호인지 결정하는 것은 중요하지 않다.
④ 과거의 선호를 만족시키는 것도 복지의 중요한 문제이다.
⑤ 복지가 무엇인지 정의하는 것은 불가능하다.

06 다음 글을 바탕으로 추론할 수 있는 내용으로 옳은 것을 고르면?

○△×
○△×
○△×

> 나병의 병원균인 나균(癩菌)은 1,600개의 제 기능을 하는 정상 유전자와 1,100개의 제 기능을 하지 못하는 화석화된 유전자를 가지고 있다. 이에 반해 분류학적으로 나균과 가까운 종인 결핵균(結核菌)은 4,000개의 정상 유전자와 단 6개의 화석화된 유전자를 가지고 있다. 이는 화석화된 유전자의 비율이 결핵균보다 나균에서 매우 높다는 것을 보여 준다. 왜 이런 차이가 날까?
>
> 결핵균과 달리 나균은 오로지 숙주 세포 안에서만 살 수 있기 때문에 수많은 대사 과정을 숙주에 의존한다. 숙주 세포의 유전자들이 나균의 유전자가 수행해야 하는 온갖 일을 도맡아 해 주다 보니, 나균이 가지고 있던 많은 유전자의 기능을 필요로 하지 않게 되었다. 이에 따라 세포 내에 기생하는 기생충과 병균처럼 나균에서도 유전자 기능의 대량 상실이 일어난 것이다.
>
> 유전자의 화석화는 후손의 진화 방향에 중대한 영향을 미친다. 기능을 상실하기 시작한 유전자는 복합적인 결함을 일으키므로 한 번 잃은 기능은 돌이킬 수 없게 된다. 즉, 유전자 기능의 상실은 일방통행이다. 유전자의 화석화와 기능 상실은 특정 계통의 진화 방향에 제약을 가하는 것이다. 이는 아주 오랜 시간이 흘러 새로운 환경에 적응하기 위해 화석화된 유전자의 기능이 필요하다고 하더라도 이 유전자의 기능을 잃어버린 종은 그 기능을 다시 회복할 수 없다는 것을 의미한다.

① 과거의 결핵균은 숙주 세포 없이 살 수 없었을 것이다.
② 현재의 나균과 달리 기생충에서는 유전자의 화석화가 일어나지 않았을 것이다.
③ 숙주 세포 유전자의 화석화는 나균 유전자의 소멸과 밀접한 관련이 있을 것이다.
④ 어떤 균의 화석화된 유전자는 이 균이 새로운 환경에 적응하는 데 기능할 것이다.
⑤ 화석화된 나균 유전자의 대부분은 나균이 숙주 세포에 의존하는 대사 과정과 관련이 있는 유전자일 것이다.

07 다음은 개발이익 환수에 관한 법 조항의 일부이다. 이를 바탕으로 판단한 내용으로 옳은 것을 [보기]에서 모두 고르면?

○△×
○△×
○△×

> 제○○조 ① 개발부담금을 징수할 수 있는 권리(개발부담금 징수권)와 개발부담금의 과오납금을 환급받을 권리(환급청구권)는 행사할 수 있는 시점부터 5년간 행사하지 아니하면 소멸시효가 완성된다.
> ② 제1항에 따른 개발부담금 징수권의 소멸시효는 다음 각호의 어느 하나의 사유로 중단된다.
> 1. 납부고지
> 2. 납부독촉
> 3. 교부청구
> 4. 압류
>
> ③ 제2항에 따라 중단된 소멸시효는 다음 각호의 어느 하나에 해당하는 기간이 지난 시점부터 새로이 진행한다.
> 1. 고지한 납부기간
> 2. 독촉으로 재설정된 납부기간
> 3. 교부청구 중의 기간
> 4. 압류해제까지의 기간
>
> ④ 제1항에 따른 환급청구권의 소멸시효는 환급청구권 행사로 중단된다.
>
> ※ 개발부담금: 개발 이익 중 국가가 부과·징수하는 금액
> ※ 소멸시효: 일정한 기간 권리자가 권리를 행사하지 않으면 권리가 소멸하는 것

보기

㉠ 개발부담금 징수권의 소멸시효는 고지한 납부기간이 지난 시점부터 중단된다.
㉡ 국가가 개발부담금을 징수할 수 있는 때로부터 3년간 징수하지 않으면 개발부담금 징수권의 소멸시효가 완성된다.
㉢ 국가가 개발부담금을 징수할 수 있는 날로부터 2년이 경과한 후 납부의무자에게 납부고지하면, 개발부담금 징수권의 소멸시효가 중단된다.
㉣ 납부의무자가 개발부담금을 기준보다 많이 납부한 경우, 그 환급을 받을 수 있는 때로부터 환급청구권을 3년간 행사하지 않으면 소멸시효가 완성된다.

① ㉠ ② ㉢ ③ ㉠, ㉣ ④ ㉡, ㉢ ⑤ ㉡, ㉣

08 오프라인에서 20,000원에 판매되는 상품을 온라인으로 구입하면 25% 할인된 가격으로 살 수 있다고 한다. 인터넷 쇼핑몰에서 오프라인보다 19개 더 판매하였고, 매출액은 인터넷 쇼핑몰이 오프라인보다 235,000원 더 많을 때, 오프라인과 인터넷 쇼핑몰의 총 매출액을 고르면?

○△✕
○△✕
○△✕

① 595,000원 ② 605,000원 ③ 615,000원 ④ 625,000원 ⑤ 635,000원

09 5% 소금물 200g에 소금을 첨가해서 8% 소금물을 만들려고 한다. 첨가해야 할 소금의 양을 고르면?(단, 소수점 둘째 자리에서 반올림하여 계산한다.)

○△✕
○△✕
○△✕

① 2.3g ② 3.4g ③ 4.8g ④ 5.2g ⑤ 6.5g

10 타율이 모두 3할인 1~3번 타자가 1회초에 나란히 타석에 들어선다. 이때 타자 두 명 이상이 안타를 치면 점수가 난다고 한다. 1회초에 점수가 날 확률을 고르면?

○△✕
○△✕
○△✕

① 15.0% ② 18.9% ③ 21.6% ④ 25.0% ⑤ 32.4%

11 다음 [표]는 연도별 세수 상위, 하위 세무서를 조사한 자료이다. 이를 바탕으로 [보고서]를 작성하였을 때 [표] 이외에 [보고서]를 작성하기 위해 추가로 필요한 자료를 [보기]에서 모두 고르면?

○△× ○△× ○△×

[표1] 연도별 세수 상위 세무서

(단위: 억 원)

구분	1위		2위		3위	
	세무서	세수	세무서	세수	세무서	세수
2005년	남대문	70,314	울산	70,017	영등포	62,982
2006년	남대문	83,158	영등포	74,291	울산	62,414
2007년	남대문	105,637	영등포	104,562	울산	70,281
2008년	남대문	107,933	영등포	88,417	울산	70,332
2009년	남대문	104,169	영등포	86,193	울산	64,911

[표2] 연도별 세수 하위 세무서

(단위: 억 원)

구분	1위		2위		3위	
	세무서	세수	세무서	세수	세무서	세수
2005년	영주	346	영덕	354	홍성	369
2006년	영주	343	영덕	385	홍성	477
2007년	영주	194	영덕	416	거창	549
2008년	영주	13	해남	136	영덕	429
2009년	해남	166	영덕	508	홍성	540

[보고서]

2009년 세수 1위 세무서는 10조 4,169억 원(국세청 세입의 약 7%)을 거두어들인 남대문 세무서이다. 한편, 2위와 3위는 각각 영등포 세무서(8조 6,193억 원), 울산 세무서(6조 4,911억 원)로 2006년 이후 순위변동이 없었다.

2009년 세수 최하위 세무서는 해남 세무서(166억 원)로 남대문 세무서 세수 규모의 0.2%에도 못 미치는 수준인 것으로 나타났다. 서울 지역에서는 도봉 세무서의 세수 규모가 2,862억 원으로 가장 적은 것으로 나타났다.

국세청 세입은 1966년 국세청 개청 당시 700억 원에서 2009년 154조 3,305억 원으로 약 2,200배 증가하였으며, 전국 세무서 수는 1966년 77개에서 1997년 136개로 증가하였다가 2009년 107개로 감소하였다.

보기

㉠ 1966~2009년 연도별 국세청 세입액
㉡ 2009년 국세청 세입총액의 세원별 구성비
㉢ 2009년 서울 소재 세무서별 세수 규모
㉣ 1966~2009년 연도별 전국 세무서 수

① ㉠, ㉡　② ㉠, ㉣　③ ㉡, ㉢
④ ㉠, ㉢, ㉣　⑤ ㉡, ㉢, ㉣

12 다음 [표]는 2020년 지급유형별, 아동월령별 양육수당 월 지급금액과 신청가구별 아동 현황에 대한 자료이다. [표]와 [2020년 양육수당 지급조건]을 바탕으로 2020년 5월분의 양육수당이 많은 가구부터 순서대로 바르게 나열한 것을 고르면?

○△× ○△× ○△×

[2020년 양육수당 지급조건]
- 만 5세 이하 아동을 양육하고 있는 가구를 대상으로 함
- 양육수당 신청시점의 지급유형 및 아동월령에 따라 양육수당 지급함
- 양육수당 신청일 현재 90일 이상 해외에 체류하고 있는 아동은 지급대상에서 제외함
- 가구별 양육수당은 수급 가능한 모든 자녀의 양육수당을 합한 금액임
- 양육수당은 매월 15일에 신청받아 해당 월 말일에 지급함

[표1] 지급유형별, 아동월령별 양육수당 월 지급금액 (단위: 만 원)

지급유형 \ 아동월령	12개월 이하	12개월 초과 24개월 이하	24개월 초과 36개월 이하	36개월 초과 48개월 이하	48개월 초과 60개월 이하
일반	20.0	15.0	10.0	10.0	10.0
농어촌	20.0	17.7	15.6	12.9	10.0
장애아동	22.0	20.5	18.0	16.5	15.0

[표2] 신청가구별 아동 현황(2020년 5월 15일 현재)

신청가구	자녀		지급유형	비고
	구분	아동월령(개월)		
가	A	22	일반	−
나	B	16	농어촌	−
	C	2	농어촌	−
다	D	23	장애아동	−
라	E	40	일반	−
	F	26	일반	−
마	G	58	일반	2019년 1월부터 해외 체류 중
	H	35	일반	−
	I	5	일반	−

① 나 − 마 − 다 − 라 − 가
② 나 − 마 − 라 − 다 − 가
③ 다 − 라 − 나 − 마 − 가
④ 마 − 나 − 다 − 라 − 가
⑤ 마 − 나 − 라 − 가 − 다

13 다음 [그래프]는 A~D음료의 8개 항목에 대한 소비자평가 결과에 대한 자료이다. 이에 대한 설명으로 옳은 것을 고르면?

○△× ○△× ○△×

[그래프] A~D음료의 항목별 소비자평가 결과 (단위: 점)

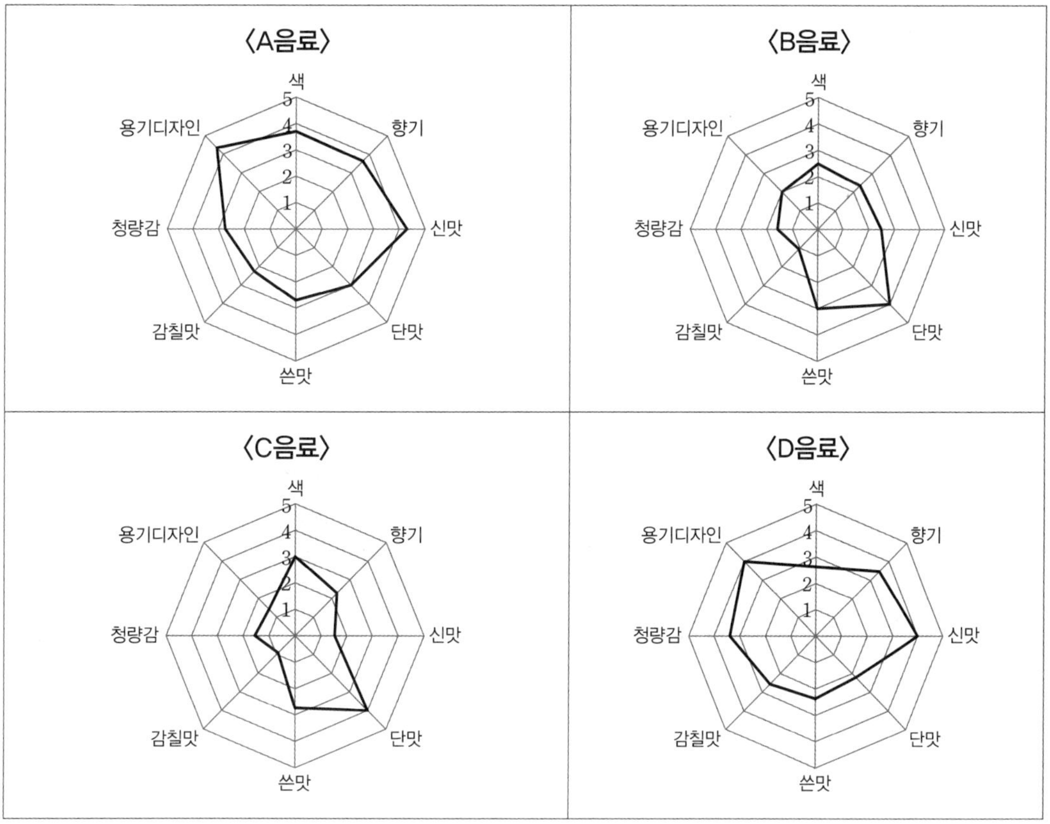

※ 1점이 가장 낮은 점수이고 5점이 가장 높은 점수임

① C음료는 8개 항목 중 쓴맛의 점수가 가장 높다.

② 용기디자인의 점수는 A음료가 가장 높고, C음료가 가장 낮다.

③ A음료는 B음료보다 7개 항목에서 각각 높은 점수를 받았다.

④ 소비자평가 결과의 항목별 점수의 합은 B음료가 D음료보다 크다.

⑤ A~D음료의 색의 점수를 비교할 때 점수가 가장 높은 음료는 단맛의 점수를 비교할 때에도 점수가 가장 높다.

14 **다음 [표]는 쥐 A~E의 에탄올 주입량별 렘(REM)수면시간을 측정한 결과에 대한 자료이다. 이에 대한 설명으로 옳지 <u>않은</u> 것을 [보기]에서 모두 고르면?**

○△×
○△×
○△×

[표] 에탄올 주입량별 쥐의 렘수면시간 (단위: 분)

에탄올 주입량 \ 쥐	A	B	C	D	E
0.0g	88	73	91	68	75
1.0g	64	54	70	50	72
2.0g	45	60	40	56	39
3.0g	31	40	45	24	24

보기

㉠ 에탄올 주입량이 0.0g일 때 쥐 A~E의 렘수면시간 평균은 에탄올 주입량이 3.0g일 때 쥐 A~E의 렘수면시간 평균의 2배 이상이다.
㉡ 에탄올 주입량이 2.0g일 때 쥐 B와 쥐 E의 렘수면시간 차이는 20분 이하이다.
㉢ 에탄올 주입량이 0.0g일 때와 에탄올 주입량이 1.0g일 때의 렘수면시간 차이가 가장 큰 쥐는 A이다.
㉣ 쥐 A~E는 모두 에탄올 주입량이 많을수록 렘수면시간이 감소한다.

① ㉠, ㉡ ② ㉠, ㉢ ③ ㉡, ㉢ ④ ㉡, ㉣ ⑤ ㉠, ㉢, ㉣

15 다음 [표]는 연도별 식품산업 매출액 및 생산액 추이에 대한 자료이다. 이에 대한 설명으로 옳지 <u>않은</u> 것을 [보기]에서 모두 고르면?

○△×
○△×
○△×

[표] 식품산업 매출액 및 생산액 추이

(단위: 십억 원, %)

구분	식품산업 매출액	식품산업 생산액	제조업 생산액 대비 식품산업 생산액 비중	GDP 대비 식품산업 생산액 비중
2009년	30,781	27,685	17.98	4.25
2010년	36,388	35,388	21.17	4.91
2011년	23,909	21,046	11.96	2.74
2012년	33,181	30,045	14.60	3.63
2013년	33,335	29,579	13.84	3.42
2014년	35,699	32,695	14.80	3.60
2015년	37,366	33,148	13.89	3.40
2016년	39,299	36,650	14.30	3.57
2017년	44,441	40,408	15.16	3.79
2018년	38,791	34,548	10.82	2.94
2019년	44,448	40,318	11.58	3.26
2020년	47,328	43,478	12.22	3.42

보기

㉠ 2020년 제조업 생산액은 2009년 제조업 생산액의 4배 이상이다.
㉡ 2013년 이후 식품산업 매출액의 전년 대비 증가율이 가장 큰 해는 2019년이다.
㉢ GDP 대비 제조업 생산액 비중은 2020년이 2015년보다 크다.
㉣ 2016년 GDP는 1,000조 원 미만이다.

① ㉠, ㉡　② ㉠, ㉣　③ ㉡, ㉢　④ ㉡, ㉣　⑤ ㉢, ㉣

16 다음 [표]는 연도별·성별·연령대별 고령자 가구의 건강관리에 대한 자료이다. 이에 대한 설명으로 옳지 않은 것을 고르면?

○△× ○△× ○△×

[표] 연도별·성별·연령대별 고령자 가구의 건강관리 (단위: %)

구분		아침 식사하기		적정 수면(6~8시간)		규칙적 운동		정기 건강검진	
		실천함	실천 안함	실천함	실천 안함	실천함	실천 안함	실천함	실천 안함
연도별	2012년	88.7	11.3	72.3	27.7	32.5	67.5	68.1	31.9
	2014년	89.3	10.7	73.7	26.3	38.0	62.0	68.9	31.1
	2016년	86.6	13.4	73.5	26.5	41.4	58.6	73.0	27.0
성별	남자	84.4	15.6	77.3	22.7	47.5	52.5	68.9	31.1
	여자	87.2	12.8	72.5	27.5	39.8	60.2	74.1	25.9
연령대별	65~69세	82.4	17.6	72.7	27.3	48.0	52.0	78.5	21.5
	70~79세	87.3	12.7	72.3	27.7	42.6	57.4	75.6	24.4
	80세 이상	88.8	11.2	76.4	23.6	33.7	66.3	63.5	36.5
2016년 전체 고령자 비율		91.5	8.5	81.6	18.4	46.4	53.6	79.6	20.4

① 모든 연령대의 고령자들이 가장 잘 실천하는 건강관리법은 아침 식사하기이다.
② 네 가지 건강관리법 중에서 |2012년−2016년|의 실천 비율이 가장 큰 것은 규칙적 운동이다.
③ 조사한 해에 고령자들의 실천 비율이 세 번째로 높은 건강관리법은 매년 정기 건강검진이다.
④ 규칙적 운동의 실천 비율이 두 번째로 높은 연령대는 70~79세이다.
⑤ 여자 고령자들의 실천하지 않는 비율이 가장 높은 건강관리법은 다른 세 가지 건강관리법의 실천하지 않는 비율의 합보다 크다.

17 다음 [표]는 6개 기관(가~바)에서 제시한 2018년 경제 전망을 나타낸 자료이다. 주어진 [보고서]를 바탕으로 [표]의 A~F에 해당하는 기관이 바르게 짝지어진 것을 고르면?

○△×
○△×
○△×

[표] 기관별 2018년 경제 전망 (단위: %)

기관	경제 성장률	민간소비 증가율	설비투자 증가율	소비자물가 상승률	실업률
A	4.5	4.1	6.5	3.5	3.5
B	4.2	4.1	8.5	3.2	3.6
C	4.1	3.8	7.6	3.2	3.7
D	4.1	3.9	5.2	3.1	3.7
E	3.8	3.6	5.1	2.8	3.5
F	5.0	4.0	7.0	3.0	3.4

[보고서]

가 기관과 나 기관은 2018년 실업률을 동일하게 전망하였으나, 가 기관이 나 기관보다 소비자물가 상승률을 높게 전망하였다. 한편, 마 기관은 나 기관보다 민간소비 증가율이 0.5%p 더 높을 것으로 전망하였으며, 다 기관은 경제성장률을 6개 기관 중 가장 높게 전망하였다. 설비투자 증가율을 7% 이상으로 전망한 기관은 다, 라, 마 3개 기관이었다.

	A	B	C	D	E	F
①	가	라	마	나	바	다
②	가	마	다	라	나	바
③	가	마	라	바	나	다
④	다	라	나	가	바	마
⑤	마	라	가	나	바	다

18 다음 [그래프]는 외식업체 구매담당자들의 공급업체 유형별 신선편이농산물 속성에 대한 선호도 평가 결과를 나타낸 자료이다. 이를 바탕으로 작성된 [보고서]의 내용 중 옳은 것을 모두 고르면?

○△× ○△× ○△×

[그래프1] 공급업체 유형별 신선편이농산물의 가격적정성 및 품질 선호도 평가

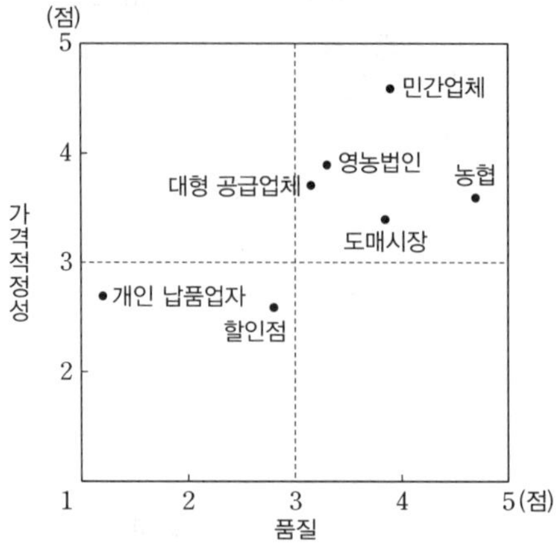

※ 점선은 각 척도(1~5점)의 중간값을 표시함

※ 각 속성별로 축의 숫자가 클수록 선호도가 높음을 의미함

[그래프2] 공급업체 유형별 신선편이농산물의 위생안전성 및 공급력 선호도 평가

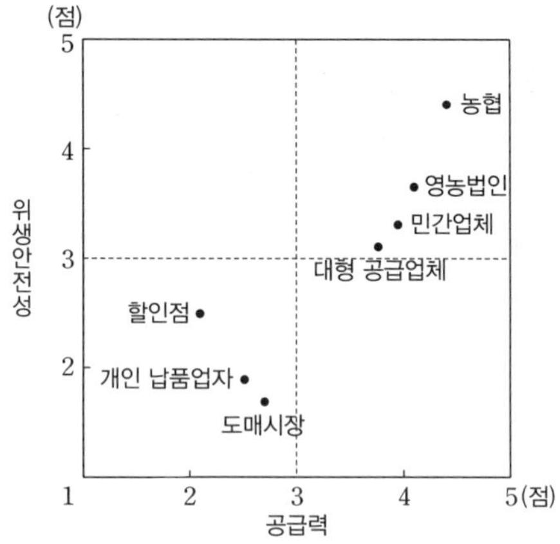

[보고서]

소비자의 제품 구입 의도는 제품에 대한 선호도에 의해 결정되므로 개별 속성에 대한 소비자의 인식을 파악하는 것이 중요하다. 신선편이농산물의 주된 소비자인 외식업체 구매담당자들을 대상으로 신선편이농산물의 네 가지 속성(가격적정성, 품질, 위생안전성, 공급력)에 의거하여 공급업체 유형별 선호도를 측정하였다. 그 결과를 바탕으로 두 가지 속성씩(가격적정성, 품질, 위생안전성, 공급력) 짝지어 공급업체들에 대한 선호도 분포를 2차원 좌표평면에 표시하였다.

이를 보면, ㉠ 외식업체 구매담당자들은 가격적정성과 품질 속성에서 각각 민간업체를 농협보다 선호하였다. ㉡ 네 가지 모든 속성에서 척도 중간값(3점) 이상의 평가를 받은 공급업체 유형은 총 네 개였고, ㉢ 특히 농협은 가격적정성, 품질, 공급력 속성에서 가장 선호도가 높았다. ㉣ 할인점은 공급력 속성에서 가장 낮은 선호도를 보인 공급업체 유형으로 나타났다. ㉤ 개인 납품업자는 네 가지 속성 각각에서 가장 낮은 선호도를 보였다.

① ㉠, ㉢ ② ㉡, ㉣ ③ ㉠, ㉢, ㉤ ④ ㉡, ㉢, ㉣ ⑤ ㉡, ㉣, ㉤

19 **다음과 같은 설문조사 결과가 나올 수 있는 상황으로 옳지 않은 것을 [보기]에서 모두 고르면?**

○△×
○△×
○△×

> 재정난을 겪고 있던 A회사는 일련의 구조조정을 단행한 직후 직원의 직장 만족도를 파악하기 위하여 설문조사를 실시하였다. 설문조사는 익명으로 실시되었으나, 설문지는 직장 만족도에 관련된 문항을 비롯하여 직위와 연령 및 근속연수 등의 다양한 문항으로 이루어졌다. 오래전부터 직원들이 회사에 불만이 많다는 소문이 있었기 때문에, 회사 임원진은 직원들의 직장 만족도가 매우 낮을 것으로 예상했다. 하지만 설문조사 결과는 예상을 벗어났다. 이번 설문조사 결과는 구조조정 전에 시행된 유사한 설문조사에 비해 평균적으로 높은 직장 만족도를 보여 주고 있다.

보기

㉠ 해고된 직원들은 대부분 회사에 대한 만족도가 낮았다.
㉡ 회사에 큰 기대가 없어서 불만이 적었던 직원 대부분이 해고되었다.
㉢ 구조조정 후 실시된 설문조사의 일부 문항들이 응답자의 신분을 노출시킬 수 있는 가능성을 포함하고 있기 때문에 직원들이 솔직한 응답을 하지 않았다.
㉣ 과거 직장 만족도 설문조사는 회사에 대한 직원들의 불만이 지금보다 훨씬 고조되었을 때 시행되었다.
㉤ 구조조정 후에 남은 직원들은 비록 회사에 다소 불만이 있더라도 자신이 해고되지 않았기 때문에 높은 만족도를 보일 수 있다.

① ㉠ ② ㉡ ③ ㉠, ㉢ ④ ㉡, ㉣ ⑤ ㉡, ㉤

20 키보드를 이용해 숫자를 계산하는 과정에서 키보드의 숫자 배열을 휴대폰의 숫자 배열로 착각하고 숫자를 입력하였다. 휴대폰과 키보드의 숫자 배열이 다음과 같을 때, 옳은 것을 [보기]에서 모두 고르면?

[휴대폰의 숫자 배열]

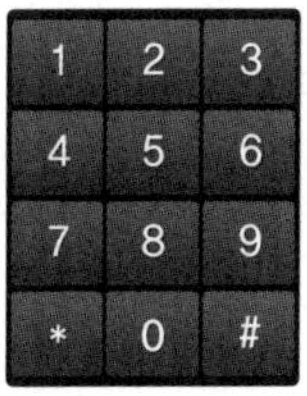

[키보드의 숫자 배열]

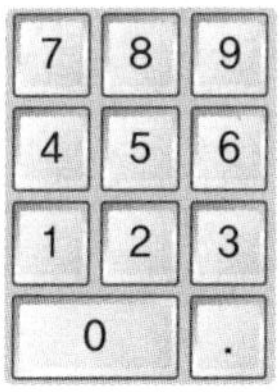

보기

㉠ '46×5'의 계산 결과는 옳게 산출되었다.
㉡ '789+123'의 계산 결과는 옳게 산출되었다.
㉢ '159+753'의 계산 결과는 옳게 산출되었다.
㉣ '753+951'의 계산 결과는 옳게 산출되었다.
㉤ '789−123'의 계산 결과는 옳게 산출되었다.

① ㉠, ㉡, ㉢　② ㉠, ㉡, ㉣　③ ㉠, ㉢, ㉤
④ ㉡, ㉢, ㉣　⑤ ㉡, ㉣, ㉤

21 다음 [표]는 A~F 행정동으로 구성된 '갑'시의 자치구 개편 및 행정동 간 인접 현황에 대한 자료이다. 주어진 [조건]을 바탕으로 옳지 않은 것을 고르면?

○△×
○△×
○△×

[표1] 행정동별 인구와 개편 전·후 자치구 현황

구분 / 행정동	인구(명)	개편 전 자치구	개편 후 자치구
A	1,500	가	( )
B	2,000	( )	( )
C	1,500	나	( )
D	1,500	( )	라
E	1,000	( )	마
F	1,500	다	( )

※ 자치구 개편 전·후 각 행정동의 인구수는 변화 없음

[표2] 행정동 간 인접 현황

행정동	A	B	C	D	E	F
A		1	0	1	0	0
B	1		1	1	1	0
C	0	1		0	1	1
D	1	1	0		1	0
E	0	1	1	1		1
F	0	0	1	0	1	

※ 두 행정동이 인접하면 1, 인접하지 않으면 0임

조건

- 개편 전 자치구는 '가', '나', '다' 3개이며, 개편 후 자치구는 '라', '마' 2개이다.
- 개편 전에는 한 자치구에 2개의 행정동이 속하고, 개편 후에는 3개의 행정동이 속한다.
- 동일 자치구에 속하는 행정동은 서로 인접하고 있으며, 행정동 간 인접 여부는 [표2]에 따라 판단한다.

① 자치구 개편 전, 행정동 E는 자치구 '다'에 속한다.
② 자치구 개편 후, 행정동 C와 행정동 E는 같은 자치구에 속한다.
③ 자치구 개편 전, 자치구 '가'의 인구가 자치구 '나'의 인구보다 많다.
④ 자치구 개편 후, 자치구 '라'의 인구가 자치구 '마'의 인구보다 많다.
⑤ 행정동 B는 개편 전 자치구 '나'에 속하고, 개편 후 자치구 '라'에 속한다.

22 **다음 [보기1]의 유형에 알맞은 것을 [보기2]에서 골라 바르게 짝지은 것을 고르면?**

ⓄⒶⓍ
ⓄⒶⓍ
ⓄⒶⓍ

보기1

A형: 어느 모임에서나 적극적으로 나서려고 한다. 외향적이고 활발하여 자신의 명성을 과업보다 우선순위에 놓는다. 이들의 핵심 욕구는 인정과 칭찬이다.

B형: 남들의 진실한 관심과 존중을 원한다. 장기적인 인간관계를 목표로 하기 때문에 언제나 신뢰를 구축하고 남의 얼굴을 익히는 것에 집중한다. 이들의 핵심 욕구는 친밀과 조화이다.

C형: 감정은 주관적이므로 객관성을 왜곡시킨다고 믿는다. 따라서 자신의 비이성적 행위가 목표달성을 방해할까 두려워한다. 이들의 핵심 욕구는 정보와 정확성이다.

D형: 타인을 지도하고 통제하려는 내적 욕구가 강하며 상황에 대해 적극적으로 책임을 지고자 한다. 이들은 목표달성을 원한다. 결과만을 놓고 성공 여부를 측정하려 한다. 이들의 핵심 욕구는 결과와 성취감이다.

보기2

㉠ 게임을 할 때, 이기고 지는 것보다 내가 어떻게 보이는지가 중요하다.
㉡ 게임에서는 이기는 것이 무엇보다 중요하다.
㉢ 게임에서는 이기고 지는 것보다 그 과정이 합리적으로 진행되는지가 중요하다.
㉣ 게임을 할 때, 이기고 지는 것보다 협동과 우정이 중요하다.

	A형	B형	C형	D형
①	㉠	㉣	㉡	㉢
②	㉠	㉣	㉢	㉡
③	㉣	㉠	㉢	㉡
④	㉣	㉡	㉢	㉠
⑤	㉣	㉢	㉡	㉠

23 ○△× ○△× ○△× **홈즈가 갑작스럽게 실종되었다. 왓슨은 홈즈가 자신에게 무언가를 남기고 갔을 것이라고 생각하고 홈즈의 방을 살펴보던 중, 파이프를 넣는 상자에서 의미를 알 수 없는 글귀가 적힌 종이 조각을 발견했다. 왓슨은 다음의 [암호 규칙표]를 통해 암호체계의 규칙을 찾고 종이에 적힌 암호 'EN HBANQJI'가 'Be careful'임을 알게 되었다. 왓슨은 홈즈에게 같은 방식으로 'I get you'라는 말을 암호로 전달했을 때, 왓슨이 어떤 암호문으로 보냈는지 고르면?**(단, 평문을 암호로 바꾸는 것을 함수식으로 표현하면 $y=f(x)=ax+b$, $x, y \in \{0, 1, 2, \cdots, 25\}$이고 이때 y값이 25가 넘으면 이 값을 26으로 나눈 나머지로 하며, a와 b는 $a, b \in \{0, 1, 2, \cdots, 25\}$이고 특히 a는 26과 서로소인 수이다.)

[암호 규칙표]

평문	A	B	C	D	E	F	G	H	I	J	K	L	M
숫자	0	1	2	3	4	5	6	7	8	9	10	11	12

평문	N	O	P	Q	R	S	T	U	V	W	X	Y	Z
숫자	13	14	15	16	17	18	19	20	21	22	23	24	25

① L FVS RTX ② L JHW BRX ③ Z JHW BRX
④ W QKD SOJ ⑤ Z TNG VRJ

24 다음 [표]는 운전면허시험관리단의 수익성 제고 계획에 대한 자료이다. 세부 내용 중 생략된 (가)~(라)와 [보기]의 내용이 바르게 연결된 것을 고르면?

○△×
○△×
○△×

[표] 운전면허시험관리단의 수익성 제고 계획

사업 내용	세부 내용
장내기능연습장 개장	• 추진의의 – 야간 및 휴일의 시험장 활용도 제고 – 저렴한 비용의 운전연습공간 제공 • 기대효과 – 장애인과 저소득층에 대한 교육기회 제공 – (가)
체험실습장	• 추진의의 – 안전운전교육 및 체험의 기회 확대 – 어린이부터 안전교육을 받을 수 있도록 배려 • 기대효과 – (나) – 사업의 다양화를 통한 세입기반 확대
인터넷 배너광고	• 추진의의 – 관리단 수입 감소에 따른 다양한 세원 발굴 • 기대효과 – 세입확대로 재무구조 건전성 강화 – (다)
종이원서를 응시카드로 대체	• 추진의의 – 인터넷 원서접수에 따른 응시원서 필요성 논란 – (라) • 기대효과 – 전국시험장 어디에서나 접수 및 응시 가능 – 응시원서 인쇄비 및 관리비 절감

보기

㉠ 관리상의 낭비요인 제고
㉡ 민원인에게 다양한 정보제공으로 편익 증진
㉢ 세입원 확보, 유휴 시설의 효율적 관리를 통한 예산 절감
㉣ 교통안전의식 고취

① (가)－㉣ ② (가)－㉡, (나)－㉣ ③ (다)－㉠
④ (라)－㉡ ⑤ (다)－㉡, (라)－㉠

25 사무관 A는 다음 [표]와 [전문가 자문회의]를 바탕으로 [업무보고 자료]를 작성하였다. [업무보고 자료]의 ㉠~㉣ 중 [표]와 [전문가 자문회의]의 내용에 부합하는 것을 모두 고르면?

○△×
○△×
○△×

[표] 산업단지별 유해물질 배출 현황

(단위: kg/톤, 톤/일)

구분 산업단지	배출농도	배출유량
가	1.5	10
나	2.4	5
다	3.0	8
라	1.0	11

[전문가 자문회의]

사무관 A: 지금까지 산업단지별 유해물질 배출 현황을 말씀드렸습니다. 향후 환경오염 방지를 위하여 유해물질 배출농도 허용기준을 강화하고자 합니다. 배출농도 허용기준을 현행보다 20% 낮추어 '2.0kg/톤 이하'로 하면 어떨까 합니다.

전문가 1: 현재보다 20% 낮추어 배출농도 허용기준을 강화하면 허용기준을 만족하지 못하는 산업단지가 추가로 생기게 됩니다.

전문가 2: 배출농도 허용기준 강화로 자칫 산업 활동에 위축을 가져오지 않을까 우려됩니다.

전문가 3: 배출 규제 방식을 바꾸면 어떨까 합니다. 허용기준을 정할 때 배출농도 대신, 배출농도와 배출유량을 곱한 총 배출량을 사용하면 어떨까요?

전문가 1: 배출농도가 높더라도 배출유량이 극히 적다면 유해물질 하루 총 배출량은 적을 수도 있고, 반대로 배출농도는 낮지만 배출유량이 매우 많다면 총 배출량도 많아지겠군요.

전문가 3: 그렇습니다. 배출되는 유해물질의 농도와 양을 종합적으로 고려하자는 것이죠. 유해물질 배출 규제를 개선하려면 총 배출량 허용기준을 '12kg/일 이하'로 정하면 될 것 같습니다.

사무관 A: 제안하신 방식에 대한 문제점은 없을까요?

전문가 2: 배출유량의 정확한 측정이 어렵고 작은 오차라도 결괏값에는 매우 큰 차이를 가져올 수 있습니다.

사무관 A: 전문가분들의 소중한 의견 감사드립니다.

[업무보고 자료]

I. 현황 및 추진배경

- ㉠ 현행 유해물질 배출농도 허용기준 적용 시 총 4개 산업단지 중 2곳만 허용기준을 만족함
- 유해물질 배출 규제 개선을 통해 환경오염을 미연에 방지하고 생태계 건강성을 유지하고자 함

II. 유해물질 배출 규제 개선(안)

- 배출농도 허용기준 강화
  - ○ 현행 허용기준보다 20% 낮추는 방안
    - – ㉡ 현행 대비 20%를 낮출 경우 배출농도 허용기준은 '2.0kg/톤 이하'로 강화됨
    - – ㉢ 강화된 기준 적용 시 총 4개 산업단지 중 1곳만 배출농도 허용기준을 만족함
  - ○ 문제점
    - – 배출농도 허용기준 강화로 산업 활동 위축이 우려됨

□ 배출 규제 방식 변경

○ 총 배출량을 기준으로 유해물질 배출 규제

– 총 배출량=배출농도×배출유량

– 총 배출량 허용기준: 12kg/일 이하

– ㉣ 새로운 배출 규제 방식 적용 시 총 4개 산업단지 중 2곳만 허용기준을 만족함

○ 문제점

배출유량의 정확한 측정이 어렵고 작은 오차라도 결괏값에 큰 영향을 줄 수 있음

① ㉠, ㉡ ② ㉠, ㉢ ③ ㉡, ㉣ ④ ㉠, ㉢, ㉣ ⑤ ㉡, ㉢, ㉣

정답과 해설 ▶ P.22

eduwill

에듀윌 공기업

매일 1회씩 꺼내 푸는 NCS

DAY 05

eduwill

매1N 3회독 루틴 프로세스

*더 자세한 내용은 매1N 3회독 학습가이드를 확인하세요!

1 3회독 기록표에 학습날짜와 문제풀이 시작시간을 적습니다.

2 시험장에서 문제를 푸는 것처럼 풀어 보세요.

3 모바일 OMR 또는 회독용 답안지에 마킹한 후, 종료시간을 적고 초과시간을 체크합니다.

▶모바일 OMR 바로 가기

[1회독용] http://eduwill.kr/nmoF

[2회독용] http://eduwill.kr/XmoF

[3회독용] http://eduwill.kr/lmoF

4 문항별 3회독 체크표(○△✕)에 표시합니다. 문제를 풀면서 알고 풀었으면 ○, 헷갈렸으면 △, 전혀 몰라서 찍었으면 ✕에 체크하세요.

3회독 TIP

- 1회독: 25문항을 빠짐없이 풀어 보세요.
- 2~3회독: 틀린 문항만 골라서 풀어 보세요.

3회독 기록표

1회독		2회독		3회독	
학습날짜	월 일	학습날짜	월 일	학습날짜	월 일
시작시간	:	시작시간	:	시작시간	:
종료시간	:	종료시간	:	종료시간	:
점 수	점	점 수	점	점 수	점

01 다음 글을 요약한 내용으로 옳은 것을 고르면?

○△×
○△×
○△×

유럽연합(EU)의 기원은 독일, 프랑스, 이탈리아 및 베네룩스 3국이 1951년 창설한 유럽석탄철강공동체(ECSC)이다. ECSC는 당시 가장 중요한 자원의 하나였던 석탄과 철강이 국제 분쟁의 주요 요인이 되면서 자유로운 교류의 필요성이 대두됨에 따라 관련 국가들이 체결한 관세 동맹이었다. 이 관세 동맹을 통해 다른 산업 분야에서도 상호 의존이 심화되었으며, 그에 따라 1958년에 원자력 교류 동맹체인 유럽원자력공동체(EURATOM)와 여러 산업 부문들을 포괄하는 유럽경제공동체(EEC)가 설립되었다. 그 후 1967년에는 이 세 공동체가 통합하여 공동 시장을 목표로 하는 유럽공동체(EC)로 발전하였다. 이어 1980년대에 경제 위기로 인한 경색이 나타나기도 했으나, 1991년에는 거의 모든 산업 분야를 아울러 단일 시장을 지향하는 유럽연합(EU) 조약이 체결되었다. 이러한 과정과 효과가 비경제적 부문으로 확산되어 1997년 암스테르담 조약과 2001년 니스 조약 체결을 통해 유럽은 정치적 공동체를 지향하게 되었다. 2004년 유럽헌법제정 조약을 통하여 국가를 대체하게 될 새로운 단일 정치 체제를 수립하려던 시도는 일부 회원국 내에서의 비준 반대로 비록 실패로 돌아갔지만, 상당수의 전문가들은 장기적으로는 유럽 지역이 하나의 연방 체제를 구상하는 정치 공동체가 될 것이라고 예측하고 있다.

① 국제 관계에서 국가가 하나의 행위자로서 국익을 추구하듯이 유럽 지역은 개별 국가의 이익보다 유럽 전체의 이익에 중점을 두었다.
② 유럽 통합은 자본주의 체제에서 발생하는 위기를 부분적으로 해결하려는 지배 계급의 시도이며, 유럽연합은 국가의 연합체로서 이들의 이익을 대변하는 장치이다.
③ 국제 관계는 국가를 독점적으로 대표하는 정부들의 협상으로 결정되며, 유럽 통합과 관련해 각국 정부는 유럽 체제라는 구조에 의해 결정된 국익을 기능적으로 대변한다.
④ 유럽의 지역 경제 통합의 배경에는 자유 무역을 저해하는 보호주의 발생 방지라는 정치적 성격이 처음부터 있었다는 점에서 유럽의 정치 공동체화는 충분히 예견될 수 있었다.
⑤ 산업 발전의 파급 효과에 따른 국가 간 상호 의존도 강화가 유럽 지역의 경제 통합을 이끌어 내었으며 이를 바탕으로 정치 통합으로 이어지는 과정을 보여 주고 있다.

02 다음 글의 내용에 부합하는 설명이 아닌 것을 고르면?

○△×
○△×
○△×

'권위'와 '권위주의'는 자주 혼용되는 개념이다. '독재주의'라는 말로 대치될 수 있는 '권위주의'가 단지 언어적 기호 내지 상징이 같다는 이유만으로 그 의미가 다른 '권위'와 오용되고 있는 것이다.

정치력이나 경제력에 바탕을 두고 있는 권위주의와 달리 권위는 인품과 도덕성, 실질적인 능력에서 비롯된다. 그것은 어디까지나 개인적이다. 권위가 지위나 역할에 따른 것이라 할지라도 그것은 우연히 이루어진 것이 아니라, 연륜과 인격, 성실한 노력, 두뇌와 학식 및 기량을 통해 얻어진 것이다. 만일 우리 사회에서 권위나 위신까지도 인정하지 않는다면 질서나 선의의 경쟁은 깨지고 인격의 도야나 진지한 노력도 포기되고 말 것이다. 그 어떤 지위나 책임을 가진 사람이 하는 말에 귀 기울이지 않는 태도에는 사회의 규범이나 인간의 도리조차 인정치 않는 발상이 포함되어 있다. 자신에게 편하고 이익이 있고 원하는 일이라면 다른 사람이 어찌 되든 상관할 바 아니라는 것이다. 이러한 사고방식은 매우 편할 것 같지만, 결국 자기 자신에게도 불리한 결과를 낳게 된다. 사회는 다른 사람과 함께 더불어 살아가는 곳이기 때문이다.

과거에는 권력 구조나 체계의 정통성 및 정당성, 그리고 권력의 장악이나 부의 축적 과정이 합법적이고 정당한 절차를 밟지 않은 경우도 있었다. 정치권에서 주로 논의되던 권력의 정통성 시비에서 비롯된 권위주의의 청산 문제는 권위와 권위주의의 혼동 속에서 무분별하게 확산되었고, 결국 권위마저 타파의 대상이 되었다. 이 과정에서 우리 사회에는 권위까지도 설 땅을 잃게 되었다. 그러나 지식과 학문의 사회에서 지적 권위와 인격적 권위가 인정되지 않는다면 교육은 존립할 수 없게 된다. 이는 산업 기술 사회에서도 그대로 적용된다. 미숙련공은 숙련공의 지식과 기술과 경험을 존중해야 한다. 그 바탕으로 비로소 기술 전수가 가능하며 기능 분담이 생기게 된다. 그것이 바로 기술 사회의 권위이다.

권위는 지배와 복종의 관계를 의미하지는 않는다. 이는 어떤 의미에서 분업과 협력의 관계이다. 따라서 권위를 지나치게 기계적이고 획일적으로 생각하는 것은 옳지 않다. 한편, 오늘날의 대중 사회에서는 대중 매체를 통한 상징 조작의 문제가 가끔 지적된다. 즉, 정치·경제·사회·종교·문화 등의 지도자들은 자신의 권위와 위신을 일반 대중에게 심어주기 위해 대중 매체를 통한 상징 조작에 노력을 기울인다. 그러나 우리가 말하는 권위는 강요되거나 조작되는 것이 아니다.

① 오늘날의 지도자들은 대중 매체를 이용하여 대중으로부터 권위를 획득한다.
② 권위는 개인적 성품과 역량을 통해 얻어지는 것이므로 사회적 배경 속에서 나타난 권위주의와 구별하여야 한다.
③ 권위는 인품과 도덕성, 실질적인 능력에서 비롯되며, 만약 사회에서 권위가 인정되지 않는다면 교육은 존립할 수 없게 될 것이다.
④ 권력 획득 및 부의 축적 과정에서 비롯된 과거의 모순을 타파하고자 한 권위주의 청산 운동은 결과적으로 부정적인 상태를 초래하기도 하였다.
⑤ 권위와 권위주의를 동일시하는 혼동 속에서 권위 역시 위험한 상태에 놓이게 되었지만 권위주의와 달리 권위는 지키고 존중해 나가야 한다.

03 다음 글을 바탕으로 추론한 내용으로 옳은 것을 고르면?

○△×
○△×
○△×

녹색 성장에서 중요시하는 것은 신재생에너지 분야이다. 이 중 유망 산업으로 주목받고 있는 신재생에너지 분야는 국가의 성장 동력으로 삼아 집중적으로 육성할 필요가 있다. 2030년까지 전체 에너지 중 신재생에너지의 비율을 11%로 확대하려는 정부의 정책은 탄소 배출량 감축과 성장 동력 육성이라는 두 마리 토끼를 잡기 위한 전략이다. 우리나라에서 신재생에너지란 수소, 연료전지, 석탄 가스화 복합발전 등의 신에너지와 태양열, 태양광, 풍력, 바이오, 수력, 지열, 폐기물 등의 재생가능에너지를 통칭하여 부르는 용어이다. 2007년을 기준으로 신재생에너지의 구성비는 폐기물 77%, 수력 14%, 바이오 6.6%, 풍력 1.4%, 기타 1% 등으로 나타났으나, 전체 에너지에서 이들 신재생에너지가 차지하는 비율은 2.4%에 불과했다.

따라서 정부는 '에너지 및 자원 사업 특별회계'와 '전력기금'으로 신재생에너지 기술개발 지원 사업을 확대할 필요가 있다. 특히 산업 파급 효과가 큰 태양광, 연료전지, 풍력 분야에 대한 국산화 지원과 더불어 예산 대비 보급 효과가 큰 바이오 연료, 폐기물 연료 분야에 대한 지원을 강화하는 정책도 개발되어야 한다. 이러한 지원 정책과 함께 정부는 신재생에너지의 공급을 위한 다양한 규제안도 도입해야 할 것이다.

① 환경 보전을 위해 경제 성장을 제한하고 삶의 질을 높여야 한다.
② 전체 에너지에서 신에너지가 차지하는 비율은 재생가능에너지의 비율보다 크다.
③ 2007년 기준, 전체 에너지에서 폐기물을 이용한 에너지가 차지하는 비율은 2% 이하이다.
④ 정부는 녹색 성장을 위해 규제 정책을 포기하고 시장 친화 정책을 도입해야 한다.
⑤ 산업 파급 효과가 큰 에너지 분야보다 예산 대비 보급 효과가 큰 에너지 분야를 지원해야 한다.

04 다음 글을 바탕으로 판단한 내용으로 옳은 것을 고르면?

○△×
○△×
○△×

저소득층의 기본적인 욕구를 비교적 간단한 과학 원리로 충족시키는 제품을 개발하는 데 주로 사용되는 기술을 '적정 기술' 또는 '따뜻한 기술'이라고 한다. 그러나 적정 기술이 반드시 첨단 기술을 배제하는 것은 아니다. 최근 영국에서는 최첨단 나노 기술을 적용하여 미세한 바이러스 입자까지 걸러내는 정수 필터를 개발하였다. 이 정수 필터를 장착한 물통은 무려 2만 5천 리터의 물을 정수할 수 있는데, 하루에 단돈 0.5센트로 4명의 가족이 3년간 마실 수 있는 물을 확보할 수 있을 정도이다. 이 물통을 보급한다면 아프리카에 우물을 파는 것보다 훨씬 적은 비용으로 더 많은 사람에게 혜택을 줄 수 있을 것이다.

이렇듯 적정 기술은 빈곤 문제를 해결할 수 있는 대안이 될 수 있다. 현재 불균형 발전의 문제는 세계 지도자들의 논의로 충분히 의제화되어 있으며, 그 원인 또한 어느 정도 규명되고 있다. 그러나 이러한 논의는 하루 1달러 미만으로 매 순간 절망 속에서 살아가는 14억 인구가 현재의 생계유지와 더 나은 미래 사이에서 당장 무엇을 어떻게 해야 할 것인가에 관해서는 명확한 방안을 제시하지 못하고 있다. 이러한 상황에서 적정 기술은 획기적인 문제 해결을 내리지 못하더라도 상당한 수준의 기여를 할 수 있다.

지금도 많은 과학자와 공학자가 수많은 적정 기술을 개발하여 이를 적용한 제품을 만들어 내고 있다. 그러나 문제는 대부분의 제품이 온라인이나 보고서상에만 존재하고 있으며 실용화되어 널리 쓰이고 있는 제품은 찾아보기가 매우 힘들다는 데 있다. 대다수의 제품 개발자는 다국적 기업에 비해 사업 규모나 유통 인프라가 매우 영세하여 그들의 제품을 꼭 필요로 하는 이들에게 구매의 기회조차 제공하지 못하기 때문이다.

① 적정 기술은 실제 활용의 측면에서 해결해야 할 과제가 있다.
② 적정 기술은 앞선 기술력을 보유한 다국적 기업에 의해 전적으로 개발되고 있다.
③ 첨단 기술은 간단하거나 단순하지 않기 때문에 적정 기술 개발에 활용되지 않는다.
④ 적정 기술은 빈곤과 불균형 문제의 해결보다는 현상과 원인을 규명한다는 점에서 더 의미가 있다.
⑤ 적정 기술은 자선을 위해 무상으로 공급하는 제품에 적용되는 기술에 국한된다.

[05~06] 다음은 관광숙박업 시설별 일람표의 일부이다. 이를 바탕으로 질문에 답하시오.

[관광숙박업 시설별 일람표]

<table>
<tr><td>법인명
(※ 법인의 경우)</td><td colspan="2"></td><td colspan="2">상호(명칭)</td><td></td><td colspan="2">대표자</td><td></td></tr>
<tr><td>사업계획 승인일</td><td colspan="2">. . .</td><td colspan="2">소재지</td><td></td><td colspan="2">입지</td><td>지역</td></tr>
<tr><td>최초등록일</td><td colspan="2">. . .</td><td colspan="2">등급</td><td></td><td colspan="2">등급결정일</td><td>. . .</td></tr>
<tr><td rowspan="2">시설규모</td><td>대지면적</td><td colspan="2">m^2</td><td>건축면적</td><td colspan="2">m^2</td><td>연건축면적</td><td colspan="2">m^2</td></tr>
<tr><td>층수</td><td colspan="3">지하 층, 지상 층</td><td colspan="2"></td><td colspan="3">실</td></tr>
<tr><td rowspan="2">객실형태</td><td colspan="2">싱글(m^2)</td><td colspan="2">더블(m^2)</td><td>트윈(m^2)</td><td colspan="2">한실(m^2)</td><td>스위트(m^2)</td></tr>
<tr><td colspan="2">m^2
(실)</td><td colspan="2">m^2
(실)</td><td>m^2
(실)</td><td colspan="2">m^2
(실)</td><td>m^2
(실)</td></tr>
<tr><td>운영형태</td><td colspan="2">※ 호텔업명</td><td colspan="7">(호텔) 객실회원 수 명</td></tr>
<tr><td>부대시설</td><td colspan="9"></td></tr>
<tr><td>주차시설</td><td colspan="9">• 법정 대수: 대(m^2)
• 현황: 대(m^2)</td></tr>
</table>

05 일람표 양식에 기재할 요소로 옳지 않은 것을 고르면?

○△× ① 관광사업자 등록증 기준 상호
○△× ② 사업계획 승인일
○△× ③ 등급 유효 기간
④ 대지면적, 건축면적, 연건축면적, 층수
⑤ 영업장 소재지

06 일람표의 작성과 관련 있는 사항으로 옳은 것을 고르면?

○△× ① 법인명: 일반 사업자는 법인명을 기재하지 않아도 무방하다.
○△× ② 소재지: 모 기업이 존재하는 경우 숙박 시설의 소재지가 아닌 본사의 소재지를 기재한다.
○△× ③ 등급: 처음으로 등급 심사를 신청하는 숙박 시설이 있다면 희망 등급을 기재한다.
④ 객실회원 수: 연중 가장 투숙객이 많은 달을 기준으로 기재한다.
⑤ 주차시설: 실제 주차 가능 대수와 법정 대수는 정확하게 일치해야 한다.

07 **다음은 자치단체의 건설 입찰제도 규정이다. 이를 바탕으로 [상황]을 고려할 때 비리에 해당하는 경우로 추정되지 않는 것을 고르면?**

○△✕
○△✕
○△✕

[현 입찰제도]

▶ 공개경쟁 입찰제
- 1억 원 이상 공사: 50억 원 미만 광역자치단체로 참여 업체 제한
- 50억 원 이상 공사: 전국 단위 업체 참여
- 물품 구매, 용역: 3,000만 원 이상

▶ 제한경쟁 입찰제
- 공사 수주 실적, 신기술 등 입찰 참가 자격을 일정 부분 제한

▶ 수의계약
- 일반건설업: 1억 원 미만 공사에 대하여 자치단체에서 업체 임의선정
- 전문건설업: 7,500만 원 미만의 전문건설업의 경우 자치단체에서 업체 임의선정(업종에 따라 금액 차등)
- 3,000만 원 미만의 용역, 구매
- 수해 복구 등 긴급을 요하는 상황이나 신기술에 해당할 경우 수의계약 가능

[상황]

수의계약으로 업체를 선정할 때에는 자치단체의 장(長)이 직접 개입하여 판정하고 있다. 이는 선거제도의 특성상 권력의 독점화와 부정과 비리가 발생할 여지가 있다.

① 수의계약을 유도하기 위해 하나의 공사를 여러 개로 분할하여 발주하고, 지역 상권을 보호한다는 명분으로 특정 업체와 계약하였다.

② 총괄설계와 총괄입찰을 통해 일괄적으로 시행해야 할 공사를 예산 부족이라는 이유로 해마다 수의계약이 가능한 금액 범위 내로 분할하여 특정 업체에 발주하였다.

③ 지역 내에서 신기술이 개발되었을 때 그 기술이 다른 지역에 넘어가지 않기 위한 목적으로 자치단체장이 1억 원 이상의 거금을 들여 수의계약을 임의로 지시하였다.

④ 지방자치단체 선거 당시 도움을 줬던 유관 업체에 일감을 나누어 계약하는 한편, 선거 자금 회수를 위하여 일정 액수의 리베이트를 받았다.

⑤ 수해 복구 등 긴급을 요하는 상황일 경우 수의계약이 가능하다는 조항을 이용하여 수해 후 오랜 시간이 지난 경우에도 수의계약으로 발주하였다.

08 다음은 쪽방촌을 취재한 기획 기사의 일부이다. 이를 바탕으로 추론한 내용으로 적절하지 <u>않은</u> 것을 [보기]에서 모두 고르면?

○△×
○△×
○△×

○○일보 특별 기획: 쪽방촌 사람들

쪽방은 성인 한 사람이 누워서 있을 만한 공간이다. 면적은 0.5~1평 정도로, 두 명이 자려면 칼잠을 자야 할 크기이다. 가로, 세로가 각각 1.2m, 2m 정도가 일반적인 방의 크기이다. 높이는 1.7~2m 정도로 키가 큰 사람은 바로 서 있기가 불편할 정도이다.

쪽방은 일세나 월세의 형태로 세를 놓는다. 월세의 경우더라도 보증금이 있는 곳은 거의 없다. 대개 월세방이 최소한 몇 달 치 월세를 합한 것 이상의 보증금을 받거나 사글세라 하여 여러 달 치의 임대료를 미리 받고 세를 주는 경우가 많은데, 쪽방의 경우 보증금이 전혀 없는 월세라는 점에서 차이가 있다.

월세를 놓는 방은 수입이 비교적 안정적이지만, 일세로 방을 놓으면 매일 호객을 해야 한다. 또한 세가 놓이지 않는 경우도 있기 때문에 수입이 일정하게 보장되지 않는다. 그래서 장기간에 걸쳐 월세를 내고 생활하는 사람들이 선호되고, 그런 사람은 쪽방 주인과 친분이 형성된다. 만약 어려운 사정으로 인해 월세를 내지 못하는 사람이 있으면 쪽방 주인은 몇 달 정도 월세를 미뤄 주기도 한다.

쪽방 사람들은 거처를 매우 자주 옮기는 편이고, 주거의 안정성이 매우 낮다. 일자리 때문에 지방을 오가는 이들도 많고, 서울의 쪽방 지역을 두루 돌아다니는 경우도 있다. 노숙을 하다가 돈이 생기거나 날씨가 궂을 때 쪽방을 잠깐 이용하는 경우도 있다. 어떤 형태든 이들이 한 방에서 계속 생활하는 기간은 그리 길지 않다. 이렇게 거처의 이동이 잦은 이용자의 특성과 일세나 보증금이 없는 월세라는 임대 형태는 매우 관련이 깊은 것이 분명하다.

방값의 수준을 보면, 일세는 하루 4천 원에서 7천 원 정도이며, 월세인 경우는 10만 원에서 15만 원 정도이다. 일세 5천 원짜리 방이라면 매월 15만 원을 내는 셈이고, 이를 시중에서 월세와 보증금을 환산하는 비율인 월 2%로 계산하면 750만 원짜리 전세방에 사는 꼴이 된다. 이 정도면 서울 시내 산동네의 네 평짜리 단칸방 전세에 해당하는 것이다. 모아 둔 돈이 거의 없는 쪽방 사람들의 사정을 고려하면, 산동네 단칸방이 그림의 떡이라고 여기는 이도 있을 것이다. 하지만 개중에는 충분히 좀 더 나은 주거 공간으로 옮겨갈 경제적 능력이 있는 사람들도 있다. 이들이 상대적으로 비싼 돈을 내고 쪽방에서 계속 생활하는 이유는 쪽방의 입지, 쪽방 사람들이 하는 일의 특성 등 다양한 요인이 고려되어야 할 것이다.

보기

㉠ 쪽방은 0.5~1평 정도로 두 명이 잠을 자는 것은 불가능한 공간이다.
㉡ 쪽방 주인은 월세를 놓은 사람에게 방값을 뜯기는 경우도 있을 수 있다.
㉢ 쪽방을 이용하는 사람 중에는 노숙자도 있다.
㉣ 기사 내용의 계산에 따르면 일세 7,000원짜리 쪽방의 전세 환산금은 10,080,000원이다.
㉤ 충분한 형편에도 전셋집을 얻지 않고 쪽방을 이용하는 사람들은 경제성보다는 이동의 편의성이나 자금의 유동성 등을 중시하기 때문일 수 있다.

① ㉠, ㉡　② ㉠, ㉣　③ ㉠, ㉤　④ ㉡, ㉢　⑤ ㉡, ㉢, ㉤

09 마트에서 복숭아 12개를 한 상자로 묶어서 14,000원에 판매하고 있다. 낱개로는 1개당 1,500원에 구입할 수 있다면, 8만 원으로 살 수 있는 복숭아는 최대 몇 개인지 고르면?

○△×
○△×
○△×

① 65개 ② 66개 ③ 67개 ④ 68개 ⑤ 69개

10 서울메트로는 지하철역에 대한 시설 점검을 할 예정이다. 시설 점검 예정인 역은 A~O역으로 총 15개 역이고, 오늘은 15개 역 중 3개의 역을 점검하려고 한다. 이때, 3개 역을 무작위로 골라 점검하는 경우의 수를 고르면?

○△×
○△×
○△×

① 225가지 ② 455가지 ③ 625가지 ④ 800가지 ⑤ 910가지

11 다음 [표]는 2004~2011년 연령대별 여성취업자에 대한 자료이다. 이에 대한 설명으로 옳지 않은 것을 고르면?

○△×
○△×
○△×

[표] 연령대별 여성취업자 수 (단위: 천 명)

구분	전체 여성취업자	연령대		
		20대	50대	60대 이상
2004년	9,364	2,233	1,283	993
2005년	9,526	2,208	1,407	1,034
2006년	9,706	2,128	1,510	1,073
2007년	9,826	2,096	1,612	1,118
2008년	9,874	2,051	1,714	1,123
2009년	9,772	1,978	1,794	1,132
2010년	9,914	1,946	1,921	1,135
2011년	10,091	1,918	2,051	1,191

① 20대 여성취업자 수는 매년 감소하였다.
② 2011년에 20대 여성취업자 수는 전년 대비 3% 이상 감소하였다.
③ 50대 여성취업자 수가 20대 여성취업자 수보다 많은 해는 2011년뿐이다.
④ 2007~2010년에 전체 여성취업자의 전년 대비 증감폭은 2010년이 가장 크다.
⑤ 전체 여성취업자 중 50대 여성취업자 수가 차지하는 비중은 2011년이 2005년보다 높다.

12 다음 글을 바탕으로 판단할 때, 2020학년도 A대학교 ○○학과 입학 전형 합격자를 고르면?

○△× ○△× ○△×

○ A대학교 ○○학과 입학 전형
– 2020학년도 대학수학능력시험의 국어, 수학, 영어 3개 과목을 반영하여 지원자 중 1명을 선발한다.
– 3개 과목 평균등급이 2등급(3개 과목 등급의 합이 6) 이내인 자를 선발한다. 이 조건을 만족하는 지원자가 여러 명일 경우, 3개 과목 원점수의 합산 점수가 가장 높은 자를 선발한다.

○ 2020학년도 대학수학능력시험 과목별 등급에 따른 원점수 커트라인 (단위: 점)

과목＼등급	1	2	3	4	5	6	7	8
국어	96	93	88	79	67	51	40	26
수학	89	80	71	54	42	33	22	14
영어	94	89	85	77	69	54	41	28

※ 예를 들어 국어 1등급은 100~96점, 국어 2등급은 95~93점임

○ 2020학년도 A대학교 ○○학과 지원자 원점수 성적 (단위: 점)

지원자	국어	수학	영어
갑	90	96	88
을	89	89	89
병	93	84	89
정	79	93	92
무	98	60	100

① 갑 ② 을 ③ 병 ④ 정 ⑤ 무

[13~14] A회사는 내부 직원을 대상으로 건물 각 층의 휴게실을 새롭게 바꾸고자 한다. 다음 [표]는 직원을 대상으로 설문조사를 실시한 결과이다. 이를 바탕으로 질문에 답하시오.

[표] 사내 휴게실 평가 결과 (단위: 점)

분류	평가 항목			사용률(%)	직원 만족도
	디자인	편의성	안전성		
1층	4.5	3.0	3.2	10	2.8
2층	4.7	4.1	3.8	40	4.8
3층	3.9	3.5	3.8	20	3.6
4층	2.8	4.5	4.2	38	4.6
5층	4.1	3.6	4.6	31	3.9

※ 각 항목별 5점 만점이며, 5점에 가까울수록 좋은 평가를 받음

13 주어진 [표]를 [그래프]로 나타냈을 때, 옳은 것을 고르면?(단, 그래프의 단위는 점이다.)

①
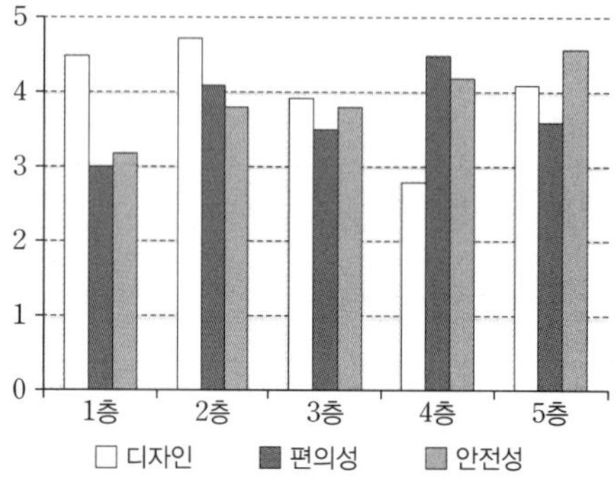

②
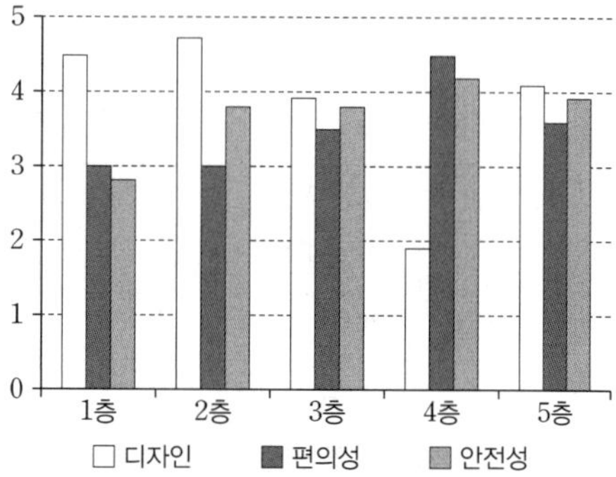

③
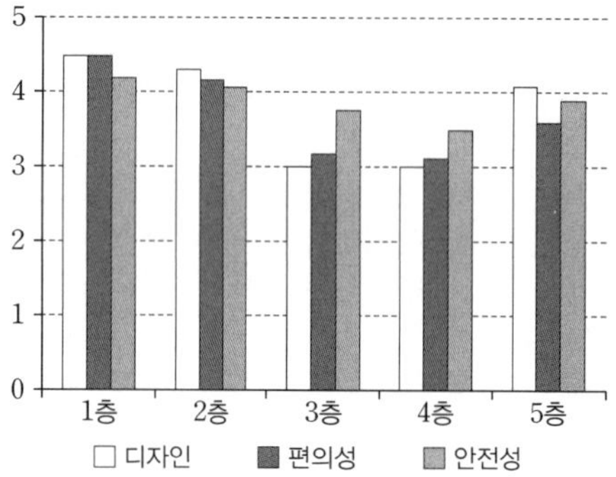

④
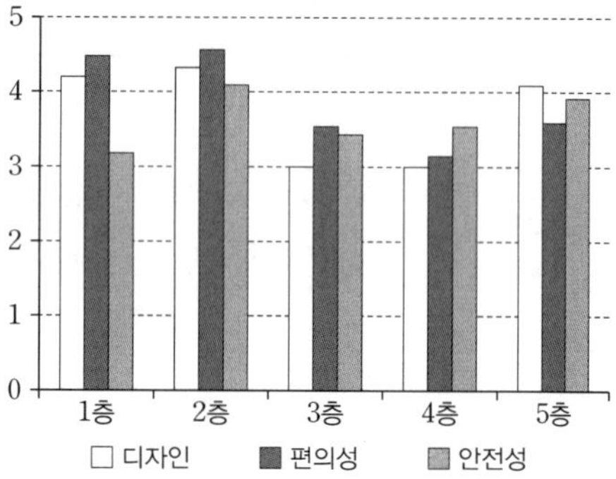

⑤
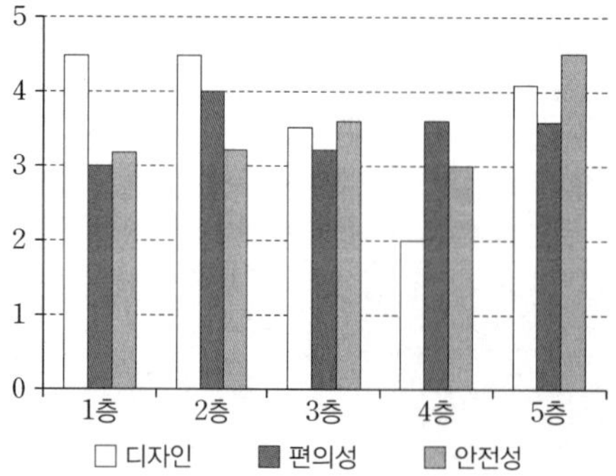

14 주어진 자료에 대한 설명으로 옳은 것을 고르면?

○△× ① 1층 휴게실은 편의성과 안전성 부분을 개선한다면 높은 사용률을 얻을 수 있을 것이다.

○△× ② 5층은 직원 만족도가 높은데 비해 사용률이 적으므로, 5층에 근무하는 직원 수가 적을 것이다.

○△× ③ 평가 항목의 합산점수가 높은 순서대로 휴게실을 나열하면, 2층, 5층, 3층, 4층, 1층이다.

④ 개별 층의 각 평가 항목을 비교해보면 상대적으로 2층은 안전성을, 4층은 디자인 부분을 보완할 필요성이 있다.

⑤ 디자인 점수와 사용률은 비례한다.

15 다음 [표]는 A~H 8개국의 2020년 국가별 국민 1인당 교육비에 대한 자료이다. 이에 대한 설명으로 옳은 것을 고르면?

○△×
○△×
○△×

[표] 2020년 국가별 국민 1인당 교육비 (단위: 원)

국가	1인당 초등교육비(A)	1인당 중등교육비(B)	1인당 고등교육비(C)	1인당 교육비(A+B+C)
A	4,351	5,518	11,550	21,419
B	3,155	4,069	6,118	13,342
C	1,235	2,238	11,237	14,710
D	6,995	8,855	20,358	36,208
E	1,011	1,219	2,057	4,287
F	4,486	7,636	8,373	20,495
G	6,631	9,780	18,450	34,861
H	4,697	6,386	12,168	23,251

① G국의 총 초등교육비는 총 고등교육비보다 크다.

② 1인당 중등교육비가 가장 큰 국가는 1인당 고등교육비도 가장 크다.

③ H국의 총 교육비는 8개국 중 3위이다.

④ 모든 국가에서 1인당 초등교육비는 그 국가의 1인당 중등교육비나 1인당 고등교육비보다 항상 작다.

⑤ A, D, E, F국 중에서 총 초등교육비가 가장 작은 국가는 E이다.

16 다음 [표]는 실내공기질 기준 및 교육시설의 주요 오염물질에 대한 자료이다. 이에 대한 설명으로 옳지 않은 것을 고르면?

○△× ○△× ○△×

[표1] 실내공기질 기준

실내공기 오염물질	기준치
포름알데히드($\mu g/m^3$)	120
총 부유세균(CFU/m^3)	800
미세먼지($\mu g/m^3$)	100

[표2] 교육시설의 주요 오염물질

오염물질	교육시설	평균	최솟값	최댓값
포름알데히드($\mu g/m^3$)	유치원	174.3	40.2	616.7
	초등학교	134.1	13.4	630.1
	중학교	160.9	13.4	1,219.9
	고등학교	160.9	13.4	1,219.9
총 부유세균(CFU/m^3)	유치원	1,474.7	272.0	4,646.0
	초등학교	1,309.2	141.0	4,675.0
	중학교	1,178.7	150.0	5,152.0
	고등학교	1,053.0	91.0	2,188.0
미세먼지($\mu g/m^3$)	유치원	94.9	26.0	216.0
	초등학교	66.0	16.0	294.0
	중학교	83.5	16.0	270.0
	고등학교	86.0	26.0	221.0

① 유치원의 평균 포름알데히드 값은 실내공기질 기준치를 40% 이상 초과했다.

② 조사 대상인 모든 교육시설의 미세먼지의 오염수준은 실내공기질 기준치를 모두 준수하는 것은 아니다.

③ 중학교의 경우 평균 총 부유세균 값이 기준치를 초과하는 비율은 평균 포름알데히드 값이 기준치를 초과하는 비율보다 낮다.

④ 포름알데히드의 오염수준이 기준치의 5배 이상인 초등학교도 있다.

⑤ 총 부유세균의 오염수준이 기준치를 초과하지 않은 고등학교도 있다.

17 다음 [표]와 [그림]은 A사의 공장에서 물류센터까지의 수송량과 수송비용에 대한 자료이다. [정보]를 참고할 때, 이에 대한 설명으로 옳지 않은 것을 고르면?

○△×
○△×
○△×

[표] 공장에서 물류센터까지의 수송량

(단위: 개)

공장 \ 물류센터	서울	부산	대구	광주
구미	0	200	(　　)	(　　)
청주	300	(　　)	0	0
덕평	300	0	0	0

[그림] 공장에서 물류센터까지의 개당 수송비용

(단위: 천 원/개)

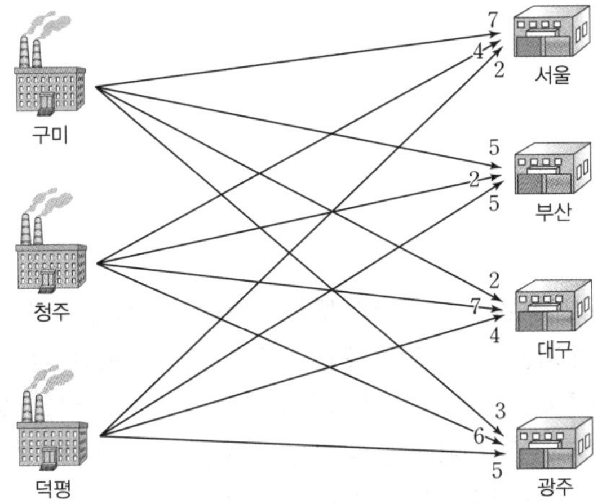

※ 예시: '청주 $\xrightarrow{2}$ 부산'은 청주 공장에서 부산 물류센터까지의 개당 수송비용이 2천 원임을 의미함

정보

- 해당 공장에서 각 물류센터까지의 수송량의 합은 해당 공장의 '최대 공급량'보다 작거나 같다.
- 각 공장에서 해당 물류센터까지의 수송량의 합은 해당 물류센터의 '최소 요구량'보다 크거나 같다.
- 공장별 '최대 공급량'은 구미 600개, 청주 500개, 덕평 300개이다.
- 물류센터별 '최소 요구량'은 서울 600개, 부산 400개, 대구 200개, 광주 150개이다.
- 수송비용=수송량×개당 수송비용
- 총 수송비용은 각 공장에서 각 물류센터까지의 수송비용의 합이다.

① 청주 공장에서 부산 물류센터까지의 수송량은 200개이다.
② 총 수송비용을 최소화할 때, 구미 공장에서 광주 물류센터까지의 수송량은 150개이다.
③ 총 수송비용의 최소 금액은 405만 원이다.
④ 구미 공장에서 서울 물류센터까지의 개당 수송비용이 7천 원에서 8천 원으로 증가해도 총 수송비용의 최소 금액은 증가하지 않는다.
⑤ 구미 공장의 '최대 공급량'이 600개에서 550개로 줄어들면, 총 수송비용의 최소 금액은 감소한다.

18 ◆◆공사는 A~F까지 6명을 파리의 드골 공항으로 출장을 갈 인원에 대한 [조건]을 검토하고 있다. 팀장 A는 반드시 출장을 가야 한다고 할 때, 출장 인원 명단에 최종 이름을 올린 사람을 모두 나열한 것을 고르면?

○△×
○△×
○△×

조건

- B 또는 D가 가야 한다.
- B와 E는 둘 다 갈 수는 없다.
- A가 출장을 간다면 C 역시 가야 한다.
- D가 간다면 C는 가지 않는다.
- F가 간다면 E도 간다.

① A, B ② A, B, C ③ A, C, D
④ A, B, E ⑤ A, C, D, F

19 한 여행사에서 외국인을 위한 서울 관광 투어 상품을 개발하여 판매를 시작하였다. 이 상품은 관광객들이 스스로 팀을 짜서 자신들이 관광할 곳을 고르고 순서도 마음대로 정해 자신들만의 여행 코스를 만들어보는 기회를 제공한다. 관광객들이 선택할 수 있는 관광지는 다음 [표]와 같고 세 종류로 구분된 장소들 중 각 종류별로 두 곳을 선택해서 총 여섯 곳을 관광하게 되며, 관광 순서는 관광지를 선택할 때 함께 정해서 여행사에 알려주면 된다. 여행사 측에서는 이동거리와 소요되는 시간 등을 고려하여 다음 [조건]과 같은 제한을 두었다. 스미스 부부가 이 투어 상품을 이용해서 명동을 제외한 지역을 관광하려고 할 때, 이 부부가 반드시 선택해야만 하는 장소는 어디인지 고르면?

○△×
○△×
○△×

[표] 관광객 선택 가능 관광지 목록

구분	장소
유흥지	강남역, 압구정, 신촌, 명동
고궁	경복궁, 창덕궁, 덕수궁
쇼핑거리	인사동, 동대문, 용산

조건

- 명동을 선택하면 동대문도 선택해야 한다.
- 압구정을 선택하면 신촌과 동대문은 선택할 수 없다.
- 덕수궁을 선택하면 창덕궁과 강남역은 선택할 수 없다.

① 신촌 ② 압구정 ③ 인사동 ④ 동대문 ⑤ 창덕궁

[20~21] 다음은 국내 향수 브랜드 J사의 SWOT 분석이다. 이를 바탕으로 질문에 답하시오.

국내 향수 브랜드 J사의 SWOT 분석 자료

강점(Strengths)	약점(Weaknesses)
• 높은 브랜드 인지도 • 체계적인 고객관리시스템 • 품질에 대한 높은 만족도	• 제품군의 협소함 • 한정된 유통경로
기회(Opportunities)	**위협(Threats)**
• 독특한 제품을 찾는 고객 증가 • 미용에 대한 남성 고객의 관심 증가 • 정부의 화장품 산업 지원 정책	• 중저가 향수 브랜드와의 가격 경쟁 치열 • 자연주의 화장품의 유행

20 주어진 자료에 대한 설명으로 옳은 것을 고르면?

O△X O△X O△X

① SO전략: 정부에서 받은 지원금으로 새로운 제품을 개발한다.
② ST전략: 품질을 줄이더라도 가격을 낮추어 경쟁사 대비 가격 경쟁력을 확보한다.
③ ST전략: 고객을 상대로 '제품 개발 아이디어' 공모전을 개최하여 의견을 수렴해본다.
④ WT전략: 자연친화적인 콘셉트로 매장을 바꾼다.
⑤ WO전략: 유통경로를 확대하여 외모 가꾸기에 관심이 많은 20대 남성 고객을 공략한다.

21 K차장은 자사와 향수 산업의 조사를 바탕으로 SWOT 분석 자료를 추가하고자 할 때, 추가 자료로 적절하지 않은 것을 고르면?

O△X O△X O△X

① 강점: 안정적인 재정
② 기회: 동남아 시장 성장 가능성
③ 약점: 제품 용량 대비 높은 가격
④ 위협: 외국 기업의 글로벌 마케팅 강화
⑤ 기회: 면세점 판매경로의 집중 성장

22 ◯△✕ ◯△✕ ◯△✕

DO는 물속에 녹아있는 산소의 양으로, 유기물이 유입되면 미생물이 산소를 사용하여 이를 분해하므로 DO의 수치가 낮아진다. 어느 하천의 다섯 지점에서 채취한 물을 2개의 병에 담았다. 한 병은 즉시 DO를 측정해서 값을 구했고, 다른 한 병은 밀봉한 후 어두운 곳에서 7일간 15℃로 보관, DO를 측정한 후 그 값과 앞서 '바로 측정한 값'과의 평균을 구했다. 다음 [표]를 바탕으로 즉시 측정한 DO와 7일 후 측정한 DO의 차이가 가장 클 것으로 추정되는 곳을 고르면?(단, A지역에는 공장, B지역에는 연구소, C지역에는 병원, D지역에는 농축산 사육장, E지역에는 골프장이 인접해 있다.)

[표] 지역별 DO값

(단위: ppm)

구분	A지역	B지역	C지역	D지역	E지역
즉시 측정한 DO	13	9	11	9	7
즉시 측정한 DO와 7일 후 측정한 DO의 평균값	11	7	10	6	6

① 공장 ② 연구소 ③ 병원 ④ 농축산 사육장 ⑤ 골프장

23 ◯△✕ ◯△✕ ◯△✕

10개 팀으로 이루어진 K조기축구연합회에서는 산하 회원 팀에 1에서 10까지의 번호를 추첨하도록 하여 '봄맞이 친선대회'를 시행하였다. 경기는 추첨된 번호표에 따라 1번팀과 2번팀이 먼저 하고, 여기서 이긴 팀이 3번팀과, 여기서 이긴 팀이 4번팀과 겨루는 방식으로 총 9차례 이루어졌다. 이 대회에 대해 알려진 사실이 다음과 같을 때, 반드시 참인 것을 고르면?

- 10개의 팀 중 7개 팀은 단 한 경기도 이기지 못하였다.
- 5번팀과 6번팀은 시합을 가졌다.
- 7번팀과 9번팀은 시합을 가졌다.
- 2번팀과 4번팀은 시합을 가지지 않았다.

① 최종 승리 팀은 9번팀이다.
② 1번팀은 두 번의 경기를 이겼다.
③ 4번팀은 한 번의 경기를 이겼다.
④ 7번팀은 네 번의 경기를 이겼다.
⑤ 한 경기 이상 이긴 팀은 1번팀, 3번팀, 7번팀이다.

24 다음 글을 바탕으로 판단할 때, 옳지 않은 것을 고르면?

○△× ○△× ○△×

법원은 증인신문기일에 증인을 신문하여야 한다. 법원으로부터 증인출석요구를 받은 증인은 지정된 일시, 장소에 출석할 의무가 있다. 증인의 출석을 확보하기 위해서 증인이 질병, 관혼상제, 교통기관의 두절, 천재지변 등의 정당한 사유 없이 출석하지 않은 경우, 그 증인에 대해서는 아래의 일정한 제재가 뒤따른다.

첫째, 법원은 정당한 사유 없이 출석하지 아니한 증인에게 이로 말미암은 소송비용을 부담하도록 명하고, 500만 원 이하의 과태료를 부과하는 결정을 할 수 있다. 법원은 과태료 결정을 한 이후 증인의 증언이나 이의 등에 따라 그 결정 자체를 취소하거나 과태료를 감할 수 있다.

둘째, 증인이 과태료 결정을 받고도 정당한 사유 없이 출석하지 아니한 경우, 법원은 증인을 7일 이내의 감치(監置)에 처하는 결정을 할 수 있다. 감치 결정이 있으면, 법원공무원 또는 국가경찰공무원이 증인을 교도소, 구치소, 경찰서 유치장에 유치(留置)함으로써 이를 집행한다. 증인이 감치의 집행 중에 증언을 한 때에는 법원은 바로 감치 결정을 취소하고 그 증인을 석방하여야 한다.

셋째, 법원은 정당한 사유 없이 출석하지 아니한 증인을 구인(拘引)하도록 명할 수 있다. 구인을 하기 위해서는 법원에 의한 구속영장 발부가 필요하다. 증인을 구인하면 법원에 그를 인치(引致)하며, 인치한 때부터 24시간 내에 석방하여야 한다. 또한 법원은 필요한 경우에 인치한 증인을 교도소, 구치소, 경찰서 유치장에 유치할 수 있는데, 그 유치기간은 인치한 때부터 24시간을 초과할 수 없다.

※ 감치(監置): 법원의 결정에 의하여 증인을 경찰서 유치장 등에 유치하는 것
※ 유치(留置): 사람이나 물건을 어떤 사람이나 기관의 지배하에 두는 것
※ 구인(拘引): 사람을 강제로 잡아끌고 가는 것
※ 인치(引致): 사람을 강제로 끌어가거나 끌어 오는 것

① 증인 갑이 정당한 사유 없이 출석하지 아니한 경우, 법원은 구속영장을 발부하여 증인을 구인할 수 있다.
② 과태료 결정을 받은 증인 을이 증인신문기일에 출석하여 증언한 경우, 법원은 과태료 결정을 취소할 수 있다.
③ 증인 병을 구인한 경우, 법원은 증인신문을 마치지 못하더라도 인치한 때부터 24시간 이내에 그를 석방하여야 한다.
④ 7일의 감치 결정을 받고 교도소에 유치 중인 증인 정이 그 유치 후 3일이 지난 때에 증언을 했다면, 법원은 그를 석방하여야 한다.
⑤ 감치 결정을 받은 증인 무에 대하여, 법원공무원은 그를 경찰서 유치장에 유치할 수 없다.

25 다음 글을 바탕으로 판단할 때, 옳은 것을 [보기]에서 모두 고르면?

○△×
○△×
○△×

현대적 의미의 시력 검사법은 1909년 이탈리아의 나폴리에서 개최된 국제안과학회에서 란돌트 고리를 이용한 검사법을 국제 기준으로 결정하면서 탄생하였다. 란돌트 고리란 시력 검사표에서 흔히 볼 수 있는 C자형 고리를 말한다. 란돌트 고리를 이용한 시력 검사에서는 5m 거리에서 직경이 7.5mm인 원형 고리에 있는 1.5mm 벌어진 틈을 식별할 수 있는지 없는지를 판단한다. 5m 거리의 1.5mm이면 각도로 따져서 약 1′(1분)에 해당한다. 1°(1도)의 1/60이 1′이고, 1′의 1/60이 1″(1초)이다.

이 시력 검사법에서는 구분 가능한 최소 각도가 1′일 때를 1.0의 시력으로 본다. 시력은 구분 가능한 최소 각도와 반비례한다. 예를 들어 구분할 수 있는 최소 각도가 1′의 2배인 2′이라면 시력은 1.0의 1/2배인 0.5이다. 만약 이 최소 각도가 0.5′이라면, 즉 1′의 1/2배라면 시력은 1.0의 2배인 2.0이다. 마찬가지로 최소 각도가 1′의 4배인 4′이라면 시력은 1.0의 1/4배인 0.25이다. 일반적으로 시력 검사표에는 2.0까지 나와 있지만 실제로는 이보다 시력이 좋은 사람도 있다. 천문학자 A는 5″까지의 차이도 구분할 수 있었던 것으로 알려져 있다.

보기

㉠ 구분할 수 있는 최소 각도가 10′인 사람의 시력은 0.1이다.
㉡ 천문학자 A의 시력은 12인 것으로 추정된다.
㉢ 구분할 수 있는 최소 각도가 1.25′인 갑은 구분할 수 있는 최소 각도가 0.1′인 을보다 시력이 더 좋다.

① ㉠　② ㉠, ㉡　③ ㉠, ㉢　④ ㉡, ㉢　⑤ ㉠, ㉡, ㉢

정답과 해설 ▶ P.29

에듀윌 공기업

매일 1회씩 꺼내 푸는 NCS

DAY 06

eduwill

매1N 3회독 루틴 프로세스

*더 자세한 내용은 매1N 3회독 학습가이드를 확인하세요!

1 3회독 기록표에 학습날짜와 문제풀이 시작시간을 적습니다.

2 시험장에서 문제를 푸는 것처럼 풀어 보세요.

3 모바일 OMR 또는 회독용 답안지에 마킹한 후, 종료시간을 적고 초과시간을 체크합니다.

▶모바일 OMR 바로가기

[1회독용]	[2회독용]	[3회독용]
http://eduwill.kr/smoF	http://eduwill.kr/cmoF	http://eduwill.kr/BmoF

4 문항별 3회독 체크표(◯ △ ✕)에 표시합니다. 문제를 풀면서 알고 풀었으면 ◯, 헷갈렸으면 △, 전혀 몰라서 찍었으면 ✕에 체크하세요.

3회독 TIP

- 1회독: 25문항을 빠짐없이 풀어 보세요.
- 2~3회독: 틀린 문항만 골라서 풀어 보세요.

3회독 기록표

1회독		2회독		3회독	
학습날짜	월 일	학습날짜	월 일	학습날짜	월 일
시작시간	:	시작시간	:	시작시간	:
종료시간	:	종료시간	:	종료시간	:
점 수	점	점 수	점	점 수	점

01 다음 글의 [가]~[마]를 순서대로 바르게 배열한 것을 고르면?

○△×
○△×
○△×

[가] 이와 같은 통계는 대부분의 선진국과 유럽 국가에서 동일하게 나타난다. 심지어 중부 이탈리아, 남부 프랑스, 남부 스페인에서는 독일이나 일본보다도 출산율이 더 낮다. 이뿐만 아니라 개발도상국 중에서도 특히 중국에서 비슷한 경향이 보인다.

[나] 독일의 인구 통계 변화는 전혀 예외적인 상황이 아니다. 세계 2위의 경제 대국 일본은 2005년경에 1억 2,500만 명의 인구를 정점으로 점차 감소할 것이다. 좀 더 비관적인 예측에 따르면, 2050년경에는 인구 규모가 9,500만 명 정도로 줄어들 것이라고 한다. 그보다 훨씬 이전인 2030년경에는 65세 이상의 인구가 성인 인구의 절반을 차지하게 된다. 일본의 출산율은 독일과 마찬가지로 여성 1인당 1.3명이다.

[다] 이러한 현상은 노년층의 지지가 모든 선진국에 있어 정치적 규범이 되도록 만들었다. 연금 제도는 선거 때마다 나타나는 단골 메뉴가 된 지 오래다. 인구와 노동력을 유지하기 위한 이민 완화 정책 또한 점차 정치적 논란이 되고 있다. 이 두 가지 이슈는 모든 선진국의 정치 판도를 크게 바꾸고 있다.

[라] 2030년이 되면 세계 3위의 경제 대국인 독일의 65세 이상의 인구는 전체 성인 인구의 절반가량을 차지할 것이다. 지금은 5분의 1 수준이다. 따라서 현재 여성 1인당 1.3명까지 떨어진 독일의 출산율이 정상 수준으로 회복되지 않으면, 앞으로 30년 동안 35세 미만의 독일 인구 감소율은 노인 인구의 증가율보다 2배나 높을 것이다.

[마] 노동 인구가 감당해야 하는 연금 부담이 지나치게 높아지지 않게 하기 위한 대책 중 하나로, 정신이나 육체적으로 건강한 사람들을 대상으로 정년퇴직 제도를 적용하지 않을 가능성이 높다. 일터에 나가고 있는 청년과 중년층은 자신들이 은퇴할 나이에 도달할 즈음에는 연금 기금이 이미 고갈되지 않을지 의심하고 있다. 하지만 정치인들은 어디서나 현행의 연금 제도를 유지할 수 있다고 계속 주장하고 있다.

① [가]－[나]－[다]－[라]－[마]
② [나]－[라]－[가]－[마]－[다]
③ [다]－[마]－[가]－[라]－[나]
④ [라]－[나]－[가]－[다]－[마]
⑤ [마]－[나]－[다]－[가]－[라]

02 다음 글을 바탕으로 추론할 수 있는 내용으로 옳지 않은 것을 고르면?

○△×
○△×
○△×

탈근대 사회의 특징은 해체(deconstruction)에 있다. 반면에 21세기 정보 사회의 핵심은 네트워킹(networking), 즉 연결에 있다. 그런데 흥미롭게도 탈근대 사회의 물질적 토대를 구축하는 역할은 바로 정보 사회가 담당한다. 해체와 연결이라는 일견 상호 모순적으로 보이나 근본적으로는 상호 유기적인 두 역사적 과정이 결합한다는 사실이 탈근대 사회의 동력과 생명력으로 작용한다. 왜냐하면 탈근대적으로 해체된 근대 사회의 파편들은 네트워킹에 의해 연결되어 사회를 새롭게 재구성할 수 있기 때문이다. 그러므로 탈근대주의를 단순히 해체의 미학에만 탐닉하는 허무주의적 경향으로 매도해서는 안 된다. 다만, 네트워크 사회라는 새로운 질서는 대부분의 사람에게 '메타-사회적 무질서'로 나타날 가능성이 높다. 왜냐하면 그것은 우리 존재의 물질적 기반에 대한 문화적 자율성을 특징으로 하는 새로운 존재의 시작이기 때문이다.

정보화의 초기 단계에서 기술적 낙관론자들은 언제 어디서든 누구와도 소통할 수 있는 시대의 도래를 예견했다. 그 예견이 이미 현실이 된 시점에서 유비쿼터스(Ubiquitous)라는 개념이 등장하자 새로운 가능성이 추가되었다. 유비쿼터스 사회는 언제 어디서든 사람은 물론이고 인공 지능과도 의사소통 및 자료 교환이 가능한 환경을 의미한다. 생명을 복제할 수 있고, 아득한 우주에 관한 정보를 가져올 수 있으며, 가상의 인물을 만들어 내는 시대에서 유비쿼터스 사회의 출현은 이미 예고된 것이나 다름없다.

① 미래 사회는 시간과 공간을 초월하여 인간과 인간, 인간과 사물, 그리고 사물과 사물 간에 의사소통이 가능해지는 사회, 다시 말해 의사소통의 범위와 대상이 무한히 확장되는 무한 의사소통 사회가 될 것이다.

② 미래 사회는 그것이 무엇이든지 바로 연결되는 네트워크 사회의 기반 위에서 형성되는 새로운 가능성의 세계이다.

③ 유비쿼터스 사회를 이해하기 위해서는 관계성보다는 실체와 본질에 더 관심을 가지는 데카르트적 인식론에 기반해야 한다.

④ 무한 연결망 사회에서 시공간은 감시와 지배의 그물망으로 뒤덮일 것이므로 시민 사회에 필수적인 자유와 해방을 수호하기 위해 유목주의의 전사들이 나서야 할 것이다.

⑤ 유비쿼터스 사회는 전 세계를 하나의 지구촌으로 형성할 것이므로, 특정 국가나 사회의 장벽을 넘어 사해동포주의를 기초로 보편적 인권을 보장하는 세계 시민 사회를 구축할 수 있을 것이다.

03 다음 문장에서 밑줄 친 부분이 바르게 쓰이지 않은 것을 고르면?

○△× ① 오늘은 왠지 기분이 좋아.
○△× ② 내 소질을 개발해서 멋진 화가가 될 거야.
○△× ③ 닦달 좀 그만해! 내가 알아서 할게.
④ 소문이 금세 퍼졌다.
⑤ 단언컨대, 그것은 쉽지 않을 것이다.

04 다음 글이 제시하는 협약의 내용에 부합하는 사례를 [보기]에서 모두 고르면?

○△×
○△×
○△×

UN은 여성에게 불합리한 차별이 각국에 존재한다는 전제하에 여성에게 남성과 동등한 권리를 부여하고 불합리한 차별을 금지하는 협약을 체결하였다. 이 협약은 '당사국은 여성이 남성과 동등하게 인권과 기본적 자유를 행사하고 향유하는 것을 보장하기 위한 목적으로 모든 분야, 특히 정치·경제·사회·문화 분야에서 여성의 권익을 보장하고 지위를 향상시키는 입법을 포함한 적절한 모든 조치를 취해야 한다.'라고 규정하고 있다. 그리고 '남성과 여성 사이에 사실상의 평등을 촉진하기 위하여 여성에게 유리한 잠정적 특별 조치, 모성을 보호할 목적으로 본 협약에 수록된 조치를 포함한 특별 조치는 금지하여야 할 차별적인 것으로 보아서는 아니 된다.'라고 규정하고 있다.

보기

㉠ 여성의 참여가 현저히 부진한 분야에 대하여 합리적인 범위 안에서 여성의 참여를 촉진시킨다.
㉡ 임신 중인 여성에 대해서 출산 전후에 일정 기간 동안 휴가를 주도록 법률로 정한다.
㉢ 동일 사업장 내 동일 가치의 노동을 하는 여성에게 남성과 동일 임금을 받도록 임금을 인상한다.
㉣ 여성에게도 남성과 마찬가지로 병역 의무를 부과한다.
㉤ 현재 여성 교사가 많은 상태에서 교사 채용 시 일정한 비율 이상을 남성에게 할당한다.

① ㉠, ㉡, ㉢　② ㉠, ㉢, ㉣　③ ㉠, ㉣, ㉤　④ ㉡, ㉢, ㉣　⑤ ㉢, ㉣, ㉤

05 다음 글의 내용과 가장 거리가 먼 것을 고르면?

○△×
○△×
○△×

> 멋이란 획일적인 곳에서 변화를 찾고 구속 속에서 자유를 찾는 감정이다. 그것은 한국인이 가질 수 있는 최대의 개인의식이었다. 개인의식과 자유의식이 늘 억제되었던 유교의 전통 속에서는 멋대로 행동하는 것은 죄악과도 같았다. 멋있고 멋진 것을 찬양하면서도 멋대로 구는 것은 큰 잘못이라고 여겨졌다. 그리하여 멋은 자유와 해방, 그리고 개인의식 속에서 우러나는 감정이었음에도 오직 풍류 하나로 그 뜻이 제한된 것은 유교적인 사회에서 흥과 멋은 자연에서만 찾을 수밖에 없었던 까닭이다.
>
> 우리는 멋 속에서 미를 찾으려고 하고 멋 속에서 인생을 살려고 애썼다. 이를 고려하면 사실 우리는 개성과 자유의식을 존중하는 민족이었다고 볼 수 있다. 자유의식을 원하면서도 사회적인 예의나 유교적인 고식성에 좌우되어 제대로 발휘하지 못한 것이라고 해석해야 할 것이다.
>
> 규칙에 사로잡히고 격식에만 얽매여 있을 때 멋은 생겨나지 않는다. 멋이란 스타일이라기보다는 고정된 스타일을 파괴하는 순간에서 맛볼 수 있는 생의 진미라고 말할 수 있다. 형식의 가면에 은폐됐거나 규칙의 사슬에 얽매여 있는 생을 거부하고 그 안에 감추어진 사물에서 자유롭게 진미를 추구하는 것이 바로 멋의 참뜻이라고 볼 수 있다.
>
> 그러므로 서구인이 자유에서 법칙을, 개체에서 전체를, 그리고 혼돈 속에서 어떤 격식을 쟁취해 내려 했다면 우리는 정반대로 법칙에서 자유를, 전체에서 개체를, 그리고 격식에서 어떤 혼돈을 희구하려고 했던 것이 아닐까 싶다. 멋을 찾는다는 것은 한국인의 미의식과 자유의식을 찾는 것이다.

① 스타일은 격식화된 일정한 법칙, 그리고 특정한 양식과 질서를 의미한다.
② 멋은 유교적 전통을 가진 한국인의 미의식과 자유의식을 담아내기에 적절하지 않은 표현이다.
③ 유교적 전통은 멋진 것을 찬양하면서도 멋대로 구는 것은 큰 잘못으로 여기게 했다.
④ 멋은 규칙과 격식에 얽매이기보다는 구속에서 자유를 찾을 때 그 참뜻이 나타난다.
⑤ 스타일을 벗어난 파격성에서 멋이 우러난다고 할 수 있다.

06 다음은 지체일수 산정방법에 대한 내용이다. 이를 바탕으로 [보기]에 해당하는 지체기간으로 옳은 것을 고르면?

○△×
○△×
○△×

> [지체일수 산정방법]
> 가. 계약기간 내에 준공검사요청서를 제출한 경우
> – 계약기간 경과 후 검사에 불합격하여 보완지시를 한 경우, 보완지시일로부터 최종검사에 합격한 날까지를 지체일수로 산정
> – 불합격 판정으로 계약기간 내에 보완지시를 한 경우, 계약기간 다음 날부터 최종검사에 합격한 날까지를 지체일수로 산정
> 나. 계약기간을 경과하여 준공검사요청서를 제출한 경우
> – 검사의 합격 여부 및 보완지시 여부와 관계없이 계약기간 다음 날부터 최종검사에 합격한 날까지를 지체일수로 산정

보기

> 공공정보시스템을 구축하는 A사업의 계약기간은 2017년 1월 5일부터 2017년 11월 4일까지이다. 이 사업을 낙찰받은 X사는 같은 해 10월 15일 준공검사요청을 하여 준공검사를 받았으나 불합격 판정을 받았다. 보완지시를 받은 같은 해 10월 25일부터 보완작업을 수행하여 같은 해 11월 10일에 재검사를 요청하였다. 그리고 재검사를 거쳐 같은 해 11월 19일에 준공검사 합격통보를 받았다.

① 10월 25일~11월 10일
② 10월 25일~11월 19일
③ 11월 4일~11월 19일
④ 11월 5일~11월 19일
⑤ 11월 11일~11월 19일

07 다음 글은 민주주의에 대한 설명이다. 이를 바탕으로 글의 내용과 일치하지 않는 것을 고르면?

○△×
○△×
○△×

민주주의의 의미를 구성하는 것은 두 가지 요소이다. 첫째는 사회 구성원이 공유하는 공동 관심사의 수가 많고 다양하다는 것뿐만 아니라, 상호 관심사의 인정을 사회 통제의 방법으로서 더 중요시한다는 것을 의미한다. 둘째로는 여러 사회 집단 사이에는 자유로운 상호 작용이 있다는 것뿐만 아니라, 사회적 습관이 변화한다는 것을 의미한다. 이 두 가지 특성은 민주적으로 조직되어 운영되는 사회의 특징이다.

교육의 입장에서 생각해 볼 때, 민주적인 사회란 내부의 여러 관심이 서로 긴밀하게 관련되어 있고, 진보 또는 재적응을 중요하게 고려하도록 하는 터전이다. 이러한 사회를 실현하고자 한다면 민주적인 사회는 다른 형태의 사회보다도 의도적이고 체계적인 교육에 더 관심을 둘 수밖에 없다. 민주주의가 교육에 열성을 가진다는 것은 잘 알려진 사실이다. 이에 대한 피상적인 설명은, 민주주의 정치는 국민의 투표에 의존하는 만큼 대의원 등이 교육을 받지 않으면 정치가 잘 될 수 없다는 것이다. 민주적인 사회는 외적 권위에 복종해야 한다는 것을 인정하지 않으므로 자발적인 성향이나 관심으로 외적 권위를 대신하지 않으면 안 된다. 이 자발적인 성향과 관심은 오직 교육에 의해서만 길러질 수 있다.

그러나 더욱 본질적인 설명이 있다. 민주주의는 단순히 정치의 형태만이 아니라 근본적으로 공공 생활의 형식이자 경험을 전달하고 공유하는 방식이라는 것이다. 동일한 관심사에 참여하는 개인의 수가 점점 더 넓은 지역으로 확대되어서 각 개인이 자신의 행동을 다른 사람의 행동에 관련짓고 다른 사람의 행동을 고려하여 자신의 행동 목적이나 방향을 결정한다는 것은 우리로 하여금 우리 자신의 행동의 완전한 의미를 파악하지 못하도록 가로막는 계급, 인종, 국적 등의 장애가 해소된다는 뜻이다. 사람들 사이의 접촉이 많고 그 종류가 다양하다는 것은 개인이 반응해야 할 자극이 다양하다는 뜻이며, 결과적으로 개인 행동의 다양화를 촉진한다. 그렇게 되면 이때까지 행동으로 발휘되지 못하고 있던 힘이 그것을 억압하던 사슬에서 풀려나와서 십분 발휘된다. 여기에 비하여, 집단의 폐쇄성으로 말미암아 많은 수의 관심들이 표현되지 못하는 상태에서는 그 힘이 억압당할 수밖에 없다.

① 민주적인 사회의 특징은 사회 구성원 사이에 공유되는 관심의 범위가 확장되는 것이다.
② 민주적인 사회는 외적 권위보다는 자발적 성향과 관심이 중요하며, 그것은 정치 활동을 통해서 길러질 수 있다.
③ 민주주의는 근본적인 면에서 정치 형태보다는 공공 생활의 형식으로 이해될 수 있다.
④ 민주주의 사회는 여러 사회 집단 사이의 자유로운 상호 작용과 그에 대한 적응이 중요하다.
⑤ 민주주의는 경험을 전달하고 공유하는 교육에 열성을 가져야 한다.

08 다음 글을 바탕으로 추론한 내용으로 옳은 것을 고르면?

○△×
○△×
○△×

설화는 인간이 부락집단을 형성하고 인간의 삶 전체가 반영된 이야기를 시작했을 때부터 존재하였다. 설화에는 직설적인 표현도 있지만, 풍부한 상징성을 가진 것이 많다. 이 이야기들에는 민중이 믿고 숭상했던 신들에 관한 신성한 이야기인 신화, 현장과 증거물을 중심으로 엮은 역사적인 이야기인 전설, 민중의 욕망과 가치관을 보여 주는 허구적 이야기인 민담이 있다. 설화 속에는 원(願)도 있고 한(恨)도 있으며, 아름답고 슬픈 사연도 있다. 설화는 한 시대의 인간들의 삶과 문화이며 바로 그 시대에 살았던 의식 그 자체이기에 설화 수집은 중요한 일이다.

상주 지방에 전해오는 '공갈못설화'를 놓고 볼 때 공갈못의 생성은 과거 우리의 농경 사회에서 중요한 역사적 사건으로서 구전되고 인식되었지만, 이에 관한 당시의 문헌 기록은 단 한 줄도 전해지지 않고 있다. 이는 당시 신라의 지배층이나 관의 입장에서 공갈못 생성에 관한 것이 기록할 가치가 있는 정치적 사건은 아니라는 인식을 보여 준다. 공갈못 생성은 다만 농경 생활에 필요한 농경민들의 사건이었던 것이다.

공갈못 관련 기록은 조선 시대에 와서야 발견된다. 이에 따르면 공갈못은 삼국 시대에 형성된 우리나라 3대 저수지의 하나로 그 중요성이 인정되었다. 당대에 기록되지 못하고 한참 후에서야 단편적인 기록들만이 전해진 것이다. 일본은 고대 역사를 제대로 정리한 기록이 없는데도 주변에 흩어진 기록과 구전(口傳)을 모아 『일본서기』라는 그럴싸한 역사책을 완성하였다. 이 점을 고려할 때 역사성과 현장성이 있는 전설을 가볍게 취급해서는 결코 안 된다. 이러한 의미에서 상주 지방에 전하는 지금의 공갈못에 관한 이야기도 공갈못 생성의 증거가 될 수 있는 역사성을 가진 귀중한 자료인 것이다.

① 공갈못설화는 전설에 해당한다.
② 설화가 기록되기 위해서는 원이나 한이 배제되어야 한다.
③ 삼국의 사서에는 농경 생활 관련 사건이 기록되어 있지 않다.
④ 한국의 3대 저수지 생성 사건은 조선 시대에 처음 기록되었다.
⑤ 조선과 일본의 역사 기술 방식의 차이는 전설에 대한 기록 여부에 있다.

09 **둘레의 길이가 1.6km인 운동장이 있다. 수현이와 가인이가 같은 지점에서 동시에 출발하여 이 운동장의 둘레를 도는데, 같은 방향으로 출발하면 16분 후에 만나고, 반대 방향으로 출발하면 4분 후에 만난다고 한다. 수현이의 속도를 고르면?**(단, 수현이는 가인이보다 느리고, 두 사람은 모두 항상 등속운동을 한다.)

○△× ○△× ○△×

① 50m/분 ② 150m/분 ③ 250m/분 ④ 350m/분 ⑤ 450m/분

10 **다음 [표]는 회사원 1,000명을 대상으로 진행한 계절별 통근 교통수단에 대한 설문조사 결과 자료이다. 이에 대한 설명으로 옳지 <u>않은</u> 것을 고르면?**

○△× ○△× ○△×

[표] 계절별 통근 교통수단 비율 (단위: %)

계절	계	자가용	대중교통	도보	기타
봄	100	36.2	(㉠)	11.0	7.2
여름	100	51.9	(㉡)	4.1	5.5
가을	100	35.7	48.0	9.6	6.7
겨울	100	49.4	37.9	(㉢)	6.3

① 봄에 이용한 교통수단 중 대중교통 이용률이 가장 높다.
② 대중교통 이용률은 사계절 중 겨울에 가장 낮다.
③ 겨울의 도보 이용률은 여름의 도보 이용률보다 높다.
④ 겨울의 대중교통 이용률은 여름의 도보 이용률의 약 9.2배이다.
⑤ 여름의 자가용 이용률은 가을의 도보 이용률의 약 4.4배이다.

11 다음 [표]는 조선 시대 태조~선조 대의 과거 급제자 및 출신 신분이 낮은 급제자 중 본관이 없는 자와 3품 이상 오른 자에 대한 자료이다. 이에 대한 설명으로 옳은 것을 [보기]에서 모두 고르면?

○△× ○△× ○△×

[표] 조선 시대 과거 급제자 (단위: 명)

왕 대	전체 급제자	출신 신분이 낮은 급제자		
			본관이 없는 자	3품 이상 오른 자
태조, 정종	101	40	28	13
태종	266	133	75	33
세종	463	155	99	40
문종, 단종	179	62	35	16
세조	309	94	53	23
예종, 성종	478	106	71	33
연산군	251	43	21	13
중종	900	188	39	69
인종, 명종	470	93	10	26
선조	1,112	186	11	40

※ 급제자는 1회만 급제한 것으로 가정함

보기

㉠ 태조, 정종 대에 출신 신분이 낮은 급제자 중 본관이 없는 자의 비중이 70%이지만, 선조 대에는 그 비중이 10% 미만이다.

㉡ 중종 대의 전체 급제자 중에서 출신 신분이 낮은 급제자가 차지하는 비중은 20% 미만이다.

㉢ 전체 급제자가 가장 많은 왕 대에 출신 신분이 낮은 급제자도 가장 많다.

㉣ 태조, 정종 대의 출신 신분이 낮은 급제자 중 본관이 없는 자이면서 3품 이상 오른 자는 1명 이상이다.

① ㉠, ㉡ ② ㉠, ㉣ ③ ㉡, ㉢ ④ ㉠, ㉡, ㉣ ⑤ ㉡, ㉢, ㉣

12 다음 [도표]는 1970년과 1980년의 한국과 주요국 간 공업제품 수출입액에 대한 자료이다. 이에 대한 설명으로 옳은 것을 [보기]에서 모두 고르면?

[도표] 한국과 주요국 간 공업제품 수출입액 (단위: 백만 달러)

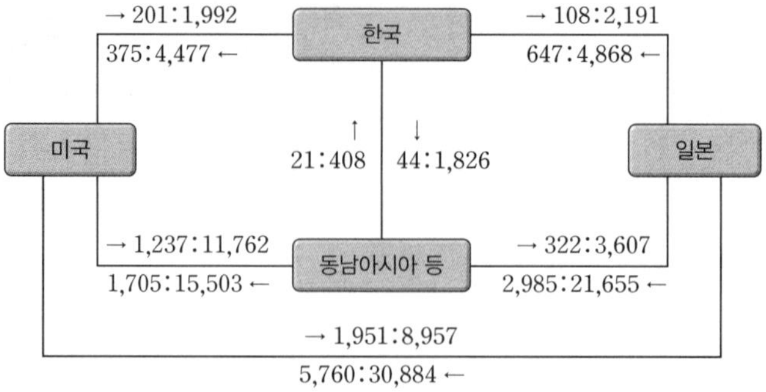

※ 'A → B'는 A국의 B국에 대한 수출을 의미하고, 그 수치는 수출액을 의미하며, ':' 앞의 수치는 1970년, ':' 뒤의 수치는 1980년의 수출액을 의미함

※ [도표]에 나타나지 않은 국가와의 무역은 없는 것으로 간주함

※ '무역수지=수출액−수입액'이며, '수출액>수입액'이면 무역수지는 흑자, '수출액<수입액'이면 무역수지는 적자임

※ 수입 의존도(%)$=\frac{\text{특정 국가로부터의 수입액}}{\text{총 수입액}}\times 100$

보기
㉠ 1970년 한국의 일본에 대한 수입 의존도는 50%를 넘는다.
㉡ 한국의 미국에 대한 무역수지는 1970년과 1980년에 모두 적자이다.
㉢ 1980년 한국의 일본에 대한 수출액은 1970년 대비 10배 이상이다.
㉣ 1980년 한국의 일본에 대한 무역수지 적자는 30억 달러를 넘는다.

① ㉠, ㉡ ② ㉠, ㉢ ③ ㉡, ㉢ ④ ㉡, ㉣ ⑤ ㉠, ㉢, ㉣

13 다음 [표]는 △△대학의 통계학과 행정학 수강자 성적의 줄기-잎을 나타낸 자료이다. 이에 대한 설명으로 옳은 것을 [보기]에서 모두 고르면?

○△×
○△×
○△×

[표] 과목별 수강자 성적

과목: 통계학 (줄기 간격: 5, 잎 단위: 1)			과목: 행정학 (줄기 간격: 5, 잎 단위: 1)		
Ⓐ	줄기	잎	Ⓐ	줄기	잎
1	5	3	1	3	5
3	5	79	2	4	0
6	6	123	3	4	5
10	6	5678	3	5	
16	7	012344	8	5	56888
(　　)	7	578	9	6	2
(　　)	8	14	13	6	5567
(　　)	8	56779	17	7	0024
(　　)	9	134	(　　)	7	579
(　　)	9	8	(　　)	8	03334
			(　　)	8	7
			(　　)	9	22
			(　　)	9	59

※

줄기	잎
5	56888

인 경우 55점 1명, 56점 1명, 58점 3명이라는 것을 의미함

보기

㉠ Ⓐ는 '누적학생 수'를 나타낸다.
㉡ 두 과목 모두 60점대의 학생 수가 70점대의 학생 수보다 더 많다.
㉢ 과목당 성적이 하위 10% 이하인 학생을 과락시키는 경우, 통계학의 과락기준점수가 행정학의 과락기준점수보다 높다.
㉣ 행정학을 수강한 학생 수가 통계학을 수강한 학생 수보다 5명이 많다.

① ㉠, ㉡　② ㉠, ㉢　③ ㉠, ㉣　④ ㉡, ㉢　⑤ ㉡, ㉣

14 ○△✕ ○△✕ ○△✕

A, B, C 세 국가의 금속 소비량은 다음 [가설]을 따른다고 한다. A, B, C 세 국가는 20년 전에는 GDP로 본 1인당 국민소득이 5,000달러 이하였으나, 현재는 15,000달러를 상회하고 있다. 또한 이 국가들은 지난 20년간 GDP가 일정한 속도로 증가해 왔으나 인구수는 변화가 없었다. 이 국가들의 지난 20년간의 추세를 나타낸 그래프가 될 수 <u>없는</u> 것을 [보기]에서 모두 고르면?(단, 그래프에서 M은 연간 금속 소비량, T는 연도, POP는 인구수를 나타낸다.)

가설
한 국가의 1인당 금속 소비량은 1인당 소득수준이 10,000달러 이하에서는 1인당 소득이 상승할수록 증가하다가, 10,000달러를 넘어서면 1인당 소득수준이 상승할수록 감소한다.

보기

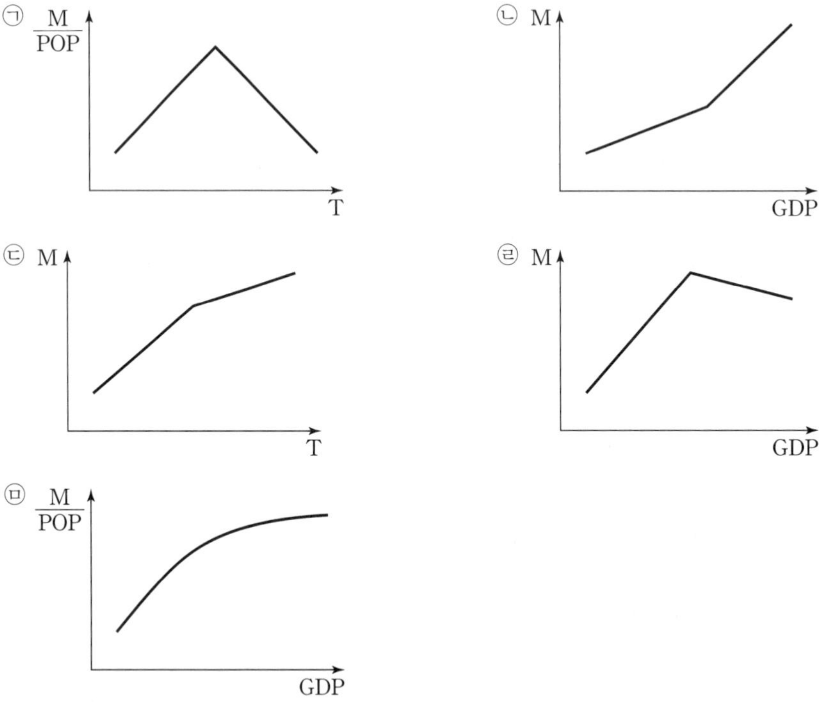

① ㉠, ㉣ ② ㉢, ㉤ ③ ㉠, ㉢, ㉣ ④ ㉡, ㉢, ㉣ ⑤ ㉡, ㉢, ㉤

15 다음 [표]는 연도별 소비자물가지수를 나타낸 자료이다. 이에 대한 설명으로 옳지 않은 것을 고르면?

○△× ○△× ○△×

[표] 연도별 소비자물가지수

구분	2015년	2016년	2017년	2018년	2019년
총 지수	97.8	100	104.1	106.9	110.7
식료품	99.1	100	103.5	107.7	112.4
곡류	95.8	100	100.9	98.8	101.9
육류	92.3	100	108.8	123.1	132.1
낙농품	101.7	100	103.4	103.1	103.9
어패류	99.4	100	105.5	109.8	112.4
채소, 해초	93.6	100	101.7	108.4	129.7
과실	116.7	100	113.4	130.1	124.1
유지, 조미료	107.5	100	106.8	105.8	111.5
빵, 과자	100.0	100	105.3	106.8	107.6
차, 음료	104.3	100	100.6	100.9	103.0
주류	98.4	100	98.4	99.5	104.2
외식	99.2	100	101.7	105.1	109.0
식료품 이외	97.2	100	104.3	106.7	110.1

※ 물가상승률(%)$=\frac{\text{비교연도 물가지수}-\text{기준연도 물가지수}}{\text{기준연도 물가지수}}\times 100$

① 소비자물가지수는 2016년을 기준으로 작성되었다.

② 2016년 기준으로 2017~2019년에 물가가 계속해서 오르고 있는 품목은 식료품 이외를 제외하고 총 8개이다.

③ 2015년의 물가를 2019년과 비교할 때 과실의 물가상승률이 어패류의 물가상승률보다 낮다.

④ 2019년의 물가를 전년도 물가와 비교할 때 물가상승률이 가장 낮은 품목은 과실이다.

⑤ 2015~2019년에 낙농품의 가격이 가장 낮은 해는 2016년이다.

16 다음 [표]는 2016년 10월, 2017년 10월 순위 기준 상위 11개국의 축구 국가대표팀 순위 변동에 대한 자료이다. 이에 대한 설명으로 옳은 것을 고르면?

○△×
○△×
○△×

[표] 축구 국가대표팀 순위 변동

순위 \ 구분	2016년 10월			2017년 10월		
	국가	점수	등락	국가	점수	등락
1	아르헨티나	1,621	–	독일	1,606	↑1
2	독일	1,465	↑1	브라질	1,590	↓1
3	브라질	1,410	↑1	포르투갈	1,386	↑3
4	벨기에	1,382	↓2	아르헨티나	1,325	↓1
5	콜롬비아	1,361	–	벨기에	1,265	↑4
6	칠레	1,273	–	폴란드	1,250	↓1
7	프랑스	1,271	↑1	스위스	1,210	↓3
8	포르투갈	1,231	↓1	프랑스	1,208	↑2
9	우루과이	1,175	–	칠레	1,195	↓2
10	스페인	1,168	↑1	콜롬비아	1,191	↓2
11	웨일스	1,113	↑1	스페인	1,184	–

※ 축구 국가대표팀 순위는 매월 발표됨
※ 등락에서 ↑, ↓, –는 전월 순위보다 각각 상승, 하락, 변동 없음을 의미하고, 그 옆의 숫자는 전월 대비 순위의 상승폭 혹은 하락폭을 의미함

① 2016년 10월과 2017년 10월에 순위가 모두 상위 10위 이내인 국가 수는 8개이다.
② 2017년 10월 상위 10개 국가 중에서 2017년 9월 순위가 2016년 10월 순위보다 낮은 국가 수는 높은 국가 수와 같다.
③ 2017년 10월 상위 5개 국가의 점수 평균이 2016년 10월 상위 5개 국가의 점수 평균보다 높다.
④ 2017년 10월 상위 11개 국가 중에서 전년 동월 대비 점수가 상승한 국가는 전년 동월 대비 순위도 상승하였다.
⑤ 2017년 10월 상위 11개 국가 중에서 2017년 10월 순위가 전월 대비 상승한 국가 수는 전년 동월 대비 상승한 국가 수보다 많다.

17 다음 [표]는 A국에서 2016년에 채용된 공무원 인원에 대한 자료이다. 이에 대한 설명으로 옳은 것을 [보기]에서 모두 고르면?

○△×
○△×
○△×

[표] A국의 2016년 공무원 채용 인원

(단위: 명)

구분 \ 채용 방식	공개경쟁채용	경력경쟁채용	합계
고위공무원	–	73	73
3급	–	17	17
4급	–	99	99
5급	296	205	501
6급	–	193	193
7급	639	509	1,148
8급	–	481	481
9급	3,000	1,466	4,466
연구직	17	357	374
지도직	–	3	3
우정직	–	599	599
전문경력관	–	104	104
전문임기제	–	241	241
한시임기제	–	743	743
전체	3,952	5,090	9,042

※ 채용 방식은 공개경쟁채용과 경력경쟁채용으로만 이루어짐
※ 공무원 구분은 [표]에 제시된 것으로 한정됨

보기

㉠ 2016년에 공개경쟁채용을 통해 채용이 이루어진 공무원 구분은 총 4개이다.
㉡ 2016년 우정직 채용 인원은 7급 채용 인원의 절반보다 많다.
㉢ 2016년에 공개경쟁채용을 통해 채용이 이루어진 각각의 공무원 구분의 공개경쟁채용 인원은 경력경쟁채용 인원보다 많다.
㉣ 2017년부터 공무원 채용 인원 중 9급 공개경쟁채용 인원만 해마다 전년 대비 10%씩 늘리고 그 외 나머지 채용 인원을 2016년과 동일하게 유지하여 채용한다면, 2018년 전체 공무원 채용 인원 중 9급 공개경쟁채용 인원의 비중은 40% 이하이다.

① ㉠, ㉡ ② ㉠, ㉢ ③ ㉢, ㉣ ④ ㉠, ㉡, ㉣ ⑤ ㉡, ㉢, ㉣

18 다음 글을 바탕으로 판단할 때, [가락]을 연주하기 위해 ㉵를 누른 상태로 줄을 튕기는 횟수를 고르면?

○△×
○△×
○△×

> 줄이 하나인 현악기가 있다. 이 악기는 줄을 누를 수 있는 지점이 ㉮부터 ㉸까지 총 11곳 있고, 이 중 어느 한 지점을 누른 상태로 줄을 튕겨서 연주한다. ㉮를 누르고 줄을 튕기면 A음이 나고, ㉯를 누르고 줄을 튕기면 A음보다 반음 높은 소리가 난다. 이런 식으로 ㉮~㉸ 순으로 누르는 지점을 옮길 때마다 반음씩 더 높은 소리가 나며, 최저 A음부터 최고 G음까지 낼 수 있다.
>
> 이들 음은 다음과 같은 특징이 있다.
>
> • 반음 차이 두 개의 합은 한음 차이와 같다.
>
> • A음보다 B음이, C음보다 D음이, D음보다 E음이, F음보다 G음이 한음 높고, 둘 중 낮은 음보다 반음 높은 음은 낮은 음의 이름 오른쪽에 #을 붙여 표시한다.
>
> • B음보다 C음이, E음보다 F음이 반음 높다.

가락
E D# E D# E B D C A A A A B E G B C

① 0번　② 1번　③ 2번　④ 3번　⑤ 4번

19 **다음 글을 바탕으로 사람들로 하여금 남준이가 정국이를 괴롭히는 이유가 남준이에게 있다고 생각하게 만드는 경우를 고르면?**

○△× ○△× ○△×

사람들은 타인의 행동을 관찰할 때 그 행동 원인의 소재를 파악하려고 노력한다. 이때 세 가지 종류의 정보를 이용하는데 그 정보는 다음과 같다.

- 일치성(consensus): 다른 사람들도 그 상황과 대상에 동일한 방식으로 행동하는가?
- 특이성(distinctiveness): 행위자는 오직 그 대상에 대해서만 그런 방식으로 행동하는가?
- 일관성(consistency): 행위자는 다른 순간이나 상황에도 그 대상에 대하여 동일한 방식으로 행동하는가?

그리고 각 정보의 높고 낮음(예: 고일치성은 다른 사람들도 그 행동을 하는 경향이 높음을 의미함)에 따라 행동의 원인을 다음과 같이 판단한다.

- 고일치성/고특이성/고일관성 → 행동의 원인을 대상에 둔다.
- 저일치성/저특이성/고일관성 → 행동의 원인을 행위자에 둔다.
- 저일치성/고특이성/저일관성 → 행동의 원인을 상황에 둔다.

① 다른 사람들과 마찬가지로 남준이는 정국이를 괴롭힌다./남준이는 다른 사람은 괴롭히지 않고 오로지 정국이만 괴롭힌다./남준이는 언제나 정국이를 괴롭힌다.
② 다른 사람들과 마찬가지로 남준이는 정국이를 괴롭힌다./남준이는 다른 사람은 괴롭히지 않고 오로지 정국이만 괴롭힌다./남준이는 정국이를 괴롭힐 때도 있고 괴롭히지 않을 때도 있다.
③ 오로지 남준이만 정국이를 괴롭히고 다른 사람들은 정국이를 괴롭히지 않는다./남준이는 정국이뿐만 아니라 다른 사람들도 괴롭힌다./남준이는 정국이를 괴롭힐 때도 있고 괴롭히지 않을 때도 있다.
④ 오로지 남준이만 정국이를 괴롭히고 다른 사람들은 정국이를 괴롭히지 않는다./남준이는 다른 사람은 괴롭히지 않고 오로지 정국이만 괴롭힌다./남준이는 언제나 정국이를 괴롭힌다.
⑤ 오로지 남준이만 정국이를 괴롭히고 다른 사람들은 정국이를 괴롭히지 않는다./남준이는 정국이뿐만 아니라 다른 사람들도 괴롭힌다./남준이는 언제나 정국이를 괴롭힌다.

20 빨간색, 노란색, 파란색의 물감을 다양한 비율로 혼합하여 여러 가지 색의 물감을 만들려고 한다. 혼합된 물감에서 빨간색, 노란색, 파란색 물감이 차지하는 비율을 각각 x%, y%, z%라고 할 때, 다음 [그래프]는 빨간색, 노란색, 파란색 물감을 혼합하여 만든 네 가지 물감(P~S)의 x값과 y값을 나타낸 것이다. 이에 대한 설명으로 옳은 것을 [보기]에서 모두 고르면?

○△× ○△× ○△×

[그래프] 네 가지 물감(P~S)의 혼합 비율

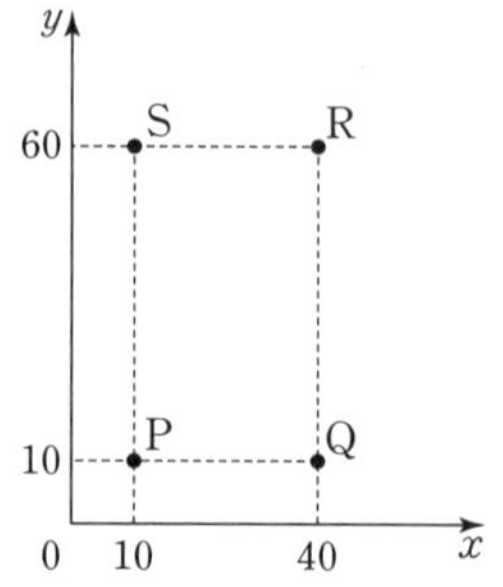

보기

㉠ S물감에서 파란색 물감이 차지하는 비율은 20%이다.
㉡ R물감의 색은 P, Q, S물감을 어떠한 비율로 혼합하여도 만들 수 없다.
㉢ Q물감 10g과 S물감 10g을 혼합한 물감에 포함된 파란색 물감의 비율은 40%이다.

① ㉠　② ㉡　③ ㉢　④ ㉠, ㉡　⑤ ㉡, ㉢

[21~22] 다음 자료를 보고 질문에 답하시오.

○○공사의 K대표는 다음 주 월요일부터 금요일까지 기업인 3명, 컨설턴트 2명, 회사 임원 2명, 변호사 2명, 주주 1명과 총 10번의 미팅을 하려고 한다. 미팅은 오전과 오후에 한 번씩 이루어지며 한 번에 한 명씩만 만난다. 미팅 일정은 다음 [조건]과 같다.

조건

- 기업인을 만난 다음 날에는 늘 회사 임원을 적어도 1명 만난다.
- 변호사는 3일 간격으로 만난다.
- 목요일에는 컨설턴트를, 금요일에는 변호사를 만난다.

21 월요일 오전, 오후에 모두 기업인을 만난다면 K대표가 주주를 만날 수 있는 요일을 모두 나열한 것을 고르면?

○△×
○△×
○△×

① 화요일, 수요일 ② 화요일, 목요일 ③ 수요일, 목요일
④ 수요일, 금요일 ⑤ 수요일, 목요일, 금요일

22 오전, 오후에 모두 기업인을 만나는 날이 월요일이 아니라 수요일이라면 K대표가 주주를 만날 수 있는 요일을 모두 나열한 것을 고르면?

○△×
○△×
○△×

① 월요일 ② 월요일, 화요일 ③ 월요일, 금요일
④ 화요일, 금요일 ⑤ 월요일, 화요일, 금요일

23 **다음은 여러 나라에서 시행하고 있는 다양한 유형의 국민건강보장제도에 대한 설명이다. 이를 바탕으로 추론한 내용으로 옳지 <u>않은</u> 것을 고르면?**

○△×
○△×
○△×

(가) 사회보험방식: 국가가 의료보장에 대해 기본적으로 책임지고 있지만, 의료비에 대한 국민의 자기 책임을 일정 부분 인정하는 체계이다. 정부기관이 아닌 보험자가 보험료로 재원을 마련하여 의료를 보장하는 방식으로 독일의 비스마르크가 창시하여 비스마르크 방식이라고도 한다. 정부에 대해 상대적으로 자율성을 지닌 기구를 통한 자치적 운영을 근간으로 한다.

(나) 국민건강보험방식: 사회보험방식과 마찬가지로 사회연대성을 기반으로 한 보험의 원리를 도입한 의료보장체계이다. 사회보험방식과 그 운영방식이 대체로 흡사하지만 국가 내 '보험자(의료에 대한 사회보험 관리운영기구)'가 1개라는 점에서 차이가 있다.

(다) 국가보건서비스방식: 국민의 의료문제는 국가가 모두 책임져야 한다는 관점에서 정부가 일반조세로 재원을 마련하여 모든 국민에게 무상으로 의료서비스를 제공하는 방식이다. 이 경우 의료기관의 상당부분이 사회화 내지 국유화되어 있다.

(라) 민간보험방식: 민간보험방식은 가입 여부가 자발적으로 결정되고 가입자의 개별적인 위험에 따라 보험료가 다르게 책정되는 다양한 민간의료보험을 위주로 운영되는 의료보장체계이다. 이 경우 급여액은 보험료 납부액에 비례하여 결정되며, 가입자와 민간 보험사가 다양한 조건으로 개별적 계약을 체결하는 특징이 있다.

(마) 의료저축계정방식: 의료저축계정방식은 정부가 의료비 지출을 위한 개인저축을 강제하는 방식이다. 해당 저축계정에 쌓인 돈은 개인과 가족의 의료비 지출에만 사용할 수 있게 하는 등 정부는 큰 범위에서만 의료보장제도의 틀을 관리·통제하고 있다.

① 사회보험방식에서는 여러 개의 관리운영기구가 어느 정도 자치적으로 운영되므로 국민건강보험방식에 비해 각 관리기구 내에 있는 가입자들의 의료비 지출에 대한 책임성을 높일 수 있다.
② 민간보험방식에서는 소득계층에 따라 의료서비스의 폭과 질이 달라질 수밖에 없으므로 국민건강권의 보장수준이 낮아지는 문제점이 발생할 수 있다.
③ 1998년부터 조직 및 재정을 단계적으로 통합하여 현재 보건복지부 산하기관을 통해 국민건강보장제도를 운영하고 있는 우리나라는 국민건강보험방식을 채택한 것으로 볼 수 있다.
④ 의료저축계정방식은 의료비 지출가능성에 대해 개개인이 대비하도록 하는 국가의 강제적 조치에 기초하는 것이며, 개인이 자신의 의료비 지출에 민감하도록 만들어 도덕적 해이의 발생을 최소화할 수 있다는 장점이 있다.
⑤ 국가보건서비스방식에서는 모든 국민의 의료서비스에 대한 접근권이 보장되므로 소득재분배효과가 클 뿐 아니라 신속하게 높은 수준의 의료서비스를 제공할 수 있어 상대적으로 환자의 만족도가 높은 편이다.

24 다음은 인간의 청각에 있어서 소리(음)의 높고 낮음을 지각하는 기제에 대한 설명이다. [보기]의 상황을 해결하기 위한 방안을 바르게 나열한 것을 고르면?

○△×
○△×
○△×

> 인간이 음의 높낮이(이하 '음고'라 한다)를 느낄 때 관여하는 소리의 물리적인 차원의 단위는 주파수(Hz)이다. 일반적으로 높은 주파수의 소리를 높은 음으로, 그리고 상대적으로 낮은 주파수의 소리를 낮은 음으로 지각한다. 또한 특정 주파수에 해당하는 음높이로 들리는 음은 그 음의 음고를 결정하는 기본주파수와 그 배수에 해당하는 배음주파수들로 구성되어 있다. 예를 들어, 400Hz의 음높이로 들리는 음은 기본주파수인 400Hz와 배음주파수들인 800Hz, 1,200Hz, 1,600Hz 등으로 구성된다. 한 가지 흥미로운 점은 어떤 음에 기본주파수가 결여되어 있고 그 배수에 해당하는 배음주파수들만 있어도 그 기본주파수에 해당하는 높이의 음을 지각하는 것이 가능하다는 것이다. 예를 들어, 800Hz, 1,200Hz, 1,600Hz로 구성된 음을 듣게 되면 800Hz에 해당하는 음이라고 지각하는 것이 아니라 400Hz의 음으로 해석하여 지각하게 된다.

보기

(A) 한 교회에 파이프 오르간을 제작·설치하려고 한다. 55Hz의 음을 내는 파이프 오르간을 제작하려고 하는데 해당되는 파이프가 없다.

(B) 저가형 AM 라디오를 제작 중이다. 이 라디오는 기계의 특성상 300Hz 이하의 주파수는 생성하지 못한다. 하지만 청자로 하여금 100Hz 미만에 해당하는 소리도 듣게 하고 싶다.

① (A) 110Hz 파이프와 165Hz 파이프를 동시에 연주
(B) 300Hz, 350Hz, 400Hz로 구성된 음을 재생

② (A) 110Hz 파이프와 165Hz 파이프를 동시에 연주
(B) 300Hz, 400Hz, 500Hz로 구성된 음을 재생

③ (A) 165Hz 파이프와 220Hz 파이프를 동시에 연주
(B) 300Hz, 400Hz, 500Hz로 구성된 음을 재생

④ (A) 165Hz 파이프와 330Hz 파이프를 동시에 연주
(B) 300Hz, 350Hz, 400Hz로 구성된 음을 재생

⑤ (A) 165Hz 파이프와 330Hz 파이프를 동시에 연주
(B) 300Hz, 600Hz, 900Hz로 구성된 음을 재생

25 다음 [조건]을 바탕으로 항상 옳은 것을 고르면?

○△×
○△×
○△×

조건

- 지각한 사람은 벌금을 낸다.
- A~F까지 총 6명이 있고, 벌금을 낸 사람은 과반수를 차지하지 않는다.
- B는 E보다는 늦게, D보다는 빨리 왔다.
- E보다 늦게 온 사람이 E보다 빨리 온 사람보다 많다.
- A는 벌금을 냈다.
- C는 두 번째로 도착하지 않았다.
- D는 네 번째 이하의 순서로 도착했다.
- C와 A의 도착 등수의 차이는 4등이다.

① 지각을 한 사람은 모두 2명이다.
② D는 여섯 번째로 도착했다.
③ E는 두 번째로 도착했다.
④ F는 네 번째로 도착했다.
⑤ B의 도착 순서는 정확히 알 수 없다.

정답과 해설 ▶ P.36

에듀윌 공기업

매일 1회씩 꺼내 푸는 NCS

DAY 07

eduwill

매1N 3회독 루틴 프로세스

*더 자세한 내용은 매1N 3회독 학습가이드를 확인하세요!

1 3회독 기록표에 학습날짜와 문제풀이 시작시간을 적습니다.

2 시험장에서 문제를 푸는 것처럼 풀어 보세요.

3 모바일 OMR 또는 회독용 답안지에 마킹한 후, 종료시간을 적고 초과시간을 체크합니다.

▶모바일 OMR 바로가기

[1회독용] http://eduwill.kr/WmoF

[2회독용] http://eduwill.kr/EmoF

[3회독용] http://eduwill.kr/omoF

4 문항별 3회독 체크표(◯△☒)에 표시합니다. 문제를 풀면서 알고 풀었으면 ◯, 헷갈렸으면 △, 전혀 몰라서 찍었으면 ☒에 체크하세요.

3회독 TIP

- 1회독: 25문항을 빠짐없이 풀어 보세요.
- 2~3회독: 틀린 문항만 골라서 풀어 보세요.

3회독 기록표

1회독		2회독		3회독	
학습날짜	월 일	학습날짜	월 일	학습날짜	월 일
시작시간	:	시작시간	:	시작시간	:
종료시간	:	종료시간	:	종료시간	:
점 수	점	점 수	점	점 수	점

01 다음은 ○○신문의 기사 일부이다. 이를 바탕으로 [보기]에서 정책 변화에 옳게 반응한 것을 고르면?

○△×
○△×
○△×

기획재정부가 저출산·사회안전망 개혁에 필요한 추가 재원을 확보하기 위해 소수공제자 추가공제를 폐지하는 방안을 검토 중이다. 소수공제자 추가공제는 1~2인 가구의 근로소득자에게 적용되는 제도로, 부양가족이 없거나 적은 근로자가 가족이 부양가족이 많은 근로자보다 세금을 과도하게 납부하지 않도록 하려는 배경에서 도입된 제도이다.

기획재정부는 소수공제자 추가공제 폐지안을 검토하는 이유를 부양가족 수가 적을수록 1인당 공제액이 많게 되어 최근의 출산장려 정책을 역행하는 제도이기 때문이라고 설명했다. 다시 말해 인적공제는 기본적으로 1인당 100만 원씩 공제되고 있지만, 소수공제자 추가공제가 적용되는 1인 가구는 본인 이외에 100만 원을, 2인 가구는 본인과 부양자를 제외하고 50만 원이 추가로 공제된다는 것이다.

보기

㉠ 아내와 딸을 부양하는 A씨는, 한 푼이라도 세금을 더 내야 한다는 생각에 억울해서 요즘 밤잠을 이루지 못한다.
㉡ 독거노인인 B씨는 고물상에 종이나 병을 팔아 연명하는 처지인데 세금을 추가로 납부해야 할지도 모른다는 말에 불평이 늘었다.
㉢ 기획재정부의 담당자 C씨는 정책 환경에 따라서 제도가 얼마든지 바뀔 수 있다는 입장을 보이고 있다.
㉣ 4인 가구인 D씨는 1인당 100만 원을 공제받지만, 2인 가구인 E씨는 1인당 150만 원을 공제받게 된다.

① ㉡ ② ㉢ ③ ㉣ ④ ㉠, ㉢ ⑤ ㉢, ㉣

02 다음 글의 주장을 반박하는 내용으로 옳은 것을 고르면?

○△×
○△×
○△×

1880년 조지 풀맨은 미국 일리노이주에 풀맨 마을을 건설했다. 이 마을은 그가 경영하는 풀맨 공장 노동자를 위해 기획한 공동체이다. 이 마을의 소유자이자 경영자인 풀맨은 마을의 교회 수와 주류 판매 여부 등을 결정했다. 한편, 1898년 일리노이 최고 법원은 이러한 방식의 마을 경영이 민주주의 정신과 제도에 맞지 않는다고 판결하고, 풀맨에게 공장 경영과 직접 관련되지 않은 정치적 권한을 포기할 것을 명령했다. 이 판결이 보여 주는 것은 민주주의 사회에서 소유권을 인정하는 것이 자동으로 정치적 권력에 대한 인정을 함축하지 않는다는 점이다. 즉, 풀맨이 자신의 마을에서 모든 집과 가게를 소유하는 것은 적법하지만, 그가 노동자들의 삶을 통제하며 그 마을에서 민주적 자치의 방법을 배제한 것은 결과적으로 민주주의 정신을 위배했다는 것이다.

이 결정은 미국 민주주의 정신에 분명히 부합한다. 하지만 미국이 이와 비슷한 다른 사안에는 민주주의 정신을 동일하게 적용하지 않았다는 문제가 있다. 미국은 누군가의 소유물인 마을에서 노동자들이 민주적 결정을 하지 못하게 하는 소유자의 권력을 제지한 반면, 누군가의 소유물인 공장에서 노동자들이 민주적 의사 결정을 도입하고자 하는 것에는 반대했다. 만약 미국의 민주주의 정신에 따라 마을에서 재산 소유권과 정치적 권력을 분리하라고 명령할 수 있다면, 공장 내에서도 재산 소유권과 정치적 권력은 분리되어야 한다고 명령할 수 있어야 한다. 공장 소유주의 명령이 공장 내에서 절대적 정치 권력이 되어서는 안 된다는 뜻이다. 하지만 미국은 공장 내에서 소유주의 명령이 공장 운영에 대한 노동자의 민주적 결정을 압도하는 것을 묵인한다. 공장에서도 민주적 원리가 적용되어야만 미국의 민주주의가 일관성을 갖췄다고 말할 수 있다.

① 미국의 경우 마을이 아닌 공장 운영에 관한 법적 판단은 주 법원이 아닌 연방 법원에서 다룬다.
② 대부분의 미국 자본가는 풀맨 마을과 같은 마을을 경영하지 않으므로 미국의 민주적 가치를 훼손하지 않는다.
③ 미국이 내세우는 민주적 가치는 모든 시민이 자신의 거주지 안에서 자유롭게 살 수 있는 권리를 가장 우선시한다.
④ 마을 운영이 정치적 문제에 속하는 것과 달리 공장 운영은 경제적 문제에 속하므로 전적으로 소유주의 권한에 속한다.
⑤ 공장에서 이루어지고 있는 소유와 경영의 분리는 공장뿐 아니라 마을 공동체 등 사회의 다른 영역에도 적용되어야 한다.

03 다음 글의 문맥상 이어질 내용으로 옳은 것을 고르면?

○△✕
○△✕
○△✕

테레민은 손을 대지 않고 연주하는 악기이다. 이 악기를 연주하기 위해 연주자는 허리 높이쯤에 위치한 상자 앞에 선다. 오른손은 상자에 수직으로 세워진 안테나 주위에서 움직인다. 오른손의 엄지와 집게손가락으로 고리를 만들고 손을 흔들면서 나머지 손가락을 하나씩 펴면 안테나에 손이 닿지 않고서도 음이 들린다. 이때 들리는 음은 피아노 건반을 눌렀을 때 나는 것처럼 정해진 음이 아닌 현악기를 연주하는 것과 같은 연속음이며, 손과 손가락의 움직임에 따라 소리가 변한다. 왼손은 손가락을 펼친 채로 상자에서 수평으로 뻗은 안테나 위를 서서히 오르내리면서 소리를 조절한다.

음고(音高)는 오른손으로 수직 안테나와의 거리에 따라 조절하고 음량(音量)은 왼손으로 수평 안테나와의 거리에 따라 조절한다. 따라서 오른손과 수직 안테나는 음고를 조절하는 회로에 속하고 왼손과 수평 안테나는 음량을 조절하는 또 다른 회로에 속한다. 이 두 회로가 하나로 합쳐지면서 두 손의 움직임에 따라 음고와 음량을 변화시킬 수 있다.

테레민에서 어떻게 다른 음고의 음이 발생되는지 알아보자. 음고를 조절하는 회로는 가청 주파수 범위 바깥의 주파수를 갖는 서로 다른 두 개의 음파를 발생시킨다. 이 두 개의 음파 사이에 존재하는 주파수의 차이 값에 의해 발생하는 새로운 진동으로 소리를 만든다. 가청 주파수 범위 바깥의 주파수 중 하나는 고정된 주파수를 갖고 다른 하나는 연주자의 손 움직임에 따라 주파수가 바뀐다. 이렇게 발생한 주파수의 변화에 의해 진동이 발생되며, 이 진동의 주파수는 가청 주파수 범위 내에 있기 때문에 스피커로 그 진동을 증폭시켜 소리를 낸다.

① 수직 안테나에 손이 닿으면 소리가 발생하는 원리
② 왼손의 손가락의 모양에 따라 음고가 바뀌는 원리
③ 수평 안테나와 왼손 사이의 거리에 따라 음량이 조절되는 원리
④ 음고를 조절하는 회로에서 가청 주파수의 진동이 발생하는 원리
⑤ 오른손 손가락으로 가상의 피아노 건반을 눌러 음량을 변경하는 원리

04 다음은 과세가격의 결정에 관한 관세법 조항의 일부이다. 이를 바탕으로 판단한 내용으로 옳은 것을 고르면?

○△×
○△×
○△×

> 제30조(과세가격 결정의 원칙) ① 수입 물품의 과세가격은 우리나라에 수출하기 위하여 판매되는 물품에 대하여 구매자가 실제로 지급하였거나 지급하여야 할 가격에 다음 각호의 금액을 더하여 조정한 거래 가격으로 한다. 다만, 다음 각호의 금액을 더할 때에는 객관적이고 수량화할 수 있는 자료에 근거하여야 한다.
>
> 1. 구매자가 부담하는 수수료 및 중개료. 다만, 구매 수수료를 제외한다.
> 2. 해당 수입물품과 동일체로 취급되는 용기의 비용과 해당 수입물품의 포장에 드는 노무비와 자재비로서 구매자가 부담하는 비용
> 3. 구매자가 해당 수입물품의 생산 및 수출거래를 위하여 대통령령이 정하는 물품 및 용역을 무료 또는 인하된 가격으로 직접 또는 간접으로 공급한 경우에는 그 물품 및 용역의 가격 또는 인하차액을 해당 수입물품의 총생산량 등 대통령령으로 정하는 요소를 고려하여 적절히 배분한 금액
> 4. 특허권·실용신안권·디자인권·상표권 및 이와 유사한 권리를 사용하는 대가로 지급하는 것으로서 대통령령이 정하는 바에 따라 산출된 금액
> 5. 해당 수입물품을 수입한 후 전매·처분 또는 사용하여 생긴 수익 금액 중 판매자에게 직접 또는 간접으로 귀속되는 금액
> 6. 수입항까지의 운임·보험료와 그 밖에 운송과 관련되는 비용으로서 대통령령으로 정하는 바에 따라 결정된 금액. 다만, 기획재정부령으로 정하는 수입물품의 경우에는 이의 전부 또는 일부를 제외할 수 있다.

① 구매 대행 사이트를 통해 수입물품을 살 때는 현지 가격만이 아니라 배송 시 필요한 운송비, 구매 대행과 중계 시 발생하는 수수료 등이 관세로 붙는구나.

② 외제 차의 가격은 여러 가지 수수료와 중간상의 이익에까지 관세가 붙다 보니 결과적으로 높게 책정되겠네.

③ 관세에는 특허에 대한 사용료도 포함되어 있으니, 디즈니 등 캐릭터 상품의 경우에도 현지에서 정해진 가격 이외에 특허에 대한 관세가 더 붙겠어.

④ 구매자가 해당 수입물품의 생산 및 수출 거래를 위하여 무료로 대통령령이 정하는 물품 및 용역을 공급하게 되면 이에 대해 관세를 낼 필요는 없지.

⑤ 수입항에 당도하기까지 지출된 모든 비용이 곧 관세를 계산하는 데 쓰여.

05 다음은 RFID의 장점에 관한 내용이다. 이를 바탕으로 RFID를 적절하게 활용한 사례가 아닌 것을 고르면?

○△×
○△×
○△×

> RFID의 일반적인 정의는 무선 주파수(RF)를 이용하여 실리콘 반도체 칩을 내장한 태그, 라벨, 카드 등에 저장된 데이터를 리더를 통해 자동으로 인식하는 기술이다. 이는 제품에 부착한 태그를 리더로 읽어 들이는 방식으로 사용되는데, 이는 기존에 바코드를 태그하여 읽는 방식과 비슷하다. 하지만 리더를 가까이 대야 인식할 수 있는 바코드와 달리 한 번에 여러 개의 태그 정보를 읽을 수 있다.
>
> RFID를 이용하면 상품, 동물, 사물 등에 태그를 부착해 약 3~5m 정도의 근거리에서 무선으로 정보를 읽는 것이 가능해진다. IT 전문가들은 RFID가 현재의 바코드를 대체할 뿐만 아니라 제조와 유통 물류, 서비스 산업을 혁신적으로 변화시켜 미래 사회의 상징이 될 것으로 전망하고 있다. RFID는 정보를 제공하는 태그(Tag)와 판독 및 해독 기능을 하는 리더(Reader)로 구성되는데, 제품에 붙이는 태그에 생산·유통·보관 등에 관한 정보를 담고 리더로 이 정보를 읽을 수 있기 때문이다.
>
> 기존의 바코드 방식은 저장 용량이 적고, 근접한 상태에서만 정보를 읽을 수 있는 단점이 있다. 반면에 RFID는 이 태그가 부착된 물건들을 소비자가 고르면 대금을 자동으로 결제할 수 있는 것은 물론, 물건의 재고 관리 또한 자동으로 수행할 수 있게 한다. 소비자와 판매자 모두 환영할 만한 기술이 아닐 수 없다.

① 국립중앙도서관 등에서는 도서에 RFID 태그를 부착하여 대출반납 무인 시스템에 적용하고 있다. RFID 태그를 부착한 도서는 수량이 많더라도 정보를 한 번에 집계할 수 있기 때문에 사용자의 편의성을 높여 준다.

② 서점에서 RFID 태그를 활용 시 서적별 판매량을 실시간으로 빠르게 확인할 수 있기 때문에 재고가 떨어지지 않도록 즉각 주문하는 방식을 새롭게 도입할 수 있다.

③ 한국인삼공사 등에서는 자사에서 판매하는 제품의 기본 사항 및 유통 정보 등을 RFID 태그에 기록하여 소비자가 휴대용 단말기 등의 리더를 통해 해당 제품의 진품 여부와 유통 과정 등을 직접 확인할 수 있다.

④ 대형 할인점에서 RFID 태그가 부착된 물건을 쇼핑 카트에 담아 계산대를 통과한다면 결제해야 할 총금액이 바로 집계되어 쇼핑 시간을 대폭 절약할 수 있게 된다.

⑤ ○○대학교는 학생들에게 각각 고유한 RFID 태그 카드를 발급하여 강의실 입구에 설치된 시스템을 통해 학생들의 인적 정보를 자동으로 조회하고 출결을 관리하고 있다.

06 다음은 고용보험관리공단 홈페이지에 올라온 상담 내용이다. [근거]를 참고하여 답변할 내용으로 옳은 것을 고르면?

○△×
○△×
○△×

[상담]

저는 지금 대학에서 1학기 강의를 담당하고 있는 대학교 시간강사입니다. 새 학기가 되어 강의를 시작한 지는 1주일 정도 되었습니다. 일주일에 3시간 강의하여 한 달에 50만 원 정도의 강의료를 수령합니다. 강사로 일하기 전에는 학교에 소속된 계약직으로 2년간 근무하였고, 당시에는 4대 보험이 모두 인정되었습니다. 제가 실업급여를 받을 수 있을까요?

[근거]

실업급여 수급자격 요건	• 실직 전 18개월(기준 기간) 동안에 고용보험이 적용되는 사업장에서 근무한 기간(피보험 단위 기간)이 180일 이상일 것(2000년 3월 31일 이전 이직자의 경우 12개월 중 6개월 이상) • 근로의 의사와 능력을 가지고 적극적으로 구직 활동을 할 것 • 개인 사정(전직, 가사, 자영업 등)으로 이직하거나 본인의 중대한 잘못으로 해고되지 않았을 것
고용보험법	• 월 60시간, 주 15시간 미만자의 경우 취업으로 보지 않는다. • 3개월 이상 생계를 목적으로 근로를 제공하는 자의 경우, 위 규정(월, 주 소정 근로 시간)과 무관하게 취업으로 본다.

① 귀하가 한 달에 지급받는 금액인 50만 원으로는 실제적인 생계를 꾸릴 수 없습니다. 따라서 충분히 실업급여를 받을 자격이 있습니다.
② 귀하가 대학교 시간강사로 일하는 것은 고용보험법상 취업이며, 이 기간에 대해서도 고용보험의 피보험 자격을 부여받게 됩니다. 그러므로 그 전 사업장에서의 이직을 근거로 실업급여를 받을 수는 없습니다.
③ 귀하는 고용보험법상 취업자가 아니기 때문에 실직 상태로 보아야 합니다. 또한 이전에 계약직으로 근로할 때 실업급여를 수급할 자격을 만족하였으므로 당연히 실업급여를 수급할 수 있습니다.
④ 귀하는 고용보험법상 취업 상태는 아니지만 사실상 생계를 위하여 강의하는 사람에게도 고용보험 혜택을 부여하는 조항이 존재합니다. 따라서 실업급여를 당장 수급할 수 있습니다.
⑤ 귀하는 고용보험법에서 취업 상태로 인정하지 않지만 고학력자에 속하므로 자발적 실업에 해당합니다. 이는 법률의 보호가 미치는 영역이 아니기 때문에 실업급여를 수급할 수 없습니다.

07 다음 글의 내용과 일치하지 <u>않는</u> 것을 고르면?

○△×
○△×
○△×

지난달에 새 국적을 취득했다. 국적의 취득은 안방에서 이뤄졌다. 일종의 사이버 세상에서의 외도이다. 나는 이렇게 가상 국가인 '비트네이션'의 국민이 되었다. 입국은 허무하리만치 쉬웠다. 필요한 것은 이름과 주소, 전자우편뿐이었다. 별도의 검증 절차가 필요 없기 때문에 마음대로 적어 내도 상관은 없었다.

개인에게 요구하는 정보가 어마어마한 전통 국가 특유의 가입 방식에 내가 너무 익숙해져 있어서 비트네이션에 입국하는 일을 간단하게 느꼈는지도 모른다. 대한민국은 출생 시부터 주민등록번호를 개인에게 부여하고 법적 상태, 학력, 재산, 경력 등의 기록을 직간접적으로 관리하도록 끊임없이 요구해 왔다. 전통적인 국가의 관점에서 국민은 보살피거나 관리해야 할 대상이기 때문에 통계 및 분석을 위한 자료가 필요하기 때문이다. 자발적으로 참여하는 국가인 비트네이션에서는 그럴 필요가 없다.

이를 통해 4차 산업 혁명의 파도는 기술과 경제의 해안에만 몰아치지 않는다는 것을 알 수 있다. 세계경제포럼(WEF)의 클라우스 슈바프는 "이 모든 상황은 정치, 경제, 사회 체제에 영향을 미치는 본질적인 변화이며, 세계화 과정 자체가 역행한다 해도 되돌리기 어려운 현실"이라고 말했다. 비트네이션은 이러한 변화를 보여 주는 대표적인 사례로 꼽혔다. 가상 국가 비트네이션을 통해 모든 것이 연결되고 분산되고 공유되는 4차 산업 혁명 시대정신이 기존의 통치 방식에 영향을 미치는 것이다.

① 대한민국은 전통적인 국가에 해당한다.
② 비트네이션은 4차 산업 혁명의 영향으로 생겨난 산물이다.
③ 비트네이션의 국적 취득을 위해서 필요한 것은 이름, 주소, 전자우편이다.
④ 비트네이션의 국민은 국가에서 보살피거나 관리할 필요가 없다.
⑤ 비트네이션에 가입하려면 별도의 검증 절차를 거쳐야 한다.

08 다음은 공기업의 직업윤리와 관련하여 공공영역의 개념을 설명한 강의 내용이다. 이를 바탕으로 판단한 내용으로 옳지 않은 것을 고르면?

○△× ○△× ○△×

> 공공영역이란 다양한 의사소통 수단을 통해 다수의 행위자를 연결시켜 정치·사회적 환경에서의 이해 갈등을 비폭력적인 방법으로 조정할 수 있는 자정 체계입니다. 공공영역은 개방적인 관계의 확산을 통해 만들어집니다. 보편적인 원칙과 기준이 분명할수록 개방적인 관계 형성으로 이어집니다. 그러나 한국인의 강한 연줄 편향성은 그러한 개방적 관계 형성에 장애가 되고 있습니다. 연고에 의한 동질성을 공유하는 내집단 성원에게는 개방적이고 호혜적인 규범이 자리 잡지만, 연고를 달리하는 외집단 성원에게는 매우 폐쇄적입니다. 이렇듯 연줄은 동일 집단에 속한 성원들의 사회생활을 돕는 역할도 하지만, 집단 간 커뮤니케이션을 어렵게 하거나 갈등을 유발하기도 합니다. 사적인 신뢰에 과도하게 의존하는 연줄 사회에서는 사적 이익에 의하여 공공영역이 식민화되는 경향도 나타납니다.
>
> 공적 자원과 규칙을 관리하는 공직자들이 사적 관계를 통해 조직적 자원을 행사하거나 지대를 추구한다면, 공적 조직은 지향하는 목적을 달성하고자 하는 합리적 체계(rational system)의 특성보다는 조직의 존속 자체를 목적으로 여기고 자원을 사유화하려는 자연 체계(natural system)로서의 특성을 강화시키게 됩니다. 또한 공직자들의 영향력 행사는 조직에 부가적인 비용을 발생시켜 전체 사회에 비효율성을 증대시키지요. 전통 사회 특유의 강한 공동체성은 닫힌 연줄 사회로 이행하면서 개방적인 관계 형성으로 나아가는 데 실패했습니다. 연고에 따라 분절된 시민 사회에서 개인이나 집단이 발휘하는 합리성은 폐쇄된 경계를 넘기 어려운 실정입니다. 우리는 집단 내부의 구심력을 강화할수록 사회 전반의 균열이 커지는 이 악순환의 고리를 아직 극복하지 못하고 있습니다.

① 공공영역은 개방적인 관계를 지향한다.
② 공공영역에 의해 부패한 국가와 이기적인 개인의 관계를 견제할 수 있다.
③ 농업 사회에서 공공영역이 수행하는 역할은 비교적 작다.
④ 향우회는 공공영역의 역할을 극대화한다.
⑤ 집단 내부의 강한 연대는 사회 갈등을 재생산한다.

09 파인애플은 사과와 오렌지 무게의 합과 같고, 파인애플 2개는 오렌지 3개와 토마토 4개의 무게와 같다. 사과 2개의 무게가 토마토 6개의 무게와 같을 때, 오렌지 1개의 무게는 토마토 몇 개의 무게와 같은지 고르면?

○△✕
○△✕
○△✕

① $\frac{1}{2}$개 ② 1개 ③ $\frac{3}{2}$개 ④ 2개 ⑤ $\frac{5}{2}$개

10 지난달 자매의 데이터 이용요금의 합은 60,000원이었다. 이번 달 데이터 이용요금은 지난달에 비해 언니는 10% 감소하고, 동생은 15% 증가하여 총 이용요금의 합이 5% 증가하였다. 이때 이번 달 동생의 휴대폰 이용요금을 고르면?

○△✕
○△✕
○△✕

① 24,000원 ② 25,200원 ③ 36,000원 ④ 39,600원 ⑤ 41,400원

11 다음 [표]는 발전원별 설비용량에 관련된 자료이다. 이에 대한 설명으로 옳은 것을 고르면?

○△✕
○△✕
○△✕

[표] 발전원별 설비용량

구분	수력	석탄	유류	LNG	원자력	대체 에너지	계
설비용량(MW)	6,471	27,327	4,243	32,244	21,716	5,649	97,650
구성비(%)	6.6	28.0	4.3	33	22.2	5.9	100.0
발전량(GWh)	5,931	207,533	24,965	102,950	164,762	16,202	522,343
구성비(%)	1.1	39.7	4.8	19.7	31.5	3.2	100.0

① 발전량이 가장 높은 발전원은 원자력이다.
② 설비용량 하위 4개 발전원의 설비용량의 비중은 40% 이하이다.
③ 발전량이 높을수록 설비용량도 높다.
④ 유류 발전원은 설비용량과 발전량 모두 가장 낮다.
⑤ 설비용량이 가장 높은 발전원은 세 번째로 낮은 발전원의 6배 이상이다.

12 다음 [표]는 범죄의 소질이 유전되는지를 살펴보기 위하여 덴마크의 코펜하겐에서 다른 가정에 입적된 4,068명의 양자를 대상으로 생부, 양부, 그리고 양자 본인이 범죄를 저지른 적이 있는가를 기록한 범죄 기록부를 조사한 결과이다. 이에 대한 진술로 옳은 것을 [보기]에서 모두 고르면?

○△×
○△×
○△×

[표] 생부와 양부의 범죄기록에 따른 양자의 범죄기록 (단위: 명)

구분	범죄기록	양자 수(A)	양자 중에서 범죄기록자의 수(B)	$\frac{B}{A}\times 100(\%)$
생부	범죄기록 없음	2,499	336	13.5
양부	범죄기록 없음			
생부	범죄기록 없음	200	30	15.0
양부	범죄기록 있음			
생부	범죄기록 있음	1,226	245	20.0
양부	범죄기록 없음			
생부	범죄기록 있음	143	35	24.5
양부	범죄기록 있음			

보기

가. 양자가 범죄를 저지르는 데에는 생부의 범죄기록이 있을 때가 없을 때보다 더 큰 영향을 미친다.
나. 생부의 범죄기록 유무가 동일하다고 가정할 때, 양부가 범죄를 저질렀으면 그렇지 않은 경우에 비하여 양자들이 범죄를 저지르는 경향이 더 강하다.
다. 양부의 범죄기록 유무가 동일하다고 가정할 때, 생부가 범죄를 저질렀으면 그렇지 않은 경우에 비하여 양자들이 범죄를 저지르는 경향이 항상 강한 것은 아니다.
라. 양자가 범죄를 저지르는 데에는 생부와 양부의 범죄기록이 모두 있을 때가 없을 때보다 더 큰 영향을 미친다.

① 가, 나 ② 가, 라 ③ 나, 다 ④ 가, 나, 라 ⑤ 나, 다, 라

13 다음 [표]는 세계 에너지 수요에 대한 자료이다. [표]와 몇 가지 자료를 참고하여 세계 에너지 수요에 관한 [보고서]를 작성하였을 때, 주어진 [표] 이외에 추가로 이용한 자료를 [보기]에서 모두 고르면?

○△×
○△×
○△×

[표] 세계 에너지 수요 현황 및 전망 (단위: QBtu, %)

구분		1990년	2000년	2010년	2015년	2025년	2035년	연평균 증가율 (2015~2035년)
OECD	북미	101	120	121	126	138	149	0.9
	유럽	70	81	81	84	89	92	0.5
	아시아/오세아니아	27	37	38	39	43	45	0.8
		198	238	240	249	270	286	0.7
비OECD	유럽	67	50	51	55	63	69	1.3
	아시아/오세아니아	58	122	133	163	222	277	3.5
	아프리카	10	14	14	17	21	24	2.1
	중남미	15	23	23	28	33	38	1.8
		150	209	221	263	339	408	2.8
전체		348	447	461	512	609	694	1.8

[보고서]

전 세계 에너지 수요는 2010년 461QBtu에서 2035년 694QBtu로 50% 이상 증가할 것으로 전망된다. 이 기간에 국제 유가와 천연가스 가격 상승이 예측되어 장기적으로 에너지 수요를 다소 둔화시키는 요인으로 작용하겠으나, 비OECD 국가들의 높은 경제성장률과 인구증가율로 인해 세계 에너지 수요 증가율은 높은 수준을 유지할 것이다.

OECD 국가들의 에너지 수요는 2015~2035년에 연평균 0.7%씩 증가할 것으로 전망되어 2035년에는 2010년 수준에 비해 19.2% 늘어날 것으로 예상된다. 반면, 같은 기간에 비OECD 국가들의 에너지 수요는 연평균 2.8%씩 증가하여 2035년에는 2010년 수준에 비해 84.6% 증가할 것으로 예상된다.

비OECD 국가들 중에서도 중국과 인도의 경제성장률이 가장 높게 전망되고 있으며, 두 국가의 2035년 에너지 수요는 2010년 수준보다 2배 이상으로 증가하여 전 세계 에너지 수요의 25%를 점유할 것으로 예측되고 있다. 한편 전 세계에서 미국의 에너지 수요가 차지하는 비중은 2010년 22%에서 2035년 17%로 줄어들 것으로 보인다.

보기

㉠ 1990~2035년 국가별 인구증가율 현황 및 전망
㉡ 1990~2035년 국가별 경제성장률 현황 및 전망
㉢ 1990~2035년 국제 유가와 천연가스 가격 현황 및 전망
㉣ 1990~2035년 국가별 에너지 생산 현황 및 전망

① ㉠, ㉡ ② ㉠, ㉣ ③ ㉢, ㉣ ④ ㉠, ㉡, ㉢ ⑤ ㉡, ㉢, ㉣

14 다음 [표]와 [그래프]는 복무기관별 공익근무요원 현황에 대한 자료이다. 이에 대한 설명으로 옳지 않은 것을 [보기]에서 모두 고르면?

○△×
○△×
○△×

[표] 복무기관별 공익근무요원 수

(단위: 명)

구분	2004년	2005년	2006년	2007년	2008년	2009년
중앙정부기관	6,536	5,283	4,275	4,679	2,962	5,872
지방자치단체	19,514	14,861	10,935	12,335	11,404	12,837
정부산하단체	6,135	4,875	4,074	4,969	4,829	4,194
기타 기관	808	827	1,290	1,513	4,134	4,719
계	32,993	25,846	20,574	23,496	23,329	27,622

[그래프] 공익근무요원의 복무기관별 비중

(단위: %)

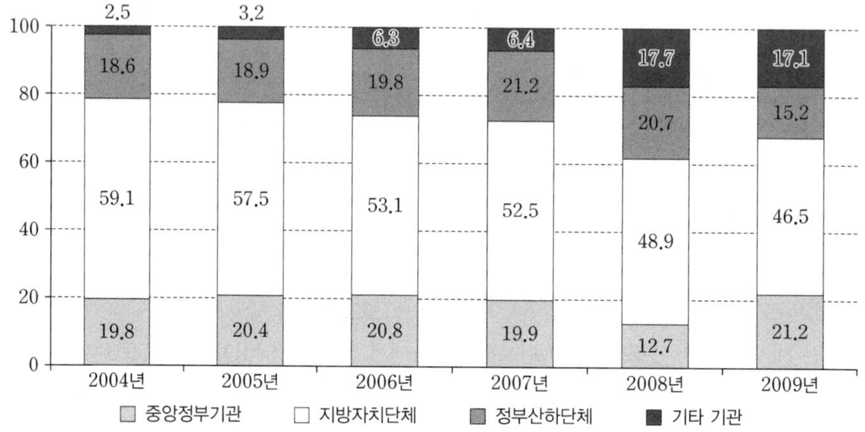

보기

㉠ 전체 공익근무요원 중 기타 기관에 복무하는 공익근무요원이 차지하는 비중은 매년 증가한다.

㉡ 2005~2009년에 중앙정부기관에 복무하는 공익근무요원 수의 전년 대비 증감 추이는 전체 공익근무요원 수의 증감 추이와 같다.

㉢ 2009년 정부산하단체에 복무하는 공익근무요원은 2004년 대비 30% 이상 감소하였다.

㉣ 기타 기관을 제외하고 2005년 공익근무요원 수의 전년 대비 감소율이 가장 큰 복무기관은 지방자치단체이다.

① ㉠　　② ㉠, ㉣　　③ ㉡, ㉢　　④ ㉠, ㉢, ㉣　　⑤ ㉡, ㉢, ㉣

15 다음 [표]는 A지역의 저수지 현황에 대한 자료이다. 이에 대한 설명으로 옳지 않은 것을 [보기]에서 모두 고르면?

○△× ○△× ○△×

[표1] 관리기관별 저수지 현황 (단위: 개소, 천 m^3, ha)

구분	저수지 수	총 저수용량	총 수혜면적
농어촌공사	996	598,954	69,912
자치단체	2,230	108,658	29,371
전체	3,226	707,612	99,283

[표2] 저수용량별 저수지 수 (단위: 개소)

저수용량 (m^3)	10만 미만	10만 이상 50만 미만	50만 이상 100만 미만	100만 이상 500만 미만	500만 이상 1,000만 미만	1,000만 이상	합계
저수지 수	2,668	360	100	88	3	7	3,226

[표3] 제방높이별 저수지 수 (단위: 개소)

제방높이 (m)	10 미만	10 이상 20 미만	20 이상 30 미만	30 이상 40 미만	40 이상	합계
저수지 수	2,566	533	99	20	8	3,226

보기

㉠ 관리기관이 농어촌공사인 저수지 1개소당 저수용량은 관리기관이 자치단체인 저수지 1개소당 저수용량의 10배 미만이다.

㉡ 저수용량이 10만 m^3 미만인 저수지 수는 전체 저수지 수의 80% 이상이다.

㉢ 관리기관이 농어촌공사인 저수지 1개소당 수혜면적은 관리기관이 자치단체인 저수지 1개소당 수혜면적의 5배 이상이다.

㉣ 저수용량이 50만 m^3 이상 100만 m^3 미만인 저수지의 저수용량 합은 전체 저수지 총 저수용량의 5% 이상이다.

① ㉠ ② ㉢, ㉣ ③ ㉠, ㉡, ㉢ ④ ㉠, ㉡, ㉣ ⑤ ㉡, ㉢, ㉣

16

□○△× □○△× □○△×

다음 [표]는 개인(A~D)의 연소득에 대한 자료이다. 개인별 소득세 산출액은 [소득세 결정기준]에 따라 계산할 때, 소득세 산출액이 가장 많은 사람과 가장 적은 사람이 바르게 짝지어진 것을 고르면?

[표] 개인별 연소득 현황 (단위: 만 원)

개인	근로소득	금융소득
A	15,000	5,000
B	25,000	0
C	20,000	0
D	0	30,000

※ 근로소득과 금융소득 이외의 소득은 존재하지 않음
※ 모든 소득은 과세대상이고, 어떤 종류의 공제·감면도 존재하지 않음

[소득세 결정기준]
- 5천만 원 이하의 금융소득에 대해서는 15%의 '금융소득세'를 부과함
- 과세표준은 금융소득 중 5천만 원을 초과하는 부분과 근로소득의 합이고, 과세표준에 따른 근로소득세율에 따라 근로소득세를 부과함
- 소득세 산출액은 금융소득세와 근로소득세의 합임

[표] 과세표준에 따른 근로소득세율 (단위: %)

과세표준	세율
1,000만 원 이하분	5
1,000만 원 초과 5,000만 원 이하분	10
5,000만 원 초과 1억 원 이하분	15
1억 원 초과 2억 원 이하분	20
2억 원 초과분	25

예를 들어, 과세표준이 2,500만 원인 사람의 근로소득세는 1,000만 원×5%+(2,500만 원−1,000만 원)×10%=200만 원이다.

	가장 많은 사람	가장 적은 사람
①	A	B
②	A	D
③	B	A
④	D	A
⑤	D	C

17 다음 [표]는 A사 피자 1판 주문 시 구매방식별 할인혜택과 비용을 나타낸 자료이다. 이를 바탕으로 정가가 12,500원인 A사 피자 1판을 가장 저렴하게 구매할 수 있는 방식을 고르면?(단, 구매방식은 한 가지만 선택한다.)

○△×
○△×
○△×

[표] 구매방식별 할인혜택과 비용

구매방식	할인혜택과 비용
스마트폰 앱	정가의 25% 할인
전화	정가에서 1,000원 할인 후, 할인된 가격의 10% 추가 할인
회원카드와 쿠폰	회원카드로 정가의 10% 할인 후, 할인된 가격의 15%를 쿠폰으로 추가 할인
직접방문	정가의 30% 할인, 교통비용 1,000원 발생
교환권	A사 피자 1판 교환권 구매비용 10,000원 발생

① 스마트폰 앱 ② 전화 ③ 회원카드와 쿠폰
④ 직접방문 ⑤ 교환권

18 10명의 학생이 헌혈에 참여하였고 그 혈액형을 확인하였더니 A형, B형, AB형, O형이 모두 나왔다. 다음 [조건]을 바탕으로 옳지 <u>않은</u> 것을 [보기]에서 모두 고르면?

○△×
○△×
○△×

조건

- A형인 학생 수와 B형인 학생 수의 합은 AB형인 학생 수와 O형인 학생 수의 합과 같다.
- A형인 학생 수와 AB형인 학생 수의 합은 B형인 학생 수와 O형인 학생 수의 합과 같다.

보기

㉠ A형이 1명인 경우 O형과 AB형은 4명이다.
㉡ A형이 2명인 경우 B형은 3명이다.
㉢ AB형이 전체 학생에서 차지하는 비율이 30%인 경우, A형은 20%이다.
㉣ A형과 B형, O형과 AB형의 학생 수가 같다.
㉤ A형 학생 1명당 AB형 학생의 비는 B형 학생 1명당 O형 학생의 비와 같다.

① ㉠, ㉡ ② ㉡, ㉢ ③ ㉡, ㉣ ④ ㉠, ㉢, ㉤ ⑤ ㉠, ㉣, ㉤

19 다음 [표]는 원산지 표시방법에 대한 자료이다. 이에 대한 설명으로 옳은 것을 [보기]에서 모두 고르면?

○△× ○△× ○△×

[표] 원산지 표시방법

구분	표시방법
(가) 돼지고기, 닭고기, 오리고기	육류의 원산지 등은 국내산과 수입산으로 구분하고, 다음 항목의 구분에 따라 표시한다. 1) 국내산의 경우 괄호 안에 '국내산'으로 표시한다. 다만 수입한 돼지를 국내에서 2개월 이상 사육한 후 국내산으로 유통하거나, 수입한 닭 또는 오리를 국내에서 1개월 이상 사육한 후 국내산으로 유통하는 경우에는 '국내산'으로 표시하되, 괄호 안에 축산물명 및 수입국가명을 함께 표시한다. [예시] 삼겹살(국내산), 삼계탕 국내산(닭, 프랑스산), 훈제오리 국내산(오리, 일본산) 2) 수입산의 경우 수입국가명을 표시한다. [예시] 삼겹살(독일산) 3) 원산지가 다른 돼지고기 또는 닭고기를 섞은 경우 그 사실을 표시한다. [예시] 닭갈비(국내산과 중국산을 섞음)
(나) 배달을 통하여 판매·제공되는 닭고기	1) 조리한 닭고기를 배달을 통하여 판매·제공하는 경우, 그 조리한 음식에 사용된 닭고기의 원산지를 포장재에 표시한다. 2) 1)에 따른 원산지 표시는 위 (가)의 기준에 따른다. [예시] 찜닭(국내산), 양념치킨(브라질산)

※ 수입국가명은 우리나라에 축산물을 수출한 국가명을 의미함

보기

㉠ 국내산 돼지고기와 프랑스산 돼지고기를 섞은 돼지갈비를 유통할 때, '돼지갈비(국내산과 프랑스산을 섞음)'로 표시한다.

㉡ 덴마크산 돼지를 수입하여 1개월간 사육한 후 삼겹살을 유통할 때, '삼겹살 국내산(돼지, 덴마크산)'으로 표시한다.

㉢ 중국산 오리를 수입하여 2개월 후 유통할 때, '훈제오리 국내산(오리, 중국산)'으로 표시한다.

㉣ 국내산 닭을 이용하여 양념치킨으로 조리한 후 배달 판매할 때, '양념치킨(국내산)'으로 표시한다.

① ㉠, ㉡　② ㉠, ㉣　③ ㉡, ㉢　④ ㉠, ㉢, ㉣　⑤ ㉡, ㉢, ㉣

20 다음 글을 바탕으로 판단할 때, 옳은 것을 [보기]에서 모두 고르면?

○△×
○△×
○△×

1부터 5까지 숫자가 하나씩 적힌 5장의 카드와 3개의 구역이 있는 다트판이 있다. 갑과 을은 다음 방법에 따라 점수를 얻는 게임을 하기로 했다.

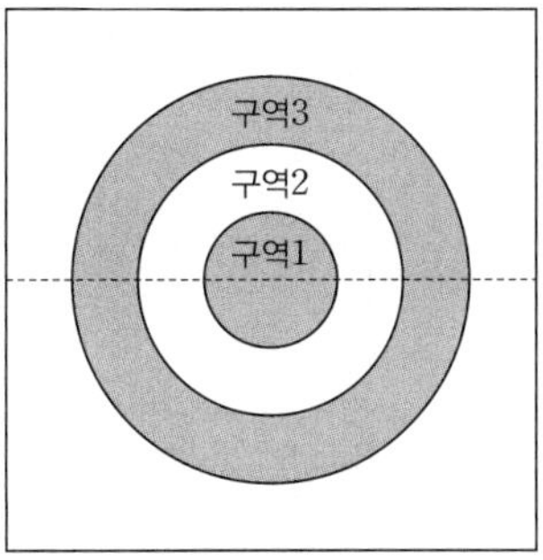

○ 우선 5장의 카드 중 1장을 임의로 뽑고, 그 후 다트를 1차 시기와 2차 시기에 각 1번씩 총 2번 던진다.

○ 뽑힌 카드에 적혀 있는 숫자가 '카드점수'가 되며 점수를 얻는 방법은 다음과 같다.

[1차 시기 점수 산정 방법]

- 다트가 구역1에 꽂힐 경우: 카드점수×3
- 다트가 구역2에 꽂힐 경우: 카드점수×2
- 다트가 구역3에 꽂힐 경우: 카드점수×1
- 다트가 그 외 영역에 꽂힐 경우: 카드점수×0

[2차 시기 점수 산정 방법]

- 다트가 다트판의 중앙선 위쪽에 꽂힐 경우: 2점
- 다트가 다트판의 중앙선 아래쪽에 꽂힐 경우: 0점

[최종점수 산정 방법]

- 최종점수: 1차 시기 점수+2차 시기 점수

※ 다트판의 선에 꽂히는 경우 등 그 외 조건은 고려하지 않음

보기

㉠ 갑이 짝수가 적힌 카드를 뽑았다면, 최종점수는 홀수가 될 수 없다.
㉡ 갑이 숫자 2가 적힌 카드를 뽑았다면, 가능한 최종점수는 8가지이다.
㉢ 갑이 숫자 4가 적힌 카드를, 을이 숫자 2가 적힌 카드를 뽑았다면, 가능한 갑의 최종점수 최댓값과 을의 최종점수 최솟값의 차이는 14점이다.

① ㉠　② ㉢　③ ㉠, ㉡　④ ㉠, ㉢　⑤ ㉡, ㉢

21 다음 [표]는 4개 안건(A~D)에 대한 심사위원(갑, 을, 병)의 선호순위를 나타낸 자료이다. 이 안건들 중 서로 다른 두 안건을 임의로 상정하고 3명의 심사위원이 한 표씩 투표하여 다수결 원칙에 따라 하나의 안건을 채택한다고 한다. 이에 대한 설명으로 옳은 것을 [보기]에서 모두 고르면?

○△× ○△× ○△×

[표] 4개 안건에 대한 심사위원의 선호순위

선호순위 \ 심사위원	갑	을	병
1순위	C	A	B
2순위	B	B	C
3순위	D	C	A
4순위	A	D	D

※ 각 심사위원은 상정된 두 안건 중 자신의 선호순위가 더 높은 안건에 반드시 투표함

보기

㉠ A안건과 C안건이 상정되면 C안건이 채택된다.
㉡ B안건은 어떠한 다른 안건과 함께 상정되어도 항상 채택된다.
㉢ C안건이 상정되어 채택되는 경우는 1가지이다.
㉣ D안건은 어떠한 다른 안건과 함께 상정되어도 항상 채택되지 않는다.

① ㉠, ㉡ ② ㉠, ㉢ ③ ㉡, ㉣ ④ ㉠, ㉡, ㉣ ⑤ ㉡, ㉢, ㉣

22 **다음 글을 바탕으로 [사례]에 나오는 A씨가 ○○브랜드 광고를 보고난 후 도달한 상태와 ○○브랜드 광고를 보기 전의 상태를 삼각관계로 바르게 나타낸 것을 고르면?**

○△× ○△× ○△×

소비자의 행동을 설명할 때 나오는 균형이론은, 사람들은 자신들이 가지고 있는 신념과 태도들 간에 일관성을 유지함으로써 심리적으로 편안한 느낌을 가지고 싶어한다는 것이다. 균형이론은 개인의 태도들 간에 불균형이 발생할 경우, 균형을 회복하기 위해 기존의 태도를 변화시키며 이에 따라 심리적 편안함이 유지되는 것으로 제안된다. 이 같은 변화를 설명하기 위해 태도와 관련된 세 요소들 간의 삼각관계를 이용한다. 개인(P), 태도대상(O), 관련대상(X) 간의 관계로 구성되는데, 세 요소들 중 어느 두 요소들 간의 관계를 긍정적 요소(+)와 부정적 요소(−)로 설정한다. 각각의 상태가 균형 상태인지, 불균형 상태인지를 판단하는 과정은 다음과 같다.

a. +부호에는 +1, −부호에는 −1을 할당한다.
b. 세 개의 값들(+1 또는 −1)을 곱한다.
c. 곱해진 결과가 +1이면 균형 상태이고, −1이면 불균형 상태이다.

[사례]
○○브랜드를 좋아하는 A씨는 최근에 연예인 B씨가 나오는 ○○브랜드 광고를 보았다. 하지만 A씨는 평소에 B씨를 좋아하는 편이 아니고 심지어 최근에 B씨가 사생활 문제로 물의까지 일으켰기 때문에, A씨는 광고 모델로 B씨를 기용한 ○○브랜드 마저 호의적으로 느끼지 않았다.

① 균형 상태

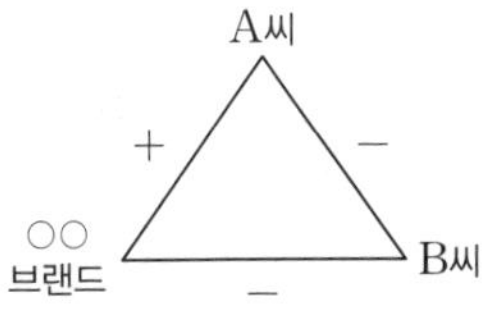

② 불균형 상태

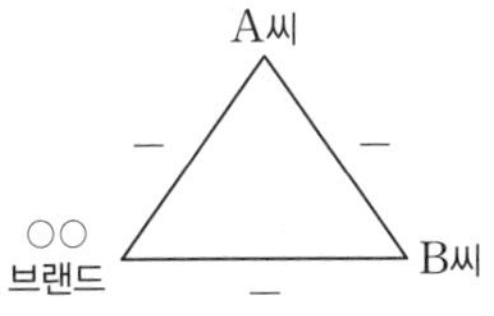

③ 균형 상태

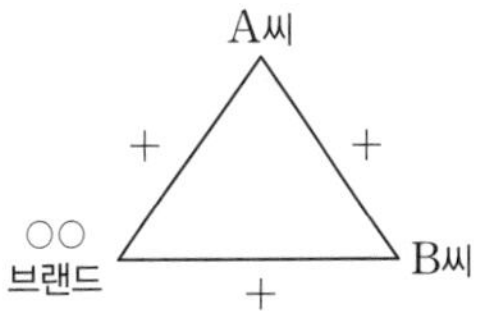

④ 불균형 상태

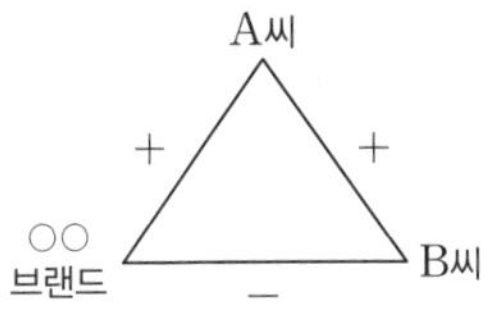

⑤ 불균형 상태

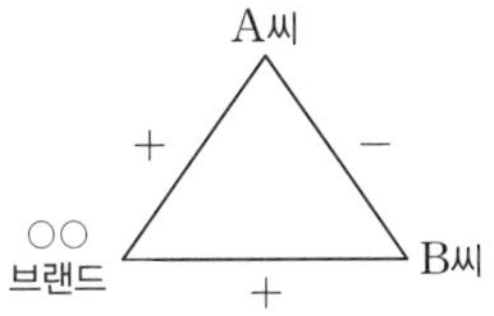

23 다음 [그림]은 J씨의 하루 동안의 활동경로를 나타낸 자료이다. 이에 대한 설명으로 옳은 것을 [보기]에서 모두 고르면?

○△✕
○△✕
○△✕

[그림] J씨의 시간-공간 활동경로

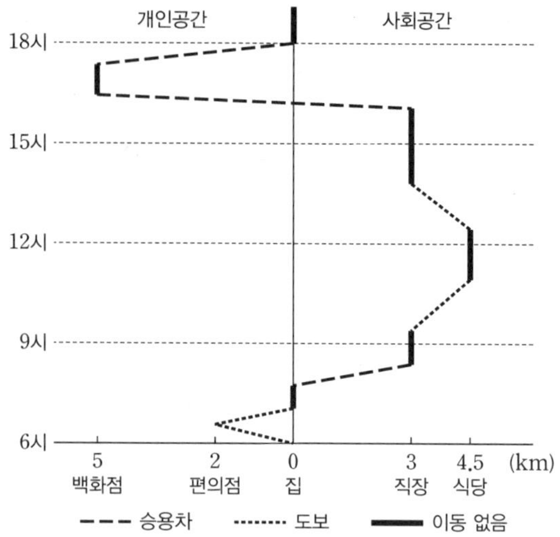

※ 집을 중심으로 한 좌우의 각 지점은 개인공간(백화점, 편의점)과 사회공간(직장, 식당)으로 구분한 것이고 해당 지점의 수치는 집으로부터의 거리를 나타냄

보기

㉠ 오전 중에 집 → 편의점 → 직장 → 식당의 경로로 이동하였다.
㉡ 백화점과 직장 사이의 거리가 백화점과 편의점 사이의 거리보다 더 멀다.
㉢ 집과 편의점 사이, 직장과 식당 사이는 모두 도보로 이동하였다.
㉣ 직장에서 식당으로 이동하는 데 걸린 시간이 집에서 직장으로 이동하는 데 걸린 시간보다 더 길다.

① ㉠, ㉡ ② ㉡, ㉢ ③ ㉢, ㉣ ④ ㉡, ㉢, ㉣ ⑤ ㉠, ㉡, ㉢, ㉣

24 **S공사의 기숙사는 총 5동이며 김 사원, 이 사원, 박 사원, 최 사원, 유 사원이 각 동에 1명씩 거주하고 있다. 기숙사 형태는 [배치도]와 같을 때, 주어진 [조건]을 바탕으로 항상 옳은 설명을 고르면?**(단, 정문은 A동 앞에, 후문은 E동 뒤에 있고 기숙사에 들어가기 위해서는 정문을 이용해야 한다.)

○△× ○△× ○△×

조건

- 김 사원의 기숙사는 후문보다 정문에 가깝다.
- 최 사원과 김 사원은 이웃한 동에 거주한다.
- 유 사원이 기숙사에 들어가려면 이 사원의 기숙사를 지나쳐야 한다.
- 박 사원의 기숙사는 정문에서 가장 멀거나 아니면 후문에서 가장 멀거나 둘 중 하나다.

[배치도]

A동	B동	C동	D동	E동

① 이 사원은 B동에 거주할 수 있다.
② 유 사원은 D동에 거주할 수 없다.
③ 박 사원과 이 사원의 기숙사 사이에는 최대 3개 동이 있을 수 있다.
④ 최 사원은 김 사원보다 정문에 가까운 기숙사에 거주한다.
⑤ 유 사원과 박 사원의 기숙사는 서로 이웃이다.

25 **다음 글과 [조건]을 바탕으로 판단할 때, 5가지 대안의 우선순위 중 2순위와 4순위가 바르게 짝지어진 것을 고르면?**

○△✕
○△✕
○△✕

심야에 오토바이 폭주족들이 굉음을 내고 도로를 질주하여 주민들이 잠을 잘 수가 없다는 민원이 경찰청에 끊임없이 제기되고 있다. 경찰청은 이 문제를 해결하기 위해 대책을 논의하였다. 그 결과 안전그물 설치, 전담반 편성, CCTV 설치, 처벌 강화, 시민자율방범의 5가지 대안을 마련하였고, 그 대안별 우선순위를 알고자 한다.

조건

평가기준 \ 대안	A 안전그물 설치	B 전담반 편성	C CCTV 설치	D 처벌 강화	E 시민자율 방범
효과성	8	5	5	9	4
기술적 실현가능성	7	2	1	6	3
경제적 실현가능성	6	1	3	8	1
행정적 실현가능성	6	6	5	5	5
법적 실현가능성	6	5	5	5	5

- 우선순위는 각 대안별 평가기준 점수의 합계가 높은 순으로 정한다.
- 합계점수가 같은 경우에는 법적 실현가능성 점수가 높은 대안이 우선순위가 높고, 법적 실현가능성 점수도 같은 경우에는 효과성 점수, 효과성 점수도 같은 경우에는 행정적 실현가능성 점수, 행정적 실현가능성 점수도 같은 경우에는 기술적 실현가능성 점수가 높은 대안 순으로 우선순위를 정한다.

	2순위	4순위
①	A	B
②	B	D
③	D	B
④	D	C
⑤	D	E

정답과 해설 ▶ P.44

에듀윌 공기업

매일 1회씩 꺼내 푸는 NCS

DAY 08

eduwill

매1N 3회독 루틴 프로세스

*더 자세한 내용은 매1N 3회독 학습가이드를 확인하세요!

1 3회독 기록표에 학습날짜와 문제풀이 시작시간을 적습니다.

2 시험장에서 문제를 푸는 것처럼 풀어 보세요.

3 모바일 OMR 또는 회독용 답안지에 마킹한 후, 종료시간을 적고 초과시간을 체크합니다.

▶모바일 OMR 바로가기

[1회독용] http://eduwill.kr/ymoF

[2회독용] http://eduwill.kr/PmoF

[3회독용] http://eduwill.kr/umoF

4 문항별 3회독 체크표(◯ △ ✕)에 표시합니다. 문제를 풀면서 알고 풀었으면 ◯, 헷갈렸으면 △, 전혀 몰라서 찍었으면 ✕에 체크하세요.

3회독 TIP

- 1회독: 25문항을 빠짐없이 풀어 보세요.
- 2~3회독: 틀린 문항만 골라서 풀어 보세요.

3회독 기록표

1회독		2회독		3회독	
학습날짜	월 일	학습날짜	월 일	학습날짜	월 일
시작시간	:	시작시간	:	시작시간	:
종료시간	:	종료시간	:	종료시간	:
점 수	점	점 수	점	점 수	점

01 다음 글을 바탕으로 판단한 내용으로 옳지 않은 것을 고르면?

○△✕
○△✕
○△✕

공공성은 서구에서 유래된 '퍼블릭(public)'이나 '오피셜(official)'과 동아시아에서 전통적으로 사용해 온 개념인 '공(公)'이나 '공공(公共)'이 접합되어 이루어진 개념이다. 공공성이라는 개념은 다음의 세 가지 의미를 포괄하고 있다. 첫째로 어떤 사적인 이익이 아니라 공동체 전체의 이익과 관계되며, 둘째로 만인의 이익을 대표하여 관리하는 정통성을 지닌 기관이며, 셋째로 사사롭거나 편파적이지 않으며 바르고 정의롭다는 의미이다.

정도전의 정치사상에서 가장 인상적인 것은 정치권력의 사유화에 대한 강렬한 비판의식과 아울러 정치권력을 철저하게 공공성의 영역 안에 묶어 두려고 한 의지이다. 또한 이를 위하여 제도적 장치의 마련을 끊임없이 고민하였다는 사실도 확인되고 있다.

정도전은 정치 공동체에서 나타나는 문제의 근저에 '자기중심성'이 있고, 고려의 정치적 경험을 통해 자기중심성이 '사욕(私慾)'의 정치로 나타났다고 생각했다. 그리고 이로 인한 독선적인 정치와 폭정이 고려의 소유 지향적 정치를 야기했다고 보았다. 이에 대한 대안으로 '공론'과 '공의'의 정치 개념을 제시하였는데 이를 '문덕(文德)'의 정치라 불렀다.

공공성과 관련하여 고려와 조선의 국가 운영 차이를 가장 선명히 드러내는 것은 체계적인 법전의 유무이다. 고려의 경우는 각 행정 부처가 독자적인 관례나 규정에 따라 통치하였을 뿐, 일관되고 체계적인 법전을 갖추고 있지 못하였다. 그래서 조선의 건국 주체는 중앙 집권적인 국가 운영 체제를 확립하기 위해서 법체계를 갖추고자 했다. 이러한 노력을 통해 만든 최초의 법전이 정도전에 의해 편찬된 『조선경국전』이다. 이를 통해 건국 주체는 자신이 세운 정치 체제에 공공성을 부여하려고 하였다.

① 공공성은 공동체 전체의 이익뿐만 아니라 이를 대표하여 관리하는 정통성을 지닌 기관이라는 의미도 포함한다.
② 정도전은 고려의 정치에서 나타난 자기중심성이 사욕의 정치로 나타났다고 보았다.
③ 고려 시대에는 각 행정 부처에 관례나 규정이 존재하지 않아 사욕의 정치가 나타났다.
④ 정도전에게 문덕의 정치란 소유 지향적 정치의 대안이었다.
⑤ 공공성을 갖추기 위한 제도적 장치 마련은 정도전의 정치사상에서 중요한 의미를 지닌다.

02 다음 글의 빈칸에 들어갈 내용으로 옳은 것을 고르면?

○△×
○△×
○△×

야생적인 자연이라는 이상을 고집하는 자연 애호가들은 인류가 자연과 내밀하면서도 창조적인 관계를 맺었던 반(反)야생의 자연, 즉 정원을 간과한다. 정원의 울타리는 농경지보다 자연과 분명한 경계를 긋는다. 토지를 집약적으로 이용하는 전통은 정원에서 시작되었다. 정원은 대규모의 농경지 경작이 행해지지 않은 원시적인 문화에서도 발견된다. 1만여 종의 경작용 식물은 모두 대량 생산을 시작하기 전에 정원에서 재배되는 단계를 거친 것으로 보인다.

농업 경제의 역사에서 정원의 의미는 시대와 지역에 따라 차이가 있었다. 좁은 공간에서 집약적인 농사를 짓는 지역에서는 농부가 곧 정원사였다. 반면 과거의 독일 농부들은 곡물 경작에 사용될 퇴비를 앗아가는 정원을 마땅치 않게 여기기도 했다. 하지만 여성들의 입장에는 지역적인 편차가 없었다. 아메리카의 푸에블로 인디언부터 근대 독일의 농부 집안까지 농업 혁신을 주도한 여성들에게는 정원이 자신의 제국이자 자존심이었다. 그곳에는 여성들이 경험을 통해 쌓은 지식 전통이 살아 있었다. 환경사에서 여성이 보인 특별한 역할의 물질적 근간은 대부분 정원에서 발견된다. 지난 세기의 경우 특히 여성 제후들과 관련된 자료가 풍부하다. 작센의 제후인 안나는 식물에 관한 지식을 공유하기 위해 긴밀하고도 광범위한 사회적 네트워크를 가지고 있었다. 그중에는 식물 경제학에 관심이 깊은 고귀한 신분의 여성이 많았으며 수도원 소속의 여성도 있었다.

여성들이 정원에서 쌓은 경험의 특징은 무엇일까? 정원에서는 땅을 면밀히 살피고 손으로 흙을 부스러뜨리는 습관이 생겼을 것이다. 정원에서 즐겨 이용하는 삽은 다양한 토질의 층을 자세히 연구할 수 있도록 도왔다. 넓은 경작지보다는 정원의 땅을 더 아끼고 보호하여 다루게 되었으며, 매우 제한된 공간이었기에 옛날에도 퇴비를 충분히 줄 수 있었다. 경작지보다도 다양한 종류의 퇴비로 실험할 수 있었고 새로운 작물을 키우며 경험을 수집할 수 있었다. 좁은 공간에서 다양한 식물이 자라기 때문에 모든 종류의 식물들이 서로 잘 지내지는 않는다는 사실에도 주의를 기울였다. 이는 식물 생태학의 근간을 이루는 통찰이었다.

결론적으로 정원은 (   )

① 자연을 즐기고 교감할 수 있도록 야생의 공간을 집안에 들여놓은 자연의 축소판이었다.
② 자연을 통제하고자 하는 이룰 수 없는 욕구를 충족하기 위하여 여성들이 인공적으로 구축한 공간이었다.
③ 경작용 식물이 서로 잘 자랄 수 있도록 농경지를 구획하는 울타리를 헐어서 구축한 인위적인 공간이었다.
④ 여성 제후들이 농부의 경작 경험을 집대성하여 환경사의 근간을 이룬 식물 생태학의 기초를 다지는 공간이었다.
⑤ 여성이 주도하여 토양과 식물을 이해하고 농경지 경작에 유용한 지식과 경험을 배양할 수 있는 좋은 장소였다.

03 다음 글을 바탕으로 판단한 내용으로 옳은 것을 고르면?

○△×
○△×
○△×

1896년 독립신문 창간을 계기로 여러 가지 애국가 가사가 신문에 게재되기 시작했다. 어떤 곡조에 따라 이 가사들을 노래로 불렀는지는 명확하지 않다. 다만 대한제국이 서구식 군악대를 조직해 1902년 「대한제국 애국가」라는 이름의 국가(國歌)를 만들어 나라의 주요 행사에 사용한 기록은 남아 있다. 현재 우리가 부르는 애국가의 노랫말은 외세의 침략으로 나라가 위기에 처해 있던 1907년을 전후하여 조국애와 충성심을 북돋우기 위하여 작사되었다.

애국가의 곡조는 해외에서 활동 중이던 안익태가 1935년 작곡하였다. 대한민국 임시정부는 이 곡을 애국가로 채택해 사용했으나 해외에서만 퍼져 나갔을 뿐, 국내에서는 광복 이후 정부 수립 무렵까지 애국가 노랫말을 스코틀랜드 민요에 맞춰 부르고 있었다. 그러다가 1948년 대한민국 정부가 수립된 이후 현재의 노랫말과 함께 안익태가 작곡한 곡조의 애국가가 정부의 공식 행사에 사용되고 각급 학교 교과서에도 실리면서 애창되기 시작하였다.

애국가가 공식화되자 1950년대에 대한뉴스 등을 통해 적극적으로 홍보가 이루어졌다. 그리고 「국기 게양 및 애국가 제창 시의 예의에 관한 지시」 등에 의해 점차 국가적인 의례의 하나로 간주되었다. 1970년대 초에는 공연장에서 본 공연 전에 애국가를 상영하기 시작하였다. 이후 1980년대 중반까지 주요 방송국은 국기 강하식에 맞춰 애국가를 방송하였다. 극장에서의 애국가 상영과 방송국의 국기 강하식 방송은 1980년대 후반 중지되었으며 음악회와 같은 공연 시 애국가를 연주하도록 한 식순도 이때 자율화되었다.

오늘날 주요 행사 등에서 애국가를 제창하는 경우에는 부득이한 경우를 제외하고 4절까지 제창하며, 모두 함께 부르는 경우에는 전주곡을 연주한다. 다만 약식 절차로 국민의례를 행할 때 국기에 대한 경례 시 연주되는 애국가와 같이 애국가를 부르지 않고 연주만 하는 의전 행사나 시상식, 공연 등에서는 전주곡을 연주해서는 안 된다.

① 1940년에 해외에서는 안익태가 만든 애국가 곡조를 들을 수 없었다.
② 1990년대 초반에는 국기 강하식 방송과 극장에서의 애국가 상영이 의무화되었다.
③ 오늘날 우리가 부르는 애국가의 노랫말은 1896년 독립신문에 게재되지 않았다.
④ 시상식에서 애국가를 부르지 않고 연주만 하는 경우에는 전주곡을 연주할 수 있다.
⑤ 안익태가 애국가 곡조를 작곡한 해로부터 대한민국 정부의 공식 행사에 사용될 때까지 10년이 채 걸리지 않았다.

04 다음 글의 ㉠의 사례로 적절하지 않은 것을 고르면?

○△×
○△×
○△×

디지털 이미지는 사용자가 가장 손쉽게 정보를 전달할 수 있는 멀티미디어 객체이다. 일반적으로 디지털 이미지는 M×N개로 이루어진 화소로 정보가 표현된다. 여기서 M과 N은 각각 가로와 세로의 화소 수를 의미하며, M×N을 해상도라고 한다.

무선 네트워크와 모바일 기기의 사용이 보편화되면서 다양한 스마트 기기의 보급이 진행되고 있다. 스마트 기기는 사용 목적이나 제조 방식, 가격 등의 요인에 따라 각각의 화면 표시 장치가 서로 다른 해상도와 화면 비율을 가진다. 이에 따라 동일한 이미지를 다양한 화면 표시 장치 환경에 맞출 필요성이 발생했다. 하나의 멀티미디어의 객체를 텔레비전용, 영화용, 모바일 기기용 등 표준적인 화면 표시 장치에 맞추어 독립적인 이미지 소스로 각각 제공하는 것이 아니라, 하나의 이미지 소스를 다양한 화면 표시 장치에 적합하도록 적절히 변환하는 기술을 요구하고 있다.

이러한 변환 기술을 '이미지 리타겟팅'이라고 한다. 이는 A×B의 이미지를 C×D로 구성된 화면에 맞추기 위하여 해상도와 화면 비율을 조절하거나 이미지의 일부를 잘라내는 방법 등으로 이미지를 수정하는 것이다. 이러한 수정에서 이미지에 있는 콘텐츠 중 주요 콘텐츠는 그대로 유지되어야 한다. 즉, 리타겟팅 처리 후에도 원래 이미지의 중요한 부분을 그대로 유지하는 동시에 왜곡을 최소화하는 형태로 주어진 화면에 맞게 이미지를 변형하여야 한다. 이러한 조건을 만족하기 위해 ㉠다양한 접근이 일어나고 있다. 이미지의 주요한 콘텐츠 및 구조를 분석하는 방법과 그 결과를 바탕으로 이미지 해상도를 조절하는 방안이 주된 연구 과제이다.

① 광고 사진의 전반에 걸쳐 흩어져 있는 콘텐츠를 무작위로 추출해 화면을 재구성하는 방법
② 풍경 사진에서 전체 풍경에 대한 구도를 추출하고 그 구도가 그대로 유지될 수 있도록 해상도를 조절하는 방법
③ 인물 사진에서 얼굴 추출 기법을 사용하여 인물의 주요 부분을 왜곡하지 않고 필요 없는 부분을 잘라내는 방법
④ 정물 사진에서 대상물의 영역은 그대로 두고 배경 영역에 대해서는 왜곡을 최소로 하여 이미지를 축소하는 방법
⑤ 상품 사진에서 상품을 충분히 인지할 수 있을 정도의 범위 내에서 가로와 세로의 비율을 화면에 맞게 조절하는 방법

05 다음 글은 촉매 설계 방법에 대한 내용이다. 이를 바탕으로 판단한 내용으로 옳은 것을 고르면?

○△×
○△×
○△×

촉매는 마법의 돌이라고도 불린다. 화학 공정을 통해 저렴하고 풍부한 원료로부터 원하는 물질을 제조하고자 할 때, 촉매가 활성화 에너지가 낮은 반응 경로를 새롭게 제공하여 원하는 반응이 마치 마술처럼 쉽게 일어나도록 돕기 때문이다. 제1차 세계 대전 직전에 수소와 질소로부터 암모니아를 합성하여 식량 증산에 크게 기여하였던 철 촉매부터 최근 배기가스를 정화하는 데 사용되는 백금 촉매에 이르기까지 다양한 촉매가 의식주, 에너지, 환경 등 여러 가지 문제 해결의 핵심 기술이 되고 있다.

전통적인 공업용 촉매 개발은 시행착오를 반복하다가 요행히 촉매를 발견하는 식이었기 때문에 '촉매가 보였다.'라고 말하기도 한다. 이러한 문제를 해결하기 위해 제안된 촉매 설계 방법은 표면 화학 기술과 촉매 공학의 발전으로 가능해진 결과이다. 촉매 설계 방법은 회귀 경로를 통하여 오류를 최소 과정 내에서 통제할 수 있는 체계로서 크게 세 단계로 이루어진다. 첫 번째 단계에서는 대상이 되는 반응을 선정하고 열역학적 검토와 경제성 평가를 거쳐 목표치를 설정한다. 이 단계에서 열역학적으로 가능하지 않거나 기대하는 수준의 경제성에 도달하기 어렵다고 판단되면 설계의 처음으로 되돌아간다. 두 번째 단계에서는 반응물이 촉매 표면에 흡착되어 생성물로 전환되는 반응경로 모델을 구상한다. 그다음 이 모델대로 반응의 진행을 쉽게 하는 활성 물질, 활성 물질의 기능을 증진시키는 증진제, 그리고 반응에 적합한 촉매 형태를 유지시키는 지지체를 선정한다. 마지막 단계에서는 앞에서 선정한 조합으로 촉매 시료를 제조하고 실험 결과를 토대로 촉매의 활성, 선택성, 내구성을 평가한다. 여기서 결과가 목표치에 미달할 경우에는 촉매 조합을 선정하는 단계로 다시 돌아가며, 목표치를 달성한 경우에도 설정된 경로 모델대로 반응이 진행되지 않았다면 경로 모델을 설정하는 단계로 다시 회귀한다. 설정된 경로 모델에 따라 목표치에 도달했다면 촉매 설계가 완료된다.

미래에는 에너지 자원의 효율적 사용과 환경 보존을 최우선으로 하여, 기존 공정을 개선하거나 환경 규제를 충족하기 위해 촉매의 개발이 다양하게 필요해질 것이다. 특히 기존 공정을 개선하기 위하여 반응 단계를 줄이면서도 효과적으로 원하는 물질을 생산하고, 낮은 온도에서 선택적으로 반응을 빠르게 진행시킬 수 있는 새로운 촉매가 필요할 것으로 전망된다. 이처럼 촉매 설계 방법은 환경 및 에너지 문제를 해결하는 마법의 돌을 만드는 체계적 접근법이다.

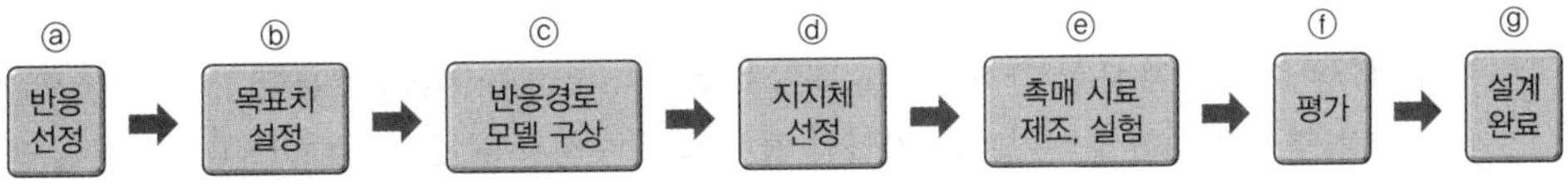

① 촉매 설계 방법은 크게 7단계로 이루어진다.
② 열역학적으로 불가능하다고 판단되면 ⓑ로 되돌아간다.
③ 결과가 목표치에 미달하면 ⓒ로 회귀한다.
④ 결과가 목표치를 달성하면 촉매 설계는 무조건 완료된다.
⑤ 실험 결과를 평가하는 기준은 총 3가지이다.

06 다음 글의 빈칸 ㉠~㉤에 들어갈 내용을 순서대로 바르게 나열한 것을 고르면?

○△×
○△×
○△×

사람은 태어나면서부터 죽을 때까지 수없이 많은 재화와 서비스를 사용한다. 뿐만 아니라 죽고 난 뒤에조차도 한동안은 또 다른 재화와 서비스가 소요된다. 살아간다는 것은 곧 재화와 서비스를 소비한다는 것을 의미하며, 또한 소비를 위해서는 누군가가 그 재화를 생산해야 한다.

(㉠) 한 나라의 경제를 이끌어 가는 경제 주체에는 가계와 기업 외에도 정부와 해외 부문이 있다. 여기서 '가계–기업'을 민간 부문, '가계–기업–정부'를 국내 부문이라고 부른다.

가계(家計)란 경제 활동 단위로서의 가정(家庭)을 말하는 것으로, 구체적으로는 일상생활을 영위하면서 재화와 서비스를 소비하는 모든 개인을 일컫는다. 가계는 기업에 노동력을 비롯한 생산 요소를 제공하고, 그 대가로 받은 소득으로 기업이 생산한 재화와 서비스를 구매하면서 경제 활동을 해 나간다. (㉡)

기업은 가계가 제공하는 생산 요소를 구입하여 재화와 서비스를 생산하고 이를 시장에서 판매하여 이윤을 추구하는 집단이다. 기업은 생산을 위해 기계나 설비와 같은 자본재를 필요로 하는데, 이와 같은 기업의 소비 수요를 투자(investment)라고 한다. 즉, (㉢) 투자는 기존의 생산 시설의 성능을 유지하기 위하여 이루어지는 감가상각분만큼의 '대체투자'와 새로운 생산시설을 추가하는 '순 투자'로 나누어진다.

(㉣) 가계는 생산 요소 시장을 통해서 자신이 보유한 생산 요소를 기업에 공급하고, 재화 시장을 통해서 기업이 공급한 재화와 서비스를 구입하게 된다.

(㉤) 정부는 가계와 기업으로 이루어진 민간 부문에 개입하여 독자적인 경제 활동을 수행한다. 시장 경제 체제하에서 정부가 굳이 민간의 경제 활동에 간섭하는 이유는 국방이나 치안과 같이 민간에 맡기기 어려운 분야의 활동을 직접 수행하기 위해서이다. 또한 시장 거래자 사이에 발생하는 분쟁을 조정하고 불공정한 행위를 심판함으로써 민간의 경제 활동이 원활하게 운용될 수 있도록 뒷받침한다.

보기

[가] 재화와 서비스에 대한 가계의 수요를 소비(consumption)라고 부른다.
[나] 시장 경제 체제하에서 가계와 기업의 경제 활동은 시장을 통해 이루어진다.
[다] 경제 주체란 자신의 독자적인 의사로 재화의 생산이나 소비를 하는 주체를 말한다.
[라] 국내에서 경제를 이끌어가는 제3의 경제 주체는 정부다.
[마] 투자는 재화와 서비스에 대한 기업의 수요인 셈이다.

① [가]–[나]–[다]–[라]–[마]
② [가]–[다]–[라]–[마]–[나]
③ [다]–[가]–[나]–[마]–[라]
④ [다]–[가]–[마]–[나]–[라]
⑤ [다]–[라]–[마]–[나]–[가]

07 다음 글을 바탕으로 판단한 내용으로 옳은 것을 [보기]에서 모두 고르면?

○△×
○△×
○△×

종묘는 역대 왕의 신위를 모시는 곳이다. 『예기』에 따르면 조선은 원칙적으로 5묘제를 실시하게 되어 있었다. 5묘제란 건국 시조와 현재 왕의 직계 선왕 4대의 신위(神位)를 종묘의 정전에 모시고 그 외의 신위는 없애는 방식을 말한다. 처음 종묘를 건축했을 당시 태조는 자신의 4대조인 목조, 익조, 탁조, 환조까지 왕으로 추존하고, 서쪽을 상석으로 하여 제1실에 목조를, 제2실에 익조의 신위를 모셨다. 태조가 승하하고 그의 신위가 종묘의 정전에 모셔지면서 비로소 5묘제가 시작되었다.

세종은 제2대 정종이 승하하자 그 신위를 정전에 모시고, 별도의 사당인 영녕전을 지어 5묘제로 모실 수 없는 첫 신위를 그곳에 옮겨 모셨다. 그런 의미에서 조선 왕조는 『예기』의 5묘제를 그대로 지키지 않은 셈이다. 한편 후대로 가면서 태종, 세종과 같이 위대한 업적을 남긴 왕의 신위를 그대로 정전에 두기 위해 건물을 일렬로 잇대어 증축하였으며 그 밖의 신주는 영녕전으로 옮겨 모셨다. 그 결과 종묘의 정전에는 19위의 왕과 30위의 왕후 신주가 모셔졌으며, 영녕전에는 정전에서 옮겨진 15위의 왕과 17위의 왕후 신주가 모셔졌다.

신주의 봉안 순서는 정전의 경우 서쪽을 상석으로 하고, 제1실에 태조의 신위를 봉안한 이후, 그 신위는 옮겨지지 않았다. 영녕전에는 추존조(追尊祖)에 해당하는 4왕인 목조, 익조, 탁조, 환조를 정중앙에 모시고, 정전과 마찬가지로 서쪽을 상석으로 하여 차례대로 모셨다.

※ 조선의 왕은 '태조 – 정종 – 태종 – 세종 – 문종 – …' 순이었다.
※ 신위(神位): 신령이 의지할 자리
※ 신주(神主): 죽은 사람의 위(位)를 베푸는 나무 패

보기

㉠ 정전에는 총 49위의 신주가 모셔져 있을 것이다.
㉡ 영녕전 서쪽 제1실에 익조의 신위가 모셔져 있을 것이다.
㉢ 시대가 지남에 따라 정전은 동쪽으로 증축되었을 것이다.
㉣ 종묘를 건축했을 당시 정전 서쪽 제3실에는 탁조의 신위를 모셨을 것이다.

① ㉠, ㉡　② ㉡, ㉣　③ ㉢, ㉣　④ ㉠, ㉡, ㉢　⑤ ㉠, ㉢, ㉣

08 다음 논쟁에 대한 분석으로 옳은 것을 [보기]에서 모두 고르면?

○△×
○△×
○△×

갑: 17세기 화가 페르메르의 작품을 메헤렌이 위조한 사건은 세상을 떠들썩하게 했지. 메헤렌의 그 위조품이 지금도 높은 가격에 거래된다고 하는데, 이 일은 예술 감상에서 무엇이 중요한지를 생각하게 만들어.

을: 눈으로 위조품과 진품을 구별할 수 없다고 하더라도 위조품은 결코 예술적 가치를 가질 수 없어. 예술품이라면 창의적이어야 하는데 위조품은 창의적이지 않기 때문이지. 예술적 가치는 진품만이 가질 수 있어.

병: 메헤렌의 작품이 페르메르의 작품보다 반드시 예술적으로 못하다고 할 수 있을까? 메헤렌의 작품이 부정적으로 평가되는 것은 메헤렌이 사람들을 속였기 때문일 뿐, 그의 작품이 예술적으로 열등해서가 아니야.

갑: 예술적 가치는 시각적으로 식별할 수 있는 특성으로 결정돼. 그런데 많은 사람이 위조품과 진품을 식별할 수 없다고 해서 식별이 불가능한 것은 아니야. 전문적인 훈련을 받은 사람은 두 작품에서 시각적으로 식별 가능한 차이를 찾아내겠지.

을: 위작이라고 알려진 다음에도 그 작품을 칭송하는 것은 이해할 수 없는 일이야. 왜 많은 사람이 「모나리자」의 원작을 보려고 몰려들겠어? 「모나리자」를 완벽하게 복제한 작품이라면 분명히 그렇게 많은 사람의 관심을 끌지는 못할 거야.

병: 사람들이 「모나리자」에서 감상하는 것이 무엇이겠어. 그것이 원작이라는 사실은 감상할 수 있는 대상이 아니야. 결국 사람들은 「모나리자」가 가진 시각적 특징에 예술적 가치를 부여하는 것이지.

보기

㉠ 예술적 가치로서의 창의성은 시각적 특성으로 드러나야 한다는 데 갑과 을은 동의할 것이다.
㉡ 시각적 특성만으로는 그 누구도 진품과 위조품을 구별할 수 없다면 이 둘의 예술적 가치가 같을 수 있다는 데 갑과 병은 동의할 것이다.
㉢ 메헤렌의 위조품이 고가에 거래되는 이유가 그 작품의 예술적 가치에 있다는 데 을과 병은 동의할 것이다.

① ㉠　② ㉡　③ ㉠, ㉢　④ ㉡, ㉢　⑤ ㉠, ㉡, ㉢

09 에스컬레이터를 타고 일정한 속도로 걸어 올라갔더니 A초가 걸렸고, 같은 에스컬레이터를 타고 올라갈 때와 같은 속도로 걸어 내려왔더니 B초가 걸렸다. 에스컬레이터는 올라갈 때와 내려갈 때의 속도가 같을 때, 에스컬레이터에서 걷지 않고 서서 올라갈 때 걸리는 시간을 A와 B로 바르게 나타낸 것을 고르면?(단, B>A이다.)

○△×
○△×
○△×

① $\frac{2AB}{A+B}$ ② $\frac{A+B}{2AB}$ ③ $\frac{2AB}{B-A}$
④ $\frac{B-A}{2AB}$ ⑤ $\frac{AB}{2(A+B)}$

10 30가구로 구성된 어떤 마을의 가구당 연간 소득을 조사하여 마을의 연간 소득 수준을 파악하려고 한다. 다음 [표]는 가구당 연간 소득의 평균값, 중앙값, 최빈값에 대한 자료이다. 이에 대한 설명으로 옳은 것을 [보기]에서 모두 고르면?

○△×
○△×
○△×

[표] 가구당 연간 소득 (단위: 백만 원)

평균값	중앙값	최빈값
45.5	35.2	34.0

보기

㉠ 평균값이 중앙값과 최빈값에 비해 큰 것은 연간 소득이 평균값 이상인 가구 수가 평균값 이하인 가구 수보다 많다는 의미이다.
㉡ 연간 소득이 3천 4백만 원 이상인 가구 수는 15가구 이상이다.
㉢ 연간 소득이 3천 4백만 원인 가구 수는 최대 14가구이다.

① ㉡ ② ㉢ ③ ㉠, ㉡ ④ ㉠, ㉢ ⑤ ㉡, ㉢

11 다음 [표]는 부모 세대와 자녀 세대의 주관적 계층 의식과 소득에 따른 실제 계층 구성비를 나타낸 자료이다. 이에 대한 설명으로 옳은 것을 고르면?

○△×
○△×
○△×

[표1] 부모 세대의 주관적 계층 의식과 소득에 따른 실제 계층 구성비 (단위: %)

구분		주관적 계층 의식			
		상층	중층	하층	계
소득에 따른 실제 계층	상층	3	7	14	24
	중층	3	10	22	35
	하층	4	12	25	41
	계	10	29	61	100

[표2] 자녀 세대의 주관적 계층 의식과 소득에 따른 실제 계층 구성비 (단위: %)

구분		주관적 계층 의식			
		상층	중층	하층	계
소득에 따른 실제 계층	상층	4	8	13	25
	중층	8	8	24	40
	하층	9	15	11	35
	계	21	31	48	100

① 소득에 따른 실제 계층보다 주관적으로 더 높은 수준의 계층 의식을 가지고 있는 사람의 비율은 부모 세대가 자녀 세대보다 더 높다.

② 소득에 따른 실제 계층과 주관적 계층 의식이 일치하는 사람의 비율은 부모 세대와 자녀 세대에서 각각 실제 계층이 높을수록 낮다.

③ 주관적 계층 의식의 세습보다 실제 계층의 세습 정도가 더욱 강하다.

④ 주관적 계층 의식이 중층 이상인 사람의 비율은 자녀 세대가 부모 세대의 2배 이상이다.

⑤ 소득에 따른 실제 계층과 주관적 계층이 일치하지 않는 사람의 비율은 부모 세대보다 자녀 세대가 더 낮다.

12 다음 [표]는 2004~2013년의 5개 자연재해 유형별 피해금액에 대한 자료이다. 이에 대한 설명으로 옳은 것을 [보기]에서 모두 고르면?

○△×
○△×
○△×

[표] 5개 자연재해 유형별 피해금액 (단위: 억 원)

구분	2004년	2005년	2006년	2007년	2008년	2009년	2010년	2011년	2012년	2013년
태풍	3,416	1,385	118	1,609	9	0	1,725	2,183	8,765	17
호우	2,150	3,520	19,063	435	581	2,549	1,808	5,276	384	1,581
대설	6,739	5,500	52	74	36	128	663	480	204	113
강풍	0	93	140	69	11	70	2	0	267	9
풍랑	0	0	57	331	0	241	70	3	0	0
전체	12,305	10,498	19,430	2,518	637	2,988	4,268	7,942	9,620	1,720

보기

ㄱ 2004~2013년 강풍 피해금액의 합계는 풍랑 피해금액의 합계보다 적다.
ㄴ 2012년 태풍 피해금액은 2012년 5개 자연재해 유형 전체 피해금액의 90% 이상이다.
ㄷ 매년 피해금액이 10억 원 이상인 자연재해 유형은 호우뿐이다.
ㄹ 피해금액이 큰 자연재해 유형부터 순서대로 나열하면 2010년과 2011년의 순서는 동일하다.

① ㄱ, ㄴ ② ㄱ, ㄷ ③ ㄷ, ㄹ ④ ㄱ, ㄴ, ㄹ ⑤ ㄴ, ㄷ, ㄹ

13 다음 [그래프]와 [표]는 연도별 소셜네트워크 서비스 이용자 및 소셜광고 시장에 대한 자료이다. 이를 바탕으로 작성한 [보고서]의 내용으로 옳지 <u>않은</u> 것을 고르면?

○△×
○△×
○△×

[그래프1] 연도별 세계 소셜네트워크 서비스 이용자 수 및 전년 대비 증가율

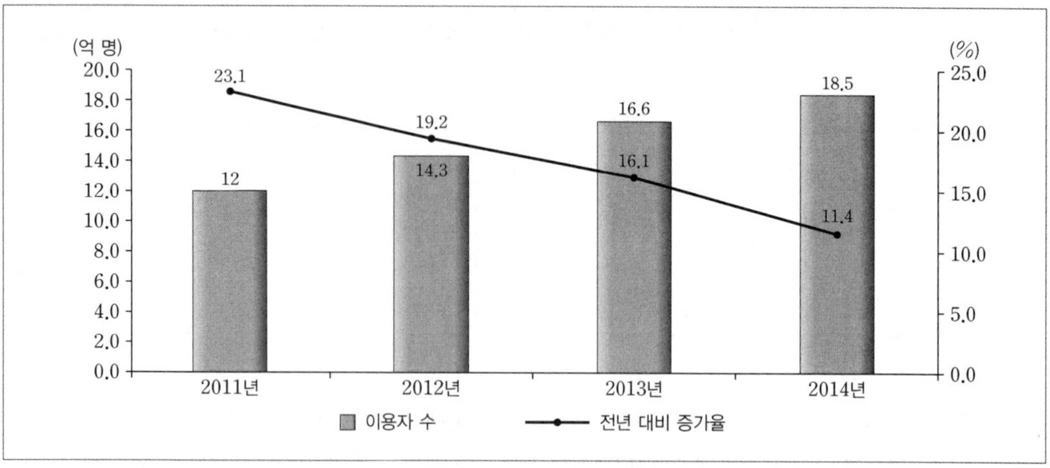

[그래프2] 연도별 세계 소셜광고 시장규모 및 성장률

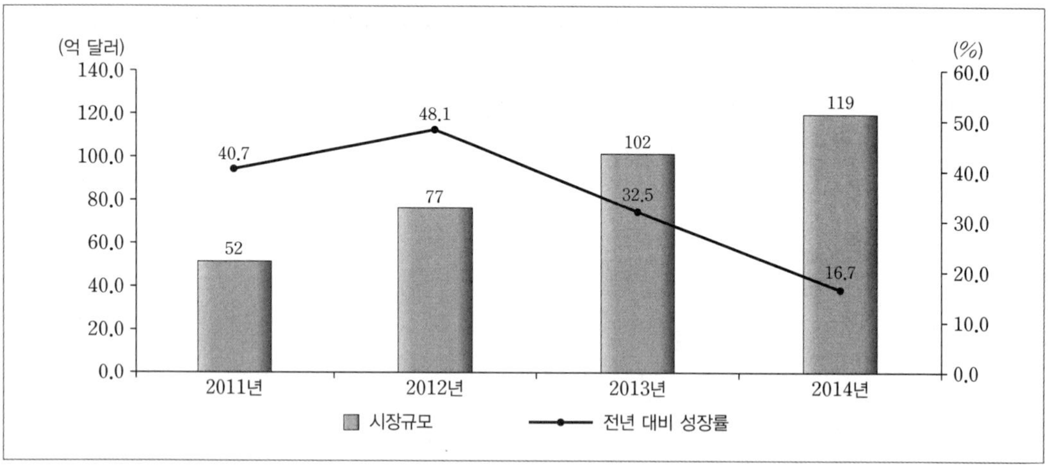

[표] 연도별 미국 소셜광고 시장규모 및 사업자별 시장점유율 (단위: 억 달러, %)

구분		2011년	2012년	2013년	2014년
시장규모		25.4	36.3	47.3	55.9
시장 점유율	페이스북	67	71	70	67
	소셜게임	8	7	6	6
	트위터	5	6	7	8
	링크드인	4	4	4	4
	기타	16	12	13	15
합계		100	100	100	100

※ 기타는 시장점유율 3% 미만 업체의 시장점유율을 모두 합한 수치를 의미함

[보고서]

㉠세계 소셜네트워크 서비스 이용자는 2011년에 12억 명에서 2014년에 18.5억 명으로 50% 이상 증가하였다. 소셜네트워크 서비스가 새로운 미디어 매체로 대두되면서 소셜광고 시장도 급성장하였다. ㉡세계 소셜광고 시장규모는 2012년에 전년 대비 48.1%의 성장률을 보이면서 77억 달러에 이르렀다. 이후에도 계속 성장하여 2014년에는 119억 달러를 기록하였다. ㉢미국 소셜광고 시장규모는 2011년에 25.4억 달러에서 2014년에는 55.9억 달러로 성장하여 세계 소셜광고 시장의 50% 이상을 차지하였다. 미국 소셜광고 사업자별 시장점유율을 살펴보면 ㉣2011년을 기준으로 페이스북이 67%로 가장 높은 시장점유율을 나타내고 있으며, 소셜게임, 트위터, 링크드인이 그 뒤를 잇고 있다. ㉤2014년에는 페이스북의 시장점유율이 2012년 대비 4%p 감소하였으나 여전히 높은 시장점유율을 유지하였다.

① ㉠ ② ㉡ ③ ㉢ ④ ㉣ ⑤ ㉤

14 다음 [표]와 [그래프]는 정당별 지방의회 의석 수에 대한 자료이다. 이에 대한 설명으로 옳지 않은 것을 [보기]에서 모두 고르면?

○△✕
○△✕
○△✕

[표] 정당별 전국 지방의회 의석 수

(단위: 석)

구분	A정당	B정당	C정당	D정당	합계
2016년	224	271	82	39	616
2020년	252	318	38	61	669

[그래프] 정당별 수도권 지방의회 의석 수

(단위: 석)

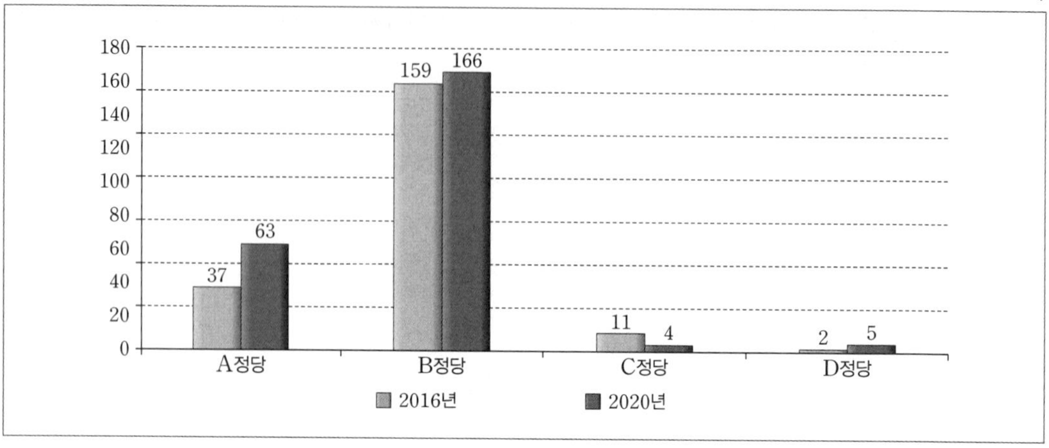

※ 지방의회 의원은 A, B, C, D정당 소속만 있고, 무소속은 없음

※ 전국 지방의회 의석 수 = 수도권 지방의회 의석 수 + 비수도권 지방의회 의석 수

※ 정당별 지방의회 의석 점유율(%) $= \frac{\text{정당별 지방의회 의석 수}}{\text{지방의회 의석 수}} \times 100$

보기

㉠ D정당의 전국 지방의회 의석 점유율은 2020년이 2016년보다 높다.

㉡ 2020년 모든 정당의 전국 지방의회 의석 수는 2016년 대비 증가하였다.

㉢ 2020년 비수도권 지방의회 의석 수는 B정당이 A정당보다 많다.

㉣ B정당의 수도권 지방의회 의석 점유율은 2020년이 2016년보다 낮다.

① ㉠, ㉡　② ㉠, ㉣　③ ㉡, ㉢　④ ㉢, ㉣　⑤ ㉡, ㉢, ㉣

15 다음 [표]는 연도별 자동차산업 동향에 대한 자료이다. 이에 대한 설명으로 옳지 않은 것을 고르면?

○△× ○△× ○△×

[표] 연도별 자동차산업 동향

구분	2010년	2011년	2012년	2013년	2014년	2015년	2016년
생산규모 (천 대)	4,272	4,657	4,562	4,521	4,524	4,556	4,229
내수규모 (천 대)	1,465	1,475	1,411	1,383	1,463	1,589	1,600
수출액 (억 달러)	544.0	684.0	718.0	747.0	756.0	713.0	650.0
수입액 (억 달러)	84.9	101.1	101.6	112.2	140.0	155.0	157.0

※ 무역수지=수출액−수입액

① 2013년 자동차 생산규모는 전년 대비 약 0.9% 감소하였다.

② 자동차산업의 무역수지가 가장 큰 흑자를 달성한 해는 2013년이다.

③ 생산규모가 가장 큰 해와 가장 작은 해의 차이는 내수규모가 가장 큰 해와 가장 작은 해의 차이보다 작다.

④ 자동차 수입액은 2010년부터 꾸준히 증가하고 있다.

⑤ 자동차 수출액이 가장 큰 해에 자동차 수입액은 전년 대비 25억 달러 이상 증가하였다.

16 다음 [표]는 근무지 이동 전 ○○회사의 근무 현황에 대한 자료이다. [근무지 이동 지침]에 따라 이동한 후의 근무지별 인원수를 [그래프]로 나타낸 것으로 옳은 것을 고르면?

[표] 근무지 이동 전 ○○회사 근무 현황

(단위: 명)

근무지	팀명	인원수
본관 1층	인사팀	10
	지원팀	16
	기획1팀	16
본관 2층	기획2팀	21
	영업1팀	27
본관 3층	영업2팀	30
	영업3팀	23
별관	–	0
전체		143

※ ○○회사의 근무지는 본관 1, 2, 3층과 별관만 있음
※ 팀별 인원수의 변동은 없음

[근무지 이동 지침]
- 본관 내 이동은 없고, 인사팀은 이동하지 않는다.
- 팀별로 전원이 이동하며, 본관에서 별관으로 2개 팀만 이동한다.
- 1개 층에서는 최대 1개 팀만 별관으로 이동할 수 있다.
- 이동한 후 별관의 전체 인원수는 40명을 넘지 않도록 한다.

①
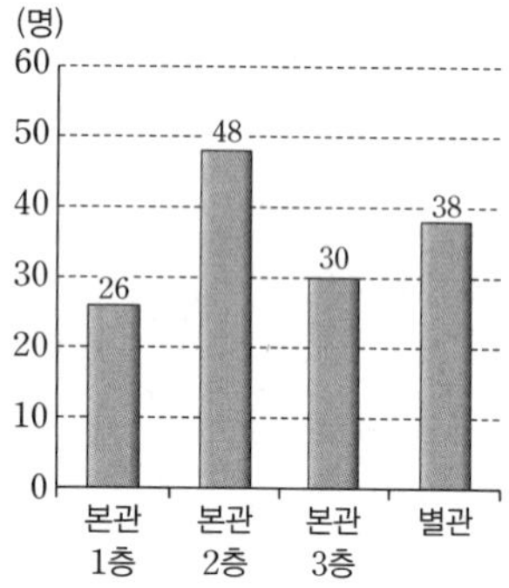

②
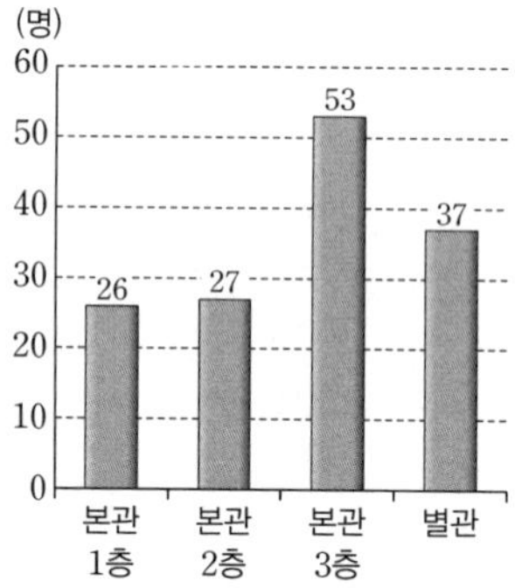

③
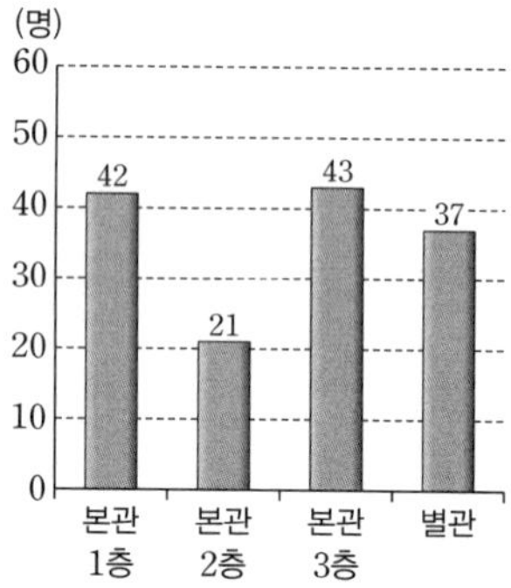

④
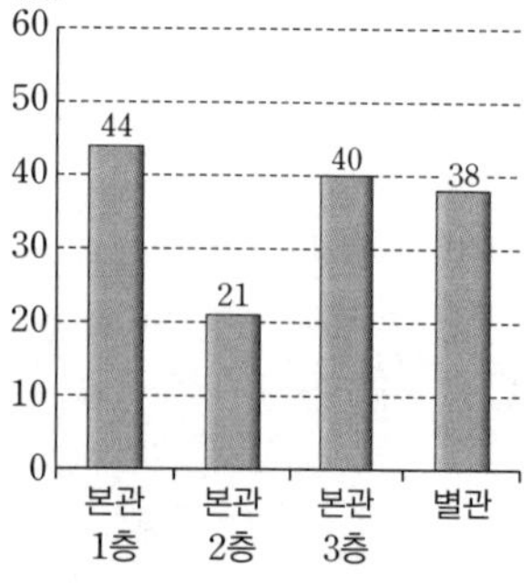

⑤
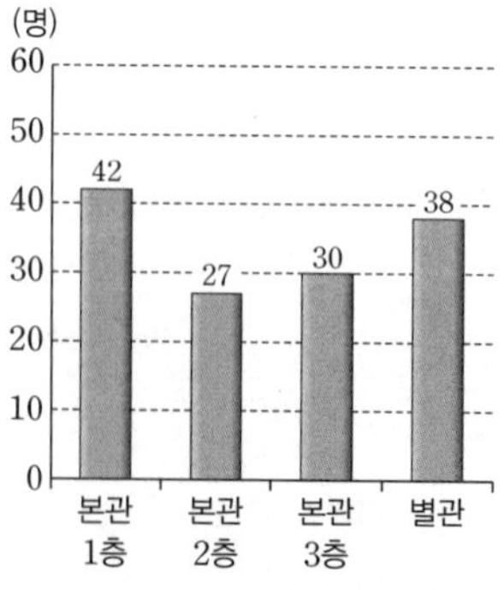

17 다음 글에 제시된 논리적 오류의 사례로 적절하지 않은 것을 고르면?

○△× ○△× ○△×

> 흔히 주변에서 암 검진 결과 암의 징후가 없다는 판정을 받은 후 암이 발견되면 검진이 엉터리였다고 비난하는 것을 볼 수 있다. 우리 몸의 세포들을 모두 살펴보지 않은 이상 암세포가 없다고 결론지을 수 없다는 것은 논리적으로 명확한데 말이다. 우리는 1,000마리의 까마귀를 관찰하여 모두 까맣다고 해서 까맣지 않은 까마귀가 없다고 단정할 수는 없다고 학교에서 배웠다. 하지만 교실에서 범하지 않는 논리적 오류를 실생활에서는 흔히 범하곤 한다. 예를 들어, 1960년대에 의사들은 모유가 분유에 비해 이점이 있다는 증거를 찾지 못하였다. 그러자 당시 의사들은 모유가 특별한 이점이 없다고 결론지었다. 그 결과, 많은 사람들이 대가를 치러야만 했다. 수십 년이 지난 후에, 유아기에 모유를 먹지 않은 사람들은 특정 암을 비롯하여 여러 가지 질병에 걸릴 위험성이 높다는 사실이 밝혀진 것이다. 이와 같이 우리는 '증거의 없음'을 '없음의 증거'로 오인하곤 한다.

① 다양한 물질의 전기 저항을 조사한 결과 전기 저항이 0인 경우는 없었다. 따라서 전기 저항이 0인 물질은 없다.

② 어떤 사람이 술과 담배를 즐겼지만 몸에 어떤 이상도 발견되지 않았다. 따라서 그 사람에게는 술과 담배가 무해하다.

③ 경찰은 그 피의자가 확실한 알리바이가 있다는 것을 확인했다. 따라서 그 피의자는 해당 범죄 현장에 있지 않았다.

④ 주변에서 빛을 내는 것을 조사해보니 열 발생이 동반되지 않는 것이 없었다. 따라서 열을 내지 않는 발광체는 없다.

⑤ 현재까지 수많은 노력에도 불구하고 외계 지적 생명체는 발견되지 않았다. 따라서 외계 지적 생명체는 존재하지 않는다.

18 **부동산을 매매, 상속 등의 방법으로 취득하는 사람은 취득세, 농어촌특별세, 등록세, 지방교육세를 납부해야 한다. 다음 글을 근거로 할 때, 자경농민인 갑이 공시지가 3억 5천만 원의 농지를 상속받아 주변 농지를 시가 5억 원으로 신고한 경우, 갑이 납부하여야 할 세금액을 고르면?**(단, 신고불성실가산세, 상속세, 증여세 등은 고려하지 않는다.)

[부동산 취득 시 납부하여야 할 세금의 산출방법]

- 취득세는 부동산 취득 당시 가액에 2%의 세율을 곱하여 산정한다. 다만 자경농민이 농지를 상속으로 취득하는 경우에는 취득세가 비과세된다. 그리고 농어촌특별세는 결정된 취득세액에 10%의 세율을 곱하여 산정한다.
- 등록세는 부동산 취득 당시 가액에 0.8%의 세율을 곱하여 산정한다. 다만 자경농민이 농지를 취득하는 때 등록세의 세율은 상속의 경우 취득가액의 0.3%, 매매의 경우 1%이다. 그리고 지방교육세는 결정된 등록세액에 20%의 세율을 곱하여 산정한다.
- 부동산 취득 당시 가액은 취득자가 신고한 가액과 공시지가(시가표준액) 중 큰 금액으로 하며, 신고 또는 신고가액의 표시가 없는 때에는 공시지가를 과세표준으로 한다.

① 75만 원 ② 126만 원 ③ 180만 원 ④ 280만 원 ⑤ 1,280만 원

19 **A~E 5명 중 KTX 무임승차자가 1명 있다. 5명이 무임승차자에 대해 다음과 같이 진술했고 그중 1명만 참말을 했다. 이때 무임승차자가 누구인지 고르면?**

A: C가 무임승차자다.
B: 적어도 나는 아니다.
C: E는 확실히 아니다.
D: A가 무임승차자다.
E: B가 무임승차자다.

① A ② B ③ C ④ D ⑤ E

20 **K부서는 승진후보자 3인을 대상으로 한 승진시험의 채점 방식에 대해 고민 중이다. 주어진 자료를 바탕으로 옳지 않은 것을 고르면?**

○△×
○△×
○△×

- K부서에는 갑, 을, 병 3명의 승진후보자가 있으며 승진시험에서 상식은 20문제, 영어는 10문제가 출제되었다.
- [채점 방식]에 따라 점수를 계산한 후 상식과 영어의 점수를 합산하여 고득점 순으로 전체 등수를 결정한다.
- 각 후보자들이 정답을 맞힌 문항의 개수는 다음과 같고, 그 이외의 문항은 모두 틀린 것이다.

구분	상식	영어
갑	14개	7개
을	10개	9개
병	18개	4개

[채점 방식]
- A방식: 각 과목을 100점 만점으로 하되 상식은 정답을 맞힌 개수당 5점씩, 영어는 정답을 맞힌 개수당 10점씩 부여함
- B방식: 각 과목을 100점 만점으로 하되 상식은 정답을 맞힌 개수당 5점씩, 틀린 개수당 −3점씩을 부여하고, 영어의 경우 정답을 맞힌 개수당 10점씩, 틀린 개수당 −5점씩을 부여함
- C방식: 모든 과목에 정답을 맞힌 개수당 10점씩을 부여함

① A방식으로 채점하면 갑과 을은 동점이 된다.
② B방식으로 채점하면 을이 1등을 한다.
③ C방식으로 채점하면 병이 1등을 한다.
④ C방식은 모든 과목에 가중치가 동일하게 적용되는 방식이다.
⑤ B방식에서 상식의 틀린 개수당 −5점씩, 영어의 틀린 개수당 −10점씩 부여한다면, 갑과 을의 등수는 A방식으로 계산한 것과 동일하다.

21 다음 글을 바탕으로 금융기관 등이 의무적으로 해야 할 일이 아닌 것을 [보기]에서 모두 고르면?

○△×
○△×
○△×

[혐의거래보고 기본체계]

1) 혐의거래보고의 대상

금융기관 등은 ① 원화 2천만 원 또는 외화 1만 달러 상당 이상의 거래로서 금융재산이 불법재산이거나 금융거래 상대방이 자금세탁행위를 하고 있다고 의심할 만한 합당한 근거가 있는 경우, ② 범죄수익 또는 자금세탁행위를 알게 되어 수사기관에 신고한 경우에는 의무적으로 금융정보 분석원에 혐의거래보고를 하여야 한다.

의무보고대상거래를 보고하지 않을 경우에는 관련 임직원에 대한 징계 및 기관에 대한 과태료 부과 등 적절한 제재 조치를 할 수 있다. 또한, 혐의거래 중 거래액이 보고대상 기준금액 미만인 경우에 금융기관은 이를 자율적으로 보고할 수 있다.

2) 혐의거래보고의 방법 및 절차

영업점 직원은 업무지식과 전문성, 경험을 바탕으로 고객의 평소 거래상황, 직업, 사업내용 등을 고려하여 취급한 금융거래가 혐의거래로 의심되면 그 내용을 보고책임자에게 보고한다.

보고책임자는 특정금융거래정보보고 및 감독규정의 별지 서식에 의한 혐의거래보고서에 보고기관 거래상대방, 의심스러운 거래내용, 의심스러운 합당한 출거, 보존하는 자료의 종류 등을 기재하여 온라인으로 보고하거나 문서로 제출하되, 긴급한 경우에는 우선 전화나 팩스로 보고하고 추후 보완할 수 있다.

보기

㉠ A은행은 창구에서 3천만 원을 현금으로 인출하려는 고객의 금융재산이 불법재산이라고 의심할 만한 합당한 근거가 있어 혐의거래보고를 한다.

㉡ B은행이 자금세탁행위로 신고하여 검찰수사를 받고 있는 거래에 대하여 B은행은 혐의거래보고서를 금융정보 분석원에 제출한다.

㉢ C은행은 10억 원을 해외송금하는 거래자에 대해 뚜렷이 의심할 만한 근거는 없으나 거액의 거래이므로 혐의거래보고를 한다.

㉣ D은행은 의심할 만한 합당한 근거가 있는 거래에 대해 혐의거래보고서를 완벽하게 작성하지 못했지만 신속한 조사를 위해 팩스로 검찰청에 제출한다.

㉤ E은행은 5백만 원을 현금으로 인출하는 거래에 대해 의심할 만한 합당한 근거를 찾고 혐의거래보고서를 금융정보 분석원에 제출한다.

① ㉠, ㉡　② ㉢, ㉣　③ ㉡, ㉢, ㉤　④ ㉡, ㉣, ㉤　⑤ ㉢, ㉣, ㉤

22 A, B, C, D 4개의 밭이 나란히 일직선상에 위치해 있다. 첫해에 A밭에는 장미, B밭에는 진달래, C밭에는 튤립을 심었고, D밭에는 아무것도 심지 않았다. 그리고 2년차에는 C밭에 아무것도 심지 않기로 하였다. 다음 [조건]을 바탕으로 3년차에 4개 밭의 상황으로 가능한 것을 고르면?

○△×
○△×
○△×

조건

- 한 밭에는 한 가지 꽃만 심는다.
- 심을 수 있는 꽃은 장미, 튤립, 진달래, 백합, 나팔꽃이다.
- 같은 해에 한 가지 꽃을 두 군데 이상 심으면 안 된다.
- 장미와 튤립을 인접한 밭에 심으면 안 된다.
- 직전 해에 장미를 심었던 밭에는 아무것도 심지 않거나 진달래를 심고, 진달래를 심었던 밭에는 아무것도 심지 않거나 장미를 심어야 한다.(단, 아무것도 심지 않았던 밭에는 그 전 해에 장미를 심었으면 진달래를, 진달래를 심었으면 장미를 심어야 한다.)
- 매년 한 군데 밭에는 아무것도 심지 않아야 한다.
- 각각의 밭은 4년에 한 번만 아무것도 심지 않아야 한다.
- 직전 해에 심지 않은 꽃 중 적어도 한 가지는 심어야 한다.
- 튤립은 2년에 1번씩 심어야 한다.

	A	B	C	D
①	장미	진달래	튤립	심지 않음
②	심지 않음	진달래	나팔꽃	백합
③	장미	심지 않음	나팔꽃	튤립
④	심지 않음	진달래	백합	나팔꽃
⑤	장미	진달래	심지 않음	튤립

23 ○△× ○△× ○△×

가~바 6명이 다음 [표]와 같이 각기 다른 용량의 눈금 없는 비커 3개를 이용하여 각자의 목표량을 정확하게 계량하는 실험을 하였다. 네 사람은 방식Ⅰ, 나머지 두 사람은 방식Ⅱ를 사용하였을 때, 동일한 방식을 사용한 사람끼리 바르게 짝지은 것을 고르면?(단, 각 비커는 최대 4회까지만 사용 가능하고, 모든 비커를 사용할 필요는 없다.)

[표] 각 실험자의 비커 용량 및 목표량 (단위: cc)

실험자	비커1	비커2	비커3	목표량
가	42	254	6	200
나	29	72	17	12
다	27	126	18	63
라	18	43	10	5
마	35	105	17	18
바	18	59	5	31

	방식Ⅰ	방식Ⅱ
①	가, 나, 다, 마	라, 바
②	가, 다, 마, 바	나, 라
③	가, 다, 라, 바	나, 마
④	나, 다, 라, 마	가, 바
⑤	나, 라, 마, 바	가, 다

24 다음 글을 바탕으로 [사례]의 빈칸에 들어갈 값을 고르면?

○△×
○△×
○△×

1. 누진계급의 구분 및 진급
   ① 교도소장은 수형자에 대한 단계별 처우를 위하여 수형자의 행형(行刑)성적에 따라 누진계급을 제1급, 제2급, 제3급, 제4급으로 구분한다.
   ② 신입수형자는 제4급에 편입하고 행형성적에 따라 단계별로 상위 계급으로 진급시킨다.
   ③ 계급의 진급은 각 계급의 책임점수를 매월 소득점수로 모두 공제한 때에 이루어진다. 만약 책임점수를 공제하고 소득점수가 남아있는 경우에는 이를 다음 계급의 소득점수로 인정한다.
2. 책임점수 및 소득점수
   ① 각 계급의 책임점수는 집행할 형기를 월 단위로 환산하여 이에 수형자의 개선급 유형 및 범수(犯數)별 점수를 곱하여 얻은 수로 한다.(책임점수=집행할 형기의 개월 수×개선급 유형 및 범수별 점수)
   ② 책임점수는 계급이 바뀔 때마다 잔여형기를 기준으로 다시 부여한다.
   ③ 개선급은 범죄성향의 강화와 개선정도에 따라 책임점수의 산정기준이 되는 분류급을 의미한다. 개선급 유형 및 범수별 점수는 다음과 같다.

   [개선급 유형 및 범수별 점수]

개선급 유형		범수별 점수	
구분	판단기준	초범	2범 이상
A급	범죄성향이 강화되지 아니한 자로서 개선이 가능한 자	2점	2.5점
B급	범죄성향이 강화된 자로서 개선이 가능한 자	3점	3.5점
C급	범죄성향이 강화된 자로서 개선이 곤란한 자	4점	4.5점

   ④ 매월의 소득점수 산정은 소행점수, 작업점수, 상훈점수의 합산에 의한다.

사례

초범인 갑은 법원에서 징역 5년 2개월 형을 선고받고 교도소에 수감되었다.(현재 잔여형기 5년) 그리고 교도소 심사에서 '범죄성향이 강화되지 아니한 자로서 개선이 가능한 자'라는 판정을 받았다. 갑이 12개월 만에 129점의 소득점수를 얻어 제3급으로 진급하였다면 제2급으로 진급하기 위해서는 앞으로 최소한 (　　)점을 더 획득하여야 한다.

① 81　② 87　③ 96　④ 111　⑤ 115

25 다음 글과 [상황]을 바탕으로 판단할 때, A복지관에 채용될 2명의 후보자를 고르면?

○△× ○△× ○△×

A복지관은 청소년 지도 업무 담당자 2명을 채용하고자 한다. 청소년 지도 업무 담당자들은 심리상담, 위기 청소년 지원, 진학지도, 지역 안전망 구축 등 4가지 업무를 수행해야 한다. 채용되는 2명은 서로 다른 업무를 맡아 네 가지 업무를 빠짐없이 분담해야 한다.

네 가지 업무에 관련된 직무역량으로는 의사소통역량, 대인관계역량, 문제해결역량, 정보수집역량, 자원관리역량 등 다섯 가지가 있다. 각 업무를 수행하기 위해서는 반드시 해당 업무에 필요한 직무역량을 모두 갖춰야 한다. 다음은 이를 표로 정리한 것이다.

[표] 업무별 필요 직무역량

업무	필요 직무역량
심리상담	의사소통역량, 대인관계역량
위기 청소년 지원	의사소통역량, 문제해결역량
진학지도	문제해결역량, 정보수집역량
지역 안전망 구축	대인관계역량, 자원관리역량

상황

- A복지관의 채용후보자는 4명(갑, 을, 병, 정)이며, 각 채용후보자는 다섯 가지 직무역량 중 세 가지씩을 갖추고 있다.
- 자원관리역량은 병을 제외한 모든 채용후보자가 갖추고 있다.
- 정이 진학지도 업무를 제외한 모든 업무를 수행하려면, 의사소통역량만 추가로 갖추면 된다.
- 갑은 심리상담 업무를 수행할 수 있고, 을과 병은 진학지도 업무를 수행할 수 있다.
- 대인관계역량을 갖춘 채용후보자는 2명이다.

① 갑, 을 ② 갑, 병 ③ 을, 병 ④ 을, 정 ⑤ 병, 정

정답과 해설 ▶ P.51

MEMO

에듀윌 공기업

매일 1회씩 꺼내 푸는 NCS

DAY 09

eduwill

매1N 3회독 루틴 프로세스

*더 자세한 내용은 매1N 3회독 학습가이드를 확인하세요!

1 3회독 기록표에 학습날짜와 문제풀이 시작시간을 적습니다.

2 시험장에서 문제를 푸는 것처럼 풀어 보세요.

3 모바일 OMR 또는 회독용 답안지에 마킹한 후, 종료시간을 적고 초과시간을 체크합니다.

▶**모바일 OMR 바로가기**

[1회독용]	[2회독용]	[3회독용]
http://eduwill.kr/mmoF	http://eduwill.kr/OmoF	http://eduwill.kr/UmoF

4 문항별 3회독 체크표(○ △ ×)에 표시합니다. 문제를 풀면서 알고 풀었으면 ○, 헷갈렸으면 △, 전혀 몰라서 찍었으면 ×에 체크하세요.

3회독 TIP

- 1회독: 25문항을 빠짐없이 풀어 보세요.
- 2~3회독: 틀린 문항만 골라서 풀어 보세요.

3회독 기록표

1회독		2회독		3회독	
학습날짜	___월 ___일	학습날짜	___월 ___일	학습날짜	___월 ___일
시작시간	___ : ___	시작시간	___ : ___	시작시간	___ : ___
종료시간	___ : ___	종료시간	___ : ___	종료시간	___ : ___
점 수	___점	점 수	___점	점 수	___점

01 다음 글의 ㉠을 고려하여 사진을 독해하는 요령으로 가장 적절한 것을 고르면?

○△×
○△×
○△×

> 다큐멘터리 사진의 본질은 사실을 정확하게 기록하여 증거를 제시하고, 이로써 신뢰성과 저항, 인내, 믿음 등의 도덕적, 계몽적 메시지를 전달하는 데 있다. 실제로 기록과 증거 제시라는 측면에서는 문자 언어를 비롯한 어떤 매체조차도 다큐멘터리 사진의 현장성과 신속성, 의외성 등을 따라갈 수가 없다. 또한 사실에 대한 정확한 기록이라는 본래의 사명을 완수함으로써 다큐멘터리가 도덕적 메시지를 전달해 상당한 영향력을 발휘한 일은 얼마든지 있다.
>
> 그러나 보도 사진에는 '그 사진을 어떻게 촬영했느냐'와 같이 증거 자료로서의 객관성을 가리는 문제와 '어떻게 그 사진을 사용하느냐'와 같이 보는 이의 의도와 관련된 진실성을 가리는 문제가 지적되어 왔다. 어떤 문맥 속에서 사진이 사용되느냐에 따라 단순한 정보 전달에서부터 설득이나 선전의 목적으로 사용되는 일에 이르기까지 다양하게 기능할 수 있다는 뜻이다. 시각 커뮤니케이션학자인 에스텔 주심은 "전달되는 정보는 믿는 태도만이라고 할지라도 사람의 태도를 바꾸고자 하는 의도가 있다. 정보는 절대로 중립을 이루지 못한다. 왜냐하면 ㉠정보는 항상 개개인의 신념에 따라 각각 다르게 수용되고 해석되며, 그 사람의 사회·문화적인 환경이 만드는 대규모 조절 작용에 의해 적당한 상태로 조정되기 때문이다."라고 부연한다.

① 사진을 찍는 사람은 주관적인 생각을 담기 마련이지만, 그것을 어떻게 받아들일지는 보는 사람의 몫이다.
② 사회·문화적인 정보를 많이 아는 사람일수록 주어진 사진을 왜곡해서 이해할 확률이 높아진다.
③ 다큐멘터리 사진은 촬영된 시간과 장소 등의 정보를 정확하게 제시할수록 객관성이 높아진다.
④ 사진이 촬영된 맥락과 보여지는 맥락을 모두 고려하여 이해해야 대상이 전달하는 정보를 왜곡하지 않고 수용할 수 있다.
⑤ 사진은 그 자체로 보아야 하며, 새로운 의미를 덧붙이는 것은 대상의 의미를 왜곡하는 일이다.

02 다음 글의 논지로 옳은 것을 고르면?

○△×
○△×
○△×

미국의 사회학자인 베블런에 따르면 사치품 사용에 대한 금기는 전근대적 계급에 기원을 두고 있다. 즉, 사치품 소비는 상류층의 지위를 드러내는 과시 소비이기 때문에 피지배 계층이 사치품을 소비하는 것은 상류층의 안락감이나 쾌감을 손상한다는 것이다. 따라서 상류층은 사치품을 사회적 지위 및 위계질서를 나타내는 기호(記號)로 간주하여 피지배 계층의 사치품 소비를 금지했다. 또한 베블런은 사치품의 가격 상승에도 그 수요가 줄지 않고 오히려 증가하는 이유는 사치품의 소비를 통하여 사회적 지위를 과시하려는 상류층의 소비 행태 때문이라고 보았다.

그러나 대량 생산으로 물자가 넘쳐흘러 풍요로운 현대 대중 사회에서 소득 수준이 높아진 서민들은 과거 왕족이 사용하던 물건이나 유명한 배우가 쓰는 사치품도 일상생활에서 쓸 수 있게 되었다. 이러한 상황에서 모든 사람이 명품을 살 수 있다면 명품의 사용은 더 이상 상류층을 드러내는 기호가 될 수 없다. 이처럼 새로운 사회의 도래는 베블런의 과시소비 이론으로 설명하기 어려운 소비 행태를 가져왔다. 이제 상류층이 서민들과 구별될 수 있는 방법은 오히려 소비 수준을 낮추는 것이다. 이들에게는 차이가 중요한 것이지 사물 그 자체가 중요한 것이 아니기 때문이다. 월급쟁이 직원이 고급 외제차를 탄다면 사장은 소형 국산 차를 타는 것이 하나의 예이다.

이처럼 현대의 상류층은 고급이나 화려함, 낭비를 과시하기보다 서민처럼 소박하게 생활한다는 면을 과시한다. 이것은 두 가지 효과가 있다. 사치품을 소비하는 서민들과는 구별된다는 점과 부유한 사람이 소박하고 겸손하기까지 하여 친근감을 준다는 점이다. 그러나 이는 극단적인 위세의 형태일 뿐이다. 남의 눈에 띄지 않는 겸손한 태도와 검소함으로 자신을 뽐내지 않고도 한층 더 드러내는 것이다. 이런 행동들은 결국 한층 더 심한 과시이다. 소비를 거부하는 행동으로 소비 중에서도 최고의 소비를 하는 것이다. 다만 상류층이 늘 소형차를 타는 것은 아니다. 차별화해야 할 하위 계층이 없거나 다른 상류 계층 사이에 있을 때 그들은 경쟁적으로 고가품을 소비하며 자신을 마음껏 과시한다. 현대 사회에서 소비하지 않는 행동은 고도의 교묘한 소비이자 상류층을 드러내는 표시가 되었다. 이러한 점에서 상류층을 따라 사치품을 소비하는 서민층은 순진하다고 하지 않을 수 없다.

① 현대의 상류층은 낭비를 지양하고 소박한 생활을 지향하여 서민에게 친근감을 준다.
② 현대의 서민은 상류층을 따라 겸손한 태도로 자신을 한층 더 드러내는 소비 행태를 보인다.
③ 현대의 상류층은 그들이 접하는 계층과는 무관하게 절제를 통해 자신의 사회적 지위를 과시한다.
④ 현대에 들어와 명품 소비로 위계질서를 드러내며 과시적으로 소비하는 새로운 행태가 나타났다.
⑤ 현대의 상류층은 사치품을 소비하는 것뿐만 아니라 소비하지 않는 행동을 통해서도 자신의 사회적 지위를 과시한다.

03 다음 글을 바탕으로 판단한 내용으로 옳은 것을 고르면?

○△×
○△×
○△×

다산 정약용은 아전의 핵심적인 직책으로 향승과 좌수, 좌우별감을 들었다. 향승(鄕丞)은 지방관서장인 현령의 행정보좌역이고, 좌수(座首)는 지방자치기관인 향청의 우두머리로 이방과 병방의 직무를 관장한다. 좌우별감(左右別監)은 좌수의 아랫자리인데, 좌별감은 호방과 예방의 직무를 관장하고, 우별감은 형방과 공방의 직무를 관장한다.

다산은 향승이 현령을 보좌해야 하는 자리이기 때문에 반드시 그 고을에서 가장 선한 사람, 즉 도덕성이 가장 높은 사람에게 그 직책을 맡겨야 한다고 하였다. 또한 좌수는 그 자리의 중요성을 감안하여 진실로 마땅한 사람으로 얻어야 한다고 강조하였다. 좌수를 선발하기 위해 다산이 제시한 방법은 다음과 같다. 먼저 좌수 후보자에게 모두 종사랑(從仕郎)의 품계를 주고 해마다 공적을 평가해 감사나 어사로 하여금 식년(式年)에 각각 9명씩을 추천하게 한다. 그리고 그 가운데 3명을 뽑아 경관(京官)에 임명하면, 자신을 갈고닦아 명성이 있고 품행이 바른 사람이 그 속에서 반드시 나올 것이라고 주장했다. 또한 좌우별감을 선발할 때에도 역시 마땅히 쓸 만한 사람을 골라 정사를 의논해야 한다고 했다.

다산은 아전을 임명할 때, 진실로 쓸 만한 사람을 얻지 못하면 그저 자리를 채우기는 하되 정사는 맡기지 말라고 했다. 아울러 아첨을 잘하는 자는 충성스럽지 못하므로 이를 잘 살피도록 권고했다. 한편 다산은 문관뿐만 아니라 무관의 자질에 대해서도 언급하였다. 그에 따르면 무관의 반열에 서는 자는 모두 굳세고 씩씩하여 적을 막아낼 만한 기색이 있는 사람으로 뽑되, 도덕성을 첫째 자질로 삼고 재주와 슬기를 그다음으로 해야 한다고 강조하였다.

※ 식년(式年): 과거를 보는 시기로 정한 해

① 관직의 서열로 보면 좌우별감은 좌수의 상관이다.
② 다산이 주장한 좌수 선발 방법에 따르면, 향승은 식년에 3명의 좌수 후보자를 추천한다.
③ 다산은 아전으로 쓸 만한 사람이 없을 때에는 자리를 채우지 말아야 한다고 하였다.
④ 다산은 경관 중 우수한 공적이 있는 사람에게 종사랑의 품계를 주어야 한다고 주장했다.
⑤ 다산은 무관의 자질로 재주와 슬기보다 도덕성이 우선한다고 보았다.

04 다음 글의 내용과 일치하는 것을 [보기]에서 모두 고르면?

○△×
○△×
○△×

조선에서 부과한 세금 중 농민을 가장 고통스럽게 한 것은 공물(貢物)이었다. 공물이란 세금으로 바치는 지방의 특산물이다. 하지만 그 지방에서 생산되지 않는 물품을 바치도록 하여 공물을 준비하는 데 많은 어려움이 있었다. 이에 따라 공물을 납부해 주는 대신에 그 대가를 받는 방납(防納)이 성행하였는데, 이 과정에서 관료와 결탁한 상인들이 높은 대가를 농민들에게 요구하여 농민의 부담이 가중되었다.

임진왜란과 병자호란을 거치는 동안 농촌 경제는 파탄이 났고 중앙에서는 재정 적자에 시달렸다. 이러한 위기를 수습하기 위한 대책으로 대동법(大同法)이 마련되었다. 대동법은 특산물 대신 쌀을 바치도록 하고, 과세 기준을 호(戶)에서 토지로 바꾼 제도이다. 이에 따라 방납으로 인한 폐단이 줄어들었고, 토지가 많은 양반의 부담이 늘어난 반면 농민의 부담은 감소하였다.

대동법의 시행과 더불어 동전으로 세금을 납부하는 대전납(代錢納) 또한 확대되었다. 대전납의 실시로 화폐의 수요가 급속히 늘어나 상평통보와 같은 동전이 다량 주조되었다. 체제 수호를 위해 시행된 대동법과 조세금납화는 화폐 경제의 발달을 촉진하면서 상업이 성장할 수 있는 여건을 제공했다.

갑오개혁에 이르러 1894년 조선에서는 현물인 쌀 대신에 금속 화폐인 동전으로 조세를 납부하는 방식이 전면화되었다. 토지에 부과되던 원래의 세금 액수에 따라 세액이 정해졌으므로 납부해야 하는 세금은 이전에 비해 큰 차이가 없었다. 하지만 조세 수취 과정에서 발생했던 여러 잡세가 없어지는 효과가 있었다. 갑오개혁에 부정적이었던 한말의 지사 황현(黃玹)조차 조세금납화 정책에 대해 "새로 개정된 신법이 반포되자 백성들은 모두 발을 구르고 손뼉을 치며 기뻐하여, 서양의 법을 따르든 일본의 법을 따르든 그들이 다시 태어난 듯 희색을 감추지 못하였다."며 긍정적으로 평가했다.

보기

㉠ 백성들은 조세금납의 전면화를 환영하였다.
㉡ 대동법의 시행에 따라 방납과 잡세가 사라졌다.
㉢ 서양과 일본의 법에 따라 조세금납화가 처음으로 시행되었다.
㉣ 대동법의 시행에 따라 양반과 농민의 납세 부담이 모두 감소하였다.

① ㉠ ② ㉠, ㉢ ③ ㉡, ㉣ ④ ㉢, ㉣ ⑤ ㉠, ㉡, ㉢

05 다음 글을 바탕으로 판단한 내용으로 옳지 않은 것을 고르면?

○△×
○△×
○△×

유엔 식량농업기구(FAO)에 따르면 곤충의 종류는 2,013종으로, 그중 일부는 현재 식재료에 사용되고 있다. 곤충은 병균을 옮기는 더러운 생물로 알려져 있지만 깨끗한 환경에서 사육된 곤충은 식용에 문제가 없다.

식용으로 귀뚜라미를 사육할 경우 전통적인 단백질 공급원인 육류보다 생산에 투입되는 자원을 절감할 수 있다. 귀뚜라미가 단백질 공급원보다 뛰어난 점은 다음과 같다. 첫째, 쇠고기 0.45kg을 생산하는 데 필요한 자원으로 식용 귀뚜라미 11.33kg을 생산할 수 있다. 이것이 가능한 가장 큰 이유는 돼지나 소가 체내 온도를 유지하기 위해 먹이를 많이 소비하는 반면, 귀뚜라미는 냉혈 동물이기 때문에 상대적으로 먹이가 많이 필요하지 않기 때문이다. 둘째, 식용 귀뚜라미 0.45kg을 생산하는 데 필요한 물은 감자나 당근을 생산하는 데 필요한 수준인 3.8ℓ이지만, 닭고기 0.45kg을 생산하려면 1,900ℓ의 물이 필요하며, 쇠고기는 닭고기의 경우보다 4배 이상의 물을 필요로 한다. 셋째, 귀뚜라미를 사육할 때 발생하는 온실가스의 양은 가축을 사육할 때 발생하는 온실가스 양의 20%에 불과하다.

곤충 사육은 현재 많은 지역에서 이루어지고 있다. 하지만 식용 가능한 곤충의 공급이 제한적일뿐더러 곤충도 식량이 될 수 있다는 사실을 사람들에게 이해시키는 데에 어려움이 있다. 따라서 새로운 식용 곤충의 생산과 공급을 확충하고 곤충 섭취에 대한 사람들의 거부감을 줄이는 방안이 필요하다.

현재 식용 귀뚜라미는 주로 분말 형태로 100g당 10달러에 판매된다. 이는 같은 양의 닭고기나 쇠고기의 가격과 큰 차이가 없다. 그러나 인구가 현재보다 20억 명 더 늘어날 것으로 예상되는 2050년에는 귀뚜라미 등의 곤충이 식사에 사용될 재료로 저렴하게 공급될 것이다.

① 쇠고기 생산보다 식용 귀뚜라미 생산에 자원을 절감할 수 있는 이유 중 하나는 귀뚜라미가 냉혈동물이기 때문이다.
② 현재 곤충 사육은 많은 지역에서 이루어지고 있지만, 식용으로 사용되는 곤충의 종류는 일부에 불과하다.
③ 식용 귀뚜라미와 동일한 양의 쇠고기를 생산하려면 귀뚜라미 생산에 필요한 물보다 500배의 물이 필요하다.
④ 식용 귀뚜라미 생산에는 쇠고기 생산보다 자원이 적게 들지만, 현재 이 둘의 100g당 판매 가격은 큰 차이가 없다.
⑤ 가축을 사육할 때 발생하는 온실가스의 양은 귀뚜라미를 사육할 때의 양보다 5배 많다.

06 다음 글을 바탕으로 ⓐ가 적절하게 이루어진 사례를 [보기]에서 모두 고르면?

○△×
○△×
○△×

외교 관계에서 조약이란 국가 간, 국제기구 간, 국가와 국제기구 간에 서면 형식으로 체결되며 국제법에 따라 규율되는 합의이다. 반면, ⓐ기관 간 약정은 국가를 제외한 정부기관이 동일하거나 유사한 업무를 수행하는 외국의 정부 기관과 체결하는 합의로 법적 구속력이 없다. 이때 기관 간 약정의 서명은 해당 기관의 장이 하는 것이 원칙이다. 다만 해당 기관의 장이 사정상 직접 서명할 수 없는 경우에는 그의 위임을 받은 해당 기관의 고위직 인사가 서명을 할 수도 있다. 만일 기관 간 약정을 조속히 체결할 필요성이 있으나 양국 관계 부처 간의 방문 계획이 없는 등의 이유로 체결이 지연되어 양국 간 불편이 야기될 가능성이 있는 경우에는 우편이나 외교통상부의 재외 공관을 통하여 서명문서를 교환하는 방법으로 그 체결을 행할 수 있다.

해당 기관의 장이 사정상 직접 서명할 수 없어서 그의 위임을 받은 고위직 인사가 서명을 대신할 때, 정부기관장 명의의 전권위임장을 만들어 제출하는 경우가 있는데, 이는 적절하지 않다. 전권위임장이란 국가 간 조약문안의 교섭·채택이나 인증을 위하여 또는 조약에 대한 국가의 기속적 동의를 표시하기 위하여 어떤 사람으로 하여금 국가를 대표하도록 임명하는 문서이기 때문이다. 만약 상대국에서 굳이 서명 위임에 대한 인증 문건의 제출을 요구한다면, 위임장을 제출하는 방향으로 검토해 볼 수 있을 것이다. 또한 기관 간 약정에 서명할 때 양국 정상이 임석하는 경우가 있는데, 이는 기관 간 약정이 양국 간의 조약으로 오해될 소지가 있으므로 적절하지 않다.

보기

㉠ A국 산업통상자원부장관 명의의 전권위임장을 제출한 산업통상자원부차관과 B국 기업에너지산업전략부장관 간에 '에너지산업협력 약정'이 체결된 사례

㉡ 국외 출장이 어려운 상황에서 시급한 약정의 조속한 체결을 위해 A국 산업통상자원부장관과 B국 자원개발부장관 간에 우편으로 서명문서를 교환한 사례

㉢ A국 대통령의 B국 방문을 계기로 양국 정상의 임석하에 A국 기술무역부장관과 B국 과학기술부장관 간에 '과학기술협력에 관한 약정'을 체결한 사례

① ㉠ ② ㉡ ③ ㉠, ㉢ ④ ㉡, ㉢ ⑤ ㉠, ㉡, ㉢

07 다음 글을 통해 알 수 있는 내용을 [보기]에서 모두 고르면?

○△×
○△×
○△×

사람은 사진이나 영상만 보고도 사물을 쉽게 분별하지만 컴퓨터는 매우 복잡한 과정을 거쳐야만 분별할 수 있다. 이를 해결하기 위해 컴퓨터가 스스로 학습하면서 패턴을 찾아내 분류하는 기술적 방식인 '기계학습'이 고안됐다. 기계학습을 통해 컴퓨터가 입력되는 수많은 데이터 중에서 비슷한 것끼리 분류할 수 있도록 학습시킨다. 이 데이터 분류 방식을 컴퓨터에 학습시키기 위하여 기계학습 알고리즘이 다수 개발되었다.

기계학습 알고리즘은 컴퓨터에서 사용되는 사물 분별 방식에 기반하고 있는데, 이러한 사물 분별 방식은 크게 '지도 학습'과 '자율 학습' 두 가지로 나뉜다. 초기의 기계학습 알고리즘은 대부분 지도 학습에 기초하고 있다. 지도 학습 방식에서는 컴퓨터에 먼저 '이런 이미지가 고양이야.'라고 학습시키면, 컴퓨터는 학습된 결과를 바탕으로 고양이 사진을 분별하게 된다. 따라서 사전 학습 데이터가 반드시 제공되어야 한다. 사전 학습 데이터가 적으면 오류가 커지므로 데이터의 양 또한 충분해야만 한다.

반면 지도 학습 방식보다 진일보한 방식인 자율 학습에서는 이 과정이 생략된다. '이런 이미지가 고양이야.'라고 학습시키지 않아도 컴퓨터는 자율적으로 '이런 이미지가 고양이군.'이라고 학습하게 된다. 이러한 자율 학습 방식을 응용하여 '심화신경망' 알고리즘을 활용한 기계학습 분야를 '딥러닝'이라고 일컫는다.

그러나 딥러닝 작업에는 고도의 연산 능력이 요구되기 때문에, 웬만한 컴퓨팅 능력으로는 이를 시도하기 쉽지 않았다. A 교수가 1989년에 필기체 인식을 위해 심화신경망 알고리즘을 도입했을 때 연산에만 3일이 걸렸다는 사실은 널리 알려져 있다. 하지만 고성능 CPU가 등장하면서 연산을 위한 시간의 문제는 자연스럽게 해소되었다. 또한 딥러닝 기술의 활용 범위는 RBM과 드롭아웃이라는 새로운 알고리즘이 개발된 후에야 비로소 넓어졌다.

보기

㉠ 지도 학습 방식을 사용하여 컴퓨터가 사물을 분별하기 위해서는 사전 학습 데이터가 주어져야 한다.
㉡ 자율 학습은 지도 학습보다 학습의 단계가 단축되었기에 낮은 연산 능력으로도 수행할 수 있다.
㉢ 딥러닝 기술의 활용 범위는 새로운 알고리즘 개발보다는 고성능 CPU 등장 때문에 넓어졌다.

① ㉠　② ㉢　③ ㉠, ㉡　④ ㉡, ㉢　⑤ ㉠, ㉡, ㉢

08 다음은 고등학교 이하 각급 학교 설립·운영 규정의 일부이다. 이를 바탕으로 판단한 내용을 [보기]에서 모두 고르면?

○△×
○△×
○△×

제13조(수익용기본재산) ① 사립의 각급 학교 및 「초·중등교육법」 제2조 제5호의 규정에 의한 특수학교를 설립·경영하는 학교법인은 연간 학교회계 운영수익총액의 2분의 1 이상에 해당하는 가액의 수익용기본재산을 확보하여야 한다.

② 제1항의 규정에 의한 수익용기본재산은 그 총액의 100분의 3.5 이상에 해당하는 가액의 연간수익이 있는 것이어야 한다.

③ 시·도교육감은 「도시개발법」 제3조 및 제9조의 규정에 의하여 지정·고시된 도시개발구역 안에 위치한 각급 학교 및 특수학교에 대하여는 제1항의 규정에 의한 수익용기본재산을 3년을 초과하지 아니하는 범위 안에서 교육인적자원부령이 정하는 바에 따라 연차적으로 확보하도록 할 수 있다.

④ 제1항의 규정에 의한 수익용기본재산 및 연간 학교회계 운영수익의 범위는 교육인적자원부령으로 정한다.

제14조(학교운영경비의 부담) ① 학교법인은 매년 수익용기본재산에서 생긴 수익의 100분의 80 이상에 해당하는 가액을 소속학교의 운영에 필요한 경비로 충당하여야 한다.

② 제1항의 규정에 의한 학교운영에 필요한 경비는 학교 및 그 부속시설의 운영에 소요되는 경상비에서 인건비를 제외한 경비로 한다.

③ 제1항 및 제2항의 규정에 의하여 학교운영에 필요한 경비를 충당하고 남은 금액은 이를 인건비로 충당할 수 있다.

④ 제1항의 규정에 의한 수익의 범위는 교육인적자원부령으로 정한다.

보기

㉠ 학교회계 운영수익총액이 200억 원이라면, 수익용기본재산은 150억 원짜리 토지로 충분하다.

㉡ 어떤 학교는 연간 학교회계 운영수익총액의 2분의 1 이상에 해당하는 가액의 수익용기본재산을 확보하지 못한다고 하더라도 개교할 수 있다.

㉢ 수익금이 있으면서도 학교운영경비를 전혀 부담하지 않는 것은 안 되지만, 만약 수익금이 없다면 학생들의 등록금만으로도 학교를 운영할 수 있다.

㉣ 수익용기본재산에서 매년 50억 원의 수익이 생겨 이 중 45억 원 정도를 학교의 운영비와 인건비 등으로 쓰고 있는 어떤 학교법인이 있을 수 있다.

㉤ 수익용기본재산 및 연간 학교회계 운영수익의 범위는 교육인적자원부와 협의를 거쳐 정한다.

① ㉠, ㉢ ② ㉠, ㉤ ③ ㉡, ㉢ ④ ㉡, ㉣ ⑤ ㉢, ㉤

09 다음 [표]는 2018년 도시 A~F의 폭염주의보 발령일수, 온열질환자 수, 무더위 쉼터 수 및 인구수에 대한 자료이다. 이에 대한 설명으로 옳은 것을 [보기]에서 모두 고르면?

○△×
○△×
○△×

[표] 도시별 폭염주의보 발령일수, 온열질환자 수, 무더위 쉼터 수 및 인구수

구분	폭염주의보 발령일수(일)	온열질환자 수(명)	무더위 쉼터 수(개)	인구수(만 명)
A	90	55	92	100
B	30	18	90	53
C	50	34	120	89
D	49	25	100	70
E	75	52	110	80
F	24	10	85	25
전체	(　　)	194	597	417

보기

㉠ 무더위 쉼터가 100개 이상인 도시 중 인구수가 가장 많은 도시는 C이다.
㉡ 인구수가 많은 도시일수록 온열질환자 수가 많다.
㉢ 온열질환자 수가 가장 적은 도시와 인구수 대비 무더위 쉼터 수가 가장 많은 도시는 같다.
㉣ 폭염주의보 발령일수가 전체 도시의 폭염주의보 발령일수의 평균보다 많은 도시는 2개이다.

① ㉠, ㉡　　② ㉠, ㉢　　③ ㉡, ㉣　　④ ㉠, ㉢, ㉣　　⑤ ㉡, ㉢, ㉣

10 다음 [표]는 2016년 경기도 10개시의 문화유산 보유건수에 대한 자료이다. 이에 대한 설명으로 옳은 것을 고르면?

○△✕
○△✕
○△✕

[표] 경기도 10개시의 유형별 문화유산 보유건수 (단위: 건)

구분	국가 지정 문화재	지방 지정 문화재	문화재 자료	등록 문화재	합계
용인시	64	36	16	4	120
여주시	24	32	11	3	70
고양시	16	35	11	7	69
안성시	13	42	13	0	68
남양주시	18	34	11	4	67
파주시	14	28	9	12	63
성남시	36	17	3	3	59
화성시	14	26	9	0	49
수원시	14	24	8	2	48
양주시	11	19	9	0	39
전체	224	293	100	35	(　　)

※ 문화유산은 국가 지정 문화재, 지방 지정 문화재, 문화재 자료, 등록 문화재로만 구성됨

① 등록 문화재를 보유한 시는 총 6개이다.
② 전체 보유건수가 가장 많은 문화유산은 국가 지정 문화재이다.
③ 파주시 문화유산 보유건수는 전체 문화유산 보유건수의 10% 미만이다.
④ 문화재 자료의 보유건수가 가장 많은 시는 안성시이다.
⑤ 국가 지정 문화재의 시별 보유건수 순위는 문화재 자료와 같다.

11 다음 [그래프]는 2019년 가구별 근로장려금 산정기준에 대한 자료이다. 이에 대한 설명으로 옳지 않은 것을 [보기]에서 모두 고르면?

○△×
○△×
○△×

[그래프] 가구별 총 급여액에 따른 근로장려금

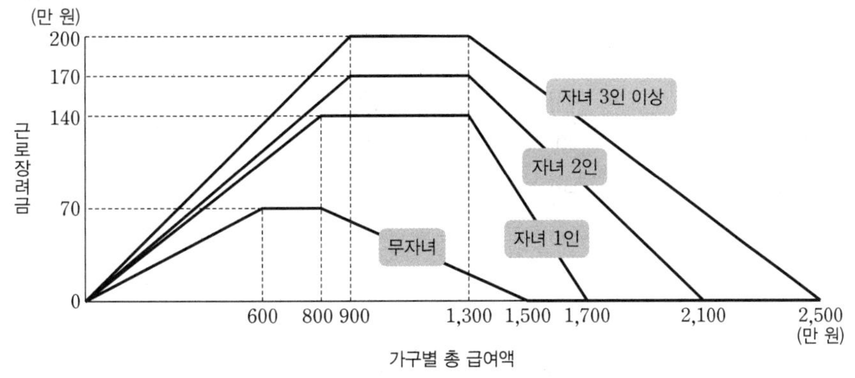

※ 2019년 가구별 근로장려금은 2018년 가구별 자녀 수와 총 급여액을 기준으로 산정함

보기

㉠ 2018년 총 급여액이 1,000만 원이고 자녀가 1명인 가구의 2019년 근로장려금은 140만 원이다.
㉡ 2018년 총 급여액이 800만 원 이하인 무자녀 가구는 2018년 총 급여액이 많을수록 2019년 근로장려금도 많다.
㉢ 2018년 총 급여액이 2,200만 원이고 자녀가 3명 이상인 가구의 2019년 근로장려금은 2018년 총 급여액이 600만 원이고 자녀가 1명인 가구의 2019년 근로장려금보다 적다.
㉣ 2018년 총 급여액이 2,000만 원인 가구는 자녀가 많을수록 2019년 근로장려금도 많다.

① ㉡ ② ㉡, ㉣ ③ ㉠, ㉡, ㉢ ④ ㉠, ㉢, ㉣ ⑤ ㉡, ㉢, ㉣

12 다음 [표]는 2016년과 2017년에 A~F항공사의 공급석 수 및 탑승객 수를 나타낸 자료이다. 이를 바탕으로 작성한 [그래프]로 옳지 <u>않은</u> 것을 고르면?

○△× ○△× ○△×

[표] 항공사별 공급석 및 탑승객 수 (단위: 만 개, 만 명)

구분	공급석 수		탑승객 수	
	2016년	2017년	2016년	2017년
A	260	360	220	300
B	20	110	10	70
C	240	300	210	250
D	490	660	410	580
E	450	570	380	480
F	250	390	200	320
전체	1,710	2,390	1,430	2,000

① 연도별 A~F 항공사 전체 공급석 및 탑승객 수

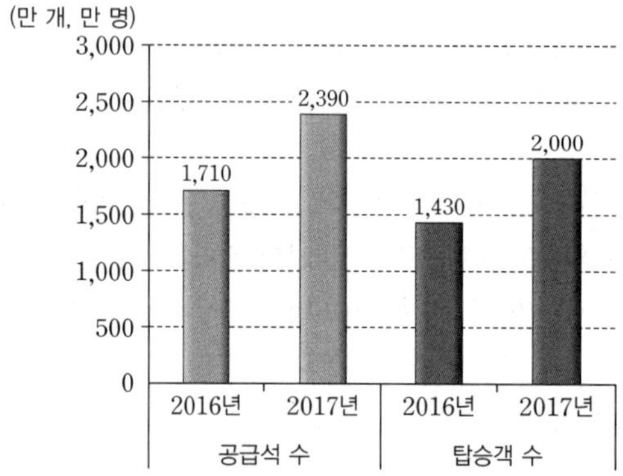

② 항공사별 탑승객 수

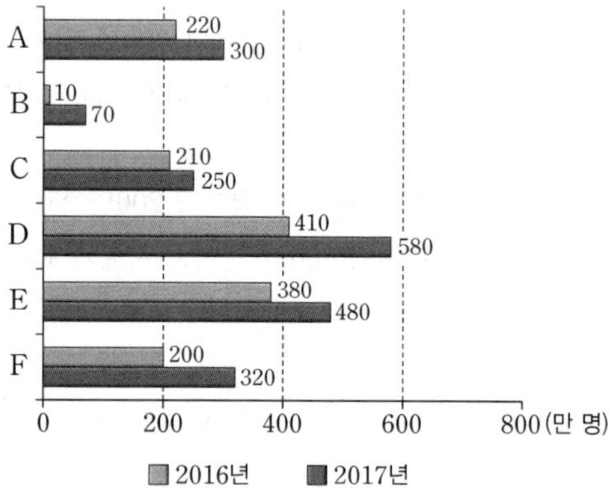

③ 2017년 탑승객 수의 항공사별 구성비

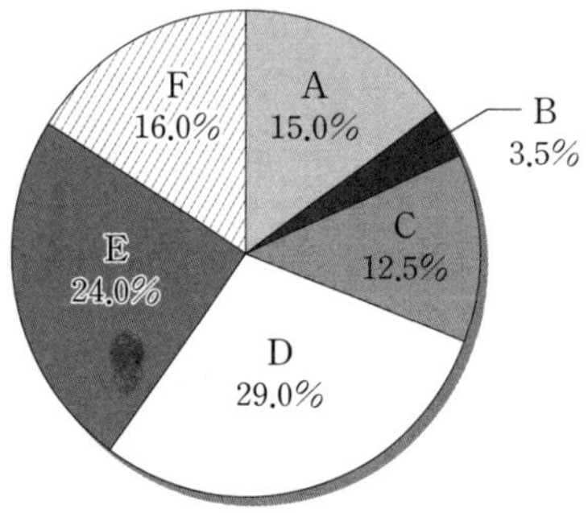

④ 2017년 항공사별 공급석 수의 전년 대비 증가량

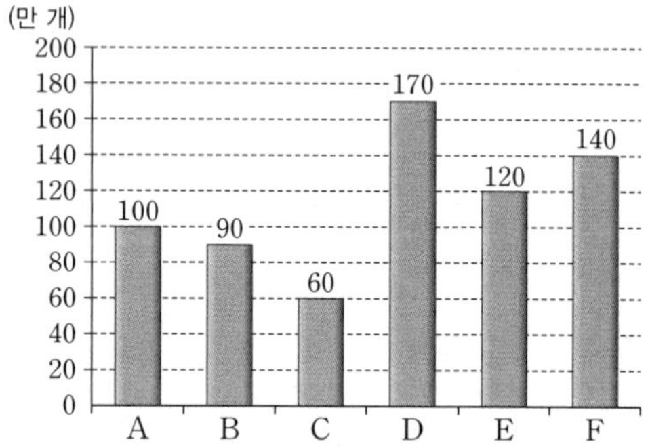

⑤ 2017년 항공사별 잔여석 수

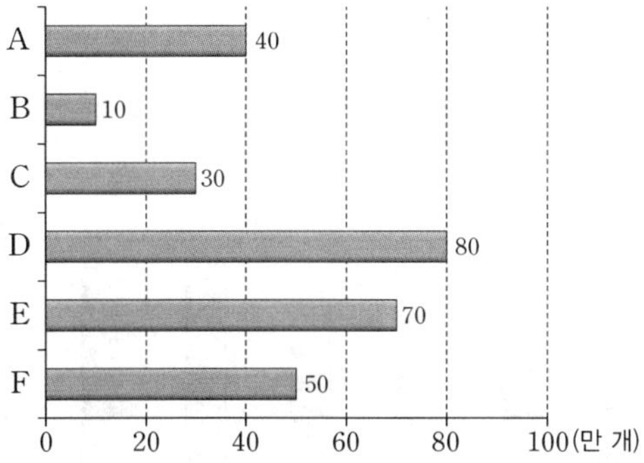

※ 잔여석 수=공급석 수 − 탑승객 수

13 다음 [도표]는 2011년 국내 원목 벌채와 이용 흐름에 대한 자료이다. 이에 대한 설명으로 옳은 것을 고르면?

○△×
○△×
○△×

[도표] 2011년 국내 원목 벌채와 이용 흐름

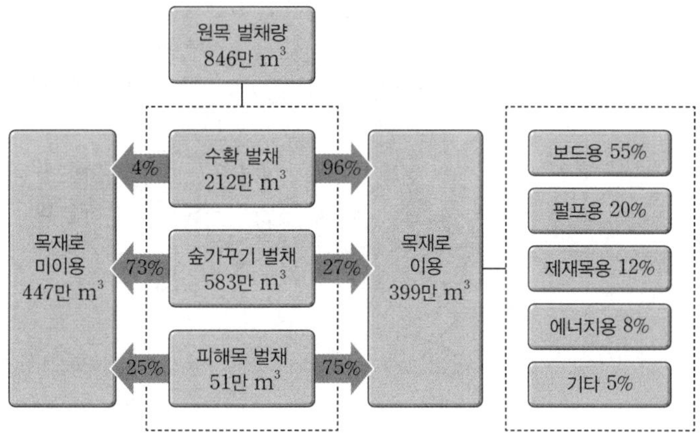

① 원목 벌채량 중 목재로 이용된 양이 목재로 미이용된 양보다 많다.

② 목재로 이용된 원목에서 차지하는 비중이 가장 높은 것은 숲가꾸기 벌채이다.

③ 보드용으로 이용된 원목의 양은 200만 m^3보다 적다.

④ 수확 벌채로 얻은 원목 중 적어도 일부는 보드용으로 이용되었다.

⑤ 피해목 벌채로 얻은 원목 중 목재로 미이용된 양은 10만 m^3보다 적다.

14 다음 [그래프]와 [그림]은 우리나라의 직장어린이집 수에 대한 자료이다. 이에 대한 설명으로 옳은 것을 고르면?

○△× ○△× ○△×

[그래프] 연도별 전국 직장어린이집 수 (단위: 개소)

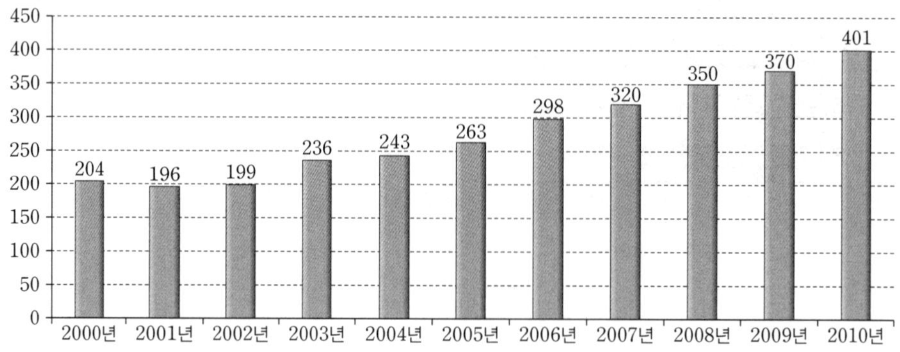

[그림] 2010년 지역별 직장어린이집 수 (단위: 개소)

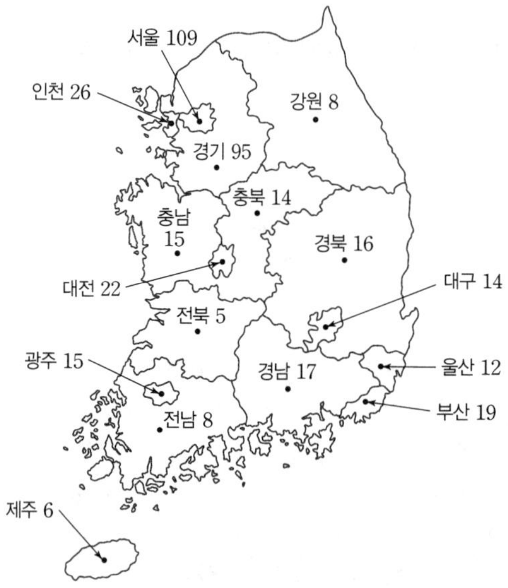

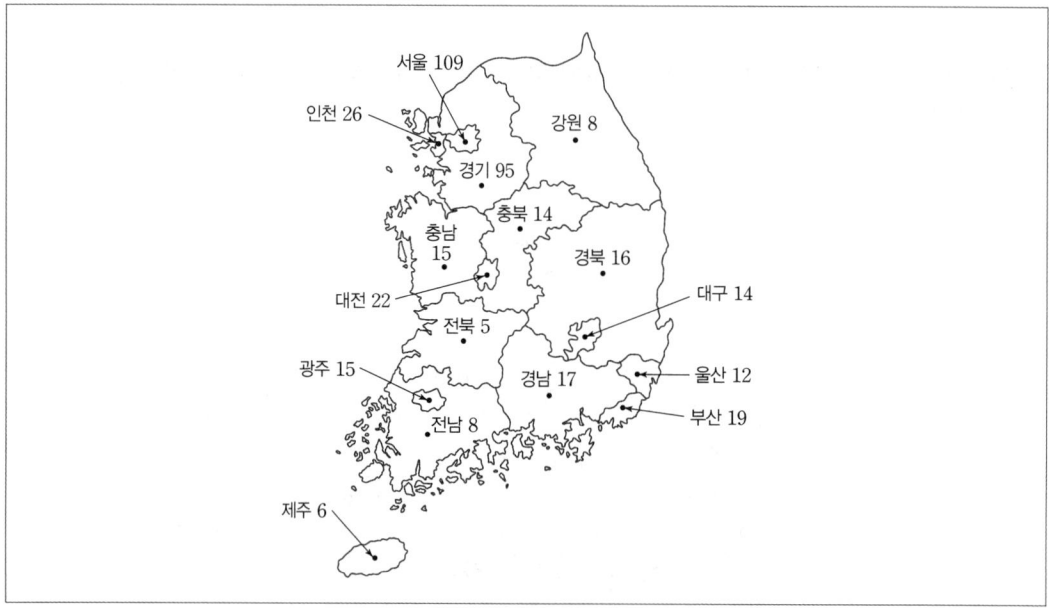

① 2010년 인천 지역 직장어린이집 수는 2010년 전국 직장어린이집 수의 5% 이하이다.

② 2008년 전국 직장어린이집 수는 2006년 대비 20% 이상 증가하였다.

③ 2000~2010년에 전국 직장어린이집 수는 매년 증가하였다.

④ 2000~2010년에 전국 직장어린이집 수의 전년 대비 증가율이 10% 이상인 해는 2003년뿐이다.

⑤ 2010년 서울과 경기 지역 직장어린이집 수의 합은 그 해 전국 직장어린이집 수의 절반 이상이다.

15 다음 [표]는 H공기업 공채 지원자(가~차)에 대한 평가 자료이다. 이에 대한 설명으로 옳지 않은 것을 고르면?

○△✕
○△✕
○△✕

[표] H공기업 공채 지원자(가~차)의 평가 자료 (단위: 점)

구분	창의성 점수	성실성 점수	체력 점수	최종 학위	평가 점수
가	80	90	95	박사	( )
나	90	60	80	학사	310
다	70	60	75	석사	300
라	85	( )	50	학사	255
마	95	80	60	학사	295
바	55	95	65	학사	280
사	60	95	90	석사	355
아	80	( )	85	박사	375
자	75	90	95	석사	( )
차	60	70	( )	학사	290

[평가 점수와 평가 등급의 결정방식]

- 최종 학위 점수는 학사 0점, 석사 1점, 박사 2점을 부여함
- 지원자 평가 점수=창의성 점수+성실성 점수+체력 점수×2+최종 학위 점수×20
- 평가 점수에 따른 평가 등급

평가 점수	평가 등급
350점 이상	S
300점 이상 350점 미만	A
300점 미만	B

① '가'의 평가 점수가 지원자 중 가장 높다.
② '라'의 성실성 점수는 '다'보다 높지만 '마'보다는 낮다.
③ '아'의 성실성 점수는 '라'와 같다.
④ S등급인 지원자는 총 4명이다.
⑤ '차'는 체력 점수를 원래 점수보다 5점 더 받으면 A등급이 된다.

16 다음 [표]는 중·고등학생을 대상으로 한 경제의식 관련 설문조사에 대한 자료이다. 이에 대한 설명으로 옳지 않은 것을 [보기]에서 모두 고르면?

[표] 경제의식에 대한 설문조사 결과

(단위: %)

설문 내용	구분	전체	성별		학교별		계열별	
			남	여	중학교	고등학교	인문계고	실업계고
용돈을 받는지 여부	받음	84.2	82.9	85.4	87.6	80.8	80.5	81.9
	받지 않음	15.8	17.1	14.6	12.4	19.2	19.5	18.1
월간 용돈 금액	3만 원 미만	38.5	40.6	36.4	55.6	20.2	18.8	24.8
	3만 원 이상~5만 원 미만	36.7	33.3	40.1	33.8	39.8	40.6	37.2
	5만 원 이상~10만 원 미만	16.3	15.5	17.1	6.8	26.5	28.2	20.4
	10만 원 이상~20만 원 미만	5.9	7.3	4.6	2.7	9.5	8.7	12.4
	20만 원 이상	2.6	3.3	1.8	1.1	4.0	3.7	5.2
금전출납부 기록 여부	항상 기록함	3.6	3.0	4.3	3.3	3.9	3.4	5.8
	자주 기록함	4.4	4.1	4.6	5.3	3.4	3.6	2.9
	가끔 기록함	21.3	15.7	26.9	22.4	20.2	20.5	18.8
	전혀 안 함	70.7	77.2	64.2	69.0	72.5	72.5	72.5
아르바이트 여부	해본 적 있음	39.1	35.9	42.5	30.2	47.0	44.0	62.3
	해본 적 없음	60.9	64.1	57.5	69.8	53.0	56.0	37.7
아르바이트 장소	음식점	53.7	43.3	62.7	50.0	56.0	55.7	57.0
	유통업체	13.8	14.3	13.4	8.9	16.9	18.6	12.8
	PC방	11.0	16.0	6.7	16.1	7.8	7.7	8.1
	일반 회사	4.6	6.9	2.6	2.6	5.9	5.4	7.0
	주유소	3.4	4.8	2.2	4.2	2.9	2.3	4.7
	기타	13.5	14.7	12.4	18.2	10.5	10.3	10.4

보기

㉠ 5만 원 미만의 용돈을 받는 학생이 그렇지 않은 학생의 비율보다 높고 고등학생보다 중학생이, 남학생보다 여학생이 5만 원 미만의 용돈을 받는 비율이 더 높다.

㉡ 전체 학생 중 20만 원 이상의 용돈을 받으면서 항상 금전출납부를 작성할 것으로 예상되는 사람은 100명당 약 3명이다.

㉢ 전체 고등학생을 100명이라고 한다면 음식점에서 아르바이트를 한 고등학생은 약 26명 정도로 예상할 수 있다.

㉣ 고등학생이 중학생보다, 남학생이 여학생보다 용돈을 받는 비율이 낮고 아르바이트를 하는 비율은 높다.

① ㉠, ㉡ ② ㉠, ㉢ ③ ㉠, ㉣ ④ ㉡, ㉢ ⑤ ㉡, ㉣

[17~18] 다음 [표]는 어느 노래의 10월 24~27일 음원차트별 순위에 대한 자료이며 자료 내용 중 일부가 지워진 상태이다. 이를 바탕으로 질문에 답하시오.

[표] 음원차트별 순위

구분	음원차트					평균 순위
	A	B	C	D	E	
10월 24일	□(↑)	6(↑)	□(↑)	4(↑)	2(↑)	4.2
10월 25일	6(↑)	2(↑)	2(−)	2(↑)	1(↑)	2.6
10월 26일	7(↓)	6(↓)	5(↓)	6(↓)	5(↓)	5.8
10월 27일	□(−)	□(↑)	□(□)	7(↓)	□(−)	6.0

※ □는 지워진 자료를 의미하며, ( )안의 표시 ↑는 전일 대비 순위 상승, ↓는 전일 대비 순위 하락, −는 전일과 순위가 동일함을 의미함
※ 순위의 숫자가 작을수록 순위가 높음을 의미함
※ 평균 순위$=\frac{\text{5개 음원차트 순위의 합}}{5}$

17 10월 24일 A음원차트의 순위를 고르면?

○△× ○△× ○△×

① 4위 ② 5위 ③ 6위 ④ 7위 ⑤ 8위

18 주어진 자료에 대한 설명으로 옳지 않은 것을 [보기]에서 모두 고르면?

○△× ○△× ○△×

보기
- ㉠ 평균 순위가 가장 높았던 날에 5개 음원차트의 순위는 전일 대비 모두 상승하였다.
- ㉡ 5개 음원차트의 순위가 전일 대비 모두 하락한 날은 평균 순위가 가장 낮았다.
- ㉢ 10월 27일 C음원차트의 순위는 전일 대비 하락하였다.
- ㉣ 10월 25일부터 27일까지의 평균 순위는 전일 대비 매일 하락하였다.

① ㉠, ㉡ ② ㉠, ㉣ ③ ㉠, ㉡, ㉣ ④ ㉡, ㉢, ㉣ ⑤ ㉠, ㉡, ㉢, ㉣

19 사내 독서문화 캠페인으로 책을 읽어야 한다. 지정된 필독서는 『정의란 무엇인가』, 『목민심서』, 『어떻게 원하는 것을 얻는가』, 『트렌드 코리아』, 『1등의 습관』, 『슈독』, 『넛지』로 총 7권이다. 그중 『넛지』는 이미 읽은 것이 확실하고, 또 몇 권 읽은 것이 있다. 다음 [정보]를 바탕으로 읽은 책과 읽지 않은 책을 확인했을 때 앞으로 읽어야 할 책이 바르게 나열된 것을 고르면?

○△×
○△×
○△×

정보

- 『목민심서』 또는 『정의란 무엇인가』를 읽었다.
- 『트렌드 코리아』를 읽었다면 『목민심서』는 읽지 않았다.
- 『트렌드 코리아』를 읽지 않았다면 『넛지』도 읽지 않았다.
- 『어떻게 원하는 것을 얻는가』를 읽지 않았다면 『1등의 습관』은 읽었다.
- 『어떻게 원하는 것을 얻는가』를 읽었다면 『정의란 무엇인가』를 읽지 않았다.

① 『목민심서』
② 『목민심서』, 『정의란 무엇인가』
③ 『목민심서』, 『어떻게 원하는 것을 얻는가』
④ 『정의란 무엇인가』, 『어떻게 원하는 것을 얻는가』
⑤ 『정의란 무엇인가』, 『1등의 습관』

20 다음 글을 바탕으로 최종투표 결과가 옳은 것을 [보기]에서 모두 고르면?

○△×
○△×
○△×

A국이 B국 문제에 대한 정책결정을 하기 위해 X~Z집단을 대상으로 국민투표를 시행한다고 한다. 정책결정을 위해 B국에 대해 전쟁을 선포하는 대안, B국 정부를 전복시키기 위해 반군을 지원하는 대안, B국 정부와 친선관계를 모색하는 대안을 제시하였고 다음과 같은 방식을 통하여 대안을 최종 선택하기로 하였다. 1차 투표에서 세 가지 대안 중 두 가지를 대상으로 투표를 실시하고, 1차 투표에서 선택된 대안과 나머지 대안을 대상으로 최종 투표를 하게 된다. 다음은 각 집단의 정책 선호 순위와 구성 비율을 제시한 것이다.

[표] 선호 내용

집단	선호 순위			구성 비율(%)
	1위	2위	3위	
X	전쟁 선포	반군 지원	친선 모색	10
Y	반군 지원	친선 모색	전쟁 선포	45
Z	친선 모색	전쟁 선포	반군 지원	45

※ 구성 비율은 전체에서 그 집단이 차지하는 비율을 의미하고, 집단구성원은 동일한 선호를 가지며 선호 순위에 따라 투표함. 투표율은 100%이고 무효표는 없다고 가정함

보기

㉠ 1차 투표에서 친선 모색안과 전쟁 선포안을 대상으로 할 경우 2차 투표에서 90% 대 10%로 반군 지원군안이 채택된다.
㉡ 1차 투표에서 반군 지원안과 친선 모색안을 대상으로 할 경우 2차 투표에서 55% 대 45%로 전쟁 선포안이 채택된다.
㉢ 1차 투표에서 반군 지원안과 전쟁 선포안을 대상으로 할 경우 2차 투표에서 55% 대 45%로 친선 모색안이 채택된다.

① ㉠ ② ㉡ ③ ㉢ ④ ㉠, ㉡ ⑤ ㉠, ㉢

[21~22] 다음 [표]는 한 스포츠 관련 용품 전문 매장에 대한 SWOT 분석을 한 자료이다. 이를 바탕으로 질문에 답하시오.

[표] 스포츠 관련 용품 전문 매장에 대한 SWOT 분석

강점(Strengths)	약점(Weaknesses)
• 세계 주요 경기, 시합, 팀의 스폰서 역할 • 브랜드 마케팅으로 인한 높은 시장 인지도 • 세계 주요 도시에 진출한 글로벌 역량 • 판매 제품의 높은 품질	• 최근 서비스 불만족에 따른 여론 악화 • (㉠) • 새로운 제품 개발 추진력 미흡
기회(Opportunities)	**위협(Threats)**
• 온라인 유통채널의 활성화와 스마트폰의 보급으로 인한 온라인 쇼핑의 증가 • 개발도상국의 경제 성장에 따라 커지는 시장의 규모 • 기능성 제품에 대한 고객층의 인식 변화 • 제품의 다양성	• 타 업체 간 경쟁 심화 • 경제 침체의 지속으로 인한 내수 악화

21

스포츠 관련 용품 전문 매장의 WO전략(약점/기회 전략)이 다음과 같을 때, [표]의 빈칸 ㉠에 들어갈 내용으로 적절한 것을 고르면?

○△×
○△×
○△×

> 가죽 모카신, 레이스업 부츠 등의 제품 확대 추진 및 분야 특화 개발

① 무분별한 라인업 확장
② 타깃층 한정
③ 낮은 접근성과 일부 매장의 낙후된 시설
④ 스니커즈 시장의 성공에 높은 의존
⑤ 원자재의 해외 의존성

22

주어진 자료를 바탕으로 분석 결과에 대응하는 전략과 그 내용이 바르게 짝지어진 것을 고르면?

○△×
○△×
○△×

① SO전략: 품질과 가격을 낮추어 시장에서 경쟁력을 갖춘다.
② WO전략: 다양한 오프라인 이벤트를 통해 긍정적인 여론을 형성한다.
③ ST전략: 경쟁 심화를 피하기 위해 새로운 제품군을 추가한다.
④ WT전략: 타 업체와 파트너십을 체결하여 신 유통채널을 발굴한다.
⑤ SO전략: 시장 내의 높은 인지도를 통해 인도, 남미 등 해외 시장에 진출하여 해외 고객층을 확대한다.

23 다음 글을 바탕으로 판단할 때, 옳은 것을 [보기]에서 모두 고르면?

○△×
○△×
○△×

○○축구대회에는 모두 32개 팀이 참가하여 한 조에 4개 팀씩 8개 조로 나누어 경기를 한다. 각 조의 4개 팀이 서로 한 번씩 경기를 하여 '승점－골득실차－승자승－추첨'의 순서에 의해 각 조의 1, 2위 팀이 16강에 진출한다. 각 팀은 16강에 오르기까지 총 3번의 경기를 치르게 되며, 매 경기마다 승리한 팀은 승점 3점을 얻게 되고, 무승부를 기록한 팀은 승점 1점, 패배한 팀은 0점을 획득한다.

그중 1조에 속한 A, B, C, D팀은 현재까지 각각 두 경기씩 치렀으며, 그 결과는 A：B=4：1, A：D=1：0, B：C=2：0, C：D=2：1이었다. 다음은 그 결과를 정리한 것이다. 내일 각 팀은 16강에 오르기 위한 마지막 경기를 치르고, A팀은 C팀과, B팀은 D팀과 경기를 갖는다.

[마지막 경기를 남겨 놓은 각 팀의 전적]

구분	승	무	패	득/실점	승점
A팀	2	0	0	5/1	6
B팀	1	0	1	3/4	3
C팀	1	0	1	2/3	3
D팀	0	0	2	1/3	0

※ 승자승 원칙이란 두 팀의 상대 전적을 비교하여 승리한 팀이 더 높은 순위로 결정받게 됨을 의미함

보기

㉠ A팀이 C팀과의 경기에서 이긴다면, A팀은 B팀과 D팀의 경기 결과에 상관없이 16강에 진출한다.
㉡ A팀이 C팀과 1：1로 비기고 B팀이 D팀과 0：0으로 비기면 A팀과 B팀이 16강에 진출한다.
㉢ C팀과 D팀이 함께 16강에 진출할 가능성은 전혀 없다.
㉣ D팀은 마지막 경기의 결과에 관계없이 16강에 진출할 수 없다.

① ㉠, ㉡　② ㉠, ㉣　③ ㉢, ㉣　④ ㉠, ㉡, ㉢　⑤ ㉡, ㉢, ㉣

24 다음 [표]는 갑, 을, 병 회사의 부서 간 정보교환을 나타낸 자료이다. [표]와 [조건]을 이용하여 작성한 각 회사의 부서 간 정보교환 형태가 [그림]과 같을 때, [그림]의 (A)~(C)에 해당하는 회사를 바르게 나열한 것을 고르면?(단, 갑, 을, 병 회사는 각각 a~g의 7개 부서만으로 이루어져 있으며, 부서 간 정보교환이 있으면 1, 없으면 0으로 표시한다.)

○△× ○△× ○△×

[표1] '갑' 회사의 부서 간 정보교환

부서	a	b	c	d	e	f	g
a		1	1	1	1	1	1
b	1		0	0	0	0	0
c	1	0		0	0	0	0
d	1	0	0		0	0	0
e	1	0	0	0		0	0
f	1	0	0	0	0		0
g	1	0	0	0	0	0	

[표2] '을' 회사의 부서 간 정보교환

부서	a	b	c	d	e	f	g
a		1	1	0	0	0	0
b	1		0	1	1	0	0
c	1	0		0	0	1	1
d	0	1	0		0	0	0
e	0	1	0	0		0	0
f	0	0	1	0	0		0
g	0	0	1	0	0	0	

[표3] '병' 회사의 부서 간 정보교환

부서	a	b	c	d	e	f	g
a		1	0	0	0	0	1
b	1		1	0	0	0	0
c	0	1		1	0	0	0
d	0	0	1		1	0	0
e	0	0	0	1		1	0
f	0	0	0	0	1		1
g	1	0	0	0	0	1	

조건
- 점(●)은 부서를 의미한다.
- 두 부서 간 정보교환이 있으면 두 점을 선(−)으로 직접 연결한다.
- 두 부서 간 정보교환이 없으면 두 점을 선(−)으로 직접 연결하지 않는다.

[그림]

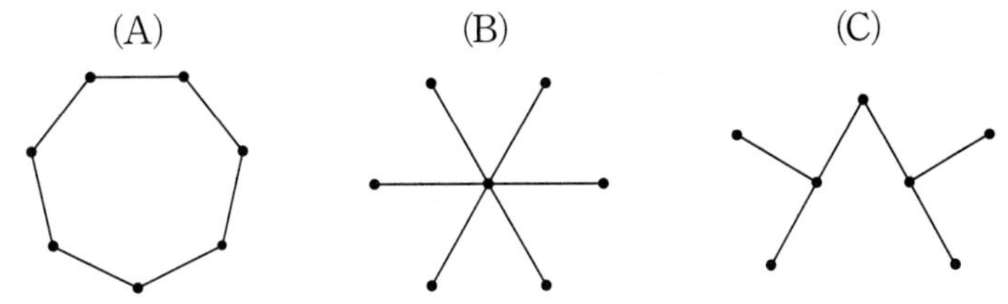

	(A)	(B)	(C)
①	갑	을	병
②	갑	병	을
③	을	갑	병
④	을	병	갑
⑤	병	갑	을

25 다음 글을 바탕으로 판단할 때, 옳은 것을 [보기]에서 모두 고르면?

○△×
○△×
○△×

- A학자는 청소년들이 폭력성이 강한 드라마를 자주 보면 폭력성향이 강해지고, 이것이 청소년 폭력행위의 증가로 이어진다고 주장한다. 따라서 텔레비전에서 폭력성이 강한 드라마가 방영되는 것에 대해 심각한 우려를 표명하고 있다.
- B학자는 폭력성이 강한 드라마가 일부 청소년들 사이에서 인기가 높고, 청소년들의 폭력행위도 늘어나고 있다는 사실을 인식하고 있다. 하지만 폭력성향이 강한 청소년들은 폭력을 일삼는 드라마에 더 끌리는 경향이 있을 뿐, 이를 시청한다고 해서 청소년 폭력행위가 증가하는 것은 아니라고 주장한다.

보기

㉠ A의 주장에 따르면, 텔레비전에서 폭력물을 방영하는 것을 금지한다면 청소년 폭력행위는 줄어들 것이다.
㉡ A의 주장에 따르면, 남성 청소년들은 여성 청소년들보다 폭력물에서 보이는 세계가 현실이라고 믿는 경향이 더 강하다.
㉢ B의 주장에 따르면, 폭력물을 자주 본다는 것은 강한 폭력성향의 원인이 아니라 결과이다.
㉣ A와 B의 주장에 따르면, 청소년 폭력성향과 폭력물 시청은 상관관계가 있다.

① ㉠ ② ㉠, ㉢ ③ ㉡, ㉣ ④ ㉠, ㉢, ㉣ ⑤ ㉡, ㉢, ㉣

정답과 해설 ▶ P.59

MEMO

에듀윌 공기업

매일 1회씩 꺼내 푸는 NCS

DAY 10

eduwill

매1N 3회독 루틴 프로세스

*더 자세한 내용은 매1N 3회독 학습가이드를 확인하세요!

1 3회독 기록표에 학습날짜와 문제풀이 시작시간을 적습니다.

2 시험장에서 문제를 푸는 것처럼 풀어 보세요.

3 모바일 OMR 또는 회독용 답안지에 마킹한 후, 종료시간을 적고 초과시간을 체크합니다.

▶모바일 OMR 바로가기

[1회독용] http://eduwill.kr/rmoF

[2회독용] http://eduwill.kr/QmoF

[3회독용] http://eduwill.kr/0moF

4 문항별 3회독 체크표(◯ △ ✕)에 표시합니다. 문제를 풀면서 알고 풀었으면 ◯, 헷갈렸으면 △, 전혀 몰라서 찍었으면 ✕에 체크하세요.

3회독 TIP

- 1회독: 25문항을 빠짐없이 풀어 보세요.
- 2~3회독: 틀린 문항만 골라서 풀어 보세요.

3회독 기록표

1회독		2회독		3회독	
학습날짜	월 일	학습날짜	월 일	학습날짜	월 일
시작시간	:	시작시간	:	시작시간	:
종료시간	:	종료시간	:	종료시간	:
점 수	점	점 수	점	점 수	점

01 다음 글의 내용에 부합하는 설명으로 옳은 것을 [보기]에서 모두 고르면?

○△×
○△×
○△×

모든 조직이 나름의 사명을 수행하기 위해서는 지역 공동체와 자연적 환경 등 사회 전반에 영향을 미치지 않을 수 없다. 조직은 사람을 고용하는데, 이는 조직이 개인에게도 많은 권한을 행사한다는 것을 의미한다. 그러므로 조직이 사회에 어떤 영향을 미치는 것은 불가피하다. 그렇지 않다면 기업은 재화와 용역을 공급할 수 없고, 학교는 교육을 전달할 수 없으며, 연구소는 새로운 지식을 개발할 수 없고, 지방 정부는 행정 활동을 할 수 없다.

물론 영향을 행사하는 것 자체가 조직의 주요 목적은 아니다. 이러한 영향은 조직이 고유한 목적을 달성하는 과정에서 부수적으로 발생하는 필요악이다. 만일 조직이 사람에 대한 권한을 행사하지 않고도 목적을 달성할 수 있다면, 아마도 우리는 조직이 사람에게 권한을 행사하는 것을 허용하지 않았을 것이다.

사실 모든 경영자는 사람을 고용하지 않고도 조직을 운영할 수 있기를 바랄 것이다. 조직의 경영자에게 있어 사람이란 성가신 존재이기 때문이다. 경영자는 사람을 통치하는 기구가 되기를 바라지 않는다. 그것은 직무 수행을 방해할 뿐이다. 과거 귀족 휘하의 사람들은 귀족의 권력과 부를 나타냈지만, 오늘날의 기업이나 기관 등에서 사람이라는 존재는 피고용인이자 지출되어야 할 비용을 의미한다. 이는 화력과 기동성이 군사의 절대적인 수보다 중요하게 고려되는 현대의 국방 문제에서도 차츰 현실이 되고 있다.

| 보기 |

㉠ 조직과 사회 환경은 부정적 상호 관계 성향을 지니고 있다.
㉡ 조직의 사회적 영향은 조직 목적 달성에서 발생하는 주된 과정이다.
㉢ 조직이 사회에 영향을 미치는 것은 필요악이다.
㉣ 조직의 권한 행사와 조직 구성원의 권한 행사는 비례적 의미를 가질 수밖에 없다.
㉤ 현대의 조직 구성원은 고용자와 피고용자로 나누어 각기 생산과 비용 개념으로 이해하는 것이 바람직하다.
㉥ 조직의 변화와 조직 구성원의 규모 변화의 양상이 반드시 정비례 관계를 보이지는 않는다.

① ㉠, ㉢ ② ㉠, ㉤ ③ ㉡, ㉣ ④ ㉢, ㉥ ⑤ ㉣, ㉥

02 다음 글을 통해 알 수 있는 내용으로 옳은 것을 고르면?

○△×
○△×
○△×

두 사람의 소득이 동일할 때, 소득 증가로 얻게 되는 만족이나 소득 감소에서 받는 고통도 동일할 것이라고 자신 있게 말하기는 어렵다. 연 소득이 300파운드인 두 사람에게 1파운드의 세금을 거둔다면 푼돈에 불과하더라도 1파운드어치의 쾌락을 포기하는 것이다. 자신에게 1파운드의 가치가 있는 것을 포기하지만, 이들이 포기한 1파운드의 만족도는 대체로 같지 않을 것이다.

그럼에도 불구하고 각자의 개별적 특성이 상쇄될 정도로 폭넓게 평균을 내 보면, 같은 소득을 가진 사람들이 만족을 얻거나 고통을 피하기 위해 지불하는 돈은 그 만족과 고통에 대한 적절한 척도이다. 각기 연 소득이 100파운드인, 셰필드에 사는 1천 명과 리즈에 사는 1천 명에게 1파운드씩 세금을 부과한다면 이 세금이 셰필드에 유발하는 쾌락의 감소나 고통 등은 리즈에 유발하는 것과 거의 같은 중요도를 가질 것이다. 또한 소득을 1파운드씩 늘게 하는 모든 일도 두 도시에 동등한 쾌락과 여타 만족을 줄 것이다. 만일 그들이 모두 같은 업종에 있는 성인 남자로 감수성이나 심성, 취향이나 교육 수준이 유사하다면 그 가능성은 더욱 커질 것으로 예상할 수 있다. 또한 만약 한 가구를 기준으로, 두 도시에서 연 소득이 100파운드인 가정에서 1파운드씩 소득을 줄였을 때 유발되는 쾌락의 감소를 비교한다고 하더라도 그러할 가능성이 별로 줄어들지 않을 것이다.

이제 동일한 비용을 지출해야 할 때 그가 부유할 경우보다 가난할 경우에 더 강한 유인이 필요하다는 사실을 설명해야 한다. 1실링은 가난한 사람보다 부자에게 적은 쾌락 또는 만족을 준다. 만약 부자가 담배를 사는 데 1실링을 지출할 것인가를 따져 볼 때, 한 달 생활비인 1실링을 담배를 사는 데 지출해야 할 것인가를 고민하는 가난한 사람보다는 중요도가 낮은 쾌락과 비교할 것이다. 또한 연 소득이 100파운드인 직장인은 연 소득이 300파운드인 직장인보다 폭우에서도 걸어서 출근하는 경향이 있을 것이다. 전차나 버스를 이용하는 비용이 부자보다는 가난한 사람에게 더 큰 쾌락을 의미하기 때문이다. 이렇듯 가난한 사람이 돈을 쓰게 된다면 비용을 지출한 뒤에 금전이 부족한 상황에 부자보다 더 큰 고통을 받을 것이다. 가난한 사람에게 그 비용이 의미하는 바는 부자에게 의미하는 것보다 크기 때문이다.

① 상품 또는 화폐로 얻는 개인의 쾌락이나 만족은 서로 비교할 수 없다.
② 상품의 소비가 증가할 때 추가적으로 얻어지는 쾌락의 크기는 줄어든다.
③ 쾌락을 최대화하는 방법은 화폐 1단위가 주는 쾌락이 동일하도록 상품을 소비하는 것이다.
④ 합리적인 사람은 상품으로 얻을 수 있는 쾌락의 크기와 지불 액수가 동일한 수준까지 소비한다.
⑤ 소득이 1파운드 늘어날 때의 쾌락의 증가분과 세금 1파운드를 낼 때의 쾌락의 감소분은 서로 크기가 같다.

03 다음 [가] 또는 [나]에 부합하는 사례를 [보기]에서 모두 고르면?

○△✕
○△✕
○△✕

> [가] 자신이 존중받기를 원하면 우선 남을 존중하고, 자신의 정치적 이념이나 종교적 신념이 존중받기를 원하면 우선 다른 사람의 정치적 이념이나 종교적 신념을 존중해야 한다. 실제 사회생활에서 이 신념은 소수에 대한 다수의, 약자에 대한 강자의, 가난한 자에 대한 가진 자의, 소수 외국인에 대한 다수 내국인의 횡포를 막으려는 이성의 소리로 나타난다. 그리고 권력의 횡포로부터 개인을 보호하려는 의지로 발현된다.
>
> [나] 법 조항을 너무 엄격히 적용하다 보면 오히려 사회 질서가 유지되지 않을 수 있다. 따라서 법의 집행 영역에서 개인이나 집단의 특수성을 인정해 달라고 요구할 수 있어야 한다. 이러한 요구는 권리는 아니지만 금지되어서도 안 되는 자유를 의미한다. 이 자유는 개인이 권력에 요구하는 것이지, 권력이 개인이나 사회에 요구할 수 있는 것이 아니다. 권력에는 정치적 책임이나 역사에 대한 책임만이 철저하게 요구되는 것이다. 따라서 권력의 남용이나 공직을 이용한 부정부패는 끝까지 책임을 추궁해야 한다.

보기

- ㉠ 국내에 거주하는 외국인 근로자에게도 직장 내 노동조합 가입을 허용하면서 위원장 선거권을 부여하는 것
- ㉡ 민족주의적 성향의 사회단체를 결성하거나 집회·시위를 개최하는 것을 불법으로 규정하는 것
- ㉢ 서울을 방문하는 외국인 관광객의 기호를 고려해 시내 중심가의 보신탕 식당 영업을 제한하는 것
- ㉣ 도로 환경 개선을 위하여 노점상 영업을 금지하되, 영세 노점상의 생존권 보장 요구를 수용하여 인근 공설 운동장 부지를 영업장소로 제공하는 것
- ㉤ 친일 반민족 행위를 한 관료의 재산을 법률이 정한 절차에 따라 국가로 귀속시키는 것

① ㉠, ㉣　② ㉠, ㉡, ㉣　③ ㉠, ㉣, ㉤
④ ㉡, ㉢, ㉤　⑤ ㉠, ㉢, ㉣, ㉤

04 다음 글을 바탕으로 추론할 수 있는 내용을 [보기]에서 모두 고르면?

○△×
○△×
○△×

전전두엽 피질에는 뇌의 중요한 기제가 있다. 이 기제는 당신이 다른 사람과 실시간으로 대화하는 동안 당신과 상대방을 동시에 감시한다. 이는 상대에게 적절하고 부드럽게 응답하도록 조절하며, 무례하게 행동하거나 분노를 표출하려는 충동을 억제하는 역할을 수행한다.

이 조절 기제가 잘 작동하기 위해서는 얼굴을 맞대고 대화하면서 실시간으로 피드백을 받을 수 있어야 한다. 하지만 인터넷은 그러한 피드백 과정을 허용하지 않기에 전전두엽에 있는 충동억제회로를 당황하게 만든다. 서로를 바라보며 대화 상대의 반응을 관찰할 수 없기 때문이다. 이로 인해 '탈억제(脫抑制)' 현상, 즉 충동이 억제에서 풀려나는 현상이 나타날 수 있다.

탈억제는 사람들이 긍정적이거나 중립적인 감정 상태를 유지하는 동안에는 잘 일어나지 않는 경향이 있다. 인터넷에서 의사소통이 일단 원활하게 이루어지는 까닭은 이 때문이다. 탈억제는 사람들이 부정적인 감정을 강하게 느낄 때 훨씬 더 잘 일어난다. 그 결과 충동을 억제하지 못하고 화를 내거나 감정에 치우친 메시지를 보내는 현상이 나타난다. 상대방과 마주 보고 있었더라면 쓰지 않았을 말을 인터넷상에서는 과감하게 내뱉는 식이다. 충동억제회로가 제대로 작동하면 인터넷상에서는 물론 오프라인과 일상생활에서도 조심스러운 매너로 상대를 대하게 되어 상호 교제가 더욱 매끄럽게 진행될 수 있다.

보기

㉠ 부정적인 감정을 조절하는 교육 프로그램은 탈억제 현상을 감소시키는 데 도움이 될 것이다.
㉡ 전전두엽의 충동억제회로에 이상이 생기면 상대방에게 무례한 응답을 할 가능성이 커질 것이다.
㉢ 기술의 발전으로 온라인에서도 실시간으로 면대면 대화의 효과를 낼 수 있다면 인터넷상의 탈억제 현상이 감소할 수 있다.

① ㉠　② ㉡　③ ㉠, ㉢　④ ㉡, ㉢　⑤ ㉠, ㉡, ㉢

05 다음 글의 주제를 요약한 내용으로 옳은 것을 고르면?

○△×
○△×
○△×

최근 디지털 위성 방송이나 HDTV, VOD 등에 걸친 기술의 눈부신 발전은 방송이 다룰 수 있는 내용의 범위와 수준을 이전에 비해 높이 끌어올리는 한편 우리의 일상생활 패턴까지 바꾸어 놓았다. 이러한 기술의 발전으로 인해 방송은 오늘날 매우 중요한 광고 매체의 하나로 자리 잡게 되었다. 방송의 이 같은 성격은 문화에 큰 영향을 주는 요인으로 작용했다. 커뮤니케이션학자 마샬 맥루한은 방송의 성격과 관련하여 '미디어는 곧 메시지이다.'라고 말한 바 있다. 그의 말은 방송의 기술·산업적 기반이 방송의 내용에 매우 큰 영향을 끼친다는 의미로 해석할 수 있다. 현대 대중문화는 거의 매스 미디어에 의해 형성된다고 해도 과언이 아닐 정도로 방송의 기술적 측면이 방송의 내용적 측면, 즉 문화에 미치는 영향은 아주 크다.

이러한 방송의 위상 변화는 대중문화의 상업주의적, 이데올로기적 성격을 그대로 드러낸다. 이를 단적으로 보여 주는 한 가지 예가 '스타 현상'이다. 사실 슈퍼스타들은 대중의 인기로 유지되는 문화 산업 시장을 독점하기 위해 만들어진 문화 상품이다. 현대 사회에서 문화 산업 발전의 첨병(尖兵)으로 방송이 만들어 낸 스타들은 '소비적 우상들'인 것이다. 이러한 대중문화 우상들의 상품화를 배경으로 하여 형성된 문화 산업 구조는 대중을 정치적 우중(愚衆)으로 만들기도 한다.

앞으로도 방송의 기술·산업적 메커니즘은 대중문화에 절대적인 영향을 미칠 것으로 예상된다. 이는 다양하면서도 차별화된 문화적 갈증을 풀어 주기도 하겠지만, 대중문화의 상업주의나 소비주의, 향락주의를 심화시킬 우려를 가져오기도 할 것이다. 21세기의 대중문화가 보다 생산적이고 유익한 것이 될 것인가의 여부는 대중이 방송에 의한 폐해를 경계하는 한편, 방송 콘텐츠에 예술적 가치와 진실성, 지적 성찰 등을 얼마나 담아낼 수 있는가에 달려 있다.

① 방송의 기술적 측면이 방송의 내용적 측면인 문화에 미치는 영향은 매우 크다.
② 대중문화 스타들의 상품화를 기반으로 한 문화 산업 구조는 대중을 정치적 우중으로 만들 위험성이 있다.
③ 방송 메커니즘은 대중의 문화적 요구 충족과 상업주의의 만연 가능성이라는 양면성을 지녔다.
④ 방송 기술의 발전으로 인해 대중문화는 상업주의적, 이데올로기적 성격을 띠게 되었다.
⑤ 생산적인 대중문화 창출을 위하여 방송의 감시와 방송 콘텐츠의 충실성을 확보해야 한다.

06 다음 글을 바탕으로 추론한 내용으로 옳은 것을 고르면?

○△×
○△×
○△×

고려 시대에 철제품 생산을 담당한 곳은 철소(鐵所)였다. 철소는 기본적으로 철 산지나 그 인근의 채광과 제련이 용이한 지역에 설치되었다. 철소 설치에는 몇 가지 요소가 갖추어져야 유리했다. 철광석과 제련에 사용되는 숯을 원활하게 공급받을 수 있고 채광, 선광, 제련 기술을 가진 장인과 채광이나 숯을 만들 노동력이 존재해야 했다. 또한 철 제련에 필요한 물이 풍부한 위치에 있어야 했다.

망이와 망소이가 반란을 일으킨 공주의 명학소가 바로 철소였다. 하지만 다른 철소와 달리 이곳에서 철이 생산된 것은 아니었다. 철산지는 인근의 마현이었다. 명학소는 제련에 필요한 숯을 생산하고, 마현으로부터 가져온 철광석을 가공하여 철제품을 생산하는 곳이었다. 마현에서 채취된 철광석은 육로를 통해 명학소로 운반되었고, 이곳에서 생산된 철제품은 명학소의 갑천을 통해 공주로 납부되었다. 갑천의 풍부한 수량은 물량을 운송하는 수로로 적합했을 뿐 아니라, 제련에 필요한 물을 공급하는 데에도 유용하였다.

하지만 명학소민의 입장에서는 마현에서 철광석을 채굴하고 선광하여 명학소로 운반하는 작업, 철광석 제련에 필요한 숯을 생산하는 작업, 철제품을 생산하는 작업, 생산된 철제품을 납부하는 작업에 이르기까지 감당할 수 없는 과중한 부담을 지고 있었다. 이는 일반 군현민의 부담뿐만 아니라 다른 철소민의 부담과 비교해 보아도 훨씬 무거운 것이었다. 더군다나 명종(明宗) 재위 무렵에는 철 생산이 이미 서서히 한계를 드러내고 있었지만 철제품의 할당량은 줄어들지 않았다. 이러한 복합적인 상황을 배경으로 망이와 망소이의 반란이 일어난 것이다.

① 모든 철소에서 철이 생산되었다.
② 명학소에서는 숯이 생산되지 않았다.
③ 망이와 망소이는 철제품 생산 기술자였다.
④ 명학소민은 다른 철소민보다 부담이 적었다.
⑤ 풍부한 물은 명학소에 철소를 설치하는 데 이점이었다.

07 다음 글을 통해 알 수 있는 내용으로 옳은 것을 고르면?

○△×
○△×
○△×

> 유토피아는 우리가 살고 있는 세계와는 다른 '또 다른 세계'이자 전적으로 인간의 지혜를 바탕으로 설계된 세계이다. 유토피아를 설계하는 사람은 이 세상이 완전히 뜯어고쳐야 할 만큼 잘못되어 있다고 생각하며, 인간이 주체가 되어 새로운 세계를 만들고 관리할 수 있다고 믿는다. 유토피아를 꿈꾸고 설계하는 사람의 성향은 그 사람이 세상을 대하는 태도와 밀접하게 연관되어 있다.
>
> 인간이 세상을 대하는 태도는 다음 세 가지로 나눌 수 있다. 첫째, 산지기의 태도이다. 산지기의 주요 임무는 인위적인 간섭을 최소화하면서 맡겨진 땅을 지키는 것이다. 이른바 땅의 자연적 균형을 유지하는 것이 그의 목적이다. 신의 설계에 담긴 지혜와 질서를 인간이 다 이해할 수는 없으나, 이 세상의 삼라만상은 적재적소에 놓인 신성한 존재의 사슬이라는 것이 산지기의 신념이다.
>
> 둘째, 정원사의 태도이다. 정원사는 자기가 끊임없이 보살피고 노력하지 않으면 이 세상이 무질서해질 것이라고 여긴다. 그는 우선 바람직한 배치도를 머리에 떠올린 후 정원을 그 이미지에 맞추어 개조한다. 그는 적합한 종류의 식물을 키우고 잡초를 뽑아 버림으로써 자신이 생각해 놓은 대로 대지를 디자인한다.
>
> 셋째, 사냥꾼의 태도이다. 사냥꾼은 사물의 전체적인 균형에 대해서는 무관심하다. 사냥꾼이 하는 유일한 일은 자기 자루를 사냥감으로 최대한 채우는 것이다. 사냥이 끝난 후에 숲에 동물이 남아 있도록 할 의무가 자기에게 있다고 생각하지 않는다.

① 유토피아는 인간이 지향하고 신이 완성하는 공간이다.
② 정원사는 세상에 대한 인간의 적극적 개입을 지양한다.
③ 산지기는 인간과 자연이 조화를 이루는 유토피아를 설계한다.
④ 사냥꾼은 세상을 바꾸는 일보다 이용하는 데에 관심이 더 크다.
⑤ 신이 부여한 정연한 질서가 존재한다는 믿음은 세 가지 태도에서 모두 나타난다.

08 문장이 적절하지 않게 된 원인이 다른 문장을 고르면?

○△×
○△×
○△×

① 한 나라의 외교 정책은 자국민의 보호와 자국의 이익이란 목적으로 그 방향에 따라 정책을 수행한다.
② 중동 국가와 이스라엘의 전쟁으로 인해 지중해의 경제가 파탄에 빠지고 주민들의 거처가 모두 공허화되고 말았다.
③ 이번 수련회를 통해 얻은 것이 있다면 10년 만에 단짝친구를 만났다.
④ 다른 무엇보다 주목해야 할 것은 국가 경제는 장기적 목적이 합리적이어야만 발전할 수 있다.
⑤ 한 가지 자명한 사실은 그가 더 이상 우리 모임에 얼굴을 비추지 않고 출국해 버렸습니다.

09 K공단 총무부에 근무하고 있는 A직원과 딸의 현재 나이의 합은 45세이다. 20년 후에는 A직원의 나이가 딸의 나이의 2배보다 4살 더 많다고 할 때, 딸의 현재 나이는 몇 살인지 고르면?

○△×
○△×
○△×

① 5살 ② 6살 ③ 7살 ④ 8살 ⑤ 9살

10 원가의 P_1%를 이익으로 남기는 상품이 있다. 올해 그 상품의 원가가 원래 가격보다 P_2% 낮아져 A원이 되었다. 원가가 낮아지지 않았을 때의 원래의 이익을 식으로 표현한 것을 고르면?

○△×
○△×
○△×

① $\frac{AP_2}{1-P_1}$ ② $\frac{100-P_1}{AP_2}$ ③ $\frac{AP_1}{100-P_2}$

④ $\frac{1-P_2}{AP_1}$ ⑤ $\frac{1-AP_2}{P_1}$

11 다음 [표]는 2019년 교통수단별 출국한 내국인 수에 대한 자료이다. 이에 대한 설명으로 옳지 않은 것을 고르면?

○△×
○△×
○△×

[표] 교통수단별 출국한 내국인 수 (단위: 명)

구분		4월	5월	6월	7월	8월	9월
전체	계	2,003,943	2,003,834	2,098,126	2,389,447	2,385,301	2,236,500
공항	소계	1,915,430	1,908,438	2,007,883	2,300,588	2,302,380	2,162,558
	인천	1,492,418	1,485,091	1,573,141	1,793,164	1,792,997	1,702,043
	김해	271,919	271,320	287,950	322,647	324,089	286,387
	김포	90,377	89,216	86,637	94,029	93,634	93,333
	제주	4,496	5,164	5,753	10,081	9,312	9,210
	기타	56,220	57,647	64,402	80,667	82,348	71,585
항구	소계	88,513	95,396	80,243	88,859	82,921	74,476
	부산	66,503	65,276	57,440	62,795	57,500	49,628
	인천	5,144	5,481	5,863	7,176	8,396	7,896
	제주	38	86	6	5	155	82
	기타	16,828	24,553	16,934	18,883	16,870	16,870

① 조사 기간에 인천항을 이용해 출국한 내국인 수의 평균은 6,700명보다 적다.

② 출국한 내국인 수의 인천공항 대비 김해공항의 비가 가장 작은 달은 7월이다.

③ 전체 출국한 내국인 수가 가장 많은 달은 7월이다.

④ 인천공항을 이용해 출국한 내국인이 가장 많았던 달과 가장 적었던 달의 차이는 김해공항을 이용해 출국한 내국인이 가장 많았던 달보다 작다.

⑤ 김포공항을 이용해 출국한 내국인의 수는 매달 인천항을 이용해 출국한 내국인 수의 10배보다 많다.

12 다음 [표]는 연도별 농축수산물 생산액 상위 10개 품목에 대한 자료이다. 이에 대한 설명으로 옳지 않은 것을 [보기]에서 모두 고르면?

[표] 농축수산물 생산액 상위 10개 품목

(단위: 억 원)

구분	2012년		2013년		2014년	
	품목	생산액	품목	생산액	품목	생산액
1위	쌀	105,046	쌀	85,368	쌀	86,800
2위	돼지	23,720	돼지	37,586	돼지	54,734
3위	소	18,788	소	31,479	소	38,054
4위	우유	13,517	우유	15,513	닭	20,229
5위	고추	10,439	닭	11,132	우유	17,384
6위	닭	8,208	달걀	10,853	달걀	13,590
7위	달걀	6,512	수박	8,920	오리	12,323
8위	감귤	6,336	고추	8,606	고추	9,913
9위	수박	5,598	감귤	8,108	인삼	9,412
10위	마늘	5,324	오리	6,490	감귤	9,065
농축수산물 전체	–	319,678	–	350,899	–	413,643

보기

㉠ 2014년 감귤 생산액 순위는 전년 대비 떨어졌으나, 감귤 생산액이 농축수산물 전체 생산액에서 차지하는 비중은 전년 대비 증가하였다.
㉡ 쌀 생산액이 농축수산물 전체 생산액에서 차지하는 비중은 매년 감소하였다.
㉢ 매년 상위 10위 이내에 포함된 품목은 7개이다.
㉣ 오리 생산액은 매년 증가하였다.

① ㉠, ㉢ ② ㉠, ㉣ ③ ㉡, ㉢ ④ ㉡, ㉣ ⑤ ㉠, ㉡, ㉣

13 다음 [표]는 2015년 갑국 공항의 운항 현황에 대한 자료이다. 이에 대한 설명으로 옳은 것을 고르면?

○△×
○△×
○△×

[표1] 운항 횟수 상위 5개 공항 (단위: 회)

국내선			국제선		
순위	공항	운항 횟수	순위	공항	운항 횟수
1	AJ	65,838	1	IC	273,866
2	KP	56,309	2	KH	39,235
3	KH	20,062	3	KP	18,643
4	KJ	5,638	4	AJ	13,311
5	TG	5,321	5	CJ	3,567
갑국 전체		167,040	갑국 전체		353,272

※ 일부 공항은 국내선만 운항함

[표2] 전년 대비 운항 횟수 증가율 상위 5개 공항 (단위: %)

국내선			국제선		
순위	공항	운항 횟수	순위	공항	운항 횟수
1	MA	229.0	1	TG	55.8
2	CJ	23.0	2	AJ	25.3
3	KP	17.3	3	KH	15.1
4	TG	16.1	4	KP	5.6
5	AJ	11.2	5	IC	5.5

① 2015년 국제선 운항 공항 수는 7개 이상이다.

② 2015년 KP공항의 운항 횟수는 국제선이 국내선의 $\frac{1}{3}$ 이상이다.

③ 2014년 국내선 운항 횟수가 가장 많은 공항은 MA공항이다.

④ 국내선 운항 횟수 상위 5개 공항의 국내선 운항 횟수의 합은 전체 국내선 운항 횟수의 90% 미만이다.

⑤ 국내선 운항 횟수와 전년 대비 국내선 운항 횟수 증가율 모두 상위 5개 안에 포함된 공항은 AJ공항이 유일하다.

14 다음 [표]는 광주광역시 동구의 지하철 수송에 대한 현황이다. 이에 대한 설명으로 옳지 않은 것을 고르면?

○△✕
○△✕
○△✕

[표] 광주광역시 동구 지하철 수송인원 및 수입 (단위: 명, 천 원)

구분	전체 수송인원	전체 수입	일회용 승차권			전자화폐(교통카드)	
			수송인원		수입	수송인원	수입
			보통	우대			
합계	6,826,366	3,975,745	564,565	2,395,898	585,790	3,865,903	3,389,955
녹동역	35,794	16,871	2,049	17,307	1,772	16,438	15,099
소태역	674,888	379,907	57,406	251,750	54,082	365,732	325,825
학동·증심사 입구역	826,650	429,041	57,888	347,349	60,710	421,413	368,331
문화전당역	1,531,644	844,581	92,908	535,220	101,167	903,516	743,414
남광주역	1,072,620	826,147	130,566	199,754	135,585	742,300	690,562
금남로4가역	1,888,128	1,011,032	172,542	765,220	176,556	950,366	834,476
금남로5가역	796,642	468,166	51,206	279,298	55,918	466,138	412,248

① 일회용 승차권의 수송인원이 가장 많은 역과 적은 역의 차이는 174,784명이다.
② 전자화폐의 수입이 가장 많은 역과 일회용 승차권의 수입이 가장 많은 역은 같다.
③ 소태역과 남광주역의 전체 수송인원의 차이는 금남로4가역과 문화전당역의 차이보다 크다.
④ 전체 수송인원이 많은 역의 순위와 전체 수입이 많은 역의 순위는 같지 않다.
⑤ 일회용 승차권의 수입보다 전자화폐의 수입이 적은 역은 없다.

15 다음 [표]는 국내 입지별 지식산업센터 수에 대한 자료이다. 이에 대한 설명으로 옳지 않은 것을 고르면?

○△×
○△×
○△×

[표] 국내 입지별 지식산업센터 수 (단위: 개)

구분		개별입지	계획입지	합계
서울		54	73	127
6대 광역시	부산	3	6	9
	대구	2	2	4
	인천	7	11	( )
	광주	0	2	2
	대전	( )	4	6
	울산	1	0	1
경기		100	( )	133
강원		1	0	1
충북		0	0	0
충남		0	1	1
전북		0	1	1
전남		1	1	2
경북		2	0	2
경남		2	15	( )
제주		0	0	0
전국 합계		175	149	324

※ 지식산업센터가 조성된 입지는 개별입지와 계획입지로 구분됨

① 경기 지역의 지식산업센터는 계획입지보다 개별입지에 많이 조성되어 있다.
② 수도권(서울, 인천, 경기)의 지식산업센터 수는 전국 합계의 80%가 넘는다.
③ 국내 지식산업센터는 60% 이상이 개별입지에 조성되어 있다.
④ 동남권(부산, 울산, 경남)의 지식산업센터 수는 대경권(대구, 경북)의 4배 이상이다.
⑤ 6대 광역시 중 계획입지에 조성된 지식산업센터 수가 개별입지에 조성된 지식산업센터 수보다 적은 지역은 울산광역시뿐이다.

16 다음 [표]는 세계 38개 국가의 공적연금 체계를 비교한 자료이다. 이에 대한 설명으로 옳지 <u>않은</u> 것을 고르면?

O△X
O△X
O△X

[표] 세계 38개 국가의 공적연금 체계 비교

본인부담 여부	부담 방식				비부담 방식		해당국가
사회기여 방식	사회 보험식		퇴직 준비금식	강제 가입식	사회 수당식	사회 부조식	
급여방식 / 체계	정액 급여	소득 비례 급여	기여 비례 급여	기여 비례 급여	정액 급여	보충 급여	
일원체계	○						네덜란드, 아이슬랜드
		○					독일, 오스트리아, 미국, 스페인, 포르투갈, 중국, 한국
					○		뉴질랜드, 브루나이
						○	호주, 남아프리카공화국
			○				싱가포르, 말레이시아, 인도, 인도네시아
이원체계	○	○					일본, 영국, 노르웨이, 핀란드
	○					○	아일랜드
		○				○	이탈리아, 스웨덴, 프랑스, 벨기에, 불가리아, 루마니아, 스위스
		○		○			칠레, 멕시코, 아르헨티나, 페루, 콜롬비아
삼원체계	○	○				○	이스라엘, 라트비아
	○				○	○	덴마크
		○			○	○	캐나다

※ '○'은 해당 국가에서 해당 방식을 도입한 것을 의미함

① 기여비례급여를 도입한 국가는 총 9개이다.

② 삼원체계로 분류된 국가 중 비부담 방식을 도입한 국가는 4개이다.

③ 일원체계로 분류된 국가의 수와 이원체계로 분류된 국가의 수는 같다.

④ 보충급여를 도입한 국가의 수는 소득비례급여를 도입한 국가의 수보다 많다.

⑤ 정액급여를 도입한 국가의 경우, 일원체계로 분류된 국가의 수는 이원체계로 분류된 국가의 수보다 적다.

17 다음 [그래프]와 [표]는 연도별 상업용 무인기의 국내 시장 판매량 및 수출입량과 A사의 상업용 무인기 매출액에 대한 자료이다. 이에 대한 설명으로 옳지 <u>않은</u> 것을 [보기]에서 모두 고르면?

○△✕
○△✕
○△✕

[그래프] 연도별 상업용 무인기의 국내 시장 판매량 (단위: 천 대)

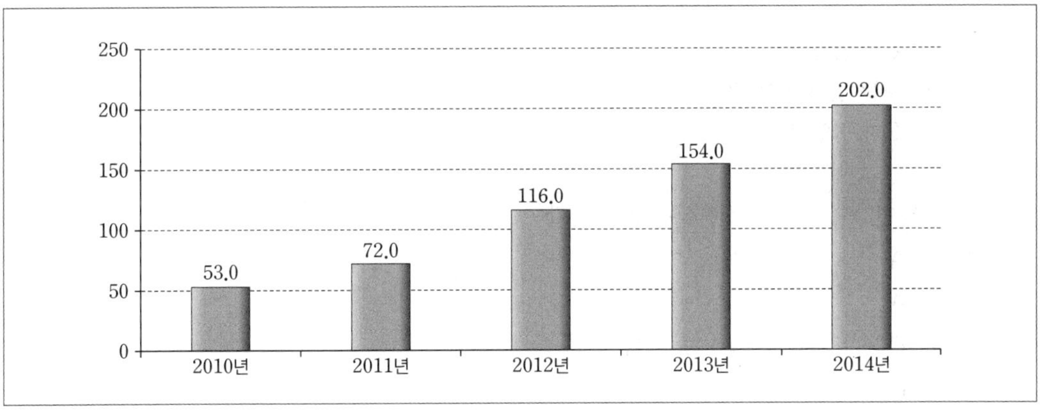

[표1] 연도별 상업용 무인기 수출입량 (단위: 천 대)

구분	2010년	2011년	2012년	2013년	2014년
수출량	1.2	2.5	18.0	67.0	240.0
수입량	1.1	2.0	3.5	4.2	5.0

※ 수출량은 국내 시장 판매량에 포함되지 않음
※ 수입량은 당해 연도 국내 시장에서 모두 판매됨

[표2] A사의 상업용 무인기 매출액 (단위: 백만 달러)

2010년	2011년	2012년	2013년	2014년
4.3	43.0	304.4	1,203.1	4,348.4

보기

㉠ 2014년 상업용 무인기의 국내 시장 판매량 대비 수입량의 비율은 3.0% 이하이다.
㉡ 2011~2014년에 상업용 무인기 국내 시장 판매량의 전년 대비 증가율이 가장 큰 해는 2012년이고 증가율은 60% 이상이다.
㉢ 2011~2014년에 상업용 무인기 수입량의 전년 대비 증가율이 가장 작은 해에 상업용 무인기 수출량의 전년 대비 증가율은 가장 크다.
㉣ 2014년 상업용 무인기 수출량의 전년 대비 증가율과 2012년 A사의 상업용 무인기 매출액의 전년 대비 증가율의 차이는 300%p 이상이다.

① ㉡ ② ㉢ ③ ㉠, ㉡ ④ ㉡, ㉣ ⑤ ㉢, ㉣

18 주가조작 혐의로 A, B, C 3명이 용의선상에 올랐다. 이 중 범인은 1명이고 이들은 심문 과정에서 다음과 같이 말했다. 이 중 2명은 거짓을 말하고 1명만 진실을 말하고 있을 때, 범인인 사람과 진실을 말한 사람이 바르게 짝지어진 것을 고르면?

○△×
○△×
○△×

> A: C는 범인이 아니다.
> B: 나는 범인이 아니다.
> C: B가 범인이다.

	범인	진실을 말한 사람
①	A	B
②	A	C
③	C	B
④	C	C
⑤	B	B

19 다음 [정보]를 바탕으로 추론한 내용으로 옳지 <u>않은</u> 것을 고르면?

○△×
○△×
○△×

정보

- 혈당이 낮아지면 혈중 L의 양이 줄어들고, 혈당이 높아지면 그 양이 늘어난다.
- 혈중 L의 양이 늘어나면 시상하부 알파 부분에서 호르몬 A가 분비되고, 혈중 L의 양이 줄어들면 시상하부 알파 부분에서 호르몬 B가 분비된다.
- 시상하부 알파 부분에서 호르몬 A가 분비되면, 시상하부 베타 부분에서 호르몬 C가 분비되고 시상하부 감마 부분의 호르몬 D의 분비가 억제된다.
- 시상하부 알파 부분에서 호르몬 B가 분비되면, 시상하부 감마 부분에서 호르몬 D가 분비되고 시상하부 베타 부분의 호르몬 C의 분비가 억제된다.
- 시상하부 베타 부분에서 분비되는 호르몬 C는 물질대사를 증가시키고, 이 호르몬의 분비가 억제될 경우 물질대사가 감소한다.
- 시상하부 감마 부분에서 분비되는 호르몬 D는 식욕을 증가시키고, 이 호르몬의 분비가 억제될 경우 식욕이 감소한다.

① 혈당이 낮아지면 식욕이 증가한다.
② 혈당이 높아지면 식욕이 감소한다.
③ 혈당이 높아지면 물질대사가 증가한다.
④ 혈당이 낮아지면 시상하부 감마 부분에서 호르몬 D의 분비가 억제된다.
⑤ 혈당이 높아지면 시상하부 알파 부분과 베타 부분에서 각각 호르몬이 분비된다.

20 2020년을 기준으로 각국의 소득불평등 정도를 나타내는 지니계수와 같은 해 각국의 경제성장률 간의 상관관계를 조사한 결과 소득불평등 정도가 높은 나라일수록 경제성장률이 높은 것으로 밝혀졌다. 이러한 결과를 해석할 때 고려할 수 있는 사항으로 가장 적절하지 않은 것을 고르면?

○△×
○△×
○△×

① 경제성장은 장기적인 현상이므로 한 해의 성장률보다는 여러 해에 걸친 평균성장률을 보는 것이 바람직하다.
② 소득수준이 높은 나라일수록 소득불평등 정도가 높을 것이므로 이 결과는 잘못된 자료나 추정방법에 기인한 것으로 보인다.
③ 관찰된 상관관계가 곧 인과관계를 의미하는 것은 아니므로 이 결과로부터 소득불평등이 경제성장을 촉진한다는 결론을 내리는 것은 성급하다.
④ 소득불평등이 경제성장에 영향을 미치는 것이라는 결론을 얻으려면 지니계수가 관찰된 연도가 경제성장률이 관찰된 연도보다 앞서야 한다.
⑤ 경제성장이 소득불평등에 영향을 미친다는 결론을 얻으려면 소득의 빠른 증가로 인해 소득분배가 악화될 수 있다는 점을 보여야 한다.

21 A~H 8명의 사람이 차를 타고 여행을 가려고 한다. 다음 [조건]에 따라 차에 나눠 탄다고 할 때, 옳은 것을 고르면?

○△×
○△×
○△×

조건

- 차는 SUV, 스포츠카, 세단이 준비되어 있다.
- E는 세단을 타고 여행을 간다.
- SUV와 세단에는 각각 3명씩 탄다.
- A와 B는 반드시 같은 차에 타야 한다.
- C는 반드시 스포츠카에 타야 한다.
- D는 E와 같은 차에 탈 수 없다.
- F는 두 사람이 타는 차에 타야 한다.
- H가 탄 차에는 적어도 E 또는 C 둘 중 한 명이 탄다.

① A는 세단에 탄다.
② G는 SUV에 탄다.
③ G는 세단에 탄다.
④ H는 SUV에 탄다.
⑤ H는 스포츠카에 탄다.

22 A~E 5명이 다음 [규칙]에 따라 게임을 하고 있다. 4 → 1 → 1의 순서로 숫자가 호명되어 게임이 진행되었다면 네 번째 술래를 고르면?

규칙

- A → B → C → D → E 순으로 반시계 방향으로 둥글게 앉아 있다.
- 한 명의 술래를 기준으로, 술래는 항상 숫자 3을 배정받고, 반시계 방향으로 술래 다음 사람이 숫자 4를, 그다음 사람이 숫자 5를, 술래 이전 사람이 숫자 2를, 그 이전 사람이 숫자 1을 배정받는다.
- 술래는 1~5의 숫자 중 하나를 호명하고, 호명된 숫자에 해당하는 사람이 다음 술래가 된다. 새로운 술래를 기준으로 다시 위의 규칙에 따라 숫자가 배정되며 게임이 반복된다.
- 첫 번째 술래는 A이다.

① A　② B　③ C　④ D　⑤ E

23 다음 [규칙]을 바탕으로 판단할 때, 옳은 것을 [보기]에서 모두 고르면?

규칙

- △△배 씨름대회는 다음과 같은 대진표에 따라 진행되며, 11명의 참가자는 추첨을 통해 동일한 확률로 A부터 K까지의 자리 중에서 하나를 배정받아 대회에 참가한다.

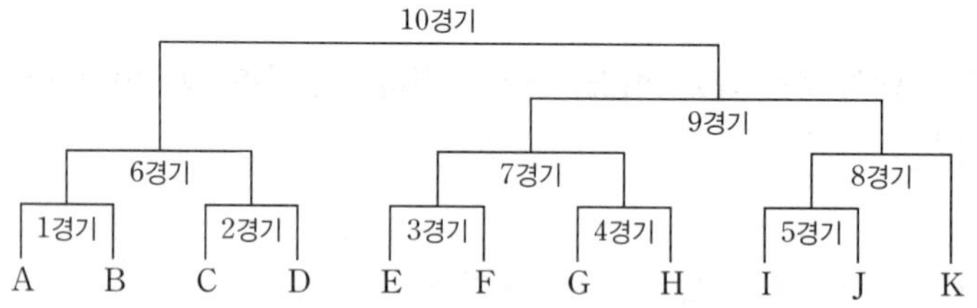

- 대회는 첫째 날에 1경기부터 시작하여 10경기까지 순서대로 매일 하루에 한 경기씩 쉬는 날 없이 진행되며, 매 경기에서는 무승부 없이 승자와 패자가 가려진다.
- 각 경기를 거듭할 때마다 패자는 제외시키면서 승자끼리 겨루어 최후에 남은 두 참가자 간에 우승을 가리는 승자 진출전 방식으로 대회를 진행한다.

보기

㉠ 이틀 연속 경기를 하지 않으면서 최소한의 경기로 우승할 수 있는 자리는 총 5개이다.
㉡ 첫 번째 경기에서 승리한 경우 두 번째 경기 전까지 3일 이상을 경기 없이 쉴 수 있는 자리에 배정될 확률은 50% 미만이다.
㉢ 총 네 번의 경기를 치러야 우승할 수 있는 자리에 배정될 확률이 총 3번의 경기를 치르고 우승할 수 있는 자리에 배정될 확률보다 높다.

① ㉠　② ㉡　③ ㉢　④ ㉠, ㉢　⑤ ㉡, ㉢

24 다음 글을 바탕으로 판단할 때, [사례]의 갑과 을 사업이 각각 받아야 하는 평가의 수를 고르면?

○△×
○△×
○△×

[A평가]

평가의 대상은 총 사업비가 500억 원 이상인 사업 중 중앙정부의 재정지원(국비) 규모가 300억 원 이상인 신규 사업으로, 건설공사가 포함된 사업, 정보화·국가연구개발 사업, 사회복지, 보건, 교육, 노동, 문화, 관광, 환경보호, 농림, 해양수산, 산업, 중소기업 분야의 사업이다.

단, 법령에 따라 설치하거나 추진하여야 하는 사업, 공공청사 신·증축사업, 도로, 상수도 등 기존 시설의 단순개량 및 유지보수사업, 재해예방 및 복구지원 등으로 시급한 추진이 필요한 사업은 평가 대상에서 제외된다.

※ 법령: 국회에서 제정한 법률과 행정부에서 제정한 명령(대통령령·총리령·부령)을 의미함

[B평가]

신규 사업의 시행이 환경에 미치는 영향을 미리 조사, 예측, 평가하는 것이다. 평가 대상은 도시개발사업(보금자리주택 제외), 도로건설사업, 철도건설사업(도시철도 포함), 공항건설사업이다.

[C평가]

대량의 교통수요를 유발할 우려가 있는 신규 사업을 시행할 경우, 미리 주변지역의 교통체계에 미치는 제반 영향을 분석, 평가하여 이에 따른 대책을 강구하는 평가이다. 평가 대상은 다음과 같다.

종류	기준
도시개발사업	부지면적 10만 m^2 이상
철도건설사업	정거장 1개소 이상, 총길이 5km 이상

사례

갑 사업: ○○광역시가 시행주체가 되어 추진하는 부지면적 12만 5천 m^2에 보금자리주택을 건설하는 신규 도시개발사업으로, 총 사업비 520억 원 중 350억 원을 국비로, 170억 원을 사비로 조달함

을 사업: 최근 국회에서 제정한 '△△광역시 철도건설특별 법률'에 따라 △△광역시에 정거장 7개소, 총길이 18km의 철도를 건설하는 신규 사업으로, 총 사업비 4,300억 원을 전액 국비로 지원 받음

	갑 사업	을 사업
①	2개	2개
②	2개	3개
③	3개	1개
④	3개	2개
⑤	3개	3개

25 **다음 글을 바탕으로 판단할 때, [사례]에서 갑이 을에게 지급을 청구하여 받을 수 있는 최대 손해배상액을 고르면?**

ⓞ△☒
ⓞ△☒
ⓞ△☒

채무자가 고의 또는 과실로 인하여 채무의 내용에 따른 이행을 하지 않으면 채권자는 채무자에게 손해배상을 청구할 수 있다. 채권자가 채무불이행을 이유로 채무자로부터 손해배상을 받으려면 손해의 발생사실과 손해액을 증명하여야 하는데, 증명의 어려움을 해소하기 위해 손해배상액을 예정하는 경우가 있다.

손해배상액의 예정은 장래의 채무불이행 시 지급해야 할 손해배상액을 사전에 정하는 약정을 말한다. 채권자와 채무자 사이에 손해배상액의 예정이 있으면 채권자는 실손해액과 상관없이 예정된 배상액을 청구할 수 있지만, 실손해액이 예정액을 초과하더라도 그 초과액을 배상받을 수 없다. 그리고 손해배상액을 예정한 사유가 아닌 다른 사유로 발생한 손해에 대해서는 손해배상액 예정의 효력이 미치지 않는다. 따라서 이로 인한 손해를 배상받으려면 별도로 손해의 발생사실과 손해액을 증명해야 한다.

사례

갑과 을은 다음과 같은 공사도급계약을 체결하였다.

- 계약당사자: 갑(X건물 소유주) / 을(건축업자)
- 계약내용: X건물의 리모델링
- 공사대금: 1억 원
- 공사기간: 2020. 10. 1.~2021. 3. 31.
- 손해배상액의 예정: 공사기간 내에 X건물의 리모델링을 완료하지 못할 경우, 지연기간 1일당 위 공사대금의 0.1%를 을이 갑에게 지급

그런데 을의 과실로 인해 X건물 리모델링의 완료가 30일이 지연되었고, 이로 인해 갑은 500만 원의 손해를 입었다. 또한 을이 고의로 불량자재를 사용하여 부실공사가 이루어졌고, 이로 인해 갑은 1,000만 원의 손해를 입었다. 갑은 각각의 손해발생사실과 손해액을 증명하여 을에게 손해배상을 청구하였다.

① 500만 원　② 800만 원　③ 1,300만 원　④ 1,050만 원　⑤ 1,080만 원

정답과 해설 ▶ P.66

MEMO

에듀윌 공기업

매일 1회씩 꺼내 푸는 NCS

DAY 11

eduwill

매1N 3회독 루틴 프로세스

*더 자세한 내용은 매1N 3회독 학습가이드를 확인하세요!

1 3회독 기록표에 학습날짜와 문제풀이 시작시간을 적습니다.

2 시험장에서 문제를 푸는 것처럼 풀어 보세요.

3 모바일 OMR 또는 회독용 답안지에 마킹한 후, 종료시간을 적고 초과시간을 체크합니다.

▶모바일 OMR 바로가기

[1회독용] http://eduwill.kr/dToF

[2회독용] http://eduwill.kr/SToF

[3회독용] http://eduwill.kr/ZToF

4 문항별 3회독 체크표(○△×)에 표시합니다. 문제를 풀면서 알고 풀었으면 ○, 헷갈렸으면 △, 전혀 몰라서 찍었으면 ×에 체크하세요.

3회독 TIP

- 1회독: 25문항을 빠짐없이 풀어 보세요.
- 2~3회독: 틀린 문항만 골라서 풀어 보세요.

3회독 기록표

1회독		2회독		3회독	
학습날짜	월 일	학습날짜	월 일	학습날짜	월 일
시작시간	:	시작시간	:	시작시간	:
종료시간	:	종료시간	:	종료시간	:
점 수	점	점 수	점	점 수	점

01 다음 [가]와 [나]의 ‘이것’에 대한 설명으로 옳은 것을 고르면?

○△×
○△×
○△×

[가] 코넬대학교 심리학과 연구팀은 본교 32명의 여대생을 대상으로 미국의 식품 산업 전반에 대한 의견을 조사했다. TV에 등장하는 음식 광고의 수가 10년 전에 비해 증가했는지 혹은 감소했는지를 중심으로 여러 가지 질문을 던졌다. 모든 조사가 끝난 후 설문에 참여한 학생들에게 다이어트 여부에 대하여 추가로 질문했다. 식사량에 신경을 쓰고 있는지, 지방이 많은 음식은 피하려고 노력하고 있는지 등에 관한 질문이었다. 그 결과, 다이어트에 신경 쓰고 있는 학생이 그렇지 않은 학생보다 TV의 식품 광고가 더 늘었다고 인식했다는 분석이 나왔다. 이들이 서로 다른 TV 프로그램을 시청했기 때문일까? 물론 그렇지 않다. 이유는 간단하다. 다이어트를 하는 학생들은 음식에 대한 ‘이것’으로 세상을 보고 있었기 때문이다.

[나] 코넬대학교 연구팀은 미국의 한 초등학교 교사와 교직원을 대상으로 아동이 직면한 위험 요소의 수가 5년 전에 비해 증가했는지 혹은 감소했는지를 조사했다. 그런 다음 응답자들에게 신상 정보를 물었는데, 그중 한 질문은 첫째 아이가 태어난 연도였다. 연구팀은 최근 5년 사이에 첫째 아이를 출산한 응답자와 그렇지 않은 응답자의 위험 지각 정도를 비교했다. 그 결과, 해당 기간 내에 부모가 된 교사와 직원들이 그렇지 않은 사람에 비해 아동이 직면한 위험 요소의 수가 훨씬 더 늘었다고 답했다. 이는 부모가 되는 순간 세상을 위험한 곳으로 인식하기 시작하기 때문이다. 그러한 이유로 이들은 영화나 드라마에 등장하는 거친 욕설도 더 예민하게 받아들인다. 이 점에 대해 저널리스트인 엘리자베스 오스틴은 “부모가 되면 영화, 케이블 TV, 음악 그리고 미혼 친구와의 대화 중 등장하는 비속어에 매우 민감해진다.”라고 지적했다. 이처럼 우리가 매일 보고 듣는 말이나 그 내용은 개개인의 ‘이것’에 따라 결정된다.

① 자기 자신의 관심에 따라 세상을 규정하는 사고방식이다.
② 자기 자신에 의존하여 모든 것을 직접 결정하려고 하는 욕구이다.
③ 특정한 부분에 순간적으로 집중하여 선택적으로 지각하는 능력이다.
④ 자기 자신의 경험과 인식이 정확하고 객관적이라고 믿는 입장이다.
⑤ 어떤 일에 깊이 몰입해서 자기 자신을 분명하게 자각하려는 태도이다.

02 다음 [가]~[마]를 순서대로 바르게 나열한 것을 고르면?

○△×
○△×
○△×

[가] 1,000분의 1초(ms) 단위로 안구 운동을 측정한 결과, 미국 학생은 중국 학생보다 180ms 더 빨리 물체에 주목했으며 눈길이 머문 시간도 42.8% 길었다. 그림을 본 후 처음 300~400ms 동안에는 두 그룹 사이에 별 차이가 없었으나 이후 420~1,100ms 동안 미국 학생은 중국 학생보다 물체에 주목하는 정도가 더 높았다.

[나] 미국 국립과학아카데미(NAS) 회보는 동양인과 서양인이 사물을 보는 방식에 차이가 난다는 실험 결과를 소개했다. 미시간대학교 심리학과 연구진은 백인계 미국인 학생 25명과 중국인 학생 27명에게 호랑이가 정글을 어슬렁거리는 그림 등을 보여 주고 안구의 움직임을 관찰했다. 실험 결과, 미국 학생의 시선은 호랑이 등 전면에 두드러진 물체에 빨리 반응하여 오래 응시했지만, 중국 학생의 시선은 배경에 오래 머물렀다. 또한 중국 학생은 물체와 배경을 오가며 그림 전체를 보는 것으로 나타났다.

[다] 연구를 주도한 리처드 니스벳 교수는 이런 차이가 문화적 변수에 기인하는 것으로 보았다. 그는 “중국 문화의 핵심은 조화에 있기에 서양인보다는 타인과의 관계에 많은 신경을 써야 한다. 반면 서양인은 타인에게 신경을 덜 쓰고도 일할 수 있는 개인주의적 방식을 발전시켰다.”라고 말했다.

[라] 니스벳 교수는 지각 구조의 차이가 서로 다른 문화적 배경에서 기인한다는 주장은 미국에서 태어나고 자란 아시아계 학생이 사물을 응시할 때 아시아에서 나고 자란 학생들과 백인계 미국인의 중간 정도의 반응을 보이며 때로는 미국인에 가깝게 행동한다는 사실로도 입증된다고 덧붙였다.

[마] 고대 중국의 농민은 관개 농사를 했기 때문에 물을 나눠 쓰되 누군가가 속이지 않는다는 것을 확실히 할 필요가 있었다. 반면 서양의 기원인 고대 그리스에는 개별적으로 포도와 올리브를 키우는 농민이 많았기에 오늘날의 개인 사업가처럼 행동했다. 이러한 삶의 방식이 동양인과 서양인의 지각 구조에도 영향을 미쳤으리라고 설명한다. 철학자 아리스토텔레스는 바위가 물에 가라앉는 것은 중력 때문이고 나무가 물에 뜨는 것은 부력 때문이라고 분석하면서도 정작 물에 대해서는 아무런 언급을 하지 않았지만, 중국인들은 모든 움직임을 주변 환경과 연관 지어 생각하였기에 서양인보다 훨씬 이전에 조류(潮流)와 자기(磁氣)를 이해했다는 것이다.

① [가]−[나]−[다]−[마]−[라]
② [나]−[가]−[다]−[라]−[마]
③ [나]−[가]−[다]−[마]−[라]
④ [마]−[라]−[나]−[가]−[다]
⑤ [마]−[라]−[다]−[나]−[가]

03 다음 [A]와 [B]의 진술 내용으로 옳지 않은 것을 고르면?

○△×
○△×
○△×

우리 은하와 비교적 멀리 떨어져 있는 모든 은하가 우리 은하로부터 점점 더 멀어지고 있다는 사실이 확인되었다. 우주의 기원과 구조에 대해 서로 다른 견해를 가진 A와 B 두 진영은 이 사실을 두고 다음과 같이 논쟁하였다.

[A] 우주는 시간상으로 무한히 오래되었다. 우주가 팽창하는 것은 사실이다. 그렇다고 해서 우리 진영의 견해가 틀렸다고 볼 필요는 없다. 우주는 팽창하지만 전체적으로 항상성을 유지한다. 은하와 은하가 멀어질 때 그 사이에서 물질이 연속적으로 생성되어 새로운 은하가 계속 형성되기 때문이다. 우주 내부에서 변화가 약간씩 있겠지만, 우주 전체의 평균 밀도는 일정하게 유지된다. 만일 은하 사이에서 새로 생성되는 은하를 관측한다면 우리의 가설을 입증할 수 있다. 반면, 우주가 대폭발에 의해 자그마한 씨앗으로부터 생겨났다는 B의 주장은 터무니없다. 이처럼 방대한 우주의 물질과 구조가 어떻게 그토록 작은 점에 모여 있을 수 있겠는가?

[B] A의 주장이야말로 터무니없다. 은하 사이에서 새로운 은하가 생겨난다면 도대체 그 물질은 어디서 온 것이라는 말인가? 은하들이 우리 은하로부터 점점 더 멀어지고 있다는 사실은 오히려 우리 견해가 옳다는 것을 입증할 뿐이다. 팽창하는 우주의 시간을 거꾸로 돌린다면 우주가 시공간적으로 한 점에서 시작되었다는 결론을 얻을 수 있다. 만일 우주 안의 모든 물질과 구조가 한 점에 존재했다면 초기 우주는 현재와 크게 달랐을 것이다. 대폭발 이후 우주의 물질들은 계속 멀어지고 있으며 우주의 밀도는 계속 낮아지고 있다. 대폭발 이후 방대한 전자기파가 방출되었는데, 만일 이를 관측한다면 우리 진영의 견해가 입증될 것이다.

① A에 따르면 물질의 총질량이 보존되지 않는다.
② A에 따르면 우주는 시작이 없고, B에 따르면 우주는 시작이 있다.
③ A에 따르면 우주는 국소적인 변화는 있으나 전체적으로는 변화가 없다.
④ A와 B는 인접한 은하 사이의 평균 거리가 증가하고 있다는 점을 받아들이고 있다.
⑤ A와 B 모두 자신의 주장을 경험적으로 입증하기 위한 방법을 제안하고 있다.

04 다음 밑줄 친 부분의 표기가 옳은 것을 [보기]에서 모두 고르면?

○△×
○△×
○△×

보기

㉠ 너 왜 이렇게 엄마 속을 썩히니?
㉡ 군대 가서 너무 눈에 띄는 행동을 하지 마라.
㉢ 회의 중이니 방해하지 마십시요.
㉣ 너는 출석율이 좋지 않아 성적을 잘 줄 수가 없다.
㉤ 작업량에 따라 사람들의 보수가 책정된다.

① ㉠, ㉤　② ㉡, ㉤　③ ㉢, ㉣　④ ㉠, ㉡, ㉤　⑤ ㉡, ㉣, ㉤

[05~06] 다음은 공개키 암호화 방식에 대한 글이다. 이를 바탕으로 질문에 답하시오.

인터넷 쇼핑몰에서 물건을 살 때, 다른 사람이 내 컴퓨터와 인터넷 쇼핑몰의 컴퓨터 사이에 오고 가는 정보를 읽어서 내가 입력한 신용 카드 정보를 빼내면 어쩌나 하고 걱정하는 사람이 많다. 그러나 공개키 암호화 방식을 이용하면 정보를 주고받는 당사자 이외에는 그 정보를 볼 수 없도록 할 수 있다.

공개키 암호화 방식에서는 각각의 컴퓨터가 다른 컴퓨터와 절대로 겹치는 법이 없는 한 쌍의 키를 준비한다. 내 컴퓨터가 준비한 키 한 쌍을 각각 공개키 A와 비밀키 a라고 하자. 공개키 A는 다른 컴퓨터에 알려 주는 데에 사용하고 비밀키 a는 내 컴퓨터에만 보관한다. 공개키 A로 암호화된 정보는 오직 비밀키 a가 있어야만 해독되어 원래의 정보로 만들 수 있으며, 공개키 A를 가지고도 해독될 수 없다. 따라서 비밀키 a만 내 컴퓨터 밖으로 빠져나가지 않게 하면 공개키 A는 다른 컴퓨터에 알려 주어도 무방하다.

이제 인터넷 서점 '책마을'에 접속하여 책을 구매하는 경우를 생각해 보자. 책마을 컴퓨터가 공개키 B와 비밀키 b를 가지고 있다고 하면, 내 컴퓨터가 책마을 컴퓨터에 접속하자마자 두 컴퓨터는 자동적으로 자신들의 공개키를 교환한다. 즉, 내 컴퓨터는 B를, 책마을 컴퓨터는 A를 알게 되는 것이다. 이제 내가 책을 주문하기 위해서 신용 카드 정보를 내 컴퓨터에 입력하면 내 컴퓨터는 이것을 책마을 컴퓨터의 공개키 B로 암호화하여 전송한다. 책마을 컴퓨터는 암호화된 정보를 자신의 비밀키 b로 해독하여 원래의 신용 카드 정보를 얻는다. 공개키 B로 암호화하여 보내진 정보는 비밀키 b를 갖고 있는 책마을 컴퓨터만 해독할 수 있으므로 다른 사람이 내 신용 카드 정보를 해독하기는 불가능하다.

내 컴퓨터의 공개키 A는 다른 컴퓨터에서도 알 수 있으므로 다른 사람이 나인 척하고 자기 컴퓨터에서 공개키 A를 알려 주고 책을 주문한다면 곤란한 문제가 발생할 수 있다. 이러한 문제를 방지하기 위해서는 책마을 컴퓨터가 받고 있는 정보의 송신자가 내 컴퓨터라는 것을 확인해야 한다. 이를 위해서 책마을 컴퓨터는 내 컴퓨터에 '책마을만세'와 같은 임의의 단어를 보내면서 이 단어를 내 컴퓨터의 비밀키 a로 암호화한 후, 원래 단어와 암호화된 단어를 함께 보내 달라고 요구한다. 공개키 암호화 방식에서는 비밀키 a로 암호화된 정보가 공개키 A로만 해독이 가능하다. 따라서 내 컴퓨터는 원래의 단어와 암호화된 단어를 함께 전송하고, 이 두 정보를 전송받은 책마을 컴퓨터는 암호화된 단어를 공개키 A로 해독한 후에 전송받은 원래 단어와 일치하는지 확인한다. 만약 이들이 일치한다면 공개키 A를 가진 컴퓨터(내 컴퓨터)가 보낸 정보임에 틀림없다는 것을 알 수 있다.

어떤 사람은 자기 컴퓨터가 가르쳐 준 공개키 A에서 비밀키 a를 알아내면 어쩌나 하고 걱정할지 모른다. 그러나 이러한 일은 기술적으로만 본다면 거의 불가능하다. 비밀키 a에서는 간단한 계산만으로 공개키 A를 얻을 수 있다. 그러나 공개키 A에서 비밀키 a를 구하기 위해서는 현재 가장 속도가 빠른 슈퍼컴퓨터를 동원하더라도 수십 년 동안 계산해야 할 정도로 엄청난 시간을 필요로 한다. 따라서 공개키 암호화 방식은 일반적으로 사람들이 안심하고 사용해도 좋다고 할 수 있다.

05 주어진 글의 주제로 옳은 것을 고르면?

○△× ① 다양한 암호화 방식의 종류
○△× ② 안전한 공개키 암호화 방식
○△× ③ 공개키 암호화 방식의 비밀
④ 공개키 암호화 방식의 역사
⑤ 공개키 암호화 방식의 장단점

06 주어진 글의 내용과 일치하는 것을 고르면?

○△× ① 공개키 암호화 방식에서의 키는 다른 컴퓨터와 겹칠 수도 있다.
○△× ② 공개키와 비밀키 중 1개만 있으면 암호화된 정보를 해독할 수 있다.
○△× ③ 비밀키에서 공개키를 구하기 위해서는 엄청난 시간을 필요로 한다.
④ 송신자를 정확히 확인하기 위해 송신자의 공개키가 꼭 필요하다.
⑤ 내가 C사이트에 접속해서 접근을 허락하면 내 컴퓨터와 C사이트의 컴퓨터는 공개키를 교환한다.

07 다음 [가]와 [나]를 바탕으로 적응적 선호 개념에 적합한 사례로 옳은 것을 고르면?

○△×
○△×
○△×

[가] 옛날 어느 뜨거운 여름날이었습니다. 여우가 여행을 하다가 한 과수원집에 들어가게 되었습니다. 여우는 포도나무의 줄기 끝에 잘 익은 포도송이를 보게 되었습니다. 하지만 포도는 너무 높이 달려 있어서 쉽게 먹기 힘들어 보였습니다. 하지만 포도를 먹고 싶었던 여우는 포도나무에 다가가 점프를 했지만 포도에 닿지는 못했습니다. 여우는 다시 점프해 보았습니다. 그러나 포도는 여우를 계속 약 올릴 뿐이었습니다. 여우는 결국 포도나무를 떠나야 했는데, 떠나면서 "저 포도는 맛이 실 거야."하고 생각했습니다.

[나] 개인의 욕구 자체가 사전에 좁혀진 선택지 안에서 형성되는데, 왜 개인 욕구의 충족이 정의 혹은 사회적 선택의 기준이어야 하는가? 그리고 특히 사람들이 그들의 열망을 그것의 실현 가능성에 적응시키는 경향이 있다면, 실행 가능한 선택지 가운데서의 선택이 개인의 선호만을 고려해야 하는 이유는 무엇인가? 공리주의자들은 라 퐁텐느 우화 속의 여우는 아무튼 포도가 시다고 생각했기 때문에 그것을 소비하지 못했다고 해서 복지의 손실이 있었다고 생각하지 않는다. 그러나 당연하게도 여우가 포도를 시다고 주장하는 것의 원인은 포도를 소비할 수 없다는 여우의 확신이며, 따라서 이 경우 여우의 선호를 근거로 분배를 정당화하기는 어렵다. 나는 신 포도 현상을 사례에 따라서 적응적인 선호 형성 혹은 적응적인 선호 변화라고 부를 것이다.

① 나는 경주에 살 때는 전주에 사는 것을 경주에 사는 것보다 선호하고, 전주에 살 때는 경주에 사는 것을 전주에 사는 것보다 좋아한다.

② 나는 지금 한 여성을 사귀고 있다. 지금까지 경험으로 보아 나는 변덕이나 사소한 판단 착오 때문에 이 여성과 헤어질지 모른다. 그러지 않기 위해서 나는 이 여성과 결혼할 것이다.

③ 지금까지 실행되었던 대학입시 방법에 대한 선호를 조사해 보니 상당히 높은 비율의 사람들이 자신이 경험한 대학입시 방법을 최상이라고 생각하는 것으로 나타났다.

④ 나는 이번에 과장 승진에 누락되었다. 하지만 그것에 대해 불만족스럽게 생각하지 않는다. 나는 과장이 되지 않았기 때문에 상대적으로 더 시간 여유가 있는 현재 상황을 자아 개발과 취미 생활에 투자할 것이다.

⑤ 나는 담배를 끊으려 했지만 여러 번 실패했다. 그래서 담배를 끊으려고 하지 않기로 했으며, 담배를 굳이 끊어야 할 이유가 없다고 생각하기로 했다.

08 다음 글을 바탕으로 추론한 내용으로 옳지 않은 것을 고르면?

○△×
○△×
○△×

진입비용이 높은 시장은 진입비용이 낮은 시장보다 경쟁이 더 치열하다. 높은 진입비용을 회수하려면 높은 시장 점유율을 확보해야 하기 때문이다. 더구나 특유한 자산에 관한 비용이 제품시장에서 퇴출비용으로 작용한다면 더욱 치열한 경쟁을 유발한다. 퇴출비용으로는 실업 또는 해고에 따른 지출도 고려되어야 하는데, 대규모 회사의 집합체인 컨소시엄의 경우에는 해고비용이 중요한 변수가 될 정도이다.

'규모의 경제'라는 측면에서, 특정 제품시장의 규모의 경제 가능성이 다른 시장보다 크다면 그 시장의 경쟁이 더 치열할 것이다. 예를 들어 반도체 시장에서는 누적 생산량이 증가할수록 단위 원가가 감소하는 경험곡선효과가 두드러지게 나타난다. 생산량을 증가시키면 원가 절감을 통해 이익 증가로 이어지는 것이다. 이러한 상황에서는 경쟁기업이 매출이나 시장 점유율을 높이기 쉽지 않다.

규모의 경제에서 진입비용의 효과는 시장 크기에 대비한 유효생산규모의 비율로 나타낼 수 있다. 이는 시장에서 생존하기 위한 최소한의 시장 점유율을 나타내는 지표로 해석할 수 있다. 유효생산규모의 비율이 높을수록 자사의 점유율이나 시장 입지를 지키는 데 더 큰 노력이 필요할 것이며, 그 비율이 낮을수록 경쟁기업의 이익이 더 커질 것이다.

한 제품시장에서 라인을 생산하거나 여러 제품시장에서 다양한 제품을 생산할 때 그 기업은 생산, 마케팅 등의 활동으로부터 비용을 절감할 수 있으므로 수익성을 높이는 시너지 효과를 거둘 수 있다. 이러한 '범위의 경제'가 시너지 효과로 나타나면 경쟁사의 행동에 대하여 관련 제품을 통해 신속하고 효과적으로 대응할 수 있다.

① 진입비용이 낮으면 시장에서 경쟁 정도가 낮아진다.
② 자산에 특유성이 있는 경우 퇴출비용이 높아진다면 시장에서 경쟁이 치열해진다.
③ 규모의 경제가 가능할수록 시장의 경쟁 정도는 높아진다.
④ 유효생산규모의 비율이 높을수록 시장진입비용이 낮아진다.
⑤ 범위의 경제가 있는 제품 라인을 통해 비용을 절감하고 경쟁력도 높일 수 있다.

09 김 사원은 퀵서비스를 보내는 업무를 담당하고 있다. A, B, C 퀵서비스 회사를 이용하고 있으며, 비용은 A~C회사가 각각 5일, 6일, 12일의 주기로 결제를 한다. 오늘은 10월 1일 월요일이고 A, B, C회사의 비용을 모두 결제했을 때, 오늘 이후로 세 회사가 모두 결제하는 날의 요일을 고르면?

○△×
○△×
○△×

① 월요일 ② 수요일 ③ 목요일 ④ 금요일 ⑤ 토요일

10 두 명의 손녀를 둔 할아버지의 현재 나이는 손녀들 나이의 합의 5배이다. 10년 후 할아버지의 나이가 손녀들 나이의 합의 3배가 된다고 할 때, 할아버지의 5년 전 나이를 고르면?

○△×
○△×
○△×

① 95세 ② 100세 ③ 110세 ④ 120세 ⑤ 125세

11 다음 [표]는 △△미곡종합처리장의 규모별 단위당 가공비용에 대한 자료이다. 이에 대한 설명으로 옳은 것을 고르면?

○△× ○△× ○△×

[표] 미곡종합처리장 규모별 단위당 가공비용 (단위: 원/40kg)

구분	4,000톤 미만	4,000톤 이상~8,000톤 미만	8,000톤 이상
포장비(A)	665	653	702
인건비(B)	3,227	1,842	1,050
제조비(C)	4,105	3,108	1,415
가공비(A+B+C)	7,997	5,603	3,167

① 미곡종합처리장의 규모가 클수록 단위당 포장비가 감소한다.
② 미곡종합처리장의 규모가 클수록 인건비 총액이 감소한다.
③ 미곡종합처리장의 규모가 클수록 가공비에서 제조비가 차지하는 비중이 감소한다.
④ 미곡종합처리장의 규모가 클수록 단위당 제조비는 감소한다.
⑤ 미곡종합처리장의 단위당 가공비를 감소시키기 위해서는 미곡종합처리장의 규모가 작은 것이 유리하다.

12 다음 [표]는 연도별 수도권과 비수도권의 지가변동률에 대한 자료이다. 이에 대한 설명으로 옳은 것을 [보기]에서 모두 고르면?

○△× ○△× ○△×

[표] 연도별 수도권과 비수도권의 지가변동률 (단위: %)

구분	수도권	비수도권
2012년	0.37	1.47
2013년	1.20	1.30
2014년	2.68	2.06
2015년	1.90	2.77
2016년	2.99	2.97
2017년	4.31	3.97
2018년	6.11	3.64

보기

㉠ 비수도권의 지가변동률은 매년 상승하였다.
㉡ 비수도권의 지가변동률이 수도권의 지가변동률보다 높은 해는 3개이다.
㉢ 전년 대비 지가변동률 차이가 가장 큰 해는 수도권과 비수도권이 동일하다.

① ㉠ ② ㉡ ③ ㉠, ㉢ ④ ㉡, ㉢ ⑤ ㉠, ㉡, ㉢

13 다음 [표]는 카페 메뉴의 5개월간 판매량에 대한 자료이다. 주어진 [표]를 바탕으로 [그래프]를 작성하였을 때, 옳은 것을 고르면?

○△×
○△×
○△×

[표] 카페 메뉴 판매량 추이

(단위: 개)

메뉴	7월	8월	9월	10월	11월
고구마라테	50	50	165	( )	( )
사과수박주스	250	300	120	105	115
바나나케이크	( )	150	195	210	165
총 판매량	( )	500	480	( )	( )

조건

- 11월의 고구마라테 판매량은 7월 사과수박주스 판매량과 8월의 고구마라테 판매량을 합친 값이다.
- 7월의 총 판매량은 8월의 총 판매량의 90%이다.
- 8월의 바나나케이크의 판매량은 10월 총 판매량의 25%이다.

① 월별 고구마라테 판매량

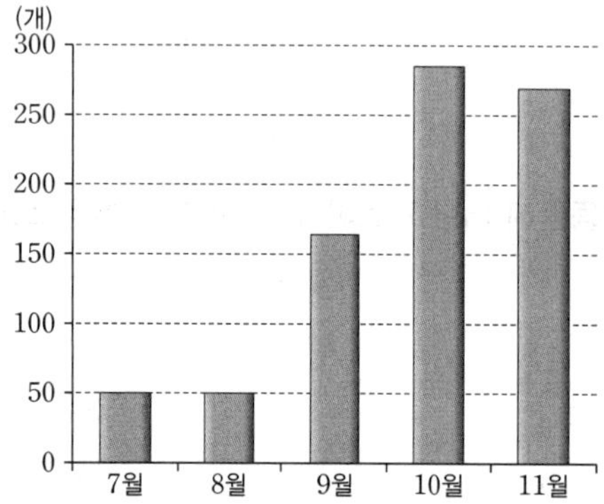

② 월별 카페 메뉴 총 판매량

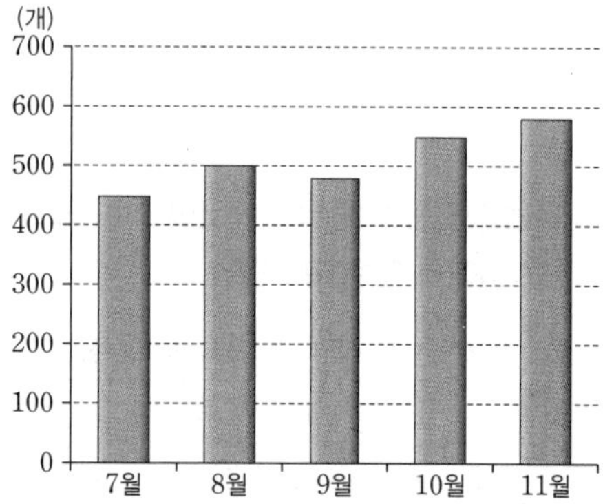

③ 월별 바나나케이크 판매량

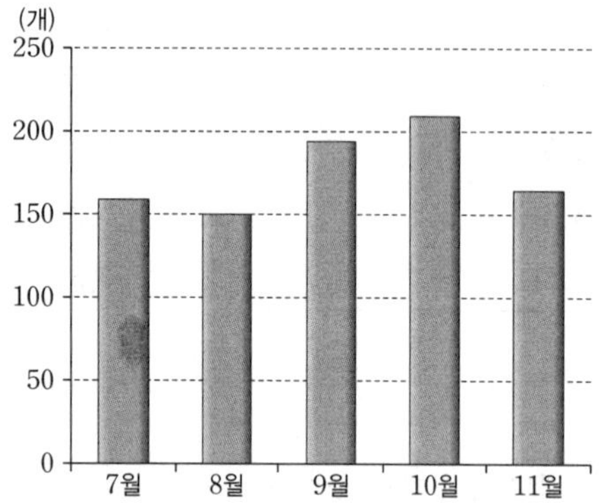

④ 월별 고구마라테 판매량

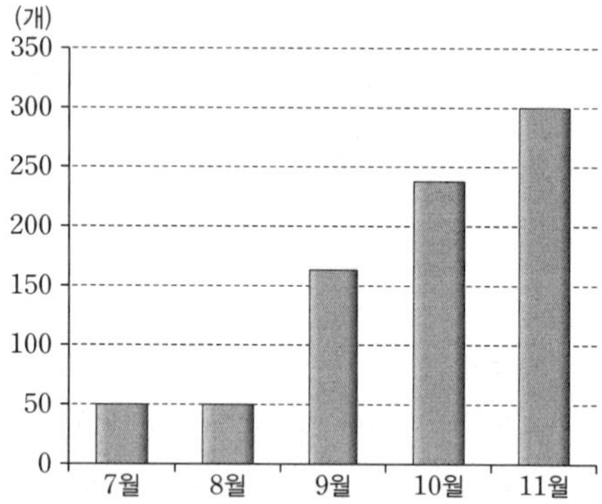

⑤ 월별 카페 메뉴 총 판매량

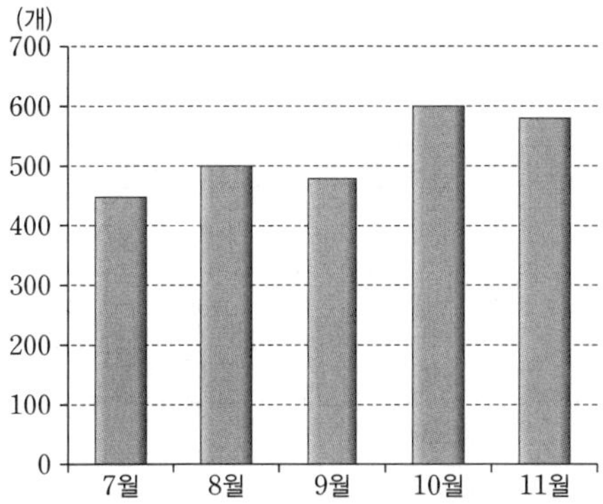

14 다음 [표]는 2015년 철도화물 수송종류별 수송실적에 대한 자료이다. 이에 대한 설명으로 옳은 것을 [보기]에서 모두 고르면?

○△×
○△×
○△×

[표] 철도화물 수송종류별 수송실적 (단위: 톤)

구분	수송실적
컨테이너	9,841,271
시멘트	14,890,584
석탄	3,820,145
유류	1,015,808
광석	2,057,496
철강	2,712,824
일반기타	2,161,921
건설	114,629
순수사업용	213,491
위수탁사업용	265,473
전체	37,093,642

보기

㉠ 수송실적 중 가장 높은 비중을 차지하는 것은 시멘트이다.
㉡ 석탄의 수송실적은 전체 수송실적의 약 10%를 차지한다.
㉢ 두 번째로 수송실적이 많은 물품과 세 번째로 수송실적이 많은 물품의 수송실적을 더한 값은 시멘트 수송실적보다 많다.
㉣ 컨테이너의 수송실적은 유류와 건설의 수송실적 합의 약 5배이다.

① ㉠, ㉡　② ㉠, ㉢　③ ㉡, ㉢　④ ㉠, ㉡, ㉣　⑤ ㉡, ㉢, ㉣

15 다음 [표]는 한국, 중국, 일본 3개국의 배타적경제수역(EEZ) 내 조업현황을 나타낸 자료이다. 이에 대한 설명으로 옳은 것을 고르면?

○△×
○△×
○△×

[표] 한국, 중국, 일본의 배타적경제수역(EEZ) 내 조업현황 (단위: 척, 일, 톤)

해역	어선 국적	구분	2010년 12월	2011년 11월	2011년 12월
한국 EEZ	일본	입어척수	30	70	57
		조업일수	166	1,061	277
		어획량	338	2,176	1,177
	중국	입어척수	1,556	1,468	1,536
		조업일수	27,070	28,454	27,946
		어획량	18,911	9,445	21,230
중국 EEZ	한국	입어척수	68	58	62
		조업일수	1,211	789	1,122
		어획량	463	64	401
일본 EEZ	한국	입어척수	335	242	368
		조업일수	3,992	1,340	3,236
		어획량	5,949	500	8,233

① 2011년 12월 중국 EEZ 내 한국어선 조업일수는 전월 대비 감소하였다.
② 2011년 11월 한국어선의 일본 EEZ 내 입어척수는 전년 동월 대비 감소하였다.
③ 2011년 12월 일본 EEZ 내 한국어선의 조업일수는 같은 기간 중국 EEZ 내 한국어선 조업일수의 3배 이상이다.
④ 2011년 12월 일본어선의 한국 EEZ 내 입어척수당 조업일수는 전년 동월 대비 증가하였다.
⑤ 2011년 11월 일본어선과 중국어선의 한국 EEZ 내 어획량의 합은 같은 기간 중국 EEZ와 일본 EEZ 내 한국어선 어획량의 합의 20배 이상이다.

16 다음 [표]는 연도별 도시 수, 도시 인구 및 도시화율에 대한 자료이다. 이에 대한 설명으로 옳지 않은 것을 [보기]에서 모두 고르면?

○△× ○△× ○△×

[표] 연도별 도시 수, 도시 인구 및 도시화율 (단위: 개, 명, %)

구분	도시 수	도시 인구	도시화율
1910년	12	1,122,412	8.4
1915년	7	456,430	2.8
1920년	7	508,396	2.9
1925년	19	1,058,706	5.7
1930년	30	1,605,669	7.9
1935년	38	2,163,453	10.1
1940년	58	3,998,079	16.9
1944년	74	5,067,123	19.6
1949년	60	4,595,061	23.9
1955년	65	6,320,823	29.4
1960년	89	12,303,103	35.4
1966년	111	15,385,382	42.4
1970년	114	20,857,782	49.8
1975년	141	24,792,199	58.3
1980년	136	29,634,297	66.2
1985년	150	34,527,278	73.3
1990년	149	39,710,959	79.5
1995년	135	39,882,316	82.6
2000년	138	38,784,556	84.0
2005년	151	41,017,759	86.7
2010년	156	42,564,502	87.6

※ 도시화율(%) $= \frac{\text{도시 인구}}{\text{전체 인구}} \times 100$

※ 평균 도시 인구 $= \frac{\text{도시 인구}}{\text{도시 수}}$

보기

㉠ 1949~2010년 중 직전 조사연도에 비해 도시 수가 증가한 해는 직전 조사연도에 비해 도시화율도 증가하였다.

㉡ 1949~2010년에 직전 조사연도 대비 도시 인구 증가폭이 가장 큰 해에 직전 조사연도 대비 도시화율 증가폭도 가장 크다.

㉢ 조사 기간 중 전체 인구가 처음으로 4천만 명을 초과한 해는 1970년이다.

㉣ 1955년의 평균 도시 인구는 10만 명 이상이다.

① ㉠, ㉡ ② ㉠, ㉢ ③ ㉡, ㉢ ④ ㉡, ㉣ ⑤ ㉠, ㉢, ㉣

17 ○△× ○△× ○△× 다음 [표]는 기혼자의 1일 평균 가사노동 종류별 가사노동시간에 대한 자료이다. 2009년 남성의 가정관리 가사노동시간은 가족 및 가구원 돌보기 가사노동시간의 2배였고, 2014년 남성 가정관리 가사노동시간과 가족 및 가구원 돌보기 가사노동시간은 각각 2009년과 2019년의 평균과 같다. 이때 [표]의 빈칸 ⓐ~ⓕ에 들어갈 수를 모두 더한 값을 고르면?

[표] 기혼자의 1일 평균 가사노동 종류별 가사노동시간 (단위: 분)

구분	2009년		2014년		2019년	
	남성	여성	남성	여성	남성	여성
전체	39	255	(ⓒ)	247	(ⓔ)	238
가정관리	(ⓐ)	198	(ⓓ)	192	38	189
가족 및 가구원 돌보기	(ⓑ)	57	14	55	(ⓕ)	49

① 181 ② 183 ③ 185 ④ 187 ⑤ 189

18 ○△× ○△× ○△× 다음 [표]는 5개 팀으로 구성된 프로야구 리그의 2020 시즌 팀별 상대전적을 시즌 종료 후 종합한 것이다. 이에 대한 설명으로 옳지 않은 것을 고르면?

[표] 2020 시즌 팀별 상대전적

팀 \ 상대팀	A	B	C	D	E
A	–	(가)	( )	( )	( )
B	6–10–0	–	( )	( )	( )
C	7–9–0	8–8–0	–	8–8–0	( )
D	6–9–1	8–8–0	8–8–0	–	( )
E	4–12–0	8–8–0	6–10–0	10–6–0	–

※ 표 안의 수는 승리–패배–무승부의 순으로 표시되며 예를 들어, B팀의 A팀에 대한 전적(6–10–0)은 6승 10패 0무임

※ 팀의 시즌 승률(%)$=\frac{\text{해당 팀의 시즌 승리 경기 수}}{\text{해당 팀의 시즌 경기 수}}\times 100$

① (가)에 들어갈 내용은 10–6–0이다.
② B팀의 시즌 승률은 50% 이하이다.
③ 시즌 승률이 50% 이상인 팀은 1팀이다.
④ C팀은 E팀을 상대로 승리한 경기 수가 패배한 경기 수보다 많다.
⑤ 시즌 전체 경기 결과 중 무승부는 1경기이다.

[19~20] 다음 자료를 바탕으로 질문에 답하시오.

B공단의 신입사원인 준수, 우석, 승룡, 순국, 승민, 원근, 준환, 석원이는 기숙사에 방 배정을 받았다. 이들은 201호부터 205호까지의 방에 배정을 받았는데, 각 방은 왼쪽부터 차례로 201호부터 205호까지 위치해 있으며 이층 침대가 1개씩 있어서 최대 2명까지 입주할 수 있다. 다음은 방 배정을 받은 신입사원들이 자신이 배정받은 방에 대해 설명한 것이다. 202호에는 준환이가 입주하고 이층 침대의 위층은 사용하지 않으며, 204호에는 원근이가 입주했다.

- 준수: 내 방에 함께 입주한 사람은 위층 침대를 사용한다.
- 우석: 내 방 바로 왼쪽에 준환이 입주했는데, 그는 나와 같은 층의 침대를 쓴다.
- 승민: 내 방의 위층 침대는 순국이 사용한다.
- 원근: 나와 석원은 같은 방에 입주하지 않았다.
- 승룡: 내 방의 위층 침대는 아무도 쓰지 않는다.
- 석원: 내 방은 201호와 202호는 아니다.

19 201호에 입주할 수 있는 가능성을 가진 사람을 모두 고르면?

O△X ① 승룡, 승민 ② 순국, 승민 ③ 준수, 순국, 승민
O△X ④ 승룡, 순국, 승민 ⑤ 준수, 승룡, 순국, 승민
O△X

20 항상 옳은 것을 고르면?

O△X ① 승룡은 201호에 입주했다. ② 순국은 203호에 입주했다. ③ 석원은 203호에 입주했다.
O△X ④ 승민은 205호에 입주했다. ⑤ 석원은 205호에 입주했다.
O△X

21 **원형테이블에 번호 순서대로 앉아 있는 5명의 여자 1, 2, 3, 4, 5 사이에 5명의 남자 A, B, C, D, E가 한 명씩 앉아야 한다. 다음 [조건]을 바탕으로 자리를 배치할 때, 옳지 않은 것을 고르면?**

○△×
○△×
○△×

조건

- A는 짝수번호의 여자 옆에 앉아야 하고 5의 옆에는 앉을 수 없다.
- B는 짝수번호의 여자 옆에 앉을 수 없다.
- C가 3 옆에 앉으면 D는 1 옆에 앉는다.
- E는 3 옆에 앉을 수 없다.

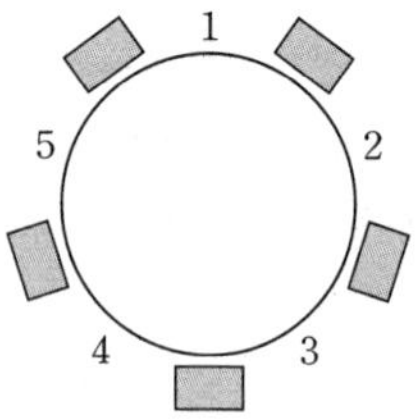

① A는 1과 2 사이에 앉을 수 없다.
② D는 4와 5 사이에 앉을 수 없다.
③ C가 2와 3 사이에 앉으면 A는 반드시 3과 4 사이에 앉는다.
④ E가 1과 2 사이에 앉으면 C는 반드시 4와 5 사이에 앉는다.
⑤ E가 4와 5 사이에 앉으면 A는 반드시 2와 3 사이에 앉는다.

22 기업 교육을 하는 프리랜서 강사인 은미 씨는 교통비 관리를 위해 가계부를 쓰기로 하고 1~7월까지의 KTX 이용비를 조사하였다. 다음 [조사 결과]를 바탕으로 KTX 이용비가 낮은 달부터 순서대로 바르게 나열한 것을 고르면?

○△×
○△×
○△×

> [조사 결과]
> ㉠ 7월 KTX 이용비는 6월 KTX 이용비의 2배 이상이다.
> ㉡ 1월 KTX 이용비와 3월 KTX 이용비는 같다.
> ㉢ 2월 KTX 이용비는 6월과 7월 KTX 이용비를 합한 것과 같다.
> ㉣ 4월 KTX 이용비가 가장 낮다.
> ㉤ 5월 KTX 이용비는 2월, 3월, 7월 KTX 이용비를 모두 합한 것과 같다.
> ㉥ 1월 KTX 이용비는 2월과 7월 KTX 이용비를 합한 것과 같다.

① 4월, 2월, 1월, 3월, 7월, 6월, 5월
② 4월, 6월, 7월, 1월, 2월, 3월, 5월
③ 4월, 2월, 6월, 7월, 1월, 3월, 5월
④ 4월, 6월, 7월, 1월, 3월, 2월, 5월
⑤ 4월, 6월, 7월, 2월, 1월, 3월, 5월

23 다음 글을 바탕으로 판단할 때, 옳은 것을 [보기]에서 모두 고르면?

○△×
○△×
○△×

국회의원 선거는 목적에 따라 총선거, 재선거, 보궐선거 등으로 나누어진다. 대통령제 국가에서는 의원의 임기가 만료될 때 총선거가 실시된다. 반면 의원내각제 국가에서는 의원의 임기가 만료될 때뿐만 아니라 의원의 임기가 남아 있으나 총리(수상)에 의해 의회가 해산된 때에도 총선거가 실시된다.

대다수의 국가는 총선거로 전체 의원을 동시에 새롭게 선출하지만, 의회의 안정성과 연속성을 고려하여 전체 의석 중 일부만 교체하기도 한다. 이러한 예는 미국, 일본, 프랑스 등의 상원선거에서 나타나는데, 미국은 임기 6년의 상원의원을 매 2년마다 1/3씩, 일본은 임기 6년의 참의원을 매 3년마다 1/2씩 선출한다. 프랑스 역시 임기 6년의 상원의원을 매 3년마다 1/2씩 선출한다.

재선거는 총선거가 실시된 이후에 당선 무효나 선거 자체의 무효 사유가 발생하였을 때 다시 실시되는 선거를 말한다. 예를 들어 우리나라에서는 선거 무효 판결, 당선 무효, 당선인의 임기 개시 전 사망 등의 사유가 있는 경우에 재선거를 실시한다.

보궐선거는 의원이 임기 중 직책을 사퇴하거나 사망하는 등 부득이한 사유로 의정 활동을 수행할 수 없는 경우에 이를 보충하기 위해 실시되는 선거이다. 다수대표제를 사용하는 대부분의 국가는 보궐선거를 실시하는 반면, 비례대표제를 사용하는 대부분의 국가는 필요시 의원직을 수행할 승계인을 총선거 때 함께 정해 두어 보궐선거를 실시하지 않는다.

보기

㉠ 일본 참의원의 임기는 프랑스 상원의원의 임기와 같다.
㉡ 미국은 2년마다 전체 상원의원을 새로 선출한다.
㉢ 다수대표제를 사용하는 대부분의 국가에서는 의원이 임기 중 사망하였을 때 보궐선거를 실시한다.
㉣ 우리나라에서는 국회의원 당선인이 임기 개시 전 사망한 경우 재선거가 실시된다.

① ㉠, ㉡ ② ㉠, ㉢ ③ ㉡, ㉣ ④ ㉠, ㉢, ㉣ ⑤ ㉡, ㉢, ㉣

24 A공기업에서는 메타버스 시대에 대비하기 위해서 TF를 조직하려고 한다. 경쟁적인 에자일 조직을 만들기 위해 9명의 사원을 세 명씩 나누어 3개의 TF를 만들고자 한다. 각 TF에는 A, B, C라는 팀명이 붙어 있다. 9명의 사원 중 4명(가, 나, 다, 라)은 기획자고, 나머지 5명(마, 바, 사, 아, 자)은 개발자다. 각 사원은 반드시 세 팀 중 어느 한 곳에 속해야 하며 팀 구성에는 다음 [조건]이 만족되어야 한다. 만일 '다'와 '마'가 B팀에 속한다면 A팀에 속하는 사원을 고르면?

○△×
○△×
○△×

조건

- 각 팀에는 적어도 한 명의 기획자가 포함되어야 한다.
- 가는 반드시 두 명의 개발자와 같은 팀에 속해야 한다.
- 바는 반드시 C팀에 속해야 한다.
- 아는 반드시 A팀에 속해야 한다.
- 가, 라, 사 중 누구도 바와 같은 팀에 속해서는 안 된다.

① 가, 라, 아 ② 가, 사, 아 ③ 가, 아, 자 ④ 라, 사, 아 ⑤ 라, 아, 자

25 **다음 글을 바탕으로 흡연자가 인지부조화이론에 따라 취할 수 있는 전략의 예로 적절하지 <u>않은</u> 것을 고르면?**

○△×
○△×
○△×

> 인지부조화이론(cognitive dissonance)은 페스팅거(Festinger, 1957)에 의해 개발되었는데, 이 이론에 의하면 사람들은 갈등을 몰아내고 균형, 평형 또는 조화 상태를 회복하기 위해 동기화된다고 한다. 보다 잘 알려진 바에 의하면 이 이론은 우리가 심리적으로 세계에 대한 능률적이고 균형되고 잘 조직된 관점을 유지하려고 노력한다고 설명하고 있다.
>
> 한편, 인지부조화이론에 따르면 갈등은 그 개인으로 하여금 갈등적인 경험을 통해 생성된 불안을 몰아내도록 압박을 가한다고 한다.

① 흡연과 암이 무관함을 주장하는 보고서를 찾아 읽는다.
② 흡연이 암을 일으킨다는 사실을 받아들인다.
③ '죽음은 어차피 고통스럽고 불가피한 것이니, 암인들 무슨 관계가 있겠는가?'라고 생각한다.
④ 담배를 끊는다.
⑤ 의사들이 오류를 범한다는 사실을 완고하게 주장한다.

정답과 해설 ▶ P.74

MEMO

eduwill

에듀윌 공기업

매일 1회씩 꺼내 푸는 NCS

DAY 12

eduwill

매1N 3회독 루틴 프로세스

*더 자세한 내용은 매1N 3회독 학습가이드를 확인하세요!

1 3회독 기록표에 학습날짜와 문제풀이 시작시간을 적습니다.

2 시험장에서 문제를 푸는 것처럼 풀어 보세요.

3 모바일 OMR 또는 회독용 답안지에 마킹한 후, 종료시간을 적고 초과시간을 체크합니다.

▶모바일 OMR 바로가기

[1회독용]	[2회독용]	[3회독용]
http://eduwill.kr/LToF	http://eduwill.kr/lToF	http://eduwill.kr/BToF

4 문항별 3회독 체크표(◯ △ ✕)에 표시합니다. 문제를 풀면서 알고 풀었으면 ◯, 헷갈렸으면 △, 전혀 몰라서 찍었으면 ✕에 체크하세요.

3회독 TIP

- 1회독: 25문항을 빠짐없이 풀어 보세요.
- 2~3회독: 틀린 문항만 골라서 풀어 보세요.

3회독 기록표

1회독		2회독		3회독	
학습날짜	월 일	학습날짜	월 일	학습날짜	월 일
시작시간	:	시작시간	:	시작시간	:
종료시간	:	종료시간	:	종료시간	:
점 수	점	점 수	점	점 수	점

제한시간 | 35분

01 다음 글의 주제로 옳은 것을 고르면?

○△×
○△×
○△×

종이 없는 '미래의 사무실'을 예견한 지 오랜 시간이 흘렀지만 전자적 형태를 띠고 있는 경영 정보는 1%에 불과하다. 더구나 새로운 기술은 능률과 생산성 측면에서 지금까지 거의 긍정적인 효과를 내지 못하였다. 그래서 '컴퓨터와 생산성 간의 역설'이 널리 퍼지고 있다. MIT의 경제학자 로버트 솔로(Robert Solow)는 '도처에 컴퓨터가 있지만 생산성은 여전히 정체되어 있다.'고 지적하였다. 그러나 이것은 기술이 그 약속을 실현할 수 없다는 것을 뜻하지는 않는다. 문제는 기술 자체에 있는 것이 아니라 조직이 기술을 어떻게 사용하고 흡수할 것인지를 배우는 과정에 있다.

많은 경우에 기술은 기존 형태의 조직 속에 스며든다. 기술은 반복적인 생산 공정의 속도와 효율성을 개선하기 위해 도입되며, 노동자와 경영자는 컴퓨터를 이용한다. 여러 분석가들은 생산 과정을 통합하는 기술의 잠재력과 그 이점을 취하려면, 조직이 부분적으로 재설계되어야 한다고 밝혔다. 일부 소수 기업은 이 점을 인식하였다. 예를 들면 프리토레이사와 레이챔사의 경우가 신기술을 이용하여 생산성을 증대한 사례로 손꼽힌다. 이렇게 조직을 성공적으로 재구조화한 사례도 있지만 실패한 사례도 많다. 보고된 바에 따르면 개별 기업체들이 보유하고 있는 컴퓨터 시스템 간에 네트워킹이 되지 않아 많은 문제점이 발생했다. 한 사무실이 아무리 훌륭한 장비와 컴퓨터에 능숙한 작업진들을 갖추고 있다 하더라도 컴퓨터 시스템 간에 네트워킹이 되어 있지 않으면 다른 사무실이나 그 회사의 주 컴퓨터 내에 있는 핵심적인 데이터에 접근하지 못하게 되는 것이다.

① 조직 자체보다 신기술을 배우는 과정이 중요하다.
② 컴퓨터를 통한 새로운 기술은 생산성의 향상을 가져온다.
③ 생산성 역설은 혁명적 기술의 초기 단계에서는 필연적이다.
④ 시스템 간 컴퓨터 네트워킹의 부재가 생산성 정체의 주 원인이다.
⑤ 신기술을 통한 생산성의 향상을 위해서는 조직의 변화가 필요하다.

02 다음 글의 내용과 일치하는 것을 고르면?

○△×
○△×
○△×

오늘날에는 매우 다양한 모양의 바퀴가 사용되고 있는데, 통나무를 잘라 만든 원판 모양의 나무바퀴는 기원전 5,000년경부터 사용된 것으로 추정된다. 이후 나무바퀴는 세 조각의 판자를 맞춘 형태로 진화했다. 현존하는 유물로는 기원전 3,500년경에 제작된 것으로 추정되는 메소포타미아의 전차(戰車)용 나무바퀴가 가장 오래된 것이다.

바퀴가 처음부터 모든 문명에서 사용된 것은 아니다. 이집트에서는 피라미드를 만들 때 바퀴가 아닌 썰매를 사용했다. 잉카 원주민과 아메리카 원주민은 유럽인이 전파해 주기 전까지 바퀴의 존재조차 몰랐다. 유럽인이 바퀴를 전해 준 다음에도 아메리카 원주민들은 썰매를 많이 이용했다. 에스키모는 지금도 개가 끄는 썰매를 이용하고 있다.

바퀴가 수레에만 사용된 것은 아니다. 도자기를 만드는 데 사용하는 돌림판인 물레는 바퀴의 일종으로 우리나라에서는 4,000년 전부터 사용했다. 메소포타미아에서도 바퀴는 그릇을 빚는 물레로 쓰였다.

바퀴의 성능은 전쟁용 수레인 전차가 발달하면서 크게 개선되었다. 기원전 2,000년경 히타이트족은 처음으로 바퀴살이 달린 바퀴를 전차에 사용하였다. 그 뒤 산업 혁명기에 발명된 고무타이어가 바퀴에 사용되면서 바퀴의 성능은 한층 개선되었다. 1885년 다임러와 벤츠가 최초로 가솔린 자동차를 발명했다. 자동차용 공기압 타이어는 그로부터 10년 후 프랑스의 미쉐린 형제에 의해 처음으로 개발되었다. 1931년 미국 듀퐁사가 개발한 합성고무가 재료로 사용되면서 타이어의 성능은 더욱 발전하고 종류도 다양해졌다.

① 바퀴를 처음 만들고 사용한 사람은 기원전 3,500년경 메소포타미아인이다.
② 19세기 초반부터 이미 자동차에 공기압 타이어가 사용되었다.
③ 전차의 발달과 고무타이어의 발명은 바퀴의 성능 개선에 기여했다.
④ 바퀴가 없었던 지역에 바퀴가 전해진 이후 그 지역에서 썰매는 사용되지 않았다.
⑤ 바퀴가 수레를 움직이는 것 외에 다른 용도로 사용되기 시작한 것은 산업 혁명기 이후였다.

03 다음 글의 내용과 일치하는 것을 고르면?

○△×
○△×
○△×

우리나라는 1948년 7월 17일 공포된 제헌 헌법에서 처음으로 근대적인 지방자치제도의 도입 근거를 마련하였다. 이후 1949년 7월 4일 지방자치법이 제정되어 지방선거를 통해 지방의회를 구성할 수 있게 되었다. 지방자치법의 주요 내용을 살펴보면 다음과 같다. 첫째, 지방자치단체의 종류는 서울특별시와 도, 시·읍·면으로 한다. 둘째, 의결기관과 집행기관을 따로 둔다. 셋째, 지방자치단체장 중 서울특별시장과 도지사는 대통령이 임명하고, 시·읍·면장은 지방의회가 선출한다. 넷째, 지방의회의원은 임기 4년의 명예직으로 한다. 다섯째, 지방의회에는 지방자치단체장에 대한 불신임권을, 지방자치단체장에게는 지방의회해산권을 부여한다.

그러나 실제로 지방자치법에 따른 지방선거는 사회가 불안정하다는 이유로 실시되지 못한 채 연기되었다. 이후 대통령은 1951년 12월 31일 헌법 개정과 함께 갑작스럽게 지방선거 실시를 발표하였다. 이에 따라 전쟁 중인 1952년 4월 25일에 치안 불안 지역과 미수복 지역을 제외한 지역에서 시·읍·면의회 의원선거를 실시하였고, 5월 10일에 서울특별시, 경기도, 강원도 등을 제외한 7개 도에서 도의회 의원선거를 실시하였다. 1953년 5월에는 선거를 치르지 못했던 지역에서 도의회의원을 선출하는 선거가 실시되었다.

1956년에는 지방자치법을 개정하여 시·읍·면장을 주민직선을 통해 선출하도록 하였다. 이에 따라 같은 해 8월 8일 제2차 시·읍·면의회 의원선거와 동시에 최초로 주민직선에 의한 시·읍·면장 선거가 실시되었다. 그리고 8월 13일에는 서울특별시의회 및 도의회 의원선거가 실시되었다. 4년 뒤인 1960년 12월에는 지방자치법을 다시 개정하고, 서울특별시장 및 도지사도 주민직선제로 선출하도록 하였다. 이에 따라 같은 해 12월 12일에 서울특별시의회 및 도의회 의원선거, 19일에 시·읍·면의회 의원선거, 26일에 시·읍·면장 선거, 29일에 서울특별시장 및 도지사 선거가 실시되었다.

① 1949년 제정 당시 지방자치법에 따르면, 주민들이 지방자치단체장을 직접 선출하도록 되어 있었다.
② 1949년 제정 당시 지방자치법에 따르면, 대통령이 시·읍·면장을 지명하도록 되어 있었다.
③ 1952년에는 모든 지역에서 지방선거를 통해 지방의회의원이 선출되었다.
④ 1956년에는 지방선거를 통해 시·읍·면장이 처음으로 주민에 의해 직접 선출되었다.
⑤ 1960년 12월에는 전국적으로 두 차례의 지방선거가 실시되었다.

04 다음 글을 바탕으로 판단한 내용으로 옳은 것을 고르면?

○△×
○△×
○△×

> 제○○조 ① 무죄재판을 받아 확정된 사건(이하 '무죄재판사건'이라 한다)의 피고인은 무죄재판이 확정된 때부터 3년 이내에, 확정된 무죄재판사건의 재판서(이하 '무죄재판서'라 한다)를 법무부 인터넷 홈페이지에 게재하도록 해당 사건을 기소한 검사의 소속 지방검찰청에 청구할 수 있다.
> ② 피고인이 제1항의 무죄재판서 게재 청구를 하지 아니하고 사망한 때에는 그 상속인이 이를 청구할 수 있다. 이 경우 같은 순위의 상속인이 여러 명일 때에는 상속인 모두가 그 청구에 동의하였음을 소명하는 자료도 함께 제출하여야 한다.
> ③ 무죄재판서 게재 청구가 취소된 경우에는 다시 그 청구를 할 수 없다.
> 제□□조 ① 제○○조의 청구를 받은 날부터 1개월 이내에 무죄재판서를 법무부 인터넷 홈페이지에 게재하여야 한다.
> ② 다음 각호의 어느 하나에 해당할 때에는 무죄재판서의 일부를 삭제하여 게재할 수 있다.
> 1. 청구인이 무죄재판서 중 일부 내용의 삭제를 원하는 의사를 명시적으로 밝힌 경우
> 2. 무죄재판서의 공개로 인하여 사건 관계인의 명예나 사생활의 비밀 또는 생명·신체의 안전이나 생활의 평온을 현저히 해칠 우려가 있는 경우
> ③ 제2항 제1호의 경우에는 청구인의 의사를 서면으로 확인하여야 한다.
> ④ 제1항에 따른 무죄재판서의 게재기간은 1년으로 한다.

① 무죄재판이 확정된 피고인 갑은 무죄재판이 확정된 때부터 3년 이내에 관할법원에 무죄재판서 게재 청구를 할 수 있다.

② 무죄재판이 확정된 피고인 을이 무죄재판서 게재 청구를 취소한 후 사망한 경우, 을의 상속인은 무죄재판이 확정된 때부터 3년 이내에 무죄재판서 게재 청구를 할 수 있다.

③ 무죄재판이 확정된 피고인 병이 무죄재판서 게재 청구 없이 사망한 경우, 병의 상속인은 같은 순위의 다른 상속인의 동의 없이 무죄재판서 게재 청구를 할 수 있다.

④ 무죄재판이 확정된 피고인 정이 무죄재판서 게재 청구를 하면 그의 무죄재판서는 법무부 인터넷 홈페이지에 3년간 게재된다.

⑤ 무죄재판이 확정된 피고인 무의 청구로 무죄재판서가 공개되면 사건 관계인의 명예를 현저히 해칠 우려가 있는 경우, 무죄재판서의 일부를 삭제하여 게재할 수 있다.

05 다음 글의 빈칸 가와 나에 들어갈 내용으로 적절한 것을 ㉠~㉤에서 골라 바르게 짝지은 것을 고르면?

○△×
○△×
○△×

일반적으로 결정론은 도덕적 책임과 양립할 수 없는 것으로 간주된다. 그 이유는 다음과 같다. ㉠ 결정론이 참일 경우 우리의 실제 행동과는 다른 행동을 할 가능성이 없다. 그런데 ㉡우리에게 실제로 행한 것과는 다른 행동을 할 가능성이 있을 경우에만 우리는 행동의 자유를 가진 존재이다. 또한 ㉢ 우리가 행동의 자유를 가진 존재가 아니라면, 우리는 도덕적 책임을 가질 필요가 없다. 따라서 ㉣결정론이 참일 경우 우리는 행동의 자유를 가진 존재가 아니다. 결론적으로, ㉤결정론이 참일 경우 우리는 도덕적 책임을 가지는 존재가 아니다. 이런 주장에 대해서 철학자 A는 다음 사례를 통해 (가)가 거짓이라고 보임으로써 (나)를 반박하였다.

[사례]

차를 운전하고 있던 어느 날, 나는 우회전을 하기 위해서 차의 핸들을 오른쪽으로 돌리는 행동을 하였다. 이런 행동 이후, 오른쪽으로 움직인 나의 차는 길을 가는 행인을 치는 사고를 일으켰다. 당연히 나는 그 행인을 다치게 만든 것에 대해 도덕적 책임을 느꼈다. 내가 핸들을 오른쪽으로 돌리는 행동이 그 사고를 야기했기 때문이다. 그러나 사실 내 차의 핸들은 오른쪽으로 돌리기 직전에 망가져서 핸들이 오른쪽으로 돌아갈 수밖에 없었고, 그 사고는 일어날 수밖에 없었다. 이와 더불어 여러 다른 사정으로 나에게는 다른 행동의 가능성이 전혀 없었으며, 이에 나에겐 행동의 자유가 존재하지 않았던 것이다. 나는 이런 사실을 모른 채 핸들을 오른쪽으로 돌리는 행동을 하였고 내 차는 오른쪽으로 움직였다. 그 핸들은 내 행동에 따라 움직였고, 내 차도 핸들에 아무런 문제가 없었을 경우와 같이 움직인 뒤 행인을 치었던 것이다. 그렇기 때문에 내 차의 핸들이 망가져 있다는 사실을 알고 난 후에도 나는 행인을 친 것에 대한 도덕적 책임을 가져야 한다는 것을 당연하게 생각했다.

	가	나
①	㉠	㉣
②	㉡	㉣
③	㉡	㉤
④	㉢	㉣
⑤	㉢	㉤

06 다음 글의 주장을 강화하는 진술로 옳은 것을 고르면?

○△×
○△×
○△×

뉴턴의 역학 이론은 아인슈타인의 상대성 이론으로부터 도출되는가? 상대성 이론의 핵심 법칙들을 나타내고 있는 진술들 E_1, E_2, … E_i, … E_m의 집합을 생각해 보자. 이 진술들은 공간적 위치, 시간, 질량 등을 나타내는 변수들을 포함하고 있다. 그리고 이 집합으로부터 관찰에 의해서 확인할 수 있는 것들을 포함하여 상대성 이론의 다양한 진술들을 도출할 수 있다. 그리고 변수들의 범위를 제약하는 진술들을 이용하면 상대성 이론이 어떤 특수한 경우에 적용될 때 성립하는 법칙들도 도출할 수 있다. 가령, 물체의 속도가 광속에 비하여 현저하게 느린 경우에는 계산을 통하여 뉴턴의 운동 법칙, 만유인력 법칙 등과 형태가 같은 진술들 N_1, N_2, … N_i, … N_m을 도출할 수 있다.

이런 점에서 몇몇 제약 조건을 붙임으로써 뉴턴의 역학은 아인슈타인의 상대성 이론으로부터 도출되는 것으로 보인다. 그렇지만 N_i는 상대성 이론의 특수 경우에 해당하는 법칙일 뿐이지 뉴턴 역학의 법칙들이 아니다. E_i에서 공간적 위치, 시간, 질량 등을 나타냈던 변수들이 N_i에서도 나타난다.

여기서 우리는 N_i에 있는 변수들이 가리키는 것은 뉴턴 이론의 공간적 위치, 시간, 질량 등이 아니라 아인슈타인 이론의 공간적 위치, 시간, 질량 등이라는 것을 주의해야 한다. 같은 이름을 가지고 있지만, 아인슈타인의 이론 속에서 변수들이 가리키는 물리적 대상이 뉴턴 이론 속에서 변수들이 가리키는 물리적 대상과 같은 것은 아니다. 따라서 N_i에 등장하는 변수들에 대한 정의를 바꾸지 않는다면, N_i는 뉴턴의 법칙에 속할 수 없다. 그것은 단지 아인슈타인 상대성 이론의 특수 사례일 뿐이다.

① 뉴턴 역학보다 상대성 이론에 의해 태양계 행성들의 공전 궤도를 더 정확히 계산할 수 있다.
② 어떤 물체의 속도가 광속보다 훨씬 느릴 때 그 물체의 운동의 기술에서 뉴턴 역학과 상대성 이론은 서로 양립 가능하다.
③ 일상적으로 만나는 물체들의 운동을 상대성 이론을 써서 기술하면 뉴턴 역학이 내놓는 것과 동일한 결론에 도달한다.
④ 뉴턴 역학에 등장하는 질량은 속도와 무관하지만 상대성 이론에 등장하는 질량은 에너지의 일종이므로 속도에 의존하여 변할 수 있다.
⑤ 매우 빠르게 운동하는 우주선(cosmic ray)의 구성 입자의 반감기가 길어지는 현상은 상대성 이론으로는 설명되지만 뉴턴 역학으로는 설명되지 않는다.

07 다음 글의 내용과 일치하지 않는 것을 고르면?

○△×
○△×
○△×

고용 창출에 주안점을 둔 정책을 입안하더라도 분배에 미치는 영향을 고려하지 않는다면 거품을 부풀리고 불평등만 심화시킬 것이다. 이는 2000년대 초 기술 산업의 거품 붕괴로 인한 경기 침체에 대응했던 연방준비제도(이하 연준)의 저금리 정책의 결과가 잘 보여 준다.

특정 상황에서는 금리의 변동이 투자와 소비의 변화를 이끌어 경기와 고용에 영향을 줄 수 있다. 하지만 다른 수단이 더욱 효과적인 상황도 많다. 가령, 부동산 거품에 대응하려면 금리 인상보다 주택담보 대출을 규제하는 것이 합리적이다. 생산적 투자를 위축시키지 않으면서도 부동산 거품을 가라앉힐 수 있기 때문이다.

경기가 침체된 시기이더라도 금리 인하는 은행의 비용을 줄이는 것 이외에는 경기 회복에 별다른 도움이 되지 않을 수 있다. 대부분의 산업 부문에서 설비 가동률이 낮은 상황이라면 대출 금리가 낮아져도 생산적인 투자가 그다지 늘어나지 않는다. 2000년대 초의 저금리 정책이 생산적인 투자를 증가시키는 대신에 주택 시장의 거품만 초래한 결과를 통해 알 수 있다.

금리 인하는 국공채에 투자했던 퇴직자의 소득을 감소시켰다. 이는 노년층에서 정부로, 정부에서 금융업으로 부의 대규모 이동이 이루어져 불평등의 심화를 불렀다. 그 결과 다양한 경로로 소비가 위축되었다. 은퇴 후의 소득을 확보하거나 혹은 자녀의 학자금을 확보하기 위해 사람들은 저축을 늘렸다. 2000년대 초 연준은 금리 인하가 주가 상승으로 이어져 소비가 늘어나리라고 전망했다. 하지만 금리 인하 이후 주가 상승에 따라 발생한 이득은 대체로 부유층에게 집중적으로 돌아갔기에 대대적인 소비 증가로 이어지지 않았다.

또한 연준의 저금리 정책은 고용 증대를 기대하고 시행했지만 노동을 자본으로 대체하는 투자만을 증대시켰다. 인위적인 저금리로 자본 비용이 낮아지자 기회를 이용하려는 유인이 생겨난 것이다. 노동력이 풍부한 상황인데도 기업은 노동에 투입되는 비용을 절약하는 방향으로 혁신을 강화했다. 미숙련 노동자의 실업률이 높은 상황에서 가게들은 계산원을 해고하고 자동화 기계를 들여놓았다. 그 결과 경기가 회복되더라도 실업률이 떨어지지 않는 구조가 만들어졌다.

① 2000년대 초 연준의 금리 인하로 국공채에 투자한 퇴직자의 소득이 줄어들어 금융업에서 정부로 부가 이동하였다.
② 2000년대 초 연준은 고용 증대를 기대하고 금리를 인하했지만 결과적으로 고용 증대가 더 어려워지도록 만들었다.
③ 2000년대 초 기술 산업의 거품 붕괴로 인한 경기 침체기에 설비 가동률은 대부분의 산업 부문에서 낮은 상태였다.
④ 2000년대 초 연준이 금리 인하 정책을 시행한 후 주택 가격과 주식 가격은 상승하였다.
⑤ 금리 인상은 부동산 거품에 대응하는 가장 효과적인 정책이 아닐 수도 있다.

08 다음 글은 누진세에 관한 설명이다. 이를 바탕으로 [보기]의 요금 체계에 적용된 누진세 방식을 모두 나열한 것을 고르면?

○△×
○△×
○△×

누진세는 소득금액이 커질수록 높은 세율을 적용하도록 정한 세금이다. 즉, 과세물건의 수량이나 화폐액이 증가함에 따라 점차 높은 세율이 적용되는 조세를 말한다. 누진세는 경제력의 격차를 야기시키는 소득 간 불평등을 보정하기 위한 것으로 고소득자에게는 높은 세금을, 저소득자에게는 낮은 세금을 거두자는 의도에서 실시되었다.

제2차 세계대전 후 거의 모든 나라에서 경제력의 불평등과 소득 간 불평등이 문제가 되었고 이에 따라 소득재분배가 주요 문제로 제기되었다. 이때 소득재분배의 효과적인 수단으로 작용한 것이 누진세율의 적용이었다. 이에 따라 현재 세계 대부분의 국가에서 소득세에 누진세를 적용하고 있다.

세율을 누진하는 방식에는 크게 3가지가 있다. 먼저 1개의 과세물건에 대해 하나의 세율을 부과하는 단순 누진법이 있다. 그리고 1개의 과세물건을 몇 단계로 분할하여 각 단계를 초과하는 부분에 점차 높은 세율을 부과하고 그 합계를 1개의 과세물건에 대한 세액으로 삼는 초과 누진법 또는 단계적 누진법이 있다. 또 세율의 누진을 일정 한도까지만 적용시키고 그 이상의 수량에 대해서는 비례세율을 적용하는 제한적 누진법이 있다.

보기

• 주택용전력(저압)

기본 요금(원/호)		전력량 요금(원/kWh)	
100kWh 이하 사용	370	처음 100kWh까지 사용	54.60
101~200kWh 이하 사용	810	다음 100kWh까지 사용	112.80
201~300kWh 이하 사용	1,390	다음 100kWh까지 사용	162.90
301~400kWh 이하 사용	3,330	다음 100kWh까지 사용	235.20
401~500kWh 이하 사용	6,240	다음 100kWh까지 사용	345.90
500kWh 초과 사용	11,440	500kWh 초과 사용	606.80

• 주택용전력(고압)

기본 요금(원/호)		전력량 요금(원/kWh)	
100kWh 이하 사용	370	처음 100kWh까지 사용	52.00
101~200kWh 이하 사용	660	다음 100kWh까지 사용	88.50
201~300kWh 이하 사용	1,130	다음 100kWh까지 사용	127.80
301~400kWh 이하 사용	2,710	다음 100kWh까지 사용	184.30
401~500kWh 이하 사용	5,130	다음 100kWh까지 사용	274.30
500kWh 초과 사용	9,330	500kWh 초과 사용	494.00

① 단순 누진법　② 단계적 누진법　③ 제한적 누진법
④ 단순 누진법, 초과 누진법　⑤ 초과 누진법, 제한적 누진법

09 다음 문자들이 일정한 규칙에 따라 배열되어 있다. 빈칸에 들어갈 알맞은 문자를 고르면?

○△×
○△×
○△×

F E K J P O U T ( )

① A ② B ③ X ④ Y ⑤ Z

10 한나는 연이율 5%와 연이율 15%인 근로자 우대 저축에 총 300만 원을 넣었다. 연이율 15%인 저축에 정해진 한도만큼 모두 넣고 나머지 금액을 연이율 5%인 저축에 넣었다. 1년 후 만기가 되어서 받은 이자가 24만 원이라고 할 때, 연이율 15%인 저축에 넣은 금액을 고르면?(단, 세금은 고려하지 않는다.)

○△×
○△×
○△×

① 50만 원 ② 70만 원 ③ 90만 원 ④ 100만 원 ⑤ 120만 원

11 다음 [표]는 영화 관람료에 대한 자료이다. 이를 바탕으로 가장 많은 요금을 내는 경우를 고르면?

○△×
○△×
○△×

[표] 영화 관람료 (단위: 원)

구분	조조	주중	주말
어른	7,000	10,000	11,000
초, 중, 고등학생	6,000	8,000	10,000
어린이	4,000	5,000	5,000

※ 조조: 아침 9시 전에 시작하는 영화를 의미하며 주말 가격은 위 표의 가격에서 1,000원 추가됨
※ 8살 이하 어린이와 65세 이상 경로 대상은 위 표 금액에서 30% 할인 적용됨

① 대학생 5명이 토요일 아침 8시에 '킹스맨3' 관람
② 중학생 4명이 화요일 오후 6시에 '토르4' 관람
③ 63세, 66세 노부부와 30대 자녀 2명이 일요일 오후 3시에 '신과함께3' 관람
④ 7살 어린이 6명과 40대 인솔자 1명이 목요일 오후 12시에 '보스베이비2' 관람
⑤ 4살, 10살 아이와 그들의 부모가 수요일 오후 7시에 '겨울왕국3' 관람

12 다음 [표]는 과목 등급 산정기준과 과목별 이수단위 및 민수의 과목별 석차에 대한 자료이다. [표]와 [평균등급 산출 공식]에 따라 산정한 민수의 4개 과목 평균등급을 M이라 할 때, M의 범위로 옳은 것을 고르면?

○△×
○△×
○△×

[표1] 과목 등급 산정기준

등급	과목석차 백분율
1	0% 초과 4% 이하
2	4% 초과 11% 이하
3	11% 초과 23% 이하
4	23% 초과 40% 이하
5	40% 초과 60% 이하
6	60% 초과 77% 이하
7	77% 초과 89% 이하
8	89% 초과 96% 이하
9	96% 초과 100% 이하

※ 과목석차 백분율(%)$=\frac{\text{과목석차}}{\text{과목이수인원}}\times 100$

[표2] 과목별 이수단위 및 민수의 과목별 석차

구분 / 과목	이수단위(단위)	석차(등)	이수인원(명)
국어	3	270	300
영어	3	44	300
수학	2	27	300
과학	3	165	300

[평균등급 산출 공식]

평균등급$=\frac{\text{(과목별 등급}\times\text{과목별 이수단위)의 합}}{\text{과목별 이수단위의 합}}$

① $3\leq M<4$　② $4\leq M<5$　③ $5\leq M<6$
④ $6\leq M<7$　⑤ $7\leq M<8$

13 다음 [표]는 2018년 A~E기업의 영업이익, 직원 1인당 영업이익, 평균연봉을 나타낸 자료이다. 주어진 [조건]을 바탕으로 '나', '라'에 해당하는 기업이 바르게 짝지어진 것을 고르면?

○△× ○△× ○△×

[표] A~E기업의 영업이익, 직원 1인당 영업이익, 평균연봉 (단위: 백만 원)

항목 / 기업	영업이익	직원 1인당 영업이익	평균연봉
가	83,600	34	66
나	33,900	34	34
다	21,600	18	58
라	24,600	7	66
마	50,100	30	75

조건

- A기업은 B, C, E기업에 비해 직원 수가 많다.
- C기업은 B, D, E기업에 비해 평균연봉 대비 직원 1인당 영업이익이 작다.
- A, B, C기업의 영업이익을 합쳐도 D기업의 영업이익보다 작다.
- E기업은 B기업에 비해 직원 1인당 영업이익이 작다.

	나	라
①	B	A
②	B	D
③	C	B
④	C	E
⑤	D	A

14 다음 글을 바탕으로 추론한 내용으로 옳지 않은 것을 고르면?

○△×
○△×
○△×

하나의 공공사업에 여러 가지의 대안이 있을 때에는 비용·편익분석을 통해 순편익(편익−비용)이 가장 큰 것을 선택하는 것이 바람직하다. 이때 공공사업의 편익과 비용은 일시에 발생하는 것이 아니라 수년에 걸쳐 발생한다. 공공사업에 대한 타당성 여부는 현재시점에서 평가되어야 하므로 미래에 발생하는 편익과 비용을 모두 현재가치로 환산시켜 비교할 필요가 있다. 이때 사용되는 이자율을 할인율(r, discount rate)이라고 한다. 예를 들어 어떤 공공사업이 실시된 해부터 연간 1,000억 원의 편익이 발생되고 할인율이 15%라면, 그 공공사업의 현재가치는 사업 첫 해에는 1,000억 원, 2차연도에는 870억 원(1,000억 원×할인계수)이 되는 것이다. 다음 [표]는 P자치단체가 2008년에 S공공사업을 실행하기 위한 세 가지 대안의 소요비용을 나타낸 자료이다. 할인율은 15%이며, 세 대안의 실행결과로 발생하는 편익은 동일하다고 가정한다.

[표] 2008년 S공공사업을 실행하기 위한 세 가지 대안의 소요비용 (단위: 십만 원)

구분		2008년	2009년	2010년	2011년	2012년	합계
대안 A	시설비	−	500	500	1,500	−	
	토지비용	500	500	−	−	−	
	인건비	−	−	1,000	2,000	4,000	
	기타 운영비	−	−	500	500	2,000	
	총 비용	500	1,000	2,000	4,000	6,000	13,500
대안 B	시설비	1,000	3,500	−	−	−	
	인건비	1,000	500	500	500	500	
	기타 운영비	3,000	−	1,000	−	−	
	총 비용	5,000	4,000	1,500	500	500	11,500
대안 C	시설비	500	500	200	600	−	
	인건비	−	−	1,000	3,000	4,500	
	기타 운영비	−	−	300	400	500	
	총 비용	500	500	1,500	4,000	5,000	11,500

※ 할인계수$=\frac{1}{(1+r)^t}$

※ 할인율(r)이 15%일 때, 사업시행 연도부터 미래에 발생하는 편익 및 비용의 할인계수는 다음과 같음(t는 사업개시 후 경과연수임)

연도	할인계수
사업 당해연도	1.000
사업 2차연도	0.870
사업 3차연도	0.756
사업 4차연도	0.658
사업 5차연도	0.572

① 할인율을 15%보다 높인다면, 총비용의 현재가치는 떨어진다.
② 대안 A와 C를 비교하면 대안 C를 선택하는 것이 바람직하다.
③ 대안 B와 C를 비교하면 대안 C를 선택하는 것이 바람직하다.
④ 할인율을 10%로 낮출 때, 순편익의 하락폭이 가장 작은 것은 대안 A이다.
⑤ 사업 연도가 경과할수록 연도별 총비용의 현재가치가 꾸준히 상승하는 것은 대안 A이다.

15 다음 [표]는 2021년 코코빌딩 입주 상가의 월별 매출 추이에 대한 자료이다. 이에 대한 설명으로 옳지 않은 것을 [보기]에서 모두 고르면?

○△× ○△× ○△×

[표] 코코빌딩 상가별 월별 매출 추이 (단위: 백만 원)

날짜	A상가	B상가	C상가	D상가
6월	5.12	3.55	6.9	4.5
7월	4.98	3.6	6.95	4.1
8월	5.02	3.61	7.01	4.38
9월	4.8	4.2	6.5	10.21
10월	6.3	5.6	5.76	10.08

보기

㉠ A상가의 10월 매출은 D상가의 6월 매출의 1.5배보다 크다.
㉡ 6~10월의 매출 변동폭(최댓값과 최솟값의 차이)이 가장 작은 곳은 C상가이다.
㉢ 조사 기간에 A상가의 매출 순위는 전달 대비 1번 변동되었다.
㉣ D상가의 10월 매출은 B상가의 7월 매출의 2.8배이다.

① ㉠, ㉡ ② ㉠, ㉢ ③ ㉠, ㉣ ④ ㉡, ㉢ ⑤ ㉡, ㉣

16 다음 [그래프]와 [표]는 OECD국가와 한국인의 성별 기대수명에 대한 자료이다. 이에 대한 설명으로 옳은 것을 고르면?

○△×
○△×
○△×

[그래프] 2009년 OECD국가의 성별 기대수명(상위 10개국)

(단위: 세)

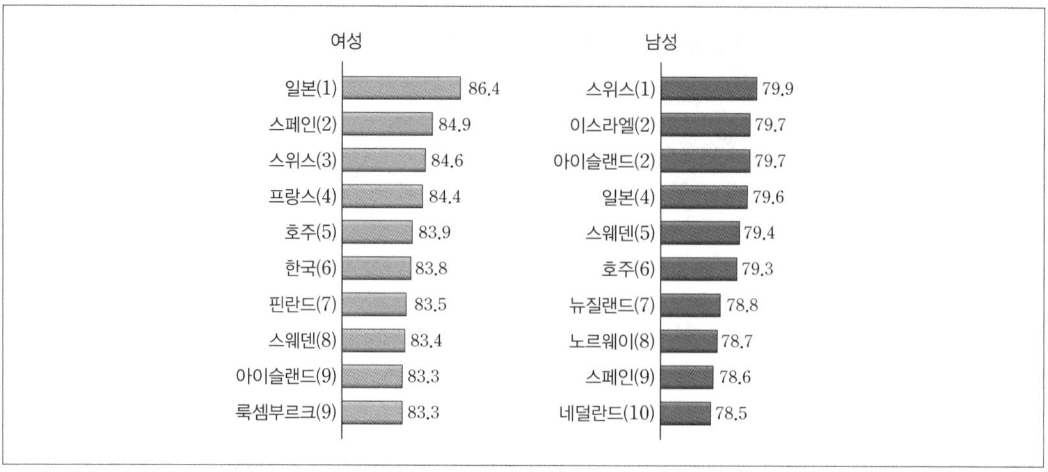

※ ( ) 안의 숫자는 OECD국가 중 해당 국가의 순위를 나타냄

[표] 연도별 한국인의 성별 기대수명

구분	여성		남성	
	순위	기대수명(세)	순위	기대수명(세)
2003년	19	80.8	26	73.9
2006년	13	82.4	23	75.7
2009년	6	83.8	20	76.8

※ 순위는 OECD국가 중 한국의 순위를 나타냄

① 2003년 대비 2009년 한국 남성의 기대수명은 5% 이상 증가하였다.
② 2009년 일본 남성의 기대수명은 일본 여성의 기대수명보다 6.8세 더 많다.
③ 2009년 여성과 남성의 기대수명이 모두 상위 5위 이내인 OECD국가의 수는 2개이다.
④ 2006년과 2009년 한국 남성의 기대수명 차이는 한국 여성의 기대수명 차이보다 크다.
⑤ 2009년 스위스 여성과 스웨덴 여성의 기대수명 차이는 두 나라 남성의 기대수명 차이보다 작다.

17 다음 [표]는 PC와 스마트폰 기반 웹 브라우저 이용에 대한 설문조사를 바탕으로 2013년 10월~2014년 1월 동안 매월 이용률 상위 5종 웹 브라우저의 이용률 현황을 정리한 자료이다. 이에 대한 설명으로 옳은 것을 고르면?

○△× ○△× ○△×

[표1] PC 기반 웹 브라우저 이용률 현황 (단위: %)

구분	2013년			2014년
	10월	11월	12월	1월
인터넷 익스플로러	58.22	58.36	57.91	58.21
파이어폭스	17.70	17.54	17.22	17.35
크롬	16.42	16.44	17.35	17.02
사파리	5.84	5.90	5.82	5.78
오페라	1.42	1.39	1.33	1.28
상위 5종 전체	99.60	99.63	99.63	99.64

※ 무응답자는 없으며, 응답자는 1종의 웹 브라우저만을 이용한 것으로 응답함

[표2] 스마트폰 기반 웹 브라우저 이용률 현황 (단위: %)

구분	2013년			2014년
	10월	11월	12월	1월
사파리	55.88	55.61	54.82	54.97
안드로이드 기본 브라우저	23.45	25.22	25.43	23.49
크롬	6.85	8.33	9.70	10.87
오페라	6.91	4.81	4.15	4.51
인터넷 익스플로러	1.30	1.56	1.58	1.63
상위 5종 전체	94.39	95.53	95.68	95.47

※ 무응답자는 없으며, 응답자는 1종의 웹 브라우저만을 이용한 것으로 응답함

① 2013년 10월 전체 설문조사 대상 스마트폰 기반 웹 브라우저는 최소 10종이다.

② 2014년 1월 이용률 상위 5종 웹 브라우저 중 PC 기반 이용률 순위와 스마트폰 기반 이용률 순위가 일치하는 웹 브라우저는 없다.

③ 2013년 10~12월에 PC 기반 이용률 상위 5종 웹 브라우저의 이용률 순위는 매월 동일하다.

④ 스마트폰 기반 이용률 상위 5종 웹 브라우저 중 2013년 10월과 2014년 1월 이용률의 차이가 2%p 이상인 것은 크롬뿐이다.

⑤ 조사 기간에 스마트폰 기반 이용률 상위 3종 웹 브라우저 이용률의 합은 매월 90% 이상이다.

18 [결재 규정]을 바탕으로 [보기]의 사례에 해당하는 지출품의서를 작성한 것 중 결재 규정에 어긋난 것을 고르면?

[결재 규정]

- 담당자는 결재받을 업무에 대해 최고결재권자를 포함한 이하 직책자의 결재를 받는다.
- 결재란 표시는 다음과 같은 기준으로 한다.
  - 최고결재권자로부터 전결사항을 위임받은 자가 있는 경우, '전결' 표시
    ※ 전결: 결재권을 위임받은 자가 행하는 결재
  - 최종 결재권자란에 '위임받은 자'를 표시
  - 담당자는 본인의 성(姓)과 직책을 쓰고, 팀장은 ☆, 부서장은 ◇, 대표이사는 ◎로 표시
  - 최고결재권자의 결재사항과 최고결재권자로부터 위임된 전결사항은 다음 표의 내용을 따른다.

결재서류	구분	내용	금액	팀장	부서장	대표이사
지출 품의서	교육비	세미나 참석, 개인교육비	25만 원 미만	●		
			25만 원 이상 45만 원 미만		●	
			45만 원 이상			●
	인건비	용역, 강연료	50만 원 미만		●	
			50만 원 이상			●
	출장비	교통비, 숙박비	–			●
	회의비	회의 진행비	40만 원 미만	●		
			40만 원 이상		●	
	수리비	기자재 수리	–			●

보기

㉠ 김 과장은 다음 달에 있을 추계 학술대회 참가비 30만 원을 주최 측에 입금해야 한다.
㉡ 정 차장은 사내교육 강사에게 시간당 강연비로 10만 원을 책정했다.(단, 사내교육은 2시간씩 3회 진행된다.)
㉢ 어제 임 주임은 협력 업체와의 미팅에서 식사비용으로 50만 원을 지출했다.
㉣ 차 사원은 1박 2일 제주도 출장비로 44만 원 소요 예정이다.
㉤ 신 대리가 근무하는 마케팅팀의 복합기 수리비 견적으로 20만 원이 나왔다.

① ㉠:

결재	담당	팀장	부서장	최종 결재
	김 과장	☆	전결	◇

② ㉡:

결재	담당	팀장	부서장	최종 결재
	정 차장	☆	◇	◎

③ ㉢:

결재	담당	팀장	부서장	최종 결재
	임 주임	☆	전결	◇

④ ㉣:

결재	담당	팀장	부서장	최종 결재
	차 사원	☆	◇	◎

⑤ ㉤:

결재	담당	팀장	부서장	최종 결재
	신 대리	전결	☆	☆

19 다음은 그린 포럼의 일정을 조정하고 있는 A직원이 고려해야 할 사항들이다. 반드시 참이라고 할 수 없는 것을 고르면?

○△×
○△×
○△×

- 포럼은 개회사, 발표, 토론, 휴식으로 구성하며, 휴식은 생략할 수 있다.
- 포럼은 오전 9시에 시작하여 늦어도 당일 정오까지는 마쳐야 한다.
- 개회사는 포럼 맨 처음에 10분 또는 20분으로 한다.
- 발표는 3회까지 계획할 수 있으며, 각 발표시간은 동일하게 40분으로 하거나 동일하게 50분으로 한다.
- 각 발표마다 토론은 10분으로 한다.
- 휴식은 최대 2회까지 가질 수 있으며, 1회 휴식은 20분으로 한다.

① 발표를 2회 계획한다면, 휴식을 2회 가질 수 있는 방법이 있다.
② 발표를 2회 계획한다면, 오전 11시 이전에 포럼을 마칠 방법이 있다.
③ 발표를 3회 계획하더라도, 휴식을 1회 가질 수 있는 방법이 있다.
④ 각 발표를 50분으로 하더라도, 발표를 3회 가질 수 있는 방법이 있다.
⑤ 각 발표를 50분으로 하고 개회사를 20분으로 하더라도, 휴식을 2회 가질 수 있는 방법이 있다.

20 ○△× ○△× ○△×

A국은 자동차 수출을 확대하기 위해 새로운 해외시장을 개척하려고 한다. 현재 A국은 해외시장 개척 대상으로 B국과 C국을 고려하고 있으며 B국과 C국은 자동차의 환경친화도를 나타내는 환경점수와 성능우수성을 나타내는 성능점수를 기준으로 자동차 수입을 규제하고 있다. 다음 [표]를 바탕으로 옳은 것을 [보기]에서 모두 고르면?(단, 현재 기준으로 A국의 기술력은 환경점수 65점, 성능점수 64점을 획득할 수 있는 수준이고, 환경친화도를 높이는 연구와 성능향상을 위한 연구가 동시에 추진될 수 없는 상황이며, 두 연구는 연구기간에 상관없이 각각 한 번만 추진된다.)

[표1] B국과 C국의 자동차 수입 허용 기준 (단위: 점)

국가	환경점수	성능점수
B국	69	78
C국	73	69

[표2] 연구기간에 따른 예상 도달점수 (단위: 점)

구분	3개월	6개월	9개월
환경점수	70	74	78
성능점수	69	74	79

보기

㉠ 두 국가 중 한 국가에 진출하는 것을 목표로 하는 경우 B국보다는 C국에 진출하는 것을 목표로 연구를 진행하는 것이, 새로운 해외시장 개척에 소요되는 연구기간을 단축시키는 데 유리하다.

㉡ 두 국가에 모두 진출하는 것을 목표로 연구를 진행하는 경우 최소 12개월의 연구기간이 소요된다.

㉢ 두 국가에 모두 진출하는 것을 목표로 연구를 진행하는 경우 환경친화도 연구보다는 성능우수성 연구를 선행하는 것이 한 국가 진출 후 나머지 국가에 진출하기 위해 필요한 연구기간을 단축시키는 데 유리하다.

㉣ 두 국가에 모두 진출하는 것을 목표로 연구를 진행하는 경우 C국 진출을 위한 준비가 먼저 완료되도록 연구를 진행하면 C국 진출 후 3개월의 연구기간이 더 필요하다.

① ㉠, ㉢ ② ㉡, ㉣ ③ ㉠, ㉡, ㉢
④ ㉠, ㉢, ㉣ ⑤ ㉡, ㉢, ㉣

[21~22] 다음 자료를 보고 질문에 답하시오.

> 조류독감은 그 자체로 조류에 대한 전염성이나 치사율 때문에 매우 위험하고 그 경제적 손실도 크다. 또한 최근에는 조류독감이 인체에 전염될 가능성이 있어서 더욱 더 위험하다.
>
> 조류독감 관련업무의 처리에 필요한 모든 정보를 가진 K사무관은 전염성을 고려하여 4단계의 경계시스템을 발동시킨다. 국민건강을 위해서는 즉각적이고 신속한 경계발동이 필요하지만, 경계시스템 발동은 국가경제에 직접적으로 부정적인 영향을 미친다. 조류독감의 특성과 경계시스템 발동기준은 다음과 같다.
>
> [조류독감의 특성]
>
> - 조류독감의 전염성: 감염조류 발생 시 일주일 이내에 반경 100km 이내 조류 중 약 20%가 감염된다.
> - 조류독감의 인체감염 위험성: 반경 10km 이내 감염조류 200마리당 인체감염자 1명이 발생한다.(현재까지 인체 간 전염은 불가능하다.)
>
> [경계 시스템]
>
> - 1단계 경계: 1마리 이상의 감염조류가 발생하는 경우 무조건 발동
> - 2단계 경계: 20마리 이상의 감염조류가 발생하고 확산이 우려될 때 발동
> - 3단계 경계: 300마리 이상의 감염조류가 발생하고 확산 우려가 있으며 1명 이상의 인체감염자가 발생하는 경우 무조건 발동
> - 4단계 경계: 10명 이상의 인체감염자가 발생하는 경우 무조건 발동

21 K사무관이 내릴 수 있는 의사결정으로 옳은 것을 고르면?

○△× ○△× ○△×

① 200마리의 감염조류가 한 농가에서 발견되었다면 3단계 경계를 발동한다.

② 21마리의 감염조류가 발생하였으나 확산이 우려되지 않는다면 1단계 경계를 발동한다.

③ 350마리의 감염조류가 전국적으로 발생되었다면, 무조건 3단계 경계를 발동한다.

④ 감염조류가 발생된 경우에도 국가경제에 미치는 파급효과를 고려하여 1단계 경계를 발동하지 않는다.

⑤ 인구 100명인 반경 9km의 섬에서 3,000마리의 감염조류가 발생하였지만 4단계 경계를 발동하지 않는다.

22 **경계발동 단계에 따른 [경제적 손실]이 다음과 같을 때, 옳지 <u>않은</u> 것을 고르면?**(단, 각 단계의 손실액은 직전 단계의 손실을 포함하며 경계발동으로 인한 손실 이외의 경제적 손실은 없다.)

○△×
○△×
○△×

> [경제적 손실]
> • 1단계 경계발동: 가축농가에서 약 200억 원 손실
> • 2단계 경계발동: 관련 산업에서 약 1,000억 원 손실
> • 3단계 경계발동: 수출을 포함한 약 2조 원의 손실
> • 4단계 경계발동: 전체 국가경제에서 20조 원 이상의 손실

① 감염조류 19마리의 증가만으로도 약 800억 원의 추가손실이 발생할 수 있다.
② 인체감염자가 발견되지 않더라도 관련 산업에서 약 1,000억 원의 손실이 발생할 수 있다.
③ 조류독감으로 인한 국가경제 손실액이 2조 원에 달한다는 사실은 감염조류의 숫자가 300마리 이상이라는 것을 의미한다.
④ 국가가 조류독감으로 인해 20조 원 이상의 경제적 손실을 입었다는 사실은 최소한 2,000마리 이상의 감염조류가 발생하였다는 것을 의미한다.
⑤ 2조 원 이상의 경제적 손실이 수반되는 조치를 취하기 위하여 국무회의의 의결이 요구되는 경우, 감염환자가 1명만 발생하여도 그에 대한 조치는 국무회의에서 의결되어야 한다.

23 ○△× ○△× ○△× **설문지를 작성하는 경우에는 단어의 선정이나 사소한 의미 변화에 따라 응답이나 분석에 많은 차이가 발생할 수 있기 때문에 적절한 질문을 사용하여야 한다. 다음은 설문지의 문항을 작성할 때 빈번하게 발생하는 오류를 줄이기 위한 지침들이다. 이러한 지침들에 위배되는 것을 [보기]에서 모두 고르면?**

- 가능한 한 의미가 명확하게 구분되는 단어를 사용한다.
- 다지선다형 응답에 있어서는 가능한 응답을 모두 제시해 주어야 한다.
- 응답항목들 간의 내용이 중복되어서는 안 된다.
- 하나의 질문에 두 가지 내용이 포함되어서는 안 된다.
- 응답자들에게 지나치게 자세한 응답을 요구해서는 안 된다.

보기

㉠ 귀하는 얼마나 자주 술을 드십니까?
(1) 매일 마신다 (2) 자주 마신다 (3) 종종 마신다
(4) 거의 안 마신다 (5) 전혀 안 마신다

㉡ 지난 1년 동안 귀하께서 피운 담배의 양은 얼마나 되는지 정확히 기록해 주십시오.
( )갑

㉢ 귀하의 현재 혼인상태는 다음 중 어디에 해당합니까?
(1) 배우자 있음 (2) 이혼 (3) 사별 (4) 미혼

㉣ 귀하께서 현재의 직장을 선택한 가장 중요한 이유는 무엇입니까?
(1) 근무조건이 좋아서 (2) 시설이 좋아서
(3) 봉급이 많아서 (4) 휴가기간이 길어서 (5) 기타

㉤ 귀하는 현재 근무하는 회사의 임금수준과 작업조건에 대해 만족하십니까?
(1) 매우 만족한다 (2) 만족한다 (3) 보통이다
(4) 불만이다 (5) 매우 불만이다

㉥ 귀하는 현재의 직업에 언제부터 종사하셨습니까?
( )년

① ㉠, ㉡, ㉢, ㉣
② ㉠, ㉡, ㉣, ㉤
③ ㉠, ㉢, ㉣, ㉤
④ ㉡, ㉢, ㉣, ㉤
⑤ ㉡, ㉢, ㉤, ㉥

24 **다음 [도표]는 서울과 수도권의 대중교통 카드 호환 여부를 나타낸 자료이다. 이를 바탕으로 [보기]의 진술 중 사실이 아닌 것을 모두 고르면?**(단, 진술은 모두 대중교통 카드로만 이동하는 것으로 가정한다.)

○△×
○△×
○△×

도표

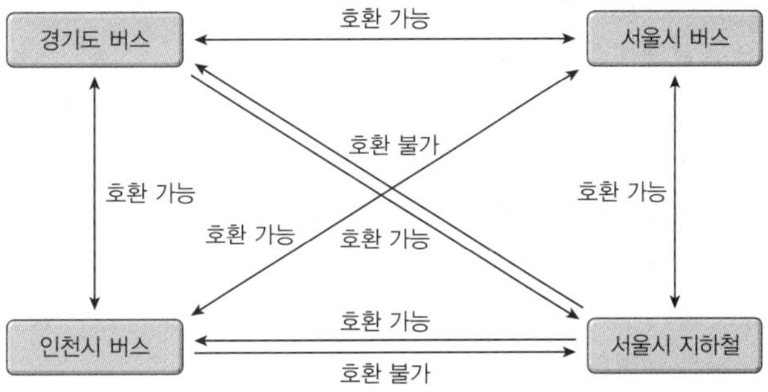

보기

- 우필: 서울시 목동역에서 서울시 지하철을 타고 서울시 신도림역에 하차한 다음 서울시 버스를 타고 인천시 주안에서 하차하고, 다시 인천시 버스를 타고 인하대학교에 도착했다.
- 형석: 서울시 천호에서 경기도 버스를 타고 경기도 분당에서 하차하여 근처 사무실에서 일을 마치고 다시 경기도 버스를 타고 서울시 잠실에 도착하여 서울시 지하철을 탔다가 사무실에 물건을 놓고 온 것이 생각나 서울시 지하철에서 내려 다시 경기도 버스를 타고 분당으로 향했다.
- 래희: 인천시 버스를 타고 경기도 일산에 도착하여 강의를 끝내고 인천시 버스를 타고 인천시 도화의 집에 들렀다가 서울시 지하철을 타고 서울시 신촌역에 하차하였다.
- 은숙: 경기도 일산에서 서울시 지하철을 타고 서울시 강남역에 도착하여 친구들과 놀다가 밤이 늦어서 인천에 사는 친구와 함께 서울시 버스를 타고 부천시 송내에 하차한 다음 다시 인천시 버스로 갈아타서 친구집에서 자고 다음 날 서울시 버스를 타고 경기도 일산 집으로 돌아갔다.
- 종후: 서울시 신대방역에서 서울시 지하철을 타고 경기도 의정부역에 하차한 다음 선배를 만나 서울시 버스를 타고 서울시 상계에 도착하여 식사를 하다가 갑자기 여자친구를 만나러 서울시 버스를 타고 인천시 시내에 내려 여자친구를 만난 후 인천시 버스를 타고 서울시 신대방 자기 집으로 향했다.

① 우필, 형석 ② 형석, 래희 ③ 래희, 은숙
④ 우필, 은숙, 종후 ⑤ 형석, 래희, 종후

25 **다음은 문제해결전략에 대한 설명이다. (가)~(마)에 해당하는 사례를 [보기]에서 골라 바르게 짝지은 것을 고르면?**

(가) 시행착오 전략: 과거 경험에 근거하여 몇 가지 가설을 세우고 그 가설을 검증하여 문제를 해결하는 방법으로 문제해결을 보장받지는 못한다.
(나) 연산법: 문제를 해결하는 데 필요한 규칙과 절차가 상세히 마련되어 있다. 규칙을 이용하여 문제해결을 시도하기 때문에 절차만 따르면 언젠가는 반드시 해결될 것이 보장된다.
(다) 수단-목표분석법: 현재 상태에서 출발하여 도달하고자 하는 최종목표를 설정하고 그것을 여러 개의 중간목표 또는 하위목표로 분할하여 이들 각각의 해결 수단을 강구하는 전략이다.
(라) 후진작업 전략: 최종 목표로부터 시작해서 아직 풀리지 않은 처음 상태의 문제로 단계별로 되돌아가며 문제를 해결하는 방법이다.
(마) 유추법: 현재 당면하고 있는 상황과 공통점이 있는 상황들에 국한시켜 해답을 탐색하는 방법이다.

보기

㉠ 낯선 도시에 도착한 A씨는 이 지역에 친가 쪽 친척이 살고 있다는 정보를 입수하게 되었다. 친척의 이름도 모르고 전화번호도 모른 채 친척의 주소를 찾기 위한 방안을 모색하다가, 지역 전화번호부에는 그 지역 주민들이 모두 등록되어 있다는 사실을 인지하고 지역 전화번호부에 있는 자신과 같은 성을 가진 모든 사람들에게 일일이 전화를 걸어 확인하였다.

㉡ 교육심리 수업을 듣는 B양은 20쪽짜리 논문을 쓰는 기말과제를 너무나 어렵게 느낀다. B양의 어려움을 알게 된 C교수는 먼저 소주제를 정하도록 한 후 적절한 논문주제인지 확인하고 이에 대한 자료를 찾게 하였다. 그리고 B양이 찾아온 자료를 검토하여 이 중 적절한 자료만을 추출하여 이를 읽고 요약 정리하도록 하였다. C교수는 요약 정리된 논문을 다시 검토하여, 최종적으로 B양의 관점으로 논문을 마무리하도록 안내해주었다.

㉢ 이번 주 심리학 수업의 주제는 정보처리이론이다. D교수는 정보처리이론이라는 학습이론을 학생들이 이해하기 쉽게 설명하고자 한다. 그러나 정보처리이론이라는 명칭이 생소하고 그 학습내용을 가르치기가 쉽지 않음을 깨달은 D교수는 컴퓨터에서 이루어지는 자료처리과정과 연산과정을 예시로 들어 인간의 정보처리과정을 설명하였다.

㉣ 친구의 컴퓨터를 사용하고자 하는 E군은 컴퓨터에 암호가 걸려 있어 컴퓨터를 사용할 수 없게 되자, 친구의 생년월일, 전화번호, 주민등록번호를 먼저 입력하여 문제를 해결하고자 하였다. 그럼에도 불구하고 작동하지 않자, 친구가 좋아하는 숫자와 문자 등을 조합하여 암호를 풀고자 하였다.

㉤ F양은 일을 계획적으로 처리하고 수행하는 데 어려움을 느끼는 대학생이다. 공부를 할 때도 늘 마지막 날까지 미루었다가 급하게 하는 습관을 가지고 있다. G교수는 이러한 F양의 습관을 고쳐주기 위하여 과제나 공부의 마감시간을 미리 정해놓는 전략을 알려 주었다. 즉 앞으로 3주 내에 특정 과제를 제출해야 한다면 늦어도 2주 반 전에는 과제가 완성되어야 하고, 2주 전에는 적어도 두 번째 교정이 있어야 하며, 1주 반 전에는 초고를 완성해야 한다는 것을 늘 달력에 표시하여 인지할 것을 강조하였다.

	(가)	(나)	(다)	(라)	(마)
①	㉠	㉣	㉤	㉡	㉢
②	㉣	㉠	㉡	㉤	㉢
③	㉠	㉢	㉡	㉤	㉣
④	㉠	㉡	㉢	㉤	㉣
⑤	㉣	㉠	㉤	㉡	㉢

정답과 해설 ▶ P.82

eduwill

에듀윌 공기업

매일 1회씩 꺼내 푸는 NCS

DAY 13

eduwill

매1N 3회독 루틴 프로세스

*더 자세한 내용은 매1N 3회독 학습가이드를 확인하세요!

1 3회독 기록표에 학습날짜와 문제풀이 시작시간을 적습니다.

2 시험장에서 문제를 푸는 것처럼 풀어 보세요.

3 모바일 OMR 또는 회독용 답안지에 마킹한 후, 종료시간을 적고 초과시간을 체크합니다.

▶모바일 OMR 바로가기

[1회독용] http://eduwill.kr/NToF

[2회독용] http://eduwill.kr/5ToF

[3회독용] http://eduwill.kr/1ToF

4 문항별 3회독 체크표(O △ X)에 표시합니다. 문제를 풀면서 알고 풀었으면 O, 헷갈렸으면 △, 전혀 몰라서 찍었으면 X에 체크하세요.

3회독 TIP

- 1회독: 25문항을 빠짐없이 풀어 보세요.
- 2~3회독: 틀린 문항만 골라서 풀어 보세요.

3회독 기록표

1회독		2회독		3회독	
학습날짜	월 일	학습날짜	월 일	학습날짜	월 일
시작시간	:	시작시간	:	시작시간	:
종료시간	:	종료시간	:	종료시간	:
점 수	점	점 수	점	점 수	점

01 **다음은 상표등록출원 후 의견제출통지서를 발부받은 사람의 질문과 그에 대한 답변이다. 이를 바탕으로 질문자의 상황을 판단한 내용으로 옳지 않은 것을 고르면?**

○△× ○△× ○△×

[질문]

작년에 직접 상표출원을 한 사람입니다. 비용도 아낄 겸 이리저리 알아본 뒤 직접 출원했는데요. '상표법 제1항 제7호에 해당하므로 상표등록을 받을 수 없다.'라는 식의 의견제출통지서를 발부받았습니다. 어떻게 대응해야 하는지 알고 싶습니다. 혼자 시작한 만큼 혼자 끝내고 싶었는데 쉽지가 않네요. 빠르게 답변 부탁드립니다.

[답변]

상표출원 이후에는 통상 8~10개월 정도의 기간을 대기한 뒤에 특허청으로부터 가능 여부에 대한 심사 결과를 받게 됩니다. 등록 가능한 상표인 경우에는 공고결정서를, 등록받을 수 없는 사유가 있는 경우에는 해당 사유를 기재한 법조문과 제출기일을 명시한 의견제출통지서를 발부받게 되는데 후자에 해당하는군요.

우선, 의견제출통지서 제출기일을 확인하신 후, 이를 놓치지 않는 것이 중요합니다. 제출기일은 소정의 수수료를 납부하고 2회에 걸쳐 1개월씩 연장할 수도 있습니다. 또한 중앙에 기재된 거절이유 부분을 확인하셔야 합니다. '본원상표는 지정상품과 관련하여 볼 때 상표법 제○조 제○항 제○호에 해당하므로 상표등록을 받을 수 없다.'라는 내용입니다.

질문하신 내용 중 제○조 부분이 누락되었는데, 이 부분이 제6조인지 또는 제7조인지 등에 따라 대응 방법과 의견서 작성 방향이 정해질 것입니다.

제6조 제1항 제7호 때문이라면 식별력이 있음을 주장해야 하고, 제7조 제1항 제7호 때문이라면 등록 상표와 다름을 주장해야 합니다. 거절이유에 따라서는 출원 시 지정하신 상품 중 일부 요소를 삭제하기만 하면 무난하게 등록되는 경우도 있을 수 있고 다른 상표의 등록 사례를 제출하여 질문자님의 상표 또한 등록 가능한 상표임을 주장하여 거절이유를 극복할 수도 있습니다.

① 현재로서는 질문자는 자신이 제출한 상표로는 상표등록을 할 수가 없다.
② 질문자가 만약 납부기일을 놓친다면, 그 상표를 등록할 수 있는 기회가 영구 박탈된다.
③ 제6조 제1항 제7호 때문이라면, 질문자가 제안한 상표가 일반적이고 평범한 것이 아니라 차별화된 요소를 갖추고 있다는 점을 주장해야 한다.
④ 제7조 제1항 제7호 때문이라면, 특허청은 질문자가 제안한 상표가 기존의 것과 유사하다는 판단을 한 것이다.
⑤ 거절이유에 따라 문제 해결이 굉장히 쉬울 수도 있다.

02 다음 글을 바탕으로 추론한 내용으로 옳지 않은 것을 고르면?

○△×
○△×
○△×

자본주의 시장은 모든 것을 상품화, 즉 가격으로 환원하는 시장체제에 의해 작동된다. 노동시장을 통해서 상품화되는 노동력은 여타 상품과는 달리 재고로 쌓여 있을 수 없으며 끊임없이 재생산되어야 한다. 따라서 상품화에 실패할 때 재생산의 위기, 곧 그 소유주인 노동자의 생존의 위기가 초래된다. 문제는 자본주의라는 생산체제는 거기에 내재된 본래적 결함으로 인하여, 자신의 노동력을 적절히 상품화시키는 데 실패하는 시장 탈락자들을 체계적이고 대규모적으로 발생시킨다는 점이다. 장애인이나 노약자는 논외로 하더라도, 실업자뿐 아니라 저임금이나 불안정 고용에 시달리는 노동자들이 바로 그들이다. 탈상품화란 재생산이라는 절박한 필요로 인하여 쉽사리 시장으로부터 철수되어서는 안되지만 현실에서는 빈번히 철수되거나 철수의 위험 혹은 위협에 직면해 있는 노동이 '비인격적 시장의 작동 원리로부터 독립할 수 있는 정도'로 정의될 수 있다. 이러한 개념화를 확장하면, 복지체계란 하나의 탈상품화 체계이며, 비자발적으로 시장에서 밀려난 자들이 자신의 노동력을 상품화하지 않고도 최소 생활을 영위할 수 있게 하는 사회적 장치인 것이다. 그리고 모든 복지국가는 복지 지출의 종류와 규모, 복지 대상의 선정, 복지 공여의 방식 등에 따라 탈상품화의 효과에서 다양한 양적·질적 차이를 보인다.

물론 탈상품화를 위하여 우리는 기업연금이나 개인연금과 같은 민간 부문에 의존할 수 있다. 그러나 앞에서도 살펴보았듯이 민간 부문의 장치들은 대부분 기여와 급여에서 보험식 산정에 입각해 있는, 즉 화폐관계(cash−nexus)의 연장선상에 있기 때문에, 화폐관계의 그물인 시장 밖으로 밀려난 사람들을 위한 탈상품화 장치로 기능하기에는 뚜렷한 한계를 보인다. 더욱이 세계화 담론의 범람과 더불어 양산되며 전통적 계급 스펙트럼 밖에 위치하는 이른바 저변 계급 혹은 만성적 복지의존 계층에게 민간 보험상품이란, 그렇지 않아도 핍진한 현재적 소비자원을 희생해야만 구입이 가능한, 접근 자체가 원천적으로 힘겨운 사치품일 뿐이다. 따라서 여기에서 다루는 복지국가란 일차적으로 '국가' 복지와 관련된 개념이다.

① 민간 보험이 고도로 발달되어 있더라도 복지국가로 단정하기는 어렵다.
② 자본주의 사회에서 노동자는 생존을 위해 끊임없는 노동의 상품화를 필요로 한다.
③ 시장이 낳은 빈곤과 불평등의 문제는 시장 외부, 즉 국가의 개입을 통해 완화되거나 해소되어야 한다.
④ 복지체계를 강화하기 위해서는 근로복지(workfare)를 장려해야 한다.
⑤ 복지국가의 탈상품화 효과는 단순한 양적 지표를 넘어서야 한다.

03 다음 글의 핵심 주장에 부합하는 사례로 옳은 것을 고르면?

○△×
○△×
○△×

> 벤담의 파놉티콘은 푸코에 의해 현대 사회의 규율 메커니즘으로 탈바꿈했고, 푸코의 파놉티콘은 정보 파놉티콘과 전자 파놉티콘, 수퍼 파놉티콘으로 이어졌다. 그렇지만 우리는 19세기 이후 사회의 파놉티콘화와 더불어 의회, 언론, 시민운동과 같은 시놉티콘이 동시에 발전했으며, 정보 파놉티콘과 전자 파놉티콘은 권력을 감시하는 역파놉티콘으로 기능할 수도 있음을 살펴보았다. '감옥이 없다면 우리 사회가 바로 감옥이라는 사실을 금방 알았을 것'이라는 프랑스 작가 모리스 블랑쇼(Maurice Blanchot)의 말이나 '현대 사회=감옥'이라는 등식은 현대 사회와 조직에서의 통제 메커니즘을 설명하는 데에는 한계가 있다.
>
> 지금까지 우리가 보았듯이 전자 파놉티콘이나 정보 파놉티콘이라는 개념들은 감시의 범위가 넓어졌다는 사실과 감시를 수행하는 중앙 권력이 분산된 것을 잘 설명하지는 못한다는 사실을 차치하고라도 다음과 같은 중요한 인식들을 충분히 담아내지 못하고 있다. 작업장에서의 감시에서 시선보다 정보 수집이 더 중요해진 과정, 이것이 자본주의의 소비주의와 결합하면서 소비자 정보를 수집하는 메커니즘이 발달한 과정, 그리고 이러한 정보 수집이 종종 피감시자의 자발적인 행위와 협조를 통해 일어난다는 것, 특히 인터넷 같은 쌍방향 네트워크나 정보 공개가 투명해질 경우 보통 사람들이 권력자를 감시하는 것과 같은 역파놉티콘과 같은 결과를 낳을 수도 있다는 것이 그것이다.
>
> 그렇지만 역파놉티콘은 자동적으로 이루어지지 않음을 인식하는 것이 중요하다. 시민운동과 다양한 NGO들에 의한 행정 및 사법 권력에 대한 감시, 대기업의 횡포와 통신·인터넷 기업의 개인 정보 유출에 대한 감시, 의정과 언론에 대한 감시, 시민운동의 또 다른 권력화에 대한 끊임없는 성찰과 자기 감시, 인터넷과 같은 새로운 미디어의 통제에 대한 반대운동, 정보의 수집을 제한하는 강력한 프라이버시법의 입법화, 그리고 역감시를 위한 정보 공개권의 확보 등이 결합할 때에 역파놉티콘이 제 기능을 발휘할 것이다.

① 랩탑과 모뎀을 사용해서 다른 해방군 조직에 명령을 전달할 정도로 첨단 기술을 적절하게 사용했다고 알려진 1994년 멕시코 사파티스타 반군의 해방 운동은 자신들을 지지하는 세계의 다양한 그룹과 개인의 세력을 결집하여 정보를 교환하고 여론을 형성했으며, 이후 신자유주의 세계질서에 반대하는 네트워크로 발전했다.

② 도자기 공업에서 성공한 웨지우드는 오래된 장인적 전통에 대항해서 '시간을 엄수하고, 계속 작업에 주의를 기울이고, 고정된 시간 동안 일하고, 청결의 기준을 지키고, 낭비를 방지하고, 술을 금하는' 새로운 규율을 공장에 도입하기 위해 노동자들과 심한 갈등에 휘말리곤 했다.

③ 기계의 발명 자체가 노동을 통제하기 위한 목적에서 이루어지기도 했다. 1824년 숙련 뮬방적공의 연대 파업 이후에 공장주들은 발명가 리처드 로버츠에게 자동으로 작동하는 뮬방적기를 만들어 달라고 요구했으며, 로버츠는 1년 만인 1825년에 그의 유명한 자동 뮬방적기를 개발했다.

④ 사람들은 약간의 편리함을 위해 프라이버시를 너무 쉽게 포기한다. 당첨되기가 하늘의 별따기만큼이나 어려운 경품 때문에 성명, 주소는 물론 전화번호까지 쉽게 제공한다. 적립금이나 마일리지 보너스를 위해 멤버십 카드를 만들고, 이를 위해 자세한 신상 정보를 선뜻 제공하는 현실이다.

⑤ 벤담의 설계에 따르면 파놉티콘의 바깥 쪽에는 죄수를 가두는 방이 있고 중앙에 죄수를 감시하기 위한 원형 공간이 있었다. 죄수의 방에는 햇빛을 들이기 위해 밖으로 난 창 외에도 건물 내부를 향한 창이 있어, 죄수의 일거수 일투족이 중앙의 감시탑에 있는 간수에게 항상 포착될 수 있었다.

04 다음 [가]~[마]를 순서대로 바르게 나열한 것을 고르면?

○△×
○△×
○△×

> 휴대폰은 어린이들이 자신의 속마음을 고백하기도 하고, 그가 하는 말을 들어주기도 하며, 또 자신의 호주머니나 입속에 다 쑤셔 넣기도 하는 곰돌이 인형과 유사하다. 다른 점이 있다면, 곰돌이 인형은 휴대폰과는 달리 말하는 사람에게 주의 깊게 귀를 기울여 준다는 것이다.
>
> [가] 그리 오래전 일도 아니지만, 우리가 시·공간적으로 떨어져 있는 상대와 대화를 나누고 싶을 때 할 수 있는 일이란 기껏해야 독백을 하거나 글쓰기에 호소하는 것밖에 없었다. 하지만 글을 써 본 사람이라면 펜을 가지고 구어(口語)적 사고를 진행시킨다는 것이 얼마나 어려운 일인지 잘 안다.
>
> [나] 휴대폰이 제기하는 핵심 문제는 바로 이러한 모순 가운데 있다. 곰돌이 인형과는 달리 휴대폰을 통해 듣는 목소리는 우리가 듣기를 바라는 것과는 다른 대답을 자주 한다. 그것은 특히 우리가 대화 상대자와 다른 시간과 다른 장소 그리고 다른 정신 상태에 처해 있기 때문이다.
>
> [다] 어린이에게 자신이 보호되고 있다는 느낌을 주기 위해 발명된 곰돌이 인형을 어린이는 가장 좋은 대화 상대자로 이용한다. 마찬가지로 통신 수단으로 발명된 휴대폰은 고독 속에서 우리를 안도시키는 절대적 수단이 될 것이다.
>
> [라] 곰돌이 인형에게 이야기하는 어린이가 곰돌이 인형이 자기 말을 듣고 있다고 믿는 이유는 곰돌이 인형이 결코 대답하는 법이 없기 때문이다. 만일 곰돌이 인형이 대답을 한다면 그것은 어린이가 자신의 마음 속에서 듣는 말일 것이다.
>
> [마] 반면 우리가 머릿속에 떠오르는 말들에 따라, 그때그때 우리가 취하는 어조와 몸짓들은 얼마나 다양한가! 휴대폰으로 말미암아 우리는 혼자 말하는 행복을 되찾게 되었다. 더 이상 독백의 기쁨을 만끽하기 위해서 혼자 숨어들 필요가 없는 것이다.

① [나]－[가]－[마]－[라]－[다]
② [다]－[가]－[마]－[라]－[나]
③ [다]－[나]－[가]－[마]－[라]
④ [라]－[나]－[가]－[마]－[다]
⑤ [라]－[나]－[다]－[가]－[마]

05 다음 글의 주제로 옳은 것을 고르면?

○△×
○△×
○△×

서양 역사에서 기근이 들면 콩이나 밀과 같은 식품 투기가 크게 일어났습니다. 이러한 투기로 식품의 공급이 크게 늘어났고 식품 가격이 빠르게 안정되는 현상을 관찰할 수 있었습니다. 그런데 왕이나 제후가 대중의 잘못된 요구를 수용하여 투기자를 색출하여 처형하는 경우도 있었습니다. 그 결과 투기자에 의한 식품의 공급은 줄어들고 가격은 투기가 없을 때보다도 더 상승하게 되었습니다. 기근에 의한 식품 공급의 부족으로 당초 예상하던 것보다 가격이 더 상승한 것은 투기 때문이 아니라 오히려 정부가 투기를 통제하거나 억제했기 때문입니다. 종종 투기자가 가격 상승을 초래했다는 비난은 투기를 이해하지 못한 결과로 나온 것입니다.

사회 내에서 투기의 긍정적인 역할과 기능은 투기자가 자신의 이익을 추구하는 과정에서 나온 것이지 타인의 이익을 위해 행동한 결과로 나온 것은 아닙니다. 즉, 투기자가 가격의 안정이라는 '공동의 선'을 의도적으로 추구한 것은 아니라는 말입니다. 경제학의 비조로 알려진 애덤 스미스가 '보이지 않는 손'이라고 했을 때 그가 말하고자 했던 것은 이기적 행위의 바로 이런 점입니다. 다시 말하면, 경제 행위에서 인간은 자신의 이익만을 위해 노력하지만 그러한 행위가 결국 타인의 이익을 돌보게 된다는 것입니다.

① 투기의 경제적 기능을 균형 있게 이해해야 한다.
② 정부의 투기자에 대한 색출 명령은 올바른 투기 억제 정책이 아니다.
③ 어떤 상품에 대해 투기가 발생했을 때 이를 억제하면 그 상품의 공급이 감소한다.
④ 투기의 긍정적인 기능만을 강조하는 것은 투기를 조장하는 결과를 낳게 된다.
⑤ 우리는 공동의 선보다는 자신의 이익을 추구하여야 공동의 선을 행할 수 있다.

06 **다음 글은 연금 모형을 비교한 내용의 일부이다. 이를 바탕으로 연금 모형 A, B, C의 장단점을 요약할 때, [표]의 ㉠~㉣에 들어갈 내용이 바르게 짝지어진 것을 고르면?**

○△×
○△×
○△×

B방식은 A방식이 가지는 장점들을 그대로 갖는다. 계속해서 근로자가 노동시장에서 근로하여 소득을 유지하는 경우 개인에게 지급될 연금 급여의 현재가치가 증가하게 되는 것이다. 그 결과 C방식 연금 제도에서 문제가 되는 조기 퇴직이나 기여 회피 그리고 비공식 부문에서의 노동 등의 문제가 최소화되어 노동시장 정상화에 도움을 준다. 덧붙여 기존 C방식 연금 제도하에서 평균 수명의 증가로 인해 발생하는 재정상의 위기 문제도 최소화된다. 왜냐하면 은퇴 시 개인별로 축적된 연금자산을 기대여명으로 나누어 지급하도록 계산식이 이루어져 있어, 급부기간이 길어지더라도 자연스럽게 연금 급여가 감소하도록 설계되어 있기 때문이다. B방식은 A방식과는 달리 원금이 기록된 그대로 보장되고 이자율 등이 법으로 정해져 있어 투자 실패의 위협으로부터 안전하다. 따라서 노후소득의 예측가능성이 크다는 장점을 가지고 있다. B방식은 A방식의 연금 제도의 약점으로 지적되는 제도 전환 시 발생하는 전환비용이 크지 않다는 장점도 있다. B방식의 연금 제도는 C방식처럼 부과 방식으로 운영되어 원금이 개인별 명목 계정에 기록은 되지만, 사실상 쌓이는 것이 아니라 국가에 의해서 현재 은퇴 세대의 연금으로 사용되어 나가기 때문이다. 그리고 A방식과는 달리 국가가 공적으로 관리하는 만큼, 크레딧 제도(기여 인증 제도)를 통해 기여가 어려운 집단이 사각지대에 빠지는 것을 줄이거나 기초연금 제도와 연동하는 등 수급 노인의 기초생활보장에 용이한 장점을 가지고 있다. 하지만 B방식의 연금 제도는 적립식이 아니기에 A방식과는 달리 강제 저축효과와 자본시장 육성 등의 효과는 발생하지 않는 단점이 있다. 그리고 노동인구가 감소하거나 경제가 마이너스 성장을 하여 기여재원 자체가 감소하는 경우, C방식처럼 기여율을 올리거나 부족분을 국가 재정으로 충당해야 하는 한계가 있다. 덧붙여 이자율이 국가에 의해 결정된다는 점에서 안정성은 있으나, C방식처럼 정치적 결정에 의한 위험으로부터 자유롭지 못하다는 단점은 그대로 남는 것으로 지적되고 있다.

※ 기대여명: 생애 일정 시점에서 통계학적으로 앞으로 생존하리라고 예측되는 기간

[표] 연금 모형의 장단점 비교

구분	A	B	C
장점	• 재정안정 • 노동시장 정상화 • (㉠)	• 노후소득의 예측가능성 • 노동시장 정상화 • 전환비용 최소화 • 기초생활보장 용이	• 노후소득 보장 • 소득재분배 효과
단점	• (㉡) • (㉢) • 기초생활보장 어려움	• 기여재원 감소 시 재정불안요인 상존 • 정치적 간섭가능 • 저축효과 미미 • 자본시장 발달 견인 미미	• 재정불안요인 상존 • (㉣) • 정치적 간섭가능

	㉠	㉡	㉢	㉣
①	노후소득 보장	저축효과 미미	정치적 간섭가능	노동시장 왜곡
②	자본시장 육성	전환비용 야기	노후소득의 예측가능성 미약	노동시장 왜곡
③	자본시장 육성	전환비용 야기	정치적 간섭가능	자본시장 발달 견인 미미
④	자본시장 육성	저축효과 미미	노후소득의 예측가능성 미약	자본시장 발달 견인 미미
⑤	노후소득 보장	저축효과 미미	노후소득의 예측가능성 미약	노동시장 왜곡

07 다음 (가)와 (나)의 주장과 관련 있는 내용을 [보기]에서 골라 바르게 짝지은 것을 고르면?

○△×
○△×
○△×

[가] 반역에 대한 법은 왕의 적들에게 협력하는 행위와 내부의 선동행위를 처벌한다. 이 법의 정당성은 확립된 정부가 사회의 존속에 필요하다는 데 있으며, 폭력적인 전복에 대해서 그 안전이 보장되어야 한다는 것이다. 그러나 확립된 도덕은 사회복지를 위해서 훌륭한 정부 못지않게 필요하다. 사회는 외적인 압력보다 내부적인 요인에 의해서 더욱 빈번하게 붕괴된다. 공통된 도덕이 유지되지 못할 때 사회는 붕괴된다. 사회가 도덕규범을 보전하기 위해서는 정부와 다른 핵심적인 제도들을 유지하기 위해 취하는 것과 동일한 조치를 취하는 것이 정당화된다. 악에 대한 제어는 전복행위에 대한 제어와 마찬가지로 법의 기능이다.

[나] 도덕의 붕괴는 사회를 붕괴시키는 것이기보다는 하나의 변화이다. 개인에게 충분한 자유가 보장될 때, 이러한 도덕의 변화가 가능하다. 적어도 도덕의 영역에서 자율적인 판단과 개인의 자유로운 실험정신이 최대한 허용되고, 개인의 자유로운 선택과 행동으로 인해 사회는 새롭게 탄생한다. 기존의 관습적인 도덕으로부터 벗어나 새로운 방향으로 사회가 변한다고 해도 사회는 붕괴되거나 전복되지 않을 것이다. 이러한 변화는 사회의 붕괴가 아니라 진보로 비유될 수 있다.

보기

㉠ 만일 사회가 판단할 권리를 갖고 있고 승인된 도덕이 승인된 정부 못지않게 필요하다면, 사회는 그 존속에 필수적인 것들을 보호하기 위해서 법을 사용하듯이 도덕을 보전하기 위해서도 법을 사용할 수 있다.

㉡ 어떤 사회가 인종적 혹은 종교적 소수자에 대해 가혹한 박해를 가한다거나 그 조치들이 끔찍한 고문을 포함한다면, 그러한 사회는 지속적으로 존재하는 것보다는 붕괴되는 것이 오히려 도덕적으로 더 낫다.

㉢ 개인적인 견해들의 많고 적음과는 무관하게 사회에 중대한 영향을 미치는 사안이 존재하며, 그러한 사안들에 대해서 집단적인 판단이 요구된다.

㉣ 사회의 공유된 도덕으로부터의 일탈이 그 사회의 존속을 위협한다는 주장은 확실한 증거가 없는 불합리한 것이다.

① [가] – ㉠, ㉡
② [가] – ㉠, ㉣
③ [가] – ㉢, ㉣
④ [나] – ㉠, ㉢
⑤ [나] – ㉡, ㉣

08 다음 글을 통해 알 수 있는 내용이 아닌 것을 고르면?

○△× ○△× ○△×

사유 재산의 절대성과 자유 계약의 원칙을 근간으로 하는 근대 시민법 질서는 형식적 평등과 형식적 자유를 보장하였으나, 실질적으로 평등하고 자유로운 인간 생활을 확보했던 것은 아니었다. 그렇다고 의도적으로 실질적 평등과 자유의 보장을 위한 노력을 포기했던 것도 아니었다. 그보다는 자본주의 체제와 결합되면서 실질적 자유와 평등을 확보할 적절한 법 제도와 법 기술을 보유하지 못했던 것에 문제가 있었다.

근대 민법의 고용 관계에 관한 규정은 사용자와 노동자를 평등한 인격체로 전제하면서 양자 간에 균형 있는 이해관계를 유지·실현시키고자 하였다. 하지만 민법전에 마련되어 있는 고용 관계의 규정만으로는 산업 사회에서 노동자들의 사회적 권리를 현실적으로 보호할 수 없었다. 노동자들이 자본, 즉 생산수단을 소유한 사용자들에게 종속되어 노동력을 착취당하게 되었던 것이다.

이러한 사회적 맥락에서 형성된 노동법은 노동자의 근로관계를 규율 대상으로 하여 그의 생존을 확보하도록 하는 것을 목적으로 하는 법규이다. 따라서 노동법은 그 이념뿐 아니라 대상에 있어서도 종래의 시민법 체계에 속하는 여러 법규들과는 구별되는 특수성을 가지고 있다.

노동은 객관적으로는 상품으로서의 성질을 지니지만 주관적으로 인격을 갖춘 인간의 행위이기 때문에, 이를 상품으로 대하는 경우라도 특별한 배려가 필요하다. 노동은 다른 상품들과는 달리 저장할 수가 없다. 다른 상품들은 가격 변동에 따라 이를 저장한다든가, 판매함으로써 수급 체계를 조절하여 그 교환가치를 적절히 유지할 수 있다. 하지만 인간 노동은 축적과 저장이 불가능하며, 노동의 저장이란 실제로는 '실업', 즉 생존의 위협을 뜻하게 된다. 그렇기 때문에 노동자는 그 대가가 많든 적든 간에 노동을 하지 않을 수 없다는 것이다.

이와 같은 인간 노동의 본질적 성격으로 인하여 최소한의 노동 인격을 확보해야 할 필요가 생겼다. 즉, 노동의 재생산을 위하여 일정한 기준에 달하는 노동 대가와 그 외의 노동 조건을, 그리고 거래 관계의 실질적 평등을 보장하기 위하여 단결권, 단체교섭권, 그리고 단체행동권 등 노동자의 집단적 행동을 위한 법적 장치들을 승인하고 보호할 필요가 생긴 것이다. 그래서 국가는 노동자에 대한 후견적 배려로서 여러 특별법적 장치를 이용하여 노동자의 생존권을 보호할 책임을 갖게 되는 것이다.

① 노동자는 노동의 본질적 특성상 적은 대가로도 노동을 할 수밖에 없다.
② 근대 시민법 질서는 법 제도와 법 기술적 측면에서 노동 인격을 실질적으로 존중하지 못하였다.
③ 근대 민법은 기본적으로 사용자보다 노동자의 권리를 우선시하는 국가의 입장을 반영한 법이다.
④ 국가의 노동자에 대한 특별법적 배려는 근대 민법의 고용 관계에 대한 규정을 보완하는 의미를 가진다.
⑤ 노동 인격의 확보를 위해 임금, 노동 조건은 물론 노동자의 집단적 행동을 위한 법적 장치가 보호될 필요가 있다.

09 **내일 매화 경기장과 장미 경기장에서 각각 야구 경기가 진행된다. 매화 경기장에서는 12팀이 리그 형식으로 야구 경기를 진행하며, 장미 경기장에서는 68팀이 토너먼트 형식으로 야구 경기를 진행한다. 전체 경기가 먼저 끝나는 곳과 그 곳의 경기 수를 고르면?**(단, 한 경기당 소요시간은 모두 동일하며, 토너먼트 경기 시 남은 팀의 개수가 홀수일 경우 한 팀은 부전승으로 올라가 다음 라운드에서 경기를 펼친다.)

① 매화 경기장, 66경기
② 매화 경기장, 72경기
③ 장미 경기장, 67경기
④ 장미 경기장, 68경기
⑤ 두 경기장의 경기 수가 같다.

10 **다음 [상황]을 바탕으로 시한이가 [보기]의 ㉠~㉣ 중 한 가지를 선택하려고 한다. ㉠~㉣을 이익이 많은 순서대로 나열한 것을 고르면?**

상황

시한이는 목재 450만 원어치 중 $\frac{1}{3}$로 의자 10개를 생산하고 나머지로는 식탁 10개를 생산하였다. 시장에서 의자 가격은 개당 5만 원에, 식탁 가격은 개당 40만 원에 형성되어 있다. 만약에 의자와 식탁에 각각 개당 3만 원과 5만 원의 비용을 추가로 들여 장식하면, 의자 판매가격은 12만 원, 식탁 판매가격은 50만 원이 된다.

보기

㉠ 의자와 식탁 모두 추가 장식 없이 판매한다.
㉡ 의자와 식탁 모두 추가 장식을 하여 판매한다.
㉢ 의자는 추가 장식 없이 팔고 식탁은 추가 장식을 하여 판매한다.
㉣ 의자는 추가 장식을 하여 팔고 식탁은 추가 장식 없이 판매한다.

① ㉡ > ㉢ > ㉠ > ㉣
② ㉡ > ㉢ > ㉣ > ㉠
③ ㉡ > ㉣ > ㉢ > ㉠
④ ㉢ > ㉠ > ㉡ > ㉣
⑤ ㉢ > ㉡ > ㉣ > ㉠

11 다음 [그래프]와 [표]는 지역별 고령인구 및 고령인구 비율에 대한 자료이다. 이에 대한 설명으로 옳지 않은 것을 [보기]에서 모두 고르면?

○△×
○△×
○△×

[그래프] 2019년 지역별 고령인구 및 고령인구 비율 현황

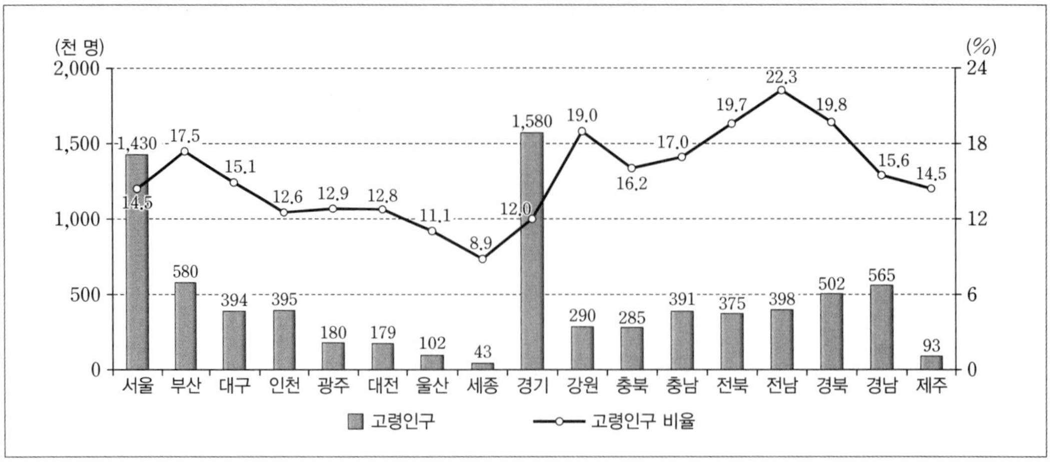

※ 고령인구 비율(%) = $\frac{\text{고령인구}}{\text{인구}} \times 100$

[표] 지역별 고령인구 및 고령인구 비율 전망 (단위: 천 명, %)

구분	2025년		2035년		2045년	
	고령인구	고령인구 비율	고령인구	고령인구 비율	고령인구	고령인구 비율
서울	1,862	19.9	2,540	28.4	2,980	35.3
부산	784	24.4	1,004	33.4	1,089	39.7
대구	494	21.1	691	31.2	784	38.4
인천	550	18.4	867	28.4	1,080	36.3
광주	261	18.0	377	27.3	452	35.2
대전	270	18.4	392	27.7	471	35.0
울산	193	17.3	302	28.2	352	35.6
세종	49	11.6	97	18.3	153	26.0
경기	2,379	17.0	3,792	26.2	4,783	33.8
강원	387	25.6	546	35.9	649	43.6
충북	357	21.6	529	31.4	646	39.1
충남	488	21.5	714	30.4	897	38.4
전북	441	25.2	587	34.7	683	42.5
전남	475	27.4	630	37.1	740	45.3
경북	673	25.7	922	36.1	1,064	43.9

경남	716	21.4	1,039	31.7	1,230	39.8
제주	132	18.5	208	26.9	275	34.9
전국	10,511	20.3	15,237	29.5	18,328	37.0

보기

㉠ 2019년 고령인구 비율이 가장 낮은 지역은 2025년 대비 2045년 고령인구 증가율도 가장 낮다.
㉡ 2045년 고령인구 비율이 40% 이상인 지역은 4곳이다.
㉢ 2025년, 2035년, 2045년의 고령인구 상위 세 개 지역은 모두 동일하다.
㉣ 2045년 충북 인구는 전남 인구보다 많다.

① ㉠, ㉡ ② ㉠, ㉢ ③ ㉡, ㉢ ④ ㉡, ㉣ ⑤ ㉢, ㉣

12 다음 [표]는 제습기 A~E의 습도별 연간소비전력량을 측정한 자료이다. 이에 대한 설명으로 옳은 것을 [보기]에서 모두 고르면?

○△✕
○△✕
○△✕

[표] 제습기 A~E의 습도별 연간소비전력량 (단위: kWh)

구분	40%	50%	60%	70%	80%
A	550	620	680	790	840
B	560	640	740	810	890
C	580	650	730	800	880
D	600	700	810	880	950
E	660	730	800	920	970

보기

㉠ 습도가 70%일 때 연간소비전력량이 가장 낮은 제습기는 A이다.
㉡ 각 습도에서 연간소비전력량이 많은 제습기부터 순서대로 나열하면, 습도 60%일 때와 습도 70%일 때의 순서는 동일하다.
㉢ 습도가 40%일 때 제습기 E의 연간소비전력량은 습도가 50%일 때 제습기 B의 연간소비전력량보다 높다.
㉣ 제습기 A~E의 연간소비전력량은 모두 습도가 80%일 때가 40%일 때의 1.5배 이상이다.

① ㉠, ㉡ ② ㉠, ㉢ ③ ㉡, ㉣ ④ ㉠, ㉢, ㉣ ⑤ ㉡, ㉢, ㉣

13 **예비군 훈련장에서 37명의 사람들이 한 교육 단위로 묶였다. 그런데 사역이 생겨 5명의 조교가 와서 필요 인원만큼 예비군들을 차출해 갔다. 많은 인원을 필요로 하는 조교부터 예비군들을 차출한 후 5명의 조교가 진술한 내용이 다음과 같을 때, [보기]에서 반드시 참인 것을 모두 고르면?**(단, 제시된 5명의 조교 진술 순서는 차출한 조교의 순서와 무관하다.)

○△× ○△× ○△×

> 갑 조교: 남은 예비군의 $\frac{2}{3}$를 차출했다.
> 을 조교: 남은 예비군의 $\frac{1}{2}$을 차출했다.
> 병 조교: 남은 예비군의 $\frac{3}{4}$을 차출했다.
> 정 조교: 남은 예비군을 모두 데려왔다.
> 무 조교: 다섯 조교가 데려간 예비군들의 숫자는 모두 다르다.

보기

㉠ 정은 1명을 차출해 간다.
㉡ 갑은 8명을 차출해 간다.
㉢ 을은 12명을 차출해 간다.
㉣ 병은 2명을 차출해 간다.

① ㉠, ㉢　② ㉠, ㉣　③ ㉡, ㉢　④ ㉡, ㉣　⑤ ㉢, ㉣

14 다음 [그래프]와 [표]는 '갑'국을 포함한 주요 10개국의 학업성취도 평가 자료이다. 이에 대한 설명으로 옳은 것을 고르면?

○△× ○△× ○△×

[그래프] 1998~2018년 '갑'국의 성별 학업성취도 평균점수 (단위: 점)

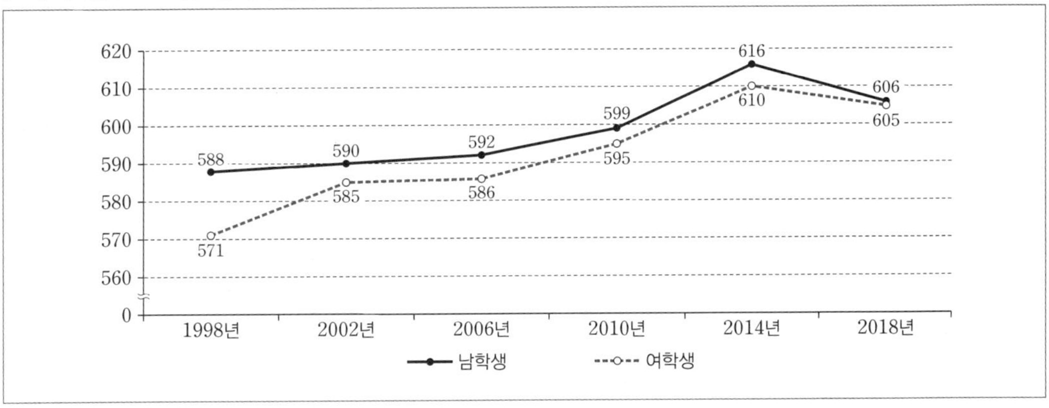

※ 학업성취도 평균점수는 소수점 첫째 자리에서 반올림한 값임

[표] 2018년 주요 10개국의 학업성취도 평균점수 및 점수대별 누적 학생 비율 (단위: 점, %)

구분 국가	평균 점수	학업성취도 점수대별 누적 학생 비율			
		625점 이상	550점 이상	475점 이상	400점 이상
A	621	54	81	94	99
갑	606	43	75	93	99
B	599	42	72	88	97
C	594	37	75	92	98
D	586	34	67	89	98
E	538	14	46	78	95
F	528	12	41	71	91
G	527	7	39	78	96
H	523	7	38	76	94
I	518	10	36	69	93

※ 학업성취수준은 우월 수준(625점 이상), 우수 수준(550점 이상 625점 미만), 보통 수준(475점 이상 550점 미만), 기초 수준(400점 이상 475점 미만), 기초 수준 미달(400점 미만)로 구분됨

① 2018년 주요 10개 국가 중 기초 수준 미달의 학생 비율이 가장 높은 국가는 I국이다.
② '갑'국의 평균점수는 2018년이 2014년보다 높다.
③ 2018년 주요 10개 국가는 우월 수준의 학생 비율이 높을수록 평균점수가 높다.
④ '갑'국 남학생과 여학생의 평균점수 차이는 2018년이 1998년보다 크다.
⑤ 2018년 우수 수준의 학생 비율은 D국이 B국보다 높다.

15 다음 [표]는 15개 OECD 국가의 여성노동 참여율, 가톨릭신자 비율 및 양성평등 정도에 대한 자료이다. 이에 대한 설명으로 옳은 것을 [보기]에서 모두 고르면?

○△×
○△×
○△×

[표1] 국가별 여성노동 참여율, 가톨릭신자 비율 및 양성평등 정도 및 평균값

국가	여성노동 참여율(%)	가톨릭신자 비율(%)	양성평등 정도
네덜란드	35.5	31.0	−0.412
뉴질랜드	39.5	15.0	0.270
덴마크	45.2	3.0	1.056
독일	39.6	34.0	−0.031
룩셈부르크	33.8	87.0	−1.507
미국	43.8	28.0	0.507
스웨덴	47.4	1.7	1.311
스위스	38.1	41.6	−0.393
아일랜드	32.6	91.6	−1.703
영국	42.4	10.0	0.651
이탈리아	33.1	99.4	−1.784
일본	39.9	0.7	0.538
캐나다	42.8	46.0	0.109
핀란드	47.4	1.0	1.316
호주	39.4	26.0	0.073
산술평균	40.0	34.4	0.000067

※ 양성평등 정도는 그 값이 클수록 평등정도가 높은 것을 의미함

[표2] 상관계수

구분	여성노동 참여율	가톨릭신자 비율	양성평등 정도
여성노동 참여율	1.000	−0.822	0.951
카톨릭신자 비율	−0.822	1.000	−0.957
양성평등 정도	0.951	−0.957	1.000

※ 상관계수는 두 변수 간 관계의 밀접함의 정도를 나타내는 척도이고 양(+)이면 정(正)의 관계, 음(−)이면 부(負)의 관계를 의미하며, 상관계수의 절댓값이 1에 가까울수록 두 변수 간 관계가 높다는 것을 의미함

보기

㉠ 가톨릭신자 비율이 낮은 국가일수록 양성평등 정도가 높은 경향이 있다.
㉡ 여성노동 참여율이 높은 국가일수록 양성평등 정도가 높은 경향이 있다.
㉢ 양성평등 정도를 나타내는 데에는 가톨릭신자 비율보다는 여성노동 참여율이 더 큰 영향력을 발휘한다.
㉣ 여성노동 참여율이 산술평균 이상인 모든 국가는 가톨릭신자 비율은 산술평균 이하이고 양성평등 정도는 산술평균 이상이다.

① ㉠, ㉡　② ㉡, ㉢　③ ㉢, ㉣　④ ㉠, ㉡, ㉢　⑤ ㉠, ㉡, ㉣

16 다음 [그래프]는 연도별 외국기업의 국내 투자 현황에 대한 자료이다. 이에 대한 설명으로 옳은 것을 고르면?

○△× ○△× ○△×

[그래프1] 외국기업의 국내 산업별 투자건수의 비율 (단위: %)

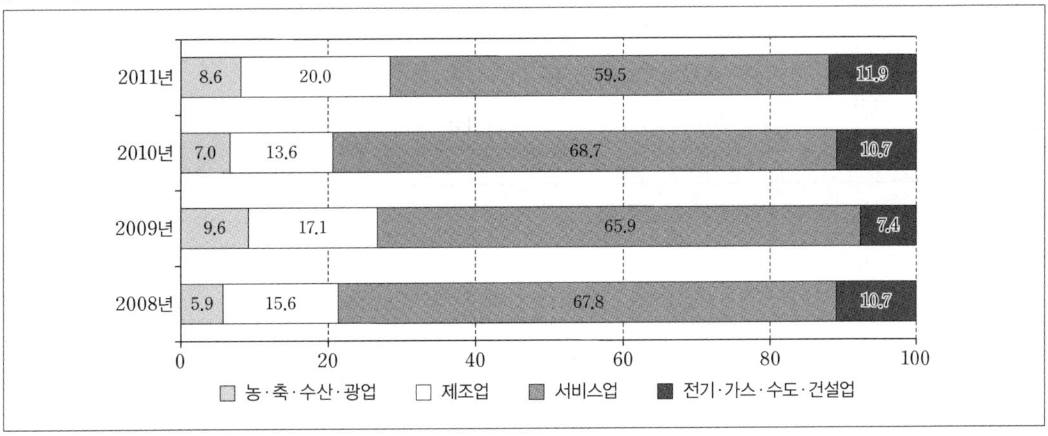

※ 비율은 소수점 아래 둘째자리에서 반올림한 값을 나타냄

[그래프2] 외국기업의 국내 서비스업 투자건수 및 총 투자금액

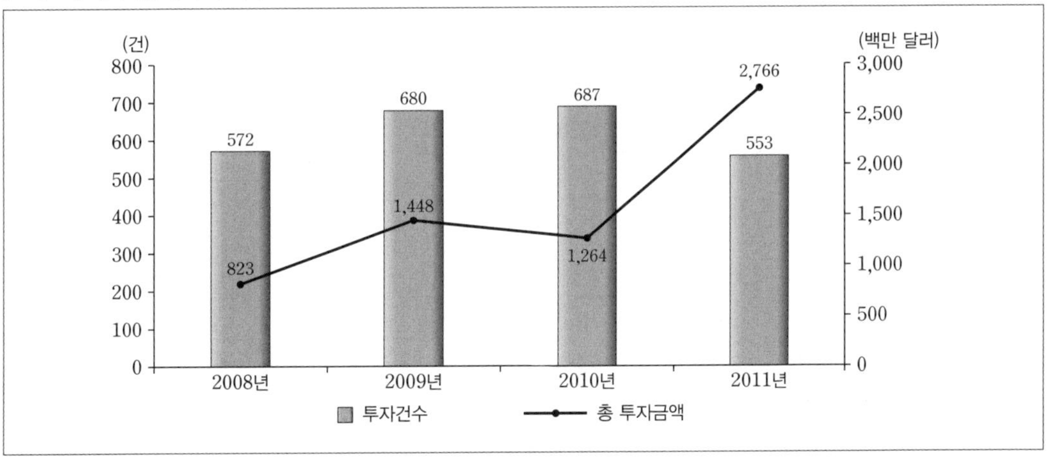

① 외국기업의 국내 전체 투자건수는 2010년이 2009년보다 적다.
② 2008년 외국기업의 국내 농·축·수산·광업에 대한 투자건수는 60건 이상이다.
③ 외국기업 국내 투자건수 중 제조업이 차지하는 비율은 매년 증가하였다.
④ 외국기업 국내 투자건수 중 각 산업이 차지하는 비율의 순위는 매년 동일하다.
⑤ 외국기업의 국내 서비스업 투자 1건당 투자금액은 매년 증가하였다.

17 다음 [표]는 미국이 환율조작국을 지정하기 위해 만든 요건별 판단기준과 '가~카'국의 2015년 환율조작국 지정 관련 자료이다. 이에 대한 설명으로 옳지 않은 것을 [보기]에서 모두 고르면?

[표1] 요건별 판단기준

구분	A요건	B요건	C요건
요건 내용	현저한 대미무역수지 흑자	상당한 경상수지 흑자	지속적 환율시장 개입
판단 기준	대미무역수지 200억 달러 초과	GDP 대비 경상수지 비중 3% 초과	GDP 대비 외화자산 순매수액 비중 2% 초과

※ 요건 중 세 가지를 모두 충족하면 환율조작국으로 지정됨

※ 요건 중 두 가지만을 충족하면 관찰대상국으로 지정됨

[표2] 2015년 환율조작국 지정 관련 자료 (단위: 십억 달러, %)

국가 \ 항목	대미무역수지	GDP 대비 경상수지 비중	GDP 대비 외화자산 순매수액 비중
가	365.7	3.1	−3.9
나	74.2	8.5	0.0
다	68.6	3.3	2.1
라	58.4	−2.8	−1.8
마	28.3	7.7	0.2
바	27.8	2.2	1.1
사	23.2	−1.1	1.8
아	17.6	−0.2	0.2
자	14.9	−3.3	0.0
차	14.9	14.6	2.4
카	−4.3	−3.3	0.1

보기

㉠ 환율조작국으로 지정되는 국가는 없다.

㉡ '나'국은 A요건과 B요건을 충족한다.

㉢ 관찰대상국으로 지정되는 국가는 모두 4개이다.

㉣ A요건의 판단기준을 '대미무역수지 200억 달러 초과'에서 '대미무역수지 150억 달러 초과'로 변경하여도 관찰대상국 및 환율조작국으로 지정되는 국가들은 동일하다.

① ㉠ ② ㉠, ㉢ ③ ㉡, ㉣ ④ ㉠, ㉢, ㉣ ⑤ ㉠, ㉡, ㉢, ㉣

18 다음 [표]는 연도별 참여공동체 및 참여어업인 현황에 대한 자료이다. 이에 대한 설명으로 옳지 않은 것을 고르면?

○△× ○△× ○△×

[표1] 어업유형별 참여공동체 현황 (단위: 개소)

구분	2004년	2005년	2006년	2007년	2008년	2009년	2010년	2011년
마을어업	32	61	159	294	341	391	438	465
양식어업	11	15	46	72	78	80	85	89
어선어업	8	29	52	102	115	135	156	175
복합어업	12	17	43	94	102	124	143	153
내수면어업	0	0	8	17	23	28	41	50
전체	63	122	308	579	659	758	863	932

[표2] 지역별 참여공동체 현황 (단위: 개소)

구분	2004년	2005년	2006년	2007년	2008년	2009년	2010년	2011년
부산	1	4	5	15	15	18	21	25
인천	6	7	13	25	29	36	40	43
울산	1	3	10	15	15	16	18	20
경기	2	5	12	23	24	24	29	32
강원	7	15	21	39	47	58	71	82
충북	0	0	5	7	8	12	16	17
충남	4	10	27	49	50	63	74	82
전북	5	9	25	38	41	41	41	44
전남	20	32	99	184	215	236	258	271
경북	7	15	37	69	73	78	87	91
경남	8	16	33	76	100	134	163	177
제주	2	6	21	39	42	42	45	48
전체	63	122	308	579	659	758	863	932

[표3] 연도별 참여어업인 현황 (단위: 명)

구분	2004년	2005년	2006년	2007년	2008년	2009년	2010년	2011년
참여어업인	5,107	10,765	24,805	44,061	50,728	56,100	60,902	63,860

① 참여어업인은 매년 증가하였다.

② 2005년 전체 참여공동체 중 전남 지역 참여공동체가 차지하는 비중은 30% 이상이다.

③ 충북 지역을 제외하고, 2004년 대비 2011년 참여공동체 증가율이 가장 낮은 지역은 인천이다.

④ 2006년 이후 참여공동체 수는 매년 증가하였다.

⑤ 참여공동체가 많은 지역부터 나열하면, 충남 지역의 순위는 2009년과 2010년이 같다.

19 다음 진술들이 모두 참이라고 할 때, 항상 참이라고 볼 수 <u>없는</u> 것을 고르면?

○△×
○△×
○△×

조건

- 시험기간이 되면 민아는 도서관에 간다.
- 시험기간이 아니면 경호는 커피를 마시지 않는다.
- 경호가 커피를 마시든가 혹은 성환이가 수정과를 마신다.
- 민아는 도서관에 가고, 성환이는 수정과를 마신다.

① 경호가 커피를 마시면 민아는 도서관에 간다.
② 시험기간이다.
③ 경호가 커피를 마시면 시험기간이다.
④ 시험기간이거나 경호가 커피를 마시지 않는다.
⑤ 성환이가 수정과를 마신다.

20 각 과의 요구를 모두 만족하는 신규직원 배치를 할 때, 항상 옳은 것을 [보기]에서 모두 고르면?

○△×
○△×
○△×

[신규직원 배치에 대한 각 과의 요구]
- '갑'과: 7급이 1명 배치되어야 함
- '을'과: 7급이 1명 배치되거나 9급이 2명 배치되어야 함
- '병'과: B가 배치되거나 A와 E가 함께 배치되어야 함
- '정'과: E와 F 중 1명이 배치되고, C와 D 중 1명이 배치되어야 함

[신규직원]
- 7급 2명(A, B)
- 9급 4명(C, D, E, F)

보기

㉠ '병'과에 2명이 배치된다.
㉡ A는 언제나 '갑'과에 배치된다.
㉢ 만약 '정 '과의 요구가 'E와 F가 함께 배치되어야 함'으로 바뀐다면, '을'과에는 C와 D가 배치된다.

① ㉠ ② ㉢ ③ ㉠, ㉡ ④ ㉠, ㉢ ⑤ ㉡, ㉢

21 ☐○☐△☐✕ ☐○☐△☐✕ ☐○☐△☐✕

다음 4개의 노인복지관련 정책은 A시민단체에서 정부에 건의한 것이다. 4개 대안 중 정책대상 노인의 소비자 선택권이 가장 많이 보장될 것으로 예상되는 정책 순서대로 나열한 것을 고르면?(단, 소비자 선택권이란 소비자 주권으로서 소비자 개개인이 책임 있는 소비행동을 하여 소비자의 역할을 바르게 수행하는 것을 의미한다.)

대안 (가): 대한민국에 합법적으로 거주하는 만 65세 이상 남녀 모두에게 월 15만 원씩 정액으로 연금수당을 현금으로 지급한다. 연금 급여는 물가에 자동으로 연동되도록 설계하여 현재가치가 보존되도록 한다.

대안 (나): 노인부양 소득공제 제도를 대폭 확대 도입한다. 만 65세 이상 노부모를 부양하며 함께 사는 근로소득자를 대상으로 하며, 부양 노인 1인당 연간 최대 180만 원까지 소득을 공제하여 주어 월 15만 원의 노인수당 지급효과를 내도록 한다. 배우자 부모도 동일 세대에 거주할 경우 부양 노인에 해당한다. 한 가구에 최대 2인까지 연간 360만 원까지만 소득공제가 가능하다.

대안 (다): 만 65세 이상 대한민국 국민 중에 월 소득평가액이 10만 원 이하이거나 재산 기준 5,000만 원 이하의 노인에게 월 15만 원씩 경로수당을 현금으로 지급한다. 국민기초생활보장제도의 현금 급여는 소득에 산정되지 않으며, 국민기초생활보장제도의 현금 급여에 부가하여 지급된다.

대안 (라): 만 65세 이상 대한민국 국민 모두에게 가칭 '실버카드'를 지급한다. 실버카드는 제한적인 의미의 크레딧카드로 월 15만 원이 충전되며 이 한도 내에서 자유롭게 사용할 수 있으나, 사용 가능한 재화와 서비스가 한정되어 있다. 이들 허용 품목의 구매가 무료로 이루어지는 것이 아니며, 정해진 할인혜택만을 받을 수 있다. 할인액이 누적돼 월 15만 원을 넘을 경우 카드 사용이 그 달은 일시 중지되며, 다음 달에 자동으로 재충전된다.

① (가) > (나) > (다) > (라)
② (가) = (다) > (라) > (나)
③ (나) > (라) > (가) > (다)
④ (라) > (나) > (가) = (다)
⑤ (라) > (다) > (가) > (나)

22 **다음은 논증에서의 몇 가지 오류들에 대한 설명이다. [보기]에서 갑~기의 말과 오류가 잘못 연결된 것을 모두 고르면?**

○△×
○△×
○△×

- 강조의 오류: 주어진 말의 강조점을 옮김으로써 원래의 의미와는 다른 뜻으로 해석하는 경우
- 인신공격적 오류: 상대방의 인격을 공격함으로써 상대방의 주장을 공격하는 논증
- 우물에 독 뿌리는 오류: 반대 주장은 불건전한 것이라고 미리 못을 박아 반론 제기를 사전에 봉쇄하는 경우
- 정황적 오류: 상대가 처해 있는 정황을 이용하여 논박하는 논증
- 힘에 호소하는 오류: 힘을 사용하겠다고 위협함으로써 상대를 논박하려는 논증
- 애매어의 오류: 어떤 단어가 두 가지 이상의 의미로 사용된 경우

보기

갑: "엄마는 내게 밤늦게 친구와 다니지 말라고 하셨으니까 언니와 밤늦게 다니는 것은 괜찮아요." – 애매어의 오류

을: "그 사람은 민족을 배신한 반역자이므로 그가 쓴 역사소설은 읽을 가치가 없다." – 인신공격적 오류

병: "제 정신을 가진 사람이라면 우리 제안을 반대할 수 없을 것입니다." – 정황적 오류

정: "내가 부동산 투기로 돈을 벌었다고요? 따지기 좋아하는 기자 양반들, 당신들은 부동산 투기해본 적이 없어요? 왜 나만 죄인 취급을 하시지?" – 우물에 독 뿌리는 오류

무: "나는 이 지역 유권자들을 다 끌어 모을 수 있어요. 만일 당신이 이 법안에 찬성하지 않는다면 다음 선거에서 당신이 낙선되도록 할 거요." – 힘에 호소하는 오류

기: "김구 선생님은 한국 근현대사의 큰 인물이다. 어! 그럼 이 바지는 작아서 못 입으시겠네." – 강조의 오류

① 을, 병　　② 갑, 병, 기　　③ 을, 정, 무
④ 갑, 을, 정, 기　　⑤ 갑, 병, 정, 기

23 다음 글의 내용을 바탕으로 판단할 때, [그림]에 대한 설명으로 옳지 않은 것을 고르면?

○△×
○△×
○△×

사회 네트워크란 '사람들이 연결되어 있는 관계망'을 의미한다. '중심성'은 한 행위자가 전체 네트워크에서 중심에 위치하는 정도를 표현하는 지표이다. 중심성을 측정하는 방법에는 여러 가지가 있는데, 대표적인 것으로 '연결정도 중심성'과 '근접 중심성'의 두 가지 유형이 있다.

'연결정도 중심성'은 사회 네트워크 내의 행위자와 직접적으로 연결되는 다른 행위자 수의 합으로 얻어진다. 이는 한 행위자가 다른 행위자들과 얼마만큼 관계를 맺고 있는가를 통하여 그 행위자가 사회 네트워크에서 중심에 위치하는 정도를 측정하는 것이다. [예시]에서 행위자 A의 연결정도 중심성은 A와 직접 연결된 행위자의 수인 4가 된다.

'근접 중심성'은 사회 네트워크에서의 두 행위자 간의 거리를 강조한다. 사회 네트워크상의 다른 행위자들과 가까운 위치에 있다면 그들과 쉽게 관계를 맺을 수 있고 따라서 그만큼 중심적인 역할을 담당한다고 간주한다. 연결정도 중심성과는 달리 근접 중심성은 네트워크 내에서 직·간접적으로 연결되는 모든 행위자들과의 최단거리의 합의 역수로 정의된다. 이때 직접 연결된 두 점의 거리는 1이다. [예시]에서 A의 근접 중심성은 $\frac{1}{6}$이 된다.

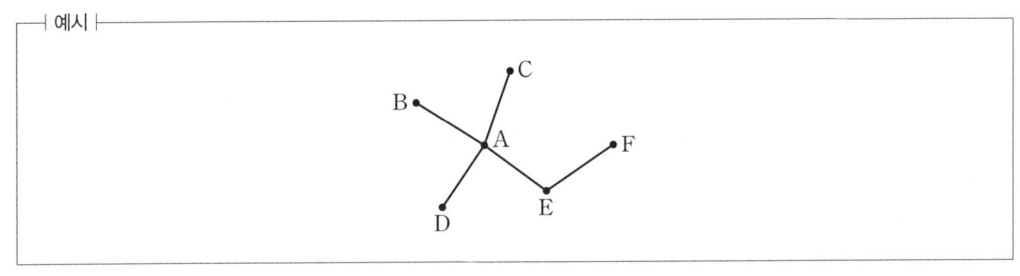

예시

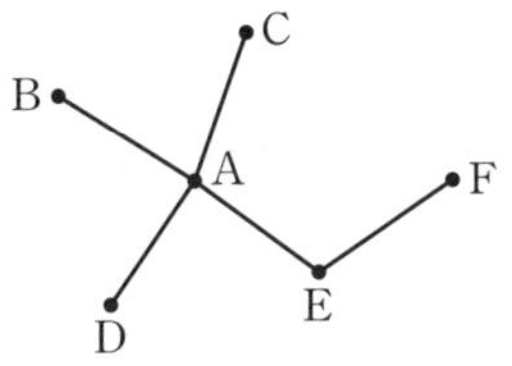

그림

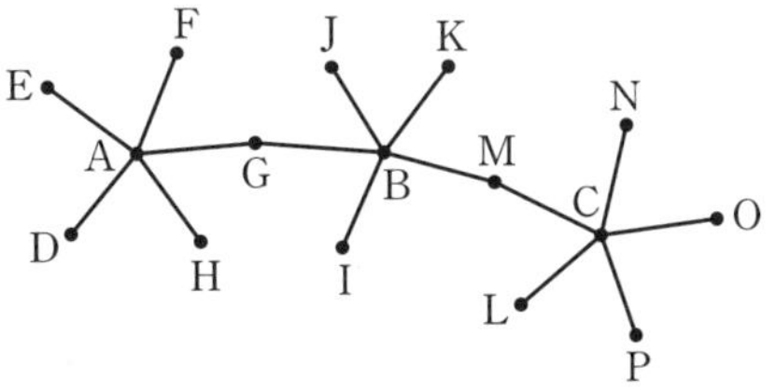

① 행위자 G의 근접 중심성은 $\frac{1}{37}$이다.
② 행위자 A의 근접 중심성은 행위자 B의 근접 중심성과 동일하다.
③ 행위자 G의 근접 중심성은 행위자 M의 근접 중심성과 동일하다.
④ 행위자 G의 연결정도 중심성은 행위자 M의 연결정도 중심성과 동일하다.
⑤ 행위자 A의 연결정도 중심성과 행위자 K의 연결정도 중심성의 합은 6이다.

24 다음 글을 바탕으로 판단할 때, A구역을 청소하는 요일을 고르면?

○△×
○△×
○△×

목동에 있는 △△레스토랑은 매주 1회 휴업일(수요일)을 제외하고 매일 영업한다. △△레스토랑의 청소시간은 영업일 저녁 9시부터 10시까지이다. 이 시간에 A구역, B구역, C구역 중 하나를 청소하며 청소의 효율성을 위하여 청소를 한 구역은 바로 다음 영업일에는 청소를 하지 않는다. 각 구역은 매주 다음과 같이 청소한다.

- A구역 청소는 일주일에 1회 한다.
- B구역 청소는 일주일에 2회 하되, B구역 청소를 한 후 영업일과 휴업일을 가리지 않고 이틀간은 B구역 청소를 하지 않는다.
- C구역 청소는 일주일에 3회 하되, 그중 1회는 일요일에 한다.

① 월요일 ② 화요일 ③ 목요일 ④ 금요일 ⑤ 토요일

25 다음 규정에 비추어 볼 때, 반드시 거짓인 주장을 고르면?

○△×
○△×
○△×

단기 거주 목적의 부동산을 소유하고 있거나 투기 지역에 위치한 부동산을 소유하고 있는 경우, 만일 개인별 합산 부동산의 공시가격이 6억 원을 초과하고 연간 총 근로소득이 부동산 보유 자산의 10% 미만인 다주택 소유자라면, 그 사람은 특별 보유세 부과 대상이다.

① 특별 보유세를 부과받은 연봉 1억 원의 김 상무는 공시가격 6억 원을 초과하거나 투기 지역에 위치한 주택에 살고 있다.
② 투기 지역에 단기 거주 목적으로 각각의 공시가격이 2억 원이 넘는 3개의 주택을 소유한 백 씨에게는 특별 보유세를 부과되지 않는다.
③ 단기 거주 목적이고 투기 지역에 공시가격 30억 원의 오피스텔 한 채를 소유한 연봉 2억 원의 최 씨에게 특별 보유세를 부과하지 않는다.
④ 장기 거주 목적이지만 투기 지역에 위치한 각 공시가격 5억 원 상당의 아파트 두 채를 보유한 연봉 5천만 원인 박 씨에게 특별 보유세를 부과한다.
⑤ 공시가격 7억 원 상당의 다주택을 소유하고 있지만 특별 보유세를 부과받지 않고 근로소득이 없는 문 씨는 단기 거주 목적의 부동산을 소유하고 있다.

정답과 해설 ▶ P.90

에듀윌 공기업

매일 1회씩 꺼내 푸는 NCS

DAY 14

eduwill

매1N 3회독 루틴 프로세스

*더 자세한 내용은 매1N 3회독 학습가이드를 확인하세요!

1 3회독 기록표에 학습날짜와 문제풀이 시작시간을 적습니다.

2 시험장에서 문제를 푸는 것처럼 풀어 보세요.

3 모바일 OMR 또는 회독용 답안지에 마킹한 후, 종료시간을 적고 초과시간을 체크합니다.

▶**모바일 OMR 바로가기**

[1회독용] http://eduwill.kr/MToF

[2회독용] http://eduwill.kr/tToF

[3회독용] http://eduwill.kr/RToF

4 문항별 3회독 체크표(◯△☒)에 표시합니다. 문제를 풀면서 알고 풀었으면 ◯, 헷갈렸으면 △, 전혀 몰라서 찍었으면 ☒에 체크하세요.

3회독 TIP

- 1회독: 25문항을 빠짐없이 풀어 보세요.
- 2~3회독: 틀린 문항만 골라서 풀어 보세요.

3회독 기록표

1회독		2회독		3회독	
학습날짜	월 일	학습날짜	월 일	학습날짜	월 일
시작시간	:	시작시간	:	시작시간	:
종료시간	:	종료시간	:	종료시간	:
점 수	점	점 수	점	점 수	점

01 다음 글을 바탕으로 추론한 내용으로 옳지 않은 것을 고르면?

○△×
○△×
○△×

영조 14년 안동에 거주하는 몇몇이 주동이 되어 노론이 내세우는 상징적 인물인 김상헌을 제향(祭享)하는 서원을 창건하려 하자, 다수의 남인파 사림이 이에 반대하여 커다란 분쟁이 일었다.

그 후 노론의 유척기는 영남감사로 부임하자 남인의 반발에도 불구하고 서원건립을 추진하여 건물이 준공되기에 이르렀다. 이에 안동좌수를 비롯한 안동 내 남인 출신들이 관령(官令)의 제지를 무릅쓰고 서원을 훼파(毁破)하였다.

이에 대해 노론의 온건파를 대표하던 박사수는 김상헌 서원의 건립 필요성에서부터 훼원(毁院)에 이르기까지의 전말을 소상하게 보고하면서, 선정(先正)을 욕보이고 관장(官長)을 능멸하여 관령에 항거한 난민(亂民)으로 훼원유생을 규정하고 이러한 난민의 무리를 엄벌해야 한다고 하였다.

반면, 소론인 박문수는 서원창건 문제가 유림의 의론(議論)에 따라 좌우되는 일반적 경향에 비추어 볼 때 대다수 안동사림의 반대를 무릅쓴 김상헌 서원의 건립이 잘못된 것이라 하였다. 서원을 근거로 해서 전통적인 명문을 압박하고 남인당론을 강제로 바꾸게 하려는 목적으로 일어나지 않을 수 없었으므로, 훼원이 방자한 행위이기는 하나 온건한 처벌에 그쳐야 하며, 영남인의 불만이 이를 계기로 변란으로 확대되지 않도록 해야 한다고 주장하였다.

박사수와 박문수의 이러한 의견대립이 일어나자 평소 노소론 간의 당쟁에 중도적 자세를 견지하고 있던 탕평파의 안인명은 안동서원의 분쟁이 향전(鄕戰)에 불과할 따름이므로 조정에서 간여할 문제가 아닌데도 감사가 이를 잘 처리하지 못하여 조정에까지 시끄럽게 하고 체통마저 손상시켰으므로 이들을 파직시키고, 명색이 선비라고 하면서 선정을 제향하는 서원을 허물었으니 이 또한 처벌하여야 하며, 안동에 김상헌의 서원이 없을 수 없으므로 서원을 개건(改建)할 것을 청하였다.

이에 대해 영조는 멋대로 서원건립을 허가하고 향촌을 제대로 다스리지 못했다는 이유로 감사를 파직하고, 훼원유생을 엄벌하되 주동자에 국한시켰으며, 서원개건의 문제에 대해서는 언급하지 않음으로써 이를 묵살하였다.

① 박문수는 훼원의 사태가 일어나게 된 원인인 서원창건 자체가 지닌 문제에 중점을 두고 의견을 펼쳤다.
② 박사수는 훼원의 원인보다 유생들의 훼원 행위 자체에 초점을 두어 남인 출신 훼원유생에 대한 처벌을 주장하였다.
③ 노소론의 주장을 절충하면서도 왕권의 안정을 염두에 둔 영조의 처분은 당시 정치를 주도하던 노론의 주장을 더 받아들인 것이다.
④ 조선 후기에 향권을 둘러싼 향촌 내부의 분쟁인 향전(鄕戰)이 사족(士族) 간에 벌어지고 여기에 당색이 작용하고 있다는 사실을 알 수 있다.
⑤ 안인명은 노소론 간의 당쟁이 이 사건으로 인하여 격화되어서는 안 된다는 기본 전제로 탕평파 본래의 자세를 고수하면서도 노론에 기우는 주장을 펼쳤다.

02 다음 글의 ㉠에 대한 내용으로 옳은 것을 고르면?

○△×
○△×
○△×

오늘날 유전 과학자들은 유전자의 발현에 관한 ㉠물음에 관심을 갖고 있다. 맥길 대학의 연구팀은 이 물음에 답하려고 연구를 수행하였다. 어미 쥐가 새끼를 핥아 주는 성향에는 편차가 있다. 어떤 어미는 다른 어미보다 더 많이 핥아 주었다. 많이 핥아 주는 어미가 돌본 새끼들은 인색하게 핥아 주는 어미가 돌본 새끼들보다 외부 스트레스에 무디게 반응했다. 게다가 많이 안 핥아 주는 친어미에게서 새끼를 떼어 내어 많이 핥아 주는 양어미에게 두어 핥게 하면, 새끼의 스트레스 반응 정도는 양어미의 새끼 수준과 비슷해졌다.

연구팀은 어미가 누구든 많이 핥인 새끼는 그렇지 않은 새끼보다 뇌의 특정 부분, 특히 해마에서 글루코코르티코이드 수용체들, 곧 GR들이 더 많이 생겨났다는 것을 발견했다. 이렇게 생긴 GR의 수는 성체가 되어도 크게 바뀌지 않았다. GR의 수는 GR 유전자의 발현에 달려 있다. 이 쥐들의 GR 유전자는 차이는 없지만 그 발현 정도에는 차이가 있을 수 있다. 이 발현을 촉진하는 인자 중 하나가 NGF 단백질인데, 많이 핥인 새끼는 그렇지 못한 새끼에 비해 NGF 수치가 더 높다.

스트레스 반응 정도는 코르티솔 민감성에 따라 결정되는데 GR이 많으면 코르티솔 민감성이 낮아지게 하는 되먹임 회로가 강화된다. 이 때문에 똑같은 스트레스를 받아도 많이 핥인 새끼는 그렇지 않은 새끼보다 더 무디게 반응한다.

① 코르티솔 유전자는 어떻게 발현되는가?
② 유전자는 어떻게 발현하여 단백질을 만드는가?
③ 핥아 주는 성향의 유전자는 어떻게 발현되는가?
④ 후천 요소가 유전자의 발현에 영향을 미칠 수 있는가?
⑤ 유전자 발현에 영향을 미치는 유전 요인에는 무엇이 있는가?

03 다음 [가]~[라]를 순서대로 바르게 나열한 것을 고르면?

○△×
○△×
○△×

[가] 회전문의 축은 중심에 있다. 축을 중심으로 통상 네 짝의 문이 계속 돌게 되어 있다. 마치 계속 열려 있는 듯한 착각을 일으키지만, 사실은 네 짝의 문이 계속 안 또는 밖을 차단하도록 만든 것이다. 실질적으로는 열려 있는 순간 없이 계속 닫혀 있는 셈이다.

[나] 문은 열림과 닫힘을 위해 존재한다. 이 본연의 기능을 하지 못한다는 점에서 계속 닫혀 있는 문이 무의미하듯이, 계속 열려 있는 문 또한 그 존재 가치와 의미가 없다. 그런데 현대 사회의 문은 대부분의 경우 닫힌 구조로 사람들을 맞고 있다. 따라서 사람들을 환대하는 것이 아니라 박대하고 있다고 할 수 있다. 그 대표적인 예가 회전문이다. 가만히 회전문의 구조와 그 기능을 머릿속에 그려 보라. 그것이 어떤 식으로 열리고 닫히는지 알고는 놀랄 것이다.

[다] 회전문은 인간이 만들고 실용화한 문 가운데 가장 문명적이고 가장 발전된 형태로 보일지 모르지만, 사실상 열림을 가장한 닫힘의 연속이기 때문에 오히려 가장 야만적이며 가장 미개한 형태의 문이다.

[라] 또한 회전문을 이용하는 사람들은 회전문의 구조와 운동 메커니즘에 맞추어야 실수 없이 문을 통과해 안으로 들어가거나 밖으로 나올 수 있다. 어린아이, 허약한 사람, 또는 민첩하지 못한 노인은 쉽게 그것에 맞출 수 없다. 더구나 휠체어를 탄 사람이라면 더 말할 나위도 없다. 이들에게 회전문은 문이 아니다. 실질적으로 닫혀 있는 기능만 하는 문은 문이 아니기 때문이다.

① [가]－[나]－[라]－[다]
② [가]－[라]－[나]－[다]
③ [나]－[가]－[라]－[다]
④ [나]－[다]－[라]－[가]
⑤ [다]－[가]－[라]－[나]

04 다음 규정을 바탕으로 판단한 내용으로 옳은 것을 고르면?

○△×
○△×
○△×

제○○조(연구실적평가) ① 연구직으로 근무한 경력이 2년 이상인 연구사(석사 이상의 학위를 가진 사람은 제외한다)는 매년 12월 31일까지 그 연구실적의 결과를 논문으로 제출하여야 한다. 다만 연구실적 심사평가를 3번 이상 통과한 연구사는 그러하지 아니하다.

② 연구실적의 심사를 위하여 소속기관의 장은 임용권자 단위 또는 소속기관 단위로 직렬별, 직류별 또는 직류 내 같은 업무분야별로 연구실적평가위원회를 설치하여야 한다.

③ 연구실적평가위원회는 위원장을 포함한 5명의 위원으로 구성한다. 위원장과 2명의 위원은 소속기관 내부 연구관 중에서, 위원 2명은 대학교수나 외부 연구기관·단체의 연구관 중에서 연구실적평가위원회를 구성할 때마다 임용권자가 임명하거나 위촉한다. 이 경우 위원 중에는 대학교수인 위원이 1명 이상 포함되어야 한다.

④ 연구실적평가위원회의 회의는 임용권자나 위원장이 매년 1월 중에 소집하고, 그 밖에 필요한 경우에는 수시로 소집한다.

⑤ 연구실적평가위원회의 표결은 무기명 투표로 하며, 재적위원 과반수의 찬성으로 의결한다.

※ 대학교수와 연구관은 겸직할 수 없음

① 개별 연구실적평가위원회는 최대 3명의 대학교수를 위원으로 위촉할 수 있다.
② 연구실적평가위원회 위원장은 소속기관 내부 연구관이 아닌 대학교수가 맡을 수 있다.
③ 연구실적평가위원회에 4명의 위원이 출석한 경우와 5명의 위원이 출석한 경우의 의결정족수는 동일하다.
④ 연구실적평가위원회 위원으로 위촉된 경력이 있는 사람을 재위촉하는 경우 별도의 위촉절차를 거치지 않아도 된다.
⑤ 석사학위 이상을 소지하지 않은 모든 연구사는 연구직으로 임용된 이후 5년이 지나면 석사학위를 소지한 연구사와 동일하게 연구실적 결과물 제출을 면제받는다.

05 다음 글을 바탕으로 추론한 내용으로 옳은 것을 고르면?

○△×
○△×
○△×

소나무재선충은 매개충의 몸 안에 서식하다가 새순을 갉아 먹을 때 상처부위를 통하여 나무에 침입한다. 침입한 재선충은 빠르게 증식하여 수분과 양분의 이동통로를 막아 나무를 죽게 한다. 소나무재선충병에 걸린 나무는 치료약이 없어 잎이 붉은색으로 변하면서 100% 고사한다. 주로 감염되는 수종은 소나무, 해송 및 잣나무 등이다.

소나무재선충병은 1988년 부산 금정산에서 처음 발생한 이후 계속 피해가 증가하여 총 67개의 시·군·구에서 발생하였다. 그러나 소나무재선충병 방제특별법이 시행된 2007년부터 피해가 급격히 감소하고 있는 추세이다. 피해면적은 2000년 1,677ha에서 2006년 최대 7,871ha로 급증하였는데 정부의 방역대책으로 2010년에는 3,547ha로 감소하였다. 감염목의 수도 2000년에 2만 8천 그루에서 2005년 최대 51만 그루로 급증하였지만 2010년에는 1만 6천 그루로 감소하였다. 정부는 2009년에 산림병해충 예찰·방제단을 조직하여 능동적 예찰·방제체계를 구축하였고, 2013년 완전방제를 목표로 선제적 완전방제 대책을 추진하고 있다.

소나무재선충병을 예방하기 위해서는 외관상 건강한 소나무에 아바멕틴 나무주사를 2년에 1회 실시한다. 소나무 잎의 상태를 육안으로 관찰하여 이상 징후가 있는 나무는 대상목에서 제외한다. 나무주사 방법 외에도 지상과 항공에서 약제를 살포하는 방법을 통해 방제할 수 있는데, 5월에서 8월 사이에 3~5회 정도 실시해야 한다.

① 소나무재선충병에 대처하기 위해서는 무엇보다도 사전예방이 중요하다.
② 소나무재선충은 2005년에 가장 넓은 지역에서 가장 많은 수목을 감염시켰다.
③ 소나무재선충병은 소나무에서만 발생하기 때문에 이 수종에 대한 관리가 매우 중요하다.
④ 나무주사를 놓기 직전에 소나무의 상태를 파악하기 위한 별도의 화학실험을 해야 한다.
⑤ 소나무재선충으로 인해 잎이 붉은색으로 변색된 소나무도 나무주사를 통해서 소생시킬 수가 있다.

06 다음 글의 내용과 일치하는 것을 [보기]에서 모두 고르면?

○△×
○△×
○△×

조선 시대 복식은 신분과 직업에 따라 다르게 규정되었다. 상민들은 흰색 두루마기만 입을 수 있었던 데 비해 중인들은 청색 도포를 입고 다녔다. 조선 시대 백관들의 공복(公服) 규정에 따르면, 중인의 경우 정3품은 홍포(紅袍)에 복두(幞頭)를 쓰고, 협지금(劦枝金)띠를 두르고 흑피화(黑皮靴)를 신었다. 4품 이하는 청포(靑袍)에 흑각(黑角)띠를 둘렀고, 7품 이하는 녹포(綠袍)에 흑의화(黑衣靴)를 신었다.

여자들의 복장은 남편의 벼슬이나 본가의 신분에 따라 달랐다. 조선 후기로 오면서 서울의 높은 양반집 여자들은 외출할 때 남자들과 내외하기 위해 장옷을 썼는데 중인 이하의 여자들은 장옷 대신 치마를 썼다. 또 양반집 여자들은 치마를 왼쪽으로 여며 입었는데 상민이 그렇게 입으면 망신을 당하고 쫓겨났다고 한다.

조선 시대 공복에는 아청(鴉靑), 초록, 목홍(木紅) 등의 색을 사용했다. 『경국대전』에 따르면 1470년대에는 경공장에서 청색 물을 들이는 장인이 30여 명에 달할 만큼 청색 염색이 활발했다. 남색 역시 많이 사용되었다. 『임원십육지』에 따르면 6~7월에 쪽잎을 따서 만든 즙으로 남색 물을 들였다. 쪽잎으로 만든 남색 염료는 햇빛에 강해 색이 잘 변하지 않는 성질이 있어서 세계적으로 많이 사용되었다. 이 염료는 조선 초기까지는 사용이 드물었으나 조선 중기에 염료의 으뜸으로 등장했다가 합성염료의 출현으로 다시 왕좌에서 물러나게 되었다.

보기

㉠ 조선 후기에 중인 여자들은 외출할 때 장옷을 썼다.
㉡ 1470년대에 청색 염색이 활발했음을 보여 주는 기록이 경국대전에 남아 있다.
㉢ 조선 시대 정3품에 해당하는 중인들은 규정에 따라 청포에 흑각띠를 두르고 흑피화를 신었다.
㉣ 조선에서는 합성염료의 출현 이후에도 초봄에 쪽잎을 따서 만든 남색 염료가 합성염료보다 더 많이 사용되었다.

① ㉠ ② ㉡ ③ ㉠, ㉢ ④ ㉡, ㉣ ⑤ ㉢, ㉣

07 다음 글을 바탕으로 추론한 내용으로 옳지 않은 것을 고르면?

○△✕
○△✕
○△✕

언뜻 보아서는 살쾡이와 고양이를 구별하기 힘들다. 살쾡이가 고양잇과의 포유동물이어서 고양이와 흡사하기 때문이다. 그래서인지 '살쾡이'란 단어는 '고양이'와 연관이 있다. '살쾡이'의 '쾡이'가 '괭이'와 연관이 있는데, '괭이'는 '고양이'의 준말이기 때문이다.

'살쾡이'는 원래 '삵'에 '괭이'가 붙어서 만들어진 단어이다. '삵'은 그 자체로 살쾡이를 뜻하는 단어였다. 살쾡이의 모습이 고양이와 비슷해도 단어 '삵'은 '고양이'와는 아무런 연관이 없다. 그런데도 '삵'에 고양이를 뜻하는 '괭이'가 덧붙게 되었다. 그렇다고 '살쾡이'가 '삵과 고양이', 즉 '살쾡이와 고양이'란 의미를 가지는 것은 아니다. 단지 '삵'에 비해 '살쾡이'가 후대에 생겨난 단어일 뿐이다. '호랑이'란 단어도 이런 식으로 생겨났다. '호랑이'는 '호'(虎, 범)와 '랑'(狼, 이리)으로 구성되어 있으면서도 '호랑이와 이리'란 뜻을 가진 것이 아니라 그 뜻은 역시 '범'인 것이다.

'살쾡이'는 '삵'과 '괭이'가 합쳐져 만들어진 단어이기 때문에 '삵괭이' 또는 '삭괭이'로도 말하는 지역이 있으며, '삵'의 'ㄱ' 때문에 뒤의 '괭이'가 된소리인 '꽹이'가 되어 '삭꽹이' 또는 '살꽹이'로 말하는 지역도 있다. 그리고 '삵'에 거센소리가 발생하여 '살쾡이'로 발음하는 지역도 있다. 주로 서울 지역에서 '살쾡이'로 발음하기 때문에 '살쾡이'를 표준어로 삼았다. 반면에 북한의 사전에서는 '살쾡이'를 찾을 수 없고 '살괭이'만 찾을 수 있다. 남한에서 '살괭이'를 '살쾡이'의 방언으로 처리한 것과는 다르다.

① '호랑이'는 '호'(虎, 범)보다 나중에 형성되었다.
② 두 단어가 합쳐져 하나의 대상을 지시할 수 있다.
③ '살쾡이'가 남·북한 사전 모두에 실려 있는 것은 아니다.
④ '살쾡이'는 가장 광범위하게 사용되기 때문에 표준어로 정해졌다.
⑤ '살쾡이'의 방언이 다양하게 나타나는 것은 지역의 발음 차이 때문이다.

08 다음 글의 주장을 강화하는 사례로 옳은 것을 [보기]에서 모두 고르면?

○△×
○△×
○△×

우리는 물체까지의 거리 자체를 직접 볼 수는 없다. 거리는 눈과 그 물체를 이은 직선의 길이인데, 우리의 망막에는 직선의 한쪽 끝 점이 투영될 뿐이기 때문이다. 그러므로 물체까지의 거리 판단은 경험을 통한 추론에 의해서 이루어진다고 보아야 한다. 예컨대 우리는 건물, 나무 같은 친숙한 대상들의 크기가 얼마나 되는지, 이들이 주변 배경에서 얼마나 공간을 차지하는지 등을 경험을 통해 이미 알고 있다. 우리는 물체와 우리 사이에 혹은 물체 주위에 이런 친숙한 대상들이 어느 정도 거리에 위치해 있는지를 우선 지각한다. 이로부터 우리는 그 물체가 얼마나 멀리 떨어져 있는지를 추론하게 된다. 또한 그 정도 떨어진 다른 사물들이 보이는 방식에 대한 경험을 토대로, 그보다 작고 희미하게 보이는 대상들은 더 멀리 떨어져 있다고 판단한다. 거리에 대한 이런 추론은 과거의 경험에 기초하는 것이다.

반면에 물체가 손이 닿을 정도로 아주 가까이에 있는 경우, 물체까지의 거리를 지각하는 방식은 이와 다르다. 우리의 두 눈은 약간의 간격을 두고 서로 떨어져 있다. 이에 우리는 두 눈과 대상이 위치한 한 점을 연결하는 두 직선이 이루는 각의 크기를 감지함으로써 물체까지의 거리를 알게 된다. 물체를 바라보는 두 눈의 시선에 해당하는 두 직선이 이루는 각은 물체까지의 거리가 멀어질수록 필연적으로 더 작아진다. 대상까지의 거리가 몇 미터만 넘어도 그 각의 차이는 너무 미세해서 우리가 감지할 수 없다. 하지만 팔 뻗는 거리 안의 가까운 물체에 대해서는 그 각도를 감지하는 것이 가능하다.

보기

㉠ 100미터 떨어진 지점에 민수가 한 번도 본 적이 없는 대상만 보이도록 두고 다른 사물들은 보이지 않도록 민수의 시야 나머지 부분을 가리는 경우, 민수는 그 대상을 보고도 얼마나 떨어져 있는지 판단하지 못한다.

㉡ 아무것도 보이지 않는 캄캄한 밤에 안개 속의 숲길을 걷다가 앞쪽 멀리서 반짝이는 불빛을 발견한 태훈이가 불빛이 있는 곳까지의 거리를 어렵잖게 짐작한다.

㉢ 태어날 때부터 한쪽 눈이 실명인 영호가 30센티미터 거리에 있는 낯선 물체 외엔 어떤 것도 보이지 않는 상황에서 그 물체까지의 거리를 옳게 판단한다.

① ㉠ ② ㉢ ③ ㉠, ㉡ ④ ㉡, ㉢ ⑤ ㉠, ㉡, ㉢

[09~10] 다음 수들의 배열 규칙을 찾아 빈칸에 들어갈 알맞은 숫자를 고르면?

09

○△× ○△× ○△×

−14	?	7
18		8
2	10	6

① 12 ② 32 ③ 50 ④ 64 ⑤ 81

10

○△× ○△× ○△×

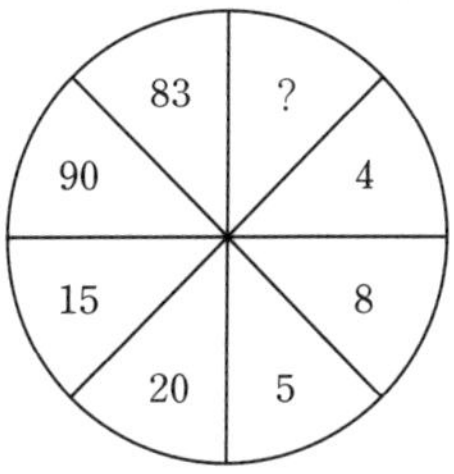

① 102 ② 192 ③ 234 ④ 664 ⑤ 912

11

○△× ○△× ○△×

다음 [표]는 2021년 ○○회사의 지점(A~E)별 매출 관련 현황에 대한 자료이다. 이에 대한 설명으로 옳지 않은 것을 [보기]에서 모두 고르면?

[표] ○○회사의 지점별 매출 관련 현황 (단위: 억 원, 명)

구분	A	B	C	D	E	전체
매출액	10	21	18	10	12	71
목표매출액	15	26	20	13	16	90
직원 수	5	10	8	3	6	32

※ 목표매출액 달성률(%)$=\frac{\text{매출액}}{\text{목표매출액}}\times 100$

보기

㉠ 직원 1인당 매출액이 가장 높은 지점은 D이다.
㉡ 목표매출액 달성률이 가장 높은 지점은 C이다.
㉢ 지점 매출액이 5개 지점 매출액의 평균을 초과하는 지점은 3곳이다.
㉣ 5개 지점의 매출액이 각각 20%씩 증가한다면 전체 매출액은 전체 목표매출액을 초과한다.

① ㉠, ㉡ ② ㉠, ㉢ ③ ㉢, ㉣ ④ ㉠, ㉡, ㉣ ⑤ ㉡, ㉢, ㉣

12 다음 [표]는 2017~2019년 △△대학의 장학금 유형(A~E)별 지급 현황에 대한 자료이다. 이에 대한 설명으로 옳지 않은 것을 [보기]에서 모두 고르면?

○△×
○△×
○△×

[표] △△대학의 장학금 유형(A~E)별 지급 현황 (단위: 명, 백만 원)

구분			A	B	C	D	E
2017년	1학기	장학생 수	112	22	66	543	2,004
		장학금 총액	404	78	230	963	2,181
	2학기	장학생 수	106	26	70	542	1,963
		장학금 총액	379	91	230	969	2,118
2018년	1학기	장학생 수	108	21	79	555	1,888
		장학금 총액	391	74	273	989	2,025
	2학기	장학생 수	112	20	103	687	2,060
		장학금 총액	404	70	355	1,216	2,243
2019년	1학기	장학생 수	110	20	137	749	2,188
		장학금 총액	398	70	481	1,330	2,379
	2학기	장학생 수	104	20	122	584	1,767
		장학금 총액	372	70	419	1,039	1,904

※ △△대학의 학기는 매년 1학기와 2학기만 존재함

보기

㉠ 2017~2019년에 매 학기 장학생 수가 증가하는 장학금 유형은 1개이다.
㉡ 2018년 1학기에 비해 2018년 2학기에 장학생 수와 장학금 총액이 모두 증가한 장학금 유형은 4개이다.
㉢ 2019년 2학기 장학생 1인당 장학금이 가장 많은 장학금 유형은 B이다.
㉣ E장학금 유형에서 장학생 수와 장학금 총액이 가장 많은 학기는 2019년 1학기이다.

① ㉠, ㉡ ② ㉠, ㉢ ③ ㉡, ㉢ ④ ㉡, ㉣ ⑤ ㉢, ㉣

13 다음 [도표]는 2015년 16개 지역의 초미세먼지 농도, 연령 표준화 사망률 및 초미세먼지로 인한 조기 사망자 수를 조사한 자료이다. 이에 대한 설명으로 옳은 것을 [보기]에서 모두 고르면?

○△×
○△×
○△×

[도표] 지역별 초미세먼지 농도, 연령 표준화 사망률 및 초미세먼지로 인한 조기 사망자 수

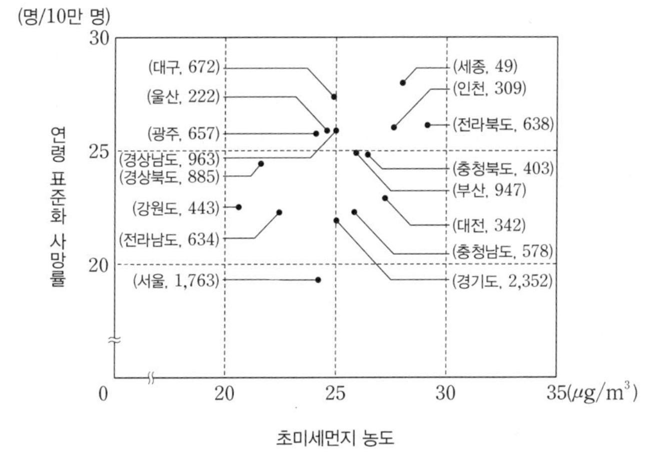

※ (지역, N)은 해당 지역의 초미세먼지로 인한 조기 사망자 수가 N명임을 의미함
※ 연령 표준화 사망률은 인구 구조가 다른 집단 간의 사망 수준을 비교하기 위하여 연령 구조가 사망률에 미치는 영향을 제거한 사망률을 의미함

보기

㉠ 초미세먼지로 인한 조기 사망자 수가 가장 많은 지역은 서울이다.
㉡ 연령 표준화 사망률이 높은 지역일수록 초미세먼지로 인한 조기 사망자 수는 적다.
㉢ 초미세먼지 농도가 가장 낮은 지역의 초미세먼지로 인한 조기 사망자 수는 충청북도보다 많다.
㉣ 대구는 부산보다 연령 표준화 사망률은 높지만 초미세먼지로 인한 조기 사망자 수는 적다.

① ㉠, ㉡ ② ㉠, ㉢ ③ ㉡, ㉢ ④ ㉡, ㉣ ⑤ ㉢, ㉣

14 다음은 회계부정행위 신고 및 포상금 지급에 관한 [보고서]이다. 이를 작성하기 위해 사용된 자료만을 [보기]에서 모두 고르면?

○△× ○△× ○△×

[보고서]

2019년 회계부정행위 신고 건수는 모두 64건으로 2018년보다 29건 감소하였다. 회계부정행위 신고에 대한 최대 포상금 한도가 2017년 11월 규정 개정 후에는 1억 원에서 10억 원으로 상향됨에 따라 회계부정행위 신고에 대한 사회적 관심이 증가하여 2018년에는 신고 건수가 전년 대비 크게 증가(111.4%)하였다. 2019년 회계부정행위 신고 건수는 전년 대비 31.2% 감소하였지만 2013년부터 2016년까지 연간 최대 32건에 불과하였던 점을 감안하면 2017년 11월 포상금 규정 개정 전보다 여전히 높은 수준이었다.

보기

㉠ 연도별 회계부정행위 신고 현황

(단위: 건, %)

구분	2017년	2018년	2019년
회계부정행위 신고 건수	44	93	64
전년 대비 증가율	−	111.4	−31.2

㉡ 연도별 회계부정행위 신고 건수 추이

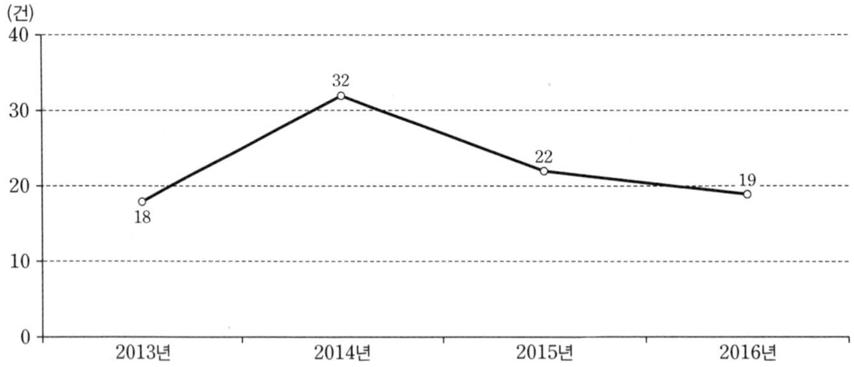

㉢ 회계부정행위 신고에 대한 최대 포상금 규정

(단위: 만 원)

구분		최대 포상금 한도	
		자산총액 5천억 원 미만 기업	자산총액 5천억 원 이상 기업
2017년 11월 규정 개정	개정 후	50,000	100,000
	개정 전	5,000	10,000

㉣ 연도별 회계부정행위 신고 포상금 지급 현황

(단위: 건, 만 원)

구분	2008~2015년	2016년	2017년	2018년	2019년	합계
지급 건수	6	2	2	1	2	13
지급액	5,010	2,740	3,610	330	11,940	23,630

① ㉠, ㉢
② ㉡, ㉣
③ ㉢, ㉣
④ ㉠, ㉡, ㉢
⑤ ㉠, ㉡, ㉣

15 다음 [표]는 연도별 14개 지역에 등록된 5톤 미만 어선 수에 대한 자료이다. 이에 대한 설명으로 옳은 것을 고르면?

○△× ○△× ○△×

[표] 연도별 14개 지역에 등록된 5톤 미만 어선 수 (단위: 척)

구분		1톤 미만	1톤 이상 2톤 미만	2톤 이상 3톤 미만	3톤 이상 4톤 미만	4톤 이상 5톤 미만
2019년	부산	746	1,401	374	134	117
	대구	6	0	0	0	0
	인천	98	244	170	174	168
	울산	134	378	83	51	32
	세종	8	0	0	0	0
	경기	910	283	158	114	118
	강원	467	735	541	296	179
	충북	427	5	1	0	0
	충남	901	1,316	743	758	438
	전북	348	1,055	544	168	184
	전남	6,861	10,318	2,413	1,106	2,278
	경북	608	640	370	303	366
	경남	2,612	4,548	2,253	1,327	1,631
	제주	123	145	156	349	246
2018년	부산	793	1,412	351	136	117
	대구	6	0	0	0	0
	인천	147	355	184	191	177
	울산	138	389	83	52	33
	세종	7	0	0	0	0
	경기	946	330	175	135	117
	강원	473	724	536	292	181
	충북	434	5	1	0	0
	충남	1,036	1,429	777	743	468
	전북	434	1,203	550	151	188
	전남	7,023	10,246	2,332	1,102	2,297
	경북	634	652	372	300	368
	경남	2,789	4,637	2,326	1,313	1,601
	제주	142	163	153	335	250

① 2019년 경기의 5톤 미만 어선 수의 전년 대비 감소율은 10% 미만이다.
② 2019년 대구를 제외한 각 지역에서 1톤 미만 어선 수는 전년 대비 감소했다.
③ 2018년 대구, 세종, 충북을 제외한 각 지역에서 1톤 이상 2톤 미만부터 4톤 이상 5톤 미만까지 톤급이 증가할수록 어선 수는 감소한다.
④ 2018년과 2019년 모두 1톤 이상 2톤 미만 어선 수는 충남이 세 번째로 크다.
⑤ 2018년과 2019년 모두 1톤 미만 어선 수 대비 3톤 이상 4톤 미만 어선 수의 비가 가장 높은 지역은 인천이다.

16 다음 [표]는 연도별 황산화물 배출권 거래 현황에 대한 자료이다. 주어진 [표]를 바탕으로 작성한 [그래프]로 옳지 않은 것을 고르면?

○△×
○△×
○△×

[표] 연도별 황산화물 배출권 거래 현황 (단위: 건, kg, 원/kg)

구분	전체		무상거래		유상거래				
	거래 건수	거래량	거래 건수	거래량	거래 건수	거래량	거래가격		
							최고	최저	평균
2008년	10	115,894	3	42,500	7	73,394	1,000	30	319
2009년	8	241,004	4	121,624	4	119,380	500	60	96
2010년	32	1,712,694	9	192,639	23	1,520,055	500	50	58
2011년	25	1,568,065	6	28,300	19	1,539,765	400	10	53
2012년	32	1,401,374	7	30,910	25	1,370,464	400	30	92
2013년	59	2,901,457	5	31,500	54	2,869,957	600	60	180
2014년	22	547,500	1	2,000	21	545,500	500	65	269
2015년	12	66,200	5	22,000	7	44,200	450	100	140
2016년	10	89,500	3	12,000	7	77,500	500	150	197
2017년	20	150,966	5	38,100	15	112,866	160	100	124
2018년	28	143,324	3	5,524	25	137,800	250	74	140

① 연도별 전체 거래의 건당 거래량

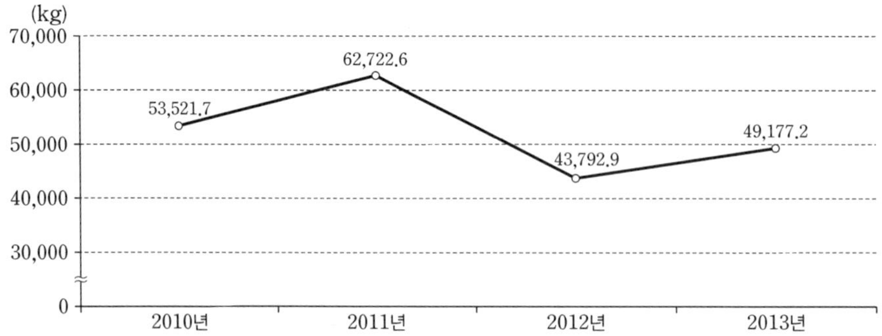

② 연도별 유상거래 최고 가격과 최저 가격

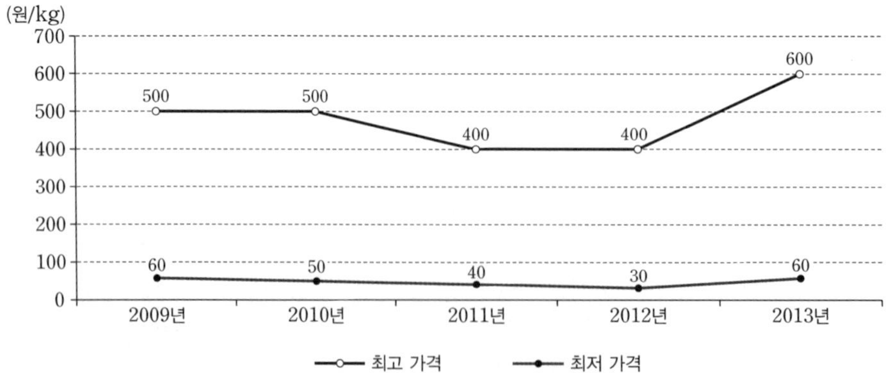

③ 연도별 유상거래 평균 가격

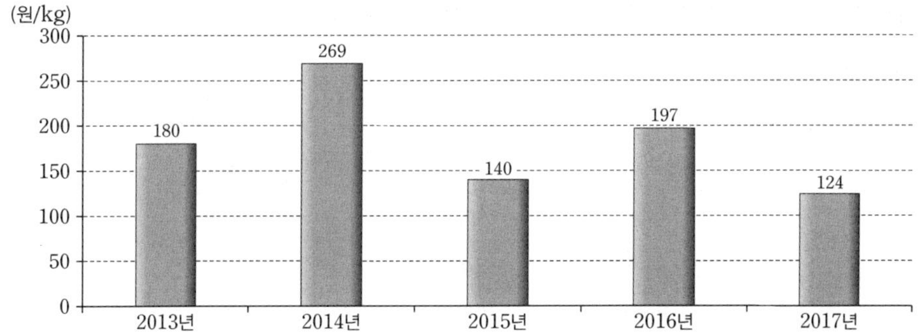

④ 2008년 전체 거래량 구성비

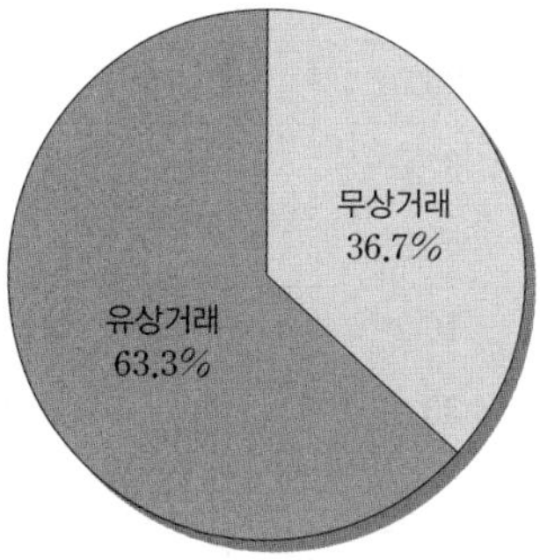

⑤ 연도별 무상거래 건수와 유상거래 건수

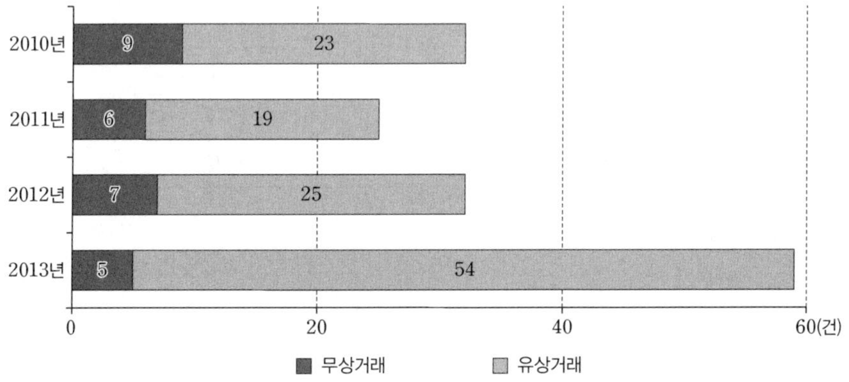

17 다음 [표]는 성인 남녀 1,500명을 대상으로 탈모 증상 경험 여부와 탈모 증상 경험자의 탈모 증상 완화 시도 방법에 대해 조사한 자료이다. 이에 대한 설명으로 옳지 않은 것을 고르면?

○△×
○△×
○△×

[표1] 성별 연령대별 탈모 증상 경험 여부

구분			응답자 수(명)	탈모 증상 경험 여부(%)	
				있음	없음
성별		남성	743	28.8	71.2
		여성	757	15.2	84.8
연령대별		20대	259	4.6	95.4
		30대	253	12.6	87.4
		40대	295	21.4	78.6
		50대	301	25.6	74.4
		60대	392	37.0	63.0
성별·연령대별	남성	20대	136	5.1	94.9
		30대	130	16.2	83.8
		40대	150	30.0	70.0
		50대	151	35.8	64.2
		60대	176	49.4	50.6
	여성	20대	123	4.1	95.9
		30대	123	8.9	91.1
		40대	145	12.4	87.6
		50대	150	15.3	84.7
		60대	216	26.9	73.1

※ 무응답과 복수응답은 없음
※ 소수점 둘째 자리에서 반올림한 값임

[표2] 탈모 증상 경험자의 탈모 증상 완화 시도 여부 및 방법

구분		응답자 수 (명)	탈모 증상 완화 시도 방법(%)					시도 하지 않음 (%)
			모발 관리 제품 사용	민간 요법	치료제 구입	병원 진료	미용실 탈모 관리	
성별	남성	214	38.8	14.0	9.8	8.9	4.2	49.1
	여성	115	45.2	7.0	2.6	4.3	11.3	44.3
연령대별	20대	12	50.0	0.0	16.7	16.7	16.7	0.0
	30대	32	62.5	12.5	6.3	9.4	9.4	25.0
	40대	63	52.4	7.9	6.3	12.7	7.9	36.5
	50대	77	46.8	15.6	10.4	5.2	10.4	39.0
	60대	145	26.2	11.7	6.2	4.1	2.8	62.8
부모의 탈모 경험 여부	있음	236	47.0	14.8	8.1	7.2	8.9	41.1
	없음	93	24.7	4.3	7.5	7.5	1.1	62.4
탈모 증상의 심각성	심각함	150	45.3	16.0	13.3	13.3	10.0	34.0
	심각하지 않음	179	36.9	7.8	2.8	2.2	2.8	58.1

※ 무응답은 없으며, 탈모 증상 완화 시도 방법에 대한 복수응답을 허용함
※ 소수점 둘째 자리에서 반올림한 값임

① 남녀 각각 연령대가 높을수록 탈모 증상 경험자의 비율도 높다.
② 탈모 증상 경험자 중 탈모 증상 완화 시도 방법으로 미용실 탈모 관리를 받았다고 한 응답자의 수는 남성이 여성보다 많다.
③ 탈모 증상 경험자의 연령대가 높을수록 탈모 증상 완화 시도 여부에 대한 응답자 수도 많다.
④ 탈모 증상 경험자 중 부모의 탈모 경험이 있다고 한 응답자의 비율은 70% 이상이다.
⑤ 탈모 증상이 심각하다고 한 응답자 중 부모의 탈모 경험이 있다고 한 응답자는 최소 57명 이상이다.

18 **A는 채무자에 대한 3억 6천만 원의 채권을 담보하기 위하여, 채무자 소유의 부동산인 X(시가 2억 4천만 원), Y(시가 1억 6천만 원), Z(시가 8천만 원)에 대해 1순위 저당권을 취득하였다. 그리고 B는 1억 원의 채권으로 X에 대하여, C는 6천만 원의 채권으로 Y에 대하여, D는 6천만 원의 채권으로 Z에 대하여 각각 2순위 저당권을 취득하였다. 만일 이 부동산들이 시가대로 매각(경락)되어 동시배당을 할 경우에 A, B, C, D가 배당받을 금액을 고르면?**(단, 저당권의 실행비용 등은 고려하지 않는다.)

○△× ○△× ○△×

> 저당권이란 채무자 또는 제3자가 채권의 담보로 제공한 부동산 기타 목적물을 담보제공자의 사용·수익에 맡겨두고, 채무변제가 없을 때에 그 목적물의 가액으로부터 우선변제를 받을 수 있는 담보물권을 말한다. 채무자가 변제기에 변제하지 않으면 저당권자는 저당목적물을 현금화하여 그 대금으로부터 다른 채권자에 우선하여 변제를 받을 수 있다. 한편 공동저당이란 동일한 채권을 담보하기 위하여 수 개의 부동산 위에 저당권을 설정하는 것을 말한다. 공동저당권자는 임의로 어느 저당목적물을 선택하여 채권의 전부나 일부의 우선변제를 받을 수 있다. 다만 이 원칙을 관철하면 후순위저당권자 등에게 불공평한 결과가 생길 수 있으므로, 공동저당권의 목적물인 부동산 전부를 경매하여 그 매각대금을 동시에 배당하는 때에는 공동저당권자의 채권액을 각 부동산의 매각대금(경매대가)의 비율로 나누어 그 채권의 분담을 정한다. 따라서 각 부동산에 관하여 그 비례안분액(比例安分額)을 초과하는 부분은 후순위저당권자에게 배당되고, 후순위저당권자가 없는 경우에 소유자에게 배당된다.

	A	B	C	D
①	2억 4천만 원	1억 원	6천만 원	6천만 원
②	2억 8천만 원	8천만 원	6천만 원	6천만 원
③	2억 6천만 원	8천만 원	4천만 원	2천만 원
④	3억 6천만 원	6천만 원	3천만 원	3천만 원
⑤	3억 6천만 원	6천만 원	4천만 원	2천만 원

19 다음 조항을 바탕으로 각 가족들이 현재 경작할 수 있는 토지의 면적을 <u>잘못</u> 계산한 것을 고르면?

○△×
○△×
○△×

- 모든 호주(戶主)는 국가로부터 영업전(營業田) 20무(畝)를 지급받았다. 이 영업전은 상속이 가능하였다. 단, 상속의 결과 영업전이 20무를 초과하는 경우 초과분은 국가가 환수하였다.
- 신체 건강한 남자는 18세가 되면 구분전(口分田)과 80무를 지급받았다. 상속이 가능했던 영업전과 달리 구분전은 노동력의 감퇴 또는 상실에 따라 국가의 환수 대상이 되었다. 즉 60세가 되면 국가가 구분전의 절반을 환수하였고, 사망하면 나머지 절반도 환수하였다.
- 18세 이상의 성인 남자일지라도 심각한 신체장애로 노동력의 일부를 상실한 경우에는 구분전을 40무만 지급받았다.
- 17세 미만의 남자이지만 호주인 경우에는 구분전 40무를 지급받았다.
- 여자는 원칙적으로 구분전의 수전(授田) 대상이 아니었지만, 남편이 사망한 과부에게만은 구분전 30무를 지급하였다.

① 작년에 화재로 부모를 잃어 호주가 된 12세의 A는 5세 위의 누나와 함께 살고 있다. → 60무
② 60세 되던 해에 전염병이 창궐한 탓에 아내와 아들 부부를 잃은 올해 70세의 호주 B는 17세된 손자와 15세된 손녀를 데리고 산다. → 60무
③ 작년에 동갑내기 남편을 잃어 호주가 된 40세의 C는 21세의 아들과 함께 사는데, 이 아들은 선천적인 신체장애로 남들만큼 일하지 못한다. → 70무
④ 올해 30세인 호주 D는 신체 건강한 남자로서 10년 전에 결혼하였으며 그의 부모는 모두 오래 전에 사망하였다. 그의 슬하에는 17세 미만인 아들 둘과 딸 둘이 있다. → 100무
⑤ 올해 55세인 호주 E는 아내와 장성한 아들 둘과 같이 사는데 큰 아들은 24세, 작은 아들은 20세이다. 두 아들은 모두 신체 건강하지만 아직 결혼을 못했다. → 260무

20 다음 글과 [상황]을 바탕으로 판단할 때, 갑의 말이 최종적으로 위치하는 칸을 고르면?

○△×
○△×
○△×

- 참가자는 다음 그림과 같이 A~L까지 12개의 칸으로 구성된 게임판에서, A칸에 말을 놓고 시작한다.

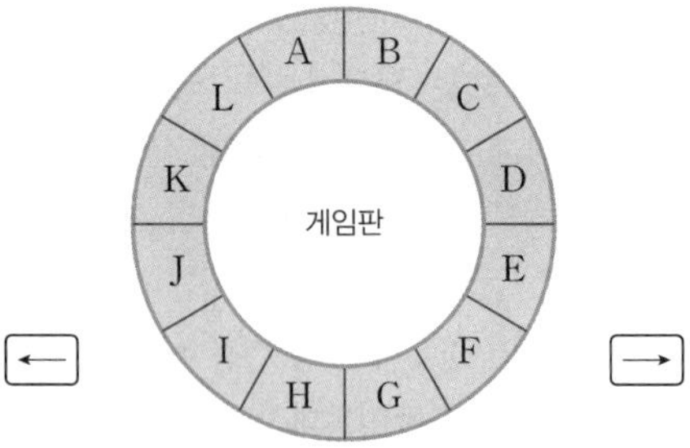

- 참가자는 [←] 또는 [→] 버튼을 누를 수 있다.
- 버튼을 맨 처음 누를 때, [←] 버튼을 누르면 말을 반시계 방향으로 1칸 이동하고 [→] 버튼을 누르면 말을 시계 방향으로 1칸 이동한다.
- 그다음부터는 매번 버튼을 누르면, 그 버튼을 누르기 직전에 누른 버튼에 따라 다음과 같이 말을 이동한다.

누른 버튼	직전에 누른 버튼	말의 이동
[←]	[←]	반시계 방향으로 2칸 이동
	[→]	움직이지 않음
[→]	[←]	움직이지 않음
	[→]	시계 방향으로 2칸 이동

- 참가자는 버튼을 총 5회 누른다.

[상황]

갑은 다음과 같이 버튼을 눌렀다.

누른 순서	1	2	3	4	5
누른 버튼	[←]	[→]	[→]	[←]	[←]

① A칸　② C칸　③ H칸　④ J칸　⑤ L칸

21 다음 글을 바탕으로 옳지 않은 것을 고르면?

○△✕
○△✕
○△✕

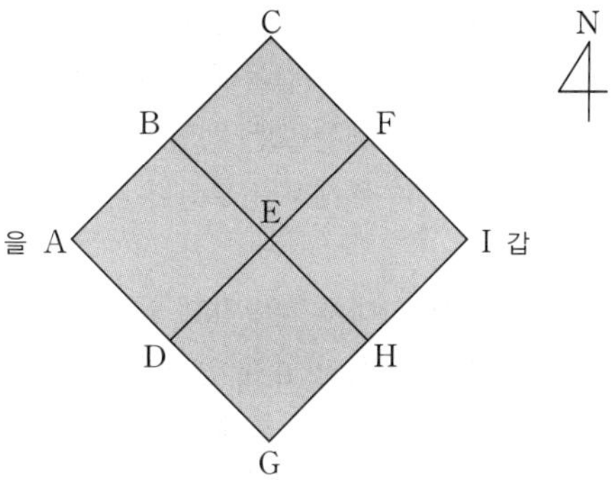

갑과 을은 전략게임을 하는데 갑이 공격을 하고 을은 이에 대한 방어만을 할 수 있다. 위의 그림에서 현재 갑은 I지점을 점령하고 있고 을은 A지점을 점령하고 있다. 갑은 A지점을 점령하기 위해 I지점을 출발하여 각 지점을 경유하여 공격하려고 하고 을은 A지점을 출발하여 각 지점을 경유하여 갑의 공격을 방어하려고 한다. 갑이 공격에 성공하기 위해서는 을의 방어군을 반드시 피해야 하고, 을이 방어에 성공하기 위해서는 갑의 공격군을 반드시 도중에 만나야 한다. 이때 갑은 A지점을 공격하기 위해서 동에서 서로 직선 또는 지그재그 형태로 나아가야만 하며, 을은 방어를 위해서 서에서 동으로 직선 또는 지그재그 형태로 나아가야만 한다. 또한 한번 지난 길을 다시 갈 수는 없다. 그리고 한 구간(예를 들어 I지점 → F지점)을 이동하는 데 걸리는 시간은 동일하며, 갑과 을은 동시에 움직이고 서로의 위치를 확인할 수 없다.

① 갑이 공격할 수 있는 경로는 총 6가지이다.
② 을이 방어할 수 있는 경로는 총 6가지이다.
③ 갑과 을이 모두 무작위로 경로를 선택한다면, 갑이 공격에 성공할 확률과 을이 방어에 성공할 확률은 동일하다.
④ 을이 무작위로 경로를 선택하고 갑이 그 사실을 알고 있다면, 갑이 공격에 성공하기 위한 최선의 선택경로는 2가지이다.
⑤ 갑이 무작위로 경로를 선택하고 을이 그 사실을 알고 있다면, 을이 방어에 성공하기 위한 최선의 선택경로는 2가지이다.

[22~23] 다음 자료를 보고 질문에 답하시오.

(가) 농업이 경제에서 차지하는 비중이 절대적이었던 청나라는 백성들로부터 토지세(土地稅)와 인두세(人頭稅)를 징수하였다. 토지세는 토지를 소유한 사람들에게 토지 면적을 기준으로 부과되었는데, 단위 면적당 토지 세액은 지방마다 달랐다. 한편 인두세는 모든 성인 남자들에게 부과되었는데, 역시 지방마다 금액에 차이가 있었다. 특히 인두세를 징수하기 위해서 정부는 정기적인 인구조사를 통해서 성인 남자 인구의 변동을 정밀하게 추적해야 했다.

그러다가 1712년 중국의 황제는 태평성대가 계속되고 있음을 기념하기 위해서 전국에서 거두는 인두세의 총액을 고정시키고 앞으로 늘어나는 성인 남자 인구에 대해서는 인두세를 징수하지 않겠다는 법령을 반포하였다. 1712년 법령 반포 이후 지방에서 조세를 징수하는 관료들은 고정된 인두세 총액을 토지세 총액에 병합함으로써 인두세를 추진하기 시작했다. 즉 해당 지방의 인두세 총액을 토지 총 면적으로 나누어서 얻은 값을 종래의 단위면적당 토지세액에 더하려 했던 것이다. 그런데 조세 개혁에 대한 반발 정도가 지방마다 달랐고, 반발 정도가 클수록 조세 개혁은 더 느리게 진행되었다. 이때 각 지방의 개혁에 대한 반발 정도는 단위면적당 토지세액의 증가율에 비례하였다.

(나) 1712년 조세 개혁 실시 이전 각 지방의 토지세와 인두세는 다음과 같은 구성을 보였다.

지방	토지세		인두세	
	토지 총 면적 (단위: 무(畝))	단위면적당 세액 (단위: 냥/무)	인두세 총액 (단위: 냥(兩))	1인당 인두세액 (단위: 냥(兩))
갑	2,500,000	2.00	500,000	1.00
을	6,000,000	1.50	600,000	1.50
병	1,000,000	2.50	400,000	1.25
정	2,400,000	2.00	960,000	1.20

22 (가)를 읽고 추론한 내용으로 옳지 않은 것을 고르면?

ⓞⓧ ① 일반적으로 대지주들은 1712년의 법령 반포 이후 진행된 조세 개혁을 환영하지 않았을 것이다.
ⓞⓧ ② 법령 반포 전, 가정 내 성인 남자 인구에 따라 지역별로 부과되는 인두세는 동일하지 않았다.
ⓞⓧ ③ 여자들로만 구성된 지주 가정은 1712년의 법령 반포 이후 추진된 조세 개혁으로 손해를 보게 되었다고 할 수 있다.
④ 1712년의 법령 반포 이후 추진된 조세 개혁에 따라 각 지방에서는 조세의 징수에 관해서는 토지 소유의 변동 실태만 파악하면 되었다.
⑤ 자기 땅이 전혀 없는 여자들로만 구성된 소작농 가정의 경우 1712년의 법령 반포 이후 추진된 조세 개혁으로 국가에 납부하여야 할 세액이 증가되었다.

23 **제시문 (가)와 (나)를 고려할 때 조세 개혁 속도가 빠른 지방부터 바르게 나열한 것을 고르면?**(단, 제시문에 등장하지 않는 변수는 고려하지 않는다.)

○△×
○△×
○△×

① 을 – 갑 – 병 – 정
② 을 – 갑 – 정 – 병
③ 병 – 갑 – 을 – 정
④ 병 – 정 – 갑 – 을
⑤ 정 – 병 – 갑 – 을

24 **헬스클럽 트레이너가 5시간의 근무시간 동안 A, B, C, D, E, F, G 7명을 지도해야 한다. 각 회원들은 트레이너와 함께 정확히 1시간 동안 운동을 하며, 트레이너는 한 시간에 최대 2명까지 지도할 수 있다. D가 첫 번째, G가 두 번째 순서로 지도할 때, 다음 [조건]을 바탕으로 반드시 거짓인 것을 고르면?**

○△×
○△×
○△×

조건

- C는 A가 운동하기 전, 그리고 G가 운동한 후에 운동한다.
- G는 F가 운동하기 전, 그리고 D가 운동한 후에 운동한다.
- D, E, G는 혼자 트레이너에게 지도를 받는다.
- B는 F가 운동하기 전에 운동을 한다.

① F는 A와 함께 운동을 한다.
② B는 C와 함께 운동을 한다.
③ F는 C와 함께 운동을 한다.
④ A는 C 바로 다음 순서로 운동을 한다.
⑤ E는 네 번째 시간에 운동을 한다.

25 ○△× ○△× ○△× **해외 투자자 유치를 위한 연회에 9명의 손님이 참석한다. 각 손님은 3개의 테이블에 3명씩 나뉘어 앉으며 프랑스어, 일본어, 독일어, 스페인어 중 한 개의 언어를 사용한다. 회사를 대표해서 한 테이블에 한 명씩 임원이 배정되는데 대표자는 배정된 테이블에 앉은 손님들이 사용하는 언어를 모두 구사할 수 있어야 한다. 회사에서 파견된 임원은 베이츠, 찰리, 도널드이고, 베이츠는 프랑스어와 일본어, 찰리는 독일어와 스페인어, 도널드는 프랑스어와 스페인어만 구사할 수 있다. 프랑스어를 사용하는 손님과 스페인어를 사용하는 손님이 두 번째 테이블에 앉는다면, 다음 [조건]을 바탕으로 첫 번째 테이블에 앉을 수 있는 손님을 고르면?**

조건

- 프랑스어를 사용하는 손님이 두 번째 테이블에 앉는다면, 스페인어를 사용하는 손님 중 적어도 한 명은 첫 번째 테이블에 앉아야 한다.
- 적어도 2명의 독일어를 사용하는 손님이 같은 테이블에 앉아야 한다.
- 손님 중 적어도 3명은 스페인어를 사용한다.

① 프랑스어를 사용하는 손님 1명, 독일어를 사용하는 손님 2명
② 프랑스어를 사용하는 손님 1명, 일본어를 사용하는 손님 2명
③ 독일어를 사용하는 손님 1명, 일본어를 사용하는 손님 2명
④ 독일어를 사용하는 손님 2명, 스페인어를 사용하는 손님 1명
⑤ 스페인어를 사용하는 손님 3명

정답과 해설 ▶ P.98

에듀윌 공기업

매일 1회씩 꺼내 푸는 NCS

DAY 15

eduwill

매1N 3회독 루틴 프로세스

*더 자세한 내용은 매1N 3회독 학습가이드를 확인하세요!

1 3회독 기록표에 학습날짜와 문제풀이 시작시간을 적습니다.

2 시험장에서 문제를 푸는 것처럼 풀어 보세요.

3 모바일 OMR 또는 회독용 답안지에 마킹한 후, 종료시간을 적고 초과시간을 체크합니다.

▶모바일 OMR 바로가기

[1회독용] http://eduwill.kr/85oF

[2회독용] http://eduwill.kr/F5oF

[3회독용] http://eduwill.kr/V5oF

4 문항별 3회독 체크표(◯△✕)에 표시합니다. 문제를 풀면서 알고 풀었으면 ◯, 헷갈렸으면 △, 전혀 몰라서 찍었으면 ✕에 체크하세요.

3회독 TIP

- 1회독: 25문항을 빠짐없이 풀어 보세요.
- 2~3회독: 틀린 문항만 골라서 풀어 보세요.

3회독 기록표

1회독		2회독		3회독	
학습날짜	월 일	학습날짜	월 일	학습날짜	월 일
시작시간	:	시작시간	:	시작시간	:
종료시간	:	종료시간	:	종료시간	:
점 수	점	점 수	점	점 수	점

01 다음 글을 바탕으로 추론한 내용으로 옳지 않은 것을 고르면?

○△×
○△×
○△×

그들은 우선 특정한 해석을 제시한다. 물론 박물관이 과거를 선택적으로 보려는 것이 잘못은 아니다. 보편타당한 '과거'와 '현재'란 없기 때문이다. 모든 역사는 과거의 사건과 경험과 과정들을 의도적으로 선택하고, 이를 질서화하고, 평가하는 과정을 거쳐 구성된다. 문제는 박물관이 실상을 왜곡하고 지배계급의 도구가 되기 위해 선택과 침묵을 결합하는 방식에 있다. 박물관은 자본주의의 임무를 정당화하고 거기에 자연과학적인 합리성을 부여하면서 이 체제가 불가피한 것이었다는 진단을 내린다. 그리고 더 중요한 것은 박물관이 대중들이 보아야 할 것을 못 보게 만든다는 점에 있다. 박물관은 자본주의 사회의 기원과 발전을 얼버무리고 역사기록으로부터 착취, 인종차별, 성차별, 계급투쟁의 요소를 삭제함으로써 광범위한 저항의 전통, 대중문화의 존재를 은폐해 버렸다. 박물관은 역사를 만드는 대중의 존재를 지워버림으로써 관람객이 과거와 미래에 걸쳐 대안적 사회질서를 상상할 힘을 빼앗는다.

① 대중들은 대안적 사회질서를 상상할 힘을 길러야 한다.
② 자본주의의 기원과 발전에 대중들은 참여할 수 없었다.
③ 박물관에서 어떤 역사적 요소들은 의도적으로 무시된다.
④ 보편타당한 '과거'와 '현재'를 구성할 수 있는 해석 방법은 없다.
⑤ 지배계급은 박물관을 통해 과거를 전유하고 대중을 배제하고자 한다.

02 다음 글의 내용에 가장 잘 부합하는 주장을 고르면?

○△×
○△×
○△×

그라노베터는 누구에게나 폭동 참가에 대한 '경곗값'이 있다고 생각했다. 대부분의 사람들은 아무 이유 없이 폭동을 시작하지는 않겠지만, 정황상 옳다고 판단되거나 발을 빼기 힘든 상황이 되면 폭동에 가세할지도 모른다. 한 술집에 손님이 100명 있다고 할 때, 어떤 사람은 물건을 집어던지는 사람이 10명쯤 되면 팔을 걷어붙이고 끼어드는 반면, 어떤 사람은 60명은 되어야 군중 속으로 합류할 것이다. 경곗값은 그 사람의 성격, 처벌 위협을 심각하게 받아들이는 정도 등에 달려 있다. 합세한 사람이 몇 명이냐에 상관없이 어떤 상황에서도 폭동에 끼지 않는 사람이 있는가 하면, 드물게는 앞장서서 폭동을 일으키는 사람도 있다.

그라노베터에 따르면 누구나 일정한 경곗값을 지니고 있는데, 이 값은 "어떤 행동으로 인한 기대이익이 기대비용을 넘어서는 지점"이다. 경곗값은 사람마다 다르다. 흥미로운 것은 이러한 경곗값이 집단행동의 복잡성과 예측 가능성에 어떤 영향을 미치는가 하는 점이다.

이 점을 살펴보기 위해 경곗값이 0에서 99까지 전부 제 각각인 100명의 사람이 술집에 모여 있다고 가정해 보자. 어떤 사람은 경곗값이 0이고, 또 다른 사람은 1, 그리고 또 다른 사람은 2, 이런 식이다. 이 경우 대규모 폭동의 발발은 필연적이다. 경곗값이 0인 '과격분자'가 시작하면 경곗값이 1인 사람이 합세하고, 경곗값이 2, 3, 4인 사람들이 차례로 폭동에 가담하게 된다. 그 결과 경곗값이 대단히 높은 사람까지도 폭동에 휘말리게 될 것이다.

그러나 만약 경곗값이 1인 사람이 2의 경곗값을 가졌더라면, 맨 처음 사람이 물건을 집어던지면서 난동을 부리더라도 나머지 사람들은 옆에 서서 구경만 하거나 어쩌면 경찰을 불렀을지 모른다. 두 번째 고리가 되는 사람이 아무도 없으므로 연쇄 반응은 일어나지 않을 것이다.

① 폭동을 일으킨 집단과 그렇지 않은 집단을 비교해 보면, 두 집단 구성원의 경곗값의 합은 매우 다르다.
② 집단 속에 경곗값 0을 가진 사람이 있을 경우, 집단 전체가 폭동에 휘말릴 가능성이 매우 크다.
③ 한 집단의 평균 경곗값은 그 집단 구성원의 행동을 예측하기 위한 유용한 지표이다.
④ 구성원 모두가 참여한 폭동이 발발했을 경우, 그 집단 구성원들의 경곗값은 전체적으로 매우 낮다.
⑤ 단 한 사람의 사소한 성향 차이에 의해 전체 집단에 파급되는 효과가 극적으로 달라질 수 있다.

03 다음 글을 통해 판단할 수 있는 사례로 옳지 않은 것을 고르면?

○△×
○△×
○△×

> 사회심리학자 솔로몬 애쉬는 한 명의 피험자를 다섯 명의 다른 가짜 피험자(피험자라고 소개했으나 사실은 실험자의 조수로서 실험자의 지시대로 행동하는 사람들)와 함께 원형 테이블에 앉게 하였다. 그러고 나서 그들에게 표준자극인 수직선 A를 먼저 보여 주고, 다음에 길이가 다른 세 개의 수직선 B를 보여 주었다. 그리고 이 수직선 가운데 어떤 선이 먼저 보여 준 A의 수직선과 똑같은 것인가를 판단하게 하였다. 모두 차례대로 대답하게 하였는데, 실제 피험자는 마지막에서 두 번째 자리에 앉아 있었다. 이 판단은 아주 분명해서 (나)가 정답이었다. 첫 번째 차례가 된 가짜 피험자가 수직선을 자세히 보더니 (가)가 정답이라고 대답하였다. 진짜 피험자는 속으로 깜짝 놀라서 머리를 갸우뚱거린다. 다음 차례가 된 가짜 피험자도 역시 (가)가 정답이라고 말하였고, 셋째 그리고 넷째 피험자도 이들과 같은 대답을 하였다. 진짜 피험자는 자기 차례가 돌아왔을 때 갈등을 느끼게 된다. 그는 한참 생각하다가 자기도 마지못해 (가)가 정답이라고 대답한다. 왜 그렇게 대답했느냐는 질문에 진짜 피험자는 "사실은 (나)라고 생각했지만 그렇게 말하면 다른 사람들이 다 비웃을 거 같았다."라고 대답하였다.

① 중국집에 가서 다들 자장면을 시키는데 혼자서 볶음밥을 시키는 것이 사실은 쉽지 않은 행동임을 알 수 있다.
② 집단의 규범을 개인에게 강요할 때, 비록 그것이 틀리다고 하더라도 개인이 그것을 거부하기는 쉽지 않다.
③ 나치가 유대인 학살을 자행할 때, 많은 독일인이 그에 대해 옳다고 생각하지만은 않았으리라는 것을 짐작할 수 있다.
④ 개인은 집단의 규범 내에 있을 때 심리적으로 가장 안정감을 느끼고 편안해진다는 것을 알 수 있다.
⑤ 사람들의 분위기에 휩쓸리다가는 바른 판단을 못하는 경우가 있으리라는 점을 알 수 있다.

[04~05] 다음은 유연 안정성에 대한 글이다. 이를 바탕으로 질문에 답하시오.

노동 시장의 각종 규제를 철폐함으로써 고용과 해고를 자유롭게 할 수 있어야만 기업의 경쟁력이 살아나고 실업 문제도 해결할 수 있다는 목소리가 커지고 있다. 고용의 안정성을 해치지 않으면서 경쟁력을 높일 수는 없는 것일까? '유연 안정성'이라는 새로운 노사 관계 모델을 통해 적극적으로 대안을 모색한 일부 유럽 국가들의 실험은 이 질문에 대해 시사하는 바가 크다.

고용과 관련된 유연성과 안정성은 다양한 형태로 존재한다. 유연성 개념은 해고와 채용을 통해 노동력을 수량적으로 조정하는 '외부적-수량적 유연성', 해고를 자제하되 노동 시간을 탄력적으로 조정하는 '내부적-수량적 유연성', 작업 조직의 재편과 다기능 숙련 향상을 강조하는 '기능적 유연성' 등으로 세분된다. 안정성 개념도 동일한 직장을 유지할 수 있는 '직장 안정성', 동일한 직장은 아니더라도 일자리를 유지할 수 있는 '고용 안정성', 실업이나 질병 등의 상황에서도 안정된 급여를 확보할 수 있는 '소득 안정성', 출산이나 재충전 등의 기회를 확보해 일과 삶을 병행할 수 있는 '결합 안정성'으로 나뉜다. 유연 안정성 모델에서는 이러한 유연성과 안정성의 특정 형태들 중에서 그 나라의 고유한 조건과 사회 구성원들의 선호를 반영해 바람직한 배합을 선택하려 한다.

유연 안정성 모델의 대표적인 성공 사례인 덴마크는 예전부터 역동적인 노동 시장을 가지고 있었다. 미국이나 영국에 버금갈 정도로 해고가 자유롭고 노동 이동도 빈번하다. 그런데도 노동자들의 고용 불안 체감도는 OECD 국가 중 가장 낮다. 사회적 타협의 오랜 전통을 통해 실직 기간 중 생계유지에 필요한 비용을 국가가 제공한다는 약속이 확립되어 있기 때문이다. 유연한 시장과 높은 사회 보장의 이러한 조합에 적극적 노동 시장 정책이 추가됨으로써 덴마크 시스템의 효율성은 더욱 높아졌다. 이 정책의 핵심은 실업자들의 재취업을 돕는 다양한 직업 훈련 프로그램을 제공하되, 이를 거부할 경우 실업 수당의 지급을 중단하는 것이다. 이때 국가가 제공하는 일자리 교육에 참여한 실업자는 역량 향상을 통해 취업의 기회가 높아지며, 직업 훈련에 부정적인 실업자는 구직 노력을 강화할 동기를 부여받게 된다.

한편 이 모델의 또 다른 성공 사례인 네덜란드는 이와 다른 유형의 유연 안정성을 달성했다. 네덜란드 노동 시장의 가장 큰 특징은 시간제 노동자의 비율이 대단히 높다는 점이다. 이 나라의 경우 전체 노동자의 절반 그리고 여성 노동자의 대다수가 시간제로 근무하고 있다. 이를 바탕으로 기업은 시장 상황의 변동에 대응해 노동 시간을 탄력적으로 조정하고, 노동자들은 일과 가사 그리고 여가 사이에서 더 자유로운 선택을 할 수 있게 된다. 이러한 특징은 외부 상황의 변화에 신축적으로 대응하려는 기업과 고용 불안을 막으려는 노조 사이의 타협의 산물이다. 노동 시장의 유연화가 어느 정도 불가피하다고 본 노조는 고용보호법을 일부 완화하는 데 동의했다. 그 대신 시간제 노동자 등에 대해서도 전일제 노동자와 대등한 수준의 고용 보호를 얻어 냄으로써 노동자 전체의 직장 안정성을 높일 수 있었다. 최근에는 육아나 재충전 등을 위한 자발적인 노동 시장 불참을 재정적으로 지원하는 법적 제도가 도입됨으로써 전체 시스템의 안정성이 더욱 제고되었다.

덴마크와 네덜란드의 실업률은 유럽연합 평균의 절반에 불과하며, 생산성도 유럽연합 평균을 상회한다. 이들 나라가 높은 경쟁력을 유지하면서도 전체 노동자들의 고용 불안 우려를 분석할 수 있었다는 점은 유연 안정성 모델이 경제 전체에 순기능을 발휘했다는 것을 의미한다.

04 주어진 글을 바탕으로 추론한 내용 중 옳지 않은 것을 고르면?

○△× ① 특정 형태의 유연성과 안정성은 동시에 신장될 수 있다.
○△× ② 유연 안정성 모델이 성공하기 위해서는 정부의 역할도 중요하다.
○△× ③ 유연성은 노동 시장 상황뿐 아니라 사회 보장 제도에도 영향을 받는다.
④ 유연 안정성 모델에서는 기업의 경쟁력보다는 노사 간의 타협을 더 중시한다.
⑤ 유연 안정성 모델에는 고용 안정은 물론 삶의 질 향상이라는 목표도 포함되어 있다.

05 덴마크와 네덜란드의 사례에 대한 분석으로 옳은 것을 고르면?

○△× ① 나라별로 노동자가 한 직장에 얼마나 오래 근무하는가를 조사해 보면 덴마크가 네덜란드보다 '직장 안정성'이 높음을 알 수 있다.
○△×
○△× ② 네덜란드에서는 노동 시장 유연화로 '외부적-수량적 유연성'이 커졌으며, 전일제 노동의 확대로 인해 '소득 안정성'이 제고되었다.
③ 덴마크의 적극적 노동 시장 정책은 실업자에 대한 직업 훈련을 통해 '외부적-수량적 유연성'과 '직장 안정성'에 기여했다.
④ 덴마크에서는 자유로운 해고에 따른 '내부적-수량적 유연성'의 부작용을 '소득 안정성'으로 완화했다.
⑤ 네덜란드에서는 시간제 노동자 비율을 늘려 '내부적-수량적 유연성'과 '결합 안정성'을 높였다.

06 다음 글을 바탕으로 추론할 수 있는 내용을 [보기]에서 모두 고르면?

○△× ○△× ○△×

'독재형' 어머니는 아이가 실제로 어떠한 욕망을 지니고 있는지에 무관심하며, 자신의 욕망을 아이에게 공격적으로 강요한다. 독재형 어머니는 자신의 규칙과 지시에 아이가 순응하기를 기대하며, 그것을 따르지 않을 경우 폭력을 행사하는 경우가 많다. 독재형 어머니 밑에서 자란 아이들은 공격적 성향과 파괴적 성향을 많이 보이는 것이 특징이다. 또한, 어린 시절 받은 학대로 인해 상상이나 판타지 속에 머무르는 시간이 많고, 이것은 심각한 망상으로 나타나기도 한다.

'허용형' 어머니는 오로지 아이의 욕망에만 관심을 지니면서, '아이의 욕망을 내가 채워 주고 싶다.'는 식으로 자기 욕망을 형성한다. 허용형 어머니는 자녀가 요구하는 것은 무엇이든 해 주기 때문에 이런 어머니 밑에서 양육된 아이들은 자아통제가 부족하기 쉽다. 따라서 이 아이들은 충동적이고 즉흥적인 성향이 강하며, 도덕적 책임 의식이 결여된 경우가 많다.

한편, '방임형' 어머니의 경우 아이와 정서적으로 차단되어 있기 때문에 아이의 욕망에 무관심할 뿐만 아니라, 아이 입장에서도 어머니의 욕망을 전혀 파악할 수 없다. 방치된 아이들은 자신의 욕망도 모르고 어머니의 욕망도 파악하지 못하기 때문에, 어떤 방식으로든 오직 어머니의 관심을 끄는 것만이 아이의 유일한 욕망이 된다. 이 아이들은 "엄마, 제발 나를 봐주세요.", "엄마, 내가 나쁜 짓을 해야 나를 볼 것인가요.", "엄마, 내가 정말 잔인한 짓을 할지도 몰라요."라면서 어머니의 관심을 끊임없이 요구한다.

보기

㉠ 허용형 어머니는 방임형 어머니에 비해 아이의 욕망에 높은 관심을 갖는다.
㉡ 허용형 어머니의 아이는 독재형 어머니의 아이보다 도덕적 의식이 높은 경우가 많다.
㉢ 방임형 어머니의 아이는 독재형 어머니의 아이보다 어머니의 욕망을 더 잘 파악한다.

① ㉠　② ㉡　③ ㉠, ㉢　④ ㉡, ㉢　⑤ ㉠, ㉡, ㉢

07 다음 [개요]에 따라 보고서를 작성할 때, '현황 분석' 부분을 보완할 수 있는 자료로 옳은 것을 [보기]에서 모두 고르면?

○△× ○△× ○△×

[개요]

Ⅰ. 서론: 정책 제안 배경

Ⅱ. 본론: 현황 분석과 정책 방안

1. 현황 분석
   - 연말정산 자동계산 프로그램 사용 방법의 복잡성과 그에 대한 설명 부재로 인해 이용자 불만 증가
   - 연말정산 기간 중 세무서에 연말정산 자동계산 프로그램 사용 방법에 관한 상담 수요 폭증
2. 정책 방안
   - 문제점을 개선한 프로그램 개발과 활용 매뉴얼 보급
   - 연말정산 자동 상담 시스템 개발

Ⅲ. 결론: 예상되는 효과 전망

보기

㉠ 연말정산 자동 상담 시스템을 개발할 경우 이용자 불만이 15% 감소할 것으로 효과가 전망된다.

㉡ 연말정산 기간을 정확하게 알지 못해 마감 기한이 지나서 세무서를 방문하는 사람이 전년 대비 15% 증가하였다.

㉢ 연말정산 기간 중 세무서 전체 월평균 상담 건수는 약 128만 건으로 평상시 11만 건보다 크게 증가했는데, 그 이유는 연말정산 자동계산 프로그램 사용 방법에 관한 문의가 폭주했기 때문이다.

① ㉠ ② ㉢ ③ ㉠, ㉡ ④ ㉡, ㉢ ⑤ ㉠, ㉡, ㉢

08 다음 글을 바탕으로 추론할 수 있는 내용으로 옳지 않은 것을 고르면?

○△× ○△× ○△×

1921년 워싱턴회의를 기점으로 미국과 영국은 태평양 및 중국에 대한 일본의 침략을 견제하기 시작하였다. 외교적 고립이 가중되자 일본은 광물과 곡물을 수입하는 태평양 경로를 상실할 위험에 처하였다. 이에 대처하기 위해 일본은 식민지 조선의 북부 지역에서 광물과 목재 등 군수 산업에 필요한 원료를 약탈하는 데 주력하게 되었다. 콩 또한 확보해야 할 주요 물자 중 하나였는데, 콩은 당시 일본에서 선호하던 식량이었을 뿐만 아니라 군수 산업을 위한 원료이기도 하였다.

일본은 공업 원료와 식량 자원을 확보한 후 자국으로 수송할 물류 거점으로 함경도를 주목하였다. 특히 대륙 종단의 시발점이 되는 청진·나진·웅기 등의 항구와 조선의 최북단 지역인 무산·회령·종성·온성 등을 중시하였다. 당시 조선총독부의 정책에 따라 양모 생산이 장려된 조선 북부 지방의 회령·종성·온성은 두만강을 통해 바로 만주로 진출할 수 있도록 양을 목축하는 축산 거점으로 부상하였다. 일본은 만주와 함경도에서 생산된 광물 자원과 콩, 두만강 변 원시림에서 벌목한 목재를 자국으로 수송하기 위해 함경선, 백무선 등의 철도를 잇달아 부설하였다. 더불어 무산과 회령, 경흥에서는 석탄 및 철광 광산을 본격적으로 개발하였다. 이에 따라 오지의 작은 읍이었던 무산·회령·종성·온성은 개발이 촉진되어 근대적 도시로 발전하였다. 일본의 정책은 함경도를 만주와 같은 경제권으로 묶음으로써 조선의 다른 지역과는 경제적으로 분리했다.

철도 부설 및 광산 개발을 위해 일본은 조선에서 노동자를 강제 동원하였고, 수많은 노동자가 강제 노동 끝에 산록과 깊은 땅속에서 비참한 삶을 마쳤다. 1935년 회령의 유선 탄광에서 폭약이 터져 800여 명의 광부가 매몰돼 사망한 사건은 그 단적인 사례이다. 영화 「아리랑」의 감독 겸 주연이었던 나운규는 그의 고향 회령에서 청진까지 부설한 철도 공사에 조선인 노동자들이 강제 동원되어 잔혹한 노동에 혹사당하는 참상을 목도하였다. 그는 그 당시 노동자들이 부르던 아리랑의 애달픈 노랫가락을 듣고 영화 「아리랑」의 기본 줄거리를 착상하였다.

① 영화 「아리랑」의 감독 나운규의 고향에서 탄광 폭발 사고가 발생하였다.
② 조선 최북단 지역의 몇몇 작은 읍들은 근대적 도시로 발전하였다.
③ 축산 거점에서 대륙 종단의 시발점이 되는 항구까지 부설된 철도가 있었다.
④ 군수 산업 원료를 일본으로 수송하는 것은 함경선 부설의 목적 중 하나였다.
⑤ 일본은 함경도를 포함하여 한반도와 만주를 동일한 경제권으로 묶는 정책을 폈다.

09 국정 감사기간에 대비해 H공단의 경영지원 파트는 앞으로 3주 동안 부서원 6명 중 2명씩 토요일에도 출근하여 근무를 하기로 하였다. 한 직원이 2회 이상 토요일 근무를 하지 않을 때, 토요일 근무에 직원들을 배치하는 경우의 수를 고르면?

○△✕
○△✕
○△✕

① 30가지 ② 60가지 ③ 90가지 ④ 120가지 ⑤ 240가지

10 다음 [그래프]는 국가 A~H의 GDP와 에너지 사용량에 대한 자료이다. 이에 대한 설명으로 옳지 않은 것을 고르면?

○△✕
○△✕
○△✕

[그래프] 국가 A~H의 GDP와 에너지 사용량

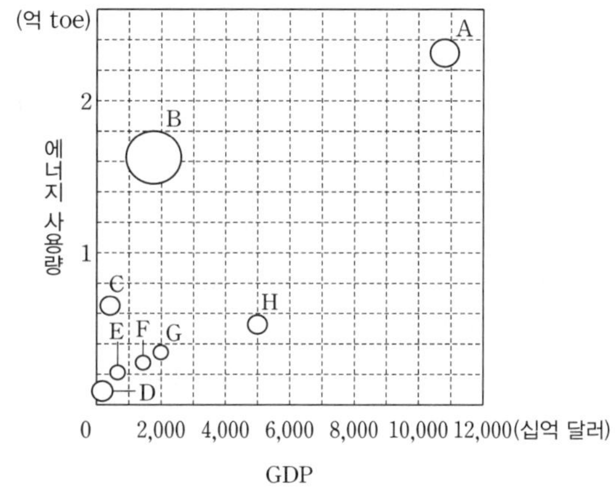

※ 원의 면적은 각 국가의 인구수에 비례함
※ 각 원의 중심 좌표는 각 국가의 GDP와 에너지 사용량을 나타냄

① 에너지 사용량이 가장 많은 국가는 A국이고 가장 적은 국가는 D국이다.
② 1인당 에너지 사용량은 C국이 D국보다 많다.
③ GDP가 가장 낮은 국가는 D국이고 가장 높은 국가는 A국이다.
④ 1인당 GDP는 H국이 B국보다 높다.
⑤ 에너지 사용량 대비 GDP는 A국이 B국보다 낮다.

11 다음 [표]는 10대 미래산업 현황에 대한 자료이다. 주어진 [조건]을 바탕으로 B, C, E에 해당하는 산업을 바르게 짝지은 것을 고르면?

○△× ○△× ○△×

[표] 10대 미래산업 현황 (단위: 개, 명, 억 원, %)

산업	업체 수	종사자 수	부가가치액	부가가치율
A	403	7,500	788	33.4
기계	345	3,600	2,487	48.3
B	302	22,500	8,949	41.4
조선	103	1,100	282	37.0
에너지	51	2,300	887	27.7
C	48	2,900	4,002	42.4
안전	15	2,100	1,801	35.2
D	4	2,800	4,268	40.5
E	2	300	113	36.3
F	2	100	61	39.1
전체	1,275	45,200	23,638	40.3

※ 부가가치율(%)$=\frac{\text{부가가치액}}{\text{매출액}}\times 100$

조건

- 의료 산업 종사자 수는 IT 산업 종사자 수의 3배이다.
- 의료 산업과 석유화학 산업의 부가가치액 합은 10대 미래산업 전체 부가가치액의 50% 이상이다.
- 매출액이 가장 낮은 산업은 항공우주이다.
- 철강 산업 업체 수는 지식서비스 산업 업체 수의 2배이다.

	B	C	E
①	의료	철강	지식서비스
②	의료	석유화학	지식서비스
③	의료	철강	항공우주
④	지식서비스	석유화학	의료
⑤	지식서비스	철강	의료

12 다음 [그림]은 Y자치구의 예산 내역에 대한 자료이다. 이에 대한 설명으로 옳지 않은 것을 [보기]에서 모두 고르면?

[그림] Y자치구 예산 내역 (단위: %)

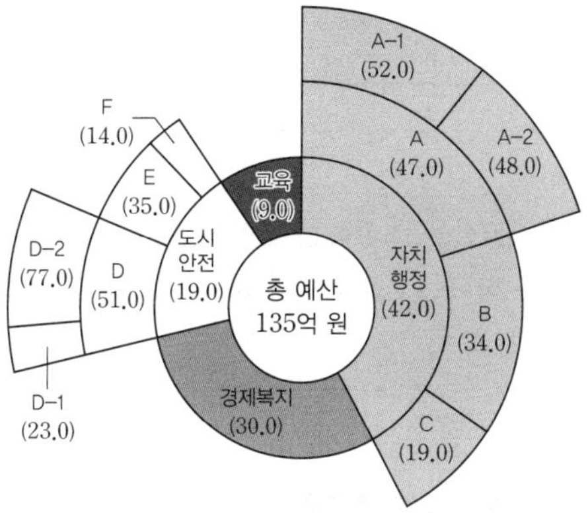

※ 괄호 안의 값은 예산 비중을 의미함

※ 예를 들어, A(47.0)은 A사업의 예산이 자치행정 분야 예산의 47.0%임을 나타내고, 이에 따라 D-1 사업의 예산은 약 3.0억 원임

보기

㉠ 교육 분야 예산은 13억 원 이상이다.

㉡ C사업 예산은 D사업 예산보다 적다.

㉢ 경제복지 분야 예산은 B사업과 C사업 예산의 합보다 많다.

㉣ 도시안전 분야 예산은 A−2사업 예산의 3배 이상이다.

① ㉠, ㉡ ② ㉠, ㉣ ③ ㉡, ㉢ ④ ㉡, ㉣ ⑤ ㉠, ㉢, ㉣

[13~14] 다음 [표]는 6개 광종의 위험도와 경제성 점수에 대한 자료이다. 이를 바탕으로 질문에 답하시오.

[표] 6개 광종의 위험도와 경제성 점수 (단위: 점)

구분	금광	은광	동광	연광	아연광	철광
위험도	2.5	4.0	2.5	2.7	3.0	3.5
경제성	3.0	3.5	2.5	2.7	3.5	4.0

[분류 기준]

위험도와 경제성 점수가 모두 3.0점을 초과하는 경우에는 '비축 필요 광종'으로 분류하고, 위험도와 경제성 점수 중 하나는 3.0점 초과, 다른 하나는 2.5점 초과 3.0점 이하인 경우에는 '주시 광종'으로 분류하며, 그 외는 '비축 제외 광종'으로 분류한다.

13 '주시 광종'으로 분류되는 광종을 고르면?

○△× ○△× ○△×

① 금광 ② 동광 ③ 연광 ④ 아연광 ⑤ 없음

14 모든 광종의 위험도와 경제성 점수가 현재보다 각각 20% 증가했을 때, '비축 필요 광종'으로 분류되는 광종의 개수를 고르면?

○△× ○△× ○△×

① 2개 ② 3개 ③ 4개 ④ 5개 ⑤ 6개

15 다음 [그래프]는 A자선단체의 수입액과 지출액에 대한 자료이다. 이에 대한 설명으로 옳은 것을 고르면?

○△× ○△× ○△×

[그래프1] 수입액 구성비 (단위: %)

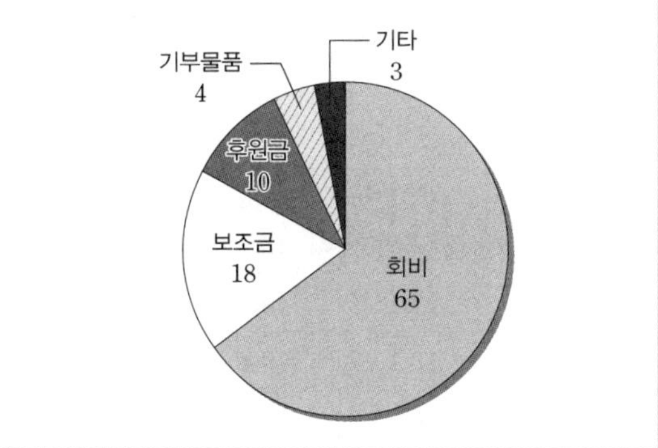

[그래프2] 지출액 구성비 (단위: %)

※ A자선단체의 수입액과 지출액은 항상 같음

[그래프3] 국내 사업비 지출액 세부 구성비 (단위: %)

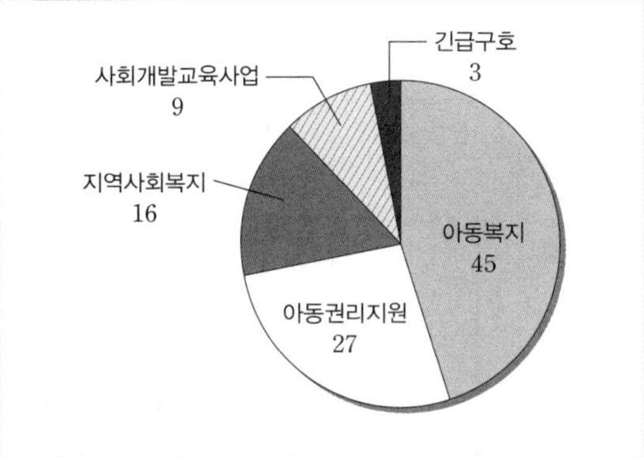

[그래프4] 해외 사업비 지출액 세부 구성비 (단위: %)

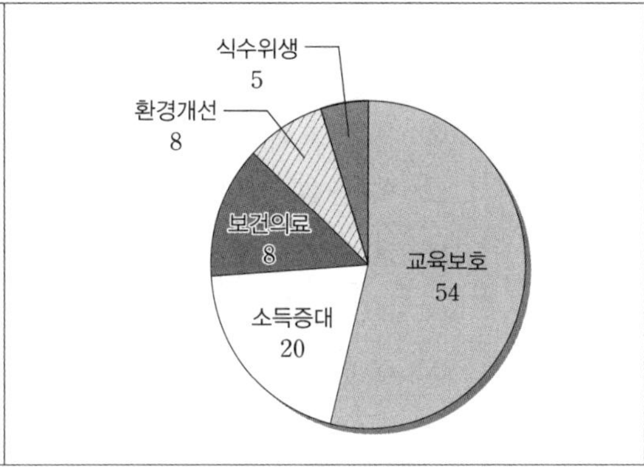

① 전체 수입액 중 후원금 수입액은 국내 사업비 지출액 중 아동복지 지출액보다 많다.

② 국내 사업비 지출액 중 아동권리지원 지출액은 해외 사업비 지출액 중 소득증대 지출액보다 적다.

③ 국내 사업비 지출액 중 아동복지 지출액과 해외 사업비 지출액 중 교육보호 지출액의 합은 A자선단체 전체 지출액의 45%이다.

④ 해외 사업비 지출액 중 식수위생 지출액은 A자선단체 전체 지출액의 2% 미만이다.

⑤ A자선단체 국내 사업비 지출액이 6%p 증가하고 지역사회복지 지출액을 제외한 다른 모든 지출액이 동일하게 유지된다면, 지역사회복지 지출액은 2배 이상이 된다.

[16~17] 다음 [표]는 2016년 성별, 연령대별, 가구소득별, 지역규모별, 17개 시도별 문화예술관람 활동률에 대해 조사한 자료이다. 이를 바탕으로 질문에 답하시오.

[표] 2016년 문화예술관람 활동률

(단위: %)

구분		영화	박물관	연극공연	전시회	연예공연	전통예술공연	음악연주회
전체	소계	61.6	10.2	9.9	9.3	8.3	3.7	3.6
성별	남성	60.1	8.7	8.2	8.3	7.2	3.2	2.3
	여성	63.2	11.6	11.5	10.4	9.5	4.1	4.8
연령대	15~19세	85.4	18.1	10.3	14.5	13.4	1.1	5.2
	20대	90.9	8.6	22.0	14.1	16.1	1.3	5.9
	30대	80.0	15.1	13.3	13.1	10.4	1.9	3.8
	40대	71.9	13.4	8.8	10.3	6.8	2.7	3.9
	50대	51.5	7.4	5.9	6.6	5.4	4.2	3.5
	60대	28.4	7.4	3.4	4.5	4.5	8.4	1.3
	70대 이상	9.4	1.7	2.4	1.4	2.5	7.2	0.5
가구소득	100만원 미만	11.0	2.6	2.3	2.2	1.5	5.1	0.3
	100~200만 원	22.6	5.7	2.6	4.9	4.9	6.2	1.5
	200~300만 원	51.0	9.4	5.4	7.1	7.2	4.5	2.7
	300~400만 원	64.4	11.5	8.0	9.1	7.2	2.6	3.2
	400~500만 원	71.0	12.0	10.2	11.1	9.0	2.7	4.5
	500~600만 원	75.0	8.2	14.2	9.4	9.9	2.3	3.1
	600만 원 이상	72.9	12.9	18.2	13.6	12.5	6.1	6.1
지역규모	대도시	66.5	9.9	10.7	9.7	9.7	3.1	3.2
	중소도시	63.6	11.2	11.0	10.1	7.9	4.1	4.5
	읍면지역	45.3	8.6	5.6	6.9	6.0	4.2	2.5
권역	수도권	66.9	12.0	14.7	11.3	9.9	4.1	4.2
	강원/제주권	59.4	14.9	8.5	13.4	11.7	6.5	8.6
	충청/세종권	56.0	6.6	4.5	5.2	4.4	3.5	2.0
	호남권	59.5	11.4	5.0	9.8	5.8	5.8	3.8
	대경권	47.2	3.3	2.7	4.0	4.8	1.0	2.2
	동남권	59.9	9.1	6.4	7.9	9.1	2.1	2.0

17개 시도	서울	68.6	12.5	15.0	11.9	10.7	3.6	3.8
	부산	62.4	9.3	5.1	7.7	10.3	2.4	3.1
	대구	55.1	4.5	3.7	5.7	5.8	0.5	3.4
	인천	72.7	10.5	16.7	10.0	13.0	3.8	1.6
	대전	64.8	7.2	3.9	7.7	6.0	2.8	3.1
	광주	70.7	8.5	5.2	10.6	6.7	3.2	3.1
	울산	63.1	6.7	10.9	5.0	6.6	3.2	1.9
	세종	57.1	9.0	2.4	4.6	3.5	1.3	5.1
	경기	64.2	12	14	11.2	8.5	4.5	5.0
	강원	55.6	12.3	7.8	11	11.9	7.3	7.8
	충북	45.8	6.8	5.8	5.3	4.0	4.4	1.5
	충남	57.3	5.9	4.3	3.4	3.6	3.5	1.4
	전북	57.3	14.1	5.2	9.6	7.4	6.8	4.8
	전남	52.3	11.2	4.6	9.2	3.3	7.0	3.4
	경북	39.9	2.3	1.8	2.5	3.9	1.4	1.2
	경남	56.3	9.7	6.2	9.3	8.7	1.5	1.0
	제주	69.3	21.9	10.2	19.5	11.3	4.4	10.8

※ 복수응답을 허용함

16 주어진 자료에 대한 설명으로 옳지 않은 것을 고르면?

○△× ① 소득이 500만 원 이상인 가구들의 여가 활동률은 연극공연 관람이 영화 관람 다음으로 높다.

○△× ② 17개 시도 중 전통예술공연 관람률이 두 번째로 높은 곳은 전남 지역이다.

○△× ③ 전 연령대가 가장 선호하는 여가활동은 영화 관람이다.

④ 동남권의 연예공연 관람률은 충청/세종권의 음악연주회 관람률의 4배 이상이다.

⑤ 여성은 연예공연 관람률을 제외한 모든 여가 활동률이 남성보다 높다.

17 주어진 [표]를 바탕으로 작성한 [그래프]로 옳지 않은 것을 고르면?

○△× ○△× ○△×

① 연령대별 여가 활동률

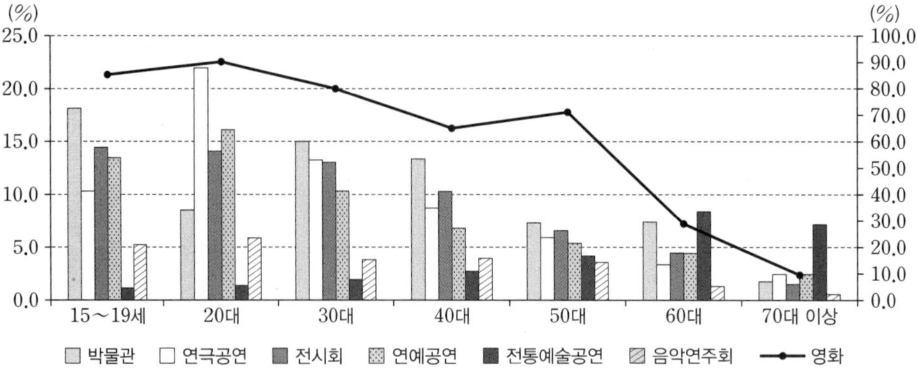

② 가구소득별 영화를 제외한 여가 활동률

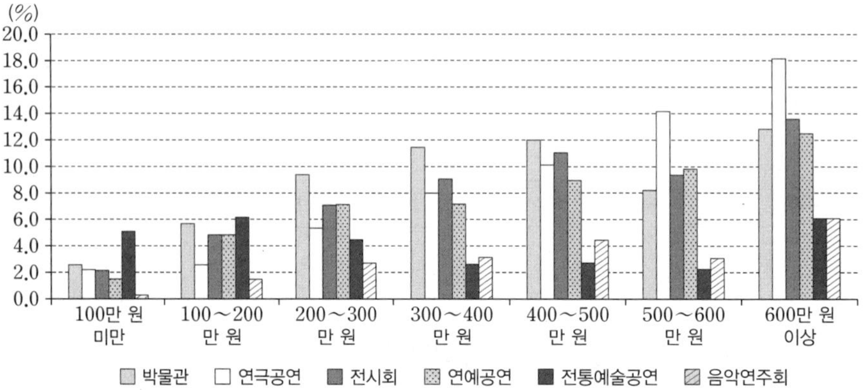

③ 권역별 여가 활동률

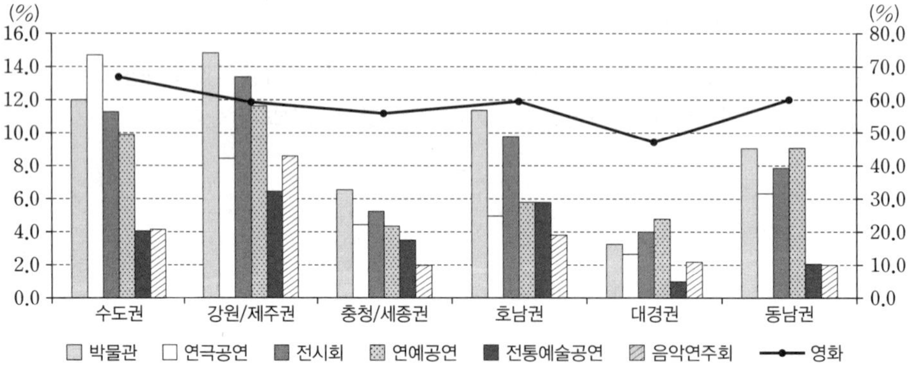

④ 지역규모별 여가 활동률

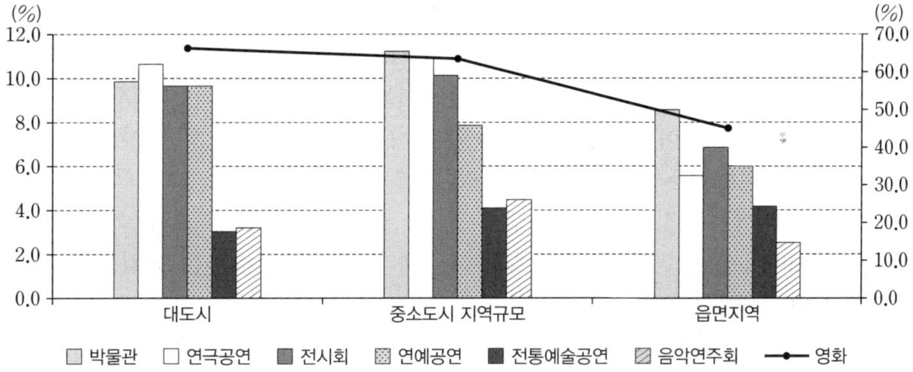

⑤ 특별, 광역시별 여가 활동률

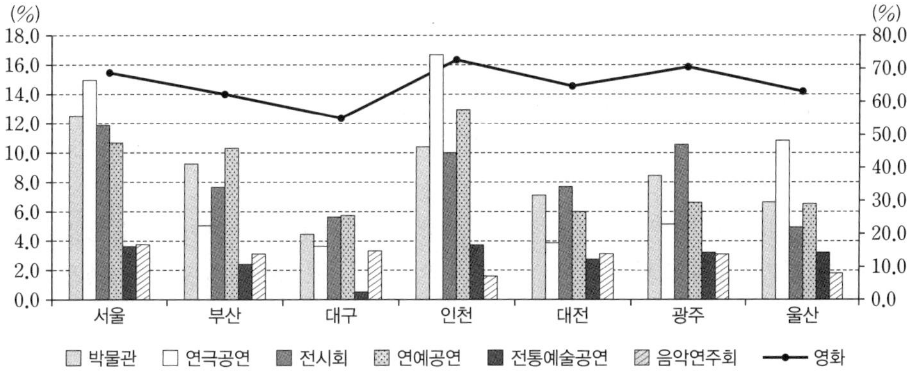

18 다음 글을 바탕으로 제정신이 아닌 사람 또는 동물을 모두 고르면?(단, 공작부인과 앨리스는 제정신이다.)

○△×
○△×
○△×

"제가 보니 많은 것들이 좀 미친 것처럼 보이던데요." 앨리스가 말했다. 그러자 공작부인이 말했다. "내가 미쳤다고 말했을 때는, 그들이 완전히 돌았다는 것을 의미하는 거야! 다시 말해서 그들의 믿음들이 단지 어떤 정도가 아니라 모두 거짓이라는 거지. 그들이 참이라고 믿는 모든 것은 거짓이며 그들이 거짓이라고 믿는 모든 것은 참이 된다는 말이야."

"그러면 여기에는 제정신을 가진 사람이 얼마나 있다는 말이에요?" 앨리스가 갑자기 공작부인의 말을 가로채며 말했다. "저는 이 곳에 있는 그들 대다수의 믿음들은 옳은 것 같고 그 중 몇몇만 그른 것처럼 보이던데요."

"아니, 절대로 그렇지 않단다." 공작부인이 아주 힘을 주면서 말했다. "네가 사는 곳에서는 그럴지 모르겠지만, 여기서는 절대로 그렇지 않아! 여기에 사는 제정신의 사람은 백 퍼센트 정확한 믿음을 가지고 있단 말이다. 즉 그들이 참이라고 아는 모든 것은 참이고, 그들이 거짓이라고 아는 모든 것은 거짓이란 말이다."

"그러면 여기에서는 누가 제정신이고 누가 미친 거예요?" 앨리스가 물었다. "저는 항상 3월의 토끼, 모자장수 그리고 겨울잠 쥐에 대해 궁금한 게 많았어요." 앨리스가 말했다.

"모자장수는 미친 모자장수라고 불리던데, 그가 정말로 미쳤나요? 그리고 3월의 토끼와 겨울잠 쥐는 정말로 미쳤나요?"

그러자 공작부인이 말했다. "아무튼, 그 모자장수가 언젠가 3월의 토끼는 그들 셋이 모두 제정신이라는 것을 믿지 않는다고 말한 적이 있었지. 또한 겨울잠 쥐는 3월의 토끼가 제정신이라고 믿고 있었어."

① 3월의 토끼
② 겨울잠 쥐
③ 모자장수, 겨울잠 쥐
④ 3월의 토끼, 겨울잠 쥐
⑤ 3월의 토끼, 모자장수, 겨울잠 쥐

19 다음 글을 바탕으로 판단한 내용으로 옳지 않은 것을 [보기]에서 모두 고르면?

○△×
○△×
○△×

전과, 즉 범죄 전력이라는 것은 과거에 형사 처벌을 받은 사실인데 그 종류가 몇 가지 있다. 우선 생명형인 사형으로, 사형은 말 그대로 생명을 끊는 형벌이라 직업과 관련지어서는 말할 필요가 없다. 다음은 징역형으로, 교도소에 구금되어 강제노역에 처해지는 처벌이다.

종류는 유기 징역, 무기 징역으로 나뉜다. 유기 징역은 형기가 정해진 징역형으로 형기를 마치고 교도소를 출소하면 그 형기가 종료된다. 무기 징역은 형기가 정해진 것은 아니지만 10년이 경과되면 가석방 대상이 되어 석방될 수 있다. 다음은 금고형으로, 교도소에 구금된다는 것은 징역형과 같지만 징역형과 같이 강제 노역의 의무는 없다. 단, 본인이 원하면 노역에 임할 수 있다. 금고도 유기 금고와 무기 금고가 있고 형기를 종료하면 출소하게 된다.

다음은 명예형으로, 자격 정지와 자격 상실이 있다. 자격 정지는 국가적으로 소지한 자격이나 공무원의 자격을 일정 기간 정지시키는 것으로 금고 및 징역형과 병과될 수 있다. 자격 상실은 국가 자격 또는 공무원의 자격을 박탈하는 것으로 자격 정지형과 마찬가지로 타 형벌과 병과될 수 있다. 다음은 재산형으로, 벌금, 과료, 몰수 등이다. 참고로 몰수 대상이 존재하지 않으면 그 대상에 상응하는 가액을 추징할 수 있다.

일단 자격 정지 이상의 전과가 있으면 경찰·교도관·검사·판사 및 국가정보원 직원 등 수사 및 사법 집행에 관련한 업무를 행하는 공무원은 될 수 없다. 변호사는 공무원이 아니고 일종의 전문직 자격이므로 형사 처벌을 받고 일정 기간이 지나면 될 수 있는 직업이다. 이외 대기업 등 국가 관련 기관이나 정부 투자 기관 등에서 신입사원 공채 시 신원조회를 통해 전과 사실이 발견되면 입사 시 불이익을 받을 수는 있지만 결정적인 채용 결격사유는 되지 못한다. 외교관은 수사 관련 공무원은 아니니 특정 범죄의 범죄 전력이 없고 나이 제한만 문제되지 않는다면 가능하다. 여기서 특정 범죄란 마약 및 범죄 단체 조직 등 사회적으로 문제시되는 특별법을 말한다. 이외 직업은 그 사업체 자체 입사 규정으로 정해져 있어 일반화하긴 어렵다.

벌금·과료·몰수 등의 재산형의 전과 정도로는 사회생활에 어떤 지장도 받지 않는다. 판사·검사는 물론 외교관 등 사회적으로 선망의 대상이 되는 어떤 직업에도 영향받지 않는다. 선거법으로 벌금 100만 원 이상의 형을 확정받거나 선거법 이외의 범죄로 집행유예 이상의 형을 확정받으면 국회의원 및 기타 단체장 선거에서 당선된 후보자나 현 의원 등은 그 당선이 무효 또는 자격이 상실된다. 그리고 검사 및 판사 등 법을 집행 또는 행사하는 요직에 종사하는 자는 탄핵 및 기타 법률에 의해 처벌을 받지 않는 이상 정직·감봉 등 어떠한 불이익을 받지 않을 정도로 신분 보장이 되어 있다.

보기

㉠ 국회의원에 당선된 D가 공직선거법 위반으로 150만 원의 벌금형을 확정받으면 당선 무효 처리가 된다.
㉡ 금고형을 받은 소방관 B는 다시 시험을 치더라도 소방공무원이 될 수는 없다.
㉢ E는 음주운전을 하다가 적발돼 벌금을 호되게 물어본 적 있긴 하지만, 대통령 선거에 출마할 수 있다.
㉣ 무기 징역이 확정된 A는 어떠한 경우에도 변호사는 될 수 없을 것이다.
㉤ S대기업에 입사 지원한 C는 자신이 가진 전과 사실 때문에 불이익이 있을까 하여 잠을 이루지 못하고 있다.

① ㉠, ㉡　② ㉡, ㉢　③ ㉡, ㉣　④ ㉡, ㉢, ㉣　⑤ ㉢, ㉣, ㉤

20 A공단은 ESG경영에 대비하기 위해 연구 TF팀을 꾸렸다. 사내에 ESG에 관심이 있는 사람들을 모아보니 김 과장, 이 부장, 양 과장, 정 대리, 오 대리, 유 차장, 정 차장까지 7명의 후보가 나왔다. 다음 [조건]에 따라 TF를 꾸렸고 이 부장은 반드시 TF팀에 포함된다고 할 때, TF팀으로 최종 확정된 사람끼리 묶인 것을 고르면?

○△×
○△×
○△×

조건

㉠ 김 과장도 TF에 들어가지 않는다면 정 차장이 TF에 들어가지 않는다.
㉡ 정 대리가 TF에 들어가지 않는다면 오 대리가 TF에 들어간다.
㉢ 이 부장이 TF에 들어가면 양 과장도 같이 TF에 들어간다.
㉣ 양 과장이 TF에 들어가면 그와 분야가 겹치는 오 대리는 TF에 들어갈 수 없다.
㉤ 정 차장이 TF에 들어가면 유 차장도 TF에 들어간다.
㉥ 정 대리가 TF에 들어가면 유 차장도 TF에 들어간다.

① 이 부장, 양 과장, 정 대리
② 이 부장, 양 과장, 정 대리, 유 차장
③ 이 부장, 양 과장, 정 대리, 오 대리, 유 차장
④ 김 과장, 이 부장, 양 과장, 정 대리, 유 차장, 정 차장
⑤ 김 과장, 이 부장, 양 과장, 정 대리, 오 대리, 유 차장, 정 차장

21 다음 [표]는 올봄 의류업체들의 상품별 전략 색상을 조사한 자료이다. [리포트] 내용을 참고하여 [표]의 빈칸 ㉠~㉤에 들어갈 색상을 바르게 짝지은 것을 고르면?

○△×
○△×
○△×

[표] 의류업체들의 상품별 전략 색상

구분	티셔츠	바지	카디건	니트	면 티셔츠
W사	빨간색	베이지색	(㉠)	분홍색	연두색
G사	(㉡)	검은색	빨간색	초록색	분홍색
B사	분홍색	노란색	연두색	베이지색	(㉢)
M사	검은색	초록색	분홍색	(㉣)	베이지색
T사	군청색	(㉤)	검은색	연두색	보라색

[리포트]

- 분홍색은 올봄 모든 의류 브랜드에 하나씩 들어간다.
- W사의 상품에는 어두운 색의 옷이 포함되어 있다.
- B사의 면 티셔츠 색상과 다른 브랜드들의 면 티셔츠 색상 중 일치하는 것이 하나 있고, 그 색상은 B사의 다른 상품에는 사용되지 않았다.
- M사의 니트 색상은 전 상품과 브랜드를 통틀어 유일한 색상이다.
- G사의 티셔츠에 B사의 바지를 입으면 색상을 통일할 수 있다.

	㉠	㉡	㉢	㉣	㉤
①	군청색	노란색	분홍색	연두색	베이지색
②	군청색	노란색	보라색	하얀색	분홍색
③	분홍색	하얀색	보라색	노란색	군청색
④	빨간색	군청색	베이지색	초록색	분홍색
⑤	군청색	노란색	연두색	밤색	분홍색

22 다음은 공정거래위원회가 추천하는 연예인 표준 계약서의 일부이다. 이를 바탕으로 추론한 내용으로 가장 적절한 것을 고르면?

○△×
○△×
○△×

> 제3조 (계약기간 등) ② 계약기간이 7년을 초과하여 정해진 경우, 을은 7년이 경과되면 언제든지 이 계약의 해지를 갑에게 통보할 수 있고, 갑이 그 통보를 받은 날로부터 6개월이 경과하면 이 계약은 종료한다.
>
> ③ 다음 각호의 어느 하나에 해당하는 경우에는 제2항의 규정에도 불구하고 갑과 을이 별도로 서면으로 합의하는 바에 따라 해지권을 제한할 수 있다.
>
> 1. 장기의 해외활동을 위해 해외의 매니지먼트 사업자와의 계약체결 및 그 계약이행을 위하여 필요한 경우
> 2. 기타 정당한 사유로 장기간 계약이 유지될 필요가 있는 경우
>
> 제12조 (수익의 분배 등) ① 이 계약을 통하여 얻는 모든 수입은 일단 갑이 수령하며, 아래 제2항 및 제3항에 따라 분배한다. 단, 을이 그룹의 일원으로 활동할 경우, 해당 연예활동으로 인한 수입에 대해서는 해당 그룹의 인원 수로 나눈다.
>
> ② 음반 및 콘텐츠 판매와 관련된 수입은 각종 유통 수수료, 저작권료, 실연료 등의 비용을 공제한 후 갑과 을이 분배하여 가지는데, 그 분배방식(예: 슬라이딩 시스템)이나 구체적인 분배비율은 갑과 을이 별도로 합의하여 정한다.
>
> ③ 연예활동과 관련된 수익에 대한 수익 분배방식(예: 슬라이딩 시스템)이나 구체적인 분배비율도 갑과 을이 별도로 합의하여 정한다. 이때 수익 분배의 대상이 되는 수익은 을의 연예활동으로 발생한 모든 수입에서 을의 공식적인 연예활동으로 현장에서 직접적으로 소요되는 비용(차량유지비, 의식주 비용, 교통비 등 연예활동의 보조·유지를 위해 필요적으로 소요되는 실비)과 광고 수수료 비용 및 기타 갑이 을의 동의하에 지출한 비용을 공제한 금액을 말한다.
>
> ④ 갑은 자신의 매니지먼트 권한 범위 내에서 을의 연예활동에 필요한 능력의 습득 및 향상을 위한 교육(훈련)에 소요되는 제반비용을 원칙적으로 부담하며, 을의 의사에 반하여 불필요한 비용을 을에게 부담시켜서는 아니 된다.
>
> ⑤ 을은 연예활동과 무관한 비용을 갑에게 부담시켜서는 아니 된다.
>
> ⑥ 을의 귀책사유로 갑이 을을 대신하여 제3자에게 배상한 금원이 있는 경우 을의 수입에서 그 배상비용을 우선 공제할 수 있다.

① 연예인 A는 소속사와 9년 계약을 했지만, 위 계약서에 의하면 그 기간은 무효가 되고, 7년으로 다시 정해져야 한다.

② 솔로가수인 B는 한류스타가 되고자 소속사와 13년 계약을 해서 주위 사람들이 걱정을 했지만, 사실 7년만 지나면 계약의 해지를 통보할 수 있기 때문에 그 자신은 그다지 걱정하지 않는다.

③ 소속사와 수익금을 반씩 나누기로 계약한 5명 걸그룹의 일원인 C는 연예활동으로 얻은 모든 수익의 약 20%를 가져가게 된다.

④ 수익을 계산할 때는 수익에서 활동에 소요되는 비용과 광고 수수료, 을의 교육에 들어간 돈 등을 빼고 순수익의 개념으로 접근한다.

⑤ 연예인 D는 음주 뺑소니 사건에 연루되어 본의 아니게 연예활동을 쉬게 되었고, 소속사에 금전적인 손해를 끼쳤다. 하지만 이에 대해 소속사는 D가 벌어들인 수익에서 보상을 받을 방법은 법적으로는 없다.

[23~24] 다음 [상황]과 [대화]를 보고 질문에 답하시오.

상황

- S공단에 같은 연도에 입사한 5명(윤정, 희진, 민주, 은혜, 세진)은 각자 자신의 입사일을 알고 있다.
- 5명은 자신을 제외한 나머지 4명의 입사일이 언제인지는 모르지만, 1분기에 2명, 2분기에 1명, 3분기에 2명이 입사했다는 사실은 알고 있다.
- 아래 [대화]는 5명이 한 자리에 모여 나눈 대화를 순서대로 기록한 것이다.
- 5명은 각각 앞의 사람의 이야기를 듣고 합리적으로 판단을 할 수 있는 사람들이다.

대화

은혜: 윤정아, 네 입사일이 5명 중에서 제일 빠르니?
윤정: 그럴 수도 있지만, 확실히는 모르겠어.
희진: 민주야, 네가 윤정이보다 입사일이 빠르지?
민주: 그럴 수도 있지만 확실히는 모르겠어.
윤정: 은혜야, 넌 희진이가 몇 분기에 입사했는지 알아?
은혜: 아니, 모르지
민주: 세진아, 넌 은혜보다 입사일 빠른 거 맞지?
세진: 그럴 수도 있지만 확실히는 모르겠어.

23 주어진 [상황]과 [대화]를 바탕으로 2분기에 입사한 사람을 고르면?

○△× ○△× ○△×

① 윤정 ② 희진 ③ 민주 ④ 은혜 ⑤ 세진

24 주어진 [상황]과 [대화]를 바탕으로 반드시 거짓인 것을 고르면?

○△× ○△× ○△×

① 윤정과 민주가 입사한 분기는 같다.
② 희진과 은혜가 입사한 분기는 서로 다르다.
③ 민주의 입사 시기가 5명 중 가장 빠르다.
④ 은혜의 입사 시기는 3분기이다.
⑤ 세진의 입사 시기는 희진보다 빠르다.

25 다음 [표]는 참가자 A~D의 회차별 가위바위보 게임 기록 및 판정이고, [그림]은 아래 [규칙]에 따른 5회차 게임 종료 후 A~D의 위치를 나타낸 것이다. 이때 빈칸 가~다에 들어갈 내용을 바르게 짝지은 것을 고르면?

○△×
○△×
○△×

[표] 가위바위보 게임 기록 및 판정

구분	1회차		2회차		3회차		4회차		5회차	
	기록	판정	기록	판정	기록	판정	기록	판정	기록	판정
A	가위	승	바위	승	보	승	바위	( )	보	( )
B	가위	승	(가)	( )	바위	패	가위	( )	보	( )
C	보	패	가위	패	바위	패	(나)	( )	보	( )
D	보	패	가위	패	바위	패	가위	( )	(다)	( )

[그림] 5회차 게임 종료 후 A~D의 위치

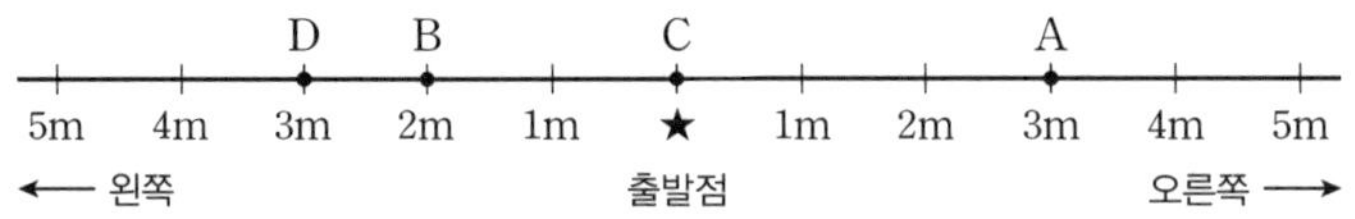

규칙

- A~D는 모두 출발점(★)에서 1회차 가위바위보 게임을 하고, 2회차부터는 직전 회차 게임 종료 후 각자의 위치에서 게임을 한다.
- 각 회차의 판정에 따라 지거나 비기면 이동하지 않고, 가위로 이긴 사람은 왼쪽으로 3m, 바위로 이긴 사람은 오른쪽으로 1m, 보로 이긴 사람은 오른쪽으로 5m를 각각 이동하여 해당 회차 게임을 종료한다.

	가	나	다
①	가위	바위	보
②	가위	보	바위
③	바위	가위	보
④	바위	보	가위
⑤	보	바위	가위

정답과 해설 ▶ P.105

MEMO

eduwill

에듀윌 공기업

매일 1회씩 꺼내 푸는 NCS

DAY 16

eduwill

매1N 3회독 루틴 프로세스

*더 자세한 내용은 매1N 3회독 학습가이드를 확인하세요!

1 3회독 기록표에 학습날짜와 문제풀이 시작시간을 적습니다.

2 시험장에서 문제를 푸는 것처럼 풀어 보세요.

3 모바일 OMR 또는 회독용 답안지에 마킹한 후, 종료시간을 적고 초과시간을 체크합니다.

▶모바일 OMR 바로가기

[1회독용]	[2회독용]	[3회독용]
http://eduwill.kr/j5oF	http://eduwill.kr/f5oF	http://eduwill.kr/p5oF

4 문항별 3회독 체크표(◎△☒)에 표시합니다. 문제를 풀면서 알고 풀었으면 ◎, 헷갈렸으면 △, 전혀 몰라서 찍었으면 ☒에 체크하세요.

3회독 TIP

- 1회독: 25문항을 빠짐없이 풀어 보세요.
- 2~3회독: 틀린 문항만 골라서 풀어 보세요.

3회독 기록표

1회독		2회독		3회독	
학습날짜	월 일	학습날짜	월 일	학습날짜	월 일
시작시간	:	시작시간	:	시작시간	:
종료시간	:	종료시간	:	종료시간	:
점 수	점	점 수	점	점 수	점

제한시간 | 40분

01 다음 글의 주장에 부합하는 내용으로 옳지 않은 것을 고르면?

○△×
○△×
○△×

사회계약설은 정당한 국가란 그 구성원의 계약에 의하여 성립한 것이라고 생각할 수 있어야만 한다는 것을 주장하려는 것이다. 이는 현실의 국가가 계약에 따라 의식적으로 만들어졌다고 주장하려는 것이 아니다. 계약은 결코 하나의 사실로 전제될 필요가 없음에도 불구하고 실천적 현실성을 갖는 이성의 순수 이념이다. 이 이념은 입법자로 하여금 마치 모든 법률이 전 인민의 연합한 의지에서 기원할 수 있는 것처럼 법률을 제정하도록 구속하며, 모든 사람으로 하여금 그가 공민이고자 하는 한에서 각자가 이 의지에 동의를 한 것처럼 간주하게 한다. 그래서 계약설을 바르게 이해하려면, 계약설이 '의지'라고 하는 표현을 사용하는 경우에는 항상 그것에 의하여 구체화되는 이익이라는 표현을 삽입하지 않으면 안 된다.

① 사회계약은 이념이다.
② 입법자는 전 인민의 동의를 염두에 두고 법을 만들어야 한다.
③ 공민이고자 하는 자는 스스로 연합한 의지에 동의한 것처럼 행동해야 한다.
④ 연합한 의지는 이익이라는 표현으로 구체화될 수 있다.
⑤ 연합한 의지는 세대마다 헌법으로 구현된다.

02. 다음 밑줄 친 단어와 같은 의미로 쓰인 단어로 옳은 것을 고르면?

○△×
○△×
○△×

김 과장의 타자치는 속도는 대략 200타 정도이다. 조금 더 효율적이고 효과적인 업무를 위하여 타자치는 속도를 좀 더 높일 수 있도록 연습해야겠다고 김 과장은 다짐했다.

① 그는 피아노를 정말 잘 친다.
② 동생이 위독하다고 어서 전보를 쳐라.
③ 그가 헤엄치는 모습은 마치 물개 같아.
④ 벽시계는 30분 전에 12시를 쳤다.
⑤ 강아지는 자신의 주인에게 꼬리를 쳤다.

03 다음 글에 부합하는 사례로 옳은 것을 고르면?

○△×
○△×
○△×

그라노베터의 논문은 오늘날 역사상 가장 많은 영향을 끼친 사회학 논문 중 하나로 평가받는다. 이 논문에서 그는 상식적으로 이치에 맞지 않는 것처럼 보이는 주장을 편다. 새로운 소식을 접하거나, 새로 차린 식당을 홍보하거나, 최신의 유행이 전파될 때, 그 과정에서 우리의 약한 사회적 연결이 강한 친분 관계보다 더 중요한 역할을 한다는 것이다. 그에 따르면 사람들은 여러 명의 가까운 친구들을 갖고 있는데, 이들은 대부분 상호 간에 잘 알고 자주 접촉하는 긴밀한 사회적 클러스터를 이룬다. 그런데 이 사람들은 또한 각자 그저 알고 지내는 사람들을 더 많이 갖고 있는데, 이들은 상호 간에 잘 모르는 경우가 많다. 물론 이 그저 알고 지내는 사람들 하나하나도 역시 자신의 친한 친구들을 갖고 있어서 긴밀하게 짜여진 사회적 클러스터를 이룬다.

사회는 여러 개의 클러스터로 구성되어 있는데, 각 클러스터 내부에서는 모두가 모두를 서로 잘 아는 긴밀한 친구들이 서클을 이루고 있다. 그리고 이 클러스터들은 약한 연결 고리를 통해 외부와 연결되어 있다. 우리의 가장 친한 친구들은 같은 서클에 있으므로 대개 동일한 인적 정보 출처를 갖고 있는 경우가 많다. 그러나 우리가 새로운 정보를 얻거나 외부 세계와 의사소통을 하려고 할 때는 오히려 이들보다는 약한 연결들이 결정적인 역할을 한다. 정보의 출처를 고려하면 가장 가까운 친구들로부터 얻은 정보 역시 약한 연결을 통해 획득된 것일 가능성이 높기 때문이다.

① 구직자가 새로운 일자리에 대해 얻은 정보의 원래 출처는 그가 잘 알던 사람보다는 그저 알고 지내던 사람들일 경우가 더 많을 것이다.
② 아프리카 작은 부족에서 발생한 에이즈는 차츰 인근 지역으로 조금씩 전염 범위가 넓어지는 방식으로 퍼졌을 것이다.
③ 사람들은 잘 아는 사람과 같은 식당에 가며 같은 영화를 보기는 하지만 새로운 정보를 서로 교류하지는 않을 것이다.
④ 나의 가장 친한 친구 두 사람이 서로 알 확률은 서로 모를 확률과 비슷할 것이다.
⑤ 새로 개점한 식당에 관한 소문은 주로 처음 만난 사람을 통해서 퍼져갈 것이다.

04 다음 글을 바탕으로 추론할 수 있는 내용을 고르면?

○△× ○△× ○△×

물리계 중에는 예측 불가능한 물리계가 있다. 이와 같은 물리계가 예측 불가능한 이유는 초기 조건의 민감성 때문이지, 물리 현상이 물리학의 인과법칙을 따르지 않기 때문은 아니다. 지구의 대기에서 나비 한 마리가 날갯짓을 한 경우와 하지 않은 경우를 비교하면, 그로부터 3주 뒤 두 경우의 결과는 판이하게 달라질 수 있다. 따라서 몇 주일 뒤의 기상이 어떻게 전개될지 정확히 예측하려면 초기 데이터와 수많은 변수들을 아주 정밀하게 처리해야만 가능하다. 그러나 아무리 성능이 뛰어난 컴퓨터라고 해도 이를 제대로 처리하기 어렵다. 초기 상태가 완전히 파악되지 못한 물리계의 경우, 초기 데이터의 불완전성은 이 물리계의 미래 상태에 대한 예측의 정밀도를 훼손할 것이다. 그리하여 예측은 시간이 흐를수록 점차 부정확해지지만, 부정확성이 증가하는 양상은 물리계마다 다르다. 부정확성은 어떤 물리계에서는 느리게, 어떤 물리계에서는 빠르게 증가한다.

부정확성이 천천히 증가하는 물리계의 경우, 기술 발전에 따라 정밀하게 변화를 예측하는 데 필요한 시간은 점점 더 줄어들 것이다. 그러나 부정확성이 빠르게 증가하는 물리계의 경우, 예측에 필요한 계산 시간은 그다지 크게 단축되지 않을 것이다. 흔히 앞의 유형을 '비카오스계'라고 부르고 뒤의 유형을 '카오스계'라고 부른다. 카오스계는 예측 가능성이 지극히 제한적이라는 것이 그 특징이다. 지구의 대기 같은 아주 복잡한 물리계는 카오스계의 대표적인 사례이다. 그러나 연결된 한 쌍의 진자처럼 몇 안 되는 변수들만으로 기술할 수 있고 단순한 결정론적 방정식을 따르는 물리계라 하더라도, 초기 조건에 민감하며 아주 복잡한 운동을 보인다는 점은 놀라운 일이다.

카오스 이론은 과학의 한계를 보여 주었다고 단언하는 사람들이 적지 않지만, 자연 속에는 비카오스계가 더 많다. 그리고 카오스계를 연구하는 과학자들은 자신들이 막다른 골목에 봉착했다고 생각하지 않는다. 카오스 이론은 앞으로 연구가 이루어져야 할 드넓은 영역을 열어 주었고, 수많은 새로운 연구 대상들을 제시한다.

① 연결된 두 진자로만 구성된 물리계는 카오스계가 아니다.
② 이해가 아닌 예측이 자신의 주요 임무라고 생각하는 과학자에게 카오스계의 존재는 부담이 될 것이다.
③ 슈퍼컴퓨터의 성능이 충분히 향상된다면, 기상청은 날씨 변화를 행성의 위치만큼이나 정확하게 예측할 것이다.
④ 부정확성이 빠르게 증가하는 물리계에 동일한 물리법칙이 적용되는 경우 변화를 예측하는 데 필요한 시간은 감소한다.
⑤ 카오스 현상은 결정론적 법칙을 따르지 않는 물리계가 나비의 날갯짓처럼 사소한 요인에 의해 교란되기 때문에 생기는 현상이다.

05 다음 글의 내용과 일치하는 것을 고르면?

○△×
○△×
○△×

청렴은 수령의 본분으로 모든 선(善)의 원천이며 모든 덕(德)의 근본이다. 청렴하지 않으면서 수령 노릇을 잘한 자는 없다. 『상산록』에 이런 말이 있다. "청렴에는 세 등급이 있다. 최상은 봉급 외에 아무것도 먹지 않고, 먹고 남은 것은 가져가지 않으며, 낙향할 때는 한 필의 말로 조촐하게 가니 이것이 '아주 옛날'의 청렴한 관리다. 그다음은 봉급 외에는 명분이 바른 것만 먹고 바르지 않은 것은 먹지 않으며, 먹고 남은 것은 집으로 보내니 이것이 '조금 옛날'의 청렴한 관리다. 최하는 이미 규례(規例)가 된 것이라면 명분이 바르지 않아도 먹지만 규례가 되어 있지 않은 것은 먹지 않으며, 향임(鄕任)의 자리를 팔지 않고, 송사(訟事)와 옥사(獄事)를 팔아먹지 않으며, 조세를 더 부과하여 나머지를 착복하지 않으니 이것이 '오늘날'의 청렴한 관리다. 최상이 진실로 좋지만 그럴 수 없다면 그다음 것도 좋다. 최하는 옛날 같으면 형벌에 처했을 것이니 선을 좋아하고 악을 부끄럽게 여기는 사람은 결코 그렇게 하지 않을 것이다."

하지만 청렴하다 하여도 과격한 행동과 각박한 정사(政事)는 인정에 맞지 않기 때문에 내치는 바이니 군자가 따를 바가 못 된다. 북제(北齊)의 수령이었던 고적사문은 성질이 꼿꼿하고 모질어 국가의 봉급도 받지 않았다. 사소한 잘못도 용서치 않고 모두 귀양을 보내고 선처를 호소하는 친척까지 잡아 때려 원성만 더해 갔다. 임금이 이를 듣고 고적사문의 포악함이 사나운 맹수보다 더하다며 그를 파면했다.

※ 규례(規例): 일정한 규칙과 정해진 관례
※ 향임(鄕任): 좌수, 별감 등 향청의 직책

① 정사가 각박할지라도 청렴한 수령은 군자가 따를 만한 수령이다.
② 상산록에 따르면 청렴에는 세 등급이 있는데 '조금 옛날'의 청렴한 관리가 최상이다.
③ 상산록에 따르면 명분과 관계없이 규례가 된 것만 먹는 수령은 '오늘날'과 '아주 옛날' 모두 청렴한 관리로 여겨졌다.
④ 상산록은 '오늘날'의 청렴한 관리보다 '아주 옛날'의 청렴한 관리가 상대적으로 더 청렴하다고 평가했다.
⑤ 북제의 고적사문은 상산록의 청렴 등급으로 볼 때 '조금 옛날'의 청렴한 관리에 해당하므로 모범이 될 만한 수령이다.

06 **다음은 자기소개서의 내용 중 적절하지 않은 문장을 수정한 것이다. 수정한 내용이 어법상 옳지 <u>않은</u> 것을 고르면?**

○△×
○△×
○△×

① 대학에서 배운 경영 관련 팀 프로젝트의 단결된 의지와 힘을 바탕으로 세밀함과 분석력이 요구되는 회계 분야를 제가 오랫동안 준비해온 만큼 세계화에 발맞추어 끝없는 열정을 가지고 최선을 다해 일하겠습니다.

→ 경영 관련 프로젝트를 통해 세밀함과 분석력이 요구되는 회계 분야를 경험하였습니다. 이러한 경험을 바탕으로 세계화에 발맞추어 끝없는 열정을 가지고 최선을 다해 일하겠습니다.

② 부모님께서는 힘들고 빠듯한 생활 속에서도 3남매의 대학 생활을 부족함 없이 학업에 열중할 수 있도록 뒷바라지하시고 안정된 가정을 꾸미기 위해 노력하시는 성실하시고 당신들의 의견보다는 자식들의 생각을 더 중요시 생각하십니다.

→ 힘들고 여유롭지 않은 생활 속에서도 3남매의 교육을 우선하셨던 부모님 덕분에 학업을 충실히 할 수 있었습니다. 부모님께서는 언제나 당신들의 생각보다는 자식들의 의견을 더 중요하게 생각하셨습니다.

③ 여러 사람들과 공동체 생활을 하다 보니 남을 배려해야 하는 마음을 키울 수 있게 되어 제 자신이 성숙할 수 있는 소중한 경험이 되었던 것 같습니다.

→ 여러 사람과의 공동체 생활은 타인을 배려하는 마음을 갖게 했으며, 독립된 인격체로 성숙할 수 있는 계기입니다.

④ 노력해서 해냈을 때 느끼는 결실에 대한 보람은 결코 도전하지 못하면 얻을 수 없는 값진 것이기에 보람을 느낍니다.

→ 노력으로 얻어진 결실, 그 보람은 도전하지 않으면 얻을 수 없는 값진 것이라고 생각합니다.

⑤ 회사의 전반적인 업무에 대해 이해하고, 의견을 제시할 수 있는 안목, 전체를 이해하고 일을 진행하는 것을 가질 수 있는 좋은 기회였던 것으로 생각됩니다.

→ 회사의 전반적인 업무를 파악함으로써 안목을 키울 수 있었고, 이를 바탕으로 올바른 의견을 제시할 수 있었습니다.

07 다음 글의 ㉠에 대한 내용으로 옳은 것을 고르면?

○△×
○△×
○△×

골란드는 자신의 가설을 검증하기 위해서 20가구가 소유한 488곳의 밭에서 나온 연간 작물 수확량을 조사했다. 그는 수십 년간 각 밭들의 $1m^2$당 연간 수확량 자료를 축적했다. 이 방대한 자료를 토대로 그는 한 가구가 경작할 전체 면적은 매년 동일하지만, 경작할 밭들을 한 곳에 모아 놓았을 경우와 여러 곳으로 분산시켰을 경우에, 그 가구의 총 수확량이 어떻게 달라질지 계산해 보았다. 그 가구가 경작할 밭들이 여러 곳으로 따로 떨어져 있을수록 경작 및 추수 노동이 많이 들기 때문에, 단위면적당 연간 수확량의 수십 년간 평균은 낮아졌다.

골란드가 Q라고 명명한 3인 가구를 예로 들어 보자. Q가 경작할 밭의 총면적을 감안하여, Q가 당해에 기아를 피하려면 $1m^2$당 연간 334g 이상의 감자를 수확해야 했다. 그들이 한 구역에 몰려 있는 밭들에 감자를 심었다고 가정할 경우, $1m^2$당 연간 수확량의 수십 년간 평균은 상당히 높게 나왔다. 하지만 이와 같은 방식으로 경작할 경우, $1m^2$당 연간 수확량이 334g 미만으로 떨어진 해들이 자료가 수집된 전체 기간 중 1/3이 넘는 것으로 계산되었다. 어떤 해는 풍작으로 많이 수확하지만 어떤 해는 흉작으로 $1m^2$당 연간 수확량이 334g 미만으로 떨어진다는 말이다. 총면적은 동일하게 유지하면서 6군데로 분산된 밭들에서 경작했을 때도 기아의 위험에서 완전히 자유롭지 않았다. 하지만 7군데 이상으로 분산했을 때 수확량은 매년 $1m^2$당 연간 371g 이상이었다. 골란드는 구성원이 Q와 다른 가구들의 경우에도 같은 방식으로 추산해 보았다. 경작할 밭들을 몇 군데로 분산시켜야 기아를 피할 최소 수확량이 보장되는지에 대해서는 가구마다 다른 값들이 나왔지만, 연간 수확량들의 패턴은 Q의 경우와 크게 다르지 않았다. 이로써 골란드는 ㉠자신의 가설이 통계 자료들에 의해 뒷받침된다는 것을 보일 수 있었다.

① 넓은 면적을 경작하는 것은 기아의 위험에서 벗어나는 데 도움이 되지 못한다.
② 경작하는 밭들을 일정 군데 이상으로 분산시킨다면 기아의 위험을 피할 수 있다.
③ 경작할 밭들을 몇 군데로 분산시켜야 단위면적당 연간 수확량이 최대가 되는지는 가구마다 다르다.
④ 경작하는 밭들을 여러 군데로 분산시킬수록 단위면적당 연간 수확량의 평균이 증가하여 기아의 위험이 감소한다.
⑤ 경작하는 밭들을 여러 군데로 분산시킬수록 단위면적당 연간 수확량의 최댓값은 증가하여 기아의 위험이 감소한다.

08 다음 A국의 법률을 근거로 판단할 때, △△장관의 조치로 옳지 않은 것을 고르면?

○△✕
○△✕
○△✕

제○○조(출국의 금지) ① △△장관은 다음 각호의 어느 하나에 해당하는 사람에 대하여는 6개월 이내의 기간을 정하여 출국을 금지할 수 있다.

1. 형사재판에 계류 중인 사람
2. 징역형이나 금고형의 집행이 끝나지 아니한 사람
3. 1천만 원 이상의 벌금이나 2천만 원 이상의 추징금을 내지 아니한 사람
4. 5천만 원 이상의 국세·관세 또는 지방세를 정당한 사유 없이 그 납부기한까지 내지 아니한 사람

② △△장관은 범죄 수사를 위하여 출국이 적당하지 아니하다고 인정되는 사람에 대하여는 1개월 이내의 기간을 정하여 출국을 금지할 수 있다. 다만 다음 각호에 해당하는 사람은 그 호에서 정한 기간으로 한다.

1. 소재를 알 수 없어 기소중지결정이 된 사람 또는 도주 등 특별한 사유가 있어 수사진행이 어려운 사람: 3개월 이내
2. 기소중지결정이 된 경우로서 체포영장 또는 구속영장이 발부된 사람: 영장 유효기간 이내

① 사기사건으로 인해 유죄판결을 받고 현재 고등법원에서 항소심이 진행 중인 갑에 대하여 5개월간 출국을 금지할 수 있다.
② 추징금 2천 5백만 원을 내지 않은 을에 대하여 3개월간 출국을 금지할 수 있다.
③ 소재 불명으로 기소중지결정이 된 강도사건 피의자 병에 대하여 2개월간 출국을 금지할 수 있다.
④ 징역 2년을 선고받고 그 집행이 끝나지 않은 정에 대하여 3개월간 출국을 금지할 수 있다.
⑤ 정당한 사유 없이 2천만 원의 지방세를 납부기한까지 내지 않은 무에 대하여 4개월간 출국을 금지할 수 있다.

09 다음 수들은 일정한 규칙에 따라 배열되어 있다. 빈칸에 들어갈 알맞은 수를 고르면?

○△×
○△×
○△×

1, 5, 2, 10, 7, 35, ( )

① 10 ② 32 ③ 40 ④ 62 ⑤ 175

10 다음 문자들은 일정한 규칙에 따라 배열되어 있다. 빈칸에 들어갈 알맞은 문자를 고르면?

○△×
○△×
○△×

D, E, C, F, B, ( ), A, H

① G ② H ③ I ④ J ⑤ K

11 오 차장은 4월에 출장을 가기로 예정되어 있다. 원래 출발일은 다섯 번째 수요일이었는데, 일정이 변경되어 마지막 월요일인 네 번째 월요일에 출발하게 되었다. 오 차장이 출장을 다녀와서 자녀와 어린이날에 동물원을 가려고 할 때, 오 차장이 동물원에 가는 어린이날은 무슨 요일인지 고르면?

○△×
○△×
○△×

① 화요일 ② 수요일 ③ 목요일 ④ 금요일 ⑤ 토요일

12 다음 [표]는 지난 기간 규제개혁 프로그램의 실행 결과를 중앙행정기관별로 정리한 규제 수 변동내역에 대한 자료이다. 이에 대한 설명으로 옳지 않은 것을 고르면?

○△× ○△× ○△×

[표] 규제개혁 프로그램 실행 결과 (단위: 건)

중앙 행정기관	최초 등록 규제 수	규제 수 변경						현재 등록 규제 수
		증가			감소		증감 소계	
		신설	누락 등록	기타	폐지	기타		
조달청	27	4	2	0	22	0	−16	11
통계청	10	0	1	0	7	0	−6	4
병무청	29	3	0	0	2	1	0	29
경찰청	382	14	2	30	141	51	−146	236
기상청	28	1	0	0	14	1	−14	14
농촌진흥청	14	1	0	1	8	0	−6	8
산림청	254	17	8	58	118	85	−120	134
중소기업청	84	10	16	0	46	2	−24	60
특허청	60	1	7	0	27	2	−21	39
식품의약품 안전청	256	22	0	2	132	6	−114	142
철도청	53	0	2	0	26	1	−25	28
해양경찰청	122	21	0	0	57	13	−49	73
문화재청	133	8	3	0	55	2	−56	77
방송위원회	0	32	1	0	0	0	33	33

정보

- 규제 폐지율(%)$=\frac{\text{폐지한 규제 수}}{\text{최초 등록 규제 수}}\times 100$
- 순규제 폐지 수=감소한 규제 수−증가한 규제 수
- 순규제 폐지율(%)$=\frac{\text{순규제 폐지 수}}{\text{최초 등록 규제 수}}\times 100$

① 경찰청의 규제 폐지율은 조달청의 규제 폐지율보다 낮다.
② 식품의약품안전청의 순규제 폐지 수는 산림청의 순규제 폐지 수보다 적다.
③ 기상청의 순규제 폐지율은 특허청의 순규제 폐지율보다 높다.
④ 최초 등록 규제 수에 비해 현재 등록 규제 수가 늘어난 중앙행정기관은 방송위원회뿐이다.
⑤ 규제 폐지율에서 순규제 폐지율을 차감해 보면 조달청이 통계청보다 작다.

13 다음 [표]는 2017년 9월 행정구역별 이동자 수에 대한 자료이다. 이에 대한 설명으로 옳지 않은 것을 고르면?

○△✕
○△✕
○△✕

[표] 행정구역별 이동자 수 (단위: 명)

구분	총 전입자 수	총 전출자 수	순이동자 수
서울특별시	120,252	133,583	(㉠)
부산광역시	(㉡)	36,416	−1,458
세종특별자치시	5,518	3,450	2,068
제주특별자치도	7,728	6,501	(㉢)

① 서울특별시 순이동자 수는 부산광역시 순이동자 수의 9배 이상이다.
② 부산광역시 총 전입자 수는 세종특별자치시 총 전입자 수의 6배 미만이다.
③ 제주특별자치도 순이동자 수는 세종특별자치시의 순이동자 수의 절반 이상이다.
④ 부산광역시 총 전출자 수는 제주특별자치도 총 전출자 수의 5.5배 이상이다.
⑤ 서울특별시 총 전입자 수는 세종특별자치시 총 전출자 수의 35배 이하이다.

14 다음 [표]는 6개 수종의 기건 비중 및 강도에 대한 자료이다. 주어진 [조건]을 바탕으로 A와 C에 해당하는 수종이 바르게 짝지어진 것을 고르면?

○△× ○△× ○△×

[표] 6개 수종의 기건 비중 및 강도

수종	기건 비중 (ton/m³)	강도(N/mm²)			
		압축강도	인장강도	휨강도	전단강도
A	0.53	48	52	88	10
B	0.89	64	125	118	12
C	0.61	63	69	82	9
삼나무	0.37	41	45	72	7
D	0.31	24	21	39	6
E	0.43	51	59	80	7

조건

- 전단강도 대비 압축강도 비가 큰 상위 2개 수종은 낙엽송과 전나무이다.
- 휨강도와 압축강도 차가 큰 상위 2개 수종은 소나무와 참나무이다.
- 참나무의 기건 비중은 오동나무 기건 비중의 2.5배 이상이다.
- 인장강도와 압축강도의 차가 두 번째로 큰 수종은 전나무이다.

	A	C
①	소나무	낙엽송
②	소나무	전나무
③	오동나무	낙엽송
④	참나무	소나무
⑤	참나무	전나무

15 다음 [표]는 K공제회의 회원기금원금, 회원 수 및 1인당 평균 계좌 수, 자산 현황에 대한 자료이다. 이에 대한 설명으로 옳지 않은 것을 [보기]에서 모두 고르면?

○△× ○△× ○△×

[표1] 연도별 K공제회 회원기금원금(연말 기준) (단위: 억 원)

구분	2005년	2006년	2007년	2008년	2009년	2010년
회원급여 저축원금	19,361	21,622	21,932	22,030	23,933	26,081
목돈수탁원금	7,761	7,844	6,270	6,157	10,068	12,639
계	27,122	29,466	28,202	28,187	34,001	38,720

[표2] 연도별 K공제회 회원 수 및 1인당 평균 계좌 수(연말 기준) (단위: 명, 개)

구분	2005년	2006년	2007년	2008년	2009년	2010년
회원 수	166,346	169,745	162,425	159,398	162,727	164,751
1인당 평균 계좌 수	65.19	64.27	58.02	61.15	67.12	70.93

[표3] 2010년 K공제회 자산 현황(연말 기준) (단위: 억 원, %)

구분	금액	비중
회원급여저축총액	37,952	46.8
차입금	17,976	22.1
보조금 등	7,295	9.0
안정기금	5,281	6.5
목돈수탁원금	12,639	15.6
계	81,143	100.0

※ 회원급여저축총액=회원급여저축원금+누적이자총액

보기

㉠ 회원기금원금은 매년 증가하였다.
㉡ 공제회의 회원 수가 가장 적은 해에 목돈수탁원금도 가장 적다.
㉢ 2010년 회원급여저축총액에서 누적이자총액이 차지하는 비중은 50% 이상이다.
㉣ 1인당 평균 계좌 수가 가장 많은 해에 회원기금원금도 가장 많다.

① ㉠, ㉡ ② ㉠, ㉢ ③ ㉡, ㉢ ④ ㉡, ㉣ ⑤ ㉠, ㉢, ㉣

16 다음 [표]는 지점 A~E의 지점 간 주행 가능한 도로 현황 및 자동차 X와 Y의 지점 간 이동정보에 대한 자료이다. 이에 대한 설명으로 옳은 것을 고르면?

[표1] 지점 간 주행 가능한 도로 현황 (단위: km)

출발지점＼도착지점	B	C	D	E
A	200	*	*	*
B	—	400	200	*
C	*	—	*	200
D	*	*	—	400

※ *는 출발지점에서 도착지점까지 주행 가능한 도로가 없음을 의미함
※ 지점 간 주행 가능한 도로는 1개씩만 존재함

[표2] 자동차 X와 Y의 지점 간 이동정보

자동차	출발		도착	
	지점	시각	지점	시각
X	A	10:00	B	(　　)
	B	(　　)	C	16:00
Y	B	12:00	C	16:00
	C	16:00	E	18:00

※ 최초 출발지점에서 최종 도착지점까지 24시간 이내에 이동함을 가정함

조건

- X자동차는 A → B → C, Y자동차는 B → C → E로 이동하였다.
- A → B는 A지점에서 출발하여 다른 지점을 경유하지 않고 B지점에 도착하는 이동을 의미한다.
- 이동 시 왔던 길은 되돌아갈 수 없다.
- 평균속력은 출발지점부터 도착지점까지의 이동거리를 소요시간으로 나눈 값이다.
- 자동차의 최고속력은 200km/h이다.

① X자동차는 B지점에서 13:00 이전에 출발하였다.
② X자동차가 B지점에서 1시간 이상 머물렀다면 A → B 또는 B → C 구간에서 속력이 120km/h 이상인 적이 있다.
③ Y자동차의 경우, B → C 구간의 평균속력보다 C → E 구간의 평균속력이 빠르다.
④ B → C 구간의 평균속력은 Y가 X보다 빠르다.
⑤ B → C → E 구간보다 B → D → E 구간의 거리가 더 짧다.

17 다음 [표]는 연도별 '갑'국 재정지출에 대한 자료이다. 이에 대한 설명으로 옳지 않은 것을 고르면?

○△×
○△×
○△×

[표1] 연도별 재정지출 및 GDP 대비 비율 (단위: 백만 달러, %)

구분	금액	
		GDP 대비 비율
2013년	487,215	34.9
2014년	466,487	31.0
2015년	504,426	32.4
2016년	527,335	32.7
2017년	522,381	31.8
2018년	545,088	32.0
2019년	589,175	32.3
2020년	614,130	32.3

[표2] 전체 재정지출 중 5대 분야 재정지출 비중 (단위: %)

구분	2013년	2014년	2015년	2016년	2017년	2018년	2019년	2020년
교육	15.5	15.8	15.4	15.9	16.3	16.3	16.2	16.1
보건	10.3	11.9	11.4	11.4	12.2	12.5	12.8	13.2
국방	7.5	7.7	7.6	7.5	7.8	7.8	7.7	7.6
안전	3.6	3.7	3.6	3.8	4.0	4.0	4.1	4.2
환경	3.1	2.5	2.4	2.4	2.4	2.5	2.4	2.4

① 2015~2020년 환경 분야 재정지출 금액은 매년 증가하였다.
② 2020년 교육 분야 재정지출 금액은 2013년 안전 분야 재정지출 금액의 4배 이상이다.
③ 2020년 GDP는 2013년 대비 30% 이상 증가하였다.
④ 2016년 이후 전체 재정지출에서 보건 분야 재정지출의 비중은 매년 증가하였다.
⑤ 5대 분야 재정지출 금액의 합은 매년 전체 재정지출 금액의 35% 이상이다.

18 지난 달 수백억 원대 자산가가 사위를 뽑는 리얼리티 프로그램에 500여 명의 남성이 지원했다. '신 데릴 사위' 구혼프로그램에서는 2주간 2차에 걸쳐 매주 임무를 주고 수행능력을 본 후 6명(A, B, C, D, E, F)의 신랑 후보를 선발했다. 그리고 이번 주 목요일에 진행된 후보들의 개별 면접 결과에 따라 3명은 금요일에 신부의 부모 앞에서 최종 심사를 보게 된다. 주어진 [조건]을 바탕으로 C가 목요일에 세 번째로 심사를 받았다면, 금요일 최종 후보 중 첫 번째와 세 번째로 지명된 사람이 차례대로 나열된 것을 고르면?

○△×
○△×
○△×

조건

- 목요일 면접에서 B의 바로 앞 순서로 면접을 본 A는 금요일 최종 후보로 선택된다.
- 만약 C와 E가 목요일에 연달아 심사를 받지 않았다면, 두 명 모두 금요일에 후보로 지명된다.
- 지난 목요일 마지막 차례의 후보는 금요일 첫 번째로 지명되었다.
- 목요일에 두 번째로 면접을 본 후보는 금요일에 최종 후보 세 번째로 지명되었다.
- F는 목요일에 네 번째로 심사를 받았다.

① A, B　② A, D　③ B, E　④ B, D　⑤ E, F

19 우주인 선발에 지원한 A, B, C, D, E, F, G의 7명 중에서 2명이 선발되었다. 누가 선발되었는가에 대하여 5명이 다음과 같이 각각 진술하였다. 3명의 진술만 옳을 때, 선발될 가능성이 있는 2명을 고르면?

○△×
○△×
○△×

- A, B, G는 모두 탈락하였다.
- E, F, G는 모두 탈락하였다.
- C와 G 중에서 1명만 선발되었다.
- A, B, C, D 중에서 1명만 선발되었다.
- B, C, D 중에서 1명만 선발되었고, D, E, F, G 중에서 1명만 선발되었다.

① A, E　② C, D　③ D, E　④ E, F　⑤ E, G

20 ○○공단의 면접시험에서는 블라인드로 치러지는데, 부모나 집안의 하는 일 등을 언급하면 탈락 처리된다. 그런데 이번 채용 시즌 때 이러한 사유로 탈락 처리된 사람이 있다는 소식을 듣고 이를 취재하러 〈시한일보〉에서 취재팀을 보냈지만, 그 구직자를 찾는 것은 쉽지 않았다. 그래서 같은 날 구직 면접을 본 사람들을 찾아, 그 사람의 성별과 면접 몇 조인지를 물었다. 이때 같은 성별인 사람들은 거짓으로 대답을 했고 같은 조에서 면접시험을 본 구직자 중에 거짓으로 대답한 사람은 기껏해야 한 명이다. 탈락된 구직자의 조와 성별을 고르면?

O△X
O△X
O△X

1조	2조	3조
갑 – 우리 조에는 탈락된 사람이 없었다. 을 – 탈락된 사람은 남자이다.	병 – 1조에서는 탈락 사건이 없었다. 정 – 탈락된 사람은 여자이다.	무 – 우리 조에서는 탈락 사건이 없었다. 기 – 탈락된 사람은 2조에서 나왔다.

① 1조 – 남자　② 1조 – 여자　③ 2조 – 알 수 없다.
④ 2조 – 남자　⑤ 3조 – 여자

21 다음 글의 장치 A에 대한 판단으로 옳은 것을 [보기]에서 모두 고르면?

O△X
O△X
O△X

신용카드 거래가 사기 거래일 확률은 1,000분의 1이다. 신용카드 사기를 감별하는 장치 A는 정당한 거래의 99%를 정당한 거래로 판정하지만 1%는 사기 거래로 오판한다. 또한 A는 사기 거래의 99%를 사기 거래로 판정하지만 1%는 정당한 거래로 오판한다. A가 어떤 거래를 사기 거래라고 판단하면, 신용카드 회사는 해당 카드를 정지시켜 후속 거래를 막는다. A에 의해 카드 사용이 정지된 사례가 오판에 의한 카드 정지 사례일 확률이 50%보다 크면, A는 폐기되어야 한다.

보기

㉠ A가 정당한 거래로 판정한 거래는 모두 정당한 거래이다.
㉡ 무작위로 10만 건의 거래를 검사했을 때, A가 사기 거래를 정당한 거래라고 오판하는 건수는 정당한 거래를 사기 거래라고 오판하는 건수보다 적을 것이다.
㉢ A는 폐기되어야 한다.

① ㉠　② ㉡　③ ㉠, ㉢　④ ㉡, ㉢　⑤ ㉠, ㉡, ㉢

22 운동회 때 A, B, C, D, E 다섯 사람이 달리기를 하였는데 각 사람의 등수를 물으니 다음과 같이 대답하였다고 한다. 다음 진술이 모두 참일 때, A는 몇 등인지 고르면?

○△×
○△×
○△×

A: 나는 1등도 3등도 아니다.
B: 나는 3등도 4등도 아니다.
C: 나는 1등도 2등도 아니다.
D: 나는 A, B 모두에게 졌다.
E: 나는 B에게는 졌지만 A에게는 이겼다.

① 1등 ② 2등 ③ 3등 ④ 4등 ⑤ 5등

23 다음 [표]의 내용을 바탕으로 각 입법 유형이 가지는 장단점에 대한 설명이 가장 적절하지 않은 것을 고르면?

○△×
○△×
○△×

[표] 입법 유형별 장단점 비교

구분	효율성	비용	친숙성
	법적 공백의 해소	법제 정비 소요 비용	수범자의 이해가능성
분리형 일반법	△	△	×
통합형 일반법	◎	○	◎
통합형 기본법	○	×	○

※ ◎: 매우 유리, ○: 유리, △: 보통, ×: 불리

① 분리형 일반법을 제정할 경우 통합형 일반법의 제정에 비해 법제 정비 과정에서의 소요 비용이 클 것으로 예상된다.
② 분리형 일반법을 제정할 경우 수범자의 법제 현황에 대한 인식도나 관련 조항에 대한 접근가능성이 낮아질 것으로 예상된다.
③ 통합형 일반법을 제정할 경우 수범자의 관련 법제 현황에 대한 인식도가 높아지고 적용 조항에 대한 접근이 용이해질 것으로 예상된다.
④ 통합형 기본법을 제정할 경우 후속적인 법률의 개정이나 빈번한 개별 법률의 제정에 따른 입법비용의 증대를 막을 수 있을 것이다.
⑤ 통합형 기본법을 제정할 경우 통합형 일반법의 제정에 비해 수범자의 법제 현황에 대한 인식도나 적용 조항에 대한 접근가능성이 상대적으로 낮아지게 될 것으로 예상된다.

[24~25] ○○공기업의 보안 시스템은 기존의 수·문자를 새로운 수·문자로 변경하도록 암호 규칙이 입력되어 있다. 다음 각 기호에 적용된 규칙에 따라 수·문자가 변경되었다. 이를 바탕으로 질문에 답하시오.

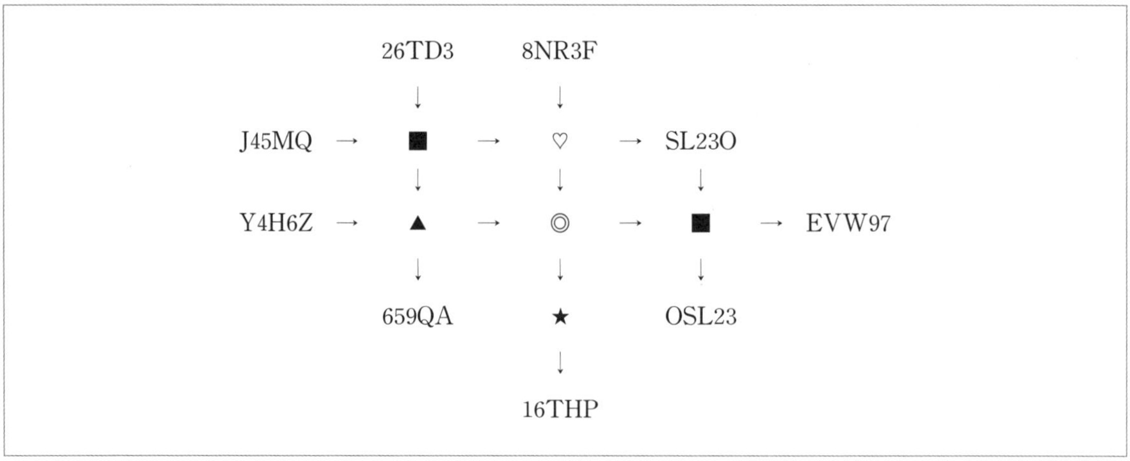

24 주어진 암호 규칙이 동일하게 적용되었을 때, 물음표에 들어갈 수·문자로 알맞은 것을 고르면?

C4P58 → ■ → ◎ → ?

① D3Q47 ② 74QD3 ③ 85PC4 ④ P485C ⑤ PC485

25 주어진 암호 규칙이 동일하게 적용되었을 때, 물음표에 들어갈 수·문자로 알맞은 것을 고르면?

33UY1 → ★ → ▲ → ♡ → ?

① U313Y ② SW202 ③ S202W ④ TX424 ⑤ T424X

정답과 해설 ▶ P.113

에듀윌 공기업

매일 1회씩 꺼내 푸는 NCS

DAY 17

eduwill

매1N 3회독 루틴 프로세스

*더 자세한 내용은 매1N 3회독 학습가이드를 확인하세요!

1 3회독 기록표에 학습날짜와 문제풀이 시작시간을 적습니다.

2 시험장에서 문제를 푸는 것처럼 풀어 보세요.

3 모바일 OMR 또는 회독용 답안지에 마킹한 후, 종료시간을 적고 초과시간을 체크합니다.

▶모바일 OMR 바로가기

[1회독용] http://eduwill.kr/95oF

[2회독용] http://eduwill.kr/w5oF

[3회독용] http://eduwill.kr/A5oF

4 문항별 3회독 체크표(◯ △ ✕)에 표시합니다. 문제를 풀면서 알고 풀었으면 ◯, 헷갈렸으면 △, 전혀 몰라서 찍었으면 ✕에 체크하세요.

3회독 TIP

- 1회독: 25문항을 빠짐없이 풀어 보세요.
- 2~3회독: 틀린 문항만 골라서 풀어 보세요.

3회독 기록표

1회독		2회독		3회독	
학습날짜	월 일	학습날짜	월 일	학습날짜	월 일
시작시간	:	시작시간	:	시작시간	:
종료시간	:	종료시간	:	종료시간	:
점 수	점	점 수	점	점 수	점

01 다음 글의 내용에 부합하는 설명으로 옳은 것을 [보기]에서 모두 고르면?

O△X
O△X
O△X

이슬람 금융 방식은 돈만 빌려 주고 금전적인 이자만을 받는 행위를 금지하는 이슬람 율법에 따라 실물자산을 동반하는 거래의 대가로서 수익을 분배하는 방식을 말한다. 이슬람 금융 방식에는 '무라바하', '이자라', '무다라바', '무샤라카', '이스티스나' 등이 있다.

무라바하와 이자라는 은행이 채무자가 원하는 실물자산을 매입할 경우 그것의 소유권이 누구에게 있느냐에 따라 구별된다. 실물자산의 소유권이 은행에서 채무자로 이전되면 무라바하이고, 은행이 소유권을 그대로 보유하면 이자라이다. 무다라바와 무샤라카는 주로 투자 펀드나 신탁 금융에서 활용되는 방식으로서 투자자와 사업자의 책임 여부에 따라 구별된다. 사업 시 발생하는 손실에 대한 책임이 투자자에게만 있으면 무다라바이다. 양자의 협상에 따라 사업에 대한 이익을 배분하긴 하지만, 손실이 발생할 경우 사업자는 그 손실에 대한 책임을 가지지 않는다. 반면에 투자자와 사업자가 공동으로 사업에 대한 책임과 이익을 나누어 가지면 무샤라카이다. 이스티스나는 장기 대규모 건설 프로젝트에 활용되는 금융 지원 방식으로서 투자자인 은행은 건설 자금을 투자하고 사업자는 건설을 담당한다. 완공 시 소유권은 투자자에게 귀속되고, 사업자는 그 자산을 사용해서 얻은 수입으로 투자자에게 임차료를 지불한다.

보기

㉠ 사업에 대한 책임이 투자자가 아니라 사업자에게만 있으면 무다라바가 아니라 무샤라카이다.

㉡ 은행과 사업자가 공동으로 투자하여 사업을 수행하고 이익을 배분하면 무샤라카가 아니라 이스티스나이다.

㉢ 은행이 채무자가 원하는 부동산을 직접 매입 후 소유권 이전 없이 채무자에게 임대하면 무라바하가 아니라 이자라이다.

① ㉠ ② ㉢ ③ ㉠, ㉡ ④ ㉡, ㉢ ⑤ ㉠, ㉡, ㉢

02 다음 규정을 바탕으로 판단한 내용으로 옳은 것을 [보기]에서 모두 고르면?

○△×
○△×
○△×

제○○조 이 법에서 '폐교'란 학생 수 감소, 학교 통폐합 등의 사유로 폐지된 공립학교를 말한다.

제△△조 ① 시·도 교육감은 폐교재산을 교육용시설, 사회복지시설, 문화시설, 공공체육시설로 활용하려는 자 또는 소득증대시설로 활용하려는 자에게 그 폐교재산의 용도와 사용 기간을 정하여 임대할 수 있다.

② 제1항에 따라 폐교재산을 임대하는 경우, 연간 임대료는 해당 폐교재산평정가격의 1천분의 10을 하한으로 한다.

제□□조 ① 제△△조 제2항에도 불구하고 시·도 교육감은 다음 각 호의 어느 하나에 해당하는 경우에는 폐교재산의 연간 임대료를 감액하여 임대할 수 있다.

1. 국가 또는 지방자치단체가 폐교재산을 교육용시설, 사회복지시설, 문화시설, 공공체육시설 또는 소득증대시설로 사용하려는 경우
2. 단체 또는 사인(私人)이 폐교재산을 교육용시설, 사회복지시설, 문화시설 또는 공공체육시설로 사용하려는 경우
3. 폐교가 소재한 시·군·구에 주민등록이 되어 있고 실제 거주하는 지역주민이 공동으로 폐교재산을 소득증대시설로 사용하려는 경우

② 전항에 따라 폐교재산의 임대료를 감액하는 경우 연간 임대료의 감액분은 다음 각호에서 정한 바를 초과하지 아니하는 범위에서 정한다.

1. 교육용시설, 사회복지시설, 문화시설, 공공체육시설로 사용하는 경우: 제△△조 제2항에 따른 연간 임대료의 1천분의 500
2. 소득증대시설로 사용하는 경우: 제△△조 제2항에 따른 연간 임대료의 1천분의 300

보기

㉠ 시·도 교육감은, 폐교가 소재하는 시·군·구에 거주하지 않으면서 폐교재산을 사회복지시설로 활용하려는 자에게 그 폐교재산을 임대할 수 있다.

㉡ 폐교재산평정가격이 5억 원인 폐교재산을 지방자치단체가 문화시설로 사용하려는 경우, 연간 임대료의 최저액은 250만 원이다.

㉢ 폐교가 소재한 군에 주민등록이 되어 있고 실제 거주하는 지역주민이 단독으로 폐교재산을 소득증대시설로 사용하려는 경우, 연간 임대료로 지불해야 할 최저액은 폐교재산평정가격의 0.7%이다.

㉣ 폐교재산을 활용하려는 자가 폐교 소재 지역주민이 아니어도 그 폐교재산을 공공체육시설로 사용할 수 있으나 임대료 감액은 받을 수 없다.

① ㉠, ㉡ ② ㉠, ㉢ ③ ㉠, ㉡, ㉣ ④ ㉠, ㉢, ㉣ ⑤ ㉡, ㉢, ㉣

03 다음 글을 바탕으로 추론한 내용으로 옳은 것을 고르면?

○△×
○△×
○△×

우리가 조선의 왕을 부를 때 흔히 이야기하는 태종, 세조 등의 호칭은 묘호(廟號)라고 한다. 왕은 묘호뿐 아니라 시호(諡號), 존호(尊號) 등도 받았으므로 정식 칭호는 매우 길었다. 예를 들어 선조의 정식 칭호는 '선조소경정륜입극성덕홍렬지성대의격천희운현문의무성예달효대왕(宣祖昭敬正倫立極盛德洪烈至誠大義格天熙運顯文毅武聖睿達孝大王)'이다. 이 중 '선조'는 묘호, '소경'은 명에서 내려준 시호, '정륜입극성덕홍렬'은 1590년에 올린 존호, '지성대의격천희운'은 1604년에 올린 존호, '현문의무성예달효대왕'은 신하들이 올린 시호다.

묘호는 왕이 사망하여 삼년상을 마친 뒤 그 신주를 종묘에 모실 때 사용하는 칭호이다. 묘호에는 왕의 재위 당시의 행적에 대한 평가가 담겨 있다. 시호는 왕의 사후 생전의 업적을 평가하여 붙여졌는데, 중국 천자가 내린 시호와 조선의 신하들이 올리는 시호 두 가지가 있었다. 존호는 왕의 공덕을 찬양하기 위해 올리는 칭호이다. 기본적으로 왕의 생전에 올렸지만 경우에 따라서는 '추상존호(追上尊號)'라 하여 왕의 승하 후 생전의 공덕을 새롭게 평가하여 존호를 올리는 경우도 있었다.

왕실의 일원들을 부르는 호칭도 경우에 따라 달랐다. 왕비의 아들은 '대군'이라 부르고, 후궁의 아들은 '군'이라 불렀다. 또한 왕비의 딸은 '공주'라 하고, 후궁의 딸은 '옹주'라 했으며, 세자의 딸도 적실 소생은 '군주', 부실 소생은 '현주'라 불렀다. 왕실에 관련된 다른 호칭으로 '대원군'과 '부원군'도 있었다. 비슷한 듯 보이지만 크게 차이가 있었다. 대원군은 왕을 낳아준 아버지, 즉 생부를 가리키고, 부원군은 왕비의 아버지를 가리키는 말이었다. 조선 시대에 선조, 인조, 철종, 고종은 모두 방계에서 왕위를 계승했기 때문에 그들의 생부가 모두 대원군의 칭호를 얻게 되었다. 그런데 이들 중 살아 있을 때 대원군의 칭호를 받은 이는 고종의 아버지 흥선대원군 한 사람뿐이었다. 왕비의 아버지를 부르는 호칭인 부원군은 경우에 따라 책봉된 공신(功臣)에게도 붙여졌다.

① 세자가 왕이 되면 적실의 딸은 옹주로 호칭이 바뀔 것이다.
② 조선 시대 왕의 묘호에는 명나라 천자로부터 부여받은 것이 있다.
③ 왕비의 아버지가 아님에도 부원군이라는 칭호를 받은 신하가 있다.
④ 우리가 조선 시대 왕을 지칭할 때 사용하는 일반적인 칭호는 존호이다.
⑤ 흥선대원군은 왕의 생부이지만 고종이 왕이 되었을 때 생존하지 않았더라면 대원군이라는 칭호를 부여받지 못했을 것이다.

04 다음 글을 바탕으로 추론한 내용으로 옳은 것을 고르면?

○△×
○△×
○△×

대부분의 컴퓨터 게임 프로그램은 컴퓨터의 무작위적 행동을 필요로 한다. 이것은 말처럼 그렇게 쉬운 일이 아니다. 모든 컴퓨터는 주어진 규칙과 공식에 따라 결과를 산출하도록 만들어질 수밖에 없기 때문이다.

비록 현재의 컴퓨터는 완전히 무작위적으로 수들을 골라내지는 못하지만, 무작위적인 것처럼 보이는 수들을 산출하는 수학 공식 프로그램을 내장하고 있다. 즉, 일련의 정확한 계산 결과로 만든 것이지만, 무작위적인 것처럼 보이는 수열을 만들어 낸다. 그러한 일련의 수들을 만들어 내는 방법은 수백 가지이지만, 모두 처음에 시작할 시작수의 입력이 필수적이다. 이 시작수는 사용자가 직접 입력할 수도 있고, 컴퓨터에 내장된 시계에서 얻을 수도 있다. 예컨대 자판을 두드리는 순간 측정된 초의 수치를 시작수로 삼는 것이다.

문제는 이렇게 만들어 낸 수열이 얼마나 완전히 무작위적인 수열에 가까운가이다. 완전히 무작위적인 수열이 되기 위해서는 다음의 두 가지 기준을 모두 통과해야 한다. 첫째, 모든 수가 다른 수들과 거의 같은 횟수만큼 나와야 한다. 둘째, 그 수열은 인간의 능력으로 예측이 가능한 어떤 패턴도 나타내지 않아야 한다. 수열 1, 2, 3, 4, 5, 6, 7, 8, 9, 0은 첫 번째 조건은 통과하지만, 두 번째 조건은 통과하지 못한다. 수열 5, 8, 3, 1, 4, 5, 9, 4, 3, 7, 0은 얼핏 두 번째 조건을 통과하는 것처럼 보이지만 그렇지 않다. 곰곰이 생각해 보면 0 다음의 수가 무엇이 될 것인지를 예측할 수 있기 때문이다. (앞의 두 수를 합한 값의 일의 자리 수를 생각해 보라.) 현재의 컴퓨터가 내놓는 수열들이 이 두 가지 기준 모두를 통과하는 것은 아니다. 즉, 완전히 무작위적인 수열을 아직 만들어 내지 못하고 있는 것이다. 그리고 컴퓨터의 작동 원리를 생각하면, 이는 앞으로도 불가능할 수밖에 없다.

① 인간은 완전히 무작위적인 규칙과 공식들을 컴퓨터에 입력할 수 있다.
② 완전히 무작위적인 수열이라면 같은 수가 5번 이상 연속으로 나올 수 없다.
③ 사용자가 시작수를 직접 입력하지 않았다면 컴퓨터는 어떤 수열도 만들어 낼 수 없다.
④ 컴퓨터가 만들어 내는 수열 중에는 인간의 능력으로 예측하기 어려운 것처럼 보이는 경우도 있다.
⑤ 어떤 수열의 패턴이 인간의 능력으로 예측 가능하다면 그 수열에는 모든 수가 거의 같은 횟수만큼 나올 수밖에 없다.

05 다음 글의 ㉠을 [보기]에 적용한 사례로 옳은 것을 고르면?

○△×
○△×
○△×

> 뇌의 특정 부위에 활동이 증가하면 산소를 수송하는 헤모글로빈의 비율이 그 부위에 증가한다. 헤모글로빈이 많이 공급된 부위는 주변에 비해 높은 자기 신호 강도를 갖는다. 우리는 피실험자가 지각, 운동, 언어, 기억, 정서 등 다양한 수행 과제에 관여하는 때와 그렇지 않을 때의 두뇌 각 부위의 자기 신호 강도를 비교 측정함으로써, 각 수행 과제를 관장하는 두뇌 영역을 추정할 수 있다. 이 방법을 '기능자기공명영상법', 즉 'fMRI'라 한다. 이 영상법을 이해하는 데 중요한 논리 중에 하나는 ㉠차감법이다. 피실험자가 과제 P를 수행할 때 두뇌의 자기 신호 강도 양상을 X라고 하자. 그 피실험자가 다른 사정이 같고 과제 P를 수행하지 않을 때 두뇌의 자기 신호 강도 양상을 Y라고 하자. 여기서 과제 P를 수행하지 않는다는 말, 예컨대 오른손으로 도구를 사용하는 과제를 수행하지 않는다는 말은 도구를 사용하지 않을 뿐만 아니라 오른손도 움직이지 않는다는 뜻이다. 이제 수행 과제 P를 관장하는 두뇌 영역을 알고 싶다면 우리는 양상 X에서 양상 Y를 차감하면 될 것이다.

보기

> 피실험자가 누워 아무 동작도 하지 않는 상태를 '알파'라고 하자. 그가 알파 상태에 있을 때 두뇌의 자기 신호 강도 양상은 A이다. 그가 알파 상태에서 벗어나 단순히 왼손만을 움직일 때 두뇌의 자기 신호 강도 양상은 B이다. 그가 알파 상태에서 벗어나 단순히 오른손만 움직일 때 두뇌의 자기 신호 강도 양상은 C이다. 그가 알파 상태에서 벗어나 왼손으로 도구를 사용하는 것만 할 때 두뇌의 자기 신호 강도 양상은 D이다.

① 피실험자가 손으로 도구를 사용하지도 않고 단순한 손동작도 하지 않을 때 두뇌의 자기 신호 강도는 0이다.
② 왼손의 단순한 움직임을 관장하는 두뇌 영역을 알고 싶다면 양상 C에서 양상 B를 차감한다.
③ 오른손의 단순한 움직임을 관장하는 두뇌 영역을 알고 싶다면 양상 C에서 양상 A를 차감한다.
④ 도구를 사용하는 과제를 관장하는 두뇌 영역을 알고 싶다면 양상 C에서 양상 D를 차감한다.
⑤ 왼손을 움직여 도구를 사용하는 과제를 관장하는 두뇌 영역을 알고 싶다면 양상 D에서 양상 B를 차감한다.

06 다음 글의 ㉠~㉤ 중 전체 흐름에 어긋나는 내용을 수정한 사항으로 옳은 것을 고르면?

○△×
○△×
○△×

소아시아 지역에 위치한 비잔틴 제국의 수도 콘스탄티노플이 이슬람교를 신봉하는 오스만인들에 의해 함락되었다는 소식이 인접해 있는 유럽 지역에까지 전해지자 그곳 교회의 한 수도원 서기는 "㉠지금까지 이보다 더 끔찍했던 사건은 없었으며, 앞으로도 결코 없을 것이다."라고 기록했다. 1453년 5월 29일 화요일, 해가 뜨자마자 오스만 제국의 군대는 난공불락으로 유명한 케르코포르타 성벽의 작은 문을 뚫고 진군하기 시작했다. 해가 질 무렵, 약탈당한 도시에 남아있는 모든 것들은 그들의 차지가 되었다. 비잔틴 제국의 86번째 황제였던 콘스탄티노스 11세는 서쪽 성벽 아래에 있는 좁은 골목에서 전사하였다. 이것으로 ㉡1,100년 이상 존재했던 소아시아 지역의 기독교 황제가 사라졌다.

잿빛 말을 타고 화요일 오후 늦게 콘스탄티노플에 입성한 술탄 메흐메드 2세는 우선 성소피아 대성당으로 갔다. 그는 이 성당을 파괴하는 대신 이슬람 사원으로 개조하라는 명령을 내렸고, 우선 그 성당을 철저하게 자신의 보호하에 두었다. 또한 학식이 풍부한 그리스 정교회 수사에게 격식을 갖추어 공석 중인 총대주교직을 수여하고자 했다. 그는 이슬람 세계를 위해 ㉢기독교의 제단뿐만 아니라 그 이상의 것들도 활용했다. 역대 비잔틴 황제들이 제정한 법을 그가 주도하고 있던 법제화의 모델로 이용하였던 것이다. 이러한 행위들은 ㉣단절을 추구하는 정복왕 메흐메드 2세의 의도에서 비롯된 것이라고 할 수 있다.

그는 자신이야말로 지중해를 '우리의 바다'라고 불렀던 로마 제국의 진정한 계승자임을 선언하고 싶었던 것이다. 일례로 그는 한때 유럽과 아시아를 포함한 지중해 전역을 지배했던 제국의 정통 상속자임을 선언하면서, 의미심장하게도 자신의 직함에 '룸 카이세리', 즉 로마의 황제라는 칭호를 추가했다. 또한 그는 패권 국가였던 로마의 옛 명성을 다시 찾기 위한 노력의 일환으로 로마 사람의 땅이라는 뜻을 지닌 루멜리아에 새로 수도를 정했다. 이렇게 함으로써 그는 ㉤오스만 제국이 유럽으로 확대될 것이라는 자신의 확신을 보여 주었다.

① ㉠을 '지금까지 이보다 더 영광스러운 사건은 없었으며'로 수정한다.
② ㉡을 '1,100년 이상 존재했던 소아시아 지역의 이슬람 황제가 사라졌다'로 수정한다.
③ ㉢을 '기독교의 제단뿐만 아니라 그 이상의 것들도 파괴했다'로 수정한다.
④ ㉣을 '연속성을 추구하는 정복왕 메흐메드 2세의 의도에서 비롯된 것'으로 수정한다.
⑤ ㉤을 '오스만 제국이 아시아로 확대될 것이라는 자신의 확신을 보여 주었다'로 수정한다.

07 다음 글의 빈칸 ㉠과 ㉡에 들어갈 말을 바르게 나열한 것을 고르면?

○△×
○△×
○△×

> 애덤 스미스의 '보이지 않는 손'이라는 가정은 시장에서 개인의 이익추구 활동을 제한하지 않는 것이 전체 이윤을 극대화하는 최선의 방책임을 보여 주는 것으로 간주되었다. 그렇다면 다음의 경우는 어떠한가?
>
> 공동 소유의 목초지에 양을 치기에 알맞은 풀이 자라고 있다고 생각해 보자. 일정 넓이의 목초지에 방목할 수 있는 가축 두수에는 일정한 한계가 있기 마련이다. 즉, '수용 한계'가 존재하는 것이다. 그 목초지에 한 마리를 더 방목시킨다고 해서 다른 가축들이 갑자기 죽거나 병에 걸리는 것은 아니다. 하지만 목초지의 수용 한계를 넘어 양을 키울 경우, 목초가 줄어들어 그 목초지에서 양을 키워 얻을 수 있는 전체 생산량이 줄어든다. 나아가 수용 한계를 과도하게 초과할 정도로 사육 두수가 늘어날 경우 목초지 자체가 거의 황폐화된다.
>
> 예를 들어 수용 한계가 양 20마리인 공동 목초지에서 4명의 농부가 각각 5마리의 양을 키우고 있다고 해 보자. 그 목초지의 수용 한계에 이미 도달한 상태이지만, 그중 한 농부가 자신의 이익을 늘리고자 방목하는 양의 두수를 늘리려 한다. 그러면 5마리를 키우고 있는 농부들은 목초지의 수용 한계로 인하여 기존보다 이익이 줄어들지만, 두수를 늘린 농부의 경우 그의 이익이 기존보다 조금 늘어난다. 손실을 만회하기 위해 다른 농부들도 사육 두수를 늘리고자 할 것이다. 이러한 상황이 장기화될 경우, (　　㉠　　) 이와 같이 애덤 스미스의 '보이지 않는 손'에 시장을 맡겨 둘 경우 (　　㉡　　) 결과가 나타날 것이다.

① ㉠: 농부들의 총이익은 기존보다 증가할 것이다.
　㉡: 한 사회의 공공 영역이 확장되는
② ㉠: 농부들의 총이익은 기존보다 감소할 것이다.
　㉡: 한 사회의 전체 이윤이 감소하는
③ ㉠: 농부들의 총이익은 기존보다 감소할 것이다.
　㉡: 한 사회의 전체 이윤이 유지되는
④ ㉠: 농부들의 총이익은 기존과 동일하게 될 것이다.
　㉡: 한 사회의 전체 이윤이 유지되는
⑤ ㉠: 농부들의 총이익은 기존과 동일하게 될 것이다.
　㉡: 한 사회의 공공 영역이 보호되는

08 다음 글을 바탕으로 [보기]의 물음에 대해 답한 내용으로 옳은 것을 고르면?

○△×
○△×
○△×

사람들은 커뮤니케이션에 대한 관점이 다르기 때문에 메시지 내용의 구성에 있어서도 매우 차이가 나는 것을 볼 수 있다. 메시지 구성논리(message design logic)는 사람들이 자신의 생각과 메시지의 구성을 연결하는 커뮤니케이션에 대하여 가지는 믿음체계라고 볼 수 있다. 다시 말해 커뮤니케이션의 기능이나 특성에 대한 사람들의 차별적인 관점이 메시지 구성에서 차별화를 보여 준다는 것이다. 이러한 차별적 메시지 구성은 사람들이 갈등적 관계에 있을 때 특히 명확하게 드러난다. 오키프는 다음과 같은 세 가지 종류의 메시지 구성논리를 주장하고 있다.

첫 번째, 표현적 메시지 구성논리(expressive message design logic)는 송신자 중심의 패턴이라고 볼 수 있다. 이러한 패턴을 사용하는 사람들은 기본적으로 자신의 표현(self−expression)을 가장 중요하게 생각한다. 커뮤니케이션이란 송신자의 생각이나 감정을 전달하는 수단으로 간주되는 것이다. 표현적 메시지 구성논리를 사용하는 사람들은 자신의 생각의 표현을 억제하는 것이 힘들며, 생각하는 것을 곧바로 입으로 표현하고자 한다. 이러한 사람들은 커뮤니케이션에서 솔직함이나 개방성, 명쾌함 등을 중요한 가치로 생각하며, 의도적이고 전략적으로 말을 하는 사람들을 신뢰하지 않는다. 마음에 있는 것들을 곧바로 말하고 싶은 충동을 갖고 있는 것이다. 메시지 내용의 대부분은 송신자가 무엇을 느끼고 있는가에 초점이 맞춰져 있는 것이다.

두 번째는 인습적 메시지 구성논리(conventional message design logic)이다. 두 번째 메시지 구성논리를 사용하는 사람들은 커뮤니케이션을 협동적으로 이뤄지는 게임으로 간주한다. 따라서 이러한 사람들은 커뮤니케이션에서 적절함에 관심을 가지며, 대화의 맥락, 역할, 관계 등을 중요하게 생각한다. 주어진 상황에서 올바른 것을 말하고 행하는 것에 관심을 갖는 것이다. 그들은 공손하려고 애쓰며, 사회적 규칙 등을 암시적으로 언급하는 사람들이다. 다른 사람이 사회적으로 잘못했을 경우 그 사람의 행동이 부적절했음을 지적할 뿐만 아니라 상대방의 사회적 위치가 무엇인지를 지적하는 사람인 것이다.

마지막으로 세 번째 구성논리는 수사적 메시지 구성논리(rhetorical message design logic)이다. 이러한 구성논리를 사용하는 사람들은 커뮤니케이션이란 상황을 만들고 복수(자신과 상대방)의 목표를 타협하는 도구로 간주한다. 이러한 사고방식은 커뮤니케이션의 기술적 능력과 세심함과 함께 유연성을 특히 강조하고 있다. 수사적 메시지 구성논리를 중심으로 하는 사람들은 상대방의 관점을 이해하기 위하여 상대방과의 커뮤니케이션의 내용에 주목한다. 서로 간에 이익이 되는 상황으로 기존의 상황을 재정의함으로써 문제를 예방하려고 한다. 앞에서 언급한 표현적 메시지 구성논리가 반응적(reactive)이라는 특성을 갖는다면, 수사적 메시지 구성논리는 예방적(proactive)이라는 특성을 갖는다. 예를 들어 상대방이 자신에게 특정한 사안으로 불만을 표현하는 경우, 수사적 메시지 구성논리를 사용하는 사람은 상대방의 커뮤니케이션 내용에 주목하고 불만적 상황을 새로운 다른 상황으로 재구성하는 커뮤니케이션을 시도한다. 그럼으로써 불만을 가진 상대방과 자신에게 모두 혜택이 될 수 있는 새로운 타협안을 만드는 커뮤니케이션을 하는 것이다.

보기

중소기업에 다니는 미진은 연말 망년회에서 유부남인 부장에게 성희롱에 가까운 모욕적인 취급을 받았다. 미진의 부장에 대한 다음의 가상적 커뮤니케이션 내용 중에서 인습적 메시지 구성논리로 볼 수 있는 것은?

① 너는 내가 만난 사람 중에 가장 무례하고 역겨운 사람이다. 나이 많고 더러운 인간아. 감히 나를 이런 식으로 대하다니, 나를 우습게 본 모양인데 나는 너 같은 인간에게 이런 자리에서 그런 식으로 취급받을 사람이 아니야!

② 제가 부장님하고 이런 성적인 관계를 가질 이유는 없습니다. 만일 저를 해고하려 하신다면 적절한 대응을 하겠습니다. 직장상사로서 부장님의 행위는 부적절했으며, 특히 부장님은 유부남이라는 사실을 망각하지 마시고, 다시는 저한테 그런 식으로 하지 말기를 바랍니다.

③ 부장님과 저는 지금까지 좋은 직장 선후배 관계를 가진 것으로 압니다. 앞으로도 그러리라고 믿고, 그래서 하는 말인데 부장님이 요즘 회사일로 스트레스가 많이 쌓인 것을 알고 있습니다. 누구나 스트레스가 쌓이면 과도하거나 이성적이지 못한 행동을 한다고 하는군요. 부장님도 요즘 피곤하신 것 같으니 휴가를 내서 가족들하고 여행도 다니시고, 마음의 여유도 찾아보시길 바랍니다. 부장님은 현명하시고 회사 내에서도 촉망받으시는 분이시니 육체적, 정신적 건강 관리에도 힘쓰셔야죠.

④ 제가 이 직장에 들어오기 위해 얼마나 노력을 많이 했는데 환멸스럽군요. 부장님이 좋은 사람인 줄 알았는데 어떻게 그럴 수 있는지 상상이 가지 않습니다. 정말 미쳐 버릴 것 같아요. 남자들이란 하나같이 똑같군요.

⑤ 부장님께서 요즘 연일 관련기관 망년회 참석으로 정신이 없으신 것 같습니다. 평소에 부장님이 여직원들에게 신사분으로 인기가 최고였던 것 아시는지 모르겠습니다. 부장님께서 사모님과 요즘 사이가 안 좋아 괴로워한다는 소문도 들었습니다. 오늘 일은 없던 것으로 할 테니 잊어버리시고 부장님의 본모습을 찾기를 바랍니다. 저도 옆에서 도움이 될 일이 있으면 열심히 노력할게요.

09 **어느 공기업의 입사를 위한 필기시험은 10문제 중 맞힌 개수가 8개 미만이면 탈락한다. A군이 필기시험에서 7문제까지 풀고, 나머지 3문제는 시간이 없어 찍었다. 필기시험 결과 푼 문제는 모두 맞았을 때, A군이 필기시험 전형에서 합격할 확률을 고르면?**(단, 오지선다형이고, 정답은 반드시 1개다.)

○△× ○△× ○△×

① $\frac{1}{3}$ ② $\frac{1}{5}$ ③ $\frac{23}{64}$ ④ $\frac{61}{125}$ ⑤ $\frac{77}{125}$

10 **하루 연차를 내고 휴가를 즐기던 민경이는 한강에서 보트를 타기로 했다. 민경이는 6km/h로 흐르는 강물에 보트를 띄우고 하류 쪽으로 8km만큼 이동하였다가, 다시 출발점으로 돌아왔고 이때 걸린 시간은 1시간이다. 민경이가 하류로 이동한 속력과 상류로 이동한 속력의 차이를 고르면?**

○△× ○△× ○△×

① 6km/h ② 9km/h ③ 12km/h ④ 16km/h ⑤ 18km/h

11 다음 [표]는 성인 500명을 대상으로 온라인 도박과 오프라인 도박 경험에 대해 조사한 자료이다. 이에 대한 설명으로 옳지 않은 것을 [보기]에서 모두 고르면?

○△×
○△×
○△×

[표] 온라인 도박과 오프라인 도박 관련 조사결과 (단위: 명)

온라인 \ 오프라인	×	△	○	합계
×	250	21	2	(　　)
△	113	25	6	144
○	59	16	8	(　　)
합계	422	(　　)	(　　)	500

※ ×: 경험이 없고 충동을 느낀 적도 없음, △: 경험은 없으나 충동을 느낀 적이 있음, ○: 경험이 있음

보기

㉠ 온라인 도박 경험이 있다고 응답한 사람은 83명이다.
㉡ 오프라인 도박에 대해 '경험은 없으나 충동을 느낀 적이 있음'으로 응답한 사람은 전체 응답자의 10% 미만이다.
㉢ 온라인 도박 경험이 있다고 응답한 사람 중 오프라인 도박 경험이 있다고 응답한 사람의 비중은 전체 응답자 중 오프라인 도박 경험이 있다고 응답한 사람의 비중보다 높다.
㉣ 온라인 도박에 대해 '경험이 없고 충동을 느낀 적도 없음'으로 응답한 사람은 전체 응답자의 50% 이하이다.

① ㉠, ㉡　② ㉠, ㉢　③ ㉡, ㉢　④ ㉡, ㉣　⑤ ㉡, ㉢, ㉣

12 다음 [표]는 8개국을 대상으로 해외직구 반입동향을 조사한 자료이다. 주어진 [조건]을 바탕으로 [표]의 A~D에 들어갈 국가가 바르게 짝지어진 것을 고르면?

○△×
○△×
○△×

[표] 8개국 대상 해외직구 반입동향

(단위: 건, 천 달러)

구분		목록통관 건수	목록통관 금액	EDI 수입 건수	EDI 수입 금액	전체 건수	전체 금액
2013년	미국	3,254,813	305,070	5,149,901	474,807	8,404,714	779,877
	중국	119,930	6,162	1,179,373	102,315	1,299,303	108,477
	독일	71,687	3,104	418,403	37,780	490,090	40,884
	영국	82,584	4,893	123,001	24,806	205,585	29,699
	프랑스	172,448	6,385	118,721	20,646	291,169	27,031
	일본	53,055	2,755	138,034	21,028	191,089	23,783
	뉴질랜드	161	4	90,330	4,082	90,491	4,086
	호주	215	14	28,176	2,521	28,391	2,535
2014년	미국	5,659,107	526,546	5,753,634	595,206	11,412,741	1,121,752
	(A)	170,683	7,798	1,526,315	156,352	1,696,998	164,150
	독일	170,475	7,662	668,993	72,509	839,468	80,171
	프랑스	231,857	8,483	336,371	47,456	568,228	55,939
	(B)	149,473	7,874	215,602	35,326	365,075	43,200
	(C)	87,396	5,429	131,993	36,963	219,389	42,392
	뉴질랜드	504	16	108,282	5,283	108,786	5,299
	(D)	2,089	92	46,330	3,772	48,419	3,864

조건

- 2014년 중국 대상 해외직구 반입 전체 금액은 같은 해 독일 대상 해외직구 반입 전체 금액의 2배 이상이다.
- 2014년 영국과 호주 대상 EDI 수입 건수 합은 같은 해 뉴질랜드 대상 EDI 수입 건수의 2배보다 작다.
- 2014년 호주 대상 해외직구 반입 전체 금액은 2013년 호주 대상 해외직구 반입 전체 금액의 10배 미만이다.
- 2014년 일본 대상 목록통관 금액은 2013년 일본 대상 목록통관 금액의 2배 이상이다.

	A	B	C	D
①	중국	일본	영국	호주
②	중국	일본	호주	영국
③	중국	영국	일본	호주
④	일본	영국	중국	호주
⑤	일본	중국	호주	영국

13 다음은 한국조폐공사가 발표한 경영 실적에 대한 내용이다. 이에 대한 설명으로 옳지 않은 것을 고르면?

○△×
○△×
○△×

[그래프] 연도별 한국조폐공사 경영 실적 (단위: 억 원)

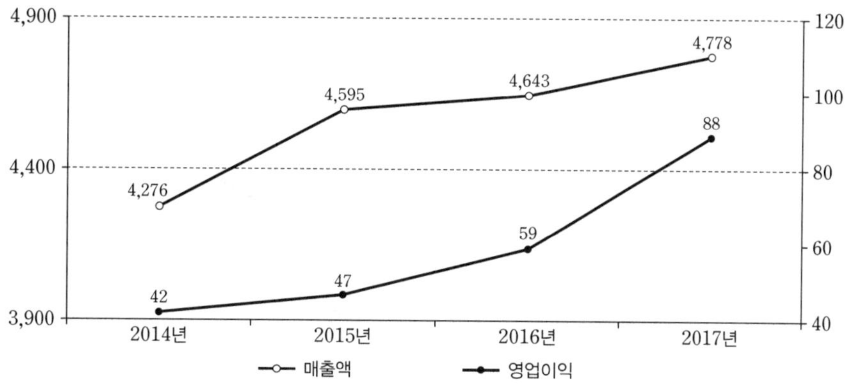

한국조폐공사가 지난해 매출액 4,778억 원, 영업이익 88억 원으로 창립 이래 최대의 경영 실적을 경신했습니다. 조폐공사는 올해 5대 중점과제(△'더' 좋은 일자리 창출 중심의 사회적 가치실현 선도 △'KOMSCO(콤스코) 신뢰플랫폼' 구축 완료 및 시범 서비스 개시 △격(格)이 다른 무결점 제품 생산 △연구개발(R&D) 역량 강화로 미래 선도기술 확보 △글로벌 경쟁력 제고를 통한 해외사업 제품·시장다변화)를 통해 국민이 신뢰하고 필요로 하는 공기업이 되겠다고 발표했습니다.

① 2014~2017년에 매출액과 영업이익은 증가 추세이다.
② 2017년 매출액은 전년 대비 약 3% 증가했다.
③ 2017년 한국조폐공사는 창립 이래 최대의 경영 실적을 거두었다.
④ 2015년의 전년 대비 매출액과 영업이익 증가율은 같다.
⑤ 조폐공사는 글로벌 시장 공략을 위해서 해외사업 제품, 시장다변화를 올해의 중점과제로 삼았다.

14 **H기업은 당해 연도에 생산된 제품 A를 그 해에 전량 판매하고 있다. 다음 [그래프]는 제품 A의 생산량에 따른 손익분기 상황을 나타낸 자료이다. 이에 대한 설명으로 옳은 것을 [보기]에서 모두 고르면?**(단, 생산량이 증가하더라도 단위당 판매가격 및 변동비용은 항상 동일하며, 총비용은 고정비용과 변동비용의 합이다.)

○△× ○△× ○△×

[그래프] 제품 A의 생산량에 따른 손익분기 상황

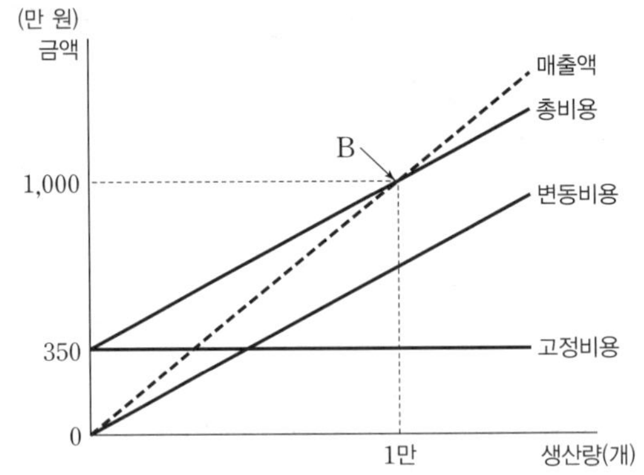

보기

㉠ H기업은 총비용과 매출액이 만나는 지점인 B점에서 손해도 이익도 보지 않는다.
㉡ H기업이 B점 왼쪽에 해당하는 생산량으로 결정하면 손해를 보지 않는다.
㉢ 생산량을 15,000개로 늘린 후 전량 판매하면 H기업은 이익을 보게 된다.
㉣ B점에서 매출액을 생산량으로 나눈 단위당 판매가격은 650원이다.

① ㉠, ㉡ ② ㉠, ㉢ ③ ㉡, ㉣ ④ ㉢, ㉣ ⑤ ㉠, ㉢, ㉣

15 다음 [표]는 조세심판원의 연도별 사건처리 건수에 대한 자료이다. 이에 대한 설명으로 옳은 것을 [보기]에서 모두 고르면?

[표] 조세심판원의 연도별 사건처리 건수 (단위: 건)

구분		2012년	2013년	2014년	2015년	2016년
처리대상 건수	전년 이월 건수	1,854	(　　)	2,403	2,127	2,223
	당년 접수 건수	6,424	7,883	8,474	8,273	6,003
	소계	8,278	(　　)	10,877	10,400	8,226
처리 건수	취하 건수	90	136	163	222	163
	각하 건수	346	301	482	459	506
	기각 건수	4,214	5,074	6,200	5,579	4,322
	재조사 건수	27	0	465	611	299
	인용 건수	1,767	1,803	1,440	1,306	1,338
	소계	6,444	7,314	8,750	8,177	6,628

※ 당해 연도 전년 이월 건수(건)=전년도 처리대상 건수－전년도 처리 건수

※ 처리율(%)$=\frac{\text{처리 건수}}{\text{처리대상 건수}}\times100$

※ 인용률(%)$=\frac{\text{인용 건수}}{\text{각하 건수}+\text{기각 건수}+\text{인용 건수}}\times100$

보기

㉠ 처리대상 건수가 가장 적은 해의 처리율은 75% 이상이다.
㉡ 2013~2016년에 취하 건수와 기각 건수의 전년 대비 증감 추이는 같다.
㉢ 2013년 처리율은 80% 이상이다.
㉣ 인용률은 2012년이 2014년보다 높다.

① ㉠, ㉡　② ㉠, ㉣　③ ㉡, ㉢　④ ㉠, ㉢, ㉣　⑤ ㉡, ㉢, ㉣

16 다음 [표]는 학원강사 A~E의 시급과 수강생 만족도에 대한 자료이다. 주어진 [조건]을 바탕으로 옳은 것을 고르면?

○△×
○△×
○△×

[표] 강사별 시급 및 수강생 만족도 (단위: 원, 점)

구분	2020년		2021년	
	시급	수강생 만족도	시급	수강생 만족도
A	50,000	4.6	55,000	4.1
B	45,000	3.5	45,000	4.2
C	52,000	(　　)	54,600	4.8
D	54,000	4.9	59,400	4.4
E	48,000	3.2	(　　)	3.5

조건

당해 연도 시급 대비 다음 연도 시급의 인상률은 당해 연도 수강생 만족도에 따라 다음과 같이 결정된다. 단, 강사가 받을 수 있는 시급은 최대 60,000원이다.

수강생 만족도	인상률
4.5점 이상	10% 인상
4.0점 이상 4.5점 미만	5% 인상
3.0점 이상 4.0점 미만	동결
3.0점 미만	5% 인하

① 강사 E의 2021년 시급은 45,600원이다.
② 2022년 시급은 강사 D가 C보다 낮다.
③ 2021년과 2022년 시급 차이가 가장 큰 강사는 C이다.
④ 강사 C의 2020년 수강생 만족도 점수는 4.5점 이상이다.
⑤ 2022년 강사 A와 B의 시급 차이는 10,000원이다.

17 **다음 [그래프]는 W경제포럼이 발표한 25개 글로벌 리스크의 분류와 영향도 및 발생가능성 지수에 대한 자료이다. 이에 대한 설명으로 옳지 <u>않은</u> 것을 고르면?**

○△×
○△×
○△×

[그래프] 글로벌 리스크의 분류와 영향도 및 발생가능성 지수

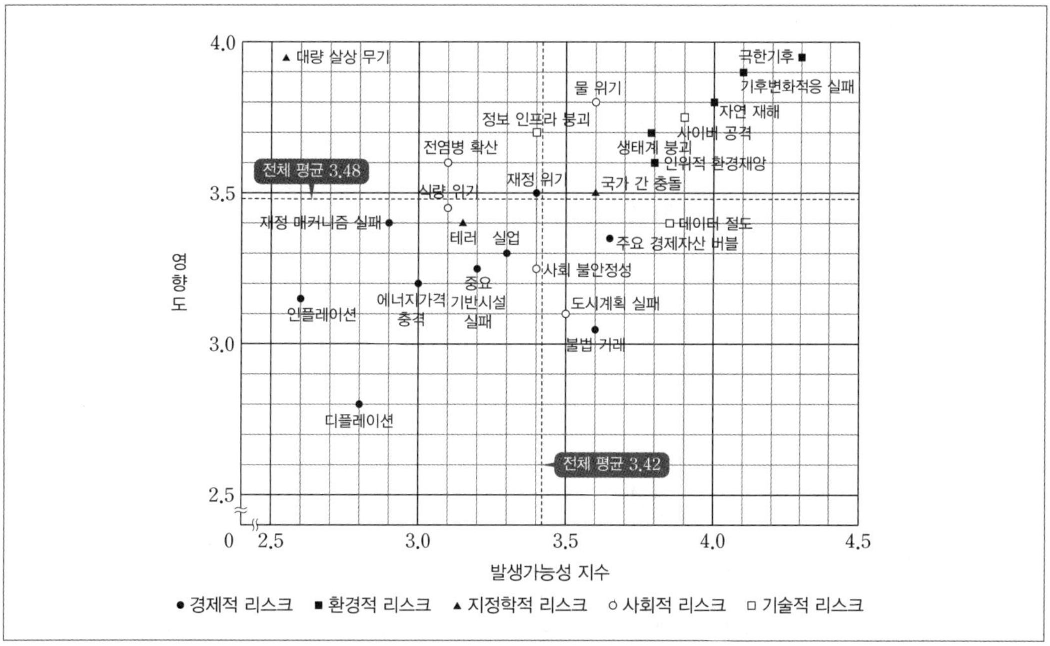

① 모든 환경적 리스크의 발생가능성 지수 대비 영향도의 비는 1 이상이다.

② 영향도와 발생가능성 지수의 차이가 가장 큰 글로벌 리스크는 대량 살상 무기이다.

③ 에너지가격 충격의 영향도 대비 발생가능성 지수의 비는 1 미만이다.

④ 영향도와 발생가능성 지수가 모두 각각의 '전체 평균' 이하인 경제적 리스크의 수는 영향도나 발생가능성 지수가 모두 각각의 '전체 평균' 이상인 경제적 리스크의 수보다 많다.

⑤ 모든 환경적 리스크는 영향도와 발생가능성 지수가 각각의 '전체 평균' 이상이다.

18 다음 [표]는 기관별 R&D 과제 건수와 비율에 대한 자료이다. 주어진 [표]를 바탕으로 작성한 [그래프]로 옳지 않은 것을 고르면?

○△× ○△× ○△×

[표] 기관별 R&D 과제 건수와 비율 (단위: 건, %)

구분	2013년		2014년		2015년		2016년	
	과제 건수	비율	과제 건수	비율	과제 건수	비율	과제 건수	비율
기업	31	13.5	80	9.4	93	7.6	91	8.5
대학	47	20.4	423	49.7	626	51.4	526	49.3
정부	141	61.3	330	38.8	486	39.9	419	39.2
기타	11	4.8	18	2.1	13	1.1	32	3.0
전체	230	100.0	851	100.0	1,218	100.0	1,068	100.0

① 연도별 기업 및 대학 R&D 과제 건수

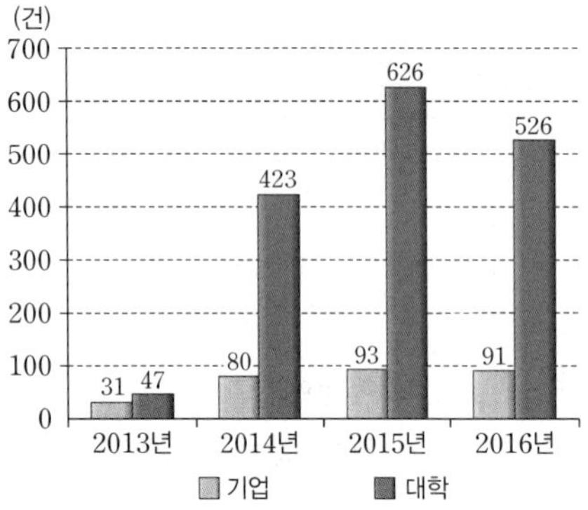

② 연도별 정부 및 전체 R&D 과제 건수

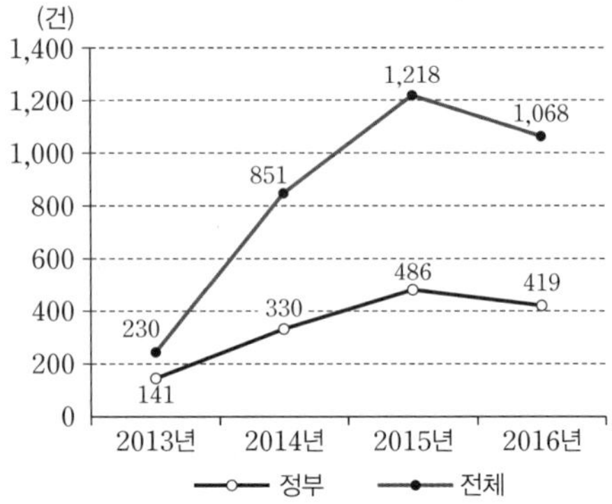

③ 2016년 기관별 R&D 과제 건수 구성비

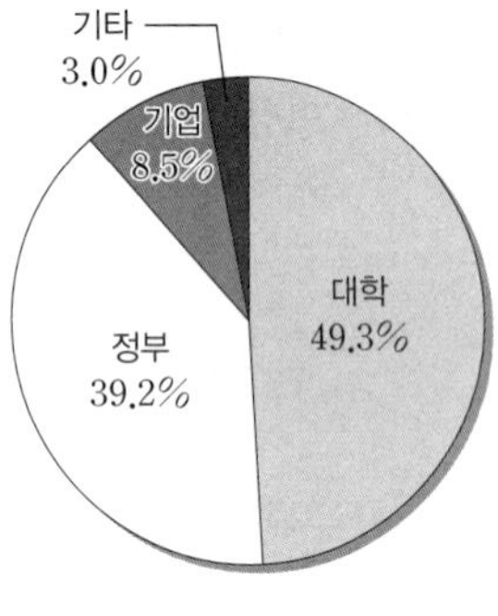

④ 연도별 전체 R&D 과제 건수의 전년 대비 증감률

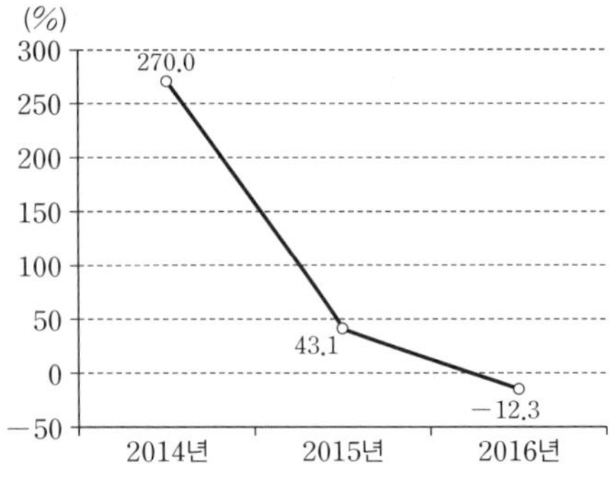

⑤ 연도별 기업 및 정부 R&D 과제 건수의 전년 대비 증가율

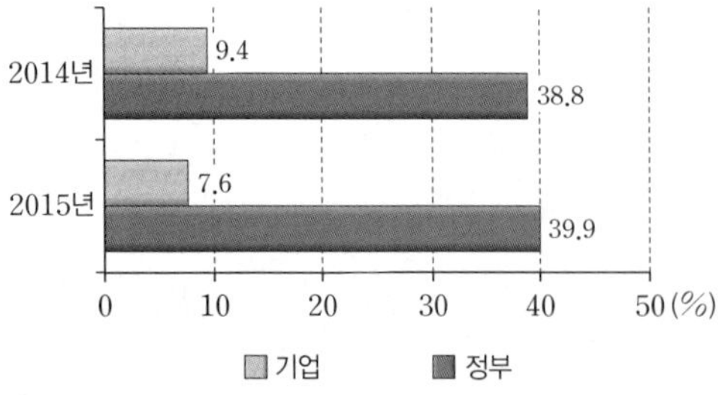

19 **을은 갑에 대한 채무를 이행하지 않고 있다. 채권보전이라는 측면만을 고려할 때, 다음 제시문을 근거로 을에 대한 채권의 소멸시효가 완성되기 전에 갑이 압류 또는 가압류를 통해 가장 먼저 소멸시효를 중단시켜야 할 경우를 고르면?**(단, 2018년 2월 23일 현재를 기준으로 판단한다.)

○△×
○△×
○△×

[A] 기간(期間)이란 어느 시점에서 어느 시점까지의 계속된 시간을 말한다. 기간을 일·주·월·년으로 정한 때에는 원칙적으로 초일(初日)을 산입하지 않으며, 기간 말일의 종료로 기간이 만료된다. 주·월·년의 처음부터 기간을 계산하는 경우에는 그 주·월·년이 종료하는 때에 만료하지만, 처음부터 계산하지 않을 때에는 최후의 주·월·년에서 기산일에 해당하는 날의 전일로 기간은 만료한다. 이러한 기간의 계산방법은 일정한 기산일부터 소급하여 과거에 역산(逆算)되는 기간에도 준용된다.

[B] 소멸시효(消滅時效)는 권리자가 일정한 기간 동안 권리를 행사하지 않는 상태(권리불행사의 상태)가 계속된 경우에 그의 권리를 소멸시키는 제도를 말한다. 즉, 소멸시효의 기간이 만료하면 그 권리는 소멸하게 된다. 소멸시효의 기간은 권리를 행사할 수 있는 때부터 진행한다. 예컨대 갑이 3월 10일 을에게 1천만 원을 1년간 빌려주고, 이자는 연 12%씩 매달 받기로 한 경우, 갑은 을에게 4월 10일에 이자 10만 원의 지불을 요구할 수 있으므로, 갑의 을에 대한 4월분 이자채권은 그때부터 소멸시효의 기간이 진행된다.

[C] 일반적으로 채권의 소멸시효 기간은 10년이다. 다만 ① 이자·부양료·사용료 기타 1년 이내의 기간으로 정한 금전 또는 물건의 지급을 목적으로 한 채권, ② 의사·간호사·약사의 치료·근로 및 조제에 관한 채권, ③ 도급받은 자, 기사 기타 공사의 설계 또는 감독에 종사하는 자의 공사에 관한 채권 등은 3년의 소멸시효에 걸리는 채권이다. 여기서 '1년 이내의 기간으로 정한 채권'이란 1년 이내의 정기로 지급되는 채권을 의미하는 것이지 변제기간 1년 이내인 채권을 말하는 것은 아니다. 그리고 ① 여관·음식점의 숙박료·음식료의 채권, ② 노역인(勞役人)·연예인의 임금 및 그에 공급한 물건의 대금채권, ③ 학생 및 수업자의 교육에 관한 교사 등의 채권 등은 1년의 소멸시효에 걸리는 채권이다.

[D] 소멸시효 완성에 필요한 권리불행사라는 사실상태는 일정한 사유가 있는 때에 중단되고, 그때까지 진행한 소멸시효의 기간은 효력을 잃게 된다. 즉, 소멸시효가 중단되면 그때까지 경과한 시효기간은 이를 산입하지 않고, 중단사유가 종료한 때로부터 새로이 진행한다. 소멸시효의 중단사유로 (i) 청구, (ii) 압류·가압류·가처분, (iii) 승인이 있다.

① 갑은 친구 을에게 2010년 6월 10일 5천만 원을 1년간 빌려 주었고, 이자는 받지 않기로 하였다.
② 갑은 을에게 2008년 9월 20일 자동차를 2천만 원에 팔고, 매매대금은 1년 후에 받기로 하였다.
③ 을은 2016년 5월 31일 갑의 음식점에서 외상으로 10만 원 상당의 음식을 먹고, 음식값은 15일 후에 주기로 하였다.
④ 개그맨 갑은 2016년 4월 15일 20시부터 22시까지 을의 대학축제의 장기자랑 사회를 보았고, 그 대가 1천만 원은 1개월 후에 받기로 하였다.
⑤ 갑이 을 소유의 건물을 수리하고, 3천만 원의 도급 공사대금은 수리가 완료되면 받기로 하였으며, 갑은 약정대로 2015년 3월 28일 공사를 완료하였다.

20 다음 글과 [표]를 바탕으로 옳은 것을 [보기]에서 모두 고르면?

O△X
O△X
O△X

X국에서는 현재 정부 재정지원을 받고 있는 복지시설(A~D)을 대상으로 다섯 가지 항목(환경개선, 복지관리, 복지지원, 복지성과, 중장기 발전계획)에 대한 종합적인 평가를 진행하였다.

평가 점수의 총점은 각 평가 항목에 대해 해당 시설이 받은 점수와 해당 평가 항목별 가중치를 곱한 것을 합산하여 구하고, 총점 90점 이상은 1등급, 80점 이상 90점 미만은 2등급, 70점 이상 80점 미만은 3등급, 70점 미만은 4등급으로 한다.

평가 결과, 1등급 시설은 특별한 조치를 취하지 않으며, 2등급 시설은 관리정원의 5%를, 3등급 이하 시설은 관리정원의 10%를 감축해야 하고, 4등급을 받으면 정부의 재정지원도 받을 수 없다.

[표] 평가 결과 (단위: 점)

평가 항목(가중치)	A시설	B시설	C시설	D시설
환경개선(0.2)	90	90	80	90
복지관리(0.2)	95	70	65	70
복지지원(0.2)	95	70	55	80
복지성과(0.2)	95	70	60	60
중장기 발전계획(0.2)	90	95	50	65

보기

㉠ A시설은 관리정원을 감축하지 않아도 된다.
㉡ B시설은 관리정원을 감축해야 하나, 정부의 재정지원은 받을 수 있다.
㉢ 만약 평가 항목에서 환경개선의 가중치를 0.3으로, 복지성과의 가중치를 0.1로 바꾼다면 C시설은 정부의 재정지원을 받을 수 있다.
㉣ D시설은 관리정원을 감축해야 하고 정부의 재정지원을 받을 수 없다.

① ㉠, ㉡　② ㉡, ㉣　③ ㉢, ㉣　④ ㉠, ㉡, ㉢　⑤ ㉠, ㉢, ㉣

21 다음 글의 [연구결과]에 대한 평가로 옳지 않은 것을 [보기]에서 모두 고르면?

○△× ○△× ○△×

콩 속에는 식물성 단백질과 불포화 지방산 등 건강에 이로운 물질들이 풍부하다. 약콩, 서리태 등으로 불리는 검은 콩 껍질에는 황색 콩 껍질에서 발견되지 않는 특수한 항암물질이 들어 있다. 검은 콩은 항암 효과는 물론 항산화 작용 및 신장 기능과 시력 강화에도 좋은 것으로 알려져 있다.

A~C팀은 콩의 효능을 다음과 같이 연구했다.

[연구결과]

- A팀 연구진: 콩 속 제니스틴의 성인병 예방 효능을 실험을 통해 세계 최초로 입증했다. 또한 제니스틴이 발암 물질에 노출된 비정상 세포가 악성 종양 세포로 진행되지 않도록 억제하는 효능을 갖고 있다는 사실을 흰쥐 실험을 통해 밝혔다. 암이 발생하는 과정은 세포 내의 유전자가 손상되는 개시 단계와 손상된 세포의 분열이 빨라지는 촉진 단계로 나뉘는데 제니스틴은 촉진 단계에서 억제효과가 있다는 것이다.
- B팀 연구진: 200명의 여성을 조사한 결과, 매일 흰 콩 식품을 섭취한 사람은 한 달에 세 번 이하로 섭취한 사람에 비해 폐암에 걸릴 위험이 절반으로 줄었다.
- C팀 연구진: 식이요법으로 원형탈모증을 완치할 수 있을 것으로 보고 원형탈모증을 가지고 있는 쥐에게 콩기름에서 추출된 화합물을 투여해 효과를 관찰하는 실험을 했다. 실험 결과 콩기름에서 추출된 화합물을 각각 0.1ml, 0.5ml, 2.0ml씩 투여한 쥐에서 원형탈모증 완치율은 각각 18%, 39%, 86%를 기록했다.

보기

㉠ A팀의 연구결과는 콩이 암의 발생을 억제하는 효과가 있다는 것을 뒷받침한다.

㉡ C팀의 연구결과는 콩기름 함유가 높은 음식을 섭취할수록 원형탈모증 발생률이 높게 나타난다는 것을 뒷받침한다.

㉢ 세 팀의 연구결과는 검은콩이 성인병, 폐암의 예방과 원형탈모증 치료에 효과가 있다는 것을 뒷받침한다.

① ㉠　② ㉡　③ ㉠, ㉢　④ ㉡, ㉢　⑤ ㉠, ㉡, ㉢

22 다음 글과 [상황]을 바탕으로 판단할 때, 옳은 것을 고르면?

○△×
○△×
○△×

K국의 현행법상 상속인으로는 혈족상속인과 배우자상속인이 있다. 제1순위 상속인은 피상속인의 직계비속이며, 직계비속이 없는 경우 직계존속이 상속인이 된다. 태아는 사산되어 출생하지 못한 경우를 제외하고 상속인이 된다. 배우자는 직계비속과 동순위로 공동상속인이 되고, 직계비속이 없는 경우에 피상속인의 직계존속과 공동상속인이 되며, 피상속인에게 직계비속과 직계존속이 없으면 단독상속인이 된다. 현행 상속분 규정은 상속재산을 배우자에게 직계존속과 직계비속보다 50%를 더 주도록 정하고 있다. 예를 들어 상속인이 배우자(X)와 2명의 자녀(Y, Z)라면 '1.5(X):1(Y):1(Z)'의 비율로 상속이 이루어진다.

그런데 K국에서는 부부의 공동재산 기여분을 보장하기 위한 차원에서 상속법 개정을 추진하고 있다. '개정안'은 상속재산의 절반을 배우자에게 우선 배분하고, 나머지 절반은 현행 규정대로 배분하는 내용을 골자로 한다. 즉, 피상속인이 사망하였을 경우 상속재산의 50%를 그 배우자에게 먼저 배분하고, 이를 제외한 나머지 50%에 대해서는 다시 현행법상의 비율대로 상속이 이루어진다.

상황

갑은 심장마비로 갑자기 사망하였다. 갑의 유족으로는 어머니 A, 배우자 B, 아들 C, 딸 D가 있고, B는 현재 태아 E를 임신 중이다. 갑은 9억 원의 상속재산을 남겼다.

① 현행법에 의하면 E가 출생한 경우 B는 30% 이하의 상속분을 갖게 된다.
② 개정안에 의하면 E가 출생한 경우 B는 6억 원을 상속받게 된다.
③ 현행법에 의하면 E가 사산된 경우 B는 3억 원을 상속받게 된다.
④ 개정안에 의하면 E가 사산된 경우 B는 4억 원을 상속받게 된다.
⑤ 개정안에 의하면 E의 사산 여부에 관계없이 B가 상속받게 되는 금액은 현행법에 의할 때보다 50% 증가한다.

23 한 카페에 점심시간이 되어 6명의 손님이 한꺼번에 들어왔다. 손님들은 모두 혼자 왔으며 왼쪽에서 오른쪽으로 1번부터 6번까지 순서대로 일렬로 배치된 테이블에 앉았다. 카페 주인은 테이블마다 메뉴 1개씩 주문받아 주방에 전달하였으나, 주문이 섞여서 메뉴의 주문자를 알 수 없는 상황이 되었다. 카페 주인이 이전의 상황을 다음과 같이 기억해냈을 때, 햄 샌드위치를 주문한 손님은 몇 번 테이블에 앉았는지 고르면?

○△×
○△×
○△×

- 6명이 주문한 메뉴는 감자튀김, 불고기버거, 치즈버거, 야채 샌드위치, 스프, 햄 샌드위치이다.
- 3번과 4번 테이블에 앉은 손님은 샌드위치 종류와 버거 종류를 주문하지 않았다.
- 스프를 주문한 손님과 야채 샌드위치를 주문한 손님은 서로 인접한 테이블에 앉지 않았다.
- 5번 테이블에 앉은 손님은 단골이다. 그녀는 햄 샌드위치를 먹지 않는다.
- 야채 샌드위치를 주문한 손님은 감자튀김을 주문한 손님과 치즈버거를 주문한 손님의 바로 사이에 앉아 있다.
- 불고기버거를 주문한 손님은 스프를 주문한 손님 옆 테이블에 앉지 않았다.

① 1번 테이블 ② 2번 테이블 ③ 3번 테이블
④ 4번 테이블 ⑤ 6번 테이블

24 다음 [그림]과 같이 각 층에 1인 1실의 방이 4개 있는 3층 호텔에 A~I 총 9명이 투숙하였다. 주어진 [조건]을 바탕으로 항상 옳은 것을 고르면?

○△×
○△×
○△×

[그림] 호텔 객실 배치도

	301호	302호	303호	304호	
좌	201호	202호	203호	204호	우
	101호	102호	103호	104호	

조건

- 각 층에는 3명씩 투숙하였다.
- A의 바로 위의 방에는 C가 투숙하였으며, A의 바로 오른쪽 방에는 아무도 투숙하지 않았다.
- B의 바로 위의 방에는 아무도 투숙하지 않았다.
- C의 바로 왼쪽에 있는 방에는 아무도 투숙하지 않았으며, C는 D와 같은 층의 인접한 방에 투숙하였다.
- D는 E의 바로 아래의 방에 투숙하였다.
- E, F, G는 같은 층에 투숙하였다.
- G의 옆방에는 아무도 투숙하지 않았다.
- I는 H보다 위층에 투숙하였다.

① B는 101호에 투숙하였다.
② D는 204호에 투숙하였다.
③ F는 304호에 투숙하였다.
④ G는 301호에 투숙하였다.
⑤ A, C, F는 같은 호수 라인에 투숙하였다.

25 **철학과 교수 7명(A~G)은 다음 [조건]에 따라 신학기 과목을 개설하려고 한다. 각 교수들의 강의 가능 과목이 다음과 같을 때 옳지 않은 것을 고르면?**

○△✕
○△✕
○△✕

조건

- 학과장인 C는 한 과목만 가르칠 수 있다.
- 학과장인 C는 일주일에 하루만 가르칠 수 있다.
- 학과장 이외의 다른 교수들은 모두 두 과목씩 가르쳐야 한다.
- 윤리학과 논리학은 각각 적어도 두 강좌가 개설된다.
- 윤리학은 이틀에 나누어서 강의하며, 논리학도 마찬가지다.
- 윤리학과 논리학 이외에는 동일 과목이 동시에 개설될 수 없다.(즉 동일 과목에 한해 담당 교수가 다르게 개설 불가함)

[교수별 강의 가능 과목]
A: 논리학, 언어철학, 과학철학
B: 희랍철학, 근세철학, 윤리학
C: 과학철학, 논리학, 윤리학
D: 인식론, 논리학, 형이상학
E: 언어철학, 수리철학, 논리학
F: 인식론, 심리철학, 미학
G: 윤리학, 사회철학, 근세철학

① 학과장은 과학철학을 강의한다.
② 논리학은 최대 3강좌가 개설될 수 있다.
③ 인식론과 심리철학이 둘 다 개설될 수도 있다.
④ 형이상학이 개설되면 인식론은 개설될 수 없다.
⑤ 희랍철학과 사회철학이 둘 다 개설될 수도 있다.

정답과 해설 ▶ P.120

eduwill

에듀윌 공기업

매일 1회씩 꺼내 푸는 NCS

DAY 18

eduwill

매1N 3회독 루틴 프로세스

*더 자세한 내용은 매1N 3회독 학습가이드를 확인하세요!

1 3회독 기록표에 학습날짜와 문제풀이 시작시간을 적습니다.

2 시험장에서 문제를 푸는 것처럼 풀어 보세요.

3 모바일 OMR 또는 회독용 답안지에 마킹한 후, 종료시간을 적고 초과시간을 체크합니다.

▶**모바일 OMR 바로가기**

[1회독용] http://eduwill.kr/K5oF

[2회독용] http://eduwill.kr/g5oF

[3회독용] http://eduwill.kr/35oF

4 문항별 3회독 체크표(○△×)에 표시합니다. 문제를 풀면서 알고 풀었으면 ○, 헷갈렸으면 △, 전혀 몰라서 찍었으면 ×에 체크하세요.

3회독 TIP

- 1회독: 25문항을 빠짐없이 풀어 보세요.
- 2~3회독: 틀린 문항만 골라서 풀어 보세요.

3회독 기록표

1회독	2회독	3회독
학습날짜 ____월 ____일	학습날짜 ____월 ____일	학습날짜 ____월 ____일
시작시간 ____:____	시작시간 ____:____	시작시간 ____:____
종료시간 ____:____	종료시간 ____:____	종료시간 ____:____
점 수 ________점	점 수 ________점	점 수 ________점

01 다음 밑줄 친 단어와 같은 의미로 쓰인 단어로 옳은 것을 고르면?

○△×
○△×
○△×

> 그는 마침내 산 정상에 올랐다.

① 그녀와 헤어질 생각을 하니 슬픔이 북받쳐 올랐다.
② 이번 달 영업 실적이 저조하니, 부지런히 올려야 한다.
③ 다른 사람의 입에 오르지 않도록 조심해라.
④ 왕위에 올랐다.
⑤ 차가 오르막길을 오르기 시작했다.

02 다음은 어떤 책의 서문 일부이다. 이를 바탕으로 [가]~[바]를 바르게 배열한 것을 고르면?

○△×
○△×
○△×

> [가] 전통적으로 조선 유학은 이기론(理氣論), 심성론(心性論), 수양론(修養論), 경세론(經世論)의 영역을 포괄하였으며, 이는 결국 인간의 삶과 자연의 변화를 망라하는 체계였기 때문이다.
> [나] 중국과 조선 유학자들의 원전과 철학사 속에서 몇 백 개의 개념을 추출하고, 이를 상위 개념과 하위 개념으로 계층화시켰다.
> [다] 한 개념의 출발과 전개 과정을 역사적 흐름에 따라 정리함과 동시에 개념이 표출하는 다양한 의식의 스펙트럼을 쟁점으로 꺼내 보여 주는 것이 그 개념에 대한 더욱 풍부한 이해를 가능케 하리라 생각했기 때문이다.
> [라] 이 과정을 통해 우리는 표제 개념을 선정할 수 있었고, 그 표제 개념이 다룰 영역을 설정할 수 있었다.
> [마] 각 표제 개념을 다룸에 있어 그 개념의 어원, 중국 사상 속에서의 의미 변천, 조선 유학사 속에서의 쟁점, 그리고 현대적 함의를 함께 다루는 것을 원칙으로 삼았다.
> [바] 그리고 표제 개념을 각각 자연, 인간, 학문, 사회 분야로 묶었다.

① [나] – [라] – [마] – [가] – [바] – [다]
② [나] – [라] – [바] – [가] – [마] – [다]
③ [나] – [바] – [라] – [가] – [마] – [다]
④ [마] – [다] – [바] – [가] – [나] – [라]
⑤ [마] – [라] – [다] – [가] – [나] – [바]

03 다음 글의 밑줄 친 부분에 들어갈 내용으로 옳은 것을 고르면?

○△×
○△×
○△×

상대방에게 신뢰를 보냄으로써 당신은 신뢰를 받는 상대방이 강한 책임감을 느끼도록 할 수 있다. 다른 사람을 신뢰하는 것은 그들을 우리가 신뢰할 수 있는 사람으로 만든다. 따라서 논리적으로 보아 신뢰는 신뢰의 전제가 되는 바로 그런 행동을 하도록 만든다. 위험을 감수하는 것은 곧 신뢰의 출발점이다.

인간이란 책임감 있는 사람으로 대접받으면 책임감 있는 사람으로 행동하게 된다. 이 메커니즘은 여러 번의 실험을 통해 입증된 바 있다. 수많은 연구들을 토대로 우리는 인간이란 존재가 다른 사람들의 시각에 영향을 받는다는 사실을 알고 있다. 만약 당신이 누군가에게 신뢰를 입증할 기회를 준다면 그 사람은 이미 정직한 사람이 되어 있거나 혹은 앞으로 정직한 사람이 될 수 있을 것이다.

반대 경우도 마찬가지다. 당신이 다른 사람을 불신할 경우 이 사람은 그에 맞는 행동을 하게 된다. 직원이 성실한 사람임에도 불구하고 어떤 이유 때문에 당신이 그 직원을 불신한다면 이것은 그가 불성실한 행동을 하도록 유도하는 것이나 다름없다.

자신의 신뢰에 부응하려는 욕구에 대한 심리학적 연구에 따르면, 신뢰할 만한 사람으로 대접받는 사람들은 자신들에게 주어진 신뢰에 걸맞은 행동을 하는 경향이 있다. 목적 달성을 위해서는 "신뢰할 수 있게 행동하시오."라는 말보다는 "당신을 신뢰합니다."라는 말이 더 효과적이다.

물론 여기에도 한계는 있다. 즉, 어떤 경우에는 이러한 신뢰가 적절하지 못할 수도 있다. 한마디로 말해 위험 요소가 너무 커져 버릴 수도 있는 것이다. 한 보호감찰관이 사회적으로 커다란 문제를 일으켰던, 상습적으로 약속을 지키지 않는 가석방자에게 "일요일 저녁 9시까지 당신이 돌아올 것이라고 믿습니다."라고 말했다면 이것은 용서받을 수 없을 만큼 부주의한 행동이다. 왜냐하면 ____________

① 신뢰는 신뢰받는 사람의 행동으로부터 나오는 결과까지 책임지는 것이기 때문이다.
② 신뢰는 신뢰받을 행동을 낳고, 불신은 신뢰받지 못할 행동을 낳는 것이기 때문이다.
③ 누군가에게 신뢰를 입증할 기회를 준다면 그 사람은 정직한 사람이 될 수 있기 때문이다.
④ 신뢰는 신뢰받는 사람이 신뢰받을 수 있는 행동을 하도록 책임을 지우는 역할을 하기 때문이다.
⑤ 신뢰란 진심에서 우러나오는 것만을 의미하지, 단순히 믿는다고 말하는 것을 의미하지는 않기 때문이다.

04 다음 글에서 [보기]의 내용이 들어갈 위치로 옳은 것을 고르면?

○△×
○△×
○△×

[가] 생물학에 있어서의 이기주의와 이타주의에 대한 문제는 학문적으로 흥미로울 뿐 아니라 인간사 일반에서도 중요한 의미를 갖는다. 예를 들어 사랑과 증오, 다툼과 도움, 주는 것과 훔치는 것, 그리고 욕심과 자비심 등이 모두 이 문제와 밀접히 연관되어 있다.

[나] 만약 인간 사회를 지배하는 유일한 원리가 인간 유전자의 철저한 이기주의라면 이 세상은 매우 삭막한 곳이 될 것이다. 그럼에도 불구하고 우리가 원한다고 해서 인간 유전자의 철저한 이기성이 사라지는 것도 아니다. 인간이나 원숭이나 모두 자연의 선택 과정을 거쳐 진화해 왔다. 그리고 자연이 제공하는 선택 과정의 살벌함을 이해한다면 그 과정을 통해서 살아남은 모든 개체는 이기적일 수밖에 없음을 알게 될 것이다.

[다] 따라서 만약 우리가 인간, 원숭이 혹은 어떤 살아있는 개체를 자세히 들여다보면 그들의 행동양식이 매우 이기적일 것이라고 예상할 수 있다. 우리의 이런 예상과 달리, 인간의 행동양식이 진정한 이타주의를 보여 준다면 이는 상당히 놀라운 일이며 뭔가 새로운 설명을 필요로 한다.

[라] 나는 성공적인 유전자가 갖는 가장 중요한 특성은 이기주의이며 이러한 유전자의 이기성은 개체의 행동양식에 철저한 이기주의를 심어 주었다고 주장한다. 물론 어떤 특별한 경우에 유전자는 그 이기적 목적을 달성하기 위해서 개체로 하여금 제한된 형태의 이타적 행태를 보이도록 하기도 한다. 그럼에도 불구하고 조건 없는 사랑이나 종 전체의 이익이라는 개념은, 우리에게 그런 개념들이 아무리 좋아 보이더라도, 진화론과는 상충되는 생각들이다.

[마] 진화론의 관점에서 이기주의-이타주의의 문제를 들여다보는 가장 타당한 견해는 자연의 선택이 유전의 가장 기본적인 단위에서 일어난다고 생각하는 것이다. 즉, 나는 자연의 선택이 일어나는 근본 단위 혹은 생물의 이기주의가 작동하는 기본 단위는, 종이나 종에 속하는 한 그룹 혹은 개체가 아니며 바로 유전자라고 주장한다.

보기

이 문제에 대해서는 이미 많은 연구와 저서가 있었다. 그러나 이 연구들은 대부분 진화의 원리를 정확히 이해하지 못해서 잘못된 결론에 도달했다. 즉, 기존의 이기주의-이타주의 연구에서는 진화에 있어서 가장 중요한 것이 '개체'의 살아남음이 아니라 '종' 전체 혹은 어떤 종에 속하는 한 그룹의 살아남음이라고 가정했다.

① [가]의 뒤 ② [나]의 뒤 ③ [다]의 뒤 ④ [라]의 뒤 ⑤ [마]의 뒤

05 다음 글을 바탕으로 추론한 내용으로 옳은 것을 고르면?

○△×
○△×
○△×

세기말이 되어서는 많은 수의 시민들이 나랏일을 정치계급에게 맡기고는 자신들은 정치에 관심을 가지지 않았다. 서로의 연설문과 논설을 읽는 정치계급은 직업적인 정치가, 언론인, 로비스트 등의 특별 이익집단으로서 그들의 직업은 신뢰도에 대한 사회학적 조사에서 최하위를 차지했다. 많은 사람들에게 정치과정은 자신과 무관한 것이거나 단순히 자신들의 생활에 유리하게 또는 불리하게 영향을 미치는 것이었다. 한편으로는 부, 생활과 오락의 개인화, 소비자 이기주의가 정치를 덜 중요하고 덜 매력적인 것으로 만들었고, 다른 한편으로는 선거에서 얻을 것이 거의 없다고 판단한 사람들이 정치에 등을 돌렸다. 미국 대통령 선거에서 투표한 블루칼라 노동자들의 비율은 1960~1988년 사이에 3분의 1이나 줄었다. 계급에 기반하거나 이데올로기적이거나 둘 다인 대중정당조직들의 쇠퇴는 남녀들을 정치적으로 적극적인 사람들로 변화시키는 주된 사회적 동력을 제거했다. 대부분의 사람들에게, 자기 나라에 대한 집단적 일체감조차 이제는 국가와 제도들을 통해서보다는 국민적 스포츠, 선수단, 비정치적 상징물들을 통해서 더 쉽게 형성되었다.

탈정치화로 인해 권위체들의 정책결정이 보다 자유로워질 것이라고 가정할 수도 있을 것이다. 그러나 실제로는 정반대의 결과를 가져왔다. 때때로 공적인 이익의 특정한 쟁점들을 위해서, 보다 빈번하게는 일정한 분파적인 이익을 위해서 계속해서 운동을 벌인 소수집단들이 만능의 정당들만큼이나 효과적으로, 아니 어쩌면 그보다 훨씬 더 효과적으로 – 각각의 압력집단은 정당과는 달리 자신의 힘을 단일한 목표를 추구하는 데에 집중할 수 있었기 때문에 – 순탄한 통치과정을 방해할 수 있다. 게다가 정부들이 갈수록 조직적으로 선거과정을 비껴가려는 경향을 보임으로써 대중매체의 정치적 기능이 더욱 커졌다. 이제는 모든 가정에 확산된 대중매체가 공적인 영역에서 사적인 성인남녀 및 아동에 이르기까지 단연 가장 강력한 의사전달 수단이 되었던 것이다. 대중매체는 권위체가 숨기고 싶어 하는 사실을 발견하고 공표하는 능력과 공식적인 민주주의 장치들에 의해서 분명하게 표현되지 않았거나 더 이상 그렇게 표현될 수 없었던 국민대중의 감정을 표현해 주는 능력 덕분에 공적인 무대의 주역으로 떠올랐다. 정치가들은 대중매체를 이용했고 대중매체를 두려워했다. 기술의 발전은 고도로 권위주의적인 나라들에서조차 대중매체를 갈수록 통제하기 어렵게 만들었고, 국가권력의 쇠퇴는 비권위주의적인 나라들에서 대중매체를 독점하는 것을 더욱 어렵게 만들었다.

① 공적 영역에서의 대중매체의 정치적 역할 강화는 정당 민주주의의 발전에 기여하고 있다.
② 정치계급이란 특정한 사회계급을 대표하는 정치집단을 의미한다.
③ 이익집단정치는 정당정치를 보완한다.
④ 현대 사회에서 사회적 약자들은 자신들의 이익 반영을 위해 언제나 정치 참여에 적극적이다.
⑤ 사회적 가치보다 개인적 가치를 중시하는 경향은 시민들의 정치적 무관심을 조장한다.

06 다음 글의 (가)와 (나)에 포함될 수 있는 문장으로 옳지 않은 것을 고르면?

○△×
○△×
○△×

우리나라 교과서에는 아메리카 정복 시기의 역사적인 사실들을 잘못 기록하거나 왜곡하여 서술한 오류도 자주 발견된다.

(가)

위의 인용문에는 유럽 사람들이 "라틴아메리카를 탐험하고 정복하였다."고 기술했는데, '라틴아메리카'를 '아메리카'로 정정해야 한다. 이 사건은 영국이 아메리카 북동부에 식민지를 건설하기 전에 이루어졌기 때문이다. 1670년 에스빠냐와 영국 간의 협약에 따라 북쪽 지역이 영국의 식민지가 된 이후에야 앵글로아메리카와 라틴아메리카라는 용어를 사용할 수 있다. 또한, 에스빠냐의 정복자 에르난 꼬르떼스가 16세기 중반에 멕시코를 탐험했다는 내용도 오류다. 그는 16세기 중반이 아니라 초반인 1519년에 멕시코의 베라끄루스 지역에 도착했고, 아스떼까 제국의 수도인 메쉬꼬-떼노츠띠뜰란을 멸망시킨 것은 1521년이었다. 그리고 엘도라도가 '황금으로 가득 찬 도시'라는 뜻이라고 설명한 것도 오류다. 에스빠냐어 El dorado는 직역하자면 '황금으로 도금된 사람' 정도이고, 의역을 하면 아메리카에서 황금을 찾아 벼락부자가 된 '황금의 사나이'란 뜻이다. 이외에도 아메리카 정복에 관해 흔히들 오해하는 내용이 있다.

(나)

우리는 일반적으로 에스빠냐 왕실이 아메리카 정복을 직접 지휘했고 정복자들은 에스빠냐의 정식 군인이었다고 생각한다. 이러한 생각은 완전히 착각이다. 아메리카 정복은 민간 사설 무장 집단이 주도했고, 정복자들도 일반 민간인이었다.

① "엘도라도에 대한 호기심과 황금에 대한 욕심 때문에 유럽 사람들이 라틴아메리카를 탐험하고 정복하였다."
② "1532년 11월 16일 잉카 제국은 에스빠냐의 피사로가 이끄는 180여 명의 군대에 의해 멸망했다."
③ "이후 16세기 중반에 멕시코를 탐험하였던 꼬르떼스가 카카오를 에스빠냐의 귀족과 부유층에 소개하여, 17세기 중반에는 유럽 전역에 퍼졌다."
④ "꼬르떼스는 이 도시를 철저하게 파괴하여 폐허로 만들고, 그 위에 '새로운 에스빠냐'라고 불리는 멕시코시티를 건설하였다."
⑤ "엘도라도는 에스빠냐어로 '황금으로 가득 찬 도시'라는 뜻을 가지고 있다."

07 다음 글을 바탕으로 추론한 내용으로 옳지 않은 것을 고르면?

○△×
○△×
○△×

현상학의 발견 가운데 논란의 여지가 없는 최초의 두 가지는 생활세계(life-world)와 삶을 살아가는 육체(lived body)이다. 그것들은 서로 밀접하게 연관되어 있다. 왜냐하면 모든 것을 다 포함하는 사회 문화적 현실 지평으로서의 생활세계는 체현된 주체에 서식했고 서식하고 있으며 앞으로도 서식할 것이기 때문이다. 무엇보다도 삶을 살아가는 육체는 사회성의 기본적인 문법이다. 육체가 우리를 다른 사람이나 사물들의 세계와 원초적으로 연결시키는 고리라고 말하는 것만으로는 충분치 않다. 그것은 우리가 세계에서 능동적으로 존재하는 양식이라고 말하는 것이 보다 정확하다.

우리가 우리의 육체로 살아가는 것처럼 우리는 우리의 육체이다. 삶을 살아가는 육체가 없다면 인간은 영원히 수동적인 방관자, 인체해부용 모형으로 남아있을 것이다. 사회성은 결코 탈체현(脫體現)되고 비가시적인 마음이 만나는 장소가 아니라 무엇보다도 상호 육체적인, 즉 체현된 육체가 대결(confrontation)하는 곳이다. 마음은 독백적인 반면 육체는 필연적으로 대화적이다. 삶을 살아가는 육체 때문에 인간은 분리될 수 없도록 사회적인 존재가 된다. 달리 말하면, 육체의 죽음은 사실상 사회적인 것의 죽음이다.

삶을 살아가는 육체 혹은 주체로서의 몸(body-subject)은 푸코의 정치적 육체의 윤리학과 하버마스의 의사소통 행위 이론에 대한 현상학적 응답이다. 한편으로 푸코의 철학적 공헌은 권력관계로서의 정치적 육체의 윤리학-의학적, 감금된, 그리고 성적 육체-에 대한 심오한 통찰에 있다. 그러나 정치적 육체에 대한 그의 계보학은 사회적 존재론의 중심으로서 삶을 살아가는 몸을 대체하거나 대신할 수 없다.

다른 한편 하버마스의 의사소통 행위 이론은 절름발이이거나 혹은 기껏해야 우리를 구속하고 있다. 왜냐하면 그는 주체로서의 육체에 대한 개념을 모르기 때문이다. 하버마스가 철학적 근대성을 옹호하는 것은 사회적 존재론을 정당화할 수 없는 탈체현된 이성으로서의 마음, 즉 의사소통적 행위 이론을 옹호하는 것이다. 하버마스의 사회에 관한 이론은 여전히 탈체현된 이성이라는 계몽의 감옥에 사로잡혀 있다.

결국 육체 해석학 혹은 그 중심점이 삶을 살아가는 몸에 놓여 있는 정치적 육체의 현상학은 탈체현된 이성으로서의 근대적 마음을 위한 파르마콘(Pharmakon), 즉 치료제이다. 그것은 전적으로 대화적, 의사소통적, 공동체적이다. 탈체현된 이성이 근대성에서 헤게모니를 장악하고 있는 반면 육체 해석학은 하나의 탈근대적인 프로젝트이다. 그것은 탈체현된 이성을 해체한다. 탈체현된 이성의 종말은 근대성의 종말이며 탈근대성의 시작인 것이다.

① 푸코와 하버마스는 자신의 철학적 체계를 세우는 데 바쁜 반면, 삶을 살아가는 몸의 현상학을 사회세계의 물질적 정박지로 파악하지 못하고 있다.

② 푸코와 하버마스는 사회성의 근본이념은 무엇보다도 먼저 상호 육체적이라는 사실을 인식하는 데 실패하고 만다.

③ 푸코는 평생 동안 정치적 육체(몸의 정치학)의 고고학과 계보학에 몰두했음에도 불구하고 얄궂게도 인간의 육체를 세계의 능동적 존재(체현)로 이해하는 데 실패하였다.

④ 푸코와 하버마스는 사회존재론에 대한 현상학적 답변으로서, 몸 자체가 사회적 담론이라는 점을 보여 주고 있다. 다시 말하면 그들은 어떤 종류의 사회존재론이든지 간에 삶을 살아가는 몸의 현상학이 그것의 선결조건임을 보여 주고 있다.

⑤ 하버마스는 후설(E. Husserl)의 생활세계(Lebenswelt)에 관한 근본적 현상학을 기꺼이 재전유하고자 하며, 왜곡되지 않은 대화와 소통의 철학자로서 자기 자신을 옹호한다. 그러나 역시 상호육체적인 소통 가능성뿐만 아니라 모든 의사소통 행위에 전제된 기초, 즉 삶을 살아가는 육체를 무시한다.

08 다음 [가]~[마]의 상황을 [보기]의 사례와 짝지은 내용으로 옳지 않은 것을 고르면?

○△×
○△×
○△×

[가] 나는 지금 여기에 존재한다. 하지만 동시에 저기에도 존재할 수 있다. 통신과 같은 원격기술에 힘입어 누구나 쉽게 편재(遍在)할 수 있게 되었다. 과거에는 신(神)만이 이 우주의 모든 사물에 예외 없이 편재할 수 있었다지만, 이젠 인간도 나름대로 편재함을 과시할 수 있게 되었다. 이와 같은 원격현전(遠隔現前)은 단순한 신체 이미지의 투사가 아니고 그 이상의 무엇이다. 가상현실을 위한 여러 가지 장비들이 단순히 이미지들을 전송하는 것이 아니라 수없이 많은 가상적 현전을 거의 현전의 수준으로 제공한다.

[나] 있지도 않는 것이 마치 있는 것처럼 간주되는 것은 우상을 만들고 경배하는 사람이 그것을 통해 재현하려는 이미지가 실재하는 어떤 것의 이미지라고 믿기 때문이 아니라 그 이미지 자체가 바로 실재한다고 믿기 때문이다. 그런 믿음이 우상을 만들게 하고 우상은 그와 같은 만드는 행위 안에서만 존재한다. 오늘날 가상화가 바로 새로운 우상을 만드는 작업일 수 있다.

[다] 한편, 우리의 신체는 겉으로 그 피부나 머리털 그리고 눈빛 등을 통해 남에게 보여진다. 그러나 최신 의료장비들은 신체의 겉 부분에 전혀 메스를 대지 않고서도 그 내부를 볼 수 있게 해 준다. 신체의 또 다른 피부표면을 보여 주는 이 장비들은 신체의 표면을 이른바 가상화하고 있는 것이며, 이렇게 가상화된 신체공간을 바탕으로 진단과 시술의 획기적인 발전이 이루어진 것이다. 새로운 의료장비들이 각기 더 많은 새 가상피부들을 보여 줌으로써 우리의 신체조직의 내부는 분명 내부이면서도 점차 외피화되고 있다고 말할 수 있다.

[라] 신체의 가상화는 집단적 신체, 이른바 '하이퍼(hyper) 신체'라는 개념에 이르게 된다. 형체가 없이 거대한 하이퍼 신체를 이루는 살과 피는 주체적 신체의 은밀한 내부로부터 외부로 나오고 또 이 외부화된 신체는 다시 개인적인 신체 내부에 자리잡기를 반복하고 있다. 또한 신체가 자신으로부터 외부로 쏟아져 나오기도 하고 또 인공적인 외적 사물이나 생물학적 이물질들이 주체적 내부영역인 신체 안에 넣어지기도 한다면 자기동일성의 기준일 수 있었던 신체는 더 이상 일자(一者)가 아니라 다자(多者)가 됨을 뜻한다.

[마] 원격통신기술의 발전으로 우리의 지각 기능은 현격히 외부화(外部化)의 방향으로 나아갔다. 전화는 청각, 텔레비전은 시청각, 원격조정장치는 촉각과 감각·운동적 상호 작용을 외부로 연장하게 되었는데, 이 장치들이 결국 우리의 감각을 가상화(사이버화)하고 있는 것이며 이렇게 가상화된 감각기관들을 공동화(共同化)하고 있음을 알 수 있다.

보기

㉠ 전화는 단순히 목소리의 이미지나 재현을 전송하는 것이 아니고 목소리 그 자체를 전송한다. 전화는 '만져지는 신체'로부터 '소리나는 신체', 즉 목소리를 분리시켜 전송함으로써 '만져지는 신체'는 여기에만 있지만 '소리나는 신체'는 이중화되어서 여기에도 또 저기에도 지금 있게 되는 것이다. 결국 '소리나는 신체'에 관한 한, 전화통화의 쌍방은 서로 두 곳에 동시에 있다.

㉡ 내시경이나 CT, MRI와 같은 의료장비는 나의 몸의 내부를 마치 외적 사물인양 환히 들여다보거나 영상화할 수 있다. 또한, 초음파를 이용하여 산모의 자궁 내 태아의 건강상태 등을 확인할 수 있다.

㉢ 우리들이 동시에 같은 방송 프로그램을 보고 있다면 공동의 큰 눈을 갖게 되는 것과 같다. 또 사진기나 녹음기는 타인의 감각을 다른 순간 다른 장소에서 지각 가능하게 해 준다.

㉣ 오늘날 우리는 우리의 몸을 다듬고 가꿀 수 있는 수많은 방법을 알고 있다. 미용술과 식이요법 등은 모두 육체미를 염두에 두고 우리 자신의 몸을 개축하는 수단이며, 또한 우리는 약을 복용하여 몸의 신진대사를 바꿔 놓음으로써 병을 고칠 수 있고 예방할 수도 있다.

㉤ 각막이나 정자와 난자 그리고 특히 혈액은 사회화, 상조화(相助化)되어 각각 전문적 '은행'에 보관되고 있다. 탈영토화된 혈액은 경제와 기술과 의학이 참여하는 거대한 유통조직을 통해 이 몸에서 저 몸으로 흐른다.

① [가] – ㉠　　② [나] – ㉣　　③ [다] – ㉡　　④ [라] – ㉤　　⑤ [마] – ㉢

09 29에서 시작하여 두 자리 수는 각 자리의 숫자의 합이 다음 수가 되고, 한 자리 수는 그 수를 2배한 수가 그다음 수가 된다. 이때 100번째 수를 고르면?

○△× ○△× ○△×

29, 11, 2, 4, 8, ……

① 5 ② 10 ③ 11 ④ 14 ⑤ 16

10 A공장과 B공장에는 5년차 이상의 사원이 300명, 5년차 미만의 사원이 200명 있다. 그중 A공장에 근무하는 사람은 280명, B공장에 근무하는 사람은 220명이다. 이때, A공장의 5년차 이상의 사원 수는 B공장의 5년차 미만의 사원 수보다 몇 명 더 많은지 고르면?

○△× ○△× ○△×

① 80명 ② 100명 ③ 130명 ④ 150명 ⑤ 160명

11 다음 [표]는 학생 A~F의 시험점수에 대한 자료이다. 주어진 [조건]을 바탕으로 학생 A, B, C의 시험점수를 바르게 나열한 것을 고르면?

○△× ○△× ○△×

[표] 학생 A~F의 시험점수 (단위: 점)

학생	A	B	C	D	E	F
점수	( )	( )	( )	( )	9	9

조건

- 시험점수는 자연수이다.
- 시험점수가 같은 학생은 A, E, F뿐이다.
- 산술평균은 8.5점이다.
- 최댓값은 10점이다.
- 학생 D의 시험점수는 학생 C보다 4점 높다.

	A	B	C
①	8	9	5
②	8	10	4
③	9	8	6
④	9	10	5
⑤	9	10	6

12 다음 [표]는 2000년 극한기후 유형별 발생일수와 발생지수에 대한 자료이다. [표]와 [산정식]을 바탕으로 2000년 극한기후 유형별 발생지수를 산출할 때, 이에 대한 설명으로 옳은 것을 고르면?

○△× ○△× ○△×

[표] 2000년 극한기후 유형별 발생일수와 발생지수

유형	폭염	한파	호우	대설	강풍
발생일수(일)	16	5	3	0	1
발생지수	5.00	( )	( )	1.00	( )

※ 극한기후 유형은 폭염, 한파, 호우, 대설, 강풍만 존재함

[산정식]

극한기후 발생지수 $=4\times\left(\dfrac{\text{A}-\text{B}}{\text{C}-\text{B}}\right)+1$

※ A: 당해연도 해당 극한기후 유형 발생일수
B: 당해연도 폭염, 한파, 호우, 대설, 강풍의 발생일수 중 최솟값
C: 당해연도 폭염, 한파, 호우, 대설, 강풍의 발생일수 중 최댓값

① 발생지수가 가장 높은 유형은 한파이다.
② 호우의 발생지수는 2.00 이상이다.
③ 대설과 강풍의 발생지수의 합은 호우의 발생지수보다 크다.
④ 극한기후 유형별 발생지수의 평균은 3.00 이상이다.
⑤ 폭염의 발생지수는 강풍의 발생지수의 5배이다.

13 다음 [표]와 [그래프]는 수종별 원목생산량과 그 구성비에 대한 자료이다. 이에 대한 설명으로 옳은 것을 [보기]에서 모두 고르면?

○△×
○△×
○△×

[표] 2006~2011년 수종별 원목생산량

(단위: 만 m³)

구분	2006년	2007년	2008년	2009년	2010년	2011년
소나무	30.9	25.8	28.1	38.6	77.1	92.2
잣나무	7.2	6.8	5.6	8.3	12.8	( )
전나무	50.4	54.3	50.4	54.0	58.2	56.2
낙엽송	22.7	23.8	37.3	38.7	50.5	63.3
참나무	41.4	47.7	52.5	69.4	76.0	87.7
기타	9.0	11.8	21.7	42.7	97.9	85.7
전체	161.6	170.2	195.6	( )	372.5	( )

[그래프] 2011년 수종별 원목생산량 구성비

(단위: %)

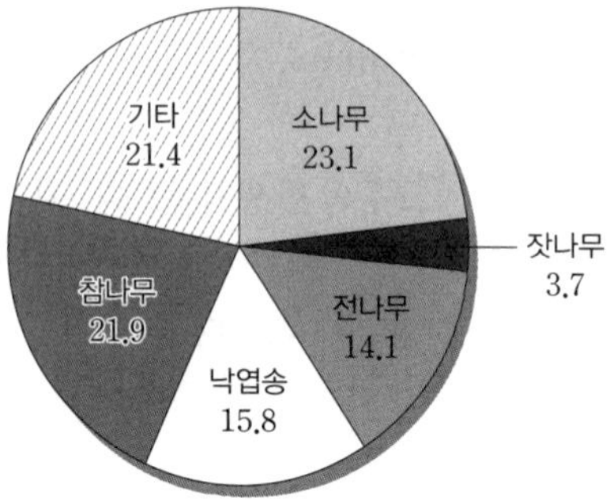

보기

㉠ 기타를 제외하고 2006년 대비 2011년 원목생산량의 증가율이 가장 큰 수종은 소나무이다.
㉡ 기타를 제외하고 2006~2011년에 원목생산량이 매년 증가한 수종은 3개이다.
㉢ 2010년 참나무 원목생산량은 잣나무 원목생산량의 6.5배 이상이다.
㉣ 전체 원목생산량 중 소나무 원목생산량의 비중은 2011년이 2009년보다 높다.

① ㉠, ㉡ ② ㉠, ㉢ ③ ㉠, ㉣ ④ ㉡, ㉢ ⑤ ㉢, ㉣

14 다음 [그래프]는 연도별 태양광 산업 분야 투자액 및 투자건수에 대한 자료이다. 이에 대한 설명으로 옳지 않은 것을 고르면?

○△×
○△×
○△×

[그래프] 연도별 태양광 산업 분야 투자액 및 투자건수

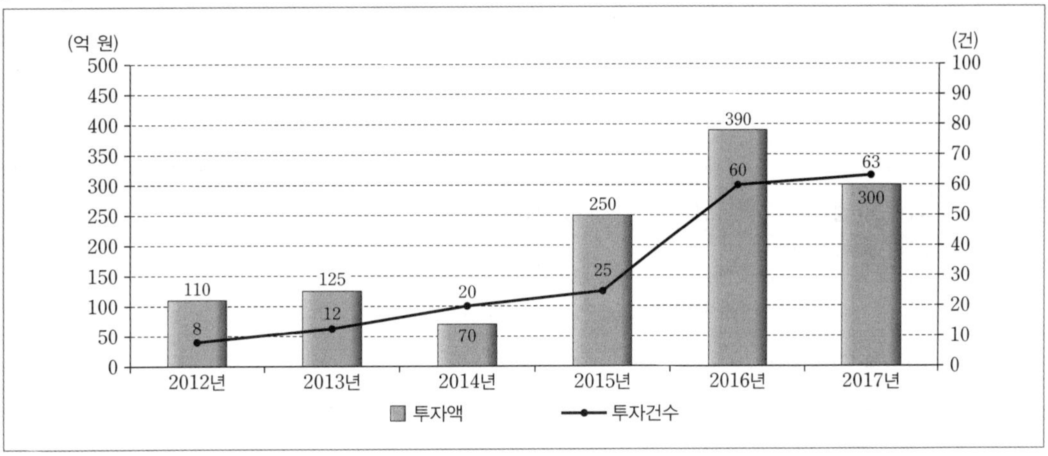

① 투자액이 가장 큰 해는 2016년이다.

② 2013~2017년에 투자건수의 전년 대비 증가율은 2017년이 가장 낮다.

③ 2012년과 2015년 투자건수의 합은 2017년 투자건수보다 적다.

④ 2013~2017년에 투자액의 전년 대비 증가율은 2016년이 가장 높다.

⑤ 투자건수는 매년 증가하였다.

15 다음 [표]는 조업방법별 어업생산량과 어종별 양식어획량에 대한 자료이다. 이에 대한 설명으로 옳지 않은 것을 고르면?

○△× ○△× ○△×

[표1] 조업방법별 어업생산량

(단위: 만 톤)

구분	2005년	2006년	2007년	2008년	2009년
해면어업	109.7	110.9	115.2	182.5	122.7
양식어업	104.1	125.9	138.6	138.1	131.3
원양어업	55.2	63.9	71.0	66.6	60.5
내수면어업	2.4	2.5	2.7	2.9	3.0
합계	271.4	303.2	327.5	390.1	317.5

※ 조업방법은 해면어업, 양식어업, 원양어업, 내수면어업으로 이루어짐

[표2] 어종별 양식어획량

(단위: 백만 마리)

구분	2005년	2006년	2007년	2008년	2009년
조피볼락	367	337	316	280	254
넙치류	97	94	97	98	106
감성돔	44	50	48	46	35
참돔	53	32	26	45	37
숭어	33	35	30	26	29
농어	20	17	13	15	14
기타 어류	28	51	39	36	45
합계	642	616	569	546	520

① 총 어업생산량의 전년 대비 증가율은 2007년이 2008년보다 작다.

② 2005~2009년 어업생산량이 매년 증가한 조업방법은 내수면어업뿐이다.

③ 2005~2009년 연도별 총 양식어획량에서 조피볼락이 차지하는 비중은 매년 50% 이상이다.

④ 기타 어류를 제외하고 2009년 양식어획량이 전년 대비 감소한 어종 중 감소율이 가장 작은 어종은 농어이다.

⑤ 기타 어류를 제외하고 양식어획량이 많은 어종을 순서대로 나열하면 2005년과 2009년의 순서는 동일하다.

16 다음 [표]는 2014년 지방법원(A~E)의 배심원 출석 현황에 대한 자료이다. 이에 대한 설명으로 옳지 않은 것을 [보기]에서 모두 고르면?

○△× ○△× ○△×

[표] 지방법원별 배심원 출석 현황 (단위: 명)

구분	소환인원	송달 불능자	출석취소 통지자	출석의무자	출석자
A	1,880	533	573	(　　)	141
B	1,740	495	508	(　　)	453
C	716	160	213	343	189
D	191	38	65	88	57
E	420	126	120	174	115

※ 출석의무자 수(명)=소환인원−송달 불능자 수−출석취소 통지자 수

※ 출석률(%)$=\frac{\text{출석자 수}}{\text{소환인원}}\times 100$

※ 실질출석률(%)$=\frac{\text{출석자 수}}{\text{출석의무자 수}}\times 100$

보기

㉠ 출석의무자 수는 B지방법원이 A지방법원보다 많다.
㉡ 실질출석률은 E지방법원이 C지방법원보다 낮다.
㉢ D지방법원의 출석률은 25% 이상이다.
㉣ A~E지방법원의 전체 소환인원에서 A지방법원의 소환인원이 차지하는 비율은 35% 이상이다.

① ㉠, ㉡　② ㉡, ㉢　③ ㉡, ㉣　④ ㉠, ㉡, ㉢　⑤ ㉠, ㉢, ㉣

17 다음 [표]는 2013년과 2014년에 국제협력단이 공여한 공적개발원조액에 대한 자료이다. 이에 대한 [보고서]의 내용 중 옳지 않은 것의 개수를 고르면?

○△×
○△×
○△×

[표1] 지원형태별 공적개발원조액 (단위: 백만 원)

구분	2013년	2014년
양자	500,139	542,725
다자	22,644	37,827
전체	522,783	580,552

[표2] 지원분야별 공적개발원조액 (단위: 백만 원, %)

구분	2013년		2014년	
	금액	비중	금액	비중
교육	153,539	29.4	138,007	23.8
보건	81,876	15.7	97,082	16.7
공공행정	75,200	14.4	95,501	16.5
농림수산	72,309	13.8	85,284	14.7
산업에너지	79,945	15.3	82,622	14.2
긴급구호	1,245	0.2	13,879	2.4
기타	58,669	11.2	68,177	11.7
전체	522,783	100.0	580,552	100.0

[표3] 사업유형별 공적개발원조액 (단위: 백만 원, %)

구분	2013년		2014년	
	금액	비중	금액	비중
프로젝트	217,624	41.6	226,884	39.1
개발조사	33,839	6.5	42,612	7.3
연수생초청	52,646	10.1	55,214	9.5
봉사단파견	97,259	18.6	109,658	18.9
민간협력	35,957	6.9	34,595	6.0
물자지원	5,001	1.0	6,155	1.1
행정성경비	42,428	8.1	49,830	8.6
개발인식증진	15,386	2.9	17,677	3.0
국제기구사업	22,643	4.3	37,927	6.5
전체	522,783	100.0	580,552	100.0

[표4] 지역별 공적개발원조액 (단위: 백만 원, %)

구분	2013년		2014년	
	금액	비중	금액	비중
동남아시아	230,758	44.1	236,096	40.7
아프리카	104,940	20.1	125,780	21.7
중남미	60,582	11.6	63,388	10.9
중동	23,847	4.6	16,115	2.8
유럽	22,493	4.3	33,839	5.8
서남아시아	22,644	4.3	37,827	6.5
기타	57,519	11.0	67,507	11.6
전체	522,783	100.0	580,552	100.0

[보고서]

ㄱ 2014년 국제협력단이 공여한 전체 공적개발원조액(이하 원조액)은 전년 대비 10% 이상 증가하여 5,800억 원을 상회하였다. ㄴ 2013년과 2014년에 양자 지원형태로 공여한 원조액은 매년 전체 원조액의 90% 이상이다. ㄷ 지원분야별 원조액을 살펴보면 '기타'를 제외하고 2013년과 2014년 지원분야의 원조액 순위는 동일하였다. ㄹ 2013년에 비해 2014년에 전체 원조액에서 차지하는 비중이 낮아진 사업유형은 모두 3개였다. 지역별 원조액을 살펴보면 2013년 대비 2014년에 동남아시아에 대한 원조액은 증가한 반면, 전체 원조액에서 동남아시아가 차지하는 비중은 감소하였다. ㅁ 2014년 지역별 원조액은 '기타'를 제외하고 모든 지역에서 각각 전년 대비 증가하였다.

① 1개 ② 2개 ③ 3개 ④ 4개 ⑤ 5개

18 다음 [표]는 A회사의 2021년 월별 상품 판매고에 대한 자료이다. 2021년 7월부터 12월까지의 단순이동평균을 나타낸 [그래프]로 옳은 것을 고르면?

○△× ○△× ○△×

[표] A회사의 2021년 월별 상품 판매고 (단위: 백만 원)

월	판매고	단순이동평균
1월	330	–
2월	410	–
3월	408	–
4월	514	–
5월	402	–
6월	343	–
7월	438	401.2
8월	419	(　　)
9월	374	(　　)
10월	415	(　　)
11월	451	(　　)
12월	333	(　　)

※ 단순이동평균은 해당 월 직전 6개월간 판매고의 평균으로, 예를 들어 2021년 7월의 단순이동평균(401.2)은 2021년 1월부터 6월까지 판매고의 평균임

①
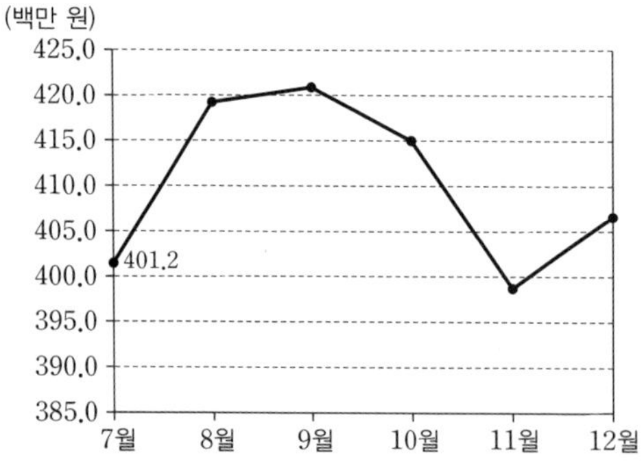

②
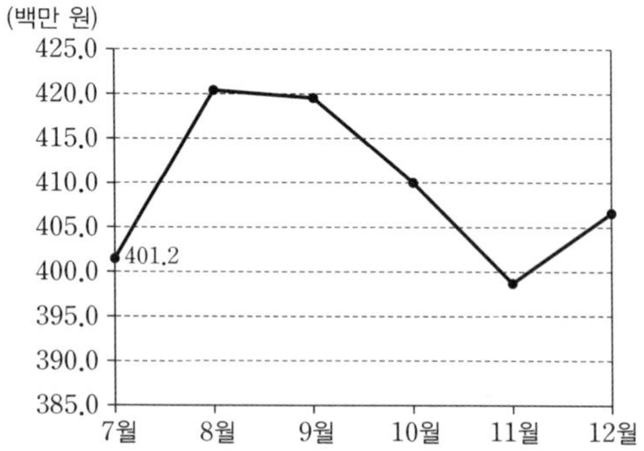

③
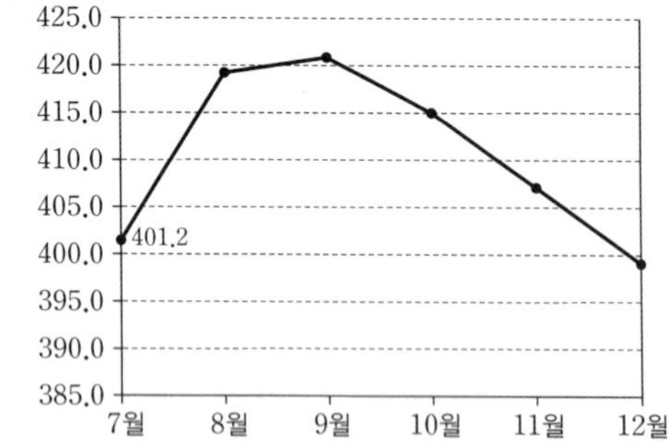

④
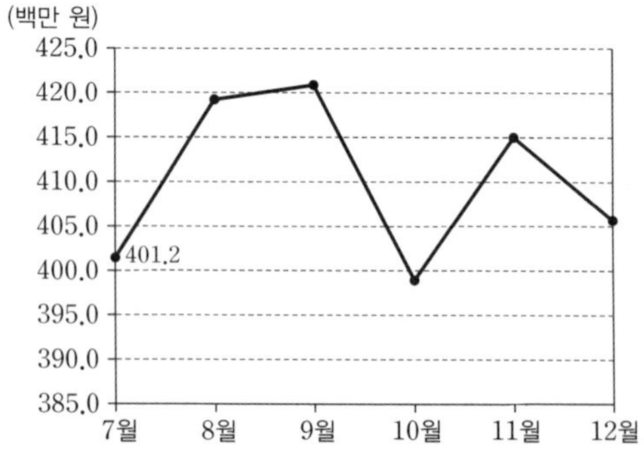

⑤

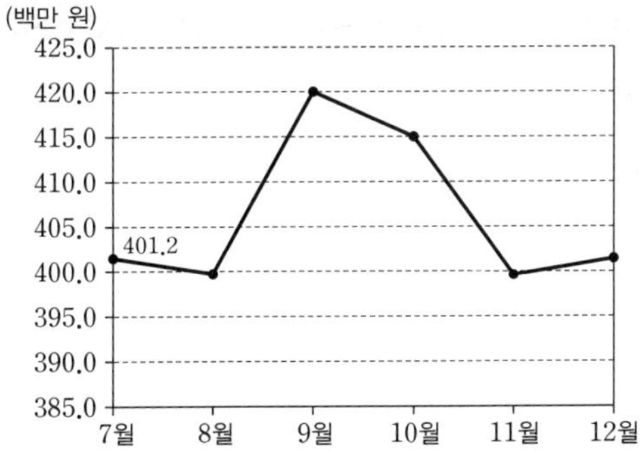
(백만 원)
425.0
420.0
415.0
410.0
405.0
401.2
400.0
395.0
390.0
385.0
7월
8월
9월
10월
11월
12월

19 다음 [그래프]와 [표]는 2017~2018년 A, B기업이 '갑' 자동차 회사에 납품한 엔진과 변속기에 대한 자료이다. 이에 대한 설명으로 옳은 것을 고르면?

○△×
○△×
○△×

[그래프1] 연도별 '갑' 자동차 회사가 납품받은 엔진과 변속기 개수의 합

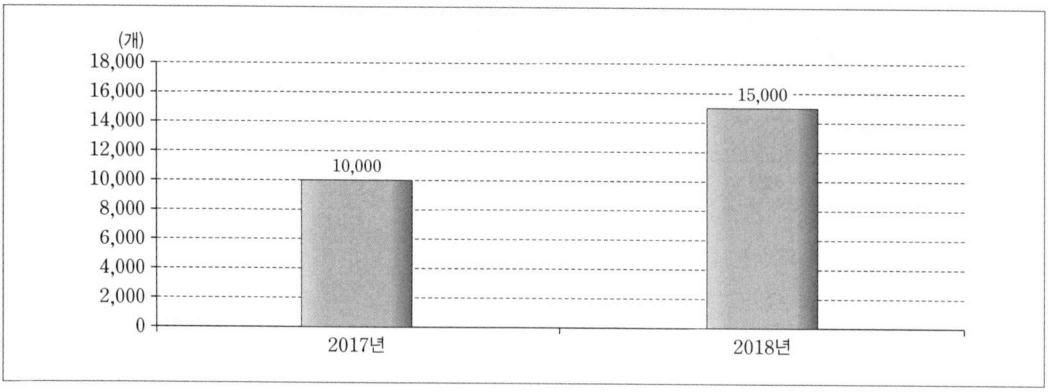

[그래프2] 2018년 기업별 엔진과 변속기 납품 개수의 합

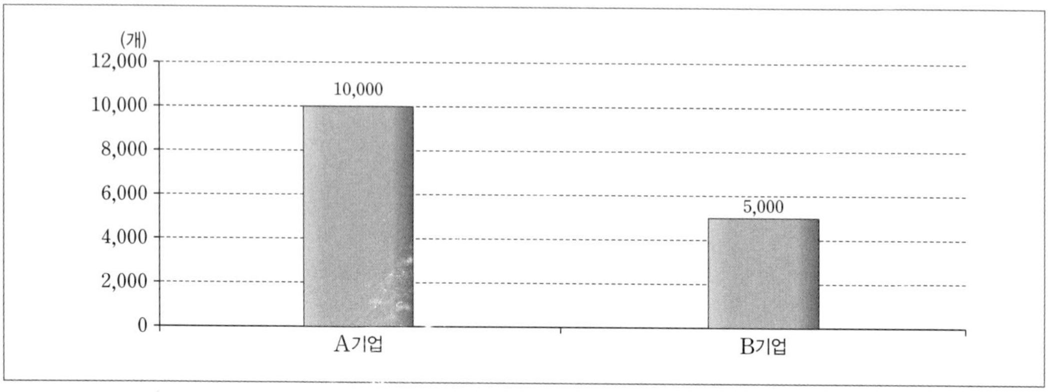

[그래프3] A기업의 연도별 엔진과 변속기 납품 개수 비율

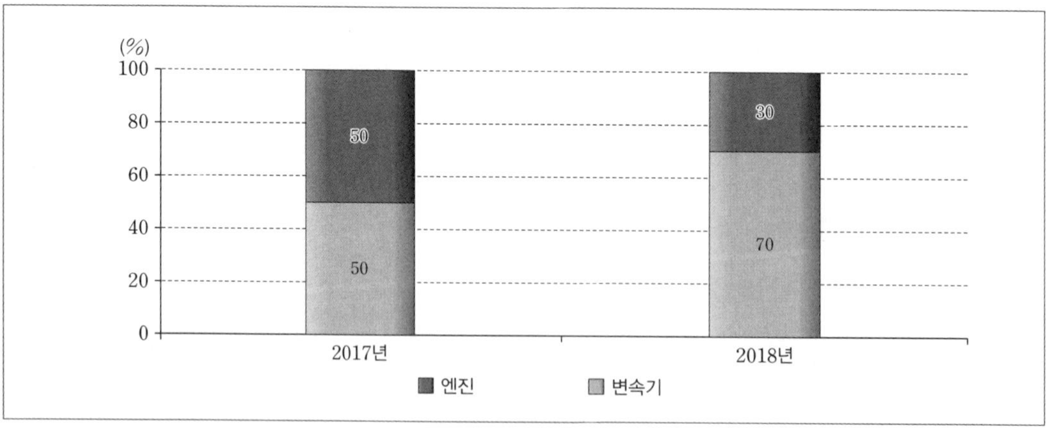

※ '갑' 자동차 회사는 엔진과 변속기를 2017년에는 A기업으로부터만 납품받았으며, 2018년에는 A, B 두 기업에서만 납품받았음
※ A, B기업은 '갑' 자동차 회사에만 납품함
※ 매년 '갑' 자동차 회사가 납품받는 엔진 개수는 변속기 개수와 같음

[표] A, B기업의 연도별 엔진과 변속기의 납품 단가 (단위: 만 원/개)

구분	엔진	변속기
2017년	100	80
2018년	90	75

① A기업의 엔진 납품 개수는 2018년이 2017년의 80%이다.
② 2018년 B기업은 변속기 납품 개수가 엔진 납품 개수의 12.5%이다.
③ '갑' 자동차 회사가 납품받은 엔진과 변속기 납품액의 합은 2018년이 2017년에 비해 30% 이상 증가하였다.
④ '갑' 자동차 회사가 납품받은 변속기 납품 개수는 2018년이 2017년의 2배 이상이다.
⑤ 2018년 A, B기업의 엔진 납품액의 합은 변속기 납품액의 합보다 작다.

20 다음 [조건]을 바탕으로 판단할 때, 옳지 않은 것을 [보기]에서 모두 고르면?

○△×
○△×
○△×

조건

• 생산성 유형별로 일일 근로시간과 생산량은 다음과 같다.

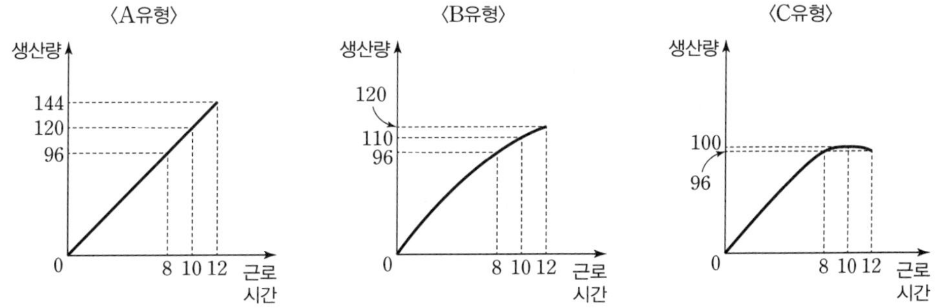

• 일일 기본 근로시간은 8시간이고, 일일 최대 4시간까지 초과근무할 수 있다.
• 생산성 $=\frac{\text{생산량}}{\text{근로시간}}$이다.

보기

㉠ 기본 근로시간만 근무할 때, 세 가지 유형의 일일 생산성은 같다.
㉡ 초과근무 시간이 증가함에 따라 B유형의 생산성은 하락하지 않으나, C유형의 생산성은 하락한다.
㉢ B유형의 근로자가 이틀 동안 10시간씩 근무하는 경우의 총 생산량은 첫째 날 12시간, 둘째 날 8시간 근무하는 경우의 총 생산량보다 많다.
㉣ 초과근무 시 최초 두 시간 동안의 생산성은 A유형 > B유형 > C유형 순이다.

① ㉡ ② ㉢ ③ ㉡, ㉣ ④ ㉠, ㉢, ㉣ ⑤ ㉡, ㉢, ㉣

21 다음 글을 바탕으로 판단할 때, 20××년 8월 1일의 요일을 고르면?(단, 날짜는 양력을 기준으로 한다.)

○△×
○△×
○△×

> 20××년 7월의 첫날 J씨는 자동차 수리를 맡겼다. J씨는 그 달 마지막 월요일인 네 번째 월요일에 자동차를 찾으려고 했으나, 사정이 생겨 그 달 마지막 금요일인 네 번째 금요일에 찾아갔다.

① 월요일 ② 화요일 ③ 수요일 ④ 목요일 ⑤ 금요일

22 대학생 수정이는 동기 두 명과 같이 KTX를 타고 여행을 가기로 했다. 성수기나 연휴가 아닐 경우에는 동기 1명이 더 동행하기로 했다. 다음 [표]를 바탕으로 가장 적은 비용으로 갈 수 있는 날을 고르면?

○△×
○△×
○△×

[표] KTX 가격표

기간		요일	정상가(원)
일반	~12/28 (단, 성수기와 연휴는 제외함)	월~목	33,500
		금	34,000
		토, 일	36,700
하계 성수기	7/21~7/28, 8/7~8/15	–	37,000
극성수기, 연휴	7/29~8/6, 9/30~10/9	–	53,700

※ 대학생 할인은 일반 기간에만 20% 적용함
※ 10/2~10/5 기간은 티켓 2+1 행사를 진행함

① 7/4, 화요일 ② 7/14, 금요일 ③ 8/14, 월요일
④ 10/5, 목요일 ⑤ 10/29, 일요일

23 **법정에서 증인 3명이 집 주인에 관하여 다음과 같이 증언하였다. 1명의 증언은 거짓이고 2명의 증언은 진실이지만 어떤 사람의 증언이 거짓인지는 알 수 없을 때, 항상 참인 것을 고르면?**(단, 집주인은 1명이다.)

○△×
○△×
○△×

> A: 만복이와 형오, 둘 중에 한 사람이 집 주인입니다.
> B: 형오와 철수, 둘 중에 한 사람이 집 주인입니다.
> C: 만복이가 집 주인이 아니거나 철수가 집 주인이 아닙니다.

① 만복은 집 주인이다.
② 철수는 집 주인이다.
③ 형오는 집 주인이다.
④ A는 진실만을 말한다.
⑤ C는 진실만을 말한다.

24 **다음 글을 바탕으로 A공단의 신입사원으로 채용될 수 있는 지원자들의 최대 인원을 고르면?**

○△×
○△×
○△×

> 금년도 A공단의 신입사원 채용 시 요구되는 자질은 문제해결력, 도전정신, 커뮤니케이션 능력, 외국어능력이다. △△부처에서는 이 네 가지 자질 중 적어도 세 가지 자질을 지닌 사람을 채용하려고 한다. 지원자는 갑, 을, 병, 정 4명이고 이들이 가진 자질에 대한 정보는 다음과 같다.
> • 갑이 지닌 자질과 정이 지닌 자질 중 적어도 두 개는 일치한다.
> • 커뮤니케이션 능력은 병만 가진 자질이다.
> • 만약 지원자가 도전정신의 자질을 지녔다면, 그는 커뮤니케이션 능력의 자질도 지닌다.
> • 도전정신의 자질을 지닌 지원자는 1명이다.
> • 갑, 병, 정은 문제해결력의 자질을 지니고 있다.

① 0명　② 1명　③ 2명　④ 3명　⑤ 4명

25 다음 [표]는 월드컵 축구 예선 순위 및 승점 현황에 대한 자료이다. A~F팀 중 두 팀만 본선 진출을 하게 되며 각 팀은 대진표에 따라 마지막 한 경기를 앞두고 있는 상황이다. 그 경기 결과에 따라 월드컵 본선에 진출할 수 있는 팀이 최종 결정된다. 마지막 경기 결과에 따라 일어날 수 있는 경우에 대한 설명으로 옳지 않은 것을 고르면?

○△×
○△×
○△×

[표] 월드컵 축구 예선 순위 및 승점 현황

구분	경기 수	승점	골득실	득점	실점	승	무	패
A팀	9	21	8	8	0	6	3	0
B팀	9	14	1	11	10	4	2	3
C팀	9	12	1	7	6	3	3	3
D팀	9	12	−1	6	7	4	0	5
E팀	9	9	−4	6	9	2	3	4
F팀	9	7	−6	7	13	2	1	6

※ 순위 결정은 ① 승점, ② 골득실(득점 − 실점), ③ 다득점(득점 수) 순으로 정해짐
※ 마지막 남은 경기 대진표: ① A:C, ② B:D, ③ E:F
※ 승리했을 경우 1승당 3점, 무승부일 경우 1무당 1점, 패했을 경우 0점으로 계산함(4승 2무 3패 승점 계산: $4\times3+2\times1+3\times0=14$(점))

① A팀은 마지막 경기 결과에 상관없이 조 1위로 월드컵 본선 진출이 확정된다.
② B팀이 마지막 경기에서 승리한다면 다른 팀의 승패 결과에 관계없이 월드컵 본선 진출권을 획득하게 된다.
③ 마지막 경기에서 B팀이 1점차로 패하고 C팀이 1점차로 승리한다면 C팀이 월드컵 본선 진출권을 획득하게 된다.
④ E팀과 F팀은 마지막 경기 결과에 관계없이 월드컵 본선 진출에 실패한다.
⑤ B팀의 경기결과가 무승부이고 C팀의 경기결과가 승리한다면 B팀이 월드컵 본선에 진출하게 된다.

정답과 해설 ▶ P.128

MEMO

eduwill

에듀윌 공기업

매일 1회씩 꺼내 푸는 NCS

DAY 19

eduwill

매1N 3회독 루틴 프로세스

*더 자세한 내용은 매1N 3회독 학습가이드를 확인하세요!

1 3회독 기록표에 학습날짜와 문제풀이 시작시간을 적습니다.

2 시험장에서 문제를 푸는 것처럼 풀어 보세요.

3 모바일 OMR 또는 회독용 답안지에 마킹한 후, 종료시간을 적고 초과시간을 체크합니다.

▶ **모바일 OMR 바로가기**

[1회독용] http://eduwill.kr/G5oF

[2회독용] http://eduwill.kr/d5oF

[3회독용] http://eduwill.kr/75oF

4 문항별 3회독 체크표(◯△✕)에 표시합니다. 문제를 풀면서 알고 풀었으면 ◯, 헷갈렸으면 △, 전혀 몰라서 찍었으면 ✕에 체크하세요.

3회독 TIP

- 1회독: 25문항을 빠짐없이 풀어 보세요.
- 2~3회독: 틀린 문항만 골라서 풀어 보세요.

3회독 기록표

1회독		2회독		3회독	
학습날짜	월 일	학습날짜	월 일	학습날짜	월 일
시작시간	:	시작시간	:	시작시간	:
종료시간	:	종료시간	:	종료시간	:
점 수	점	점 수	점	점 수	점

01 다음 글을 통해 알 수 있는 내용으로 적절한 것을 고르면?

○△×
○△×
○△×

유럽 국가들은 대부분 가장 먼저 철도를 개통한 영국의 규격을 채택하여 철로의 간격을 1,435mm로 하였다. 이러한 이유로 영국의 철로는 '표준궤'로 불렸다. 하지만 일부 국가들은 전시에 주변 국가들이 철도를 이용해 침입할 것을 우려하여 궤간을 다르게 하였다. 또한 열차 속력과 운송량, 건설 비용 등을 고려하여 궤간을 조정하였다.

일본은 첫 해외 식민지였던 타이완에서는 자국의 철도와 같이 협궤(狹軌)를 설치하였으나 조선의 철도는 대륙 철도와의 연결을 고려하여 표준궤로 하고자 하였다. 청일전쟁 이후 러시아의 영향력이 강해져 조선의 철도 궤간으로 광궤(廣軌)를 채택할 것인지 아니면 표준궤를 채택할 것인지를 두고 러시아와 대립하기도 했지만 결국 일본은 표준궤를 강행하였다.

서구 열강이 중국에 건설한 철도는 기본적으로 표준궤였다. 하지만 만주 지역에 건설된 철도 중 러시아가 건설한 구간은 1,524mm의 광궤였다. 러일전쟁 과정에서 일본은 자국의 열차를 그대로 사용하기 위해 러시아가 건설한 그 철도 구간을 협궤로 개조하는 작업을 시작했다. 그러다가 러일전쟁 이후 포츠머스 조약으로 일본이 러시아로부터 그 구간의 철도를 얻게 되자 표준궤로 개편하였다.

1911년 압록강 철교가 준공되자 표준궤를 채택한 조선 철도는 만주의 철도와 바로 연결이 가능해졌다. 1912년 일본 신바시에서 출발해 시모노세키-부산 항로를 건너 조선의 경부선과 경의선을 따라 압록강 대교를 통과해 만주까지 이어지는 철도 수송 체계가 구축되었다.

① 러일전쟁 당시 일본 국내의 철도는 표준궤였다.
② 부산에서 만주까지를 잇는 철도는 광궤로 구축되었다.
③ 러일전쟁 이전 만주 지역의 철도는 모두 광궤로 건설되었다.
④ 청일전쟁 이후 러시아는 조선의 철도를 광궤로 할 것을 주장하였다.
⑤ 영국의 표준궤는 유럽 국가들이 철도를 건설하는 데 경제적 부담을 줄여 주었다.

02 다음 글을 통해 알 수 있는 소크라테스의 견해로 옳지 않은 것을 고르면?

○△×
○△×
○△×

소크라테스: 그림에다 적합한 색과 형태들을 모두 배정할 수도 있고, 어떤 것들은 빼고 어떤 것들은 덧붙일 수도 있는 것이네. 그런데 적합한 색이나 형태들을 모두 배정하는 사람은 좋은 그림과 상(像)을 만들어 내지만, 덧붙이거나 빼는 사람은 그림과 상을 만들어 내기는 하나 나쁜 것을 만들어 내는 것이겠지?

크라튈로스: 그렇습니다.

소크라테스: 같은 이치에 따라서 적합한 음절이나 자모를 모두 배정한다면 이름이 훌륭하겠지만, 조금이라도 빼거나 덧붙인다면 훌륭하지는 않겠지?

크라튈로스: 하지만 음절과 자모를 이름에 배정할 때 우리가 어떤 자모를 빼거나 덧붙인다면, 우리는 이름을 쓰기는 했지만 틀리게 쓴 것이 아니고 아예 쓰지 못한 것입니다.

소크라테스: 그런 식으로 보아서는 우리가 제대로 살펴보지 못한 것이네.

크라튈로스: 왜 그렇죠?

소크라테스: 수(數)의 경우에는 자네 말이 적용되는 것 같네. 모든 수는 자신과 같거나 자신과 다른 수일 수밖에 없으니까. 이를테면 10에서 어떤 수를 빼거나 더하면 곧바로 다른 수가 되어 버리지. 그러나 이것은 상 일반에 적용되는 이치는 아니네. 오히려 정반대로 상은, 그것이 상이려면, 상이 묘사하는 대상의 성질 모두를 상에 배정해서는 결코 안 되네. 예컨대 어떤 신이 자네가 가진 모든 것의 복제를 자네 곁에 놓는다고 해 보세. 이때 크라튈로스와 크라튈로스의 상이 있는 것일까, 아니면 두 크라튈로스가 있는 것일까?

크라튈로스: 제가 보기에는 두 크라튈로스가 있을 것 같습니다.

소크라테스: 그렇다면 상이나 이름에 대해서는 다른 종류의 이치를 찾아야 하며, 무엇이 빠지거나 더해지면 더 이상 상이 아니라고 해서는 안 된다는 것을 알겠지? 상은 상이 묘사하는 대상과 똑같은 성질을 갖지 못한다는 것을 깨닫지 않았나?

① 어떤 사물과 완전히 일치하는 복제물은 상이 아니다.
② 훌륭한 이름에 자모 한 둘을 더하거나 빼더라도 그것은 여전히 이름이다.
③ 훌륭한 상에 색이나 형태를 조금 더하거나 빼더라도 그것은 여전히 상이다.
④ 이름에 자모를 더하거나 빼는 것과 수에 수를 더하거나 빼는 것은 같은 이치를 따른다.
⑤ 이름에 자모를 더하거나 빼는 것과 상에 색이나 형태를 더하거나 빼는 것은 같은 이치를 따른다.

03 다음 글의 밑줄 친 부분에 들어갈 문장으로 가장 적절한 것을 고르면?

○△×
○△×
○△×

희귀한 질병이 있고, 이 질병에는 두 가지 치료법이 있다고 해 보자. 하나는 매우 고통스러운 수술을 통한 방법이고, 다른 하나는 약간 고통스러운 수술을 통한 방법이다. 이제 당신은 다음 네 가지 상황 중 하나에 처해 있게 된다.

(1) 매우 고통스러운 수술을 받기 전 상황
(2) 약간 고통스러운 수술을 받기 전 상황
(3) 매우 고통스러운 수술을 받은 후 상황
(4) 약간 고통스러운 수술을 받은 후 상황

수술의 결과는 네 상황 모두 동일하고 당신의 신체에 미칠 영향 역시 동일하다고 가정했을 때, 이 중 하나의 상황을 선택하라고 한다면, 물론 당신은 (4)를 택할 것이다. 그러나 만일 누군가가 (3)보다 (4)가 선호될 이유가 무엇이냐고 물어본다면 어찌할 것인가? 이미 수술을 받은 후의 상황이라면, 그 수술이 매우 고통스러웠든지 아니면 약간 고통스러웠든지 하는 것이 중요한 이유가 무엇인가? 이에 대해 당신은 다음과 같이 대답할 수 있을 지도 모른다. “우리는 더 고통스러운 경험을 기억하는 것보다 덜 고통스러운 경험을 기억하는 것을 선호한다.” 그렇다면 당신이 기억상실증에 걸려 있다고 가정해 보자. 그럼에도 (3)보다 (4)가 더 선호되어야 하는 이유는 무엇인가? 당신은 다음과 같이 말할 수 있다. “______________________________”

하지만 이 대답 역시 만족스럽지 않다. 상황 (2)와 (3) 사이에서 어떤 상황에 처해 있기를 원하느냐고 묻는다면, 직관적으로 (3)이라고 해야 할 것 같다. 그러나 위의 대답은 오히려 (2)를 더 선호해야 할 것 같기 때문이다.

① 고통스러운 기억이 더 적은 상황을 선호해야 한다.
② 인생 전체 고통의 총량이 적은 상황을 선호해야 한다.
③ 수술을 앞두고 있는 상황보다 수술을 마친 상황을 선호해야 한다.
④ 수술을 마친 상황보다 수술을 앞두고 있는 상황을 선호해야 한다.
⑤ 장차 겪을 고통에 대해 더 큰 내성을 갖게 되는 경우를 선호해야 한다.

04 다음 글을 통해 알 수 있는 내용으로 옳은 것을 고르면?

○△×
○△×
○△×

아리스토텔레스는 정치체제를 세 가지로 구분하는데, 군주정, 귀족정, 제헌정이 그것이다. 세 번째 정치체제는 재산의 등급에 기초한 정치체제로서, 금권정으로 불러야 마땅하지만, 대부분의 사람들은 제헌정이라고 부른다. 이것들 가운데 최선은 군주정이며 최악은 금권정이다.

또한 그는 세 가지 정치체제가 각기 타락한 세 가지 형태를 제시한다. 참주정은 군주정의 타락한 형태이다. 양자 모두 일인 통치체제이긴 하지만 그 차이는 엄청나다. 군주는 모든 좋은 점에 있어서 다른 사람들을 능가하기 때문에 자신을 위해 어떤 것도 필요로 하지 않는다. 그래서 군주는 자기 자신에게 이익이 되는 것이 아니라 다스림을 받는 사람에게 이익이 되는 것을 추구한다. 반면 참주는 군주의 반대이다. 못된 군주가 참주가 된다. 참주는 자신에게만 이익이 되는 것을 추구하기에, 참주정은 최악의 정치체제이다.

귀족정이 과두정으로 타락하는 것은 지배자 집단의 악덕 때문이다. 그 지배자 집단은 도시의 소유물을 올바르게 배분하지 않으며, 좋은 것들 전부 혹은 대부분을 자신들에게 배분하고 공직은 항상 자신들이 차지한다. 그들이 가장 중요하게 생각하는 것은 부를 축적하는 일이다. 과두정에서는 소수만이 다스리는데, 훌륭한 사람들이 아니라 못된 사람들이 다스린다.

민주정은 다수가 통치하는 체제이다. 민주정은 금권정으로부터 나온다. 금권정 역시 다수가 통치하는 체제인데, 일정 재산 이상의 자격 요건을 갖춘 사람들은 모두 동등하기 때문이다. 타락한 정치체제 중에서는 민주정이 가장 덜 나쁜 것이다. 제헌정의 기본 틀에서 약간만 타락한 것이기 때문이다.

① 군주정은 민주정보다 나쁜 정치체제이다.
② 아리스토텔레스는 정치체제를 일곱 가지 형태로 구분하였다.
③ 제헌정, 참주정, 귀족정, 과두정 중에서 최악의 정치체제는 제헌정이다.
④ 금권정에서 타락한 형태의 정치체제가 과두정보다 더 나쁜 정치체제이다.
⑤ 군주정과 참주정은 일인 통치체제이지만, 제헌정과 민주정은 다수가 통치하는 체제이다.

05 다음 [표]는 사회 보험과 여타 사회 보장 제도의 특징을 비교한 자료이다. 이를 바탕으로 판단한 내용으로 옳은 것을 고르면?

○△×
○△×
○△×

[표] 사회 보험과 여타 사회 보장 제도의 특징 비교

구분	사회 보험	공공 부조	사회 복지 서비스
적용조건	강제 가입	신청/직권	개인 선택
적용대상(포괄성)	전 국민	빈곤선 이하 국민	수혜 희망자
비용	가입자/고용주 부담	공적 부담	공적 부담, 수익자 부담
급여 수준	근로자의 임금비례제 (기여비례) 또는 균일제	일정 기준의 생활보장 (최저 수준)	다양
급여 기간	기한부 급여	조건이 충족되면 기간 제한 없음	희망에 따라
급여 개시	사고가 발생하면 급여	빈곤사실이 인정되면 급여	개인 선택 시
급여 자격	가입하여 보험료 납입	자산조사와 상태조사를 통해 빈곤사실 판명	대상이 되는 사람 중 희망자
기본 기능	예방적 기능	구빈적 기능	보완적 기능
제도의 유형	국민연금, 국민건강보험	국민기초생활보장제도	노인복지, 부녀복지 등

① 기초생활보호대상자를 지원하는 법은 사회 복지 서비스에 속한다.
② 사회 보험이 빈곤선 이하로 떨어지게 되는 것에 대한 예방적 기능이 있다면 공공 부조에는 그런 기능은 없다.
③ 사회 보험에서 납입한 보험료가 공공 부조에도 쓰인다.
④ 사회 보험이 가입자만 받을 수 있다면 사회 복지 서비스는 희망자라면 누구나 받을 수 있다.
⑤ 공공 부조는 빈곤선까지 내려가 있는 사람이라면 강제 가입된 것이나 마찬가지다.

06 다음 글을 바탕으로 판단한 내용으로 옳지 않은 것을 고르면?

○△×
○△×
○△×

제○○조(상호선정의 자유) 상인은 그 성명 기타의 명칭으로 상호(商號)를 정할 수 있다.
제△△조(상호등기의 효력) 타인이 등기한 상호는 동일한 특별시·광역시·시·군에서 동종영업의 상호로 등기하지 못한다.
제□□조(주체를 오인시킬 상호의 사용금지) ① 누구든지 부정한 목적으로 타인의 영업으로 오인할 수 있는 상호를 사용하지 못한다.
② 제1항의 규정에 위반하여 상호를 사용하는 자가 있는 경우에 이로 인하여 손해를 받을 염려가 있는 자 또는 상호를 등기한 자는 그 폐지를 청구할 수 있다.
③ 제2항의 규정은 손해배상의 청구에 영향을 미치지 아니한다.
④ 동일한 특별시·광역시·시·군에서 동종영업으로 타인이 등기한 상호를 사용하는 자는 부정한 목적으로 사용하는 것으로 추정한다.

※추정(推定): 어떤 사실에 대하여 반대증거가 없을 때 그 사실을 그대로 인정하는 것

① 서울특별시에 등기된 프랑스 음식점의 상호 '빠리지앤느'에서 힌트를 얻어 택배업에 사용할 목적으로 선정된 상호 '빠르지안니'는 서울특별시에서도 등기가 가능하다.
② 부정한 목적으로 갑의 영업이라고 오인될 수 있는 상호를 사용하는 을에 대하여 상호의 부정사용으로 손해를 받을 염려가 있는 갑은 그 상호의 폐지를 청구할 수 있다.
③ 상호를 등기한 갑은 부정한 목적으로 갑의 영업이라고 오인될 수 있는 상호를 사용하는 을에 대하여 상호의 부정사용으로 손해를 받을 염려가 없더라도 그 상호의 폐지를 청구할 수 있다.
④ 상호를 등기한 자는 동종영업을 하는 타인이 동일 지역에서 등기된 자신의 상호를 사용한 경우에 그 상호의 폐지 및 손해배상을 청구하기 위해서는 그의 부정한 목적을 증명하여야 한다.
⑤ 영업이 잘 되고 있는 갑의 '미더'라는 상호가 아직 등기되지 않았음을 알고 을이 '미더'라는 상호를 사용하여 갑의 영업을 방해하려고 그 상호를 등기한 경우, 이로 인해 손해를 입은 갑은 을에 대하여 손해배상을 청구할 수 있다.

07 다음 글의 내용과 일치하는 것을 [보기]에서 모두 고르면?

○△×
○△×
○△×

육조는 조선 시대에 국가의 정무를 나누어 맡아보던 이조, 호조, 예조, 병조, 형조, 공조에 대한 총칭이다. 별칭으로 육부 또는 육관으로 불리었다. 육조의 기능을 보면 이조는 주로 인사를 담당하였으며, 호조는 재정·경제와 호적 관리를, 예조는 과거 관리 및 일반 의례를 담당하였고, 병조는 군제와 군사를, 형조는 형벌 및 재판과 노비문제를, 공조는 도로, 교량, 도량현 등을 관리했다.

육조는 각 조마다 정2품의 판서 1인, 종2품의 참판 1인, 정3품의 참의 1인, 정5품의 정랑이 2인에서 4인, 정6품의 좌랑이 2인에서 4인 등으로 구성되었다. 사무운영에서 일상적 업무처리는 정랑·좌랑이, 중대사 및 돌발적인 업무는 판서·참판·참의 등 당상관(정3품 이상)이 중심이 되어 처리했다.

육조의 서열은 1418년까지는 이, 병, 호, 예, 형, 공조의 순서였고, 이후에는 이, 호, 예, 병, 형, 공조의 순서가 되었다. 즉, 조선 세종 이후 병조가 약화되고 재무를 다루던 호조와 의례를 다루던 예조가 강화되었다.

육조는 왕권 및 통치 구조와 연관되면서 수시로 그 세력이 조절되었지만, 법제적으로는 국정의 가장 중심이 되는 기관이었다. 육조의 정랑·좌랑은 임기를 마치면 승진되는 특혜를 받았으며, 이, 예, 병조의 정랑·좌랑은 문관만 재직할 수 있도록 되어 있었다.

보기

㉠ 조선 시대에는 관료의 채용 관련 업무와 관료의 승진·평가 업무를 한 부서에서 전담하지 않았다.
㉡ 조선 시대 군제와 군사를 담당하는 병조는 무관의 고유 업무 영역이었다.
㉢ 조선 시대 육조에는 18명의 당상관이 있었으며, 육관의 서열이 정해져 있었다.
㉣ 조선 초기에 비해 조선 후기에는 실학사상의 영향으로 호조의 역할이 강화되었다.
㉤ 조선 시대 당상관의 경우에는 임기제로 운영되고 있었다.

① ㉠, ㉡　② ㉠, ㉢　③ ㉡, ㉢　④ ㉡, ㉣　⑤ ㉣, ㉤

08 다음 글을 바탕으로 갑의 행위가 뇌물에 관한 죄에 해당하지 않는 것을 고르면?

○△×
○△×
○△×

> 뇌물에 관한 죄는 공무원 또는 중재인이 그 직무에 관하여 뇌물을 수수(收受)·요구 또는 약속하는 수뢰죄와 공무원 또는 중재인에게 뇌물을 약속·공여(자진하여 제공하는 것)하거나 공여의 의사표시를 하는 증뢰죄를 포함한다. 뇌물에 관한 죄가 성립하기 위해서는 직무에 관하여 뇌물을 수수·요구 또는 약속한다는 사실에 대한 고의(故意)가 있어야 한다. 즉, 직무의 대가에 대한 인식이 있어야 한다. 또한 뇌물로 인정되기 위해서는 그것이 직무에 관한 것이어야 하며, 뇌물은 불법한 보수이어야 한다. 여기서 '직무'란 공무원 또는 중재인의 권한에 속하는 직무행위 그 자체뿐만 아니라 직무와 밀접한 관계가 있는 행위도 포함하는 개념이다. 그리고 '불법한 보수'란 정당하지 않은 보수이므로, 법령이나 사회 윤리적 관점에서 인정될 수 있는 정당한 대가는 뇌물이 될 수 없다. 그 밖에 '수수'란 뇌물을 취득하는 것을 의미하며, 수수라고 하기 위해서는 자기나 제3자의 소유로 할 목적으로 남의 재물을 취득할 의사가 있어야 한다. 한편, 보수는 직무행위와 대가관계에 있는 것임을 요하고, 그 종류, 성질, 액수나 유형, 무형을 불문한다.
>
> ※ 중재인: 법령에 의하여 중재의 직무를 담당하는 자를 말한다. 예컨대 노동조합 및 노동관계조정법에 의한 중재위원, 중재법에 의한 중재인 등이 이에 해당한다.

① 갑은 대통령경제수석비서관으로 재직하면서 X은행장인 을로부터 X은행이 추진 중이던 업무 전반에 관하여 선처해 달라는 취지의 부탁을 받고 금전을 받았다.
② 갑은 각종 인·허가로 잘 알게 된 담당공무원 을에게 건축허가를 해 달라고 부탁하면서 술을 접대하였을 뿐만 아니라 을이 윤락여성과 부적절한 관계를 맺을 수 있도록 하였다.
③ 경찰청 형사과 소속 경찰관 갑은 을회사가 외국인 산업연수생에 대한 국내관리업체로 선정되도록 중소기업협동조합중앙회 회장 병에게 이야기해 달라는 부탁을 받고 을로부터 향응을 제공받았다.
④ 자치단체장 갑은 해당 지방자치단체의 공사도급을 받으려는 건설업자 을로부터 청탁과 함께 금품을 받아 이를 개인적인 용도가 아닌 부하직원의 식대, 휴가비와 자치단체의 홍보비 등으로 소비하였다.
⑤ 노동부 해외근로국장으로서 해외취업자 국외송출허가업무를 취급하던 갑은 을로부터 인력송출의 부탁과 함께 사례조로 받은 자기앞수표를 자신의 은행계좌에 예치시켰다가 그 뒤 후환을 염려하여 을에게 반환하였다.

09 KTX를 타고 360km를 이동하면 목적지에 도착한다. 예정대로라면 4시 58분에 출발하여 6시 18분에 도착하여야 하지만, KTX의 출발시간이 10분 지연되었다. 원래 예정된 시간에 도착하기 위해서 KTX는 평균 얼마의 속도로 달려야 하는지 고르면?

○△×
○△×
○△×

① 약 280km/h ② 약 292km/h ③ 약 302km/h
④ 약 309km/h ⑤ 약 321km/h

10 다음 [표]는 매달 1일에 누적 가스사용량과 누적 전기사용량을 집계하여 작성한 자료이다. 이를 바탕으로 전기 사용요금 대비 가스 사용요금이 가장 많이 나온 달을 고르면?

○△×
○△×
○△×

[표] 누적 가스사용량 및 누적 전기사용량

누적사용량 / 집계일	누적 가스사용량(ℓ)	누적 전기사용량(kw)
1월 1일	12,170	26,070
2월 1일	12,440	26,580
3월 1일	12,700	27,060
4월 1일	12,960	27,470
5월 1일	13,190	27,860

※ 사용요금 계산법: 한 달 가스 사용량이 m(ℓ)이고 전기 사용량이 n(kw)일 때 그 달 사용요금은 다음과 같이 계산함
한 달 가스 사용요금＝1,000원(기본요금)＋m×500원
한 달 전기 사용요금＝40,000원＋(n−300)×200원(300≤n＜400일 때)
60,000원＋(n−400)×300원(400≤n＜500일 때)
90,000원＋(n−500)×600원(500≤n일 때)

① 1월 ② 2월 ③ 3월 ④ 4월 ⑤ 5월

11 다음 글을 바탕으로 추론할 수 있는 내용을 [보기]에서 모두 고르면?

○△×
○△×
○△×

기억에 관련된 연구를 진행한 일부 학자들은 머리크기는 기억 용량과 유의미한 관계가 있다고 주장한다. 외부 세계에서 온 정보가 감각 기관을 통해 머릿속으로 들어오고 그 곳에서 저장되므로 정보가 저장되는 머리, 즉 뇌와 물건을 담는 물리적 용기 사이에는 유사한 대응관계가 있다는 것이다. 물리적 용기가 크면 클수록 내용물을 많이 담을 수 있듯이 머리가 클수록 더 많은 정보를 담을 수 있으리라는 유추가 그들 주장의 핵심이다.

연구자 P는 위의 주장이 타당한지 여부와 지역에 따른 차이를 알아보기 위해서 다음과 같이 실험연구를 실시하였다. 다음은 A지역과 B지역 사람들의 머리둘레와 기억력 테스트에서 회상된 단어 수 사이의 관계를 보여준다.(단, 실험설계 및 통계상의 오류는 없는 것으로 가정한다.)

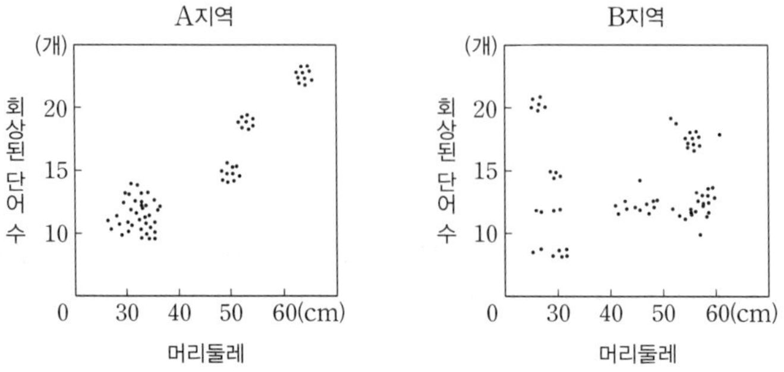

※ 머리크기는 머리둘레로 측정함

보기

㉠ A지역 사람들이 B지역 사람들보다 머리크기와 기억용량 사이의 관련성이 더 크다.
㉡ A지역 사람들의 경우 기억용량을 측정하면, 그 사람의 머리크기가 어느 정도 될 것인지를 일정한 범위 내에서 대략적으로 예측해 볼 수 있다.
㉢ 회상된 단어의 수가 같다면 A지역 사람들보다 B지역 사람들의 머리가 더 크다.
㉣ 뇌에서 정보가 저장되는 역할을 하는 부분의 크기가 사람마다 차이가 없다면, A지역의 실험결과는 더욱 의미가 커진다.

① ㉠, ㉡　② ㉠, ㉢　③ ㉡, ㉢　④ ㉢, ㉣　⑤ ㉠, ㉡, ㉣

12 다음 [도표]는 주어진 [규칙]에 따라 2에서 10까지의 서로 다른 자연수의 관계를 나타낸 것이다. 이때 가~다에 해당하는 수의 합을 고르면?

○△× ○△× ○△×

도표

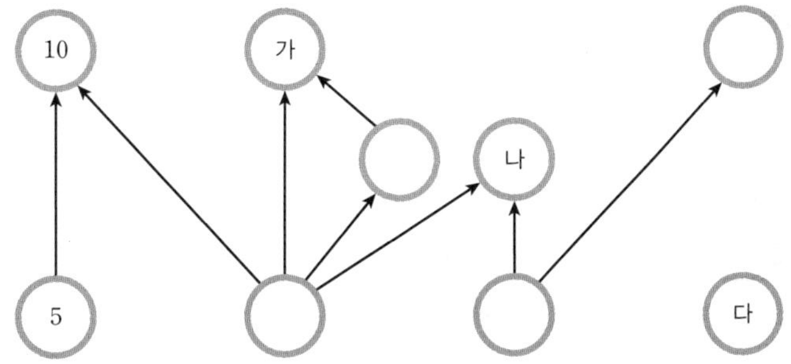

규칙

- [도표]에서 2에서 10까지의 자연수는 ◯ 안에 한 개씩만 사용되고, 사용되지 않는 자연수는 없다.
- 2에서 10까지의 서로 다른 임의의 자연수 3개를 x, y, z라고 할 때,
  - (x) ⟶ (y)는 y가 x의 배수임을 나타낸다.
  - 화살표로 연결되지 않은 (z)는 z가 x, y와 약수나 배수 관계가 없음을 나타낸다.

① 19　② 21　③ 22　④ 23　⑤ 24

13 다음 [표]는 연도별 A~D지역의 1인 1일당 단백질 섭취량과 지역별 전체 인구에 대한 자료이다. 주어진 [표]를 바탕으로 작성한 [그래프]로 옳지 않은 것을 고르면?

○△× ○△× ○△×

[표1] 지역별 1인 1일당 단백질 섭취량

(단위: g)

구분	2017년	2018년	2019년
A지역	50	60	75
B지역	100	100	110
C지역	100	90	80
D지역	50	50	50

※ 단백질은 동물성 단백질과 식물성 단백질로만 구성됨

[표2] 지역별 1인 1일당 식물성 단백질 섭취량

(단위: g)

구분	2017년	2018년	2019년
A지역	25	25	25
B지역	10	30	50
C지역	20	20	20
D지역	10	5	5

[표3] 지역별 전체 인구

(단위: 명)

구분	2017년	2018년	2019년
A지역	1,000	1,000	1,100
B지역	1,000	1,000	1,000
C지역	800	700	600
D지역	100	100	100

① 연도별 B지역과 D지역의 1인 1일당 동물성 단백질 섭취량

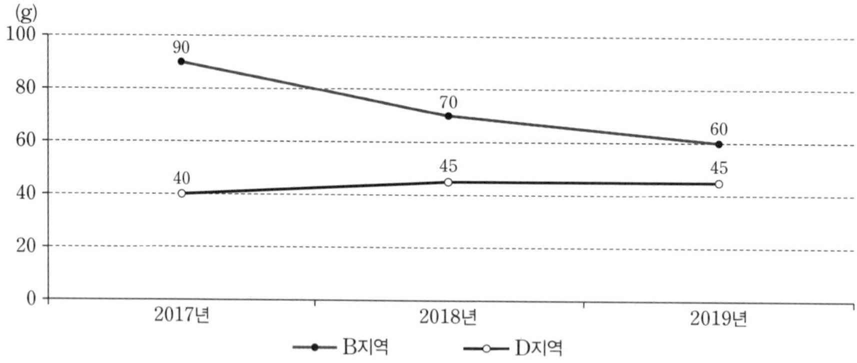

② 2019년 지역별 1일 단백질 총 섭취량

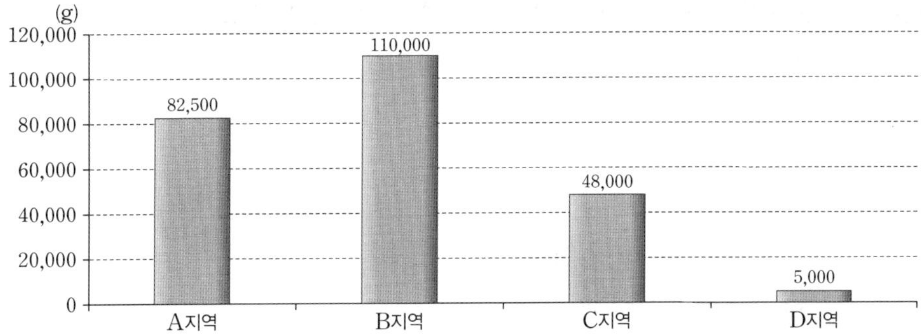

③ 2017년 지역별 1인 1일당 단백질 섭취량 구성비

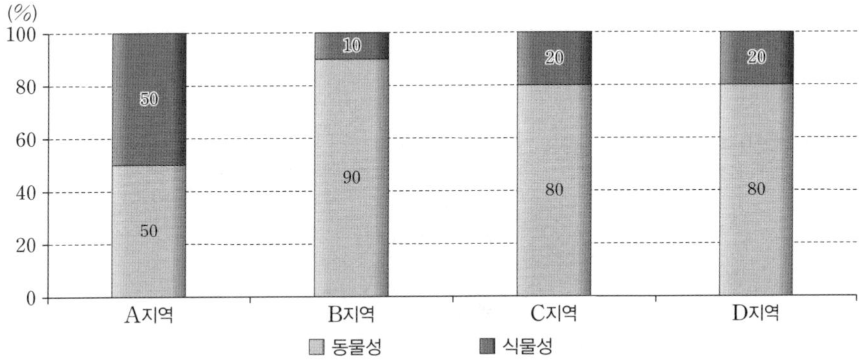

④ 연도별 A지역과 C지역의 1인 1일당 동물성 단백질 섭취량과 1인 1일당 식물성 단백질 섭취량의 차이

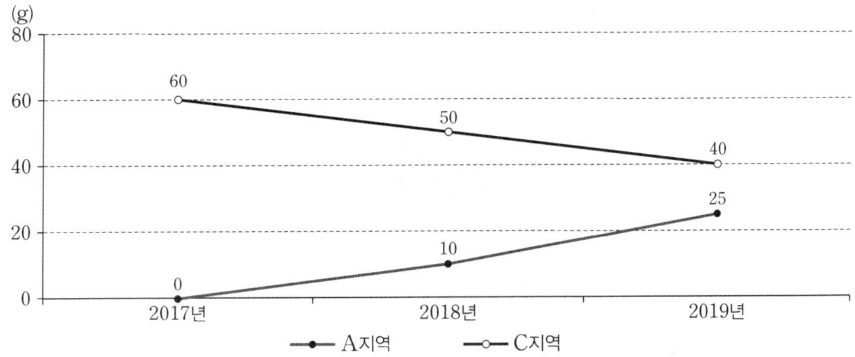

⑤ 지역별 2017년 대비 2018년 1인 1일당 식물성 단백질 섭취량 증감률

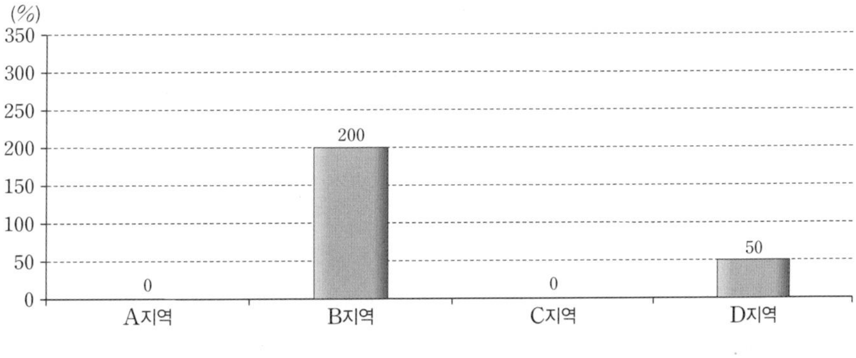

14 **다음 [그래프]는 2020~2021년 변리사 A와 B의 특허출원 건수에 대한 자료이다. 2021년 변리사 B의 특허출원 건수는 2020년 변리사 B의 특허출원 건수의 몇 배인지 고르면?**(단, 특허출원은 변리사 A 또는 B 단독으로만 이루어진다.)

[그래프1] 2020~2021년의 변리사별 전체 특허출원 건수 (단위: 건)

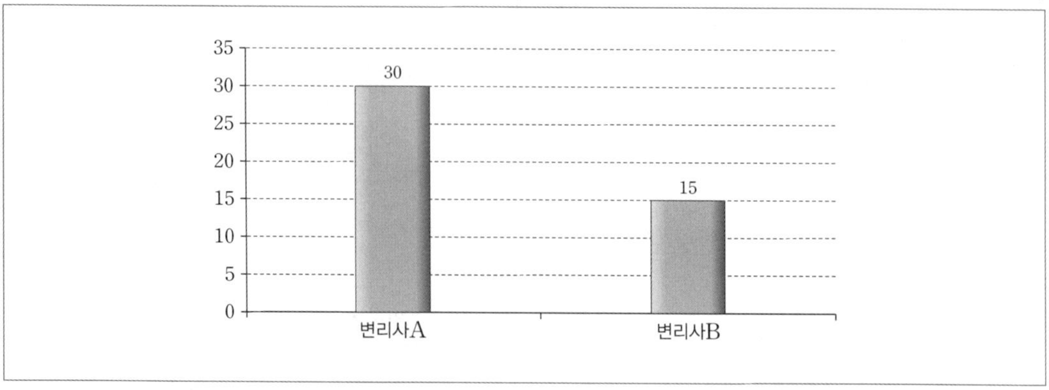

[그래프2] 연도별 변리사 A와 B의 전체 특허출원 건수 구성비 (단위: %)

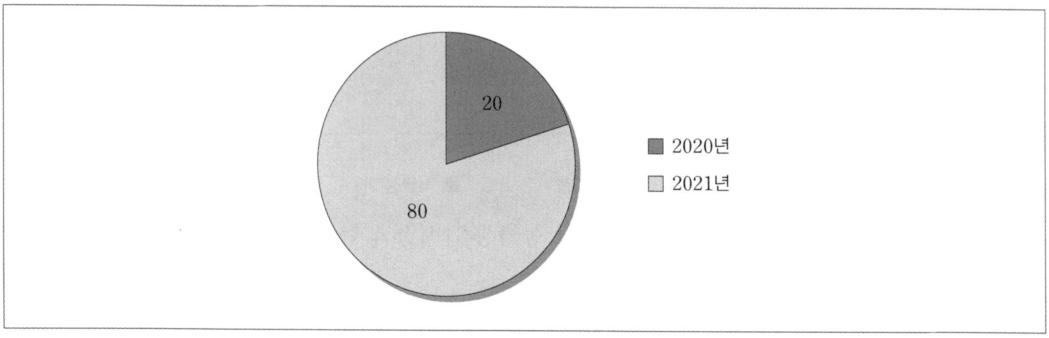

[그래프3] 연도별 변리사 A의 전체 특허출원 건수 구성비 (단위: %)

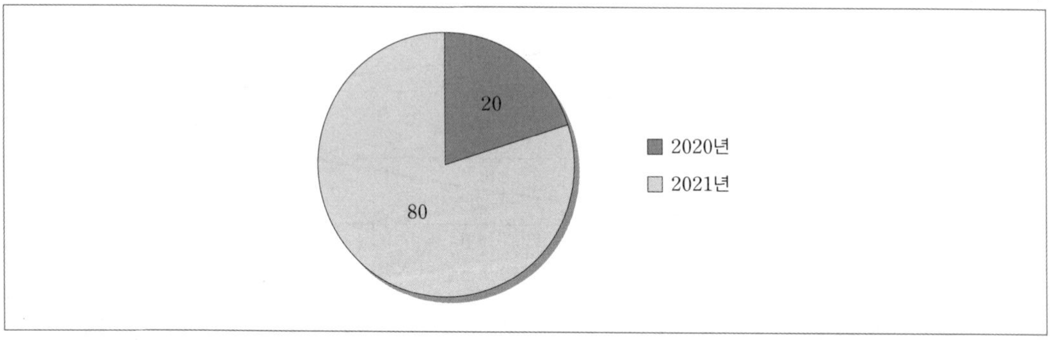

① 2배 ② 3배 ③ 4배 ④ 5배 ⑤ 6배

15 다음 [표]는 어느 학급 전체 학생 55명의 체육점수 분포이다. 이에 대한 설명으로 옳은 것을 [보기]에서 모두 고르면?

○△× ○△× ○△×

[표] 체육점수 분포 (단위: 점, 명)

점수	1	2	3	4	5	6	7	8	9	10
학생 수	1	0	5	10	23	10	5	0	1	0

※ 점수는 1점 단위로 1~10점까지 주어짐

보기

㉠ 전체 학생을 체육점수가 낮은 학생부터 나열하면 중앙에 위치한 학생의 점수는 5점이다.

㉡ 4~6점을 받은 학생 수는 전체 학생 수의 86% 이상이다.

㉢ 학급의 체육점수 산술평균은 전체 학생이 받은 체육점수 중 최고점과 최저점을 제외하고 구한 산술평균과 다르다.

㉣ 학급에서 가장 많은 학생이 받은 체육점수는 5점이다.

① ㉠ ② ㉡ ③ ㉠, ㉣ ④ ㉡, ㉢ ⑤ ㉠, ㉢, ㉣

16 다음 [보고서]는 세계 전기차 현황과 전망에 대한 내용이다. 이를 작성하기 위해 사용되지 않은 자료를 고르면?

○△✕
○△✕
○△✕

[보고서]

세계 각국이 내연기관차의 배기가스 배출을 규제하고, 친환경차 도입을 위한 각종 지원정책을 이어가면서 전기차 시장은 빠르게 성장하고 있다. '세계 전기차 전망' 보고서에 따르면, 전문가들은 2015년 1.2백만 대에 머물던 세계 전기차 누적 생산량이 2030년에는 2억 5천만 대를 넘어설 것으로 추정하고 있다. 전기차 보급에 대한 전망도 희망적이다. 2020년 5백만 대에 못 미치던 전 세계 전기차 연간 판매량이 2030년에는 2천만 대가 넘을 것으로 추정된다.

국내 역시 빠른 속도로 전기차 시장이 성장하고 있다. 정부의 친환경차 보급 로드맵에 따르면 2015년 산업수요 대비 비중이 0.2%였던 전기차는 2019년에는 2.4%까지 비중이 늘었고, 2025년에는 산업수요에서 차지하는 비중을 14.4%까지 끌어올린다는 목표를 가지고 있다.

전기차가 빠른 기간 내에 시장 규모를 키워나갈 수 있었던 것은 보조금 지원과 전기 충전 인프라 확충의 영향이 크다. 현재 전기차는 동급의 내연기관차에 비해 가격이 비싸지만, 보조금을 받아 구매하면 실구매가가 낮아진다. 우리나라에서 소비자는 2019년 3월 기준, 전기차 구매 시 지역별로 대당 최소 450만 원에서 최대 1,000만 원까지 구매 보조금을 받을 수 있다. 이는 전기차의 가격 경쟁력을 높이는 요인 중 하나다. 충전 인프라의 확충은 전기차 보급 확대의 핵심적인 요소로, 국내 전기 충전 인프라는 2019년 3월 기준 전국 주유소 대비 80% 수준으로 설치되어 있다.

① 세계 전기차 누적 생산량 현황과 전망

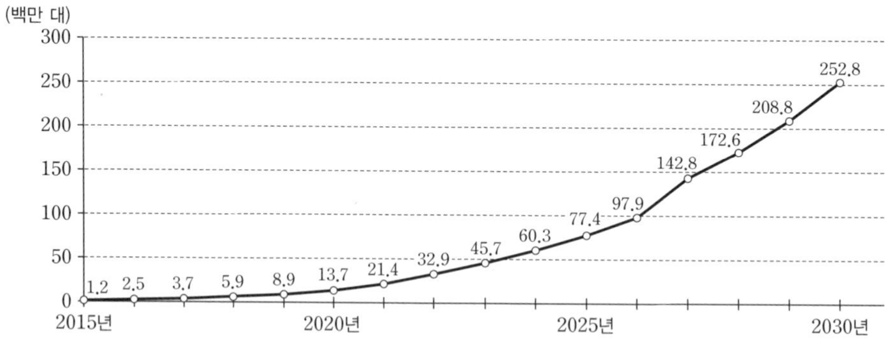

② 우리나라 지역별 전기차 공용 충전기 현황(2020년 3월)

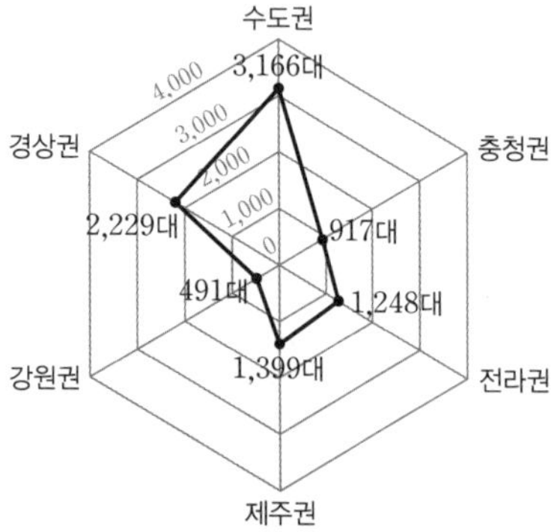

③ 우리나라 산업수요 대비 전기차 비중의 현황과 전망

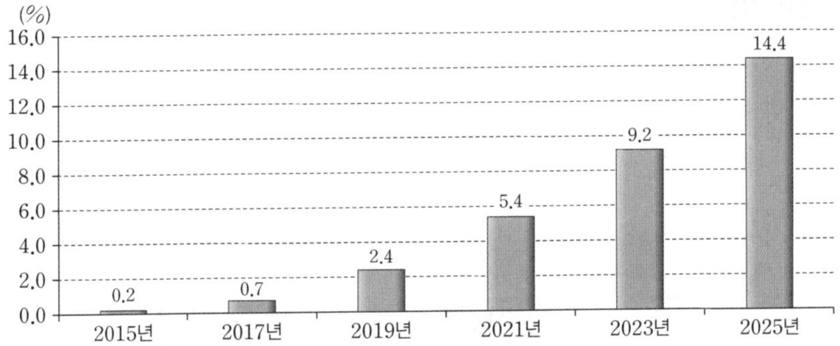

④ 세계 전기차 연간 판매량의 국가별 비중 현황과 전망

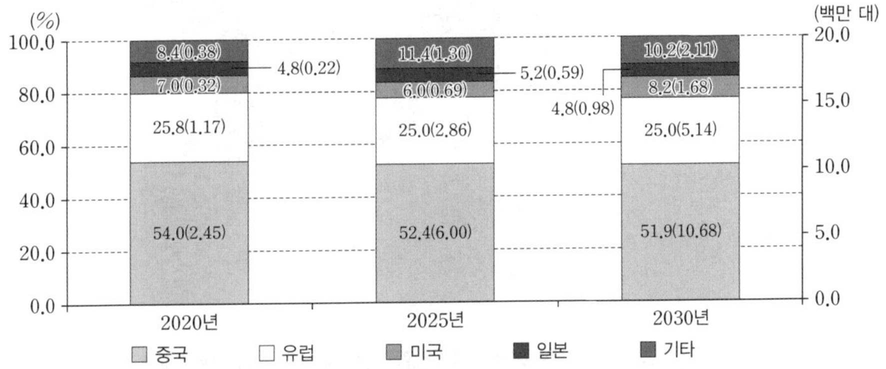

⑤ 우리나라 지역별 전기차 구매 보조금 현황(2019년 3월)

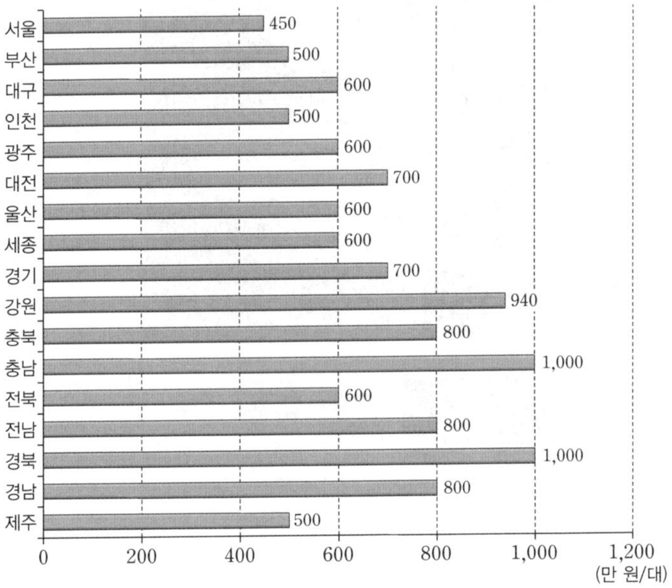

17 다음 [정보]와 [그림]은 2010년과 2020년 구획별 토지이용유형 현황을 보여 주는 자료이다. 이에 대한 설명으로 옳지 <u>않은</u> 것을 고르면?

정보

- 36개의 정사각형 구획으로 이루어져 있고, 각 구획의 토지면적은 동일하다.
- 각 구획의 토지이용유형은 '도시', '산림', '농지', '수계', '나지'로만 구성된다.

[그림] 2010년, 2020년 구획별 토지이용유형 현황

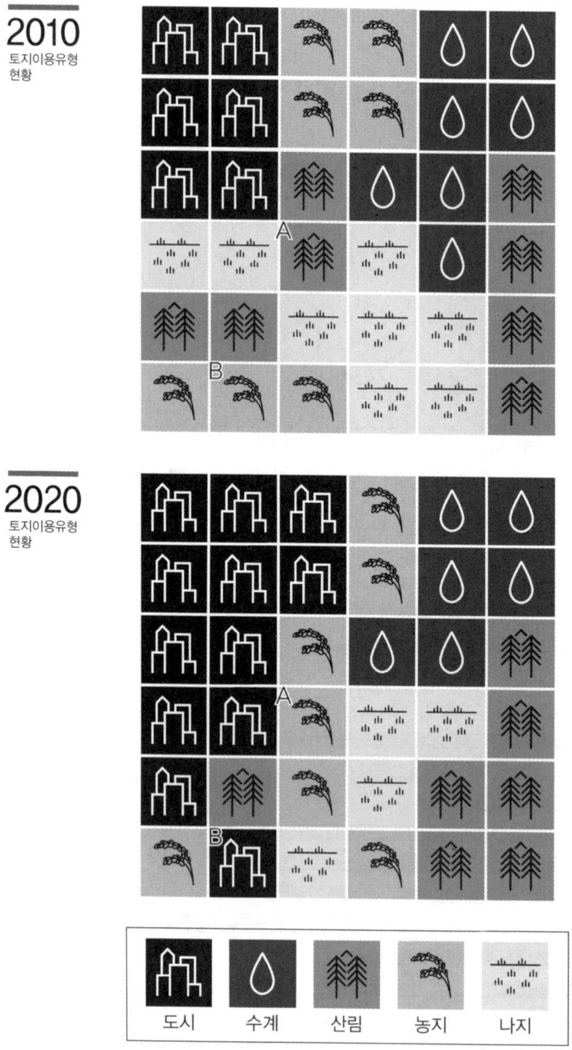

① 2010년 대비 2020년 토지이용유형별 토지면적 증감량은 가장 큰 유형이 두 번째로 큰 유형의 1.5배 이상이다.

② 2010년 산림 구획 중 2020년 산림이 아닌 구획의 토지면적은 2010년 농지가 아닌 구획 중 2020년 농지인 구획의 토지면적보다 작다.

③ 2010년 농지 구획의 개수는 2010년 산림이 아닌 구획 중 2020년 산림인 구획의 개수와 같다.

④ 2010년 전체 나지 구획 중 일부 구획은 2020년 도시, 농지, 산림 구획이 되었다.

⑤ 2021년 A구획과 B구획이 각각 도시, 나지이고 나머지 구획이 2020년의 토지이용유형과 동일하다면, 2020년과 2021년의 도시 구획의 토지면적은 동일하다.

18 **H부처에서 업무추진능력이 높은 서기관을 ○○프로젝트의 팀장으로 발탁하려고 한다. 성취행동 경향성이 높은 사람을 업무추진력이 높은 사람으로 규정할 때, 다음의 정의를 활용해서 [보기]의 서기관들을 업무추진능력이 높은 사람부터 순서대로 나열한 것을 고르면?**

○△×
○△×
○△×

성취행동 경향성(TACH)의 강도는 성공추구 경향성(Ts)에서 실패회피 경향성(Tf)을 뺀 점수로 계산할 수 있다(TACH=Ts−Tf). 성공추구 경향성에는 성취동기(Ms)라는 잠재적 에너지의 수준이 영향을 준다. 왜냐하면 성취동기는 성과가 우수하다고 평가받고 싶어하는 것으로 어떤 사람의 포부수준, 노력 및 끈기를 결정하기 때문이다. 어떤 업무에 대해서 사람들이 제각기 다양한 방식으로 행동하는 것은 성취동기가 다른 데도 원인이 있지만, 개인이 처한 환경요인이 서로 다르기 때문이기도 하다. 이 환경요인은 성공기대확률(Ps)과 성공결과의 가치(Ins)로 이루어진다. 즉 성공추구 경향성은 이 세 요소의 곱으로 결정된다.(Ts=Ms×Ps×Ins)

한편 실패회피 경향성은 실패회피동기(Mf), 실패기대확률(Pf) 그리고 실패결과의 가치(Inf)의 곱으로 결정된다. 이때 성공기대확률과 실패기대확률의 합은 1이며, 성공결과의 가치와 실패결과의 가치의 합도 1이다.

보기

- A서기관은 성취동기가 3이고, 실패회피동기가 1이다. 그는 국제환경협약에 대비한 공장건설환경 규제안을 만들었는데, 이 규제안의 실현가능성을 0.7로 보며, 규제안이 실행될 때의 가치를 0.2로 보았다.
- B서기관은 성취동기가 2이고, 실패회피동기가 1이다. 그는 도시고속화도로 건설안을 기획하였는데, 이 기획안의 실패가능성을 0.7로 보며, 도로건설사업이 실패하면 0.3의 가치를 갖는다고 보았다.
- C서기관은 성취동기가 3이고, 실패회피동기가 2이다. 그는 △△지역의 도심재개발계획을 주도하였는데, 이 계획의 실현가능성을 0.4로 보며, 재개발사업이 실패하는 경우의 가치를 0.3으로 보았다.

① A, B, C ② B, A, C ③ B, C, A ④ C, A, B ⑤ C, B, A

19 다음 글의 내용이 참일 때, 반드시 참인 것을 고르면?

○△×
○△×
○△×

도덕성에 결함이 있는 어떤 사람도 직원으로 채용되지 않는다. 업무 능력을 검증받았고 면접관들의 추천을 받았으며 직업윤리가 투철한, 즉 이 세 조건을 모두 만족하는 지원자는 누구나 올해 직원으로 채용된다. 올해 직원으로 채용되는 사람들 중에 봉사정신이 없는 사람은 아무도 없다. 직업윤리가 투철한 한이는 올해 직원 채용 시험에 지원하여 업무 능력을 검증받았다.

① 만일 한이가 도덕성에 결함이 없다면, 그는 올해 직원으로 채용된다.
② 만일 한이가 봉사정신을 갖고 있다면, 그는 올해 직원으로 채용된다.
③ 만일 한이가 도덕성에 결함이 있다면, 그는 면접관들의 추천을 받지 않았다.
④ 만일 한이가 올해 직원으로 채용된다면, 그는 면접관들의 추천을 받았다.
⑤ 만일 한이가 올해 직원으로 채용되지 않는다면, 그는 도덕성에 결함이 있고 또한 봉사정신도 없다.

20 다음 글의 내용이 참일 때, 반드시 거짓인 것을 고르면?

○△×
○△×
○△×

A공기업의 직원 갑, 을, 병, 정, 무가 있다. 이들은 지방자치단체와의 업무 협조를 위해 지방의 네 지역으로 출장을 갈 계획이다. 원활한 업무 수행을 위해서, 모든 출장은 위 직원들 중 두 명 또는 세 명으로 구성된 팀 단위로 이루어진다. 네 팀이 구성되어 네 지역에 각각 한 팀씩 출장이 배정된다. 네 지역 출장 날짜는 모두 다르며, 모든 직원은 최소한 한 번 출장에 참가한다. 이번 출장 업무를 총괄하는 직원은 단 한 명밖에 없으며, 그는 네 지역 모두의 출장에 참가한다. 더불어 업무 경력을 고려하여, 단 한 지역의 출장에만 참가하는 것은 신임 직원으로 제한한다. 이들 중 신임 직원은 한 명밖에 없다. 이런 기준 아래에서 출장 계획을 수립한 결과, 을은 갑과 단둘이 가는 한 번의 출장 이외에 다른 어떤 출장도 가지 않으며, 병과 정이 함께 출장을 가는 경우는 단 한 번밖에 없다. 그리고 네 지역 가운데 광역시가 두 곳인데, 단 두 명의 직원만이 두 광역시 모두 출장을 간다.

① 갑은 이번 출장 업무를 총괄하는 직원이다.
② 을은 광역시에 출장을 가지 않는다.
③ 병이 갑, 무와 함께 출장을 가는 지역이 있다.
④ 정은 총 세 곳에 출장을 간다.
⑤ 무가 출장을 가는 지역은 두 곳이고 그중 한 곳은 정과 함께 간다.

21 갑과 을이 다음과 같이 끝말잇기 놀이를 하였다. 주어진 [조건]을 바탕으로 A, B의 물음에 대한 답이 바르게 짝지어진 것을 고르면?

○△×
○△×
○△×

A. 갑이 사용한 단어 중 빈칸에 들어갈 글자를 왼쪽부터 차례로 나열한다면?
B. 게임에서 이긴 사람은 누구이며, 이길 때 제시한 단어는 무엇인가?

조건

- 갑이 '자동차'라는 단어를 제시하면서 놀이를 시작하였다.
- 갑은 자신의 단어 중 '지도'라는 어휘를 다섯 번째에 사용하였다.
- 다음 단어 중 사용되지 않은 것은 없으며, 모두 단 한 번씩만 사용되었다.
- 갑, 을이 사용한 모든 단어는 첫 자가 서로 다르다.

[갑이 사용한 단어]
선□, 지도, □날, 시험, 금은방, 자동차, 담배, 기□, 개천절

[을이 사용한 단어]
험담, 차림새, 절취선, 방사선, 심지, □시, 대금, □개, 배기

	A	B
①	심, 새, 대	을, 방사선
②	험, 새, 방	갑, 금은방
③	험, 장, 대	을, 방사선
④	심, 새, 방	갑, 금은방
⑤	험, 새, 선	을, 절취선

22 S연구소는 유전자, 자궁환경, 양육환경 등의 변수가 IQ에 영향을 미친다는 가설을 설정하였다. 이를 검증하기 위해 수천 명의 쌍둥이, 형제, 입양형제들의 IQ의 상관관계를 테스트하였고, 유의미한 결과가 나타났다. [보기1]의 결과를 보고 [보기2]와 같이 추론했을 때, 옳지 않은 것을 모두 고르면?(단, 자궁환경은 당해 임신기간 동안의 자궁의 상태를 의미한다.)

○△×
○△×
○△×

보기1

구분	테스트 조건	상관계수(r)
A	동일한 조건에서 같은 사람을 두 번 테스트한 경우	.87
B	일란성 쌍둥이가 동일한 조건에서 양육된 경우	.86
C	일란성 쌍둥이가 상이한 조건에서 양육된 경우	.76
D	이란성 쌍둥이가 동일한 조건에서 양육된 경우	.55
E	쌍둥이가 아닌 혈연 형제가 동일한 조건에서 양육된 경우	.47
F	비혈연 입양 형제들이 동일한 조건에서 양육된 경우	.25

※ 상관계수(r)는 다음과 같은 기준에 따라 해석함
.0〈r〈.2: 매우 낮은 상관관계
.2≤r〈.4: 낮은 상관관계
.4≤r〈.7: 비교적 높은 상관관계
.7≤r〈.9: 높은 상관관계
.9≤r≤1: 매우 높은 상관관계
※ 분석결과 해석에서 상관계수 간의 차이가 .05 미만이면 차이가 없는 것으로 봄

보기2

㉠ B와 D의 결과를 비교하면 유전자가 IQ에 미치는 영향을 알 수 있다.
㉡ B와 C의 결과를 비교하면 양육환경이 IQ에 미치는 영향을 알 수 있다.
㉢ D와 E의 결과를 비교하면 자궁환경이 IQ에 영향을 미치지 않는다는 것을 알 수 있다.
㉣ 일란성 쌍둥이가 동일한 조건에서 양육된 경우 IQ의 유사성은 동일한 사람을 두 번 테스트한 것과 거의 다를 바가 없다.
㉤ 유전자 간의 유사성이 전혀 없는 사람들도 동일한 양육환경에서 성장하면 IQ 간의 상관관계가 높다.

① ㉠, ㉢ ② ㉠, ㉣ ③ ㉡, ㉢ ④ ㉡, ㉤ ⑤ ㉢, ㉤

23 다음 [보기]는 용수철로 묶여 있어서 앞뒤로 자유롭게 넘길 수 있는 ○○○○년도 우리나라의 달력이다. 이 달력은 해당 연도의 12개월분이 있었는데, 그중 여러 장이 찢겨 나가 있었고, 이전 사용자가 의도적으로 ◯과 같은 구멍을 뚫어 놓아서 그다음 장 혹은 그 이후의 장에 있는 숫자가 보이게 되어 있다. 이 달력과 관련하여 판단한 내용으로 옳지 않은 것을 고르면?

○△× ○△× ○△×

보기

- 첫 장은 일요일에 해당되는 날과 15일(국경일)이 빨간색으로 표시되어 있었다.
- 공휴일인 국경일은 삼일절, 광복절, 개천절뿐이다.
- 달력의 해당 연도는 윤년이 아니고 홀수 달은 모두 찢겨 나가 있었다.

일	월	화	수	목	금	토
			③	2	①	4
5	6	7	8	9	10	11
12	13	14	15	16	17	18
19	20	21	㉕	23	24	25
26	27	28	29	30	31	

① 첫 장은 해당 연도의 12월이 아니다.
② ㉕가 원래 속해 있는 달은 10월이 아니다.
③ ③이 원래 속해 있는 달은 첫 장 달의 2개월 후이다.
④ ①이 원래 속해 있는 달은 첫 장 달과 4개월의 차이가 있다.
⑤ ③이 원래 속해 있는 달과 ㉕가 원래 속해 있는 달은 6개월의 차이가 있다.

24 **콩쥐, 팥쥐, 향단, 춘향 네 사람은 함께 마을 잔치에 참석하기로 했다. 족두리, 치마, 고무신을 빨간색, 파란색, 노란색, 검은색 색깔별로 총 12개의 물품을 공동으로 구입하여, 각 사람은 각각 다른 색의 족두리, 치마, 고무신을 하나씩 빠짐없이 착용하기로 했다. 예를 들어 어떤 사람이 빨간 족두리, 파란 치마를 착용한다면, 고무신은 노란색 또는 검은색으로 착용해야 한다. 주어진 [조건]을 바탕으로 반드시 참인 것을 고르면?**

○△×
○△×
○△×

조건

- 선호하는 것을 배정받고, 싫어하는 것은 배정받지 않는다.
- 콩쥐는 빨간색 치마를 선호하고, 파란색 고무신을 싫어한다.
- 팥쥐는 노란색 치마를 싫어하고, 검은색 고무신을 선호한다.
- 향단은 검은색 치마를 싫어한다.
- 춘향은 빨간색을 싫어한다.

① 콩쥐는 검은색 족두리를 배정받는다.
② 팥쥐는 노란색 족두리를 배정받는다.
③ 향단이는 파란색 고무신을 배정받는다.
④ 춘향이는 검은색 치마를 배정받는다.
⑤ 빨간 고무신을 배정받는 사람은 파란색 족두리를 배정받는다.

25 시한의 차에 있는 라디오에는 1부터 8까지 번호가 붙어 있는 버튼이 8개가 있다. 각 버튼은 락, 발라드, 테크노 중 한 가지 장르를 방송하는 방송국을 저장시킬 수 있다. 각 장르에 해당하는 방송국은 최대 3개 버튼까지만 저장될 수 있으며, 다음 [조건]을 따른다. 2번 버튼에 저장된 방송국이 락 방송국일 때, 반드시 참인 것을 고르면?

○△×
○△×
○△×

조건

- 3, 4, 5번 버튼은 각각 다른 장르의 방송국이 저장되어 있다.
- 5, 6번 버튼은 같은 장르의 방송국이 저장되지 않는다.
- 1, 7번 버튼에 저장된 방송국은 테크노를 방송하지 않으며, 같은 장르의 음악을 방송한다.
- 6번 버튼에 저장된 방송국이 락을 방송하지 않으면, 2번 버튼에 저장된 방송국은 테크노를 방송한다.

① 5번 버튼에 저장된 방송국에서는 테크노를 방송한다.
② 4번 버튼에 저장된 방송국에서는 락을 방송한다.
③ 3번 버튼에 저장된 방송국에서는 발라드를 방송한다.
④ 8번 버튼에 저장된 방송국에서는 락을 방송한다.
⑤ 7번 버튼에 저장된 방송국에서는 발라드를 방송한다.

정답과 해설 ▶ P.136

eduwill

에듀윌 공기업

매일 1회씩 꺼내 푸는 NCS

DAY 20

eduwill

매1N 3회독 루틴 프로세스

*더 자세한 내용은 매1N 3회독 학습가이드를 확인하세요!

1 3회독 기록표에 학습날짜와 문제풀이 시작시간을 적습니다.

2 시험장에서 문제를 푸는 것처럼 풀어 보세요.

3 모바일 OMR 또는 회독용 답안지에 마킹한 후, 종료시간을 적고 초과시간을 체크합니다.

▶모바일 OMR 바로가기

[1회독용] http://eduwill.kr/a5oF

[2회독용] http://eduwill.kr/i5oF

[3회독용] http://eduwill.kr/b5oF

4 문항별 3회독 체크표(○ △ ✕)에 표시합니다. 문제를 풀면서 알고 풀었으면 ○, 헷갈렸으면 △, 전혀 몰라서 찍었으면 ✕에 체크하세요.

3회독 TIP

- 1회독: 25문항을 빠짐없이 풀어 보세요.
- 2~3회독: 틀린 문항만 골라서 풀어 보세요.

3회독 기록표

1회독		2회독		3회독	
학습날짜	월 일	학습날짜	월 일	학습날짜	월 일
시작시간	:	시작시간	:	시작시간	:
종료시간	:	종료시간	:	종료시간	:
점 수	점	점 수	점	점 수	점

01 다음 글을 바탕으로 추론할 수 있는 내용을 [보기]에서 모두 고르면?

○△×
○△×
○△×

하나의 세포가 표적세포로 신호를 전달하는 방법에는 여러 종류가 있다. 이 중 직접 결합 방법은 세포가 표적세포와 직접 결합하여 신호를 전달하는 방법이다. 또한 측분비 방법은 세포가 신호전달물질을 분비하여 근접한 거리에 있는 표적세포에 신호를 전달하는 방법이다. 그리고 내분비 방법은 세포가 신호전달물질의 일종인 호르몬을 분비하여 이 물질이 순환계를 통해 비교적 먼 거리를 이동한 후 표적세포에 신호를 전달하는 방법이다.

동물의 면역세포에서 분비되는 신호전달물질은 세포 사이에 존재하는 공간을 통해 확산되어 근거리에 위치한 표적세포에 작용한다. 특정 면역세포가 히스타민을 분비하여 알레르기 반응을 일으키는 것이 대표적인 예이다. 신경세포 사이의 신호 전달은 신경세포에서 분비되는 신경전달물질에 의해 일어난다. 신경전달물질은 세포 사이에 존재하는 공간을 통해 확산되어 근거리에 있는 표적세포에 작용한다.

내분비샘 세포에서 분비된 호르몬은 모세혈관으로 확산되어 혈액을 따라 이동하고 표적세포의 근처에 도달했을 때 혈관으로부터 빠져나와 표적세포에 작용한다. 따라서 표적세포에서 반응을 일으키는 데 걸리는 시간은 호르몬이 신경전달물질보다 더 오래 걸린다.

보기

㉠ 신경전달물질에 의한 신호 전달은 측분비 방법을 통해 이루어진다.
㉡ 내분비 방법이 측분비 방법보다 표적세포에서 더 빠른 반응을 일으킨다.
㉢ 하나의 세포가 표적세포로 신호를 전달하기 위해서는 신호전달물질의 분비가 필수적이다.

① ㉠ ② ㉢ ③ ㉠, ㉡ ④ ㉡, ㉢ ⑤ ㉠, ㉡, ㉢

02 다음 글을 바탕으로 추론할 수 있는 내용으로 적절한 것을 [보기]에서 모두 고르면?

○△×
○△×
○△×

아기를 키우다보면 정확히 확인해야 할 것이 정말 많다. 육아 훈수를 두는 주변 사람들이 많은데 어디까지 믿어야 할지 헷갈리는 때가 대부분이다. 특히 아기가 먹는 음식에 관한 것이라면 난감하기 그지없다. 이럴 때는 전문가의 답을 들어 보는 것이 우리가 선택할 수 있는 최상책이다.

A박사는 아기 음식에 대한 권위자다. 미국 유명 어린이 병원의 진료부장인 그의 저서에는 아기의 건강과 성장 등에 관한 200여 개 속설이 담겨 있고, 그것들이 왜 잘못된 것인지가 설명되어 있다. 다음은 A박사의 설명 중 대표적인 두 가지이다. 속설에 따르면 어떤 아기는 모유에 대해 알레르기 반응을 보인다. 하지만 이것은 사실이 아니다. 엄마의 모유에 대해서 알레르기 반응을 일으키는 아기는 없다. 이는 생물학적으로 불가능한 이야기이다. 어떤 아기가 모유를 뱉어 낸다고 해서 알레르기가 있는 것은 아니다. A박사에 따르면 이러한 생각은 착각일 뿐이다.

또 다른 속설은 당분을 섭취하면 아기가 흥분한다는 것이다. 하지만 이것도 사실이 아니다. 아기는 생일 케이크의 당분 때문이 아니라 생일이 좋아서 흥분하는 것인데 부모가 이를 혼동하는 것이다. 이는 대부분의 부모가 믿고 있어서 정말로 부수기 어려운 속설이다. 당분을 섭취하면 흥분한다는 어떤 연구 결과도 보고된 바가 없다.

보기

㉠ 엄마가 갖지 않은 알레르기는 아기도 갖지 않는다.
㉡ 아기의 흥분된 행동과 당분 섭취 간의 인과적 관계는 확인된 바 없다.
㉢ 육아에 관한 주변 사람들의 훈수는 모두 비과학적인 속설에 근거하고 있다.

① ㉡ ② ㉢ ③ ㉠, ㉡ ④ ㉠, ㉢ ⑤ ㉠, ㉡, ㉢

03 다음 글을 바탕으로 추론할 수 있는 내용을 [보기]에서 모두 고르면?

○△×
○△×
○△×

빌케와 블랙은 얼음이 녹는점에 있다 해도 이를 완전히 물로 녹이려면 상당히 많은 열이 필요함을 발견하였다. 당시 널리 퍼진 속설은 얼음이 녹는점에 이르면 즉시 녹는다는 것이었다. 빌케는 쌓여 있는 눈에 뜨거운 물을 끼얹어 녹이는 과정에서 이 속설에 오류가 있음을 알게 되었다. 눈이 녹는점에 있음에도 불구하고 많은 양의 뜨거운 물은 눈을 조금밖에 녹이지 못했기 때문이다.

블랙은 1757년에 이 속설의 오류를 설명할 수 있는 실험을 수행하였다. 블랙은 따뜻한 방에 두 개의 플라스크 A와 B를 두었는데, A에는 얼음이, B에는 물이 담겨 있었다. 얼음과 물은 양이 같고 모두 같은 온도, 즉 얼음의 녹는점에 있었다. 시간이 지남에 따라 B에 있는 물의 온도는 계속해서 올라갔다. 하지만 A에서는 얼음이 녹으면서 생긴 물과 녹고 있는 얼음의 온도가 녹는점에서 일정하게 유지되었는데 이 상태는 얼음이 완전히 녹을 때까지 지속되었다. 얼음을 녹이는 데 필요한 열량은 같은 양의 물의 온도를 녹는점에서 화씨 140도까지 올릴 수 있는 정도의 열량과 같았다. 블랙은 이 열이 실제로 온도계에 변화를 주지 않기 때문에 이를 '잠열(潛熱)'이라 불렀다.

보기

㉠ A의 온도계로는 잠열을 직접 측정할 수 없었다.
㉡ 얼음이 녹는점에 이르러도 완전히 녹지 않는 것은 잠열 때문이다.
㉢ A의 얼음이 완전히 물로 바뀔 때까지, A의 얼음물 온도는 일정하게 유지된다.

① ㉠　② ㉡　③ ㉠, ㉢　④ ㉡, ㉢　⑤ ㉠, ㉡, ㉢

04 다음 글을 바탕으로 판단한 내용으로 옳은 것을 고르면?

○△×
○△×
○△×

> 제○○조 ① 재산명시절차의 관할법원은 재산명시절차에서 채무자가 제출한 재산목록의 재산만으로 집행채권의 만족을 얻기에 부족한 경우, 그 재산명시를 신청한 채권자의 신청에 따라 개인의 재산 및 신용에 관한 전산망을 관리하는 공공기관·금융기관·단체 등에 채무자 명의의 재산에 관하여 조회할 수 있다.
>
> ② 채권자가 제1항의 신청을 할 경우에는 조회할 기관·단체를 특정하여야 하며 조회에 드는 비용을 미리 내야 한다.
>
> ③ 법원이 제1항의 규정에 따라 조회할 경우에는 채무자의 인적 사항을 적은 문서에 의하여 해당 기관·단체의 장에게 채무자의 재산 및 신용에 관하여 그 기관·단체가 보유하고 있는 자료를 한꺼번에 모아 제출하도록 요구할 수 있다.
>
> ④ 공공기관·금융기관·단체 등은 정당한 사유 없이 제1항 및 제3항의 조회를 거부하지 못한다.
>
> ⑤ 제1항 및 제3항의 조회를 받은 기관·단체의 장이 정당한 사유 없이 거짓 자료를 제출하거나 자료를 제출할 것을 거부한 때에는 결정으로 500만 원 이하의 과태료에 처한다.
>
> 제△△조 ① 누구든지 재산조회의 결과를 강제집행 외의 목적으로 사용하여서는 안 된다.
>
> ② 제1항의 규정에 위반한 사람은 2년 이하의 징역 또는 500만 원 이하의 벌금에 처한다.

① 채무자 갑이 제출한 재산목록의 재산만으로 집행채권의 만족을 얻기 부족한 경우에는 재산명시절차의 관할법원은 직권으로 금융기관에 갑 명의의 재산에 관해 조회할 수 있다.

② 재산명시절차의 관할법원으로부터 채무자 명의의 재산에 관해 조회를 받은 공공기관은 정당한 사유가 있는 경우 이를 거부할 수 있다.

③ 채무자 을의 재산조회 결과를 획득한 채권자 병은 해당 결과를 강제집행 외의 목적으로도 사용할 수 있다.

④ 재산명시절차의 관할법원으로부터 채무자 명의의 재산에 관해 조회를 받은 기관의 장이 정당한 사유 없이 자료제출을 거부하였다면, 법원은 결정으로 500만 원의 벌금에 처한다.

⑤ 채권자 정이 채무자 명의의 재산에 관한 조회를 신청할 경우, 조회에 드는 비용은 재산조회가 종료된 후 납부하면 된다.

05 다음 글을 통해 알 수 있는 내용으로 옳지 않은 것을 고르면?

○△×
○△×
○△×

개항 이후 나타난 서양식 건축물은 양관(洋館)이라고 불렸다. 양관은 우리의 전통 건축 양식보다는 서양식 건축 양식에 따라 만들어진 건축물이었다. 정관헌(靜觀軒)은 대한제국 정부가 경운궁에 지은 대표적인 양관이다. 이 건축물은 고종의 연회와 휴식 장소로 쓰였는데, 한때 태조와 고종 및 순종의 영정을 이곳에 모셨다고 한다.

정관헌은 중앙의 큰 홀과 부속실로 구성되어 있으며 중앙 홀 밖에는 회랑이 설치되어 있다. 이 건물의 외형은 다음과 같은 점에서 상당히 이국적이다. 우선 처마가 밖으로 길게 드러나 있지 않다. 또한 바깥쪽의 서양식 기둥과 함께 붉은 벽돌이 사용되었고, 회랑과 바깥 공간을 구분하는 난간은 화려한 색채를 띠며 내부에는 인조석으로 만든 로마네스크풍의 기둥이 위치해 있다.

그럼에도 불구하고 이 건물에서 우리 건축의 맛이 느껴지는 것은 서양에서 사용하지 않는 팔작지붕의 건물이라는 점과 회랑의 난간에 소나무와 사슴, 그리고 박쥐 등의 형상이 보이기 때문이다. 소나무와 사슴은 장수를, 박쥐는 복을 상징하기에 전통적으로 즐겨 사용되는 문양이다. 비록 서양식 정자이지만 우리의 문화와 정서가 녹아들어 있는 것이다. 물론 이 건물에는 이국적인 요소가 많다. 회랑을 덮고 있는 처마를 지지하는 바깥 기둥은 전형적인 서양식 기둥의 모습이다. 이 기둥은 19세기 말 서양의 석조 기둥이 철제 기둥으로 바뀌는 과정에서 갖게 된 날렵한 비례감을 지니고 있다. 이 때문에 그리스의 도리아, 이오니아, 코린트 기둥의 안정감 있는 비례감에 익숙한 사람들에게는 다소 어색해 보이기도 한다.

그런데 정관헌에는 서양과 달리 철이 아닌 목재가 바깥 기둥의 재료로 사용되었다. 이는 당시 정부가 철을 자유롭게 사용할 수 있을 정도의 재정적 여력을 갖지 못했기 때문이다. 정관헌의 바깥 기둥 윗부분에는 대한제국을 상징하는 오얏꽃 장식이 선명하게 자리 잡고 있다. 정관헌은 건축적 가치가 큰 궁궐 건물이었지만 규모도 크지 않고 가벼운 용도로 지어졌기 때문에 그동안 소홀히 취급되어 왔다.

① 정관헌의 바깥 기둥은 서양식 철 기둥 모양을 하고 있지만 우리 문화와 정서를 반영하기 위해 목재를 사용하였다.
② 정관헌의 난간에 보이는 동식물과 바깥 기둥에 보이는 꽃 장식은 상징성을 지니고 있다.
③ 정관헌은 그 규모와 용도 때문에 건축물로서 지닌 가치에 걸맞은 취급을 받지 못했다.
④ 정관헌에 사용된 서양식 기둥과 붉은 벽돌은 정관헌을 이국적으로 보이게 한다.
⑤ 정관헌은 동서양의 건축적 특징이 조합된 양관으로서 궁궐 건물이었다.

06 다음 글에 나타나는 형이상학에 대한 논리실증주의자들의 견해에 가장 잘 부합하는 것을 고르면?

○△✕
○△✕
○△✕

"손에 아무 책이나, 예컨대 신에 관한 책이든 강단 형이상학에 관한 책이든, 집어든다면, 이렇게 물어보라. 이 책이 양이나 수에 관한 어떤 추상적인 추리를 담고 있는가? 아니다. 사실이나 존재의 문제에 관한 어떤 실험적인 추리를 담고 있는가? 아니다. 그렇다면 그것을 불에 던져 버려라." 이 인용문은 데이빗 흄의『인간 오성의 탐구』에서 따온 것이다. 이러한 진술은 실증주의의 입장을 탁월하게 제시한다.

논리실증주의자들은 흄과 마찬가지로 유의미한 명제를 논리학과 순수 수학의 명제와 같은 동어반복적 '형식 명제'와 경험적으로 검증 가능할 때에만 인식적 의미를 가질 수 있는 '사실 명제'의 두 부류로 나눈다. 이 두 부류에 속하지 않는 제3의 명제는 없다. 만일 어떤 문장이 형식적으로 참 또는 거짓인 어떤 것을 표현하지도 못하고 또 경험적으로 검사될 수 있는 어떤 것을 표현하지도 못한다면, 그것은 어떤 명제도 표현하지 못하고 있다고 간주된다. 이런 문장은 정서적인 의미를 가질지도 모르지만 인식적으로는 무의미하다. 절대적 또는 초월적 존재들에 대한 논의, 실재에 관한 논의, 또는 인간의 운명에 관한 논의 등 철학적 담론의 매우 많은 부분이 이 범주에 속한다고 여겨졌다. 그러한 논의들은 '형이상학적'이라고 일컬어진다.

그리고 여기서 만일 철학이 진정한 지식의 한 분야를 이루고자 한다면 형이상학으로부터 자신을 해방시키지 않으면 안 된다는 결론을 얻을 수 있다. 비엔나의 실증주의자들이 모든 형이상학적 저술들을 불에 던져야 마땅하다고까지 나아간 것은 아니었다. 그들은 그런 저술들이 인생에 대해 어떤 재미있거나 관심을 둘만한 태도를 표명할 수도 있다고 인정하였다. 그들의 요점은 그렇다 하더라도 그것은 진리이거나 거짓일 수 있는 그 어떤 것도 진술하지 않으며, 따라서 지식의 확장에 아무런 기여도 할 수 없으리라는 것이다. 논리실증주의자들은 형이상학적 발언을 정서적이라는 이유가 아니라 인식적인 체하고 있다는 이유로 비판했다.

① 형이상학의 명제는 동어반복적이기 때문에 거짓일 수 없다.
② 형이상학은 존재 그 자체를 탐구함으로써 우리의 지식 영역을 넓혀 준다.
③ 형이상학의 명제들은 인생에 대한 성찰을 통해서 심리적 만족을 줄지 모르나 참이거나 거짓일 수 없다.
④ 형이상학과 경험과학은 연구 대상은 다르지만 진리를 추구함으로써 완전한 인간으로 나아가게 한다는 목표는 같다.
⑤ 형이상학은 경험적 인식이 가능하기 위한 전제들을 찾아내고 비판적으로 반성함으로써 경험적 인식의 토대를 밝혀 준다.

07 다음 글을 바탕으로 추론한 내용으로 옳은 것을 고르면?

○△×
○△×
○△×

조선 후기 숙종 때 서울 시내의 무뢰배가 검계를 결성하여 무술훈련을 하였다. 좌의정 민정중이 '검계의 군사훈련 때문에 한양의 백성들이 공포에 떨고 있으니 이들을 처벌해야 한다.'고 상소하자 임금이 포도청에 명하여 검계 일당을 잡아들이게 하였다. 포도대장 장봉익은 몸에 칼자국이 있는 자들을 잡아들였는데, 이는 검계 일당이 모두 몸에 칼자국을 내어 자신들과 남을 구별하는 징표로 삼았기 때문이다.

검계는 원래 향도계에서 비롯하였다. 향도계는 장례를 치르기 위해 결성된 계였다. 비용이 많이 소요되는 장례에 대비하기 위해 계를 구성하여 평소 얼마간 금전을 갹출하고, 구성원 중에 상을 당한 자가 있으면 갹출한 금전에 얼마를 더하여 비용을 마련해 주는 방식이었다. 향도계는 서울 시내 백성들에게 널리 퍼져 있었으며, 양반들 중에도 가입하는 이들이 있었다. 향도계를 관리하는 조직을 도가라 하였는데, 도가는 점차 죄를 지어 법망을 피하려는 자들을 숨겨 주는 소굴이 되었다. 이 도가 내부의 비밀조직이 검계였다.

검계의 구성원들은 스스로를 왈짜라 부르고 있었다. 왈짜는 도박장이나 기생집, 술집 등 도시의 유흥공간을 세력권으로 삼아 활동하는 이들이었다. 하지만 모든 왈짜가 검계의 구성원이었던 것은 아니다. 왈짜와 검계는 모두 폭력성을 지녔고 활동하는 주 무대도 같았지만 왈짜는 검계와 달리 조직화된 집단은 아니었다. 부유한 집안의 아들이었던 김홍연은 대과를 준비하다가 너무 답답하다는 이유로 중도에 그만두고 무과 공부를 하였다. 그는 무예에 탁월했지만 지방 출신이라는 점이 출세하는 데 장애가 될 것을 염려하여 무과 역시 포기하고 왈짜가 되었다. 김홍연은 왈짜였지만 검계의 일원은 아니었다.

① 도가의 장은 향도계의 장을 겸임하였다.
② 향도계의 구성원 중에는 검계 출신이 많았다.
③ 향도계는 공공연한 조직이었지만 검계는 비밀조직이었다.
④ 몸에 칼자국이 없으면서 검계의 구성원인 왈짜도 있었다.
⑤ 김홍연이 검계의 일원이 되지 못하고 왈짜에 머물렀던 것은 지방 출신이었기 때문이다.

08 다음 글의 내용에 부합하는 설명으로 옳지 않은 것을 고르면?

○△×
○△×
○△×

보험시장에서 정보의 비대칭성으로 인해 발생되는 현상이 '도덕적 해이'다. 예를 들어 보자. 불조심을 철저히 하기로 소문난 A씨가 화재보험에 가입했다. 평소에는 그렇게 불조심을 잘 하던 사람이 화재보험에 들고나서부터는 태도가 달라졌다. 도무지 불을 겁내지 않는 것이다. 전보다 불조심을 덜하는 것은 물론 심지어는 은근히 화재를 기다리는 것 같기도 했다. 불이 나기도 전의 마음가짐이 이 모양이니 만일 불이 났다고 해도 A씨가 최선을 다해 불을 끄려고 하지 않을 것은 너무나 뻔한 사실이다. 만일 화재보험에 가입한 모든 사람들의 마음가짐이 이렇게 된다면 어떻게 될까? 이전에 비해 화재발생 건수와 피해액은 크게 증가하고 과중한 보험금 지출을 견디다 못한 보험회사는 곧 망하고 말 것이다. 즉, 이 보험시장은 실패하고 마는 것이다.

IMF 사태 이후, 언론에서 이 용어가 자주 사용되면서 많은 사람들이 이 말을 원래의 뜻과는 달리, 단순히 도덕적으로 느슨해져 있거나 부도덕한 것으로 알고 사용하는 사람들을 자주 볼 수 있다. 그러나 도덕적 해이는 그렇게 단순한 용어는 아니다. 도덕적 해이는 보험가입 후에 나타나는 가입자의 이기적이고 부주의한 행동으로 인해 초래되는 재앙을 말하는 것으로, 그 안에는 바로 보험회사와 가입자 간에 정보의 차이라는 근본적인 문제가 자리 잡고 있다. 예컨대 보험회사는 화재보험에 가입한 사람이 평소 얼마나 불조심을 하고 있는지를 가입자만큼 잘 알 수가 없다는 것이다. 자동차보험에 가입한 사람이 사고를 냈을 때 얼마만큼의 주의를 기울였는지 보험회사는 운전자만큼 잘 알 수가 없다.

아무런 담보도 없는 기업에게 기술력 하나만 믿고 대출을 해 주었다고 하자. 이제 대출을 받은 이 기업이 기업을 발전시키기 위해 얼마나 노력을 기울일런지는 돈을 꾸어준 은행보다 기업의 사장이 가장 잘 알고 있을 것이다. 만일 기업주가 돈만 쓰고 기업경영을 소홀히 한다면 어떻게 될까? 그때 나타나는 재앙이 바로 도덕적 해이다.

우리 사회에서는 도덕적 해이가 각별한 의미를 가지고 있다. 그것은 바로 정경유착 때문이다. 일부 대기업들이 대마불사(大馬不死)를 믿고 방만한 경영을 일삼을 수 있었던 것은 나름대로는 든든한 보험에 들었다고 생각하기 때문이다. 그 보험은 다른 것이 아니라 정치자금과 뇌물이다. 이 보험은 정권이 바뀔 때나 고위층의 인사이동이 있을 때마다 갱신해야 하는 불편이 따르기는 하지만, 기업이 어려울 때 기댈 수 있는 가장 확실한 보험 역할을 한다는 것을 우리의 기업주들은 그간의 경험으로 잘 알고 있는 것이다.

도덕적 해이는 개인적인 차원에서는 자연스러운 유혹이며 나름대로는 최선의 선택이기 때문에 행위 당사자를 탓할 수는 없다. 개인적으로는 최선의 선택을 했는데 문제는 그것이 다른 사람에게 피해를 주고 공익을 해친다는 것이다. 바로 시장의 실패인 것이다. 도덕적 해이는 개인을 탓하기보다는 그것을 유발하는 환경이나 제도, 관행을 고쳐 나가야 한다. 부모의 지나친 간섭이 책임감 없는 자식을 만들어 내듯이 정부의 지나친 개입은 도덕적 해이를 조장하는 가장 큰 원인이 된다.

① 우리 사회의 도덕적 해이의 이면에는 정부와 기업의 유착관계가 자리 잡고 있다.
② 우리 사회에 나타나는 도덕적 해이 현상은 다름 아닌 시장 실패의 결과라 할 수 있다.
③ 도덕적 해이 현상을 통해 우리 경제의 잘못된 부분들을 알 수 있다.
④ 도덕적 해이는 개인의 도덕성이 느슨해진 도덕적 현상을 의미하기도 하지만 보험시장에서 정보의 불균형성으로 야기되는 경제적 현상이기도 하다.
⑤ 도덕적 해이 문제를 해결하기 위해서는 일차적으로 개인의 도덕성에 호소할 수밖에 없고 이에 더하여 시장의 구조적 문제를 해결해 나가야 한다.

09 한국수력원자력의 홍보물을 인쇄하려고 한다. 인쇄소에서 홍보물의 총 개수인 6,570부를 두 대의 기계를 이용하여 10시간에 걸쳐 모두 인쇄하였다. A기계는 15분 동안 홍보물 87부를 인쇄할 수 있을 때, B기계가 1시간 동안 인쇄할 수 있는 홍보물은 몇 부인지 고르면?

○△× ○△× ○△×

① 301부　② 305부　③ 309부　④ 314부　⑤ 319부

10 새롭게 출시한 KTX 강릉테마관광의 티켓 판매가 부진하자 코레일은 가격을 재조정할 필요를 느꼈다. 다음 가~마 5개의 안 중에서 매출액이 가장 높은 것으로 결정한다고 할 때, 결정될 방법을 고르면?

○△× ○△× ○△×

- 가)안: KTX 강릉테마관광 티켓의 가격을 10% 낮추면, 판매량이 10% 증가할 것으로 예상
- 나)안: KTX 강릉테마관광 티켓의 가격을 12% 낮추면, 판매량은 15% 증가할 것으로 예상
- 다)안: KTX 강릉테마관광 티켓의 가격을 15% 낮추면, 판매량은 20% 증가할 것으로 예상
- 라)안: KTX 강릉테마관광 티켓의 가격을 18% 낮추면, 판매량은 22% 증가할 것으로 예상
- 마)안: KTX 강릉테마관광 티켓의 가격을 20% 낮추면, 판매량은 25% 증가할 것으로 예상

① 가)안　② 나)안　③ 다)안　④ 라)안　⑤ 마)안

11 다음 [표]는 2016년 지역별 외국인과의 혼인 건수를 조사한 자료이다. 이에 대한 설명으로 옳은 것을 고르면?

○△✕
○△✕
○△✕

[표] 2016년 외국인과의 혼인 건수

(단위: 건)

구분	남편 혼인 건수	한국인 남편 +외국인 아내 혼인 건수	아내 혼인 건수	한국인 아내 +외국인 남편 혼인 건수
전국	281,635	14,822	281,635	5,769
서울특별시	57,643	2,710	59,095	1,854
부산광역시	17,113	774	18,154	297
대구광역시	12,216	582	12,505	172
인천광역시	16,092	812	15,735	336
광주광역시	7,468	354	7,550	97
대전광역시	8,325	366	8,431	115
울산광역시	7,006	344	6,315	104
세종특별자치시	1,612	49	1,305	18
경기도	70,052	3,813	67,030	1,648
강원도	7,468	388	6,710	72
충청북도	8,334	538	7,794	128
충청남도	11,792	695	10,136	136
전라북도	8,216	599	7,805	100
전라남도	8,554	681	7,915	96
경상북도	13,363	835	12,409	182
경상남도	17,580	958	16,140	259
제주특별자치도	3,705	285	3,343	65

① 남편 혼인 건수가 가장 많은 지역은 두 번째로 많은 지역과 세 번째로 많은 지역의 합보다 크다.
② 남편 혼인 건수 중 외국인 아내와의 혼인 건수가 차지하는 비율이 가장 큰 지역은 전라남도이다.
③ 모든 지역에서 한국인 남편과 외국인 아내의 혼인 건수는 한국인 아내와 외국인 남편 혼인 건수의 2배 이상이다.
④ 남편 혼인 건수가 많은 지역의 순서와 아내 혼인 건수가 많은 지역의 순서는 같다.
⑤ 아내의 혼인 건수 중 외국인 남편과의 혼인 건수가 차지하는 비중이 3% 이상인 지역은 없다.

12 다음 [표1]은 창의경진대회에 참가한 A, B, C 세 팀의 인원수 및 평균점수를 나타낸 자료이고, [표2]는 [표1]에 기초하여 연합 팀별 인원수 및 평균점수를 나타낸 자료이다. 이를 바탕으로 빈칸 가, 나에 들어갈 값이 바르게 짝지어진 것을 고르면?

○△×
○△×
○△×

[표1] 팀별 인원수 및 평균점수 (단위: 명, 점)

구분	A	B	C
인원수	(　　)	(　　)	(　　)
평균점수	40.0	60.0	90.0

※ 각 참가자는 A, B, C팀 중 하나의 팀에만 속하고, 개인별로 점수를 획득함

※ 팀 평균점수 $=\frac{\text{해당 팀 참가자 개인별 점수의 합}}{\text{해당 팀 참가자 인원수}}$

[표2] 연합 팀별 인원수 및 평균점수 (단위: 명, 점)

구분	A+B	B+C	C+A
인원수	80	120	(가)
평균점수	52.5	77.5	(나)

※ A+B는 A팀과 B팀, B+C는 B팀과 C팀, C+A는 C팀과 A팀의 인원을 합친 팀 연합을 의미함

※ 팀 연합 평균점수 $=\frac{\text{해당 팀 연합 참가자 개인별 점수의 합}}{\text{해당 팀 연합 참가자 인원수}}$

	가	나
①	90	72.5
②	90	75.0
③	100	72.5
④	100	75.0
⑤	100	72.5

13 다음은 세계 및 국내 드론 산업 현황에 대한 [보고서]이다. 이를 작성하기 위해 사용하지 않은 자료를 고르면?

○△× ○△× ○△×

> **[보고서]**
>
> 세계의 드론 산업 시장은 주로 미국과 유럽을 중심으로 형성되어 왔으나, 2013년과 비교하여 2018년에는 유럽 시장보다 오히려 아시아·태평양 시장의 점유율이 더 높아졌다.
>
> 2017년 국내 드론 활용 분야별 사업체 수를 살펴보면, 농업과 콘텐츠 제작 분야의 사업체 수가 전체의 80% 이상을 차지하였고, 사업체 수의 전년 대비 증가율에 있어서는 교육 분야가 농업과 콘텐츠 제작 분야보다 각각 높았다. 2017년 국내 드론 활용 산업의 주요 관리 항목을 2013년 대비 증가율이 높은 항목부터 순서대로 나열하면, 조종자격 취득자 수, 장치신고 대수, 드론 활용 사업체 수 순이다.
>
> 우리나라는 성장 잠재력이 큰 드론 산업 육성을 위해 다양한 정책을 추진하고 있다. 특히 세계 최고 수준과의 기술 격차를 줄이기 위해 정부 R&D 예산 비중을 꾸준히 확대하고 있다. 2015~2017년 기술 분야별로 정부 R&D 예산 비중을 살펴보면, 기반기술과 응용서비스기술의 예산 비중의 합은 매년 65% 이상이다.

① 2016~2017년 국내 드론 활용 분야별 사업체 수 현황

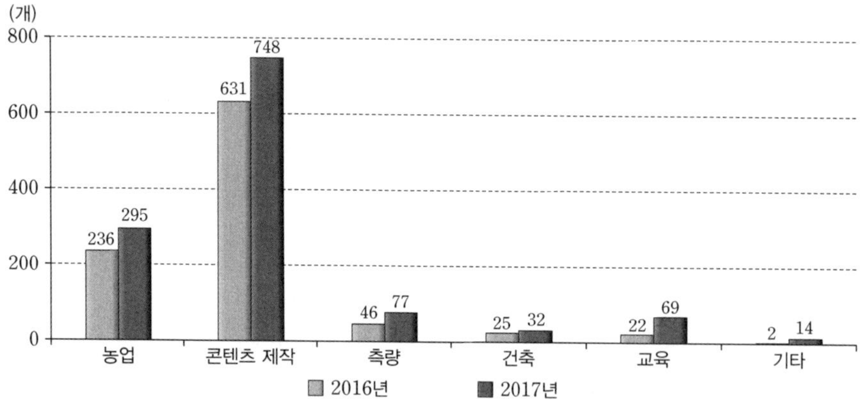

② 2013년과 2018년 세계 드론 시장 점유율 현황

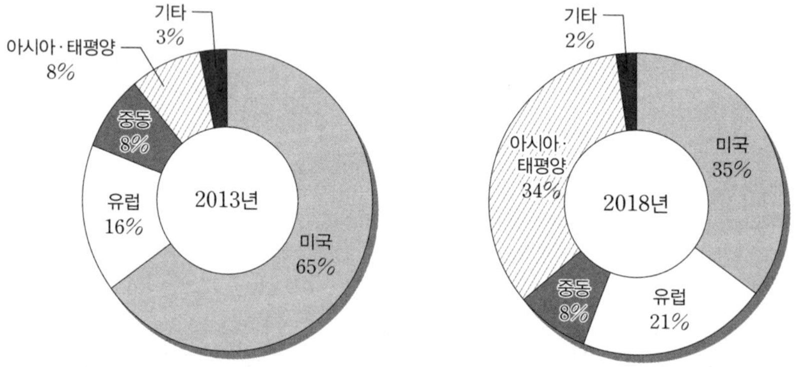

③ 2015~2017년 국내 드론 산업 관련 민간 R&D 기업 규모별 투자 현황

구분	2015년	2016년	2017년
대기업	2,138백만 원	10,583백만 원	11,060백만 원
중견기업	4,122백만 원	3,769백만 원	1,280백만 원
중소기업	11,500백만 원	29,477백만 원	43,312백만 원

④ 2015~2017년 국내 드론 산업 관련 기술 분야별 정부 R&D 예산 비중 현황

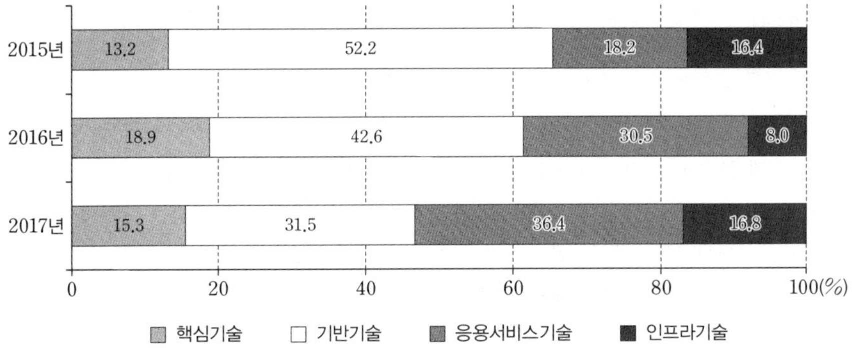

⑤ 2013~2017년 국내 드론 활용 산업의 주요 관리 항목별 현황

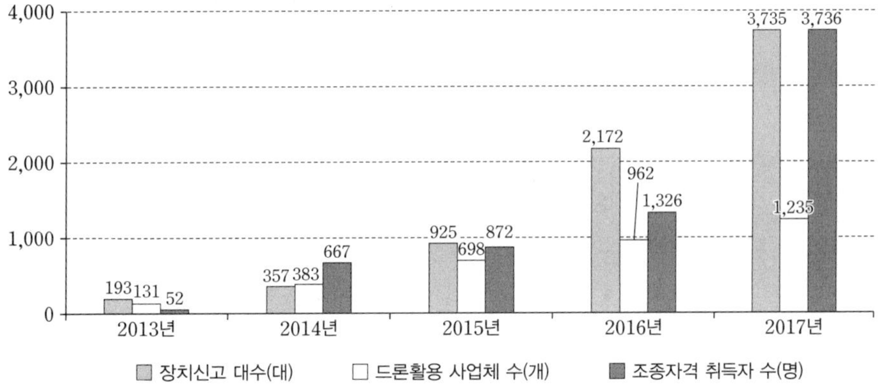

14 다음 [표]는 A대학 재학생 교육 만족도 조사 결과에 대한 자료이다. 이에 대한 설명으로 옳지 않은 것을 [보기]에서 모두 고르면?

○△✕
○△✕
○△✕

[표] A대학 재학생 교육 만족도 조사 결과 (단위: 명, 점)

학년	응답인원	전공	교양	시설	기자재	행정
1	2,374	3.90	3.70	3.78	3.73	3.63
2	2,349	3.95	3.75	3.76	3.71	3.64
3	2,615	3.96	3.74	3.74	3.69	3.66
4	2,781	3.94	3.77	3.75	3.70	3.65

※ 점수는 5점 만점이며, 점수가 높을수록 만족도가 높음

보기

㉠ 시설과 기자재 항목은 응답인원이 많은 학년일수록 항목별 교육 만족도가 높다.
㉡ 항목별로 교육 만족도가 높은 순서대로 학년을 나열할 때, 순서가 일치하는 항목들이 있다.
㉢ 학년이 높아질수록 항목별 교육 만족도가 높아지는 항목은 1개이다.
㉣ 각 학년에서 교육 만족도가 가장 높은 항목은 모두 전공이다.

① ㉠, ㉡ ② ㉠, ㉢ ③ ㉡, ㉢ ④ ㉡, ㉣ ⑤ ㉢, ㉣

15 다음 [표]는 연도별 방송통신 매체별 광고매출액에 대한 자료이다. 이에 대한 설명으로 옳지 않은 것을 [보기]에서 모두 고르면?

○△×
○△×
○△×

[표] 2016~2019년 방송통신 매체별 광고매출액 (단위: 억 원)

구분		2016년	2017년	2018년	2019년
방송매체	지상파TV	15,517	14,219	12,352	12,310
	라디오	2,530	2,073	1,943	1,816
	지상파DMB	53	44	36	35
	케이블PP	18,537	17,130	16,646	(　　)
	케이블SO	1,391	1,408	1,275	1,369
	위성방송	480	511	504	503
	소계	38,508	35,385	32,756	31,041
온라인매체	인터넷(PC)	19,092	20,554	19,614	19,109
	모바일	28,659	36,618	45,678	54,781
	소계	47,751	57,172	65,292	73,890

보기

㉠ 2017~2019년에 모바일 광고매출액의 전년 대비 증가율은 매년 25% 미만이다.
㉡ 2016년 방송매체 중 케이블PP 광고매출액이 차지하는 비중은 온라인매체 중 인터넷(PC) 광고매출액이 차지하는 비중보다 작다.
㉢ 케이블PP의 광고매출액은 매년 감소한다.
㉣ 2016년 대비 2019년 광고매출액 증감률이 가장 큰 매체는 모바일이다.

① ㉠, ㉡　② ㉠, ㉢　③ ㉡, ㉢　④ ㉠, ㉡, ㉣　⑤ ㉡, ㉢, ㉣

16 다음 [그래프]는 6개 지방청 전체의 부동산과 자동차 압류건수의 지방청별 구성비에 대한 자료이다. 주어진 [조건]을 바탕으로 B와 D에 해당하는 지방청이 바르게 짝지어진 것을 고르면?

O△X
O△X
O△X

[그래프1] 부동산 압류건수의 지방청별 구성비 (단위: %)

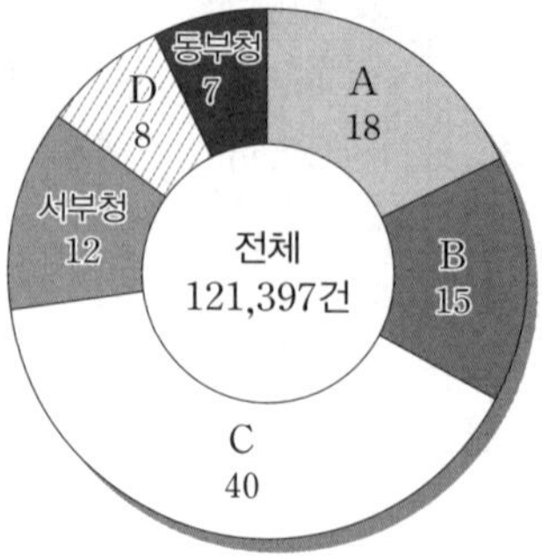

[그래프2] 자동차 압류건수의 지방청별 구성비 (단위: %)

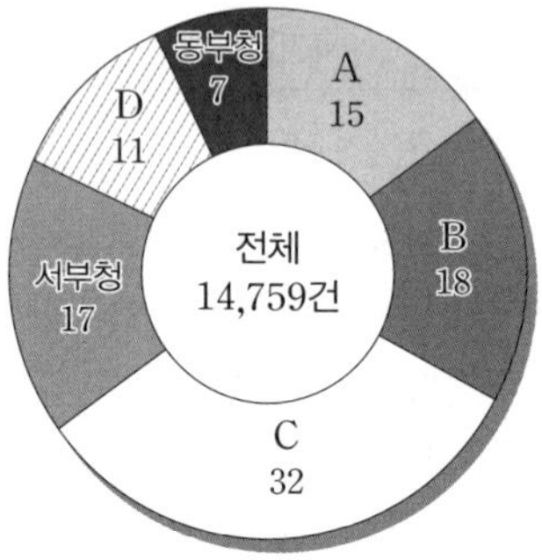

※ 지방청은 동부청, 서부청, 남부청, 북부청, 남동청, 중부청으로만 구성됨

조건

- 자동차 압류건수는 중부청이 남동청의 2배 이상이다.
- 남부청과 북부청의 부동산 압류건수는 각각 2만 건 이하이다.
- 지방청을 부동산 압류건수와 자동차 압류건수가 큰 값부터 순서대로 각각 나열할 때, 순서가 동일한 지방청은 동부청, 남부청, 중부청이다.

	B	D
①	남동청	남부청
②	남동청	북부청
③	남부청	북부청
④	북부청	남부청
⑤	중부청	남부청

17 다음 [표]는 조선 전기(1392~1550년) 홍수재해 및 가뭄재해 발생건수에 대한 자료이다. 이에 대한 설명으로 옳은 것을 [보기]에서 모두 고르면?

◯△✕
◯△✕
◯△✕

[표1] 조선 전기 홍수재해 발생건수 (단위: 건)

분류기간 \ 월	1	2	3	4	5	6	7	8	9	10	11	12	합
1392~1450년	0	0	0	0	4	12	8	3	0	0	0	0	27
1451~1500년	0	0	0	0	1	3	4	0	0	0	0	0	( )
1501~1550년	0	0	0	0	5	7	9	15	1	0	0	0	( )
계	0	0	0	0	( )	22	21	( )	1	0	0	0	( )

[표2] 조선 전기 가뭄재해 발생건수 (단위: 건)

분류기간 \ 월	1	2	3	4	5	6	7	8	9	10	11	12	합
1392~1450년	0	1	1	5	9	8	9	2	1	0	0	1	37
1451~1500년	0	0	0	5	2	5	4	1	0	0	0	0	17
1501~1550년	0	0	0	4	7	7	6	1	0	0	0	0	( )
계	0	1	1	( )	18	( )	19	4	1	0	0	1	( )

보기

ㄱ 홍수재해 발생건수는 총 72건이며, 분류기간별로는 1501~1550년에 37건으로 가장 많이 발생했다.
ㄴ 홍수재해는 모두 5~8월에만 발생했다.
ㄷ 2~7월의 가뭄재해 발생건수는 전체 가뭄재해 발생건수의 90% 이상을 차지한다.
ㄹ 매 분류기간마다 가뭄재해 발생건수는 홍수재해 발생건수보다 많다.

① ㄱ, ㄴ ② ㄱ, ㄷ ③ ㄴ, ㄹ ④ ㄱ, ㄷ, ㄹ ⑤ ㄴ, ㄷ, ㄹ

18 다음 [도표]는 △△지역의 주민을 대상으로 육교 설치에 대한 찬성 또는 반대 의견을 세 차례 조사한 결과이다. 이에 대한 설명으로 옳은 것을 고르면?

○△×
○△×
○△×

[도표] △△지역 육교 설치에 대한 의견 1~3차 조사 결과

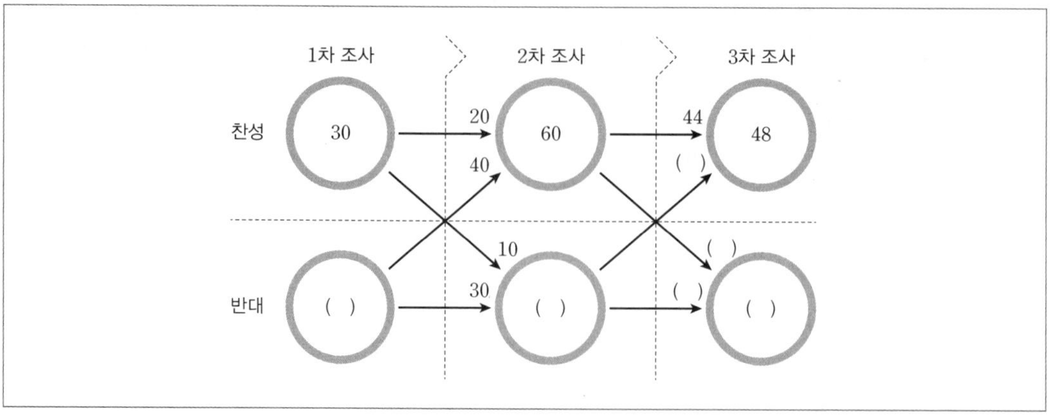

※ 1~3차 조사에 응답한 사람은 모두 같고, 무응답과 복수응답은 없음

※ 예를 들어, 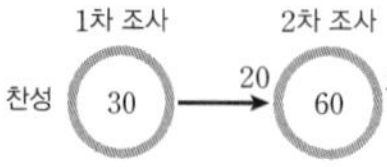

은 1차 조사에서 찬성한다고 응답한 30명 중 20명이 2차 조사에서도 찬성한다고 응답하였고, 2차 조사에서 찬성한다고 응답한 사람은 총 60명임을 의미함

① 3차 조사에 응답한 사람은 130명 이상이다.
② 2차 조사에서 반대한다고 응답한 사람 중 3차 조사에서도 반대한다고 응답한 사람은 32명이다.
③ 2차 조사에서 찬성한다고 응답한 사람 중 3차 조사에서 반대한다고 응답한 사람은 20명이다.
④ 1차 조사에서 반대한다고 응답한 사람 중 3차 조사에서 찬성한다고 응답한 사람은 45명 이상이다.
⑤ 1~3차 조사에서 한 번도 의견을 바꾸지 않은 사람은 30명 이상이다.

19 피아노를 배우는 3명의 학생 은선, 태연, 지연은 월요일부터 수요일까지 3일간 하루에 한 곡씩 서로 다른 세 곡을 지도받는다. 지도를 받는 곡은 소품 여섯 곡 중 하나이고, 소품들은 난이도에 따라 가장 쉬운 곡이 1, 가장 어려운 곡이 6으로 이름 붙여져 있다. 각 소품들은 적어도 한 번 이상 지도곡으로 사용되지만 세 명 모두 사용할 수는 없고, 전날 배운 소품보다 쉬운 곡은 지도받을 수 없다. 지도 일정은 다음 [조건]과 같고 은선과 지연이가 소품 3을 지도받을 때, 어떠한 경우에도 한 명의 학생만 지도받는 곡을 고르면?

조건

- 화요일에 은선이는 월요일에 태연이가 배운 소품을 지도받는다.
- 태연은 화요일에 소품 4를 지도받는다.
- 지연은 소품 4를 지도받지 않는다.
- 지연이가 수요일에 배우는 소품은 태연이가 수요일에 배우는 소품보다 어렵지 않다.

① 소품 1 ② 소품 2 ③ 소품 3 ④ 소품 5 ⑤ 소품 6

20 A도시로부터 서쪽에 위치한 B도시로 가는 고속도로에는 9개의 출구가 있는데, 그 출구번호가 동쪽에서 서쪽으로 연속해서 14번에서 22번까지 있다. 모든 홀수 출구번호는 북쪽으로 향해 있으며, 모든 짝수 출구번호는 남쪽으로 향해 있다. 모든 출구는 오로지 하나의 목적지로만 가게 되어 있다. 다음 [조건]을 바탕으로 H도시로 나갈 수 있는 가능성이 있는 출구번호를 고르면?

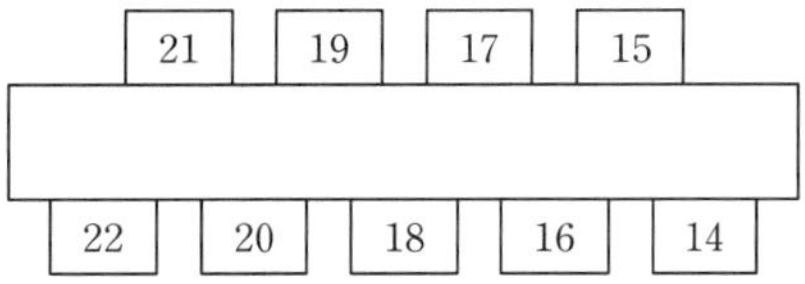

조건

- C도시로 가는 출구는 D도시로 가는 출구 전의 일곱 번째 출구이다.
- 남쪽으로 향하는 세 번째 출구는 E도시로 가는 출구이다.
- E도시로 가는 출구를 지나 북쪽으로 향해 있는 두 번째 출구는 F도시로 가는 출구이다.
- 17번 출구는 G도시로 가는 출구이다.
- H도시는 남쪽으로 향한 출구를 통해서 갈 수 있다.
- I도시로 가는 출구는 C도시 출구와 E도시 출구 사이에 위치해 있다.

① 17번 ② 18번 ③ 19번 ④ 20번 ⑤ 21번

21 정무위원회, 국방위원회, 여성위원회, 행정안전위원회, 기획재정위원회, 지식경제위원회 등 6개 위원회는 지난 한 달 동안 국회의원이 발의한 법안을 5개 보관함에 보관하고자 한다. 각 보관함은 하나의 칸막이로 구분된 위, 아래 2개의 공간으로 구성되어 하나의 보관함에는 최대 2개 위원회의 법안을 보관할 수 있으며, 보관함을 일렬로 나열할 때 맨 오른쪽의 보관함을 맨 앞쪽 보관함이라고 하고 맨 왼쪽의 보관함을 맨 뒤쪽 보관함이라고 한다. 주어진 [조건]에 따라 법안을 보관함에 보관할 때, 발생할 수 <u>없는</u> 경우를 고르면?

○△✕
○△✕
○△✕

조건

- 정무위원회의 법안은 국방위원회 또는 기획재정위원회의 법안과 하나의 보관함에 보관할 수 없다.
- 국방위원회의 법안은 반드시 앞에서 세 번째 보관함 또는 네 번째 보관함에 보관해야 한다.
- 행정안전위원회의 법안은 다른 위원회의 법안과 하나의 보관함에 함께 보관할 수 없다.
- 행정안전위원회의 법안을 보관하는 보관함의 바로 앞 보관함은 반드시 빈 보관함이어야 한다.
- 여성위원회의 법안은 다른 위원회의 법안과 함께 보관해야 한다.

① 정무위원회의 법안은 다른 위원회의 법안과 하나의 보관함에 함께 보관되고, 국방위원회의 법안도 다른 위원회의 법안과 하나의 보관함에 함께 보관된다.
② 행정안전위원회의 법안은 다른 위원회의 법안과 하나의 보관함에 함께 보관되지 않고, 지식경제위원회의 법안도 다른 위원회의 법안과 하나의 보관함에 함께 보관되지 않는다.
③ 정무위원회의 법안은 다른 위원회의 법안과 하나의 보관함에 함께 보관되고, 지식경제위원회의 법안도 다른 위원회의 법안과 하나의 보관함에 함께 보관된다.
④ 국방위원회의 법안은 다른 위원회의 법안과 하나의 보관함에 함께 보관되고, 기획재정위원회의 법안도 다른 위원회의 법안과 하나의 보관함에 함께 보관된다.
⑤ 정무위원회의 법안은 다른 위원회의 법안과 하나의 보관함에 함께 보관되지 않고, 국방위원회의 법안도 다른 위원회의 법안과 하나의 보관함에 함께 보관되지 않는다.

22 다음 내용을 바탕으로 옳은 것을 [보기]에서 모두 고르면?

○△× ○△× ○△×

어느 국가의 대통령 선거에 A, B, C 세 명의 후보가 출마하였다. 이들 세 후보가 TV 토론을 할 경우, 특정 후보에 대한 나머지 두 후보의 '네거티브 코멘트'(negative comment) 횟수(x)에 따른 시청자 호감도(y)는 다음 함수와 같다.

A후보에 대한 함수: $y=-(x-5)^2+10$
B후보에 대한 함수: $y=-x+10$
C후보에 대한 함수: $y=-|x-5|+10$

보기

㉠ B후보에 대한 상대방 후보들의 네거티브 코멘트 전략의 효과는 제한적이다.
㉡ 네거티브 코멘트가 일정한 횟수 이상 되지 않으면, 상대방 후보의 호감도를 높여 주는 역효과를 내는 경우도 있다.
㉢ A, C후보들에 대한 네거티브 코멘트 전략은 과유불급(過猶不及)이라는 사자성어로 표현할 수 있다.
㉣ C후보에 대한 10회의 네거티브 코멘트는 A후보에 대한 10회의 네거티브 코멘트보다 더 효과적이다.
㉤ 단 한 번의 네거티브 코멘트도 없는 상태에서는 B후보에 대한 시청자의 호감도가 가장 높다.

① ㉠, ㉡　② ㉠, ㉢　③ ㉡, ㉤　④ ㉢, ㉣　⑤ ㉡, ㉣, ㉤

23 다음 글을 바탕으로 판단할 때, 숫자코드가 될 수 있는 것을 고르면?

○△×
○△×
○△×

숫자코드를 만드는 규칙은 다음과 같다.

- 그림과 같이 작은 정사각형 4개로 이루어진 큰 정사각형이 있고, 작은 정사각형의 꼭짓점마다 1~9의 번호가 지정되어 있다.

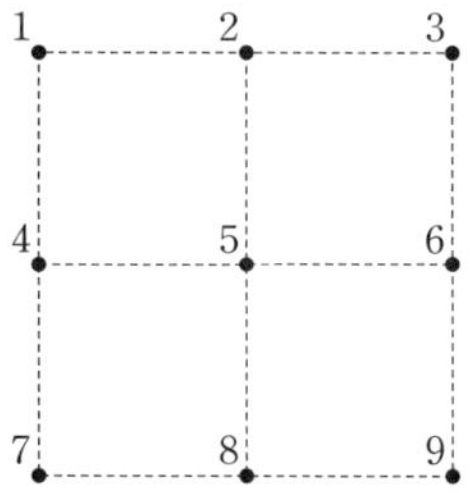

- 펜을 이용해서 9개의 점 중 임의의 하나의 점에서 시작하여(이하 시작점이라 한다) 다른 점으로 직선을 그어 나간다.
- 다른 점에 도달하면 펜을 종이 위에서 떼지 않고 또 다른 점으로 계속해서 직선을 그어 나간다. 단, 한 번 그은 직선 위에 또 다른 직선을 겹쳐서 그을 수 없다.
- 시작점을 포함하여 4개 이상의 점에 도달한 후 펜을 종이 위에서 뗄 수 있다. 단, 시작점과 동일한 점에서는 뗄 수 없다.
- 펜을 종이에서 뗀 후, 그어진 직선이 지나는 점의 번호를 순서대로 모두 나열한 것이 숫자코드가 된다. 예를 들어 1번 점에서 시작하여 6번, 5번, 8번 순으로 직선을 그었다면 숫자코드는 1658이다.

① 596 ② 15953 ③ 53695 ④ 642987 ⑤ 9874126

24 ◯△✕ ◯△✕ ◯△✕ **다음은 어느 연구소의 연구원들(A~D)이 2021년 1년 동안 발표한 논문을 정리한 목록이다. 그런데 이들 4명의 연구원이 아래 [조건]에 따라 [보기]의 개인별 성과를 작성하던 중 연구원 1명이 한 가지 실수를 하였다. [보기]에서 실수했을 가능성이 있는 연구원을 모두 고르면?**

[논문 목록]

논문1. ○○○ (2021). ~~~~~~~~~~~~~~~~~~~~~~~~~~~~~~~~.

논문2. ○○○ (2021). ~~~~~~~~~~~~~~~~~~~~~~~~~~~~~~~~.

논문3. ○○○, ○○○ (2021). ~~~~~~~~~~~~~~~~~~~~~~~~~~~.

논문4. ○○○, ○○○ (2021). ~~~~~~~~~~~~~~~~~~~~~~~~~~~.

논문5. ○○○, ○○○, ○○○ (2021). ~~~~~~~~~~~~~~~~~~~~~~.

논문6. ○○○, ○○○, ○○○ (2021). ~~~~~~~~~~~~~~~~~~~~~~.

논문7. ○○○, ○○○, ○○○, ○○○ (2021). ~~~~~~~~~~~~~~~~.

※ 위에서 '○○○'는 연구원 성명들을 익명으로 한 것이고, '(2021)'은 논문 발표를 2021년에 한 것이며, '~~~~~'는 논문 제목이다.

조건

- 모든 연구원들은 단독 또는 동료 연구원들과만 공동으로 논문을 발표하였다.
- 주 저자는 연구의 핵심 역할을 한 1인이고, 일반 공저자는 그 이외 사람이다.
- 주 저자의 성명은 논문의 맨 앞에 표시한다.
- 연구 성과 산정 시 논문 1편당 다음 비율대로 한다.

1. 1인 연구: 100%
2. 2인 공동연구(주 저자): 80%
3. 2인 공동연구(일반 공저자): 70%
4. 3인 공동연구(주 저자): 70%
5. 3인 공동연구(일반 공저자): 50%
6. 4인 공동연구(주 저자): 60%
7. 4인 공동연구(일반 공저자): 30%

보기

- 연구원 A: 330%(총 4편)
- 연구원 B: 360%(총 5편)
- 연구원 C: 200%(총 4편)
- 연구원 D: 130%(총 3편)

① 연구원 A ② 연구원 B ③ 연구원 A, 연구원 B

④ 연구원 A, 연구원 C ⑤ 연구원 B, 연구원 D

25 다음 글과 [상황]을 바탕으로 판단할 때, 갑돌이가 할 수 없는 행위를 고르면?

○△×
○△×
○△×

'AD카드'란 올림픽 및 패럴림픽에서 정해진 구역을 출입하거나 차량을 탑승하기 위한 권한을 증명하는 일종의 신분증이다. 모든 관계자들은 반드시 AD카드를 패용해야 해당 구역에 출입하거나 차량을 탑승할 수 있다. 아래는 AD카드에 담긴 정보에 대한 설명이다.

[AD카드 예시]

<table>
<tr><td>대회구분</td><td>• 올림픽 AD카드에는 다섯 개의 원이 겹쳐진 '오륜기'가, 패럴림픽 AD카드에는 세 개의 반달이 나열된 '아지토스'가 부착된다.
• 올림픽 기간 동안에는 올림픽 AD카드만이, 패럴림픽 기간 동안에는 패럴림픽 AD카드만이 유효하다.
• 두 대회의 기간은 겹치지 않는다.</td></tr>
<tr><td>탑승권한</td><td>• AD카드 소지자가 탑승 가능한 교통서비스를 나타낸다. 탑승권한 코드는 복수로 부여될 수 있다.
<table>
<tr><th>코드</th><th>탑승 가능 교통서비스</th></tr>
<tr><td>T1</td><td>VIP용 지정차량</td></tr>
<tr><td>TA</td><td>선수단 셔틀버스</td></tr>
<tr><td>TM</td><td>미디어 셔틀버스</td></tr>
</table></td></tr>
<tr><td>시설입장 권한</td><td>• AD카드 소지자가 입장 가능한 시설을 나타낸다. 시설입장권한 코드는 복수로 부여될 수 있다.
<table>
<tr><th>코드</th><th>입장 가능 시설</th></tr>
<tr><td>IBC</td><td>국제 방송센터</td></tr>
<tr><td>HAL</td><td>알파인 경기장</td></tr>
<tr><td>HCC</td><td>컬링센터</td></tr>
<tr><td>OFH</td><td>올림픽 패밀리 호텔</td></tr>
<tr><td>ALL</td><td>모든 시설</td></tr>
</table></td></tr>
</table>

특수구역 접근권한	• AD카드 소지자가 시설 내부에서 접근 가능한 특수구역을 나타낸다. 특수구역 접근권한 코드는 복수로 부여될 수 있다.

코드	입장 가능 시설
2	선수준비 구역
4	프레스 구역
6	VIP 구역

상황

갑돌이는 올림픽 및 패럴림픽 관계자이다. 다음은 갑돌이가 패용한 AD카드이다.

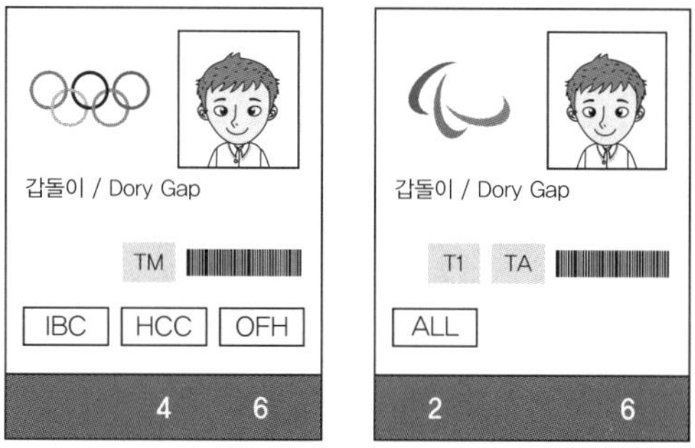

① 패럴림픽 기간 동안 알파인 경기장에 들어간다.
② 패럴림픽 기간 동안 VIP용 지정차량에 탑승한다.
③ 올림픽 기간 동안 올림픽 패밀리 호텔에 들어간다.
④ 올림픽 기간 동안 컬링센터 내부에 있는 선수준비 구역에 들어간다.
⑤ 올림픽 기간 동안 미디어 셔틀버스를 타고 이동한 후 국제 방송센터에 들어간다.

정답과 해설 ▶ P.144

에듀윌 공기업
매일 1회씩 꺼내 푸는 NCS

정답과 해설

eduwill

DAY 01

정답 확인

문항	영역	정답	문항	영역	정답	문항	영역	정답	문항	영역	정답	문항	영역	정답
01	의사소통	②	02	의사소통	⑤	03	의사소통	③	04	의사소통	②	05	의사소통	②
06	의사소통	②	07	의사소통	④	08	의사소통	③	09	수리	①	10	수리	③
11	수리	④	12	수리	⑤	13	수리	①	14	수리	④	15	수리	①
16	수리	③	17	수리	④	18	수리	①	19	문제해결	②	20	문제해결	③
21	문제해결	②	22	문제해결	②	23	문제해결	⑤	24	문제해결	④	25	문제해결	②

영역별 실력 점검표

영역	맞은 개수	정답률	취약 영역
의사소통능력	/8	%	
수리능력	/10	%	
문제해결능력	/7	%	
합계	/25	%	

01 의사소통능력

정답 ②

유형	일반형 정보 Text 읽기 〉 미시적 이해 〉 일치	난이도	★★☆

- 미나: 2000년을 기준으로 16년간 콘티넨탈의 매출과 고용은 각각 4배, 3배로 증가하였으므로 적절한 설명이다.
- 채림: 독일은 자국 제조업의 경쟁력을 유지하고 발전시키기 위해 정보통신기술(ICT)을 전통 산업에 접목하는 '인더스트리 4.0'을 추진하고 있으므로 적절한 설명이다.

| 오답풀이 |

- 순이: 콘티넨탈은 직원을 단순한 자산이 아닌 기업이 창출하는 가치로 대우하고 있다. 따라서 좋은 일자리를 보장하고 높은 임금을 제공하는 기존의 방식과는 다를 것이므로 적절하지 않은 설명이다.
- 수지: 콘티넨탈의 라인하르트 총괄은 4차 산업 혁명에 잘 대응하여 성장한다면 그 기업의 고용 규모는 늘어난다고 하였으므로 적절하지 않은 설명이다.

02 의사소통능력

정답 ⑤

유형	실용형 정보 Text 읽기 〉 법률/계약서형 읽기	난이도	★★☆

㉣에 따르면 실시 계획 승인권자는 공공시설의 인계인수 지연으로 주민 불편 등이 예상되는 경우에 사업시행자와 당해 관리청 간 인계인수 협의를 중재할 수 있다.

| 오답풀이 |

① ㉠에 따르면 사업의 준공처리가 불가피한 경우에는 잔여 물량에 대한 향후 보수 계획 등의 처리 방안을 당해 관리청과 협의한다면 가능할 수 있다.

② ㉡에 따르면 공공시설의 관리권을 인계인수한 이후 발생하는 하자는 당해 관리청이 유지 및 보수한다.

③ ㉢에 따르면 정수장·배수지·가압장 등 별도의 관리 조직을 필요로 하는 공공시설의 경우에는 그 시설의 관리에 관한 사항을 상호 협의하여 결정할 수 있다.

④ ㉢에 따르면 택지개발사업의 최종 준공 전에 공용개시가 필요한 공공시설의 경우에는 주택법 제29조의 규정에 의한 주택·부대시설·복리시설 및 대지에 대한 사용검사 실시 전까지 당해 시설의 관리청과 사업시행자가 합동검사하여 공용개시 여부를 결정할 수 있다.

03 의사소통능력

정답 ③

유형	일반형 정보 Text 읽기 〉 거시적 이해 〉 맥락	난이도	★☆☆

제시된 빈칸의 앞에는 대도시 사람들은 모두 사기꾼처럼 보인다는 주장이 옳지 않다는 내용이 서술되어 있다. 또한 빈칸의 뒤에는 기생 식물이 생존하려면 우선 건강한 나무가 필요하다는 이야기가 제시되었다. 따라서 빈칸에는 사기꾼과 같은 행태와 반대되는 성향의 행동에 관한 내용이 서술되어야 맥락상 적절하다.

04 의사소통능력

정답 ②

유형	일반형 정보 Text 읽기 〉 거시적 이해 〉 적용	난이도	★★☆

X이론과 Y이론 간 선택지의 내용이 서로 바뀌어 있다. 인간에 대한 믿음을 바탕으로 하는 Y이론에 따르면 사람들은 자신이 책임감을 느끼는 목표를 달성하기 위하여 자기지시와 자기통제를 수행한다. 야망과 책임감이 없으며 지시받기 좋아하는 측면으로 인간의 속성을 이해하는 것은 X이론의 특성이다.

05 의사소통능력

정답 ②

유형	일반형 정보 Text 읽기 〉 미시적 이해 〉 추론	난이도	★★☆

주식회사가 생긴 후에는 이전과 달리 누구나 생산 수단의 일부를 구입하여 소유할 수 있게 되었다. 따라서 과거에 생산 수단을 소유할 수 없었던 노동자가 투자가가 되어 생산 수단을 부분적으로 소유할 수 있게 되었다는 설명은 적절하다.

| 오답풀이 |

① 주주 자본주의는 회사 경영의 목표를 주주 이윤의 극대화에 초점을 두는 체제이므로 사회적 공헌보다는 주주의 이익을 우선할 것이다.

③ 이해관계자 자본주의는 기업과 연계된 노동자와 소비자, 지역 사회 등을 고려하는 체제이므로 기업의 경영을 주도하는 역할과 연관성이 낮을 것이다.

④ 이해관계자 자본주의를 확대하여 적용하는 기업은 주주 자본주의에 입각한 기업에 비하여 사회적 공헌 활동을 위해 노력하는 모습이 강화될 것이다.

⑤ 주주 자본주의와 이해관계자 자본주의를 혼합한 기업이더라도 지역 사회의 이익보다 주주의 이익을 최우선으로 고려할 것이다.

06 의사소통능력 정답 ②

유형	실용형 정보 Text 읽기 〉 법률/계약서형 읽기	난이도	★☆☆

제1항 제1호에 따르면 직장의 변동이 있는 경우에는 직장 변동 이후의 실제 소득액을 평균한 월평균 소득을 기초로 하여 산정한다. 따라서 이직 후 6개월 동안의 실제 소득을 기준으로 산정해야 한다.

| 오답풀이 |

① 제1항 제1호에 따라 최근 1년간 직장의 변동이 없는 경우이므로 1년간의 실제 소득액을 평균한 월평균 소득을 기초로 하여 산정한다.

③ 제1항 제2호에 따라 영업 소득자가 그 소득에 관한 소명 자료가 충분하지 않은 경우이므로 임금구조기본통계조사보고서와 같은 객관적인 통계 자료를 기초로 하여 산정한다.

④ 제2항에 따라 채무자의 지출 금액을 산정하는 원칙이 있으나, 특별한 사정이 있는 경우에는 적절히 증감할 수 있다.

⑤ 제3항에 따라 채무자는 법 제70조 제1항에 규정된 변제 계획안을 제출해야 한다.

07 의사소통능력 정답 ④

유형	일반형 정보 Text 읽기 〉 거시적 이해 〉 주제	난이도	★★☆

거백옥의 주장에 따르면 부덕한 사람이 있다면 경계하고 삼가서 자신의 몸가짐을 바로 해야 한다. 또한 자신의 재주를 과신하고 그것을 함부로 드러내 상대를 거역하면 위태로우므로 이러한 행동은 독이 되리라는 것을 유추할 수 있다. 이는 자신이 지닌 재주 자체가 독이 된다는 의미와는 다르다.

| 오답풀이 |

① 태도는 그에 순응하고 마음은 함께 맞추는 것이 최상이라고 하였으므로 적절한 설명이다.

② 상대가 방탕하게 행동하면 같이 멋대로 해야만 허물없는 인물로 인도할 수 있다고 하였으므로 적절한 설명이다.

③ 자기 재주를 과신하여 감당하지 못할 것을 모르는 행동을 삼가고 경계해야 한다고 하였으므로 적절한 설명이다.

⑤ 몸으로는 따르더라도 상대에게 말려들지는 말아야 한다고 하였으므로 적절한 설명이다.

08 의사소통능력 정답 ③

유형	일반형 정보 Text 읽기 〉 창의적 이해 〉 적용	난이도	★☆☆

'당신은 사마귀를 모르십니까?'라는 질문을 통해 고사성어 중 하나인 당랑거철(螳螂拒轍)의 내용을 소개하며 자신이 전달하는 이야기에 대한 청자의 이해를 돕고 있다. 자신이 미약한 존재라는 것을 헤아리지 못하고 수레바퀴에 함부로 맞서는 사마귀를 예시로 제시하여 전달력을 높였다.

09 수리능력 정답 ①

유형	응용계산 〉 방정식	난이도	★★☆

남자 불합격자와 여자 불합격자의 수가 같으므로 남자 지원자 수－남자 합격자 수＝여자 지원자 수－여자 합격자 수이다. 전체 합격자가 300명이고, 합격자의 남녀의 비가 2:1이므로 남자 합격자 수는 200명, 여자 합격자 수는 100명이다. 전체 지원자 수를 x명이라고 하면

$$\frac{5}{8}x-200=\frac{3}{8}x-100 \rightarrow x=400$$

따라서 총 지원자 수는 400명이다.

10 수리능력 정답 ③

유형	응용계산 〉 일률	난이도	★☆☆

A기계는 3시간에 500개의 물건을 생산하고, B기계는 6시간에 700개의 물건을 생산하므로 두 기계를 3시간동안 가동하면 총 500＋350＝850(개)의 물건을 생산할 수 있다. A기계를 1시간 30분간 가동해 생산한 물건은 $\frac{500}{2}$＝250(개)이므로 두 기계를 동시에 가동해서 생산해야 할 물건은 4,500－250＝4,250(개)이다. 따라서

4,250개를 생산하는 데 걸리는 시간은 $\frac{4,250}{850}\times3=15$(시간)이므로 4,500개를 모두 생산하는 데 걸리는 시간은 1시간 30분+15시간=16시간 30분이다.

11 수리능력 정답 ④

유형	응용계산 〉 확률	난이도	★★☆

여사건을 이용하여 확률을 구할 수 있다. 즉, 적어도 1개가 불량품일 확률을 구하려면, 전체 확률 1에서 모두 정상일 확률을 빼면 된다. 3개를 선택했을 때 모두 정상일 확률 $=\frac{12\times11\times10}{15\times14\times13}=\frac{44}{91}$이다. 따라서 적어도 1개가 불량품일 확률은 $1-\frac{44}{91}=\frac{47}{91}$이다.

12 수리능력 정답 ⑤

유형	자료해석 〉 수치 읽기	난이도	★☆☆

남자와 여자의 비타민A 섭취비율이 가장 높았던 해는 2014년으로 같다.

| 오답풀이 |

① 여자의 에너지 섭취비율은 2014년에 전년 대비 감소하였다.
② 매년 비타민C 섭취비율은 여자가 남자보다 높다.
③ 남자의 철 섭취비율이 가장 높았던 해는 202%인 2013년이다.
④ 2014년과 2015년은 여자의 철 섭취비율이 단백질 섭취비율보다 높다.

13 수리능력 정답 ①

유형	자료해석 〉 자료계산	난이도	★★☆

업무평가 점수의 3년 평균이 80점을 넘지 않는 정 사원은 제외한다.
승진점수 산출법을 이용해 승진점수를 구하면 다음과 같다.
김 과장: $69\times0.5+76\times0.3+96\times0.2=76.5$(점)
이 대리: $85\times0.5+73\times0.3+82\times0.2=80.8$(점)
강 부장: $72\times0.5+82\times0.3+95\times0.2=79.6$(점)
한 사원: $80\times0.5+78\times0.3+85\times0.2=80.4$(점)
따라서 승진대상자는 이 대리와 한 사원이다.

14 수리능력 정답 ④

유형	자료해석 〉 수치 읽기	난이도	★★★

1990년부터 2005년까지 친족 가구 수 중 2세대 가구 수의 비율이 50%를 넘으므로 과반수를 차지하는 것을 알 수 있다.

| 오답풀이 |

① 2010년 1인 가구의 비중은 25.1%로 부부 가구의 비중인 17.4%의 2배 미만이다.
② 3세대 이상 가구 수는 1990년에 $11,355\times0.125\fallingdotseq1,419$(천 가구), 1995년에 $12,958\times0.1\fallingdotseq1,296$(천 가구)이므로 매년 증가하지 않았다.
③ 확대 가족은 한 부모와 그들의 기혼 자녀 또는 3세대 이상으로 이루어진 가족이므로 2세대 가구에 포함될 수도 있다. 3세대 이상 가구가 10% 미만이더라도, 2세대 가구이면서 확대 가족인 비중이 높다면, 확대 가족 비중은 총 가구의 10% 이상이 될 수 있다.
⑤ 1995년 전체 가구 수를 100이라 놓았을 때, 부부 가구 인구는 $12.8\times2=25.6$(명)이고, 1인 가구 인구는 12.7명이다. 따라서 부부 가구 인구는 1인 가구 인구의 2배 이상이다.

15 수리능력 정답 ①

유형	자료해석 〉 자료계산	난이도	★★☆

1999년 징수세액이 5,000억 원보다 적은 세목은 상속세, 자산재평가세, 전화세, 증권거래세, 증여세이므로 A, B, D는 각각 상속세 또는 자산재평가세 또는 증권거래세이다.
1999년에 비해 2009년에 징수세액이 10배 이상 증가한 세목은 상속세와 자산재평가세로 A와 B가 해당한다. 따라서 D는 증권거래세이다.
2009년에 비해 2019년에 징수세액이 증가한 세목은 법인세, 부가가치세, 상속세, 소득세, 증권거래세, 증여세이므로 A, C는 각각 부가가치세 또는 상속세이다. 따라서 A는 상속세, B는 자산재평가세, C는 부가가치세이다.

16 수리능력 정답 ③

유형	자료해석 〉 추세 읽기	난이도	★★★

무의 조사단위는 10kg이 아니라 15kg이다. 따라서 ③번 그래프에서 무의 가격은 $\frac{8,500}{15}$≒567(원)이 되어야 한다.

17 수리능력 정답 ④

유형	자료해석 〉 수치 읽기	난이도	★☆☆

세종을 제외하고 출생인구가 가장 낮은 지역은 2014년과 2015년 모두 제주이다.

| 오답풀이 |

① 2014년에 네 번째로 출생인구가 많은 지역은 전남이다.

② 2014년 대비 2015년에 출생인구가 감소한 지역은 충남, 전남, 경북이다. 그중에서 충남이 3,232－3,138＝94(천 명)으로 가장 많이 감소했다.

③ 2014년 대비 2015년에 출생인구가 증가한 지역 중에서 서울과 경기가 많이 증가한 것을 알 수 있다. 서울은 8,018－7,535＝483(천 명)이고, 경기는 6,366－5,815＝551(천 명)이므로 가장 많이 증가한 지역은 경기이다.

⑤ 2015년 경남 지역의 출생인구는 전년 대비 4,114－4,045＝69(천 명) 증가했다.

18 수리능력 정답 ①

유형	자료해석 〉 자료계산	난이도	★☆☆

$\frac{2,935}{47,485}\times100$≒6.2(%)이므로 ㉠은 6.2이고, $\frac{890}{49,426}\times100$≒1.8(%)이므로 ㉡은 1.8이다.

19 문제해결능력 정답 ②

유형	퀴즈 문제 〉 명제	난이도	★☆☆

주어진 명제를 정리하면 '수학을 잘하는 사람 → 논리적 → 아이큐 높음', '영어를 잘하는 사람 → 노력 많이 하지 않음 → 아이큐 높음'이다.

따라서 영어와 수학 둘 중 하나를 잘하는 사람은 반드시 아이큐가 높다.

| 오답풀이 |

①, ③, ⑤ 주어진 명제로는 알 수 없는 내용이다.

④ 수학과 영어를 잘하는 사람은 아이큐가 높지만, 명제의 역이 반드시 성립하는 것은 아니다.

20 문제해결능력 정답 ③

유형	적용 퀴즈 〉 위치판단하기	난이도	★★☆

5개의 조건을 참고하여 그림을 그리면 다음과 같다.

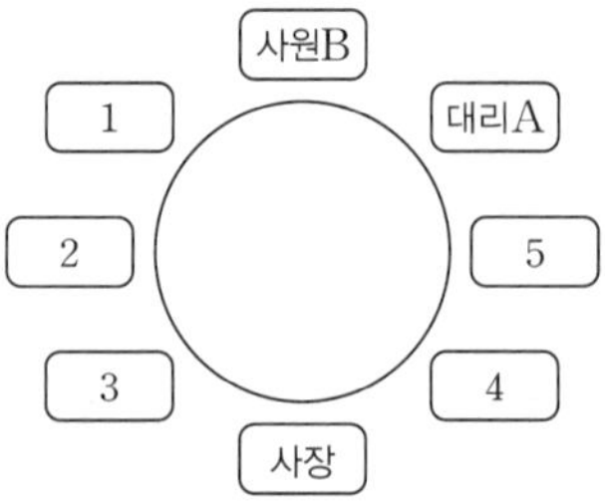

사원은 서로 인접하여 앉지 않았고, 대리도 서로 인접하여 앉지 않았으므로 1번에는 사원이 앉지 못하고 5번에는 대리가 앉지 못한다. 또한, 대리B와 C는 마주보고 앉아 있으므로 1번과 4번에 앉아야 하며 부장은 대리 옆에 앉지 않았으므로 2번과 5번에는 사원이 앉아야 한다.

따라서 사장의 왼쪽인 3번 자리에 앉은 사람은 부장이다.

21 문제해결능력 정답 ②

유형	수리, 기호 정보에서 원리 파악하기 〉 기호 원리 파악하기	난이도	★☆☆

Ⓑ의 경우 2회면 이동 가능하고, Ⓓ의 경우 3회 이동하면 가능하다.

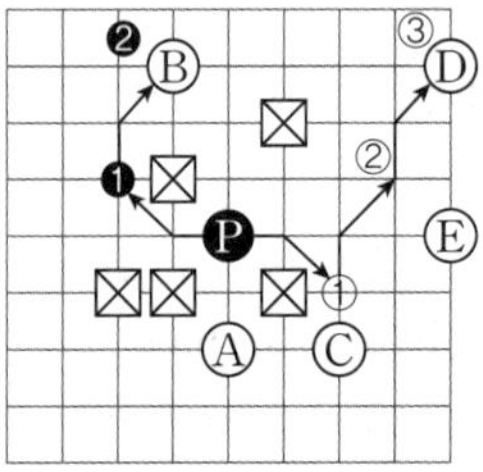

22 문제해결능력

정답 ②

유형	수리, 기호 정보에서 원리 파악하기 〉 수리적 원리 파악하고 적용하기	난이도	★☆☆

규칙들이 맞는지 대입하여 확인한다.

㉠ (다) 6, 5, 8, 3, 9 → 홀수 다음에 홀수가 온다.

㉣ (가) 2, 3, 6, 7, 8 / (다) 6, 5, 8, 3, 9 → 어떤 숫자 다음에는 그 수의 배수가 온다.

23 문제해결능력

정답 ⑤

유형	Text로 된 정보에서 원리 파악하기 〉 거시적 원리 파악하고 적용하기	난이도	★★☆

㉡ 두 번째 문단의 '반면 비행친구와의 접촉이 청소년 비행에 미치는 영향력의 정도는 상대적으로 초기보다는 중기를 거쳐 후기에 이를수록 커진다고 한다.'를 통해 반비례가 아니라 비례관계임을 알 수 있다.

㉢ 마지막 문단의 '반면 후자는 어려서는 문제성향을 보이지는 않았으나, 성장 과정에서 비행친구와 접촉하면서 모방 등을 통해 청소년기에 일시적으로 비행을 저지르는 비행청소년들을 말한다.'를 통해 지속적으로 비행을 저지를 가능성이 높다고 볼 수 없다.

| 오답풀이 |

㉠ A이론에서는 자기통제력이라는 내적 성향이 유년기의 문제행동, 청소년 비행뿐만 아니라 성인의 범죄도 설명할 수 있는 중요한 원인 중 하나라고 본다.

24 문제해결능력

정답 ④

유형	Text로 된 정보에서 원리 파악하기 〉 미시적 원리 파악하고 적용하기	난이도	★★★

㉠ 제□□조(경영상 이유에 의한 해고의 제한) 제3항의 '그 사업 또는 사업장에 근로자의 과반수로 조직된 노동조합이 있는 경우에는 그 노동조합에 해고를 하려는 날의 50일 전까지 통보하고 성실하게 협의하여야 한다.'를 통해 정당한 이유가 있는 해고가 아님을 알 수 있다.

㉡ 제◇◇조(해고사유 등의 서면통지) 제2항에 따르면 '근로자에 대한 해고는 제1항에 따라 서면으로 통지하여야 효력이 있다.'를 통해 서면이 아니기 때문에 효력이 없는 해고임을 알 수 있다.

㉢ 제△△조(해고의 예고)에 따르면 '근로자가 고의로 사업에 막대한 지장을 초래하거나 재산상 손해를 끼친 경우에는 그러하지 아니하다.'를 통해 고의인 경우에 30일 전 해고예고가 면제되기 때문에, 고의가 아니라면 30일분 이상의 통상임금을 지불하는 규약에 자유롭지 못함을 알 수 있다.

| 오답풀이 |

㉣ 제◇◇조(해고사유 등의 서면통지) 제2항에 따르면 '근로자에 대한 해고는 제1항에 따라 서면으로 통지하여야 효력이 있다.'를 통해 서면이 아닌 경우는 효력이 없음을 알 수 있다.

25 문제해결능력

정답 ②

유형	수리, 기호 정보에서 원리 파악하기 〉 수리적 원리 파악하고 적용하기	난이도	★★☆

㉡ $\text{LOFI}=\frac{(300+100)-(30+5)}{300+100}\times 100=91.25(\%)$

이므로 독립적인 시장으로 볼 수 있다.

| 오답풀이 |

㉠ A도 내에서 a소주의 생산량은 300만 개인데, 다른 도로 이동한 양은 총 40+30+5=75(만 개)이다. 따라서 A도 내에서 a소주의 소비량은 300−75=225(만 개)이므로 생산량이 더 많다.

㉢ C도의 $\text{LOFI}=\frac{100-(10+15)}{100}\times 100=75(\%)$이기 때문에 독립적인 시장이다.

DAY

02

정답 확인

문항	영역	정답	문항	영역	정답	문항	영역	정답	문항	영역	정답	문항	영역	정답
01	의사소통	④	02	의사소통	①	03	의사소통	④	04	의사소통	④	05	의사소통	④
06	의사소통	②	07	의사소통	③	08	의사소통	④	09	수리	②	10	수리	④
11	수리	③	12	수리	③	13	수리	②	14	수리	①	15	수리	⑤
16	수리	⑤	17	수리	③	18	문제해결	④	19	문제해결	②	20	문제해결	④
21	문제해결	③	22	문제해결	⑤	23	문제해결	③	24	문제해결	②	25	문제해결	⑤

영역별 실력 점검표

영역	맞은 개수	정답률	취약 영역
의사소통능력	/8	%	
수리능력	/9	%	
문제해결능력	/8	%	
합계	/25	%	

01 의사소통능력

정답 ④

유형	일반형 정보 Text 읽기 〉 미시적 이해 〉 추론	난이도	★★☆

㉠ 플라시보 효과는 복용하는 약에 대한 환자의 믿음의 정도가 강할수록 더 효과가 크다.
㉡ 환자에게 약을 처방하는 의사의 확신이 약효에 영향을 미친다는 내용은 주어진 글에서 확인할 수 없다.
㉣ 플라시보 효과와 연관된 심층 의식의 세계는 과학의 대상이 되지 못하거나 무시될 만한 분야로 여겨지는 측면이 있지만 종래의 견해를 뒤집고 논쟁을 일으킨 만큼 과학적인 의미가 있다고 볼 수 있다.

| 오답풀이 |

㉢ 위약을 진통제로 믿는 바람에 뇌에서 엔도르핀이 분비되어 진통 효과가 나타났으므로 과학적인 인과 관계를 확인할 수 있다.

02 의사소통능력

정답 ①

유형	일반형 정보 Text 읽기 〉 창의적 이해 〉 적용	난이도	★☆☆

㉠ 내부고발에 해당하는 행위의 대상은 '공공의 이익을 크게 침해하는 조직 내의 불법, 비윤리적인 활동'이다. 직장 상사의 사생활은 공공의 이익을 침해하는 조직 내 불법, 비윤리적인 활동이 아니므로 해당 사례는 내부고발의 요건을 만족하지 않는다.
㉡ 내부고발은 자신이 속한 기관이나 조직에서 외부에 밝힐 때 그 요건을 만족한다. 이때 을이 자신의 어머니와 같은 기관이나 조직에서 근무하는지에 대한 여부는 주어진 글에서 확인할 수 없으므로 해당 사례는 내부고발에 해당한다고 보기 어렵다.

| 오답풀이 |

㉢ 개인적인 동기로 민원실에 신고하였더라도 실제로 일어나고 있는 불법적인 관행을 제보하였으므로 해당 사례는 내부고발에 해당한다.
㉣ 건물의 붕괴 위험성을 알고 있지만 방지 대책 등 해결책을 마련하지 않는 경우는 아무것도 하지 않는 상태인 무위(無爲)이다. 이는 공공의 이익을 침해하는 상황에 해당하므로 해당 사례는 내부고발에 해당한다.

03 의사소통능력

정답 ④

유형	일반형 정보 Text 읽기 〉 거시적 이해 〉 주제	난이도	★★☆

국제 협력 네트워크는 인적자원을 잘 육성하고 관리하고자 하기 위하여 구축하는 것이다. 따라서 '국제 협력 네트워크 구축 시 인적자원의 역할'은 개념의 순서가 뒤바뀌어 있으므로 해당 포럼에서 발표될 강연의 제목으로 적절하지 않다.

04 의사소통능력

정답 ④

유형	일반형 정보 Text 읽기 〉 창의적 이해 〉 적용	난이도	★☆☆

간접광고 제도는 프로그램 내에서 상품명이나 상호를 보여 주는 것을 허용하지만, 상품명이나 상호를 언급하거나 구매와 이용을 권유하는 것은 금지한다. 따라서 특정 연예인이 출연하여 협찬 업체의 이름을 말하는 것은 가능하지 않다.

| 오답풀이 |

① 협찬 제도하에서는 프로그램의 방영 중에 상품명이나 상호를 보여 주거나 출연자가 이를 언급하는 방식을 금지했다. 따라서 프로그램 방영 시 'NIKE'라고 표기하지 못하고 일부를 가리는 등의 조치를 취했을 것이다.
② 협찬 제도에서는 프로그램의 종료 시 시청자에게 협찬 업체를 알려 고지할 수 있다.
③ 간접광고 제도는 프로그램 내에서 상품명이나 상호를 노출하는 방식을 허용하는 대신에 이를 직접 언급하거나 구매 등을 권유하는 행위를 금지한다. 따라서 프로그램 방영 중에 'NIKE'라고 상호 전체를 표기하는 것은 가능하다.
⑤ 객관성과 공정성이 요구되는 프로그램에 간접광고를 금지한 것은 대중에게 미치는 영향력을 감안했기 때문이다. 따라서 방송의 공적인 특성을 고려한 것으로 이해할 수 있다.

05 의사소통능력

정답 ④

유형	일반형 정보 Text 읽기 〉 미시적 이해 〉 일치	난이도	★★☆

청렴윤리 시스템의 도입은 기본적으로 전제된 상황이다. 현시점에 운영 중인 청렴윤리 프로그램을 지속적으로 진단하고 개선 방안을 반영하여 새롭게 구축하여 운영하는 한편, 이러한 과정의 필요성을 이해하는 일이 청렴윤리의 실현에 더욱 중요한 요소이다.

| 오답풀이 |

① 폭스바겐의 배출 가스 조작 사건, 옥시의 가습기 살균제 사태를 통해 조직의 비윤리적인 행위가 사회에 미치는 영향을 보여 주고 있다.

② 청렴윤리 시스템의 효과성과 정착 여부를 재검토할 필요성을 제시하고 있다.

③ 청렴윤리 프로그램에 대한 지속적인 진단을 통해 관심을 기울이고 문제성이나 개선 방안을 분석하여 연속적으로 반영할 필요성을 주장하고 있다.

⑤ 청렴윤리가 개인과 조직의 지속 가능성과 생존을 위한 것이며, 나아가 이 사회를 청렴하고 행복하게 하는 시작이라는 내용을 명시하고 있다.

06 의사소통능력

정답 ②

유형	일반형 정보 Text 읽기 〉 미시적 이해 〉 추론	난이도	★☆☆

기술 혁신을 통해 생산성을 높이려는 시도가 실패하는 까닭은 비용이 급격하게 증가하거나 예측하지 못한 위협이 발생하기 때문이다. 필킹턴 사의 플로트 공정이 곧장 수익을 보지 못한 이유는 기술 혁신을 위하여 투자한 개발 비용이 급격하게 증가했기 때문이므로, 예상하지 못한 위협에 직면한 상황에 해당하지 않는다.

| 오답풀이 |

①, ⑤ 필킹턴 사는 플로트 공정을 즉각 활용하였으나, 그동안 투자한 엄청난 액수로 인해 12년 동안 손익분기점에 도달하지 못했다.

③ 필킹턴 사가 플로트 공정에 투자한 비용을 회수하는 데에는 12년이 소요됐다. 플로트 공정의 총개발비를 사전에 알았더라면 기술 혁신을 감히 시도하지 못했을 것이라는 경영진의 회고를 통해 필킹턴 사는 플로트 공정 개발비를 회수하는 데 소요될 시간을 미처 예상하지 못했으리라는 것을 알 수 있다.

④ 필킹턴 사의 기술 혁신이 수익 증가로 이어지지 않은 이유는 급격하게 증가한 비용 때문이다. 따라서 필킹턴 사가 아닌 다른 회사였을지라도 기술 혁신에 바로 뛰어들기는 힘들었을 것이다.

07 의사소통능력

정답 ③

유형	일반형 정보 Text 읽기 〉 미시적 이해 〉 추론	난이도	★★☆

소비자기대지수는 경기 상황이나 소비 지출 등에 대한 소비자들의 주관적인 인식을 파악한 결과이다. 앞으로 6개월 후에 조사 대상자의 소비가 증가할 것인가 혹은 감소할 것인가의 주관적 전망을 조사한 결과를 바탕으로 산출되므로, 이는 정확한 경기 예측에 활용할 객관적인 지표로 판단하기 어렵다.

08 의사소통능력

정답 ④

유형	일반형 정보 Text 읽기 〉 거시적 이해 〉 주제	난이도	★★☆

해당 집단상담 프로그램은 아동이 자신을 표현하는 방법을 익혀 의사소통 기술을 발달하는 데 초점을 맞추고 있다. 제시된 커리큘럼은 자신의 본질적인 모습에 집중하여 자아 정체성과 자존감을 찾고자 하는 활동이 구성되어 있지 않다.

| 오답풀이 |

① 2회, 3회, 4회, 7회, 8회에서 경청 자세를 익히는 한편 공감하는 태도를 형성하도록 구성하고 있다.

② 3회, 6회, 7회에서 간접적인 노출을 통해 점진적으로 자기표현을 하도록 유도하고 있다.

③ 5회, 7회에서 자신의 마음이나 생각들을 표현하는 방법을 연습하도록 구성하고 있다.

⑤ 다양한 프로그램을 통해 대인 관계의 형성에 도움을 주는 한편 단체 생활에 원활하게 적응하도록 유도하고 있다.

09 수리능력

정답 ②

유형	응용계산 〉 일률	난이도	★☆☆

전체 일의 양을 1이라고 하면 A인턴이 하루에 할 수 있

는 일의 양은 $\frac{1}{4}$, B인턴이 하루에 할 수 있는 일의 양은 $\frac{1}{6}$이므로 A와 B가 둘이 하루에 할 수 있는 일의 양은 $\frac{1}{4}+\frac{1}{6}=\frac{5}{12}$이다.

B인턴이 하루 동안 준비한 후 A인턴을 지원받아 준비를 끝냈으므로 A인턴과 B인턴이 준비한 일수를 x일이라고 하면 $\frac{1}{6}\times 1+\frac{5}{12}\times x=1 \rightarrow x=2$

따라서 A인턴과 B인턴이 같이 일한 날은 2일이다.

10 수리능력 정답 ④

유형	응용계산 〉 기타	난이도	★☆☆

공책 298권으로 만들 수 있는 키트의 개수는 $\frac{298}{3}\fallingdotseq 99.3$(개)이므로 최대 99개이고, 물 203병으로 만들 수 있는 키트의 개수는 $\frac{203}{2}=101.5$(개)이므로 최대 101개이며, 초콜릿 493개로 만들 수 있는 키트의 개수는 $\frac{493}{5}=98.6$(개)로 최대 98개이다. 이에 따라 최대로 만들 수 있는 키트는 98개이므로 필요한 볼펜은 $98\times 4=392$(자루)이다. 따라서 추가로 구입해야 할 볼펜은 $392-198=194$(자루)이다.

11 수리능력 정답 ③

유형	자료해석 〉 수치 읽기	난이도	★☆☆

고졸을 제외한 모든 학력의 임금격차가 전년 대비 증가한 해는 2019년뿐이다.

| 오답풀이 |

① 2016년의 평균 연령이 39.9세였다면 2020년의 평균 연령은 $39.9+0.6+(-0.1)+0.7+0.4=41.5$(세)이다.

② 2018년에 중졸 이하 근로자의 임금은 74.7%로 고졸 근로자의 75% 이하였다.

④ 2020년 평균근속연수가 6.4년이었다면 2016년의 평균근속연수는 $6.4-0.2-0.2-(-0.4)-0.2=6.2$(년)이다.

⑤ 대졸 이상 근로자와 중졸 이하 근로자의 임금격차와 대졸 이상 근로자와 초대졸 근로자의 임금격차를 계산하면 다음과 같다.

구분	2016년	2017년	2018년	2019년	2020년
대졸 이상 −중졸 이하	73.0	70.8	79.1	85.1	80.9
대졸 이상 −초대졸	47.1	46.1	41.3	48.8	46.1

따라서 대졸 이상 근로자와 중졸 이하 근로자의 임금격차는 대졸 이상 근로자와 초대졸 근로자 임금격차의 2배보다 작다.

12 수리능력 정답 ③

유형	자료해석 〉 수치 읽기	난이도	★★☆

2015~2017년에 석유 소비량은 2015년에 $192,887\times 0.52\fallingdotseq 100,301.2$(천 TOE), 2016년에 $98,409\times 0.507\fallingdotseq 49,893.4$(천 TOE), 2017년에 $208,636\times 0.491\fallingdotseq 102,440.3$(천 TOE)이므로 2017년에 2016년 대비 증가하였다.

| 오답풀이 |

① 2017년의 총 소비량은 전년 대비 2배 이상 증가하였고, 2018~2020년에는 전년 대비 10% 미만으로 증가하였으므로 총 소비량 증가율은 2017년에 가장 높다.

② 2015년 이후 매년 LNG 소비량과 원자력 소비량의 구성비의 합은 석탄 소비량의 구성비보다 크므로 소비량 또한 크다는 것을 알 수 있다.

구분	석탄	LNG+원자력
2015년	22.3%	9.8+14.1=23.9(%)
2016년	23.0%	10.5+14.1=24.6(%)
2017년	23.5%	11.1+14.3=25.4(%)
2018년	23.8%	11.2+15.1=26.3(%)
2019년	24.1%	12.9+14.8=27.7(%)
2020년	24.0%	13.3+16.1=29.4(%)

⑤ 2018년 원자력 소비량의 전년 대비 증가량은 $(215,067\times 0.151)-(208,636\times 0.143)\fallingdotseq 32,475.1-29,834.9=2,640.2$(천 TOE)이고, 2018년 수력 소비량의 전년 대비 증가량은 $(215,067\times 0.008)-(208,636\times 0.006)\fallingdotseq 1,720.5-1,251.8=468.7$(천 TOE)이다.

따라서 2배 이상이다.

13 수리능력 정답 ②

유형	자료해석 〉 자료계산	난이도	★★☆

㉠ 국내 기업이 중국에 직접투자한 현지법인의 총 매출액 중 제3국 수출액의 비중은 $\frac{10,579}{29,262}\times100≒36.2(\%)$이고, 전체 해외직접투자 현지법인의 제3국 수출액 비중은 $\frac{41,853}{187,045}\times100≒22.4(\%)$이다.

㉡ 중국과 미국을 제외한 기타지역에 직접투자한 현지법인 총 매출액이 전체 해외직접투자 현지법인의 총 매출액의 $\frac{111,955}{187,045}\times100≒59.9(\%)$이다.

| 오답풀이 |

㉢ 주어진 자료를 통해 직접투자액은 알 수 없다.

14 수리능력 정답 ①

유형	자료해석 〉 수치 읽기	난이도	★★☆

㉠ D직무에서는 남성 채용률이 $\frac{85}{100}\times100=85(\%)$, 여성 채용률이 $\frac{2}{40}\times100=5(\%)$로 남성 채용률이 더 높다.

| 오답풀이 |

㉡ 전체 남성 채용률은 $\frac{94}{120}\times100≒78.3(\%)$, 여성 채용률은 $\frac{14}{67}\times100≒20.9(\%)$이므로 전체 남성 채용률이 여성 채용률의 3배가 넘는다.

㉢ 전체 채용자 수는 $94+14=108$(명)이고 여성을 8% 이상 채용하도록 할당해야 하므로 여성 채용자 수는 $108\times0.08≒8.6$(명) 이상이어야 한다. 따라서 X기관은 여성을 14명 채용하였으므로 할당기준을 충족한다.

15 수리능력 정답 ⑤

유형	자료해석 〉 추세 읽기	난이도	★★★

그래프를 보면 대안 d, e, f의 재난 시나리오별 예상 피해 규모의 차이가 대안 a, b, c보다 작다. 따라서 예상 피해 규모의 변동폭이 작다고 할 수 있다.

| 오답풀이 |

① S3의 경우, 대안 c보다 대안 f의 예상 피해 규모가 더 작으므로 덜 취약함을 알 수 있다.

② 대안 d에서는 S2의 피해 규모가 S1보다 작다.

③ 대안 c의 경우 투자 비용이 대안 d보다 크지 않지만 상대적으로 예상 피해 규모가 작아 재난에 강한 편이다.

④ 재난 시나리오 S1에서 대안 a, b는 투자 비용 대비 예상 피해 규모가 더 크지만 대안 c는 투자 비용 대비 예상 피해 규모가 더 낮으므로 동일하지 않다.

16 수리능력 정답 ⑤

유형	자료해석 〉 추세 읽기	난이도	★★☆

서비스업 상대생산성은 원점에서부터의 기울기와도 같은데 한국보다 노르웨이 기울기가 더 작으므로 노르웨이가 서비스업 상대생산성에서 최하위임을 알 수 있다.

| 오답풀이 |

① 전반적으로 대각선을 따라 올라가면서 분포되어 있기 때문에 양의 상관관계에 있다고 볼 수 있다.

② 룩셈부르크는 대각선 가장 위쪽과 가장 오른쪽에 위치하므로 서비스업 고용 비중과 부가가치 비중이 가장 높다.

③ 대각선의 아래쪽에 위치하면 서비스업 고용 비중보다 서비스업 부가가치 비중이 낮은 것이다.

④ 미국, 영국은 대각선 아래쪽에 위치하였고, 그리스, 이탈리아, 터키, 폴란드, 슬로바키아는 대각선 위쪽에 위치하였으므로 미국, 영국의 서비스업 상대생산성이 더 낮다.

17 수리능력 정답 ③

유형	자료해석 〉 자료계산	난이도	★☆☆

A주재원의 경우 $320+320\times\frac{1}{5}+320\times2\times\frac{1}{8}=320+64+80=464$(만 원)을 수령하게 된다. B주재원의 경우 10년차이며 미혼이기 때문에, 390만 원을 받는다. 따라서 A주재원과 B주재원이 받게 될 임금의 차이는 $464-390=74$(만 원)이다.

18 문제해결능력 정답 ④

유형	퀴즈 문제 〉 명제	난이도	★☆☆

첫 번째 조건에서 기훈이가 제일 먼저 여행할 나라는 영국이므로 두 번째 명제를 대우명제로 바꾸면 '영국에 간다면 프랑스에는 가지 않는다.'이다. 그리고 세 번째 조건에서 '기훈이는 프랑스에 가거나 독일에 간다.'고 하였으므로 프랑스에 가지 않기 때문에 독일에 간다. 그리고 네 번째 조건을 대우명제로 바꾸면 '독일에 간다면 스위스에 간다.'이고, 다섯 번째 조건에서 '독일에 가면 이탈리아도 간다.'고 했으므로 둘 다 성립해야 참이 되기 때문에 이탈리아도 간다. 따라서 기훈이가 여행하게 될 나라들은 영국, 독일, 스위스, 이탈리아이다.

19 문제해결능력 정답 ②

유형	적용 퀴즈 〉 참 · 거짓	난이도	★★☆

C와 E의 진술을 보면 서로 모순이므로 두 가지의 경우로 나눠서 생각해보면 쉽게 구할 수 있다.

i) C가 사실대로 말했을 때, A는 김영란법을 어긴 사람이 아니고 A, D, E도 거짓을 말하였으므로 김영란법을 어긴 사람은 B뿐이다.

ii) E가 사실대로 말했을 때, A는 김영란법을 어긴 사람이다. 이때 A, C, D는 거짓을 말하였으므로 B도 김영란법을 어긴 사람이 된다. 이는 김영란법을 어긴 사람이 1명이라는 조건에 모순된다.

따라서 C가 사실대로 말했을 때, 김영란법을 어긴 사람은 B이다.

20 문제해결능력 정답 ④

유형	수리, 기호 정보에서 원리 파악하기 〉 기호 원리 파악하고 적용하기	난이도	★★☆

응집소 α를 가지면 B형, 응집소 β를 가지면 A형이 된다.

| 오답풀이 |

① ㅡ는 응집이 안 되었음을 의미하므로 응집소4를 가지는 사람은 모든 사람에게 수혈받을 수 있다.

② A형에 응집되므로 응집소 α가 있음을 의미한다.

③ 응집소1은 B형에 응집, 응집소2는 A형에 응집, 응집소3은 A, B형에 응집한다.

⑤ 응집소3의 경우 α와 β 모두를 가지고 있으므로 A형, B형, AB형의 피를 모두 수혈받을 수 없다.

21 문제해결능력 정답 ③

유형	수리, 기호 정보에서 원리 파악하기 〉 수리적 원리 파악하고 적용하기	난이도	★★☆

준호는 처음 두 발로 3점을 만들어야 하므로 1점, 2점이 포함되고, 남은 네 발로 68점이 되어야 하므로 50, 10, 5, 3의 조합만 가능하다. 그러므로 준호는 1, 2, 3, 5, 10, 50점을 맞힌 것이고 유희는 처음 두 발로 22점을 만들어야 하므로 20점과 2점을 맞혔고 나머지 네 발로 49점이 되어야 하므로 25, 20, 3, 1점의 조합만 가능하다. 그러므로 유희는 1, 2, 3, 20, 20, 25점을 맞힌 것이고 나머지 점수를 조합하면 혜미가 맞힌 점수는 1, 5, 10, 10, 20, 25점임을 알 수 있다. 따라서 던진 두 발의 점수를 합해 나올 수 있는 숫자는 5+1=6(점), 10+10=20(점), 20+10=30(점), 25+20=45(점)이다.

22 문제해결능력 정답 ⑤

유형	수리, 기호 정보에서 원리 파악하기 〉 수리적 원리 파악하고 적용하기	난이도	★★☆

B~D국 모두 예상 소득이 투자비용보다 적으므로 어느 곳에도 진출하지 않는다.

| 오답풀이 |

① B국과 C국에 진출하면 예상 소득은 9억 달러인데 투자비용보다 적으므로 진출하지 않는다.

② B, C, D국의 예상 소득 합은 5억 5천만 달러이므로 손해액은 4억 5천만 달러이다.

③ 모든 국가에서 세금이 안 매겨질 경우 예상 소득은 10억 달러가 되어서 이익액은 0이다. 그런데 한 나라라도 세금을 매기게 되면 예상 소득이 적어지므로 손해가 된다.

④ D국에 진출할 때의 예상 소득이 가장 적으므로 D국에만 진출하는 것이 손해가 가장 크다.

23 문제해결능력

정답 ③

유형	수리, 기호 정보에서 원리 파악하기 〉 기호 원리 파악하고 적용하기	난이도	★★★

방식II는 각 문자별 발생 빈도가 다르므로 각 문자에 배정된 비트 수와 발생 빈도의 곱으로 메모리의 크기를 계산하면 1비트×4회+2비트×3회+3비트×2회+3비트×1회=19(비트)로 가장 적은 메모리를 차지한다.

| 오답풀이 |

①, ② 방식I은 각 문자별로 동일한 2비트가 배정되어 있으므로 방식I로 문자열I과 문자열II를 기억시키면 메모리 크기는 2×10=20(비트)이다.

④ 문자열II는 문자별 발생 빈도가 A는 1회, C는 2회, G는 3회, T는 4회이므로 메모리의 크기는 1×1+2×2+3×3+3×4=26(비트)이다.

⑤ 방식I로 할 경우에 메모리의 크기는 같지만 방식II가 되면 메모리의 크기가 달라진다.

24 문제해결능력

정답 ②

유형	Text로 된 정보에서 원리 파악하기 〉 거시적 원리 파악하고 적용하기	난이도	★☆☆

글의 내용을 정리해보면 다음과 같다.

- 비타민B 성분이 포함된 제품을 비타민K 성분이 포함된 제품과 함께 사용하면 효과가 극대화된다.
- 비타민A 성분이 포함된 제품은 약산성 토너로 피부를 정리한 뒤 사용해야 효과를 발휘한다.
- 비타민A 성분이 포함된 제품이 각질관리 제품과 같이 사용하면 피부에 자극을 주기 때문에 좋지 않다.
- AHA 성분이 포함된 제품은 보습 및 탄력관리에 유의해야 하며 자외선 차단제를 함께 사용해야 한다.

따라서 부작용을 일으키는 조합에 해당하는 것은 ㉡이다.

25 문제해결능력

정답 ⑤

유형	수리, 기호 정보에서 원리 파악하기 〉 기호 원리 파악하고 적용하기	난이도	★★☆

해양성기단은 m, 대륙성기단은 c, 한대기단은 P, 열대기단은 T이고, 기단이 하층의 지표면보다 따뜻할 때는 w, 기단이 하층의 지표면보다 차가울 때는 k로 나타낸다.

- 시베리아기단: 지표면보다 차가운 대륙성한대기단이므로 cPk이다.
- 북태평양기단: 대표적인 열대기단으로 북태평양에서 발생하며 지표면보다 덥고 습한 성질을 가졌기 때문에 mTw이다.
- 오호츠크해기단: 지표면보다 차갑고 습한 성질을 갖는 해양성한대기단이므로 mPk이다.

DAY

03

정답 확인

문항	영역	정답	문항	영역	정답	문항	영역	정답	문항	영역	정답	문항	영역	정답
01	의사소통	⑤	02	의사소통	②	03	의사소통	④	04	의사소통	①	05	의사소통	③
06	의사소통	①	07	의사소통	②	08	의사소통	⑤	09	수리	①	10	수리	②
11	수리	⑤	12	수리	②	13	수리	④	14	수리	④	15	수리	③
16	수리	⑤	17	수리	⑤	18	수리	③	19	문제해결	⑤	20	문제해결	⑤
21	문제해결	③	22	문제해결	⑤	23	문제해결	②	24	문제해결	②	25	문제해결	④

영역별 실력 점검표

영역	맞은 개수	정답률	취약 영역
의사소통능력	/8	%	
수리능력	/10	%	
문제해결능력	/7	%	
합계	/25	%	

01 의사소통능력 정답 ⑤

유형	일반형 정보 Text 읽기 〉 거시적 이해 〉 맥락	난이도	★★☆

제시된 빈칸의 앞에는 미스터리쇼퍼라는 직업이 생겨난 이유와 역할 등이 서술되어 있다. 또한 빈칸의 뒤에는 미스터리쇼퍼에게 평가를 의뢰하는 기업이 늘어나게 되어 이 직업의 활동 영역이 더욱 확대될 것이라는 내용이 제시되고 있다. 따라서 미스터리쇼퍼가 담당하는 구체적인 업무 내용이 빈칸에 서술되어야 맥락상 자연스럽다.

| 오답풀이 |

① 미스터리쇼퍼에 대한 전문가의 말을 인용하였으나 주어진 글의 내용과는 연관성이 없다.
② 미스터리쇼퍼를 고용하여 평가를 의뢰하는 대표적인 사례를 제시하였으나 맥락상 어울리지 않는다.
③ 미스터리쇼퍼의 활동 분야가 다양한 영역으로 확산하고 있다는 내용은 빈칸 뒤에 이미 서술되어 있으므로 적절하지 않다.
④ 미스터리쇼퍼가 기업을 평가하는 방식이 서술된 후 제시되어야 하는 내용이므로 맥락상 자연스럽지 않다.

02 의사소통능력 정답 ②

유형	일반형 정보 Text 읽기 〉 거시적 이해 〉 주제	난이도	★☆☆

중국의 공유경제에서 미래 성장 동력을 발견하여 한국화된 서비스로 발전시켜야 한다는 도입부의 내용을 통해 중국 경제의 발전상을 중심으로 글이 전개되리라는 것을 예상할 수 있다. 또한 디디추싱[滴滴出行], 투쟈[途家] 등 공유경제 플랫폼을 예시로 하여 공유를 기반으로 한 서비스 시장의 기여도, 다양한 상품과 서비스가 기반이 되는 성장 동력에 대한 내용으로 글이 뒷받침되고 있다. 따라서 중국의 공유경제 양상과 성장 추이와 관련이 있는 제목이 가장 적절하다.

03 의사소통능력 정답 ④

유형	일반형 정보 Text 읽기 〉 거시적 이해 〉 맥락	난이도	★★☆

공익에 대한 첫 번째 관점은 생각의 시장에서 본 관점으로 공공성의 논리에, 두 번째 관점은 물품의 시장에서 본 관점으로 효율성과 경제성의 논리와 연관되는 내용이다. 시장의 효율성을 극대화하는 방식을 지지하는 관점은 두 번째 절에서 다룰 내용으로 적절하다.

| 오답풀이 |

①, ②, ③, ⑤ 모두 공익과 관련된 내용이므로 공공성의 논리를 논의하는 첫 번째 절에서 다루는 것이 적절하다.

04 의사소통능력 정답 ①

유형	일반형 정보 Text 읽기 〉 미시적 이해 〉 일치	난이도	★☆☆

동영상 압축 전후의 전체 화소 개수에는 변화가 없다. 이때 화질의 차이가 거의 없이 데이터의 양을 크게 줄일 수 있는 이유는 화면이 단순하거나 규칙적일수록 변환된 성분들을 저장하는 개수가 줄어들기 때문이다.

05 의사소통능력 정답 ③

유형	일반형 정보 Text 읽기 〉 미시적 이해 〉 추론	난이도	★☆☆

- 전용면적: 발코니 면적을 제외한 생활공간의 면적
- 공용면적(주거공용면적): 건물의 공용계단, 공용복도 등의 총면적
- 공용면적(기타공용면적): 지하 층, 관리 사무소, 노인정 등의 총면적
- 공급면적: 전용면적과 주거공용면적을 합한 면적
- 계약면적: 공급면적(전용면적과 주거공용면적을 합한 면적)과 기타공용면적을 합한 면적
- 서비스 면적: 발코니 등의 공간에 해당하는 면적

따라서 계약면적은 공급면적에 해당하는 전용면적과 주거공용면적, 그리고 기타공용면적을 더한 면적이다.

| 오답풀이 |

① 발코니 면적은 서비스 면적에 포함되므로 계약면적에 속하지 않는다.
② 관리 사무소 면적은 기타공용면적에 포함되므로 계약면적의 범주에 속하지만 공급면적에는 해당하지 않는다.
④ 공용계단과 공용복도 등의 면적은 주거공용면적에 포함되므로, 전용면적과 주거공용면적을 더한 개념인 공급면적의 범주에 속한다.
⑤ 개별 세대 내 생활공간은 전용면적에 속한다. 주거공용면적이란 공용계단, 공용복도 등 각 세대가 거주를 위하여 공유하는 공간이므로 다른 범주에 해당한다.

06 의사소통능력

정답 ①

유형	실용형 정보 Text 읽기 〉 회사 문서 정보 읽기	난이도	★☆☆

㉠ 2013년 140억 원에서, 2014년에는 130억 원으로 총 지원금은 10억 정도 줄었다. 그러나 지원 인원이 3,000명에서 2,000명으로 감소했으므로 1인당 평균 지원금은 467만 원 정도에서 650만 원으로 많아졌다.

| 오답풀이 |

㉡ 저소득층, 장기실업자, 여성가장 등 취업취약계층에 해당하는 참여자는 우대 대상이 될 뿐이다. 참여자가 만족해야 할 조건은 제시되어 있지 않다.

㉢ 국민연금, 건강보험, 고용보험, 산재보험에 해당하는 4대 사회보험을 모두 보장받는다.

㉣ 50~64세 미만에 해당하는 중장년층이 주요 참여자이다.

07 의사소통능력

정답 ②

유형	일반형 정보 Text 읽기 〉 미시적 이해 〉 추론	난이도	★★☆

㉡ 18세기 이후 영국에서는 타르를 함유한 그을음 속에서 일하는 굴뚝 청소부들이 피부암에 더욱 많이 노출된다는 것이 정설이었으므로 그 이후인 19세기에는 타르와 암의 관련성이 알려진 상태이다.

| 오답풀이 |

㉠ 담배 두 갑에 들어 있는 니코틴 성분을 화학적으로 정제하여 혈류에 주입한다면 치사량이 될 정도라는 내용을 통해 니코틴의 위험성을 알 수 있지만, 화학적으로 정제된 성분이 폐암을 유발하는 직접적인 원인이라고 판단할 수 있는 내용은 확인할 수 없다.

㉢ 흡연이 폐암의 주요 원인이라는 가설은 그 인과 관계를 증명하기에는 아직 증거가 충분하지 않으므로 정설로 확정하기 어렵다. 또한 니코틴과 타르를 조합한 성분의 위험성에 관한 내용은 확인할 수 없다.

08 의사소통능력

정답 ⑤

유형	일반형 정보 Text 읽기 〉 미시적 이해 〉 일치	난이도	★★☆

진나라가 부계 성 정착화를 통해 가족 내에서 남편에게 우월한 지위를 부여하고 부인, 자식, 손아랫사람에 대한 법적인 지배권과 함께 가족 전체에 대한 재정적 의무를 지도록 한 것은 친족 집단의 책임자를 선정하여 그에게 책임을 묻는 방식으로 통치의 효율을 높이고자 했기 때문이다.

| 오답풀이 |

①, ③ 진나라 이전부터 중국에 부계 전통이 있었다는 내용이 있으나, 그 확립이 중국에서 처음으로 이루어졌다고 단정할 수는 없다.

② 진나라는 세금 부과, 노역, 징집 등을 위해 백성 대다수에게 성을 부여하여 그들의 호구를 파악한 것으로 알려져 있으나, 모든 백성에 해당한다고 말할 수는 없다. 이러한 정책이 '라오바이싱'이라는 용어의 기원이 되었지만 정확히 100개의 성을 부여했다는 의미는 아니다.

④ 진나라의 부계 성 정착화는 세금 부과, 노역, 징집 등의 국가 행정에 필요한 호구를 파악하기 위해서이다.

09 수리능력

정답 ①

유형	응용계산 〉 일률	난이도	★☆☆

각 홍보 부원들을 가(30분간 21개 제작), 나(30분간 18개 제작), 다(30분간 25개 제작)라고 지칭한 후 계산하면 다음과 같다.

2시간 30분간 제작 가능한 책자의 수는 가는 $21\times5=105$(개), 나는 $18\times5=90$(개), 다는 $25\times5=125$(개)이다. 따라서 A가 제작해야 하는 책자의 수는 $400-(105+90+125)=80$(개)이므로 A가 30분 동안 제작해야 하는 책자의 수는 $\frac{80}{5}=16$(개)이다.

10 수리능력

정답 ②

유형	응용계산 〉 방정식	난이도	★★☆

1차 통과한 남자는 $350\times\frac{3}{7}=150$(명), 1차 통과한 여자는 $350\times\frac{4}{7}=200$(명)이다.

남녀 2차 통과자를 각각 $5a$명, $7a$명, 남녀 2차 불합격자를 각각 b명이라고 하면 다음과 같은 식을 세울 수 있다.

$5a+b=150$ … ㉠

$7a+b=200$ … ㉡

두 식을 연립하여 풀면 $a=25$, $b=25$이다.
따라서 2차에서 탈락한 사람은 50명이다.

11 수리능력 정답 ⑤

유형	자료해석 〉 수치 읽기	난이도	★★☆

직접 비율을 구하는 것보다 서비스 분야에 4배를 했을 때, 전체 응시자 수보다 크면 25% 이상인 것을 알 수 있다. 따라서 2020년의 경우 775,460×4=3,101,840(명)이므로 전체 응시자 수의 25% 이하인 것을 알 수 있다.

| 오답풀이 |

① 전체 응시자 수의 전년 대비 증가량이 가장 적은 2020년을 보면
$\frac{3,378,603-3,376,556}{3,376,556}\times 100 \fallingdotseq 0.06(\%)$이므로 최소 0.05% 이상이다.

② 2016년 이후 응시자가 꾸준히 증가한 분야는 기사, 산업기사로 총 2개이다.

③ 매년 응시자 수가 두 번째, 세 번째, 네 번째로 많은 분야는 순서대로 서비스, 기사, 산업기사이고 이 세 분야의 응시자 수의 항상 첫 번째로 많은 분야인 기능사보다 작다.

12 수리능력 정답 ②

유형	자료해석 〉 자료계산	난이도	★★☆

분기별 점수를 계산하면 다음과 같다.

구분	1/4분기	2/4분기	3/4분기	4/4분기
유용성	8×0.4 =3.2	8×0.4 =3.2	10×0.4 =4	8×0.4 =3.2
안정성	8×0.4 =3.2	6×0.4 =2.4	8×0.4 =3.2	8×0.4 =3.2
서비스 만족도	6×0.2 =1.2	8×0.2 =1.6	10×0.2 =2	8×0.2 =1.6
총합	7.6	7.2	9.2	8.0
평가 등급	C	C	A	B

평가등급에 따른 분기별 성과급 지급액의 합은 80+80+100+90=350(만 원)이다. 이때 성과평가 등급을 A를 받으면 직전 분기 차감액의 50%를 가산 지급하므로 A를 받은 3/4분기 직전의 2/4분기의 차감액 20만 원의 50%인 10만 원을 가산한다. 따라서 1년간 성과급의 총액은 360만 원이다.

13 수리능력 정답 ④

유형	자료해석 〉 자료계산	난이도	★☆☆

㉠ 30세 미만 여성은 90명, 30세 이상 여성 60명으로 30세 미만 여성의 찬성 비율이 더 높다.

㉡ 30세 이상 여성은 60명이고 30세 이상 남성은 48명이므로 30세 이상 여성의 찬성 비율이 더 높다.

㉣ 남성은 전체 200명이고 찬성하는 사람은 78+48=126(명)이므로 남성의 절반 이상이 찬성한다.

| 오답풀이 |

㉢ 양성평등정책에 찬성하는 여성은 90+60=150(명), 남성은 78+48=126(명)으로 150−126=24(명) 차이 나고, 30세 미만이 90+78=168(명), 30세 이상이 60+48=108(명)으로 168−108=60(명) 차이난다. 따라서 30세 미만과 30세 이상의 인원수의 차이가 더 크다.

14 수리능력 정답 ④

유형	자료해석 〉 자료계산	난이도	★★☆

㉠ 2014~2018년에 갑의 소득은 8,000천 원에서 24,000천 원으로 매년 증가하였고, X재화 구매량은 5개에서 20개로 역시 매년 증가하였다.

㉡ 2015년 갑의 X재화의 전년 대비 구매량 증가율은 $\frac{10-5}{5}\times 100=100(\%)$인데, 전년 대비 소득 증가율은 50%이므로 구매량 증가율이 더 크다.

㉣ 2020년에 X재화의 소득탄력성은 $\frac{-5.3}{14.3}$으로 0보다 작으므로 열등재이다.

| 오답풀이 |

㉢ 2018년에 X재화의 소득탄력성은 $\frac{11.1}{20.0}$으로 소득탄력성이 1을 넘지 않으므로 정상재이다.

15 수리능력 정답 ③

유형	자료해석 〉 수치 읽기	난이도	★★★

ⓛ 전년 대비 증가율이 가장 큰 지역은 $\frac{332}{3,918-332}\times$ 100≒9.3(%)인 서울이다. 충남의 전년 대비 증가율은 $\frac{1,142}{20,848-1,142}\times 100$≒5.8(%)로 서울보다 낮다.

ⓡ 2019년 토지면적이 세 번째로 큰 지역은 29,756－603＝29,153(천 m^2)인 경북이다.

| 오답풀이 |

㉠ 2019년 토지면적은 경기가 38,999－1,144＝37,855(천 m^2)이고, 전남이 38,044－128＝37,916(천 m^2)이므로 전남이 가장 크다.

ⓒ 2020년에 토지면적이 가장 작은 지역은 1,492천 m^2인 대구이고 2019년 대구의 토지면적은 1,492＋4＝1,496(천 m^2)이다. 그런데 대전의 토지면적은 2020년에 1,509천 m^2이지만, 2019년에는 1,509－36＝1,473(천 m^2)로 2019년에 토지면적이 가장 작다.

16 수리능력 정답 ⑤

유형	자료해석 〉 추세 읽기	난이도	★★★

(다)~(라) 기간에 도시화율은 지속적으로 증가하였으나, 1990~2010년의 전체 인구가 동일하고 도시화율 그래프가 해당 기간에 완만해지고 있으므로 도시 인구의 증가율은 낮아졌음을 알 수 있다.

| 오답풀이 |

① (가) 기간에 1차 산업과 2차 산업의 생산 비중의 차이는 줄었다가 다시 증가하였다.

② (라) 기간에 2차 산업의 생산 비중은 30%로 동일하나 이때의 국내 총생산을 알 수 없으므로 2차 산업의 생산액의 변동 여부는 알 수 없다.

③ (가)~(라) 기간에 도시화율은 지속적으로 증가하였으나, 전체 인구수를 알 수 없으므로 도시에 사는 인구수는 알 수 없다.

④ (가)~(라) 기간에 농촌에 사는 인구가 도시에 사는 인구보다 적어지는 시점은 (나) 기간인데, 이때 3차 산업의 생산 비중은 다시 증가한다.

17 수리능력 정답 ⑤

유형	자료해석 〉 수치 읽기	난이도	★★☆

ⓛ 드림카페 점포 수의 평균이 4개이므로 총합이 20개가 되어야 한다. 을, 정, 무의 점포 수의 합은 5＋5＋2＝12(개)이므로 8개가 부족하다. 갑과 병의 |편차|는 각각 2개이므로 갑과 병의 점포 수는 2개, 6개이거나 6개, 2개이다. 따라서 점포 수는 같을 수 없다.

ⓒ 정 도시의 해피카페 점포 수는 3개이고, 드림카페 점포 수는 5개이다.

ⓡ 무 도시에 있는 해피카페 중 1개 점포가 병 도시로 가면 무 도시의 |편차|는 1이 되고, 병 도시의 |편차|도 1이 된다. 따라서 |편차|의 총합은 변하지 않기 때문에 평균도 변하지 않는다.

| 오답풀이 |

㉠ 해피카페 점포 수의 평균이 4개이고, 도시는 5개이므로, 총합은 4×5＝20(개)가 되어야 한다. 따라서 정 도시의 점포 수는 20－7－4－2－4＝3(개)이다. 해피카페 |편차|의 평균은 $\frac{3+2+1}{5}$＝1.2(개)이다. 드림카페 |편차|의 평균은 1.6개이므로 해피카페 |편차|의 평균보다 크다.

18 수리능력 정답 ③

유형	자료해석 〉 자료계산	난이도	★☆☆

입찰자 중 최저 입찰가격은 E의 270억 원이다. 또한 추정가격은 400억 원이고 이것의 80%는 400×0.8＝320(억 원)이므로 추정가격의 80% 미만인 입찰가격을 제시한 업체는 D와 E이다.

입찰가격 평점은 B업체가 $\frac{270}{360}\times 100=75$(점)이고,

D업체가 $\frac{270}{300}\times 100-\frac{320-300}{400}\times 100=85$(점)이다.

따라서 B업체와 D업체의 입찰가격 평점의 차이는 85－75＝10(점)이다.

19 문제해결능력 정답 ⑤

유형	적용 퀴즈 〉 배치하기	난이도	★★☆

조건4에 의하면 외국 대학 출신과 국내 대학 출신이 각각 2명씩 이사로 선정되어야 하므로, 외국 대학 출신자

중 이사가 안 되는 사람은 한 명이다. 이때 조건3에 의하면 가와 다는 동시에 발탁되거나 한 명만 발탁되지는 않으므로 가, 다가 이사가 된다. 조건2에 따라 바는 이사가 될 수 없고, 조건1에 따라 라와 마 둘 중에 한 명만 이사가 되므로 사는 반드시 선정된다. 따라서 반드시 선정되는 사람은 가, 다, 사이다.

20 문제해결능력 정답 ⑤

유형	Text로 된 정보에서 원리 파악하기 〉 거시적 원리 파악하고 적용하기	난이도	★☆☆

- 병: 비영리법인도 사업자 등록을 해야 하고 계속성, 반복성, 독립성도 있다.
- 정: 계속성, 반복성, 독립성이 있다.

| 오답풀이 |
- 갑: 1회 등록하였으므로 반복성이 없다.
- 을: 고용된 사원이므로 독립성이 없다.

21 문제해결능력 정답 ③

유형	퀴즈 문제 〉 연쇄추리	난이도	★★☆

네 번째 조건에서 근로자 평생학습 지원을 하거나 직원능력지원금을 지급하지만 첫 번째 조건에서 직업능력지원금을 지급하지 않으므로 근로자 평생학습 지원을 한다. 두 번째 조건의 대우에 의해 근로자 평생학습 지원을 하면 산업인력 양성의 효율화를 도모할 수 있다. 세 번째 조건에 의해 산업인력 양성의 효율화를 도모할 수 있다면 국민경제의 건전한 발전을 이룩할 수 있다. 마지막 조건의 대우에 따라 국민경제가 건전하게 발전하면 국민복지 증진에 이바지한다.
따라서 반드시 참인 것은 ③이다.

22 문제해결능력 정답 ⑤

유형	수리, 기호 정보에서 원리 파악하기 〉 수리적 원리 파악하고 적용하기	난이도	★★★

우선 A국의 승점은 1점이므로 1무가 한 번 있어야 하고 A, B, D국이 1무가 한 번씩 있으므로 C국도 1무가 있다는 것을 알 수 있다. 이에 따라 C국의 승점은 4점이다.

구분	승	무	패	득점	실점	승점
A국	0	(1)	2	1	4	1
B국	( )	1	( )	3	5	( )
C국	1	(1)	1	3	( )	(4)
D국	( )	1	0	4	0	( )

이때 D국은 패가 없고 모두 세 경기씩 하였으므로 D국은 2승을 했음을 알 수 있다. 그리고 전체 승과 패를 합하면 4승 4패로 같아야 하므로, B국의 전적은 1승 1무 1패이다.
또한 득점을 다 합한 것이 실점의 합과 같고 득점의 합은 1+3+3+4=11(점)이므로 실점 역시 11점이다. 따라서 C국의 실점은 2점이 된다. 이때 승점은 B국이 4점, D국이 7점이다.

구분	승	무	패	득점	실점	승점
A국	0	(1)	2	1	4	1
B국	(1)	1	(1)	3	5	(4)
C국	1	(1)	1	3	(2)	(4)
D국	(2)	1	0	4	0	(7)

따라서 B국은 C국과 승점이 같으므로 정답은 ⑤이다.

23 문제해결능력 정답 ②

유형	상황판단 〉 미시적 원리 적용하기	난이도	★★★

문서에서 입찰서 제출기간이 2020. 11. 23.(월) 18:00~2020. 12. 01.(화) 10:00로 명시되어 있다. 따라서 자정까지가 아닌 10시까지 제출해야 한다.

| 오답풀이 |
① 지문정보를 미리 등록하여야 전자입찰서 제출이 가능하다.
③ 낙찰자 결정 항목에서 입찰참가수수료는 없고 낙찰하한율은 88%라고 명시되어 있다.
④ 동일가격으로 전자입찰서를 제출한 자가 2인 이상일 경우 국가종합전자조달시스템을 통해 자동추첨 방식을 적용하여 계약대상자를 결정한다고 명시되어 있다.
⑤ 직접생산 확인 증명서는 입찰참가등록 마감일 이전 발행된 것으로서 유효기간 내에 있어야 하고, 중소기

업 공공구매 종합정보망(http://www.smpp.go.kr)에서 확인 가능하여야 한다고 명시되어 있다.

24 문제해결능력

정답 ②

유형	상황판단 〉 미시적 원리 적용하기	난이도	★★☆

입찰공고문 중 기초금액은 금23,380,000원이다. 최저입찰가는 기초금액에서 낙찰하한율 88%를 적용하여 계산한 후 부가가치세 10%를 제외한 금액이므로 23,380,000 $\times$ 0.88 $\div$ 1.1 = 18,704,000(원)이다.
따라서 중소기업들이 입찰할 수 있는 최저입찰가는 금 18,704,000원이다.

25 문제해결능력

정답 ④

유형	Text로 된 정보에서 원리 파악하기 〉 거시적 원리 파악하고 적용하기	난이도	★★☆

○○자동차의 약점은 인지도가 부족한 것이며 위협은 대중적인 경쟁사에 커스텀의 종류가 다양해진 것이다. 따라서 내부약점과 외부위협을 최소화하기 위해서는 약점은 새로운 시선으로 바라볼 수 있도록 유도하면서 동시에 경쟁사와 고객층을 달리하여 위협을 피하는 전략을 수립해야 한다.

| 오답풀이 |

① 인지도가 약하다는 것을 보완하기 위한 전략이므로 SO전략에 해당하지 않는다.
② 경쟁사의 전략을 비판하여 자사의 것을 홍보하는 전략으로 WO전략에 해당하지 않는다.
③ 언급되어 있지 않은 강점을 강조하는 전략으로 ST전략에 해당하지 않는다.
⑤ 모든 경우에 항상 SO전략이 최적의 전략은 아니다.

정답 확인

문항	영역	정답	문항	영역	정답	문항	영역	정답	문항	영역	정답	문항	영역	정답
01	의사소통	⑤	02	의사소통	①	03	의사소통	②	04	의사소통	④	05	의사소통	②
06	의사소통	⑤	07	의사소통	②	08	수리	⑤	09	수리	⑤	10	수리	③
11	수리	④	12	수리	①	13	수리	②	14	수리	④	15	수리	②
16	수리	⑤	17	수리	③	18	수리	②	19	문제해결	②	20	문제해결	①
21	문제해결	③	22	문제해결	②	23	문제해결	⑤	24	문제해결	⑤	25	문제해결	③

영역별 실력 점검표

영역	맞은 개수	정답률	취약 영역
의사소통능력	/7	%	
수리능력	/11	%	
문제해결능력	/7	%	
합계	/25	%	

01 의사소통능력 정답 ⑤

유형	일반형 정보 Text 읽기 〉 창의적 이해 〉 적용	난이도	★☆☆

[A] 연구의 실험 결과는 자기 자신에 대한 낮은 자존감과 자신감 없는 태도가 말을 더듬는 현상을 더욱 부추기게 된다는 것을 보여 준다. 이때 게으름에 대해 심각하게 고민하는 일은 자신을 엄격하게 통제하고 낮게 평가하는 행동에 해당하므로 ㉡이 적절하다. 또한 [B] 연구의 실험 결과는 불편한 신체를 의식적으로 사용할수록 회복의 진행이 빨라진다는 것을 보여 주므로 ㉤이 적절하다.

02 의사소통능력 정답 ①

유형	일반형 정보 Text 읽기 〉 거시적 이해 〉 맥락	난이도	★★☆

제시된 빈칸의 뒤에는 '미래 세대의 기회와 가능성을 감소시키지 않되, 우리의 필요와 욕구를 충족할 수 있는 사회 문화적 환경을 만들어 내는 것'으로 앞 문장을 부연하는 내용이 서술되어 있다. 따라서 미래 세대의 생존을 위협하지 않는 선에서 만족을 추구할 줄 아는 태도와 관련 있는 문장이 빈칸에 들어갈 내용으로 가장 적절하다.

03 의사소통능력 정답 ②

유형	실용형 정보 Text 읽기 〉 법률/계약서형 읽기	난이도	★★☆

㉠ 제2호에 따르면 어린이가 보호자 없이 도로에서 놀이를 하는 등 교통사고의 위험이 있는 것을 발견한 경우이므로 운전자는 일시정지 하여야 한다. 서행 중 교통사고가 발생한 경우 운전자의 과실에 해당한다.

㉣ 제10호에 따르면 안전운전에 현저히 장해가 될 정도의 차내 소란행위를 운전자가 방치하고 운행하면 안 된다. 제지하지 않은 도중에 사고가 발생한 경우 운전자의 과실에 해당한다.

| 오답풀이 |

㉡ 제5호에 따르면 도로에서 차를 세워 둔 채로 시비를 가려 다른 차의 통행을 방해해서는 안 된다. 그러나 선택지의 상황은 갓길에 차를 세워 다른 차의 통행을 방해하지 않은 경우이므로 사고 발생 시 운전자의 과실에 해당하지 않을 수 있다.

㉢ 제7호에 따르면 운전자는 안전을 확인하고 승차를 유도해야 하며 승차자가 위험하지 않도록 조치해야 한다. 그러나 선택지의 상황은 버스 운전자가 통제할 수 있는 영역 외적인 경우이므로 사고 발생 시 운전자의 과실에 해당하지 않을 수 있다.

㉤ 제11호에 따르면 운전 중에는 휴대용 전화를 사용하면 안 되지만 라목에 따라 무전기는 안전운전에 장애를 주지 않는 장치이므로 사고 발생 시 운전자의 과실에 해당하지 않을 수 있다.

04 의사소통능력 정답 ④

유형	일반형 정보 Text 읽기 〉 미시적 이해 〉 일치	난이도	★★☆

마지막 문단의 내용을 참고할 때, 정약용은 청렴하게 행동한다면 백성을 비롯한 모든 사람에게 혜택을 줄 수 있으며 목민관 자신에게는 좋은 결과를 가져다줄 것이라고 보았다.

| 오답풀이 |

① 당위의 차원에서 청렴을 주장한 기존 학자들과 달리 정약용은 행위자 자신에게 이익이 된다는 실질적 차원에서 청렴을 부각하였다.

② '지자(知者)는 인(仁)을 이롭게 여긴다.'라는 공자의 말로는 청렴에 대한 내용을 확인할 수 없다.

③ 정약용은 '지혜롭고 욕심이 큰 사람은 청렴을 택하지만 지혜가 짧고 욕심이 작은 사람은 탐욕을 택한다.'라고 설명하였으므로 적절하지 않은 내용이다.

⑤ 이황과 이이는 청렴을 사회적 규율이자 개인의 처세지침으로 강조하였으므로 적절하지 않은 내용이다.

05 의사소통능력 정답 ②

유형	일반형 정보 Text 읽기 〉 거시적 이해 〉 주제	난이도	★★☆

주어진 글은 이론 P의 주장과 두 가지 근거를 소개한 뒤에 각 근거에 대한 반론을 정리하고 있다. 따라서 복지의 개념을 각 시민의 현재 선호만 만족시키는 것으로 설명하는 이론 P에 대하여 반박하는 내용을 이 글의 결론을 요약한 내용으로 볼 수 있다.

06 의사소통능력

정답 ⑤

유형	일반형 정보 Text 읽기 〉 미시적 이해 〉 추론	난이도	★★★

나균 유전자의 화석화는 숙주 세포의 유전자에 대사 과정을 의존함에 따라 나균의 유전자 기능이 대량 상실되기 때문에 발생한다.

| 오답풀이 |

① 나균과 달리 결핵균은 숙주 세포에 의존하지 않으며, 화석화된 세포가 6개에 불과하다. 따라서 과거의 결핵균 또한 동일한 특성을 보였을 것이다.

② 나균에서 보이는 유전자 기능의 대량 상실을 세포 내 기생하는 기생충과 병균을 들어 설명하고 있으므로 기생충 또한 화석화가 일어났다는 점을 알 수 있다.

③ 나균의 유전자가 수행해야 할 일을 숙주 세포의 유전자들이 대신 해 주었으므로 숙주 세포가 아닌 나균의 유전자가 화석화되었다.

④ 화석화된 유전자는 다시 회복할 수 없으므로 새로운 환경에 적응할 필요가 있더라도 해당 기능을 수행할 수 없다.

07 의사소통능력

정답 ②

유형	실용형 정보 Text 읽기 〉 법률/계약서형 읽기	난이도	★★☆

㉢ 제2항 제1호에 따르면 개발부담금 징수권의 소멸시효는 5년 이내에 납부고지를 할 경우 중단된다. 따라서 ㉢은 국가가 납부의무자에게 개발부담금을 징수할 수 있는 날로부터 2년이 지난 후 납부고지한 경우이므로 징수권의 소멸시효가 중단될 것이다.

| 오답풀이 |

㉠ 제3항에 따르면 개발부담금 징수권의 소멸시효는 고지한 납부기간이 지난 시점부터 새로이 진행하므로 중단되지 않는다.

㉡ 제1항에 따르면 개발부담금 징수권의 소멸시효는 3년이 아닌 5년간 징수하지 않을 때 완성된다.

㉣ 제1항에 따르면 개발부담금의 환급청구권의 소멸시효는 3년이 아닌 5년간 징수하지 않을 때 완성된다.

08 수리능력

정답 ⑤

유형	응용계산 〉 방정식	난이도	★★☆

오프라인의 가격은 20,000원이고, 온라인의 가격은 $20,000\times0.75=15,000$(원)이다. 오프라인에서 판매한 개수를 x개라고 하면 온라인에서 판매한 개수는 $(x+19)$개다. 오프라인 총 매출액은 $20,000x$원이고 온라인 총 매출액은 $15,000(x+19)$원이므로

$15,000(x+19)-20,000x=235,000 \rightarrow x=10$

따라서 오프라인과 온라인의 총 매출액은 $200,000+435,000=635,000$(원)이다.

09 수리능력

정답 ⑤

유형	응용계산 〉 소금물	난이도	★☆☆

첨가해야 할 소금의 양을 xg이라 하면

$$\frac{5\times200}{100}+x=\frac{8\times(200+x)}{100} \rightarrow x\fallingdotseq6.5$$

따라서 첨가해야 할 소금의 양은 6.5g이다.

10 수리능력

정답 ③

유형	응용계산 〉 확률	난이도	★★★

1회초에 1~3번 타자 중 타자 두 명 이상이 안타를 치면 점수가 난다. 그러므로 3명의 타자 중 2명이 안타를 치거나 3명 모두 안타를 칠 확률을 구하면 다음과 같다.

1번 타자	2번 타자	3번 타자	확률
○ $\frac{3}{10}$	○ $\frac{3}{10}$	× $\frac{7}{10}$	$\frac{3}{10}\times\frac{3}{10}\times\frac{7}{10}=\frac{63}{1,000}$
○ $\frac{3}{10}$	× $\frac{7}{10}$	○ $\frac{3}{10}$	$\frac{3}{10}\times\frac{7}{10}\times\frac{3}{10}=\frac{63}{1,000}$
× $\frac{7}{10}$	○ $\frac{3}{10}$	○ $\frac{3}{10}$	$\frac{7}{10}\times\frac{3}{10}\times\frac{3}{10}=\frac{63}{1,000}$
○ $\frac{3}{10}$	○ $\frac{3}{10}$	○ $\frac{3}{10}$	$\frac{3}{10}\times\frac{3}{10}\times\frac{3}{10}=\frac{27}{1,000}$

따라서 구하고자 하는 확률은 $\frac{63}{1,000}\times 3+\frac{27}{1,000}=\frac{216}{1,000}$이므로 21.6%이다.

11 수리능력 정답 ④

유형	자료해석 〉 수치 읽기	난이도	★★☆

㉠ 보고서 마지막 문단의 '국세청 세입은 1966년 국세청 개청 당시 700억 원에서 2009년 154조 3,305억 원으로 약 2,200배 증가~'를 보면 1966~2009년 연도별 국세청 세입액에 대한 자료가 필요함을 알 수 있다.

㉢ 보고서 두 번째 문단의 '서울 지역에서는 도봉 세무서의 세수 규모가 2,862억 원으로 가장 적은 것으로 나타났다.'를 보면 2009년 서울 소재 세무서별 세수 규모에 대한 자료가 필요함을 알 수 있다.

㉣ 보고서 마지막 문단의 '전국 세무서 수는 1966년 77개에서 1997년 136개로 증가하였다가 2009년 107개로 감소하였다.'를 보면 1966~2009년 연도별 전국 세무서 수에 대한 자료가 필요함을 알 수 있다.

| 오답풀이 |

㉡ 2009년 국세청 세입총액의 세원별 구성비에 대한 내용은 보고서에 나와 있지 않다.

12 수리능력 정답 ①

유형	자료해석 〉 자료계산	난이도	★★☆

90일 이상 해외에 체류하고 있는 G는 지급대상에서 제외하고 가구별 지급금액을 계산하면 다음과 같다.

신청 가구	자녀 구분	자녀 아동 월령 (개월)	지급 유형	개별 지급 금액	가구별 지급 금액	순위
가	A	22	일반	15.0	15.0	5
나	B	16	농어촌	17.7	37.7	1
	C	2	농어촌	20.0		
다	D	23	장애 아동	20.5	20.5	3
라	E	40	일반	10.0	20.0	4
	F	26	일반	10.0		
마	H	35	일반	10.0	30.0	2
	I	5	일반	20.0		

따라서 양육수당이 많은 가구부터 나열하면 나 – 마 – 다 – 라 – 가이다.

13 수리능력 정답 ②

유형	자료해석 〉 추세 읽기	난이도	★★☆

A음료는 약 4.5점이고, C음료는 약 1.5점으로 A음료가 가장 높고, C음료가 가장 낮다.

| 오답풀이 |

① C음료는 단맛이 4점으로 단맛의 점수가 가장 높다.

③ A음료가 B음료보다 단맛과 쓴맛의 점수가 낮으므로 6개 항목의 점수가 B음료보다 높다.

④ 가운데 있는 다각형의 넓이가 곧 총합이라고 볼 수 있는데, 다 계산해보지 않더라도 육안으로 볼 때, D음료가 B음료보다 큰 것을 알 수 있다.

⑤ 색 점수가 가장 높은 음료는 A음료이지만 단맛의 점수가 높은 음료는 B음료와 C음료이다.

14 수리능력 정답 ④

유형	자료해석 〉 자료계산	난이도	★☆☆

㉡ 에탄올 주입량이 2.0g일 때 쥐 B와 쥐 E의 렘수면시간 차이는 60−39=21(분)이다.

㉣ 에탄올 주입량이 많을수록 렘수면시간이 감소한 쥐는 A와 E뿐이다.

| 오답풀이 |

㉠ 에탄올 주입량이 0.0g일 때 평균은

$\frac{88+73+91+68+75}{5}=79$(분)으로 3.0g일 때 평균인

$\frac{31+40+45+24+24}{5}=32.8$(분)의 2배 이상이다.

㉢ 에탄올 주입량이 0.0g일 때와 에탄올 주입량이 1.0g일 때의 렘수면시간 차이는 A쥐가 88−64=24(분), B쥐가 73−54=19(분), C쥐가 91−70=21(분), D쥐가 68−50=18(분), E쥐가 75−72=3(분)이다.

15 수리능력

정답 ②

유형	자료해석 〉 수치 읽기	난이도	★★★

㉠ 제조업 생산액은 2009년에 $\frac{27,685}{17.98}$≒1,539.8(십억 원)이고, 2020년에 $\frac{43,478}{12.22}$≒3,557.9(십억 원)이므로 2020년이 2009년의 4배 미만이다.

㉣ 2016년에 $\frac{\text{식품산업 생산액}}{\text{GDP}}\times 100=3.57$이므로 2016년 GDP는 $\frac{36,650}{0.0357}$≒1,026,610.6(십억 원)이다.

| 오답풀이 |

㉡ 2013년 이후로 매출액의 증감을 보면, 2018년에만 전년 대비 감소하였고 나머지 해에는 모두 전년 대비 증가했다. 전년 대비 많이 증가한 2017년과 2019년을 비교하면 2017년에 $\frac{44,441-39,299}{39,299}\times 100$≒13.1(%), 2019년에 $\frac{44,448-38,791}{38,791}\times 100$≒14.6(%)이므로 2019년이 더 높다.

㉢ $\frac{\text{제조업 생산액}}{\text{GDP}}=\frac{\frac{\text{식품산업 생산액}}{\text{GDP}}}{\frac{\text{식품산업 생산액}}{\text{제조업 생산액}}}$이므로 GDP 대비 제조업 생산액 비중은 2015년에 $\frac{3.40}{13.89}$≒0.24(%)이고, 2020년에 $\frac{3.42}{12.22}$≒0.28(%)로 2020년이 2015년보다 크다.

16 수리능력

정답 ⑤

유형	자료해석 〉 수치 읽기	난이도	★☆☆

여자 고령자들의 실천하지 않는 비율이 가장 높은 건강관리법은 규칙적 운동(60.2%)으로, 다른 세 가지 건강관리법의 실천하지 않는 비율의 합인 12.8+27.5+25.9=66.2(%)보다 작다.

| 오답풀이 |

① 모든 연령대의 고령자들의 실천 비율이 가장 높은 건강관리법은 아침 식사하기이다.

② |2012년−2016년|의 실천 비율은 아침 식사하기의 경우 |88.7−86.6|=2.1(%p)이고, 적정 수면의 경우 |72.3−73.5|=1.2(%p)이고, 규칙적 운동의 경우 |32.5−41.4|=8.9(%p)이고, 정기 건강검진의 경우 |68.1−73.0|=4.9(%p)이므로 규칙적 운동이 가장 크다.

③ 연도별 고령자들의 실천 비율이 높은 순서대로 나열하면 아침 식사하기−적정 수면−정기 건강검진−규칙적 운동 순이다.

17 수리능력

정답 ③

유형	자료해석 〉 자료계산	난이도	★★☆

다 기관의 경제성장률이 6개 기관 중 가장 높으므로 F이다. 마 기관과 나 기관의 민간소비 증가율이 0.5%p 차이나므로 마 기관은 A, B 중 하나이고, 나 기관은 E이다. 또한 가 기관과 나 기관의 실업률이 동일하므로 가 기관은 A이고 마 기관은 B인 것을 알 수 있다. 설비투자 증가율을 7% 이상으로 전망한 기관은 다, 라, 마 기관이므로 라 기관은 C이고 나머지 바 기관은 D이다.

18 수리능력

정답 ②

유형	자료해석 〉 추세 읽기	난이도	★★☆

㉡ 네 가지 속성에서 모두 3점 이상인 업체는 농협, 영농법인, 민간업체, 대형 공급업체로 4개이다.

㉣ 공급력 속성에서 할인점이 가장 왼쪽에 있으므로 선호도가 가장 낮다.

| 오답풀이 |

㉠ 민간업체는 농협보다 위에 있으므로 가격적정성 선호도가 더 높고, 농협은 민간업체보다 오른쪽에 있으므로 품질 선호도가 더 높다.

㉢ 농협은 가격적정성을 제외한 나머지 세 속성에서 모두 점수가 가장 높다.

㉤ 가격적정성에서는 할인점이 개인 납품업자보다 낮고, 공급력 속성에서도 할인점이 개인 납품업자보다 낮다. 또한 위생안전성 속성에서도 도매시장이 개인 납품업자보다 낮다.

19 문제해결능력

정답 ②

유형	Text로 된 정보에서 원리 파악하기 〉 거시적 원리 파악하고 적용하기	난이도	★☆☆

㉡을 제외하고는 모두 구조조정 후 직장 만족도가 높게 나온 이유로 합당하다. 하지만 ㉡은 불만이 적었던 직원 대부분이 해고되었으므로 직장 만족도가 과거보다 더 낮게 나와야 한다.

20 문제해결능력

정답 ①

유형	수리, 기호 정보에서 원리 파악하기 〉 기호 원리 파악하고 적용하기	난이도	★★☆

㉠ 4, 5, 6의 위치는 같기 때문에 계산 결과는 옳게 산출된다.
㉡ 아랫줄과 윗줄의 차이가 있을 뿐 숫자는 같으므로 계산 결과는 옳게 산출된다.
㉢ 5를 기준으로 숫자들이 대각선 방향으로 바뀌어 있지만, 눌러지는 숫자는 같기 때문에 계산 결과는 옳게 산출된다.

| 오답풀이 |

㉣ 휴대폰에서 753+951의 순서로 키보드를 누르면 159+357이 되므로 다른 계산 결과가 나온다.
㉤ 휴대폰에서 789−123의 위치를 키보드에서 누르면 123−789가 되면서 음수 값이 나오게 된다.

21 문제해결능력

정답 ③

유형	수리, 기호 정보에서 원리 파악하기 〉 기호 원리 파악하고 적용하기	난이도	★★★

A가 인접한 행정동은 B와 D이며, 개편 후에는 3개의 행정동이 한 자치구이므로 일단 A, B, D가 묶여야 한다. 따라서 나머지 C, E, F가 하나의 자치구이다.

구분 / 행정동	인구(명)	개편 전 자치구	개편 후 자치구
A	1,500	가	라
B	2,000	( )	라
C	1,500	나	마
D	1,500	( )	라
E	1,000	( )	마
F	1,500	다	마

2개씩 묶일 때는 A는 B 아니면 D와 묶이므로 AB인 경우와 AD인 경우로 나뉜다.
AB인 경우에는 D가 인접한 것 중 남은 것은 E밖에 없으므로 E와 묶여야 한다. 그런데 A는 '가', C는 '나', F가 '다'이므로 D와 E를 따로 묶을 수가 없다. 따라서 AB로 묶지는 못한다.
AD인 경우에는 BC인 경우와 BE인 경우로 나뉘는데, BE가 되면 또 '가', '나', '다' 묶음 이외 다른 것이 필요해서 BC가 될 수밖에 없다.

구분 / 행정동	인구(명)	개편 전 자치구	개편 후 자치구
A	1,500	가	라
B	2,000	(나)	라
C	1,500	나	마
D	1,500	(가)	라
E	1,000	(다)	마
F	1,500	다	마

③ 자치구 개편 전, 자치구 '가'의 인구는 1,500+1,500=3,000(명)이고 자치구 '나'의 인구는 2,000+1,500=3,500(명)이다.

| 오답풀이 |

④ 자치구 개편 후, 자치구 '라'의 인구는 1,500+2,000+1,500=5,000(명)이고 '마'의 인구는 1,500+1,000+1,500=4,000(명)이다.

22 문제해결능력

정답 ②

유형	Text로 된 정보에서 원리 파악하기 〉 거시적 원리 파악하고 적용하기	난이도	★☆☆

㉠ 내가 어떻게 보이는 지가 중요하다는 것은 타인의 평판에 신경을 쓴다는 것이고 그것은 곧 인정과 칭찬을 추구하는 A형을 말한다.

㉡ 결과를 중요시하는 D형이다.
㉢ 이성적, 합리적인 것을 중요시하므로 C형이다.
㉣ 협동과 우정은 B형의 친밀과 조화와 연결된다.

23 문제해결능력 정답 ⑤

유형	수리, 기호 정보에서 원리 파악하기 〉 기호 원리 파악하고 적용하기	난이도	★★☆

'Be careful'의 숫자를 x값, 'EN HBANQJI'의 숫자를 y값으로 넣어서 계산하면 함수식은 $y=f(x)=3x+1$임을 알 수 있다.

그리고 'I get you'의 값을 넣어서 계산하면 'Z TNG VRJ'라는 암호문이 만들어진다.

평문	A	B	C	D	E	F	G	H	I	J	K	L	M
숫자	0	1	2	3	4	5	6	7	8	9	10	11	12
암호	B	E	H	K	N	Q	T	W	Z	C	F	I	L
숫자	1	4	7	10	13	16	19	22	25	2	5	8	11

평문	N	O	P	Q	R	S	T	U	V	W	X	Y	Z
숫자	13	14	15	16	17	18	19	20	21	22	23	24	25
암호	O	R	U	X	A	D	G	J	M	P	S	V	Y
숫자	14	17	20	23	0	3	6	9	12	15	18	21	24

24 문제해결능력 정답 ⑤

유형	Text로 된 정보에서 원리 파악하기 〉 거시적 원리 파악하고 적용하기	난이도	★★☆

(가)－㉢ 세입원 확보, 유휴 시설의 효율적 관리를 통한 예산 절감
(나)－㉣ 교통안전의식 고취
(다)－㉡ 민원인에게 다양한 정보제공으로 편익 증진
(라)－㉠ 관리상의 낭비요인 제고

25 문제해결능력 정답 ③

유형	Text로 된 정보에서 원리 파악하기 〉 미시적 원리 파악하고 적용하기	난이도	★★★

㉡ 배출농도 허용기준을 현행보다 20% 낮추어 '2.0kg/톤 이하'로 하는 것을 제안하였다.
㉣ 총 배출량 허용기준을 '12kg/일 이하'로 한다고 할 때 '가'~'라' 산업단지별 총 배출량을 계산하면
'가'는 $1.5\times10=15$(kg/일), '나'는 $2.4\times5=12$(kg/일), '다'는 $3.0\times8=24$(kg/일), '라'는 $1.0\times11=11$(kg/일)로 '나'와 '라'만 만족한다.

| 오답풀이 |

㉠ 현행보다 20% 낮추어 '2.0kg/톤 이하'로 하는 것을 제안했으므로 현행대로 하면 현 기준은 $\frac{2.0}{0.8}=2.5$(kg/톤) 이하로, '가', '나', '라' 세 곳이 허용기준을 만족한다.
㉢ 배출농도 허용기준이 2.0kg/톤 이하로 강화될 경우 '가'와 '라' 두 곳이 허용기준을 만족한다.

DAY

05

정답 확인

문항	영역	정답	문항	영역	정답	문항	영역	정답	문항	영역	정답	문항	영역	정답
01	의사소통	⑤	02	의사소통	①	03	의사소통	③	04	의사소통	①	05	의사소통	③
06	의사소통	①	07	의사소통	③	08	의사소통	②	09	수리	②	10	수리	②
11	수리	②	12	수리	②	13	수리	①	14	수리	④	15	수리	④
16	수리	③	17	수리	⑤	18	문제해결	②	19	문제해결	⑤	20	문제해결	⑤
21	문제해결	⑤	22	문제해결	④	23	문제해결	④	24	문제해결	⑤	25	문제해결	②

영역별 실력 점검표

영역	맞은 개수	정답률	취약 영역
의사소통능력	/8	%	
수리능력	/9	%	
문제해결능력	/8	%	
합계	/25	%	

01 의사소통능력 정답 ⑤

유형	일반형 정보 Text 읽기 〉 거시적 이해 〉 주제	난이도	★☆☆

유럽연합(EU)의 기원인 유럽석탄철강공동체(ECSC)로부터 유럽원자력공동체(EURATOM), 유럽경제공동체(EEC), 유럽공동체(EC) 성립에 이르기까지 산업과 경제 중심으로 한 유럽의 변화상을 서술한 뒤에 암스테르담 조약, 니스 조약, 유럽헌법제정 조약 등 정치적 공동체를 지향하는 과정을 전개하고 있다. 따라서 유럽 내 국가 간의 상호 의존도가 강화되면서 경제 통합과 정치 통합이 이루어졌다는 내용이 가장 적절하다.

02 의사소통능력 정답 ①

유형	일반형 정보 Text 읽기 〉 미시적 이해 〉 추론	난이도	★★☆

각 분야의 지도자가 자신의 권위와 위신을 심어주기 위해 대중 매체를 통한 상징 조작에 노력을 기울인다는 내용을 확인할 수 있으나, 권위는 강요되거나 조작되는 개념이 아니므로 최종적으로 획득할 수 있는지에 대한 여부는 단정할 수 없다.

| 오답풀이 |

② 권위는 지위나 역할에 따른 것이라 할지라도 연륜과 인격, 성실한 노력, 두뇌와 학식 및 기량을 통해 얻어진 개인적인 인품과 도덕성, 실질적인 능력에서 비롯된 것이라는 내용으로부터 확인할 수 있다.

③ 지식과 학문 및 산업 기술 사회에서 지적 권위와 인격적 권위가 인정되지 않는다면 기술 전수와 기능 분담이 불가능해지므로 교육이 존립할 수 없다는 내용으로부터 확인할 수 있다.

④, ⑤ 권력의 정통성 시비에서 비롯된 권위주의의 청산 문제가 권위와 권위주의의 혼동 속에서 무분별하게 확산된 나머지 권위마저 타파의 대상이 되었다는 내용으로부터 확인할 수 있다.

03 의사소통능력 정답 ③

유형	일반형 정보 Text 읽기 〉 미시적 이해 〉 추론	난이도	★★☆

신재생에너지의 구성비 중 폐기물은 77%를 차지하지만, 신재생에너지는 전체 에너지의 2.4%에 불과하다. 따라서 2007년을 기준으로 폐기물을 이용한 에너지가 차지하는 비율은 전체 에너지의 약 1.85%이다.

| 오답풀이 |

① 신재생에너지 분야를 국가의 성장 동력으로 삼아 집중적으로 육성해야 한다고 주장하고 있으므로 환경 보전을 위해 경제 성장을 제한해야 한다는 내용은 적절하지 않다.

② 신에너지의 종류에는 수소, 연료전지, 석탄 가스화 복합발전 등이 있으며, 재생가능에너지의 종류에는 태양열, 태양광, 풍력, 바이오, 수력, 지열, 폐기물 등이 있다. 신재생에너지의 구성비에서 폐기물은 77%를 차지했으므로 신에너지보다는 재생가능에너지의 비율이 훨씬 더 높다는 것을 추론할 수 있다.

④ 신재생에너지의 공급을 위해 정부가 지원 정책과 함께 다양한 규제안을 도입해야 한다고 주장하고 있으므로 규제 정책을 포기해야 한다는 내용은 적절하지 않다.

⑤ 산업 파급 효과가 큰 태양광, 연료전지, 풍력 분야에 대한 지원과 더불어 예산 대비 보급 효과가 큰 바이오 연료, 폐기물 연료 분야에 대한 지원을 동시에 촉구하고 있다.

04 의사소통능력 정답 ①

유형	일반형 정보 Text 읽기 〉 미시적 이해 〉 추론	난이도	★★☆

제품이 대부분 온라인이나 보고서상에만 존재하며, 제품 개발자의 대다수가 사업 규모나 유통 인프라가 매우 영세하기 때문에 실제로 제품을 필요로 하는 이들에게 널리 제공하지 못하는 문제가 있다.

| 오답풀이 |

② 대다수의 제품 개발자가 다국적 기업에 비해 매우 영세하므로 적정 기술의 개발은 다국적 기업보다는 과학자나 공학자가 작은 규모로 추진하고 있을 것이다.

③ 최첨단 나노 기술을 적용하여 미세한 바이러스 입자까지 걸러내는 정수 필터를 개발한 영국의 사례를 참고할 때 적정 기술이 반드시 첨단 기술을 배제하는 것은 아니다.

④ 주어진 글에 따르면 적정 기술은 빈곤 문제의 해결에 실질적인 대안을 제시하여 공익에 기여하는 특징이 현

상과 원인을 규명하는 성격보다 두드러지게 나타난다.

⑤ 적정 기술을 저소득층의 기본적인 욕구를 비교적 간단한 과학 원리로 충족시키는 제품을 개발하는 데 주로 사용되는 기술로 정의하였으므로 자선을 위해 무상으로 공급하는 제품을 위한 기술에 국한되지 않는다.

05 의사소통능력 정답 ③

유형	실용형 정보 Text 읽기 〉 회사 문서 정보 읽기	난이도	★☆☆

최초등록일과 등급결정일에 대한 기재란은 일람표 양식에 제시되어 있으나, 결정된 등급이 유지되는 기간은 확인할 수 없으므로 별도로 기재할 필요가 없다.

06 의사소통능력 정답 ①

유형	실용형 정보 Text 읽기 〉 회사 문서 정보 읽기	난이도	★☆☆

법인명의 경우 해당 난에 '법인의 경우'로 명시하고 있으므로, 법인이 아닌 일반 사업자는 기재하지 않아도 된다.

| 오답풀이 |

② 숙박 시설에 관한 정보를 작성하는 양식이므로 법인이 아닌 해당 시설의 소재지를 기재한다.

③ 일람표는 주관에 따라 작성하는 양식이 아니므로 확인할 수 없는 정보의 경우 일반적으로 공란으로 둔다.

④ 객관적인 지표를 확인할 수 있도록 연중 평균 투숙객 수를 기재한다.

⑤ 주차시설 난에 법정 대수와 현황 대수를 나누어 기재하므로 차량 대수를 일치시킬 필요성은 확인할 수 없다.

07 의사소통능력 정답 ③

유형	실용형 정보 Text 읽기 〉 법률/계약서형 읽기	난이도	★★★

마지막 규정에 따르면 신기술에 해당할 경우 수의계약이 가능하다. 선택지의 내용은 경우에 따라서 자치단체장의 합리적인 선택으로 평가될 수 있으므로 비리에 해당하지 않는다.

08 의사소통능력 정답 ②

유형	실용형 정보 Text 읽기 〉 미디어형 정보 읽기	난이도	★★☆

㉠ '두 명이 자려면 칼잠을 자야 할 크기'이므로 잠을 자는 것이 불가능하다기보다는 불편하다는 의미이다.

㉣ 일세에 해당하는 5,000원의 한 달 치 금액은 150,000원이다. 월세가 전세금의 2%에 해당한다면 월세 150,000원에 해당하는 전세금은 7,500,000원이다. 이 같은 셈법을 적용할 때 일세 7,000원의 한 달 치 금액인 210,000원에 대한 전세 환산금은 10,500,000원이다.

| 오답풀이 |

㉡ 어려운 사정에 처한 사람에게 몇 달 월세를 미뤄 주는 상황 등을 방값을 뜯길 수 있는 경우로 추측할 수 있다.

㉢ 노숙자들이 노숙 중에 돈이 생기거나 날씨가 궂을 때 쪽방을 잠깐 이용하는 경우 등이 제시되어 있다.

㉤ 좀 더 나은 주거 공간에서 거주할 경제력이 충분한 사람들이 상대적으로 비싼 돈을 내고 쪽방에서 생활하는 요인으로 쪽방의 입지, 쪽방 사람들이 하는 일의 특성 등이 제시되어 있다.

09 수리능력 정답 ②

유형	응용계산 〉 기타	난이도	★☆☆

14,000원짜리 복숭아 1박스를 총 5박스를 구매하면 $14,000 \times 5 = 70,000$(원)이 필요하다. 8만 원 중 남은 돈은 10,000원이므로 낱개인 복숭아를 6개 구입하면 $1,500 \times 6 = 9,000$(원)이다. 따라서 8만 원으로 살 수 있는 복숭아는 최대 $12 \times 5 + 6 = 66$(개)이다.

10 수리능력 정답 ②

유형	응용계산 〉 경우의 수	난이도	★★☆

15개 역 중 3개를 골라야 하므로

$_{15}C_3 = \frac{15 \times 14 \times 13}{3 \times 2} = 5 \times 7 \times 13 = 455$(가지)이다.

11 수리능력 정답 ②

유형	자료해석 〉 수치 읽기	난이도	★★☆

2011년에 20대 여성취업자 수의 전년 대비 감소율은 $\frac{1,946-1,918}{1,946}\times100≒1.4(\%)$이다.

| 오답풀이 |

① 20대 여성취업자 수는 2004년부터 2011년까지 꾸준히 감소하였다.

③ 여성취업자 수는 2011년에 50대가 2,051천 명, 20대가 1,918천 명으로 50대가 더 많고, 2011년을 제외하고 나머지 해에는 20대가 더 많다.

④ 전체 여성취업자의 전년 대비 증감폭은 2007년에 9,826−9,706=120(천 명), 2008년에 9,874−9,826=48(천 명), 2009년에 9,874−9,772=102(천 명), 2010년에 9,914−9,772=142(천 명)으로 2010년에 가장 크다.

⑤ 전체 여성취업자 중 50대 여성취업자 수가 차지하는 비중은 2011년에 $\frac{2,051}{10,091}\times100≒20.3(\%)$, 2005년에 $\frac{1,407}{9,526}\times100≒14.8(\%)$로 2011년에 더 높다.

12 수리능력 정답 ②

유형	자료해석 〉 자료계산	난이도	★☆☆

지원자의 과목별 원점수에 따른 등급은 다음과 같다.

지원자	국어		수학		영어	
갑	90	3	96	1	88	3
을	89	3	89	1	89	2
병	93	2	84	2	89	2
정	79	4	93	1	92	2
무	98	1	60	4	100	1

이때 을, 병, 무가 3개 과목 등급의 합이 6 이내이고 원점수 합산 점수를 계산하면 을이 89+89+89=267(점), 병은 93+84+89=266(점), 무는 98+60+100=258(점)이다. 따라서 합산 점수가 가장 높은 을이 합격자가 된다.

13 수리능력 정답 ①

유형	자료해석 〉 추세 읽기	난이도	★☆☆

평가 항목의 층별 점수와 일치하는 그래프는 ①이다.

| 오답풀이 |

② [표]에서 1층은 안전성이 편의성보다 높지만 [그래프]에서는 편의성 점수가 더 높다.

③, ④ [표]에서 1층의 디자인은 4.5점이고 편의성은 3.0점인데, [그래프]에서는 두 항목의 차이가 크지 않으므로 옳지 않다.

⑤ [표]에서 3층의 디자인과 안전성이 각각 3.9점과 3.8점으로 디자인이 더 높은데 [그래프]에서는 수치가 반대로 되어 있다.

14 수리능력 정답 ④

유형	자료해석 〉 수치 읽기	난이도	★★☆

2층은 안전성이 3.8점으로 디자인 4.7점이나 편의성 4.1점에 비해 점수가 낮은 편이고, 4층은 디자인이 2.8점으로 편의성 4.5점이나 안전성 4.2점에 비해 점수가 낮은 편이다.

| 오답풀이 |

① 편의성과 안전성 부분을 개선한다면 휴게공간의 평가 점수가 높아질 수는 있지만 평가 점수가 높다고 해서 사용률이 반드시 높은 것은 아니다.

② 주어진 자료를 통해 직원 수는 알 수 없다.

③ 평가 항목의 합산점수는 1층이 4.5+3.0+3.2=10.7(점), 2층이 4.7+4.1+3.8=12.6(점), 3층이 3.9+3.5+3.8=11.2(점), 4층이 2.8+4.5+4.2=11.5(점), 5층이 4.1+3.6+4.6=12.3(점)이다. 따라서 점수가 높은 순서대로 나열하면 2층, 5층, 4층, 3층, 1층 순이다.

⑤ 1층이 3층보다 디자인 점수가 더 높지만 사용률은 3층이 더 높다.

15 수리능력 정답 ④

유형	자료해석 〉 수치 읽기	난이도	★★☆

모든 국가에서 1인당 초등교육비는 그 국가의 1인당 중등교육비나 1인당 고등교육비보다 항상 작다.

| 오답풀이 |

① 초등학생과 고등학생의 수를 알 수 없기 때문에, 총액은 비교가 불가능하다.

② 1인당 중등교육비가 가장 큰 국가는 G국인데, 1인당 고등교육비는 D국이 가장 크다.

③ 주어진 자료를 통해 총 교육비는 알 수 없다.

⑤ 주어진 자료를 통해 총 초등교육비는 알 수 없다.

16 수리능력 정답 ③

유형	자료해석 〉 수치 읽기	난이도	★★☆

중학교의 경우 평균 총 부유세균 값이 기준치를 초과하는 비율은 $\frac{1{,}178.7-800}{800}\times100 \fallingdotseq 47.3(\%)$이고, 평균 포름알데히드 값이 기준치를 초과하는 비율은 $\frac{160.9-120}{120}\times100 \fallingdotseq 34.1(\%)$이다.

| 오답풀이 |

① 포름알데히드의 기준치는 120μg/m^{3}이므로 40%를 초과하려면 $120\times1.4=168(\mu g/m^3)$ 초과이어야 한다. 유치원의 평균 포름알데히드 값이 174.3μg/m^{3}이므로 옳은 설명이다.

② 최댓값으로 보면 100μg/m^{3}이 넘으므로 반드시 준수한다고 말할 수는 없다.

④ 포름알데히드의 기준치는 120μg/m^{3}이고, 초등학교의 최댓값이 630.1μg/m^{3}이므로 5배 이상이다.

⑤ 총 부유세균의 기준치는 800CFU/m^{3}이고, 고등학교의 최솟값이 91.0CFU/m^{3}이므로 초과하지 않은 고등학교도 있다.

17 수리능력 정답 ⑤

유형	자료해석 〉 복합 자료해석	난이도	★★★

원래 최소 금액을 따졌을 때 구미에서 부산으로 200개, 대구는 200개, 광주로 150개 중 550개를 공급하는 것을 전제했기 때문에, 600개에서 550개로 감소하더라도 총 수송비용의 최소 금액은 변함없다.

| 오답풀이 |

① 해당 공장의 최대 공급량과 해당 물류센터의 최소 요구량을 참고하여 [표]의 빈칸에 들어갈 값을 채워보면 다음과 같다.

공장 \ 물류센터	서울	부산	대구	광주
구미	0	200	(200↑)	(150↑)
청주	300	(200)	0	0
덕평	300	0	0	0

② 구미 공장의 수송량은 대구와 광주를 합해서 최대 400개인데 각각의 최소 요구량이 200개, 150개이므로 50개 정도를 유연하게 운영할 수 있다. 그런데 구미 공장에서 대구로 보낼 때 개당 수송비용은 2,000원이고, 광주로 보낼 때는 3,000원이므로 총 수송비용을 최소화하기 위해서는 대구와 광주에 각각 최소 요구량인 200개, 150개를 보내야 한다.

③ 총 수송비용이 최소가 되려면 구미 공장에서 대구로 200개, 광주로 150개를 보내야 한다. 따라서 총 수송비용의 최소 금액은 $(200\times5+200\times2+150\times3)+(300\times4+200\times2)+(300\times2)=1{,}850+1{,}600+600=4{,}050$(천 원)으로 405만 원이다.

④ 구미 공장에서 서울로 수송하는 것이 없으므로 수송비용의 총합은 변하지 않는다.

18 문제해결능력 정답 ②

유형	퀴즈 문제 〉 연쇄추리	난이도	★★☆

- A가 출장을 간다면 C 역시 가야 한다.
- D가 간다면 C는 가지 않는다. ↔ C가 간다면 D는 가지 않는다.
- B 또는 D가 가야 하므로 B가 가야 한다.
- B와 E는 둘 다 갈 수는 없으므로 E는 갈 수 없다.
- F가 간다면 E도 간다. ↔ E가 가지 않으면 F도 가지 않는다.

따라서 A, B, C는 가고, D, E, F는 갈 수 없다.

19 문제해결능력 정답 ⑤

유형	퀴즈 문제 〉 명제	난이도	★★★

세 번째 조건에서 덕수궁을 선택하면 창덕궁과 강남역은 선택할 수 없고, 이것의 대우명제를 확인하면 창덕궁을 선택하거나 강남역을 선택하면 덕수궁을 선택할 수 없으

므로 이는 덕수궁과 창덕궁 두 곳을 동시에 선택할 수 없다는 뜻이다. 이에 따라 고궁 장소 세 곳 중 경복궁은 반드시 선택되어야 함을 알 수 있다.

또한 스미스 부부가 명동은 제외하였으므로 유흥지 장소 중 강남역, 압구정, 신촌 중 두 곳을 선택해야 하는데, 두 번째 조건에서 압구정을 선택하면 신촌과 동대문은 선택할 수 없다고 하였으므로 압구정을 선택하는 경우와 선택하지 않는 경우로 나누어 생각하면 다음과 같다.

i) 압구정을 선택하는 경우

신촌과 동대문을 선택할 수 없으므로 유흥지 장소에서는 강남역과 압구정을, 쇼핑거리에서는 인사동과 용산을 선택해야 한다. 이때 강남역을 선택하면 덕수궁을 선택할 수 없으므로 고궁 장소에서는 경복궁과 창덕궁을 선택해야 한다.

ii) 압구정을 선택하지 않는 경우

유흥지 장소에서 압구정과 명동을 선택하지 않으므로 강남역과 신촌을 선택하고, 강남역을 선택하였으므로 고궁 장소는 경복궁과 창덕궁을 선택해야 한다. 이때, 쇼핑거리는 세 장소 중 두 곳을 자유롭게 선택할 수 있다.

두 가지 경우를 고려했을 때 스미스 부부가 반드시 선택해야만 하는 장소는 강남역, 경복궁, 창덕궁이다.

20 문제해결능력 정답 ⑤

유형	Text로 된 정보에서 원리 파악하기 〉 거시적 원리 파악하고 적용하기	난이도	★★☆

미용에 대한 남성의 고객의 관심이 증가하고 있는 기회를 활용하여, 20대 남성을 대상으로 자사의 약점인 한정된 유통경로를 확대하는 것은 WO전략이 될 수 있다.

| 오답풀이 |

① SO전략: 정부에서 받은 지원금으로 새로운 제품을 개발하는 것은 WO전략에 해당한다.

② ST전략: 품질에 대한 높은 만족도가 자사의 강점이므로, 강점을 약화시킬 필요는 없다.

③ ST전략: 제품군이 협소하다는 약점을 보완하기 위한 방안으로 볼 수 있다.

④ WT전략: 자연친화적인 콘셉트로 매장을 바꾸는 것은 BI와 관련된 것이므로 SWOT 분석과 관련 없다.

21 문제해결능력 정답 ⑤

유형	Text로 된 정보에서 원리 파악하기 〉 거시적 원리 파악하고 적용하기	난이도	★☆☆

J사의 약점은 한정된 유통경로이다. 따라서 면세점 판매 경로의 집중 성장은 약점에 해당한다.

22 문제해결능력 정답 ④

유형	수리, 기호 정보에서 원리 파악하기 〉 수리적 원리 파악하고 적용하기	난이도	★★☆

지역별 7일 후 측정한 DO 값을 계산하면 다음과 같다.

구분	A지역	B지역	C지역	D지역	E지역
즉시 측정한 DO	13	9	11	9	7
즉시 측정한 DO와 7일 후 측정한 DO의 평균값	11	7	10	6	6
7일 후 측정한 DO	$11\times2-13=9$	$7\times2-9=5$	$10\times2-11=9$	$6\times2-9=3$	$6\times2-7=5$

따라서 즉시 측정한 DO와 7일 후 측정한 DO의 차이는 A지역이 $13-9=4$(ppm), B지역이 $9-5=4$(ppm), C지역이 $11-9=2$(ppm), D지역이 $9-3=6$(ppm), E지역이 $7-5=2$(ppm)으로 D지역이 가장 크다. 따라서 정답은 ④이다.

23 문제해결능력 정답 ④

유형	수리, 기호 정보에서 원리 파악하기 〉 기호 원리 파악하고 적용하기	난이도	★★★

문제에서 주어진 경기 방식을 그림으로 나타내면 다음과 같다.

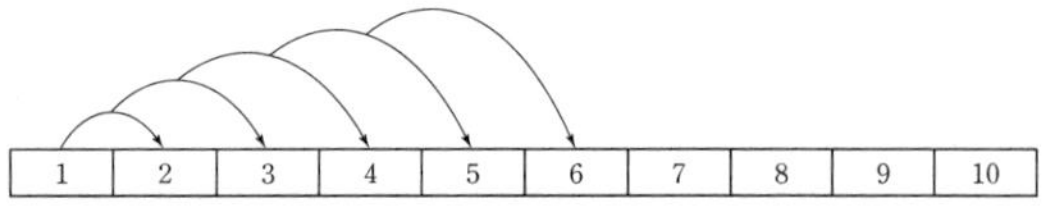

5번, 6번팀이 시합을 가졌다는 말은 그 앞의 팀들은 떨어졌다는 말이고 7번, 9번팀이 시합을 가졌다는 말은 8번은 한 번도 이기지 못하고 떨어졌다는 말이다. 2번, 4번팀이 시합을 가지지 않았다는 말은 1번이나 3번팀이 4번팀과 시합을 가졌다는 말이고, 이 게임의 승자는 5번팀과 시합을 해서 졌다는 말이다. 10개의 팀 중 7개 팀이 단 한 경기도 이기지 못하였다는 것은 10개의 팀 중 3개 팀만이 한 번이라도 이겼다는 말이므로 위의 조건을 바탕으로 생각을 해보면 7번팀은 한 번이라도 이겨야 한다. 또 1번팀 또는 3번팀 또는 4번팀 중에 한 번 이긴 팀이 있고, 5번팀이 이들 중 한 팀을 이기고 6번팀과 시합을 가져야 한다.

결국 반드시 이긴 팀은 7번, 5번, 그리고 1번, 3번, 4번팀 중에 한 팀이 된다. 다른 팀들은 반드시 져야만 성립한다. 그런데 3번이나 4번팀이 이기게 되면 그 전에 1번팀과 2번팀이 맞붙을 때의 승자가 있으므로 결국 1번팀이 계속 이겨야 단 세 팀만 한 번이라도 이긴다는 조건을 만족할 수 있다. 결국 우승은 7번팀이 4번의 경기를 이기며 차지하게 된다.

| 오답풀이 |

① 9번팀은 한 번도 이기지 못했다.

② 1번팀은 세 번 이겼다.

③ 4번팀은 한 번도 이기지 못했다.

⑤ 1번, 5번, 7번팀이다.

24 문제해결능력

정답 ⑤

유형	Text로 된 정보에서 원리 파악하기 〉 미시적 원리 파악하고 적용하기	난이도	★★☆

마지막 문단의 '또한 법원은 필요한 경우에 인치한 증인을 교도소, 구치소, 경찰서 유치장에 유치할 수 있는데~'를 통해 경찰서 유치장에 유치할 수 있음을 알 수 있다.

| 오답풀이 |

① 마지막 문단의 '구인을 하기 위해서는 법원에 의한 구속영장 발부가 필요하다.'를 통해 알 수 있다.

② 두 번째 문단의 '법원은 과태료 결정을 한 이후 증인의 증언이나 이의 등에 따라 그 결정 자체를 취소하거나 과태료를 감할 수 있다.'를 통해 알 수 있다.

③ 마지막 문단의 '증인을 구인하면 법원에 그를 인치(引致)하며, 인치한 때부터 24시간 내에 석방하여야 한다.'를 통해 알 수 있다.

④ 세 번째 문단의 '증인이 감치의 집행 중에 증언을 한 때에는 법원은 바로 감치 결정을 취소하고 그 증인을 석방하여야 한다.'를 통해 알 수 있다.

25 문제해결능력

정답 ②

유형	수리, 기호 정보에서 원리 파악하기 〉 수리적 원리 파악하고 적용하기	난이도	★★☆

㉠ 10′는 1′의 10배로 시력은 1.0의 $\frac{1}{10}$배인 0.1이 된다.

㉡ 1′의 $\frac{1}{60}$이 1″이므로 $5'' = \frac{5}{60} = \frac{1}{12}$이다. 따라서 시력은 $1.0 \times 12 = 12$이다.

| 오답풀이 |

㉢ 갑은 시력이 $\frac{1}{1.25} = 0.8$이 되고, 0.1′인 을은 1′의 $\frac{1}{10}$배이므로 시력은 10이 된다.

DAY

06

정답 확인

문항	영역	정답	문항	영역	정답	문항	영역	정답	문항	영역	정답	문항	영역	정답
01	의사소통	④	02	의사소통	③	03	의사소통	②	04	의사소통	①	05	의사소통	②
06	의사소통	④	07	의사소통	②	08	의사소통	①	09	수리	②	10	수리	⑤
11	수리	②	12	수리	②	13	수리	②	14	수리	⑤	15	수리	②
16	수리	①	17	수리	④	18	문제해결	⑤	19	문제해결	⑤	20	문제해결	⑤
21	문제해결	④	22	문제해결	③	23	문제해결	⑤	24	문제해결	①	25	문제해결	⑤

영역별 실력 점검표

영역	맞은 개수	정답률	취약 영역
의사소통능력	/8	%	
수리능력	/9	%	
문제해결능력	/8	%	
합계	/25	%	

01 의사소통능력

정답 ④

유형	일반형 정보 Text 읽기 〉 미시적 이해 〉 문단배열	난이도	★★☆

[가]~[마]의 첫 번째 문장을 볼 때, [라]는 전후 맥락에 구애받지 않는 내용을 전달하고 있으므로 첫 번째 문단으로 시작하기에 가장 적절하다. 이후 [나]와 [가]를 차례대로 배열하여 [라]에 제시한 인구 통계 변화를 독일과 일본, 유럽을 넘어 전 세계의 인구 감소로 일반화할 수 있다고 전개할 수 있다. 이어서 이러한 인구 감소에 따라 정치의 판도가 변화하는 와중에 연금 제도가 유지될 수 있을지에 대한 의문점을 제시하는 흐름이 자연스러우므로 [다]와 [마]를 뒤이어 배열할 수 있다. 따라서 [라]-[나]-[가]-[다]-[마]의 흐름이 가장 적절하다.

02 의사소통능력

정답 ③

유형	일반형 정보 Text 읽기 〉 미시적 이해 〉 추론	난이도	★★★

유비쿼터스 사회는 사람은 물론 인공 지능과도 의사소통 및 자료 교환이 가능한 환경을 의미하므로, 언제 어디서든 누구와도 소통할 수 있는 관계성에 더욱 주의를 기울여야 한다.

| 오답풀이 |

① 유비쿼터스 사회의 개념을 참고할 때 의사소통의 범위와 대상이 무한히 확장되는 미래 사회의 모습을 추측할 수 있다.

② 기술의 발전으로 등장한 정보 사회의 핵심이 네트워킹에 있다는 내용을 통해 미래 사회의 가능성을 판단할 수 있다.

④ 시공간에 구애받지 않고 인공 지능 등과 의사소통을 하거나 자료를 교환할 수 있는 환경은 자칫 감시와 지배로 이어질 수 있으므로 추론 가능한 내용이다.

⑤ 언제 어디서든 누구와도 소통할 수 있다는 가능성을 긍정적으로 평가하여 추론할 수 있다.

03 의사소통능력

정답 ②

유형	맞춤법 〉 어법	난이도	★★☆

개발은 '새로 만들어 내는 것, 무에서 유를 창조해 내는 것'을 뜻할 때 사용하며, 계발은 '잠재되어 있는 재능, 사상 따위를 일깨워 줌'이라는 뜻이다. 그러므로 올바른 표현은 "내 소질을 계발해서 멋진 화가가 될 거야."이다.

| 오답풀이 |

① 왠지는 왜인지가 줄여서 된 말로 '왜 그런지 모르게', '뚜렷한 이유도 없이'라는 뜻을 가진 부사이다. 간혹 '어떠한'이라는 의미를 가진 관형사 '웬'과 혼동되어 사용되는 경우가 있다.

③ 닦달은 '남을 단단히 윽박질러서 혼을 냄'이라는 뜻을 가진 명사이다.

④ 금세는 '지금 바로'의 뜻으로 쓰이는 부사로 '금시에'라는 말을 줄여 쓴 표현이다.

⑤ 단언컨대는 '단언하건대'의 준말이다.

04 의사소통능력

정답 ①

유형	일반형 정보 Text 읽기 〉 창의적 이해 〉 적용	난이도	★★☆

성차별을 없애기 위한 목적으로 ㉠과 ㉢을, 여성의 모성을 보호하기 위한 목적으로 ㉡을 실시한다. 하지만 여성에게 유리한 잠정적 특별 조치는 차별적인 것으로 규정하지 않으므로 ㉣과 ㉤은 협약의 내용에 부합하지 않는 사례이다. 이 협약은 수치에 근거한 남녀평등의 실현보다는 여성의 권익 보호에 목적을 두었기 때문이다.

05 의사소통능력

정답 ②

유형	일반형 정보 Text 읽기 〉 미시적 이해 〉 일치	난이도	★☆☆

멋 속에서 미를 찾고 멋 속에서 살려고 애쓰는 태도에서 우리 민족의 개성과 자유의식을 엿볼 수 있다고 하였으므로, 한국인의 미의식과 자유의식을 '멋'으로 표현하는 것은 적절하다고 볼 수 있다.

| 오답풀이 |

① 규칙과 격식에 얽매여 있을 때가 아닌, 고정된 스타일을 파괴할 때 멋을 맛볼 수 있다고 하였으므로 스타일은 규칙이나 격식, 형식 등을 의미한다고 판단할 수 있다.

③ 멋있고 멋진 것을 찬양하면서도 멋대로 구는 것이 유교의 전통 속에서 큰 잘못이라고 여겨졌다는 내용을 확인할 수 있다.

④ 형식이나 규칙에 얽매인 삶을 거부하고 자유롭게 진미를 추구하는 것이 멋의 참뜻이므로 적절한 내용이다.
⑤ 멋이란 고정된 스타일을 파괴할 때 느낄 수 있다고 하였으므로 적절한 내용이다.

06 의사소통능력 정답 ④

유형	실용형 정보 Text 읽기 〉 법률/계약서형 읽기	난이도	★☆☆

[보기]의 사례는 계약기간이 종료되는 11월 4일 이전인 10월 15일에 준공검사요청서를 제출하였으나 불합격 판정을 받은 경우이다. X사는 불합격 판정을 받은 후 계약기간 내에 보완지시를 하였으므로, 계약기간 다음 날인 11월 5일부터 최종검사 합격일인 11월 19일까지 지체일수로 산정한다.

07 의사소통능력 정답 ②

유형	일반형 정보 Text 읽기 〉 미시적 이해 〉 일치	난이도	★★☆

민주적인 사회는 외적 권위보다는 자발적인 성향이나 관심을 중시하지만, 이는 오직 교육에 의해서만 길러질 수 있다고 하였으므로 정치 활동을 언급하는 것은 적절하지 않다.

| 오답풀이 |

① 민주주의의 의미를 구성하는 첫째 요소는 사회 구성원이 공유하는 공동 관심사의 확장과 인정이므로 적절한 내용이다.
③ 민주주의를 공공 생활의 형식이자 경험을 전달하고 공유하는 방식으로 이해하는 것이 투표 등의 정치 형태로 이해하는 것보다 본질적이라고 하였으므로 적절한 내용이다.
④ 민주주의의 의미를 구성하는 둘째 요소는 여러 사회 집단 간의 자유로운 상호 작용과 사회적 습관의 변화이므로 적절한 내용이다.
⑤ 민주적인 사회란 여러 관심사가 긴밀하게 연관된 곳이므로 이러한 사회를 실현하기 위해 민주적인 사회는 다른 형태의 사회보다 교육에 더 관심을 둘 수밖에 없다고 하였다.

08 의사소통능력 정답 ①

유형	일반형 정보 Text 읽기 〉 미시적 이해 〉 추론	난이도	★★☆

공갈못설화는 상주 지방의 공갈못을 중심으로 중요한 역사적 사건으로서 구전되었으므로, 현장과 증거물을 중심으로 엮은 역사적인 이야기인 전설에 해당한다.

| 오답풀이 |

② 설화는 아름답고 슬픈 사연 외에도 원(願)과 한(恨)을 포함하는 인간들의 삶과 문화이자 인간 의식 그 자체이다.
③ 당시의 문헌 기록에서 공갈못설화를 찾을 수 없을 뿐, 농경 생활 관련 사건의 기록 여부는 확인할 수 없다.
④ 공갈못의 존재가 조선 시대에 처음으로 기록되었을 뿐, 한국의 3대 저수지의 생성 사건에 대한 기록 여부는 확인할 수 없다.
⑤ 조선과 일본이 전설을 엮어 책을 펴냈느냐의 차이가 있을 뿐, 조선과 일본의 역사 기술 방식의 차이는 확인할 수 없다.

09 수리능력 정답 ②

유형	응용계산 〉 거속시	난이도	★★☆

운동장의 둘레는 1,600m이고, 수현이의 속도와 가인이의 속도를 각각 xm/분, ym/분이라 하면($x<y$) 같은 방향으로 출발하면 $16y-16x=1,600$ … ㉠
반대 방향으로 출발하면 $4x+4y=1,600$ … ㉡
㉠, ㉡ 두 식을 연립하여 풀면 $x=150$(m/분)이다.

10 수리능력 정답 ⑤

유형	자료해석 〉 수치 읽기	난이도	★☆☆

여름의 자가용 이용률은 가을의 도보 이용률의 $\frac{51.9}{9.6} \fallingdotseq$ 5.4(배)이다.

| 오답풀이 |

① ㉠에 들어갈 값은 $100-(36.2+11.0+7.2)=45.6$(%)로, 봄에 이용한 교통수단 중 가장 높은 비율을 차지한다.
② ㉡에 들어갈 값은 $100-(51.9+4.1+5.5)=38.5$(%)

로, 사계절 중 대중교통 이용률은 겨울에 가장 낮다.

③ ⓒ에 들어갈 값은 100−(49.4+37.9+6.3)=6.4(%)로, 여름의 도보 이용률인 4.1%보다 높다.

④ 겨울의 대중교통 이용률은 여름의 도보 이용률의 $\frac{37.9}{4.1}$ ≒9.2(배)이다.

11 수리능력 정답 ②

유형	자료해석 〉 수치 읽기	난이도	★★☆

㉠ 태조, 정종 대에 출신 신분이 낮은 급제자 중 본관이 없는 자의 비중이 $\frac{28}{40}\times100=70(\%)$이고, 선조 대에는 $\frac{11}{186}\times100≒5.9(\%)$이다.

㉣ 태조, 정종 대의 출신 신분이 낮은 급제자 중 본관이 없는 자는 28명이고, 3품 이상 오른 자는 13명이므로 합하면 41명이다. 따라서 출신 신분이 낮은 급제자는 총 40명이므로 본관이 없는 자이면서 3품 이상 오른 자는 최소 1명임을 알 수 있다.

| 오답풀이 |

㉡ 중종 대의 전체 급제자 중에 출신 신분이 낮은 급제자가 차지하는 비중은 $\frac{188}{900}\times100≒20.9(\%)$이다.

㉢ 전체 급제자가 가장 많은 왕 대는 1,112명인 선조 대이고, 출신 신분이 낮은 급제자가 가장 많은 왕 대는 188명인 중종 대이다.

12 수리능력 정답 ②

유형	자료해석 〉 추세 읽기	난이도	★★☆

[보기]에는 한국과 관련된 수출입에 대해 묻고 있으므로 한국을 중심으로 한 화살표만 확인한다.

㉠ 1970년 한국의 일본에 대한 수입액은 647백만 달러이고 이는 미국과 동남아시아 등에 대한 수입액인 201백만 달러와 21백만 달러의 합보다 크므로 수입 의존도는 50% 이상이다.

㉢ 1980년 일본에 대한 수출액은 2,191백만 달러이고 1970년 수출액은 108백만 달러이므로 10배 이상이다.

| 오답풀이 |

㉡ 1970년과 1980년 모두 한국의 미국에 대한 수출액이 수입액보다 많으므로 무역수지는 흑자이다.

㉣ 1980년 한국의 일본에 대한 무역수지는 2,191−4,868=−2,677(백만 달러)로 적자는 30억 달러 미만이다.

13 수리능력 정답 ②

유형	자료해석 〉 자료계산	난이도	★★☆

㉠ [표]에서 Ⓐ는 잎의 개수를 누적하여 더한 것과 비교하면 누적학생 수를 나타내는 것을 알 수 있다. 빈칸을 채워 보면 통계학은 순서대로 19, 21, 26, 29, 30이고 행정학은 20, 25, 26, 28, 30으로 통계학 학생 수와 행정학 학생 수는 둘 다 30명으로 동일하다.

㉢ 과목당 성적이 하위 10% 이하인 학생은 3명이므로 통계학 과락기준점수는 59점이고 행정학 과락기준점수는 45점이다. 따라서 통계학 과락기준점수가 더 높다.

| 오답풀이 |

㉡ 통계학에서 60점대 학생 수는 7명, 70점대 학생 수는 9명이고, 행정학에서 60점대 학생 수는 5명, 70점대 학생 수는 7명이다. 따라서 두 과목 모두 70점대 학생 수가 더 많다.

㉣ 두 과목의 학생 수는 30명으로 동일하다.

14 수리능력 정답 ⑤

유형	자료해석 〉 추세 읽기	난이도	★★☆

1인당 금속 소비량은 소득수준이 10,000달러 이하까지는 상승하다가 그 이후로 하락해야 하므로 ㉠은 옳은 그래프이고, ㉤은 옳지 않은 그래프이다.

인구수는 변화가 없으므로 연간 금속 소비량 변화 그래프의 형태는 1인당 금속 소비량 변화 그래프의 형태와 유사할 것이므로 ㉣은 옳은 그래프이고, ㉡, ㉢은 옳지 않은 그래프이다.

15 수리능력 정답 ②

유형	자료해석 〉 수치 읽기	난이도	★★☆

2016년을 기준으로 물가가 계속해서 오르고 있는 품목

은 식료품 이외를 제외하고 식료품, 육류, 어패류, 채소, 해초, 빵, 과자, 차, 음료, 외식으로 총 7개이다.

| 오답풀이 |

① 2016년도의 물가지수가 모두 100이므로 소비자물가지수가 2016년을 기준으로 작성되었음을 알 수 있다.

③ 물가상승률$=\frac{\text{비교연도 물가지수}-\text{기준연도 물가지수}}{\text{기준연도 물가지수}}$ $\times 100$이고 분자의 값은 어패류가 더 크고 분모의 값은 어패류가 더 작으므로 어패류의 물가상승률이 더 크다.

④ 과실만 2019년 물가지수가 전년 대비 감소하였다.

⑤ 지수의 값은 기준연도에 대한 상대적 가격비율이므로, 물가지수가 가장 낮은 해를 가격이 가장 낮은 해로 볼 수 있다. 따라서 조사 기간에 낙농품의 가격이 가장 낮은 해는 2016년이다.

16 수리능력 정답 ①

유형	자료해석 〉 수치 읽기	난이도	★★★

2016년 10월과 2017년 10월에 순위가 모두 상위 10위 이내인 국가는 아르헨티나, 독일, 브라질, 벨기에, 콜롬비아, 칠레, 프랑스, 포르투갈로 8개국이다.

| 오답풀이 |

② 2017년 10월 상위 10개 국가의 2016년 10월 순위와 2017년 9월 순위로 비교하면 다음과 같다.

구분 \ 국가	2016년 10월 순위	2017년 9월 순위	2017년 10월 순위
독일	2	2	1
브라질	3	1	2
포르투갈	8	6	3
아르헨티나	1	3	4
벨기에	4	9	5
폴란드	없음	5	6
스위스	없음	4	7
프랑스	7	10	8
칠레	6	7	9
콜롬비아	5	8	10

2017년 10월 상위 10개 국가 중에서 2017년 9월 순위가 2016년 10월 순위보다 낮은 국가는 아르헨티나, 벨기에, 프랑스, 칠레, 콜롬비아로 5개국이고, 2016년 10월 순위보다 높은 국가는 브라질, 포르투갈, 폴란드, 스위스로 4개국이다.

③ 2017년 10월 상위 5개 국가의 점수 평균은

$$\frac{1,606+1,590+1,386+1,325+1,265}{5}=1,434.4(\text{점})$$

이고, 2016년 10월 상위 5개 국가의 점수 평균은

$$\frac{1,621+1,465+1,410+1,382+1,361}{5}=1,447.8(\text{점})$$

으로 2016년 10월 상위 5개 국가의 점수 평균이 더 높다.

④ 2017년 10월 상위 11개 국가 중 독일, 브라질, 포르투갈, 폴란드, 스위스, 스페인이 전년 동월 대비 점수가 상승했는데, 스페인만 순위가 하락하였다.

⑤ 2017년 10월 상위 11개 국가 중에서 2017년 10월 순위가 전월 대비 상승한 국가는 독일, 포르투갈, 벨기에, 프랑스로 4개 국가이고, 전년 동월 대비 상승한 국가는 독일, 브라질, 포르투갈, 폴란드, 스위스로 5개 국가이다. 따라서 전년 동월 대비 상승한 국가 수가 더 많다.

17 수리능력 정답 ④

유형	자료해석 〉 수치 읽기	난이도	★★★

㉠ 2016년에 공개경쟁채용을 통해 채용이 이루어진 공무원 구분은 5급, 7급, 9급, 연구직으로 총 4개이다.

㉡ 2016년 우정직 채용 인원은 599명이고, 7급 채용 인원의 절반은 $\frac{1,148}{2}=574$(명)이다.

㉣ 2017년부터 공무원 채용 인원 중 9급 공개경쟁채용 인원만 해마다 전년 대비 10%씩 늘리면, 2018년 9급 공개경쟁채용 인원은 $3,300\times1.1=3,630$(명)이다. 2016년 공무원 채용 인원 중 9급 공개경쟁채용인원을 제외하면 $9,042-3,000=6,042$(명)이다. 따라서 2018년 전체 공무원 채용 인원 중 9급 공개경쟁채용 인원의 비중은 $\frac{3,630}{6,042+3,630}\times100≒37.5$(%)이다.

| 오답풀이 |

㉢ 5급, 7급, 9급에서는 공개경쟁채용 인원이 경력경쟁채용 인원보다 많지만 연구직에서는 경력경쟁채용 인원

이 공개경쟁채용 인원보다 많다.

18 문제해결능력

정답 ⑤

유형	수리, 기호 정보에서 원리 파악하기 〉 기호 원리 파악하고 적용하기	난이도	★★★

A음보다 B음이, C음보다 D음이, D음보다 E음이, F음보다 G음이 한음 높고 B음보다 C음이, E음보다 F음이 반음 높다.
이 두 조건을 그림으로 표현하면 다음과 같다.

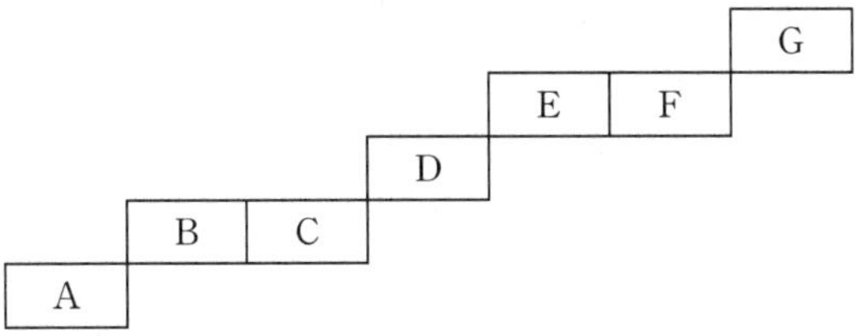

여기에 둘 중 낮은 음보다 반음 높은 음은 낮은 음의 이름 오른쪽에 #을 붙여 표시한다는 조건을 적용하면 다음과 같다.

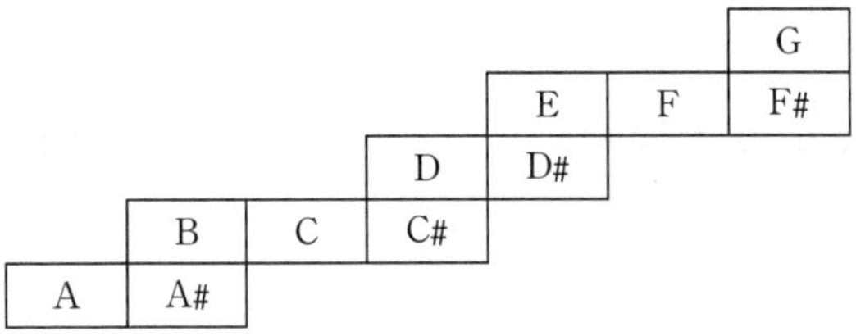

㉮~㉸를 넣어 보면 다음과 같다.

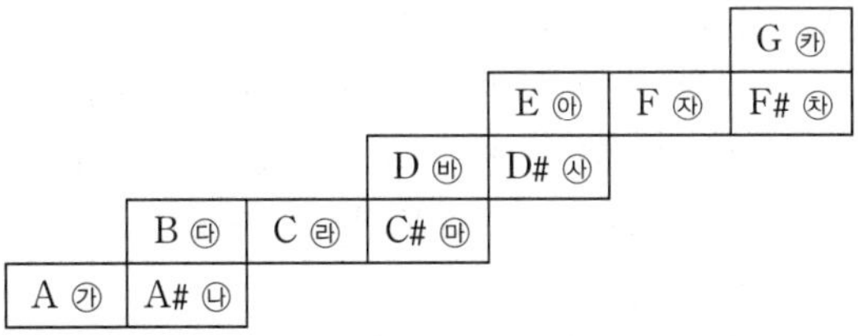

따라서 ㉵는 E라는 것을 알 수 있고, [가락]에서 E는 4번 튕겼다.

19 문제해결능력

정답 ⑤

유형	Text로 된 정보에서 원리 파악하기 〉 거시적 원리 파악하고 적용하기	난이도	★☆☆

괴롭히는 이유가 행위자인 남준이에게 있으려면 주어진 글의 두 번째 경우인 '저일치성/저특이성/고일관성'이 적용되어야 한다.

| 오답풀이 |

① '고일치성/고특이성/고일관성'이 적용된 경우이다.
② '고일치성/고특이성/저일관성'이 적용된 경우이다.
③ '저일치성/저특이성/저일관성'이 적용된 경우이다.
④ '저일치성/고특이성/고일관성'이 적용된 경우이다.

20 문제해결능력

정답 ⑤

유형	수리, 기호 정보에서 원리 파악하기 〉 기호 원리 파악하고 적용하기	난이도	★★★

주어진 [그래프]의 의미를 정확히 이해하면 간단히 풀이할 수 있는 문제다. 혼합된 물감에서 빨간색, 노란색, 파란색 물감이 차지하는 비율이 각각 x%, y%, z%이고 주어진 [그래프]는 x와 y의 함수이므로 [그래프]의 x값과 y값의 합이 100%가 안 되면 그 나머지가 z값에 해당된다는 의미이다. 예를 들어 Q의 경우 x값은 40%이고 y값은 10%이므로 나머지 50%가 z값이 된다.

㉡ R물감은 x가 40%, y가 60%으로 노란색과 빨간색만 들어간다. 따라서 나머지 P, Q, S 세 물감은 모두 파란색 물감이 섞여있으므로 세 물감을 어떠한 비율로 혼합하여도 R물감을 만들 수 없다.

㉢ Q물감과 S물감이 1:1로 섞이고 파란색 물감의 비율은 Q물감이 50%, S물감이 30%이다. 이것을 전체 비율로 보면 $0.5\times0.5+0.5\times0.3=0.4$이므로 파란색 물감의 비율은 40%이다.

| 오답풀이 |

㉠ S물감은 빨간색 비율인 x가 10%, 노란색 비율인 y가 60%이므로 나머지 30%가 파란색 물감의 비율이다.

21 문제해결능력

정답 ④

유형	적용 퀴즈 〉 순서 정하기	난이도	★★★

금요일에 변호사를 만나기로 결정되었고 변호사는 3일 간격으로 만나므로 또 다른 변호사는 화요일에 만나야 한다.

구분	월요일	화요일	수요일	목요일	금요일
오전		변호사		컨설턴트	변호사
오후					

기업인을 만난 다음 날에 회사 임원을 적어도 한 명 만나고 기업인을 하루에 1명씩 만난다면 회사 임원을 적어도 3명 만나야 하는데 회사 임원은 2명이므로 기업인을 만나는 날은 2일임을 알 수 있다. 즉, 5일 중 하루는 오전과 오후에 모두 기업인을 만나는 것을 의미한다. 이때 오전과 오후 일정이 모두 비어있는 요일은 월요일과 수요일밖에 없고 문제에서 월요일 오전, 오후에 모두 기업인을 만난다고 하였으므로 이를 [표]로 정리하면 다음과 같다.

구분	월요일	화요일	수요일	목요일	금요일
오전	기업인	변호사 회사 임원		컨설턴트	변호사
오후	기업인				

남은 기업인 1명은 수요일 또는 목요일에 만날 수 있는데 만약 수요일에 만난다면 목요일에 회사 임원과 컨설턴트를 만나고 남은 수요일과 금요일 중 하루는 주주를 만날 수 있다. 다른 경우로 기업인 1명을 목요일에 만난다면 목요일에 컨설턴트와 기업인을 만나고 금요일에 회사 임원과 변호사를 만나게 되어 나머지 수요일에 주주를 만날 수 있다. 따라서 주주를 만날 수 있는 요일은 수요일과 금요일이다.

22 문제해결능력 정답 ③

유형	적용 퀴즈 〉 순서 정하기	난이도	★★☆

오전과 오후에 모두 기업인을 만나는 날이 수요일인 경우를 [표]로 정리하면 다음과 같다.

구분	월요일	화요일	수요일	목요일	금요일
오전		변호사	기업인	회사 임원 컨설턴트	변호사
오후			기업인		

남은 기업인 1명은 다음 날 일정이 오전 또는 오후에 하나라도 비어있는 월요일에 만나야만 한다. 기업인을 월요일에 만나면 화요일에 회사 임원과 변호사를 만나므로 남은 월요일과 금요일 중 하루는 주주를 만날 수 있다. 따라서 주주를 만날 수 있는 날은 월요일과 금요일이다.

23 문제해결능력 정답 ⑤

유형	Text로 된 정보에서 원리 파악하기 〉 거시적 원리 파악하고 적용하기	난이도	★★☆

의료서비스가 무상으로 제공되기 때문에 필연적으로 하향평준화가 일어날 수밖에 없다. 따라서 높은 수준의 의료서비스보다는 낮은 수준의 서비스가 제공될 가능성이 크고 환자의 만족도도 낮을 것이다.

| 오답풀이 |

① 국민건강보험방식과 가장 큰 차이가 바로 국가 내 보험자가 1개가 아니라는 것이다.

② 민간보험방식에서는 소득수준에 따라 낮은 수준의 서비스를 제공하는 보험에 가입해야 하는 사람이 있을 수 있고 사정에 따라 가입이 안 되는 사람이 있을 수 있다.

③ 국가 내 보험자가 1개이므로 국민건강보험방식을 채택한 것으로 볼 수 있다.

④ 의료저축계정방식은 자신의 통장에서 의료비를 지출하는 것이므로 도덕적 해이를 막을 수 있는 방법이 된다.

24 문제해결능력 정답 ①

유형	수리, 기호 정보에서 원리 파악하기 〉 수리적 원리 파악하고 적용하기	난이도	★★☆

(A) 55Hz의 음으로 지각되려면 구성되는 주파수가 55의 배수이어야 한다. 110Hz와 165Hz, 165Hz와 220Hz는 55의 배수이므로 적절하고 165Hz와 330Hz는 165의 배수로도 생각할 수 있으므로 적절하지 않다.

(B) 100Hz 미만에 해당하는 음으로 지각되어야 한다. 300Hz, 350Hz, 400Hz는 최대공약수가 50이므로 50Hz의 음으로 지각될 수 있어 적절하고, 300Hz, 400Hz, 500Hz는 100의 배수로도 생각할 수 있어 100Hz로 지각될 수 있으므로 적절하지 않다.

따라서 정답은 ①이다.

25 문제해결능력

정답 ⑤

유형	퀴즈 문제 〉 명제	난이도	★★★

A는 벌금을 냈고 C와 A의 도착 등수의 차이는 4등이므로 C가 1등이면 A는 5등, C가 2등이면 A는 6등이다. 이때, C는 두 번째로 도착하지 않았으므로 C가 1등, A가 5등이다.

다음, D가 4등 이하이므로 D가 4등인 경우와 D가 6등인 경우로 나누어 생각해 보면 다음과 같다.

i) D가 4등인 경우

B는 E보다는 늦게, D보다는 빨리 왔으므로 2등은 E, 3등은 B, 6등은 F이다.

1등	2등	3등	4등	5등	6등
C	E	B	D	A(지각)	F

ii) D가 6등인 경우

B는 E보다는 늦게, D보다는 빨리 왔으므로 도착 순서는 다음과 같이 3가지 경우가 가능하다.

1등	2등	3등	4등	5등	6등
C	E	B	F	A	D
C	E	F	B	A	D
C	F	E	B	A	D

따라서 B는 세 번째 또는 네 번째로 왔으므로 도착 순서는 정확히 알 수 없다.

| 오답풀이 |

① 벌금을 낸 사람은 과반수를 차지하지 않으므로 6명 중 3명을 넘지 않는다는 것이므로 1~3명이다. 5등인 A가 벌금을 냈으므로 지각을 한 사람은 최소 2명이지만, 정확히 몇 명인지는 알 수 없다.

② D는 네 번째 또는 여섯 번째로 도착하였으므로 항상 옳은 설명은 아니다.

③ E는 두 번째 또는 세 번째로 도착하였으므로 항상 옳은 설명은 아니다.

④ F는 두 번째 또는 세 번째 또는 네 번째 또는 여섯 번째로 도착하였으므로 항상 옳은 설명은 아니다.

DAY

07

정답 확인

문항	영역	정답	문항	영역	정답	문항	영역	정답	문항	영역	정답	문항	영역	정답
01	의사소통	②	02	의사소통	④	03	의사소통	③	04	의사소통	②	05	의사소통	②
06	의사소통	②	07	의사소통	⑤	08	의사소통	④	09	수리	④	10	수리	⑤
11	수리	②	12	수리	④	13	수리	④	14	수리	①	15	수리	①
16	수리	④	17	문제해결	①	18	문제해결	⑤	19	문제해결	②	20	문제해결	④
21	문제해결	④	22	문제해결	⑤	23	문제해결	③	24	문제해결	③	25	문제해결	④

영역별 실력 점검표

영역	맞은 개수	정답률	취약 영역
의사소통능력	/8	%	
수리능력	/8	%	
문제해결능력	/9	%	
합계	/25	%	

01 의사소통능력 정답 ②

유형	실용형 정보 Text 읽기 〉 미디어형 정보 읽기	난이도	★★☆

㉢ 기획재정부는 소수공제자 추가공제 폐지안의 검토 이유를 출산장려 정책을 역행하기 때문이라고 설명하고 있다. 따라서 출산을 장려하는 정책 환경에 어긋나는 제도가 있다면 얼마든지 개정되거나 폐지될 수 있다는 입장인 C씨의 반응은 적절하다.

| 오답풀이 |

㉠ 3인 가구에 속하는 A씨는 1~2인 가구에 해당하는 소수공제자 추가공제의 대상이 아니므로 폐지 여부와 관계가 없다.

㉡ B씨는 근로소득자가 아니므로 소수공제자에 해당하지 않아 정책의 폐지 여부와 관계가 없다.

㉣ 2인 가구에 속하는 E씨는 가구 내 두 사람의 공제분으로 총 250만 원을 공제받으므로 1인당 125만 원을 공제받게 된다.

02 의사소통능력 정답 ④

유형	일반형 정보 Text 읽기 〉 거시적 이해 〉 주제	난이도	★★☆

미국 일리노이 최고 법원의 판결은 정치와 경제를 분리해야 한다는 데 초점을 두고 있다. 공장 내부의 일을 경제적인 문제로 보고 마을 운영의 정치적 문제와는 별개로 접근해야 한다고 주장하는 내용이 주어진 글의 주장에 대한 반론이 될 수 있다.

03 의사소통능력 정답 ③

유형	일반형 정보 Text 읽기 〉 거시적 이해 〉 맥락	난이도	★☆☆

두 번째 문단의 '이 두 회로가 하나로 합쳐지면서 두 손의 움직임에 따라 음고와 음량을 변화시킬 수 있다.'에 따라 세 번째 문단에서 음고를 조절하는 원리를 설명하고 있다. 따라서 문맥상 이어지는 문단에서는 음량을 조절하는 원리를 설명하는 내용이 나와야 적절할 것이다.

04 의사소통능력 정답 ②

유형	실용형 정보 Text 읽기 〉 법률/계약서형 읽기	난이도	★★☆

제1호에 따르면 과세가격에는 구매자가 부담하는 수수료 및 중개료 등이 포함된다. 따라서 중간상의 이익에 대해서도 관세를 지불해야 한다.

| 오답풀이 |

① 제1호에 따르면 관세를 산정할 때에는 구매 수수료는 제외한다.

③ 캐릭터 상품의 현지 가격은 특허권이 붙은 금액으로 이미 책정되어 있으므로 특허와 관련하여 관세를 추가로 납부할 필요는 없다.

④ 제3호에 따르면 인하된 가격이나 인하차액에 대한 관세 또한 부담해야 한다.

⑤ 제6호에 따르면 관세는 운송에 관련되는 비용이므로 모든 지출액을 포함하지는 않는다.

05 의사소통능력 정답 ②

유형	일반형 정보 Text 읽기 〉 창의적 이해 〉 적용	난이도	★★☆

실시간으로 서적별 판매량을 확인하고 재고가 떨어지지 않도록 즉각 주문하는 방식은 기존의 바코드 방식으로도 충분히 가능한 특징이므로 RFID만의 장점이라고 할 수는 없다.

| 오답풀이 |

①, ④, ⑤ 근거리에서 무선으로 여러 정보를 한 번에 처리하는 장점을 살린 사례이다.

③ 생산·유통·보관 등에 많은 양의 정보를 담을 수 있는 장점을 살린 사례이다.

06 의사소통능력 정답 ②

유형	실용형 정보 Text 읽기 〉 회사 문서 정보 읽기	난이도	★★★

고용보험법에 따르면 상담을 요청한 사람은 3개월 이상 생계를 목적으로 근로를 제공하고 있으므로 현재 취업 상태이다. 실업급여는 실업한 상태의 사람을 대상으로 지급하므로 실업급여를 받을 수가 없다.

| 오답풀이 |

④ 선택지에 나온 고용보험법의 관련 조항은 주어진 [근거]에서 확인할 수 없는 내용이다.

07 의사소통능력 정답 ⑤

유형	일반형 정보 Text 읽기 〉 미시적 이해 〉 일치	난이도	★☆☆

첫 번째 문단의 마지막 문장에 따르면 가상 국가인 비트네이션의 국적을 취득할 때에는 별도의 검증 절차가 필요하지 않다.

| 오답풀이 |

① 가상 국가인 비트네이션에 대비되는 전통 국가는 대한민국이다.

② 비트네이션은 4차 산업 혁명으로 인한 변화를 보여주는 대표 사례이다.

③ 비트네이션의 국적을 취득하기 위해서는 이름, 주소, 전자우편으로 충분하다.

④ 전통 국가의 관점에서 국민은 보살피고 관리해야 할 대상인 반면, 가상 국가인 비트네이션에서는 국민을 보살피고 관리할 대상으로 보지 않는다.

08 의사소통능력 정답 ④

유형	일반형 정보 Text 읽기 〉 미시적 이해 〉 추론	난이도	★★☆

전통 사회의 강한 공동체성을 보이는 대표 사례인 향우회는 개방적 관계 형성과 거리가 멀다.

| 오답풀이 |

① 공공영역은 보편적인 원칙과 기준에 따라 형성되는 개방적인 관계의 확산을 통해 만들어진다.

② 공공영역은 정치·사회적 환경에서 나타나는 이해 갈등을 비폭력적인 방법으로 조정할 수 있는 자정 체계이므로 국가와 개인의 관계를 견제할 수 있다.

③ 전통 사회 특유의 강한 공동체성은 닫힌 연줄 사회로 이행하게 되므로 농업 사회는 공공영역의 개방적인 관계 형성과 거리가 멀다.

⑤ 집단 내부의 구심력을 강화하여 연대할수록 사회 전반의 균열이 커져 갈등이 재생산되는 악순환이 나타나고 있다.

09 수리능력 정답 ④

유형	응용계산 〉 방정식	난이도	★☆☆

문제에 제시된 조건을 식으로 정리하면 다음과 같다.

파인애플=사과+오렌지 … ㉠

파인애플 2개=오렌지 3개+토마토 4개 … ㉡

사과 2개=토마토 6개 … ㉢

㉢에서 사과 1개의 무게는 토마토 3개와 같으므로 이를 ㉠에 대입하면 파인애플 1개의 무게는 오렌지 1개와 토마토 3개의 무게와 같다는 것을 알 수 있다. 따라서 ㉠과 ㉡을 연립하여 풀면, 오렌지 1개의 무게는 토마토 2개의 무게와 같다.

10 수리능력 정답 ⑤

유형	응용계산 〉 방정식	난이도	★★☆

지난달 언니의 데이터 이용요금을 x원, 동생의 데이터 이용요금을 y원이라 하면 다음과 같은 식이 성립한다.

$x+y=60,000$ … ㉠

$0.9x+1.15y=60,000\times1.05$ … ㉡

두 식을 연립하여 풀면 $x=24,000$, $y=36,000$이다. 따라서 이번 달 동생의 데이터 이용요금은 $36,000\times1.15=41,400$(원)이다.

11 수리능력 정답 ②

유형	자료해석 〉 수치 읽기	난이도	★★☆

설비용량 하위 4개 발전원은 수력, 유류, 원자력, 대체에너지이고 그 비중은 $6.6+4.3+22.2+5.9=39.0$(%)이므로 하위 4개의 비중은 40% 이하이다.

| 오답풀이 |

① 발전량이 가장 높은 발전원은 207,533GWh인 석탄이다.

③ 발전량은 석탄이 가장 높으나 설비용량은 LNG가 가장 높다.

④ 설비용량은 유류 발전원이 가장 낮지만, 발전량은 수력 발전원이 가장 낮다.

⑤ 설비용량이 가장 높은 발전원은 32,244MW인 LNG이고 세 번째로 낮은 발전원은 6,471MW인 수력이므로 $\frac{32,244}{6,471}\fallingdotseq5.0$(배)이다.

12 수리능력 정답 ④

유형	자료해석 〉 수치 읽기	난이도	★☆☆

가. 생부의 범죄기록이 없을 때보다 생부의 범죄기록이 있을 때, 양자가 범죄를 저지를 확률이 더 높다.

나. 생부의 범죄기록이 없을 때, 양부가 범죄를 저질렀을 때의 확률이 15%로 양부의 범죄기록이 없을 때보다 높다. 또한 생부의 범죄기록이 있을 때, 양부가 범죄를 저질렀을 때의 확률이 24.5%로 양부의 범죄기록이 없을 때보다 높다.

라. 양자가 범죄를 저지를 확률이 생부와 양부의 범죄기록이 모두 없을 때는 13.5%이고, 생부와 양부의 범죄기록이 모두 있을 때는 24.5%로 더 높은 것을 알 수 있다.

| 오답풀이 |

다. 양부의 범죄기록이 없을 때, 양자가 범죄를 저지를 확률은 생부의 범죄기록이 없을 때 13.5%이고 생부의 범죄기록이 있을 때 20%로 생부의 범죄기록이 있을 때 양자의 범죄기록에 더 큰 영향을 미치는 것을 알 수 있다. 또한 양부의 범죄기록이 있을 때, 양자가 범죄를 저지를 확률은 생부의 범죄기록이 없을 때 15%이고, 생부의 범죄기록이 있을 때 24.5%로 생부의 범죄기록이 있을 때 더 큰 영향을 미친다.

13 수리능력 정답 ④

유형	자료해석 〉 복합 자료해석	난이도	★☆☆

㉠, ㉡ [보고서] 첫 번째 문단의 '비OECD 국가들의 높은 경제성장률과 인구증가율~'을 보면 1990~2035년의 경제성장률과 인구증가율에 대한 자료가 필요함을 알 수 있다.

㉢ [보고서] 첫 번째 문단의 '이 기간에 국제 유가와 천연가스 가격 상승이 예측~'을 보면 1990~2035년의 국제 유가와 천연가스 가격 현황 및 전망에 대한 자료가 필요함을 알 수 있다.

| 오답풀이 |

㉣ 세계 에너지 수요에 관한 보고서이므로 국가별 에너지 생산 현황 및 전망에 대한 자료는 관련이 없다.

14 수리능력 정답 ①

유형	자료해석 〉 복합 자료해석	난이도	★★★

㉠ 전체 공익근무요원 중 기타 기관에 복무하는 공익근무요원이 차지하는 비중은 2009년에 전년 대비 감소하였다.

| 오답풀이 |

㉡ 2005~2009년에 중앙정부기관에 복무하는 공익근무요원 수와 전체 공익근무요원 수의 전년 대비 증감 추이는 감소, 감소, 증가, 감소, 증가로 같다.

㉢ 2009년 정부산하단체에 복무하는 공익근무요원은 2004년 대비 $\frac{6,135-4,194}{6,135}\times 100 ≒ 31.6(\%)$ 감소하였다.

㉣ 2005년 공익근무요원 수의 전년 대비 감소율은 중앙정부기관이 $\frac{6,536-5,283}{6,536}\times 100 ≒ 19.2(\%)$, 지방자치단체가 $\frac{19,514-14,861}{19,514}\times 100 ≒ 23.8(\%)$, 정부산하단체가 $\frac{6,135-4,875}{6,135}\times 100 ≒ 20.5(\%)$이다. 따라서 감소율이 가장 큰 복무기관은 지방자치단체이다.

15 수리능력 정답 ①

유형	자료해석 〉 수치 읽기	난이도	★★☆

㉠ 관리기관이 농어촌공사인 저수지 1개소당 저수용량은 $\frac{598,954}{996} ≒ 601.4$(천 m^3)이고, 관리기관이 자치단체인 저수지 1개소당 저수용량은 $\frac{108,658}{2,230} ≒ 48.7$(천 m^3)이므로 $\frac{601.4}{48.7} ≒ 12.3$(배)이다.

| 오답풀이 |

㉡ 전체 저수지 수에서 저수용량이 10만 m^3 미만인 저수지 수의 비중은 $\frac{2,668}{3,226}\times 100 ≒ 82.7(\%)$이다.

㉢ 관리기관이 농어촌공사인 저수지 1개소당 수혜면적은 $\frac{69,912}{996} ≒ 70.2$(ha)이고, 관리기관이 자치단체인 저수지 1개소당 수혜면적은 $\frac{29,371}{2,230} ≒ 13.2$(ha)로 $\frac{70.2}{13.2}$ $≒ 5.3$(배)이다.

ⓔ 저수용량이 50만 m^3 이상 100만 m^3 미만인 저수지의 수가 100개소이므로 저수용량은 최소 5천만 m^3 이상 1억 m^3 미만이다. 이때 전체 저수지 총 저수용량의 5%는 707,612,000×0.05=35,380,600(m^3)이므로 5% 이상이다.

16 수리능력 정답 ④

유형	자료해석 〉 자료계산	난이도	★★☆

A, B, C 모두 근로소득이 1억 원을 초과하므로 1억 원까지의 근로소득세는 1,000×0.05+4,000×0.1+5,000×0.15=50+400+750=1,200(만 원)이다.
D의 경우 금융소득 중 5천만 원을 제외하고 25,000만 원에 대해 과세표준으로 인정하므로 금융소득세는 5천만 원에 대해 부과되고 과세표준은 25,000만 원이 적용된다. A~D의 근로소득세와 금융소득세를 계산하면 다음과 같다.

개인	근로소득세	금융소득세	소득세 산출액
A	1,200+(5,000×0.2) =2,200	5,000×0.15 =750	2,950
B	1,200+(10,000×0.2 +5,000×0.25)=4,450	–	4,450
C	1,200+(10,000×0.2) =3,200	–	3,200
D	1,200+(10,000×0.2 +5,000×0.25)=4,450	5,000×0.15 =750	5,200

따라서 소득세 산출액이 가장 많은 사람은 D이고 가장 적은 사람은 A이다.

17 문제해결능력 정답 ①

유형	수리, 기호 정보에서 원리 파악하기 〉 수리적 원리 파악하고 적용하기	난이도	★★☆

구매방식별 피자 구매비용을 계산하면 다음과 같다.

- 스마트폰 앱: 12,500×0.75=9,375(원)이다.
- 전화: 1,000원 할인하면 11,500원이고 여기에 10% 추가 할인하면 11,500×0.9=10,350(원)이다.
- 회원카드와 쿠폰: 10% 할인하면 12,500×0.9=11,250(원)이고 여기에 15% 할인하면 11,250×0.85=9,562.5(원)이다.
- 직접방문: 12,500×0.7=8,750(원)이고 교통비용 1,000원이 발생하므로 9,750원이 든 셈이다.
- 교환권: 10,000원으로 구매 가능하다.

따라서 피자를 가장 저렴하게 구매할 수 있는 방식은 스마트폰 앱이다.

18 문제해결능력 정답 ⑤

유형	수리, 기호 정보에서 원리 파악하기 〉 수리적 원리 파악하고 적용하기	난이도	★★☆

헌혈에 참여한 학생은 총 10명이고 주어진 조건을 정리하면 다음과 같다.
A+B=AB+O
A+AB=B+O
그러므로 A=O, B=AB이고 A, O, B, AB로 가능한 조합은 (1, 1, 4, 4), (2, 2, 3, 3), (3, 3, 2, 2), (4, 4, 1, 1)로 네 가지 경우이다.
ⓐ A형이 1명인 경우 O형도 1명이고, AB형은 4명이다.
ⓔ A형과 O형의 학생 수가 같고, B형과 AB형의 학생 수가 같다.
ⓜ A형과 O형, B형과 AB형의 학생 수가 같으므로 $\frac{\text{AB형}}{\text{A형}}$과 $\frac{\text{O형}}{\text{B형}}$의 비는 같지 않다.

| 오답풀이 |
ⓑ A형이 2명인 경우 B형과 AB형은 3명이다.
ⓒ AB형의 비율이 30%이면 전체 학생 수가 10명이므로 AB형은 3명이다. AB형이 3명일 경우 A형은 2명이므로 그 비중은 20%이다.

19 문제해결능력 정답 ②

유형	Text로 된 정보에서 원리 파악하기 〉 미시적 원리 파악하고 적용하기	난이도	★☆☆

ⓐ 원산지 표시방법 (가)의 3)에 따른 표기이다.
ⓔ 원산지 표시방법 (나)에 따른 표기이다.

| 오답풀이 |
ⓑ 원산지 표시방법 (가)의 1)을 보면 2개월 이상인 경우

에만 표시를 해야 하므로 1개월 사육한 경우에는 (가)의 2)에 따라 '삼겹살(덴마크산)'으로 표시한다.

ⓒ 원산지 표시방법 (가)의 1)을 보면 1개월 이상 사육한 후 국내산으로 유통하는 경우에 표시를 할 수 있다.

20 문제해결능력 정답 ④

유형	수리, 기호 정보에서 원리 파악하기 〉 수리적 원리 파악하고 적용하기	난이도	★★★

㉠ 갑이 짝수가 적힌 카드를 뽑았다면, 거기에 어떤 수를 곱해도 짝수가 나온다. 따라서 1차 시기 점수는 짝수가 되고 2차 시기는 2점 아니면 0점이므로 최종 점수는 짝수가 된다.

ⓒ ㉡에서 2가 적힌 카드를 뽑을 경우의 최종점수의 최솟값은 0점이다. 4가 적힌 카드를 뽑을 경우의 최종점수의 최댓값은 $4\times3+2=14$(점)이 된다. 따라서 그 차이는 14점이다.

| 오답풀이 |

㉡ 2가 적힌 카드를 뽑을 경우 1차 시기 점수는 6, 4, 2, 0점이 가능하고 2차 시기 점수는 2, 0점 중 하나이므로 가능한 최종점수는 8, 6, 4, 2, 0점으로 5가지이다.

21 문제해결능력 정답 ④

유형	Text로 된 정보에서 원리 파악하기 〉 거시적 원리 파악하고 적용하기	난이도	★★☆

㉠ A안건과 C안건이 상정되면 갑과 병은 C안건에, 을은 A안건에 투표하여 C안건이 채택된다.

㉡ A안건과 B안건이 상정되면 갑과 병은 B안건에, 을은 A안건에 투표하여 B안건이 채택되고, B안건과 C안건이 상정되면 을과 병은 B안건에, 갑은 C안건에 투표하여 B안건이 채택된다. B안건과 D안건이 상정되면 갑~병의 선호순위에서 모두 B안건의 순위가 D안건보다 높으므로 B안건이 채택된다. 따라서 B안건은 어떠한 안건과 함께 상정되어도 항상 채택된다.

㉣ ㉡과 ⓒ에서 B안건과 D안건, C안건과 D안건이 상정되면 모두 D안건이 채택되지 않고, A안건과 D안건이 상정될 경우 을과 병은 A안건에, 갑은 D안건에 투표하여 D안건이 채택되지 않는다. 따라서 D안건은 어떠한 다른 안건과 상정되어도 항상 채택되지 않는다.

| 오답풀이 |

ⓒ ㉠과 ㉡에서 A안건과 C안건이 상정될 경우 C안건이 채택되고, B안건과 C안건이 채택될 경우 C안건이 채택되지 않는다. C안건과 D안건이 상정될 경우 갑~병의 선호순위에서 모두 C안건의 순위가 D안건보다 높으므로 C안건이 채택되어, C안건이 채택되는 경우는 총 2가지이다.

22 문제해결능력 정답 ⑤

유형	수리, 기호 정보에서 원리 파악하기 〉 기호 원리 파악하고 적용하기	난이도	★★☆

A씨가 ○○브랜드 광고를 보기 전의 상태를 삼각관계로 나타내면 다음과 같다.

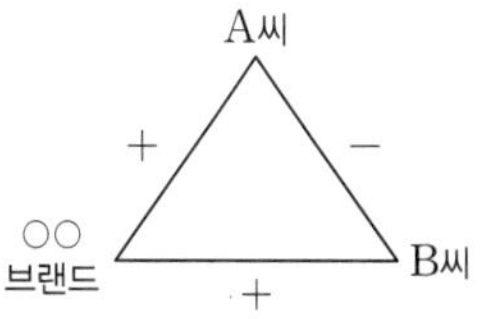

각 부호에 해당하는 +1, −1, +1을 곱하면 −1이므로 불균형 상태이다.

23 문제해결능력 정답 ③

유형	수리, 기호 정보에서 원리 파악하기 〉 기호 원리 파악하고 적용하기	난이도	★★☆

ⓒ 점선이 도보를 지칭하므로 집과 편의점 사이, 직장과 식당 사이는 각각 도보로 이동하였음을 알 수 있다.

㉣ 직장에서 식당으로 이동하는데 걸린 시간의 폭이 집에서 직장으로 이동하는데 걸린 시간의 폭보다 크다.

| 오답풀이 |

㉠ 오전(6시~12시)에 집 → 편의점 → 집 → 직장 → 식당의 경로로 이동하였다.

㉡ 왼쪽과 오른쪽의 구분은 실제적 공간의 거리가 아니라 사회공간과 개인공간의 구분이고 집을 기준으로 한 거리이므로 백화점과 직장, 백화점과 편의점 사이의 거리는 알 수 없다.

24 문제해결능력

정답 ③

유형	적용 퀴즈 〉 배치하기	난이도	★★☆

네 번째 조건을 기준으로 박 사원이 정문에서 가장 먼 E동에 거주할 경우, 김 사원의 기숙사는 후문보다 정문에 가까우므로 A동이나 B동에 거주하고, 최 사원과 이웃이다. 또한 유 사원이 기숙사에 들어가기 위해서는 이 사원의 기숙사를 지나쳐야 하므로 이 사원이 정문에 더 가까운 쪽에 거주하고 있음을 알 수 있다. 따라서 가능한 경우를 정리하면 다음과 같다.

A동	B동	C동	D동	E동
김 사원	최 사원	이 사원	유 사원	박 사원
이 사원	김 사원	최 사원	유 사원	박 사원
최 사원	김 사원	이 사원	유 사원	박 사원

다른 경우로 박 사원이 후문에서 가장 먼 A동에 거주하면 김 사원은 무조건 B동에 거주하므로 가능한 경우를 정리하면 다음과 같다.

A동	B동	C동	D동	E동
박 사원	김 사원	최 사원	이 사원	유 사원

따라서 박 사원과 이 사원의 기숙사 사이에는 1개 동 또는 2개 동 또는 3개 동이 있으므로 최대 3개 동이 있을 수 있다.

| 오답풀이 |

① 이 사원은 B동에 거주할 수 없다.
② 박 사원이 E동에 거주할 경우 유 사원은 D동에 거주할 수 있다.
④ 최 사원이 김 사원보다 정문에서 먼 곳에 거주하는 경우가 있다.
⑤ 박 사원이 A동에 거주할 경우 유 사원과 박 사원의 기숙사는 서로 이웃하지 않는다.

25 문제해결능력

정답 ④

유형	수리, 기호 정보에서 원리 파악하기 〉 수리적 원리 파악하고 적용하기	난이도	★★☆

대안 A~E의 평가기준 점수의 합계를 계산하면 다음과 같다.

평가기준 \ 대안	A 안전그물 설치	B 전담반 편성	C CCTV 설치	D 처벌 강화	E 시민자율 방범
효과성	8	5	5	9	4
기술적 실현가능성	7	2	1	6	3
경제적 실현가능성	6	1	3	8	1
행정적 실현가능성	6	6	5	5	5
법적 실현가능성	6	5	5	5	5
합계	33	19	19	33	18

총합이 가장 높은 A와 D 중에 법적 실현가능성 점수가 더 높은 A가 1순위가 되고 2순위가 D가 된다. 그다음으로 점수가 높은 B와 C는 법적 실현가능성, 효과성 점수가 같으므로 행정적 실현가능성 점수로 판단해야 하고 이 점수는 B가 더 높으므로 B가 3순위, C가 4순위가 된다. 따라서 2순위는 D, 4순위는 C이다.

08

정답 확인

문항	영역	정답	문항	영역	정답	문항	영역	정답	문항	영역	정답	문항	영역	정답
01	의사소통	③	02	의사소통	⑤	03	의사소통	③	04	의사소통	①	05	의사소통	⑤
06	의사소통	④	07	의사소통	⑤	08	의사소통	②	09	수리	③	10	수리	①
11	수리	②	12	수리	④	13	수리	③	14	수리	③	15	수리	③
16	수리	②	17	문제해결	③	18	문제해결	③	19	문제해결	⑤	20	문제해결	②
21	문제해결	⑤	22	문제해결	③	23	문제해결	③	24	문제해결	②	25	문제해결	②

영역별 실력 점검표

영역	맞은 개수	정답률	취약 영역
의사소통능력	/8	%	
수리능력	/8	%	
문제해결능력	/9	%	
합계	/25	%	

01 의사소통능력

정답 ③

유형	일반형 정보 Text 읽기 〉 미시적 이해 〉 추론	난이도	★★☆

고려는 일관되고 체계적인 법전을 갖추고 있지 못하였으나, 각 행정 부처가 독자적인 관례나 규정을 갖추어 통치하였다.

| 오답풀이 |

① 공공성의 세 가지 의미 중 첫째와 둘째 의미를 만족하므로 적절한 판단이다.

② 정도전은 고려의 정치 공동체 내부에 존재한 자기중심성이 '사욕(私慾)'의 정치로 나타나 독선과 폭정을 부른다고 보았다.

④ 정도전은 소유 지향적 정치에 대한 대안으로 '공론'과 '공의'의 정치 개념을 제시하며 '문덕(文德)'의 정치를 소개하였다.

⑤ 정도전은 정치권력의 사유화를 비판하고 공공성의 영역을 확보하기 위하여 제도적 장치의 마련을 끊임없이 고민하였다.

02 의사소통능력

정답 ⑤

유형	일반형 정보 Text 읽기 〉 거시적 이해 〉 주제	난이도	★★☆

단락별 주제 문장을 정리하면 다음과 같다.

- 첫 번째 문단: 토지를 집약적으로 이용하는 전통은 정원에서 시작되었다.
- 두 번째 문단: 환경사에서 여성이 보인 특별한 역할의 물질적 근간은 대부분 정원에서 발견된다.
- 세 번째 문단: 이는 식물 생태학의 근간을 이루는 통찰이었다.

각 문단의 내용을 토대로 결론을 내리면 '여성들은 정원에서의 특별한 경험을 통해 식물 생태학의 기초를 이루는 통찰을 얻었다.'로 정리할 수 있다. 따라서 여성의 주도적인 경험을 토대로 정원을 정의한 문장이 빈칸에 들어갈 내용으로 가장 적절하다.

03 의사소통능력

정답 ③

유형	일반형 정보 Text 읽기 〉 미시적 이해 〉 추론	난이도	★★☆

현재 사용하는 애국가의 노랫말은 1907년을 전후하여 조국애와 충성심을 북돋우기 위해 작사되었다. 따라서 독립신문이 창간된 해인 1896년 이후의 시기이므로 여러 가지 애국가 가사가 게재되었던 시기와 차이가 있다.

| 오답풀이 |

① 안익태가 1935년 작곡한 애국가 곡조는 대한민국 임시정부가 애국가로 채택한 후 주로 해외 위주로 전파되었다.

② 극장에서의 애국가 상영과 방송국의 국기 강하식 방송은 1980년대 후반에 중지되었으므로 1990년대 이후로는 자율화되었다.

④ 애국가를 부르지 않고 연주만 하는 의전 행사나 시상식, 공연 등에서는 전주곡을 연주해서는 안 된다.

⑤ 대한민국 정부가 1948년 수립된 이후 애국가가 공식화되었으므로, 안익태가 애국가 곡조를 작곡한 해인 1935년으로부터 적어도 13년 이상이 소요되었다.

04 의사소통능력

정답 ①

유형	일반형 정보 Text 읽기 〉 창의적 이해 〉 적용	난이도	★★☆

㉠은 이미지 리타겟팅 작업 후 콘텐츠의 주요 요소를 유지하거나 해상도를 적절히 조정하는 방식이다. 콘텐츠를 무작위로 추출하는 기법은 ㉠과 연관된 사례의 성격에 부합하지 않는다.

| 오답풀이 |

②, ⑤ 해상도를 적절히 조정하는 방식이다.

③, ④ 콘텐츠의 주요 요소를 유지하는 방식이다.

05 의사소통능력

정답 ⑤

유형	일반형 정보 Text 읽기 〉 창의적 이해 〉 추론	난이도	★★☆

실험 결과를 평가하는 기준은 촉매의 활성, 선택성, 내구성으로 총 3가지이다. 회귀 경로까지 포함하여 촉매 설계 방법을 도식화하면 다음과 같다.

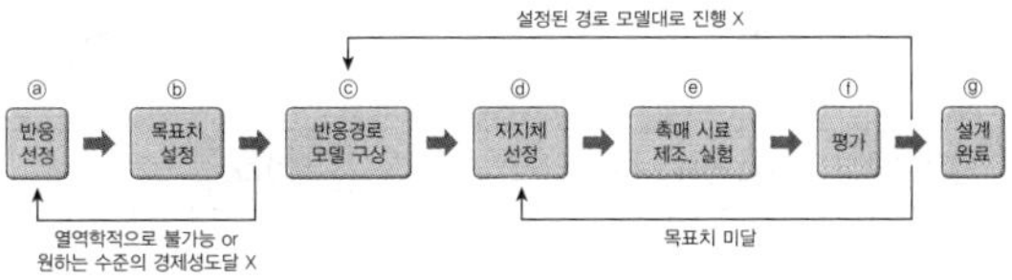

| 오답풀이 |

① 촉매 설계 방법은 크게 3단계로 이루어진다.

② 열역학적으로 불가능하다고 판단되면 ⓐ로 되돌아간다.

③ 결과가 목표치에 미달하면 ⓓ로 회귀한다.

④ 결과가 목표치를 달성하더라도 설정된 경로 모델대로 진행되지 않으면 ⓒ로 되돌아간다.

06 의사소통능력 정답 ④

유형	일반형 정보 Text 읽기 〉 거시적 이해 〉 맥락	난이도	★★★

㉠ 경제 주체에 해당하는 요소를 설명하고 있으므로 경제 주체에 대한 정의를 서술한 [다]가 자연스럽다.

㉡ 가계의 소비 활동에 대한 서술로 마무리되고 있으므로 그와 관련된 내용인 [가]가 오는 것이 적절하다.

㉢ 기업의 투자 활동에 대하여 설명하는 문단이므로 [마]를 배치할 수 있다.

㉣ 생산 요소 시장과 재화 시장에서 가계와 기업이 수행하는 경제 활동에 대하여 서술하고 있으므로 [나]가 오는 것이 자연스럽다.

㉤ 정부의 경제 활동에 대하여 설명하는 문단이므로 [라]를 배치할 수 있다.

07 의사소통능력 정답 ⑤

유형	일반형 정보 Text 읽기 〉 미시적 이해 〉 추론	난이도	★★★

㉠ 종묘의 정전에는 19위의 왕과 30위의 왕후 신주가 모셔졌으므로 총 49위의 신주가 모셔져 있을 것이다.

㉢ 정전은 서쪽을 상석으로 하여 신주를 차례대로 모셨으므로 동쪽으로 증축이 이루어졌을 것이다.

㉣ 정전의 제1실에 목조, 제2실에 익조의 신위를 모셨으므로 5묘제에 따라 제3실에 탁조, 제4실에 환조의 신위를 모셨을 것이다.

| 오답풀이 |

㉡ 목조, 익조, 탁조, 환조를 정중앙에 모시고, 정전과 마찬가지로 서쪽을 상석으로 하여 차례대로 모셨으므로 영녕전 서쪽 제1실에는 목조의 신위가 모셔졌을 것이다.

08 의사소통능력 정답 ②

유형	일반형 정보 Text 읽기 〉 창의적 이해 〉 적용	난이도	★★☆

㉡ 갑은 시각적 특성으로 예술성이 결정된다고 주장하고 있으며, 병 또한 시각적 특징을 토대로 예술성이 부여된다고 보았다. 반면에 을은 시각적 특성상 차이가 없더라도 위조품이 진품의 예술성을 획득할 수 없다고 설명한다. 따라서 진품과 위조품을 구별할 수 없는 경우라면 을을 제외한 갑과 병은 두 작품의 예술적 가치가 동등할 수 있다는 데 동의할 것이다.

| 오답풀이 |

㉠ 갑은 예술적 가치가 시각적으로 식별할 수 있는 특성으로 결정된다고 하였으나, 을은 시각적 특성에 대하여 중요하게 생각하지 않는다.

㉢ 병은 메헤렌의 위조품에 대한 예술적 가치를 인정했다. 반면에 을의 경우 위조품은 창의적이지 않으므로 예술적 가치를 가질 수 없다고 보았다.

09 수리능력 정답 ③

유형	응용계산 〉 거속시	난이도	★★☆

걸음 속도를 xm/s, 에스컬레이터의 속도를 vm/s, 에스컬레이터의 길이를 Lm라고 하면 다음과 같은 식이 성립한다.

$\frac{L}{A}=x+v$ ⋯ ㉠

$\frac{L}{B}=x-v$ ⋯ ㉡

㉠, ㉡ 식을 연립하여 v에 대해 정리하면 $v=\frac{L(B-A)}{2AB}$가 되고 시간$=\frac{\text{거리}}{\text{속력}}$이므로 올라갈 때 걸리는 시간은

$\frac{L}{\frac{L(B-A)}{2AB}}=\frac{2AB}{(B-A)}$(초)이다.

10 수리능력 정답 ①

유형	자료해석 〉 수치 읽기	난이도	★★★

분포를 그림으로 나타내면 다음과 같다.

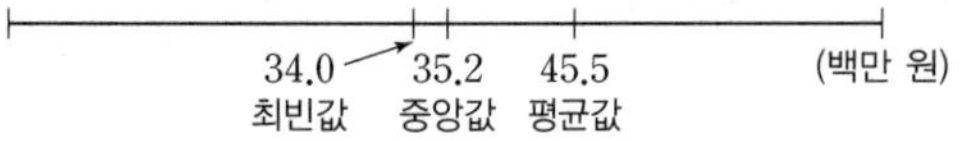

㉡ 3천 4백만 원은 최빈값이므로, 최빈값 이상의 소득 가구는 15가구보다 이상이다.

| 오답풀이 |

㉠ 중앙값을 기준으로 가구 수가 양쪽에 15가구씩 같으므로 평균값 이상의 가구가 더 적다.

㉢ 중앙값이 35.2백만 원, 최빈값이 34.0백만 원이므로 연간 소득이 3천 4백만 원인 가구 수는 최대 15가구이다. 예를 들면 다음과 같다.

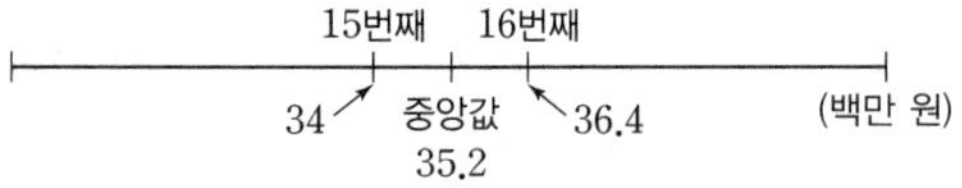

11 수리능력 정답 ②

유형	자료해석 〉 수치 읽기	난이도	★★☆

소득에 따른 실제 계층과 주관적 계층 의식이 일치하는 사람의 비율은 부모 세대에서 상층 3%, 중층 10%, 하층 25%이고, 자녀 세대에서 상층 4%, 중층 8%, 하층 11%이다. 따라서 실제 계층이 높을수록 그 비율이 낮다.

| 오답풀이 |

① 소득에 따른 실제 계층보다 주관적으로 더 높은 수준의 계층 의식을 가지고 있는 사람의 비율은 부모 세대가 3+4+12=19(%)이고, 자녀 세대가 8+9+15=32(%)이므로 자녀 세대가 더 높다.

③ 주어진 자료를 통해 부모 세대와 자녀 세대의 세습 정도는 알 수 없다.

④ 주관적 계층 의식이 중층 이상인 사람의 비율은 자녀 세대가 21+31=52(%)이고, 부모 세대가 10+29=39(%)이므로 2배 미만이다.

⑤ 소득에 따른 실제 계층과 주관적 계층이 일치하지 않는 비율은 부모 세대가 100−(3+10+25)=62(%)이고, 자녀 세대가 100−(4+8+11)=77(%)이다. 따라서 실제 계층과 주관적 계층이 일치하지 않는 사람의 비율은 부모 세대가 더 낮다.

12 수리능력 정답 ④

유형	자료해석 〉 수치 읽기	난이도	★★☆

㉠ 2004~2013년 강풍 피해금액의 합계는 93+140+69+11+70+2+267+9=661(억 원)이고, 풍랑 피해금액의 합계는 57+331+241+70+3=702(억 원)으로 강풍 피해금액의 합계가 더 적다.

㉡ 2012년 태풍 피해금액은 2012년 5개 자연재해 유형 전체 피해금액의 $\frac{8,765}{9,620}\times100≒91.1(\%)$이다.

㉣ 피해금액이 큰 자연재해 유형부터 순서대로 나열하면 2010년과 2011년 모두 호우−태풍−대설−풍랑−강풍 순이다.

| 오답풀이 |

㉢ 매년 피해금액이 10억 원 이상인 자연재해 유형은 호우와 대설이다.

13 수리능력 정답 ③

유형	자료해석 〉 복합 자료해석	난이도	★★☆

[표]에서 2014년의 미국 소셜광고 시장 규모가 55.9억 달러이고 [그래프2]에서 세계 소셜광고 시장규모가 119억 달러이므로 그 비중은 $\frac{55.9}{119}\times100≒47.0(\%)$이다.

| 오답풀이 |

① [그래프1]에서 이용자 수가 12억 명에서 18.5억 명으로 증가하였으므로 증가율은 $\frac{18.5-12}{12}\times100≒54.2$(%)이다.

② 시장규모는 2011년에 52억 달러에서 2012년에 77억 달러로 증가하였으므로 증가율은 $\frac{77-52}{52}\times100≒$ 48.1(%)이다.

④ [표]에서 2011년 페이스북의 시장점유율이 67%이고, 소셜게임, 트위터, 링크드인이 그 뒤를 잇고 있다.

⑤ [표]에서 2014년 페이스북의 시장점유율이 2012년 대비 71−67=4(%p) 감소하였다.

14 수리능력

정답 ③

유형	자료해석 〉 자료계산	난이도	★★☆

ⓛ C정당은 2016년에 82석에서 2020년에 38석으로 감소하였다.

ⓒ 2020년 비수도권 지방의회 의석 수는 A정당이 252−63=189(석)이고, B정당이 318−166=152(석)으로 A정당이 더 많다.

| 오답풀이 |

㉠ D정당의 전국 지방의회 의석 점유율은 2020년에 $\frac{61}{669}\times 100 \fallingdotseq 9.1(\%)$, 2016년에 $\frac{39}{616}\times 100 \fallingdotseq 6.3(\%)$이므로 2020년이 더 높다.

㉣ B정당의 수도권 지방의회 의석 점유율은 2020년에 $\frac{166}{63+166+4+5}\times 100 \fallingdotseq 69.7(\%)$, 2016년에 $\frac{159}{37+159+11+2}\times 100 \fallingdotseq 76.1(\%)$로 2020년이 더 낮다.

15 수리능력

정답 ③

유형	자료해석 〉 수치 읽기	난이도	★☆☆

생산규모가 가장 큰 2011년과 가장 작은 2016년의 차이는 4,657−4,229=428(천 대)이고, 내수규모가 가장 큰 2016년과 가장 작은 2013년의 차이는 1,600−1,383=217(천 대)이다.

| 오답풀이 |

① 2013년 자동차 생산규모는 전년 대비 $\frac{4,562-4,521}{4,562}\times 100 \fallingdotseq 0.9(\%)$ 감소하였다.

② 무역흑자는 수출액−수입액이 양수일 때를 의미하므로 2010년부터 차례대로 계산하면 다음과 같다.
2010년: 544.0−84.9=459.1(억 달러)
2011년: 684.0−101.1=582.9(억 달러)
2012년: 718.0−101.6=616.4(억 달러)
2013년: 747.0−112.2=634.8(억 달러)
2014년: 756.0−140.0=616.0(억 달러)
2015년: 713.0−155.0=558.0(억 달러)
2016년: 650.0−157.0=493.0(억 달러)
따라서 가장 큰 무역흑자를 달성한 해는 2013년이다.

④ 자동차 수입액은 2010년부터 매년 증가하였다.

⑤ 자동차 수출액이 756.0억 달러로 가장 큰 2014년에 자동차 수입액은 전년 대비 140.0−112.2=27.8(억 달러) 증가하였다.

16 수리능력

정답 ②

유형	자료해석 〉 추세 읽기	난이도	★★☆

본관 1층에서 별관으로 16명이 이동하였고, 본관 2층에서 별관으로 21명이 이동하였으므로 별관 인원수는 37명이다.

| 오답풀이 |

① 본관 1층에서 별관으로 16명이 이동하였고, 본관 3층에서 별관으로 23명이 이동하였으므로 별관 인원수는 39명이어야 하지만 [그래프]에서는 38명으로 일치하지 않는다.

③ 본관 3층에서 이동할 수 있는 인원은 영업2팀 30명 또는 영업3팀 23명인데, [그래프]에서 본관 3층에 남아있는 인원수는 43명이므로 일치하지 않는다.

④ 본관 1층에 남을 수 있는 최대 인원은 10+16+16=42(명)인데 [그래프]에서 본관 1층에 남아 있는 인원수는 44명이므로 일치하지 않는다.

⑤ 본관 2층에서 별관으로 21명이 이동하였고, 본관 3층에서 별관으로 23명이 이동하였으므로 별관 인원수는 44명이어야 하지만 [그래프]에서 별관 인원수가 38명이므로 일치하지 않는다.

17 문제해결능력

정답 ③

유형	Text로 된 정보에서 원리 파악하기 〉 미시적 원리 파악하고 적용하기	난이도	★★☆

피의자의 알리바이가 있으므로 범죄 현장에 없었다는 것이 증명되었다. 따라서 글에 제시된 논리적 오류의 사례가 아닌 올바른 형식의 추론이라고 볼 수 있다.

18 문제해결능력

정답 ③

유형	수리, 기호 정보에서 원리 파악하기 〉 수리적 원리 파악하고 적용하기	난이도	★☆☆

부동산 취득 당시 가액은 취득자가 신고한 가액과 공시지가(시가표준액) 중 큰 금액으로 하므로 기준금액은

5억 원이 된다. 취득세는 자경농민의 경우 면제이므로 0원이고, 농어촌특별세는 취득세를 기준으로 하므로 역시 0원이다. 등록세는 자경농민이므로 5억 원×0.003=150(만 원), 지방교육세는 150만 원×0.2=30(만 원)이다. 따라서 갑이 납부하여야 할 세금액은 총 150+30=180(만 원)이다.

19 문제해결능력

정답 ⑤

유형	퀴즈 문제 〉 참 · 거짓	난이도	★★☆

A~E 중 무임승차자는 1명이고 1명만 참말을 했으므로 A~E 중 1명이 무임승차자라고 가정하고 진술의 참(T), 거짓(F)을 판단하면 다음과 같다.

진술＼범인	A	B	C	D	E
A	F	F	T	F	F
B	T	F	T	T	T
C	T	T	T	T	F
D	T	F	F	F	F
E	F	T	F	F	F

따라서 E가 무임승차자인 경우에만 참을 말한 사람이 1명이 되므로 무임승차자는 E이다.

20 문제해결능력

정답 ②

유형	수리, 기호 정보에서 원리 파악하기 〉 수리적 원리 파악하고 적용하기	난이도	★★☆

갑~병의 A~C 채점 방식에 따른 점수를 계산하면 다음과 같다.

구분	A방식	B방식	C방식
갑	14×5+7×10 =140(점)	14×5+6×(−3)+7×10 +3×(−5) =107(점)	(14+7)×10 =210(점)
을	10×5+9×10 =140(점)	10×5+10×(−3)+9×10 +1×(−5) =105(점)	(10+9)×10 =190(점)
병	18×5+4×10 =130(점)	18×5+2×(−3)+4×10 +6×(−5) =94(점)	(18+4)×10 =220(점)

따라서 B방식으로 채점하면 갑이 1등을 한다.

| 오답풀이 |

④ C방식은 모든 과목에 정답을 맞힌 개수당 10점씩 부여하므로 가중치가 동일하게 적용된다.

⑤ B방식에서 상식의 틀린 개수당 −5점씩, 영어의 틀린 개수당 −10점씩 부여하여 계산하면 갑은 14×5+6×(−5)+7×10+3×(−10)=80(점), 을은 10×5+10×(−5)+9×10+1×(−10)=80(점), 병은 18×5+2×(−5)+4×10+6×(−10)=60(점)이다. 변경된 방식으로 계산하면 갑과 을이 공동 1등이고, 이것은 A방식으로 계산했을 때와 동일하다.

21 문제해결능력

정답 ⑤

유형	Text로 된 정보에서 원리 파악하기 〉 미시적 원리 파악하고 적용하기	난이도	★★☆

㉢ 의심할 만한 근거가 없으면 혐의보고거래를 할 필요가 없다.

㉣ 검찰청에 보고를 하는 것이 아니라 금융정보 분석원에 보고를 해야 한다.

㉤ 거래액이 보고대상 기준금액 미만인 경우에 금융기관은 이를 자율적으로 보고할 수 있다고 하였으므로 5백만 원에 대해서는 의무사항은 아니고 자율적 결정 사항이다.

| 오답풀이 |

㉠ 1)의 ①에 의하면 원화 2천만 원 이상의 거래이면서 의심할 만한 합당한 근거가 있을 때 혐의거래보고를 하여야 한다.

㉡ 1)의 ②에 의하면 혐의거래보고를 하여야 한다.

22 문제해결능력

정답 ③

유형	적용 퀴즈 〉 매칭하기	난이도	★★★

주어진 조건 중 확실한 정보만 먼저 [표]를 그려 정리하면 다음과 같다.

구분	A밭	B밭	C밭	D밭
1년	장미	진달래	튤립	×
2년			×	
3년				

다섯 번째, 여섯 번째 조건에 따라 2년차에 C밭에 아무것도 심지 않으므로 A밭에는 진달래를 심어야 하고, B밭에는 장미를 심어야 한다. 또한, 여덟 번째 조건에 따라 직전 해에 심지 않은 꽃 중 적어도 한 가지는 심어야 하므로 D밭에는 백합 또는 나팔꽃을 심어야 한다. 이를 정리하면 다음과 같다.

구분	A밭	B밭	C밭	D밭
1년	장미	진달래	튤립	×
2년	진달래	장미	×	백합 또는 나팔꽃
3년				

이때 일곱 번째 조건에 따라 C밭과 D밭에는 1~2년차에 각각 1번씩 아무것도 심지 않았으므로 3년차에 C밭과 D밭에는 꽃을 심어야 한다. 이에 따라 선택지 ①, ⑤는 소거된다. 마지막 조건에서 튤립은 2년에 1번씩 심어야 하므로 3년차에 튤립을 심어야 한다. 이에 따라 선택지 ②, ④가 소거되고 조건에 맞는 ③이 정답이다.

23 문제해결능력

정답 ③

유형	수리, 기호 정보에서 원리 파악하기 〉 기호 원리 파악하고 적용하기	난이도	★★★

가, 다, 라, 바 같은 경우에는 비커2의 용량에서 비커1의 용량과 비커3 용량의 두 배를 합한 값을 빼면 목표량을 계량할 수 있다.
나와 마는 비커1의 용량에서 비커3의 용량을 빼면 목표량을 계량할 수 있다.

24 문제해결능력

정답 ②

유형	수리, 기호 정보에서 원리 파악하기 〉 수리적 원리 파악하고 적용하기	난이도	★☆☆

갑은 초범이고, 잔여형기는 5년이기 때문에 책임점수는 $60\times2=120$(점)이다. 갑이 129점의 소득점수를 얻어 제3급으로 진급하였으므로 1의 ③에 따라 120점을 제외하고 남은 9점은 제3급의 소득점수로 인정된다. 이때 제3급의 책임점수는 잔여형기 48개월에 범수별 점수 2를 곱한 $48\times2=96$(점)이다.
따라서 제2급으로 진급하기 위해 획득해야 할 점수는 소득점수로 인정된 9점을 제외한 $96-9=87$(점)이 된다.

25 문제해결능력

정답 ②

유형	적용 퀴즈 〉 매칭하기	난이도	★★★

두 번째 조건에서 자원관리역량은 병을 제외한 모든 채용 후보자가 갖추고 있다고 하였으므로 이를 [표]로 정리하면 다음과 같다.

구분	의사소통	대인관계	문제해결	정보수집	자원관리
갑					○
을					○
병					×
정					○

세 번째 조건에서 정이 진학지도 업무를 제외하고 의사소통역량만 있으면 모든 업무를 수행할 수 있다는 것은 대인관계, 문제해결, 자원관리역량 세 가지를 갖추고 있다는 뜻이다.

구분	의사소통	대인관계	문제해결	정보수집	자원관리
갑					○
을					○
병					×
정	×	○	○	×	○

네 번째 조건에서 갑이 심리상담 업무를 수행할 수 있다고 하였으므로 갑은 의사소통, 대인관계역량을 갖추고 있

고 을과 병은 진학지도 업무를 수행할 수 있다고 하였으므로 둘 다 문제해결, 정보수집역량을 갖추고 있다.

구분	의사소통	대인관계	문제해결	정보수집	자원관리
갑	○	○	×	×	○
을	×	×	○	○	○
병			○	○	×
정	×	○	○	×	○

마지막 조건에서 대인관계역량을 갖춘 채용후보자는 2명이라고 하였으므로 병은 의사소통역량을 갖추고 있고 대인관계역량을 갖추지 않았음을 알 수 있다.

구분	의사소통	대인관계	문제해결	정보수집	자원관리
갑	○	○	×	×	○
을	×	×	○	○	○
병	○	×	○	○	×
정	×	○	○	×	○

이때 [표]에서 의사소통, 문제해결, 대인관계역량이 각각 두 가지 업무에 공통적으로 포함되어 있다. 따라서 A복지관에 채용될 2명의 후보자는 의사소통, 대인관계, 자원관리역량을 갖추고 있는 갑과 의사소통, 문제해결, 정보수집역량을 갖추고 있는 병이다.

DAY

09

정답 확인

문항	영역	정답	문항	영역	정답	문항	영역	정답	문항	영역	정답	문항	영역	정답
01	의사소통	④	02	의사소통	⑤	03	의사소통	⑤	04	의사소통	①	05	의사소통	③
06	의사소통	②	07	의사소통	①	08	의사소통	④	09	수리	④	10	수리	③
11	수리	②	12	수리	⑤	13	수리	④	14	수리	⑤	15	수리	③
16	수리	⑤	17	수리	④	18	수리	③	19	문제해결	③	20	문제해결	②
21	문제해결	④	22	문제해결	⑤	23	문제해결	④	24	문제해결	⑤	25	문제해결	④

영역별 실력 점검표

영역	맞은 개수	정답률	취약 영역
의사소통능력	/8	%	
수리능력	/10	%	
문제해결능력	/7	%	
합계	/25	%	

01 의사소통능력

정답 ④

유형	일반형 정보 Text 읽기 〉 창의적 이해 〉 적용	난이도	★★☆

사진을 수용하고 해석하는 과정은 개인의 신념이나 사회·문화적 환경에 따라 달라지므로, 객관성과 진실성을 모두 고려하여 이해해야 한다는 내용이 사진을 독해하는 요령으로 가장 적절하다.

| 오답풀이 |

② 사회·문화적인 정보를 많이 아는 사람일수록 정보를 왜곡되지 않게 받아들일 수 있을 것이다.

02 의사소통능력

정답 ⑤

유형	일반형 정보 Text 읽기 〉 거시적 이해 〉 주제	난이도	★★☆

현대의 상류층은 차별화해야 할 하위 계층이 있을 경우 겸손하고 검소한 태도를 통해 자신을 한층 더 드러내는 방식을 보이지만, 다른 상류 계층 사이에 있을 때는 경쟁적으로 고가품을 소비하며 자신을 마음껏 과시한다는 내용을 전달하고 있다.

03 의사소통능력

정답 ⑤

유형	일반형 정보 Text 읽기 〉 미시적 이해 〉 일치	난이도	★★☆

굳세고 씩씩하여 적을 막아낼 만한 사람으로 무관을 선발하되, 도덕성을 우선하고 재주와 슬기를 그다음으로 평가해야 한다고 보았다.

| 오답풀이 |

① 첫 번째 문단에 따르면 관직의 서열상 좌우별감이 좌수의 아랫자리라는 것을 알 수 있다.
② 다산이 주장한 좌수 선발 방법은 좌수 후보자에게 품계를 주어 해마다 공적을 평가해 감사나 어사로 하여금 식년에 각각 9명씩을 추천하는 것이다.
③ 아전에 임명하기에 적절한 사람을 찾지 못한 경우, 자리를 채우기는 하되 정사는 맡기지 말라고 하였다.
④ 종사랑의 품계를 받은 좌수 후보자 중 해마다 평가받은 공적을 바탕으로 추천된 3명이 경관에 임명된다.

04 의사소통능력

정답 ①

유형	일반형 정보 Text 읽기 〉 미시적 이해 〉 일치	난이도	★★★

㉠ 조세금납화가 전면적으로 시행되자 온 백성이 기뻐하며 희색을 감추지 못했다는 황현의 평가를 통해 관련 내용을 확인할 수 있다.

| 오답풀이 |

㉡ 대동법의 시행으로 방납의 폐단이 줄어들었으나, 잡세는 갑오개혁 이후 조세금납화의 시행 후 없어졌다.
㉢ 조세금납화의 시행으로 백성이 기뻐하는 모습을 황현이 비유하여 전달했을 뿐, 서양이나 일본의 법에 따라 제도를 시행하였다는 내용은 확인할 수 없다.
㉣ 대동법의 시행으로 농민의 부담은 감소한 반면, 토지가 많은 양반의 부담은 늘어났다.

05 의사소통능력

정답 ③

유형	일반형 정보 Text 읽기 〉 미시적 이해 〉 일치	난이도	★★☆

쇠고기를 생산하려면 닭고기를 생산할 때보다 물이 4배 필요하므로 $1,900\times4=7,600(\ell)$의 물이 필요하다. 이때 동일한 중량의 식용 귀뚜라미를 생산하는 데에는 3.8ℓ가 필요하므로 약 2,000배의 차이가 있다.

| 오답풀이 |

① 귀뚜라미는 냉혈 동물이기 때문에 소에 비해 상대적으로 먹이를 적게 소비하므로 자원을 절감할 수 있다.
② 현재 많은 지역에서 곤충 사육이 이루어지고 있지만 식용할 수 있는 곤충의 공급이 제한적이다.
④ 식용 귀뚜라미의 사육에 투입되는 자원은 육류 생산에 투입되는 양보다 적으며, 현재 식용 귀뚜라미의 100g당 판매 가격은 10달러로 쇠고기 가격과 큰 차이가 없다.
⑤ 귀뚜라미 사육 시 발생하는 온실가스의 양은 가축 사육 시의 20%이므로, 가축을 사육할 때 발생하는 온실가스의 양은 귀뚜라미를 사육할 때의 5배이다.

06 의사소통능력 정답 ②

유형	일반형 정보 Text 읽기 〉 창의적 이해 〉 적용	난이도	★☆☆

㉡ 기관 간 약정을 조속히 체결할 필요성이 있으나 체결이 지연되어 양국 간 불편이 야기될 가능성이 있는 경우에는 우편 등을 통하여 서명문서를 교환하는 방법으로 그 체결을 행할 수 있으므로 적절한 내용이다.

| 오답풀이 |

㉠ 기관장의 위임을 받은 고위직 인사가 서명을 대신할 때 전권위임장을 만들어 제출하는 방식은 적절하지 않다고 명시하고 있다.

㉢ 양국 정상이 임석하여 기관 간 약정에 서명하는 것은 기관 간 약정이 양국 간의 조약으로 오해될 소지가 있으므로 적절하지 않다고 명시하고 있다.

07 의사소통능력 정답 ①

유형	일반형 정보 Text 읽기 〉 미시적 이해 〉 추론	난이도	★★☆

㉠ 지도 학습 방식은 컴퓨터에 학습시킨 결과를 바탕으로 데이터를 분별하므로, 이를 위해 반드시 사전 학습 데이터를 제공해야 한다.

| 오답풀이 |

㉡ 자율 학습은 사전 학습 데이터의 필요량이 적으므로 지도 학습에 비해 학습 단계가 단축되지만 고성능 CPU 등을 활용한 고도의 연산 능력이 요구되는 특징이 있다.

㉢ 딥러닝 기술의 활용 범위는 고성능 CPU의 등장은 물론 RBM과 드롭아웃이라는 새로운 알고리즘이 개발된 후에야 넓어졌다는 내용을 확인할 수 있다.

08 의사소통능력 정답 ④

유형	실용형 정보 Text 읽기 〉 법률/계약서형 읽기	난이도	★★★

㉡ 제13조 제3항에 따르면 도시개발구역 안에 위치한 각급 학교 및 특수학교의 경우에는 3년을 초과하지 않는 범위 안에서 연차적으로 수익용기본재산을 확보하도록 할 수 있으므로 일단 개교할 수 있다.

㉣ 제14조 제2항과 제3항에 따르면 학교운영에 필요한 경비는 운영에 소요되는 경상비에서 인건비를 제외한 경비로 하지만 운영에 필요한 경비를 충당하고 남은 금액은 인건비로 충당할 수 있으므로 해당 요건을 갖추면 가능하다.

| 오답풀이 |

㉠ 제13조 제2항에 따르면 수익용기본재산은 그 총액의 100분의 3.5 이상에 해당하는 가액의 연간수익이 있는 것이어야 한다. 토지에서는 연간수익이 나오지 않으므로 적절하지 않은 판단이다.

㉢ 제13조 제2항에 따르면 수익용기본재산은 그 총액의 100분의 3.5 이상에 해당하는 가액의 연간수익이 있는 것이어야 한다. 수익용기본재산을 확보해야 학교를 운영할 수 있으므로 등록금만으로는 불가한 내용이다.

㉤ 제14조 제4항에 따르면 수익용기본재산 및 연간 학교회계 운영수익의 범위는 교육인적자원부령으로 정하는 것이므로 협의할 수 있는 대상이 아니다.

09 수리능력 정답 ④

유형	자료해석 〉 수치 읽기	난이도	★★☆

㉠ 무더위 쉼터가 100개 이상인 도시는 C, D, E이고 그 중 C도시의 인구수가 89만 명으로 가장 많다.

㉢ 온열질환자 수가 가장 적은 도시는 10명인 F이고, F도시의 인구수 대비 무더위 쉼터 수는 $\frac{85}{25}=3.4$(개)로 F도시가 인구수 대비 무더위 쉼터 수가 가장 많다.

㉣ 전체 폭염주의보 발령일수는 $90+30+50+49+75+24=318$(일)이므로 평균은 $\frac{318}{6}=53$(일)이다. 따라서 평균보다 많은 도시는 A, E로 2개이다.

| 오답풀이 |

㉡ C도시의 인구수는 89만 명, 온열질환자 수는 34명이고, E도시의 인구수는 80만 명으로 C도시보다 적은데 온열질환자 수는 52명으로 더 많다.

10 수리능력 정답 ③

유형	자료해석 〉 수치 읽기	난이도	★★☆

파주시 문화유산 보유건수는 63건이고, 전체 문화유산 보유건수는 224+293+100+35=652(건)으로 10% 미만이다.

| 오답풀이 |

① 등록 문화재를 보유한 시는 용인시, 여주시, 고양시, 남양주시, 파주시, 성남시, 수원시로 총 7개이다.

② 전체 보유건수가 가장 많은 문화유산은 293건인 지방 지정 문화재이다.

④ 문화재 자료의 보유건수가 가장 많은 시는 16건인 용인시이다.

⑤ 국가 지정 문화재의 시별 보유건수 1위와 2위는 각각 용인시와 성남시인데 문화재 자료는 용인시, 안성시이므로 같지 않다.

11 수리능력 정답 ②

유형	자료해석 〉 추세 읽기	난이도	★★☆

㉡ 600~800만 원 구간의 근로장려금이 70만 원으로 일정하므로 총 급여액이 많을수록 근로장려금이 많은 것은 아니다.

㉣ 무자녀와 자녀 1명인 가구는 2019년 근로장려금이 0원으로 같다.

| 오답풀이 |

㉠ 2018년 총 급여액이 1,000만 원이고 자녀가 1명인 가구 구간을 찾으면 900~1,300만 원 구간이고 이 구간의 근로장려금 값은 140만 원이다.

㉢ 2018년 총 급여액이 2,200만 원이고 자녀가 3명 이상인 가구의 2019년 근로장려금은 70만 원 미만인데, 2018년 총 급여액이 600만 원이고 자녀가 1명인 가구의 2019년 근로장려금은 70만 원 이상이다.

12 수리능력 정답 ⑤

유형	자료해석 〉 복합 자료해석	난이도	★☆☆

[그래프]의 수치는 2016년 항공사별 잔여석 수이다.
2017년 항공사별 잔여석 수를 그래프로 나타낸 것은 다음과 같다.

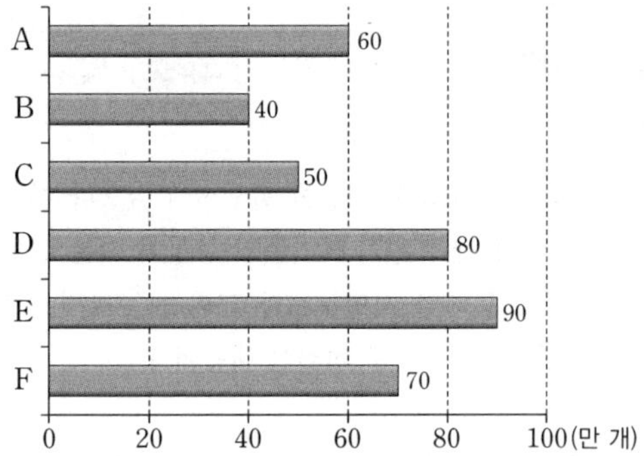

13 수리능력 정답 ④

유형	자료해석 〉 추세 읽기	난이도	★★★

목재로 이용된 원목 399만 m^3 중에 수확 벌채에서 얻은 양은 212×0.96≒203.5(만 m^3)이므로 목재로 이용되는 것 중 수확 벌채의 비중이 50% 이상임을 알 수 있다. 이때 보드용으로 쓰이는 것이 55%로 과반을 차지하므로 수확 벌채로 얻은 원목 중 일부는 반드시 보드용으로 이용되었다.

| 오답풀이 |

① 원목 벌채량 중 목재로 이용된 것은 399만 m^3, 미이용된 것은 447만 m^3이므로 목재로 이용된 양이 더 적다.

② 목재로 이용된 원목에서 수확 벌채의 양은 212×0.96≒203.5(만 m^3)이고, 숲가꾸기 벌채의 양은 583×0.27≒157.4(만 m^3)이므로 수확 벌채의 비중이 더 높다.

③ 보드용으로 이용된 원목의 양은 399×0.55≒219.5(만 m^3)이다.

⑤ 피해목 벌채로 얻은 원목 중 목재로 미이용된 양은 51×0.25≒12.8(만 m^3)이다.

14 수리능력 정답 ⑤

유형	자료해석 〉 복합 자료해석	난이도	★★☆

2010년 서울과 경기 지역 직장어린이집 수의 합은 109+95=204(개소)이고 전국 직장어린이집 수는 401개소이므로 절반 이상이다.

| 오답풀이 |

① 2010년 인천 지역 직장어린이집 수는 26개소로, 2010년 전국 직장어린이집 수의 5%인 401×0.05≒

20.1(개소) 이상이다.

② 2008년 전국 직장어린이집 수는 2006년 대비 $\frac{350-298}{298}\times100≒17.4(\%)$ 증가하였다.

③ 2001년 전국 직장어린이집 수는 전년 대비 감소하였다.

④ 2000~2010년에 전국 직장어린이집 수의 전년 대비 증가율이 10% 이상인 해는 $\frac{236-199}{199}\times100≒18.6$ (%)인 2003년과 $\frac{298-263}{263}\times100≒13.3(\%)$인 2006년이다.

15 수리능력

정답 ③

유형	자료해석 〉 자료계산	난이도	★★☆

'아'의 성실성 점수는 $375-80-(85\times2)-(2\times20)=85$(점)이고, '라'는 70점이므로 같지 않다.

| 오답풀이 |

① '가'의 평가 점수는 $80+90+95\times2+2\times20=400$(점)이고 '자'의 평가 점수는 $75+90+95\times2+1\times20=375$(점)으로 '가'가 가장 높다.

② '라'의 성실성 점수는 $255-85-(50\times2)=70$(점)으로, 60점인 '다'보다는 높고 80점인 '마'보다는 낮다.

④ 평가 점수가 350점 이상으로 평가 등급 S에 해당하는 지원자는 '가', '사', '아', '자'로 총 4명이다.

⑤ 현재 '차'의 점수는 290점인데, 체력 점수는 5점 더 받으면 평가 점수가 10점 높아진다. 따라서 $290+10=300$(점)이 되어 A등급이 된다.

16 수리능력

정답 ⑤

유형	자료해석 〉 수치 읽기	난이도	★☆☆

㉡ 20만 원 이상 받는 사람은 2.6%, 항상 금전출납부를 쓰는 사람은 3.6%이므로 100명당 인원 수는 $100\times0.026\times0.036≒0.09$(명)이다.

㉣ 남학생이 아르바이트 하는 비율은 35.9%, 여학생은 42.5%로 남학생이 더 낮다.

| 오답풀이 |

㉠ 5만 원 미만의 용돈을 받는 학생의 비율은 $38.5+36.7=75.2(\%)$이므로 그렇지 않은 학생의 비율보다 높다. 또한 고등학생의 비율은 $20.2+39.8=60(\%)$, 중학생의 비율은 $55.6+33.8=89.4(\%)$로 중학생의 비율이 더 높다. 남학생의 비율은 $40.6+33.3=73.9$(%), 여학생의 비율은 $36.4+40.1=76.5(\%)$로 여학생의 비율이 더 높다.

㉢ 음식점 아르바이트를 한 고등학생 수는 $100\times0.47\times0.56≒26.3$(명)이다.

17 수리능력

정답 ④

유형	자료해석 〉 자료계산	난이도	★☆☆

C음원차트의 10월 25일 순위는 전날과 같으므로 10월 24일의 순위는 2위이다. 10월 24일 평균 순위가 4.2위이므로 $\frac{A+6+2+4+2}{5}=4.2 \rightarrow A=7$

따라서 A음원차트의 순위는 7위이다.

18 수리능력

정답 ③

유형	자료해석 〉 수치 읽기	난이도	★★★

㉠ 평균 순위가 가장 높았던 날은 10월 25일이고 이때 C음원차트의 순위는 전일과 동일하다.

㉡ 5개 음원차트의 순위가 전일 대비 모두 하락한 날은 10월 26일이고 평균 순위가 가장 낮았던 날은 6.0위인 10월 27일이다.

㉣ 10월 25일에 평균 순위가 전일 대비 상승하였다.

| 오답풀이 |

㉢ 10월 27일에 A음원차트와 E음원차트는 모두 전일과 순위가 동일하므로 각각 7위와 5위이다. B음원차트는 10월 26일에 6위였고, 10월 27일에 전일 대비 순위가 상승하였으므로 최하 5위이다. 27일의 평균 순위는 6.0위이므로 5개 차트의 합이 30위이고 A, D, E음원차트 순위의 합은 $7+7+5=19$(위)이므로 B, C음원차트의 순위의 합은 11위가 되어야 한다. 이에 따라 B음원차트의 순위가 최하 5위일 경우 C음원차트의 순위는 최상 6위이다. 따라서 10월 26일 C음원차트의 순위는 5위이므로 10월 27일 C음원차트의 순위는 전일 대비 하락하였음을 알 수 있다.

19 문제해결능력

정답 ③

유형	퀴즈 문제 〉 연쇄추리	난이도	★★☆

『넛지』는 확실히 읽었으므로 세 번째 정보의 대우에 따라 『트렌드 코리아』도 읽었다. 그다음 두 번째 정보에 따라 『목민심서』는 읽지 않았고, 첫 번째 정보에 따라 『정의란 무엇인가』를 읽었음을 알 수 있다. 그리고 다섯 번째 정보의 대우에 따라 『어떻게 원하는 것을 얻는가』를 읽지 않았고, 네 번째 정보에 따라 『1등의 습관』을 읽었다. 따라서 앞으로 읽어야 할 책은 『목민심서』, 『어떻게 원하는 것을 얻는가』이다.

20 문제해결능력

정답 ②

유형	Text로 된 정보에서 원리 파악하기 〉 거시적 원리 파악하고 적용하기	난이도	★★☆

㉡ 1차에서 반군 지원안과 친선 모색안을 대상으로 투표를 할 경우 55% 대 45%의 비율로 반군 지원안이 선택된다. 2차에서 반군 지원안과 전쟁 선포안을 대상으로 투표를 할 경우 55% 대 45%의 비율로 전쟁 선포안이 선택된다.

| 오답풀이 |

㉠ 1차에서 친선 모색안과 전쟁 선포안을 대상으로 투표를 할 경우 90% 대 10%의 비율로 친선 모색안이 선택된다. 2차에서 친선 모색안과 반군 지원안을 대상으로 투표를 할 경우 55% 대 45%의 비율로 반군 지원안이 선택된다.

㉢ 1차에서 반군 지원안과 전쟁 선포안을 대상으로 투표를 할 경우 55% 대 45%의 비율로 전쟁 선포안이 선택된다. 2차에서 전쟁 선포안과 친선 모색안을 대상으로 투표를 할 경우 90% 대 10%의 비율로 친선 모색안이 선택된다.

21 문제해결능력

정답 ④

유형	Text로 된 정보에서 원리 파악하기 〉 거시적 원리 파악하고 적용하기	난이도	★☆☆

WO전략(약점/기회 전략)이란 약점을 극복함으로써 시장의 기회를 활용하는 전략으로, 이를 통해 기업이 처한 국면의 전환을 가능하게 하는 전략이다. 제시된 WO전략은 제품 확대를 추진하고 제품 분야를 개발하려는 전략이므로 한 분야에만 높은 의존성을 가졌음을 알 수 있다. 따라서 ㉠에 들어갈 내용으로 적절한 것은 '스니커즈 시장의 성공에 높은 의존'이다.

22 문제해결능력

정답 ⑤

유형	Text로 된 정보에서 원리 파악하기 〉 거시적 원리 파악하고 적용하기	난이도	★★☆

SO전략(강점/기회 전략)이란 시장의 기회를 활용하면서 강점을 더욱 강화하는 공격적인 전략이다. 따라서 글로벌 역량과 시장 인지도를 바탕으로 개발도상국으로의 시장진출을 시도하고, 해외 고객층을 확대하려는 것은 SO전략(강점/기회 전략)과 부합한다고 볼 수 있다.

23 문제해결능력

정답 ④

유형	Text로 된 정보에서 원리 파악하기 〉 거시적 원리 파악하고 적용하기	난이도	★★★

㉠ A팀이 C팀과의 경기에서 이긴다면 A팀은 3승이 되므로 1등으로 16강에 진출한다.

㉡ A팀은 승점이 가장 높으므로 16강에 진출하고, B팀과 C팀은 둘다 1승 1무 1패가 되고, 득/실점도 3/4가 된다. '승점－골득실차－승자승'의 순서에 따라 승자승 원칙을 적용하면 이전 경기 결과가 B : C=2 : 0이므로 B팀이 16강에 오르게 된다.

㉢ C팀이 A팀을 이길 경우 C팀과 A팀이 2승 1패로 동률이 되어서 두 팀이 16강에 나가게 된다. 따라서 C팀과 D팀이 함께 16강에 진출할 가능성은 없다.

| 오답풀이 |

㉣ D팀이 만약 마지막 경기에서 이기고, A팀과 C팀 중 A팀이 이기면 B, C, D팀이 모두 1승 2패로 동률이 되면서 골득실차를 따져서 순서를 정하게 되므로 D팀은 16강에 진출할 가능성이 있다.

24 문제해결능력

정답 ⑤

유형	수리, 기호 정보에서 원리 파악하기 〉 기호 원리 파악하고 적용하기	난이도	★★☆

[표1]에서 '갑' 회사의 부서 간 정보교환의 특징은 a부서가 나머지 부서와 모두 정보교환을 하고 있고, a부서를 제외한 나머지 부서는 a부서와만 정보교환을 하고 있으므로 점 1개가 나머지 점과 모두 연결되어 있는 (B)의 형태가 적절하다.

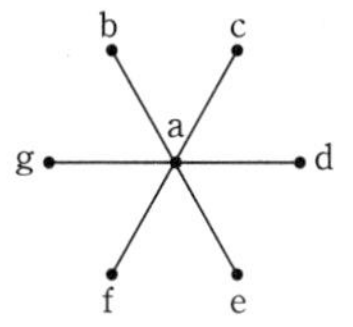

[표2]에서 '을' 회사의 부서 간 정보교환의 특징은 부서별로 1~3개의 부서와 정보교환을 하고 있으므로 점 1개당 점 1개 또는 2개 또는 3개와 연결되어 있는 (C)의 형태가 적절하다.

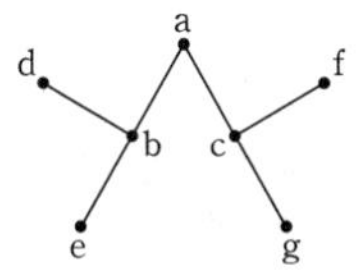

[표3]에서 '병' 회사의 부서 간 정보교환의 특징은 1개의 부서가 다른 2개의 부서와 정보교환을 하고 있으므로 점 1개당 2개의 점과 연결되어 있는 (A)의 형태가 적절하다.

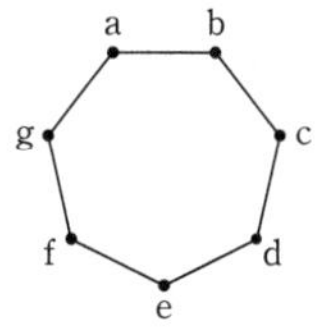

따라서 정답은 (A)－병, (B)－갑, (C)－을이다.

25 문제해결능력

정답 ④

유형	Text로 된 정보에서 원리 파악하기 〉 거시적 원리 파악하고 적용하기	난이도	★☆☆

• A학자의 주장: 폭력성이 강한 드라마 → 폭력행위의 증가
• B학자의 주장: 폭력성향 → 폭력 드라마에 더 끌림

㉠ A의 주장에 따르면, 폭력성이 강한 드라마가 폭력행위의 원인이므로 텔레비전에서 폭력물 방영을 금지하면 청소년의 폭력행위는 줄어들 것이다.

㉢ B의 주장에 따르면, 폭력물을 좋아하는 것은 폭력성향에 대한 결과이다.

㉣ A와 B의 주장에 따르면, 모두 폭력물과 폭력성향에 대한 인과관계가 있는 것이므로 상관관계가 있다고 판단할 수 있다.

| 오답풀이 |

㉡ A의 주장과 관련 없는 내용이다.

정답 확인

문항	영역	정답	문항	영역	정답	문항	영역	정답	문항	영역	정답	문항	영역	정답
01	의사소통	④	02	의사소통	②	03	의사소통	③	04	의사소통	⑤	05	의사소통	⑤
06	의사소통	⑤	07	의사소통	④	08	의사소통	②	09	수리	③	10	수리	③
11	수리	②	12	수리	①	13	수리	①	14	수리	①	15	수리	③
16	수리	④	17	수리	②	18	문제해결	③	19	문제해결	④	20	문제해결	②
21	문제해결	③	22	문제해결	③	23	문제해결	③	24	문제해결	①	25	문제해결	③

영역별 실력 점검표

영역	맞은 개수	정답률	취약 영역
의사소통능력	/8	%	
수리능력	/9	%	
문제해결능력	/8	%	
합계	/25	%	

01 의사소통능력

정답 ④

유형	일반형 정보 Text 읽기 〉 미시적 이해 〉 일치	난이도	★★☆

㉢ 조직이 사회에 영향을 미치는 것은 고유한 목적을 달성하는 과정에서 부수적으로 발생하는 필요악이라고 설명하므로 적절한 내용이다.

㉥ 사람이라는 존재를 고용하는 의미가 과거의 왕정 시대와 달라진 사례, 군사의 수가 국방력을 좌우하지 않게 된 현대의 국방 문제 등을 통해 조직 구성원의 규모가 조직의 변화를 일반화하지 못하는 점을 알 수 있으므로 적절한 내용이다.

| 오답풀이 |

㉠ 사회 환경이 조직에 미치는 영향에 대한 내용은 확인할 수 없으므로 알 수 없다.

㉡ 조직의 사회적 영향은 조직의 목적을 달성하는 과정에서 부수적으로 발생하는 것이라고 하였으므로 주된 과정이라고 할 수 없다.

㉣ 조직이 사람에 대한 권한을 행사하지 않고도 목적을 달성할 수 있다면, 조직이 사람에게 권한을 행사하는 것을 대중이 허용하지 않았을 것이라고 하였으므로 두 요소는 비례적 의미를 갖지 않는다.

㉤ 현대의 조직 구성원이 인건비를 발생시키게 하는 피고용자라는 의미이며, 고용인과 피고용인이 각기 생산과 비용의 개념에 해당한다는 뜻은 아니다.

02 의사소통능력

정답 ②

유형	일반형 정보 Text 읽기 〉 미시적 이해 〉 일치	난이도	★★☆

주어진 글은 동일한 비용으로 획득되는 효용은 개인마다 다르며, 어떤 만족이 충족되어야 소비가 일어나게 된다는 내용을 설명하고 있다. 따라서 쾌락의 크기는 개인에 따라서 변하므로, 상품의 소비가 증가할 때 필요도는 낮아지고 추가적으로 얻어지는 쾌락의 크기는 줄어든다.

| 오답풀이 |

① 소득이 동일하더라도 소득의 증감에 따라 각자 만족과 고통이 다를 수 있으며, 소득 격차가 클수록 동일한 비용을 지출하더라도 쾌락의 정도가 다를 수 있다.

③ 부유한 사람과 가난한 사람이 얻게 되는 쾌락이 다르므로, 화폐 1단위가 주는 쾌락이 동일한 소비 행위를 찾아 실행하는 것은 어려운 일이다.

④ 가난한 사람은 기호품이나 교통비 등 기초 생활비에 지출되는 금액의 규모 또한 줄이므로, 쾌락의 크기와 지불액만을 기준으로 합리적인 소비를 가늠하는 것은 적절하지 않다.

⑤ 1파운드의 증가 또는 감소는 동일한 계층에 속한 사람들에게 쾌락의 증감 정도가 비슷하겠지만 이를 모든 사람에게 일반화할 수는 없다.

03 의사소통능력

정답 ③

유형	일반형 정보 Text 읽기 〉 창의적 이해 〉 적용	난이도	★★☆

㉠ 외국인 근로자에게 노조 가입과 선거권을 부여하는 것은 [가]에 따라 소수 외국인에 대한 다수 내국인의 횡포를 막는 사례이다.

㉣ 영세 노점상에게 영업장소를 제공하는 것은 [가]에 따라 약자에 대한 강자의 횡포를 막는 사례이다.

㉤ 친일 반민족 행위를 한 관료의 재산을 환수하는 것은 [나]에 따라 공직을 이용한 부정부패에 끝까지 책임을 추궁하는 사례이다.

| 오답풀이 |

㉡ 타인의 정치적 이념을 부정하고 존중하지 않는 경우이므로 [가]에 부합하지 않는다.

㉢ 개인이나 집단의 특수성을 인정받을 자유를 누리지 못하게 하는 경우이므로 [나]에 부합하지 않는다.

04 의사소통능력

정답 ⑤

유형	일반형 정보 Text 읽기 〉 미시적 이해 〉 추론	난이도	★★★

㉠ 탈억제 현상은 사람들이 부정적인 감정을 강하게 느낄 때 훨씬 더 잘 일어나므로, 교육 프로그램 등으로 부정적인 감정을 조절할 수 있다면 탈억제 현상을 줄이는 데 도움이 될 수 있다.

㉡ 대화 상대의 반응을 관찰할 수 없는 경우 전전두엽에 있는 충동억제회로에 이상이 생겨 탈억제가 일어날 수 있다. 이때 충동적으로 화를 내거나 감정에 치우친 메시지를 전송하는 등 상대에게 무례한 응답을 할 가능성이 커질 수 있다.

㉢ 온라인에서 얼굴을 맞대고 대화하면서 피드백을 주고

받아 실시간으로 상대의 반응을 관찰할 수 있다면 충동억제회로가 원활히 작동하여 탈억제 현상이 감소할 수 있다.

05 의사소통능력

정답 ⑤

유형	일반형 정보 Text 읽기 〉 거시적 이해 〉 주제	난이도	★★☆

주어진 글은 21세기 대중문화의 생산성을 위하여 방송의 폐해를 경계하는 대중의 역할과 방송 콘텐츠의 가치 제고가 필요하다고 주장하고 있다. 방송의 기술적 측면이 방송의 내용적 측면에 미치는 영향, 문화 산업의 구조와 특성 등은 방송의 감시와 방송 콘텐츠의 충실성을 확보해야 한다는 설득력을 갖추기 위하여 전달된 부분적인 요소이므로 글의 전체적인 주제로 포괄할 수 없다.

06 의사소통능력

정답 ⑤

유형	일반형 정보 Text 읽기 〉 미시적 이해 〉 추론	난이도	★★☆

갑천은 수량이 풍부하여 물량을 운송하는 수로로 적합했을 뿐 아니라, 제련에 필요한 물을 공급하는 데에도 유용하였다. 따라서 갑천이 위치한 명학소는 철소를 설치하기에 유리한 조건을 갖추고 있었다.

| 오답풀이 |

① 공주의 명학소는 철소에 해당했지만 다른 철소와는 달리 철을 생산하지 않았다.

② 명학소에서는 제련에 필요한 숯을 생산하였다.

③ 망이와 망소이가 담당한 기술이나 직업에 대하여 알 수 있는 근거는 없다.

④ 명학소민은 철광석을 운반하는 작업, 숯을 생산하는 작업, 철제품을 생산하고 납부하는 작업 등 다른 군현이나 철소보다 과중한 작업량을 부담하였다.

07 의사소통능력

정답 ④

유형	일반형 정보 Text 읽기 〉 미시적 이해 〉 일치	난이도	★★☆

사냥꾼은 사물의 균형에 관해서 관심이 없으며 자기 자루를 채우는 데에만 유일하게 관심이 있으므로 세상을 바꾸는 일보다는 이용하는 일을 중시할 것이다.

| 오답풀이 |

① 인간의 지혜를 바탕으로 설계되는 유토피아는 인간이 주체가 되어 창조되고 관리될 수 있다고 하였으나, 신이 완성하게 된다는 내용은 확인할 수 없다.

② 정원사는 자기 생각대로 끊임없이 보살피고 노력하지 않으면 세상이 무질서해질 것이라고 여기므로 세상에 대한 인간의 적극적 개입을 지향할 것이다.

③ 산지기는 세상의 삼라만상에 인위적인 간섭을 최소화하고 자연적 균형을 유지하고자 하므로, 인간보다는 자연을 지키는 일에 가치를 둘 것이다.

⑤ 산지기의 태도로부터 신의 설계에 담긴 질서를 받아들이는 신념을 확인할 수 있지만, 정원사와 사냥꾼의 태도에서는 관련 있는 내용을 찾아볼 수 없다.

08 의사소통능력

정답 ②

유형	맞춤법 〉 어법	난이도	★☆☆

'아무것도 없이 텅 빔', '실속이 없이 헛됨'이라는 의미로 사용되는 명사 '공허(空虛)'를 어울리지 않는 의미로 사용하여 적절하지 않은 문장이 되었다.

| 오답풀이 |

①, ③, ④, ⑤ 주어와 서술어의 호응이 이루어지지 않아 어법에 어긋난 경우이다.

09 수리능력

정답 ③

유형	응용계산 〉 방정식	난이도	★☆☆

현재 딸의 나이를 x살이라고 하면 A직원의 나이는 $(45-x)$살이다.

20년 후 두 사람의 나이는 $(45-x)+20=2(x+20)+4$

$\rightarrow x=7$

따라서 딸의 현재 나이는 7살이다.

10 수리능력

정답 ③

유형	응용계산 〉 방정식	난이도	★★★

낮아지기 전의 원가를 x원이라 하면 $x\times\left(1-\frac{P_2}{100}\right)=A$

이므로 $x=\frac{100A}{100-P_2}$이다.

또한 원가의 P_1%가 이익이므로 $x\times\frac{P_1}{100}=\frac{100A}{100-P_2}\times\frac{P_1}{100}=\frac{AP_1}{100-P_2}$이다.

11 수리능력

정답 ②

유형	자료해석 〉 수치 읽기	난이도	★★☆

출국한 내국인 수의 인천공항 대비 김해공항의 비는 4월부터 차례대로 $\frac{271,919}{1,492,418}$≒0.182, $\frac{271,320}{1,485,091}$≒0.183, $\frac{287,950}{1,573,141}$≒0.183, $\frac{322,647}{1,793,164}$≒0.180, $\frac{324,089}{1,792,997}$≒0.181, $\frac{286,387}{1,702,043}$≒0.168로, 9월이 가장 작다.

| 오답풀이 |

① 인천항을 이용해 출국한 내국인 수의 평균은 $\frac{5,144+5,481+5,863+7,176+8,396+7,896}{6}$≒6,659(명)이다.

③ 출국한 전체 내국인 수가 가장 많은 달은 2,389,447명인 7월이다.

④ 인천공항을 이용해 출국한 내국인이 가장 많았던 7월과 가장 적었던 5월의 차이는 1,793,164−1,485,091=308,073(명)으로 김해공항을 이용해 출국한 내국인이 324,089명으로 가장 많았던 달 8월보다 작다.

⑤ 매달 인천항을 이용해 출국한 내국인 수의 10배는 김포공항을 이용해 출국한 내국인의 수보다 적다.

12 수리능력

정답 ①

유형	자료해석 〉 수치 읽기	난이도	★★★

㉠ 2013년에 비해 2014년에 감귤 생산액 순위가 9위에서 10위로 떨어졌고, 감귤 생산액이 농축수산물 전체 생산액에서 차지하는 비중은 2013년에 $\frac{8,108}{350,899}\times100$≒2.3(%), 2014년에 $\frac{9,065}{413,643}\times100$≒2.2(%)로 전년 대비 감소하였다.

㉢ 매년 상위 10위 이내에 포함된 품목은 쌀, 돼지, 소, 우유, 고추, 닭, 달걀, 감귤로 8개이다.

| 오답풀이 |

㉡ 쌀 생산액이 농축수산물 전체 생산액에서 차지하는 비중은 2012년에 $\frac{105,046}{319,678}\times100$≒32.9(%), 2013년에 $\frac{85,368}{350,899}\times100$≒24.3(%), 2014년에 $\frac{86,800}{413,643}\times100$≒21.0(%)이므로 매년 감소하였다.

㉣ 2012년에 오리 생산액은 10위권 밖이므로 10위인 마늘의 5,324억 원보다 적다는 것을 알 수 있다. 따라서 오리 생산액은 2013년에 6,490억 원, 2014년에는 12,323억 원이므로 매년 증가하였다.

13 수리능력

정답 ①

유형	자료해석 〉 수치 읽기	난이도	★★★

[표1]에서 1~5위까지 국제선 공항의 운항 횟수를 합하면 273,866+39,235+18,643+13,311+3,567=348,622(회)로 전체 운항 횟수와 353,272−348,622=4,650(회) 차이가 난다. 그런데 만약 총 공항 수가 6개라면 6위의 운항 횟수가 4,650회로 5위보다 높게 되므로 국제선 운항 공항 수는 최소 7개이다.

| 오답풀이 |

② 2015년 KP공항의 국내선 운항 횟수의 $\frac{1}{3}$은 56,309 $\times\frac{1}{3}$≒18,770(회)이므로 국제선이 국내선의 $\frac{1}{3}$ 미만인 것을 알 수 있다.

③ 주어진 자료를 통해 2015년 운항 횟수의 2014년 대비 증가율은 알 수 있지만 2014년 MA공항의 운항 횟수는 알 수 없다.

④ 국내선 운항 횟수 상위 5개 공항의 합은 65,838+56,309+20,062+5,638+5,321=153,168(회)이다. 따라서 전체 국내선 운항 횟수의 $\frac{153,168}{167,040}\times100$≒91.7(%)이다.

⑤ 국내선 운항 횟수와 전년 대비 국내선 운항 횟수 증가율 모두 상위 5개 안에 포함된 공항은 AJ공항, KP공항, TG공항이다.

14 수리능력 정답 ①

유형	자료해석 〉 수치 읽기	난이도	★★☆

일회용 승차권 수송인원은 보통과 우대를 합한 값으로, 합이 가장 큰 역은 172,542+765,220=937,762(명)인 금남로4가역이고 합이 가장 작은 역은 2,049+17,307=19,356(명)인 녹동역이다. 따라서 일회용 승차권의 수송인원이 가장 많은 역과 적은 역의 차이는 937,762−19,356=918,406(명)이다.

| 오답풀이 |

② 전자화폐의 수입이 가장 많은 역과 일회용 승차권의 수입이 가장 많은 역은 모두 금남로4가역이다.

③ 소태역과 남광주역의 전체 수송인원의 차이는 1,072,620−674,888=397,732(명)이고 금남로4가역과 문화전당역의 차이는 1,888,128−1,531,644=356,484(명)이다.

④ 전체 수송인원이 네 번째로 많은 역은 학동·증심사입구역이고 전체 수입이 네 번째로 많은 역은 금남로5가역이다.

15 수리능력 정답 ③

유형	자료해석 〉 수치 읽기	난이도	★★☆

국내 지식산업센터가 개별입지에 조성된 비중은 $\frac{175}{324}\times 100 \fallingdotseq 54.0$(%)이다.

| 오답풀이 |

① 경기 지역 계획입지는 133−100=33(개)이고, 개별입지는 100개이므로 경기 지역의 지식산업센터는 계획입지보다 개별입지에 많이 조성되어 있다.

② 수도권(서울, 인천, 경기)의 지식산업센터 수는 127+18+133=278(개)로 전국 합계의 $\frac{278}{324}\times 100 \fallingdotseq 85.8$(%)이다.

④ 동남권(부산, 울산, 경남)의 지식산업센터 수는 9+1+17=27(개)이고, 대경권(대구, 경북)의 지식산업센터 수는 4+2=6(개)이므로 4배 이상이다.

16 수리능력 정답 ④

유형	자료해석 〉 수치 읽기	난이도	★☆☆

보충급여를 도입한 국가는 호주, 남아프리카공화국, 아일랜드, 이탈리아, 스웨덴, 프랑스, 벨기에, 불가리아, 루마니아, 스위스, 이스라엘, 라트비아, 덴마크, 캐나다로 총 14개이다. 소득비례급여를 도입한 국가는 독일, 오스트리아, 미국, 스페인, 포르투갈, 중국, 한국, 일본, 영국, 노르웨이, 핀란드, 이탈리아, 스웨덴, 프랑스, 벨기에, 불가리아, 루마니아, 스위스, 칠레, 멕시코, 아르헨티나, 페루, 콜롬비아, 이스라엘, 라트비아, 캐나다로 총 26개이다.

| 오답풀이 |

① 기여비례급여를 도입한 국가는 싱가포르, 말레이시아, 인도, 인도네시아, 칠레, 멕시코, 아르헨티나, 페루, 콜롬비아로 총 9개이다.

② 삼원체계로 분류된 국가 중 비부담방식을 도입한 국가는 이스라엘, 라트비아, 덴마크, 캐나다로 총 4개이다.

③ 일원체계로 분류된 국가는 네덜란드, 아이슬랜드, 독일, 오스트리아, 미국, 스페인, 포르투갈, 중국, 한국, 뉴질랜드, 브루나이, 호주, 남아프리카공화국, 싱가포르, 말레이시아, 인도, 인도네시아로 총 17개이다. 이원체계로 분류된 국가는 일본, 영국, 노르웨이, 핀란드, 아일랜드, 이탈리아, 스웨덴, 프랑스, 벨기에, 불가리아, 루마니아, 스위스, 칠레, 멕시코, 아르헨티나, 페루, 콜롬비아로 총 17개이다.

⑤ 정액급여를 도입한 국가 중 일원체계로 분류된 국가는 네덜란드, 아이슬랜드, 뉴질랜드, 브루나이로 총 4개이고 이원체계로 분류된 국가는 일본, 영국, 노르웨이, 핀란드, 아일랜드로 총 5개이다.

17 수리능력 정답 ②

유형	자료해석 〉 복합 자료해석	난이도	★★★

㉢ 2011~2014년 상업용 무인기 수입량의 전년 대비 증가율은 2011년에 $\frac{2.0-1.1}{1.1}\times 100 \fallingdotseq 81.8$(%), 2012년에 $\frac{3.5-2.0}{2.0}\times 100=75$(%), 2013년에 $\frac{4.2-3.5}{3.5}\times 100=20$(%), 2014년에 $\frac{5.0-4.2}{4.2}\times 100 \fallingdotseq 19.0$(%)이므로

2014년이 가장 작다. 또한 상업용 무인기 수출량의 전년 대비 증가율은 2011년에 $\frac{2.5-1.2}{1.2}\times 100 \fallingdotseq 108.3(\%)$, 2012년에 $\frac{18.0-2.5}{2.5}\times 100=620(\%)$, 2013년에 $\frac{67.0-18.0}{18.0}\times 100 \fallingdotseq 272.2(\%)$, 2014년에 $\frac{240.0-67.0}{67.0}\times 100 \fallingdotseq 258.2(\%)$이므로 2012년이 가장 크다.

| 오답풀이 |

㉠ 2014년 상업용 무인기의 국내 시장 판매량 대비 수입량의 비율은 $\frac{5.0}{202.0}\times 100 \fallingdotseq 2.5(\%)$이다.

㉡ 상업용 무인기 국내 시장 판매량의 전년 대비 증가율은 2011년에 $\frac{72.0-53.0}{53.0}\times 100 \fallingdotseq 35.8(\%)$, 2012년에 $\frac{116.0-72.0}{72.0}\times 100 \fallingdotseq 61.1(\%)$, 2013년에 $\frac{154.0-116.0}{116.0}\times 100 \fallingdotseq 32.8(\%)$, 2014년에 $\frac{202.0-154.0}{154.0}\times 100 \fallingdotseq 31.2(\%)$로 2012년이 가장 크다.

㉣ 2014년 상업용 무인기 수출량의 전년 대비 증가율은 258.2%이고, 2012년 A사의 상업용 무인기 매출액의 전년 대비 증가율은 $\frac{304.4-43.0}{43.0}\times 100 \fallingdotseq 607.9(\%)$로 그 차이는 607.9−258.2=349.7(%p)이다.

18 문제해결능력 정답 ③

유형	퀴즈 문제 〉 참 · 거짓	난이도	★★☆

범인이 A~C인 세 경우에 따라 A~C의 발언이 진실(T)인지 거짓(F)인지 표시하면 다음과 같다.

진술 \ 범인	A	B	C
A	T	T	F
B	T	F	T
C	F	T	F

이때 진실(T)을 말하는 사람이 1명이고, 거짓(F)을 말하는 사람이 2명이라는 조건에 맞는 경우는 C가 범인일 때이므로 C가 범인이고, 이때 진실을 말한 사람은 B이다.

19 문제해결능력 정답 ④

유형	퀴즈 문제 〉 명제	난이도	★★☆

주어진 [정보]를 정리하면 다음과 같다.

- 혈당이 낮아지면 → 혈중 L의 양이 줄어듦
  혈당이 높아지면 → 혈중 L의 양이 늘어남
- 혈중 L의 양이 늘어남 → 호르몬 A가 분비
  혈중 L의 양이 줄어듦 → 호르몬 B가 분비
- 호르몬 A가 분비 → 호르몬 C가 분비 & 호르몬 D의 분비가 억제
- 호르몬 B가 분비 → 호르몬 D가 분비 & 호르몬 C의 분비가 억제
- 호르몬 C 분비 → 물질대사 증가
  호르몬 C 분비 억제 → 물질대사 감소
- 호르몬 D 분비 → 식욕 증가
  호르몬 D 분비 억제 → 식욕 감소

따라서 '혈당이 낮아지면 → 혈중 L의 양이 줄어듦 → 호르몬 B가 분비 → 시상하부 감마 부분에서 호르몬 D가 분비 & 호르몬 C의 분비가 억제'이므로 호르몬 D의 분비가 억제되는 것이 아니라 분비된다.

| 오답풀이 |

① 혈당이 낮아지면 → 혈중 L의 양이 줄어듦 → 호르몬 B가 분비 → 호르몬 D가 분비 & 호르몬 C의 분비가 억제 → 식욕 증가

② 혈당이 높아지면 → 혈중 L의 양이 늘어남 → 호르몬 A가 분비 → 호르몬 C가 분비 & 호르몬 D의 분비가 억제 → 식욕 감소

③ 혈당이 높아지면 → 혈중 L의 양이 늘어남 → 호르몬 A가 분비 → 호르몬 C가 분비 & 호르몬 D의 분비가 억제 → 물질대사 증가

⑤ 혈당이 높아지면 → 혈중 L의 양이 늘어남 → 시상하부 알파 부분에서 호르몬 A가 분비 → 시상하부 베타 부분에서 호르몬 C가 분비 & 호르몬 D의 분비가 억제

20 문제해결능력 정답 ②

유형	Text로 된 정보에서 원리 파악하기 〉 거시적 원리 파악하고 적용하기	난이도	★★☆

상관관계를 인과관계로 확정하기 위해서는 각별한 주의를 기울여야 한다. ② 소득수준이 높은 나라가 경제성장률이 높은 나라라는 것은 주어진 정보로는 알 수 없다.

| 오답풀이 |

① 성급하게 한 해의 자료만 가지고 일반화하는 것에 대해 경계를 하고 있다.

③ 상관관계를 인과관계로 착각하는 거짓원인의 오류에 대해 지적하고 있다.

④ 선후관계가 확실해야 그것이 원인이 되었다고 추론해 볼 수 있는 하나의 요건이 갖추어지는 것이다.

⑤ 논리적인 인과관계를 설정할 수 있어야 한다는 것이다.

21 문제해결능력 정답 ③

유형	추리 〉 배치하기	난이도	★★☆

SUV와 세단에는 각각 3명씩 타므로 스포츠카에는 2명이 탄다. 두 번째, 다섯 번째, 일곱 번째 조건을 [표]로 정리하면 다음과 같다.

구분	인원
SUV(3명)	
스포츠카(2명)	C, F
세단(3명)	E

이때 여덟 번째 조건에서 H가 탄 차에는 E나 C가 타야 하는데 C가 탑승한 스포츠카에는 인원수가 충족되었으므로 H는 E와 같이 세단에 타는 것을 알 수 있다.

구분	인원
SUV(3명)	
스포츠카(2명)	C, F
세단(3명)	E, H

또한 네 번째 조건에서 A와 B가 반드시 같은 차를 타야 하므로 SUV에 타야 하고 여섯 번째 조건에서 D는 E와 같은 차에 탈 수 없으므로 SUV에 타야 한다. 이에 따라 G는 세단에 타는 것을 알 수 있다.

구분	인원
SUV(3명)	A, B, D
스포츠카(2명)	C, F
세단(3명)	E, H, G

| 오답풀이 |

① A는 SUV에 탄다.

② G는 세단에 탄다.

④, ⑤ H는 세단에 탄다.

22 문제해결능력 정답 ③

유형	수리, 기호 정보에서 원리 파악하기 〉 기호 원리 파악하고 적용하기	난이도	★★☆

처음 자리 배치는 다음과 같다. A가 첫 번째 술래이기 때문에 3을 배정받고 다른 사람들의 숫자도 규칙에 따라 정해진다.

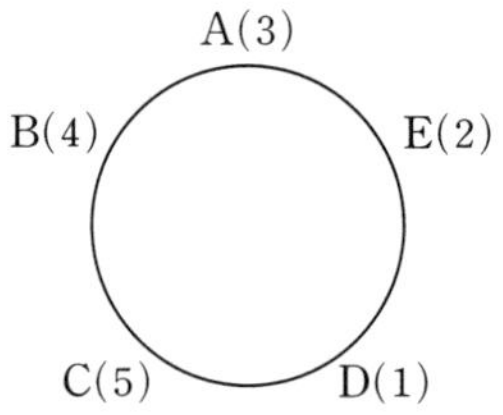

문제에서 4 → 1 → 1의 순서로 숫자가 호명된다고 하였으므로 다음 술래는 B가 되고, 규칙에 따라 숫자가 다시 부여되고 그다음 술래는 1번을 부여받은 E가 된다. 규칙에 따라 숫자가 부여되고 네 번째 술래는 1번을 부여받은 C가 된다.

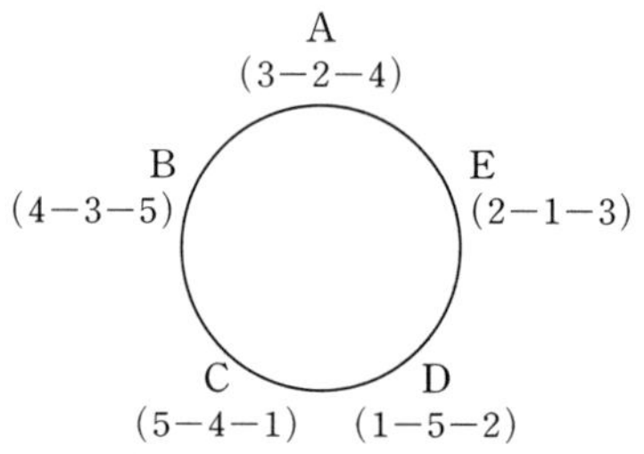

23 문제해결능력 정답 ③

유형	Text로 된 정보에서 원리 파악하기 〉 거시적 원리 파악하고 적용하기	난이도	★★☆

ⓒ E, F, G, H, I, J자리는 네 번의 경기를 치러야 우승할 수 있고, A, B, C, D, K자리는 세 번의 경기를 치러야 우승할 수 있으므로 네 번의 경기를 치러야 우승할 수 있는 자리에 배정될 확률이 더 높다.

| 오답풀이 |

㉠ 최소한의 경기로 우승할 수 있는 자리는 A, B, C, D로 세 번 이기면 우승이다. K자리도 세 번 이기면 우승이지만, 이틀 연속 경기를 해야 하기 때문에 제외된다. 따라서 조건에 맞는 자리는 A~D 4개이다.

㉡ A, B는 1경기 다음에 6경기이므로 4일을 쉬고 경기에 나가고, C, D는 3일을 쉬고 경기에 나간다. E, F는 3일을 쉬고 경기에 나가고, G, H, I, J는 2일을 쉬고 경기에 나간다. K는 첫 번째 경기에서 승리한 후 쉬는 날 없이 다음 날 바로 경기에 나간다. 따라서 3일 이상 경기 없이 쉴 수 있는 자리는 여섯 자리이므로 그 자리에 배정될 확률은 50% 이상이다.

24 문제해결능력 정답 ①

유형	Text로 된 정보에서 원리 파악하기 〉 미시적 원리 파악하고 적용하기	난이도	★★☆

갑 사업: 총 사업비가 500억 이상이고 그중 국비가 300억 이상이므로 A평가의 대상이다. 보금자리주택 사업은 B평가에서는 제외되고, 부지면적이 10만 m^2 이상이므로 C평가도 받아야 한다. 따라서 2개의 평가를 받아야 한다.

을 사업: 법령에 의해 해야 하는 사업이므로 A평가의 대상이 아니다. 철도건설사업이므로 B평가를 받아야 하고, '정거장 1개소 이상, 총길이 5km 이상'에 해당하므로 C평가도 받아야 한다. 따라서 2개의 평가를 받아야 한다.

25 문제해결능력 정답 ③

유형	Text로 된 정보에서 원리 파악하기 〉 미시적 원리 파악하고 적용하기	난이도	★★☆

i) 글에서 채권자와 채무자 사이에 손해배상액의 예정이 있으면 채권자는 실손해액과 상관없이 예정된 배상액을 청구할 수 있지만 실손해액이 예정액을 초과하더라도 그 초과액을 배상받을 수 없다고 언급되어 있다. 주어진 [사례]에서 지연기간 1일당 공사대금의 0.1%라는 손해배상액의 예정이 있기 때문에 갑은 30일간 지연된 것에 대해서 300만 원의 손해배상을 받는다.

ii) 글에서 손해배상액을 예정한 사유가 아닌 다른 사유로 발생한 손해에 대해서는 손해배상액 예정의 효력이 미치지 않는다고 언급되어 있다. 주어진 [사례]에서 부실공사에 대해서는 예정이 없었기 때문에 갑은 을에게 1,000만 원의 증명한 금액에 대해 손해배상을 받아야 한다.

따라서 i), ii)를 통해 총 손해배상액은 총 300+1,000=1,300(만 원)이 된다.

DAY 11

정답 확인

문항	영역	정답	문항	영역	정답	문항	영역	정답	문항	영역	정답	문항	영역	정답
01	의사소통	①	02	의사소통	③	03	의사소통	④	04	의사소통	②	05	의사소통	②
06	의사소통	④	07	의사소통	③	08	의사소통	④	09	수리	④	10	수리	④
11	수리	④	12	수리	②	13	수리	⑤	14	수리	①	15	수리	⑤
16	수리	④	17	수리	③	18	문제해결	③	19	문제해결	④	20	문제해결	③
21	문제해결	⑤	22	문제해결	⑤	23	문제해결	④	24	문제해결	②	25	문제해결	②

영역별 실력 점검표

영역	맞은 개수	정답률	취약 영역
의사소통능력	/8	%	
수리능력	/9	%	
문제해결능력	/8	%	
합계	/25	%	

01 의사소통능력

정답 ①

유형	일반형 정보 Text 읽기 〉 창의적 이해 〉 적용	난이도	★★☆

[가]는 실험 집단이 동일한 TV 프로그램을 시청하더라도 다이어트에 신경을 쓰고 있는 학생이라면 프로그램을 보고 다르게 반응한다는 실험 결과를 담고 있다. 이는 자신의 관심 영역에 따라 외부 환경을 판단하는 차이를 나타낸다. [나]는 최근에 아이를 출산한 직원들이 미디어나 일상에서 사용하는 언어 사용에 대하여 더 민감하게 반응한다는 실험 결과를 보여 준다. 이는 [가]와 마찬가지로 자신의 입장이나 관심사에 따라 세상을 대하는 태도나 관점에 차이가 나타난다는 점을 드러낸다.

02 의사소통능력

정답 ③

유형	일반형 정보 Text 읽기 〉 미시적 이해 〉 문단배열	난이도	★★☆

미시간대학교 심리학과 연구진의 실험 결과를 먼저 소개한 뒤 실험을 구체화하여 서술하는 방식이 자연스러우므로 주어진 단락 중 첫 번째와 두 번째 문단으로 [나]와 [가]를 배치하는 것이 적절하다. 또한 이러한 실험 내용이 도출된 원인을 [다]를 통해 문화적 차이로 간단하게 제시한 뒤 [마]에서 구체적인 사례를 들어 부연하는 것이 매끄러우며, 마지막으로 [라]에서 앞선 주장을 추가로 입증할 수 있는 실험을 소개하며 글을 마무리하는 것이 맥락상 가장 자연스럽다. 따라서 [나]−[가]−[다]−[마]−[라]의 흐름이 가장 적절하다.

03 의사소통능력

정답 ④

유형	일반형 정보 Text 읽기 〉 미시적 이해 〉 추론	난이도	★★☆

B는 우주가 대폭발 이후 계속 팽창하고 있기 때문에 은하 간 평균 거리가 증가하게 될 것으로 판단한다. 반면 A는 은하와 은하 사이가 멀어지더라도 인접한 은하 사이에 또 다른 은하가 형성되므로 은하 간의 평균 거리는 일정하게 유지될 것으로 판단한다. 따라서 인접한 은하 사이의 평균 거리가 증가하고 있다는 관점을 보이는 진영은 A를 제외한 B뿐이다.

| 오답풀이 |

① A에 따르면 은하와 은하 사이에서 새로운 물질이 연속적으로 생성되어 은하가 계속 형성되므로, 물질의 총질량은 추가될 수밖에 없다.

② A에 따르면 우주는 전체적으로 항상성을 유지하는 만큼 특별한 시작점이 없으며, B에 따르면 우주는 자그마한 점의 대폭발로부터 시작점이 생겼다고 판단한다.

③ A에 따르면 우주 내부에서 약간의 변화는 있겠지만 평균 밀도 등 전체적으로는 항상성을 유지하므로 우주에 전체적인 변화는 없다고 이해할 수 있다.

⑤ A는 은하 사이에서 새로 생성되는 은하를, B는 대폭발 이후 방출되는 방대한 전자기파를 관측하면 나오게 될 결과를 토대로 주장을 입증하고자 한다.

04 의사소통능력

정답 ②

유형	맞춤법 〉 어법	난이도	★★☆

㉡ '눈에 보이다'라는 뜻의 '뜨이다'의 준말인 '띄다'의 적절한 용례이다. '띄다'로 오용되는 사례인 '띠다'는 '용무나 직책, 사명 따위를 지니다', '빛깔이나 색채 따위를 가지다', '감정이나 기운 따위를 나타내다', '어떤 성질을 가지다' 등의 의미일 때 쓰인다.

㉤ '헤아리다' 등의 뜻을 지닌 한자인 '量'이 한자어 뒤에 결합하여 두음법칙을 적용하지 않고 '량'으로 적은 적절한 용례이다. '量'이 고유어나 외래어 뒤에 결합할 때에는 두음법칙을 적용하여 '양'으로 적는다.

| 오답풀이 |

㉠ '썩히다'는 '유기물이 나쁜 냄새가 나고 뭉개지는 상태가 되게 하다'라는 의미로 쓰인다. 제시된 문장에는 '걱정이나 근심 따위로 마음이 몹시 괴로운 상태가 되게 만들다'라는 의미인 '썩이다'를 활용한 '썩이니?'로 표기해야 적절하다.

㉢ '−요'는 '이다', '아니다'의 어간 뒤에 붙어 어떤 사물이나 사실 따위를 열거할 때 쓰는 연결 어미로, 종결 어미로 사용하는 '−오'를 대체하여 사용할 수 없다. 따라서 제시된 문장에는 종결 어미 '−오'를 사용하여 '마십시오'로 표기해야 적절하다.

㉣ '비율' 등의 뜻을 지닌 한자인 '率'은 받침이 없거나 'ㄴ' 받침이 있는 음절 다음에는 '율'으로 적으며, 'ㄴ' 받침을 제외한 받침이 있는 말 뒤에 사용될 때에는 '률'으로 적는다. 따라서 제시된 문장에는 '출석률'로

표기해야 적절하다.

05 의사소통능력 정답 ②

유형	일반형 정보 Text 읽기 〉 거시적 이해 〉 주제	난이도	★☆☆

주어진 글은 공개키 암호화 방식의 구현 양상을 구체적인 예시를 통해 설명하여 그 안전성을 입증하고 있다.

| 오답풀이 |

① 공개키 암호화 방식만을 서술하고 있으므로 다양한 암호화 방식의 종류를 확인할 수 없다.

③ 대중에게 밝혀지지 않은 공개키 암호화 방식의 특성이나 알려지지 않은 요소 등에 대한 내용을 확인할 수 없다.

④, ⑤ 공개키 암호화 방식의 역사나 단점은 주어진 글에서 확인할 수 없다.

06 의사소통능력 정답 ④

유형	일반형 정보 Text 읽기 〉 미시적 이해 〉 일치	난이도	★★☆

공개키 암호화 방식에서는 송신자를 정확히 확인하기 위해 임의의 단어를 보내 원래 단어와 암호화된 단어를 함께 보내 달라고 요구한다. 송신자의 비밀키로 암호화된 정보는 송신자의 공개키로만 해독이 가능하기 때문에 공개키가 반드시 필요하다.

| 오답풀이 |

① 공개키 암호화 방식에서의 키는 각각의 컴퓨터가 다른 컴퓨터와 절대로 겹치는 법이 없도록 준비된다.

② 공개키로 암호화된 정보는 오직 비밀키가 있어야만 해독될 수 있다.

③ 비밀키에서는 간단한 계산만으로 공개키를 얻을 수 있지만, 공개키에서 비밀키를 구하기 위해서는 엄청난 시간이 필요하다.

⑤ C사이트에 접속하자마자 C사이트의 컴퓨터와 공개키를 자동으로 교환하게 되므로 접근 허가가 필요하지 않다.

07 의사소통능력 정답 ③

유형	일반형 정보 Text 읽기 〉 창의적 이해 〉 적용	난이도	★★☆

적응적 선호란 이룰 수 없거나 할 수 없다는 확신을 바탕으로 어쩔 수 없이 합리화하고 그 한도 내에서 최선의 선택을 내리는 행위이다. 지금까지 실행되었던 모든 대학 입시 방법은 자신이 경험해 보지 못하는 것이다. 따라서 그 선호에 대한 조사 결과는 이룰 수 없는 확신에 따라 합리화하며 최선의 선택을 내린 적응적 선호로 적절한 사례이다.

| 오답풀이 |

①, ② 이룰 수 없거나 할 수 없다는 확신이 없으므로 적응적 선호에 해당하지 않는다.

④, ⑤ 합리화하였지만 그 한도 내에서 최선의 선택을 하지 못하였으므로 적응적 선호에 해당하지 않는다.

08 의사소통능력 정답 ④

유형	일반형 정보 Text 읽기 〉 미시적 이해 〉 추론	난이도	★★★

유효생산규모의 비율이 높을수록 자사의 점유율이나 시장 입지를 지키는 데 큰 노력이 필요하므로 시장진입비용이 높아지게 된다.

| 오답풀이 |

① 진입비용이 높은 시장은 진입비용이 낮은 시장보다 경쟁이 치열하므로, 진입비용이 낮은 시장은 상대적으로 경쟁 정도가 낮아진다.

② 제품시장에서 해고비용 등 특유한 자산에 관한 비용이 퇴출비용으로 작용한다면 더 치열한 경쟁을 유발한다.

③ 특정 제품시장의 규모의 경제 가능성이 다른 시장보다 크다면 그 시장의 경쟁 정도는 높아질 것이다.

⑤ 제품 라인을 통해 생산, 마케팅 등의 활동으로부터 비용을 절감할 수 있어 수익성을 높이는 시너지 효과를 거두는 등 경쟁력을 높일 수 있다.

09 수리능력

정답 ④

유형	응용계산 〉 기타	난이도	★★★

5, 6, 12의 최소공배수인 60일마다 세 회사의 비용을 모두 결제한다. 10월 1일에 결제를 하였고 10월은 31일까지 있으므로 다음 결제일은 11월 30일이다. 10월 1일이 월요일이면 8일, 15일, 22일, 29일이 월요일이므로 31일이 수요일이 되고, 11월 1일이 목요일이다. 그러면 11월 8일, 15일, 22일, 29일이 목요일이 된다. 따라서 세 회사가 모두 결제하는 날은 금요일인 11월 30일이다.

10 수리능력

정답 ④

유형	응용계산 〉 방정식	난이도	★★☆

현재 손녀1의 나이를 x세, 손녀2의 나이를 y세, 할아버지의 나이를 z세라고 하면 다음과 같은 식이 성립한다.

$z=5(x+y)$ … ㉠

$z+10=3(x+y+20)$ … ㉡

㉠과 ㉡을 연립하여 풀면

$2(x+y)=50 \rightarrow x+y=25$

따라서 할아버지의 현재 나이는 손녀들 나이의 합보다 5배 크므로 125세이고, 5년 전 나이는 120세이다.

11 수리능력

정답 ④

유형	자료해석 〉 자료계산	난이도	★★☆

규모가 클수록 단위당 제조비는 4,105 → 3,108 → 1,415원/40kg으로 감소한다.

| 오답풀이 |

① 단위당 포장비가 4,000톤 이상~8,000톤 미만의 규모에서 653원/40kg이고, 8,000톤 이상의 규모에서 702원/40kg이므로 규모가 클수록 감소하는 것은 아니다.

② 주어진 자료를 통해 규모가 클수록 단위당 인건비가 감소하는 것을 알 수 있지만 인건비의 총액은 알 수 없다.

③ 가공비에서 제조비가 차지하는 비중은 4,000톤 미만의 규모에서 $\frac{4,105}{7,997}\times 100 \fallingdotseq 51.3(\%)$, 4,000톤 이상~8,000톤 미만의 규모에서 $\frac{3,108}{5,603}\times 100 \fallingdotseq 55.5(\%)$, 8,000톤 이상의 규모에서 $\frac{1,415}{3,167}\times 100 \fallingdotseq 44.7(\%)$이다.

⑤ 규모가 클수록 단위당 가공비는 줄어든다.

12 수리능력

정답 ②

유형	자료해석 〉 수치 읽기	난이도	★★☆

비수도권의 지가변동률이 수도권의 지가변동률보다 높은 해는 2012년, 2013년, 2015년으로 3개이다.

| 오답풀이 |

㉠ 비수도권의 지가변동률은 2013년과 2018년에 전년 대비 감소하였다.

㉢ 전년 대비 지가변동률 차이가 가장 큰 해를 살펴보면 수도권은 $6.11-4.31=1.8$(%p)인 2018년이고, 비수도권은 $3.97-2.97=1.0$(%p)인 2017년이다.

13 수리능력

정답 ⑤

유형	자료해석 〉 추세 읽기	난이도	★★☆

11월의 고구마라테 판매량은 7월 사과수박주스 판매량과 8월의 고구마라테 판매량을 합친 값이므로 $250+50=300$(개)이다.

7월의 총 판매량은 8월의 총 판매량의 90%이므로 $500\times 0.9=450$(개)이고, 7월의 고구마라테와 사과수박주스의 판매량의 합이 $50+250=300$(개)이므로 7월의 바나나케이크 판매량은 $450-300=150$(개)이다.

8월의 바나나케이크의 판매량은 10월 총 판매량의 25%이므로 10월의 총 판매량은 $\frac{150}{0.25}=600$(개)이고, 10월의 사과수박주스와 바나나케이크 판매량의 합이 $105+210=315$(개)이므로 10월의 고구마라테 판매량은 $600-315=285$(개)이다.

표를 완성하면 다음과 같다.

메뉴	7월	8월	9월	10월	11월
고구마라테	50	50	165	285	300
사과수박주스	250	300	120	105	115
바나나케이크	150	150	195	210	165
총 판매량	450	500	480	600	580

따라서 옳은 그래프는 ⑤이다.

| 오답풀이 |

① 11월 고구마라테 판매량은 300개이다.

② 10월 카페 메뉴 총 판매량은 600개이다.

③ 7월 바나나케이크 판매량은 150개이다.

④ 10월 고구마라테 판매량은 285개이다.

14 수리능력 정답 ①

유형	자료해석 〉 수치 읽기	난이도	★★☆

㉠ 시멘트가 14,890,584톤으로 가장 많은 수송실적을 나타내고 있으므로 비중도 가장 높다.

㉡ 전체 수송실적에서 석탄 수송실적이 차지하는 비중은 $\frac{3,820,145}{37,093,642}\times 100 \fallingdotseq 10.3(\%)$이다.

| 오답풀이 |

㉢ 두 번째로 수송실적이 많은 컨테이너와 세 번째로 수송실적이 많은 석탄의 합은 9,841,271+3,820,145=13,661,416(톤)으로 시멘트의 수송실적인 14,890,584톤보다 적다.

㉣ 수송실적은 컨테이너가 9,841,271톤이고 유류와 건설의 수송실적의 합은 1,015,808+114,629=1,130,437(톤)으로 $\frac{9,841,271}{1,130,437}\fallingdotseq 8.7$(배)이다.

15 수리능력 정답 ⑤

유형	자료해석 〉 수치 읽기	난이도	★★☆

2011년 11월 일본어선과 중국어선의 한국 EEZ 내 어획량의 합은 2,176+9,445=11,621(톤)이고, 같은 기간 중국 EEZ와 일본 EEZ 내 한국어선 어획량의 합은 64+500=564(톤)으로 $\frac{11,621}{564}\fallingdotseq 20.6$(배)이다.

| 오답풀이 |

① 2011년 12월 중국 EEZ 내 한국어선 조업일수는 1,122일로 전월의 789일 대비 증가하였다.

② 2011년 11월 한국어선의 일본 EEZ 내 입어척수는 242척이지만, 주어진 자료를 통해 2010년 11월의 수치는 알 수 없다.

③ 2011년 12월 일본 EEZ 내 한국어선의 조업일수인 3,236일은 같은 기간 중국 EEZ 내 한국어선 조업일수인 1,122일의 3배 미만이다.

④ 2011년 12월 일본어선의 한국 EEZ 내 입어척수당 조업일수는 $\frac{277}{57}\fallingdotseq 4.86$(일)이고, 전년 동월에는 $\frac{166}{30}\fallingdotseq 5.53$(일)이므로 감소하였다.

16 수리능력 정답 ④

유형	자료해석 〉 수치 읽기	난이도	★★★

㉡ 1949년 이후 직전 조사연도 대비 도시 인구 증가폭이 가장 큰 해는 12,303,103−6,320,823=5,982,280(명)인 1960년이지만 직전 조사연도 대비 도시화율 증가폭이 가장 큰 해는 58.3−49.8=8.5(%p)인 1975년이다.

㉣ 1955년의 평균 도시 인구는 $\frac{6,320,823}{65}\fallingdotseq 97,243.4$(명)이다.

| 오답풀이 |

㉠ 1949~2010년 중 직전 조사연도에 비해 도시 수가 증가한 조사연도는 각각 1955년, 1960년, 1966년, 1970년, 1975년, 1985년, 2000년, 2005년, 2010년이다. 이때 도시화율을 비교해보면 모두 직전 조사연도 대비 증가하였음을 알 수 있다.

㉢ 전체 인구$=\frac{\text{도시 인구}}{\text{도시화율}}\times 100$이고 전체 인구가 처음으로 4천만 명을 초과한 해는 1970년이고, 전체 인구는 $\frac{20,857,782}{49.8}\times 100 \fallingdotseq 41,883,096$(명)이다.

17 수리능력 정답 ③

유형	자료해석 〉 자료계산	난이도	★★☆

2009년 남성의 가정관리 가사노동시간은 가족 및 가구원 돌보기 가사노동시간의 2배이므로 ⓐ=2ⓑ이고, ⓐ+ⓑ=39이므로 ⓐ는 26분, ⓑ는 13분이다.

2014년 남성 가정관리 가사노동시간과 가족 및 가구원 돌보기 가사노동시간은 각각 2009년과 2019년의 평균과 같으므로 ⓓ는 $\frac{26+38}{2}=32$(분), ⓕ는 $\frac{13+ⓕ}{2}=14$이므로 15분이다. 그러므로 ⓒ는 32+14=46(분)이고, ⓔ는 38+15=53(분)이다. 따라서 빈칸 ⓐ~ⓕ에 들어갈 수의 합은 26+13+46+32+53+15=185이다.

18 문제해결능력 정답 ③

유형	수리, 기호 정보에서 원리 파악하기 〉 수리적 원리 파악하고 적용하기	난이도	★★☆

표의 빈칸에 들어갈 내용은 대각선 방향의 '—' 표시를 기준으로 승과 패의 위치만 바꾸면 된다.

상대 팀 \ 팀	A	B	C	D	E
A	—	(10−6−0)	(9−7−0)	(9−6−1)	(12−4−0)
B	6−10−0	—	(8−8−0)	(8−8−0)	(8−8−0)
C	7−9−0	8−8−0	—	8−8−0	(10−6−0)
D	6−9−1	8−8−0	8−8−0	—	(6−10−0)
E	4−12−0	8−8−0	6−10−0	10−6−0	—

승률이 50% 이상이려면 64게임 중에 32승 이상이어야 한다. 이때 A팀은 40승, B팀은 30승, C팀은 33승, D팀은 28승, E팀은 28승이다. 따라서 시즌 승률이 50% 이상인 팀은 A, C 2개이다.

| 오답풀이 |

① B팀의 A팀에 대한 전적은 승패가 6−10−0이므로 (가)에 들어갈 내용은 10−6−0이 된다.

② B팀은 총 30승이므로 승률은 $\frac{30}{64}\times100≒46.9(\%)$이다.

④ C팀의 E팀에 대한 전적은 10승 6패로 승리한 경기 수가 더 많다.

⑤ 시즌 전체 경기 결과 중 무승부는 A와 D팀의 전적 중 한 경기뿐이다.

19 문제해결능력 정답 ④

유형	적용 퀴즈 〉 배치하기	난이도	★★★

204호에는 원근이가 입주하고 202호에는 준환이가 입주하며 아래층 침대를 사용한다. 또한 우석이는 203호에 입주하며 아래층 침대를 사용함을 알 수 있다. 이를 표로 정리하면 다음과 같다.

구분	201호	202호	203호	204호	205호
위층		╳		원근	
아래층		준환	우석		

승룡의 말에 따라 승룡이는 아래층 침대를 사용하며 방에 혼자 입주했으므로, 승룡은 202, 203, 204호에 입주하지 않았다. 또한 승민과 순국 역시 같은 방에 입주했으므로 마찬가지로 202, 203, 204호에 입주할 수 없다. 따라서 승룡, 순국, 승민이는 201호와 205호에 입주해야 한다.

20 문제해결능력 정답 ③

유형	적용 퀴즈 〉 배치하기	난이도	★★☆

남은 사람은 석원과 준수인데 원근과 석원은 같은 방에 입주하지 않으므로 석원은 204호에 입주할 수 없다. 따라서 석원은 203호에, 준수는 204호에 입주함을 알 수 있다.

구분	201호	202호	203호	204호	205호
위층		╳	석원	원근	
아래층		준환	우석	준수	

따라서 항상 옳은 것은 ③이다.

| 오답풀이 |

①, ④ 승룡이와 석원이는 각각 201호 또는 205호에 입주하므로 항상 옳은 설명은 아니다.

② 순국은 203호에 입주할 수 없다.

⑤ 석원은 203호에 입주했다.

21 문제해결능력 정답 ⑤

유형	적용 퀴즈 〉 배치하기	난이도	★★★

A는 짝수번호의 여자 옆에 앉아야 하고 5의 옆에는 앉을 수 없으므로 나, 라, 마 중에 앉을 수 있고 B는 짝수번호의 여자 옆에 앉을 수 없으므로 가에 앉아야 한다.

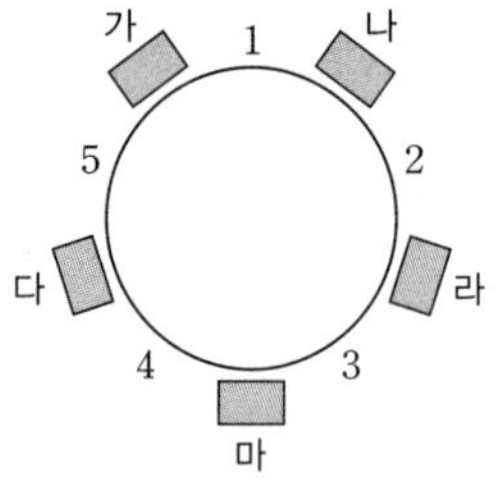

또한 E는 3 옆에 앉을 수 없으므로 나 또는 다에 앉아야 한다. 만약 E가 나에 앉으면 A는 라 또는 마에 앉게 되고, C가 3 옆인 라 또는 마에 앉으면 D는 1 옆인 가 또는 나에 앉아야 하는데, 가와 나에는 B와 E가 앉으므로 C는 다에 앉아야 한다. 따라서 이를 정리하면 다음과 같다.

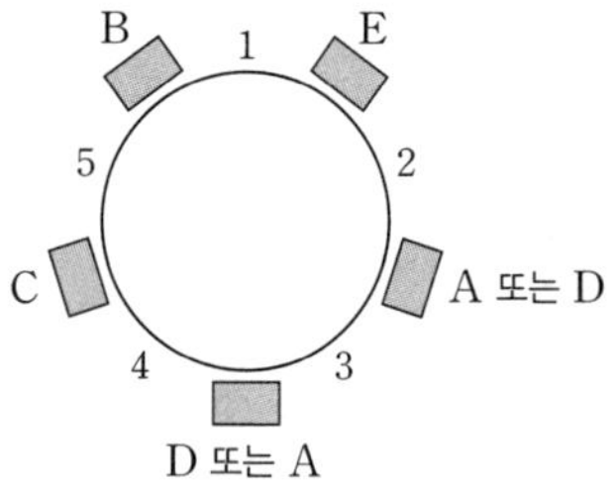

만약 E가 다에 앉으면 C는 다음과 같은 4가지 경우로 앉을 수 있다.

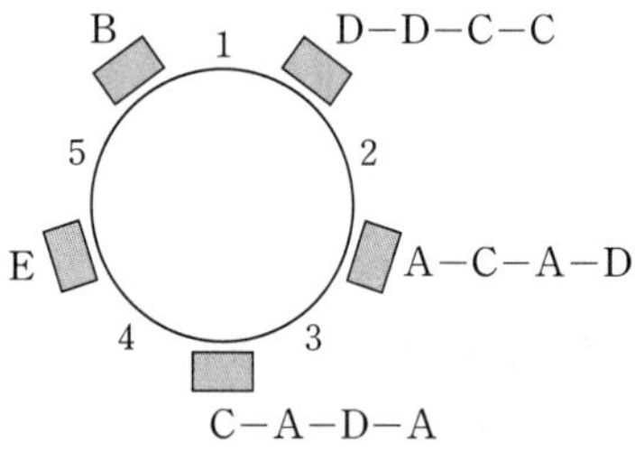

따라서 E가 4와 5 사이에 앉으면 A는 2와 3 사이 또는 3과 4 사이에 앉는다.

22 문제해결능력 정답 ⑤

유형	적용 퀴즈 〉 순서 정하기	난이도	★★☆

주어진 [조사 결과]를 간단히 정리하면 다음과 같다.

㉠ 7월≥6월×2
㉡ 1월=3월
㉢ 2월=6월+7월
㉣ 4월이 가장 낮다.
㉤ 5월=2월+3월+7월
㉥ 1월=2월+7월

이와 맞지 않는 선택지를 소거해 나간다.
① 7월이 6월보다 낮으므로 옳지 않다.
② 1월과 3월이 같지 않으므로 옳지 않다.
③ 2월이 7월보다 낮으므로 옳지 않다.
④ 1월이 2월보다 낮으므로 옳지 않다.
따라서 정답은 ⑤이다.

23 문제해결능력 정답 ④

유형	Text로 된 정보에서 원리 파악하기 〉 미시적 원리 파악하고 적용하기	난이도	★★☆

㉠ 두 번째 문단에서 일본은 임기 6년의 참의원을 매 3년마다 1/2씩 선출하고 프랑스 역시 임기 6년의 상원의원을 매 3년마다 1/2씩 선출한다고 하였으므로 일본 참의원과 프랑스 상원의원의 임기는 6년으로 같다.
㉢ 네 번째 문단에서 보궐선거는 의원이 임기 중 직책을 사퇴하거나 사망하는 등 부득이한 사유로 의정 활동을 수행할 수 없는 경우에 이를 보충하기 위해 실시되는 선거이고, 다수대표제를 사용하는 대부분의 국가는 보궐선거를 실시한다고 언급되어 있다.
㉣ 세 번째 문단에서 우리나라에서는 선거 무효 판결, 당선 무효, 당선인의 임기 개시 전 사망 등의 사유가 있는 경우에 재선거를 실시한다고 언급되어 있다.

| 오답풀이 |

㉡ 두 번째 문단에서 미국은 임기 6년의 상원의원을 매 2년마다 1/3씩 선출한다고 언급되어 있다.

24 문제해결능력 정답 ②

유형	적용 퀴즈 〉 배치하기	난이도	★★☆

주어진 조건 중 확실한 내용을 정리하면 다음과 같다.

A팀	B팀	C팀
아	다, 마	바

가, 라, 사는 바와 같은 팀이 될 수 없으므로 C팀에 속할 수 있는 사원은 나와 자이다. 그런데 각 팀당 정원이 3명이므로 C팀은 나, 바, 자이다. 만약 가가 B팀에 속한다면 가, 다, 마가 되는데 이때 가는 반드시 두 명의 개발자와 같은 팀에 속해야 한다는 조건에 맞지 않는다. 그러

므로 가는 A팀에 속해야 하고 세 팀은 다음과 같이 구성된다.

A팀	B팀	C팀
가, 사, 아	다, 라, 마	나, 바, 자

따라서 A팀에 속하는 사원은 가, 사, 아이다.

25 문제해결능력 정답 ②

유형	Text로 된 정보에서 원리 파악하기 〉 거시적 원리 파악하고 적용하기	난이도	★★☆

인지부조화이론에 따르면 갈등을 몰아내고 균형, 평형, 또는 조화 상태를 회복하기 위해 어떤 행위를 하거나 사고를 한다. 그런데 담배를 피는 행동과 담배를 피면 암에 걸려 죽을 수도 있다고 받아들이는 행동 사이에는 갈등이 존재하게 된다. 이 갈등을 해결할 수 있는 해결책이 아닌 것을 찾으면 된다. 그런데 ②는 이런 갈등상태를 그냥 받아들이는 자세이므로 인지부조화이론에 따라 취할 수 있는 전략으로 적절하지 않다.

| 오답풀이 |

①, ⑤ 암이 발병할 수도 있다는 사실을 무시하는 태도다.

③ 암에 대한 의미를 축소시키고 있다.

④ 암에 걸릴 수 있다는 사실을 부정하면서 균형 상태를 찾아가는 것이 아니라 담배를 끊어서 균형 상태를 찾아가는 경우다.

DAY

12

정답 확인

문항	영역	정답	문항	영역	정답	문항	영역	정답	문항	영역	정답	문항	영역	정답
01	의사소통	⑤	02	의사소통	③	03	의사소통	④	04	의사소통	⑤	05	의사소통	⑤
06	의사소통	④	07	의사소통	①	08	의사소통	⑤	09	수리	⑤	10	수리	③
11	수리	③	12	수리	②	13	수리	①	14	수리	④	15	수리	②
16	수리	③	17	수리	①	18	문제해결	⑤	19	문제해결	④	20	문제해결	①
21	문제해결	②	22	문제해결	⑤	23	문제해결	②	24	문제해결	②	25	문제해결	②

영역별 실력 점검표

영역	맞은 개수	정답률	취약 영역
의사소통능력	/8	%	
수리능력	/9	%	
문제해결능력	/8	%	
합계	/25	%	

01 의사소통능력 정답 ⑤

유형	일반형 정보 Text 읽기 〉 거시적 이해 〉 주제	난이도	★★☆

컴퓨터를 통한 새로운 기술은 생산성의 향상을 가져오지만, 성공적인 결과를 달성하기 위해서는 조직을 재구조화할 필요가 있다는 내용을 전달하고 있다. 따라서 신기술을 통한 생산성의 향상을 위해서는 조직의 변화가 필요하다는 것이 글 전체를 포괄하는 주제로 가장 적절하다.

02 의사소통능력 정답 ③

유형	일반형 정보 Text 읽기 〉 미시적 이해 〉 일치	난이도	★★☆

바퀴의 발전상을 전쟁용 수레인 전차의 발달과 산업 혁명기에 발명된 고무타이어의 사용 등으로 제시한 마지막 문단을 통해 전차와 고무타이어의 발명이 바퀴의 성능 개선에 기여하였다는 것을 확인할 수 있다.

| 오답풀이 |

① 메소포타미아의 전차용 나무바퀴는 현존하는 유물 중 가장 오래되었을 뿐, 가장 처음 발명된 사례로 단정할 수 없다.

② 자동차용 공기압 타이어를 사용한 시기는 가솔린 자동차가 발명된 1885년으로부터 10년이 지난 1895년 경이므로 이는 19세기 후반에 해당한다.

④ 유럽인이 바퀴를 전파한 뒤에도 아메리카 원주민들은 썰매를 이용했으며, 에스키모는 지금도 개가 끄는 썰매를 이용하고 있으므로 적절하지 않은 내용이다.

⑤ 바퀴의 일종인 물레는 4,000년 전부터 사용되었으므로, 바퀴가 수레 외에 다른 용도로 사용되기 시작한 것은 산업 혁명기 이전이다.

03 의사소통능력 정답 ④

유형	일반형 정보 Text 읽기 〉 미시적 이해 〉 일치	난이도	★★☆

1949년 지방자치법이 제정되었을 당시에는 시·읍·면장은 지방의회에서 선출하도록 하였으나, 1956년 지방자치법 개정 이후에는 주민직선에 따라 선출하도록 하였다.

| 오답풀이 |

① 1956년 지방자치법 개정 이후로 시·읍·면장을, 1960년 재개정 이후로 서울특별시장 및 도지사를 주민직선제로 선출하게 되었다.

② 1949년 대통령은 서울특별시장과 도지사를 임명하고, 지방의회는 시·읍·면장을 선출할 수 있었다.

③ 1952년에는 치안 불안 지역과 미수복 지역을 제외한 지역에서 지방선거를 시행하였다.

⑤ 1960년 12월 12일, 19일, 26일, 29일에 해당하므로 총 네 차례의 지방선거를 실시하였다.

04 의사소통능력 정답 ⑤

유형	실용형 정보 Text 읽기 〉 법률/계약서형 읽기	난이도	★★★

제□□조 제2항 제2호에 따라 무죄재판서의 공개로 인하여 사건 관계인의 명예를 현저히 해칠 우려가 있는 경우에는 무죄재판서의 일부를 삭제하여 게재할 수 있다.

| 오답풀이 |

① 제○○조 제1항에 따라 무죄재판이 확정된 때부터 3년 이내에 해당 사건을 기소한 검사의 소속 지방검찰청에 무죄재판서 게재 청구를 할 수 있다.

② 제○○조 제3항에 따라 무죄재판서 게재 청구가 취소된 경우에는 다시 그 청구를 할 수 없다.

③ 제○○조 제2항에 따라 같은 순위의 상속인 모두가 무죄재판서 게재 청구에 동의할 때 무죄재판서 청구를 할 수 있다.

④ 제□□조 제4항에 따라 법무부 인터넷 홈페이지에 게재되는 무죄재판서의 게재기간은 1년에 해당한다.

05 의사소통능력 정답 ⑤

유형	일반형 정보 Text 읽기 〉 창의적 이해 〉 적용	난이도	★★☆

[사례]의 '나'는 차의 핸들이 망가져 있다는 사실을 알고도 행인을 친 행동에 대하여 도덕적 책임을 당연하게 가지고 있다. 이는 행동의 자유를 가진 존재가 아니라면 도덕적 책임을 가질 필요가 없다는 ㉢을 거짓으로 보여 주는 내용이다. 따라서 결정론이 참일 경우 도덕적 책임을 가지는 존재가 아니라는 ㉤의 내용을 반박할 수 있다.

06 의사소통능력 정답 ④

유형	일반형 정보 Text 읽기 〉 거시적 이해 〉 주제	난이도	★★☆

주어진 글은 아인슈타인의 상대성 이론으로부터 뉴턴의 역학이 도출되는 것처럼 보이지만, 개별적인 진술과 그 변수는 상대성 이론의 특수 사례에 해당할 뿐 뉴턴 역학의 법칙이 아니라는 내용을 전달하고 있다. 이를 바탕으로 ④는 변수들의 속성이 서로 다르다는 주장을 강화할 수 있으므로 가장 적절한 진술이다.

07 의사소통능력 정답 ①

유형	일반형 정보 Text 읽기 〉 미시적 이해 〉 일치	난이도	★★★

국공채에 투자했던 퇴직자의 소득이 감소하자 노년층에서 정부로, 정부에서 금융업으로 부의 대규모 이동이 이루어졌다. 따라서 부는 금융업에서 정부가 아닌, 정부에서 금융업으로 이동하였다.

| 오답풀이 |

② 저금리 정책에 따라 기업이 노동에 투입되는 비용을 절약하는 방향으로 혁신을 강화한 결과, 경기가 회복되더라도 실업률이 떨어지지 않게 되어 고용 증대가 더욱 어려워졌다.

③ 2000년대 초의 저금리 정책 시기를 들어 대부분의 산업 부문에서 설비 가동률이 낮아 일어난 상황을 설명하고 있으므로 적절한 내용이다.

④ 2000년대 초의 저금리 정책이 주택 시장의 거품을 초래하였으며, 금리를 인하한 후 주가가 상승하였다는 내용을 통해 확인할 수 있다.

⑤ 부동산 거품에 대응하려면 금리 인상보다 주택 담보대출 규제가 더 합리적이라는 내용을 통해 금리 인상이 가장 효과적인 정책이 아닐 수도 있다는 것을 알 수 있다.

08 의사소통능력 정답 ⑤

유형	실용형 정보 Text 읽기 〉 법률/계약서형 읽기	난이도	★☆☆

제시된 전기 요금 체계는 전력 사용량을 100kWh 단위로 분할하여 각 단계를 초과할 때마다 점차 높은 세율을 부과하고 있으므로 초과 누진법을 적용한 사례에 해당한다. 또한 500kWh를 초과할 경우 정해진 금액만을 요금에 부과하므로 제한적 누진법이 적용된 것을 확인할 수 있다.

09 수리능력 정답 ⑤

유형	기타 〉 수추리	난이도	★★☆

F, E, K, J, P, O, U, T를 알파벳 순서에 해당하는 숫자로 치환하면 6, 5, 11, 10, 16, 15, 21, 20이 된다.
이 숫자들의 규칙을 확인하면 홀수항은 6부터 시작하여 이전 항에 5를 더하고, 짝수항은 5부터 시작하여 이전 항에 5를 더한다. 따라서 빈칸에 들어갈 문자는 21 다음에 5를 더한 26번째에 해당하는 Z이다.

10 수리능력 정답 ③

유형	응용계산 〉 방정식	난이도	★☆☆

연이율 5%인 저축에 넣은 돈을 x만 원, 연이율 15%인 저축에 넣은 돈을 y만 원이라 하면 다음과 같은 식을 세울 수 있다.

$x+y=300$ … ㉠

$0.05x+0.15y=24$ … ㉡

두 식을 연립해서 풀면 x는 210만 원, y는 90만 원이다. 따라서 연이율 15%인 저축에 넣은 금액은 90만 원이다.

11 수리능력 정답 ③

유형	자료해석 〉 자료계산	난이도	★★☆

63세, 66세 노부부와 30대 자녀 2명은 어른 3명과 65세 이상 경로 대상 1명이다. 따라서 이들의 주말 영화 관람료는 $11,000\times3+11,000\times0.7=40,700$(원)이다.

| 오답풀이 |

① 어른 5명의 주말 조조 영화 관람료는 $8,000\times5=40,000$(원)이다.

② 중학생 4명의 주중 영화 관람료는 $8,000\times4=32,000$(원)이다.

④ 7살 어린이 6명과 어른 1명의 평일 영화 관람료는 $5,000\times0.7\times6+10,000=31,000$(원)이다.

⑤ 4살, 10살 아이와 그들의 부모의 평일 영화 관람료는 어른 2명, 초등학생 1명, 어린이 1명으로 $10,000\times2+8,000+5,000\times0.7=31,500$(원)이다.

12 수리능력

정답 ②

유형	자료해석 〉 자료계산	난이도	★★☆

민수의 과목석차 백분율과 등급을 계산하면 다음과 같다.

구분 / 과목	과목석차 백분율	등급
국어	$\frac{270}{300}\times100=90(\%)$	8
영어	$\frac{44}{300}\times100\fallingdotseq14.7(\%)$	3
수학	$\frac{27}{300}\times100=9(\%)$	2
과학	$\frac{165}{300}\times100=55(\%)$	5

따라서 민수의 평균등급

$M=\frac{8\times3+3\times3+2\times2+5\times3}{3+3+2+3}\fallingdotseq4.73$(등급)이므로 M의 범위는 $4\le M<5$이다.

13 수리능력

정답 ①

유형	자료해석 〉 수치 읽기	난이도	★★★

세 번째 조건에서 A, B, C기업의 영업이익을 합쳐도 D기업의 영업이익보다 작으므로 '가' 기업이 D기업이다. 이때 선택지 ②, ⑤는 소거된다. 첫 번째 조건에서 A기업은 B, C, E기업에 비해 직원 수가 많고 직원 수는 $\frac{\text{영업이익}}{\text{직원 1인당 영업이익}}$으로 구할 수 있으므로 계산하면 다음과 같다.

항목 / 기업	영업이익	직원 1인당 영업이익	직원 수
가	83,600	34	$\frac{83,600}{34}\fallingdotseq2,459$(명)
나	33,900	34	$\frac{33,900}{34}\fallingdotseq997$(명)
다	21,600	18	$\frac{21,600}{18}=1,200$(명)
라	24,600	7	$\frac{24,600}{7}\fallingdotseq3,514$(명)
마	50,100	30	$\frac{50,100}{30}=1,670$(명)

이에 따라 '라' 기업이 A임을 알 수 있다. 따라서 정답은 ①이 된다.

덧붙여 설명하면 C기업은 B, D, E기업에 비해 평균연봉 대비 직원 1인당 영업이익이 작다고 하였으므로 '가', '나', '다', '마' 기업에 대한 평균연봉 대비 직원 1인당 영업이익을 계산하면 다음과 같다.

항목 / 기업	영업이익	직원 1인당 영업이익	평균연봉	직원 1인당 영업이익 / 평균연봉
가	83,600	34	66	$\frac{34}{66}\fallingdotseq0.5$
나	33,900	34	34	$\frac{34}{34}=1$
다	21,600	18	58	$\frac{18}{58}\fallingdotseq0.3$
마	50,100	30	75	$\frac{30}{75}=0.4$

이에 따라 '다' 기업이 C가 된다.

마지막 조건에서 E기업은 B기업에 비해 직원 1인당 영업이익이 작다고 하였으므로 '마' 기업이 E이고, '나' 기업이 B가 된다.

14 수리능력

정답 ④

유형	자료해석 〉 자료계산	난이도	★★★

순편익의 하락폭이 가장 작다는 뜻은 편익이 일정하므로 총비용의 증가폭이 작다는 뜻과 같다. 그런데 할인율이 줄어들면 할인계수는 커진다. 이때 대안 B의 경우는 1차 연도에 5,000십만 원이고 그다음 연도에는 4,000십만 원으로 총비용이 감소하고 있으나 대안 A와 C는 총비용이 상승하므로 순편익의 하락폭이 가장 작은 것은 대안 B이다.

| 오답풀이 |

① 할인율이 15%보다 높아지면 할인계수와는 반비례하므로 할인계수의 값은 떨어진다. 따라서 총비용의 현재가치는 떨어진다.

② 세 대안의 편익은 동일하므로 비용이 작은 것이 좋다. 따라서 대안 C의 비용이 적으므로 대안 C를 선택하

는 것이 바람직하다. 실제로 계산을 해보면 대안 A는 500+1,000×0.870+2,000×0.756+4,000×0.658+6,000×0.572=8,946(십만 원)이고 대안 C는 500+500×0.870+1,500×0.756+4,000×0.658+5,000×0.572=7,561(십만 원)이므로 대안 C를 선택하는 것이 바람직하다.

③ 대안 B의 현재가치를 계산해보면 5,000+4,000×0.870+1,500×0.756+500×0.658+500×0.572=10,229(십만 원)이다.
따라서 대안 C를 선택하는 것이 바람직하다.

⑤ 대안 A는 매년 총 비용이 증가하고 있고 사업 당해연도에 500십만 원, 2차연도에 870십만 원, 3차연도에 1,512십만 원, 4차연도에 2,632십만 원, 5차연도에 3,432십만 원으로 총 비용의 현재가치가 꾸준히 상승하고 있다.

15 수리능력 정답 ②

유형	자료해석 〉 복합 자료해석	난이도	★★☆

㉠ D상가의 6월 매출의 1.5배는 4.5×1.5=6.75(백만 원)이므로 A상가의 10월 매출인 6.3백만 원보다 크다.

㉢ A상가의 매출 순위는 9월(2위 → 3위)과 10월(3위 → 2위)에 2번 변동되었다.

| 오답풀이 |

㉡ 6~10월의 매출 변동폭을 계산하면 A상가는 6.3−4.8=1.5(백만 원), B상가는 5.6−3.55=2.05(백만 원), C상가는 7.01−5.76=1.25(백만 원), D상가는 10.21−4.1=6.11(백만 원)으로 가장 작은 곳은 C상가이다.

㉣ D상가의 10월 매출은 B상가의 7월 매출의 $\frac{10.08}{3.6}$=2.8(배)이다.

16 수리능력 정답 ③

유형	자료해석 〉 복합 자료해석	난이도	★★☆

2009년 여성과 남성의 기대수명이 모두 상위 5위 이내인 OECD 국가는 일본과 스위스 2개이다.

| 오답풀이 |

① 2003년 대비 2009년 한국 남성의 기대수명은 $\frac{76.8-73.9}{73.9}$×100≒3.9(%) 증가하였다.

② 2009년 일본 남성의 기대수명은 일본 여성의 기대수명보다 86.4−79.6=6.8(세) 더 적다.

④ 2006년과 2009년 한국 남성의 기대수명 차이는 76.8−75.7=1.1(세)이고, 한국 여성의 기대수명 차이는 83.8−82.4=1.4(세)로 한국 여성이 더 크다.

⑤ 2009년 스위스 여성과 스웨덴 여성의 기대수명 차이는 84.6−83.4=1.2(세)이고, 두 나라 남성의 기대수명 차이는 79.9−79.4=0.5(세)로 여성이 더 크다.

17 수리능력 정답 ①

유형	자료해석 〉 수치 읽기	난이도	★★☆

상위 5종 전체의 합은 94.39%이므로 나머지의 합은 100−94.39=5.61(%)이다. 5위 인터넷 익스플로러의 이용률은 1.30%로 만약 공동 5위라면 1.30×4=5.2(%)로 최소 5개는 있어야 하므로 2013년 10월 전체 설문조사 대상 스마트폰 기반 웹 브라우저는 10종 이상이어야 한다.

| 오답풀이 |

② 2014년 1월 이용률 상위 5종 PC 기반 웹 브라우저와 스마트폰 기반 웹브라우저의 3위는 크롬으로 일치한다.

③ PC 기반 이용률 상위 5종 웹 브라우저의 순위는 2013년 12월에 전달 대비 파이어폭스와 크롬의 순위가 바뀌었다.

④ 스마트폰 기반 이용률 상위 5종 웹 브라우저 중 2013년 10월과 2014년 1월의 이용률의 차이가 2%p 이상인 것은 크롬 10.87−6.85=4.02(%p), 오페라 6.91−4.51=2.4(%p)로 2개이다.

⑤ 스마트폰 기반 이용률 상위 3종 웹 브라우저 이용률의 합은 상위 5종 전체에서 4위와 5위의 합을 빼면 매월 합계가 90% 미만임을 알 수 있다.

18 문제해결능력 정답 ⑤

유형	Text로 된 정보에서 원리 파악하기 〉 거시적 원리 파악하고 적용하기	난이도	★★☆

수리비의 경우, 대표이사를 포함한 이하 직책의 결재를 모두 받아야 하므로 다음과 같이 표시한다.

결재	담당	팀장	부서장	최종 결재
	신 대리	☆	◇	◎

19 문제해결능력

정답 ④

유형	적용 퀴즈 〉 순서 정하기	난이도	★★★

포럼은 개회사, 발표, 토론, 휴식으로 구성하며, 9시에 시작하여 당일 정오까지 마쳐야 하므로 총 180분 이내에 끝내야 한다. 개회사는 10분 또는 20분, 발표는 40분 또는 50분, 각 발표마다 토론은 10분으로 한다. 따라서 각 발표를 50분씩 3회를 할 경우, 토론도 10분씩 3회를 해야 하므로 총 180분이 소요되어 개회사와 휴식 시간을 가질 수 없다.

| 오답풀이 |

① 발표를 2회 할 경우 개회사를 10분간 진행한 후 발표 40분, 토론 10분을 총 2회하므로 총 110분이 소요되어 휴식을 20분씩 2회 가질 수 있다.

② 발표를 2회 할 경우 휴식시간 없이 개회사를 10분간 진행한 후 발표 40분, 토론 10분을 총 2회하므로 110분이 소요되어 10시 50분에 마치게 된다.

③ 발표를 3회 할 경우 개회사를 10분간 진행한 후 발표 40분, 토론 10분을 총 3회하므로 총 160분이 소요되어 휴식 1회(20분)를 가질 수 있다.

⑤ 각 발표를 50분, 개회사를 20분으로 하면 개회사를 진행한 후 발표와 토론을 1회씩하면 총 80분이 소요되어 휴식을 20분씩 2회 가질 수 있다.

20 문제해결능력

정답 ①

유형	수리, 기호 정보에서 원리 파악하기 〉 수리적 원리 파악하고 적용하기	난이도	★★★

㉠ B국에 진출할 경우에 환경점수 향상 3개월과 성능점수 향상 9개월을 합하여 총 12개월이 걸린다. C국에 진출할 경우에 환경점수 향상 6개월과 성능점수 3개월을 합하여 총 9개월이 걸린다. 따라서 C국에 진출하는 것을 목표로 연구를 진행하는 것이 연구기간을 단축시키는 데 유리하다.

㉢ 환경점수 향상 또는 성능점수 향상을 먼저 하는 경우를 나누어 생각해 보면 다음과 같다.

i) 환경점수 향상을 먼저 하는 경우

6개월의 연구기간이 소요된 후 환경점수 74점, 성능점수 64점이 되고, 여기에 성능점수 향상 3개월 후에는 환경점수 74점, 성능점수 69점이 되므로 C국의 기준을 만족시킨다. 여기에 성능점수 향상 6개월 후에는 나머지 B국의 기준까지 만족시키게 되므로 한 국가 진출 후 나머지 국가에 진출하기 위해 필요한 연구기간은 6개월이다.

구분	기존	환경점수 +6개월	성능점수 +3개월	성능점수 +6개월
환경점수	65점	74점	74점	74점
성능점수	64점	64점	69점	79점
비고	–	–	C국 만족	B국 만족

ii) 성능점수 향상을 먼저 하는 경우

9개월의 연구기간이 소요된 후 환경점수 65점, 성능점수 79점이 되고, 여기에 환경점수 향상 3개월 후에는 환경점수 70점, 성능점수 79점이 되므로 B국의 기준을 만족시킨다. 여기에 환경점수 향상 3개월 후에는 나머지 C국의 기준까지 만족시키게 되므로 한 국가 진출 후 나머지 국가에 진출하기 위해 필요한 연구기간은 3개월이다.

구분	기존	성능점수 +9개월	환경점수 +3개월	환경점수 +3개월
환경점수	65점	65점	70점	74점
성능점수	64점	79점	79점	79점
비고	–	–	B국 만족	C국 만족

따라서 환경친화도 연구보다는 성능우수성 연구를 선행하는 것이 한 국가 진출 후 나머지 국가에 진출하기 위해 필요한 연구기간을 단축시키는 데 유리하다.

| 오답풀이 |

㉡ 각각 높은 점수대를 고려하면 된다. 환경점수는 C국, 성능점수는 B국을 기준으로 해야 두 나라에 모두 진출할 수 있다. 환경점수 향상 6개월과 성능점수 향상 9개월을 합하여 총 15개월의 연구기간이 소요된다.

㉣ C국에 진출하도록 연구를 진행하고 나면 환경점수는 B국의 기준에 도달하게 된다. 그러나 성능점수를 B국의 기준에 맞게 하기 위해서는 6개월이 더 필요하다.

21 문제해결능력

정답 ②

유형	Text로 된 정보에서 원리 파악하기 〉 미시적 원리 파악하고 적용하기	난이도	★★☆

1마리 이상이면 무조건 1단계 경계는 발동되며, 2단계의 조건은 두 가지다. 20마리 이상의 감염조류가 발생하면서 확산이 우려될 때인데, 이 경우에는 확산은 우려되지 않기 때문에 두 조건 중에 한 조건만 충족하게 된다. 따라서 1단계 경계만 발동한다.

| 오답풀이 |

① 20~299마리의 감염조류가 발생하는 경우에는 2단계 경계를 발동한다.

③ 3단계 경계는 300마리 이상의 감염조류가 발생하고 1명 이상의 인체감염자가 발생해야 하는데 이 경우에는 인체감염자 발생에 대한 조건을 만족하지 않는다.

④ 1마리 이상의 감염조류가 발생하면 무조건 1단계 경계를 발동해야 한다.

⑤ 감염조류 200마리당 인체감염자는 1명이 발생하므로 3,000마리의 감염조류가 발생하였다면 15명의 인체감염자가 발생하게 된다. 따라서 이 경우에 인체감염자가 10명 이상이므로 4단계 경계를 발동해야 한다.

22 문제해결능력

정답 ⑤

유형	Text로 된 정보에서 원리 파악하기 〉 미시적 원리 파악하고 적용하기	난이도	★★☆

3단계에서는 요건만 맞으면 국무회의를 거치지 않아도, 무조건 발동하게 되어 있다.

| 오답풀이 |

① 감염조류 1마리가 발생한 1단계 경계발동에서 감염조류 19마리가 증가해 20마리가 되면 2단계 경계발동이 될 수 있다. 이 경우 약 800억 원의 추가손실이 발생하게 된다.

② 2단계 경계발동의 경우에는 인체감염자와 무관하게 발동될 수 있으므로 약 1,000억 원의 손실이 발생할 수 있다.

③ 손실액이 2조 원이라는 것은 3단계 경계발동을 의미한다.

④ 국가가 20조 원 이상의 경제적 손실을 입었다는 것은 4단계 경계발동을 의미한다. 4단계 경계발동은 10명 이상의 인체감염자가 있어야 하고, 감염조류 200마리당 인체감염자가 1명씩 발생하므로 감염조류는 최소한 2,000마리 이상되어야 한다.

23 문제해결능력

정답 ②

유형	Text로 된 정보에서 원리 파악하기 〉 거시적 원리 파악하고 적용하기	난이도	★★☆

㉠ '(2) 자주 마신다'와 '(3) 종종 마신다'의 의미가 중복되므로 세 번째 지침에 어긋난다.

㉡ 1년 동안 피운 담배의 양을 기억하는 것이 무리가 있고, 정확하게 기록할 수 없으므로 마지막 지침에 어긋난다.

㉣ 질문에 대한 가능한 응답을 모두 제시해 주어야 하므로 두 번째 지침에 어긋난다.

㉤ 임금수준과 작업조건을 한꺼번에 묻고 있으므로 네 번째 지침에 어긋난다.

| 오답풀이 |

㉢ 다지선다형 응답에 있어서는 가능한 응답을 모두 제시해 주어야 한다는 조건에 부합한다.

24 문제해결능력

정답 ②

유형	Text로 된 정보에서 원리 파악하기 〉 거시적 원리 파악하고 적용하기	난이도	★★☆

제시된 도표를 보고 호환 불가인 것을 보면, 서울시 지하철과 경기도 버스, 서울시 지하철과 인천시 버스임을 알 수 있다.

- 형석: 서울시 지하철에서 내려 다시 경기도 버스를 타는 경우 대중교통 카드가 호환되지 않는다.
- 래희: 인천시 버스를 탄 후 서울시 지하철을 타는 경우 대중교통 카드가 호환되지 않는다.

25 문제해결능력 정답 ②

유형	Text로 된 정보에서 원리 파악하기 〉 거시적 원리 파악하고 적용하기	난이도	★★☆

㉠ 절차에 따라 하나씩 (나) 연산법에 해당한다.
㉡ 목표를 잘게 쪼개서 문제를 해결하였으므로 (다) 수단-목표분석법에 해당한다.
㉢ 유사한 예를 들어 설명하고 있으므로 (마) 유추법에 해당한다.
㉣ 경험에 근거하여 가설을 세워 접근하므로 (가) 시행착오 전략에 해당한다.
㉤ 결과에서 거꾸로 역산하여 시간을 계산하고 있으므로 (라) 후진작업 전략에 해당한다.

DAY

13

정답 확인

문항	영역	정답	문항	영역	정답	문항	영역	정답	문항	영역	정답	문항	영역	정답
01	의사소통	②	02	의사소통	④	03	의사소통	①	04	의사소통	④	05	의사소통	①
06	의사소통	②	07	의사소통	⑤	08	의사소통	③	09	수리	①	10	수리	②
11	수리	②	12	수리	②	13	수리	①	14	수리	⑤	15	수리	①
16	수리	①	17	수리	①	18	수리	②	19	문제해결	②	20	문제해결	⑤
21	문제해결	②	22	문제해결	⑤	23	문제해결	②	24	문제해결	⑤	25	문제해결	⑤

영역별 실력 점검표

영역	맞은 개수	정답률	취약 영역
의사소통능력	/8	%	
수리능력	/10	%	
문제해결능력	/7	%	
합계	/25	%	

01 의사소통능력 정답 ②

유형	실용형 정보 Text 읽기 〉 법률/계약서형 읽기	난이도	★★★

의견제출통지서의 제출기일을 놓치지 않는 것이 중요하다는 내용이 언급되어 있으나, 상표등록을 할 수 있는 기회가 영구적으로 박탈되는지는 확인할 수 없다.

| 오답풀이 |

① 특허청에서 상표출원 등록을 거절할 때 발부하는 법조문과 의견제출통지서를 송달받았으므로 질문자는 현재 상표등록을 진행할 수 없다.

③ 거절이유에 해당하는 내용이 제6조 제1항 제7호일 경우, '알아서 구별하는 능력'인 식별력(識別力)이 있음을 주장해야 하므로 적절한 내용이다.

④ 거절이유에 해당하는 내용이 제7조 제1항 제7호일 경우, 출원한 상표가 등록 상표와 다름을 주장해야 하므로 적절한 내용이다.

⑤ 거절이유에 따라 상품의 일부 요소를 삭제하기만 하면 무난하게 상표를 등록할 수 있는 경우를 언급하고 있으므로 예상보다 문제를 해결하기 쉬울 수 있다.

02 의사소통능력 정답 ④

유형	일반형 정보 Text 읽기 〉 미시적 이해 〉 추론	난이도	★★★

근로복지는 노동력을 제공해야 복지를 받을 수 있는 개념이므로, 노동력을 적절하게 상품화시키는 데 실패한 시장 탈락자들이 최소 생활을 영위할 수 있게 하는 복지의 개념과는 다르다. 따라서 근로복지의 장려와 복지체계의 강화는 서로 연관이 없다.

03 의사소통능력 정답 ①

유형	일반형 정보 Text 읽기 〉 창의적 이해 〉 적용	난이도	★★☆

주어진 글은 정보 파놉티콘과 전자 파놉티콘이 역파놉티콘으로 제대로 기능하려면 시민운동을 통한 권력에의 감시와 법적 권리 확보 등 다양한 노력이 수반되어야 한다고 주장하고 있다. 따라서 랩탑과 모뎀 등 정보와 전파를 바탕으로 한 첨단 기술을 활용해 세력 결집을 넘어 주요 네트워크를 형성한 해방 운동의 사례가 주장에 부합하는 내용으로 가장 적절하다.

04 의사소통능력 정답 ④

유형	일반형 정보 Text 읽기 〉 미시적 이해 〉 문단배열	난이도	★★☆

말하는 사람에게 주의 깊게 귀를 기울여 주는 곰돌이 인형에 대한 내용 뒤에는 대답하지 않는 곰돌이 인형의 특성을 언급한 [라]가 뒤따르는 것이 옳다. 그다음으로 휴대폰과 곰돌이 인형에 대한 차이점을 '대답'으로 정리하며 휴대폰을 중심으로 한 필자의 입장을 자연스럽게 제시할 수 있는 [나]를 배열하는 것이 적절하다. 이어서 [가]와 같은 과거와 달리 현재에는 휴대폰을 통해 소통하고 싶은 욕구를 해소할 수 있다는 [마]의 내용으로 연결할 수 있다. 마지막 문단으로는 앞서 언급한 곰돌이 인형과 휴대폰의 관계를 환기하며 휴대폰의 가치를 강조한 [다]로 마무리하는 것이 가장 자연스럽다. 따라서 [라]－[나]－[가]－[마]－[다]의 흐름이 가장 적절하다.

05 의사소통능력 정답 ①

유형	일반형 정보 Text 읽기 〉 거시적 이해 〉 주제	난이도	★★☆

첫 번째 문단에서 투기에 대한 지도층의 무지는 오히려 부정적인 결과를 낳게 한다는 사례를 제시한 뒤, 두 번째 문단에서 애덤 스미스의 '보이지 않는 손'을 근거로 하여 개인의 이익 추구 행위가 타인의 이익으로도 이어질 수 있다는 주장을 전개하고 있다. 따라서 투기의 부정적인 측면에 집중하는 것보다는 경제적 순기능을 고려하여 균형 있게 접근하는 것이 옳다는 내용이 주제 문장으로 적절하다.

| 오답풀이 |

②, ③ 주어진 글의 일부에 해당하는 내용이므로 전체 글을 포괄할 수 없다.

④ 투기 조장을 경계하는 태도는 필자의 입장과 상반되므로 옳지 않다.

⑤ 주어진 글의 내용과 연관성이 낮은 극단적인 추론이므로 적절하지 않다.

06 의사소통능력 정답 ②

유형	일반형 정보 Text 읽기 〉 미시적 이해 〉 일치	난이도	★★☆

㉠ A방식은 B방식과는 달리 저축효과와 자본시장 육성 등의 장점이 있다.
㉡ A방식은 B방식과는 달리 제도전환 시 발생하는 전환 비용이 크다는 단점이 있다.
㉢ A방식은 B방식과는 달리 노후가능성의 예측가능성이 크지 않다는 단점이 있다.
㉣ C방식은 B방식과는 달리 조기 퇴직이나 기여 회피, 비공식 부문에서의 노동 등의 문제가 있다는 단점이 있다.

07 의사소통능력 정답 ⑤

유형	일반형 정보 Text 읽기 〉 거시적 이해 〉 주제	난이도	★★☆

[가]는 윤리의 보편적인 속성을 들어 절대주의적 입장을 보이며 도덕을 보호하기 위한 국가적 규제의 가능성을 법에서 찾고 있다. 반면 [나]는 윤리의 상대주의적 입장을 보이고 있다. 따라서 ㉠과 ㉢은 [가]의 주장과, ㉡과 ㉣은 [나]의 주장과 관련이 있는 내용이다.

08 의사소통능력 정답 ③

유형	일반형 정보 Text 읽기 〉 미시적 이해 〉 일치	난이도	★★★

두 번째 문단에 따르면 근대 민법의 고용 관계에 관한 규정은 사용자와 노동자를 평등한 인격체로 전제하면서 양자 간에 균형 있는 이해관계를 유지·실현시키고자 하였다. 따라서 근대 민법이 기본적으로 사용자보다 노동자의 권리를 우선시한 것은 아니다. 노동자의 권리를 우선시한 것은 근대 민법이 아니라 노동법이다.

09 수리능력 정답 ①

유형	응용계산 〉 경우의 수	난이도	★★☆

리그는 n개 팀 중에서 2개 팀을 뽑는 방법의 수와 같으므로 경기 수는 ${}_{n}C_{2}=\frac{n(n-1)}{2}$이고, 토너먼트는 경기를 할 때마다 한 개의 팀이 탈락하고 마지막 한 팀이 남아야 하므로 경기 수는 $n-1$이다. 따라서 매화 경기장의 경기 수는 $\frac{12(12-1)}{2}=66$(경기)이고, 장미 경기장의 경기 수는 $68-1=67$(경기)이므로 전체 경기가 먼저 끝나는 곳과 그 곳의 경기 수는 매화 경기장과 66경기이다.

10 수리능력 정답 ②

유형	자료해석 〉 자료계산	난이도	★★☆

의자는 150만 원으로 10개를 생산하므로 의자 1개당 생산가격은 15만 원이고, 식탁은 300만 원으로 10개를 생산하므로 식탁 1개당 생산가격은 30만 원이다. 여기에 추가로 장식을 하면 생산가격은 의자는 1개당 18만 원, 식탁은 1개당 35만 원이다.

장식 없이 판매할 경우 이익을 계산하면 다음과 같다.

구분	추가 장식 X	시장 가격	이익
의자(만 원)	15	5	−10
식탁(만 원)	30	40	10

장식을 추가하여 판매할 경우 이익을 계산하면 다음과 같다.

구분	추가 장식 ○	시장 가격	이익
의자(만 원)	18	12	−6
식탁(만 원)	35	50	15

의자와 식탁을 각각 10개씩 생산했으므로 총 이익을 계산하면 다음과 같다.

㉠ $(-10\times10)+(10\times10)=0$(만 원)
㉡ $(-6\times10)+(15\times10)=90$(만 원)
㉢ $(-10\times10)+(15\times10)=50$(만 원)
㉣ $(-6\times10)+(10\times10)=40$(만 원)

따라서 이익이 많은 순서대로 나열하면 ㉡>㉢>㉣>㉠이다.

11 수리능력

정답 ②

유형	자료해석 〉 복합 자료해석	난이도	★★★

㉠ 2019년 고령인구 비율이 가장 낮은 지역은 세종이다. 세종의 2025년 대비 2045년 고령인구는 3배 이상 증가하였고 증가율은 $\frac{153-49}{49}\times100≒212.2(\%)$이다. 그런데 서울, 부산 등의 고령인구가 2025년 대비 2045년에 2배 미만으로 증가하였으므로 세종 지역이 가장 낮지 않다.

㉢ 고령인구 상위 세 개 지역은 2025년에 경기, 서울, 부산이고 2035년, 2045년에는 경기, 서울, 경남이다.

| 오답풀이 |

㉡ 2045년 고령인구 비율이 40% 이상인 지역은 강원, 전북, 전남, 경북으로 총 4곳이다.

㉣ 인구$=\frac{\text{고령인구}}{\text{고령인구 비율}}\times100$이므로 충북 인구는 $\frac{646}{39.1}\times100≒1,652.2$(천 명)이고, 전남 인구는 $\frac{740}{45.3}\times100≒1,633.6$(천 명)이다.

12 수리능력

정답 ②

유형	자료해석 〉 수치 읽기	난이도	★★☆

㉠ 습도가 70%일 때 제습기 A는 790kWh로 연간소비전력량이 가장 낮다.

㉢ 습도가 40%일 때 제습기 E의 연간소비전력량은 660kWh이고, 습도가 50%일 때 제습기 B의 연간소비전력량은 640kWh이다.

| 오답풀이 |

㉡ 습도 60%일 때는 D－E－B－C－A 순이고, 습도 70%일 때는 E－D－B－C－A 순으로 동일하지 않다.

㉣ 제습기 E의 경우 습도 40%일 때의 연간소비전력량의 1.5배는 $660\times1.5=990$(kWh)이므로 습도가 80%일 때가 40%일 때의 1.5배 미만이다.

13 수리능력

정답 ①

유형	응용계산 〉 방정식	난이도	★★★

남은 예비군을 모두 데려간 정 조교가 가장 마지막 순서이고, 37이 2, 3, 4의 배수가 될 수 없으므로 예비군을 제일 먼저 데려간 사람은 무 조교이다. 그런데 무 조교가 데려간 후 남은 예비군은 2, 3, 4의 배수가 되어야 하므로 남은 인원 수는 24명이고, 무 조교는 $37-24=13$(명)을 데려갔다. 이때 갑 조교가 24명 중 $\frac{2}{3}$를 차출하거나 병이 $\frac{3}{4}$을 차출하면 무 조교보다 많게 되므로 예비군을 두 번째 순서로 데려간 사람은 을 조교이고 그 인원 수는 $24\times\frac{1}{2}=12$(명)이다. 남은 12명 중 갑과 을이 차출한 인원 수는 모두 12명보다 적으므로 갑과 을의 순서는 다음과 같이 두 가지 경우가 가능하다.

첫 번째	두 번째	세 번째	네 번째	다섯 번째
무(13명)	을(12명)	갑(8명)	병(3명)	정(1명)
무(13명)	을(12명)	병(9명)	갑(2명)	정(1명)

㉠ 정은 두 가지 경우에서 모두 1명을 차출해 간다.

㉢ 을은 두 가지 경우에서 모두 12명을 차출해 간다.

| 오답풀이 |

㉡ 갑은 8명 또는 2명을 차출해 가므로 반드시 참인 진술은 아니다.

㉣ 병은 3명 또는 9명을 차출해 가므로 거짓인 진술이다.

14 수리능력

정답 ⑤

유형	자료해석 〉 수치 읽기	난이도	★★☆

2018년 우수 수준의 학생 비율은 우수 수준에서 우월 수준을 빼면 된다. 따라서 D국이 $67-34=33(\%)$이고, B국이 $72-42=30(\%)$이다.

| 오답풀이 |

① 기초 수준 미달은 400점 미만이므로 전체에서 400점 이상의 누적비율을 빼면 된다. 따라서 I국은 7%이고 F국은 9%이므로 I국이 가장 높지 않다.

② 2014년이 2018년보다 남학생, 여학생 모두 평균점수가 높으므로 2014년의 평균점수가 더 높다.

③ I국의 경우 625점 이상인 비율이 10%인데, 7%인 G국이나 H국에 비해서 평균점수가 낮다.

④ '갑'국 남학생과 여학생의 평균점수 차이는 2018년에 606－605＝1(점)이고, 1998년에 588－571＝17(점)이다.

15 수리능력

정답 ①

유형	자료해석 〉 수치 읽기	난이도	★★☆

㉠ [표2]에서 가톨릭신자 비율과 양성평등 정도의 상관관계는 음(－)이므로 옳은 내용이다.

㉡ [표2]에서 여성노동 참여율과 양성평등 정도의 상관관계는 양(＋)이고 1에 가까우므로 옳은 내용이다.

| 오답풀이 |

㉢ 상관계수의 절댓값이 1에 가까울수록 두 변수 간 관계가 높은 것을 의미하고 양성평등 정도는 여성노동 참여율보다 가톨릭신자 비율과의 상관계수의 절댓값이 더 높으므로 옳지 않은 내용이다.

㉣ 여성노동 참여율이 산술평균 이상인 캐나다의 경우 가톨릭신자 비율이 산술평균 이상이므로 옳지 않은 내용이다.

16 수리능력

정답 ①

유형	자료해석 〉 복합 자료해석	난이도	★★★

외국기업의 국내 전체 투자건수는 2009년에 $\frac{680}{65.9}\times 100 \fallingdotseq 1,031.9$(건), 2010년에 $\frac{687}{68.7}\times 100 = 1,000$(건)으로 2010년이 더 적다.

| 오답풀이 |

② 2008년 외국기업의 국내 서비스업 투자건수는 572건으로 67.8%를 차지하고 있다. 외국기업의 국내 투자건수의 농·축·수산·광업에 대한 비율은 5.9%로 서비스업의 10% 이하이다. 따라서 농·축·수산·광업에 대한 투자건수도 57.2건 이하라는 것을 알 수 있다.

③ 외국기업 국내 투자건수 중 제조업이 차지하는 비율은 2009년이 17.1%, 2010년이 13.6%로 전년 대비 감소하였다.

④ 2009년을 제외한 나머지 해에는 서비스업＞제조업＞전기·가스·수도·건설업＞농·축·수산·광업 순이고, 2009년에는 서비스업＞제조업＞농·축·수산·광업＞전기·가스·수도·건설업 순이다.

⑤ 외국기업의 국내 서비스업 투자 1건당 투자금액은 2008년에 $\frac{823}{572}\fallingdotseq 1.44$(백만 달러), 2009년에 $\frac{1,448}{680}\fallingdotseq 2.13$(백만 달러), 2010년에 $\frac{1,264}{687}\fallingdotseq 1.84$(백만 달러), 2011년에 $\frac{2,766}{553}\fallingdotseq 5.00$(백만 달러)이므로 2010년에는 전년 대비 감소하였다.

17 수리능력

정답 ①

유형	자료해석 〉 수치 읽기	난이도	★★☆

[표2]에 각 요건을 충족하는 부분에 음영 표시를 하면 다음과 같다.

항목 국가	대미무역수지	GDP 대비 경상수지 비중	GDP 대비 외화자산 순매수액 비중
가	365.7	3.1	−3.9
나	74.2	8.5	0.0
다	68.6	3.3	2.1
라	58.4	−2.8	−1.8
마	28.3	7.7	0.2
바	27.8	2.2	1.1
사	23.2	−1.1	1.8
아	17.6	−0.2	0.2
자	14.9	−3.3	0.0
차	14.9	14.6	2.4
카	−4.3	−3.3	0.1

㉠ 세 요건을 모두 충족하는 '다'국이 환율조작국으로 지정된다.

| 오답풀이 |

㉡ '나'국은 대미무역수지가 742억 달러고, GDP 대비 경상수지 비중이 8.5%로 A요건과 B요건 모두 충족한다.

㉢ 관찰대상국으로 지정되는 국가는 '가', '나', '마', '차'로 모두 4개이다.

㉣ A요건이 대미무역수지 150억 달러 초과로 변경되면

A요건을 만족시키는 국가에 '아'가 추가되는데, '아' 국가는 다른 요건은 충족시키지 않으므로 관찰대상국 및 환율조작국으로 지정되는 국가들은 동일하다.

18 수리능력

정답 ②

유형	자료해석 〉 수치 읽기	난이도	★★☆

전체 참여공동체 중 전남 지역 참여공동체가 차지하는 비중은 $\frac{32}{122} \times 100 \fallingdotseq 26.2(\%)$이다.

| 오답풀이 |

① [표3]을 통해 참여어업인은 매년 증가하였음을 알 수 있다.

③ 인천 지역의 2004년 대비 2011년 참여공동체 수는 6명에서 43명으로 약 7배 증가하였고, 증가율은 $\frac{43-6}{6} \times 100 \fallingdotseq 616.7(\%)$이다. 충북 지역을 제외한 다른 지역들은 최소 8배 이상 증가하였으므로 인천 지역이 가장 낮은 것을 알 수 있다.

④ [표1]을 통해 2006년 이후 참여공동체 수는 매년 증가했음을 알 수 있다.

⑤ 참여공동체가 많은 지역은 1순위 전남, 2순위 경남, 3순위 경북, 4순위 충남으로 2009년과 2010년의 순위가 같다.

19 문제해결능력

정답 ②

유형	퀴즈 문제 〉 명제	난이도	★★☆

두 번째 진술에서 '시험기간이 아니면 경호는 커피를 마시지 않는다.'는 것은 시험기간이 아닐 경우도 존재할 수 있음을 나타내므로 '시험기간이다'는 항상 참이라고 볼 수 없다.

| 오답풀이 |

① 두 번째 명제의 대우명제인 '경호가 커피를 마시면 시험기간이다.'와 첫 번째 명제 '시험기간이면 민아는 도서관에 간다.'의 매개념인 '시험기간'을 소거하면 '경호가 커피를 마시면 민아는 도서관에 간다.'가 성립하므로 항상 참이다.

③ 명제의 대우는 항상 참이므로 두 번째 명제의 대우명제인 '경호가 커피를 마시면 시험기간이다.'는 항상 참이다.

④ '시험기간이거나 경호가 커피를 마시지 않는다.'는 선언명제이므로 '시험기간'과 '경호가 커피를 마시지 않는다.'라는 각각의 명제 중 하나만 참이어도 선언명제는 참이 된다는 점에 유의해야 한다. 따라서 둘 중 하나는 주어진 진술들에 의해 참이 될 수 있으므로 항상 참이다.

⑤ '민아는 도서관에 가고, 성환이는 수정과를 마신다.'는 연언명제인데, 주어진 진술이 항상 참이라고 했으므로 '민아는 도서관에 가고'와 '성환이는 수정과를 마신다.'가 동시에 모두 항상 참이다. 따라서 '성환이가 수정과를 마신다.'는 항상 참이다.

20 문제해결능력

정답 ⑤

유형	적용 퀴즈 〉 배치하기	난이도	★★★

'갑'과에는 7급 A 또는 B 중 1명이 배정되어야 하고, '병'과에는 B가 배정되거나 A와 E가 함께 배정되어야 하므로 '갑'과에 A가 배정되는 경우와 배정되지 않는 경우로 나누어 생각해볼 수 있다.

i) '갑'과에 A가 배정되는 경우

'갑'과에 A가 배정되면 '병'과에는 A와 E가 함께 배정될 수 없으므로 B가 배정된다. '을'과에는 7급이 배정될 수 없으므로 9급 2명이 배정되어야 한다. 이때 '정'과에는 E와 F 중 1명이 배정되고, C와 D 중 1명이 배정되어야 하므로 다음과 같은 네 가지 경우가 가능하다.

갑	을	병	정
A	D, F	B	C, E
A	C, F	B	D, E
A	D, E	B	C, F
A	C, E	B	D, F

ii) '갑'과에 A가 배정되지 않는 경우

'갑'과에는 B가 배정되고, '병'과에는 A와 E가 배정되어야 한다. '을'과에는 7급이 배정될 수 없으므로 9급 2명이 배정되어야 하는데, '정'과에도 9급 2명이 배치되어야 하므로 이 경우는 성립하지 않는다.

㉡ A는 항상 '갑'과에 배치된다.

㉢ 만약 '정'과의 요구가 E와 F가 함께 배치되어야 한다는 내용으로 바뀐다면 '갑'과에 A가 배정되는 경우는 다음과 같다.

갑	을	병	정
A	C, D	B	E, F

다른 경우로 '갑'과에 A가 배치되지 않는 경우는 E가 '병'과에 배치되므로 성립하지 않는다. 따라서 '을'과에는 C, D가 배치되므로 옳은 설명이다.

| 오답풀이 |

㉠ '병'과에는 항상 1명이 배정되므로 옳지 않다.

21 문제해결능력 정답 ②

유형	Text로 된 정보에서 원리 파악하기 〉 거시적 원리 파악하고 적용하기	난이도	★★☆

'노인의 소비자 선택권'은 노인이 소비자로서 가질 수 있는 권리로, 얼마나 자유롭게 구매 활동을 할 수 있느냐이다. 따라서 대안 (가)나 대안 (다)에서처럼 현금으로 15만 원을 주면 소비자 주권이 가장 보장되는 것이고, 대안 (라)처럼 월 15만 원이 충전된 크레딧카드를 주면서 사용 가능한 서비스와 재화가 한정되어 있으면 현금보다는 소비자로서 주권 행사가 자유롭지 않다. 그리고 대안 (나)처럼 소득 공제를 통하여 15만 원을 감해주는 방식은 소비자로서 주권을 행사할 방법이 전혀 없다. 따라서 노인의 소비자 선택권이 가장 많이 보장될 것으로 예상되는 정책은 (가)=(다)>(라)>(나) 순이다.

22 문제해결능력 정답 ⑤

유형	Text로 된 정보에서 원리 파악하기 〉 미시적 원리 파악하고 적용하기	난이도	★★☆

갑: '밤늦게 다니지 말라는 것'이 엄마 말의 강조점인데, 갑은 '친구'에 강조점을 두는 오류를 범하고 있다. 따라서 애매어의 오류가 아니라 강조의 오류이다.

병: 우리 제안을 반대하는 사람은 제 정신을 가진 사람이 아니라고 하면서 반대 주장은 불건전한 것이라고 미리 못을 박아 반론 제기를 사전에 봉쇄하는 오류를 범하고 있다. 따라서 정황적 오류가 아니라 우물에 독 뿌리는 오류이다.

정: 기자의 인격을 공격함으로써 기자의 주장을 공격하는 논증이므로 우물에 독 뿌리는 오류가 아니라 인신공격적 오류이다.

기: '큰'이라는 단어가 두 가지 이상의 의미로 사용된 경우이므로 강조의 오류가 아니라 애매어의 오류이다.

23 문제해결능력 정답 ②

유형	수리, 기호 정보에서 원리 파악하기 〉 기호 원리 파악하고 적용하기	난이도	★★☆

행위자 A의 근접 중심성은 최단거리의 합이 $1\times5+2\times1+3\times4+4\times1+5\times4=43$이므로 $\frac{1}{43}$이고, 행위자 B의 근접 중심성은 최단거리의 합이 $1\times5+2\times2+3\times8=33$이므로 $\frac{1}{33}$이다.

| 오답풀이 |

① 행위자 G에서 직·간접적으로 연결되는 모든 행위자들과의 최단거리의 합은 $1\times2+2\times8+3\times1+4\times4=37$이므로 근접 중심성은 $\frac{1}{37}$이다.

③ 행위자 M은 행위자 B를 기준으로 행위자 G와 대칭 관계이기 때문에 같은 근접 중심성을 가짐을 알 수 있다.

④ 행위자 G와 행위자 M이 직접적으로 연결되어 있는 사람은 각각 A, B, 그리고 B, C로 두 명이다.

⑤ 연결정도 중심성은 행위자 A가 5, 행위자 K는 1로 합은 6이다.

24 문제해결능력 정답 ⑤

유형	적용 퀴즈 〉 순서 정하기	난이도	★★★

수요일에는 영업이 없고, 일요일에는 C구역을 청소하므로 표를 그려 표시하면 다음과 같다.

월	화	수	목	금	토	일
		×				C

청소를 한 구역은 다음 영업일에는 청소를 하지 않고, C구역은 일주일에 3회 청소하므로 C구역은 화요일과 목요일 또는 화요일과 금요일에 청소한다.

이때 B구역은 청소를 한 다음 이틀간은 청소하지 않으므로 다음 두 가지 경우가 가능하다.

월	화	수	목	금	토	일
B	C	X	C	B	A	C
B	C	X	B	C	A	C

따라서 A구역을 청소하는 요일은 토요일이다.

25 문제해결능력 정답 ⑤

유형	퀴즈 문제 〉 연쇄추리	난이도	★★★

주어진 규정을 정리하면 다음과 같다.
'단기 거주 목적의 부동산 소유' or '투기지역에 위치한 부동산 소유'인 경우에 '합산 부동산 공시가격이 6억 원 초과' and '연간 총 근로소득이 부동산 보유 자산의 10% 미만' → 특별 보유세 부과대상이고, (A or B) → (C and D) → E와 같은 형식이므로 A나 B 중에 하나 이상만 성립하고, C와 D가 동시에 성립하면 E가 된다. C와 D의 조건을 만족시키는 데도 E가 성립하지 않는 것은 A에도 B에도 해당이 되지 않을 때만 가능하다.
따라서 단기 거주 목적의 부동산을 소유한 것이 아니고, 투기 지역에 위치한 부동산도 아니라는 것이다.

| 오답풀이 |

① 주어진 규정은 특별 보유세 부과 대상에 대한 해당 조건을 만족하는 사람에게 부과되는 특별 보유세에 대한 설명이므로 특별 보유세를 부과받았다고 해서 공시가격이 6억 원을 초과하거나 투기 지역에 위치한 주택에 살고 있는 것이 반드시 참인지 거짓인지는 알 수 없다.
② 투기 지역에 위치한 부동산 소유하고 합산 부동산 공시가격이 6억 원 초과에도 해당하지만, 연간 총 근로소득이 부동산 보유 자산의 10% 미만인지 알 수 없으므로 특별 보유세 부과 여부는 알 수 없다.
③ 특별 보유세 부과 대상 조건에 다주택 소유자가 있지만 최 씨는 현재 오피스텔 한 채만 보유하고 있기 때문에 특별 보유세 부과 대상이 아니다.
④ 투기 지역에 위치하고, 6억 원 초과와 근로소득이 부동산 보유 자산의 10% 미만 조건을 다 만족했기 때문에 특별 보유세를 부과하게 된다. 따라서 참인 주장이다.

DAY

14

정답 확인

문항	영역	정답	문항	영역	정답	문항	영역	정답	문항	영역	정답	문항	영역	정답
01	의사소통	③	02	의사소통	④	03	의사소통	③	04	의사소통	③	05	의사소통	①
06	의사소통	②	07	의사소통	④	08	의사소통	①	09	수리	③	10	수리	④
11	수리	③	12	수리	②	13	수리	⑤	14	수리	④	15	수리	①
16	수리	②	17	수리	②	18	문제해결	⑤	19	문제해결	③	20	문제해결	⑤
21	문제해결	⑤	22	문제해결	⑤	23	문제해결	①	24	문제해결	③	25	문제해결	④

영역별 실력 점검표

영역	맞은 개수	정답률	취약 영역
의사소통능력	/8	%	
수리능력	/9	%	
문제해결능력	/8	%	
합계	/25	%	

01 의사소통능력 정답 ③

유형	일반형 정보 Text 읽기 〉 미시적 이해 〉 추론	난이도	★★★

영조는 탕평파인 안인명의 의견을 중심으로 처분을 내렸으나 논쟁의 중심인 서원개건에 관한 건은 묵살하였으므로 노론보다는 남인의 주장을 조금 더 수렴한 결과로 이해할 수 있다.

| 오답풀이 |

① 박문수는 안동사림의 반대를 무릅쓰고 서원을 건립한 점을 근본적인 문제로 보아 온건한 처벌로 그쳐야 한다는 의견을 제시하였다.

② 박사수는 훼원유생의 행위 자체에 문제를 두고 이에 대한 엄벌이 필요하다고 주장하였다.

④ 훼원을 둘러싼 노론과 남인 간의 분쟁에 뒤이은 박사수와 박문수의 대립을 통해 노론과 소론 간의 당쟁을 추측할 수 있으므로 당색에 따른 갈등이 작용하고 있음을 알 수 있다.

⑤ 분쟁이 일어나게 된 주된 원인은 서원건립에 있지만 이를 개건할 것을 청하였으므로 안인명은 노론의 의견을 더욱 존중했다고 이해할 수 있다.

02 의사소통능력 정답 ④

유형	일반형 정보 Text 읽기 〉 거시적 이해 〉 맥락	난이도	★★☆

맥길 대학의 연구팀이 수행한 연구는 유전자의 발현에 대한 의문을 해결하기 위해 진행되었다. 그 결과, 같은 종이더라도 유전자의 발현 정도에 차이가 있는 까닭은 유전자의 발현을 촉진하는 인자 중 하나가 후천적인 요소에 좌우될 수 있기 때문이라는 점을 파악했다. 따라서 ㉠에 해당하는 '유전자의 발현에 관한 유전 과학자들의 물음'은 후천 요소가 유전자의 발현에 영향을 미칠 수 있는지에 대한 여부와 관련이 있다.

03 의사소통능력 정답 ③

유형	일반형 정보 Text 읽기 〉 미시적 이해 〉 문단배열	난이도	★★☆

[나]는 글의 중심 소재인 '회전문'을 처음으로 제시하므로 가장 첫 문단으로 배치하는 것이 적절하다. 또한 [나]의 마지막 문장에서 '회전문의 구조와 그 기능'에 대해 주목할 필요성이 있다고 하였으므로, 이어지는 문단으로는 회전문의 축을 중심으로 한 네 짝의 문과 그 단절성을 언급한 [가]가 오는 것이 자연스럽다. 덧붙여 [라]를 통해 사회적 약자의 관점에서 본 회전문의 한계를 부연하여 설명할 수 있으며, 이어서 [다]를 마지막 문단으로 배치해 회전문에 대한 필자의 부정적인 견해를 명료하게 정리하는 것이 가장 적절하다.

04 의사소통능력 정답 ③

유형	실용형 정보 Text 읽기 〉 법률/계약서형 읽기	난이도	★★☆

연구실적평가위원회의 표결은 재적위원 과반수의 찬성으로 의결하므로, 5명 중 3명 이상이 출석하였을 경우 의결정족수를 만족할 수 있다. 따라서 4명의 위원이 출석한 경우와 5명의 위원이 출석한 경우의 의결정족수는 동일하다.

| 오답풀이 |

① 연구실적평가위원회를 구성하는 5명의 위원 중 3명은 소속기관 내부 연구관이며 겸직할 수 없다. 따라서 위촉 가능한 대학교수의 최대 인원은 나머지 2명이다.

② 연구실적평가위원회 위원장은 소속기관 내부 연구관에서 임명되므로 대학교수가 맡을 수 없다.

④ 연구실적평가위원회 위원은 위원회를 구성할 때마다 위촉하지만 재위촉에 따른 절차와 관련된 내용은 확인할 수 없다.

⑤ 연구실적 결과물 제출을 면제받는 이는 '연구실적 심사평가를 3번 이상 통과한 연구사'이므로 임용 기간과 관련이 없다.

05 의사소통능력 정답 ①

유형	일반형 정보 Text 읽기 〉 미시적 이해 〉 추론	난이도	★★★

소나무재선충병에 걸린 나무는 치료약이 없어 100% 고사한다. 따라서 나무주사 또는 약제 살포 등을 통해 사전에 예방하는 방법이 해결책으로 제시되어 있다.

| 오답풀이 |

② 피해를 입은 나무의 수는 최대 51만 그루로 2005년에

가장 많았지만, 피해를 입은 면적은 최대 7,871ha를 기록한 2006년에 가장 넓었다.

③ 소나무재선충병은 소나무 외에도 해송, 잣나무 등의 수종에서 발생한다.

④ 나무주사의 대상에서 제외되는 대상은 잎의 상태를 육안으로 관찰했을 때 이상 징후가 있는 나무이므로 별도의 화학실험은 필요하지 않다.

⑤ 소나무재선충병은 치료약이 없으므로 붉은색으로 변하여 고사가 시작되면 소생시킬 수 없다.

06 의사소통능력 정답 ②

유형	일반형 정보 Text 읽기 〉 미시적 이해 〉 일치	난이도	★★☆

㉡ 1470년대 경공장에서 청색 물을 들이는 장인이 30여 명에 달할 만큼 청색 염색이 활발했다는 기록이 『경국대전』에 남아 있다.

| 오답풀이 |

㉠ 서울의 높은 양반집 여자들은 장옷을 썼으며 중인 이하의 여자들은 치마를 썼다.

㉢ 정3품에 해당하는 중인들은 홍포에 복두를 쓰고 협지금띠를 두르고 흑피화를 신었다. 청포에 흑각띠를 두르도록 규정된 품계는 정4품 이하이다.

㉣ 조선 중기에 염료의 으뜸이었던 남색 염료가 합성염료의 출현으로 왕좌에서 물러났다고 하였으므로, 합성염료가 더 많이 사용되었다는 것을 알 수 있다.

07 의사소통능력 정답 ④

유형	일반형 정보 Text 읽기 〉 미시적 이해 〉 추론	난이도	★★☆

'살쾡이'가 표준어로 지정된 까닭은 주로 서울 지역에서 사용되었기 때문이다. '삵괭이', '삭괭이', '삭꽹이', '살꽹이', '살괭이' 등의 방언이 주어진 글에 제시되어 있으나 가장 광범위하게 사용된 사례 여부는 확인할 수 없다.

| 오답풀이 |

① '호랑이'는 '살쾡이'라는 단어가 생겨난 방식과 같은 이치로 후대에 '호'(虎, 범)와 '랑'(狼, 이리)이 결합하여 생성된 단어이다.

② '살쾡이'와 '호랑이' 모두 개별적인 의미의 단어가 합쳐져 하나의 대상을 지시하는 단어가 된 사례이다.

③ 남한의 표준어인 '살쾡이'에 대한 북한의 표준어는 '살괭이'이므로, '살쾡이'는 남한의 사전에만 표제어로 등록되어 있을 것이다.

⑤ '삵'의 'ㄱ'으로 인해 뒤의 '괭이'가 된소리인 '꽹이'가 되는 사례, '삵'에 거센소리가 발생하여 '살쾡이'가 되는 사례 등 지역의 발음 차이에 따라 방언이 다양하게 나타나는 것을 알 수 있다.

08 의사소통능력 정답 ①

유형	일반형 정보 Text 읽기 〉 창의적 이해 〉 적용	난이도	★★☆

㉠ 주변의 대상이 제거된 상태에서 과거의 경험 없이 처음으로 알게 된 물체를 보았을 때 대상과의 거리를 판단하지 못하는 경우이다. 멀리 떨어져 있는 물체까지의 거리 판단은 과거 경험을 통한 추론에 따라 이루어지므로 글의 주장을 강화하는 사례에 해당한다.

| 오답풀이 |

㉡ 멀리 떨어져 있는 물체까지의 거리를 판단할 때 주변의 익숙한 대상을 토대로 추론하게 된다는 주장을 강화하기 위해서는 먼 불빛만으로 대상을 가늠하기 어려워서 거리를 짐작할 수 없는 상황이어야 한다.

㉢ 가까이 있는 물체까지의 거리를 판단할 때 두 눈과 대상의 위치에 따른 각도를 이용하게 된다는 주장을 강화하려면 실명된 한쪽 눈으로 인해 거리를 가늠할 수 없는 상황이어야 한다.

09 수리능력 정답 ③

유형	기타 〉 수추리	난이도	★☆☆

7부터 시계 방향으로 다음과 같은 규칙이 적용된다.

7 8 6 10 2 18 −14 50

+1 −2 +4 −8 +16 −32 +64

따라서 빈칸에 들어갈 숫자는 50이다.

10 수리능력 정답 ④

유형	기타 〉 수추리	난이도	★☆☆

4부터 시계 방향으로 다음과 같은 규칙이 적용된다.

$$\begin{array}{ccccccccccccccc} 4 & & 8 & & 5 & & 20 & & 15 & & 90 & & 83 & & 664 \\ & \times 2 & & -3 & & \times 4 & & -5 & & \times 6 & & -7 & & \times 8 & \end{array}$$

따라서 빈칸에 들어갈 숫자는 664이다.

11 수리능력 정답 ③

유형	자료해석 〉 자료계산	난이도	★★☆

ⓒ 5개 지점 매출액의 평균은 $\frac{71}{5}=14.2$(억 원)으로 이보다 높은 지점은 B, C로 2곳이다.

ⓓ 5개 지점의 매출액이 20% 증가하면 전체 매출액은 $71\times1.2=85.2$(억 원)이 되므로 전체 목표매출액인 90억 원을 초과하지 않는다.

| 오답풀이 |

ⓐ 직원 1인당 매출액이 가장 높은 지점은 $\frac{10}{3}$억 원인 D이다.

ⓑ 목표매출액 달성률이 가장 높은 지점은 $\frac{18}{20}\times100=$ 90(%)인 C이다.

12 수리능력 정답 ②

유형	자료해석 〉 수치 읽기	난이도	★★☆

ⓐ 2017~2019년에 매 학기 장학생 수가 증가하는 장학금 유형은 없다.

ⓒ 2019년 2학기 장학생 1인당 장학금은 B유형이 $\frac{70}{20}=$ 3.5(백만 원)이고 A유형이 $\frac{372}{104}\fallingdotseq3.6$(백만 원)으로 A유형이 더 크다.

| 오답풀이 |

ⓑ 2018년 1학기에 비해 2018년 2학기에 장학생 수와 장학금 총액이 모두 증가한 장학금 유형은 B를 제외하고 나머지 4개이다.

ⓓ E장학금 유형에서 장학생 수와 장학금 총액이 가장 많은 학기는 각각 2019년 1학기의 2,188명이고, 2019년 1학기의 2,379백만 원이다.

13 수리능력 정답 ⑤

유형	자료해석 〉 추세 읽기	난이도	★★☆

ⓒ 초미세먼지 농도가 가장 낮은 지역은 강원도로 조기 사망자 수는 443명인데, 이는 충청북도의 403명보다 많다.

ⓓ [도표]에서 대구가 부산보다 위에 있으므로 연령 표준화 사망률이 더 높은 것을 알 수 있다. 반면 대구의 초미세먼지로 인한 조기 사망자 수는 672명으로 부산의 947명보다 적다.

| 오답풀이 |

ⓐ 초미세먼지로 인한 조기 사망자 수가 가장 많은 지역은 경기도다.

ⓑ 대구의 연령 표준화 사망률은 울산보다 높지만 대구의 초미세먼지로 인한 조기 사망자 수는 672명으로 울산의 222명보다 많다.

14 수리능력 정답 ④

유형	자료해석 〉 복합 자료해석	난이도	★★★

ⓐ 보고서의 2019년 회계부정행위 신고 건수는 모두 64건으로 2018년보다 29건 감소하였다는 내용에서 해당 자료가 사용되었음을 알 수 있다.

ⓑ 보고서의 회계부정행위 신고 건수가 2013년부터 2016년까지 연간 최대 32건에 불과하였다는 내용을 통해 해당 자료가 사용되었음을 알 수 있다.

ⓒ 보고서의 회계부정행위 신고에 대한 최대 포상금 한도가 2017년 11월 규정 개정 후에는 1억 원에서 10억 원으로 상향되었다는 내용을 통해 해당 자료가 사용되었음을 알 수 있다.

| 오답풀이 |

ⓓ 보고서에서 포상금이 상향됨에 따라 신고 건수가 증가했다는 내용은 언급되어 있지만 신고 포상금이 얼마나 지급되었는지에 대한 내용은 언급되어 있지 않다.

15 수리능력 정답 ①

유형	자료해석 〉 수치 읽기	난이도	★★★

2019년 경기 지역의 5톤 미만 어선 수는 $910+283+158+114+118=1,583$(척)이고, 2018년 경기 지역의

5톤 미만 어선 수는 946+330+175+135+117=1,703(척)이다. 따라서 2019년 경기의 5톤 미만 어선 수의 전년 대비 감소율은 $\frac{1,703-1,583}{1,703}\times100≒7.0(\%)$이다.

| 오답풀이 |

② 세종은 7척에서 8척으로 증가했다.

③ 인천, 전남, 경북, 경남, 제주 지역은 톤급이 증가할수록 어선 수가 증가한 적이 있다.

④ 2019년 1톤 이상 2톤 미만 어선 수는 전남, 경남, 부산에 이어 충남이 네 번째로 크다.

⑤ 2019년 인천의 1톤 미만 어선 수 대비 3톤 이상 4톤 미만 어선 수의 비는 $\frac{174}{98}≒1.78$(척)이고, 제주는 $\frac{349}{123}≒2.84$(척)이다. 2018년 인천은 $\frac{191}{147}≒1.30$(척)이고, 제주는 $\frac{335}{142}≒2.36$(척)으로 제주 지역이 가장 높다.

16 수리능력 정답 ②

유형	자료해석 〉 복합 자료해석	난이도	★★★

[표]에서 2011년 유상거래 최저 가격은 10원/kg이지만 [그래프]에서는 40원/kg이므로 옳지 않다.

17 수리능력 정답 ②

유형	자료해석 〉 복합 자료해석	난이도	★★★

[표2]에서 탈모 증상 경험자 중 탈모 증상 완화 시도 방법으로 미용실 탈모 관리를 받았다고 한 응답자의 수는 남성이 214×0.042≒9.0(명), 여성이 115×0.113≒13.0(명)으로 여성이 더 많다.

| 오답풀이 |

① [표1]에서 남녀 각각 연령대가 높을수록 탈모증상을 경험한 비율이 높음을 알 수 있다.

③ [표2]에서 탈모 증상 경험자의 연령대가 높을수록 탈모 증상 완화 시도 여부에 대한 응답자 수도 많음을 알 수 있다.

④ 탈모 증상 경험자 중 부모의 탈모 경험이 있다고 한 응답자의 비율은 $\frac{236}{236+93}\times100≒71.7(\%)$이다.

⑤ 탈모 증상이 심각하다는 응답자는 150명이다. 그중 부모의 탈모 경험이 없다고 응답한 93명이 다 포함되어 있다고 가정해도 최소 150−93=57(명)은 부모의 탈모 경험이 있다고 응답한 것이다.

18 문제해결능력 정답 ⑤

유형	수리, 기호 정보에서 원리 파악하기 〉 수리적 원리 파악하고 적용하기	난이도	★★☆

A는 채무자 X, Y, Z에 대한 1순위 저당권을 획득하였으므로 2억 4천만 원:1억 6천만 원:8천만 원$=\frac{1}{2}:\frac{1}{3}:\frac{1}{6}$=3:2:1이므로 3억 6천만 원은 이 비율로 나누어지게 된다. 그러므로 A는 X, Y, Z로부터 각각 3억 6천만 원$\times\frac{3}{6}$=1억 8천만 원, 3억 6천만 원$\times\frac{2}{6}$=1억 2천만 원, 3억 6천만 원$\times\frac{1}{6}$=6천만 원을 가져오게 되고 그 차액이 후순위 채권자들에게 돌아가게 된다.

따라서 X의 2억 4천만 원에서 A가 가져간 1억 8천만 원을 뺀 6천만 원이 B에게 돌아간다. 또한 Y의 1억 6천만 원에서 A가 가져간 1억 2천만 원을 뺀 4천만 원이 C에게 돌아가고, Z의 8천만 원에서 A가 가져간 6천만 원을 뺀 2천만 원이 D에게 돌아간다.

19 문제해결능력 정답 ③

유형	수리, 기호 정보에서 원리 파악하기 〉 수리적 원리 파악하고 적용하기	난이도	★★★

모든 호주는 영업전 20무를 가진다. 남편이 사망한 경우 다섯 번째 조항에 의해 30무를 받게 된다. 또한 세 번째 조항에 의해 아들 몫으로는 40무를 지급받게 된다. 따라서 20+30+40=90(무)를 지급받는다.

| 오답풀이 |

① 모든 호주에게 지급한 것이 영업전이므로 기본적으로 영업전은 상속하게 되고, 17세 미만의 남자이지만 호주가 되었으므로 네 번째 조항에 의해 구분전 40무를 지급받게 된다. 따라서 20+40=60(무)를 지급받는다.

② 원래 가지고 있는 영업전 20무에 구분전 80무 중에서 60세 때 그 절반이 환수되었으므로 40무만 남으므로 20+40=60(무)를 지급받는다.

④ 호주이므로 영업전 20무를 지급받고, 거기에 신체 건강한 남자이므로 구분전 80무를 지급받는다. 남자가 17세 미만인 경우 호주인 경우에만 구분전을 지급하므로 아들들의 몫으로 나오는 토지는 없다. 따라서 20+80=100(무)를 지급받는다.

⑤ 호주는 20무를 지급받고, 신체 건강한 아들들이므로 각각 80무씩 구분전을 받는다. 게다가 호주인 E 역시 구분전 80무를 받을 자격이 되므로 20+80×3=260(무)를 지급받는다.

20 문제해결능력 정답 ⑤

유형	수리, 기호 정보에서 원리 파악하기 〉 기호 원리 파악하고 적용하기	난이도	★★☆

버튼을 누르는 순서에 따라 갑의 말의 위치는 다음과 같다.

누른 순서	1	2	3	4	5
누른 버튼	←	→	→	←	←
위치	L	L	B	B	L

따라서 갑의 말이 최종적으로 위치하는 칸은 L이다.

21 문제해결능력 정답 ⑤

유형	수리, 기호 정보에서 원리 파악하기 〉 기호 원리 파악하고 적용하기	난이도	★★★

을이 방어에 성공하기 위해서는 갑과 최대한 많이 만나야 하므로 A−B−E−F−I, A−B−E−H−I, A−D−E−F−I, A−D−E−H−I의 경로를 선택하는 것이 좋다.

| 오답풀이 |

① I−F−C−B−A / I−F−E−B−A / I−F−E−D−A / I−H−E−B−A / I−H−E−D−A / I−H−G−D−A로 총 6가지이다.

② A−B−C−F−I / A−B−E−F−I / A−B−E−H−I / A−D−E−F−I / A−D−E−H−I / A−D−G−H−I로 총 6가지이다.

③ 갑이 공격할 때와 을이 방어할 때 도중에 만나는 경우를 확인하면 다음과 같다.

갑 \ 을	I−F−C−B−A (C에서)	I−F−E−B−A (E에서)	I−F−E−D−A (E에서)	I−H−E−B−A (E에서)	I−H−E−D−A (E에서)	I−H−G−D−A (G에서)
A−B−C−F−I	○	×	×	×	×	×
A−B−E−F−I	×	○	○	○	○	×
A−B−E−H−I	×	○	○	○	○	×
A−D−E−F−I	×	○	○	○	○	×
A−D−E−H−I	×	○	○	○	○	×
A−D−G−H−I	×	×	×	×	×	○

공격에 성공할 확률은 $\frac{18}{36}$, 반대로 방어에 성공할 확률도 $\frac{18}{36}$이 된다.

④ 갑이 공격에 성공하기 위해서는 한 번만 만나는 I−F−C−B−A와 I−H−G−D−A의 경로를 선택하는 것이 좋다.

22 문제해결능력 정답 ⑤

유형	Text로 된 정보에서 원리 파악하기 〉 미시적 원리 파악하고 적용하기	난이도	★★☆

토지세를 낼 필요가 없기 때문에 여자들로만 구성된 가정이라면 세액이 증가되지 않았다.

| 오답풀이 |

① 인두세를 토지세에 병합하려고 했기 때문에 대지주로서는 조세 개혁을 환영하지 않았을 것이다.

② 법령 반포 전에는 인두세가 모든 성인 남자 인구에 부과되었고 지방마다 금액에 차이가 있었다.

③ 성인 남자가 없는 여자들로만 구성된 지주 가정은 내지 않아도 되는 인두세를 토지세에 병합시켰기 때문에 손해이다.

④ 1712년 법령 반포 이후 지방에서 조세를 징수하는 관료들이 인두세를 토지세에 병합하려고 했기 때문에 조세의 징수에 관해서는 토지 소유의 변동 실태만 확

인하면 되었다.

23 문제해결능력 정답 ①

유형	수리, 기호 정보에서 원리 파악하기 〉 수리적 원리 파악하고 적용하기	난이도	★★★

조세 개혁은 해당 지방의 인두세 총액을 토지 총 면적으로 나누어서 얻은 값을 종래의 단위면적당 토지세액에 더하는 것이므로 이를 계산하면 다음과 같다.

구분	인두세 총액을 토지 총 면적으로 나눈 값	토지세액의 증가율
갑	$\frac{500,000}{2,500,000}=0.2$	$\frac{0.2}{2}=0.1$
을	$\frac{600,000}{6,000,000}=0.1$	$\frac{0.1}{1.5}\fallingdotseq 0.07$
병	$\frac{400,000}{1,000,000}=0.4$	$\frac{0.4}{2.5}=0.16$
정	$\frac{960,000}{2,400,000}=0.4$	$\frac{0.4}{2}=0.2$

각 지방의 개혁에 대한 반발 정도가 단위면적당 토지세액의 증가율에 비례하였으므로 조세 개혁에 대한 반발이 큰 지방의 순서는 정 – 병 – 갑 – 을이다. 또한 반발 정도가 클수록 조세 개혁은 더 느리므로 조세 개혁 속도가 빠른 순서는 을 – 갑 – 병 – 정이다.

24 문제해결능력 정답 ③

유형	적용 퀴즈 〉 순서 정하기	난이도	★★☆

문제에서 D가 첫 번째, G가 두 번째로 운동한다고 하였고 C는 A가 운동하기 전, G가 운동한 후에 하므로 G−C−A 순으로 운동을 한다. G는 F가 운동하기 전, D가 운동한 후에 하고, B는 F가 운동하기 전에 하므로 D−G−F, B−F 순으로 운동을 한다. 또한 D, E, G는 혼자 운동을 하므로 가능한 경우는 다음 세 가지이다.

첫 번째	두 번째	세 번째	네 번째	다섯 번째
D	G	B, C	E	A, F
D	G	B, C	A, F	E
D	G	E	B, C	A, F

따라서 C는 항상 B와 같이 운동을 하므로 정답은 ③이다.

25 문제해결능력 정답 ④

유형	적용 퀴즈 〉 배치하기	난이도	★★★

베이츠는 프랑스어나 일본어만 구사 가능하므로 프랑스어나 일본어를 사용하는 손님만 접대 가능하다. 찰리는 독일어와 스페인어만 구사 가능하므로 독일어와 스페인어를 사용하는 손님만 접대 가능하다. 도널드는 프랑스어와 스페인어만 구사 가능하므로 프랑스어와 스페인어를 사용하는 손님만 접대 가능하다. 두 번째 조건에서 적어도 두 명의 독일어를 사용하는 손님이 같은 테이블에 앉아야 하므로 찰리만 접대 가능하다. 세 번째 조건에서 손님 중 적어도 3명은 스페인어를 사용하므로 찰리와 도널드만 접대 가능하다.

찰리			도널드			베이츠		
독일	독일							

문제에서 프랑스어를 사용하는 손님과 스페인어를 사용하는 손님이 두 번째 테이블에 앉는다고 하였고 프랑스어와 스페인어는 도널드만 소화 가능하므로 도널드가 두 번째 테이블에 앉는다. 세 번째 조건에 의해 스페인어를 사용하는 손님은 3명 이상이므로 도널드는 스페인어를 사용하는 손님을 최대 두 명을 담당할 수 있고 나머지 1명은 찰리가 담당해야 한다. 프랑스어를 사용하는 손님이 현재 두 번째 테이블에 앉아 있으므로 첫 번째 조건에 의해 찰리는 첫 번째 테이블이 된다. 따라서 첫 번째 테이블을 찰리가 차지하므로 손님은 독일어를 사용하는 손님 2명, 스페인어를 사용하는 손님 1명이다.

찰리1			도널드2			베이츠3		
독일	독일	스페인	프랑스어	스페인	스페인			

DAY

15

정답 확인

문항	영역	정답	문항	영역	정답	문항	영역	정답	문항	영역	정답	문항	영역	정답
01	의사소통	②	02	의사소통	⑤	03	의사소통	④	04	의사소통	④	05	의사소통	⑤
06	의사소통	①	07	의사소통	②	08	의사소통	⑤	09	수리	③	10	수리	⑤
11	수리	②	12	수리	②	13	수리	④	14	수리	③	15	수리	③
16	수리	⑤	17	수리	①	18	문제해결	⑤	19	문제해결	③	20	문제해결	②
21	문제해결	②	22	문제해결	⑤	23	문제해결	②	24	문제해결	⑤	25	문제해결	④

영역별 실력 점검표

영역	맞은 개수	정답률	취약 영역
의사소통능력	/8	%	
수리능력	/9	%	
문제해결능력	/8	%	
합계	/25	%	

01 의사소통능력

정답 ②

유형	일반형 정보 Text 읽기 〉 미시적 이해 〉 추론	난이도	★★★

박물관이 자본주의 사회의 기원과 발전을 얼버무리는 한편 착취, 인종차별, 성차별, 계급투쟁의 요소를 역사기록으로부터 삭제하여 광범위한 저항의 전통과 대중문화의 존재를 은폐하였다는 내용을 참고할 때, 대중들은 자본주의의 기원과 발전에 참여했지만 그 존재가 지워졌으리라는 것을 추론할 수 있다.

| 오답풀이 |

① 박물관이 과거와 미래에 걸쳐 대안적 사회질서를 상상할 힘을 관람객으로부터 빼앗는다는 내용을 통해 그에 맞설 힘을 길러야 한다는 필자의 입장을 도출할 수 있다.
③ 과거의 사건과 경험과 과정들이 의도적으로 선택되어 구성되는 역사의 구성 방식을 통해 역사기록으로부터 의도적으로 무시되는 요소가 있다는 것을 추측할 수 있다.
④ 모든 역사가 과거의 사건을 의도적으로 선택하고 질서화하며 평가하는 과정을 거쳐 구성된다는 내용으로 판단할 때 보편타당한 '과거'와 '현재'를 구성할 수 있는 해석 방법은 없다는 것을 알 수 있다.
⑤ 박물관은 지배계급의 도구가 되기 위해 선택과 침묵을 결합하는 방식을 취하는 한편, 역사를 만드는 대중의 존재를 지우고 대안적 사회질서를 상상할 힘을 빼앗는다는 내용을 통해 추론할 수 있다.

02 의사소통능력

정답 ⑤

유형	일반형 정보 Text 읽기 〉 미시적 이해 〉 추론	난이도	★★☆

각 구성원의 경곗값에 따라서 중간 고리가 끊어질 경우 폭동이 일어나기 위한 연쇄 반응이 일어나지 않을 수도 있다. 이를 고려할 때 소수의 성향 차이에 따라 전체 집단에 미치는 결과가 달라질 수 있으며, 경곗값의 합이나 특정 값, 평균 경곗값 등으로는 폭동 발생 여부를 판단할 수 없다는 것을 추측할 수 있다.

03 의사소통능력

정답 ④

유형	일반형 정보 Text 읽기 〉 창의적 이해 〉 적용	난이도	★★☆

주어진 글은 사회적 압력에 따라 발생하는 개인의 동조 현상을 보여 주는 실험 내용이다. 집단의 규범 내에 있을 때 개인이 심리적으로 가장 안정감을 느끼게 된다는 것은 집단의 압력에 따라 개인이 기존의 신념을 바꾸게 된다는 실험 결과와 대조적인 내용이다. 따라서 주어진 글을 통해 판단할 수 있는 사례로 적절하지 않다.

04 의사소통능력

정답 ④

유형	일반형 정보 Text 읽기 〉 미시적 이해 〉 추론	난이도	★★☆

유연 안정성 모델에서 기업의 경쟁력보다 노사 간의 타협이 더 중시된다는 내용은 확인할 수 없다. 덴마크의 사례는 높은 사회 보장과 적극적 노동 시장 정책을 유인으로 삼고 있으며, 네덜란드의 사례 또한 노사 타협의 산물과 고용노동법의 완화를 주안점으로 두고 있으나 기업의 경쟁력에 대한 언급은 찾을 수 없다.

| 오답풀이 |

① 유연성과 안정성의 조화를 이룬 성공 사례로 덴마크와 네덜란드의 정책 유형을 각기 제시하고 있다.
② 덴마크의 경우, 실직 기간 중 생계유지에 필요한 비용을 국가에서 제공하여 시스템의 효율을 높인다고 하였으므로 정부의 역할이 중요하다는 것을 알 수 있다.
③ 사회 보장 제도의 강화를 통해 고용 안정성을 제고하여 노동 시장의 역동성을 유지하는 덴마크와 네덜란드의 정책 사례로부터 추론할 수 있다.
⑤ 직업 훈련 프로그램을 통해 실업자의 역량을 높이는 덴마크의 사례와 육아나 재충전이 필요한 노동자를 지원하는 네덜란드의 사례를 통해 고용 안정과 삶의 질 향상을 동시에 달성하려는 바를 확인할 수 있다.

05 의사소통능력

정답 ⑤

유형	일반형 정보 Text 읽기 〉 창의적 이해 〉 적용	난이도	★★☆

네덜란드 노동 시장의 가장 큰 특징은 시간제 노동자의 비율이 높은 것이므로 '내부적-수량적 유연성'을 제고하

였다고 볼 수 있다. 또한 육아나 재충전 등을 위한 자발적인 노동 시장 불참을 지원하는 제도를 마련하였으므로 '결합 안정성'을 높였다고 분석할 수 있다.

| 오답풀이 |

① 덴마크와 네덜란드의 근속연수 등 두 국가를 비교할 수 있는 구체적인 정보는 확인할 수 없다.

② 네덜란드에서는 시간제 노동을 정책적으로 장려하였으므로 전일제 노동의 비중은 줄어들었을 것이다.

③ 덴마크의 직업 훈련은 개인의 역량 향상과 동기 부여를 통한 재취업에 초점을 맞추고 있으므로 직장 안정성과 관련이 없다.

④ 노동 시간을 탄력적으로 조정하려는 기업과 고용 불안을 억제하려는 노조 간에 타협을 이룬 네덜란드의 사례에 해당하는 내용이다.

06 의사소통능력 정답 ①

유형	일반형 정보 Text 읽기 〉 미시적 이해 〉 추론	난이도	★★☆

㉠ 허용형 어머니는 아이의 욕망에 관심을 지니는 식으로 자기 욕망을 형성하지만, 방임형 어머니는 아이의 욕망에 무관심하다.

| 오답풀이 |

㉡ 허용형 어머니의 아이들은 도덕적 책임 의식이 결여된 경우가 많으므로, 독재형 어머니의 아이보다 도덕적 의식이 높다고 단정할 수 없다.

㉢ 방임형 어머니의 아이들은 자신의 욕망은 물론 어머니의 욕망도 파악하지 못하므로, 독재형 어머니의 아이보다 어머니의 욕망을 더욱 잘 파악한다고 판단할 수 없다.

07 의사소통능력 정답 ②

유형	실용형 정보 Text 읽기 〉 회사 문서 정보 읽기	난이도	★★☆

㉢ 연말정산 기간 중 세무서에 연말정산 자동계산 프로그램 사용 방법에 관한 상담 수요가 폭증했다는 부분에 대하여 구체적인 통계로 보완할 수 있는 자료이다.

| 오답풀이 |

㉠ 연말정산 자동 상담 시스템을 개발할 경우 예상되는 효과를 전망하는 부분을 보완할 수 있는 자료이다.

㉡ 연말정산 기간을 정확하게 알지 못한 사람이 늘어났다는 정보는 주어진 개요와 관련이 없는 자료이다.

08 의사소통능력 정답 ⑤

유형	일반형 정보 Text 읽기 〉 미시적 이해 〉 추론	난이도	★★★

일본은 함경도를 만주와 동일한 경제권으로 묶는 정책을 시행하였으므로, 당시 함경도는 한반도에서 분리된 경제권역에 해당한다. 따라서 한반도와 만주가 동일한 경제권에 속했다는 내용은 적절하지 않다.

| 오답풀이 |

① 영화 「아리랑」의 감독 겸 주연이었던 나운규의 고향인 회령의 탄광에서 1935년에 폭약이 터져 800여 명의 광부가 매몰돼 사망하였다.

② 최북단 오지의 작은 읍이었던 무산·회령·종성·온성에 개발이 촉진되어 근대적 도시로 발전하였다.

③ 나운규가 목도한 철도 부설 공사는 회령에서 청진을 잇는 노선에 해당하였으므로, 양을 목축하는 축산 거점이었던 회령에서 대륙 종단의 시발점이 되는 항구인 청진까지 철도가 부설되었다는 것을 알 수 있다.

④ 일본은 군수 산업에 필요한 광물, 목재, 콩 등의 원료를 함경도와 두만강 변에서 자국으로 수송하기 위해 함경선과 백무선 등의 철도를 잇달아 부설하였다.

09 수리능력 정답 ③

유형	응용계산 〉 경우의 수	난이도	★★☆

6명 중 2명씩 뽑아 순서에 상관없이 3주간의 토요일에 근무에 배치하는 것이므로 그 경우의 수는

$_6C_2 \times {_4C_2} \times {_2C_2} = \frac{6\times5}{2} \times \frac{4\times3}{2} \times \frac{2\times1}{2} = 90$(가지)이다.

10 수리능력 정답 ⑤

유형	자료해석 〉 추세 읽기	난이도	★★☆

에너지 사용량 대비 GDP는 원점에서부터 원의 중심까지의 기울기의 역수이다. 따라서 원점에서부터 원의 중심까지의 기울기는 B가 A보다 크므로 에너지 사용량 대비 GDP는 B국이 A국보다 낮다.

| 오답풀이 |

① 에너지 사용량이 가장 많은 국가는 그래프에서 제일 위쪽에 있는 A국이고, 가장 적은 국가는 그래프에서 제일 아래쪽에 있는 D국이다.

② C국과 D국은 원의 크기가 비슷하므로 인구수가 비슷한 것을 알 수 있다. 따라서 1인당 에너지 사용량을 구할 때 분자가 되는 에너지 사용량이 큰 국가가 1인당 에너지 사용량 역시 크다. 따라서 C국이 D국보다 세로축에서 더 높이 위치해 있으므로 1인당 에너지 사용량이 더 많다.

③ 그래프의 가로축이 GDP를 나타내므로 GDP가 가장 낮은 국가는 그래프의 가장 좌측에 위치한 D국이고 GDP가 가장 높은 국가는 그래프의 가장 우측에 있는 A국이다.

④ GDP는 H국이 약 5,000십억 달러이고, B국은 2,000십억 달러가 조금 안 된다. 즉, H국의 GDP가 B국의 3배가 조금 안되는데 B국과 H국의 원의 넓이를 비교해 보면 3배 이상 차이 나는 것을 알 수 있다. 따라서 1인당 GDP는 H국이 B국보다 높다.

11 수리능력 정답 ②

유형	자료해석 〉 수치 읽기	난이도	★★☆

첫 번째 조건에서 의료 산업 종사자 수는 IT 산업 종사자 수의 3배이므로 의료 산업과 IT 산업은 B와 A 또는 E와 F이다. 이때 두 번째 조건에서 의료 산업과 석유화학 산업의 부가가치액 합은 10대 미래산업 전체 부가가치액의 50% 이상이므로 의료 산업은 B와 E 중 B임을 알 수 있다. 여기서 선택지 ④, ⑤가 소거된다. 또한, 의료 산업의 부가가치액인 8,949억 원과 석유화학 산업의 부가가치액을 합하여 전체 부가가치액의 50%인 23,638×0.5=11,819(억 원) 이상이어야 하므로 석유화학 산업은 11,819−8,949=2,870(억 원) 이상이어야 한다. 이에 따라 C 또는 D가 석유화학 산업임을 알 수 있다. 네 번째 조건에서 철강 산업 업체 수는 지식서비스 산업 업체 수의 2배이므로 철강 산업과 지식서비스 산업은 D와 E 또는 D와 F이다. 따라서 D가 철강 산업이고, C가 석유화학 산업이므로 정답은 ②이다.

덧붙여 설명하면 세 번째 조건에서 매출액이 가장 낮은 산업은 항공우주인데, 매출액$=\frac{\text{부가가치액}}{\text{부가가치율}}\times100$이고, 산업별 부가가치율은 30~40%로 비슷하므로 부가가치액이 61억 원으로 가장 낮은 F가 항공우주 산업임을 알 수 있다.

12 수리능력 정답 ②

유형	자료해석 〉 추세 읽기	난이도	★★★

㉠ 교육 분야 예산은 135×0.09≒12.2(억 원)이다.

㉣ 도시안전 분야 예산은 135×0.19≒25.7(억 원)이고, A−2사업 예산은 135×0.42×0.47×0.48≒12.8(억 원)으로 약 2배이다.

| 오답풀이 |

㉡ C사업 예산은 135×0.42×0.19≒10.8(억 원)이고 D사업 예산은 135×0.19×0.51≒13.1(억 원)으로 C사업 예산이 D사업 예산보다 적다.

㉢ 경제복지 분야 예산은 135×0.3=40.5(억 원)이고 B사업과 C사업 예산의 합은 135×0.42×0.53≒30.1(억 원)이다.

13 수리능력 정답 ④

유형	자료해석 〉 수치 읽기	난이도	★★☆

6개 광종을 분류 기준에 따라 나누면 다음과 같다.

항목＼광종	금광	은광	동광	연광	아연광	철광
위험도	2.5	4.0	2.5	2.7	3.0	3.5
경제성	3.0	3.5	2.5	2.7	3.5	4.0
분류	비축 제외	비축 필요	비축 제외	비축 제외	주시	비축 필요

따라서 주시 광종으로 분류되는 광종은 아연광이다.

14 수리능력 정답 ③

유형	자료해석 〉 자료계산	난이도	★★☆

위험도와 경제성 점수가 현재보다 20%씩 증가하면 분류는 다음과 같다.

광종 / 항목	금광	은광	동광	연광	아연광	철광
위험도	3.0	4.8	3.0	3.24	3.6	4.2
경제성	3.6	4.2	3.0	3.24	4.2	4.8
분류	주시	비축 필요	비축 제외	비축 필요	비축 필요	비축 필요

따라서 비축 필요 광종은 은광, 연광, 아연광, 철광으로 총 4개이다.

15 수리능력 정답 ③

유형	자료해석 〉 추세 읽기	난이도	★★★

국내 사업비 지출액 중 아동복지 지출액은 전체의 $0.4\times0.45\times100=18(\%)$이다. 해외 사업비 지출액 중 교육보호 지출액은 전체의 $0.5\times0.54\times100=27(\%)$이다. 따라서 합하면 전체 지출액의 $18+27=45(\%)$이다.

| 오답풀이 |

① 수입액과 지출액이 같으므로 비중을 통해 비교가 가능하다. 전체 수입액 중 후원금 수입액은 10%이고, 국내 사업비 지출액 중 아동복지 지출액은 $0.4\times0.45\times100=18(\%)$이므로 후원금 수입액이 더 적다.

② 국내 사업비 지출액 중 아동권리지원 지출액은 $0.4\times0.27\times100=10.8(\%)$이고, 해외 사업비 지출액 중 소득증대 지출액은 $0.5\times0.2\times100=10(\%)$이므로 아동권리지원 지출액이 더 많다.

④ 해외 사업비 지출액 중 식수위생 지출액은 전체의 $0.5\times0.05\times100=2.5(\%)$이다.

⑤ [그래프2]에서 A자치단체 국내 사업비 지출액의 구성비는 40%이므로 전체 지출액을 a라고 하면 국내 사업비 지출액은 0.4a이다. 이때 국내 사업비 지출액에서 지역사회복지 지출액의 구성비가 16%이므로 지역사회복지 지출액은 $0.4a\times0.16=0.064a$이고, 국내 사업비 지출액에서 지역사회복지 지출액을 뺀 금액은 $0.4a-0.064a=0.336a$이다. 국내 사업비 지출액이 6%p 증가할 경우 국내 사업비 지출액은 0.46a이 되고, 지역사회복지 지출액을 제외한 다른 모든 지출액이 동일하게 유지된다면 지역사회복지 지출액은 $0.46a-0.336a=0.124a$가 되므로 지역사회복지 지출액은 $\frac{0.124}{0.064}\fallingdotseq1.94$(배)이다.

16 수리능력 정답 ⑤

유형	자료해석 〉 수치 읽기	난이도	★★☆

여성과 남성의 여가 활동 비율을 보면, 모든 여가 활동에서 여성이 남성보다 높은 비율을 차지하고 있다.

| 오답풀이 |

① 소득이 500~600만 원인 가구와 600만 원 이상인 가구의 여가 활동률은 각각 영화 관람이 가장 높고, 그 다음으로 연극공연 관람이 높다.

② 17개 시도 중 전통예술공연 관람률이 가장 높은 곳은 7.3%인 강원 지역이고, 두 번째로 높은 곳은 7.0%인 전남 지역이다.

③ 조사한 각 연령대에서 여가 활동률이 가장 높은 활동은 영화 관람이다.

④ 동남권의 연예공연 관람률은 9.1%이고, 충청/세종권의 음악연주회 관람률은 2.0%이므로 4배 이상이다.

17 수리능력 정답 ①

유형	자료해석 〉 추세 읽기	난이도	★★☆

[표]에서 40대와 50대의 여가 활동률은 각각 71.9%, 51.5%인데 [그래프]에서는 40대가 약 65%, 50대가 약 70%이다.

18 문제해결능력 정답 ⑤

유형	퀴즈 문제 〉 참 · 거짓	난이도	★★★

제시문의 마지막 문단에서 모자장수는 3월의 토끼는 그들 셋이 모두 제정신이라는 것을 믿지 않는다고 하였고 겨울잠 쥐는 3월의 토끼는 제정신이라고 하였다.

만약 모자장수의 말이 참이라면 3월의 토끼는 그들 셋이 모두 제정신은 아니라고 말하였고 이 말이 참이면 겨울잠 쥐의 말은 거짓말이 되어야 하는데, 그렇게 되면 3월의 토끼는 제정신이라는 겨울잠 쥐의 말은 사실이므로 모순이 된다. 3월의 토끼의 말이 거짓이라면 셋이 모두 제정신이라는 말이고, 그렇게 되면 자신이 스스로 거짓을 말한 것이 되므로 모순이 된다.

다른 경우로 모자장수의 말이 거짓이면 3월의 토끼는 그들 셋이 모두 제정신이라는 것을 믿고 있다. 하지만 모자장수의 말이 거짓이므로 3월의 토끼의 말은 거짓이고, 겨울잠 쥐의 말도 거짓이 된다.
따라서 제정신이 아닌 사람 또는 동물은 3월의 토끼, 모자장수, 겨울잠 쥐이다.

19 문제해결능력

정답 ③

유형	Text로 된 정보에서 원리 파악하기 〉 미시적 원리 파악하고 적용하기	난이도	★★☆

㉡ 네 번째 문단에서 자격 정지 이상의 전과가 있으면 경찰·교도관·검사·판사 및 국가정보원 직원 등 수사 및 사법 집행에 관련한 업무를 행하는 공무원은 될 수 없다. 소방공무원은 사법 집행에 관계된 직업이 아니므로 원칙적으로는 가능하다.
㉣ 네 번째 문단에서 변호사는 공무원이 아니고 일종의 전문직 자격이므로 형사 처벌을 받고 일정 기간이 지나면 될 수 있는 직업이라고 언급되어 있다.

| 오답풀이 |
㉠ 다섯 번째 문단에서 선거법으로 벌금 100만 원 이상의 형을 확정받거나 선거법 이외의 범죄로 집행유예 이상의 형을 확정받으면 국회의원 및 기타 단체장 선거에서 당선된 후보자나 현 의원 등은 그 당선이 무효 또는 자격이 상실된다고 언급되어 있다.
㉢ 다섯 번째 문단에서 벌금·과료·몰수 등의 재산형의 전과 정도로는 사회생활에 어떤 지장도 받지 않는다고 언급되어 있다.
㉤ 네 번째 문단에서 신입사원 공채 시 신원조회를 통해 전과 사실이 발견되더라도 결정적인 채용 결격사유는 되지 못하지만 입사 시 불이익을 받을 수는 있다고 언급되어 있다.

20 문제해결능력

정답 ②

유형	퀴즈 문제 〉 명제	난이도	★★☆

주어진 [조건]에 따라 이 부장은 반드시 포함되고, 이에 따라 7명 후보의 포함 여부를 살펴보면 다음과 같다.
㉢ 이 부장이 TF에 들어가면 양 과장도 같이 TF에 들어간다: 양 과장 포함
㉣ 양 과장이 TF에 들어가면 그와 분야가 겹치는 오 대리는 TF에 들어갈 수 없다: 오 대리 ×
㉡ (대우) 오 대리가 TF에 들어가지 않으면 정 대리가 TF에 들어간다: 정 대리 포함
㉥ 정 대리가 TF에 들어가면 유 차장도 TF에 들어간다: 유 차장 포함
㉠과 ㉤은 다른 조건들을 바탕으로 팀원들의 포함 여부를 알 수 없다. 따라서 TF팀에 포함하는 직원은 이 부장, 양 과장, 정 대리, 유 차장이다.

21 문제해결능력

정답 ②

유형	Text로 된 정보에서 원리 파악하기 〉 미시적 원리 파악하고 적용하기	난이도	★☆☆

㉠ W사는 어두운 색상을 미는 상품이 하나이므로 선택지에 제시된 색 중 군청색이 들어가야 한다.
㉡ G사의 티셔츠에 B사의 바지(노란색)를 입으면 색상을 통일할 수 있으므로 노란색이 들어가야 한다.
㉢ B사의 면 티셔츠 색상이 될 수 있는 색은 연두, 분홍, 베이지, 보라색인데, 그중 B사의 다른 상품에 쓰이지 않은 색상은 보라색이다.
㉣ M사의 니트 색상은 전 상품과 브랜드를 통틀어 유일한 색상이므로 선택지 중 하얀색 혹은 밤색이 해당한다.
㉤ 분홍색은 올봄 모든 의류 브랜드에 하나씩 들어가므로 분홍색이 들어가야 한다.

22 문제해결능력

정답 ⑤

유형	Text로 된 정보에서 원리 파악하기 〉 미시적 원리 파악하고 적용하기	난이도	★★☆

제12조 제6항에 따라 갑이 을 대신 배상할 경우 들어간 돈에 대해 회수할 수 있는 규정은 있지만, 연예인이 소속사에 끼친 손해에 대해 수익의 분배에서 보상받을 방법은 없다.

| 오답풀이 |
① 제3조 제2항에 따라 9년 계약이 무효가 되는 것이 아니라 계약기간이 7년이 경과되면 해지를 통보할 수 있는 것이다.
② 제3조 제3항에 따라 장기의 해외활동을 위한 계약의 경우 해지권 행사를 제한할 수 있다.
③ 제12조 제1항에 따라 소속사와 절반으로 나눈 후 그

를 인원인 5명으로 또 나눠가져야 하므로 10%를 가져가게 된다.

④ 제12조 제4항에 따라 을의 교육에 들어가는 비용은 갑이 부담해야 한다.

23 문제해결능력

정답 ②

유형	적용 퀴즈 〉 순서 정하기	난이도	★★★

윤정은 자신이 5명 중에서 입사일이 제일 빠를 수도 있다고 했으므로 1분기에 입사한 2명 중 한 명이다. 민주는 그런 윤정이보다 빠를 수도 있다고 했으므로 민주 역시 1분기에 입사한 사람이다.

1분기(2명)	2분기(1명)	3분기(2명)
윤정, 민주		

1분기에 2명이 입사한 것을 아는 상태에서 만약 은혜가 2분기에 입사한 사람이라면 자신이 그 한 명이 되기 때문에, 희진이가 3분기에 입사한 사람이라는 것을 알 수 있다. 하지만 은혜가 희진이가 언제 입사했는지 모르겠다고 하였으므로 은혜가 3분기에 입사한 사람이다.
이때 세진이가 은혜보다 입사일이 빠르다는 것을 모르겠다고 했으므로 세진이도 3분기에 들어온 사람이다.

1분기(2명)	2분기(1명)	3분기(2명)
윤정, 민주		은혜, 세진

따라서 2분기에 입사한 사람은 희진이다.

24 문제해결능력

정답 ⑤

유형	적용 퀴즈 〉 순서 정하기	난이도	★★★

세진의 입사 시기는 3분기이고, 희진은 2분기이므로 세진의 입사 시기는 희진보다 느리다.

| 오답풀이 |

③ 민주가 제일 빠를 수도 있으므로 반드시 거짓은 아니다.

25 문제해결능력

정답 ④

유형	수리, 기호 정보에서 원리 파악하기 〉 기호 원리 파악하고 적용하기	난이도	★★★

1:1로 게임을 하는 것이 아니라, 4명이 같이 게임을 하기 때문에 3회전처럼 한 명만 이기고, 세 명이 지는 일이 발생할 수 있다는 전제를 알고 시작해야 한다. A가 3회차까지 게임 후 위치는 오른쪽으로 3m이고 게임 종료 후에 현위치에 있기 위해서는 4, 5회차에는 패나 무를 기록해야 한다. 그리고 B가 현위치에 있으려면 1회차에 가위로 이겼으므로 왼쪽으로 3m 지점에 갔다가 바위로 이겨서 오른쪽으로 1m 지점에 있어야 한다. 그런데 3회차에서는 바위를 내서 패했고, 4, 5회차에는 바위를 낸 적이 없기 때문에, 2회차에서 바위를 내서 이겨야 한다.

구분	1회차		2회차		3회차		4회차		5회차	
	기록	판정	기록	판정	기록	판정	기록	판정	기록	판정
A	가위	승	바위	승	보	승	바위	패 or 무	보	패 or 무
B	가위	승	(가)	( )	바위	패	가위	패 or 무	보	패 or 무
C	보	패	가위	패	바위	패	(나)	( )	보	( )
D	보	패	가위	패	바위	패	가위	( )	(다)	( )

이때 4회차에서 B가 가위를 내서 패나 무를 기록하고, 5회차에서 A가 보를 내서 패나 무를 기록하였기 때문에 4회차 D와 5회차 C는 패 또는 무임을 알 수 있다.

구분	1회차		2회차		3회차		4회차		5회차	
	기록	판정	기록	판정	기록	판정	기록	판정	기록	판정
A	가위	승	바위	승	보	승	바위	패 or 무	보	패 or 무
B	가위	승	(가)	( )	바위	패	가위	패 or 무	보	패 or 무
C	보	패	가위	패	바위	패	(나)	( )	보	패 or 무
D	보	패	가위	패	바위	패	가위	패 or 무	(다)	( )

그런데 D는 1~4회차까지 패 또는 무이지만 최종 위치가 왼쪽으로 3m 지점에 있으므로 가위로 이겼음을 알 수 있다. C의 최종 위치는 출발점 그대로이고 4회차에 패

또는 무인데, 4회차 게임 기록을 보면 바위, 가위도 모두 패 또는 무이므로 4회차는 C는 보를 내서 전체적으로 무승부가 되어야 이 같은 조건이 성립할 수 있다는 것을 알 수 있다.

구분	1회차		2회차		3회차		4회차		5회차	
	기록	판정	기록	판정	기록	판정	기록	판정	기록	판정
A	가위	승	바위	승	보	승	바위	무	보	패
B	가위	승	바위	승	바위	패	가위	무	보	패
C	보	패	가위	패	바위	패	보	무	보	패
D	보	패	가위	패	바위	패	가위	무	가위	승

따라서 빈칸 가~다에는 순서대로 바위, 보, 가위가 들어가야 한다.

DAY

16

정답 확인

문항	영역	정답	문항	영역	정답	문항	영역	정답	문항	영역	정답	문항	영역	정답
01	의사소통	⑤	02	의사소통	②	03	의사소통	①	04	의사소통	②	05	의사소통	④
06	의사소통	③	07	의사소통	②	08	의사소통	⑤	09	수리	②	10	수리	①
11	수리	①	12	수리	⑤	13	수리	②	14	수리	①	15	수리	②
16	수리	②	17	수리	①	18	문제해결	③	19	문제해결	②	20	문제해결	③
21	문제해결	④	22	문제해결	④	23	문제해결	④	24	문제해결	③	25	문제해결	⑤

영역별 실력 점검표

영역	맞은 개수	정답률	취약 영역
의사소통능력	/8	%	
수리능력	/9	%	
문제해결능력	/8	%	
합계	/25	%	

01 의사소통능력 정답 ⑤

유형	일반형 정보 Text 읽기 〉 미시적 이해 〉 일치	난이도	★☆☆

연합한 의지가 헌법으로 구현되는 것과 관련된 내용은 주어진 글을 통해 확인할 수 없다.

| 오답풀이 |

① 계약이란 실천적 현실성을 갖는 이성의 순수 이념이라고 설명하고 있다.
② 계약은 모든 법률이 전 인민의 연합한 의지에서 기원할 수 있는 것처럼 입법자가 법률을 제정하도록 구속한다고 했으므로 적절한 내용이다.
③ 계약은 모든 사람이 그가 공민이고자 하는 한에서 각자가 이 의지에 동의를 한 것처럼 간주하게 한다고 했으므로 적절한 내용이다.
④ 계약설이 '의지'라고 하는 표현을 사용하는 경우에는 항상 그것에 의하여 구체화되는 이익이라는 표현을 삽입하지 않으면 안 된다는 내용을 통해 알 수 있다.

02 의사소통능력 정답 ②

유형	맞춤법 〉 어법	난이도	★★☆

'타자치는 속도'에 사용된 동사 '치다'는 '일정한 장치를 손으로 눌러 글자를 찍거나 신호를 보내다'라는 의미이다. 따라서 선택지 중 일정한 장치를 손으로 누르는 동작을 수행하는 경우는 전보를 이용하여 신호를 전달하는 상황인 ②에 해당한다.

| 오답풀이 |

① '손이나 물건 따위를 부딪쳐 소리 나게 하다'의 의미이다.
③ '팔이나 다리를 힘 있게 저어서 움직이다'의 의미이다.
④ '시계나 종 따위가 일정한 시각을 소리를 내어 알리다'의 의미이다.
⑤ '날개나 꼬리 따위를 세차게 흔들다'의 의미이다.

03 의사소통능력 정답 ①

유형	일반형 정보 Text 읽기 〉 창의적 이해 〉 적용	난이도	★★☆

주어진 글은 새로운 정보를 얻거나 외부와 소통할 때에는 약한 사회적 연결이 강한 친분 관계보다 더욱 결정적인 역할을 한다는 사회학 이론을 다루고 있다. 따라서 새로운 일자리에 대하여 정보를 얻을 때 기존에 가깝게 지내던 사람 대신에 그저 알고 지내던 사람에게서 출처를 제공받게 되는 경우가 더 많을 것이라는 주장이 주어진 글에서 도출할 수 있는 내용으로 가장 적절하다.

04 의사소통능력 정답 ②

유형	일반형 정보 Text 읽기 〉 미시적 이해 〉 추론	난이도	★★☆

카오스계는 예측가능성이 지극히 제한적이므로, 이해보다는 예측을 주로 담당하는 과학자의 입장에서 카오스 이론에 따른 영향을 감수하는 일은 부담스러울 것이다.

| 오답풀이 |

① 한 쌍의 진자 등 한정된 변수만으로 기술 가능한 물리계더라도 초기 조건에 민감하며 복잡한 운동으로 부정확성이 빠르게 증가할 수 있으므로 카오스계에 속할 수 있다.
③ 아무리 성능이 뛰어난 컴퓨터라도 기상 예측에 필요한 데이터를 제대로 처리하기 어렵다고 하였으므로 예측 가능성을 더 이상 높일 수 없다.
④ 부정확성이 천천히 증가하는 물리계의 경우, 변화를 예측하는 시간이 단축될 수 있으나, 부정확성이 빠르게 증가하는 물리계의 경우, 예측에 필요한 계산 시간은 그다지 크게 단축되지 않을 것이다.
⑤ 카오스 현상 등 예측 불가능한 물리계가 존재하는 이유는 초기 조건의 민감성 때문이며, 물리학의 인과 법칙을 따르지 않기 때문이 아니다.

05 의사소통능력 정답 ④

유형	일반형 정보 Text 읽기 〉 미시적 이해 〉 일치	난이도	★★☆

『상산록』에 따르면 청렴의 세 가지 등급 중 최상은 '아주 옛날'의 청렴한 관리이며, 그다음은 '조금 옛날'의 청렴한 관리, 마지막으로 최하는 '오늘날'의 청렴한 관리이다. 따라서 '오늘날'의 청렴한 관리보다 '아주 옛날'의 청렴한 관리가 상대적으로 더 높게 평가되므로 옳은 내용이다.

| 오답풀이 |

① 각박한 정사를 행한 청렴한 수령의 예시로 북제의 고적사문을 들어 군자가 따를 만하지 않다고 하였다.

② 청렴의 최상 등급은 '아주 옛날'의 청렴한 관리이다.

③ '오늘날'의 청렴한 관리도 옛날의 기준으로는 형벌에 처해졌을 것이라고 하였으므로, '오늘날'에는 청렴한 관리로 여겨지더라도 '아주 옛날'에는 청렴한 관리에 속하지 않았다.

⑤ 북제의 고적사문은 과격한 행동과 각박한 정사로 인정에 맞지 않았기에 청렴의 여부를 떠나 모범이 될 수 없는 수령이다.

06 의사소통능력 정답 ③

유형	맞춤법 〉 어법	난이도	★★☆

자기소개서의 내용상 여러 사람과 공동체 생활을 한 뒤에 '타인을 배려하는 마음을 갖게 된 것'과 '독립된 인격체로 성숙하게 된 것'에 가치를 매기고자 하는 문장이다. '공동체 생활'을 주어로 삼는다면 앞 절과 뒤 절이 이와 서로 호응해야 하므로 "여러 사람과의 공동체 생활은 타인을 배려하는 마음을 갖게 했으며, 독립된 인격체로 성숙할 수 있는 계기를 마련해 주었습니다."정도로 수정하는 것이 적절하다.

07 의사소통능력 정답 ②

유형	일반형 정보 Text 읽기 〉 거시적 이해 〉 맥락	난이도	★★☆

골란드는 수십 년간의 통계 자료를 바탕으로 '경작할 밭들이 6군데 이하일 경우 단위면적당 연간 수확량의 평균이 낮아지지만, 7군데 이상일 경우 일정 이상의 연간 수확량이 보장된다.'라는 결과를 정리하여 자신의 가설을 검증하였다. 따라서 골란드의 가설과 관련된 설명으로는 '경작하는 밭을 일정 군데 이상 분산시킨다면 기아의 위험을 피할 수 있다.'라는 내용이 가장 적절하다.

| 오답풀이 |

① 총면적을 동일하게 유지한 상태를 기준으로 조사하였으므로 넓은 면적에 대한 결과 여부는 알 수 없다.

③ 경작할 밭들을 몇 군데로 분산시켜야 최소 수확량이 보장되는지에 대한 결괏값이 가구마다 다르다.

④ 경작하는 밭들이 6군데 이하일 경우 여러 군데로 분산시킬수록 연간 수확량의 평균이 낮아지므로 적절하지 않은 설명이다.

⑤ 경작하는 밭들의 분산 여부에 따른 연간 수확량의 최댓값에 대한 내용은 확인할 수 없다.

08 의사소통능력 정답 ⑤

유형	실용형 정보 Text 읽기 〉 법률/계약서형 읽기	난이도	★★☆

제1항 제4호에 따르면 5천만 원 이상의 국세·관세 또는 지방세를 정당한 사유 없이 그 납부기한까지 내지 않은 사람에게는 6개월 이내의 기간을 정하여 출국을 금지할 수 있다. 따라서 무는 2천만 원의 지방세를 미납하였으나 5천만 원 이하의 액수에 준하므로 출국 금지 대상자가 아니다.

| 오답풀이 |

① 제1항 제1호에 따라 형사재판에 계류 중인 갑은 5개월간 출국이 금지될 수 있다.

② 제1항 제3호에 따라 2천만 원 이상의 추징금을 내지 않은 을은 3개월간 출국이 금지될 수 있다.

③ 제2항 제1호에 따라 소재를 알 수 없어 기소중지결정이 된 병은 2개월간 출국이 금지될 수 있다.

④ 제1항 제2호에 따라 징역형을 선고받고 그 집행이 끝나지 않은 정은 3개월간 출국이 금지될 수 있다.

09 수리능력 정답 ②

유형	기타 〉 수추리	난이도	★☆☆

1 5 2 10 7 35 (32)

×5 −3 ×5 −3 ×5 −3

10 수리능력 정답 ①

유형	기타 〉 수추리	난이도	★★☆

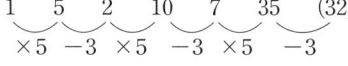

알파벳을 숫자로 치환하면, 4, 5, 3, 6, 2, ( ), 1, 8이 되는데, 교차수열로 짝수항은 5부터 시작해서 공차가 +1이 되고, 홀수항은 4부터 시작해서 공차가 −1이 된다. 따라서 빈칸에 들어갈 숫자는 6+1=7이므로 일곱

번째 순서의 알파벳은 G이다.

11 수리능력 정답 ①

유형	자료해석 〉 자료계산	난이도	★★☆

4월은 30일이므로 $30 \div 4 = 7 \cdots 2$, 즉 월화수목금토일 중 2개의 요일은 5번 반복된다.
마지막 수요일이 다섯 번째이므로 5번 반복되는 요일은 화, 수 또는 수, 목의 2가지 경우가 있다.
i) 화, 수가 5번 반복되는 경우
화요일이 4월 1일이므로 4월 30일은 수요일, 5월 5일 어린이날은 월요일이다.
ii) 수, 목이 5번 반복되는 경우
수요일이 4월 1일이므로 4월 30일은 목요일, 5월 5일 어린이날은 화요일이다.
따라서 정답은 ①이다.

12 수리능력 정답 ⑤

유형	자료해석 〉 수치 읽기	난이도	★★★

규제 폐지율에서 순규제 폐지율을 차감하면 다음과 같다.

구분	규제 폐지율	순규제 폐지율	차감
조달청	$\frac{22}{27} \times 100$ ≒81(%)	$\frac{22-(4+2)}{27} \times 100$≒59(%)	81−59 =22(%p)
통계청	$\frac{7}{10} \times 100$ =70(%)	$\frac{7-1}{10} \times 100$ =60(%)	70−60 =10(%p)

따라서 조달청이 통계청보다 크다.

| 오답풀이 |

① 경찰청의 규제 폐지율은 $\frac{141}{382} \times 100 ≒ 37(\%)$, 조달청의 규제 폐지율은 $\frac{22}{27} \times 100 ≒ 81(\%)$이다. 따라서 경찰청의 규제 폐지율이 더 낮다.

② 식품의약품안전청의 순규제 폐지 수는 $(132+6)-(22+2)=114$(건)이고, 산림청의 순규제 폐지 수는 $(118+85)-(17+8+58)=120$(건)으로 식품의약품안전청의 순규제 폐지 수가 더 적다.

③ 기상청의 순규제 폐지율은 $\frac{(14+1)-1}{28} \times 100 = 50(\%)$이고 특허청의 순규제 폐지율은 $\frac{(27+2)-(1+7)}{60} \times 100 = 35(\%)$로 기상청의 순규제 폐지율이 더 높다.

13 수리능력 정답 ②

유형	자료해석 〉 수치 읽기	난이도	★★☆

총 전입자 수−총 전출자 수=순이동자 수이다. 부산광역시의 총 전입자 수는 36,416−1,458=34,958(명)이고 이는 세종특별자치시 총 전입자 수의 6배인 5,518×6=33,108(명)보다 크므로 6배 이상이다.

| 오답풀이 |

① 빈칸 ㉠에 들어갈 값은 120,252−133,583=−13,331(명)으로 서울특별시 순이동자 수는 부산광역시 순이동자 수의 $\frac{13,331}{1,458}$≒9.1(배)이다.

③ 빈칸 ㉢에 들어갈 값은 7,728−6,501=1,227(명)이고, 세종특별자치시의 순이동자 수의 50%는 $\frac{2,068}{2}$=1,034(명)이므로 제주특별자치도 순이동자 수는 세종특별자치시의 순이동자 수의 절반 이상이다.

④ 부산광역시 총 전출자 수는 제주특별자치도의 총 전출자 수의 $\frac{36,416}{6,501}$≒5.6(배)이다.

⑤ 서울특별시 총 전입자 수는 세종특별자치시 총 전출자 수의 $\frac{120,252}{3,450}$≒34.9(배)이다.

14 수리능력 정답 ①

유형	자료해석 〉 자료계산	난이도	★★★

세 번째 조건에 따르면 참나무의 기건 비중이 오동나무 기건 비중의 2.5배 이상이라고 하였으므로 B와 D만 만족한다. 따라서 B는 참나무, D는 오동나무이다. 두 번째 조건에 따르면 휨강도와 압축강도 차가 큰 상위 2개 수종은 A와 B이므로 A는 소나무인 것을 알 수 있다. 네 번째 조건에 따르면 인장강도와 압축강도의 차가 두 번째로 큰 수종은 E이므로 E는 전나무이다. 이에 따라 남은 C는 낙엽송이 된다.
따라서 A는 소나무, C는 낙엽송이다.

15 수리능력

정답 ②

유형	자료해석 〉 복합 자료해석	난이도	★★☆

㉠ 회원기금원금은 2007년과 2008년에 전년 대비 감소하였다.

㉢ 회원급여저축총액=회원급여저축원금+누적이자총액이다. 2010년 회원급여저축총액은 37,952억 원이고 회원급여저축원금은 26,081억 원이므로 누적이자총액은 37,952−26,081=11,871(억 원)이다. 따라서 그 비중은 $\frac{11,871}{37,952}\times100≒31.3$(%)이다.

| 오답풀이 |

㉡ 공제회의 회원 수가 가장 적은 해는 2008년이고, 그 해에 목돈수탁원금도 6,157억 원으로 가장 적다.

㉣ 1인당 평균 계좌 수가 가장 많은 해는 70.93개인 2010년이고, 그 해에 회원기금원금은 38,720억 원으로 가장 많다.

16 수리능력

정답 ②

유형	자료해석 〉 자료계산	난이도	★★★

쉬는 시간 1시간을 빼면 5시간 동안 A지점에서 C지점까지 이동한 것이고, 그 거리는 200+400=600(km)이다. 따라서 평균속력은 $\frac{600}{5}=120$(km/h)이므로 120 km/h 이상인 적이 있다.

| 오답풀이 |

① B와 C지점 사이의 거리는 400km인데, 최고속력인 200km/h로 이동하면 2시간이 걸리므로 14:00 이전에만 출발하면 16:00에는 C지점에 도착할 수 있다.

③ Y자동차의 경우, B → C 구간의 평균속력은 $\frac{400}{4}=$ 100(km/h)이고, C → E 구간은 $\frac{200}{2}=100$(km/h)이다.

④ B → C 구간에서 Y자동차의 평균속력은 100km/h이고 X자동차가 최고속력인 200km/h로 이동할 수도 있으므로 X가 Y보다 빠를 수도 있다.

⑤ B → C → E 구간은 400+200=600(km)이고, B → D → E 구간도 200+400=600(km)이다.

17 수리능력

정답 ①

유형	자료해석 〉 수치 읽기	난이도	★★★

2016년에 비해 2017년 전체 재정지출은 감소하였는데, 환경 분야의 비중은 2.4%로 같으므로 2017년 환경 분야의 재정지출 금액은 전년 대비 감소하였음을 알 수 있다.

| 오답풀이 |

② 2020년 교육 분야 재정지출 금액은 614,130×0.161≒98,875(백만 달러)이고, 2013년 안전 분야 재정지출 금액은 487,215×0.036≒17,540(백만 달러)이므로 $\frac{98,875}{17,540}≒5.6$(배)이다.

③ 2020년 GDP는 $\frac{614,130\times100}{32.3}≒1,901,331$(백만 달러)이고, 2013년 GDP는 $\frac{487,215\times100}{34.9}≒1,396,032$(백만 달러)이므로 2020년 GDP는 2013년 대비 $\frac{1,901,331-1,396,032}{1,396,032}\times100≒36.2$(%) 증가했다.

⑤ 5대 분야 재정지출 비중의 합은
2013년에 15.5+10.3+7.5+3.6+3.1=40.0(%),
2014년에 15.8+11.9+7.7+3.7+2.5=41.6(%),
2015년에 15.4+11.4+7.6+3.6+2.4=40.4(%),
2016년에 15.9+11.4+7.5+3.8+2.4=41.0(%),
2017년에 16.3+12.2+7.8+4.0+2.4=42.7(%),
2018년에 16.3+12.5+7.8+4.0+2.5=43.1(%),
2019년에 16.2+12.8+7.7+4.1+2.4=43.2(%),
2020년에 16.1+13.2+7.6+4.2+2.4=43.5(%)이므로 매년 전체 재정지출 금액의 35% 이상이다.

18 문제해결능력

정답 ③

유형	적용 퀴즈 〉 순서 정하기	난이도	★★★

목요일 면접 순서가 C는 세 번째, F는 네 번째이고 A는 B의 바로 앞 순서로 면접을 봤으므로 A와 B는 첫 번째와 두 번째 또는 다섯 번째와 여섯 번째 순서이어야 한다.

만약 A와 B가 첫 번째, 두 번째 순서라면 B는 두 번째이고 네 번째 조건에 따라 금요일 최종 후보 세 번째가 되고, 첫 번째, 두 번째 조건에 따라 A와 C와 E도 최종 후보가 되어야 하는데 금요일에 3명만 심사를 본다는 조건에 맞지 않는다.
만약 목요일 면접 순서가 A와 B가 다섯 번째, 여섯 번째라면 세 번째 조건에 따라 B는 첫 번째 최종 후보가 되고 네 번째 조건에서 목요일 두 번째 후보는 금요일 세 번째로, 그리고 첫 번째 조건에 따라 A도 최종 후보가 되어야 하므로 최종 후보 두 번째가 된다. 이때 금요일에 C와 E 모두 지명되지 못하므로 두 번째 조건의 대우로 C와 E는 연달아 심사를 받은 것이 되므로 D−E−C−F−A−B 순이다.
따라서 최종 후보는 B−A−E가 된다.

19 문제해결능력

정답 ②

유형	퀴즈 문제 〉 참 · 거짓	난이도	★★★

이 문제는 주어진 조건에 맞는 경우의 수를 찾는 문제이므로 도표화해서 구하는 것이 빠르게 풀 수 있는 방법이다. 5개의 진술들을 위에서부터 '갑, 을, 병, 정, 무'의 진술이라고 하고 을의 진술을 참이라고 하면 A, B, C, D 중에서 2명이 선발되어야 하므로 정의 진술은 거짓이 된다. 반대로 정의 진술이 참이면 E, F, G가 모두 탈락하였다는 을의 진술은 거짓이므로 을과 정의 진술은 모순된다.

i) 을의 진술이 참이고 정의 진술이 거짓인 경우

사람 / 선발된 2명	갑	을	병	정	무	최종 판결
A, B	×	○	×	×	×	불가
A, C	×	○	○	×	×	불가
A, D	×	○	×	×	○	불가
B, C	×	○	○	×	×	불가
B, D	×	○	×	×	×	불가
C, D	○	○	○	×	×	가능

ii) 을의 진술이 거짓이고, 정의 진술이 참인 경우

사람 / 선발된 2명	갑	을	병	정	무	최종 판결
A, E	×	×	×	○	×	불가
A, F	×	×	×	○	×	불가
A, G	×	×	○	○	×	불가
B, E	×	×	×	○	○	불가
B, F	×	×	×	○	○	불가
B, G	×	×	○	○	○	가능
C, E	○	×	○	○	○	불가
C, F	○	×	○	○	○	불가
C, G	×	×	×	○	○	불가
D, E	○	×	×	○	×	불가
D, F	○	×	×	○	×	불가
D, G	×	×	○	○	○	가능

따라서 선발될 가능성이 있는 사람은 C와 D, B와 G, D와 G이다.

20 문제해결능력

정답 ③

유형	퀴즈 문제 〉 참 · 거짓	난이도	★★★

만일 탈락 사건이 3조에서 나왔다면 3조 사람들의 말은 모두 거짓이 된다. 하지만 조건에서 거짓을 말하는 사람은 기껏해야 한 명이라고 했으므로 3조에서 나오지 않았다는 것을 알 수 있다. 그런데 1조의 갑과 2조의 병의 진술은 같은 주장을 하고 있다. 즉 동시에 참이거나 동시에 거짓이 된다. 이 진술들이 모두 거짓이라고 하면 을과 정의 말이 모두 참이 되어야 하는데 을과 정의 말은 모순되므로 갑과 병의 말은 모두 참임을 알 수 있다. 따라서 탈락된 사람은 2조에서 나왔다. 하지만 이 상태에서 을과 정의 말 중 어느 것이 거짓이고 참인지 알 수 없으므로 성별도 알 수 없다.

21 문제해결능력

정답 ④

유형	수리, 기호 정보에서 원리 파악하기 〉 수리적 원리 파악하고 적용하기	난이도	★★★

㉡ 신용카드 거래가 사기일 확률은 1,000분의 1이므로 전체 10만 건 중에서 100건이 사기 거래가 된다. 100건 중에 정당한 거래라고 오판하는 경우는 1건이다. 정당한 거래 99,900건 중에 1%를 사기 거래라고 판단하므로 999건을 사기 거래라고 판단하게 된다.

㉢ A는 99건을 사기 거래라고 정당하게 판단해서 카드가 정지되지만 999건을 잘못 판단해서 카드를 중지시켜 버리므로 폐기된다.

| 오답풀이 |

㉠ 주어진 글에서 장치 A는 사기 거래의 99%를 사기 거래로 판정하지만 1%는 정당한 거래로 오판한다고 했으므로 정당한 거래라고 판정하는 것에도 사기 거래가 있을 수 있다.

22 문제해결능력

정답 ④

유형	적용 퀴즈 〉 순서 정하기	난이도	★★☆

주어진 조건에 맞게 표를 그려보면 다음과 같다.

구분	A	B	C	D	E
1등	×	○	×	×	×
2등	×	×	×	×	
3등	×	×			
4등	○	×			
5등	×	×			×

D가 A, B 모두에게 졌으므로 D는 1등, 2등일 수 없고, A는 5등일 수 없으며 B도 5등일 수 없다. 또한 E가 B에게는 지고 A에게는 이겼으므로 E는 1등, 5등일 수 없다. E가 A에게 이겼으므로 A는 2등이 될 수 없다. 따라서 다섯 사람의 순위는 B−E−C−A−D이며, A는 4등이다.

23 문제해결능력

정답 ④

유형	Text로 된 정보에서 원리 파악하기 〉 거시적 원리 파악하고 적용하기	난이도	★★☆

통합형 기본법을 제정할 경우 법제 정비 소요 비용란에 ×가 있으므로 비용면에서 불리하다는 말이므로 비용이 많이 들어갈 것이다.

24 문제해결능력

정답 ③

유형	수리, 기호 정보에서 원리 파악하기 〉 기호 원리 파악하고 적용하기	난이도	★★★

SL23O → ■ → OSL23이므로 ■는 배열을 오른쪽으로 1칸씩 이동시키는 기호임을 알 수 있다.

그러므로 26TD3 → ■는 326TD이고, 326TD → ▲ → 659QA이므로 ▲는 숫자에 +3, 문자에 −3을 하는 기호임을 알 수 있다.

이에 따라 Y4H6Z → ▲는 V7E9W이고, EVW97을 ■ 전으로 되돌리면 VW97E이므로 V7E9W를 VW97E로 변환시킨 ◎은 abcde 순서를 aedbc 순서로 바꾸는 기호임을 알 수 있다.

따라서 C4P58 → ■ → 8C4P5 → ◎ → 85PC4이다.

25 문제해결능력

정답 ⑤

유형	수리, 기호 정보에서 원리 파악하기 〉 기호 원리 파악하고 적용하기	난이도	★★★

J45MQ → ■ → QJ45M이고 QJ45M → ♡ → SL23O이므로 ♡는 숫자에 −2, 문자에 +2를 하는 기호임을 알 수 있다.

그러므로 8NR3F → ♡는 6PT1H이고, 6PT1H → ◎는 6H1PT이다.

6H1PT가 ★를 거쳐 16THP가 되었으므로 ★는 abcde 순서를 caebd 순서로 바꾸는 기호임을 알 수 있다.

따라서 33UY1 → ★ → U313Y → ▲ → R646V → ♡ → T424X이다.

DAY

17

정답 확인

문항	영역	정답	문항	영역	정답	문항	영역	정답	문항	영역	정답	문항	영역	정답
01	의사소통	②	02	의사소통	①	03	의사소통	③	04	의사소통	④	05	의사소통	③
06	의사소통	④	07	의사소통	②	08	의사소통	②	09	수리	④	10	수리	③
11	수리	④	12	수리	①	13	수리	④	14	수리	②	15	수리	②
16	수리	③	17	수리	①	18	수리	⑤	19	문제해결	⑤	20	문제해결	①
21	문제해결	④	22	문제해결	②	23	문제해결	②	24	문제해결	④	25	문제해결	④

영역별 실력 점검표

영역	맞은 개수	정답률	취약 영역
의사소통능력	/8	%	
수리능력	/10	%	
문제해결능력	/7	%	
합계	/25	%	

01 의사소통능력 정답 ②

유형	일반형 정보 Text 읽기 〉 미시적 이해 〉 일치	난이도	★★☆

㉢ 이슬람 금융 방식 중 이자라는 은행이 채무자가 원하는 실물자산을 매입할 때 그 소유권을 그대로 보유하는 방식이다. 따라서 은행이 소유권을 가진 상태로 채무자에게 임대하므로 이자라에 해당한다.

| 오답풀이 |

㉠ 투자자와 사업자의 책임 여부 중 사업에 대한 책임이 사업자에게만 있는 방식은 주어진 글에서 확인할 수 없다. 무샤라카는 투자자와 사업자가 공동으로 사업에 대한 책임과 이익을 나누어 가지는 방식이다.

㉡ 투자자와 사업자가 공동으로 사업에 대한 책임과 이익을 나누어 가지는 방식은 이스티스나가 아닌 무샤라카에 해당한다. 이스티스나는 투자자인 은행은 건설 자금을 투자하고 사업자는 건설을 담당하는 방식이다.

02 의사소통능력 정답 ①

유형	실용형 정보 Text 읽기 〉 법률/계약서형 읽기	난이도	★★★

㉠ 제△△조 제1항에 따라 시·도 교육감은 폐교재산을 사회복지시설로 활용하려는 자에게 그 폐교재산을 임대할 수 있다. 이때 활용하고자 하는 이에 대한 조건은 별도로 제시되지 않았으므로 적절한 내용이다.

㉡ 제△△조 제2항에 따라 연간 임대료의 하한은 폐교재산평정가격 5억 원의 1천분의 10인 500만 원에 해당한다. 또한 제□□조 제2항 제1호에 따라 지방자치단체가 폐교재산을 문화시설로 사용하려고 하므로 앞서 산정한 500만 원의 1천분의 500인 250만 원으로 연간 하한 임대료를 감액받을 수 있다.

| 오답풀이 |

㉢ 제□□조 제1항 제3호는 지역주민이 공동으로 소득증대시설로 사용하려는 경우에 한하여 연간 임대료를 감액하는 경우이다. 지역주민이 단독으로 사용하려는 경우, 연간 임대료의 하한은 제△△조 제2항에 근거하여 폐교재산평정가격의 1천분의 10인 1%이다.

㉣ 제□□조 제1항 제2호에 따라 사인(私人)이 폐교재산을 공공체육시설로 사용하려는 경우이므로 연간 임대료를 감액하여 임대할 수 있다.

03 의사소통능력 정답 ③

유형	일반형 정보 Text 읽기 〉 미시적 이해 〉 추론	난이도	★★☆

부원군은 왕비의 아버지를 부르는 호칭이지만 경우에 따라 책봉된 공신에게도 붙여졌다. 따라서 공신 중에 왕비의 아버지가 아니더라도 부원군의 호칭을 받은 사람이 있을 것이다.

| 오답풀이 |

① 세자가 왕위를 계승 받은 뒤에는 적실 또한 왕비로 승격된다. 따라서 왕비의 딸인 '공주'로 바꿔 호칭한다.

② 중국 천자로부터 부여받은 호칭은 시호이다. 묘호는 재위 당시의 행적에 대한 평가가 바탕이 된 호칭이다.

④ 조선 시대 왕에 대한 일반적인 호칭은 묘호이다. 존호는 왕의 공덕을 찬양하기 위해 올리는 칭호이다.

⑤ 대원군이라는 호칭은 왕의 생부가 세상을 떠난 경우에 붙여지는 것이 보편적이지만 흥선대원군은 살아있을 때 칭호를 받게 되었을 뿐이므로 왕위 계승 시의 생존 여부는 관계가 없다.

04 의사소통능력 정답 ④

유형	일반형 정보 Text 읽기 〉 미시적 이해 〉 추론	난이도	★★★

컴퓨터에 내장된 수학 공식 프로그램을 사용하여 무작위적인 수열에 가까운 수열을 만들면 인간의 능력으로 예측하기 어려운 것처럼 보이는 수열을 만들 수 있으므로 적절한 추론이다.

| 오답풀이 |

① 컴퓨터는 완전히 무작위적인 수열을 만들지 못하고 앞으로도 불가능할 수밖에 없다고 하였으므로 적절하지 않은 내용이다.

② 완전히 무작위적인 수열이 되기 위한 조건으로 같은 수가 중복되어 연속으로 나오는 상황 등은 제시되지 않았으므로 적절하지 않은 내용이다.

③ 컴퓨터에 내장된 시계에서 시작수를 얻는다면 사용자가 시작수를 직접 입력하지 않아도 컴퓨터는 수열을 만들 수 있으므로 적절하지 않은 내용이다.

⑤ 제시된 수열 이외에도 피보나치 수열 등은 인간의 능력으로 예측 가능하지만 모든 수가 거의 같은 횟수만큼 나오지 않으므로 적절하지 않은 내용이다.

05 의사소통능력 정답 ③

유형	일반형 정보 Text 읽기 〉 창의적 이해 〉 적용	난이도	★★★

오른손의 단순한 움직임을 관장하는 두뇌 영역은 단순히 오른손만 움직일 때의 자기 신호 강도 양상에서 아무 동작도 하지 않는 상태의 자기 신호 강도 양상을 차감하여 구할 수 있다. 따라서 양상 C에서 양상 A를 차감한 방식은 옳은 사례이다.

| 오답풀이 |

① 피실험자가 아무 동작도 하지 않는 상태의 자기 신호 강도 양상은 A이며, 이를 수치화할 수 있는지에 대한 여부는 주어진 글에서 확인할 수 없다.
② 왼손의 단순한 움직임을 관장하는 두뇌 영역은 단순히 왼손만 움직일 때의 자기 신호 강도 양상인 B에서 아무 동작도 하지 않는 상태의 자기 신호 강도 양상인 A를 차감하여 구한다.
④ 도구를 사용하는 과제를 관장하는 두뇌 영역은 양상 D에서 양상 B를 차감하여 구한다.
⑤ 왼손으로 도구를 사용하는 과제를 관장하는 두뇌 영역은 양상 D에서 양상 A를 차감하여 구한다.

06 의사소통능력 정답 ④

유형	일반형 정보 Text 읽기 〉 거시적 이해 〉 맥락	난이도	★★☆

오스만 제국의 메흐메드 2세는 성소피아 대성당을 파괴하는 대신 이슬람 사원으로 개조한 뒤 총대주교직을 그리스 정교회 수사에게 수여하였으며 기독교의 제단뿐만 아니라 그 이상의 것들도 활용했다. 이러한 행위는 이전의 비잔틴 제국과의 단절에 목적을 두기보다는 연속성을 추구한 것이므로 적절하게 수정했다고 판단할 수 있다. 나머지 선택지들은 주어진 글의 내용이나 의미상 부합하지 않은 사항이 제시되어 있으므로 적절하지 않다.

07 의사소통능력 정답 ②

유형	일반형 정보 Text 읽기 〉 거시적 이해 〉 맥락	난이도	★★☆

목초지의 수용 한계를 넘어 가축을 키우면 목초가 줄어들기 때문에 가축을 키워 얻을 수 있는 전체 생산량이 감소한다. 따라서 각 농부들이 사육 두수를 늘리는 상황이 장기화될 경우에는 수용 한계를 초과하여 목초지가 황폐화될 것이므로 농부들의 총이익은 기존보다 감소할 것이다. 따라서 개인의 이익 추구 활동이 한 사회의 전체 이윤을 감소시킬 수 있는 사례로 정리할 수 있다.

08 의사소통능력 정답 ②

유형	일반형 정보 Text 읽기 〉 창의적 이해 〉 적용	난이도	★★☆

인습적 메시지 구성논리는 주어진 상황에서 사회적 규칙을 암시적으로 언급하여 상대방의 사회적 위치와 함께 행동의 부적절성을 지적하는 방식이다. 따라서 직장상사인 부장의 적절하지 않은 행위를 지적하는 내용을 포함한 선택지는 ②이다.

| 오답풀이 |

①, ④ 자신의 생각을 억제하지 않고 곧바로 말하므로 표현적 메시지 구성논리에 해당한다.
③, ⑤ 스트레스로 인한 비이성적인 행동 등으로 기존의 상황을 재정의하며 타협하고 있으므로 수사적 메시지 구성논리에 해당한다.

09 수리능력 정답 ④

유형	응용계산 〉 확률	난이도	★★☆

오지선다형이므로 찍어서 맞을 확률은 $\frac{1}{5}$이다. 3문제 중 한 문제 이상을 맞으면 합격이므로 전체 확률에서 3문제 모두 틀릴 확률을 빼주면 된다.

따라서 A군이 공기업에 합격할 확률은 $1-\frac{4}{5}\times\frac{4}{5}\times\frac{4}{5}=\frac{61}{125}$이다.

10 수리능력 정답 ③

유형	응용계산 〉 거속시	난이도	★★☆

고요한 물에서 보트의 속력을 $v$km/h라고 하면 하류로 이동하는 데 걸린 시간은 $\frac{8}{(v+6)}$, 상류로 이동하는 데

걸린 시간은 $\frac{8}{(v-6)}$이다.

하류와 상류를 이동하는데 걸린 시간이 1시간이므로

$\frac{8}{(v+6)}+\frac{8}{(v-6)}=1 \rightarrow (v+2)(v-18)=0$

$\rightarrow v=18$(km/h)

따라서 민경이가 하류로 이동한 속력은 18+6=24(km/h), 상류로 이동한 속력은 18−6=12(km/h)이므로 그 차이는 24−12=12(km/h)이다.

11 수리능력

정답 ④

유형	자료해석 〉 수치 읽기	난이도	★★☆

주어진 표의 빈칸을 채워보면 다음과 같다.

온라인 \ 오프라인	×	△	○	합계
×	250	21	2	(273)
△	113	25	6	144
○	59	16	8	(83)
합계	422	(62)	(16)	500

ⓛ 오프라인 도박에 대해 △로 응답한 사람은 전체 응답자 중 $\frac{62}{500}\times100=12.4$(%)이다.

ⓔ 온라인 도박에 대해 ×로 응답한 사람은 전체 응답자 중 $\frac{273}{500}\times100=54.6$(%)이다.

| 오답풀이 |

ⓖ 온라인 도박 경험이 있다고 응답한 사람은 59+16+8=83(명)이다.

ⓒ 온라인 도박 경험이 있다고 응답한 사람 중 오프라인 도박 경험이 있다고 응답한 사람의 비중은 $\frac{8}{83}\times100$ ≒9.6(%)로, 전체 응답자 중 오프라인 도박 경험이 있다고 응답한 사람의 비중인 $\frac{16}{500}\times100=3.2$(%)보다 높다.

12 수리능력

정답 ①

유형	자료해석 〉 자료계산	난이도	★★☆

첫 번째 조건에서 독일 대상 해외직구 반입 전체 금액이 80,171천 달러이므로 이것의 2배 이상이 되는 것은 164,150천 달러인 A국가와 미국이다. 따라서 A가 중국에 해당한다.

세 번째 조건에서 2013년 호주 대상 해외직구 반입 전체 금액이 2,535천 달러이고 2014년 전체 금액이 이것의 10배 미만인 것은 3,864천 달러인 뉴질랜드와 D국가뿐이다. 따라서 D가 호주에 해당한다.

네 번째 조건에서 2013년 일본 대상 목록통관 금액은 2,755천 달러이고, 이것의 2배 이상인 것은 B와 C 중에서 B이므로 B가 일본에 해당한다. 따라서 남은 C가 영국이다.

13 수리능력

정답 ④

유형	자료해석 〉 추세 읽기	난이도	★☆☆

2015년 매출액의 전년 대비 증가율은 $\frac{4{,}595-4{,}276}{4{,}276}\times100$≒7.5(%)이고, 2015년 영업이익의 전년 대비 증가율은 $\frac{47-42}{42}\times100$≒11.9(%)로 같지 않다.

| 오답풀이 |

② 2017년 매출액의 전년 대비 증가율은 $\frac{4{,}778-4{,}643}{4{,}643}\times100$≒2.9(%)로 약 3% 증가하였다.

14 수리능력

정답 ②

유형	자료해석 〉 추세 읽기	난이도	★★☆

ⓖ 이윤을 매출액−총비용이라고 정의하면 B점은 매출액과 총비용이 같은 지점이므로 손해도 이익도 보지 않는다.

ⓒ 생산량이 1만 개보다 커지면 B점의 오른쪽에 해당하는 생산량이므로 이때 매출액이 총비용보다 크기 때문에 이득을 보게 된다.

| 오답풀이 |

ⓛ B점의 왼쪽에 해당하는 생산량에 대한 총비용이 매출액보다 크므로 손해이다.

ⓔ 매출액 1,000만 원에 대한 생산량이 1만 개이므로 단위당 가격은 1,000원이다.

15 수리능력

정답 ②

유형	자료해석 〉 수치 읽기	난이도	★★☆

2013년 전년 이월 건수를 A라고 하고, 2013년 처리대상 건수의 소계를 B라고 하면 당해 연도 전년 이월 건수는 전년도 처리대상 건수−전년도 처리 건수이므로 A는 8,278−6,444=1,834(건)이고, B는 1,834+7,883=9,717(건)이다.

㉠ 처리대상 건수가 가장 적은 해는 2016년이고, 그해 처리율은 $\frac{6,628}{8,226}\times 100 ≒ 80.6(\%)$이다.

㉣ 2012년 인용률은 $\frac{1,767}{346+4,214+1,767}\times 100 ≒ 27.9(\%)$이고, 2014년 인용률은 $\frac{1,440}{482+6,200+1,440}\times 100 ≒ 17.7(\%)$로 2012년이 더 높다.

| 오답풀이 |

㉡ 2015년에 취하 건수는 전년 대비 증가하였고, 기각 건수는 감소하였다.

㉢ 2013년 처리율은 $\frac{7,314}{9,717}\times 100 ≒ 75.3(\%)$이다.

16 수리능력

정답 ③

유형	자료해석 〉 자료계산	난이도	★★☆

2021년 대비 2022년 시급 인상률(인상액)은 A가 5%(2,750원), B가 5%(2,250원), C가 10%(5,460원), D가 5%(2,970원), E가 동결이므로 시급 차이가 가장 큰 강사는 C이다.

| 오답풀이 |

① 강사 E의 2020년 수강생 만족도는 3.2점으로 2021년에는 동결 대상이므로 시급은 48,000원이다.

② 2022년 시급은 강사 D는 5% 인상으로 59,400×1.05=62,370(원)인데 6만 원을 초과할 수 없으므로 6만 원이 된다. C는 10% 인상으로 54,600×1.1=60,060(원)인데 마찬가지로 6만 원이 된다.

④ 강사 C는 52,000원에서 54,600원으로 5% 올랐으므로 수강생 만족도는 4.0점 이상 4.5점 미만이다.

⑤ 2022년에 A와 B는 둘다 5% 인상되므로 강사 A는 55,000×1.05=57,750(원)이 되고, 강사 B는 45,000×1.05=47,250(원)으로 57,750−47,250=10,500(원) 차이가 난다.

17 수리능력

정답 ①

유형	자료해석 〉 추세 읽기	난이도	★★★

대각선 아래는 발생가능성 지수 대비 영향도의 비가 1보다 작은 것들이다. 환경적 리스크들은 모두 대각선 아래에 위치해 있다.

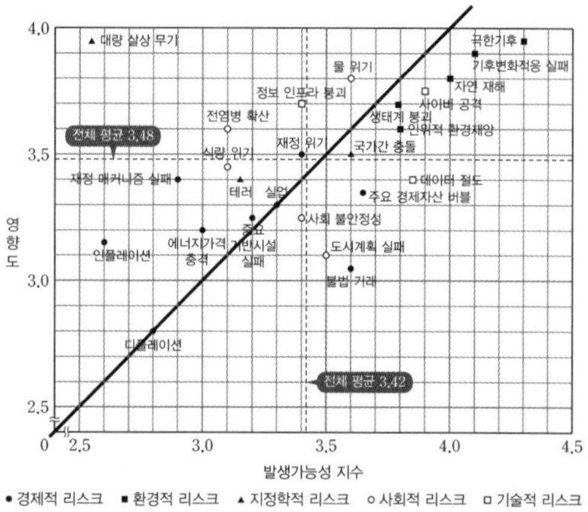

| 오답풀이 |

② 영향도와 발생가능성 지수의 차이가 가장 큰 것은 발생가능성 지수가 약 2.55, 영향도가 약 3.95인 대량 살상 무기이다.

③ 영향도 대비 발생가능성 지수의 비는 $\frac{3.0}{3.2}$으로 1 미만이다.

④ 영향도와 발생가능성 지수가 각각의 전체 평균 이하인 경제적 리스크는 실업, 중요 기반시설 실패, 재정 메커니즘 실패, 에너지가격 충격, 인플레이션, 디플레이션으로 총 6개다. 영향도나 발생가능성 지수가 각각의 전체 평균 이상인 경제적 리스크는 없다.

⑤ ■로 표시된 모든 환경적 리스크는 영향도와 발생가능성 지수 각각 전체 평균 이상이다.

18 수리능력

정답 ⑤

유형	자료해석 〉 복합 자료해석	난이도	★★☆

연도별 기업 및 정부 R&D 과제 건수의 전년 대비 증가율 그래프는 다음과 같다.

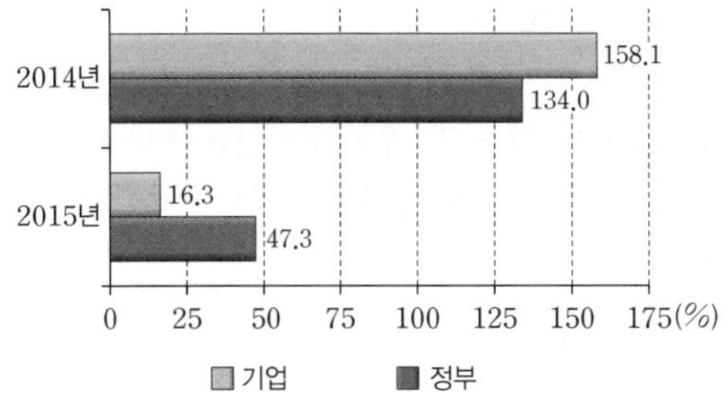

19 문제해결능력

정답 ⑤

유형	Text로 된 정보에서 원리 파악하기 〉 미시적 원리 파악하고 적용하기	난이도	★★☆

각각의 경우 소멸시효가 조금씩 다르다. 이때 언제 갚기로 했다는 것이 중요한 것이 아니라, 그 채권의 소멸시효가 중요하다. 공사도급의 경우에 3년의 소멸시효에 걸리는 채권인데, ⑤의 경우 약 한 달 정도 밖에 남지 않았으므로 압류나 가압류를 통해 소멸시효를 정지시킬 필요가 있다.

| 오답풀이 |

① 10년의 소멸시효가 적용되므로, 2020년 6월까지는 약 2년 3개월 정도 남았다.

② 변제기간 1년 이내인 채권이 아니므로 10년의 소멸시효가 적용된다.

③ 음식값은 1년의 소멸시효에 걸리는 채권이므로 이미 지났다.

④ 연예인의 임금 역시 1년의 소멸시효에 걸리는 채권으로 이미 지났다.

20 문제해결능력

정답 ①

유형	수리, 기호 정보에서 원리 파악하기 〉 수리적 원리 파악하고 적용하기	난이도	★★☆

평가 항목의 가중치가 0.2로 모두 같으므로 평균을 바로 계산하면 다음과 같다.

- A시설: $\frac{90+95+95+95+90}{5}=93$(점)
- B시설: $\frac{90+70+70+70+95}{5}=79$(점)
- C시설: $\frac{80+65+55+60+50}{5}=62$(점)
- D시설: $\frac{90+70+80+60+65}{5}=73$(점)

㉠ 93점인 A시설은 1등급에 해당되므로 관리정원을 감축하지 않아도 된다.

㉡ 79점인 B시설은 3등급에 해당되므로 관리정원의 10%를 감축해야 하지만 재정지원은 받을 수 있다.

| 오답풀이 |

㉢ C시설의 가중치가 바뀌면, $80\times0.3+65\times0.2+55\times0.2+60\times0.1+50\times0.2=64$(점)으로 4등급이므로 정부의 재정지원을 받을 수 없다.

㉣ 73점인 D시설은 3등급에 해당되므로 관리정원의 10%를 감축해야 하지만 재정지원은 받을 수 있다.

21 문제해결능력

정답 ④

유형	Text로 된 정보에서 원리 파악하기 〉 미시적 원리 파악하고 적용하기	난이도	★★☆

㉡ 콩기름에서 추출된 화합물을 각각 0.1ml, 0.5ml, 2.0ml씩 투여한 쥐에서 원형탈모증 완치율은 각각 18%, 39%, 86%를 기록하였다고 하였으므로 원형탈모증 발병이 아니라 치료에 대한 실험이다.

㉢ B팀은 흰콩으로, C팀은 콩기름으로 실험을 하였으므로 검은콩이 좋다고 일반화하기는 어렵다.

| 오답풀이 |

㉠ 제니스틴이 발암 물질에 노출된 비정상 세포가 악성 종양 세포로 진행되지 않도록 억제하는 효능을 갖고 있다는 사실을 흰쥐 실험을 통해 밝혔다고 하였으므로 암 예방 효과가 있다는 것을 알 수 있다.

22 문제해결능력

정답 ②

유형	수리, 기호 정보에서 원리 파악하기 〉 수리적 원리 파악하고 적용하기	난이도	★★☆

현행 규정과 개정안에 따른 B의 몫을 계산하면 다음과 같다.

법개정 여부	구분	상속 비율	B의 몫
현행	E 출생	배우자(1.5):아들(1):딸(1):E(1)	$9\times\frac{1.5}{4.5}$ =3(억 원)
	E 사산	배우자(1.5):아들(1):딸(1)	$9\times\frac{1.5}{3.5}$ ≒3억 8천 6백만 원
개정	E 출생	배우자 4.5억 나머지 – 배우자(1.5):아들(1):딸(1):E(1)	4.5+ $4.5\times\frac{1.5}{4.5}$ =6(억 원)
	E 사산	배우자 4.5억 나머지 – 배우자(1.5):아들(1):딸(1)	4.5+ $4.5\times\frac{1.5}{3.5}$ ≒6억 4천 3백만 원

따라서 개정안에 의하면 E가 출생한 경우 B는 6억 원을 상속받는다.

| 오답풀이 |

① 현행법에 의하면 E가 출생한 경우 B는 3억 원을 상속받게 되므로 $\frac{3}{9}\times100$≒33(%)를 갖게 된다.

③ 현행법에 의하면 E가 사산된 경우 B는 약 3억 8천 6백만 원을 상속받는다.

④ 개정안에 의하면 E가 사산된 경우 B는 약 6억 4천 3백만 원을 상속받는다.

⑤ 개정안에 의하면 E의 사산 여부와 관계없이 B가 상속받는 금액은 현행법에 의할 때보다 E 출생 시 $\frac{6-3}{3}\times100=100(\%)$ 증가, E 사산 시 $\frac{6.43-3.86}{3.86}\times100$≒66.6(%) 증가한다.

23 문제해결능력 정답 ②

유형	적용 퀴즈 〉 배치하기	난이도	★★★

두 번째 조건에서 샌드위치 종류와 버거 종류를 제외한 메뉴는 감자튀김과 스프이므로 3, 4번 테이블에 앉은 손님은 각각 감자튀김 또는 스프를 주문했음을 알 수 있다. 또한 야채 샌드위치를 주문한 손님은 감자튀김을 주문한 손님과 치즈버거를 주문한 손님 사이에 앉으므로 2번 또는 5번 테이블에만 앉을 수 있다.

만약 야채 샌드위치를 주문한 손님이 2번 테이블에 앉았다고 가정하면, 야채 샌드위치를 주문한 손님은 스프를 주문한 손님과 인접하여 앉지 않으므로 다음과 같은 경우가 가능하다.

1	2	3	4	5	6
치즈버거	야채 샌드위치	감자튀김	스프		

이때 불고기버거를 주문한 손님과 스프를 주문한 손님은 인접할 수 없으므로 5번 테이블은 햄 샌드위치, 6번 테이블은 불고기버거를 주문한 손님인데 5번 테이블에 앉은 손님은 햄 샌드위치를 먹지 않으므로 주어진 조건에 모순된다.

이에 따라 야채 샌드위치는 5번 테이블에서 주문한 것이므로 이때 가능한 경우는 다음과 같다.

1	2	3	4	5	6
불고기 버거	햄 샌드위치	스프	감자튀김	야채 샌드위치	치즈버거

따라서 햄 샌드위치를 주문한 손님은 2번 테이블에 앉았다.

24 문제해결능력 정답 ④

유형	적용 퀴즈 〉 위치판단하기	난이도	★★★

주어진 조건에서 두 번째, 네 번째, 다섯 번째, 조건을 정리하면 다음과 같다.

		E
×	C	D
	A	×

여섯 번째 조건에서 E, F, G는 같은 층에 투숙하였으므로 F와 G는 3층에 투숙하였고, 첫 번째 조건에서 각 층에는 3명씩 투숙하였다고 하였으므로 2층에는 1명 더, 1층에는 2명 더 투숙해야 한다. 이때 세 번째 조건에서 B의 바로 위의 방에는 아무도 투숙하지 않았고, 여덟 번째 조건에서 I는 H보다 위층에 투숙하였으므로 B와 H가 1층, I가 2층에 투숙하였고, B는 A의 바로 왼쪽 방에

투숙하였음을 알 수 있다.

		E
×	C	D
B	A	×

H와 I는 1호 라인 또는 4호 라인에 투숙할 수 있으므로 가능한 경우는 다음과 같다.

i) H와 I가 1호 라인에 투숙할 경우

일곱 번째 조건에서 G의 옆방에는 아무도 투숙하지 않았으므로 G는 301호에, F는 303호에 투숙하였다.

301호	302호	303호	304호
G	×	F	E
201호	202호	203호	204호
I	×	C	D
101호	102호	103호	104호
H	B	A	×

ii) H와 I가 4호 라인에 투숙할 경우

일곱 번째 조건에서 G의 옆방에는 아무도 투숙하지 않았으므로 G는 301호에, F는 304호에 투숙하였다.

301호	302호	303호	304호
G	×	E	F
201호	202호	203호	204호
×	C	D	I
101호	102호	103호	104호
B	A	×	H

따라서 G는 어떤 경우든 301호에 투숙하므로 정답은 ④이다.

| 오답풀이 |

① B는 101호 또는 102호에 투숙하므로 항상 옳은 설명은 아니다.

② D는 203호 또는 204호에 투숙하므로 항상 옳은 설명은 아니다.

③ F는 303호 또는 304호에 투숙하므로 항상 옳은 설명은 아니다.

⑤ A와 C는 2호 라인, F는 4호 라인에 투숙하는 경우가 존재하므로 항상 옳은 설명은 아니다.

25 문제해결능력 정답 ④

유형	적용 퀴즈 〉 배치하기	난이도	★★★

학과장인 C는 한 과목만 일주일에 하루만 가르칠 수 있는데, C의 강의 가능 과목 중 논리학과 윤리학은 이틀에 나누어서 강의해야 하므로 C학과장이 강의할 수 없다. 이에 따라 C학과장은 남은 과학철학을 강의하고, A교수가 과학철학을 제외한 논리학과 언어철학을 강의함을 알 수 있다. 이때 A교수가 언어철학을 강의하므로 E교수는 수리철학과 논리학을 강의한다. 윤리학과 논리학은 적어도 두 강좌가 개설되므로 윤리학을 강의할 수 있는 B, G교수가 강의하고, 논리학은 한 강좌를 A교수가 강의하므로 다른 강좌는 E교수가 강의하거나 D교수와 E교수가 모두 강의할 수 있다.

따라서 D교수가 형이상학을 개설하면 인식론은 D교수나 F교수에 의해서 개설될 수 있기 때문에 옳지 않은 설명이다.

| 오답풀이 |

② A, D, E교수가 강의 가능하므로 최대 3강좌 개설 가능하다.

③ 교수마다 두 과목씩을 해야 하므로 F교수가 인식론과 심리철학을 개설할 수도 있고, F교수가 심리철학을 개설하고 D교수가 인식론을 개설할 수도 있다.

⑤ B교수가 희랍철학과 윤리학을, G교수가 사회철학과 윤리학을 개설할 수 있다.

정답 확인

문항	영역	정답	문항	영역	정답	문항	영역	정답	문항	영역	정답	문항	영역	정답
01	의사소통	⑤	02	의사소통	②	03	의사소통	①	04	의사소통	③	05	의사소통	⑤
06	의사소통	④	07	의사소통	④	08	의사소통	②	09	수리	②	10	수리	①
11	수리	③	12	수리	③	13	수리	③	14	수리	④	15	수리	③
16	수리	①	17	수리	②	18	수리	①	19	수리	③	20	문제해결	①
21	문제해결	⑤	22	문제해결	①	23	문제해결	⑤	24	문제해결	②	25	문제해결	⑤

영역별 실력 점검표

영역	맞은 개수	정답률	취약 영역
의사소통능력	/8	%	
수리능력	/11	%	
문제해결능력	/6	%	
합계	/25	%	

01 의사소통능력 정답 ⑤

유형	맞춤법 〉 어법	난이도	★☆☆

'정상에 오르다'에 사용된 동사 '오르다'는 '사람이나 동물 따위가 아래에서 위쪽으로 움직여 가다'라는 의미이다. 따라서 선택지 중 아래에서 위쪽으로 움직이는 동작을 수행하는 경우는 차가 오르막길을 오르는 상황인 ⑤에 해당한다.

| 오답풀이 |

① 어떤 감정이나 기운이 퍼지다.
② 실적이나 능률 따위가 높아지다.
③ 남의 이야깃거리가 되다.
④ 지위나 신분 따위를 얻게 되다.

02 의사소통능력 정답 ②

유형	일반형 정보 Text 읽기 〉 미시적 이해 〉 문단배열	난이도	★★☆

책의 서문에는 본문을 편성한 방식에 대한 간략한 설명과 그 이유를 순차적으로 제시하게 된다. 따라서 첫 문단으로 [나]를 배열하여 몇 백 개의 개념을 추출하고 계층화시켰다는 내용을 제시할 수 있다. 이어서 [라]를 통해 개념을 추출하는 과정 중에 표제 개념과 그 영역을 설정하였고, [바]를 통해 그 영역을 자연, 인간, 학문, 사회 분야로 나누었으며, [가]를 통해 그 이유가 조선의 유학을 바탕으로 했기 때문이라는 점을 연쇄적으로 밝히는 것이 자연스럽다. 이어서 표제 개념을 다루는 원칙을 [마]에서 밝힌 뒤, [다]를 통해 그 이유를 밝히는 순서가 되는 것이 적절하다.

03 의사소통능력 정답 ①

유형	일반형 정보 Text 읽기 〉 거시적 이해 〉 맥락	난이도	★★☆

밑줄 친 부분에는 상대방에게 신뢰를 보내는 행위에 대한 한계 또는 예외 상황과 관련이 있는 내용이 포함되어야 한다. 따라서 믿을 수 없는 사람에게 신뢰를 보낸다면 그 결과까지 책임을 져야 한다는 식의 내용이 서술되어야, 어떤 경우에는 위험 요소가 너무 커져 버릴 수 있다는 앞 문장의 내용과 자연스럽게 연결할 수 있다. ①을 제외한 나머지 선택지들은 신뢰를 보내는 행위에 대하여 긍정하는 내용뿐이므로 적절하지 않다.

04 의사소통능력 정답 ③

유형	일반형 정보 Text 읽기 〉 거시적 이해 〉 맥락	난이도	★★☆

[보기]는 기존 연구들의 결론이 잘못되었다고 비판하며, '종'이 아닌 '개체'의 생존에 진화의 초점을 두어야 한다는 입장을 간접적으로 제시하고 있다. 따라서 자연의 선택 과정은 유전자의 이기성이 개체의 행동양식에 반영된 결과라는 주장을 구체적으로 밝힌 [다]의 뒤에 배치하는 것이 가장 자연스럽다.

05 의사소통능력 정답 ⑤

유형	일반형 정보 Text 읽기 〉 미시적 이해 〉 추론	난이도	★★★

부, 생활과 오락의 개인화, 소비자 이기주의 등 개인적 가치를 중시하는 경향이 정치를 덜 중요하고 덜 매력적인 것으로 만든다는 점은 시민들의 정치적 무관심이 조장된다는 발상과 연결할 수 있으므로 추론 가능한 내용이다.

| 오답풀이 |

① 대중매체는 공식적인 민주주의 장치인 정당에 의해서 분명하게 표현되지 않았던 것을 표현하여 무대의 주역으로 떠올랐다고 하였으므로, 정당 민주주의의 발전에 기여하고 있다는 내용은 적절하지 않다.
② 정치계급은 정치가, 언론인, 로비스트 등의 특별 이익집단에 해당한다고 하였으므로 특정한 사회계급을 대표한다는 내용은 이와 관련이 없다.
③ 이익집단을 중심으로 한 정치가 일반화된 한편 대중정당조직은 쇠퇴했으므로, 이익집단정치와 정당정치는 서로 보완하는 관계가 아니라고 추론할 수 있다.
④ 블루칼라 노동자 등 많은 수의 시민들이 정치에 관심을 가지지 않게 되었으므로 적절하지 않은 내용이다.

06 의사소통능력

정답 ④

유형	일반형 정보 Text 읽기 〉 거시적 이해 〉 맥락	난이도	★★☆

(가)에는 아메리카 정복 시기의 역사적 사실에 대한 오류가 예시로 나와야 하며, (나)에는 아메리카 정복에 관하여 오해하는 내용의 사례가 나와야 한다. 꼬르떼스의 멕시코시티 건설은 주어진 글을 바탕으로 할 때 역사적 오류 또는 오해로 볼 수 있는 근거를 확인할 수 없으므로, (가)와 (나)에 모두 포함될 수 없다.

| 오답풀이 |

①, ③, ⑤ 아메리카 정복 시기의 역사적 사실과 관련하여 잘못 기록된 오류이다.

② 아메리카 정복에 관하여 오해하는 내용이다.

07 의사소통능력

정답 ④

유형	일반형 정보 Text 읽기 〉 미시적 이해 〉 추론	난이도	★★☆

주어진 글은 푸코의 정치적 육체의 윤리학과 하버마스의 의사소통 행위 이론에는 사회적 존재론의 중심으로서 삶을 살아가는 육체에 대한 개념이 포함되어 있지 않다는 점을 지적하고 있다. 따라서 두 철학자에 대한 긍정적인 관점은 주어진 글에서 추론할 수 있는 내용으로 적절하지 않다. ④를 제외한 나머지 선택지들은 푸코와 하버마스의 이론에 육체 중심의 관점이 반영되어 있지 않은 점을 비판하고 있으므로 주어진 글을 바탕으로 판단할 수 있다.

08 의사소통능력

정답 ②

유형	일반형 정보 Text 읽기 〉 창의적 이해 〉 적용	난이도	★★★

[나]는 이미지 자체가 실재한다고 믿는 행위로부터 우상이 생성된다는 내용이 제시된 반면, ㉣은 오늘날에는 미용술과 식이요법, 약 복용 등의 방법으로 신체를 관리한다는 내용이 제시되어 있다. 따라서 [나]와 ㉣의 내용은 관계가 없는 내용이므로 서로 짝지을 수 없다.

| 오답풀이 |

① 전화통화의 개념(㉠)을 통해 원격현전의 사례를 보여 줄 수 있다.

③ 의료장비별 용례(㉡)를 통해 신체 내부를 확인하는 사례를 보여 줄 수 있다.

④ 장기 등 신체를 이루는 물질(㉤)이 신체 내부와 외부로 이동하는 사례를 보여 줄 수 있다.

⑤ 통신 기기의 사용(㉢)이 감각기관의 공동화로 이어진다는 사례를 보여 줄 수 있다.

09 수리능력

정답 ②

유형	기타 〉 수추리	난이도	★★★

규칙에 맞게 수를 나열해보면 29, 11, (2, 4, 8, 16, 7, 14, 5, 10, 1), (2, 4, 8, 16, 7, 14, 5, 10, 1), 2, 4, …이다. 나열된 수를 살펴보면 '2, 4, 8, 16, 7, 14, 5, 10, 1' 9개의 수가 한 묶음처럼 반복됨을 알 수 있다.

100번째 수를 찾으려면 처음 29, 11을 제외한 98번째 수를 찾아야 한다. $98=9\times10+8$이므로 9개의 수가 10번 반복되고 다시 8개의 수가 더 나열되어야 한다. 따라서 '2, 4, 8, 16, 7, 14, 5, 10, 1'에서 여덟 번째 수는 10이므로 100번째 수는 10이다.

10 수리능력

정답 ①

유형	응용계산 〉 방정식	난이도	★★☆

A공장의 5년차 이상의 사원 수를 x명, B공장의 5년차 이상의 사원 수를 y명이라고 하면 다음과 같이 정리할 수 있다.

구분	A공장	B공장	합계
5년차 이상	x	y	300
5년차 미만	$280-x$	$220-y$	200
합계	280	220	500

따라서 A공장의 5년차 이상 사원 수−B공장의 5년차 미만 사원 수$=x-(220-y)=(x+y)-220=300-220=80$(명)이다.

11 수리능력

정답 ③

유형	자료해석 〉 자료계산	난이도	★★☆

시험점수가 같은 학생은 A, E, F뿐이므로 A도 9점이다. 최댓값이 10점이므로 B, C, D 중 1명은 10점이어야 하고 4명의 점수의 합은 $9\times3+10=37$(점)이 된다. 그런데 평균이 8.5점이므로 6명의 점수의 합은 $8.5\times6=51$(점)이어야 한다. 학생 D의 시험점수가 학생 C보다 4점 높으므로 학생 C의 점수가 10점이면 D는 14점으로 최댓값이 10점이라는 조건에 맞지 않는다. B의 점수가 10점일 경우 C와 D의 점수의 합이 14점으로, C가 5점, D가 9점이어야 하는데 시험점수가 같은 학생은 A, E, F뿐이므로 올바르지 않다. 따라서 D가 10점, C가 6점, B가 8점이다.

12 수리능력

정답 ③

유형	자료해석 〉 자료계산	난이도	★★☆

B가 당해연도 폭염, 한파, 호우, 대설, 강풍의 발생일수 중 최솟값이므로 0이고, C가 당해연도 폭염, 한파, 호우, 대설, 강풍의 발생일수 중 최댓값이므로 16이다.

한파 발생지수는 $4\times\left(\frac{5-0}{16-0}\right)+1=2.25$,

호우 발생지수는 $4\times\left(\frac{3-0}{16-0}\right)+1=1.75$,

강풍 발생지수는 $4\times\left(\frac{1-0}{16-0}\right)+1=1.25$이다.

따라서 대설과 강풍의 발생지수의 합은 $1.00+1.25=2.25$이므로 호우의 발생지수인 1.75보다 크다.

| 오답풀이 |

① 발생지수가 가장 높은 유형은 5.00인 폭염이다.

② 호우의 발생지수는 1.75이다.

④ 극한기후 유형별 발생지수의 평균은 $\frac{5.00+2.25+1.75+1.00+1.25}{5}=2.25$이다.

⑤ 발생지수는 폭염이 5.00이고 강풍이 1.25이므로 $\frac{5.00}{1.25}=4$(배)이다.

13 수리능력

정답 ③

유형	자료해석 〉 복합 자료해석	난이도	★★★

2011년의 잣나무 원목생산량과 전체 생산량을 알기 위해서는 [그래프]와 [표]의 값을 활용해야 한다. [그래프]에서 2011년 소나무와 잣나무의 구성비가 각각 23.1%, 3.7%이므로 비례식을 활용하여 2011년 잣나무의 원목생산량(x)을 계산하면 $92.2:23.1=x:3.7 \rightarrow x≒14.8$이다. 따라서 2011년 전체 원목생산량은 $92.2+14.8+56.2+63.3+87.7+85.7=399.9$(만 m^3)이다.

㉠ 기타를 제외하고 2006년 대비 2011년 원목생산량의 증가율이 가장 큰 수종은 $\frac{92.2-30.9}{30.9}\times100≒198.4$(%)인 소나무이다.

㉣ 2009년 전체 원목생산량은 $38.6+8.3+54.0+38.7+69.4+42.7=251.7$(만 m^3)이다. 전체 원목생산량 중 소나무 원목생산량의 비중은 2009년에 $\frac{38.6}{251.7}\times100≒15.3$(%), 2011년에 23.1%로 2011년이 2009년보다 높다.

| 오답풀이 |

㉡ 기타를 제외하고 원목생산량이 매년 증가한 수종은 낙엽송과 참나무로 2개이다.

㉢ 2010년 참나무 원목생산량은 잣나무 원목생산량의 $\frac{76.0}{12.8}≒5.9$(배)이다.

14 수리능력

정답 ④

유형	자료해석 〉 추세 읽기	난이도	★★☆

2016년 투자액의 전년 대비 증가율은 $\frac{390-250}{250}\times100=56$(%)이고, 2015년 투자액의 전년 대비 증가율은 $\frac{250-70}{70}\times100≒257.1$(%)이므로 2015년이 가장 높다.

| 오답풀이 |

① 투자액이 가장 큰 해는 390억 원인 2016년이다.

② [그래프]의 기울기로 판단했을 때 기울기가 상대적으로 낮은 2013년, 2015년, 2017년의 전년 대비 증가율을 확인해보면 2013년에 $\frac{12-8}{8}\times100=50$(%),

2015년에 $\frac{25-20}{20}\times100=25(\%)$, 2017년에 $\frac{63-60}{60}\times100=5(\%)$로 2017년이 가장 낮다.

③ 2012년과 2015년 투자건수의 합은 8+25=33(건)이고, 2017년 투자건수는 63건이므로 2017년 투자건수보다 적다.

15 수리능력

정답 ③

유형	자료해석 〉 복합 자료해석	난이도	★★★

총 양식어획량에서 조피볼락이 차지하는 비중은 2009년에 $\frac{254}{520}\times100\fallingdotseq48.8(\%)$이다.

| 오답풀이 |

① 총 어업생산량의 전년 대비 증가율은 2007년에 $\frac{327.5-303.2}{303.2}\times100\fallingdotseq8.0(\%)$, 2008년에 $\frac{390.1-327.5}{327.5}\times100\fallingdotseq19.1(\%)$이다.

④ 2009년 양식어획량이 전년 대비 감소한 어종의 감소율은 조피볼락이 $\frac{280-254}{280}\times100\fallingdotseq9.3(\%)$, 감성돔이 $\frac{46-35}{46}\times100\fallingdotseq23.9(\%)$, 참돔이 $\frac{45-37}{45}\times100\fallingdotseq17.8(\%)$, 농어가 $\frac{15-14}{15}\times100\fallingdotseq6.7(\%)$이다. 따라서 가장 감소율이 작은 어종은 농어이다.

⑤ 2005년과 2009년 모두 양식어획량이 많은 어종을 순서대로 나열하면 조피볼락, 넙치류, 참돔, 감성돔, 숭어, 농어 순이다.

16 수리능력

정답 ①

유형	자료해석 〉 수치 읽기	난이도	★★☆

㉠ 출석의무자 수는 A지방법원이 1,880−533−573=774(명)이고, B지방법원이 1,740−495−508=737(명)으로 B지방법원이 더 적다.

㉡ 실질출석률은 C지방법원이 $\frac{189}{343}\times100\fallingdotseq55.1(\%)$, E지방법원이 $\frac{115}{174}\times100\fallingdotseq66.1(\%)$로 E지방법원이 더 높다.

| 오답풀이 |

㉢ D지방법원의 출석률은 $\frac{57}{191}\times100\fallingdotseq29.8(\%)$이다.

㉣ A~E지방법원의 전체 소환인원은 1,880+1,740+716+191+420=4,947(명)이고, A지방법원의 소환인원의 비중은 $\frac{1,880}{4,947}\times100\fallingdotseq38.0(\%)$로 35% 이상이다.

17 수리능력

정답 ②

유형	자료해석 〉 복합 자료해석	난이도	★★☆

㉢ 2013년은 교육, 보건, 산업에너지, 공공행정, 농림수산, 긴급구호 순이고, 2014년은 교육, 보건, 공공행정, 농림수산, 산업에너지, 긴급구호 순이다.

㉤ 2014년 중동의 원조액은 전년 대비 감소하였다.

따라서 옳지 않은 것은 2개이다.

| 오답풀이 |

㉠ 2014년 국제협력단이 공여한 전체 공적개발원조액은 약 580십억 원이고 전년도는 약 522십억 원이므로 전년 대비 10% 이상 증가하였다.

㉡ 양자 지원형태로 공여한 원조액이 전체 원조액에서 차지하는 비중은 2013년에 $\frac{500,139}{522,783}\times100\fallingdotseq95.7(\%)$이고 2014년에 $\frac{542,725}{580,552}\times100\fallingdotseq93.5(\%)$이다.

㉣ 2014년에 2013년 대비 전체 원조액에서 차지하는 비중이 낮아진 사업유형은 프로젝트, 연수생초청, 민간협력 3개이다.

18 수리능력

정답 ①

유형	자료해석 〉 추세 읽기	난이도	★★★

2010년 7월부터 12월까지의 단순이동평균을 구하려면 6개월의 평균을 구해야 하지만, 그래프의 증감 추이를 확인하면 더 빠르게 풀 수 있다.

1월에서 6월까지 평균은 401.2백만 원이고 8월의 단순이동평균은 2월에서 7월까지의 평균이므로 7월의 단순이동평균에서 1월의 330백만 원이 빠지고, 7월의 438백만 원이 들어간다. 따라서 7월 대비 단순이동평균은 상승하므로 ⑤는 옳지 않다.

9월의 단순이동평균은 3월에서 8월까지의 평균이므로 8월의 단순이동평균에서 2월인 410백만 원이 빠지고, 8월인 419백만 원이 들어가므로 8월 대비 단순이동평균은 소폭 상승하므로 ②는 옳지 않다.

10월의 단순이동평균은 4월에서 9월까지의 평균이므로 3월의 408백만 원이 빠지고, 9월의 374백만 원이 들어가므로 9월 대비 평균은 하락한다.
11월의 단순이동평균은 5월에서 10월까지의 평균이므로 4월의 514백만 원이 빠지고, 10월의 415백만 원이 들어가므로 10월 대비 단순이동평균이 하락한다. 그러므로 ④는 옳지 않다.
12월의 단순이동평균은 6월에서 11월까지의 평균이므로 5월의 402백만 원이 빠지고, 11월의 451백만 원이 들어가므로 11월 대비 단순이동평균은 상승한다. 그러므로 ③은 옳지 않다.
따라서 정답은 ①이다.

19 수리능력 정답 ③

유형	자료해석 〉 복합 자료해석	난이도	★★★

'갑' 자동차 회사가 납품받은 엔진과 변속기 납품액의 합은 2017년에 $100 \times 5,000 + 80 \times 5,000 = 900,000$(만 원)이고, 2018년에 $90 \times (3,000 + 4,500) + 75 \times (7,000 + 500) = 1,237,500$(만 원)이다. 따라서 2018년이 2017년에 비해 $\frac{1,237,500 - 900,000}{900,000} \times 100 = 37.5$(%)이므로 30% 이상 증가하였다.

| 오답풀이 |

① A기업의 엔진과 변속기 납품 개수의 합은 2017년에는 A기업만 납품했으므로 10,000개이고 2018년에는 A와 B기업이 모두 납품했으므로 B기업의 5,000개를 제외하면 10,000개이다. 그중 A기업은 2017년에 엔진을 $10,000 \times 0.5 = 5,000$(개) 납품했고 2018년에는 $10,000 \times 0.3 = 3,000$(개) 납품했다. 따라서 A기업의 엔진 납품 개수는 2018년이 2017년의 $\frac{3,000}{5,000} \times 100 = 60$(%)이다.

② 매년 '갑' 자동차 회사가 납품받은 엔진 개수는 변속기 개수와 같고 2018년에는 그 합이 15,000개이므로 각각 7,500개씩을 납품받은 것이다. 그런데 2018년 A기업은 엔진 3,000개, 변속기 7,000개를 납품했으므로 B기업은 엔진 4,500개, 변속기 500개를 납품한 것이다. 따라서 B기업의 변속기 납품 개수는 엔진 납품 개수의 $\frac{500}{4,500} \times 100 \fallingdotseq 11.1$(%)이다.

④ '갑' 자동차 회사가 납품받은 변속기 납품 개수는 2017년에는 5,000개이고, 2018년에는 7,500개이므로 $\frac{7,500}{5,000} = 1.5$(배)이다.

⑤ 2018년 '갑' 자동차 회사가 납품받은 엔진과 변속기는 각각 7,500개로 같으므로 납품단가만 비교하면 된다. 엔진은 90만 원이고 변속기는 75만 원이므로 엔진 납품액의 합이 변속기 납품액의 합보다 크다.

20 문제해결능력 정답 ①

유형	수리, 기호 정보에서 원리 파악하기 〉 기호 원리 파악하고 적용하기	난이도	★★☆

㉡ 근로시간이 10시간일 때와 12시간일 때 B유형의 생산성은 $\frac{96}{8} = 12$에서 $\frac{120}{12} = 10$으로 하락하고, C유형의 생산성은 $\frac{100}{10} = 10$에서 $\frac{96}{12} = 8$로 하락한다.

| 오답풀이 |

㉠ 세 가지 유형의 일일 생산성은 $\frac{96}{8} = 12$로 모두 같다.

㉢ B유형의 근로자가 이틀 동안 10시간씩 근무하는 경우 총 생산량은 $110 + 110 = 220$이고, 첫째 날 12시간, 둘째 날 8시간 근무하는 경우의 총 생산량은 $120 + 96 = 216$이므로 이틀 동안 10시간씩 근무할 때의 총 생산량이 더 많다.

㉣ 초과근무 시 최초 두 시간 동안의 생산성은 A유형이 $\frac{120 - 96}{2} = 12$, B유형이 $\frac{110 - 96}{2} = 7$, C유형이 $\frac{100 - 96}{2} = 2$로 A유형>B유형>C유형 순이다.

21 문제해결능력 정답 ⑤

유형	수리, 기호 정보에서 원리 파악하기 〉 수리적 원리 파악하고 적용하기	난이도	★★☆

마지막 월요일, 금요일이 모두 네 번째이므로 월요일이 네 번, 금요일이 네 번 있어야 한다. 만약 1일이 월요일이라면 1, 8, 15, 22, 29일까지 월요일이 다섯 번이 되므로 1일은 금요일이어선 안 되고 1일이 토요일이면 31일이 월요일로, 월요일이 다섯 번이 된다. 따라서 1일은 화요일이어야 다음과 같이 월요일이 네 번, 금요일이 네 번이 된다.

일	월	화	수	목	금	토
		7/1				
	7					
	14					
	21					
	28	29	30	31		

따라서 7월 31일은 목요일이므로 8월 1일은 금요일이 된다.

22 문제해결능력

정답 ①

유형	수리, 기호 정보에서 원리 파악하기 〉 수리적 원리 파악하고 적용하기	난이도	★★☆

선택지에 주어진 일정별 금액을 계산하면 다음과 같다.

기간	정상가 (원)	20% 할인가 (원)	티켓 2+1 행사	사람 수 (명)	최저 가격 (원)
7/4, 화요일	33,500	33,500×0.8 =26,800	–	4	26,800×4 =107,200
7/14, 금요일	34,000	34,000×0.8 =27,200	–	4	27,200×4 =108,800
8/14, 월요일	37,000	–	–	3	37,000×3 =111,000
10/5, 목요일	53,700	–	○	3	53,700×2 =107,400
10/29, 일요일	36,700	36,700×0.8 =29,360	–	4	29,360×4 =117,440

따라서 가장 적은 비용으로 갈 수 있는 날은 7/4, 화요일이다.

23 문제해결능력

정답 ⑤

유형	퀴즈 문제 〉 참 · 거짓	난이도	★★☆

만복, 철수, 형오가 각각 집 주인이라고 가정할 때 증인 A~C 증언의 참(T), 거짓(F) 여부는 다음과 같다.

진술 / 가정	증인 A의 증언	증인 B의 증언	증인 C의 증언
만복이가 집 주인이다.	T	F	T
철수가 집 주인이다.	F	T	T
형오가 집 주인이다.	T	T	T

만복이가 집 주인이라는 가정과 철수가 집 주인이라는 가정은 두 사람의 증언은 진실이고 한 사람의 증언은 거짓이라는 조건을 만족하지만 형오가 집 주인이라는 가정은 주어진 조건에 맞지 않는다.

따라서 형오는 집 주인이 될 수 없으며, 증인 C는 진실만을 말함을 알 수 있다.

24 문제해결능력

정답 ②

유형	적용 퀴즈 〉 매칭하기	난이도	★★★

확실한 정보인 두 번째, 다섯 번째 정보를 표로 정리하면 다음과 같다.

구분	문제해결력	도전정신	커뮤니케이션 능력	외국어능력
갑	○		×	
을			×	
병	○		○	
정	○		×	

세 번째 조건에서 도전정신의 자질을 지닌 지원자가 커뮤니케이션 능력의 자질을 지니므로 명제의 대우로 판단하면 커뮤니케이션 자질이 없으면 도전정신의 자질도 없으므로 갑, 을, 정은 도전정신의 자질이 없고 네 번째 조건에 의해 병만 도전정신의 자질을 지녔음을 알 수 있다.

구분	문제해결력	도전정신	커뮤니케이션 능력	외국어능력
갑	○	×	×	
을		×	×	
병	○	○	○	
정	○	×	×	

이때 갑, 을, 정이 외국어능력 자질을 가지더라도 각각

지니고 있는 자질은 최대 2개이다. 따라서 적어도 세 가지의 자질을 지닌 병만 채용될 수 있으므로 최대 인원은 1명이다.

25 문제해결능력

정답 ⑤

유형	수리, 기호 정보에서 원리 파악하기 〉 수리적 원리 파악하고 적용하기	난이도	★★★

B팀이 무승부이면 승점 15점, C팀이 승리하면 승점 15점으로 승점이 같게 된다. 승점이 같을 경우에는 골득실 점수에 따라 순위가 정해지는데 B팀은 무승부이기에 골득실 점수가 변함이 없으며 C팀은 승리하였기에 골득실 점수가 증가한다. 따라서 C팀이 본선에 진출하게 된다.

| 오답풀이 |

① A팀은 남은 경기에서 승리하면 24점, 패하면 21점, 무승부이면 22점이므로 승점이 가장 높아 1위로 본선에 진출한다.

② B팀이 승리하면 17점으로 순위 2위로 본선에 진출한다.

③ B팀이 패하면 승점 14점, C팀이 승리하면 승점 15점(골득실 2점), D팀이 승점 15점(골득실 0점)으로 C팀이 본선에 진출한다.

④ E팀과 F팀은 마지막 경기 결과에 관계없이 본선에 진출할 수 없다.

DAY

19

정답 확인

문항	영역	정답	문항	영역	정답	문항	영역	정답	문항	영역	정답	문항	영역	정답
01	의사소통	④	02	의사소통	④	03	의사소통	②	04	의사소통	⑤	05	의사소통	②
06	의사소통	④	07	의사소통	②	08	의사소통	③	09	수리	④	10	수리	③
11	수리	①	12	수리	②	13	수리	⑤	14	수리	③	15	수리	③
16	수리	②	17	수리	③	18	문제해결	⑤	19	문제해결	③	20	문제해결	④
21	문제해결	①	22	문제해결	⑤	23	문제해결	④	24	문제해결	④	25	문제해결	⑤

영역별 실력 점검표

영역	맞은 개수	정답률	취약 영역
의사소통능력	/8	%	
수리능력	/9	%	
문제해결능력	/8	%	
합계	/25	%	

01 의사소통능력 정답 ④

유형	일반형 정보 Text 읽기 〉 미시적 이해 〉 추론	난이도	★★★

청일전쟁 이후 러시아의 영향력이 강해지자 일본은 조선의 철도 궤간을 두고 러시아와 대립한 끝에 표준궤로 강행하였다고 하였으므로, 러시아는 광궤로 채택할 것을 주장했으리라고 추측할 수 있다.

| 오답풀이 |

① 러일전쟁 과정에서 일본은 만주의 철도 구간을 협궤로 바꾸어 자국의 열차를 그대로 사용하고자 했으므로 일본 내 철도는 협궤였을 것이다.

② 러일전쟁 이후 만주의 철도 구간이 표준궤로 개편되었으며 조선의 철도 또한 표준궤였으므로, 부산에서 만주까지의 철도는 표준궤로 구축되었을 것이다.

③ 만주 지역 중 러시아가 건설한 철도 구간에 한하여 광궤였으므로 만주의 모든 철도를 일반화할 수 없다.

⑤ 유럽 국가 중 일부 국가는 건설 비용 등을 고려하여 궤간을 조정했다고 하였으므로 표준궤가 경제적 부담을 줄였다고 단정할 수 없다.

02 의사소통능력 정답 ④

유형	일반형 정보 Text 읽기 〉 미시적 이해 〉 추론	난이도	★★★

소크라테스는 수(數)의 경우에는 크라틸로스의 견해가 옳으나 이름에 자모를 더하거나 빼는 경우에는 일반적으로 적용할 수 있는 이치가 아니라고 하였으므로 두 경우는 서로 다른 이치를 따른다.

| 오답풀이 |

① 상이 본연의 특성을 가지려면 상이 묘사하는 대상의 성질 모두를 배정해서는 안 된다고 하였으므로, 대상과 완전히 일치하는 복제물은 상이 아니다.

② 음절과 자모를 배정하는 차이로 훌륭한 이름의 여부가 갈릴 수 있지만 모두 이름에 해당한다.

③ 적합한 색이나 형태를 배정하는 차이로 좋은 상의 여부가 갈릴 수 있지만 모두 상에 해당한다.

⑤ 적합한 색과 형태를 배정하여 상을 만드는 방식과 음절과 자모를 배정하여 이름을 만드는 방식이 같은 이치에 따른다고 하였으므로 적절한 내용이다.

03 의사소통능력 정답 ②

유형	일반형 정보 Text 읽기 〉 거시적 이해 〉 맥락	난이도	★★☆

기억 상실증으로 과거를 기억하지 못하는 상황에서 (3)보다 (4)를 선호하는 동시에 (2)를 (3)보다 선호하는 응답이어야 한다. (2)와 (4)는 모두 '약간 고통스러운 수술'에 해당하므로 앞의 두 가지 조건을 동시에 만족하려면 전체 고통의 총량이 적은 상황을 선호해야 한다는 내용이 적절하다.

04 의사소통능력 정답 ⑤

유형	일반형 정보 Text 읽기 〉 미시적 이해 〉 일치	난이도	★★★

참주정은 군주정의 타락한 형태이므로 일인 통치체제라는 동일한 속성을 보이며, 민주정 또한 제헌정의 타락한 형태이므로 다수가 통치하는 체제라는 점이 같다.

| 오답풀이 |

① 민주정은 정치체제가 타락한 형태에 속하지만 군주정은 그렇지 않으므로 민주정이 더 나쁜 정치체제이다.

② 아리스토텔레스에 따르면 정치체제의 형태는 군주정, 귀족정, 제헌정의 세 가지로 구분할 수 있다.

③ 타락한 정치체제 중 최악은 참주 자신에게만 이익이 되는 것을 추구하는 참주정이다.

④ 금권정의 타락한 형태인 민주정은 타락한 정치체제 중에서는 가장 덜 나쁜 것이라고 하였으므로 과두정이 더 나쁜 정치체제이다.

05 의사소통능력 정답 ②

유형	실용형 정보 Text 읽기 〉 회사 문서 정보 읽기	난이도	★★☆

사회 보험은 사고가 발생하면 급여를 개시하므로 발생 가능한 위험에 대하여 예방적 기능을 갖지만, 공공 부조는 빈곤사실이 인정되면 급여를 개시하므로 예방적 기능 대신 구빈적 기능을 갖는다.

| 오답풀이 |

① 기초생활보호대상자를 지원하는 법은 국민기초생활보장제도에 속하므로 공공 부조에 해당한다.

③ 보험료의 제도별 사용 방식은 주어진 자료에서 확인할 수 없는 내용이다.
④ 사회 복지 서비스는 수혜 대상이 되는 사람 중 희망자에 한하여 적용받을 수 있다.
⑤ 공공 부조는 신청 또는 직권에 따라 적용받는 형태이므로 강제로 가입되는 방식이 아니다.

06 의사소통능력 정답 ④

유형	실용형 정보 Text 읽기 〉 법률/계약서형 읽기	난이도	★★★

제□□조 제4항에 따라 동일한 특별시·광역시·시·군에서 동종영업으로 타인이 등기한 상호를 사용하는 자는 부정한 목적으로 사용하는 것으로 추정하므로, 동일 지역에서 동종영업을 하는 타인에게 상호 폐지 및 손해배상을 청구할 때 그의 부정한 목적을 증명할 필요가 없다.

| 오답풀이 |

① 택배업과 음식점은 동종영업에 해당하지 않으며, '빠리지앤느'와 '빠르지안니'는 서로 다른 상호이므로 동일한 특별시에서도 등기할 수 있다.
② 제□□조 제2항에 따라 손해를 받을 염려가 있는 갑은 을에게 상호의 폐지를 청구할 수 있다.
③ 제□□조 제2항에 따라 상호를 등기한 갑은 을에게 상호의 폐지를 청구할 수 있다.
⑤ 제□□조 제1항에 따라 부정한 목적으로 타인의 영업으로 오인할 수 있는 상호를 사용할 수 없으며, 제2항에 따라 이에 손해를 받을 염려가 있는 자는 상호를 등기한 자와 동등하게 그 폐지를 청구할 수 있으므로 갑은 을에게 손해배상을 청구할 수 있다.

07 의사소통능력 정답 ②

유형	일반형 정보 Text 읽기 〉 미시적 이해 〉 일치	난이도	★★☆

㉠ 관료의 채용 관련 업무는 과거 관리를 담당한 예조가 관할하였으며, 관료의 승진·평가 업무는 인사를 담당한 이조가 관장하였다.
㉢ 정3품 이상인 당상관은 각 조마다 판서 1인, 참판 1인, 참의 1인으로 3명씩 배치되어 있었으므로 육조에는 모두 18명의 당상관이 있었다. 또한 육조의 별칭인 육관은 세종 이후 이, 호, 예, 병, 형, 공조의 순으로 서열이 정해져 있었다.

| 오답풀이 |

㉡ 병조의 정랑·좌랑에는 문관만 재직할 수 있었으므로 무관의 고유 업무 영역이었다고 볼 수 없다.
㉣ 조선 세종 이후에 호조와 예조가 강화된 이유가 언급되어 있지 않으며 조선 초기와 조선 후기에 대한 시대별 구분 또한 제시되어 있지 않다.
㉤ 임기를 마친 정랑·좌랑은 승진되었으므로 임기제가 적용되었다고 볼 수 있으나, 정3품 이상의 당상관이 임기제로 운영되는지에 대한 여부는 확인할 수 없다.

08 의사소통능력 정답 ③

유형	일반형 정보 Text 읽기 〉 미시적 이해 〉 적용	난이도	★★☆

뇌물에 관한 죄가 성립하기 위해서는 대가에 대한 인식인 고의가 있어야 하며, 직무행위와 관련이 있는 동시에 법령이나 사회 윤리적 관점에서 정당하지 않은 보수여야 한다. 이때 중소기업협동조합중앙회가 관할하는 업무는 경찰관의 직무와 관련이 없으므로 그와 관련된 부탁으로 향응을 제공받았다고 하더라도 뇌물에 관한 죄로 성립되지 않는다. ③을 제외한 나머지 선택지들은 모두 뇌물에 관한 죄가 되기 위한 성립 요소를 갖추고 있다.

09 수리능력 정답 ④

유형	응용계산 〉 거속시	난이도	★☆☆

KTX 출발이 10분 지연되어 5시 8분에 출발하였으므로 목적지까지 이동하는데 걸린 시간은 70분이다. 따라서 원래 예정된 시간에 도착하기 위해서 KTX는 $\frac{360}{\frac{70}{60}} \fallingdotseq$ 308.57(km/h), 즉 약 309km/h의 속도로 달려야 한다.

10 수리능력 정답 ③

유형	자료해석 〉 자료계산	난이도	★★★

매달 가스 사용량과 전기 사용량을 계산하면 다음과 같다.

구분	가스 사용량(ℓ)	전기 사용량(kw)
1월	12,440－12,170＝270	26,580－26,070＝510
2월	12,700－12,440＝260	27,060－26,580＝480
3월	12,960－12,700＝260	27,470－27,060＝410
4월	13,190－12,960＝230	27,860－27,470＝390

그다음 전기 사용요금 대비 가스 사용요금$\left(\frac{A}{B}\right)$을 계산하면 다음과 같다.

구분	가스 사용요금 (A)	전기 사용요금 (B)	$\frac{A}{B}$
1월	1,000＋270 ×500 ＝136,000(원)	90,000＋(510 －500)×600 ＝96,000(원)	$\frac{136,000}{96,000}$ ≒1.4
2월	1,000＋260 ×500 ＝131,000(원)	60,000＋(480 －400)×300 ＝84,000(원)	$\frac{131,000}{84,000}$ ≒1.6
3월	1,000＋260 ×500 ＝131,000(원)	60,000＋(410 －400)×300 ＝63,000(원)	$\frac{131,000}{63,000}$ ≒2.1
4월	1,000＋230 ×500 ＝116,000(원)	40,000＋(390 －300)×200 ＝58,000(원)	$\frac{116,000}{58,000}$ ＝2

따라서 전기 사용요금 대비 가스 사용요금이 가장 많이 나온 달은 3월이다.

11 수리능력

정답 ①

유형	자료해석 〉 추세 읽기	난이도	★★☆

㉠ A지역은 머리둘레가 클수록 회상된 단어 수가 많으므로 그 관련성이 더 크다고 말할 수 있다.

㉡ A지역은 머리둘레와 회상된 단어 수가 비례관계를 나타내므로 예측할 수 있다.

| 오답풀이 |

㉢ B지역은 분포가 퍼져 있고 머리둘레가 30cm인 사람들의 경우, 회상된 단어 수가 골고루 분포되어 있어 A지역과 B지역을 비교하기 어렵다.

㉣ 이 실험의 목적은 크기 차이에 따른 기억력의 대·소이므로 크기가 차이가 없다면 A지역의 실험결과는 무의미하다.

12 수리능력

정답 ②

유형	자료해석 〉 복합 자료해석	난이도	★★☆

약수와 배수의 관계에 따라 숫자가 화살표로 연결되므로 가장 많은 배수를 가지는 2가 가장 많이 연결이 되어야 한다. 그러므로 아래 그림에서 빗금친 원 안에 들어가야 한다. 그다음 4와 8의 관계를 생각해보면 (가)에 8이 들어가고 (나)에 6이 들어간다. 2~10 중에서 어떤 배수도 가지지 않는 수는 7이므로 7은 화살표로 연결되지 않은 (다)에 들어가야 한다.

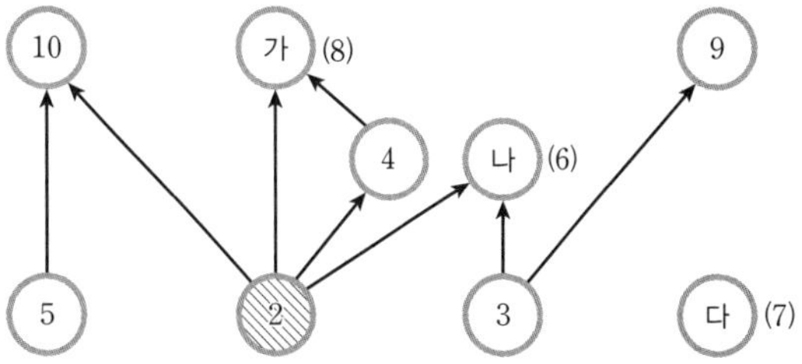

따라서 가~다에 해당하는 수의 합은 8+6+7=21이 된다.

13 수리능력

정답 ⑤

유형	자료해석 〉 복합 자료해석	난이도	★★★

[표]에서 D지역의 식물성 단백질 섭취량이 2017년에 10g에서 2018년 5g이 되었기 때문에 -50%가 되어야 하는데 [그래프]에서는 50%이므로 옳지 않다.

14 수리능력

정답 ③

유형	자료해석 〉 자료계산	난이도	★★☆

[그래프3]에서 변리사 A의 경우 30개의 특허 중에 80%를 2021년에 출원했으므로 2021년에 24개, 2020년에 6개를 출원했다. 또한 [그래프2]에서 총 45개의 특허출원건수에서 80%를 2021년에 출원했으므로 2021년에 36개, 2020년에 9개를 출원했다.

이에 따라 변리사 B의 출원 개수는 2020년에 9－6＝3(개), 2021년에 36－24＝12(개)이다.

따라서 2021년 변리사 B의 특허출원 건수는 2020년의 $\frac{12}{3}$＝4(배)이다.

15 수리능력

정답 ③

유형	자료해석 〉 자료계산	난이도	★☆☆

㉠ 전체 학생 수가 55명이므로 절반은 27.5명이다. 따라서 점수가 낮은 순서대로 27~28번째 학생의 점수를 확인하면 5점이 중앙에 있다는 것을 알 수 있다.

㉣ 가장 많은 빈도의 표본이 나온 값을 최빈값이라고 하며, 학급에서 가장 많은 학생이 받은 체육점수는 23명이 기록한 5점이다.

| 오답풀이 |

㉡ 4~6점을 받은 학생 수는 10+23+10=43(명)이므로 전체 학생 수의 $\frac{43}{55}\times100≒78.2(\%)$이다.

㉢ 학습의 체육점수 산술평균은

$$\frac{1\times1+3\times5+4\times10+5\times23+6\times10+7\times5+9\times1}{55}$$

=5(점)이다.

체육점수 중 최고점이 9, 최저점이 1이고 이들의 점수 합은 10점이며 2명이므로 평균은 $\frac{265}{53}=5$(점)으로 유지된다.

16 수리능력

정답 ②

유형	자료해석 〉 복합 자료해석	난이도	★★☆

보고서 마지막 문단에서 '국내 전기 충전 인프라는 2019년 3월 기준 전국 주유소 대비 80% 수준으로 설치되어 있다.'라고 언급되어 있으므로 2020년 3월 지역별 전기차 충전 인프라 관련 자료는 사용되지 않았다.

| 오답풀이 |

① 보고서 첫 번째 문단의 '전문가들은 2015년 1.2백만 대에 머물던 세계 전기차 누적 생산량이 2030년에는 2억 5천만 대를 넘어설 것으로 추정하고 있다.'를 보면 세계 전기차 누적 생산량 현황과 전망에 대한 자료가 사용되었음을 알 수 있다.

③ 보고서 두 번째 문단의 '2015년 산업수요 대비 비중이 0.2%였던 전기차는 2019년에는 2.4%까지 비중이 늘었고, 2025년에는 산업수요에서 차지하는 비중을 14.4%까지 끌어올린다는 목표를 가지고 있다.'를 보면 우리나라 산업수요 대비 전기차 비중의 현황과 전망에 대한 자료가 사용되었음을 알 수 있다.

④ 보고서 첫 번째 문단의 '2020년 5백만 대에 못 미치던 전 세계 전기차 연간 판매량이 2030년에는 2천만 대가 넘을 것으로 추정된다.'를 보면 세계 전기차 연간 판매량의 자료가 사용되었음을 알 수 있다.

⑤ 보고서 세 번째 문단의 '우리나라에서 소비자는 2019년 3월 기준, 전기차 구매 시 지역별로 대당 최소 450만 원에서 최대 1,000만 원까지 구매 보조금을 받을 수 있다.'를 보면 우리나라 지역별 전기차 구매 보조금 자료가 사용되었음을 알 수 있다.

17 수리능력

정답 ③

유형	자료해석 〉 추세 읽기	난이도	★★★

2010년과 2020년의 토지이용유형별 구획 개수는 다음과 같다.

구분	도시	수계	산림	농지	나지
2010년	6개	7개	8개	7개	8개
2020년	12개	6개	7개	7개	4개

2010년 농지 구획의 개수는 7개이고, 2010년 산림이 아닌 구획 중 2020년 산림인 구획의 개수는 2개이다.

| 오답풀이 |

① 2010년 대비 2020년 토지이용유형별 토지면적 증감량이 가장 큰 유형은 도시이고 증가량은 6이다. 두 번째로 큰 유형은 나지이고 감소량이 4이다. 절댓값을 구하면 $\frac{6}{4}=1.5$(배)이다.

② 2010년 산림 구획 중 2020년 산림이 아닌 구획의 토지면적은 3개이고, 2010년 농지가 아닌 구획 중 2020년 농지인 구획의 토지면적은 4개이다.

④ 2010년 전체 나지 구획 중 2020년에 2개가 도시, 2개가 농지, 2개가 산림 구획이 되었다.

⑤ 2021년 A구획과 B구획이 각각 도시, 나지이고 나머지 구획이 2020년의 토지이용유형과 동일하다면, B의 도시가 없어지고, A의 도시로 바뀐 것과 같으므로 도시 구획의 토지면적은 동일하다.

18 문제해결능력 정답 ⑤

유형	수리, 기호 정보에서 원리 파악하기 〉 수리적 원리 파악하고 적용하기	난이도	★★★

정의를 정리하면 다음과 같다.

Ts(성공추구 경향성)=Ms(성취동기)×Ps(성공기대확률)×Ins(성공결과의 가치)

Tf(실패회피 경향성)=Mf(실패회피동기)×Pf(실패기대확률)×Inf(실패결과의 가치)

- A서기관: Ts(성공추구 경향성)=3(성취동기)×0.7(성공기대확률)×0.2(성공결과의 가치)=0.42
  Tf(실패회피 경향성)=1(실패회피동기)×0.3(실패기대확률)×0.8(실패결과의 가치)=0.24
  TACH=Ts−Tf=0.42−0.24=0.18
- B서기관: Ts(성공추구 경향성)=2(성취동기)×0.3(성공기대확률)×0.7(성공결과의 가치)=0.42
  Tf(실패회피 경향성)=1(실패회피동기)×0.7(실패기대확률)×0.3(실패결과의 가치)=0.21
  TACH=Ts−Tf=0.42−0.21=0.21
- C서기관: Ts(성공추구 경향성)=3(성취동기)×0.4(성공기대확률)×0.7(성공결과의 가치)=0.84
  Tf(실패회피 경향성)=2(실패회피동기)×0.6(실패기대확률)×0.3(실패결과의 가치)=0.36
  TACH=Ts−Tf=0.84−0.36=0.48

따라서 업무추진능력이 높은 사람부터 순서대로 나열하면 C, B, A이다.

19 문제해결능력 정답 ③

유형	퀴즈 문제 〉 명제	난이도	★★☆

주어진 글을 간단히 정리하면 다음과 같다.

1) 도덕성 결함 → 직원 채용×
2) 업무 능력 검증 & 면접관 추천 & 직업윤리 → 직원 채용
3) 직원 채용 → 봉사정신
4) 한이는 직업윤리가 투철 & 업무능력을 검증받았다.

1)에서 도덕성에 결함이 있으면 직원 채용이 되지 않고 2)를 대우명제로 바꾸면 직원 채용× → 업무 능력 검증× or 면접관 추천× or 직업윤리×인데 4)에서 한이는 업무 능력을 검증받았고 직업윤리가 투철하므로 만일 한이가 도덕성에 결함이 있다면 면접관들의 추천을 받지 않은 것이다.

| 오답풀이 |

① 1)을 대우명제로 바꾸면 한이가 직원으로 채용되면 도덕성에 결함이 없는 것이고 이것의 역은 참, 거짓을 알 수 없다.
② 3)의 역은 참인지 거짓인지 알 수 없다.
④ 2)의 역은 참인지 거짓인지 알 수 없는 내용이다.
⑤ 1)의 역과 3)의 이를 통해 참인지 거짓인지 알 수 없는 내용이다.

20 문제해결능력 정답 ④

유형	적용 퀴즈 〉 배치하기	난이도	★★★

주어진 글에서 단 한 지역의 출장에만 참가하는 것은 신임 직원으로 제한하고 이들 중 신임 직원은 한 명밖에 없으므로 한 명의 신임직원만 출장을 1번 가고 나머지 직원들은 모두 2번 이상의 출장을 가야 한다.

또한 을은 갑과 단둘이 가는 1번의 출장 이외에 다른 어떤 출장도 가지 않으므로 을이 신임직원임을 알 수 있고, 이때 갑이 같이 가는데, 모든 출장에 가는 것은 업무를 총괄하는 직원이므로 갑이 업무 총괄임을 알 수 있다.

이를 표로 정리하면 다음과 같다.

1지역(2명)	2지역	3지역	4지역
갑, 을	갑	갑	갑

이때 병, 정, 무는 2번 이상은 가야하고, 한 지역의 출장에 세 명은 초과할 수 없으므로 1지역을 제외한 다른 지역은 모두 3명씩 출장을 간다. 그리고 두 곳의 광역시에는 단 두 명의 직원만이 두 곳 모두 출장을 가야 하므로 2지역과 4지역을 광역시라고 가정하고 병과 정이 같이 출장가는 경우는 한 번밖에 없다는 것을 고려하면 5명이 출장을 가는 경우는 다음과 같다.

1지역(2명)	2지역(광역시)	3지역	4지역(광역시)
갑, 을	갑, 병, 무	갑, 병, 정	갑, 정, 무
갑, 을	갑, 정, 무	갑, 병, 정	갑, 병, 무
갑, 을	갑, 병, 무	갑, 정, 무	갑, 병, 정
갑, 을	갑, 정, 무	갑, 병, 무	갑, 병, 정

따라서 정은 총 두 곳에 출장을 가므로 정답은 ④이다.

21 문제해결능력 정답 ①

유형	수리, 기호 정보에서 원리 파악하기 〉 기호 원리 파악하고 적용하기	난이도	★★☆

서로 앞·뒤 글자가 연결되는 것끼리 일단 짝을 지어본다.
자동차(갑) – 차림새(을)
심지(을) – 지도(갑)
□시(을) – 시험(갑) – 험담(을)
개천절(갑) – 절취선(을) – 선□(갑)
금은방(갑) – 방사선(을) – 선□(갑)
담배(갑) – 배기(을) – 기□(갑)
대금(을) – 금은방(갑) – 방사선(을)
이것을 블록으로 연결해 본다.
먼저 '자동차(갑) – 차림새(을)' 다음에 갑에서 새로 시작하는 단어가 없으므로 첫 번째 글자가 비어있는 '□날'에 '새'자를 넣는다. 그리고 이어지는 을의 단어 중에서 '날'자가 들어가는 것이 없으므로 '날시' 또는 '날개'이므로 '날개'가 적절하다. 이를 정리하면 다음과 같다.
자동차(갑) – 차림새(을) – 새날(갑) – 날개(을) – 개천절(갑) – 절취선(을)
그다음 갑의 어휘 중 '선□'가 와야 한다.
나머지 단어를 블록으로 연결하면 □시(을) – 시험(갑) – 험담(을) – 담배(갑) – 배기(을) – 기□(갑)이 되고, 갑이 사용한 단어 중 다섯 번째에 '지도'가 들어가므로 다음과 같이 정리할 수 있다.
자동차(갑) – 차림새(을) – 새날(갑) – 날개(을) – 개천절(갑) – 절취선(을) – 선심(갑) – 심지(을) – 지도(갑) – 도시(을) – 시험(갑) – 험담(을) – 담배(갑) – 배기(을) – 기대(갑) – 대금(을) – 금은방(갑) – 방사선(을)
따라서 갑이 사용한 단어 중 빈칸에 들어갈 글자를 왼쪽부터 나열하면 '선심, 새날, 기대'이므로 '심', '새', '대'이다. 그리고 게임에서 이긴 사람은 을이고 이길 때 제시한 단어는 '방사선'이다.

22 문제해결능력 정답 ⑤

유형	Text로 된 정보에서 원리 파악하기 〉 거시적 원리 파악하고 적용하기	난이도	★★☆

㉢ D와 E는 양육환경이 같고 자궁환경이 다르다. 따라서 자궁환경이 IQ에 미치는 영향을 알 수 있다.
㉤ 유전자 간의 유사성이 없을수록 상관계수의 값이 낮다.

| 오답풀이 |
㉠ B와 D의 차이는 일란성과 이란성으로 유전자이므로 그 상관관계를 알 수 있다.
㉡ B와 C의 차이는 양육환경이므로 그 상관관계를 알 수 있다.
㉣ A와 B의 상관계수 차이가 거의 없으므로 옳은 내용이다.

23 문제해결능력 정답 ④

유형	수리, 기호 정보에서 원리 파악하기 〉 수리적 원리 파악하고 적용하기	난이도	★★★

15일이 국경일이 되는 달은 8월뿐이므로 첫 장은 8월 달력이다. 그리고 홀수 달은 모두 찢겨나가 있으므로 ○가 뚫려 있는 부분은 그 이후의 짝수 달인 10월이나 12월이다.
다음은 10월의 달력이다.

일	월	화	수	목	금	토
	1	2	3	4	5	6
7	8	9	10	11	12	13
14	15	16	17	18	19	20
21	22	23	24	25	26	27
28	29	30	31			

그리고 12월의 달력은 다음과 같다.

일	월	화	수	목	금	토
						1
2	3	4	5	6	7	8
9	10	11	12	13	14	15
16	17	18	19	20	21	22
23/30	24/31	25	26	27	28	29

따라서 4개월의 차이가 나는 12월의 1일은 토요일이다. 1이 금요일인 달은 6월 달이다.

| 오답풀이 |
① 첫 장은 공휴일이 15일이므로 8월이다.
② 10월의 25일은 목요일이다.
③ 10월의 3일이 수요일이고 8월인 첫 장과는 2개월의 차이가 난다.
⑤ 3이 속해 있는 달을 10월이라고 하고 6개월 차이가 나게 되면 다음 해의 4월이 된다. 그런데 한 해의 달

력이고 앞뒤로 자유롭게 넘기는 것이므로 6개월의 차이를 뒤로 생각하는 것이 아니라 앞으로 생각해야 한다. 따라서 25가 원래 속해 있는 그 해의 4월의 달력은 다음과 같다.

일	월	화	수	목	금	토
1	2	3	4	5	6	7
8	9	10	11	12	13	14
15	16	17	18	19	20	21
22	23	24	25	26	27	28
29	30					

24 문제해결능력

정답 ④

유형	적용 퀴즈 〉 매칭하기	난이도	★★★

주어진 조건 중 확실한 내용을 표로 정리하여 기입하면 다음과 같다.

구분	족두리	치마	고무신
콩쥐		빨	파×
팥쥐		노×	검
향단		검×	
춘향	빨×	빨×	빨×

팥쥐의 치마는 노란색이 아니고, 고무신이 검은색이므로 검은색도 아니다. 팥쥐의 치마가 될 수 있는 것은 빨간색과 파란색이다. 또한 콩쥐의 치마가 빨간색이므로 고무신은 파란색도 빨간색도 아니다. 이를 정리하면 다음과 같다.

구분	족두리	치마	고무신
콩쥐		빨	파×, 빨×
팥쥐		노×, 검×	검
향단		검×	
춘향	빨×	빨×	빨×

콩쥐의 고무신은 노란색 아니면 검은색인데, 팥쥐의 고무신이 검은색이므로 노란색이다. 또한 팥쥐의 치마는 콩쥐의 치마가 빨간색이므로 파란색임을 알 수 있다. 이에 따라 향단이의 치마는 노란색, 춘향이의 치마는 검은색이다. 이때 춘향이의 고무신은 빨간색이 아니므로 파란색이고 향단이의 고무신은 빨간색이다.

구분	족두리	치마	고무신
콩쥐	검 또는 파	빨	노
팥쥐	빨	파	검
향단	파 또는 검	노	빨
춘향	노	검	파

따라서 춘향의 치마는 검은색이다.

| 오답풀이 |

① 콩쥐는 검은색 또는 파란색 족두리를 배정받는다.
② 팥쥐는 빨간색 족두리를 배정받는다
③ 향단이는 빨간색 고무신을 배정받는다
⑤ 빨간색 고무신을 배정받는 향단이는 파란색 또는 검은색 족두리를 배정받는다

25 문제해결능력

정답 ⑤

유형	적용 퀴즈 〉 매칭하기	난이도	★★★

2번 버튼에 저장된 방송국이 락 방송국이고 네 번째 조건의 대우에 의해 2번 버튼에 저장된 방송국이 테크노를 방송하지 않으면 6번 버튼에 저장된 방송국은 락을 방송한다. 또한 세 번째 조건에서 1, 7번은 테크노가 아니고 각 장르에 해당하는 방송국은 최대 3개 버튼까지 저장 가능하므로 1, 7번은 락 방송국이 될 수 없고 발라드 방송국이 된다.

| 오답풀이 |

① 5, 6번 버튼은 같은 장르의 방송국이 저장되지 않으므로 6번이 락 방송국이므로 5번 버튼에 저장된 방송국은 발라드나 테크노를 방송한다.
②, ③ 3, 4, 5번 버튼은 각각 다른 장르가 방송되므로 락, 발라드, 테크노가 각각 1개씩 방송되는 것을 알 수 있다. 5번 버튼에 저장된 방송국은 발라드나 테크노를 방송하므로, 3, 4번 버튼에 저장된 방송국에서는 락, 발라드, 테크노 중 1개가 방송될 수 있다.
④ 1, 7번이 발라드, 2, 6번이 락 방송국이고, 3, 4, 5번에서 락, 발라드, 테크노 각각 1개씩이므로 8번 버튼에 저장된 방송국에서는 테크노를 방송한다.

DAY

20

정답 확인

문항	영역	정답	문항	영역	정답	문항	영역	정답	문항	영역	정답	문항	영역	정답
01	의사소통	①	02	의사소통	①	03	의사소통	⑤	04	의사소통	②	05	의사소통	①
06	의사소통	③	07	의사소통	③	08	의사소통	⑤	09	수리	③	10	수리	③
11	수리	②	12	수리	④	13	수리	③	14	수리	②	15	수리	①
16	수리	④	17	수리	②	18	수리	⑤	19	문제해결	④	20	문제해결	④
21	문제해결	⑤	22	문제해결	③	23	문제해결	⑤	24	문제해결	③	25	문제해결	④

영역별 실력 점검표

영역	맞은 개수	정답률	취약 영역
의사소통능력	/8	%	
수리능력	/10	%	
문제해결능력	/7	%	
합계	/25	%	

01 의사소통능력 정답 ①

유형	일반형 정보 Text 읽기 〉 미시적 이해 〉 추론	난이도	★★★

㉠ 신경전달물질은 신경세포에서 분비되어 세포 사이의 공간을 통해 확산된 후 근접한 거리에 있는 표적세포에 작용하므로, 이와 같은 신호 전달은 측분비 방법에 해당한다.

| 오답풀이 |

㉡ 내분비 방법은 내분비샘 세포에서 분비된 호르몬이 혈액을 통해 이동하는 과정을 거쳐 표적세포에 작용하는 방식이므로, 근거리에 있는 표적세포에 신호를 전달하는 측분비 방법에 비해 반응이 느리다.

㉢ 하나의 세포가 표적세포로 신호를 전달하는 방법에는 여러 종류가 있다. 이 중 직접 결합 방법은 신호전달물질의 분비 없이 세포가 표적세포와 직접 결합하여 신호를 전달하는 방식이다.

02 의사소통능력 정답 ①

유형	일반형 정보 Text 읽기 〉 미시적 이해 〉 추론	난이도	★★☆

㉡ 당분을 섭취하면 아기가 흥분한다는 어떤 연구 결과도 보고된 적이 없으므로, 아기의 흥분된 행동과 당분 섭취 간의 인과적 관계는 속설에 불과하며 확인된 바 없다.

| 오답풀이 |

㉠ 엄마의 모유에 대하여 알레르기 반응을 일으키는 아기가 없다는 내용이 제시되었을 뿐이므로 그 이외의 알레르기 반응에 대한 사례는 알 수 없다.

㉢ A박사가 설명한 육아에 대한 속설 중 잘못된 사례는 200여 개에 달한다. 이는 적은 수가 아니지만 모든 훈수나 속설이 비과학적이라고 판단할 수는 없다.

03 의사소통능력 정답 ⑤

유형	일반형 정보 Text 읽기 〉 미시적 이해 〉 추론	난이도	★★☆

㉠ B에 있는 물의 온도는 계속해서 올라갔으나 A에서는 물과 얼음의 온도가 일정하게 유지되어 변화가 없었으므로, A의 온도계로는 잠열을 직접 측정할 수 없었다는 것을 알 수 있다.

㉡ 얼음을 녹이는 데 소모되는 열량인 잠열로 인하여 얼음은 녹는점에 이르러도 완전히 녹지 않는다.

㉢ 얼음이 완전히 녹아 물이 될 때까지 녹는점에서 A의 상태가 지속되었으므로, A의 온도는 얼음이 완전히 녹기 전까지 일정하게 유지된다는 것을 알 수 있다.

04 의사소통능력 정답 ②

유형	실용형 정보 Text 읽기 〉 법률/계약서형 읽기	난이도	★★★

공공기관 등은 정당한 사유 없이 채무자 명의의 재산에 관한 조회를 거부하지 못한다는 제○○조 제4항에 근거하여 정당한 사유가 있는 경우에는 이를 거부할 수 있다.

| 오답풀이 |

① 채무자의 재산명시를 신청한 채권자의 신청에 따라 조회할 수 있다는 제○○조 제1항에 따라 관할법원 직권으로 재산을 조회하는 것은 불가능하다.

③ 제△△조 제1항에 따라 누구든지 재산조회의 결과를 강제집행 외의 목적으로는 사용할 수 없다.

④ 제○○조 제5항에 따라 기관의 장이 정당한 사유 없이 자료제출을 거부한 때에는 500만 원 이하의 과태료에 처하므로 벌금은 해당 사항이 아니다.

⑤ 제○○조 제2항에 따라 채권자가 재산명시를 신청할 때에는 조회에 드는 비용을 미리 납부해야 한다.

05 의사소통능력 정답 ①

유형	일반형 정보 Text 읽기 〉 미시적 이해 〉 일치	난이도	★★★

정관헌의 바깥 기둥에 목재를 사용한 까닭은 당시 정부가 철을 자유롭게 사용할 수 있을 정도의 재정적 여력을 갖추지 못했기 때문이다.

| 오답풀이 |

② 소나무와 사슴, 박쥐 등 회랑 난간의 동식물 장식은 장수와 복을 상징하며, 바깥 기둥 윗부분의 오얏꽃 장식은 대한제국을 상징한다.

③ 정관헌은 규모가 크지 않았고 연회와 휴식 용도로 쓰였기에 건축적 가치에 비해 소홀하게 취급되었다.

④ 처마, 내·외부의 서양식 기둥, 붉은 벽돌, 난간 등이

정관헌의 이국적인 요소에 해당한다.

⑤ 서양식 건축 양식에 우리나라의 건축 요소를 반영하여 지은 양관이자 경운궁에 위치한 궁궐 건물이다.

06 의사소통능력 정답 ③

유형	일반형 정보 Text 읽기 〉 미시적 이해 〉 일치	난이도	★★★

논리실증주의자들은 형이상학이 참이거나 거짓일 수 있는 그 어떤 것도 진술하지 않으므로 지식의 확장에 아무런 기여를 하지 않으며, 정서적인 의미를 가질지도 모르지만 인식적으로는 무의미하다고 비판했다. 따라서 형이상학에 대한 비판적 입장을 드러내는 ③이 가장 적절하다.

07 의사소통능력 정답 ③

유형	일반형 정보 Text 읽기 〉 미시적 이해 〉 추론	난이도	★★★

향도계는 장례를 치르기 위한 목적으로 결성되어 서울 시내 백성을 비롯해 양반 또한 가입한 공공연한 조직이었으며, 검계는 향도계를 관리하는 집단 내부의 비밀조직이었다.

| 오답풀이 |

① 향도계와 도가의 운영 방식에 대하여 제시되지 않았으므로 두 장의 겸임 여부는 알 수 없다.

② 향도계와 도가 내 구성원의 특성에 대하여 제시되지 않았으므로 알 수 없는 내용이다.

④ 검계의 구성원이라면 모두 몸에 칼자국을 냈다고 했으므로 적절하지 않은 내용이다.

⑤ 김홍연이 무과 공부를 포기한 이유는 출신 때문이었으나 왈짜에 머물렀던 이유는 알 수 없다.

08 의사소통능력 정답 ⑤

유형	일반형 정보 Text 읽기 〉 미시적 이해 〉 일치	난이도	★★☆

주어진 글은 도덕적 해이 문제를 해결하기 위해서 행위 당사자를 탓하는 대신 환경이나 제도, 관행 등 시장의 구조적 문제를 고쳐 나가야 한다고 주장하고 있다.

| 오답풀이 |

① 정치자금과 뇌물을 통한 정경유착이 우리 사회에서 보험의 역할을 했다고 하였으므로 적절한 내용이다.

② 개인적 차원에서 최선의 선택을 할지라도 다른 사람에게 피해를 주고 공익을 해쳐 시장 실패로 이어진다는 점을 통해 추론할 수 있는 내용이다.

③ 우리 사회의 도덕적 해이의 사례로 정경유착을 들었으며, 환경이나 제도 및 정부의 지나친 개입을 경계해야 한다는 내용 또한 제시하고 있다.

④ 도덕적 해이가 보험회사와 가입자 간의 정보 차이로 인해 나타날 수 있는 재앙이라는 내용을 통해 정보의 불균형성으로 인한 경제 현상이라는 것을 알 수 있다.

09 수리능력 정답 ③

유형	응용계산 〉 일률	난이도	★☆☆

작업량=시간×시간당 작업량임을 활용하여 구한다. A기계가 1시간 동안 인쇄할 수 있는 홍보물은 $4\times87=348$(부)이다. B기계가 1시간 동안 인쇄할 수 있는 홍보물의 부수를 x부라고 하면 $(348+x)\times10=6,570$ → $x=309$이다. 따라서 B기계가 1시간 동안 인쇄할 수 있는 홍보물은 309부이다.

10 수리능력 정답 ③

유형	응용계산 〉 기타	난이도	★★☆

티켓의 가격을 x원, 판매량을 y장이라고 할 때 매출액을 계산하면 다음과 같다.

가)안: $0.9x\times1.1y=0.99xy$(원)

나)안: $0.88x\times1.15y=1.012xy$(원)

다)안: $0.85x\times1.2y=1.02xy$(원)

라)안: $0.82x\times1.22y=1.0004xy$(원)

마)안: $0.8x\times1.25y=xy$(원)

따라서 결정될 방법은 매출액이 가장 높은 다)안이다.

11 수리능력 정답 ②

유형	자료해석 〉 수치 읽기	난이도	★★☆

남편 혼인 건수 중 외국인 아내와의 혼인 건수가 차지하는 비중이 가장 큰 지역은 $\frac{681}{8,554}\times100≒8.0$(%)인 전라남도이다.

| 오답풀이 |

① 남편 혼인 건수가 가장 많은 지역은 70,052건인 경기도로, 두 번째로 많은 서울과 세 번째로 많은 경상남도의 합인 57,643+17,580=75,223(건)보다 적다.

③ 서울의 한국인 남편과 외국인 아내의 혼인 건수는 한국인 아내와 외국인 남편 혼인 건수의 $\frac{2,710}{1,854}≒1.5$(배)이다.

④ 남편 혼인 건수가 세 번째로 많은 지역은 경상남도인데 반해, 아내 혼인 건수가 세 번째로 많은 지역은 부산광역시이다.

⑤ 서울특별시의 아내의 혼인 건수 중 외국인 남편과의 혼인 건수가 차지하는 비중은 $\frac{1,854}{59,095}\times 100≒3.1$(%)로 3% 이상이다.

12 수리능력

정답 ④

유형	자료해석 〉 자료계산	난이도	★★☆

A+B 연합 팀의 평균점수는 52.5점이므로 A팀의 비중을 x라고 하면 $40\times x+60\times(1-x)=52.5 \rightarrow x=0.375$

팀별 인원수는 A팀이 $80\times 0.375=30$(명), B팀이 50명이 되고, C팀이 70명이 된다.

따라서 빈칸 가에 들어갈 값은 C+A=100(명), 빈칸 나에 들어갈 값은 $40\times 0.3+90\times 0.7=75$(점)이 된다.

13 수리능력

정답 ③

유형	자료해석 〉 복합 자료해석	난이도	★★☆

보고서의 세 번째 문단에서 2015~2017년 기술 분야별 정부 R&D 예산 비중에 대한 자료가 사용되었는데, ③은 민간 R&D 관련 자료이다.

| 오답풀이 |

① 보고서의 두 번째 문단에서 2017년 국내 드론 활용 분야별 사업체 수에 대한 자료를 활용하였다.

② 보고서의 첫 번째 문단에서 2013년과 2018년의 세계 드론 산업 시장을 비교하고 있다.

④ 보고서의 세 번째 문단에서 2015~2017년 기술 분야별로 정부 R&D 예산 비중에 대한 자료를 활용하였다.

⑤ 보고서의 두 번째 문단에서 국내 드론 활용 산업의 주요 관리 항목을 2013년과 2017년을 비교하고 있으므로 국내 드론 활용 산업의 주요 관리 항목별 현황에 대한 자료를 활용하였다.

14 수리능력

정답 ②

유형	자료해석 〉 수치 읽기	난이도	★★☆

㉠ 시설과 기자재 항목은 응답인원이 많은 학년의 순서가 4 → 3 → 1 → 2인데, 항목별 교육 만족도는 시설 교육과 기자재 교육 모두 1학년이 제일 높다.

㉢ 학년이 높아질수록 교육 만족도가 높아지는 항목은 없다.

| 오답풀이 |

㉡ 교육 만족도가 높은 순서대로 나열하면 전공은 3 → 2 → 4 → 1, 교양은 4 → 2 → 3 → 1, 시설은 1 → 2 → 4 → 3, 기자재는 1 → 2 → 4 → 3, 행정은 3 → 4 → 2 → 1로 시설과 기자재의 순서가 일치한다.

15 수리능력

정답 ①

유형	자료해석 〉 수치 읽기	난이도	★★★

㉠ 2017년 모바일 광고매출액의 전년 대비 증가율은 $\frac{36,618-28,659}{28,659}\times 100≒27.8$(%)이다.

㉡ 2016년 방송매체 중 케이블PP 광고매출액이 차지하는 비중은 $\frac{18,537}{38,508}\times 100≒48.1$(%)이고, 온라인 매체 중 인터넷(PC) 광고매출액이 차지하는 비중은 $\frac{19,092}{47,751}\times 100≒40.0$(%)이다.

| 오답풀이 |

㉢ 2019년 케이블PP의 광고매출액은 31,041−(12,310+1,816+35+1,369+503)=15,008(억 원)이다. 따라서 매년 감소한다.

㉣ 2016년 대비 2019년 광고매출액 증감률이 가장 큰 매체는 $\frac{54,781-28,659}{28,659}\times 100≒91.1$(%)인 모바일이다.

16 수리능력

정답 ④

유형	자료해석 〉 추세 읽기	난이도	★★★

세 번째 조건에 따라 지방청을 부동산 압류건수와 자동차 압류건수가 큰 값부터 순서대로 각각 나열해보면, 부동산은 C – A – B – 서부청 – D – 동부청이고, 자동차는 C – B – 서부청 – A – D – 동부청이다.
이때 순서가 같은 것은 C, D, 동부청이므로 C와 D가 각각 남부청 또는 중부청이다. 이때 D가 북부청이라는 ②와 ③은 소거되고 선택지를 통해 D가 남부청임을 알 수 있다. 그러므로 C가 중부청이 되고 ⑤도 소거된다.
남은 선택지 ①과 ④에서 B가 남동청 또는 북부청이므로 이와 관련된 두 번째 조건을 확인하면 남부청과 북부청의 부동산 압류건수는 각각 2만 건 이하라고 하였으므로 지방청별 압류건수를 확인하면 A의 부동산 압류건수는 121,397×0.18≒21,851(건)으로 2만 건이 넘는다. 따라서 B가 북부청이 된다.

17 수리능력

정답 ②

유형	자료해석 〉 수치 읽기	난이도	★★☆

[표1]의 빈칸에 들어갈 값을 구하면 다음과 같다.

분류 기간 \ 월	1	2	3	4	5	6	7	8	9	10	11	12	합
1392~1450년	0	0	0	0	4	12	8	3	0	0	0	0	27
1451~1500년	0	0	0	0	1	3	4	0	0	0	0	0	(8)
1501~1550년	0	0	0	0	5	7	9	15	1	0	0	0	(37)
계	0	0	0	0	(10)	22	21	(18)	1	0	0	0	(72)

[표2]의 빈칸에 들어갈 값을 구하면 다음과 같다.

분류 기간 \ 월	1	2	3	4	5	6	7	8	9	10	11	12	합
1392~1450년	0	1	1	5	9	8	9	2	1	0	0	1	37
1451~1500년	0	0	0	5	2	5	4	1	0	0	0	0	17
1501~1550년	0	0	0	4	7	7	6	1	0	0	0	0	(25)
계	0	1	1	(14)	18	(20)	19	4	1	0	0	1	(79)

㉠ [표1]에 의해 홍수재해 발생건수는 총 72건이고 1501~1550년 에 37건으로 가장 많았다.
㉢ [표2]에 의해 2~7월의 가뭄재해 발생건수는 전체의 $\frac{1+1+14+18+20+19}{79}\times 100 \fallingdotseq 92.4(\%)$이다.

| 오답풀이 |

㉡ 1501~1550년 9월에도 1건 발생했다.
㉣ 1501~1550년의 홍수재해 발생건수는 37건이고 가뭄재해 발생건수는 25건으로 홍수재해 발생건수가 더 많다.

18 수리능력

정답 ⑤

유형	자료해석 〉 추세 읽기	난이도	★★★

주어진 도표의 빈칸을 채우면 다음과 같다.

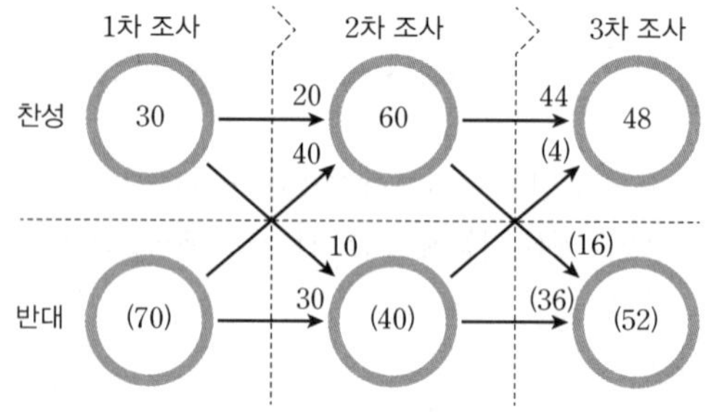

1차 조사에서 찬성한 사람 중 20명은 2차 조사에도 찬성을 했다. 1차 조사에 반대했던 사람 중 40명이 2차 조사에는 찬성을 했으므로 2차 조사에서 찬성한 사람 중 3차 조사에 찬성한 사람이 44명이라는 것은 이 40명이 모두 찬성을 했다 하더라도, 적어도 4명은 1차 조사 때부터 계속 찬성해 오던 사람이라는 것이다.
1차 조사에서 반대를 했던 70명 가운데 30명은 2차 조사

에도 반대를 했고, 1차 조사에 찬성했다가 반대로 바꾼 사람이 10명이 있다. 2차 조사에서 반대한 사람 가운데 3차 조사에서 반대한 사람은 36명이므로 이 중 10명이 1차 조사 때 찬성이었던 사람이라고 하면 26명은 1차 조사 때부터 계속 반대하던 사람이라는 것이다.

따라서 1차 조사 때부터 계속 찬성한 4명과 계속 반대 26명을 합하면 의견을 바꾸지 않은 사람은 적어도 30명이다.

| 오답풀이 |

① 3차 조사에 응답한 사람은 48+52=100(명)이다.

② 2차 조사에서 반대한다고 응답한 사람 40명 중 3차 조사에서도 반대한다고 응답한 사람은 36명이다.

③ 2차 조사에서 찬성한다고 응답한 사람 60명 중 3차 조사에서 반대한다고 응답한 사람은 16명이다.

④ 1차 조사에서 반대한다고 응답한 사람 70명이 2차 조사에서는 찬성 40명, 반대 30명이다. 2차 조사에서 찬성한 사람 중에 3차 조사에서 찬성한 사람은 44명인데, 만약 1차 조사에서 찬성했다가 2차 조사에서 찬성한 사람 20명이 모두 3차 조사에서 찬성을 했다면, 이때 24명이 1차 조사에서 반대한다고 응답한 사람 중 3차 조사에서 찬성한다고 응답한 사람이다. 또한 1차 조사 때 반대를 했던 사람 중 2차 조사에 반대한 사람은 30명이다. 2차 조사에서 반대한 사람 중에 3차 조사에서 찬성한 사람은 4명인데, 4명 모두 1차 조사에서 찬성한 인원 중 2차에서 반대한다고 응답한 인원 10명에 포함되는 경우 4명 모두 1차 조사에서 반대한 인원에 해당하지 않는다. 따라서 1차 조사에서 반대한다고 응답한 사람 중 3차 조사에서 찬성한다고 응답한 최소 인원은 24+0=24(명)이므로 24명 이상이라고 볼 수 있다.

19 문제해결능력

정답 ④

유형	적용 퀴즈 〉 순서 정하기	난이도	★★★

문제에서 주어진 조건 중 확실한 내용만 표로 정리하면 다음과 같다.

구분	소품 1	소품 2	소품 3	소품 4	소품 5	소품 6
은선			○			
태연				화		
지연			○	×		

첫 번째 조건에 의해 만약 태연이가 월요일에 소품 1을 지도받으면 화요일날 은선이는 소품 1을 지도받지만, 은선이가 월요일날 배울 수 있는 곡이 없으므로 태연은 월요일에 소품 1을 지도받을 수 없다. 따라서 태연이는 월요일에 소품 2를, 은선이는 화요일에 소품 2를 지도받는다.

구분	소품 1	소품 2	소품 3	소품 4	소품 5	소품 6
은선		화	수			
태연	×	월		화		
지연			○	×		

이에 따라 은선이는 월요일에 소품 1을 지도받고 세 명 다 같은 곡을 지도받을 수 없으므로 태연은 소품 3을 지도받지 못한다. 태연이가 수요일에 소품 5를 지도받으면 네 번째 조건에 의해 소품 6을 지도받는 사람이 아무도 없으므로 조건에 맞지 않는다. 그러므로 태연은 수요일에 소품 6을 지도받는다.

구분	소품 1	소품 2	소품 3	소품 4	소품 5	소품 6
은선	월	화	수	×	×	×
태연	×	월	×	화	×	수
지연			○	×		

이때 지연은 월요일에 소품 1을 지도받고, 화요일에 소품 3을, 수요일에 소품 5를 지도받거나, 월요일에 소품 3을 지도받고, 화요일에 소품 5를 지도받고, 수요일에 소품 6을 지도받는다.

구분	소품 1	소품 2	소품 3	소품 4	소품 5	소품 6
은선	월	화	수	×	×	×
태연	×	월	×	화	×	수
지연	월	×	월/화	×	화/수	수

따라서 어떠한 경우에도 한 명의 학생만 지도받는 곡은 소품 4, 소품 5이다.

20 문제해결능력

정답 ④

유형	적용 퀴즈 〉 위치 판단하기	난이도	★★★

네 번째 조건에 의해 G도시는 17번 출구가 되고, 두 번째 조건에 의해 18번 출구는 E도시가 된다. 또한 세 번째 조건에 의해 21번 출구는 F도시가 되며, 첫 번째 조

건에 의해 C도시와 D도시는 7 차이가 나야 하므로 14, 21번 출구가 되거나 15, 22번 출구가 되어야 하는데 21번 출구는 F도시이므로 C도시가 15번 출구, D도시가 22번 출구가 된다. 마지막 조건에서 I도시는 C도시와 E도시 사이에 있다고 하였으므로 I도시는 C도시의 15번 출구와 E도시의 18번 출구 사이에 존재해야 하므로 I도시는 16번 출구이다. 따라서 H도시로 나갈 수 있는 출구는 14번 또는 20번이다.

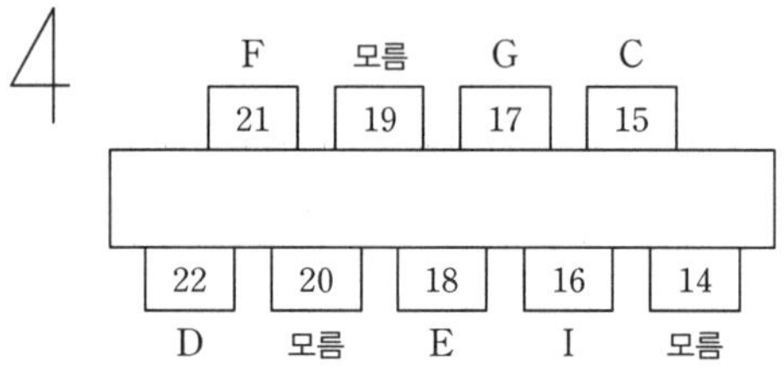

21 문제해결능력 정답 ⑤

유형	적용 퀴즈 〉 배치하기	난이도	★★★

국방위원회 법안을 앞에서 세 번째 보관함에 보관할 경우 다음과 같이 두 가지가 가능하다.

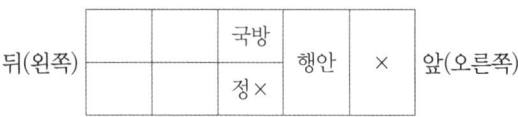

i)

뒤(왼쪽)			국방	행안	×	앞(오른쪽)
			정×			

ii)

뒤(왼쪽)	행안	×	국방			앞(오른쪽)
			정×			

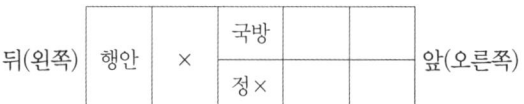

국방위원회 법안을 앞에서 네 번째 보관함에 보관할 경우 다음과 같이 두 가지가 가능하다.

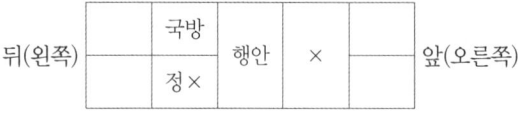

iii)

뒤(왼쪽)		국방	행안	×		앞(오른쪽)
		정×				

iv)

뒤(왼쪽)		국방		행안	×	앞(오른쪽)
		정×				

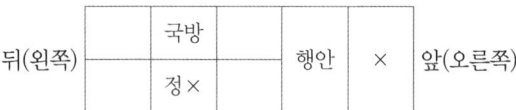

이 네 가지 경우에서 정무위원회와 국방위원회의 법안의 자리를 바꿀 수 있으므로 총 8가지 경우가 나온다. 이때 기획재정위원회의 법안은 정무위원회의 법안과 같이 보관하지 못하고, 여성위원회 법안은 다른 법안과 함께 보관되어야 한다.

따라서 정무위원회 법안과 국방위원회의 법안이 다른 위원회의 법안과 하나의 보관함에 보관되지 않으면 1보관함, 그러니까 2칸만 남게 된다. 하지만 남은 것은 기획재정위원회, 지식경제위원회, 여성위원회의 법안 3개이므로 모두 보관할 수 없다.

22 문제해결능력 정답 ③

유형	Text로 된 정보에서 원리 파악하기 〉 거시적 원리 파악하고 적용하기	난이도	★★★

ⓛ B후보의 경우는 코멘트가 11번 이상이 되지 않으면 호감도는 0이나 양의 값을 가지게 되는데, 결과적으로는 A후보나 C후보의 입장에서는 B후보의 호감도만 높여주는 결과가 된다.

ⓜ A후보는 −15, B후보는 10, C후보는 5의 시청자 호감도를 가지므로 B후보가 가장 높다.

| 오답풀이 |

ⓙ 코멘트가 10번을 초과하면 B후보에 대한 호감도는 음의 값으로 증가하기 때문에 효과가 제한적이라고 할 수는 없다.

ⓓ A후보의 경우 코멘트가 9번 이상이면 호감도는 음의 값으로 증가하여 효과가 좋아지는 것이므로 과유불급이란 말은 어울리지 않는다. C후보의 경우에도 절댓값 부분에 전체적으로 −이므로 코멘트가 16 이상이면 음의 값을 나타내므로 효과가 좋아진다.

ⓡ C후보에 대한 10회의 네거티브 코멘트 후의 시청자 호감도는 5이다. A후보에 대한 네거티브 코멘트 후의 시청자 호감도는 −15이므로 A후보에 대한 네거티브 코멘트가 더 효과적이다.

23 문제해결능력 정답 ⑤

유형	수리, 기호 정보에서 원리 파악하기 〉 기호 원리 파악하고 적용하기	난이도	★★☆

9874126은 점을 4개 이상 지나면서 모든 규칙을 만족한다.

| 오답풀이 |

① 596: 4개 이상의 숫자를 지나야 하는데, 3개 밖에 없다.

② 15953: 5－9, 9－5 지점에서 선이 중복된다.
③ 53695: 5에서 시작해서 5에서 끝나므로 시작점과 동일한 점에서 펜을 떼게 된다.
④ 642987: 6－4로 갈 때 숫자 5를 지나는데 숫자코드에 반영되어 있지 않다.

24 문제해결능력 정답 ③

유형	수리, 기호 정보에서 원리 파악하기 〉 수리적 원리 파악하고 적용하기	난이도	★★★

요소들의 수치를 합해서 최종적인 수치가 나올 수 있는 경우들을 산출하는 문제다. 가령 연구원 A의 330%가 나오려면 조건에 주어진 100, 80, 70, 60, 50, 30 등의 수치 중 4개를 중복으로 사용하여 산출하면 된다.
이때 하나 더 고려해야 할 것은 실제 편수이다. 330을 맞추기 위해서는 간단하게 100% 세 개에 30% 하나로 생각할 수도 있지만, 이는 1인 논문이 2개밖에 없다는 조건에 맞지 않는다.
또 중요한 것은 50, 50과 같이 숫자를 마음대로 사용할 수 없다. 한 논문에 이름을 두 번 올릴 수는 없기 때문이다.
만약 연구원 A가 바르게 작성했다면 4편으로 330%가 나와야 하므로 100, 100, 80, 50으로 산출할 수 있다. 그러면 연구원 B는 5편으로 360%가 나와야 하므로 80, 70, 70, 70, 70으로 산출할 수 있지만 그렇게 되면 2인 공저 논문에서 겹치기 때문에 B는 성립할 수 없다. 이때 연구원 C는 4편으로 200%가 나와야 하므로 70, 50, 50, 30으로 산출할 수 있고 연구원 D는 3편으로 130%가 나와야 하는데 가장 작은 수치인 60, 50, 30을 조합해도 140이 되므로 D도 성립할 수 없다. 따라서 A가 맞다면 수치가 맞지 않는 사람이 2명이 되므로 A가 잘못 썼을 가능성이 있다.
만약 연구원 B가 바르게 작성했다면 5편으로 360%가 나와야 하므로 80, 70, 70, 70, 70으로 산출할 수 있지만 이것은 논문 3이나 4에서 이름을 두 번 올린 것이 된다. 다른 경우로 100, 100, 80, 50, 30으로 산출할 수도 있는데 이것은 남은 비율로 A의 330%(논문 4편)를 산출할 수 없다. 따라서 연구원 B도 틀렸을 가능성이 있다.
만약 연구원 C가 맞다면 논문 4의 70, 논문 7의 30, 논문 5의 50, 논문 6의 50으로 구성이 가능하다. 그러면 연구원 D는 논문 5의 50, 논문 6의 50, 논문 7의 30으로 구성하면 되고, 논문 1과 논문 2의 100 그리고 논문 6의 70, 논문 7의 60으로 A도 구성 가능하다. B만 수정하면 된다. 연구원 D가 맞다면 C와 유사하게 생각할 수 있다. 따라서 실수했을 가능성이 있는 연구원은 A와 B이다.

25 문제해결능력 정답 ④

유형	수리, 기호 정보에서 원리 파악하기 〉 기호 원리 파악하고 적용하기	난이도	★★☆

올림픽 AD카드에 4와 6만 있으므로 선수준비 구역인 2에는 갈 수 없다.

| 오답풀이 |

① 패럴림픽 아이디는 ALL이므로 모든 시설에 입장 가능하다.
② 패럴림픽 아이디가 T1이므로 VIP용 지정차량에 탑승 가능하다.
③ 올림픽 아이디에 OFH가 있으므로 올림픽 패밀리 호텔에 들어갈 수 있다.
⑤ 올림픽 아이디에 TM이 있으므로 미디어 셔틀버스를 탈 수 있고, IBC가 있으므로 국제 방송센터에 들어갈 수 있다.

여러분의 작은 소리
에듀윌은 크게 듣겠습니다.

본 교재에 대한 여러분의 목소리를 들려주세요.
공부하시면서 어려웠던 점, 궁금한 점,
칭찬하고 싶은 점, 개선할 점, 어떤 것이라도 좋습니다.

에듀윌은 여러분께서 나누어 주신 의견을
통해 끊임없이 발전하고 있습니다.

에듀윌 도서몰 book.eduwill.net
- 부가학습자료 및 정오표: 에듀윌 도서몰 → 도서자료실
- 교재 문의: 에듀윌 도서몰 → 문의하기 → 교재(내용,출간) / 주문 및 배송

에듀윌 공기업 매일 1회씩 꺼내 푸는 NCS

발 행 일	2021년 8월 19일 초판 ｜ 2024년 11월 5일 8쇄
지 은 이	이시한
펴 낸 이	양형남
개발책임	오용철, 윤은영
개 발	이정은, 윤나라
펴 낸 곳	(주)에듀윌
I S B N	979-11-360-1151-0
등록번호	제25100-2002-000052호
주 소	08378 서울특별시 구로구 디지털로34길 55 코오롱싸이언스밸리 2차 3층

www.eduwill.net
대표전화 1600-6700